U0567262

联合国人权委员会

“一项伟大事业”

The United Nations Commission On Human Rights

“A Very Great Enterprise”

［澳］约翰·佩斯　著

John P. Pace

张伟　等译

商务印书馆

创于1897

The Commercial Press

John P. Pace

THE UNITED NATIONS COMMISSION ON HUMAN RIGHTS

'A VERY GREAT ENTERPRISE'

Oxford University Press

© John P. Pace 2020

根据牛津大学出版社2020年版译出

The United Nations Commission on Human Rights: 'A Very Great Enterprise' was originally published in English in 2020. This translation is published by arrangement with Oxford University Press. The Commercial Press, Ltd. is solely responsible for this translation from the original work and Oxford University Press shall have no liability for any errors, omissions or inaccuracies or ambiguities in such translation or for any losses caused by reliance thereon.

《联合国人权委员会:"一项伟大事业"》以英文初版于2020年。经与牛津大学出版社协商一致,商务印书馆有限公司出版本译本。商务印书馆有限公司对译文负全责,牛津大学出版社对译文中的错误、遗漏、不精确、歧义,以及由此产生的损失,不负任何责任。

译者序

作为一位联合国人权工作的亲历者,约翰·佩斯(John Pace)先生运用其毕生对联合国人权工作的认识和了解,充满深情地撰写了这部《联合国人权委员会:"一项伟大事业"》。为我们提供了对联合国人权委员会/人权理事会(以下统称"人权委员会")的一次全面回顾和深入剖析,旨在向读者展示联合国人权工作的发展历程及其对全球人权事业的重要意义。

人权问题日益成为全球共同关注的焦点,是承认和保护所有人的尊严的标准。我们今天面临的许多问题,包括冲突、贫困和环境问题等,都源于人权问题。因此,了解并推动人权保护变得越发迫切。本书以时间线为轴,以重要事件为节点,全面梳理了联合国人权委员会的成立背景和职责范围,说明了其自 1946 年成立起直至 21 世纪第二个十年期间,该机构在全球范围内于保护和促进人权领域取得的重要成就,并深入探讨了其在促进国际人权标准建立及落地方面所采取的方法——联合国人权委员会在不同历史时期,根据国际局势和环境,推动人权议程,制定国际人权标准,应对全球人权挑战,相继创立了特别程序和人权事务高级专员办事处,逐步将人权纳入整个联合国系统主流。相信通过阅读作者对这些领域历史的呈现和深入研究,读者将能够更好地理解联合国人权委员会在全球范围内的重要性和影响力。

本书更重要的价值在于,它不仅为读者提供了一个全面而详尽的历史视角,展示了联合国人权委员会过去在国际层面所做的工作,还指引了人权事业未来仍需努力的方向,使读者能够更好地理解和关注人权问题,更深刻地认识到全球人权问题的复杂性和紧迫性,从而促使我们更好地应对当今世界人权保障面临的挑战,并为未来的人权保护工作提供指导和借鉴。

在本书的翻译过程中,我常常由衷地感慨:约翰·佩斯先生对联合国人权委员会的工作能够做到了如指掌、如数家珍般地娓娓道来,为读者打开了一扇深入了解联合国人权工作的历史之窗。

我相信,无论是学者、实务工作者还是对人权问题感兴趣的普通读者,都将从本书的阅读中获得丰富的知识和深刻的启示。

张伟
中国政法大学人权研究院
2024年6月

鸣 谢

编写这本书是一次独特的经历。它唤起了我的许多记忆和怀旧时刻——在不同国家、不同条件下，以及在本书描述的事件所发生的那些办公和会议场所中。同时，也使我回想起几位在这本书的编写过程中发挥重要作用的人。

虽然这本书是一个人的作品，但如果没有家人、朋友、同事的支持，它就无法诞生。我首先要感谢我的同事菲利普·阿尔斯顿（Philip Alston）近几年的支持和鼓励；也要感谢数十年的同事古孟德·阿尔弗雷德松（Gudmundur Alfredsson）的建议。借此机会，我还想感谢我的一位亲爱的已故朋友，来自新南威尔士大学的卡尔特·奈西姆（Carth Nettheim）。

我有幸与这么多敬业的外交官和民间社会组织合作。在我任职联合国期间，我的同事们为这项写作工作做出了众多贡献，因为他们在此过程中同样发挥了至关重要的作用。必须特别提到日内瓦和纽约联合国图书馆的同事，他们在本书的编写过程中给予了亲切的支持，特别是在加强数字化文件的收集方面。

约翰·佩斯

2020年3月

目　录

读者须知

如何使用这本书

本书旨在反映联合国自 1945 年 10 月 24 日成立以来通过其人权委员会所开展的工作,论述覆盖了人权委员会及理事会自 1947 年以来每届会议的报告和相关文件。本书内容完整,涵盖了所有议题和所采取的行动,但不能提供其全部细节。除了整体性的描述工作外,本书还试图促进对个别主题的深入研究。因此,可以说这本书的基础是大量的文献资料,这些档案可从下面列出的数字文献系统中检索。

参考文献:注释

带有联合国文件编号的参考文献是可被检索的,它们大部分以六种官方语言(阿拉伯文、中文、英文、法文、俄文和西班牙文)的形式呈现,可以从联合国数字图书馆(https://digitallibrary. un. org/? In=en)和联合国正式文件系统(https://documents. un. org/prod/ods. nsf/home. xsp)中检索获得。其他检索工具可在 https://research. un. org/en/docs/humanrights 中找到。

安全理事会决议可通过 https://www. un. org/securitycouncil/content/resolutions 进行检索。

大会决议可通过 https://www. un. org/en/sections/documents/general-assembly-resolutions/进行检索。

经济及社会理事会决议可通过 http://www. un. org/ecosoc/en/documents/solutions 进行检索。

参考文献：文本间的联系

本书以时间顺序展开论述，按照各实质性议题被引入人权委员会和理事会的先后次序对这些议题进行介绍。相关联的议题按照讨论的时间顺序被划分于各个主题之下（第二章）。而伴随着各个议题成为各项进一步行动的主旨，文本间的联系可以使读者在接下来的各章中关注某一主题的发展情况。

本书的十章追溯了联合国人权委员会成立后的事态发展。第一章介绍了人权委员会第一阶段的工作，特别是《世界人权宣言》的编写工作，以及将"人权"划分为两个方面（一方面涉及经济、社会及文化权利，另一方面则涉及公民权利和政治权利）的工作。

第二章介绍了人权委员会在随后数十年中处理的议题。第三章介绍了为加强对正在制定的规范的吸收和融合而提出的方法。第四章介绍了人权委员会工作的组织和管理基础。第五章特别关注了经济、社会及文化权利的早期发展情况。上述讨论引入了本书的核心章节，即对特别程序（第六章）和国际人权法（第七章）的介绍。

第八章介绍了维也纳世界人权会议后的事态发展，包括设立人权事务高级专员办事处、将人权纳入联合国系统主流，以及人权事业与企业的联系。随后便是人权理事会的到来（第九章）。

第十章介绍了多年来制定的各项程序与个人的联系，包括以个人申诉、请愿，或通过民间社会团体派遣代表的形式，进入各个机构。

尾声部分阐述了上述安排的下一发展阶段，其灵感来自多年来取得的人权工作经验，以及当前人权事业中的优先事项。

本书的目的是最为充分地介绍人权委员会及其继承者人权理事会在人权领域的工作——无论在实质内容上还是时间上。书中陈述了事实，但避免对这些事实进行评价，使读者能够自行对迄今为止完成的工作展开评估，从而确定未来的行动。

约翰·佩斯

重大发展年表

（国际条约字体加粗标注）

1945 年——《联合国宪章》签署（6 月）并生效（10 月）

1946 年——经济及社会理事会成立“核心”委员会（4 月 29 日至 5 月 20 日），就未来成立人权委员会提供建议

1946 年——人权委员会成立（6 月），起草国际人权宪章（包括一份宣言、一份国际公约及其执行程序）

1948 年——《世界人权宣言》通过

1951—1952 年——将经济、社会及文化权利同公民权利和政治权利分别归入两个国际公约

1967—1975 年——特别程序的出现（“特设”实况调查）

1968 年——德黑兰国际会议

1969 年——《消除一切形式种族歧视国际公约》（1965 年）[①]生效

1970 年——“1503”程序启动

1976 年——国际人权宪章（1966 年）完成（由《经济、社会及文化权利国际公约》《公民权利和政治权利国际公约》和《公民权利和政治权利国际公约任择议定书》构成）

1978 年——第一任“特别报告员”（智利）；第一次“1503”程序执行（乌干达）

1981 年——《消除对妇女一切形式歧视公约》（1979 年）生效

1983 年——第一次技术合作（玻利维亚）

1984 年——技术合作自愿基金设立

1986 年——《发展权利宣言》通过

1987 年——《禁止酷刑和其他残忍、不人道或有辱人格的待遇或处罚公约》（1984 年）生效

1988 年——引入人权教育和培训（世界宣传运动）

---

① 括号内为该公约在联合国会议上通过的年份，下同。——译者

1989—1993 年——世界人权会议(维也纳)的区域筹备活动

1990 年——《儿童权利公约》(1989 年)生效

1991 年——《旨在废除死刑的公民权利和政治权利国际公约第二项任择议定书》(1989 年)生效

1991 年——《巴黎原则》(国家人权机构)

1993 年——世界人权会议(维也纳)——强调对妇女和土著人民人权的重视

1993 年——设立高级专员

1994 年——安理会“承认”侵犯人权是对国际和平与安全的威胁(卢旺达)

1996 年——人权在联合国系统“主流化”

1997 年——改革一(将人权“纳入”联合国系统)

1998 年——国际刑事法院(《罗马规约》)——将反人道/反人权犯罪纳入管辖范围

1999 年——《全球契约》/工商业与人权

2002 年——改革二(“进一步的改变”)

2002 年——《儿童权利公约关于贩卖儿童、儿童卖淫和儿童色情制品问题的任择议定书》(2000 年)生效

2002 年——《儿童权利公约关于儿童卷入武装冲突问题的任择议定书》(2000 年)生效

2003 年——《保护所有移徙工人及其家庭成员权利国际公约》(1990 年)生效

2006 年——人权委员会结束;人权理事会成立

2006 年——《土著人民权利宣言》通过

2006 年——《禁止酷刑和其他残忍、不人道或有辱人格的待遇或处罚公约任择议定书》(2002 年)生效

2008 年——人权理事会引入普遍定期审议

2008 年——《残疾人权利公约》(2006 年)生效

2010 年——《保护所有人免遭强迫失踪国际公约》(2006 年)生效

2011 年——人权理事会现状审查

2013 年——《经济、社会及文化权利国际公约任择议定书》(2008 年)生效

2020 年——条约体系审查(计划中)

2021/2026 年——人权理事会现状审查(计划中)

将“伟大事业”置于历史的洪流之中

女士们、先生们：

请不要以目前的规模来衡量你们所处委员会的重要性。我们仅是处于这项伟大事业的起始点，这项伟大事业的体量和行动必将日益增长。你们是种子，伟大且美丽的丰收必将由你们创造。

在1946年4月29日，一个星期一的下午，作为其本身设立程序中的一部分，联合国召集了一个小组，寻求他们关于人权委员会（Commission on Human Rights）的性质和构建形式的意见。这一安排依据《联合国宪章》（Charter of the United Nations）的设想，该文件在1945年6月于旧金山被通过，并在1945年10月24日——也就是仅仅在此之前几个月——已经生效。

亨利·劳吉尔（Henri Laugier）召集了这场会议。① 他在联合国秘书长特里格夫·赖伊（Trygve Lie）手下担任主管社会事务的助理秘书长，于同年2月2日就职。上文中引用的话语就出自他在所组建的关于人权委员会的性质和构建形式六人讨论小组的欢迎辞中。②

---

① “核心委员会”（nuclear commission）由九名成员组成，其中三名成员未能出席第一次会议。出席此次会议的人员有：勒内·卡森（René Cassin，法国）、夏晋麟（C. L. Hsia，中国）、K. C. 尼奥基（K. C. Neogi，印度）、杜桑·布尔基什（Dusan Brkish，南斯拉夫）、埃莉诺·罗斯福（Eleanor Roosevelt，美国）、尼古拉·基科夫（Nikolai Kiukov，苏联）；未能出席的成员有：帕尔·贝格（Paal Berg，挪威）、费尔南多·德豪斯（Fernand Dehousse，比利时）和维克托·劳尔·哈亚·德拉托雷（Victor Raul Haya de la Torre，秘鲁）。

② 1946年4月29日，人权委员会在其文件号为E/HR/6的第一次会议纪要中，对该欢迎辞做出如下记录：

女士们、先生们，在一场摧毁了几个世纪以来人类所累积的物质财富和精神财富的战争之后，国际社会组成了一个捍卫世界人权的国际机制，这是一个新事物，也是人类历史上的一件大事。

我不会花过长的时间在此表示对你们的欢迎。因为你们都知道，联合国组织很高兴在此见到你们；同时你们也知道，所有自由的人民和所有从奴隶制中解放出的人民，都把他们的信心和希望寄托在了你们的身上，使得这些权利的权威无处不在，尊重这些权利是人类获得尊严的必要条件，因此这些权利需要被尊重。 （转下页）

2 这一演讲描述了这一“伟大事业”的发展：从那日开始，其发展就是为了帮助这项事业朝着实现其目标的方向进一步发展。也许乌托邦永不会存在，但言辞与现实之间的差距可以变小许多。如果我们了解和理解过去，我们就能够更好地塑造未来。

本书的目的是以人权委员会的视角，全面介绍联合国对待人权的情况，追溯其所处理的各种问题及相关变迁。我们试图深入了解自联合国成立以来几十年间处理人权问题的方式和机制的发展轨迹，并以此为基础，使今后的努力能够更加接近实现《联合国宪章》所规定的目标，

（接上页）而且如果我们闭上眼睛，从另一个角度来看，我们也可以想象到一种庄严而严肃的欢迎仪式：在那里，所有的士兵、水手和飞行员的影子，所有在世界各个战场上牺牲的平民抗争战士的影子，都希望在全世界重建权利和自由。所以请不要以目前的规模来衡量你们所处委员会的重要性。

我们仅是处于这项伟大事业的起始点，这项伟大事业的体量和行动必将日益增长。你们是种子，伟大且美丽的丰收必将由你们创造。当你们要选出委员会主席并为你们的工作制定规则时，你们首先需要找到完成组建委员会的方法，并为组建一个参与人数足够多的最终的委员会提出建议。这些建议要使得所有自由的人所思想的观点能够被代表。但同时，这一委员会又需要足够精简，因而能够保证其工作的高效和真实。最后，你们还必须定义和决定委员会的研究方案，并开始在联合国的组织框架内，按照《联合国宪章》为委员会所规定的道路采取行动。

在世界的重建过程中，重建物质生活的任务是最重要的，但只有人类重新开始对自己的命运充满信心，人类社会围绕着最低限度的共同原则团结在一起，所有城市的规划者、建筑师或医生的努力才具有真正的意义。

你们必须研究所有的权利宣言，这些宣言是在人类和人民走向解放的道路上凭着他们的精神诞生的。你们必须证明，政治权利是自由的首要条件，但今天科学和工业文明的进步创造了经济组织，这使政治上自由的人遭受不可容忍的奴役，因此，在未来，《人权宣言》必须扩展到经济和社会领域。你们必须为一项所有联合国成员都能接受的基本人权宣言寻找基础，而接受该宣言将成为加入国际社会的必要条件。你们将面临一个难以界定的基本问题——一个国家内部侵犯人权的行为，这将对世界的安全与和平构成威胁，而这种威胁的存在足以使联合国维持和平与安全的机制发挥作用。你们必须建议建立观察机制，发现并谴责世界各地侵犯人权的行为。

让我们记住，如果这一机制在几年前就已经存在，如果它是强大的，如果舆论的普遍支持赋予它权力，国际社会就会立即动员起来，打击法西斯主义和纳粹主义的第一提出者和支持者。人类社会本可以在那些发动战争的人还很弱小的时候阻止战争的发生，避免发生世界灾难。

女士们、先生们，

我相信，在我们肩负着人民的信心所承担的艰巨任务面前，你们将毫不犹豫。我祈祷你们的行动和工作能成为那些展望更美好未来的善意之人的永久向导，你们的工作和行动会像一颗指路星一样为他们的未来指明方向。

> 重申基本人权，人格尊严与价值，以及男女与大小各国平等权利之信念，创造适当环境，俾克维持正义，尊重由条约与国际法其他渊源而起之义务，久而弗懈，促成大自由中之社会进步及较善之民生。[1]

虽然在我参与这项工作进程的几十年中，人们的认知水平提高了，相关的人权机构也设立了很多，但在政治和经济领域，遭受人权侵犯行为的受害者的情况并没有得到太大改善。

《联合国宪章》中“欲免后世再遭今代人类两度身历惨不堪言之战祸”的目标尚未实现。而战争的性质已经发生了改变，人类继续遭受“无止境的悲哀”。因此，伟大事业尚未实现其目标，还需要继续对这一目标进行探索，几十年来建立的机构和程序有望协助这一进程的开展。在2015年，人权理事会在第二次世界大战结束七十周年之际，发布了一项主席声明，“着重指出第二次世界大战结束以来，
特别是通过联合国在克服战争遗留影响、促进和解、国际与区域合作以及民主价 3
值观、人权和基本自由等方面取得了进展，设立了区域和次区域组织和其他适当框架”[2]。本书旨在协助评估该声明。

1966年1月3日，我在联合国开始了自己的职业生涯。此时，除了1948年通过的《世界人权宣言》(Universal Declaration of Human Rights)和《防止及惩治灭绝种族罪公约》外，尚未产生其他国际人权法。而自1919年成立以来，国际劳工组织(International Labour Organization, ILO)已经制定了国际劳工法。

我见证了联合国人权保护机构和程序发展的过程——起草国际法的初衷被20世纪60年代末进行的特别调查所取代，然后从20世纪80年代开始，国际人权法体系出现。二者又导致了技术合作：首先是双边合作，而后作为安全理事会发展系统、维持和平行动以及其他行动的一部分。20世纪90年代末，企业社会责任的概念被纳入人权方案，并取得了突破性进展。

1945年《联合国宪章》草案修正案中提出的“伟大事业”是这一进程的雏形，于1946年孕育出了人权委员会，该委员会是为起草国际人权宪章(International Bill of Human Rights, IBHR)而设立的。而国际人权宪章历时三十多年才正式诞

---

① Charter of the United Nations, Preamble.(本书中所引联合国文件，原则上采用该文件的官方中文版，部分文字结合英文版进行了调整。未保留中文版者，则由译者根据英文版译出。——译者)

② A/HRC/28/2, President's statement of 26 March 2015.

生,结果到20世纪60年代中期,随着联合国会员国结构的扩大和多元化,人权委员会采取了以特别措施(ad hoc measure)解决人权问题的方案,这就产生了特别程序(special procedures)制度。因此,在20世纪60年代中期,出现了两种人权保护机制:一种以公约为基础,另一种以特别调查为基础。相应地,我们需要提高对这些机构的认识,并加强这些机构的职能。到20世纪80年代末,技术援助(technical assistance)成为人权行动的第三个部门,这有助于制订双边援助行动计划,并建立区域和驻外办事处来支持这些行动计划。

随着进程的继续,相关内容也随之出现,重点放在发展权、安全环境权以及工商业和人权等问题上。在制度层面,自20世纪90年代起,秘书长科菲·安南(Kofi Annan)开始进行改革,将人权纳入联合国体系的活动中。

这些工作始于1944年进行的敦巴顿橡树园会议(Dumbarton Oaks Conversation)的官方记录中关于人权委员会的内容。该委员会于1946年6月正式成立,一直持续到2006年6月16日[①],由人权理事会取代。委员会成立60年来,一直是联合国人权活动的重点论坛。在这60年中的33年里,我为联合国服务;在其中的16年里,我是人权委员会的秘书。

我是被联合国人权司第一任司长、人权委员会秘书约翰·汉弗莱(John Humphrey)聘用的,当时埃莉诺·罗斯福担任委员会主席。从1966年1月3日起,我开始了在联合国人权司的职业生涯。

4 20世纪70年代末,我同样被任命为委员会秘书,有幸在约翰·汉弗莱的领导下工作。约翰·汉弗莱是起草《世界人权宣言》第一稿的代表人物,也是在起草两项人权公约过程中解决巨大挑战的功臣。作为人权司司长,他是起草国际人权宪章的核心人物。

而我属于下一个时代,一个致力于寻找实现国际人权法的方法的时代、致力于将约翰·汉弗莱那一代的遗产转化为现实的时代。在之后的岁月里,约翰还在防止歧视和保护少数小组委员会(Sub-Commission on Prevention of Discrimination and Protection of Minorities)任职多年,我们因此还时常见面。在1989年,我有幸就国际人权宪章形成年代这一主题对他进行了详细的采访,这是影响我决定写作本

---

① General Assembly 60th session, resolution 60/251 of 15 March 2006. 该文件第13段:"赞赏经济和社会理事会请人权委员会于第六十二届会议总结其工作,并于2006年6月16日废除该委员会。"

书的因素之一。

在为联合国工作的33年中，我目睹了在本书中尝试描述的一种演变进程，希望本书将有助于我们的继任者进一步发展自1946年4月发起的"伟大事业"。在我创作的时候，本书的许多内容都给我带来了一种似曾相识的感觉。

从20世纪70年代末开始，我就负责诸多部门的工作。在特别程序开始的头10年间，我便开始负责这项工作，这让我得以访问一些国家，在那里，我亲眼目睹了人权受侵犯的社区中的绝望感和恐惧感。我们特别程序的工作小组并不是总能够进入目的地——主要出于安全考虑，但这样的考虑并不总是真正合理的。这就需要开发监测信息的系统，而随着信息技术时代在20世纪80年代后期的到来，这些系统有可能更好地用于支持我们完成被安排的各种任务。

后来，我领导了研究部门，然后开始领导处于起步阶段的技术合作项目。

我担任人权委员会秘书长达16年，现在看来，我任职期间可能是委员会的一段"黄金时代"。当时委员会制定了一系列条约、程序和计划，这些条约、程序和计划至今仍然有效，并仍然面临着挑战。委员会工作的参与者从20世纪70年代末的数百人增加到90年代初的几千人，我认为自己非常幸运，能拥有这样一个独一无二的机会，在国际社会对尊重人权义务所带来的责任持各不相同态度的基础上，与同僚们一起合作。

20世纪90年代初，我协助了1993年在维也纳举行的世界人权会议（World Conference on Human Rights）的各项工作，这是另一个史无前例的历史性事件。

约翰·汉弗莱和他那一代——其中许多人在我工作之初仍然是人权委员会和早期的防止歧视和保护少数小组委员会成员（如勒内·卡森、亨旦·萨塔·库鲁兹[Hernán Santa Cruz]和何塞·英格斯[José Inglés]），他们的遗产为我这一代人开展工作奠定了基础。

在我开始在人权司工作的那一年，联合国大会通过了有关人权的两公约（《公民权利和政治权利国际公约》与《经济、社会及文化权利国际公约》），并开放以供签署和批准。当大会同意将公约分为两套规范时，起草公约[①]的最初任务就发生了根本性的改变，从而改变了大会起草一份统一文件以完成建构国际人权宪章的

① E/600, Report of the Commission on Human Rights on its second session, Chapter II para 18(c)，委员会确认了以"Covenant"一词用来表述公约性质的文书。

5 原初要求[1]。《世界人权宣言》将人权分为两类(大会于 1952 年不情愿地确认了该分类[2]),这改变了人权的统一性或整体性,在根本不应该有任何区别的情况下,创造了两个不同的人权保护机制。在随后的几十年里,尽管人们不断重申两种权利的不可分割性和相互依存性,但公民权利和政治权利仍然有别于经济、社会及文化权利,这造成了任何言辞都无法弥合的分裂。

联合国人权司在约翰·汉弗莱领导的 20 年中奠定了基础,这使我们这一代人能够应对随后几十年的发展。委员会的工作受到冷战的影响,但很快去殖民化改变了联合国会员国的构成,不结盟运动应运而生。这导致了委员会工作领域的扩大,其特点是 1967 年[3]做出了里程碑式的决定,即对具体国家和情况进行特别调查,并在这一时期制定了特别程序。

此后不久,随着第一批专门条约生效及其监测机构开始运作,标准制订工作取得了进展。这两个事件的开展引起了始于 20 世纪 50 年代中期的咨询服务(advisory services)的复兴。这些服务满足了新增的常规制度的需要,也适应了特别程序的建议,目的是防止侵犯人权行为,这有别于调查侵犯人权行为。

上述两项公约花了 10 年时间才生效。与此同时,第二次世界大战以来去殖民化浪潮中形成的新兴国家迫不及待地期待着一个正式的国际人权法律制度的建立。在 1967 年,一项针对特定情况的特设调查程序(ad hoc inquiry procedures)得以推动建立,并自对南非的调查开始推行。此后,这一程序很快被命名为特别程序,使得其他情形也成为可以适用该调查程序的对象,例如以色列在 1967 年中东战争中占领巴勒斯坦领土并随后企图吞并其所占土地的情形,以及 1973 年 9 月军事政变(putsch)在智利造成的情形。

随着上述两项公约和监督遵守情况的条约机构开始运作,国际人权法的起草工作取得了进展。20 世纪 70 年代和 80 年代有一些常规和非常规活动的发生,《禁止酷刑和其他残忍、不人道或有辱人格的待遇或处罚公约》(Convention Against

---

① General Assembly, resolution 217 (F) of 10 December 1948.

② General Assembly, resolution 543 (VI) of 5 February 1952. 在这之前的 1950 年,面对同一个决定,大会已经自行或者要求委员会“根据《世界人权宣言》的精神来起草公约,给经济、社会和文化权利赋予清晰的解释,使这些权利与公民和政治的自由相联系”,General Assembly, resolution 421E (V) of 4 December 1950。

③ E/CN. 4/940, resolution 2 (XXIII) of 4 March 1967.

Torture and Other Cruel, Inhuman, or Degrading Treatment or Punishment,即《禁止酷刑公约》[Convention Against Torture])和《儿童权利公约》(Convention on the Rights of the Child)就是在这一时期产生的。

20世纪80年代诞生了联合国保护人权的核心公约(21世纪初期该核心公约的内容还获得了《残疾人权利公约》和《保护所有人免遭强迫失踪国际公约》的补充),此时的工作重点放在了提升各级和社会专门部门(如司法部门)的人权意识和教育水平,以及鼓励世界各区域和国家建立促进和保护人权的区域和国家人权机构方面。

这些活动强调了提高对这些机构及其程序的认识和熟悉程度的必要性。更 6
广泛地说,需要提高社会对会受其影响的部门的认识。因此,联合国对人权的保护向下一个阶段的转变开始了,其重点转向预防措施,而不再是保护措施(此前,保护措施一直是重点工作)。技术合作自愿基金(Voluntary Fund for Technical Co-operation)得以设立,凭此开展活动以支持条约系统化的工作,同时解决那些被定义为特殊的需求,这些需求主要是基于额外于常规性调查的结果。自愿基金的设立大大扩展了人权计划的性质和范围,还促进了人权教育和培训的开放,并编写了用于人权教育和培训的材料。①

随着20世纪80年代结束,联合国大会决定召开一次世界性人权会议,这是联合国历史上的第二次世界性人权会议。

在推动上述发展的过程中,民间社会(civil society)发挥了关键作用。它对标准制定、调查和后续工作做出了至关重要的贡献。民间社会在筹备世界人权会议期间,无论是在区域会议还是在维也纳的世界性会议中,都是取得会议成果的决定性因素——这些会议被公认为是在为如今被称作“伟大事业”的事项制订议程。我被指派负责协调会议,并在三年中与我的团队一道,直接或间接地参与了在世界范围内广泛开展的活动,包括政府间与民间社会的会议和活动,这些会议和活动就包括了1992年11月在突尼斯城为非洲地区举行的里程碑式会议、1993年1月在哥斯达黎加圣何塞为拉丁美洲和加勒比国家举行的里程碑式会议,以及1993年3月和4月在曼谷举行的有史以来第一次包含人权议程的亚洲政府间会议。

1993年12月,联合国设立了人权事务高级专员(High Commissioner for Human

① General Assembly, resolution 43/128 of 8 December 1988.

Rights)一职,此后不久又设立了人权事务高级专员办事处。我被指派负责一个新的领域,其最初被命名为“研究与分析”(Research and Analysis),后来改名为“研究与发展权”(Research and Right to Development)。设立该部门的目的,一方面是借鉴人权高专办其他部门(主要是条约和特别程序)的经验,提供实质性的协调和建议,另一方面是在咨询服务和技术合作领域发挥作用。随着高级专员的设立和科菲·安南改革的推进,人权逐渐被纳入联合国系统其他部门的工作范畴,这一进程与后来的实地行动一同发展起来。由此,在20世纪90年代初,也即在南斯拉夫解体、卢旺达种族灭绝和柬埔寨过渡时期,人权成为联合国行动的积极参与因素。

也正是在那段时间,1990年联合国开发计划署(United Nations Development Programme, UNDP)在第一份《人类发展报告》中提出了发展援助框架(UNDAF)和人类发展的概念。大约在同一时期,世界银行(World Bank)推出了全面发展框架(CDF)。1996年,高级专员何塞·阿亚拉-拉索(José Ayala-Lasso)会见了世界银行行长詹姆斯·沃尔芬森(James Wolfensohn),试图在世界银行的行动计划中寻求更密切地协调人权问题的途径。

7 在我联合国工作生涯的最后几个月中,科菲·安南在1999年达沃斯世界经济论坛上提出了一个开创性的倡议。那时,他接触了工商业界并促成了《全球契约》(Global Compact)。

我在联合国的最后一日是1999年9月30日。同一年,我搬到了澳大利亚,受到了新南威尔士大学的欢迎。不久,我又一次在印度尼西亚、伊拉克、黎巴嫩、利比里亚和东帝汶等国陷入人权问题的阵痛之中时,参与与之相关的人权工作。此外,我的工作还包括对几类不同群体进行人权教育,这些人面对着周遭的人权现实问题,包括他们日常生活中的文化、经济、政治和社会现实问题。

正是在此期间,我决定撰写本书。因为我发现,在伊拉克、瑙鲁、柬埔寨、印度尼西亚、尼泊尔、东帝汶等国的现实情况与智利、南非、巴勒斯坦和阿富汗的早期情况是一致的。更准确地说,这些情况的主要触发因素是人们希望从冲突、贫困或纯粹的社会不公中寻求更好生活。这就触发了建立一个整体性的人权信息系统的需求——这个系统有望积累有用的国际人权制度和经验。

我的任务的微妙之处在于,将对缺乏“进展”的沮丧情绪的必要反思,与人权体系的希望和崇高目标相调和。我认为没有比让历史和现实本身说话更好的办法了。因此,本书采用“让历史和现实说话”的方法来进行编写。

人们可能会经常问：如果有了所有这些公约和程序，我们周围的人权现实仍然如此悲惨，那么这一切又有什么意义呢？难道不会产生一种压倒性的挫败感和愤世嫉俗感吗？第三次世界大战虽然尚未发生，但冲突仍不断出现。国际人道主义法（International Humanitarian Law）无法处理这些新的冲突类型，更不用说国际人权法（international human rights law）了——没错，这一切都不能被否认。

如果说我从其他许多人的经验中吸取到一个教训，我敢说，那就是不要用评价的术语来处理人权问题。在本书中，我避免了所有“更好”或“更差”、“改善”或“恶化”的描述。相反，我想让读者做出这些评价，并在评估之后更好地利用这些经验来应对当前的人权挑战。

自1946年“伟大事业”启动伊始，这就是一个持续的过程，至今一直没有停止过。

尽管委员会正在建立条约、程序和机构网络，许多事态的发展由于一些地区发生了严重侵犯人权的行为还在进一步恶化。1975—1979年间，在柬埔寨大约有200万人丧生，而委员会只是间接地处理了这场种族灭绝。当委员会提出大规模人口流动（包括难民、国内流离失所者、经济上的“移民”和“寻求庇护者”）的现象时，它无法继续关注深层的人权根源问题，而只能倾向于将其视为一项人道主义、难民问题。同样，在同一时期，“非自愿失踪”现象首先出现在皮诺切特（Pinochet）政府统治下的智利，随后不久又出现在军事独裁统治时期的阿根廷，这为国际社会采取联合行动提供了另一个理由。受害者的勇气和决心，尤其是东南亚的船民和阿根廷的“马德雷德拉马约广场事件”在敦促委员会解决这些问题方面发挥了决定性作用。1948年和1967年的巴勒斯坦战争也是如此，战争导致了持续性的 8
军事占领，自那时起，由战争导致的对人的影响就扩展到了该地区和其他地区。

这是人权委员会（现在是人权理事会）工作的历史背景。在这种背景下，许多议题被提上了议程。然而几十年来，受影响的人们的人权状况没有显著的改善。我写这本书的目的是希望能有助于伟大事业在正确的轨道上行驶。

本书总共由十章构成，回顾了人权委员会成立后的发展情况。特别介绍了保持完整的和整体性的人权概念的努力未获成功的情况（第一章）。接下来是对委员会在随后几十年中处理的人权问题的描述（第二章）、对增强同一化和融合化的工作方法的描述（第三章），以及对委员会工作的组织和管理基础的描述（第四章）。经济、社会及文化权利（第五章）既是关注的焦点，也引出了核心章节，介绍了特别程序和国际人权法(第六章和第七章)。第八章叙述了维也纳世界人权会议之后的发展情况,包括设立人权事务高级专员办事处、将人权纳入整个联合国系统的主流,以及将人权相关的领域拓宽到了工商业。随后是介绍人权理事会的设立(第九章)。

最后一章试图阐述这些发展与个人的关联性,以及通过评定未来几年需要进行的优先事项来确定最终采取的措施。

这本书的目的是为介绍"伟大事业"提供最丰富的资料(无论是在实质内容上还是在时间上)。这是一个多维度的记录,不是仅记录成功,也不是仅记录失败,而是一个有希望为自己说话、提供背景、激发采取行动的必要性和处理(与纠正)我们今天面临的问题的优先次序(解决这些问题的基础是"伟大事业"自成立以来的经验)的记录。

这些问题涉及因不平衡和不公正而引发的冲突,以及为解决这些问题而设立的机构,特别是人权理事会。自 1952 年经济和社会权利与公民权利和政治权利分离以来,它们之间的相互依赖程度呈指数级增长,但在生活中许多领域仍能感受到这两类权利的分裂。两个公约所规定的对自然资源的主权的实施尚未得到有意义的适用,社会财富分配差距不断扩大就充分说明了这一点。

因此,这种情况所引起的人们愤世嫉俗的情绪是可以被理解的。也正是这些情绪促使我们把这项工作当作进一步推动自 1946 年 4 月开创的"伟大事业"之根本需要的证据。

第一章　“伟大事业”的开端
（1946—1955年）

A. 核心委员会（1946年4月29日—5月20日）

人权委员会在成立时是国际体系中的新成员，其诞生在很大程度上是基于非政府组织施加的压力。《联合国宪章》中提到人权的条款并没有出现在敦巴顿橡树园会议上诞生的《联合国宪章》草案中，而是通过1945年5月由四大国一致递交给旧金山会议的《宪章》草案的一项修正案提出的。[①]

人权条款内容的一个主要来源是罗斯福总统于1941年1月发表的关于“四大自由”的讲话，其中提出了言论自由、信仰自由、免于匮乏和免于恐惧的自由。[②] 国际人权宪章的大纲初稿（联合国秘书处于1947年6月编写）在之后的序言中明确

---

① Goc. 2 G/29 5 May 1945，修正案由美国、英国、苏联和中国政府提出：

参加敦巴顿橡树园会议的美国、英国、苏联和中国四国政府的代表团共同参与了磋商，认为敦巴顿橡树园会议的每一个提案都值得提交。因此，四国将取得一致同意的提案合并在一起作为拟议修正案，向联合国大会提交。其他的一些更进一步的修正案则由这些国家政府分别提交。

② 1941年1月6日国情咨文：

[82]在我们寻求人权保障的未来，我们期待着一个建立在人类四大基本自由基础上的世界。

[83]第一，是世界各地的言论自由。

[84]第二，在世界各地，每个人都有以自己的方式敬拜上帝的自由。

[85]第三，是免于匮乏的自由，用通用术语来说，这意味着经济上的认知程度，这将确保世界各地的每个国家的居民都能过上健康的和平生活。

[86]第四，是免于恐惧的自由，用世界性术语来说，这意味着世界范围内的军备应削减到这样一个程度，并且以这样一种彻底的方式，使任何国家都不能对世界上任何一个邻国进行武力攻击。

[87]这不是一个遥远的千年远景。它是我们这个时代和我们这一代人能够实现的一种世界的确定准则。这种世界正是独裁者试图通过炸弹爆炸来建立的所谓新暴政秩序的对立面。

10 指出了人权条款内容的来源。① 由古巴②、巴拿马③和智利代表拉丁美洲国家④提交的《人权宣言》草案，包括的内容有：在实践这些权利时纳入平衡的概念，使“义务”成为成功行使这些权利的一个组成部分。⑤ 草案强调公民权利、文化权利、经济权利、政治权利和社会权利相互依存，这被定义为和平的必要条件。这样做并不奇怪，因为《联合国宪章》第五十五条规定设立人权委员会的背景是“为造成国际间以尊重人民平等权利及自决原则为根据之和平友好关系所必要之安定及福利条件起见”⑥。因此，联合国体系下保障人权的实质是基于所有权利（无论是经济的或社会的、公民的或政治权利）的相互依存、权利和义务对等，以及各国承诺在各自管辖范围内适用这些权利。

在敦巴顿橡树园会议以及《联合国宪章》通过（1945 年 6 月 26 日）和生效（1945 年 10 月 24 日）后，负责建立联合国的筹备委员会建议设立人权委员会，将其作为经济及社会理事会的一个职能委员会（functional commission）。它的报告对未来委员会的性质和范围做了一些详细说明，其中特别指出委员会的工作，

> 可能指向以下事项：
>
> （a）拟订国际人权宪章；
>
> （b）拟订关于公民自由、妇女地位、信息自由等事项的国际宣言或公约的建议；
>
> （c）保护少数民族；
>
> （d）防止基于种族、性别、语言或宗教的歧视；以及

---

① E/CN. 4/AC. 1/3：

序言应提及四项自由和《宪章》有关人权的规定，并应阐明下列原则：

1. 除非人权和自由得到尊重，否则就不会有和平；
2. 个人不仅有权利，而且他对他所属的社会负有责任；
3. 个人既是他的国家的公民，也是世界的公民；
4. 除非废除战争和战争威胁，否则就没有人的自由或尊严。

② E/HR/1.

③ E/HR/3.

④ E/CN. 4/2.

⑤ African Charter on Human and People’s Rights (adopted 27 June 1981, entered into force 21 October 1986) (1982) 21 ILM 58 (African Charter).

⑥ Charter of the United Nations, 24 October 1945 1 UNTS XVI Article 55. Available at http://treaties.un.org/doc/Publication/CTC/uncharter-all-lang.pdf.

(e)人权领域内被认为可能损害国家间普遍福利或友好关系的任何事项。[1]

1946年1月至2月,经济及社会理事会在第一届会议期间设立了一个有关其自身架构的委员会。该机构在对有关未来委员会的性质和范围的若干方面进行彻底讨论之后,于理事会构想下为包括人权委员会在内的每一个职能委员会设立了一个核心委员会。

有关人权的核心委员会由9名成员组成[2],成员是由1946年4月29日至5月20日在纽约亨特学院(Hunter College)举行的带有技术目的会议(为未来的人权委员会确定范围)确定的。经济及社会理事会按照设立其他职能委员会采用的类似
程序,参照《联合国宪章》第六十八条[3]来设立该核心委员会。鉴于人权问题的特 11
殊性,核心委员会不可避免地还必须处理一些政治上敏感但却至关重要的方面,以履行《宪章》中有关人权的规定。这些问题涉及如何调和国家主权的原则及各国遵守共同国际标准的责任。

核心委员会的议程任务是艰巨的。[4] 它包括:

1. 审查自己的职权范围;[5]

2. 审查古巴[6]、巴拿马[7]和美国[8]分别提交的三项提案;

3. 未来委员会的组成,包括成员类型(政府代表、专家个人或两者兼有)、成员数量、任期、重新获得资格、会议频率、相应组成人员和委员会间的

---

① PC/20, para 14.

② A/125 Annex II Nuclear Commissions,有关人权的核心委员会的成员有:勒内·卡森(法国)、夏晋麟(中国)、K. C. 尼奥基(印度)、杜桑·布尔基什(南斯拉夫)、埃莉诺·罗斯福(美国)、尼古拉·基科夫(苏联)、帕尔·贝格(挪威)、费尔南多·德豪斯(比利时)和维克托·劳尔·哈亚·德拉托雷(秘鲁)。

③ Charter of the United Nations, 24 October 1945 1 UNTS XVI Article 68. Available at http://treaties. un. org/doc/Publication/CTC/uncharter-all-lang. pdf.

④ E/HR/5.

⑤ E/27.

⑥ E/HR/1.

⑦ E/HR/3.

⑧ E/HR/2.

相互代表性；

4. 关于设立小组委员会的建议；

5. 审议妇女地位小组委员会的报告；

6. 未来的工作方案。

在为期三周的18次会议中①，核心委员会讨论了一系列令人印象深刻的议题。它提出了许多建议②，并就工作方案提出了一些实质性建议。委员会启动了起草国际人权宪章的筹备工作。此外，它还建议秘书处收集“有关整个人权领域的，尽可能充分的文件和资料”。核心委员会表示，相信各国政府也将直接或通过专门的国家机构间接向未来的人权委员会提供信息，“因为它们首先必须承担发展人权和确保遵守人权的责任”。③

核心委员会认同，

> 整个委员会应当注重国际人权宪章的起草，同时注重国际人权宪章的内容和形式（比如，它是否应当作为一个联合国大会的决议，或者作为《联合国宪章》
> 12 的一个附件，或必须被融入各缔约国的宪法当中，或者作为一个缔约国之间的公约，或任意的其他形式）。④

该工作进程的另一方面是区域性人权专家会议的组织，其灵感来自1945年3月于墨西哥城举办的关于战争与和平问题的美洲国家间会议。该会议通过了《查普尔特帕克法案》（Act of Chapultepac）并分别由智利⑤、古巴⑥和巴拿马⑦向核心委

---

① 核心委员会的会议记录见E/HR/6（第一次会议）；E/HR/8-12（第二至六次会议）；E/HR/15与E/HR/16（第七和第八次会议）；E/HR/30（第九次会议）；E/HR/20（第十次会议）；E/HR/28（第十一次会议）；E/HR/23, E/HR/24, Rev. 1, E/HR/25, Rev. 1, E/HR/26, Rev. 1, E/HR/27 and Rev. 1（第十二至十六次会议）；E/HR/29 and Rev. 1（第十七次会议）和E/HR/31（第十八次会议）。

② E/38/Rev. 1 page 1. 帕尔·贝格（挪威）、费尔南多·德豪斯（比利时）和维克托·劳尔·哈亚·德拉托雷（秘鲁）没有出席会议。

③ Economic and Social Council, E/38/Rev. 1, page 3.

④ Economic and Social Council, E/38/Rev. 1, pages 3-4.

⑤ E/CN. 4/2。

⑥ E/HR/3.

⑦ E/HR/1.

员会提交了三份人权宣言草案。《人类国际权利和义务宣言草案》(the Draft of the International Rights and Duties of Man)则由美洲国家间司法委员会制定,其依据是于 1945 年 2 月 21 日到 3 月 8 日在墨西哥城举办的关于战争与和平问题的美洲间国家会议上通过的第 9 号和第 40 号决议,该文件由智利代表在联合国大会第一届会议的第二会期上提交。但核心委员会并不支持这项提案,因为它认为此为区域性会议制定的,而某些区域在当时的条件下组织会议可能会遇到困难。该委员会提出了一种替代性措施,即“应当考虑搜集来自不同地域的独立专家的意见”[1]。

核心委员会强调通过建议采取“实践性和有效的措施”来促进和监督人权,以及,

> 每个会员国根据各自的政府体制,必须采纳在国际人权宪章中重申的措施,确保监督人权和阻止侵犯权利与自由的行为。核心委员会还认为有必要[2]设立一个国际执行机构,将对人权的整体监督的工作委托给该机构,从而防止像第二次世界大战那样的骇人听闻的行为再次发生。[3]

在设立这样一个执行机构之前,人权委员会可以协助其他的联合国机构,如联合国大会和经济及社会理事会,“并指出侵犯人权行为可能对和平构成威胁的情况,从而有助于安全理事会完成《联合国宪章》第三十九条赋予它的任务”[4]。

正如此后 48 年,也就是在 1994 年的卢旺达种族灭绝事件(详见第六章,1994 年——卢旺达)发生以后,联合国安理会确认该种侵犯人权的行为可能构成对和平与安全的威胁。[5]

核心委员会展现了卓越的先见之明,

> 它认识到,当经济及社会理事会开始考虑如何实施国际人权宪章的时候,采
> 取一些政治性行为是必要的。因此,核心委员会请求经济及社会理事会考虑 13

① E/38/Rev. 1, page 4.

② E/38/Rev. 1, pages 5, 7, Recommendation D. 2.

③ E/38/Rev. 1, page 5.

④ E/38/Rev. 1.

⑤ E/CN. 4/2001/40, page 3.

关于确定人权委员会的地位和权力的问题。[1]

核心委员会制定了五项关于未来的人权委员会的工作计划的建议[2]。这些建议包括:

文件记录:指示联合国秘书处编制一份年度报告,收集和发布关于联合国各部门开展的活动中的人权信息,这些信息还要包括纽伦堡和东京审判的内容;并建议缔约国建立信息小组或地方性人权委员会,从而"向人权委员会提交关于监督人权在缔约国内部的保护状况的定期信息,包括缔约国的法律体系和司法与行政实践的内容"(详见第三章,1956—1981 年——定期报告)。

起草宣言:整个人权委员会应当"尽快"起草国际人权宪章,同时核心委员会应当进行起草宪章的准备工作;对古巴和巴拿马提案的详细审查延期进行;组织区域性专家会议应当"被考虑",且如果在召集整体的委员会之前区域性专家会议被证明是不可行的话,"来自各地区的独立专家的建议就应当被考虑"。

国际人权条约:不必等到国际人权宪章被制定出来后,才制定国际人权条约,一般性原则应当作为基本人权条款被接受,且被包括在人权条约中。特别是在和平条约中,类似的人权条款应当被所有的国家所接受,无论其为联合国会员国,还是正在寻求加入联合国。

实施条款:联合国的目标已在《联合国宪章》中规定,即促进和监督人权,"只有当监督人权和国际人权宪章的实施机制的条款被制定后,才能充分实现该目标"推迟一个实施机构的建立。

人权委员会可能被认定有资格去协助联合国相当一部分机构的工作任务,这些工作任务由《联合国宪章》的第十三条、五十五条和六十二条……赋予联合国大会和经济及社会理事会,(人权委员会)还要协助联合国安全理事会完成被《联合国人权宪章》第三十九条所赋予的工作任务,该任务系评定某一国家(可能)在事件中侵犯人权的地方,认定的依据有该国家行为的严重

① E/38/Rev. 1.
② E/38/Rev. 1, pages 6-7.

性、频率和国家的系统性性质是否会被认定为对和平的一种威胁。

职司委员会:由经济及社会理事会指派建立一个信息和新闻自由小组委员会(Sub-Commission on Freedom of Information and of the Press)。 14

核心委员会提交了妇女地位小组委员会(Sub-Commission on the Status of Women)的报告(该委员会包括三位关于人权的核心委员会的成员——罗斯福夫人、布尔基什先生和卡森先生),并向经济及社会理事会提出了许多建议:

1. 该妇女地位委员会的组成应当遵循与委员会本身建议的相同程序。

2. 所有缔约国的注意力都应当集中于在妇女尚不能承担全部责任之处,考虑妇女教育和妇女政治权利的发展的问题。

3. 最初通过立法设立的一个整体且细致的研究是关于妇女地位及其实践情况的,这个研究应当将自国际联盟(League of Nations)做出首次一般性调查以来发生的所有变化都考虑进去。

4. 秘书处(社会事务部、人权司)被授权提供一切合格的人员和资料,使其能够组织被指定进行的研究,并充分履行在联合国妇女地位领域任职的义务;以及

5. 当缔约国中与妇女相关的问题出现时,在他们看来应当就这些问题与这些缔约国的政府进行磋商,不论是通过一般性妇女会议还是通过其他不同的会议进行磋商,这些问题应当作为在会议磋商中考虑的首要事项,尽管每个会议可能因在其特定的一个机构而有特定的目的,比如国际劳工组织和联合国教科文组织(United Nations Education, Scientific and Culture Organization, UNESCO)。①

一个主要的问题是国家主权原则和普遍的基本人权之间的调和,这是在讨论将由新建立的委员会起草的国际人权宪章的执行情况时引发的。在接下来数年里,执行问题将持续影响着委员会。尽管如此,很明显的是,新的委员会将要起草未来实施人权标准的程序的性质和范围。

① E/38/Rev. 1, page 13.

在接下来几年里，伴随着某些地区存在全权主义政权(totalitarian regimes)，在另一些地区存在殖民主义势力，委员会发现自己开始致力于一些关于民族自决权和信息自由权的议题——这都是非常重要的人权议题；但代价是分散了使所有国家将人权作为一个普遍价值的真正目的。言辞与现实渐行渐远。尽管如此，“伟大事业”仍继续它的演进发展。

非政府部门在确保将这些条款列入《联合国宪章》的过程中扮演了重要的角色，当委员会的设立正在被讨论的时候，它们在经济及社会理事会中进行了准备工作。基于此，核心委员会(除了苏联代表)认为未来委员会的成员应当不是政府
15 的代表，并将这一建议提交经济及社会理事会，该建议同时确保政府在选择哪些特别专家时拥有发言权。虽然这些建议没有被采纳，但是这一做法强调了应确保人权事务不会在一个专属于政府的环境下被处理；在这种情况下，非政府部门必然在推进人权事业的各个领域发挥重要作用。

核心委员会报告

1946年5月28日，大约是在亨利·劳吉尔发表演讲将近一个月后，埃莉诺·罗斯福在经济及社会理事会做了关于核心委员会的介绍性报告。该次会议是经济及社会理事会的第二届会议，会议以美国总统哈利·S. 杜鲁门(Harry S. Truman)的致辞开场。

在致辞中，杜鲁门总统提到了经济及社会理事会的职责：

> 如果说安全理事会的职能是警惕对和平的新的威胁，那么经济及社会理事会的职责就是为和平的胜利动员人类的建设性力量。我们不再需要从轴心国统治世界的困境中挣脱，而需要在一个由勇敢的人创造的自由世界里忍受饥饿、疾病、贫穷和不安全……这就需要你们去促进对人的尊严和价值的更加充分的认识，同时在全世界范围内促进人的基本权利。为了完成这一伟大的任务，联合国应对其充分支持。①

① Economic and Social Council, First Year Second Session Official Records, 25 May–21 June 1946 Official Records (first meeting, 25 Saturday May 1946), page 1.

在做核心委员会的介绍性报告①时,罗斯福夫人指出,由于九名委员中有三位缺席,核心委员会的履职受到了阻碍,

尽管如此,委员会还是能继续它重要的工作,并向经济及社会理事会提交了建议,使得经济及社会理事会能够决定核心委员会将来的任务。核心委员会决定在其建议中限制自己的职能,仅考虑那些在筹备完全的人权委员会(the full Commission)的时候将必然发生的迫切的问题。

核心委员会建议尽早成立完全的人权委员会,如果可能的话,在核心委员会成员的一年任期内就完成委员会的成立工作。核心委员会的成员愿意为了便利经济及社会理事会在这方面的工作而主动辞职。

罗斯福夫人解释说,苏联代表仅出席了核心委员会的最后几次会议,并且发言说,他的前任(曾参加早些时候的会议并投票)应被视为“观察员而已”。② 苏联 16
在起草过程早期阶段的态度特点便是不愿参与到起草进程中来。

关于完全的人权委员会的成员组成,存在两种意见:一种是倾向于让政府代表作为委员会成员;另一种则是倾向于让独立专家作为委员会成员,因为独立专家“不仅仅会代表他们自己的国家,而且能代表全世界的所有人民”。核心委员会建议各会员国应当分别提名两位人员,其中一位的国籍不一定属于该提名国,同时经济及社会理事会应从会员国提名的小组中“适当考虑地域的分布和个人的能力”,来任命完全的人权委员会的成员。③

关于准备国际人权宪章的问题(同时另一个问题是关于委员会的职权范围),核心委员会已经委托秘书处收集相关的材料,并由于该工作应该尽快完成,故提出“在尽可能早的时间提供必要的专业工作人员显得十分重要”④。

---

① Economic and Social Council, First Year Second Session Official Records, 25 May-21 June 1946 Official Records (fourth meeting, Tuesday 28 May 1946), page 27 et seq.

② Economic and Social Council, First Year Second Session Official Records, 25 May-21 June 1946 Official Records (first meeting, 25 Saturday May 1946), page 28.

③ Economic and Social Council, First Year Second Session Official Records, 25 May-21 June 1946 Official Records (first meeting, 25 Saturday May 1946).

④ Economic and Social Council, First Year Second Session Official Records, 25 May-21 June 1946 Official Records (first meeting, 25 Saturday May 1946).

核心委员会建议成立信息和新闻自由小组委员会，认为该职司部门的工作对“国际人权宪章的准备工作来说是绝对必要的，因为信息自由构成了公众表达的基础，并且任何人权宪章只有在知情的公众舆论下才能实施，离开这种实施，人权宪章将会毫无价值”①。

罗斯福夫人告知经济及社会理事会，核心委员会已经意识到“政治性问题可能和它（将来的委员会）的工作内容联系在一起，并表示希望经济及社会理事会能够对此加以考虑”②。

由于所在委员会的报告已经被核心委员会的报告所涵盖，且由罗斯福夫人对此进行了介绍，妇女地位小组委员会的主席伯格斯特鲁普夫人（Mrs Bergstrup）在经特别许可后进行了发言。伯格斯特鲁普夫人在发言中指出了诸多要点：妇女地位小组委员会认同它的工作应当涵盖所有的人权事业的范围，其中程序是必要的，以及小组委员会成员提出“他们的目标应当被归入‘政治、公民、社会、经济和教育’的主题项目之下”③。

最后，妇女地位小组委员会建议其自身应当被设立为独立的委员会：“该委员
17 会的成员都很清楚为什么经济及社会理事会……将其置于人权委员会的领导之下。尽管如此，妇女地位小组委员会还是认为自己应当在尽可能最好的情况下开展工作，而不是依循另一委员会的步调。”④

经济及社会理事会在全体会议中讨论了核心委员会的报告。⑤ 在这一辩论环节产生了诸多相互关联的问题。苏联认为未来的人权委员会应当设立多个小组

---

① Economic and Social Council, First Year Second Session Official Records, 25 May-21 June 1946 Official Records (first meeting, 25 Saturday May 1946).

② Economic and Social Council, First Year Second Session Official Records, 25 May-21 June 1946 Official Records (first meeting, 25 Saturday May 1946), pages 28-29.

③ 妇女地位委员会还建议进行一个世界范围的关于根据联合国大会讨论的妇女地位委员会目标的妇女法律之适用性的调查研究，同时还建议各国政府都应当保障妇女的选举权，“因为如果不大力保护妇女的政治权利，妇女地位的提升将很难取得进展”。妇女地位委员会对其成员及其组成的建议与人权委员会形成了一个有趣的比较：前者建议自身的组成成员应当来自不同社会发展水平的不同地区；同时，“应当在考虑选举成员的时候看重其个人能力……且希望男性将被包括在小组委员会的全体成员中”。

④ Economic and Social Council, First Year Second Session Official Records, 25 May-21 June 1946 Official Records (first meeting, 25 Saturday May 1946), pages 29-31.

⑤ Economic and Social Council, First Year Second Session Official Records, 25 May-21 June 1946 Official Records (first meeting, 25 Saturday May 1946), page 35 et seq.

委员会,其中就包括信息和新闻自由小组委员会;人权委员会自身应将保护少数群体和防止歧视这些应当受到特别关注的问题,确定为其主要工作领域。比利时也表达了类似的关切,认为国际联盟过去的保护少数群体制度尽管存在缺陷,但确实构想了“一种控制和保障制度,而《联合国宪章》没有包含监督方法”。①

成员资格问题也得到了讨论,一些与会成员赞成政府代表方案(苏联),而另一些成员赞成个人方案(黎巴嫩、比利时、英国):“成员,特别是人权委员会的成员,必须能自由提出可能使政府感到尴尬的问题,如果他们代表政府,将很难做到这一点。”②

执行的问题备受关注。核心委员会设立一个执行机构的提议遭受到若干不同的反对意见。苏联认为“与会成员们对执行机构的了解太少了,因而在做出决定前进行进一步的解释是必要的”。美国认为,“强调执行的问题比设立执行机构的问题所涉及的内容更加广泛,这要求制定涉及联合国不同机构联动的程序,并要求会员国采取行动”。比利时指出,“只有一个执行机构是不够的,经济及社会理事会和安全理事会很可能必须进行合作,以确保尊重人权”。英国则认为,

> 应认真考虑和制定执行的规定。最终,需要会员国政府自己采取行动。人权委员会可能凭借其世界声望,自己成为一个执行机构……然而,最重要的一步是,每个国家都将这样一项权利宪章视为本国法律的一部分。

黎巴嫩表示,

> 所有的会员国……都应当受国际人权宪章的约束,任何不接受国际人权法的
> 国家都不能够成为联合国会员国。必须制定出关于执行的条款,因为如果没 18
> 有这些条款,对于人权的讨论都将是纸上谈兵。

可见,甚至在就国际人权标准的定义开展任何工作之前,执行的问题就已被认为是一项重大挑战。经济及社会理事会对核心委员会报告的讨论于1946年5月31

① Economic and Social Council, First Year Second Session Official Records, 25 May-21 June 1946 Official Records (first meeting, 25 Saturday May 1946).

② Economic and Social Council, First Year Second Session Official Records, 25 May-21 June 1946 Official Records (first meeting, 25 Saturday May 1946), page 38.

日结束,报告被提交给经济及社会理事会下设的两个委员会之一,该委员会由 12 个成员国组成(另一个委员会负责审查其他核心委员会的报告)。[①] 该起草委员会完成了一份决议草案并反馈给理事会全体会议,该决议草案规定了人权委员会的职责。

1946 年 6 月 21 日,理事会一致通过了该决议。由此,人权委员会作为经济及社会理事会的一个职能委员会成立了。[②] (见附录,图表 1)

妇女地位委员会(1946 年)

同日,即 1946 年 6 月 21 日,经济及社会理事会决定"授予[妇女地位]小组委员以正式委员会的地位,该委员会名为妇女地位委员会(Commission on the Status of Women)"[③]。

妇女地位委员会的职责是"就促进妇女在政治、经济、社会和教育领域的权利向经济及社会理事会提出建议和报告"。委员会还应就妇女权利领域的紧急问题向理事会提出建议。妇女地位委员会有权就其职权范围提出建议。[④]

妇女地位委员会将由理事会选出的 15 个联合国会员国组成,"为了在委员会所涵盖的各个领域确保均衡的代表性,秘书长在这些政府最终提名代表并经理事会确认之前,将与之进行协商"[⑤]。

B. 人权委员会(1946—1954 年)

人权委员会将进行其工作,

---

① Economic and Social Council, First Year Second Session Official Records, 25 May–21 June 1946 Official Records (sixth meeting, 31 May 1946), page 43. 委员会成员有:比利时、智利、中国、古巴、法国、印度、黎巴嫩、乌克兰苏维埃社会主义共和国、苏联、英国、美国和南斯拉夫。(根据 1945 年 2 月召开的雅尔塔会议的决定,白俄罗斯与乌克兰作为苏联的加盟共和国,因其在世界反法西斯战争中的杰出贡献与巨大牺牲,获得了联合国代表权,并于 1945 年 6 月与苏联一并被接纳为联合国创始会员国。这种"一国三票"的特殊状况一直持续至 1991 年苏联解体。——译者)

② Economic and Social Council, resolution 9 (II) of 21 June 1946, complements its resolution 5(I) of 16 February 1946.

③ Journal of the Economic and Social Council, first year, No. 29, Saturday 13 July 1946, page 525.

④ Journal of the Economic and Social Council, first year, No. 29, Saturday 13 July 1946, pages 525–526.

⑤ Journal of the Economic and Social Council, first year, No. 29, Saturday 13 July 1946.

就下列事项向经济及社会理事会提交提案、建议和报告：

(a) 国际人权宪章；

(b) 关于人民自由、妇女地位、通信自由以及其他类似事项的国际宣言 19
或公约；

(c) 保护少数民族；

(d) 防止因种族、性别、语言或宗教等关系而生的歧视；

(e)(a)、(b)、(c)、(d) 思想所未包括的任何其他有关的人权事项。[①]

委员会获得了广泛的自由裁量权:它还被授权应经济及社会理事会的要求进行研究和提出建议、提供资料和其他服务,并向理事会提出修改其职权范围的任何建议。

至于成员资格和组成,挑选人权委员会成员的方式是那些希望看到由政府代表和希望看到由独立专家组成委员会的人之间妥协的结果。委员会中的成员国是由经济及社会理事会选举形成的,而代表这些国家的个人则须经秘书长协商和理事会确认。人权委员会的规模在随后几年扩大(1962年从18个成员国扩大到21个,1967年扩大到32个,1979年扩大到43个,1992年扩大到53个),反映了联合国会员国的逐渐增加。经济及社会理事会选举人权委员会成员国的过程,以及与秘书长协商指定其代表的过程,在委员会存在的整个60年间保持不变。2006年成立的人权理事会则是一个联合国大会的下属机构(见附录,图表2),因而有另一套组织框架(见第九章)。

基于确保非政府专门知识的需要,人权委员会被授权可以临时召集专家工作组。虽然这一授权原本旨在为委员会的文件起草责任加入外部因素,但几年后,更确切地说在1967年,委员会援引这一规定,成立了一个特设专家工作组(Ad Hoc Working Group),对南非侵犯人权的指控开展调查。这是委员会第一个超越传统的做法,后来被称为“特别程序”(见第六章A,1967年——南非)。

人权委员会一开始就向秘书处提出了一项艰巨的任务,请秘书处编写内容广泛的人权文件。其中最重要的是1946—1988年出版的《人权年鉴》(*the Yearbook on Human Rights*),在1956年建立定期报告制度之前,《人权年鉴》是在国家一

① A/125 XIII, para 47.

级分享人权法律和实践信息的首要渠道(见第三章,1956—1981 年——定期报告)。

同时,有关执行情况的规定亦已委托给人权委员会,请其"尽早就有效执行人权和基本自由的方式方法提出建议"。寻求有效的执行机制(十分困难),是几年后委员会决定在完成国际人权宪章时将公民权利和政治权利与经济、社会及文化权利分开的决定性因素(见下文,第一章 B,人权委员会[1946—1955 年])。

20 1946 年 10 月 2 日,经济及社会理事会以无记名投票方式选出各委员会成员。在提名的 25 个候选国中[1],有 18 个国家当选:澳大利亚(17 票)、比利时(18 票)、白俄罗斯苏维埃社会主义共和国(14 票)、智利(18 票)、中国(17 票)、埃及(17 票)、法国(18 票)、印度(17 票)、伊朗(14 票)、黎巴嫩(15 票)、巴拿马(15 票)、菲律宾共和国(16 票)、乌克兰苏维埃社会主义共和国(14 票)、苏联(16 票)、英国(18 票)、美国(17 票)、乌拉圭(17 票)和南斯拉夫(13 票)。[2]

1946 年 12 月 1 日,联合国大会决定将巴拿马提议的"供委员会在编写国际人权宪章时审议的基本人权和自由宣言草案",提交新成立的人权委员会。[3]

如此设立的人权委员会,完全是作为"造成国际间和平友好关系所必要之安定及福利条件"与联合国"促进解决国际经济、社会和其他人道主义问题,促进对人权和基本自由的尊重"的宗旨的一个组成部分。从根本上说,委员会被认为从整体上完整地包括了公民、文化、经济、政治和社会权利。因此,人权委员会被赋予的权利应被视为旨在创造条件防止战争再次发生的努力的一个组成部分。[4]

人权委员会的若干特点在其存在的全部过程中始终如一。该委员会虽然是一个政府间机构,但其目的显然自成一格,而不是采用与组成联合国系统的其他政府间机构相同的形式。在这里,非政府组织和专门机构积极参与其工作;作为代表出席会议的人亦被要求具备应对委员会工作的专门知识。

---

① 25 个候选国家是:澳大利亚、比利时、白俄罗斯苏维埃社会主义共和国、加拿大、智利、中国、哥斯达黎加、古巴、捷克斯洛伐克、多米比亚共和国、埃及、法国、印度、伊朗、黎巴嫩、荷兰、挪威、巴拿马、菲律宾共和国、乌克兰苏维埃社会主义共和国、苏联、英国、美国、乌拉圭和南斯拉夫。

② Economic and Social Council, Official Records, First Year Third Session Supplement No. 9, 18th meeting, 2 October 1946, page 127 et seq.

③ General Assembly first session, second part, Official Records, 54th meeting, 11 December 1946, pages 1139-1140.

④ See, among others, Charter of the United Nations, 24 October 1945 1 UNTS XVI. Available at http://treaties. un. org/doc/Publication/CTC/uncharter-all-lang. pdf Articles 1, 55 and 56.

1947年1月27日至2月10日,人权委员会第一届会议在纽约的成功湖(Lake Success)举行。会议确定了起草国际人权宪章的方式,并成立了一个由委员会成员组成的起草小组,由

> 主席[埃莉诺·罗斯福]和副主席[张彭春],以及报告员[查尔斯·马利克(Charles Malik)],承诺在秘书处[约翰·P. 汉弗莱担任负责人]的协助下,承担起草国际人权宪章初稿的任务……并提交经济及社会委员会第二届会议进行全面审查。

人权委员会还提供了“主席可能需要的”其他来源的资料内容。①

委员会提请起草小组,

> 同时注意到委员会目前无法就如何确保对国际人权宪章所规定的权利保护 21
> 方法进行准确的描述……(起草小组应)探讨这一领域和研究澳大利亚的提案(E/CN. 4/15),提出准确的意见,以及已经或可能向其提交的任何其他文件,以便委员会第二届会议能够就这一议题拟订提案。

委员会成员还就“他们认为应列入国际人权宪章的内容”发表了意见,以“作为起草小组工作的指南”。②

起草国际人权宪章(1947年)

经济及社会理事会正式向人权委员会及其起草委员会转交了巴拿马提交的草案,“以及从成员国收到的所有其他宣言草案”,特别是古巴和智利的草案③,以供委员会“在编写国际人权宪章时审议”。理事会为委员会提出了一项任务,期望该机构在1948年之前向联合国大会提交一部国际人权宪章。④

---

① E/259 II para 10.

② E/259 II, para, 10.

③ E/HR/1, E/HR/3 and E/CN. 4/2.

④ E/325, resolution 46(IV) of 28 March 1947.

为此委员会成立了一个起草委员会，召开了两次会议：第一次会议于 1947 年 6 月举行，第二次会议于 1947 年 12 月举行。在第二次会议上，委员会正式讨论通过了“国际人权宪章”这一概念，“或简称‘权利宪章’（Bill of Rights），涵盖了正在编写的全部文件，如各宣言、公约和执行措施……以及呼吁制定人权公约”。[1] 国际人权宪章后来得到了《公民权利和政治权利国际公约来文任择议定书》（1966 年）、《旨在废除死刑的第二项任择议定书》（1989 年）以及《经济、社会及文化权利国际公约来文任择议定书》（2008 年）的补充（见第七章，时间线：公约的产生）。

起草委员会编写了《世界人权宣言》和国际公约的条款草案[2]，以及对每一条拟议条款的说明。宣言的条款草案包括经济和社会权利，而公约的条款草案则没有包括此类权利。执行措施仍处于讨论阶段。

根据要求，秘书处需在 1947 年 6 月前[3]为起草委员会准备一份“国际人权宪
22 章草案纲要”[4]。根据经济及社会理事会制订的计划，起草委员会将在 1947 年 12 月的第六届会议上向人权委员会提交一份草案。人权委员会将把草案分发给所有会员国供其审议，提出“意见、建议和提案”，以作为“委员会在必要情况下重新起草草案的基础”。而后，起草委员会将最终草案提交人权委员会，由人权委员会进行“最终审议”（final consideration）并转交经济及社会理事会，然后再提交联合国大会。

起草委员会于 1948 年 5 月举行了第二届会议，并向人权委员会提交了一份宣言草案和一份公约草案，但起草委员会没有足够的时间讨论执行问题。

总而言之，人权委员会通过 1947 年 1 月至 1948 年 6 月的三次会议完成了宣言草案。其余两个问题即起草公约和制定执行措施，将再花费委员会 6 年时间，而联合国大会将再花 12 年时间来审议通过，还将花十多年时间等待两项国际公约于 1977 年生效，方才完成了国际人权宪章的全部内容。

国际人权法院

如前所述，人权委员会的任务包括起草执行措施。在委员会工作开始时，澳大利亚向委员会提案，要求设立一个国际人权法院；后来由乌拉圭将其发展成为

---

① E/600, para 18.
② E/600, para 18.
③ E/259, paras 10-13.
④ E/CN. 4/AC. 1/3.

一项关于总检察长/高级专员(Attorney General/High Commissioner)的提案。这与此前核心委员会的意见是一致的,即未来的人权委员会应能够执行“某些必须被视为国际罪行的最终惩罚,因为这些罪行构成了对全人类的犯罪”①。

国际人权法院将拥有管辖权,

> 审理和裁定与《人权宣言》规定的公民权、享有人权和基本自由有关的一切争端……法院的管辖权应既有原审的,也有上诉的,而且……延伸到对提交给行政法庭或行政当局的此类争议中产生的问题进行解释。上诉管辖权应被扩大到对受《人权宣言》所载义务约束的国家中法院的所有裁决提出的上诉,只要在这些裁决中出现任何关于公民权或享有人权或基本自由的问题……国际人权法院对任何此类国家管辖范围内的任何个人或群体做出的任何判决或命令,应根据其条款完全有效,并应在受判决或命令影响的国家内强制执行……这些国家承诺将《宣言》所载的条款应视为基本法律,且不应采取任何与这些条款相冲突或对其干涉的法律、法规或官方行动,也不应有任何法律、法规或官方行动优先于这些条款。②

《世界人权宣言》(1948年6—12月) 23

在1948年6月的第三届会议上,人权委员会向经济及社会理事会提交了《世界人权宣言》草案,并于1948年7至8月于理事会审议,随后提交联合国大会,大会于同年12月10日通过了该草案。

1948年对人权工作来说是重要的一年,至少就制定标准而言确实如此。同年4月,在美洲各国于波哥大举行的第九次区域会议上,除成立美洲国家组织(Organization of American States, OAS)之外,还通过了《人类权利和义务宣言》,再次彰显了该地区在制定普遍人权标准方面的领导作用——智利、古巴和巴拿马各自在旧金山会议和人权委员会创设伊始便提交了一份宣言草案(关于灭绝种族罪),其最初便是美洲国家定期会议的产物。也是在这一年,联合国大会通过了《防止及惩治灭绝种族罪公约》(Convention on the Prevention and Punishment of the Crime of

---

① E/38/Rev. 1, I, page 2.

② E/CN. 4/15.

Genocide),这是联合国通过的第一项人权文书。[①]

《世界人权宣言》的起草提出了一些重要议题,其中关键的是提出人权是一项世界性问题,应当作为原则被接受,这一观点得到了刚刚在两次世界大战中取得的经验的有力支持。该《宣言》引入了对国家充分履行国际人权义务的问责制。这标志着人权委员会在处理执行《世界人权宣言》规定的国际标准问题时所做的工作。

《世界人权宣言》把自己描述为"所有民族和国家的共同标准"。多年来,《世界人权宣言》已成为国际习惯法的一部分,为国际人权法提供了基础。

它的序言和第三十条规定了一个由实质性权利及其行使方式组成的架构。赋予所有人的尊严和权利的自由和平等应"以兄弟关系的精神"相互行使,因为所有人都被"赋有理性和良心"。《世界人权宣言》列出了实质性权利,强调了"人人对社会负有义务,因为只有在社会中他的个性才可能得到自由和充分的发展",以及

> 人人在行使他的权利和自由时,只受法律所确定的限制,确定此种限制的唯一目的在于保证对旁人的权利和自由给予应有的承认和尊重,并在一个民主的社会中适应道德、公共秩序和普遍福利的正当需要。[②]

以下章节描述了《世界人权宣言》通过后的演变。第一个挑战是完成两项人权公约草案,包括监督其执行情况的程序。

24

公约——纳入经济、社会及文化权利(1949—1954年)

在1948年12月,当《世界人权宣言》被通过后,人权委员会的关注重点转为其工作安排的剩余部分:起草一份国际人权公约及其执行程序。委员会早期的努力并没有形成一份成文的文本;在1947年的第二届会议中准备了一份公约条款的草案,并在1949年向经济及社会理事会递交了条款草案,同时递交的还有一系列

① A/RES/260, Convention on the Prevention and Punishment of the Crime of Genocide, Paris, 9 December 1948, entered into force on 12 January 1951.

② A/RES/217 (III) A-E, Universal Declaration of Human Rights, Article 29, alinea 1 and 2.

评论和提案。[1]

人权委员会一开始并未决定是否将经济和社会权利纳入公约中,虽然这个问题在1949年和1950年的会议中被讨论过。这涉及两个层面的问题:是否以及如何构建经济和社会权利,以通过“精确的法律语言”使得这些权利具有“司法性”(justiciable)。如果这些权利将被包含在公约中,那么它们是否应如委员会的职权范围中所规定的那样,构成公约的一部分?假设上述问题得到解决,那么用于监督公约执行的合适的程序应当是怎样的?人权事务委员会机制已经在公民权利和政治权利实施程序的文本中得到接受。

在1949年,人权委员会向成员国发放了一份问卷调查,以寻求成员国对于将经济和社会权利纳入公约的建议和意见[2],并收到了若干反馈。[3] 秘书处对它在各专门机构进行调查的结果做了展示。[4] 在此后的一届会议中(1950年),人权委员会审议了上述资料,但没有就是否将经济和社会权利纳入公约做出决定,而是决定将此问题的讨论作为来年——1951年的优先事项。在1950年的会议上,委员会发布了一份“第一公约草案”,包括公民权利和政治权利,以及实施这些权利的措施(设立一个委员会)[5],并“安排在1951年的第一次会议上考虑额外的公约及执行措施,以处理经济、社会及文化权利以及其他类型的人权”。[6]

经济及社会理事会并未直接回应人权委员会的请求。相反,它将这些问题提交到联合国大会,认为这些问题有必要由大会做出“基本政策性决定”(basic policy decisions)。理事会的行动很明显是倾向于确保所有的会员国知晓人权委员会的提案行为(proposed action),并且给予各方表达各自观点的机会。理事会断定,“如果没有经由联合国大会做出的基本政策性决定,就无法在公约制定方面取得进一步的进展”。

以下是四个政策性决定:

---

① E/CN. 4/350 Annexes I and III.

② E/CN. 4/350 V paras 16-24, Annex III.

③ E/1681 IV, para 20.

④ E/CN. 4/364 and Corr. 1, 2 and 3.

⑤ E/CN. 4/507 I.

⑥ E/CN. 4/507 para 31, resolution B; see also E/CN. 4/705 para 25.

(a) 人权委员会提出的前十八条(涉及公民权利和政治权利)具有普遍充分性;

(b) 是否在公约内列入关于该公约适用于联邦州、非自治领土及托管领土的特别条款;

(c) 是否列入关于经济、社会及文化权利的条款;以及

25 (d) 人权委员会提出的与执行有关的条款是否适当。[1]

同时,经济及社会理事会请人权委员会将其决议和辩论记录送交会员国代表团,"以便在第五届联合国大会之后(即一旦大会根据其建议采取行动,做出基本政策性决定)征求会员国的意见,并转交人权委员会"。

关于经济、社会及文化权利纳入公约的问题尚未解决,执行的手段也尚未敲定。这两个问题同各方对国际人权宪章——或者更确切地说,国际公约所采取的性质、形式和内容的重大分歧纠缠在一起。一方面,苏联及其盟国的立场是,执行包括公约在内的国际人权宪章,是一个属于国内管辖权的问题,国际人权公约中不应有执行条款;另一方面,国际人权公约草案中的实质性条款尚不完整,其中没有任何条款规定经济、社会及文化权利,也没有自决权。

1950年12月4日,法国代表在联合国大会全体会议上的发言概括了关于国际人权公约远景辩论的性质:

> 公约绝不能是《世界人权宣言》的另一个版本。它要么什么都不是,要么是体现具体和商定义务的法律文书。应谨慎权衡所做的承诺。即使进展缓慢,也有必要向前推进,但也必须考虑履行这些承诺的法律后果;否则公约将毫无意义。

该代表提到苏联和其他东欧国家所阐述的立场,并以某种程度的讽刺语言说道:

---

① E/8149 Economic and Social Council, eleventh session 3 July-16 August 1950, Resolution 303 I (XI) of 9 August 1950.

> 不,也许我是错了;假使需要这个公约的唯一目的,是想利用反复出现的民主口号来达到某种政治的或宣传的利益的话,这个公约也可能有它的意义。假使唯一的目的在于用一种伪装的措辞来继续以往唯国家意志的错误政策,该公约也可能有它的意义。假使某些政府只想对《联合国宪章》所宣布的人权做些无关痛痒的称道,一种可能很有力却使个人不得接近国际社会的传统政策得到保障的口头敬意,那么,这样一种浮夸而不切实际的决议案或许也有其道理。我无法相信任何一个代表国会有这种用意。可是,这实际上是对我们现在所讨论的空洞而引起争议的决议草案能提出的唯一解释。[①]

大会指出,国际人权公约应包含经济、社会及文化权利,人权委员会还应制定 26
执行条款。大会提到委员会打算单独起草一份关于经济和社会权利的公约,明确表示对这些权利的保护应被包括在单独一份(而非分开两份)公约中,人权委员会建构了“经济、社会及文化权利的明确表达,并在一定程度上与公约草案所宣布的公民权利和政治自由相关联”。[②]

1951年,人权委员会在其第七届会议上恢复公约起草工作,并收到了大会的指示——委员会将修订现有的18个关于公民权利和政治权利的条款,增加关于经济、社会及文化权利的条款,并起草执行公约的条款。

委员会制作了公约的完整版本。[③] 但该文本并非最终的形式,从中可以清楚地看出,还需要做更多的工作。特别是涉及拟议的人权事务委员会(Human Rights Committee)及其职权范围的条款,以及缔约国的报告义务领域,皆需要进一步完善。但可以说,委员会正走在正确的道路上继续努力制定整体统一的公约。同时,从该报告附件二中也可以清楚地看出,至少印度、英国和美国倾向于将这两套权利分开。[④]

面对定期报告制度和通过人权事务委员会监测公民权利和政治权利执行情况的制度,人权委员会无法决定是否以及执行哪一种将适用于哪一套权利,因而

---

① General Assembly fifth session 317th plenary meeting (A/PV. 317) Statement of M De Lacharriere, paras 80-91.

② General Assembly resolution 421E (V), 4 December 1950. See also E/CN. 4/705 para 26.

③ E/CN. 4/640 Annex 1.

④ See for example, E/CN. 4/480.

请求联合国大会给予足够的时间来执行其要求。

对此,经济及社会理事会做出回应,请人权委员会完成联合国大会分配给它的任务,并在1952年的下一届大会前执行完毕。[1] 不过,理事会也同时向大会提交了人权委员会的报告及其记录,因为

> 尽管在制定人权公约之前还需要做更多的工作,但如今已进入一个新阶段,在这个阶段,在人权委员会或经济及社会理事会中没有派驻代表的政府最好也有机会就委员会所做的工作发表意见,特别是就与执行有关的建议表达自己的意见。[2]

随后,经济及社会理事会请联合国大会重新考虑其只制定一个公约的决定。[3] 理事会提出这一请求的依据是,"这些条款规定了两种不同的执行方法,但没有说明哪种或哪些方法适用于"这两套权利中的哪一种。理事会强调了"在一项公约中体现两种不同的权利和义务的困难"和"以最有可能确保其有效实施的方式制定……经济、社会及文化权利的重要性"。[4]

27 大分离(1952年)

联合国大会接受了经济及社会理事会的提议,"重新审议了这一问题",并于1952年2月5日同意订立两项公约。在这样做的过程中,大会重申"享有公民[原文如此]、政治自由与享有经济、社会及文化权利,两者相互联系,相辅相依",以及"人若遇经济、社会、文化权利被剥夺,即非代表《世界人权宣言》所认为自由人理想之人格者"[5]。大会请人权委员会修改关于经济、社会及文化权利的拟议条款草案的措辞,"以期其中所述之人权能获得更有效之保障"。[6]

大会同时决定:

---

① E/2152 page 35, Resolution 374 A (XIII) of 29 August 1951.

② E/2152 page 35, Resolution 374 B (XIII) of 29 August 1951.

③ E/2152 page 35, Resolution 374 (XIII) of 29 August 1951.

④ E/2152 page 35, Resolution 374 C (XIII) of 29 August 1951.

⑤ General Assembly sixth session, resolution 543 (VI) of 5 February 1952,着重号为作者所加。

⑥ General Assembly sixth session, resolution 544 (VI) of 5 February 1952.

一、国际人权公约中应添列关于所有民族及国家自决权之条文一条,重申《联合国宪章》揭橥之原则。草拟此项条文时,应当依照下列文句:“所有民族皆有自决权”,并应规定所有国家,包括负有管理非自治领土责任的国家,皆应依照联合国的宗旨和原则,推进此项权利的实现;负有管理非自治领土责任的国家对于此种领土内各民族,亦应推进此种权利的实现;

二、请人权委员会就国际间尊重民族自决原则的问题拟具建议,提交大会第七届会。[①]

有趣的是,就在同一天,大会决定,“今后在所有西班牙文联合国工作文件及出版物中,以及《世界人权宣言》和公约草案中,均[应]使用‘derechos humanos(人权)’一词,而将现行‘derechos del hombre(男人的权利)’一词停用”,更换使用的原因是“《世界人权宣言》和公约草案的内容与宗旨具有‘derechos del hombre’一词所不能赅备之广泛意义”[②]。

在联合国大会第三委员会和全体会议上的辩论非常激烈,最终,推翻1950年所采纳立场的投票结果也非常接近(29票赞成,20票反对,3票弃权)。[③] 决议很明确:人权委员会将起草两个公约,并于当年晚些时候“同时提交”,以便大会同时批准并同时开放以供签署,

为求确保目的一致及确保尊重及遵守人权起见,两项公约应尽量载列相类之规定,对将来各国就实施情形报告一节尤应如此。[④]

埃及代表认为,大会、理事会和委员会自去年以来就这一问题进行的讨论给人留下了深刻印象, 28

有几个国家,尤其是各大国,深恐人权公约能够拟订完成并开放供签署和批准。对于若干国家,这种恐惧系出于我将其描述为病态的妒忌,不愿有人干

① General Assembly sixth session, resolution 545 (VI) of 5 February 1952.

② General Assembly sixth session, resolution 548 (VI) of 5 February 1952.

③ A/PV. 375, Plenary Meeting, 5 February 1952, para 66.

④ General Assembly sixth session, resolution 543 (VI) of 5 February 1952.

> 涉它们认为绝对不容他人问津的内政；对于有些国家，它们恐怕因实施公约而使它们须接受的国际监督措施或将有利于因受歧视限制而与社会隔绝的某些国民；另有些国家则害怕因实施公约推及它们管辖下的领土所将发生的必然后果。①

这使得人权委员会几乎没有时间完成大会的要求。② 经济及社会理事会在接下来一个月召开了特别会议，并将这一要求提交给了委员会，委员会于 1952 年 4 月中旬处理了这一要求。由于大会没有就执行问题发出任何指示，委员会就此所承担的任务也没有变得容易。

尽管存在上述制约因素，人权委员会在准备两项新公约方面还是取得了进展。其在几乎整个第八届会议中都致力于制定这两项公约，尽管会期延长至九周，但仍未能讨论执行条款、保留条款和联邦国家条款（a federal clause）。在此情况下，人权委员会正式请求，希望在第二年（1953 年）完成其工作。

1952 年的人权委员会届会是埃莉诺·罗斯福出席的最后一届会议。几个月前，在全体会议的辩论过程中，勒内·卡森反映了委员会在完成上述精细任务时所面临的不切实际的最后期限。在提到联合国大会在执行方面没有取得任何进展时，他表示："我们本希望人权委员会收到有关某些重要问题的政策指示，但不幸的是，它没有收到这些指示。"③

因此，人权委员会在 1953 年第九届会议上讨论了它在过去几年中从联合国大会和经济及社会理事会收到的许多指示，并优先考虑起草《经济、社会及文化权利国际公约》草案的条款。在 1951 年和 1952 年工作的基础之上，委员会吸纳了许多《公民权利和政治权利国际公约》草案的补充条款，以及关于执行该公约的条款。但它无法解决《经济、社会及文化权利国际公约》草案的执行条款问题。④

1954 年，人权委员会将《经济、社会及文化权利国际公约》及执行措施的制定
29 列为优先事项，其中包括根据每项公约建立的定期报告制度和根据《经济、社会及文化权利国际公约》建立的人权事务委员会程序。委员会虽然未能提出关于两项

---

① A/PV. 375, Plenary Meeting, 5 February 1952, para 57.

② General Assembly sixth session, resolution 543 (VI) 5 February 1952.

③ A/PV. 375, Plenary Meeting, 5 February 1952, para 24.

④ E/CN. 4/689, paras 24-42.

公约的执行程序的建议,然而到1954年的会议结束时,除保留条款外,人权委员会已经完成了关于这两项公约的工作。委员会将保留条款连同所附案文一起转交经济及社会理事会和联合国大会。其中一项关于财产权的拟议条款被无限期推迟,起草申诉程序的建议则被撤回。[①] (见第十章C,请愿权[1948—1966年])。

1954年8月,经济及社会理事会向联合国大会转交了这些草案,以及人权委员会关于其审议公约保留可否受理问题的记录。[②]

大会给予包括非会员国在内的各国政府六个月时间,以便“对国际公约草案……或其任何意见……进行任何修正或增补”。大会请专门机构和非政府人权组织提出意见,“包括来自非自治领土和托管领土的人,以一切可能的方式在其各自国家激发公众发表对……公约……的意见”。它要求“对国际公约草案文本简要注释”并传阅所收到的全部意见。

大会建议将其列为优先事项,并请其第三委员会“主要对国际人权公约草案按议定之次序逐条加以讨论,务求及早通过”[③]。

这两项公约将停留在大会会议程序中,直到1966年获得通过并开放供签署和批准。实际上,除了大会偶尔提及外,人权委员会关于国际人权宪章的起草工作至此已经完成。

1949—1954年可能是人权委员会历史上最动荡的时期之一。在困难的政治环境中,委员会努力解决执行问题;换句话说,确立常规程序的基础。它不仅在理论上,而且在实践中决定了同样重要的两套权利的相互依存性。条约体系的支柱已经形成,尽管《经济、社会及文化权利国际公约》的执行问题即使在这两项公约生效之后仍然存在(见第七章A,国际人权法)。

自决(1950—1958年)

1950年,联合国大会向人权委员会发出指示,请“委员会……研究确保人民和国家自决权的方式方法,并提出建议供大会审议”[④]。

---

① E/CN. 4/705, paras 226-242.

② Economic and Social Council eighteenth session, resolution 545 (XVIII) B and C, 29 July 1954.

③ General Assembly ninth session, resolution 833 (IX) of 4 December 1954.

④ General Assembly fifth session, resolution 421 D(V) of 4 December 1950.

30 该事项于1951年列入人权委员会议程。秘书长在会议上描述了该提案的先例：

在联合国大会第三委员会的讨论期间，反对通过该提案的代表……争辩说，人民和国家的自决权不属于委员会的职权范围，因为《联合国宪章》第七十三条和第七十六条充分涵盖了这一权利……尽管人权委员会有能力处理个人和集体的所有人权，但必须区分个人人权，[和]属于个人群体的集体人权，如结社权或工会权，以及国家、人民或主权团体的权利，后者是不同性质的权利，因为它们是政治权利，只能集体行使，不应在联合人权委员会工作领域内行使。①

相对地，其他代表提出了异议：

在公约草案中，自决权是一项基本权利，过去曾多次受到侵犯，现在仍在受到侵犯。人是社会的一部分，不能脱离社会；自决权是社会中一个群体的权利。有人争辩说，公约草案中没有这一条款将鼓励对非自治领土负责的国家无限期推迟国家间平等权利的确立。自决权是所有其他人权的基本先决条件，人权委员会完全有能力处理这一问题。②

第二年，大会注意到"人权委员会由于缺乏时间，……无法执行大会的要求"。大会因此决定，

国际人权公约中应添列关于所有民族及国家自决权之条文一条，重申《联合国宪章》揭橥之原则。草拟此项条文时，应当依照下列文句："**所有民族皆有自决权**"，并应规定所有国家，包括负有管理非自治领土责任的国家，皆应依照联合国的宗旨和原则，推进此项权利的实现。③

---

① E/CN. 4/516, para 7.

② E/CN. 4/516, para 8.

③ General Assembly sixth session, resolution 545 (VI) of 5 February 1952，着重号为作者所加。

联合国大会请人权委员会就国家间相互尊重民族自决权提出建议。1954年,人权委员会提议成立一个委员会,“对自决权的基本组成部分的现状进行全面调查,如果需要,来增强该权利”。它提议该委员会

> 职权范围如下:(1)……审查因自决权被剥夺或未充分实现而造成的任何情 31
> 况,该权利属于《宪章》第十四条的范围,联合国任何十个会员国[均可]提请委员会注意该权利;(2)……为和平纠正其需要审查的任何情况进行斡旋;(3)如果在六个月内,有关情势变更不能令有关各方满意,委员会将向大会报告事实并提出适当建议。①

大会在1958年设立了一个委员会,采取后续行动,

> 充分调查此项自决权利基本要素的地位,并于必要时提出建议予以加强;复决议在充分调查民族与国族对于其天然财富及资源的永久主权地位时,应适当考虑到各国在国际法上的权利与义务,以及在发展落后国家经济发展中鼓励国际合作的重要性。②

两项公约在联合国大会中的进程(1954—1966年)

前述两项公约成为联合国大会第三委员会和全体会议进行系统性和详细讨论的议题。

该程序是在大会第三委员会审查早期就已经商定的。首先审查的是公约草案的实质性条款,从经济、社会及文化权利开始审议,接下来是对两项公约草案的一般条款的审议。执行条款是被最后审议的部分——实际上,这一部分是在1966年,即最初的会议开始12年后才开始审议的。

在接下来的几年里,公约草案的通过过程缓慢。每项条款都要在大会上经过讨论、动议和投票的议程。对某些条款的讨论所花费的时间比其他条款更长,例如:在1957年,生命权(《公民权利和政治权利国际公约》第六条)经过12次会议

① E/CN. 4/705 IV, para 335 resolution II.

② General Assembly thirteenth session, resolution 1314 (XIII) of 12 December 1958.

的讨论才获得通过,而《经济、社会及文化权利国际公约》草案第十四、十五和十六条(受教育与参与文化生活的权利)则经过了 21 次会议才获得通过。两项公约的文本总共经历了超过 400 次会议方才审议通过。

截至 1961 年,联合国大会第三委员会完成了对人权委员会提交的公约条款草案的审议。第三委员会主席分享了他对当时已经达成的阶段性成果的看法:

> 委员会在这一年做得很好。它批准了人权委员会提出的最后八项实质性条款。其中一些条款是整个《公民权利和政治权利国际公约》中最重要的条款。在下届会议结束时,它将审议并通过人权委员会可能提出的任何新的
> 32 实质性条款,以及两公约的一般性条款。如果时间允许,委员会[可能]甚至开始进行对实施条款的辩论。辩论应在 1963 年,即联合国大会的第十八届会议上结束……在关于实施问题的辩论中,将不仅考验我们对人、对人权的普遍性和对人类团结的信心,而且还会考验"我们超越狭隘的特殊利益和过时概念的能力和意愿。这场辩论将对各国政府的诚意进行一场严峻的考验"。[①]

1964 年没有就公约草案进行讨论,1965 年也"因为联合国大会第三委员会的繁重议程"推迟了对公约草案的审议。最终在 1966 年,大会通过了公约并将其开放以供签署、加入和批准。[②] 同年,第三委员会专门召开了 54 次会议,讨论两项公约的执行程序,这一点从一开始就引起了很多辩论。

联合国大会在通过公约及其任择议定书时,还通过了两项决议:一项决议旨在最广泛地宣传两项公约,另一项决议邀请人权委员会着手"成立人权问题各国委员会或指定其他适当机构执行与遵守公约有关的若干职能"[③]。

有关个人申诉问题的处理,最初由荷兰将其作为新的第四十一条第二款提案,以沿袭处理国家间申诉程序的该条规定,并被纳入《公民权利和政治权利国际公约》所附的另一项议定书。对此提案的唱名表决(vote-a roll-call)结果很接近,

---

① A/C. 3/L. 952.

② General Assembly twenty-first session, resolution 2200 A (XXI) 16 December 1966. 大会全体会议一致通过了两公约(A/PV. 1496, paras 58 and 59)。

③ General Assembly twenty-first session, resolution 2200 A (XXI) 16 December 1966.

有41个国家赞成将有关申诉程序的内容移入议定书中,39个国家反对,16个国家弃权。至此,国际人权宪章应运而生,与1946年的最初概念在形式上虽略有不同,但在内容上没有区别。有两份公约而不是一份公约和一份任择议定书,两公约的实施程序不同,国家间申诉的处理和个人申诉的处理也不同。《经济、社会及文化权利国际公约》的执行程序与《公民权利和政治权利国际公约》的相应程序后来会更加接近。1985年,经济及社会理事会修改了其最初的“政府专家会期工作组”(Sessional Working Group of Government Experts),并设立了一个专家委员会,“以个人身份任职”,该委员会现在负责监督公约的实施。这些任务将在人权理事会(2006年由人权委员会变更形成)的管理下继续进行。(见第七章A,国际人权宪章)

人权委员会中进行的一些讨论在联合国大会第三委员会中得到了回应,例如将这两套权利保持一致的可取性,以及实施程序的性质和范围。但争论的范围要大得多;1955—1966年间,联合国会员国从76个增加到122个,到1977年公约生效时,会员国数量几乎翻了一番(149个)。如果新会员国要成为公约的缔约国,就必须在公约的最终版本中拥有发言权。这使得它们在第三委员会审议公约草案期间的工作中发挥了重要作用。

同时,人权委员会在1954年向大会提交公约时由18名成员组成,到1966年已增至32名成员。达格·哈马舍尔德(Dag Hammarskjold)于1953年担任联合国秘书长,他积极维护人权委员会的平稳过渡——从最初的标准制定任务过渡到其发展的另一篇章,即旨在加强世界各地的人权支持者的能力。他在1953年4月履新后仅几天就来到人权委员会。三年后,在委员会会议开幕时,他再次出席会议,当时正在讨论咨询服务项目下的第一批活动。1955年,他参加了联合国大会第三委员会的会议,审议了上述两项公约,并在那次会议上向委员会发表了两次讲话,谈及“他们自己使公约草案……”在纳入自决权方面“陷入的政治僵局”,并提出了解决这一问题的建议。[①] 33

当达格·哈马舍尔德在1961年遇难时[②],公约的审查已经进行了一半。他的继任者吴丹(U Thant)在1966年12月16日的联合国大会上回顾了人权委员会多年来在公约起草方面的承诺,以及大会的工作:“我真诚地相信,我们今天的决定

① A/C. 3/L. 466 page 3.

② 达格·哈马舍尔德秘书长在1961年前往刚果共和国调解停火时,于北罗得西亚遭遇空难,机上人员全部遇难。——译者

将使我们更接近本组织致力于建设的那种世界。我真诚地希望,通过成员单独采取的早期行动,国际人权公约将很快成为现实。”①

随着国际人权宪章的诞生,这项伟大事业已经完成了其发展的第一阶段。

等待着国际人权宪章的挑战是艰巨的——这是冷战造成的一段沉重时期:柏林墙于1961年8月建成(并将一直保持到1989年11月),1962年10月美国、苏联和古巴之间发生了导弹危机。

这一时期种族主义文化和政策占主导地位:在南非,种族隔离制度(apartheid)从20世纪50年代初开始使种族歧视合法化,直到1994年该政策才被废止。在此期间,纳尔逊·曼德拉(Nelson Mandela)于1964年被判处无期徒刑;沙佩韦尔大屠杀(Sharpeville Massacre)发生在1960年;索韦托起义(Soweto Uprising)发生在1976年。1964年,美国《民权法》废除了基于种族、肤色、宗教、性别或民族血统的歧视,这使亚拉巴马州等南部各州种族隔离政策被终止(1961—1965年)。1966年,澳大利亚的《移民法》终止了“白澳”(White Australia)移民政策。

这一时期充满了冲突和危机:朝鲜战争(1950—1953年)、阿尔及利亚独立战争(1954—1962年)、刚果危机(1960—1964年)、约翰·F. 肯尼迪(John F. Kennedy)总统逝世(1963年11月)、巴勒斯坦和以色列冲突(1948年、1967年)、苏伊士危机(1956年),以及赫鲁晓夫时代(Khrushchev era, 1957—1964年)前后苏联对匈牙利(1956年)和捷克斯洛伐克(1968年)的干预。

联合国大会第三委员会花了11年时间完成了对国际人权宪章的审查②,国际人权法案在此期间的存续确保了它在未来几十年的持久生命力。

34

C. 各小组委员会(1947年)

人权委员会还决定设立两个小组委员会:一个是信息和新闻自由小组委员会,另一个是防止歧视和保护少数小组委员会。③

---

① A/PV. 1496 para 75.

② A/6546, para.

③ E/259 III, paras 17 and 19.

信息和新闻自由小组委员会(1947—1952年)

信息和新闻自由小组委员会的任务是:

(a) 首先,审查“信息自由”概念中应包含哪些权利、义务和做法……

(b) 履行经济及社会理事会或人权委员会可能赋予它的任何其他职能。[①]

人权委员会“请小组委员会就[信息自由]会议的方案提出建议[②],并协助筹备工作”。该小组委员会的存续时间自1947年起延长一年,“以便该小组委员会也可以在……信息和新闻自由会议于1948年3月23日开幕……之后举行会议”。[③]

1949年,经济及社会理事会提到了会议的成果,其“表明有必要建立持续的国际机制,以开展会议的工作,特别是研究实施会议通过的决议和执行会议建议的公约草案所涉及的问题”,为了“避免专门机构的倍增”,决定将这项任务委托给信息和新闻自由小组委员会。它将小组委员会的任期延长至1952年12月31日,并保留小组委员会在征得各国政府同意后“选出的‘12名成员’的组成,以个人身份而非官方代表身份担任专家”。[④]

理事会更新了小组委员会的任务,请其“审议报纸和新闻期刊、无线电广播和新闻广播员传播的所有信息所涉及的问题,并履行理事会或人权委员会可能赋予它的任何其他职能”。小组委员会“通常……向理事会报告,但因信息自由作为一项基本人权,它首先有义务向人权委员会报告”。在规划其工作时,小组委员会还将考虑“联合国教科文组织的计划……理事会批准了该计划,以便尽可能充分利用联合国教科文组织同意提供的援助”。[⑤]

信息和新闻自由小组委员会于1952年12月31日正式结束履职。它在 35

① E/259 III, para 15.

② A/229.

③ E/600 para 32.

④ E/CN. 4/972 VI para 299; see also E/1553, resolution 241 (IX) of 21 and 22 July 1949.

⑤ E/1310 page 10; resolution 197 (VIII) of 24 February 1949.

1947—1952 年间举行了五次会议。1956 年编写的一份报告概述了小组委员会的活动及其工作的后续行动。[①]

七年后，也就是 1959 年，对信息自由的讨论重新回到了人权委员会的议程上，当时委员会决定“根据联合国大会第十三届会议期间的讨论和可能做出的决定”讨论这个问题，采取可能有利于确保不断审查信息自由问题的程序。[②] 直到 1968 年，它才被列入委员会议程，并被纳入关于人权定期报告的更广泛项目[③]（参见第三章，1956—1981 年——定期报告）。1984 年，这一问题在“见解和表达”（参见第二章，1986 年——见解和表达）项目下被进行了讨论，并在 1993 年作为一个特别程序得到讨论。（参见第六章 B，1993 年——见解和表达）

防止歧视和保护少数小组委员会（1947—2000 年）

防止歧视和保护少数小组委员会最初的任务是：

> 首要的是审查在确定防止基于种族、性别、语言或宗教的歧视领域以及在保护少数群体领域适用的原则时应采用哪些规定，并就这些领域的紧迫问题向委员会提出建议。[④]

小组委员会由 12 人组成，“由人权委员会与秘书长协商并经其所在国政府同意后选定”。由于委员会并没有时间挑选成员，因此提请经济及社会理事会完成此项工作；并将“从由人权委员会成员提交的人员名单中进行”选择。[⑤]

在作为人权委员会的专家机构与之共存的 60 年中，防止歧视和保护少数小组委员会演变成了人权委员会的互补伙伴。不过这两个机构之间的关系是不平衡的。在 1947 年的第一届会议上，小组委员会即请人权委员会重新考虑其职权范围，因为它认为自己的职权范围太不明确。[⑥]

---

① E/CN. 4/732, see also E/CN. 4/769 paras 104-130.

② E/CN. 4/769, resolutions 6 and 7 (XIV) paras 123 and 130.

③ E/CN. 4/972 VI para 299. See also E/1553. resolution 241 (IX) of 21 and 22 July 1949.

④ E/259 para 20.

⑤ E/259 para 20.

⑥ E/CN. 4/52X.

当它在1949年再次召开会议时,小组委员会“对1948年没有召开会议深感遗憾”。它表达了自己的观点,认为“这一情况绝不该成为未来几年的先例”。[1] 人权委员会回应了小组委员会的请求[2],并澄清了其职权范围,具体说明了其职能是 36
“开展研究,特别是参照《世界人权宣言》,并就防止与人权有关的任何形式的歧视……以及保护种族、民族、宗教和语言上的少数群体向人权委员会提出建议”[3]。小组委员会对人权委员会提出的这些职权范围表示欢迎,认为这些职权范围“没有以前的框定得那么严格”。[4]

小组委员会前三届会议(1947年、1949年和1950年)的工作重点集中在人权委员会关于国际人权宪章草案与其职权范围方面。这一时期,它与委员会并未产生多少共鸣。事实上,小组委员会的工作几乎中止。

人权委员会在1948年和1952年没有审议防止歧视和保护少数小组委员会的报告。1951年,经济及社会理事会决定于1954年12月终止小组委员会的工作,[5]并且在1953年也没有召开会议。这一决定引来了小组委员会的一份强烈回应,其详细说明了要求经济及社会理事会撤销该决定并重新考虑,以“确保防止歧视和保护少数群体的职能由一个适合该目的的独立专家机构执行”。[6]

小组委员会列举了其对自身被处置方式的一些更为严重的关切,指出自成立以来,小组委员会一直在不断推迟、取消或改变其工作日程的限制下运作“其工作节奏未被考虑”。[7]

小组委员会提请秘书长“直接向大会传达……小组委员会深感遗憾的是,在1954年12月31日之后,它将无法继续进行大会第217C(Ⅲ)号决议中所要求的‘关于少数群体命运’的研究”[8]。

---

① E/CN. 4/Sub. 2/78 para 8.

② E/CN. 4/52X.

③ E/CN. 4/209.

④ E/CN. 4/Sub. 2/78 IV para 11.

⑤ Economic and Social Council thirteenth session, resolution 414 (XIII) of 18, 19 and 20 September 1951, part B. 1 para 18(d).

⑥ E/CN. 4/Sub. 2/140, page 36, resolution J; page 48, Proposed resolution on Decision of the ECOSOC to discontinue the Sub-Commission.

⑦ E/CN. 4/Sub. 2/140, page 36, resolution J; page 48, Proposed resolution on Decision of the ECOSOC to discontinue the Sub-Commission.

⑧ General Assembly third session, resolution 217 C of 10 December 1948.

在通过《世界人权宣言》[①]时，大会要求对少数群体进行研究，指出“该《宣言》不设关于少数群体问题之特别规定”，但“鉴于联合国对于少数群体之命运不能漠不关心，鉴于此项复杂曲折问题……实难采取划一解决办法”。因此它请人权委员会和防止歧视和保护少数小组委员会“对少数群体问题进行详尽研究，以便联合国［可能］够采取有效措施，保护种族、民族、宗教或语言上的少数群体”[②]（见第二章，1948 年——少数群体；第六章 B，2005 年——少数群体问题；以及第七章 A4，在民族或族裔、宗教和语言上属于少数群体的人［1978—1992 年］）。

37 应小组委员会的请求，联合国大会请经济及社会理事会“授权小组委员会……继续开展工作，以便履行其使命，特别是在 1952 年召开一次会议”，并“采取任何实际步骤，以便在联合国框架内继续开展防止歧视和保护少数群体的工作”。[③]

经济及社会理事会于 1952 年正式召开了防止歧视和保护少数小组委员会第五届会议，要求

> 参酌秘书长所提联合国各机关、单位及各专门机构就歧视与少数民族问题所已发动或正在计划中的各项研究计划和行动方案的说明表，于其 1952 年度内举办的第五届会中拟具在防止歧视及保护少数民族方面未来工作的报告书，并提交人权委员会。[④]

防止歧视和保护少数小组委员会对人权委员会工作的贡献是在随后的几年里发展起来的。小组委员会通过了一项工作方案，建议立即开展教育歧视研究，并考虑就业和职业歧视研究。它还决定采取初步步骤，研究“作为同等优先事项，通过立法措施、司法裁决和行政实践保护所有少数群体权利的措施”[⑤]。

---

① General Assembly third session, resolution 217 C of 10 December 1948.

② 联合国大会在同一情况下采纳了另外两个决议。第 217D(III)号决议(resolution 217 D[III])强调对《世界人权宣言》的宣传，第 217E(III)号决议(resolution 217E[III])要求将人权公约的起草工作以及其实施措施作为优先事项。

③ General Assembly sixth session, resolution 532 B (VI) of 4 February 1952.

④ Economic and Social Council fourteenth session, resolution 443 (XIV) of 26 June 1952.

⑤ E/CN. 4/Sub. 2/149 para 48, see also E/CN. 4/689 para 254. 小组委员会另外提及的重要议题有：雇佣和职位、政治权利、宗教权利和习俗、住宅和迁徙、移民与迁徙、选择配偶和享受家庭的权利。

小组委员会的研究和报告(1953年)

直到1953年,人权委员会才首次对防止歧视和保护少数小组委员会的工作给予实质性关注。委员会审议了小组委员会延迟提交的报告,批准了拟议的教育歧视研究,并批准了就业和职业歧视研究的初步步骤。

这些研究,连同人权委员会和专门机构进行的其他研究,将为制定现行标准提供基础。其中一些构成了制定国际性文件的前期工作。

1954年,即完成了前述两项公约草案的起草工作后,人权委员会对防止歧视和保护少数小组委员会的提案投入了高质量的关注。其中包括小组委员会的研究和有关方法,以及今后工作的主题及建议[①],包括:一、特别报告员查尔斯·阿蒙(Charles Ammoun)编写的关于教育中的歧视问题的研究报告。[②] 二、关于“世界各地少数群体的现状”的研究,其中包括对“少数群体”的定义。人权委员会就此请小组委员会“进一步研究整个问题,包括对‘少数群体’定义,并就此提出报告,以 38
及它可能就实施保护少数群体的特别措施提出的任何建议”[③]。以及,三、国际劳工组织将开展的一项关于就业和职业歧视的研究。

小组委员会还提出了关于以下方面的研究,并请其成员提供研究大纲:

——政治权利方面的歧视(亨旦·萨塔·库鲁兹);

——宗教权利和习俗方面的歧视(菲利普·哈尔彭[Philip Halpern]);和

——移民(出境与入境)和旅行方面的歧视(何塞·英格斯)。[④]

1982年,人权委员会请小组委员会“在今后的报告中附上一份正在筹备的研究的完整清单,以及有关法律授权和完成研究的时间表的相关信息”[⑤]。此后,小组委员会每年都会列出这样一份清单,直到2006年的最后一届会议。[⑥]

2006年,当人权理事会设立咨询委员会(Advisory Committee)作为小组委员会

---

① E/CN. 4/705, paras 365-518.

② E/CN. 4/Sub. 22, paras 98 and 99.

③ E/CN. 4/705, resolution IV, para 438.

④ E/CN. 4/705, resolution IV, para 486, see also E/CN. 4/Sub. 2/149, resolution A.

⑤ E/CN. 4/1982/30, resolution 1982/23 of 10 March 1982.

⑥ 参见小组委员会报告附件之研究计划清单,比如 E/CN. 4/Sub. 2/364 Annex II; E/CN. 4/1982/43 Annex III; E/CN. 4/1993/45 Annex V; A/HRC/Sub. 1/58/36 Annex VI。

的继任者时，它严格遵循了人权委员会为小组委员会制定的最初职权范围，正如我们将看到的那样，小组委员会往往在人权委员会默许的状况下忽视了这一职权范围（见下文，与委员会的关系）。

小组委员会面临的挑战

防止歧视和保护少数小组委员会在1955年讨论了工作大纲和拟议的方法，当时它请人权委员会批准进行这些研究，并请经济及社会理事会“采取适当措施，为小组委员会开展研究提供必要的协助”[1]。

资源支持

对于小组委员会的提案，秘书处回复称，“在关于教育歧视的研究完成之前，无法提供进一步的援助，以避免额外的财政影响”。小组委员会对此感到失望，表示：

> 所有有关方面都必然清楚，无论在教育歧视研究方面取得何种进展，小组委员会都将于1955年展开一项新的研究……特别是在人权委员会和经济及社会理事会都批准在1955年进行这样一项研究之后。[2]

它表示希望秘书处今后能充分理解小组委员会工作的重要性及其需求，并希
39 望有足够的资金以及行政上的支持，使小组委员会能够毫不拖延地开展工作。[3]

同样在1955年，小组委员会还面临另一项挑战：在讨论研究现状时，人权委员会提到了小组委员会由于行政和财政支持不足而遇到的问题。对此，秘书长起草了一份说明，称“为了避免额外的财务影响，在完成关于教育歧视的研究之前，秘书处不能对小组委员会的工作提供进一步的协助”。但人权委员会不接受这一观点，而是赞同小组委员会继续进行研究的意图，并请秘书长“采取适当措施，为小组委员会提供必要的财政和行政援助，使其能够毫不拖延地进行研究”。[4]

1957年，当特别报告员亨旦·萨塔·库鲁兹应提交其关于政治权利歧视的初

---

① E/CN. 4/Sub. 2/170, page 61, resolution E.

② E/CN. 4/Sub. 2/170, page 61, resolution E.

③ E/CN. 4/Sub. 2/170, page 61, resolution E.

④ E/CN. 4/719 and Corr. 1 para 57, resolution III.

步报告时,

告知小组委员会,他未能准备一份可以提交本届会议的初步报告。秘书长无法在这一问题上向他提供任何协助,因为秘书处的全部资源都用于研究宗教歧视问题。库鲁兹先生回顾说,在接受担任特别报告员的职责时,他曾表示将承担这项任务,但有一项谅解,即他应从秘书处获得必要的协助。他指出,由于在政治权利领域没有主管的专门机构,因此这项工作只能由特别报告员在秘书处能够提供的协助下完成。①

而之前两份关于教育和就业的报告得以完成,则分别受益于联合国教科文组织和国际劳工组织的投入。

可以说资源始终是影响研究报告编写以及后来对不断扩大的人权方案的支持的一个因素(见第四章C,资源[2000年])。

与委员会的关系

1955年是人权委员会完成国际人权公约起草工作的第二年,委员会正在采取其他措施,例如提供咨询服务和建立各国提交定期报告的制度(见第三章,1956—1981年——定期报告)。

在实质性层面,委员会就拟议的移民研究进行了有趣的讨论,如移民迁入(immigration)与迁徙(travel)被加入了关于“移民”(emigration)主题的讨论。同时,委员会请经济及社会理事会“决议不得将小组委员排除在对移民歧视问题的研究之处”。②

1956年,也即在秘书长达格·哈马舍尔德和主管经济和社会事务副秘书长菲利普·德塞恩斯(Philippe de Seynes)出席人权委员会届会开幕式(并非惯例)的那一年,小组委员会确认启动了对政治权利歧视的研究,并为此设立了特别报告员亨旦·萨塔·库鲁兹;以及对宗教权利和习俗问题研究,并设立特别报告员奥尔柯特·克里斯那斯瓦米(Arcot Krishnaswami)。 40

在这届会议上,人权委员会在讨论关于教育歧视的研究时,注意到特别报告

① E/CN. 4/Sub. 2/186, para 233.

② E/CN. 4/719 and Corr. 1 para 49, resolution II.

员在涉及教育歧视研究的全球性方面遇到的一个问题(E/CN.4/721,第52—61段):

> 尽管阿蒙先生已提请秘书长致函中华人民共和国,请其提供任何可能有助于他准备研究报告的材料。但鉴于联合国各主要机构已做出影响此事的决定,秘书长认为不可能发出此函信。[①] 秘书长表示,如果特别报告员愿意,他不反对其本人对中华人民共和国政府提出调查,也不反对秘书处向该国政府转交他的调查请求,以协助他进行调查。小组委员会注意到秘书长的立场,并让特别报告员自行决定他将采取的行动。[②]

这一情况引起了人权委员会的讨论,它最终决定:

> 根据人权委员会就年度人权报告通过的原则……歧视领域的材料和研究应与联合国会员国和专门机构有关,可能提出的建议应根据《联合国宪章》,具有客观和普遍性质。[③]

1956年,也就是人权委员会于1955年通过咨询服务方案后,小组委员会向人权委员会提交了一份决议草案,强调"举办关于防止歧视和保护少数群体的研讨会的希求",委员会认可了该提案。[④]

小组委员会与人权委员会之间的关系仍然不平衡。在两者的整个存在周期中,除了个别情况外,始终都保持着这种状态。

比如,在1963年和1964年,小组委员会在联合国大会的要求下,为起草《消除一切形式种族歧视宣言》和接下来的公约做出了重要贡献。[⑤] 在1965年和1968

---

① 此处所提联合国主要机构的决定,应当指1951年在美国操纵下于第六届联合国大会上通过延迟讨论中国代表权问题的决议。由于中华人民共和国长期无法恢复在联合国的合法地位,故秘书长无法以对待会员国的方式同中华人民共和国政府建立正式沟通渠道。——译者

② E/CN.4/731 para 149.

③ E/CN.4/731 para 157, resolution IX.

④ E/CN.4/731 para 87, resolution III, paras 88-96.

⑤ General Assembly seventeenth session, resolution 1780 (XVII) of 7 December 1962 and resolution 1906 (XVIII) of 20 November 1963.

年之间,委员会推迟了对小组委员会报告的审议,只是选择性地对某些报告所涉事项进行了讨论。直到 1968 年和 1969 年人权委员会才恢复了对小组委员会报告的讨论,也即在拖延了四年之后,才“注意到了”小组委员会的报告。[①] 41

这导致对小组委员会编写的一些研究报告和报告的审议与行动被推迟。1969 年,人权委员会注意到“小组委员会完成的重要研究报告没有得到委员会应有的注意”,并决心“在委员会今后的会议上将拨出足够的时间,以便彻底审议这些研究报告”。[②]

1966 年,小组委员会在讨论其“未来的成员和职责范围”,亦就“关于政治、经济、社会和文化领域的种族歧视的特别研究”问题进行了讨论[③],并就此任命了一名关于特别报告员:“主席表示,萨塔·库鲁兹先生愿意承担初步工作,以推动这项研究。”[④]

1967 年,人权委员会根据联合国大会的一项决定,在其议程中增加了研究和调查“显示出持续性的侵犯人权的情况”,并在这样做时请小组委员会“编写一份报告,供委员会在审查这一问题时使用,其中载有从所有现有来源获得的关于侵犯人权和基本自由的资料”。人权委员会请小组委员会“提请委员会注意其(小组委员会)有合理的理由认为的在任何国家存在的持续侵犯人权和基本自由的任何情况”[⑤](见第四章 C,合理化[1992—2006 年])。

这一规定使小组委员会得以介入对国家情况的调查和审查,从而大大改变了其性质和工作范围。

会议的地点、会期和时间是小组委员会存续期间反复出现的问题。1970 年,小组委员会请人权委员会立刻恢复其会议时间,在 1、2 月人权委员会届会之前举行会议,以便能够及时公布小组委员会会议的报告,供委员会审议。[⑥]

小组委员会还提请秘书长“作为会议紧急事项,将探讨小组委员会今后几年在联合国区域经济委员会总部所在地亚的斯亚贝巴、曼谷和圣地亚哥举行会议的

---

① E/CN. 4/972, resolution 10 (XXIV) of 5 March 1968; resolution 18 XXV I) of 17 March 1969.

② E/CN. 4/1007, resolution 19 (XXV) of l8 March 1969.

③ E/CN. 4/Sub. 2/258; E/CN. 4/Sub. 2/263 paras 144-156.

④ E/CN. 4/Sub. 2/263 paras 157-164, resolution 8 (XVIII).

⑤ E/CN. 4/940, resolution 8 (XXIII) of 16 March 1967.

⑥ E/CN. 4/Sub. 2/316 para 249.

可能性”[1]。人权委员会没有就此事做出决定,“因为它认为经济及社会理事会更有资格决定此事”[2]。

从1965年到1972年,人权委员会对小组委员会的报告或没有受理,或只给予形式上的批准。在此期间,小组委员会编写了一些研究报告,包括等待委员会采取后续行动的原则草案。这些研究报告是关于司法行政、政治权利、非婚生子女
42 和离开本国与返回本国的权利的研究。此外,在1972年,人权委员会还批准了小组委员会进行以下三项额外的研究,即关于少数民族的研究(弗朗西斯科·卡珀托尔提[Francesco Capotorti]负责),关于土著人口的研究(何塞·R. 马丁内斯·科博[José R. Martinez Cobo]负责)和关于灭绝种族的研究(尼古德蒙·路哈斯言齐柯[Nicodème Ruhashyankiko]负责)。[3]

经济及社会理事会在1972年对人权委员会的工作缺乏组织性表示了关切,并建议委员会将一些时间用于小组委员会的研究和其他工作,因为小组委员会“在人权领域做出了杰出的实质性贡献”。1973年,经济及社会理事会授权人权委员会举行为期六周的会议,使其能够“用足够的时间审议小组委员会第24和25届会议的报告以及尚未采取行动的小组委员会研究报告”。[4] 在接下来的几年里,除了继续以研究为重点外,小组委员会进一步扩大了其议程范围,这反映了人权委员会议程范围的扩大。1975年,它处理了一些人权状况,如智利的人权状况[5]、塞浦路斯危机造成的流离失所问题[6],以及安哥拉的局势[7]。

1981年,人权委员会表示“对委员会本届会议审议小组委员会的报告所给予的重视感到满意”。在此过程中,委员会请小组委员会修改其提交报告的方式,以明确请其采取的行动,并确保其了解小组委员会处理的所有事项,包括那些不需要其批准的事项。它还决定,“高度重视对……小组委员会报告的年度审议,特别是对其中所载建议的审议”[8]。

---

① E/CN. 4/Sub. 2/316, resolution 7 (XXIII) of 28 August 1970.
② E/CN. 4/Sub. 2/316 para 250.
③ E/CN. 4/Sub. 2/323, resolutions 6 (XXIV), 7 (XXIV) and 8 (XXIV) of 18 August 1971.
④ Economic and Social Council fifty-second session, resolution 1694 (LII) of 2 June 1972.
⑤ E/CN. 4/Sub. 2/354, resolution 8 (XVII) of 21 August 1974
⑥ E/CN. 4/Sub. 2/364, resolution 1 (XXVIII) of 10 September 1975.
⑦ E/CN. 4/Sub. 2/364, resolution 3 (XXVIII) of 10 September 1975.
⑧ E/CN. 4/1475, resolution 17 (XXXVII) of 10 March 1981.

人权委员会还分享了其观点，认为“允许候补人选代表小组委员会成员的做法有时可能不符合该机构的特点，该机构应由‘以个人身份当选的合格专家’组成”[①]。

对于上述代表权问题，人权委员会在第二年再次表示关注：

> 如果在特殊情况下，需暂时委派一人接替选出的小组委员会代表，则必须注意选择一名具备必要专长和资格的人员；并且必须牢记，委派政府官员(作为临时代表)，是不符合小组委员会作为一个专家机关的要求的。[②]

1982年，人权委员会对小组委员会的工作进行了实质性讨论，在讨论过程中，“有人说，委员会在前一年就小组委员会的作用进行了讨论，产生了一些建设性的结果”[③]。这次讨论涉及小组委员会工作的几个方面，包括：与委员会的工作相辅 43
相成的必要性和委员会议程上的问题的实质性范围，设立人权事务高级专员的问题。[④]

1983年，人权委员会再次讨论了小组委员会的运作和工作安排，指出“小组委员会不宜做出影响其地位、作用和权限的决定”，并请其

> 考虑如何在小组委员会现有职权范围内使其工作与委员会的工作最好地协调起来，并向人权委员会提出建议，以确保两个机构的活动相辅相成，互相配合，确保小组委员会的任务得以执行(小组委员会的成员是以个人独立的专家身份当选的，这一特殊地位的机构，最适宜执行这些任务)。

委员会还请小组委员会：

> (a)研究履行人权委员会第8(XXIII)号决议所载的一切要求的办法；(b)在其第三十六届会议上研究使其工作合理化的可能性，其中可包括通过

---

① E/CN.4/1475, resolution 17 (XXXVII) of 10 March 1981.

② E/CN.4/1982/30, resolution 1982/23 of 10 March 1982.

③ E/CN.4/1982/36 XVIII para 384.

④ E/CN.4/1982/36 XVIII paras 381-399.

一项类似1980年到期的那种五年工作方案;(c)在确定其工作方案的轻重缓急次序时,在早期阶段就适当重视人权委员会和经济及社会理事会要求它进行的编写研究报告的工作,并确保尽可能按时完成这些报告;(d)在通过决定时,寻求尽可能广泛的意见一致的措施。①

它通过了新的规则,以管理对专家、小组委员会成员的候补要求,以便保持其成员的专家性质的一致性。②

作为回应,小组委员会在1984年向人权委员会提交了若干措施:

(a)考虑选举任期四年的小组委员会专家成员,每两年改选一半;(b)并考虑将小组委员会的名称改为人权委员会的专家小组委员会,以便更清楚地说明其工作;(c)在小组委员会赞助下编写的研究报告在时间可能情况下应经过一个三年阶段……(d)为了适当完成其越来越重的工作,给每届小组委员会额外增加10次会议的服务,以使会期工作组能同时开会;(e)加强人权中心并增加其设施,以使其能够向小组委员会提供更多的服务和执行五年工作计划。③

44 小组委员会提交了一项五年计划(1985—1989年),并得到人权委员会批准;它还提交了一项由10个项目组成的固定议程,从而使得该机构在其议程上拥有了17项处于不同准备阶段的研究项目。④ 在批准这些提案时,人权委员会重申了小组委员会成员的独立专家性质,特别是在提名候补成员方面。委员会还建议,“作为一般规则,小组委员会只有在此前授权的研究处于最后完成阶段时,才能提出新的研究报告”。⑤

小组委员会向人权委员会提出了一些改进其工作的意见,其中包括每两年选举一半的小组委员会成员,“以确保连续性”和增加会议时间。⑥ 它还采取步骤简

① E/CN. 4/1983/60, resolution 1983/22 of 4 March 1983.

② E/CN. 4/1982/30, resolution 1983/21 of 4 March 1983.

③ E/CN. 4/Sub. 2/1984/43, resolution 1984/37 of 31 August 1984.

④ E/CN. 4/Sub. 2/1984/43, Annexes III and IV.

⑤ E/CN. 4/1985/66, resolution 1985/28 of 11 March 1985.

⑥ E/CN. 4/Sub. 2/1985/57, resolution 1985/24 of 29 August 1985.

化其工作,例如在1985年决定对某些项目每两年审议一次。①

1986年,人权委员会提请小组委员会注意有必要采取措施精简其工作:“小组委员会协助人权委员会的最好方法是向委员会提供其独立专家的不同意见和观点。”②

小组委员会在1986年没有召开会议——本次会议在联合国财政危机的背景下被推迟了。联合国大会的这一决定③引起了强烈的反应,为此,一些非政府组织在联合国之外组织了一次“非正式会议”。

在1987年的下一届会议上,人权委员会“对小组委员会第三十九届会议的推迟表示关切,这导致了对若干重要议题的审议的推迟,并对根据[‘1503’机密程序]审议来文(communications)一事造成了特别严重的后果”④。

委员会提请秘书长

> 确保按照预定时间在1987年7月和8月召开防止歧视及保护少数小组委员会第三十九届会议和小组委员会各工作组的有关会议,从而小组委员会得以继续工作,并尽量减少1986年发生的延迟所造成的破坏作用。⑤

1988年,人权委员会表示相信“小组委员会的公正性和客观性,以及其成员和候补成员的独立地位应成为其指导原则”,并呼吁各国提名“符合独立专家标准的人作为成员和候补成员,他们应以小组委员会成员的身份履行其职责”。委员会制定了关于开展研究的时间和程序的标准。它重新确立了小组委员会在两机构(小组委员会与人权委员会)之间的关系中应遵循的准则。⑥

小组委员会审查了使研究建议合理化的方法,并考虑制订一个中期方案,“以 45
确保小组委员会尽可能多的成员参与;它要求一份已经进行的所有研究的清单和

① E/CN. 4/Sub. 2/1985/57, resolution 1985/34 of 30 August 1985.

② E/CN. 4/1986/65, resolution 1986/38 of 12 March 1986.

③ General Assembly fortieth session, decision 40/472 of 9 May 1986. See also A/40/1102, IV para 7(h).

④ E/CN. 4/1987/60, resolution 1987/35 of 10 March 1987.

⑤ E/CN. 4/1987/60, resolution 1987/35 of 10 March 1987.

⑥ E/CN. 4/1988/88, resolution 1988/43 of 8 March 1988. See also E/CN. 4/1989/86, resolution 1989/36 of 6 March 1989.

编写者的姓名”[①]。

从1989年起,直到2006年小组委员会结束工作,人权委员会每年(除2004年外)都会通过包含“指导方针”的决议,重复同样的劝告,但会有一些小的不同,以记录或承认小组委员会的工作努力。[②]

根据这一做法,1991年,人权委员会支持小组委员会关于“在对有关各国侵犯人权的指控的决议进行表决时……由出席并参加表决的成员的多数决定”,可以进行无记名投票表决。[③] 同年,委员会提醒小组委员会:

> 新的研究……涉及财务问题,只有在得到上级机构的授权后才能进行。小组委员会应限制在任何时候进行的研究数量,以便使所有成员有机会参加专家之间的深入讨论。[④]

这一问题持续到了1992年。[⑤] 在此期间,除了采取其他措施以加强两个机构之间的沟通外,还形成了小组委员会主席向人权委员会报告的做法。一如既往,人权委员会坚持小组委员会成员和候补成员的独立性和专业知识要求。

根据人权委员会的要求,小组委员会通过了关于研究报告的准备和后续行动以及工作安排其他方面的准则。[⑥]

人权委员会对这些发展表示欢迎,并重申需要采取措施加强小组委员会在1993年[⑦]和1994年[⑧]的工作。在同一届会议上,委员会以明确的措辞回应了小组委员会开展新研究的提议:它请小组委员会“在不影响机构自身及其成员的独立性的情况下,重新考虑其建议……新研究的决定”。

人权委员会

---

① E/CN. 4/Sub. 2/1989/58, decision 1989/103 of 30 August 1989.

② E/CN. 4/1990/94, resolution 1990/64 of 7 March 1990.

③ E/CN. 4/1991/91, resolution 1991/81 of 6 March 1991.

④ E/CN. 4/1991/91, resolution 1991/56 of 6 March 1991.

⑤ E/CN. 4/1992/84, resolution 1992/66 of 4 March 1992.

⑥ E/CN. 4/Sub. 2/1992/58, resolution 1992/8 of 26 August 1992.

⑦ E/CN. 4/1993/122, resolution 1993/28 of 5 March 1993.

⑧ E/CN. 4/1994/132, resolution 1994/23 of 4 March 1994.

请小组委员会适当考虑专家们在不涉及经费问题的状况下自愿编写的任何文件，向人权委员会第五十一届会议提出其建议，但须酌情考虑小组委员会在第四十四届会议通过的关于其工作方法的各项准则……以及小组委员会必须改进其审议工作程序，避免使其议程充斥过多未经充分审议的材料，确定其工作优先次序，尤其是必须留出足够的时间和资源以审议人权领域新动向。[①]

尽管如此，人权委员会也多次承认小组委员会工作的重要性：如1993年[②]和1994年[③]，委员会便欢迎“小组委员会……在司法领域人权方面的重要工作”（见第二章，1963年——司法行政）。 46

1995年，人权委员会“赞赏地注意到委员会和小组委员会之间的合作精神以及各自主席相互交流信息所反映的持续对话”，再次呼吁小组委员会遵守其任务规定中的范围和前几年规定的准则。[④]

小组委员会保留了其工作方法工作组，制定了进一步的准则，以简化自身对国家人权状况的讨论程序。[⑤] 这些准则包括一项关于审议侵犯人权情况的决定：

在这方面……小组委员会请秘书处一方面将这些报告提供给在下届会议上索取这些报告的专家，另一方面与各特别报告员和主席兼报告员进行适当的磋商，特别是在其每年的联席会议期间进行磋商，以便能够把他们关切的问题和小组委员会关注的问题都考虑到。[⑥]（详见第六章）

1996年，人权委员会再次呼吁进一步简化小组委员会的运作流程，并就其工作方法提出了一些建议，其中包括：

---

① E/CN.4/1994/132, decision 1994/103 of 4 March 1994.

② E/CN.4/1993/122, resolution 1993/41 of 5 March 1993.

③ E/CN.4/1994/132, resolution 1994/34 of 4 March 1994.

④ E/CN.4/1995/176, resolution 1995/26 of 3 March 1995.

⑤ E/CN.4/Sub.2/1994/56, decision 1994/117. See also: E/CN.4/Sub 2/1994/Annex.

⑥ E/CN.4/Sub.2/1995/51, decision 1995/115 of 24 August 1995. See also Sub-Commission decisions 1995/112, 113 and 114 of the same date, on the same matter.

请小组委员会全面、认真地审查它的职责和工作方法以便进一步提高效率,避免与委员会及其机制的重叠在这方面应参照成员国的意见特别注意:

(a) 使其议程更加合理化;

(b) 选择研究的题目,以及研究和报告的编写人员、数目、所涉内容和时间范围;

(c) 其机制的运行和职责;

(d) 需要侧重于现行人权标准和机制的执行情况;

(e) 审议侵犯人权行为的指控;

(f) 需要加强与委员会各机构的合作并在所有有关机构包括人权条约机构主管领域内与它们合作;

(g) 小组委员会的组成和委员的标准。[①]

小组委员会指定其成员之一波多野里望(Ribot Hatano)编写一份工作文件,其

47 有关小组委员会工作方法……作为讨论的基础,其中将包括:(a)可对小组委员会程序适用的现有准则、决定和任何其他文件的汇编;(b)需要小组委员会解决的程序性问题清单。[②]

小组委员会决定:

注意到人权委员会……决议请小组委员会[③]彻底有效地审查其职责和工作方法,以便进一步提高其效率……并认为根据委员会1967年3月16日第8(XXIII)号决议,有理由认为与显示一贯侵犯人权和基本自由情事有关但委员会业已处理的情况……决定在其第四十九届会议上不在题为"在所有国家,特别是殖民地和其他未独立国家和领土中有人权和基本权利遭受侵犯的问题,包括种族歧视分隔政策以及种族隔离政策……"的议程项目下就

---

① E/CN. 4/1996/177, resolution 1996/25 of 19 April 1996.

② E/CN. 4/Sub. 2/1996/41, decision 1996/114 of 29 August 1996. See also decisions 1996/112; 1996/113; E/CN. 4/Sub. 2/1998/45, decision 1998/108 of 26 August 1998.

③ E/CN. 4/1996/177, resolution 1996/25 of 19 April 1996.

涉及委员会依照与侵犯人权有关的公开程序处理的侵权情况采取任何行动。①

人权委员会在1997年再次讨论小组委员会的工作方法问题,请它

继续彻底审查其工作方法,以进一步提高其效率,避免与委员会及其机制的工作重叠……促请小组委员会:

(a) 集中注意它作为人权委员会咨询机构的基本职务;

(b) 从今以后,避免就人权委员会依照其公开程序审议的国别情况重复采取的行动,而且以发生新情况和特别严重情况的例外情形为限;

(c) 特别注意选择研究的过程,在选择研究题目的时候……

(d) 进一步提高小组委员会委员的独立性和公正无私,尤其是在讨论涉及一特定国家的情况时;

(e) 促进非政府组织的参与效率和效能;

(f) 同为小组委员会进行调查研究的特别报告员改善协商;

(g) 进一步增进同委员会各机制的合作,包括人权条约机构和有关的联合国研究机构;

(h) 按照任务规定,切实集中注意与人权有关的问题。(着重号为作者所加)

它请小组委员会拿出足够的时间来讨论其工作方法,并就其工作方法向委员会“拟订具体建议”。②

小组委员会的答复是,指出

目前的会议形式是举行每周五个工作日、为期四周的会议……不利于提高其作为一个咨询机构的效率,因为它没有被允许深入审查和分析其作为一个集 48
体机构提交审议的所有文件和倡议,也没有促进专家成员之间以及他们与参

① E/CN. 4/Sub. 2/1996/41, decision 1996/115 of 29 August 1996.

② E/CN. 4/1997/150, resolution 1997/22 of 11 April 1997.

与的政府和非政府观察员代表团之间的彻底协商。

并建议重新安排其会议日程。①

小组委员会通过了新研究的标准：

(a) 应优先考虑人权委员会建议研究的主题；

(b) 在其他提议方面，应优先选择小组委员会工作组建议的主题；

(c) 应按照人权委员会 1997 年 4 月 11 日第 1997/22 号决议第 3(c) 段的要求特别注意条约机构所建议的主题；

(d) 经济、社会和文化权利亦应被视为选择新研究主题的优先主题；

(e) 应尽少提议个别的研究题目，如未具必要的背景和框架的题目。②

人权委员会认可了这些措施：它授权小组委员会“安排四周的会议，以便它公开举行不超过 30 次会议”；这意味着留下 10 次会议将用于非公开讨论——这与小组委员会的建议不同。此外，它再次呼吁小组委员会“进一步提高其效率……[并]……集中精力发挥其作为人权委员会咨询机构的主要作用”③——自 1989 年以来它一直在这样做。

同年，除了批准小组委员会提出的几项建议外，人权委员会还请它重新考虑提出的关于任命一名监狱私营化问题特别报告员的建议，指出“小组委员会成员进行的研究应以详细的工作文件为基础，其中应明确指出拟议研究的主题，小组委员会的特别报告员应是小组委员会成员或其候补成员”④。

同时，在其自身工作合理化的背景下，人权委员会于 1998 年请其主席团对小组委员会的机制进行审查，“目的是提高这些机制的有效性”⑤。

1999 年，人权委员会在两个单独的议程项目下讨论了小组委员会的工作。在谈到小组委员会的工作方法时，委员会像往年一样重申了对小组委员会的广泛指

① E/CN. 4/Sub. 2/1997/50, resolution 1997/17 and decision 1997/113 of 27 August 1997.

② E/CN. 4/Sub. 2/1997/50, decision 1997/112 of 27 August 1997.

③ E/CN. 4/1998/177, resolution 1998/28 of 17 April 1998.

④ E/CN. 4/1998/177, resolution 1998/22 of 17 April 1998.

⑤ E/CN. 4/1998/177, decision 1998/112 of 24 April 1998.

导,还注意到在改进小组委员会的工作方法方面取得了一些进展,并强调还需要在小组委员会的一些工作领域进行改进。[①]委员会请小组委员会“应根据委员会正在进行的关于其工作方法的讨论,进一步审查建立一个关于经济、社会及文化权 49
利的论坛,称为社会论坛(Social Forum)”。[②]

1999年,人权委员会

> 在充分评价小组委员会在其十多年的历史中所发挥的独特作用和贡献的同时,认为它也需要进行彻底的审查。为了象征着手改革的意图,也为了更好地反映小组委员会的工作范围,委员会同意……立即将小组委员会更名为“增进和保护人权小组委员会”。[③]

在1999年8月的接下来一次会议上,小组委员会以其新名称召开会议。[④] 2000年,人权委员会重申:

> 承认小组委员会在过去53年中对联合国人权工作所做的宝贵贡献……[以及]……如增强人权委员会各机制有效性问题闭会期间不限成员名额工作组在报告中所述,需要进一步澄清和调整小组委员会的授权。[⑤]

2001年,人权委员会重申:

> 小组委员会协助人权委员会的最好方法是向委员会提供:(a)在小组委员会主持下由其委员或候补委员编写的独立专家研究报告;(b)在充分考虑这些研究报告后,根据研究报告提出建议;(c)应委员会的要求进行研究调查和提供专家意见。[⑥]

---

① E/CN. 4/1999/167, resolution 1999/81 of 28 April 1999.

② E/CN. 4/1999/167, resolution 1999/53 of 27 April 1999.

③ E/CN. 4/1999/167 XX, para 552 (c). See also E/CN. 4/1999/104 IV.

④ E/1999/99 Economic and Social Council, decision 1999/256 of 27 July 1999.

⑤ E/CN. 4/2000/167, resolution 2000/83 of 26 April 2000.

⑥ E/CN. 4/2001/167, resolution 2001/60 of 24 April 2001. See also E/CN. 4/2003/135, resolution 2003/59 of 24 April 2003.

增进和保护人权小组委员会(2000—2007年)

人权委员会工作的合理化已列入议程数年,截至1998年,它始终是一个常设议题[1](见第四章C,合理化[1992—2006年])。小组委员会的工作亦包含其中,作为委员会努力改革其工作方案的更广泛且重要的一部分。[2]

主席团在1998、1999年的调查结果意义深远,与人权委员会和小组委员会之间就后者的工作方法和与委员会的关系进行的长期讨论和交流所展现的情况(在
50 本章的前面部分阐述过)是一致的。它们反映了小组委员会作为一个补充性的专家机构的愿景,同时考虑到人权委员会自身的发展。[3]

主席团的结论——除了改变小组委员会的名称之外——并没有立即实施。相反,人权委员会设立了一个"闭会期间不限成员名额工作组"来采取后续行动。

主席团的报告引起了亚洲国家集团[4]和被称为"志同道合者"(Like-Minded Group)的国家集团的评论。[5] 缩减小组委员会的规模和会期的建议引起了反对意见。人们对有关处理特定国家侵犯人权情况的建议做出了强烈反应。主席团被批评为低估了小组委员会在经济、社会及文化权利领域的工作(见第四章C,合理化[1992—2006年],第五十四届会议主席团的审议[1999年])。

但同时,在1999年的会议上,人权委员会在主席声明中"对主席团在广泛磋商后编写的广泛报告表示赞赏。这份报告……大大推动了关于审查机制的讨论,委员会决心保持这一势头,并以注重结果的方式开展工作"[6]。

一个工作组得到建立,以"继续全面审查主席团的报告以及其他贡献……并向委员会[下届会议]提交一份完整的报告"[7]。

---

① E/CN. 4/1998/177, resolution 1998/84 of 24 April 1998, Annex.

② E/CN. 4/1999/104 IV.

③ E/CN. 4/1999/104 IV. 小组委员会对主席团报告中提到的"迄今为止,它是委员会附属机制中最昂贵的,其年度会议的费用高于委员会本身的费用"做出了反应。它向委员会提供了"所有有关的官方数据(特别是在经常预算第22章和第27章下所载内容),说明小组委员会、人权委员会本身和[主席团报告]中提到的委员会所有其他机制所开展的活动或为其规划的活动的所有估计费用"。

④ E/CN. 4/1999/124.

⑤ E/CN. 4/1999/120.

⑥ E/CN. 4/1999/167 XX, para 552.

⑦ E/CN. 4/1999/167 XX, para 552.

人权委员会同意,小组委员会“也需要彻底的审查。为了象征着手改革的意图……委员会同意……立即将小组委员会更名为‘增进和保护人权小组委员会’”①。

同时,小组委员会(1999年8月)通过了一套全面的指导原则,反映了它对应用其议事规则的看法,并发送给人权委员会“供其参考”。②

闭会期间不限成员名额工作组于2000年向人权委员会提出报告,委员会决定“批准[其报告]并全面实施其建议”③。

工作组

> 确认小组委员会过去53年来为联合国人权工作做出了极为宝贵的贡献。作为一个独立专家机构,它的分析和观点为委员会的工作增添了一个重要层 51
> 面。不过,工作组认为有必要澄清和调整小组委员会的任务。

报告强调了“对保障小组委员会独立性的关注”。这被定性为“小组委员会的决定性特征之一,只要人们认为其独立性被侵蚀,小组委员会的信誉及其对人权问题的影响就会被削弱”。④

工作组建议,小组委员会成员应继续由选举产生,而不是像主席团报告所建议的那样通过任命产生;以及

> 由于这个问题错综复杂,因此工作组并未就排除候选人在小组委员会委员的当选资格的任用类别做出确定。不过,它强调委员会候选人在提出申请时以及政府在选举委员时,应意识到人们对确保该机构独立并使之呈现独立形象的强烈关切。⑤

工作组也没有对任期做出限制,而是让“候选人在提出申请时和政府在选举

① E/CN. 4/1999/167 XX, para 552.

② E/CN. 4/Sub. 2/1999/54, decision 1999/114 of 26 August 1999, Annex.

③ E/CN. 4/2000/167, decision 2000/109 of 26 April 2000 and Annex. The report of the inter-sessional working group is also found as document E/CN. 4/2000/112.

④ E/CN. 4/2000/167, decision 200/109 and Annex of 26 April 2000.

⑤ E/CN. 4/2000/167, decision 200/109 and Annex of 26 April 2000.

委员时”考虑这一点。主席团则建议“成员不应同时受雇于本国政府的行政部门”。[①]

工作组建议保留26名成员,这与主席团的建议相反,后者建议将名额减少到15名。对此,工作组解释道:“为确保工作效能,应把委员人数减到所需最低限度。不过,小组委员会委员人数应足以确具有地域代表性并代表不同的法律制度;还必须有足够的专家提供给小组委员会的各个工作组。”[②]

工作组认为,应加强人权委员会的监督,并建议委员会“应初步审查小组委员会目前执行的任务;随后,委员会应定期进行透彻的审查……小组委员会的工作重点应当是根据委员会的要求拟定研究和调查报告并提供专家咨询意见”,包括小组委员会本身“应保持主动进行调查和研究的某种权利”。[③] 主席团将这一活动限制在委员会确定的主题上。

关于国家情况,工作组

> 意识到小组委员会就国家情况通过的决议可能会与委员会重叠,并会造
> 52 成一种似乎独立专家有政治倾向的错觉。与此同时,工作组也承认,如果小组委员会不能对任何具体国家情况进行审议,从人权角度看可能是一种损失。

工作组建议“小组委员会应继续能够对委员会不予处理的国家情况进行辩论”。小组委员会还应被允许讨论在任何国家涉及严重侵犯人权的情况。然而小组委员会不应通过任何针对具体国家的决议。因此工作组建议,小组委员会“避免讨论和通过主题性的、指向具体国家的决议”。工作小组还建议小组委员会应当在处理来文的“1503”机密程序中发挥作用。[④]

为了响应其对小组委员会的多次指示,委员会在2001年建议小组委员会可以

> 通过下列办法,进一步改善其工作方法:

---

① E/CN. 4/2000/167, decision 200/109 and Annex of 26 April 2000.

② E/CN. 4/2000/167, decision 200/109 and Annex of 26 April 2000.

③ E/CN. 4/2000/167, decision 200/109 and Annex of 26 April 2000.

④ E/CN. 4/2000/167, decision 2000/109 and Annex of 26 April 2000.

> (a)把重点放在作为委员会咨询机构的主要任务上,尤其是在委员会请其提供咨询时;
>
> (b)特别注意选择委员会具体建议的研究主题,同时要集中注意如何与在何种情况下可改善现有标准的实行;
>
> (c)严格遵守独立、公正和专业知识的原则,避免采取会影响成员国在保持独立性上的行动;
>
> (d)促进非政府组织的参与效率的效能;
>
> (e)特别报告员及委员的研究报告和工作文件应在经过充分审议后,才提交委员会。①

人权委员会在2002年重申了其对小组委员会的指导方针。它赞同小组委员会所采取的措施,除其他外,还有“采取其他创新和有益的程序性办法,特别是采用‘问答’形式和一些专家小组讨论会”,以及参加“特别报告员/代表、专家和委员会特别程序工作组主席的会议和条约机构主席们的会议”②(见第六章C,非常规体系[1993年])。

小组委员会第五十八届会议主席(戴维·威斯布罗特[David Weissbrodt])在2002年向人权委员会报告,除其他改进外,小组委员会需要进行“委员会在2000年4月通过的、经历了一次重大的结构调整的改革。这种结构调整,在第五十三届会议的议程中是显而易见的,该议程多年来首次进行了大幅度的修改和合理化”。③

在同一届会议上,人权委员会援引了在2000年闭会期间工作组的建议,以及“最近出现的新的和更复杂的情况,使得更有必要对委员会目前的工作方法产生的严重问题进行深入调查”,决定在2003年启动“一项彻底审查……以提高其方 53
法的有效性”,并提供了一份并不详尽的调查将涉及问题的清单。④

2003年,人权委员会重申了前几年的准则,并再次重申:

---

① E/CN.4/2001/167, resolution 2001/60 of 24 April 2001.

② E/CN.4/2002/200, resolution 2002/66 of 25 April 2002.

③ E/CN.4/2002/99.

④ E/CN.4/2002/200, resolution 2002/91 of 26 April 2002 Annex.

(a) 关于小组委员会不应通过任何针对国家的决议、决定或主席声明，并在谈判和通过专题决议或决定时应避免提及具体国家；

(b) 小组委员会应继续能够对委员会不予处理的国家情况进行辩论，并讨论涉及任何国家发生严重侵犯人权事项的紧急事项，讨论情况应反映在关于辩论的简要记录中，辩论的简要记录应继续提交委员会。[①]

2002年度小组委员会主席（保罗·塞尔吉奥·皮涅罗[Paulo Sergio Pinheiro]）在2003年向人权委员会报告（"个人陈述"）时，对小组委员会工作方法的进展进行了评论：

> 小组委员会的重塑被证明极为成功，如今小组委员会发挥了人权委员会"智库"的职能。小组委员会现在不仅是一个就多边人权议程各项新的专题开展辩论的论坛，而且还是一个审议机构，为委员会的规范性工作提供坚实的基础。[②]

2003年，人权委员会同意授权小组委员会"在日内瓦召开关于经济、社会和文化权利的年度闭会期间论坛，简称为'社会论坛'"[③]（见第九章A，人权理事会——"一个新时代"[2006年]，社会论坛[2007年]）。

2004年，人权委员会通过了一份准则，并注意到一套小组委员会为精简其程序而采取的全面措施。[④] 就其本身而言，小组委员会决定委托其一名成员伊曼纽尔·德科（Emmanuel Decaux）编写"一份关于小组委员会选择议题和编写报告的工作方法，以及小组委员会应如何安排其工作以确保充分审议报告的工作文件"[⑤]。

---

① E/CN. 4/2003/135, resolution 2003/59 of 24 April 2003.

② E/CN. 4/2003/94 para 5. See also E/CN. 4/2003/118, decision 2003/114 of 25 April 2003.

③ E/CN. 4/2003/135, decision 2003/107 of 22 April 2003.

④ E/CN. 4/2004/127, resolution 2004/60 of 20 April 2004.

⑤ E/CN. 4/Sub. 2/2004/48, decision 2004/121 of 12 August 2004.

到2005年,与前几年一样,人权委员会重申了它对小组委员会作用的看法。[①] 小组委员会审议了关于其“与选择主题和编写报告有关”的工作方法的工作 54
文件。[②] 该文件要求:

> 提供更详细的工作文件……其中包含关于如何提高其效力的建议……特别是:(a)小组委员会成员可以编写和讨论的研究报告和工作文件的数量;(b)小组委员会对事件优先级的判断和确定某些主题讨论中可能存在的差距;(c)与条约机构、特别程序和联合国有关机构或组织的建设性合作;(d)以编写一份科学出版物的方式,追溯小组委员会自成立以来进行的主要研究的历史。[③]

小组委员会于2007年7月举行了其最后一次会议。新成立的人权理事会用一个咨询委员会取代了小组委员会,该委员会将“作为理事会的‘智囊团’,[在其指导下]开展工作”(见第九章A,人权理事会——“一个新时代”[2006年],咨询委员会[2007年])。

在结束小组委员会的工作时,理事会请小组委员会

---

① E/CN. 4/2005/135, resolution 2005/53 of 20 April 2005. 委员会还建议小组委员会通过下列办法,进一步改善其工作方法:

(a) 把重点放在作为委员会咨询机构的主要任务上,尤其是在委员会请其提供咨询时;

(b) 特别注意选择委员会具体建议的研究主题,或各条约机构或联合国其他人权机构建议并经委员会确认的提议,同时要集中注意如何和在何种情况下可改善现有标准的实行;

(c) 严格遵守公正和专业知识的最高标准,避免采取会影响对委员独立性信心的行动,特别是在其可能有利益冲突的情况下;

(d) 促进非政府组织实际有效的参与;

(e) 特别报告员及委员的研究报告和工作文件应在经过充分审议之后,才提交委员会;

(f) 采取进一步措施,以期在三个星期届会内完成其工作;而又作出努力,避免安排工作组在全体会议同一时间开会;

(g) 就委员会如何能协助小组委员会改善其工作和小组委员会如何协助委员会改善其工作向委员会提出建议;

(h) 按照任务授权,严格注重与人权有关的问题;

(i) 避免与其他主管机构和机制开展的工作发生重叠;

(j) 充分考虑联合国法律顾问向小组委员会提出的法律意见。

② E/CN. 4/Sub. 2/2004/18, decision 2004/121 of 12 August 2004. See also E/CN. 4/Sub. 2/2005/5.

③ E/CN. 4/Sub. 2/2004/18, resolution 2005/32 of 11 August 2005. See also E/CN. 4/2006/122, resolution 2006/1 of 27 March 2006, Annex.

优先编写以下文件：

(i) 一份关于小组委员会成绩的文件，其中说明小组委员会自己对今后向人权理事会提供专家咨询意见的展望和建议，于2006年提交理事会；

(ii) 一份详细说明小组委员会正在开展的研究清单以及对其所有活动的全面审查，于2006年提交给理事会。①

在2006年的最后一次会议上，小组委员会概述了其“过去和近期的贡献”，与人权理事会分享了其对未来的看法并提出了建议。②

55 在其存在的58年中，小组委员会从一个专注于与委员会工作有关的研究的外部机构发展成为委员会的实际翻版。在这个过程中，小组委员会为联合国在人权领域的努力做出了重大贡献。这在以下各章中将有所反映。

① A/61/53, decision 1/102 of 30 June 2006, para 3.

② A/HRC/Sub. 1/58/36, decision 2006/112 of 25 August 2006, Annex.

第二章　议程 56

（1946 年）

引　言

在参与起草国际人权宪章的那些年（1946—1954 年），人权委员会就它的议程（agenda）积累了一些议题（issues），不过由于此时的委员会优先考虑其主要职权范围内的工作，所以没有处理这些议题。当人权委员会将人权公约草案送交联合国大会后，它就将注意力转向这些议题。

本章追溯了这些议题在进入人权委员会和后来的人权理事会议程时的情况，并按时间顺序排列，同时按其主题范围进行分组。采取这种做法是为了反映议题在时间上的演变和其实质性内容的扩展。

正如其起源，人权委员会的工作亦反映了国际政治和社会的发展，并主要是由重要的民间社会力量推动的。由此观之，非殖民化时期给人权委员会的议程提供了第一批议题，冷战和 20 世纪 50 年代至 70 年代中期出现的不结盟运动也提供了相应议题，其关注重点是种族主义和自决权。这些因素影响了人权委员会的性质，使其从一个主要是技术性的起草机构变成了一个讨论具体局势之应对的论坛。由此，委员会的议程范围扩大了，随之而来的是接下来的章节中所探讨的各项挑战。

同时，随着联合国会员国从 1945 年的 51 个增加到 1966 年的 122 个，人权委员会面临的挑战亦与如下两方面相关：

——各国因成为国际人权法的缔约国而在国内对其人权义务的重视；以及

——按照《联合国宪章》的规定，实现作为国际人权法的一个组成部分的经济、社会和文化权利。

这两项挑战将主导“伟大事业”在人权委员会接下来的存续时期内的进一步发展,以及 2006 年后人权理事会的发展。

小组委员会的作用

在人权委员会制定人权公约草案时,尽管防止歧视和保护少数小组委员会做出了努力,但其投入仍比较有限。然而,在其存在的整个过程中,尽管与人权委员会的关系并不平衡,但对委员会的议程还是做出了重要贡献(见第一章 C,防止歧视
57 和保护少数小组委员会[1947—2000 年]),包括其关于歧视,经济、社会及文化权利,宗教权利和习俗,保护残疾人的人权,女性生殖器残割问题,教育,特定国家的侵犯人权行为,以及其他几个关键问题的研究,上述议题在本章中皆会有所描述。

小组委员会的工作在人权委员会于 1954 年完成人权公约制定后的这段时间里不断发展。除了研究之外,小组委员会还与人权委员会形成了实质性的互补,并经常以许多专业知识来补充后者的工作。在一些情况下,正如在其他机构所见,小组委员会向人权委员会提出一些议题,并由委员会来处理,但偶尔也会遭到委员会拒绝(见第一章 C,小组委员会面临的挑战)。其中一些议题在随后几年里发展成为国际规范(见第七章 A,国际人权法)。

1946 年——种族主义和种族歧视

(另见第六章 B,1993 年——种族主义;第七章 A2,种族歧视)

自第一份研究以来,防止歧视和保护少数小组委员会讨论了歧视的各个方面,但尚未对种族主义和种族歧视问题进行审议。1946 年,联合国大会讨论了关于种族隔离的各方面问题,这一讨论源于印度提出的关于“南非境内印度裔人口待遇”的议
58 题。该议题被印度要求列入大会第一届会议的第二阶段临时议程。[①] 这个议题最视

① A/149,在印度代表给秘书长的信中对案件进行了总结:

> 在南非的印度裔人口,主要居住在纳塔尔省,人数约为 25 万(与之相对,欧洲裔人口则为 225 万),他们主要是 1860—1911 年间根据印度政府和当时的纳塔尔政府之间的约定来到南非的劳工的后代,以及在 1913 年前跟随契约劳工移民的商人的后代。虽然该协定的条件之一便是允许劳工作为自由人生活,享受公民的所有权利,但自 1885 年以来,南非的印度定居者逐渐遭受到歧视并被剥夺基本权利。在此过程中,他们的权利缺失包括对议会和市政 (转下页)

被视作双边争端,因此联合国大会建议通过召开"一次圆桌会议"加以解决。①

随着种族隔离在南非成为政府的政策,联合国大会于1962年成立了一个反对种族隔离特别委员会(Special Committee against Apartheid)。② 正是这个委员会在1967年提请人权委员会调查它所收到的关于被拘留者遭受酷刑和虐待的报告,这导致了日后第一个"特别程序"的产生(见第六章A,1967年——南非)。

同时,《给予殖民地国家和人民独立宣言》执行情况特别委员会③亦提请人权委员会注意"申请人提交的关于在葡萄牙管理下的领土以及在西南非洲和南罗得西亚侵犯人权的证据"④。(见第六章A,1967年——南非)。

1963年,应联合国大会的要求,人权委员会着手起草了一份宣言,并随后起草

(接上页)的权利缺乏,财产的所有权和使用权遭到限制,贸易、公共服务、就业和旅行权利受限,以及缺乏教育设施。对印度裔的歧视在最近颁布的《亚洲土地保有权和印度裔代表法》(Asiatic Land Tenure and Indian Representation Act)中达到了高潮,该法旨在将印度裔人口隔离到特定的区域,并在这些区域保有居住权和不动产的所有权。

印度政府作为导致印度裔人口移民至南非之协定的缔结方之一,感到自己对此负有持续性责任,并时时代表印度裔人口与南非政府进行交涉。

后者亦经常就影响南非印度裔人口的政策意见征求印度政府的意见和建议。在两个场合,即1926年和1932年,两国政府为此举行了正式的圆桌会议。

在对印度裔人口的区别对待开始前一年,两国政府达成了协议,即《开普敦协议》,并在1932年发表了联合声明,大意为《开普敦协议》将继续存在,两国政府之间应继续合作。然而,隔离原则再次体现在《亚洲土地保有权和印度裔代表法》中,且印度政府提出再次举行圆桌会议以探讨友好解决未决问题的建议被南非政府拒绝。该法案的通过构成了对《开普敦协议》和1932年联合声明的单方面否定。

印度国内对此种措施反应强烈,为此,印度政府不得不发出终止两国间贸易协定的通知,并召回其参与协商的高级专员。

目前,一种依据《联合国宪章》第十条和第十四条规定,妨害印度和南非两国间之友好关系的情势已经出现,为此,印度现将该问题提交大会审议。

① General Assembly Fifth session, resolution 44 (I) of 8 December 1946, entitled Treatment of Indians by the Union of South Africa. See also resolution 265 (III) of 14 May 1949 and resolution 395 (V) of 2 December 1950 entitled Treatment of people of Indian origin in the Union of South Africa.

② General Assembly seventeenth session, resolution 1761 (XVII) of 6 November 1962,该特别委员会

(a) 于联合国大会闭会期间不间断审查南非政府的种族政策,

(b)不时向联合国大会或安全理事会,或酌情向两者报告。

③ 《给予殖民地国家和人民独立宣言》执行情况特别委员会,即非殖民化特别委员会(Special Committee on De-Colonisation),又称"二十四国特别委员会"(Special Committee of 24),最初由17个国家组成。由联合国大会于1961年11月27日,根据1960年12月14日通过的上述《宣言》设立,以监测该《宣言》的实现情况;见A/5800/Rev. 1,第1—7段。

④ A/6000/Rev. 1 para 463-Economic and Social Council fortieth session, resolution 1102 (XL) of 4 March 1966.

了《消除一切形式种族歧视公约》。该《公约》于1965年通过,并于1969年生效,是第一个"核心"(core)公约。

在政治权利问题上的歧视(1962年)

防止歧视和保护少数小组委员会一系列研究中的第三项(见第一章C,小组委员会的研究和报告[1953年])是关于政治权利方面的歧视问题。由于后勤支持的问题,这项研究花了几年时间才完成。例如,在1959年,

> 小组委员会被告知,有可能在第十二届会议(1960年1月)上及时提一份关于政治权利方面的歧视问题的基础性报告草案,但所依据的"国别研究"要比过去更少。然而,只有在提供超出现有水平的新的工作经费的情况下,才可能为下一届会议(1961年1月)及时编制最终报告。①

59 人权委员会将小组委员会的请求转给了经济及社会理事会。②

特别报告员亨旦·萨塔·库鲁兹于1962年向人权委员会提交了他的研究报告。他提出了一般性原则,特别是关于《世界人权宣言》第二条和第二十一条所载内容。委员会在11年后的1973年才开始进行该研究——当时大会已经通过了《公民权利和政治权利国际公约》。在该届会议上,人权委员会决定"提请《公民权利和政治权利国际公约》缔约国第一次会议注意[特别报告员提出的]一般性原则草案,以便将其转交根据该公约设立的人权事务委员会"③。

萨塔·库鲁兹在关于政治权利歧视的研究报告之后,又发表了一份关于政治、经济、社会和文化领域种族歧视的特别报告,这份报告后被证明是关注土著人民人权的起源。鉴于他的工作范围过于笼统,萨塔·库鲁兹建议需要对歧视土著的问题进行"完整和全面的研究",以突出该问题所涉及的具体细节。④"关注土著居民的人权问题"在小组委员会1969年的议程中首次出现。(见下文,1971

① E/CN. 4/789 para 219.

② E/CN. 4/789 para 221, resolution 8 (XV) of 8 April 1959.

③ E/CN. 4/1127, resolution 6 (XXIX) of 20 March 1973.

④ E/CN. 4/Sub. 2/L. 566 para 2.

年——土著人民;第六章 B,2001 年——土著人民和第七章 B4,土著人民[2007 年])

种族隔离(1966—1994 年)

南非种族隔离政策在 1966 年经济及社会理事会会议上首次被列入委员会的议程:“种族歧视问题涉及……一种最邪恶最普遍之侵害人权情事。”[1]经社理事会在 1966 年请人权委员会在二十二届会议“将侵害人权和基本自由问题,包括种族歧视与分离政策及所有国家内,尤其是殖民地及其他附属国家与领土内之种族隔离政策,视为急要事项,加以审议”[2]。

1994 年,南非种族隔离政策正式结束,在 1995 年,人权委员会设立的专注于种族隔离问题的任务也随之结束:委员会于 1967 年设立的特设专家工作组于 1995 年 2 月 7 日结束其工作。同样,委员会也决定“从其议程中删除题为‘南部非洲人权遭受侵犯的情况:特设专家工作组的报告’的项目”[3]。

特别报告员朱迪思·塞菲·阿塔赫(Judith Sefi Attah)负责监测从种族隔离制度过渡的任务也随着“南非向民主过渡和她在支持争取南非消除种族隔离并在该国建立一个不分种族的社会方面发挥的重要作用”而宣告结束。[4]

同样,委员会决定暂停为监测《禁止并惩治种族隔离罪行国际公约》(Interna- 60
tional Convention on the Suppression and Punishment of the Crime of Apartheid)执行情况而设立的三人小组会议,并将该议题从其议程中删除。[5](见第六章 A,1967 年——南非,监测制裁:哈利法报告[1977—1993 年];阿塔赫报告[1993—1995 年];第七章 A2,种族歧视[1946 年])

十年行动(1973 年—1983 年—1993 年—2003 年)

“向种族主义和种族歧视进行战斗”的第一个十年行动于 1973 年 11 月宣布开始,当时正值《世界人权宣言》发表二十五周年。该行动纲领规定了在国家、区

① E/4176 page 6, resolution 1102 (XL) of 4 March 1966.

② E/4176 page 6, resolution 1102 (XL) of 4 March 1966.

③ E/CN. 4/1995/176, resolution 1995/8 of 7 February 1995.

④ E/CN. 4/1995/176, resolution 1995/9 of 17 February 1995.

⑤ E/CN. 4/1995/176, resolution 1995/10 of 17 February 1995.

域和国际各层级为实现“消除种族偏见、种族主义和种族歧视”的目标而开展的活动，并为此目的开展了以下活动：

> 采取适当措施，充分执行联合国关于消除种族歧视的文书和决定……并在世界范围内大力开展宣传运动，以消除种族偏见，启迪和促使世界舆论参与反对种族主义和种族灭绝的斗争，特别强调教育青年……和反对种族主义和种族歧视理论，以及让妇女充分参与制定和执行这些措施。

各国应每两年报告一次其活动情况。①

联合国大会于 1983 年宣布了第二个十年行动，并制定了为期 10 年的行动计划。在此过程中，大会指出“尽管国际社会做出了努力，向种族主义和种族歧视进行战斗的行动十年还未能达成其主要目标，千千万万的人至今仍是各种形式的种族主义和种族歧视的受害者”②。

此后，联合国大会宣布了向种族主义和种族歧视进行战斗的第三个十年行动，以及从 1993 年开始的十年行动计划，稍后人权委员即任命了一位特别报告员。③ 联合国大会特别强调了移徙工人及其家庭的状况。

人权委员会认识到“防止歧视和保护少数小组委员会可以发挥的重要作用”，
61 欢迎消除种族歧视委员会（Committee on the Elimination of Racial Discrimination, CERD）的努力，并呼吁各国政府批准《保护所有移徙工人及其家庭成员权利国际公约》（International Convention on the Protection of the Rights of All Migrant Workers and Members of Their Families）。④

1995 年，人权委员会欢迎“和平过渡到一个不分种族、不分肤色的民主的南非”。委员会的工作重点也转向“当代形式的种族歧视”和移徙工人及其家庭的困境，指出“所有形式的种族主义和种族歧视，无论是制度化的还是由种族优越性或排他性的官方理论造成的，如‘种族清洗’（ethnic cleansing），都是当代世界上最严重的

---

① General Assembly twenty-eighth session, resolution 3057 (XXVIII) of 2 November 1973, Annex.

② General Assembly thirty-eighth session, resolution 38/14 of 22 November 1983.

③ General Assembly forty-eighth session, resolution 48/91 of 20 December 1993. See also A/48/423 Draft Programme of action for the third decade to combat racism and racial discrimination: Report of the Secretary-General.

④ E/CN. 4/1993/122, resolution 1993/20 of 2 March 1993.

侵犯人权行为”。[1]

资源支持

当联合国大会通过“向种族主义和种族歧视进行战斗”的第一个十年行动计划时,[2]其中包括“在自愿的基础上建立一个国家间基金,以帮助与种族歧视和种族隔离做斗争的人民”[3]。由于资源不足,数个十年行动间的一些活动始终没有进行。人权委员会一再敦促向种族主义和种族歧视进行战斗十年方案信托基金捐款(见第三章,1978 年——自愿基金,向种族主义和种族歧视进行战斗十年行动方案信托基金[1985 年]),以改善十年行动的实施。[4]

然而,基金的情况并没有改善。1996 年,人权委员会遗憾于“由于缺乏足够的资源,向种族主义和种族歧视进行战斗的第二个十年的一些活动未能实施;而且没有提供本应分配给实施第三个十年行动的 1994、1995 两年期计划的资金来源”。委员会要求将这些(未能实施的)活动纳入未来的十年行动计划。[5]

1997 年,人权委员会对“第三个十年行动缺乏兴趣、支持和财政资源”的情况再次表示遗憾。它建议优先考虑防止和消除种族主义的教育,“特别是在年轻人中,以及对执法人员的培训,尤其是通过促进容忍和尊重文化差异”。[6] 信托基金继续缺乏支持,至 1998 年,委员会再次对“1994—1997 年计划的活动很少得到执行”感到遗憾。[7] 人权委员会欢迎在 1997 年举行的“关于移民、种族主义和种族歧 62
视及关于互联网对于《消除一切形式种族歧视国际公约》的作用”两次讨论会,在

---

① E/CN. 4/1995/176, resolution 1995/11 of 24 February 1995. See also E/CN. 4/1994/132, resolution 1994/9 of 18 February 1994; E/CN. 4/1993/122, resolution 1993/11 of 26 February 1993; E/CN. 4/1990/94; resolution 1990/13 of 23 February 1990; E/CN. 4/1989/86, resolution 1989/9 of 23 February 1989; E/CN. 4/1987/60, resolution 1987/12 of 26 February 1987; E/CN. 4/1993/55 VI para 29; E/CN. 4/1991/43 IX; E/CN. 4/1988/33 para 16 A/44/595 VII.

② General Assembly twenty-eighth session, resolution 3057 (XXVIII) of 2 November 1973.

③ General Assembly twenty-eighth session, resolution 3057 (XXVIII) of 2 November 1973, Annex para 17.

④ E/CN. 4/1995/176, resolution 1995/11 of 24 February 1995. See also E/CN. 4/1994/132, resolution 1994/9 of 18 February 1994; E/CN. 4/1993/122, resolution 1993/11 of 26 February 1993; E/CN. 4/1990/94, resolution 1990/13 of 23 February 1990; E/CN. 4/1989/86, resolution 1989/9 of 23 February 1989; E/CN. 4/1987/60, resolution 1987/12 of 26 February 1987; E/CN. 4/1993/55 VI para 29; E/CN. 4/1991/43 IX; E/CN. 4/1988/33 para 16 A/44/595 VII.

⑤ E/CN. 4/1996/177, resolution 1996/8 of 11 April 1996.

⑥ E/CN. 4/1997/150, resolution 1997/74 II of 18 April 1997.

⑦ E/CN. 4/1998/177, resolution 1998/26 II of 17 April 1998.

科托努举行的关于在撒哈拉以南非洲基于种族或民族血统或其他理由的一切歧视国际专家会议，以及“欧洲理事会反对种族主义、种族歧视和有关不容忍现象的工作”。[①]

1999年，人权委员会再次对“第三个十年行动计划仍然缺乏兴趣、支持和财政资源，1994—1998年期间计划的活动很少得到执行”的情况感到遗憾。委员会建议，资金应从常规预算中提供，而不是从自愿捐款中提供。[②]

委员会提请“所有国家审查并在必要时修订其不符合国际人权文书的移民政策，以消除对移民的所有歧视性政策和做法”。它还“欢迎非政府组织在打击种族主义和协助种族主义行为受害者个人方面发挥的积极作用”。[③]

2000年，人权委员会再次“对第三个十年和行动计划继续缺乏兴趣、支持和财政资源表示遗憾，而且1984—1998年期间的活动很少得到执行”。委员会欢迎“在高级专员办事处设立种族主义项目小组……以协调第三个十年的所有活动”。委员会肯定了

> 各国优先重视用教育这一主要手段防止和消除种族主义和种族歧视，以及尤其是通过促进容忍和尊重文化多样性在特别是青年中建立对人权原则的意识并优先重视对执法人员的训练。[④]

世界会议（1978年，1983年，2001年）

第一次“向种族主义和种族歧视进行战斗”世界会议于1978年8月举行，当时正值十年行动的中间点。联合国大会当时指出，“种族隔离、种族主义和种族歧视的罪恶，包括对自决权的剥夺，继续在南部非洲和其他地方盛行”[⑤]。

---

① E/CN. 4/1998/177, resolution 1998/26 III of 17 April 1998.

② E/CN. 4/1999/167, resolution 1999/78 Part II of 28 April 1999.

③ E/CN. 4/1999/167, resolution 1999/78 Part II of 28 April 1999.

④ E/CN. 4/2000/127, resolution 2000/14 Part II of 17 April 2000. See also E/CN. 4/2001/167, resolution 2001/5 II of 18 April 2001; E/CN. 4/2002/200, resolution 2002/68 Part II of 25 April 2002; E/CN. 4/2003/135, resolution 2003/31 Part III of 23 April 2003.

⑤ General Assembly thirty-third session, resolution 33/99 and 33/100 of 16 December 1978. See also resolution 32/129 of 16 December 1977.

第二次世界会议于1983年8月在日内瓦举行。[①] 会议恰逢“向种族主义和种族歧视进行战斗”十年行动结束，“尽管国际社会做出了努力……行动还未能达成其主要目标，千千万万的人至今仍是各种形式的种族主义和种族歧视的受害者”。 63
大会宣布了第二个十年行动和一份行动纲领从1983年12月10日开始实施。[②]

1997年，人权委员会向大会建议召开第三次世界大会的时间不晚于2001年，以便：

(a) 审查特别是自通过《世界人权宣言》以来在反对种族主义、种族歧视、仇外心理和有关不容忍方面取得的进展，并评估妨碍这一方面取得进一步进展的障碍和克服这些障碍的方法；

(b) 考虑更好的方式方法以确保适用现有标准和执行反对种族主义、种族歧视、仇外心理和有关不容忍的现有文书；

(c) 提高对于种族主义和种族歧视、仇外心理和有关不容忍的认识水平；

(d) 就如何通过旨在向种族主义、种族歧视、仇外心理和有关不容忍现象进行战斗方案增强联合国的活动和机制的效力拟定具体建议；

(e) 审查导致种族主义、种族歧视、仇外心理和有关不容忍的政治、历史、经济、社会、文化因素和其他因素；

(f) 拟定具体建议，进一步促进旨在采取行动的国家、区域和国际措施，以制止一切形式的种族主义、种族歧视、仇外心理和有关不容忍现象；

(g) 起草具体的建议，以确保联合国反对种族主义、种族歧视、仇外心理和有关不容忍现象的行动具备经费和其他必要的资源。[③]

2000年，人权委员会欢迎南非政府主办会议并邀请各国与会，欢迎塞内加尔、

---

① General Assembly thirty-eighth session, resolution 37/41 of 3 December 1982.

② General Assembly thirty-eighth session, resolution 38/14 of 22 November 1983.

③ General Assembly fifty-second session, resolution 52/111 of 12 December 1997. See also E/CN.4/1997/150, resolution 1997/74 part VI, of 18 April 1997; E/CN.4/1998/177, resolution 1998/26 VI of 17 April 1998; E/CN.4/1999/167, resolution 1999/78 Part V of 28 April 1999.

伊朗伊斯兰共和国和巴西政府以及欧洲委员会提出举办世界会议的区域筹备会议。[1] 2001 年,人权委员会提出了一些会议建议,包括“土著人民的特殊情况应得到特别关注……并特别关注……移民的特殊情况”[2]。

第三次世界会议于 2001 年 9 月在南非德班举行,会议通过了《德班宣言和行动纲领》。[3] 2002 年,人权委员会成立了一个工作组,“为有效执行《德班宣言和行动纲领》提出建议,并制定补充性国际标准,加强和更新关于对付形形色色的种族主义、种族歧视、仇外心理和相关不容忍行为的国际文书”。[4]

此外,委员会还成立了一个由五名独立专家组成的非洲人后裔问题工作组(见第六章 B,2002 年——非洲人后裔)和一项自愿基金,

64 为下述活动提供进一步资金:(a)尤其在发展中国家有效落实《德班宣言和行动纲领》;(b)非洲人后裔、发展中国家的代表尤其是最不发达国家的代表、非洲人后裔问题专家工作组不限成员名额会议的非政府组织代表以及有关专家;(c)消除种族歧视委员会的活动;(d)详细制定关于消除对非洲裔后代的种族歧视的短期、中期和长期的目标,铭记需要密切与国际和发展机构以及联合国的专门机构,促进非洲人后裔的人权……[5](e)反歧视股的反种族歧视活动。[6]

2005 年,人权委员会“敦促国际足球协会联合会(Fédération Internationale de Football Association, FIFA),结合 2006 年将在德国举行的世界杯足球赛,特别是为了促进消除体域领域中的种族主义,考虑推出一个醒目的主题,以促进消除足球运动中的种族主义”[7]。

---

① E/CN. 4/2000/167, resolution 2000/14 Part V of 17 April 2000.

② E/CN. 4/2001/167, resolution 2001/5 V of 18 April 2001.

③ E/CN. 4/2002/200, resolution 2002/68 of 25 April 2002.

④ E/CN. 4/2002/200, resolution 2002/68 Part I of 25 April 2002. See also E/CN. 4/2004/127, resolution 2004/88 Part III of 21 April 2004; E/CN. 4/2005/135, resolution 2005/64 Part III of 20 April 2005; A/HRC/II/37, resolution 11/12 of 18 June 2009.

⑤ (d)款在 2003 年被重新表述。见 E/CN. 4/2003/135, resolution 2003/30 of 23 April 2003。

⑥ E/CN. 4/2002/200, resolution 2002/68 Part I of 25 April2002.

⑦ E/CN. 4/2005/135, resolution 2005/64 Part III of 20 April 2005.

联合国大会于 2009 年召开了《德班宣言和行动纲领》审查会议。人权理事会在 2007 年注意到“所有相关的非政府组织没有参加会议,对此深表遗憾。它们无法为筹备委员会关于‘审查会议的目标’的对话做出贡献”[①]。

人权理事会在 2011 年“强调《德班宣言和行动纲领》通过十周年是国际社会重申其消除种族主义的政治意愿和承诺的一个重要机会”,并注意到有效执行《德班宣言》政府间工作组的报告。理事会欢迎“非洲人后裔问题专家工作组在审查针对非洲人和非洲人后裔的种族主义的现状和条件及程度方面所做的工作的重要性和意义”。[②] 同时,大会宣布 2013 年为“非洲人后裔国际十年”。[③]

2015 年,人权理事会对“《德班宣言和行动纲领》通过后已过去多年表示关切,并在对这方面目标未能实现感到遗憾”。它欢迎通过实施非洲人后裔国际十年的活动计划。[④]

同年,理事会请秘书长“重新考虑并废除成功执行《德班宣言和行动纲领》的独立知名专家的任职日期,并将其资源用于设立一个非洲人后裔的论坛”。[⑤] 接着 65
在 2017 年,联合国大会发布了关于“建立非洲人后裔论坛……其形式应反映相关社区的意见和偏好”[⑥]的建议。

2014 年,大会在讨论“非洲人后裔国际十年”时,提出了“请各国考虑采取措施,进一步促进和保护非洲人后裔的人权……包括通过制定联合国宣言草案的建议”[⑦]。人权理事会在 2017 年讨论了这一问题,请有效执行《德班宣言》工作组“在其工作计划中纳入……为期一天的会议来审议这一议题”[⑧]。

---

① A/HRC/6/22, resolution 6/23 of 28 September 2007. See also A/HRC/10/29, resolution 10/31 of 27 March 2009.

② A/HRC/18/2, resolution 18/27 of 30 September 2011. See also A/HRC/16/64 and A/HRC/18/45. See also A/HRC/22/2, resolution 22/30 of 22 March 2013; A/HRC/23/19; A/HRC/23/2, resolution 24/26 of 27 September 2013; A/HRC/26/55 and A/HRC/27/2, resolution 26/1 of 18 June 2014; resolution 34/34 of 24 March 2017.

③ General Assembly sixty-eighth session, resolution 68/237 of 23 December 2013. See also A/HRC/25/2, resolution 25/33 of 28 March 2014.

④ A/HRC/30/2, resolution 30/16 of 2 October 2015.

⑤ A/HRC/30/2, resolution 30/17 of 2 October 2015. See also resolution 69/16 of 18 November 2014.

⑥ A/72/53, resolution 34/33 of 24 March 2017.

⑦ General Assembly sixty-ninth session, resolution 69/16 of 18 November 2014, Annex Programme of activities for the implementation of the International Decade for People of African Descent Part II. B. 2 para 29(h).

⑧ A/72/53, resolution 35/30 of 23 June 2017.

同年,人权理事会讨论了"从言论到现实:关于采取具体行动反对种族主义的全球呼吁"这一议题,并请高级专员"以十年协调员的身份,就其在十年框架内执行活动计划的后续活动[在2018年]提交最新情况口述报告"。[1]

当代形式的种族主义(1993年)

到1993年,人权委员会将其对种族主义的关注转移到"当代形式的种族主义、种族歧视、仇外心理和相关的不容忍行为","特别是考虑到最近的趋势",委员会任命了一名特别报告员(见第六章B,1993年——种族主义)。同时,它请联合国大会"适时采取适当措施,宣布从1993年开始的第三向种族主义和种族歧视进行战斗十年"。[2](见上文1946年——种族主义和种族歧视,十年行动[1973年—1983年—1993年—2003年])

在重新制定应对种族主义的方法时,人权委员会提到"一方面,种族主义和种族歧视作为一种体制化的政策……,另一方面,在许多社会的一些地区由个别人或团体而发生种族主义、种族歧视、仇外心理和其他不容异己现象,两者之间存在着根本的差异"。它强调"国际社会有义务采取紧急措施以彻底消除种族隔离,并与主要施加于弱势群体的其他形式的种族主义、种族歧视、仇外主义和相关不容异己现象进行斗争"。[3]

1998年,人权委员会宣布"种族主义和种族歧视……是当代世界上最严重的侵犯人权行为之一,必须以一切可用的手段加以打击……并谴责……许多社会中针对移徙工人及其家庭成员和其他弱势群体的种族主义表现"[4]。(见第六章B,1999年——移民)

66 委员会注意到消除种族歧视委员会1993年3月17日关于《消除一切形式种族歧视国际公约》第四条的第XV(42)号一般性建议,该委员会在建议中认为,"禁止传播基于种族优越或种族仇恨的所有思想是符合《世界人权宣言》第十九条载列和本《公约》第五条回顾的见解和言论自由权利的"[5]。

---

① A/72/53/Add. 1, resolution 36/24 of 29 September 2017.

② E/CN. 4/1993/122, resolution 1993/20 of 2 March 1993.

③ E/CN. 4/1993/122, resolution 1993/20 of 2 March 1993.

④ E/CN. 4/1998/177, resolution 1998/26 I of 17 April 1998.

⑤ E/CN. 4/1998/177, resolution 1998/26 I of 17 April 1998.

民主与种族主义(2000年)

人权委员会在2000年和随后的几年里处理了民主和种族主义之间的不相容问题,

> 对种族主义和仇外心理在政治界、舆论界和整个社会的抬头感到震惊……敦促各国加强承诺,促进容忍和打击种族主义……以此加强民主以及透明和问责的治理。

委员会请其特别程序“特别关注因政治界和整个社会的种族主义和仇外心理抬头而产生的侵犯人权行为”。[①] 2015年,人权理事会注意到高级专员关于民主与种族主义不相容问题的报告,并要求就这一问题展开小组讨论会,“以确定挑战和良好做法”。[②]

2008年,人权理事会讨论了“从言论到现实:全球呼吁采取具体行动反对种族主义”这一议题,“欢迎澳大利亚政府就过去的法律和政策给其土著人民带来的巨大悲痛、痛苦和损失做出具有里程碑意义的历史性正式道歉”,以及其非洲裔人问题工作组和有效执行德班宣言工作组的工作。[③]

人权委员会和理事会多年来一直在处理“民主与种族主义不相容的问题”[④],并鼓励各国,除其他措施外,“考虑以跨学科的方式开展公共信息和提高认识及教育活动,以打击歧视和不容忍”[⑤]。(见下文,1999年——民主权)

---

① E/CN. 4/2000/167, resolution 2000/40 of 20 April 2000; E/CN. 4/2001/167, resolution 2001/43 of 23 April 2001; E/CN. 4/2002/200, resolution 2002/39 of 23 April 2002; E/CN. 4/2003/135, resolution 2003/41 of 23 April 2003; E/CN. 4/2004/127/resolution 2004/38 of 19 April 2004.

② A/HRC/21/27, resolution 29/20 of 2 July 2015.

③ A/HRC/7/78, resolution 7/33 of 28 March 2008. See also resolution A/HRC/21/2, resolution 21/33 of 28 September 2012 and A/HRC/19/77.

④ A/HRC/18/2, resolution 18/15 of 29 September 2011. See also E/CN. 4/2000/167, resolution 2000/40 of 20 April 2000; E/CN. 4/2001/167, resolution 2001/43 of 23 April 2001; E/CN. 4/2002/200, resolution 2002/39 of 23 April 2002; E/CN. 4/2003/135, resolution 2003/41 of 23 April 2003; E/CN. 4/2004/127, resolution 2004/38 of 19 April 2004; E/CN. 4/2005/135, resolution 2005/36 of 19 April 2005.

⑤ A/HRC/18/2, resolution 18/15 of 29 September 2011. See also A/HRC/18/44.

2010 年,在联合国大会宣布 7 月 18 日为纳尔逊·曼德拉国际日(Nelson Man-
67 dela International Day)的背景下,权理事会决定在 2011 年组织“高级别小组讨论会,在纳尔逊·曼德拉树立的不分种族、肤色或民族或种族出身增进和保护人权的榜样的启发下,从种族主义、种族歧视和相关不容忍现象方面思考当前世界人权形势”[①]。

2012 年,人权理事会召开了“关于在多元文化的背景下促进和保护人权,包括打击仇外、歧视和不容忍现象问题”的小组讨论会。[②]

2018 年,理事会决定

> 在 2018 年 4 月 27 日这一日,举行庆祝纳尔逊·曼德拉百年诞辰的高级别闭会期间讨论,在通过社会正义、和解和民主理想促进和保护人权的背景下,讨论他的生活和事迹。因为在 1994 年 4 月 27 日这一天,曼德拉和数百万南非人在一次具有充分代表性的民主选举中首次投票。[③]

同年晚些时候,人权理事会欢迎关于民主与种族主义不相容问题的小组讨论会[④],并决定在 2019 年“以确定挑战和良好做法为目的”[⑤]召开一次关于该主题的高级别小组讨论会。

妇女和女童(2016 年)

2016 年,人权理事会对“种族主义背景下多种交叉形式的歧视和暴力……对妇女和女童充分享有所有人权的影响”表示严重关切。它要求一份报告,以期“确定挑战和良好做法,包括酌情考虑普遍定期审议(Universal Periodic Review)的贡献”。[⑥] (见下文,1993 年——妇女)

---

① A/HRC/15/60, decision 15/117 of 1 October 2010. See also A/HRC/20/2, resolution 20/18 of 6 July 2012.

② A/HRC/18/2, resolution 18/20 of 29 September 2011.

③ A/HRC/37/2, resolution 37/15 of 22 March 2018.

④ A/HRC/32/29.

⑤ A/HRC/38/2, resolution 38/19 of 6 July 2018.

⑥ A/HRC/32/2, resolution 32/17 of 1 July 2016.

1948 年——少数群体

1948 年,联合国大会在通过《世界人权宣言》时讨论了保护少数民族的问题(见第一章 C,小组委员会[1947 年])。它请人权委员会和防止歧视和保护少数小组委员会"彻底研究少数群体问题,以便联合国能够采取有效措施,保护种族、民族、宗教或语言上的少数群体"[①]。在 1961 年,关于少数群体保护的议题在小组委员会的工作中被讨论,但在那届会议中未对此采取具体行动。[②]

1972 年,小组委员会任命了一名特别报告员弗朗西斯科·卡珀托尔提负责编写相关研究报告,该报告于 1977 年完成。[③] 在审议通过该研究报告时,小组委员会建议人权委员会在《公民权利和政治权利国际公约》第二十七条的框架内起草一份关于少数民族权利的宣言。[④] 68

1988 年,小组委员会请其成员之一克莱尔·帕利(Claire Palley)起草了一份工作文件,"说明促进和平和建设性地解决涉及种族、民族、宗教和语言少数群体的情况的可能方式和方法",并且在 1989 年,根据她的建议,小组委员会委托其另一名成员阿斯比恩·艾德(Asbjørn Eide)编写了一份关于这一领域国家经验的进一步报告。[⑤] (见第七章 A4,在民族或族裔、宗教和语言上属于少数群体的人[1978—1992 年])

随着《在民族或族裔、宗教和语言上属于少数群体的人的权利宣言》(Declaration on the Rights of Persons Belonging to National, Bthnic, Religious and Linguistic Minorities, 1992 年)的通过,人权委员会在 1995 年授权小组委员会设立一个工作组,"以……促进《宣言》中规定的在民族或族裔、宗教和语言上属于少数群体的人的权利"[⑥]。

委员会请工作组"审查《宣言》的宣传和实际落实情况……审查涉及少数群体

① General Assembly third session, resolution 217C (III) of 10 December 1948.

② E/CN. 4/817 paras 144-151.

③ E/CN. 4/Sub. 2/384/Rev. 1.

④ E/CN. 4/Sub. 2/399, resolution 5 (XXX) of 31 August 1977.

⑤ E/CN. 4/Sub. 2/1990/59, resolution 1990/5 of 23 August 1990.

⑥ E/CN. 4/1995/176, resolution 1995/24 of 3 March 1995.

问题的可能解决办法……并酌情建议进一步的措施，以促进和保护在民族或族裔、宗教和语言上属于少数群体的人的权利”①。

2003 年，人权委员会请高级专员

> 邀请各国政府以及有关政府间组织和非政府组织就如何更好地保护属于少数群体的人的权利提出意见……[并]……审查现有机制，以加强它们之间的合作和效用，并查明在保护民族或族裔、宗教和语言上属于少数群体的人的权利方面可能存在的缺陷。②

2005 年，人权委员会“赞扬了工作组作为与非政府组织对话的重要论坛和审查涉及少数群体问题的解决计划的作用”。委员会减少了工作组会议的频率和持续时间，设立了一名关于少数群体问题的独立专家，并请工作组“将其工作重点放在与相关非政府组织的互动对话以及对独立专家的概念支持和对话上，独立专家将以观察员身份参加对话”。③ （见第六章 B，2005 年——少数群体问题）

2010 年，人权理事会请高级专员提交一份年度报告，“包含联合国相关发展的
69 信息。编写了关于人权机构和机制以及高级专员办事处在总部和外地开展的有助于促进和尊重《在民族或族裔、宗教和语言上属于少数群体的人的权利宣言》规定的活动的综合报告”④。由此产生了关于该活动的全面报告。⑤

保护罗姆人（吉卜赛人）（1992 年）

人权委员会在 1992 年讨论了保护罗姆人的问题。⑥ 它请小组委员会的特别

---

① E/CN. 4/1995/176, resolution 1995/24 of 3 March 1995.

② E/CN. 4/2003/135, resolution 2003/50 of 23 April 2003. See also resolution E/CN. 4/2004/127, resolution 2004/51 of 20 April 2004.

③ E/CN. 4/2005/135, resolution 2005/79 of 21 April 2005.

④ A/HRC/13/56, resolution 13/12 of 25 March 2010.

⑤ A/HRC/16/39. See also A/HRC/9/8; A/HRC/10/38; A/HRC/25/30; and A/HRC/37/2, resolution 37/14 of 22 March 2018.

⑥ 2014 年 6 月 26 日的第 26/4 号决议释明：“本案文全文中使用的‘罗姆人’一词系指罗姆人、辛提人（Sinti）、卡勒人（Kale）和游民（Travellers），该词旨在涵盖多种相关群体，包括自称为‘吉卜赛人’的群体。”

报告员编写一份研究报告,讨论“利于和平和积极地解决涉及少数人的问题的特别报告员……特别注意罗姆人(Roma,即吉卜赛人[Gypsies])的特有生活情况,并就此提供资料”。委员会请各国利用人权事务中心的咨询服务,采取措施消除对罗姆人的任何形式的歧视。[1]

对罗姆人的歧视是种族主义问题特别报告员在 2000 年报告中的主题。[2] (见第六章 B,1993 年——种族主义)

2014 年,人权理事会再次讨论这一问题,引用了种族主义问题特别报告员和少数群体问题特别报告员“打击对罗姆人的歧视和社会排斥”的工作,并邀请少数群体问题特别报告员编写“一份关于世界各地罗姆人的人权状况的全面研究报告,尤其侧重于反吉卜赛现象”。[3]

少数群体问题论坛(2007 年)

2007 年,人权理事会用“少数群体问题论坛”取代了工作组,“为增进关于在民族或族裔、宗教和语言上属于少数群体者的问题的对话和合作提供一个平台,这将为少数群体问题独立专家的工作提供专题意见和专门知识”[4]。

2010 年,理事会欢迎“少数群体问题论坛成功举办了关于教育权和有效政治参与权的两届会议……为推动就这些问题开展对话,并进一步实施《在民族或族裔、宗教和语言上属于少数群体的人的权利宣言》……提供了一个重要的平台”[5]。(见第九章 A,人权理事会——“一个新时代”[2006 年],少数群体问题论坛[2007 年])

2013 年,人权理事会在论坛的特别程序的意见与见解和言论自由问题特别报告员的特别报告下处理少数群体问题。[6] 它还收到了高级专员和在《在民族或族裔、宗教和语言上属于少数群体的人的权利宣言》通过 20 周年之际开展的专题讨论的报告。[7] 70

---

① E/CN. 4/1992/84, resolution 1992/65 of 4 March 1992.

② E/CN. 4/2000/16/Add. 1.

③ A/HRC/26/2, resolution 26/4 of 26 June 2014.

④ A/HRC/6/22, resolution 6/15 of 28 September 2007.

⑤ A/HRC/13/56, resolution 13/12 of 25 March 2010.

⑥ A/HRC/22/2, resolution 22/4 of 21 March 2013 and A/HRC/22/49; A/HRC/22/60; A/HRC/22/51.

⑦ A/HRC/22/27; A/HRC/20/6.

2016年,理事会欢迎联合国各机构

……由联合国人权事务高级专员办事处牵头就少数群体问题开展机构间合作;敦促它们进一步加强协调与合作,包括为此拟定促进和保护属于少数群体者权利的政策。[1]

1956年——教育

关于受教育权(有别于人权教育)的早期工作主要集中在受教育权和在受教育方面不受歧视问题,并最终由联合国教科文组织于1960年通过了《取缔教育歧视公约和建议》。

小组委员会(1956年)

防止歧视和保护少数小组委员会特别报告员查尔斯·阿蒙于1957年向人权委员会提交了关于教育歧视的第一份研究报告。[2] 该研究报告包括十项原则,除了要求印刷和广泛传播该研究报告外,委员会还征求了"关于通过一项或多项国际文书的可能性"的意见和评论。[3] 在1959年,人权委员会注意到教科文组织关于起草向其成员国提出的建议的决定,以及起草一项有关"教育中的歧视的各个方面"的国际公约的决定。[4]

1958年,人权委员会对前述研究报告所提基本原则进行了一读,并决定在1959年审议"制定一项或多项可能的国际文书之程序的可行性和性质"。1960年12月14日,教科文组织大会通过了《取缔教育歧视公约和建议》,并将其转交给委员会。[5]

---

① A/HRC/31/2, resolution 31/13 of 23 March 2016. See also A/HRC/31/27; A/HRC/31/56; A/HRC/31/72; A/70/212.

② E/CN. 4/Sub. 2/177 VI and para 101, resolution B; and B/CN. 4/Sub. 2/186 IV and resolutions A, B and C.

③ E/CN. 4/753/Rev. 1 para 189, resolution VIII B.

④ E/CN. 4/789para 208, resolution 6 (XV) of 31 March 1959.

⑤ E/CN. 4/817 para 77.

到 20 世纪 80 年代,国际文书和特别程序的积累导致人们需要对其性质、范围和实际应用有更广泛的了解。将人权引入教育,更具体地说就是人权教育,成为这一发展的必然结果,并在 20 世纪 80 年代末导致了对在小学、中学和大学教育, 71
以及专门的人权教育,特别是在司法行政部门(司法、执法和惩戒)方面关注的加强。

人权教育(1988 年)

1988 年,世界人权宣传运动(the World Public Information Campaign for Human Rights)为这种专门关注人权教育的活动提供了框架。在 1993 年,

> 世界人权会议强调有必要加强联合国从事的世界人权宣传运动。它们应发起和支持人权教育,有效地散发这一领域的公众宣传资料。联合国系统的咨询服务和技术援助方案应能够立即响应各国的要求,帮助它们进行人权领域的教育和培训活动,特别是教育各项国际人权文书和人道主义法律所载的标准,并将这些标准适用于军队、执法人员、警察和医疗专业人员。应考虑宣布联合国人权教育十年行动,以推动、鼓励以及重点突出这些教育活动。①

人权委员会在发出十年行动呼吁时,重点关注人权教育,请各国"加强它们的努力以根除文盲,并向所有的人民提供必要的便利以便他们能得一个全面的教育,作为他们发展方面的一个重要因素",并"共同努力,使全面性的教育成为优先事项,并将人权的主题安排在教育里"。②

与人权委员会的工作同步,教科文组织人权和民主教育国际大会于 1993 年 3 月 8 日至 11 日在加拿大蒙特利尔举行。

世界人权宣传运动在世界人权会议的筹备过程中发挥了重要作用。它为一些活动提供了支持,包括在突尼斯(1992 年)、圣何塞和曼谷(1993 年)举行的政府间筹备会议,以及在维也纳举行的正式会议(见第八章 C,世界人权会议[1990—1993

---

① A/CONF. 157/23, Vienna Declaration and Programme of Action adopted by the World Conference on Human Rights on 25 June 1993, Part II. D para 82.

② E/CN. 4/1993/122, resolution 1993/56 of 9 March 1993.

年])。秘书长在 1991 年对世界人权宣传运动的评估中恰当地描述了该运动的表现背景：

> 最近的国际政治事件也直接影响到联合国的人权活动。在这方面，应该
> 提到秘书长最近于 1990 年 9 月提交大会的报告(A/45/1)，其中明定人权问
> 72 题为本组织今后数年三个主要优先项目之一。从 1988 年开始世界运动起至
> 本报告编写之时止，人权中心收到的世界各国政府关于技术援助和合作的要
> 求多于该中心 32 年(即从 1955 年咨询服务和技术援助方案设立至 1987 年)
> 来所收到的请求。①

1993 年，人权委员会要求在有关国家的联合国新闻中心提供缔约国向条约监督机构提交的报告、其简要记录和结论性意见，这进一步确认了宣传运动与人权委员会活动的交叉相关性。② 委员会还呼吁各国"共同努力，将全面教育作为一个高度优先事项，并在其中纳入人权主题"③。

青年与教育(1971 年)

对青年进行尊重人权的教育是 1968 年德黑兰会议(Teheran International Conference on Human Rights)中一项决议的主题。④ 1971 年，人权委员会敦促通过开展各种活动进一步增进对这一主题的关注，包括在学校散发材料和熟悉联合国主管组织的工作。⑤

委员会在 1971 年讨论了人权教育问题，当时它请教科文组织就其成员国的大学内教授人权学科的方式提供反馈。它请教科文组织

> 考虑对人权这一科学学科进行系统的研究和发展，同时考虑世界上的主要法

① E/CN. 4/1991/22 VI, paras 84 et seq.

② E/CN. 4/1993/122, resolution 1993/49 of 9 March 1993. See also E/CN. 4. 1993/29 and Add. 1.

③ E/CN. 4/1993/122, resolution 1993/56 of 9 March 1993.

④ Final Act of the International Conference on Human Rights, Teheran 22 April to 13 May 1968, resolution XX of 12 May 1968.

⑤ E/CN. 4/1068, resolution 11A (XXVII) of 22 March 1971.

律体系,以促进在大学层面以及随后在其他教育一层级上对人权的理解(understanding)、解读(comprehension)、研究和教学。①

人权委员会在 1973 年再次讨论这个问题,指出教科文组织对法律和政治科学学院进行的调查"产生了一些非常有趣的结果,而且教科文组织已经通过了一项研究金计划,帮助世界各地区的教师参加人权方面的强化培训计划"。委员会提请经济及社会理事会注意"它赞成在大会第 2951(XXVII)号决议设立的联合国大学(United Nations University)框架内建立一个人权领域的教学和研究中心"。②

人权教育十年行动(1995—2004 年) 73

1994 年,人权委员会要求设立"人权教育十年","并对支持非政府组织的人权教育活动做出特别规定"③,联合国大会要求该计划从 1995 年 1 月 1 日起实施。④

1998 年,人权委员会呼吁

> 国际、区域和国家的非政府组织和政府间组织,特别是那些关注妇女、劳工、发展、粮食、住房、教育、保健和环境的组织,以及所有社会正义团体、人权提倡者、教育家、宗教组织和媒体,在执行十年行动计划时,单独与人权事务高级专员办事处合作,进行正式、非正式和非正式教育的具体活动,包括文化活动。⑤

1999 年,人权委员会注意到关于各国政府和民间社会所开展活动的信息,并"促请各国政府进一步促进行动计划的实施……鼓励、支持和发动其国家和地方

---

① E/CN. 4/1068, resolution 11C (XXVII) of 22 March 1971.

② E/CN. 4/1127, resolution 17 (XXIX) of 3 April 1973.

③ E/CN. 4/1994/132, resolution 1994/51 of 4 March 1994. See also E/CN. 4/1996/177, resolution 1996/44 of 19 April 1996.

④ General Assembly forty-ninth session, resolution 49/184 of 23 December 1994.

⑤ E/CN. 4/1998/177, resolution 1998/45 of 17 April 1998.

非政府组织和社区组织参与国家行动计划的执行”[1]。

2000年,人权委员会进一步鼓励人类社会各部门采取各种措施。在人权计划方面,包括进一步发展高级专员的网站,实施“所有社区一起”项目下的活动,并提供“面向联合国全体员工和行政官员的关于妇女人权的培训”。[2]

人权委员会在2001年批准了对实现十年目标的中期评估的建议。[3] 2003年,委员会收到了高级专员的报告[4],该报告详细介绍了进展情况,并鼓励在这些活动中取得进一步进展。[5] 委员会在2004年讨论了十年行动的后续问题。[6]

世界人权教育方案(2005年)

2005年,人权委员会欢迎[7]联合国大会宣布了“世界人权教育方案”并随后通过了一项行动计划。[8]

74 2009年,人权理事会获得了高级专员关于根据行动计划所采取措施的最新情况的介绍[9],重点是“将人权教育纳入小学和中学体系”[10]。2010年,人权理事会通过了第二阶段的行动计划。[11]

次年,联合国大会通过了《人权教育和培训宣言》[12](见第七章A4,人权教育和

---

① E/CN. 4/1999/167, resolution 1999/64 of 28 April 1999.

② E/CN. 4/1988/88, resolution 2000/71 of 26 April 2000.

③ E/CN. 4/2001/167, resolution 2001/61 of 25 April 2001, Annex. See also E/CN. 4/2002/200, resolution 2002/74 of 25 April 2002.

④ A/55/360; E/CN. 4/2003/100 and E/CN. 4/2003/101.

⑤ E/CN. 4/2003/135, resolution 2003/70 of 25 April 2003.

⑥ E/CN. 4/2004/127, resolution 2004/71 of 21 April 2004.

⑦ E/CN. 4/2005/135, resolution 2005/61 of 20 April 2005.

⑧ General Assembly fifty-ninth session, resolution 59/113 of 10 December 2004. See also resolution 59/113 B of 14 July 2005 by which the Assembly adopted the Plan of Action for the World Programme for Human Rights.

⑨ A/HRC/9/4.

⑩ A/HRC/4/85 para 1. See also A/HRC/10/29 resolution 10/3 of 25 March 2009; A/HRC/12/50, decision 12/118 of 1 October 2009.

⑪ A/HRC/15/60, resolution 15/11 of 30 September 2010 and A/HRC/15/28, and A/HRC/21/2, resolution 21/14 of 27 September 2012, Rights Education, See also A/HRC/6/22, resolution 6/24 of 28 September 2007; A/HRC/12/50, resolution 12/4 of 1 October 2009.

⑫ General Assembly sixty-sixth session, resolution 66/137 of 19 December 2011; A/HRC/15/60, resolution 16/1 of 23 March 2011.

培训[2011年])。2013年,人权理事会决定

> 将媒体专业人员和记者作为世界人权教育培训方案第三阶段的重点群体,特别着重于关于平等与非歧视问题的教育和培训,以期消除陈规定型观念和暴力,提倡尊重多样性,促进容忍、文化间和宗教间对话与社会融入,并提高大众对所有人权的普遍性、不可分割性和相互关联性的认识。[1]

人权理事会在2014年[2]通过了世界人权教育方案的第三阶段(2015—2019年)行动计划[3]。2017年,理事会收到了关于方案第三阶段执行情况的中期进展报告[4]和关于《人权教育和培训宣言》执行情况的高级别小组讨论会报告。[5] 人权理事会请高级专员就"世界人权教育培训方案第四阶段的目标部门、重点领域或专题人权问题征求意见,同时考虑与2030年可持续发展议程可能的协同作用"[6]。

2018年,人权理事会收到了"高级专员……关于世界人权教育培训方案第四阶段的目标部门、重点领域或专题人权问题的协商报告",并请高级专员"编写……关于世界人权教育培训方案第四阶段(2020—2024年)的行动计划"。[7]

委员会和理事会(1999年,2013年) 75

1999年,人权委员会提请所有国家

> 通过规定基础教育为义务教育,确保所有儿童均有机会取得免费和恰当的基础教育,并普遍提供所有人均可取得的中等教育,特别是通过逐步实行免费教育,确认公平机会基础上的受教育的权利;凡是未能确保免费的义务基础

---

① A/HRC/24/2, resolution 24/15 of 27 September 2013. See also A/HRC/24/24.

② A/HRC/27/2, resolution 27/12 of 25 September 2014. See also A/HRC/31/2, resolution 31/21 of 24 March 2016.

③ A/HRC/27/28.

④ A/HRC/36/24.

⑤ A/HRC/35/6.

⑥ A/72/53/Add. 1, resolution 36/12 of 28 September 2017.

⑦ A/HRC/39/35, resolution 39/3 of 27 September 2018.

> 教育者，为逐步实行对所有人进行免费义务教育的原则制定并通过详细的行动计划。①

人权理事会在2008年讨论了受教育权问题，除了延长受教育权问题特别报告员的任务期限外，理事会还敦促各国采取措施，其中包括“确保建立惠及包括残疾人在内的所有人教育体系，特别是确保儿童无一因其残疾而接受不到免费初级教育”②。（见第六章B，1998年——教育）

人权理事会在2013年请种族主义问题特别报告员（见第六章B，1993年——种族主义）

> 继续酌情阐述教育在防止种族主义、种族歧视、仇外心理和相关不容忍现象的作用；为此鼓励所有国家和其他利益攸关者向特别报告员和联合国人权事务高级专员办事处提供资料，说明各种良好做法，以在特别报告员的网站上公布并输入高级专员办事处即将建立的全球数据库，数据库将包含有关处理种族主义、种族歧视、仇外心理和相关不容忍现象的实际办法的信息。③

女童的平等教育（2014年）

2016年，人权理事会欢迎召开“关于所有女童平等享有受教育权的小组讨论会，以分享经验教训和最佳做法”④。2017年，理事会收到了高级专员的报告，该报告“强调了限制女童有效平等地接受教育的多种互相交织的障碍，并强调了处理这些障碍的良好做法。报告还包含关于适当措施的建议，以确保所有女童平等享有受教育权，到2030年之前消除教育领域的所有性别差异，以实现可持续发展

---

① E/CN. 4/1999/167, resolution 1999/80 Part XI of 28 April 1999.

② A/HRC/8/52, resolution 8/4 of 18 June 2008. See also A/HRC/26/2, resolution 26/17 of 26 June 2014.

③ A/HRC/22/2, resolution 22/34 of 22 March 2013.

④ A/HRC/30/23. See also A/HRC/27/2, resolution 27/6 of 25 September 2014 and A/HRC/32/2, resolution 32/20 of 1 July 2016.

目标(Sustainable Development Goals)中目标4的承诺”[①]。

1957年——儿童 76

人权委员会和理事会处理了儿童权利保护的几方面问题。以下段落按时间顺序描述了这些问题。此外,《儿童权利公约》及其任择议定书(见第七章A2,儿童[1951年])和贩卖儿童问题特别报告员都特别关注保护儿童权利的问题。同时,一些国别和专题程序以及秘书长任命的武装冲突中的儿童问题和暴力侵害儿童问题特别报告员也都提出了保护儿童的问题。2030年可持续发展议程在目标5.2(消除对所有妇女和女孩的一切形式的暴力,包括贩运和性剥削及其他类型的剥削)和目标16.2(结束对儿童的虐待、剥削、贩运和一切形式的暴力和酷刑)中同样强调了对儿童权利的保护。[②]

儿童(1957年)

人权委员会于1957年首次着手处理儿童权利保护的问题。六年前,即1951年,社会委员会(Social Commission)向其提交了一份关于儿童权利的宣言草案。委员会于1959年完成了对该草案的审查[③],同年晚些时候,联合国大会通过了该宣言。[④]

1962年,也即要求制定种族歧视宣言和公约以及宗教不容忍公约的同一年(见下文,1960年——宗教不容忍),大会请委员会对在国际公约草案中纳入关于儿童权利的条款提供意见。但委员会没有采取任何行动,理由是其只收到了“极少数政府提供的大会所要求的评论”[⑤]。

---

① A/HRC/35/11, resolution 35/22 of 22 June 2017.

② General Assembly seventieth session, resolution 70/1 of 25 September 2015.

③ E/CN. 4/789, resolution 5 (XV) of 8 April 1959.

④ General Assembly fourteenth session, resolution 1386 (XIV) of 20 November 1959.

⑤ E/CN. 4/857, resolution 11 (XIX) of 20 March 1963. This was the only time that the Commission was involved with the preparation of the International Covenants between 1954 and 1966, when they were being discussed in the Third Committee of the General Assembly.

非婚生子女(1961年)

防止歧视和保护少数小组委员会于1962年对歧视非婚生子女的问题进行了研究。[①]

1977年,人权委员会将关于非婚生子女的平等和不歧视的一般原则草案提交给经济及社会理事会。[②] (见下文,身份[2000年])

77

公约(1989年)

波兰在1978年提出了一项关于《儿童权利公约》的提案。在那时,

> 波兰代表回顾说,1959年大会通过了《儿童权利宣言》(Declaration on the Rights of the Child)……在大会宣布该宣言……近20年后,现在是采取更进一步和更为一致的步骤,即以公约的形式通过一项具有国际约束力的文书的时候了,并表示公约草案应以《儿童权利宣言》所载原则为依据。[③]

人权委员会在1979年[④]至1988年[⑤]间起草了《公约》草案,并于1989年将其提交给联合国大会。[⑥] 该《公约》于1990年9月2日生效(见第七章A2,儿童[1951年])。

特别报告员(1990年)

也是在《公约》生效的这一年,人权委员会进一步扩大了对保护儿童的关注,设立了贩卖儿童、儿童卖淫和儿童色情制品问题特别报告员。[⑦] (见第六章B,1990

---

① E/CN. 4/832/Rev. 1, resolution 6 (XVIII) of 5 April 1962.

② E/CN. 4/1257, decision 9 (XXXIII) of 11 March 1977. 委员会"原则上接受了一般原则的草案"。

③ E/CN. 4/1292 XIX para 306. See also resolution 20 (XXXIV) of 8 March 1978. For the text of the draft convention, see Annex to the resolution.

④ E/CN. 4/1347, resolution 20A (XXXV) of 14 March 1979.

⑤ E/CN. 4/1988/88, resolution 1988/75 of 10 March 1988.

⑥ E/CN. 4/1989/86, resolution 1989/57 of 8 March 1989.

⑦ E/CN. 4/1990/94, resolution 1990/68 of 7 March 1990.

年——儿童)

1991 年,在合并议程的过程中[1],人权委员会将有关儿童保护的几个议题合并为一个议程项目,在这个项目下,委员会讨论了"(a)《儿童权利公约》的地位……(b)贩卖儿童问题特别报告员的报告;(c)消除剥削童工现象的行动纲领;(d)防止贩卖儿童、儿童卖淫和儿童色情制品的行动纲领草案"[2]。(见第四章 C,合理化[1992—2006 年])

进一步的发展(1996 年)

人权委员会而后扩大了对儿童相关问题的审查范围:到 1996 年,委员会还处理了保护受武装冲突影响的儿童、消除剥削童工现象、街头儿童的困境、女童以及难民和境内流离失所儿童的问题。[3]

1997 年,人权委员会阐明了参与保护儿童权利的"行为者",包括:

(a) 儿童权利委员会(Committee on the Rights of the Child, CRC); 78

(b) 联合国儿童基金会(United Nations International Children's Emergency Fund, UNICEF);

(c) 人权委员会关于贩卖儿童、儿童卖淫和儿童色情制品问题特别报告员;

(d) 秘书长任命研究武装冲突对儿童的影响的专家;

(e)《儿童权利公约》关于儿童卷入武装冲突问题的任择议定书草案工作组和《儿童权利公约》关于贩卖儿童、儿童卖淫和儿童色情制品问题的任择议定书草案工作组;

而且,更广泛的"行为者"还包括,

(f) 促进和保护儿童权利的联合国系统其他有关机关和组织、区域组织、

---

① E/CN. 4/1991/91, decision 1991/109 of 8 March 1991.

② E/CN. 4/1991/91 III Section D para 13.

③ E/CN. 4/1996/177, resolution 1996/85 of 24 April 1996.

政府间和非政府组织及机构;并鼓励建立政府和非政府的机关和机构为儿童的利益进行监测,开展或支助各种活动。[①]

人权委员会

深感关注世界很多地区由于贫困、社会和经济条件不足、自然灾害、武装冲突、流离失所、经济和性剥削、文盲现象、饥饿、不容忍、残疾和法律保护不足问题等,致使儿童的情况仍然十分严峻,深信需要立即采取有效的国家和国际行动,

确认仅靠立法不足以防止对儿童权利的侵犯,需要更有力的政治承诺,除其他外,政府应当在执法和司法领域及在社会、教育和公共卫生方案中以有效的行动执行其法律和充实其立法措施。[②]

人权委员会还讨论了与保护儿童有关的一些实质性问题,如《儿童权利公约》、《公约》的两项任择议定书的撰写准备、女童问题、对儿童的性剥削、难民和国内流离失所儿童、童工和街头儿童,并就每一个问题提出了建议。[③] 它在1998年采取了类似的做法,处理上述方面的问题以及残疾儿童的情况。[④]

1999年,人权委员会欢迎

联合国儿童基金会采取的着眼于权利的立场,并欢迎为了促进及保护儿童权利进一步加强全系统协调合作采取的步骤,还欢迎设立国际刑事法院(International Criminal Court)全权代表外交会议时……考虑了儿童的特殊处境(A/CONF. 183/9)。[⑤]

---

① E/CN. 4/1997/150, resolution 1997/78 of 18 April 1997.

② E/CN. 4/1997/150, resolution 1997/78 of 18 April 1997.

③ E/CN. 4/1997/150, resolution 1997/78 of 18 April 1997.

④ E/CN. 4/1998/177, resolution 1998/76 of 22 April 1998.

⑤ E/CN. 4/1999/167, resolution 1999/80 of 28 April 1999.

数年来,人权委员会继续合并处理大多数与儿童有关的人权问题。[①] 在2001年,这些问题包括 79

> 保护和促进儿童权利,[特别是]身份、家庭关系和出生登记、健康、教育和不受暴力侵害……不歧视[特别是]女童、残疾儿童和移徙儿童……处境特别困难的儿童[特别是]流浪儿童、难民和国内流离失所儿童、童工以及被指控或确认为触犯刑法的儿童。

委员会支持儿童权利委员会的工作,并"鼓励各国合作……履行其在《儿童权利公约》下的义务,包括防止任何违反儿童权利的活动以及受害者的康复和社会融合"[②]。

在随后的几年里,人权理事会在2008年采取了类似的做法,决定"每四年审议一项关于儿童权利的综合决议,并在其间每年集中讨论一个儿童权利主题"[③]。

除了儿童保护的多个方面外,2012年,人权理事会还讨论了"防止和消除贩卖儿童、儿童卖淫和儿童色情制品"以及保护受武装冲突影响的儿童、少年司法和父母被监禁的儿童等问题。理事会要求"为联合国系统和执行任务的特别程序与特别报告员提供适当的工作人员和设施",并要求提供关于儿童权利的年度全天会议报告。[④]

2013年,人权理事会敦促各国

> 通过统一、方便、简单、迅速和有效的登记程序,确保所有儿童出生后立即获得免费的出生登记。并加强其国际承诺……以充分实现儿童的健康权,包括通过分享良好做法、研究、政策、监测和能力建设。

---

① See, for example, E/CN. 4/1997/150, resolution 1997/78 of 18 April 1997; E/CN. 4/1999/167, resolution 1999/80 of 28 April 1999; E/CN. 4/1999/16; E/CN. 4/2000/167, resolution 2000/85 of 27 April 2000; E/CN. 4/2001/167, resolution 2001/75 of 25 April 2001.

② E/CN. 4/2001/167, resolution 2001/75 of 25 April 2001.

③ A/HRC/7/78, resolution 7/29 of 28 March 2008. See also E/CN. 4/2002/200, resolution 2002/92 of 26 April 2002; E/CN. 4/2003/135, resolution 2003/86 of 25 April 2003; E/CN. 4/2004/127, resolution 2004/48 of 20 April 2004; E/CN. 4/2005/135, resolution 2005/44 of 19 April 2005.

④ A/HRC/19/2, resolution 19/37 of 23 March 2012.

理事会处理了需要特别关注的健康问题，特别是

> 孕产妇和儿童死亡率……营养不良……精神健康……药物滥用……性和生殖健康……免受暴力……有害习俗……伤害和事故……武装冲突……非传染性疾病……艾滋病毒/艾滋病……环境健康……姑息治疗……在紧急情况
> 80 下获得保健服务……残疾儿童……土著儿童……和移徙儿童。

理事会还提到了执行措施，包括问责制和后续行动，并集中举行了一个全天会议，主题是“为儿童伸张正义”。[①] 理事会还决定召开一次关于“父母被判处死刑或被处决的儿童的人权”的小组讨论会。[②]

剥削童工(1980年)

1980年，人权委员会赞同防止歧视和保护少数小组委员会特别报告员阿德瓦阿布·波第依巴(Abdelwahab Boudhiba)编写的一份“关于剥削童工问题的报告，其中考虑到该问题的所有经济、社会、文化和心理层面”[③]。作为这项研究的后续行动，委员会于1984年要求“与国际劳工局(International Labour Office)密切合作，举办一次研讨会，讨论在世界各地消除剥削童工现象的方法和手段”[④]。

1986年，人权委员会根据小组委员会奴隶制问题工作组的报告采取行动，讨论了剥削儿童的问题，如童工、儿童卖淫的“各种形式”，并建议

> 在所有社会中通过就业立法，在工作地点或其他地方提供教育设施、制定童工最低限度法定年龄和最低薪资，所有国家主观机构应确保任何低于法定最低年龄的儿童不得被直接或通过地方分包商予以雇佣。[⑤]

委员会还表示，“希望儿童基金会作为联合国关注儿童福利的主要机构，应被

---

① A/HRC/22/2, resolution 32/32 of 22 March 2013.

② A/HRC/22/2, resolution 22/11 of 21 March 2013.

③ E/CN. 4/1988/88, resolution 17 (XXXVI) of 29 February 1980.

④ E/CN. 4/1984/77, resolution 1984/35 of 12 March 1984.

⑤ E/CN. 4/1986/65, resolution 1986/34 of 11 March 1986.

指定为主要负责有关儿童性剥削问题的研究和教育的机构”[1]。

1989 年,奴隶制问题工作组得出结论,认为需要采取紧急行动,防止贩卖儿童、儿童卖淫和儿童色情制品,工作组对这些问题进行了“深入的研究”,它建议人权委员会任命一名特别报告员。[2]

1991 年,人权委员会批准了工作组提议的《消除剥削童工现象行动纲领》草案[3],并于 1993 年正式通过。[4]

1995 年,联合国大会请秘书长提交一份报告,说明“联合国及其附属机构目前 81
针对剥削儿童问题的举措和计划,以及如何改善国家和国际层级的合作”。[5] 随后给出的报告

> 简要概述了剥削童工现象,然后重新审视……目前旨在打击剥削童工现象的国际举措和计划……随后,就如何改善合作,以期更好地在国家一级和国际一级打击剥削童工的情况的各项提案。[6]

1997 年,秘书长提交了一份更新报告,对童工现象进行了审查,介绍了旨在消除这一现象的文书和机制,并提出了改进合作的建议。[7]

同年,人权委员会请秘书长指定人权事务高级专员为协调联合国系统内禁止当代形式奴隶制活动的联络人。它还请秘书长“继续审查关于为商业目的摘取儿童和成人器官和组织的指控的可靠性”[8]。

1998 年,人权委员会欢迎秘书长的报告和儿童权利委员会对儿童经济剥削问题的建议,[9]并鼓励儿童权利委员会“以及其他有关人权条约机构……在审查缔约

---

① E/CN. 4/1986/65, resolution 1986/34 of 11 March 1986.

② E/CN. 4/1991/501, Background.

③ E/CN. 4/1991/91, resolution 1991/54 II of 6 March 1991.

④ E/CN. 4/1991/91, resolution 1991/55 of 6 March 1991, Annex. See also E/CN. 4/1992/84, resolution 1992/74 II of 5 March 1992; E/CN. 4/1993/122, resolution 1993/79 of 10 March 1993.

⑤ General Assembly fiftieth session, resolution 50/153 of 21 December 1995.

⑥ A/51/492, para 3.

⑦ A/52/523.

⑧ E/CN. 4/1997/150, resolution 1997/20 of 11 April 1997.

⑨ A/49/41, Conclusions and Recommendations of the Committee on the Rights of the Child at its second to fifth sessions, May 1994.

国的报告时继续监测这一严重问题”①。

1999 年,人权委员会请所有国家

> 把它们对逐步和有效消除违背公认国际标准的童工现象的承诺化为具体行动,并敦促它们优先消除最恶劣形式的童工现象,如强迫劳工、抵押劳工和其他形式的奴役;支持国际劳工组织就《劳工组织关于工作场所的基本原则和权利宣言》制订一项有效地推广性后续行动;解决童工问题,并与工人代表和雇主代表密切合作,建设性地支持迅速和顺利地完成国际劳工组织关于消除最恶劣形式童工现象的公约和建议的谈判。②

在 2000 年讨论“逐步消除童工”问题时,人权委员会呼吁所有国家

> 82 系统地估评和审查童工现象的程度、性质和原因,并制订和执行为在消除违背公认国际标准的童工现象的战略,特别注意女童面临的具体危险,以及有关儿童的恢复和重新融入社会。③

2001 年,人权委员会呼吁所有国家“考虑批准国际劳工组织 1999 年《关于禁止和立即采取行动消除最恶劣形式的童工劳动公约》(第 182 号)”④。

小组委员会于 1975 年设立的奴隶制问题工作组于 2007 年结束工作。此后,人权理事会任命了一位当代形式奴隶制包括其原因和后果问题的特别报告员。⑤ (见下文,1996 年——奴隶制;第六章 B,2007 年——奴隶制)

武装冲突中的儿童(1984 年)

(另见第七章 A,儿童[1951 年])

1984 年,在两伊战争的背景下,人权委员会要求伊朗伊斯兰共和国政府“立即

① E/CN. 4/1998/177, resolution 1998/76 VI of 22 April 1998.

② E/CN. 4/1999/167, resolution 1999/80 Part VI of 28 April 2018.

③ E/CN. 4/2000/167, resolution 2000/85 Part IV of 27 April 2000.

④ E/CN. 4/2001/167, resolution 2001/75 of 25 April 2001.

⑤ A/HRC/6/22, resolution 6/14 of 28 September 2007.

停止在伊朗伊斯兰共和国武装部队中使用儿童,特别是在战争时期”①。

人权委员会请

> 有关国际组织,为了目前在伊拉克作为战犯的儿童的福利,尽一切可能提供援助,特别是在那些儿童的教育和身心健康方面,或作为一种备选办法,在他们有可能返回伊朗伊斯兰共和国以前,帮助那些愿意在其他伊斯兰国家定居的儿童到其他伊斯兰国家去定居。②

1993年,人权委员会讨论了“武装冲突对儿童生命的影响”,并对“武装冲突对直接或间接参与的儿童造成的严重后果表示愤慨,这些儿童往往是滥用杀伤性地雷的主要受害者”。③

1994年6月,秘书长任命了一位专家格蕾丝·米歇尔(Graça Machel),

> 同秘书处人权事务中心和联合国儿童基金会合作,全面研究这一问题,包括儿童参与武装冲突的问题以及现有标准的相关性和适当性,并考虑到世界人权会议和儿童权利委员会的建议,具体地建议防止儿童受到武装冲突的影响和改善对武装冲突中儿童的保护的方式和方法,以及建议确保有效保护这些儿童包括免遭不分皂白地使用一切战争武器特别是杀伤地雷,并促进其身心 83
> 康复和帮助其重新参与社会生活的措施,特别是确保适当医疗和充分营养的措施。④

该专家于1996年提交了报告。秘书长对报告进行了介绍:“研究表明这些问题是国际人权、和平与安全以及发展议程的核心,并应促进国际社会采取紧急和坚决的行动,解决受武装冲突影响的儿童的困境。”⑤

在接下来的几年里,人权委员会处理了武装冲突对儿童影响的各个方面。

---

① E/CN. 4/1984/77, resolution 1984/39 of 12 March 1984.

② E/CN. 4/1984/77, resolution 1984/39 of 12 March 1984.

③ E/CN. 4/1993/122, resolution 1993/83 of 10 March 1993.

④ General Assembly forty-eighth session, resolution 48/157 of 20 December 1993.

⑤ A/31/306 and Add. 1 para 2 of Note by the Secretary-General.

1994 年,委员会还讨论了接触杀伤性地雷的儿童所受到的威胁问题。[1]

任择议定书(1994 年)

同样在 1994 年,人权委员会成立了一个工作组,“将儿童权利委员会提交的……任择议定书初稿作为其讨论的基础”,负责起草《儿童权利公约》关于儿童卷入武装冲突的任择议定书[2];另一个工作组则“作为优先事项并与特别报告员和儿童权利委员会密切合作,拟订可能的《儿童权利公约》关于贩卖儿童、儿童卖淫和儿童色情制品问题的任择议定书草案准则,以及预防和消除这些问题所需的基本措施”。[3] (见第七章 A2,儿童[1951 年])

1997 年 9 月,在米歇尔的报告之后[4],秘书长任命了一位关于武装冲突对儿童影响的特别代表奥拉拉·奥图纽(Olara Otunnu),“以跟进最终报告中的实际建议”。[5] 特别代表于 1998 年向人权委员会提交了他的报告初稿,阐述了其执行任务的方法。[6] 特别代表随后向联合国大会报告,并向人权委员会提交了临时报告。[7]

1999 年,人权委员会就武装冲突对儿童的影响问题致函秘书长特别代表,建议

> 特别代表和联合国系统有关部门继续就受武装冲突影响的儿童的权利、保护
> 84 和福利制订一致的办法,增进其各自任务之间……的合作酌情包括规划实地
> 访问和落实特别代表建议方面的合作。[8]

---

① E/CN. 4/1994/132, resolution 1994/94 of 9 March 1994.

② E/CN. 4/1994/132, resolution 1994/91 of 9 March 1994.

③ E/CN. 4/1994/132, resolution 1994/90 of 9 March 1994.

④ A/31/306 and Add. 1 para 2 of Note by the Secretary-General.

⑤ General Assembly fifty-first session, resolution 51/77 of 12 December 1996.

⑥ E/CN. 4/1998/119.

⑦ 除了 1999 年向人权委员会提出口头报告外,特别代表其他年份都是如此。在 1999 年 4 月 28 日第 1999/80 号决议的第四部分中,委员会欢迎特别代表向大会提交的报告“以及他向委员会提交的口头报告,同时注意到他没有按照大会的要求提交最新的书面报告”。见 A/53/482 Annex, para 43。

⑧ E/CN. 4/1999/167, resolution 1999/80 Part IV of 28 April 1999.

同年晚些时候,安全理事会通过了一项关于武装冲突对儿童影响的决议,安理会在决议中表示“支持特别代表正在进行的工作”。[①] 在2000年提交给人权委员会的报告中,代表将这项决议描述为

保护受武装冲突影响的儿童事业中一块重要里程碑。有史以来,安理会第一次就一个与具体形势或直接事件无关的专题问题作出决议。安理会通过这一做法明确表明其对保护受武装冲突影响的儿童的承诺。其次,该决议规定了若干保护儿童的重要措施这些措施如适用于具体情况中将产生很大的影响。第三,该决议的通过最终使安理会议程中适当地列有儿童保护的议题完全“合法化”。[②]

在提交给联合国大会的第二次报告中,特别代表指出,他

特别强调实地访问以就关于陷在武装冲突中及灾后的儿童的处境进行第一手评估,特别代表在访问中力求争取冲突双方提出保护儿童的承诺,并提高公众对儿童处境的认识。[③]

特别代表报告了保护受武装冲突影响儿童的行动:

国际社会对冲突司空见惯可能会造成一种无危险,即它们认为这是一种正常的现象,而没有认识到这种现象根本违反所有社会公认的基本行为守则。这个态度绝不可容许……如果各国和国际上采取认真的协调措施,就可以扭转这种令人憎恶的趋势。[④]

2000年,人权委员会审议了特别代表的报告,他在报告中提议“必须将儿童的保护和需求牢牢地纳入维持和平行动的人员配置中”,并列举了在塞拉利昂和刚

---

① Security Council, Security Council 1999, resolution 1261 (1999) of 25 August 1999.

② E/CN. 4/2000/71 para 109.

③ A/54/430 Annex V para 85.

④ A/54/430 Annex III, paras 27-61.

果民主共和国的维持和平行动作为例证。特别代表还建议任命“明确负责确保协调保护儿童和儿童福利的高级官员”，安全理事会也采纳了这一建议。① 在谈到他对几个国家的访问时，

85 特别代表在1998—1999年期间，访问了一些国家，从斯里兰卡至布隆迪，从苏丹至哥伦比亚到塞拉利昂，并同刚果人民共和国的刚果民盟进行了讨论，以取得冲突方承诺采取下列措施：不以平民人口为目标；允许进入其控制地区接触处于困境的人；不干涉救济物品的分发；为了防疫工作和提高救济物品的工作，遵守人道主义停火协议；不攻击学校或医院；不使用地雷；不征招或使用童兵。②

特别代表的报告中还附有他对塞拉利昂、几内亚和哥伦比亚的访问。③

在访问塞拉利昂时，特别代表注意到，

塞拉利昂的儿童在这场战争中经受的苦难令人难以置信。许多儿童受到蓄意残肢，他们的四肢被残忍地截去；仅在1999年1月，便有4000多名儿童在联阵(RUF)和武装部队革命委员会(AFRC)入侵弗里敦期间遭劫持；据估计，遭劫持的儿童有60%是女孩，据报道说，其中绝大部分受到性虐待；成千上万的儿童在主要的三个战斗团体——联阵、武革委和民防部队(CDP)——中担任童兵……据估计，约有10000名儿童因战争而与父母分离；仅在弗里敦就有3000多名“街头儿童”；许多儿童遭受了严重的心理社会创伤。

特别代表提出了“一个塞拉利昂儿童问题特别行动议程。这个有15项内容的议程中提出了若干措施和倡议，旨在确保塞拉利昂儿童在战后的康复和福利”④。

在访问哥伦比亚的报告中，特别代表谈到了关于处于长期冲突局势中的儿童

---

① E/CN. 4/2000/71 IX paras 114, 115.

② E/CN. 4/2000/71 IV paras 19, 20.

③ E/CN. 4/2000/71 Annexes I and II.

④ E/CN. 4/2000/71 Annex I, paras 11, 12.

需求问题,指出,

> 哥伦比亚是众多陷入长期冲突实现和平遥遥无期的国家之一。捐助国和多边机构常常不愿或无法填补这个"从救援到发展的鸿沟",资金不足常常是它的主要问题……保护儿童不必等到取得可靠的和平,必须对主要的发展援助政策加以调整,以便哥伦比亚儿童——尤其是国内流离失所者儿童——长期的需求,在卫生、教育、重新安置和恢复社会生活方面,得到有效的关注。①

人权委员会敦促 86

> 各国和其他有关各方……采取一切适当措施,促使遭受下述情况之害的儿童身心得以康复并重返社会:任何形式的忽视、剥削或凌辱虐待;酷刑或任何其他形式的残忍、不人道或有辱人格的待遇或处罚;或武装冲突;并划拨适当资源,用以执行全面的、顾及性别公平的方案,帮助上述儿童权利遭受侵犯的受害儿童得到康复。②

乌干达北部(1998年)

1998年,人权委员会讨论了乌干达北部的绑架儿童问题,要求"基督抵抗军(Lord's Resistance Army)立即停止在乌干达北部进行的一切诱拐行为和对所有平民,特别是妇女和儿童的攻击行为,[并要求]立即无条件释放并安全送回目前被基督抵抗军诱拐的所有儿童"③。

秘书长于1999年向人权委员会提交了报告,包括其特别代表的活动情况。委员会"要求乌干达北部冲突的外部直接或间接支持基督抵抗军继续诱拐和拘禁儿童的各方立即停止一切此类援助与合作"④。

2000年,人权委员会"最强烈地谴责基督抵抗军在乌干达北部诱拐、杀害、强

---

① E/CN. 4/2000/71 Annex II, para 32.

② E/CN. 4/2000/167, resolution 2000/85 Part VI and Part VII of 27 April 2000.

③ E/CN. 4/1998/177, resolution 1998/75 of 22 April 1998.

④ E/CN. 4/1999/167, resolution 1999/43 of 26 April 1999.

奸、奴役和强迫儿童入伍的行为”,并呼吁“立即无条件释放并安全地送回(他们)”。委员会欢迎乌干达和苏丹政府的努力,并请高级专员“对当地的情况进行评估”。[①] 委员会收到了秘书长特别代表奥拉拉·奥图纽 2001 年的报告[②],其中“强调了问题的严重性,并敦促联合国和国际社会继续做出协调一致的努力,以改善有关诱拐儿童的情况,满足受害者的需要”[③]。

非洲的绑架儿童问题(2003 年)

人权委员会在 2003 年处理了这个议题,当时它表示“深为震惊武装冲突期间绑架儿童的行径在许多非洲国家蔓延……并呼吁非洲各国[采取措施]”,其中包括向受害者及其家人提供“必要的援助和支持”。[④]

87 街头儿童(1993 年)

人权委员会在 1993 年对以下问题表示关注,

> 世界各地有关街头儿童牵涉严重罪案、药物滥用、暴力和卖淫并受不良影响的事件和报道日益增多;促请各国政府继续积极寻求全面解决办法,防止儿童在社会中的边缘化及街头儿童现象的发生。

它请下属各委员会和小组委员会的特别报告员、特别代表和工作组“特别关注街头儿童的困境”,并请儿童权利委员会考虑关于街头儿童的一般性意见。[⑤]

1999 年,人权委员会呼吁所有国家,除其他措施外,还应“采取紧急和有效措施,防止杀害在街头谋生和/或流落街头儿童,制止针对他们的酷刑和暴力行为,

---

① E/CN. 4/2000/167, resolution 2000/60 of 26 April 2000,

② E/CN. 4/2001/76.

③ E/CN. 4/2001/167, resolution 2001/74 of 25 April 2001, See also E/CN. 4/2002/86.

④ E/CN. 4/2003/135, resolution 2003/85 of 25 April 2003. See also E/CN. 4/2004/127, resolution 2004/47 of 20 April 2004; E/CN. 4/2005/135, resolution 2005/43 of 19 April 2005.

⑤ E/CN. 4/1993/122, resolution 1993/81 of 10 March 1993. See also E/CN. 4/1994/132, resolution 1994/93 of 9 March 1994; E/CN. 4/1997/150, resolution 1997/78, Part VII, of 18 April 1997; E/CN. 4/1998/177, resolution 1998/76 Part VII of 22 April 1998.

将肇事者绳之以法"[①]。

2000年,人权委员会请所有国家采取一些措施,其中包括"采取推动和执行适当的方案和政策来保护和恢复与重新融合这些儿童,同时考虑到这些儿童特别容易受到所有形式的暴力虐待、剥削和忽视,女童尤其如此"[②]。

人权委员会和理事会一直在处理在街头谋生和/或流落街头的儿童的情况。[③] 与街头儿童的情况有关,理事会在2012年讨论了"出生登记和人人在任何地方被承认为法律面前的人格的权利"。[④] (见下文,身份[2000年])

女童(1996年)

继《维也纳宣言和行动纲领》(Vienna Declaration and Programme of Action)之后,人权委员会着手处理保护妇女和女童人权的问题。[⑤] 1996年,人权委员会"敦促所有国家消除对女童的一切形式歧视,消除对所有儿童人权的侵犯,特别注意女童面临的障碍"。[⑥]

此外,人权委员会请所有国家

> 消除一切形式的歧视女童和重男轻女的根本原因,这种现象造成了有害和不道德的习俗,除其他外,应颁布和执行保护女童免受一切形式暴力的立法,包 88
> 括杀害女婴和产前性别选择、生殖器残割、乱伦、性虐待和性剥削并鼓励制定与年龄相适应的安全和保密的方案和医疗、社会和心理支持服务,向遭受强暴的女孩提供帮助。[⑦]

1999年,人权委员会批准延长小组委员会关于影响妇女和女童健康的传统习

---

① E/CN. 4/1999/167, resolution 1999/80 Part VII of 28 April 1999.

② E/CN. 4/2000/167, resolution 2000/85 Part IV of 27 April 2000.

③ A/HRC/15/60, resolution 16/12 of 24 March 2011.

④ A/HRC/19/2, resolution 19/9 of 22 March 2012.

⑤ A/CONF. 157/23 Vienna Declaration and Programme of Action Part para 18.

⑥ E/CN. 4/1996/177, resolution 1996/85 VI of 24 April 1996.

⑦ E/CN. 4/1997/150, resolution 1997/78 II of 18 April 1997. See also E/CN. 4/1998/177, resolution 1998/76 II of 22 April 1998; E/CN. 4/2000/167, resolution 2000/85 Part III of 27 April 2000.

俗问题特别报告员哈利玛·恩巴雷克·瓦尔扎齐(Halima Embarek Warzazi)的任期。委员会呼吁各国

> 采取一切必要措施和进行法律改革,以确保女童充分和平等地享有所有人权和基本自由,并对侵犯这些权利和自由的行为采取有效行动,将有关女童的计划和政策建立在儿童和妇女的权利之上。①

残疾儿童(1998年)

人权委员会在1998年首次讨论了这个问题,当时它欢迎

> 儿童权利委员会……注意到身体和精神残疾的儿童有尊严地生活、取得个人发展和与社会融合的权利问题……请委员会继续与联合国有关机构和组织、非政府组织的代表和社会发展委员会残疾问题特别报告员合作,继续这项任务。②

1999年,委员会欢迎

> 与国际专家一起设立一个关键残疾问题工作组和儿童权利组织,目的是与社会发展委员会残疾问题特别报告员密切合作,就儿童权利委员会关于残疾儿童的建议拟订行动计划。③

难民儿童和国内流离失所儿童(1996年)

人权委员会在1996年首次讨论了保护儿童的这一方面问题,当时它敦促"各
89 国政府特别关注难民儿童和国内流离失所儿童的情况,在必要的国际合作下,通过设计和实施新的政策来促进儿童的照顾和福祉"④。

---

① E/CN.4/1999/167, resolution 1999/80 of 28 April 1999. See also E/CN.4/2000/167, resolution 2000/85 Part III of 27 April 2000.

② E/CN.4/1998/177, resolution 1998/76 VIII of 22 April 1998.

③ E/CN.4/1999/167, resolution 1999/80 Part VIII of 28 April 1999. See also E/CN.4/2000/167, resolution 2000/85 Part III of 27 April 2000.

④ E/CN.4/1998/177, resolution 1996/85 VII of 24 April 1996.

1997 年,人权委员会呼吁各国"和武装冲突的其他各方认识到难民儿童和国内流离失所儿童特别容易被招募加入武装部队,并容易遭受性暴力、剥削和虐待,强调以儿童为户主的家庭的特殊脆弱性"①。

1998 年,委员会再次呼吁以儿童为户主的家庭特别脆弱,请"各国政府和联合国机构与组织紧急关注这些情况,加强保护和援助机制,让妇女和青年参与设计、实施和监测保护他们自身的措施"②。

儿童健康(1999 年)

1999 年,人权委员会欢迎

> 1998 年 5 月 16 日世界卫生大会(World Health Assembly)关于儿童和青少年卫生的第 WHA51.22 号决议和采取步骤进一步增进世界卫生组织(World Health Organization, WHO)与联合国人权事务高级专员办事处、儿童权利委员会、联合国儿童基金会和其他有关伙伴之间的合作。③

2000 年,人权委员会进一步请所有国家"采取一切必要措施,确保受疾病和营养不良影响的儿童充分和平等地享有所有人权和基本自由……并采取一切必要措施,保护感染艾滋病/病毒或受其影响的儿童"④。

人权理事会在 2013 年重点关注儿童健康问题。摆在它面前的是高级专员的一份报告,其中列出了"需要关注的与儿童有关的健康问题……以及实施措施"⑤。

五岁以下儿童可预防的死亡和发病(2013 年)

人权理事会讨论了世界卫生组织就这一主题编写的报告⑥,并请高级专员"与世界卫生组织密切合作,编写关于采用基于人权的方法执行减少和消除五岁以下

---

① E/CN. 4/1997/150, resolution 1997/78 V of 18 April 1997.

② E/CN. 4/1998/177, resolution 1998/76 V of 22 April 1998. See also E/CN. 4/1999/167, resolution 1999/80 Part V of 28 April 1999 and E/CN. 4/2000/167, resolution 2000/85 Part IV of 27 April 2000.

③ E/CN. 4/1999/167, resolution 1999/80 Part X of 28 April 1999.

④ E/CN. 4/2000/167, resolution 2000/85 Part II of 27 April 2000.

⑤ A/HRC/22/31, IV, V, VI.

⑥ A/HRC/24/60.

儿童可预防的死亡和发病的政策和计划的简明技术指南”,并召开专家研讨会讨论指南草案。①

90 2014 年,人权理事会欢迎高级专员关于采用基于权利的方法执行降低五岁以下儿童可预防死亡率的政策的技术指导报告,②并请其提交一份报告,“说明[政策技术指导的]实际应用情况及其对各国制定和执行政策和计划的影响”。③ 人权理事会在 2016 年讨论了该报告④,当时它要求“与世界卫生组织密切协作……讨论预防五岁以下儿童死亡和发病的经验”,并举办一个专家研讨会。⑤ 理事会还讨论了截至 2010 年的可预防的孕产妇死亡问题(见下文,1993 年——妇女,可预防的孕产妇死亡[2009 年])。

儿童教育(2000 年)

人权委员会于 1998 年任命了一位教育权问题特别报告员(见第五章)。⑥ 2000 年,委员会呼吁所有国家

> 通过规定基础教育为义务教育,确保所有儿童均有机会取得免费和恰当的基础教育,并普遍提供所有人均可取得的中等教育,特别是通过逐步实行免费教育,确认公平机会基础上的受教育的权利……[以及对于]未能确保免费的义务基础教育者,为逐步实行对所有人进行免费义务教育的原则制订并通过详细的行动计划。

委员会还呼吁将重点放在“教育的质量方面”。⑦

---

① A/HRC/24/2, resolution 24/11 of 26 September 2013.

② A/HRC/27/31.

③ A/HRC/27/2, resolution 27/14 of 25 September 2014.

④ A/HRC/33/23.

⑤ A/HRC/33/2, resolution 33/11 of 29 September 2016.

⑥ E/CN. 4/1998/177, resolution 1998/33 of 17 April 1998.

⑦ E/CN. 4/2000/167, resolution 2000/85 Part II of 27 April 2000.

不歧视（2000年）

2000年，人权委员会重申了各国

> 有义务无歧视地确保儿童权利的享有，不分儿童或其父母或法定监护人的种族、肤色、性别、语言、宗教、政治见解或其他见解、民族、族裔或社会出身、财产、残病、出生或其他状况，并采取一切适当措施确保保护儿童免受一切形式的歧视。[①]

移徙儿童（2000年） 91

2000年，人权委员会呼吁所有国家

> 保护移徙儿童的所有人权，特别是无人陪伴的移徙儿童的人权，并确保据此将儿童的最大利益作为首要考虑，而且鼓励儿童权利委员会、联合国儿童基金会和联合国其他有关机构在各自任务范围内特别注意移徙儿童的境况，并酌情就加强对他们的保护提出建议……[并]……与移民的权利问题特别报告员充分合作并为之提供协助，以处理移徙儿童特别脆弱的境况。[②]

人权理事会从2008年开始在《关于儿童的替代照料准则》的背景下处理这一问题。[③] 2010年，理事会收到了高级专员的相关报告；[④]2015年，理事会请咨询委员会"就孤身移徙儿童和青少年与人权的全球问题开展研究"[⑤]。

2016年，理事会收到了关于咨询委员会研究的进展报告。[⑥] 该委员会决定召

---

① E/CN. 4/2000/167, resolution 2000/85 Part III of 27 April 2000.

② E/CN. 4/2000/167, resolution 2000/85 Part III of 27 April 2000.

③ A/HRC/7/78, resolution 7/29 Part III of 28 March 2008; A/HRC/9/28, resolution 9/5 of 24 September 2008; A/HRC/10/29, resolution 10/14 of 26 March 2009; A/HRC/12/50, resolution 12/6 of 1 October 2009.

④ A/HRC/15/60, resolution 15/16 of 30 September 2010; A/HRC/15/29.

⑤ A/HRC/29/2, resolution 29/12 of 2 July 2015.

⑥ A/HRC/31/35.

开一次小组讨论会,“其目的是确定原籍国、过境国和目的地国的挑战和最佳做法,以及在各级保护无人陪伴的移徙儿童和青少年的人权方面可能做出的共同努力”①。

刑法(2000年)

2000年,人权委员会重申

> 各国有必要依照《儿童权利公约》和包括《公民权利和政治权利国际公约》在内的其他有关国际人权文书所承担的义务,使每一名被指称认定触犯了刑法的儿童都能受到体面的待遇,表示深为关注在对儿童进行起诉时不考虑其特殊需要、将儿童任意拘留(arbitrary detention)、儿童遭受酷刑或残忍、不人道或有辱人格的待遇或处罚或遭受违反公认国际标准的处罚的案件,并在这方面,呼吁各国采取一切必要的措施,保护儿童使其免遭这些做法的伤害。②

92

身份(2000年)

人权委员会在2000年处理了儿童的身份问题。它呼吁所有国家加紧努力,“确保所有儿童在出生后立即进行登记,包括考虑制订简化、迅速和有效的手续……承诺尊重儿童保护身份的权利……并在儿童被非法剥夺其部分或全部身份要素时,提供适当援助和保护,以迅速重新确立其身份……尽可能确保儿童享受知情权和受到父母监料的权利[和]……确保不以违背儿童意愿的方式使之与父母分离,除非主管部门根据适用的法律和程序经司法审查断定这种分离是儿童最大利益之必需”③。(见上文,非婚生子女[1961年])

替代性照料(2008年)

人权理事会在2008年讨论了《关于儿童照顾其他安排的适当利用和条件的

---

① A/HRC/33/2, resolution 33/7 of 29 September 2016.

② E/CN. 4/2000/167, resolution 2000/85 Part IV of 27 April 2000.

③ E/CN. 4/2000/167, resolution 2000/85 of 27 April 2000.

联合国导则》草案,并要求采取措施以提高认识,“以便对其采取可能的行动”①。该指导原则于 2009 年完成。②

针对儿童的暴力(2009 年)

2000 年,人权委员会重申“各国有义务保护儿童免受酷刑和其他残忍、不人道或有辱人格的待遇或处罚”,包括采取措施防止暴力侵害儿童。③

2001 年,联合国大会要求“考虑到大会儿童问题专家会议的成果,对暴力侵害儿童问题进行深入研究”。一位独立专家保罗·塞尔吉奥·皮涅罗领导了这项研究,在 2005 年提交了一份临时报告④,并在 2006 年提交了最终研究报告。⑤ 该研究揭示了各种形式的暴力侵害儿童行为的可怕规模和影响,突出了问题的普遍性和严重性。2007 年,独立专家报告了该研究的传播情况,“以及在后续行动的初始阶段取得的进展”。⑥

2007 年,联合国大会要求设立暴力侵害儿童问题特别代表,除其他活动外,特别代表要“作为一个高调和独立的全球倡导者促进在所有地区预防和消除一切形 93
式的暴力侵害儿童行为”。特别代表玛尔塔·桑托斯·派斯(Marta Santos Pais)于 2010 年向人权理事会进行报告。⑦

理事会在 2010 年重点关注了这个议题,当时它欢迎“联合国制止冲突中性暴力行动,该行动汇集了 13 个联合国实体,旨在终止发生于武装冲突期间和之后的性暴力行为”,并敦促各国采取若干措施,促进落实联合国关于暴力侵害儿童行为的研究报告中的建议。⑧

2014 年,人权理事会讨论了“制止暴力侵害儿童:从无视到正视的全球呼吁”

---

① A/HRC/9/28, resolution 9/13 of 24 September 2008. See also A/HRC/10/29, resolution 10/8 of 26 March 2009.

② A/HRC/11/37, resolution 11/7 of 17 June 2009. See also A/HRC/12/50, resolution 12/6 of 1 October 2009.

③ E/CN. 4/2000/167, resolution 2000/85 Part II of 27 April 2000.

④ A/60/282.

⑤ A/61/229.

⑥ A/62/209 I para 2.

⑦ A/HRC/13/46 and General Assembly sixty-second session, resolution 62/141 III paras 59, 62.

⑧ A/HRC/13/56, resolution 13/20 of 26 March 2010.

这一议题，并决定在当年晚些时候召开一次小组讨论会，“讨论加快全球努力以制止暴力侵害儿童行为的方式和方法，并分享这方面的最佳做法和经验教训”。[1]

童婚(2013 年)

2013 年，人权理事会讨论了议题“加大力度防止和消除童婚、早婚和强迫婚姻”。[2] 2014 年，理事会举行了关于“防止和消除童婚、早婚和强迫婚姻”的小组讨论会，[3]并要求“举办专家研讨会，重新审视和讨论解决童婚、早婚和强迫婚姻的现有战略和举措的影响”。[4]

2017 年，人权理事会讨论了议题“人道主义活动中的童婚、早婚和强迫婚姻”。它欢迎“关于解决童婚、早婚和强迫婚姻的现有战略和举措的影响”的专家研讨会报告[5]和秘书长向联合国大会提交的关于童婚、早婚和强迫婚姻的报告。[6] 理事会请高级专员“创建一个门户网站，汇集和整理与童婚、早婚和强迫婚姻有关的信息，包括在人道主义环境中的信息”，并编写一份关于该问题的报告，“重点是人道主义环境”。[7]

诉诸司法(2014 年)

人权理事会详细讨论了确保儿童诉诸司法的措施和程序，并决定于次日将关于儿童权利的讨论集中在“对儿童权利进行更好的投资”这一主题上，并要求就这一议题提交一份报告。[8]

94 从事游戏和娱乐活动的权利(2014 年)

在此方面，人权理事会援引了《儿童权利公约》第三十一条和《残疾人权利公

① A/HRC/25/2, resolution 25/10 of 27 March 2014.

② A/HRC/24/2, resolution 24/23 of 27 September 2013.

③ A/HRC/27/34.

④ A/HRC/29/2, resolution 29/8 of 2 July 2015.

⑤ A/HRC/35/5.

⑥ A/HRC/71/253.

⑦ A/72/53, page 189, resolution 35/16 of 22 June 2017.

⑧ A/HRC/25/2, resolution 25/6 of 27 March 2014. See also A/HRC/25/35.

约》关于娱乐活动的第三十一条,并引用了儿童权利委员会关于儿童休息、休闲、游戏、娱乐活动、文化生活和艺术权利的第17(2013)号一般性意见。①

2015年,理事会审议了高级专员关于国家投资儿童权利的义务的报告,包括为实现儿童权利创造收入、基于儿童权利的预算编制和支出、私营部门的作用以及国际援助和合作的义务。报告介绍了良好做法的情况。② 理事会讨论了国家政策、资源调动、透明度、问责制、儿童参与预算和财政进程、资源分配、全面的儿童保护系统和国际合作,并要求一份"关于根据良好做法和经验教训对儿童权利进行投资"的后续报告。③

信息技术与儿童性剥削(2016年)

人权理事会在2016年讨论了"信息和通信技术与对儿童的性剥削"问题,当时它收到了高级专员的一份报告,其中包括"在线儿童性剥削、在线性剥削的形式,以及增加脆弱性的风险因素"。④ 理事会确定了年度讨论日的主题——"在落实2030年可持续发展议程的过程中保护儿童权利"⑤。

2017年,理事会讨论了"以基于儿童权利的方式来实施2030年议程……[和]……将儿童权利纳入议程执行工作的主流"。除了贩卖儿童问题特别报告员的报告外,理事会还收到了高级专员的报告。⑥

人道主义局势中的儿童(2018年)

人权理事会在2018年审议了高级专员关于在人道主义局势中保护儿童权利的报告。理事会鼓励"人权理事会各特别程序和其他人权机制在执行其任务时继续纳入儿童权利观"。人权理事会向各条约机构发出了类似的呼吁,并决定将下一次年度全天会议的重点放在"赋予残疾儿童权能,使他们享有人权,包括通过全 95

① Committee on the Rights of the Child, CRC/C/GC/17. See also Council resolution 27/15 of 25 September 2014.

② A/HRC/28/33.

③ A/HRC/28/2, resolution 28/19 of the 27 March 2015.

④ A/HRC/31/34 and Corr. 1.

⑤ A/HRC/31/2, resolution 31/7 of 23 March 2016.

⑥ A/HRC/34/27. See also A/72/53, page 73, resolution 34/16 of 24 March 2017.

纳教育的方式”这一主题上。人权理事会请高级专员就该主题进行报告。[①]

1957 年——就业

1957 年，防止歧视和保护少数小组委员会审查了国际劳工局编写的关于就业和职业领域的歧视的研究报告。[②]

随着研究的进展，

> 人权委员会提出了一个程序问题，即在将小组委员会的意见转达给劳工组织之前，是否必须获得经济及社会理事会的特别授权。大家一致认为，经济及社会理事会在第 545E(XVIII)号决议执行部分第二段中已经向秘书长做出了这种授权。

人权委员会最终决定请秘书长“做出适当的安排，将劳工组织的工作成果转交给小组委员会”[③]。在 1959 年，人权委员会提到“对劳工组织《消除就业和职业歧视公约》及其建议书的通过表示十分赞赏”，并鼓励各成员国批准该公约。[④]

工作的权利(2015 年)

2016 年，高级专员提交了一份“关于实现工作权”的报告。[⑤] 人权理事会

> 确认在国家、区域和国际层面，通过经济和社会政策可持续地消除贫困和提供适足生活标准，应以就业为核心目标；为此强调必须采取相关社会保障措施，包括社会保障最低标准。

---

① A/HRC/37/33 VI, resolution 37/20 of 23 March 2018.

② E/CN. 4/769, resolution 4 (XIV) para 101. See also E/CN. 4/789, resolution 7 (XV) of 8 April 1959.

③ E/CN. 4/753/Rev. 1 para 137, resolution IV.

④ E/CN. 4/789, resolution 7 (XV) of 8 April 1959.

⑤ A/HRC/31/32, resolution 31/15 of 23 March 2016. See also E/CN. 4/1097, resolution 28/15 of 26 March 2015; A/68/970.

理事会还要求一份关于“实现工作权和妇女享有所有人权之间的关系问题”的报告,并以妇女赋权为重点。[1]

2017 年,理事会收到了一份关于“实现工作权与落实工作权和妇女享有所有人权之间的关系并以妇女赋权为重点”的报告。[2] 在此基础上,理事会要求一份 96
“关于实现工作权与执行可持续发展目标中的相关指标之间的关系……以指出这方面的主要挑战和最佳做法”的分析报告。[3] 次年,理事会则请高级专员“提供一份分析报告……说明实现工作权与年轻人享有所有人权之间的关系,并以年轻人赋权为重点”[4]。

1960 年——宗教不容忍

防止歧视和保护少数小组委员会进行的第二项研究是关于宗教权利和习俗方面的歧视。[5] 特别报告员奥尔柯特·克里斯那斯瓦米于 1960 年向人权委员会提交了他的最终报告,包括一套“原则草案”。1963 年,联合国大会请人权委员会编写关于消除一切形式的宗教不容忍的宣言和公约草案[6],1967 年,委员会向大会提交了关于消除宗教不容忍的国际公约草案的序言和 12 个条款,以及分别由牙买加和小组委员会提出的两个条款,即小组委员会编写的执行措施初步条款草案,并表示希望大会决定适当的执行措施和公约草案的最后条款。[7]

《消除基于宗教或信仰原因的一切形式的不容忍和歧视宣言》于 1981 年通过。尽管早期势头良好,但与之相关的公约却从未实现(见第七章 A4,宣言和其他规范,宗教不容忍[1960—1981 年])。

人权委员会在 1999 年

认为宜加强联合国在有关宗教或信仰自由方面的新闻和宣传活动,并继续由

① A/HRC/31/2, resolution 31/15 of 23 March 2016.

② A/HRC/34/29.

③ A/72/53, resolution 34/14 of 24 March 2017. See A/HRC/37/32.

④ A/HRC/37/2, resolution 37/16 of 22 March 2018.

⑤ E/CN. 4/753/Rev. 1 para 148, resolution VL.

⑥ General Assembly seventeenth session, resolution 1781 (XVII) of 7 December 1962.

⑦ E/CN. 4/789 VII. See also E/CN. 4/940, resolution 3 (XXIII) of 9 March 1967.

联合国各新闻中心和其他有关机构以尽可能多的语文争取尽可能广泛散发《消除基于宗教或信仰原因的一切形式的不容忍和歧视宣言》。[①]

2001年,在宗教不容忍问题特别报告员的报告中,人权委员会再次"表示……[2001年]是《消除基于宗教或信仰的一切形式的不容忍和歧视宣言》通过二十周年"[②]。

2009年,人权理事会欢迎特别报告员的报告,其中讨论了"基于宗教或信仰的歧视及其对享有经济、社会和文化权利的影响",并敦促各国政府"考虑实施报告中的建议"。[③] (见第六章B,1986年——宗教不容忍)

97 2012年,高级专员报告了处理宗教不容忍问题的活动,包括举办了一系列关于禁止煽动民族、种族或宗教仇恨的专家讲习班,讨论了这方面的立法模式、司法实践和政策。[④]

人权理事会在2014年讨论了议题"打击不容忍、消极的陈规定型观念和污名化"。它请高级专员"根据各国提供的关于它们为执行行动计划所做的努力和采取的措施的资料,提交一份全面的后续报告",除其他行动外,列出"在政府内部建立一个适当的机制,尤其确定和解决不同宗教社区成员之间潜在的紧张领域,并协助预防和调解冲突[和]……反对宗教定性"。[⑤]

高级专员在随后的几年里继续向人权理事会作相关报告。[⑥] 2018年,人权理事会请高级专员"根据各国提供的关于为执行行动计划所做的努力和采取的措施的信息,提交一份全面的后续报告,并详细说明结论"[⑦]。

---

① E/CN.4/1999/167, resolution 1999/39 of 26 April 1999.

② E/CN.4/2001/167, resolution 2001/42 of 23 April 2001. See General Assembly resolution 36/55 of 25 November 1981, by which it proclaimed the Declaration.

③ A/HRC/10/29, resolution 10/25 of 27 March 2009. See A/HRC/10/8.

④ A/HRC/22/17/Add.4. See also A/HRC/22/2, resolution 22/31 of 22 March 2013.

⑤ A/HRC/25/34 of 28 March 2014.

⑥ A/HRC/28/47, resolution 31/26 of 24 March 2016. See also A/HRC/34/35, resolution 34/32 of 24 March 2017 and A/HRC/37/44.

⑦ A/HRC/37/2, resolution 37/38 of 23 March 2018.

对宗教的诽谤(1999年)

1999年,人权委员会对关于宗教的负面成见和“伊斯兰教往往被错误地与侵犯人权和恐怖主义联系在一起”深表关切,并请高级专员“在筹备联合国不同文明之间对话年时,考虑举办促进不同文化间对话研讨会,从而促进对人权的普遍性的更好了解”。[①]

2000年,人权委员会欢迎将2001年指定为联合国不同文明之间对话年。委员会“敦促所有国家在本国的法律框架范围内,根据国际人权文书,采取一切适当措施,打击仇恨、歧视、不容忍及由各种宗教不容忍现象挑起的暴力、恐吓和胁迫行为”[②]。

2003年和2004年,人权委员会收到了当代形式的种族主义问题特别报告员的报告,涉及“2001年9月11日事件后世界各地的穆斯林和阿拉伯人的状况”。[③] 委员会请特别报告员“审查穆斯林和阿拉伯人的状况……特别是在2001年9月11日事件之后对他们的礼拜场所、文化中心、企业和财产进行攻击和袭击 98
的情况”。[④]

在机构变更后的第一届会议上,人权理事会即请宗教不容忍问题特别报告员和种族主义问题特别报告员报告“诽谤宗教、鼓吹种族和宗教仇恨及其最新表现形式的趋势日增”的情况[⑤]。

特别报告员在当年晚些时候向人权理事会提交了报告。[⑥] 他们向理事会提出了一些建议,其中包括“呼吁会员国政府继续努力执行《德班宣言和行动纲领》,该宣言和行动纲领必须继续是反对种族主义……的基石”,并“请会员国促进和开展各种文化、文明和宗教之间的对话,将其作为反对种族和宗教不容忍的一种更加

---

① E/CN. 4/1999/167, resolution 1999/82 of 30 April 1999. See also E/CN. 4/2001/167, resolution 2001/4 of 18 April 2001; E/CN. 4/2002/200, resolution 2002/9 of 15 April 2002.

② E/CN. 4/2000/167, resolution 2000/84 of 26 April 2000.

③ E/CN. 4/2003/23; E/CN. 4/2004/19.

④ E/CN. 4/2003/135, resolution 2003/4 of 14 April 2003. See also E/CN. 4/2004/127, resolution 2004/6 of 13 April 2004; E/CN. 4/2005/135, resolution 2005/3 of 12 April 2005.

⑤ A/61/53, decision 1/107 of 30 June 2006.

⑥ A/HRC/2/31, 11.

意义深远的方法”。[①]

2007年,人权理事会请种族主义问题特别报告员“报告所有诋毁宗教的行为,特别是仇视伊斯兰教的严重影响”[②]。特别报告员在随后的几年里就这一问题提交了报告。[③] 2008年,理事会收到了高级专员关于对宗教的诽谤的报告[④],以及一份汇编有关对宗教的诽谤的现有立法和判例的研究。[⑤]

2011年,人权理事会呼吁“加强国际努力,促进全球对话,在尊重人权和宗教及信仰多样性的基础上,在各个层面促进容忍与和平文化,并决定在第十七届会议上就这一问题举行小组讨论会”[⑥]。

同年晚些时候,联合国大会欢迎

> 根据《世界人权宣言》中明示的宗旨和原则,由沙特阿拉伯国王阿卜杜拉(King Abdullah of Saudi Arabia)发起、在维也纳设立了阿卜杜拉·本·阿卜杜勒-阿齐兹国王宗教间和文化间对话国际中心,并确认该中心作为加强宗教间和文化间对话的一个平台,预期会发挥重要作用……并谴责构成煽动歧视、敌意或暴力的任何鼓吹宗教仇恨行为,不论其采用印刷、音像、电子媒介或是任何其他手段……大会确认地方、国家和国际各级关于各种思想的公开辩论以及信仰间和文化间对话,可以成为防范宗教不容忍的最佳保障之一,也可以在加强民主和打击宗教仇恨方面发挥积极作用。[⑦]

99 2015年,人权理事会决定在下一年召开一次小组讨论会,“讨论预防和打击极端主义的人权问题”。[⑧]

---

① A/HRC/2/3 IV paras 52, 53, 62.

② A/HRC/4/123, resolution 4/9 of 30 March 2007. See also A/HRC/4/50; E/CN. 4/2006/17.

③ A/HRC/4/19; A/HRC/6/6; A/HRC/9/12.

④ A/HRC/9/7.

⑤ A/HRC/9/25. See also A/HRC/10/29, resolution 10/22 of 26 March 2009.

⑥ A/HRC/15/60, resolution 16/18 of 24 March 2011. See also A/HRC/13/55, resolution 13/16 of 25 March 2010.

⑦ General Assembly sixty-sixth session, resolution 66/167 of 19 December 2011. See also resolution 67/178 of 20 December 2012.

⑧ A/HRC/30/2, resolution 30/15 of 2 October 2015.

1963 年——司法行政

在其存续期间,防止歧视和保护少数小组委员会在制定司法行政中的人权研究和标准方面发挥了重要作用。1963 年,小组委员会就司法行政中的平等问题进行了一项研究。[①] 特别报告员穆罕默德·阿莫德·阿布·拉纳特(Mohammed Ahmed Abu Rannat)在 1964 年提交了一份初步报告,并在 1964 年、1965 年和 1966 年提交了三份进度报告。最终报告于 1969 年向小组委员会提交,并附有原则草案,该报告于 1970 年送交人权委员会。[②]

联合国大会和人权委员会呼吁会员国,"在制定和采取影响到司法平等的立法和其他措施时,对……原则草案……给予适当的考虑,以求达成制定适当的国际宣言或约章的目的"[③]。

1979 年,小组委员会任命了一名特别报告员 L. M. 辛维格(L. M. Singhvi),负责编写一份关于审判员、陪审员和评审员的独立和公正性以及律师的独立性的报告,"目的是使司法工作中不存在歧视,人权和基本自由可以得到维护和保障"[④]。该报告于 1985 年完成。[⑤]

1987 年,人权委员会再次处理这一问题,援引《禁止酷刑公约》和《消除一切形式种族歧视公约》,并请小组委员会

> 紧急审议司法部门、陪审员和评审员的独立和公允以及律师的独立问题,同时考虑到特别报告员关于这一问题的报告……进一步考虑有关反对未经认可的拘留人宣言的问题,以及戒严状态或紧急状态的问题……适当注意特别是联合国第五次防止犯罪和罪犯待遇问题大会在这一方面通过的各种标准,

---

① E/CN. 4/Sub. 2/229, resolution 1 (XV) of January 1963.

② E/CN. 4/Sub. 2/296/Rev. 1; Sales no E. 71. XIV3. See also General Assembly twenty-sixth session, resolution 2858 (XXVI) of 20 December 1971.

③ General Assembly twenty-eighth session, resolution 3144A (XXVIII) of 14 December 1973. See also: E/CN. 4/1127, resolution 5 (XXIX) of 20 March 1973.

④ E/CN. 4/Sub. 2/435, resolution 5A (XXXII) of 5 September 1979.

⑤ E/CN. 4/Sub. 2/1985/18 and Adds 1-6.

> 以便向委员会提出建议。[1]

次年,即1988年,人权委员会重申了它的呼吁,增加了关于“执行《保护所有遭受任何形式拘留或监禁的人的原则》草案方面的进展”的内容[2],以及

> 100 注意到关于拟订有关废除死刑的《公民权利和及政治权利国际公约》第二号任择议定书的各项建议,以及《公民权利和政治权利国际公约》第六条关于对十八岁以下的人所犯的罪,不得判处死刑的规定。[3]

1989年,人权委员会欢迎在人权事务中心及预防犯罪和刑事司法处内设立集中协调点,“在联合国人权方案、防止和控制犯罪方案、专门机构的工作、区域性组织和具有咨询地位的非政府组织的各种范围内监督司法领域的人权问题”[4]。

两年后,即1991年,人权委员会要求一份联合国各种标准中与司法行政中的人权有关规定的综合清单,以便为国家立法起草示范文本,并请小组委员会在该清单的基础上:

> (a)研究联合国在这一领域的规范和标准的执行情况;
>
> (b)识别可能影响这些标准和规范有效实施的问题;
>
> (c)向委员会建议可行的解决办法,并提出注重行动的建议;
>
> (d)采取必要行动,以拟订国家立法的示范文本……
>
> (e)审议人身保护令的有效性问题,以及在紧急状态下的类似补救措施,并就此提出建议。[5]

小组委员会特别报告员路易·儒瓦内(Louis Joinet)于1991年向其提交了一

---

① E/CN. 4/1987/60, resolution 1987/33 of 10 March 1987.

② A/34/146, Annex.

③ E/CN. 4/1988/88, resolution 1988/33 of 8 March 1988.

④ E/CN. 4/1989/86, resolution 1989/24 of 6 March 1989. See also E/CN. 4/1990/94, resolution 1990/81 of 7 March 1990.

⑤ E/CN. 4/1991/91, resolution 1991/34 of 5 March 1991.

份关于司法机构独立和保护执业律师的全面报告。[1] 1992年,人权委员会批准了小组委员会的建议,即委托特别报告员"就加强司法机构和法律专业的独立性提出进一步报告"[2]。

不受任意逮捕、拘留和流放的自由(1964年)

1953年,人权委员会收到了一项关于就具体人权问题开展一系列研究的建议。但直到1956年,该提案经过经济及社会理事会和联合国大会修订后再次提交委员会时,后者才采取了相关行动。人权委员会决定:

> (a)对联合国会员国和专门机构中的具体权利或权利类别进行研究,并
> 在这些研究中强调一般的为保障人类自由的发展、取得的进展和采取的措 101
> 施,并在必要时提出客观和一般性质的建议;(b)选择……具体的研究主题,但不得选择由联合国另一部门或某一专门机构研究更为适当的主题。[3]

为此,人权委员会任命了一个由四名成员组成的委员会(committee)来编写一份历史性的研究报告——同类型的委员会在此前或之后皆未自行编写过研究报告。人权委员会选择了"人人有权不受任意逮捕、拘留和流放作为前述委员会的第一个研究主题"[4]。该机构提交了进度报告,并在1964年完成了工作[5],研究报告也随之发表,其中还包括一套关于不受任意逮捕和拘留的原则草案。[6]

几年后,即1975年,小组委员会在《公民权利和政治权利国际公约》即将生效的背景下,提请人权委员会注意这项研究和原则草案,该《公约》将"为保障遭受任何形式拘留或监禁的人的人权提供进一步的法律支持,该公约不允许对不遭受酷刑的权利进行任何减损"[7]。

---

① E/CN. 4/Sub. 2/1991/30 and Adds 1-4.

② E/CN. 4/1992/84, resolution 1992/33 of 28 February 1992.

③ E/CN. 4/731, para 49 resolution II.

④ E/CN. 4/731, para 49 resolution II.

⑤ E/CN. 4/739; E/CN. 4/763; E/CN. 4/779 and Add. 1; E/CN. 4/799; E/CN. 4/813; E/CN. 4/835.

⑥ E/CN. 4/826/Rev. 1 (Sales No 65. XIV. 2) Part VI.

⑦ E/CN. 4/Sub. 2/364, resolution 4 (XXVIII) of 10 September 1975.

小组委员会列出了需要立即关注的问题：

> (a)在未对其提出正式指控的情况下，长期且经常无限期地拘留大量未被定罪的人；(b)有必要对被逮捕和被拘留者遭受的非法行为进行公正的司法调查；(c)对逮捕和拘留行为的司法控制缺乏或无效；(d)秘密警察和准军事组织的作用；(e)被逮捕和被拘留者的家庭和亲属的地位。[①]

酷刑(1975年)

1974年，小组委员会引用“许多报告指出，世界各地持续存在侵犯被拘留或监禁者基本人权的情况”，并决定

> 每年审查该领域的发展情况……在审查这些事态发展时，小组委员会将考虑来自各国政府……和非政府组织……的任何可靠证明的信息，条件是这些非政府组织本着诚意行事，其信息是没有政治动机的。[②]

102 1975年，联合国大会通过了《保护人人不受酷刑和其他残忍、不人道或有辱人格待遇或处罚宣言》，该《宣言》是由联合国第五次防止犯罪和罪犯待遇问题大会拟定的。[③] 大会请人权委员会研究酷刑问题，并“制定一套保护酷刑受害者的原则。在人人有权不受任意逮捕、拘留和流放的研究报告及其中所载的原则草案的基础上，对所有受到任何形式的拘留或监禁的人进行研究”。大会请预防和控制犯罪委员会(Committee on Crime Prevention and Control)制定执法官员行为守则草案，并请世界卫生组织进一步关注与保护遭受任何形式的拘留或监禁的人免受酷刑有关的医疗道德原则的制定。[④]

1984年3月6日，人权委员会将《禁止酷刑和其他残忍、不人道或有辱人格的

---

① E/CN. 4/Sub. 2/364, resolution 4 (XXVIII) of 10 September 1975.

② E/CN. 4/Sub. 2/364, resolution 6 (XXVII) of 20 August 1974.

③ General Assembly thirtieth session, resolution 3452 (XXX) of 9 December 1975.

④ General Assembly thirtieth session, resolution 3453 (XXX) of 9 December 1975.

待遇或处罚公约》草案提交给联合国大会。[1]《公约》于 1987 年 6 月 26 日生效，随后其任择议定书于 2006 年 6 月 22 日生效，以“建立一个由独立国际机构和国家机构对存在被剥夺自由者的地点进行定期查访的制度，以防范酷刑和其他残忍、不人道或有辱人格的待遇或处罚”[2]。(见第七章 A2，酷刑[1976 年])委员会还在 1981 年规定设立了一个信托基金，为“因酷刑而人权受到严重侵犯的个人以及这些受害者的亲属提供法律和财政援助”[3]。(见第三章，1978 年——自愿基金，援助酷刑受害者及其家属自愿基金[1978/1981 年])

1985 年，人权委员会任命了一名酷刑问题特别报告员(见第六章 B，1985 年——酷刑)。委员会在 1998 年对“酷刑的广泛发生感到震惊”，并请各国政府采取措施，包括“迅速和全面执行《维也纳宣言和行动纲领》……该文件指出，各国应废除导致酷刑等严重侵犯人权行为的责任人不受惩罚的立法，并起诉此类侵权行为，从而为法治提供一个坚实的基础”。[4]

人权委员会在 2001 年“呼吁各国政府酌情采取……措施，制止和禁止生产、买卖、出口和使用专门用来施以酷刑……的器具”，并请特别报告员“研究此类器具的交易和生产情况……以其找到禁止此种交易和生产的最佳办法”。[5]

委员会注意到关于有效调查和记录酷刑的原则[6]，并“鼓励各国政府思考这些原则，在努力打击酷刑中将其作为一个有用的工具”[7]。

2016 年，人权理事会要求“举行全天不限成员名额的研讨会，目的是交流各国 103
在警察拘留和审前拘留期间……实施有效安全防护措施以防止酷刑的经验和做法”[8]。

---

① E/CN. 4/1984/77, resolution 1984/21 of 6 March 1984; the General Assembly adopted the Convention by resolution 39/46 of 10 December 1984.

② General Assembly fifty-seventh session, resolution 57/199 of 18 December 2002, Annex Optional Protocol to the Convention against Torture and Other Cruel, Inhuman or Degrading Treatment or Punishment, article 1.

③ E/CN. 4/1475, resolution 35 (XXXVII) of 11 March 1981.

④ E/CN. 4/1998/177, resolution 1998/38 of 17 April 1998. See also E/CN. 4/1997/150, resolution 1997/38 of 11 April 1997.

⑤ E/CN. 4/2001/167, resolution 2001/62 of 25 April 2001.

⑥ E/CN. 4/2000/167, resolution 2000/43 of 20 April 2000, Annex. See also General Assembly 2000, resolution 55/89 of 4 December 20000, Annex.

⑦ E/CN. 4/2001/167, resolution 2001/62 of 25 April 2001.

⑧ A/HRC/31/2, resolution 31/31 of 24 March 2016. See also A/HRC/31/57.

紧急状态(1977 年)

小组委员会在 1977 年首次讨论了这个问题,当时小组委员会

> 对某些国家频繁地实行有关所谓戒严或紧急状态的规定及其诉诸这些规定的方式深表关注,并相信上述国家实行这些规定和有关人权状况之间有一种联系,[决定]……对该问题进行详细分析。因此,联合国首次决定彻底研究这一专题,并委托小组委员会专家尼科尔·凯斯蒂欧女士(Mrs. Nicole Questiaux)编写研究报告。经过几年的工作,凯斯蒂欧女士[在 1982 年]向小组委员会提交了一份完整的报告(E/CN. 4/Sub. 2/1982/15)。①

1993 年,人权委员会赞同小组委员会的决定,请其人权和紧急状态问题特别报告员莱安德罗·德斯波伊(Leandro Despouy)"继续更新实施紧急状态的国家清单"。②

1998 年,委员会注意到德斯波伊的最终报告,以及"自 1985 年 1 月 1 日以来宣布、延长或结束紧急状态的第十份国家年度清单",并请高级专员今后"每两年向小组委员会提交……在报告期内宣布或延长紧急状态的国家清单"。③

被强迫或非自愿失踪(1978 年)

联合国大会在 1978 年讨论了失踪人员的问题,其引述

> 世界各地都有若干人士由于执法或治安当局类似组织的越权行为以及非法行动或广泛的暴力行为而被强迫或非自愿失踪的报道,而这些人士往往是在拘留或监禁时失踪的。

① E/CN. 4/Sub. 2/1997/19 para 12. See also Commission resolution 1983/18 of 22 February 1983.

② E/CN. 4/1993/122, resolution 1993/42 of 5 March 1993; E/CN. 4/1994/132, resolution 1994/43 of 4 March 1994.

③ E/CN. 4/1998/177, decision 1998/108 of 21 April 1998.

并对“各方报道难于从主管当局取得关于这些人士的境况的可靠情报,包括各该
当局或组织坚持拒绝承认拘留了这些人士或拒绝说明这些人士下落的报道,表示 104
关切”。[1]

大会请人权委员会“审议失踪人员问题,以便提出建议”,还敦促“秘书长对被强迫或非自愿失踪的案件继续进行斡旋,并于适当时吸取红十字国际委员会(International Committee of the Red Cross)和其他人道主义组织有关方面的经验”[2]。

在1979年接受大会提出的要求时,人权委员会面前有两个提案:一个提案是在阿根廷局势的背景下处理这个问题[3],另一个提案是建议对失踪现象采取全球解决方案。[4] 委员会内部在以国别或专题的方式处理该问题上存在分歧。

在此情况下,人权委员会在当届会议上未能做出决定,但决定在下届会议上进行讨论。该届会议的报告描述了辩论情况:

> 一些代表强调了大会第33/173号决议提出的要求,即委员会应就失踪人员问题提出适当的建议,他们强烈肯定了各国政府对其公民的安全和保护的责任。有人提议,请小组委员会任命一名或数名成员,以便收集这方面的现有资料……大多数代表对委员会首次处理的失踪人员问题表示严重关切。他们回顾说,大会第33/173号决议中提到的“世界各地都有若干人士由于执法或治安当局类似组织的越权行为以及非法行动或广泛的暴力行为而被强迫或非自愿失踪的报道,而这些人士往往是在拘留或监禁时失踪的”。据说近年来在某些国家有数千人失踪。据称,大多数酷刑或失踪案件都是在军事政权或军队政体下出于政治原因而发生的,其通过这种非法和不人道的措施来寻求安全和超额利润……尽管据称这种做法发生在某些特定国家,但一些代表表示,希望有关国家的政府能够制止这种不人道的行为。所列举的原因包括赋予安全部门逮捕、审讯、监禁、甚至处决的无限权力,而不追究责任。有关政府只是否认了对所发生的一切的了解。[5]

---

① General Assembly thirty-third session, resolution 33/173 of 20 December 1978.

② General Assembly thirty-third session, resolution 33/173 of 20 December 1978.

③ E/CN. 4/L. 1460.

④ E/CN. 4/L. 1458/Rev. 1.

⑤ E/CN. 4/1347 VIII C, paras 187-191.

发生在阿根廷的失踪事件是1979年一项提案的主题，提案中包含“关于阿根廷失踪人员和失踪人数的报告”。同时，该提案也赞赏地指出，“阿根廷政府已邀请美洲国家间人权委员会（Inter-American Commission on Human Rights）访问阿根廷……了解人权状况”。因此，一份拟议的修正案将删除在此问题中对阿根廷的提及。[1]

105 在1980年采取行动时，人权委员会选择了专题方法，并指派了被强迫或非自愿失踪问题工作组。而工作组收到的绝大部分失踪案件都发生在阿根廷。[2]

同年，委员会任命了一名关于智利失踪人员命运问题的专家，负责研究智利问题特设工作组所报告的被拘留者据称失踪的案件。[3]

专家菲利克斯·埃尔马科拉（Felix Ermacora）在其向联合国大会提交的报告中指出：

> 失踪人员的问题……超出了智利一国的情况……在这方面……相关研究[可能]有助于联合国更广泛地处理其他国家的失踪人员现象，并最终有助于制定国家和国际措施，以防止人员失踪并调动必要的手段在世界各地寻找失踪人员。[4]（见第六章B，1980年——被强迫或非自愿失踪）

小组委员会在人权委员会无法达成决定的情况下，曾提议

> 这种情况所要求的紧急行动可委托给小组委员会的一个执行小组，该小组将获得所有可用于寻找世界不同地区失踪人员的信息，并将与有关政府和家庭进行必要的联系。[5]

联合国大会提请人权委员会“在研究失踪人员问题时……以及在审议[小组委员会的提案]时”，注意智利失踪人员问题专家的建议。[6] 关于智利失踪人员的

---

① E/CN. 4/L. 1460; E/CN. 4/L. 1472.

② E/CN. 4/1435 Chapter III A and B; E/CN. 4/1492 Chapter III A and B, especially paras 33 and 34.

③ E/CN4/1347, resolution 11 (XXXV) of 6 March 1979.

④ A/34/583/Add. 1 para 5.

⑤ E/CN. 4/Sub. 2/435, resolution 5B of 5 September 1979.

⑥ General Assembly thirty-fourth session, resolution 34/179 of 17 December 1979.

报告是第一个专题特别程序,即被强迫和非自愿失踪问题工作组得以设立的主要因素(见第六章 B,1980 年——被强迫或非自愿失踪)。

国际刑事法院《罗马规约》(Rome Statute)于 2002 年 7 月 1 日生效。其中第七条将"强迫人员失踪"列入危害人类罪。①

随着 2006 年《保护所有人免遭强迫失踪国际公约》的通过,对失踪问题的关注进一步深入。该《公约》又引入了对过渡时期司法和相关问题,特别是有罪不罚问题,恢复原状、赔偿和康复的权利以及了解真相的权利的关注。(见第六章 B,2011 年——真相、正义、赔偿和保证不再发生;第七章 A2,核心公约——失踪[1980—2006 年])

人权理事会欢迎《公约》于 2010 年 12 月生效以及《保护所有人免遭强迫失踪 106
宣言》发表二十周年。同时,理事会还收到了高级专员关于保护证人的措施的报告、②关于档案作为保障了解真相权利的手段的重要性的研讨会的报告③、关于国家调查严重侵犯人权行为的义务和使用法医遗传学的报告。④

少年司法(1985 年)

1992 年,人权委员会收到了小组委员会特别报告员玛丽·孔塞普西翁·包蒂斯塔(Mary Concepcion Bautista)的一份研究报告,主题是"关于被拘留少年人权的国际标准的应用"。⑤

1995 年,委员会收到了由联合国国际儿童紧急救助基金会和预防犯罪和刑事司法处参加的关于这项研究的专家会议的报告。在其他建议中,专家们还对标准的制定和实施、被剥夺自由的儿童和青少年、成人利用儿童和青少年从事犯罪活

① A/CONE183/9 of 17 July 1998 and corrected by procès-verbaux of 10 November 1998, 12 July 1999, 30 November 1999, 8 May 2000, 17 January 2001 and 16 January 2002. B/CN. 4/2000/64 para 7. 人权委员会欢迎"国际刑事法院《罗马规约》定义的强迫失踪行为作为危害人类罪属于法院的管辖范围"。

② A/HRC/15/33.

③ A/HRC/17/21.

④ A/HRC/18/25 and Corr. 1. See also A/HRC/21/2, resolution 21/4 of 27 September 2012.

⑤ E/CN. 4/Sub. 2/1992/20. See also E/CN. 4/Sub. 2/1992/58, resolution 1992/25 of 27 August 1992 and E/CN. 4/1993/122, resolution 1992/80 of 10 March 1993.

动以及剥削儿童等问题进行了讨论。①

1996年,人权委员会

> 促请各国在它们本国的立法和实践中充分体现《联合国预防少年犯罪准则》(利雅得准则)、《联合国少年司法最低限度标准规则》(北京规则)和《联合国保护被剥夺自由少年规则》,并且使它们得到广泛的传播。②

1997年,人权委员会收到的一份最新报告认为,“经济条件差是建立有效的少年司法系统的主要障碍,但显然不足以解释国际和国家立法的内容及其执行之间的差距”。该报告还就刑事责任年龄、审前拘留、机构与非机构治疗以及成年人与青少年的分离等问题得出了结论,并指出

> 《公民权利和政治权利国际公约》第十条和《儿童权利公约》第三十七条规定的……隔离原则,是有效的少年司法系统的最重要支柱之一,应该得到保障,以避免暴力和监狱作为“犯罪学校”的现象发展。③

107 接下来的一年,人权委员会“对儿童和青少年被用作犯罪活动的工具的严重性和残酷性深表关切”,并要求一份关于在司法,特别是少年司法方面执行国际标准的实际措施的报告。④

1999年,人权委员会请所有国家

> 确保司法裁判中所有关于触犯刑法的儿童的结构、程序和方案促进其再教育和恢复,适当时鼓励采取措施处理这些儿童,而不是诉诸司法程序,并规定人权和法律保障得到充分的尊重;采取适当的步骤,确保遵守这样的原则,特别是在审判前,剥夺儿童的自由应该仅仅作为严重不得已的措施,而且时间应尽可能缩短,并确保儿童如遭到逮捕、拘留或监禁,他们应尽量童成人隔开,

---

① E/CN. 4/1995/100.

② E/CN. 4/1996/177, resolution 1996/32 of 19 April 1996.

③ E/CN. 4/1999/35. See also E/CN. 4/1997/150, decision 1997/106 of 11 April 1997.

④ E/CN. 4/1998/177, resolution 1998/39 of 17 April 1998, cited in E/CN. 4/2000/54 para 1.

除非认为反之对儿童最为有利。[①]

2000 年,人权委员会欢迎“少年司法技术咨询和援助协调小组的第二次会议”。委员会还请其特别程序“特别注意与在司法,包括少年司法中有效保护人权有关的问题”。[②]

2009 年,人权理事会特别讨论了少年司法问题;[③]它收到了一份关于“为协助各国加强其司法系统而采取的全系统实际措施和计划活动”的报告。[④] 2011 年,理事会收到了高级专员关于“司法领域人权的最新发展、挑战和良好做法,包括少年司法和被拘留妇女和儿童的条件”的报告。[⑤]

2013 年,人权理事会再次讨论这一问题,当时它收到了高级专员关于“被剥夺自由的少年的人权”的报告[⑥]、关于“司法行政方面的最新发展”的报告[⑦],以及高级专员、联合国毒品和犯罪问题办公室和负责暴力侵害儿童问题的秘书长特别代表关于“预防和应对少年司法系统内暴力侵害儿童的情况”的联合报告。[⑧]

人权理事会决定召开关于保护被剥夺自由者的人权的小组讨论会[⑨],并在 2015 年讨论了该小组讨论会的总结报告[⑩],并审查了一份关于“过度监禁和过度拥挤对人权的影响”的报告。[⑪]

2017 年,人权理事会收到了一份关于“在司法行政中,特别是在剥夺自由的情 108
况下,不歧视和保护更加脆弱的人,以及关于过度监禁和过度拥挤的原因和影响”
的报告。[⑫] 在此基础上,理事会要求一份关于“司法行政中的人权,特别是关于剥

① E/CN. 4/1999/167, resolution 1999/80 of 28 April 1999.

② E/CN. 4/2000/167, resolution 2000/39 of 20 April 2000; See also E/CN. 4/2002/200, resolution 2002/47 of 23 April 2002; E/CN. 4/2003/135, resolution 2003/35 of 23 April 2003; E/CN. 4/2004127, resolution 2004/43 of 19 April 2004.

③ A/HRC/10/29, resolution 10/2 of 25 March 2009.

④ A/HRC/4/102.

⑤ A/HRC/14/34. See also A/HRC/18/2, resolution 18/12 of 29 September 2011.

⑥ A/HRC/21/26.

⑦ A/HRC/24/28.

⑧ A/HRC/21/25.

⑨ A/HRC/24/2, resolution 24/12 of 26 September 2013.

⑩ A/HRC/28/29.

⑪ A/HRC/30/19.

⑫ A/HRC/36/28. See resolution 30/7 of 1 October 2015.

夺自由情况下的暴力、死亡和严重伤害”的报告。[1]

任意拘留(1985年)

自1964年的研究之后,人权委员会区分和界定了各种形式的任意拘留。以下各段介绍了这些情况。

因精神不健康而被拘留的人(1980年)

1980年,小组委员会委托其成员之一艾瑞卡·戴斯(Erica Daes)“制定……关于确定是否有充分理由以精神疾病为由拘留人的程序的准则,以及保护患有精神疾病的人的一般原则”[2]。这项研究恰好与当时一些国家滥用精神病学来惩罚或恐吓政治异见者的指控相同步。[3] (见下文,1968年——科技与人权,保护因精神疾病而被拘留的人[1977年])

特别报告员于1982年向人权委员会提交了一份关于“保护因精神疾病或患有精神障碍而被拘留者的指导原则”的初步报告[4]——当时关于指导原则的讨论转移到了委员会(见下文,1968年——科技与人权)。

行政拘留(1985年)

1985年,人权委员会在“审查了有关遭受任何形式拘留或监禁的人的人权的发展情况”后,请小组委员会“分析有关未经指控或审判的行政拘留做法的现有资料”。[5]

1988年,委员会请小组委员会征求意见,并请其“向委员会提出它认为必要的任何建议”;[6]次年,委员会“注意到儒瓦内先生就关于未经起诉或审判的行政拘留做法的解释性文件所探讨的问题提交的……分析报告”,并请小组委员会就这个

---

① A/72/53/Add. 1, resolution 36/16 of 29 September 1980.

② E/CN. 4/Sub. 2/459, resolution 12 (XXXIII) of 11 September 1980.

③ See https://www.ncbi.nlm.nih.gov/pmc/articles/PMCl 154646/pdf/jmedeth00167-0046.pdf, visited on 21 December 2019.

④ E/CN. 4/Sub. 2/474.

⑤ E/CN. 4/1985/66, resolution 1985/16 of 11 March 1985.

⑥ E/CN. 4/1988/88, resolution 1988/45 of 8 March 1988.

问题提出建议。[①]

政治犯(1988年)　109

1988年[②]和1989年[③],人权委员会请各国政府"释放所有因谋求和平行使或促进和捍卫这些权利和自由而被剥夺自由的人"。委员会请各国政府,"在释放之前,采取有效措施,保障这些人的人权和基本自由"。

被捕人员通信权公约(1961年)

这个议题于1961年"作为1960年6月20日至7月4日在奥地利维也纳举行的联合国在刑事诉讼中保护人权问题研讨会一致通过的……建议",而被列入人权委员会议程。[④] 委员会请当时负责起草关于不受任意逮捕的研究报告的委员会"单独研究被捕者与他们必须咨询的人联系的权利"[⑤]。该议题其后一直在人权委员会议程中,直到联合国大会1975年通过《保护所有人不受酷刑和其他残忍、不人道或有辱人格的待遇或处罚宣言》后,委员会请秘书长将研究报告提交给小组委员会[⑥],才由后者于1976年着手处理这个问题。[⑦]

任意拘留问题工作组(1991年)

1991年,人权委员会设立了一个工作组,"负责调查任意拘留或其他不符合有关国际标准的拘留案件"[⑧]。(见第六章B,1991年——任意拘留)

多年来,工作组适用其任务规定,以涵盖除拘留以外的任何形式的剥夺自由行为。1997年,人权委员会在延长工作组的任务规定时,委托它"负责调查任意剥夺自由的案件"。人权委员会请工作组"对长期遭行政拘留,且无法利用行政或司

---

① E/CN. 4/1989/86, resolution 1989/38 of 6 March 1989.

② E/CN. 4/1988/88, resolution 1988/39 of 8 March 1988.

③ E/CN. 4/1989/86, resolution 1989/56 of 7 March 1989.

④ E/CN. 4/806.

⑤ E/CN. 4/817, resolution 2 (XVII) of 14 March 1961. See also E/CN. 4/836; E/CN. 4/NG0/110.

⑥ E/CN. 4/940, resolution 23 (XXV) of 20 March 1969 and E/CN. 4/996, resolution 10 (XXXII) B of 5 March 1976.

⑦ E/CN. 4/Sub. 2/378, resolution 3A (XXIX) of 31 August 1976. See General Assembly thirtieth session, resolution 3452 (XXX) of 9 December 1975.

⑧ E/CN. 4/1991/91, resolution 1991/42 of 5 March 1991.

法补救办法的移民和寻求庇护者的境遇予必要的注意”。[1]

《联合国与任何被剥夺自由者向法院提起诉讼的权利有关的补救措施和程序的基本原则和准则》(2015 年)

除上述任务外,工作组还被要求在 2012 年制定有关针对逮捕和拘留寻求补救的权利的程序准则。[2] 在 2015 年 9 月,工作组向人权理事会提交了《联合国与任何被剥夺自由者向法院提起诉讼的权利有关的补救措施和程序的基本原则和准则》。[3]

110

在其 2015 年年度报告中,工作组建议人权理事会将自身名称改为“任意剥夺自由问题工作组”。[4] (见第六章 B,1991 年——任意拘留)

审判员、陪审员和评审员的独立和公正性以及律师的独立性(1986 年)

1986 年,人权委员会欢迎小组委员会特别报告员 L. M. 辛维格完成了关于审判员、陪审员和评审员的独立和公正性以及律师独立性的研究,并请小组委员会提出最终建议。[5]

1989 年,人权委员会欢迎“人权中心与联合国维也纳办事处社会发展和人道主义事务中心的预防犯罪和刑事司法处之间的密切合作”[6]。

1990 年,人权委员会赞同小组委员会的决定,即请其成员之一路易·儒瓦内编写一份工作报告,“说明小组委员会在监测领域可协助确保尊重司法机构的独立性和保护执业律师的手段”。委员会还建议联合国第八次防止犯罪和罪犯待遇问题大会“优先考虑预防和控制犯罪委员会制定的关于律师作用的基本原则草案”。[7]

---

[1] E/CN. 4/1997/150, resolution 1997/50 of 15 April 1997.

[2] A/HRC/20/2, 2012, resolution 20/16 of 6 July 2012.

[3] A/HRC/30/37.

[4] A/HRC/30/36 Part C para 47 et seq.

[5] E/CN. 4/Sub. 2/1985/18 and Adds 1-6.

[6] E/CN. 4/1989/86, resolution 1989/32 of 6 March 1989. See also E/CN. 4/1988/88, resolution 1988/40 of 8 March 1988.

[7] E/CN. 4/1990/94, resolution 1990/33 of 2 March 1990.

1993年,委员会赞同小组委员会的决定,即委托其成员之一路易·儒瓦内编写一份关于加强司法独立和保护执业律师的报告。该报告的目的是

> 提请小组委员会注意……有助于加强或削弱司法独立和按照联合国标准保护执业律师的做法和措施,[提出]具体建议,以便在咨询服务和技术援助方案中加以考虑……落实其第一次报告中的建议,并审查在预防犯罪和刑事司法委员会的工作中加强合作和避免过度重叠的方式和方法。[①] (见第六章B,1994年——法官和律师的独立性)

受到公正审讯的权利(1989年) 111

1989年,小组委员会任命其两名成员斯坦尼斯拉夫·切尔尼琴科(Stanislav Chernichenko)和威廉·特里特(William Treat)为其拘留问题工作组编写一份关于受到公正审讯权利的现有国际准则和标准的报告,要求他们建议何种保障公平审判权的条款应成为不可克减的规定。小组委员会做出该决定的依据是,没有任何"关于保证受到公正审讯权利的标准的最近动态方面目前没有进行全面的研究",而且根据《公民权利和政治权利国际公约》,受到公正审讯的权利被认为是一项可减损的权利,因此在公共紧急状态等某些情况下可予以中止。[②]

1991年,小组委员会委托他们进行一项关于"受到公正审讯的权利:目前承认该权利的状况和加强该权利的必要措施"的研究,切尔尼琴科先生在前一年就这一问题编写了一份简要报告。1992年,人权委员会批准了小组委员会的建议,"继续他们的研究以便……加强执行目前有关受到公正审讯的标准和改善对收到公正审讯权利的保护"[③],并且于1994年请报告员提交其最终报告。[④]

---

① E/CN. 4/Sub. 2/1989/58, resolution 1989/22 of 31 August 1989; E/CN. 4/Sub. 2/378, resolution 1990/23 of 30 August 1990; E/CN. 4/1993/122, resolution 1993/44 of 5 March 1993.

② E/CN. 4/Sub. 2/1989/58, resolution 1989/27 of 1 September 1989.

③ E/CN. 4/1992/84, resolution 1992/34 of 28 February 1992.

④ E/CN. 4/1994/132, decision 1994/107 of 4 March 1994.

监狱私营化(1998 年)

1998 年,人权委员会请小组委员会"重新考虑其关于任命一名监狱私营化问题特别报告员的建议"。在这样做的时候,委员会回顾了它早先向小组委员会提出的要求,即"特别注意所进行的研究的选择过程……并重申小组委员会的特别报告员应由小组委员会的委员或其候补委员担任"。①

死刑(1997 年)

随着《旨在废除死刑的公民权利和政治权利国际公约第二项任择议定书》的制定和生效,至 20 世纪 90 年代末,人权委员会开始关注死刑问题(见第七章 A1,死刑[1989—1991 年])。

1997 年,人权委员会请尚未废除死刑的国家

> 充分履行《公民权利和政治权利国际公约》和《儿童权利公约》规定的义务,尤其不应对最严重罪以外的任何罪行实行死刑,不应判处 18 岁以下的罪犯死刑,不对怀孕妇女实行死刑,并确保争取赦免或减刑的权利。②

112 人权委员会在 1998 年收到了关于死刑状况的报告。③ 它要求"每年补充关于全世界死刑的法律和实践的变化情况"④。

1999 年提交的报告详细介绍了各国在死刑问题上采取的措施。截至 1999 年初,仍然有 87 个国家保留死刑。⑤ 委员会再次提请各国"逐步减少可判处死刑的罪行……规定暂停执行死刑,以便彻底废除死刑……向公众提供关于判处死刑的

① E/CN. 4/1998/177, resolution 1998/32 of 17 April 1998.

② E/CN. 4/1997/150, resolution 1997/12 of 3 April 1997.

③ E/CN. 4/1998/82.

④ E/CN. 4/1998/177, resolution 1998/8 of 3 April 1998.

⑤ E/CN. 4/1999/52 III Table I. See also E/CN. 4/1999/167, resolution 1999/61 of 28 April 1999.

资料”[1]。

2011年,人权理事会请秘书长

> 与各国政府、各专门机构及政府间组织和非政府组织协商,向人权理事会提交五年一度的关于死刑和保护死刑犯权利的保障措施执行情况的报告的年度补编,并特别注意对犯罪时年龄未满18岁的人、对孕妇和对患有精神或智力残障的人判处死刑的问题。[2]

2014年,人权理事会收到了一份报告,其中反映了关于废除死刑的法律和实践的变化,并包括“关于父母被判处或执行死刑的儿童的人权”的信息。[3] 人权理事会决定召开“两年一次的高级别小组讨论会,以便就死刑问题进一步交流意见,其中第一次……是讨论区域性的努力,目的是让人们能够更好地理解死刑。其中第一次讨论旨在废除死刑的区域努力和面临的挑战”[4]。人权理事会审议了秘书长的报告,并确定了至2017年的两年期讨论主题,“与使用死刑有关的侵犯人权行为,特别是在禁止酷刑和其他残忍、不人道或有辱人格的待遇或处罚方面”相关。[5] 2017年,理事会指出,在讨论期间“得出的结论是,相当多的国家认为,死刑是一种酷刑形式”[6]。理事会讨论了秘书长的五年期报告,该报告审查了死刑问题,

> 注意到死刑的使用对贫困或经济上弱势个人、外国国民、行使宗教或信仰权

---

① E/CN. 4/2000/167, resolution 2000/65 of 26 April 2000. See also E/CN. 4/2001/167, resolution 2001/68 of 25 April 2001; E/CN. 4/2002/200, resolution 2002/77 of 25 April 2002; E/CN. 4/2003/135, resolution 2003/67 of 24 April 2003; E/CN. 4/2004/127, resolution 2004/67/of 21 April 2004; E/CN. 4/2005/135, resolution 2005/59 of 20 April 2005.

② A/HRC/18/2, decision 18/117 of 28 September 2011. See A/HRC/26/2, resolution 26/2 of 26 June 2014; A/HRC/24/18中更新了以前关于死刑问题的报告,包括……文件E/2010/10和Corr. 1、2……以及提交给理事会的报告(A/HRC/4/78, A/HRC/8/11, A/HRC/12/45, A/HRC/15/19, A/HRC/18/20 and A/HRC/21/29),按照人权理事会第22/11号决议的要求,报告……包括关于父母被判处死刑或被处死的儿童的人权的信息(第1段)。

③ A/HRC/24/18.

④ A/HRC/26/2, resolution 26/2 of 26 June 2014.

⑤ A/HRC/30/18, resolution 30/5 of 1 October 2015.

⑥ A/HRC/36/27.

113 利和表达自由权的个人的影响尤为严重,以及存在对属于种族和族裔少数群体歧视性地使用死刑,基于性别或性取向理由歧视性地使用死刑、对精神或智力残疾人使用死刑的情况。[①]

军事司法(2002年)

小组委员会专家儒瓦内于2002年编写了一份关于通过军事法庭实施司法的报告,其中包括一些建议。[②] 他的继任者伊曼纽尔·德科进一步发展并修订了原则草案。[③]

人权委员会遵循这一进程,并将其称为"司法系统的完整性"。[④] 2006年,委员会收到了小组委员会特别报告员伊曼纽尔·德科的报告,其中包括了关于通过军事法庭进行司法的原则草案。该报告描述了研究的前因后果,并介绍了其实质性背景:

> 选择这一途径研究军事法庭司法问题,意味着拒绝两种极端的立场,这两种立场都倾向于将军事司法置于普通法范围之外,成为一种单独的、仓促应急的司法形式,或者将军事司法"神圣化",置于法制基本原则之上,或基于不少大洲最近时期的历史经验将其"妖魔化"。选择很简单:或者军事司法遵从公正司法原则而转变成与任何其他司法形式一样;或者成为一种"例外的司法",一种单独的体制,置于规则之外,没有制衡,为各种法律滥用敞开大门,只是一种名义上的"司法"……在神圣化和妖魔化两个极端之间是规范化之路——军事司法"文明化"过程,这是目前进程的基础。[⑤]

对这一问题的审议与法官和律师独立性问题特别报告员的工作不谋而合,他

---

① A/HRC/36/26. See also A/72/53/Add. 1, resolution 36/17 of 29 September 2017.

② E/CN. 4/Sub. 2/2002/4.

③ E/CN. 4/2006/58.

④ E/CN. 4/2006/58, E/CN. 4/2005/135, E/CN. 4/2005/135, resolutions 2005/30 and 2005/33 of 19 April 2005. See also E/CN. 4. 2002/200, resolution 2002/37 of 22 April 2002; E/CN. 4/2003/135, resolution 2003/39 of 23 April 2003; E/C. 4. 2004/127, resolution 2004/32 of 19 April 2004; E/CN. 4/2005/135, resolution 2005/30 of 19 April 2005.

⑤ E/CN. 4/2006/58 I para 11.

在2006年向联合国大会提交的报告中谈到了这一问题——当时人权委员会正在向人权理事会过渡。[①] (见第六章B,1994年——法官和律师的独立性)2014年11月,理事会组织了一次专家磋商会,“就通过军事法庭行使司法的人权考量,以及完整的司法系统在打击侵犯人权行为方面的作用问题交换意见”[②]。

司法系统的廉洁性(2012年) 114

2012年,人权理事会在法官和律师独立性问题特别报告员以及军事司法问题咨询委员会的工作中首次讨论了司法领域人权方面的问题。[③] 2018年,人权理事会请高级专员“编写一份全面研究报告,说明司法系统缺乏诚信对人权的影响,特别是对被关押在国家境外拘留设施中的人的影响”。理事会请酷刑问题特别报告员、反恐问题特别报告员、真相与正义问题特别报告员、任意拘留问题工作组和强迫失踪问题工作组“在履行其任务时充分考虑到本议题”[④]。

1963年——迁徙

离开任何国家,包括其本国在内,并返回其国家的权利(1963—1984年)

除前述三项研究外,防止歧视和保护少数小组委员会还对“人人有权离开任何国家,包括其本国在内,并有权返回其国家”这一事项中的歧视进行了研究。特别报告员何塞·英格斯于1959年提交了一份初步研究报告:“小组委员会认识到,由于秘书处的局限性及其先前的承诺,在1960年之前无法对这一问题进行全面研究。”[⑤]该研究最终于1963年完成,小组委员会批准了研究报告中提出的一套

---

① A/61/384 A, paras 20-25.

② A/HRC/28/32. See also A/HRC/25/2, resolution 25/4 of 27 March 2014; A/HRC/31/2, resolution 31/2 of 23 March 2016.

③ A/HRC/19/2, resolution 19/31 of 23 March 2012. See also A/HRC/25/2, resolution 25/4 of 27 March 2014; A/HRC/31/2, resolution 31/2 of 23 March 2016.

④ A/HRC/37/2, resolution 37/3 of 22 March 2018.

⑤ E/CN.4/789 para 221.

原则草案。[1]

1984 年,人权委员会批准小组委员会任命一名特别报告员 C. 穆班加-齐波亚(C. Mubanga-Chipoya),以“准备对当前的趋势和发展进行分析”,并要求提供“宣言草案的初步草案和拟议的最终草案……以及关于这一问题各个方面的最终报告”。[2] 特别报告员于 1985 年提交了一份初步报告,当时委员会请小组委员会优先考虑宣言草案。[3]

1986 年,人权委员会[4]请小组委员会除其他事项外,优先审议“关于人人有权离开包括自己国家在内的任何国家和有权返回其国家的宣言初稿,以便尽快向委员会提交所要求的宣言草案”[5]。

115 特别报告员在 1987 年完成了宣言的初步草案[6]。[7] 人权委员会敦促小组委员会在 1989 年对特别报告员提出的草案发表意见。[8]

人口流动(人口大规模流亡[1981 年]和境内流离失所者[1990 年])

人权委员会于 1981 年首次在更广泛的人权背景下处理人口大规模流动现象,任命了一名特别报告员萨德鲁丁·阿加汗(Sadruddin Aga Khan),并在其议程上保留了对“人口大规模流亡”(mass exoduses)现象的审查(见第六章 B,1981 年——人口大规模流亡)。

1990 年,经济及社会理事会讨论了“冲突、自然和人为灾害以及战争造成的大规模人口流动现象所带来的巨大人类痛苦”问题。它认识到,“难民和流离失所者对受影响国家的可持续发展前景的影响往往是严重的、多方面的,需要采取全系

① E/CN. 4/Sub. 2/229 VI, resolution 2 (XV) and Annex.

② E/CN. 4/1983/60, resolution 1984/37 of 12 March 1984.

③ E/CN. 4/1985/66, resolution 1985/22 of 11 March 1985.

④ UN publication, Sales No 64. XIX 2. Study of Discrimination in Respect of the Right of Everyone to Leave any Country, including His Own, and to Return to His Country.

⑤ E/CN. 4/1986/65, resolution 1986/30 of 11 March 1986.

⑥ E/CN. 4/Sub. 2/1987/10 Annex 1.

⑦ E/CN. 4/1988/88, resolution 1988/46 of 8 March 1988.

⑧ E/CN. 4/1989/86, resolution 1989/39 of 6 March 1989.

统的应对办法”。[1]

经济及社会理事会要求进行“全系统审查,以评估各组织在协调对所有难民、流离失所者和回返者的援助方面的经验和能力…… 支持受影响国家的努力”;请秘书长提出建议,使联合国系统各组织之间的合作和协调最大化,以“确保对难民、流离失所者和回返家园者的问题做出有效反应”。[2]

雅克·奎诺德(Jacques Cuénod)在对经济及社会理事会的全系统审查中认为,“在联合国系统内,没有一个实体被赋予确保向贫困的国内流离失所者提供援助的责任,对这一群体的物质援助是临时提供的”,并建议人权委员会不妨考虑建立相关机制,以处理国内流离失所者的人权问题。[3]

根据这一建议,人权委员会于1991年提出了国内流离失所的具体议题,并在“大规模人口流动”和“难民、流离失所者和回返者”这样更广泛的语境下处理该议题。[4] 委员会请雅克·奎诺德提交一份分析报告,并在第二年进行了审议。

然而该报告反响较差。于是在1992年,人权委员会决定采取两项措施:第一,它请秘书长指定一名代表

> 再次向各国政府征求与国内流离失所者有关的人权问题的意见和资料(只有12个政府为分析报告提供了信息[5]),包括探讨现有国际人权、人道主义及难民法律和标准,以及这些法律和标准对保护和救援国内流离失所者的适用性。[6] 116

第二,委员会请秘书长提交一份综合研究报告,确定保护境内流离失所者的现有法律和机制,以及“为加强这些法律和机制的实施而可能采取的额外措施,以及解决现有文书未充分涵盖的保护需求的替代办法”[7]。

---

① Economic and Social Council second Regular session 1990, resolution 1990/78 of 27 July 1990.

② Economic and Social Council second Regular session 1990, resolution 1990/78 of 27 July 1990.

③ E/CN.4/1993/35 paras 3 and 4.

④ E/CN.4/1991/91, resolution 1991/25 of 5 March 1991.

⑤ E/CN.4/1992/23 para 11:“令人遗憾的是,从各国政府收到的答复太少。大部分关于流离失所的原因及其对享受人权之影响的信息是由非政府组织提交的。”

⑥ E/CN.4/1992/84, resolution 1992/73 of 5 March 1992.

⑦ E/CN.4/1992/84, resolution 1992/73 of 5 March 1992.

这个问题的核心是没有国际准则来处理国内流离失所者的困境。1951 年的《关于难民地位的公约》及其 1967 年的议定书涵盖了难民群体(refugees),并通过联合国难民事务高级专员(United Nations High Commissioner for Refugees)提供救济。但据估计,当时全世界的难民人数约为 1700 万,而国内流离失所者(internally displaced presons)的人数则约为 2400 万。[1] 在此情况下,人们对建立保护国内流离失所者的准则,从而提供人道主义救济的必要性的看法趋于一致。

秘书长代表弗朗西斯·邓(Francis Deng)[2]于 1993 年向委员会提交了他的研究报告。[3] 该研究受委员会现有程序,如特别报告员、工作组等的启发提出了一个包括两种行动的框架:制定标准和确定体制机制。该研究报告的结论是:

> 国际社会要对这一全球危机做出适当的反应,还需要在法律文书,特别是执行机制方面进行更大量的工作。同样重要的是要认识到,国内流离失所问题虽然非常严重,但不过是内战和国内暴力行为这一更大问题的一个方面,如果要全面和持久地解决问题,就必须解决这一更大的问题。因此,所设想的加强对国内流离失所者的保护和援助的机制和程序,必须在战略上与缔造、维持和加强和平的其他相关机构、机制和程序联系和协调起来。[4]

从 1994 年起,人权委员会将人口大规模流亡问题的审议从处理侵犯人权情况的一般议程项目转移到与进一步促进人权有关的项目上,这意味着对机构建设的优先考虑。国内流离失所问题和人口大规模流亡问题仍然在委员会的议程上,然后又进入人权理事会的议程。(见第六章 B,1981 年——人口大规模流亡)

117 移徙者(1997 年)

1997 年,人权委员会成立了一个工作组,以"拟定建议,加强对移民人权的促

---

① E/CN. 4/1992/23 para 6. 引用雅克·奎诺德编写的报告,该报告已作为 E/1991/109/Add. 1 号文件提交经济及社会理事会。

② E/CN. 4/1993/35 para 12.

③ E/CN. 4/1993/35 para 22.

④ E/CN. 4/1993/35 paras 293 and 294. See also E/CN. 4/1993/122, resolution 1993/95 of 11 March 1993.

进、保护和实施”[①]。

工作组在 1999 年的报告中建议“建立一个国际性的处理影响各类移民群体的人权问题的机制”，其引述称，

虽然现有人权文书载有大量有关移民的条款，还是存在一些严重的缺陷。这是由没有对易受害的移民群体采取一贯的和集中的处理方式所致，这个群体目前约有一亿三千万人，他们所呈现的问题可能在将来严重地影响国家间关系。[②]

在提到《保护所有移徙工人及其家庭成员权利国际公约》时，工作组解释说：

1990 年《移民公约》显然将注意力集中于移徙工人及其家属，若干重要的移民群体，包括若干类别的移徙工人都还不属于这个公约的范围。而且，一切迹象都显示在《公约》及其监督机制发挥作用以前还会拖延一段期间。也必须更加审慎注意处理世界上各地区严重侵犯移民人权的情事日益增加的情况。[③]

工作组建议任命一名特别报告员，[④]人权委员会于 1999 年批准该建议。[⑤]
2001 年，人权委员会鼓励

移民的原籍国和目的地国考虑作为优先问题，并根据适当法律，采取双边或区域行动计划，保护移民和他们家庭成员的人权，有效打击国际贩卖和偷渡移民的现象，保护移民和他们的家庭成员免受人口贩子、蛇头和犯罪组织的剥削和威吓。[⑥]（见第六章 B，1999 年——移民；第七章 A2，核心公约，移徙工人：

① E/CN4/1997/150, resolution 1997/15 of 3 April 1997.
② E/CN. 4/1999/80 VII D para 123.
③ E/CN. 4/1999/80 VII D para 123.
④ E/CN. 4/1999/80 VII D para 124.
⑤ E/CN. 4/1999/167, resolution 1999/44 of 27 April 1999.
⑥ E/CN. 4/2001/167, resolution 2001/56 of 24 April 2001.

劳动力剥削和秘密贩运[1973年])

人权理事会在2009年讨论了处理拘留中心的移民的人权问题,并召开了一次小组讨论会,“讨论目前的趋势、良好做法、挑战和可能的方法……并详细说明如何减少以非正常方式进入或留在一个国家的人被拘留的情况和时间”①。

2011年,人权理事会讨论了“逃离北非的移民和寻求庇护者”的情况,并呼吁“有关国家对非常令人不安的指控进行全面调查,该事实是载有移民和因最近在
118 北非发生事态而逃离的寻求庇护者的船只,在其附近的欧洲船只有能力对其进行搭救时仍被抛弃”。理事会请移民人权问题特别报告员和其他“相关特别程序任务负责人特别关注从海上逃离的人的情况,包括最近在北非发生的事件,他们在接近目的地国时得不到援助或救援”。②

2014年,人权理事会在移民问题特别报告员的工作范围内讨论了“促进移徙者享有最高标准身心健康的权利”问题,并请移民问题特别报告员和健康权问题特别报告员“继续努力支持在各国之间建立更大的协同作用,以加强合作与援助,保护所有移徙者的人权”。③ 同年,理事会“对大量无辜移民丧生,包括在海上丧生深表悲痛”④。

2016年,人权理事会讨论了“加强对移民人权的促进和保护,包括在大规模流动中”这一问题,引用了秘书长向联合国大会提交的题为“安全和尊严:解决难民和移民的大规模流动”的报告和高级专员编写的《关于国际边界人权的建议原则和准则》。理事会在2017年就“大规模流动背景下的移民人权”这一主题举行了“强化互动对话”。⑤

2017年,人权理事会收到了高级专员的报告⑥,此外还有特别报告员的报

---

① A/HRC/11/37, resolution 11/9 of 18 June 2009.

② A/HRC/17/2, resolution 17/22 of 17 June 2011.

③ A/HRC/26/2, resolution 26/21 of 27 June 2014.

④ A/HRC/27/2, President's statement PRST 27/3 of 26 September 2014.

⑤ A/HRC/32/2, resolution 32/14 of 1 July 2016. 人权理事会敦促各国批准或加入《联合国打击跨国有组织犯罪公约》及其议定书,特别是《联合国打击跨国有组织犯罪公约关于打击陆、海、空偷运移民的补充议定书》和《联合国打击跨国有组织犯罪公约关于预防、禁止和惩治贩运人口特别是妇女和儿童的补充议定书》。

⑥ A/HRC/33/67.

告[1](见第六章B,1999年——移民)和秘书长移民问题特别代表的报告。[2] 理事会请高级专员“在现有法律规范的基础上,为保护处于弱势地位的移民的人权提供原则和实际指导”,并“根据国际人权法提供关于安全、有序和正常移民的原则、良好做法和政策简编的报告”。[3] 同年晚些时候,理事会讨论了关于孤身移徙儿童的小组讨论会的报告,[4]以及关于“在大规模流动背景下保护移民人权”问题的报告。[5] 它还讨论了移民问题特别报告员关于“2035年促进人类流动的议程”的报告。[6]

人权理事会还审议了咨询委员会关于“孤身移徙儿童和青少年的全球问题与人权”的报告,并请高级专员为“安全、有序和正常移徙的全球契约的筹备工作做 119
出贡献……通过基于人权的方法帮助确定为改善无陪伴移徙儿童和青少年的人权状况而采取的方法、具体措施和最佳做法”。[7]

行动自由(1998年)

1998年,人权委员会赞同小组委员会的建议,即迁徙自由和人口转移问题特别报告员奥恩·哈索内(Awn Al-Khasawneh)的最终报告[8]应予公布和广泛传播。[9]

同年,小组委员会寻求委员会批准其决定,任命其成员之一沃洛基米尔·布特克维奇(Volodymyr Boutkevitch)为特别报告员,负责编写一份报告,以

> 分析人人有权离开任何国家,包括其本国在内,并有权返回本国和有可能不受歧视地进入其他国家并寻求和获得庇护方面的趋势和发展情况,并着重研究《公民权利和政治权利国际公约》第十二条第三款允许的限制的程度。[10]

---

[1] A/HRC/35/25; A/71/285.

[2] A/71/728.

[3] A/72/53, resolution 35/17 of 22 June 2017.

[4] General Assembly Ad Hoc Committee, AC/36/21.

[5] A/HRC/33/67.

[6] A/HRC/35/25.

[7] A/72/53/Add. 1, resolution 36/5 of 28 September 2017. E/CN. 4/Sub. 2/1997/23.

[8] A/72/53/Add. 1, resolution 36/5 of 28 September 2017. E/CN. 4/Sub. 2/1997/23.

[9] E/CN. 4/1998/177, decision 1998/106 of 17 April 1998.

[10] E/CN. 4/Sub. 2/1997/50, resolution 1997/30 of 28 August 1997.

这项工作应在其工作文件的基础上完成。[①]

但人权委员会没有接受这一建议。相反,它提到了小组委员会以前关于这个问题由何塞·英格斯和C. 穆班加-奇波亚完成的报告,"并决定在进一步扩大工作文件的基础上"[②]回到拟议任命的问题上。委员会对拟议的研究报告没有进一步跟进,尽管小组委员会在随后的几年里确实讨论了这一专题。[③]

1966年——奴隶制

引言(1949—1966年)

经济及社会理事会在1949年处理了奴隶制问题,当时它请秘书长任命一个特设委员会(ad hoc committee),

> 调查奴隶制领域和其他类似奴隶制的制度或习俗,评估目前这几个问题的性质和程度,提出解决这些问题的方法,并同时考虑到各行动主体[经济及社会
> 120 理事会下设各个机构,如人权委员会]公认的专业领域……建议在这些机构之间进行适当的责任划分。[④]

在随后的几年里,经济及社会理事会建议将国际联盟根据1926年《禁奴公约》承担的职能移交给联合国,并于1953年请秘书长编写一份议定书草案,以促进这一职能转移。[⑤] 1954年,理事会任命了一名报告员汉斯·恩根(Hans Engen),负责编写"[根据理事会1951年、1952年和1953年提出的要求]提供的资料以及国际劳工组织提供的任何相关资料的简明摘要",因为目前所收到的资料"没有以简明扼要的形式说明世界上现存奴隶制和类似奴隶制的做法及其程度"。[⑥]

报告将这些资料分为六类,主题包括:

---

① E/CN. 4/Sub. 2/1997/22.

② E/CN. 4/1998/177, decision 1998/105 of 17 April 1998.

③ E/CN. 4/Sub. 2/1998/45 XII.

④ Economic and Social Council ninth session, resolution 238 (IX) of 30 July 1949.

⑤ Economic and Social Council fifteenth session, resolution 475 (XV) of 27 April 1953.

⑥ Economic and Social Council seventeenth session, resolution 525A of 29 April 1954.

奴隶制(包括“家庭奴隶制”)和奴隶贸易;……

农奴制;……

由地主和其他劳工雇主或其代理人索取的传统形式的无偿或低偿个人服务;……

债役(包括抵押和典当第三人作为债务担保);……

剥削儿童,特别是以收养为幌子的情况;……

“购买”妻子和“继承”寡妇。[1]

1955 年,经济及社会理事会任命了一个委员会,“目的是编写一份补充公约文本,以提交给理事会第二十一届会议审议”。[2]

至 1957 年,人权委员会主席勒内·卡森在会议开幕式上指出,1956 年 9 月已通过了《废止奴隶制、奴隶贩卖及类似奴隶制的制度与习俗补充公约》。[3]

1963 年,经济及社会理事会任命了一位奴隶制问题特别报告员穆罕默德·阿瓦德(Mohammed Awad),以更新“恩根报告”。[4] 理事会在 1965 年没有讨论特别报告员的报告,因为“报告并未以全部工作语言种类提交,而且有 61 个国家至今没有对关于奴隶制的调查表作出答复”[5]。

理事会在 1966 年则确实讨论了该报告,[6]并决定“将奴隶制和奴隶贸易的一切做法和表现,包括类似奴隶制的种族隔离和殖民主义的做法等问题提交给人权委员会”,请它提出具体建议,“采取立即和有效的措施……以结束奴隶制”。[7]

人权委员会的作用 121

人权委员会转而请防止歧视和保护少数小组委员会“定期审议奴隶制问题……并考虑经济及社会理事会特别报告员编写的研究报告和建议”。它要求向

---

① E/2673.

② Economic and Social Council nineteenth session, resolution 564 (XIX) of 7 April 1955.

③ E/CN. 4/753/Rev. 1 para 2.

④ Economic and Social Council thirty-sixth session, resolution 960 (XXXVI) of 12 July 1963.

⑤ Economic and Social Council thirty-ninth session, resolution 1077 (XXXIX) of 28 July 1965.

⑥ E/4168 and Adds 1-5.

⑦ Economic and Social Council forty-first session, resolution 1126 (XLI) of 26 July 1966.

小组委员会提供关于协助消除奴隶制的技术援助的分析，“包括执行禁止麻醉品秘密贸易方面的有关经验”。它还请妇女地位委员会就影响妇女地位的奴隶制和奴隶贸易问题提出建议。[①]

1975年，小组委员会成立了一个当代形式奴隶制问题工作组。[②] 在随后的几年里，随着相关问题解决的不断推进，工作组与委员会紧密合作。

奴隶制问题工作组（1975—2007年）

该工作组于1975年8月首次召开会议，并建议自身应

> 作为小组委员会的一个常设附属机构，扩大其职权范围，使其有权：接受和审议来文；必要时访问世界各区域或国家，并邀请各国、非政府组织和个人参加其会议和协助其工作。工作组的成员中应包括妇女，因为非法贩运人口和利用他人卖淫营利是她们特别关注的问题。[③]

此后，工作组开展了三十多年的工作，直到2007年，人权理事会用当代形式奴隶制包括其原因和后果问题特别报告员取代了它。[④] （见第六章B，2007年——奴隶制）

工作组讨论了奴隶制的许多方面。如20世纪80年代初，反奴隶制协会（Anti-Slavery Society）提到了毛里塔尼亚局势，声称“1980年7月5日宣布在毛里塔尼亚全境废除奴隶制的宣言似乎没有产生什么实际效果”。这导致小组委员会的一名成员马克·博苏伊特（Marc Bossuyt）于1984年访问了毛里塔尼亚，他向政府提出了建议，并将报告发送给各国政府、政府间国际组织和非政府组织，使其可以“根据专家的报告，考虑能够向毛里塔尼亚提供哪些援助，以促进消除奴隶制”[⑤]。

1992年，人权委员会赞同小组委员会的观点，即“最好启动一个协调一致的行
122 动方案，以防止贩卖人口和剥削他人及卖淫”。[⑥] 委员会于1996年表示它对工作

① E/CN. 4/940, resolution 13 (XXIII) of 21 March 1967.

② E/CN. 4/1154, decision 5 of 6 March 1974. See also E/CN. 4/Sub. 2/AC. 2/3.

③ E/CN. 4/Sub. 2/AC. 2/3.

④ A/HRC/6/22, resolution 6/14 of 28 September 2007.

⑤ E/CN. 4/Sub. 2/1984/23 III.

⑥ E/CN. 4/1992/84, resolution 1992/36 of 28 February 1992.

组的宝贵工作表示赞赏,并请贩卖儿童问题特别报告员(见第六章B,1990年——儿童)"研究与工作组合作的方式和方法,特别是考虑接受小组委员会的邀请,参加其第二十一届会议"[①]。

委员会还批准了防止贩卖人口和意图营利使人卖淫的行动纲领草案,"同时注意到各国在其刑事立法的适用范围方面,特别是在卖淫和制作、分发和拥有色情制品方面存在差异"的情况[②]。

人权委员会要求审查

> 与联合国有关机构,特别是世界卫生组织,以及国际刑事警察组织(International Criminal Police Organization)和所有有关的非政府组织合作,查明关于为商业目的摘取儿童和成人的器官和组织的指控的可靠性,以便使委员会能够……决定可能的后续行动。

委员会还讨论了当代形式奴隶制问题自愿信托基金的情况,赞扬其董事会"努力补救由于缺乏捐款而导致的基金持续性的财政困难"[③]。

1999年,人权委员会

> 对向工作组报告的和由工作组报告的当代形式奴隶制的各种努力表示严重关切;注意到秘书长迄今未收到任何资料说明关于为商业目的摘取儿童和成人器官和组织的指控是否可靠,为了使委员会能够审查这一问题,再次请秘书长向有关专门机构征求资料。[④]

奴隶制问题特别报告员(2007年)

2007年,人权理事会用当代形式奴隶制包括其原因和后果问题特别报告员取代了小组委员会的工作组。[⑤]（详见第六章B,2007年——奴隶制）

---

① E/CN.4/1996/177, resolution 1996/61 of 22 April 1996.

② E/CN.4/1996/177, resolution 1996/61 of 22 April 1996.

③ E/CN.4/1996/177, resolution 1996/61 of 22 April 1996.

④ E/CN.4/1999/167, resolution 1999/46 of 27 April 1999.

⑤ A/HRC/6/22, resolution 6/14 of 28 September 2007.

123 1967年——冲突

日内瓦公约(1967年)

1967年6月的敌对行动和以色列对巴勒斯坦领土的占领导致安全理事会建议"有关政府切实尊重1949年8月12日签署的各项《日内瓦公约》所载战时对待战俘与保护平民之人道原则",这一情况在《日内瓦公约》签订以来尚属首次。[1] 此后,联合国大会和人权委员会在处理被占领土上的平民状况时亦援引了《日内瓦公约》。武装冲突法继续成为大会、委员会以及经济及社会理事会审议占领造成的人权状况的一个组成部分。(见第六章A,1968年——巴勒斯坦)

失踪人员(1975年)

由于1974年土耳其入侵塞浦路斯并占领其领土,该事件中失踪人员的命运在20世纪70年代中期被首次提出。人权委员会"呼吁加强努力,追踪和查明失踪人员的下落"[2]。联合国大会亦强调了这一问题,请秘书长"尽一切努力,同红十字国际委员会密切合作,协助寻找并查清塞浦路斯境内由于武装冲突而告失踪的人"[3]。从1976年到2006年,塞浦路斯的人权状况一直列于人权委员会的议程上。

2002年,人权委员会提及因国家间武装冲突而失踪的人员问题,"特别是受严重违反国际人道主义法和人权法行为之害的据称失踪的人的问题继续对制止此种冲突的努力带来不利的影响"[4]。

2008年,人权理事会再次讨论了这一问题,强调了各种事件,并决定召开一次小组讨论会,会议参与者包括红十字国际委员会的专家,人权理事会随后请咨询委员会"编写一份关于失踪人员问题最佳做法的研究报告"[5]。

---

① Security Council, 1967, resolution 237 (1967) of 14 June 1967.

② E/CN. 4/1179, resolution4(XXXI) of 13 February 1975.

③ General Assembly thirtieth session, resolution 3450 (XXX) of 9 December 1975.

④ E/CN. 4/2002/200, resolution 2002/60 of 25 April 2002.

⑤ A/HRC/7/78, resolution 7/28 of 28 March 2008. See also A/HRC/9/28, decision 9/101 of 24 September 2008; A/HRC/12/50, decision 12/117 of 1 October 2009.

武装冲突期间的人权(1990年) 124

1990年,人权委员会根据小组委员会的一项决议,[1]呼吁各国政府"特别注意教育安全部队和其他武装部队及所有执法机构的所有成员,使他们了解在武装冲突中适用的国际人权法和国际人道主义法"[2]。

2004年,小组委员会要求一份关于人权法和国际人道主义法之间关系的工作文件。[3] 次年,委员会申明"人权法和国际人道主义法是相辅相成的",并且"所有人权都需要得到平等的保护,人权法提供的保护在武装冲突情况下继续存在"。[4]

人权理事会决心解决"武装冲突中系统地严重侵犯平民人权的问题,[并呼吁]参与此类冲突的国家应为理事会可能决定建立的任何机制的工作提供便利,以应对此类侵犯行为"[5]。

理事会于2009年4月15日召开了一次关于"在武装冲突中保护平民"问题的专家磋商会。[6] 会议结论是:

> 总之,各专家探讨了国际法院和人权条约机构对于国际人权和国际人道主义法作为两个相互关联和相辅相成的法律体系而对武装冲突局势的相互补充的适用性问题所已经肯定的立场。会上指出,在全球性媒体的时代,信息的传播使上述违法行为接触到公共舆论,从而使国家受到很大的压力来采取行动结束这些违法行为。[7]

2010年3月31日进行了第二次磋商[8],重点关注条约机构和特别程序的作用和经验,以及司法机关和其他行为者在武装冲突中履行人权义务的作用。[9]

---

① E/CN. 4/Sub. 2/1988/45, resolution 1989/24 of 11 August 1989.

② E/CN. 4/1990/94, resolution 1990/66 of 7 March 1990.

③ E/CN. 4/Sub. 2/2003/43, decision 2004/118 of 12 August 2004,

④ E/CN. 4/2005/135, resolution 2005/63 of 20 April 2005.

⑤ A/HRC/9/28, resolution 9/9 of 24 September 2008.

⑥ A/HRC/9/28, resolution 9/9 of 24 September 2008.

⑦ A/HRC/11/31.

⑧ A/HRC/12/50, resolution 12/5 of 1 October 2009.

⑨ A/HRC/14/40.

咨询委员会于2010年提交了一份关于失踪人员问题的最佳做法的进展报告。[①]（见上文，被强迫或非自愿失踪[1978年]）

125 在武装冲突地区从事危险专业任务的新闻工作者(1968年)

在1968年德黑兰会议之后，[②]联合国大会要求"与红十字国际委员会和其他适当的国际组织协商"，研究"为确保在所有武装冲突中更好地适用现有的人道主义国际公约和规则而可以采取的步骤，以及是否需要增加人道主义国际公约或其他适当的法律文书以确保在所有武装冲突中更好地保护平民、战俘和战斗人员"。[③]

秘书长于1969年提交了一份关于在武装冲突中尊重人权的全面报告。[④]1971年，应联合国大会的要求，人权委员会着手处理武装冲突中的记者保护问题，"考虑是否有可能拟定一项国际公约草案，确保保护从事危险任务的记者，特别是规定建立一个普遍认可和保证的身份证明机制"[⑤]。

委员会收到了一份国际公约草案初稿[⑥]和秘书长的说明。[⑦] 但由于没有时间详细审议该草案，委员会将公约草案初稿送交将于1971年5月举行的红十字国际委员会政府间专家会议，"请该会议对公约草案提出意见，以便大会在[1971年]第二十六届会议上收到这些意见"。[⑧]

联合国大会请人权委员会"将审议公约草案作为优先事项……同时考虑澳大利亚和美利坚合众国提交的公约草案"、政府意见和其他后续文件。[⑨]

1972年，委员会通过了一些条款，并连同拟议的修正案、讨论记录以及从重申和发展适用于武装冲突的国际人道主义法政府专家会议收到的意见，一并送交联合国大会。[⑩]

---

① A/HRC/14/42; A/HRC/14/37, decision 14/118 of 11 June 2010.

② A/CONF. 32/41, Final Act of the International Conference on Human Rights, Teheran 22 April–13 May 1968.

③ General Assembly twenty-third session, resolution 2444 (XXIII) of 19 December 1968.

④ A/7720.

⑤ General Assembly twenty-fifth session, resolution 2673 (XXV) of 9 December 1970.

⑥ E/CN. 4/L. 1149/Rev. 1.

⑦ E/CN. 4/1047.

⑧ E/CN. 4/1068, resolution 15 (XXVII) of 24 March 1971.

⑨ General Assembly twenty-sixth session, resolution 2854 (XXVI) of 20 December 1971.

⑩ E/CN. 4/1097, resolution 6 (XXVIII) of 31 March 1972.

其中,政府专家会议采纳了相关建议,并决定将在武装冲突中保护记者的问题纳入其审议范围,由此,《日内瓦公约第一议定书》中有关国际武装冲突的第七十九条正式纳入,以专门规定对记者的保护。

对《第一议定书》第七十九条引述如下: 126

对新闻记者的保护措施

一、在武装冲突地区担任危险的职业任务的新闻记者,应视为第五十条第一款的意义内的平民。

二、这类新闻记者应依此享有各公约和本议定书所规定的保护,但以其不采取任何对其作为平民的身份有不利影响的行动为限,而且不妨碍派驻武装部队的战地记者取得第三公约第四条(子)款第四项所规定的身份的权利。

三、这类新闻记者得领取与本议定书附件二的示范证件相类似的身份证。该证件应由该新闻记者作为国民所属国家或该新闻记者居留地国家或雇用该新闻记者的新闻宣传工具所在地国家的政府颁发,证明其新闻记者的身份。

因此,上述起草专门公约草案的相关工作被《日内瓦公约第一议定书》中该条款的通过所取代。[①]

2010年,人权理事会就武装冲突中保护记者的问题举行了小组讨论会,言论自由问题特别报告员和红十字国际委员会及其他机构的专家参与了讨论。[②] 2013

---

① 《红十字会国际评论》(第232期,1983年2月28日)所载汉斯-彼得·加塞尔(Hans-Peter Gasser)的文章描述了这个过程:

> 与此同时,修订国际人道主义法律的进程已经开始,并于1977年6月8日通过了《日内瓦公约》的两项附加议定书。我们的目的不是在这里描述联合国公约草案的所有变迁;只需指出,在开始时,这项工作在联合国内继续进行。应联合国大会的邀请,红十字国际委员会召开的第一和第二届政府专家会议审查了后来的特别公约草案,并将其意见提交给联合国大会。后来,当重申和发展适用于武装冲突的国际人道主义法外交会议召开时(1974年),大会邀请该会议就这一问题发表意见。在日内瓦举行的第二届会议上,会议代表们这样做了,但方式却出人意料:外交会议第一委员会的一个特设工作组没有简单地对联合国的草案发表意见,而是决定由会议本身来处理这个问题,起草并在《第一议定书》中插入一个条款。由此,它成为外交会议于1977年6月8日通过的《第一议定书》第七十九条。联合国大会"满意地"注意到了外交会议达成的决定。

见 https://wwwjcrc.org/eng/resources/documents/article/review/review-1983-p3.htm, visit on 21 December 2019。

② A/HRC/13/56, resolution 13/24 of 26 March 2010.

年,理事会再次讨论这一问题,并要求举行一次小组讨论会,

> 谈到了……记者的安全问题,特别讨论了联合国人权事务高级专员报告中的结论。高级专员……[①]确认了挑战并进一步发展良好做法,通过分享为保护记者而采取举措的信息来确保记者的安全。[②]

127

武装冲突中的平民(1969年)

1969年,人权委员会首次处理战时保护平民的问题,当时它任命了专家特别工作组,调查关于以色列在1967年战争后于占领领土上违反《日内瓦第四公约》的指控。[③]《公约》的适用性问题也由联合国大会调查以色列侵害被占领地区居民人权的行为特别委员会(Special Committee to Investigate Israeli Practices in the Occupied Territories)[④]处理,并且多年来该委员会一再重申《公约》的适用性问题(见第六章A,1968年——巴勒斯坦)。

2005年,人权委员会承认人权法和国际人道主义法的互补性和相互执行的关系,"强调违反国际人道主义法……的行为也可能构成粗暴侵犯人权行为",并注意到小组委员会要求提供"关于人权和国际人道主义法的工作文件"。[⑤] 人权理事会在2009年就"关于在武装冲突中保护平民的人权问题"进行专门协商后,处理了这个议题。[⑥]

武装冲突期间的蓄意强奸、性奴役和类似奴役做法(1999年)

1999年,人权委员会批准延长小组委员会武装冲突期间蓄意强奸、性奴役和类似奴役做法问题特别报告员盖伊·J. 麦克杜格尔(Gay J. McDougall)的任期,

---

① A/HRC/24/23.

② A/HRC/24/2, decision 24/116 of 26 September 2013.

③ E/CN. 4/1007, resolution 6 (XXV) of 4 March 1969.

④ General Assembly twenty-third Session, resolution 2443 (XXIII) of 19 December 1968.

⑤ E/CN. 4/2005/135, resolution 2005/63 of 20 April 2005.

⑥ A/HRC/9/28, resolution 9/9 of 24 September 2008; A/HRC/12/50, resolution 12/5 of 1 October 2009.

"以便她能够提交一份关于事态发展的最新情况和公布最后报告[①]……并将报告广泛传播"[②]。

武装冲突情况下的文化权利和财产(2007年)

人权理事会在2007年承认"人权法和国际人道主义法互为补充、相辅相成……[并]……强烈谴责武装冲突中任何违反适用的国际人道主义法破坏文化财产的行为"[③]。

武器转让(2013年)

2013年,人权理事会讨论了"武器转让对武装冲突中人权的影响",并敦促所有国家"如……相关武器很可能被用来犯下或造成严重违反或践踏国际人权法或国际人道主义法的行为,则不要将武器转让给武装冲突参与方"。[④] 人权理事会要 128
求一份报告,"说明武器转让对享有人权的影响……以便向各国和其他相关利益攸关方提供评估武器转让与人权法之间关系的要素,从而指导它们加强努力,有效保护人权"[⑤]。

1968年——科技与人权

该问题在1968年的德黑兰会议上被提出。[⑥] 同年晚些时候,联合国大会要求

自下列各观点,对科学及技术发展在人权方面所引起之问题,从事研究:

(a) 关于录音及其他技术进展,对个人私生活及国家完整与主权之尊重;

---

① E/CN. 4/Sub. 2/1998/13.

② E/CN. 4/1999/167, decision 1999/105 of 26 April 1999.

③ A/HRC/6/22, resolution 6/1 of 27 September 2007.

④ A/HRC/24/2, resolution 24/35 of 27 September 2013.

⑤ A/HRC/32/2, resolution 32/12 of 1 July 2016.

⑥ A/CONE 32/41, Final Act of the International Conference on Human Rights, Teheran 22 April-13 May 1968 III, resolution XI of 12 May 1968.

(b) 关于生物学、医学及生物化学之进展,对人类人格及对其身体与智能完整之保护;

(c) 足以影响个人权利之电子器械之使用,以及在民主社会中对此等器械之使用应加之限制;

(d) 一般而言,科学及技术进展与人类智能、精神、文化及道德进展之间应当建立之平衡。①

大会要求两份报告:一份关于已经或正在进行的研究的总结报告,以及一份发展该专题的工作计划草案。

人权委员会则在三年后的1971年首次讨论了这个问题;在进行实质性的讨论后,委员会决定在今后的会议上继续审议该问题。② 但在随后的几年里,该问题仅得到了委员会相当敷衍的关注。③ 虽然要求并收到了一些报告,④但委员会直到若干年后才对该项问题进行了实质性讨论。

1972年,联合国大会请人权委员会

着手加速进行它的工作,充分利用秘书长的报告……和将来就相同议题举行的任何研讨会的报告,特别是为了研究能否参照科学和技术发展拟定旨在加强对世界宣言所宣布的人权的尊重的文件草案。⑤

129 人权委员会在1974年采取了后续行动,决定就科学和技术的用途征求意见:

(a)加强国际和平与安全和人民的基本权利;(b)促进和确保普遍尊重《世

① General Assembly twenty-third session, resolution 2450 (XXIII) of 19 December 1968.

② E/CN. 4/1068, resolution 10 (XXVII) of 18 March 1971. See also V paras 179-189.

③ E/CN. 4/1039, resolution 14 (XXVI) of 26 March 1970, E/CN. 4/1068, resolution 10 (XXVII) of 18 March 1971; E/CN. 4/1154, resolution 2 (XXX) of 12 February 1974; E/CN. 4/1179, resolution 11 (XXXI) of 5 March 1975.

④ E/CN. 4/1028 and Adds 1-6, E/CN. 4/1083 and Adds 1 and 2; General Assembly twenty-seventh session, resolution 3026B (XXVII) of 18 December 1972. E/CN. 4/1084; E/CN. 4/1115; E/CN. 4/1116 and Adds 1-3 and Add. 3 Corr. 1 E/CN. 4/1142 and Corr. 1 and Adds 1 and 2; E/CN. 4/1172 and Corr. 1.

⑤ General Assembly twenty-seventh session, resolution 3026 B (XXVII) of 18 December 1972.

界人权宣言》和国际人权公约中宣布的人权;(c)通过提高生活水平,促进和保护所有人民享有就业、教育、粮食、健康以及经济、社会和文化福祉的权利。[1]

同年晚些时候,联合国大会请人权委员会起草一份工作计划,“以便在特别是看来已经得到充分分析的领域制定标准”[2]。

1975年,联合国大会通过了《利用科学和技术进展以促进和平并造福人类宣言》,[3]并在同年召开了一个国际专家组会议,讨论科学和技术进步对人权的影响。题为《科学和技术进步与人类智力、精神、文化和道德进步之间应建立的平衡》的报告于1976年提交给人权委员会[4];几年后,委员会在1984年决定考虑专家建议的影响时再次提到了该报告。[5] 但这一决定没有产生后续影响。

1977年,人权委员会请防止歧视和保护少数小组委员会开展“研究,以便在可能的情况下制定准则,保护那些因精神不健康而被拘留的人免受可能对人的个性及其身体和智力完整性产生不利影响的待遇”。委员会请小组委员会审查“与该主题有关的研究,并向委员会提交其意见”。[6]

人权委员会收到的关于这个问题的报告继续积累;[7]在1978年和1980年之间,委员会推迟了对该问题的讨论。至1981年,委员会指示小组委员会“研究如何利用科技进步的成果来实现工作和发展的权利”[8]。在这一年的若干议题讨论中,委员会重复了向小组委员会提出的要求,[9]但在随后的几年里,小组委员会没有 130

① E/CN.4/1154, resolution 2 (XXX) of 12 February 1974.

② General Assembly twenty-ninth session, resolution 3268 (XXIX) of 10 December 1974.

③ General Assembly thirtieth session, resolution 3384 (XXX) of 10 December 1975.

④ E/CN.4/1199 and Add.1.

⑤ E/CN.4/1984/77, resolution 1984/30 of 12 March 1984.

⑥ E/CN.4/1257, resolution 10 (XXXIII) A and B of 11 March 1977.

⑦ See E/CN.4/1276; E/CN.4/1235/Add.1; E/CN.4/L.1313 and Corr.1; E/CN/4/1196; E/CN.4/1198; E/CN.4/1233; E/CN.4/1234; E/CN/4/1261; E/CN.4/1306.

⑧ E/CN.4/1475, resolution 38 (XXXVII) of 12 March 1981.

⑨ E/CN.4/1982/30, resolution 1982/4 of 11 March 1982,在该文件中,经济及社会理事会重申了它对小组委员会的要求,即从事利用科学和技术的进步促进工作和发展权的研究;resolution 1982/5 of 19 February 1982,在该文件中,人权委员会谴责以色列针对伊拉克核设施的袭击;resolution 1982/6 of 19 February 1982,关注小组委员会关于保护那些因精神疾病受到拘留的人员的最终报告;以及resolution1982/7 of 19 February 1982,关注军备竞赛及其可能对生命产生的威胁,请小组委员会进行一项关于“军备竞赛,特别是核武器竞赛会对实现经济、社会和文化权利,以及公民和政治权利的实现,建设新的国际经济秩序以及最重要的对生命权的享有这些各个方面,产生的不利后果”的研究。

进行这项研究。[①]

随着人权委员会开始着手处理这个问题，其从政府和非政府组织的投入之外的许多渠道寻求支持。[②] 1986 年，人权委员会邀请联合国大学“研究科技发展对人权和基本自由的积极和消极影响，并表示希望联合国大学向人权委员会通报其对该问题的研究结果”[③]。

联合国大学成立了一个指导委员会（Steering Committee），以执行人权委员会的要求；这个指导委员会向人权委员会提交了一份初步报告，概述了其拟议的研究。[④] 委员会对该报告表示欢迎，并请联合国大学“继续研究科技发展对人权的积极和消极影响”[⑤]。人权委员会于 1991 年收到了联合国大学的最终报告，并请小组委员会审议该研究报告，“特别是其对联合国在该领域工作的适用性的建议”[⑥]。

1998 年，人权委员会请小组委员会重新考虑它提出的关于任命一名人权与科技发展问题特别报告员的建议，

> 回顾委员会 1997 年 4 月 11 日第 1997/22 号决议，其中委员会除其他外，请小组委员会特别注意选择研究的过程，并重申小组委员会委员所从事的研究应以广泛的工作文件为基础并明确确定拟议的研究题目和目的。[⑦]

保护因精神疾病而被拘留的人（1977 年）

1978 年，联合国大会请小组委员会对保护那些因精神不健康而被拘留的人的问题进行研究，“以便制定准则”。[⑧]

1982 年，人权委员会“非常满意地”注意到小组委员会特别报告员艾瑞卡 · 戴

---

① E/CN. 4/1983/60, resolution 1983/42 of 9 March 1983; E/CN. 4/1984/77, resolution 1984/29 of 12 March 1984; E/CN. 4/1986/65, resolution 1986/11 of 11 March 1986; E/CN. 4/1988/88, resolution 1988/61 of 9 March 1988.

② E/CN. 4/1983/60, resolution 1983/41 of 9 March 1983.

③ E/CN. 4/1986/65, resolution 1986/9 of 10 March 1986.

④ E/CN. 4/1988/48.

⑤ E/CN. 4/1988/88, resolution 1988/59 of 9 March 1988.

⑥ E/CN. 4/1991/91, resolution 1991/45 of 5 March 1991. See also Report of UNU, E/CN. 4/1991/38.

⑦ E/CN. 4/1998/177, decision 1998/104 of 17 April 1998.

⑧ General Assembly thirty-third session, resolution 33/53 of 14 December 1978.

斯的工作。①（见下文,1987年——健康）小组委员会设立了一个会议期间工作组,以进一步拟订特别报告员提出的准则草案。②

1983年,人权委员会再次认可了特别报告员的工作,并请她“迅速补充其载有原则、准则和保障的最终报告[及相关材料]”。委员会请“小组委员会设立一个会期工作组……将对……原则体系[进行]适当审查,作为最高优先事项”。③ 131

第二年,人权委员会承认报告已经完成,并请小组委员会成立一个工作组,“将进行进一步审查,作为高度优先级的工作事项”④。

在1986年到1989年之间,对于这个问题的后续处理又有延误。1986年,人权委员会重申“迫切需要制定原则和准则,以防止滥用精神病学,并保障所有个人的权利”,并指出,“由于小组委员会……尚未完成其工作,委员会尚无法审议这一问题”。⑤

两年后,委员会再次

> 重申迫切需要制定原则和准则,以防止滥用精神病学并保障所有个人的权利[和]……请小组委员会(a)更加重视……工作组及其起草任务[和](b)在其第四十届会议[1988年]上作为紧急事项完成关于准则、原则和保障体系草案的工作。⑥

1991年,人权委员会决定自行建立工作组,“审查、修订并在必要时简化委员会提交的原则和保障体系草案”⑦。

该工作组于1991年提交了报告。⑧ 联合国大会于1991年12月17日通过了《保护精神疾病患者和改善精神保健的原则》。⑨

---

① E/CN. 4/1982/30, resolution 1982/6 of 19 February 1982.

② E/CN. 4/Sub. 2/474; E/CN. 4/Sub. 2/1982/16; E/CN. 4/Sub. 2/1982/17.

③ E/CN. 4/1983/60, resolution 1983/44 of 9 March 1983.

④ E/CN. 4/1984/77, resolution 1984/47 of 13 March 1984. See also E/CN. 4/Sub. 2/1983/17 and Add. 1 and E/CN. 4/Sub. 2/1983/19.

⑤ E/CN. 4/1986/65, resolution 1986/12 of 10 March 1986.

⑥ E/CN. 4/1988/88, resolution 1988/62 of 9 March 1988.

⑦ E/CN. 4/1989/86, resolution 1989/40 of 6 March 1989.

⑧ E/CN. 4/1990/94, resolution 1990/38 of 6 March 1990; E/CN. 4/1990/31.

⑨ E/CN. 4/1991/91, resolution 1991/46 of 5 March 1991. See also E/CN. 4/1991/39.

在此期间,人权委员会通过了一些宣言性质的决议,强调了与科技发展有关的方面,如生命权①、裁军②和"以和平、人道主义和尊重全人类共同价值观的精神教育人民"③。

132

计算机化个人档案的准则(1980年)

联合国大会在1968年提出的要求带来的结果之一是对个人数据的存储和使用方面提出问题的关注。1980年,小组委员会任命其成员之一路易·儒瓦内编写一份关于在计算机化人事档案领域应采用的相关准则的研究。最终报告于1983年完成,并于1984年提交给人权委员会。报告的重点包括三个方面:

> 信息学领域的技术发展对人权的影响;审查为国家利益而采取的国际合作措施及其在国内立法中的执行情况;和国际、政府间、区域和其他组织使用计算机化人事档案所带来的具体问题。④

人权委员会对该报告表示欢迎,并要求得到最新情况,还请小组委员会"考虑可以在哪些领域以最有效的方式进行研究"⑤。

1990年,应联合国大会的要求,⑥特别报告员向人权委员会提交了准则草案的修订本,⑦而委员会则将其送交联合国大会供"最后通过"和公布。⑧ 联合国大会于1990年12月通过了该准则⑨。

从1993年起直到1997年,人权委员会通过了一系列决定,以了解对准则采取

---

① E/CN. 4/1983/60, resolution 1983/43 of 9 March 1983.

② E/CN. 4/1984/77, resolution 1984/28 of 12 March 1984. See also E/CN. 4/1986/65, resolution 1986/10 of 10 March 1986; E/CN. 4/1990/94, resolution 1990/40 of 6 March 1990.

③ E/CN. 4/1988/88, resolution 1988/60 of 9 March 1988. See also E/CN. 4/1984/33 and Adds 1 and 2; E/CN. 4/1986/27 and Corr. 1 and Add. 1; E/CN. 4/1986/28 and Corr. 1; E/CN. 4/1988/29; E/CN. 4/1990/30; E/CN. 4/1990/53 and Adds 1-4.

④ E/CN. 4/Sub. 2/1983/18 para 24.

⑤ E/CN. 4/1984/77, resolution 1984/27 of 12 March 1984.

⑥ General Assembly forty-fourth session, resolution 44/132 of 15 December 1989.

⑦ E/CN. 4/1990/72.

⑧ E/CN. 4/1990/94, resolution 1990/ of 6 March 1990.

⑨ General Assembly forty-fifth session, resolution 45/95 of 14 December 1990.

的后续行动的最新情况。[1] 1999年,秘书长向委员会报告了所收到的资料;[2]在该届会议上,人权委员会决定"从其议程中删除该议题,因为各国正在逐步考虑适用的指导原则"[3]。

生物伦理学(1992年)

1992年,小组委员会审议了"制定与科学发展有关的新人权标准的可能性,这些标准[可能]会影响所有人的精神状况或遗传结构"这一问题。[4]

人权委员会在1993年讨论了这个问题,并援引了"在国家和国际层面发展生命科学伦理的需要",请小组委员会考虑"确保生命科学以充分尊重人权的方式发展,并为此提出建议"。[5]

人权委员会请各国政府、"联合国系统的专门机构和其他组织,特别是教科文组织和世界卫生组织,以及其他政府间组织和非政府组织向秘书长通报为确保生命科学以尊重人权的方式发展而正在开展的活动"。委员会还请各国提供关于它们所采取的其他措施的信息,包括建立国家咨询机构。[6] 133

由此产生的报告确认了制定标准的必要性。它的结论是:

> 鉴于生物伦理学主要限于最发达的国家,但又不仅仅限于这些国家,因此,迫切需要在确认世界上不同的道德和文化观点、重点事项和价值观的情况下,澄清并普遍通过基本生物伦理准则。为此应采取一项重大步骤,建立双边和多边联系,工业化国家中涉及生物伦理问题的机构和专业社团应与发展中国家的同行一道,开展技术合作和交流信息,这类交流对彼此都有利……发展中国家最迫切需要建立监督或管制机制,事实上发展中国家极为缺乏或甚至完全没有这类机制。需要本着一定程度的特别紧迫感思索这一

---

① E/CN. 4/1993/122, decision 1993/113 of 10 March 1993. See also Commission decisions 1995/114 of 8 March 1995; 1997/122 of 16 April 1997; E/CN. 4/1995/75; E/CN. 4/1997/67.

② E/CN. 4/1999/88.

③ E/CN. 4/1999/167, decision 1999/109 of 28 April 1999.

④ E/CN. 4/Sub. 2/1992/58, decision 1992/104 of 14 August 1992.

⑤ E/CN4/1993/122, resolution 1993/91 of 10 March 1993.

⑥ E/CN. 4/1993/122, resolution 1993/91 of 10 March 1993.

> 问题,因为如果没有这类结构,有人就会加以利用,为了一己私利引进技术,阻碍广大发展中国家的人民享有人权的好处。[1]

人权委员会赞同这些结论,并请小组委员会“考虑如何确保生命科学以充分尊重人权的方式发展”[2]。

1997 年,人权委员会要求进一步了解各国政府的行动,请它们“向秘书长通报正在开展的活动,以确保以尊重人权和有利于全人类的方式发展生命科学……以及为此目的而采取的立法和其他措施”[3]。

1998 年 12 月,联合国大会批准了教科文组织大会于 1997 年 11 月 11 日通过的《世界人类基因组与人权宣言》。[4]

第二年,人权委员会提请“秘书长就如何确保适当协调整个联合国系统的生物伦理活动起草建议……供联合国大会第五十四届会议审议”[5]。

在 2001 年[6]和 2003 年[7],人权委员会邀请各国政府考虑“建立独立、多学科和
134 多元化的道德委员会,以评估特别是在与教科文组织国际生物伦理学委员会一起,研究人类所进行的生物医学研究,特别是与人类基因组及其应用有关的研究所引起的伦理、社会和人类问题”。

2004 年,人权委员会批准小组委员会任命一名特别报告员尤利亚-安托阿尼拉·莫托克(Iulia-Antoanella Motoc)“对人权和人类基因组进行研究”。[8] 特别报告员向小组委员会提交了一份临时报告[9],小组委员会表示“深切感谢特别报告员……并欢迎在此进行的丰富讨论”。[10]

在 2006 年的最后一届会议上,小组委员会请特别报告员“向小组委员会或未

---

① E/CN. 4/1995/74 paras 161 and 163.

② E/CN. 4/1995/176, resolution 1995/82 of 8 March 1995.

③ Economic and Social Council, E/CN. 4/1997/150, resolution 1997/71 of 16 April 1997.

④ General Assembly fifty-third session, resolution 53/152 of 9 December 1998.

⑤ Economic and Social Council, E/CN. 4/1999/167, resolution 1999/63 of 28 April 1999. See also E/CN. 4/1999/90.

⑥ E/CN. 4/2001/167, resolution 2001/71 of 25 April 2001.

⑦ E/CN. 4/2003/135, resolution 2003/69 of 25 April 2003.

⑧ E/CN. 4/2004/127, decision 2004/120 of 21 April 2004.

⑨ E/CN. 4/Sub. 2/2005/38. See also E/CN. 4/Sub. 2/2003/6.

⑩ E/CN. 4/Sub. 2/2005/44, decision 2005/111 of 11 August 2005.

来的专家咨询机制,或在两者都没有的情况下,向人权理事会提交一份关于人权和人类基因组的最终报告”①。

最终报告是小组委员会停止存在时留下的处于不同准备阶段的小组委员会研究报告清单中的一项。② 对此,人权理事会请咨询委员会提出建议,“以确定理事会应如何处理其前身机构即小组委员会的遗产”。咨询委员会建议理事会应自己做出决定,“它可能认为适合对小组委员会委托的所有研究采取可能的后续行动,目前正在等待理事会的决定”。③

人权理事会在 2006 年接替人权委员会时没有保留关于人权和人类基因组问题的研究。

法医学(1992 年)

人权委员会在 1992 年讨论了人权和法医学问题,当时它注意到“各种报告……都提到了挖掘和识别侵犯人权和相关虐待行为的可能受害者遗骸,以及在这一过程中遇到的相关技术和实际困难”,法医专家没有能力有效处理这一问题。一些政府“已经要求……提供这方面的技术援助”;而被强迫或非自愿失踪问题工作组“对这一问题有直接兴趣,其提交的许多报告就是证明”。④

在此情况下,人权委员会决定设立

> 一个常设法医专家和其他有关学科专家小组,在全世界各地招收志愿专家,
> 他们可以应有关国家……的请求……协助进行侵犯人权的可能受害者的掘 135
> 尸和查明身份工作,或协助培训进行这项工作的当地法医小组。⑤

第二年,人权委员会要求

---

① A/HRC/Sub. 1/58/36, decision 2006/110 of 24 August 2006.

② A/61/53, decision 1/102 of 30 June 2006, Annex, second section.

③ A/HRC/5/21, resolution 5/1 of 18 June 2007, para 77:

> 咨询委员会不得通过决议或决定。咨询委员会可在理事会规定的工作范围内提出进一步提高其程序效率的建议,并在理事会规定的工作范围内提出进一步的研究建议,供理事会审议通过。

④ E/CN. 4/1992/84, resolution 1992/24 of 28 February 1992.

⑤ E/CN. 4/1992/84, resolution 1992/24 of 28 February 1992.

制定法医专家和有关领域专家的名单;这些专家可应邀帮助人权领域的国际机构、各国政府和人权事务中心提供技术和咨询服务提供有关监测侵犯人权事件的咨询意见、培训当地法医小组和/或协助失踪者家庭团聚。[①]

人权委员会注意到《有效防止和调查法外、任意和即决处决的原则》[②]以及"《有效防止和调查法外、任意和即决处决手册》中所载在联合国主持下编写的拟议示范尸检协议"[③]。被强迫或非自愿失踪问题工作组就"建立法医专家常设小组的初步计划"进行了磋商。[④]

1994年,人权委员会在提到被强迫或非自愿失踪问题工作组时,请其进一步努力,建立

一份法医专家名单……这些专家可应邀帮助人权领域的国际机构……提供有关监督侵犯人权情况的咨询意见,培训当地法医小组和/或帮助失踪者的亲属团聚。[⑤]

1998年,秘书长向人权委员会提交报告,其中包括一份法医专家名单——有些是政府推荐的,有些则是非政府组织推荐的——以及聘请这些专家的协议。[⑥]

人权委员会请高级专员办事处考虑

法医专家是否有可能协调并为法医学的以下两个方面编写关于检查生者的其他手册:

(a) 针对性别进行临床法医检查,记载酷刑和其他残忍、不人道或有辱人格的待遇可能造成的伤害,包括评估以下人员的任何生理和心理症状:被

---

① E/CN. 4/1993/122, resolution 1993/33 of 5 March 1993.

② Economic and Social Council 1989, resolution 1989/65 of 24 May 1989, Annex.

③ The Secretariat of the United States, ST/CSDHA/12 ("Minnesota Protocol") or UN publication. Sales no E. 91. IV. 1: IV.

④ E/CN. 4/1993/122, resolution 1993/33 of 5 March 1993.

⑤ E/CN. 4/1994/132, resolution 1994/31 of 4 March 1994. See also E/CN. 4/1996/177) resolution 1996/31 of 19 April 1996.

⑥ E/CN. 4/1998/32 and Add. 1.

> 拘留者、战俘、可能受到强奸和性暴力的妇女、可能发生侵犯人权行为的地区的平民、有证据表明使用或涉嫌使用酷刑和其他残忍、不人道或有辱人格待遇的地区的难民、涉嫌其权利被侵犯或其本人受到酷刑或其他残忍、不人道或有辱人格待遇的地区里的精神病机构中的被拘留者和少年机构中的儿童; 136
>
> (b)进行审查,查明失踪者的子女或遭到强迫失踪的儿童。[1]

2000年,高级专员报告了在更新法医专家名单、修订手册和使用法医专家方面的进一步进展,[2]指出法外处决问题特别报告员、酷刑问题特别报告员、被强迫或非自愿失踪问题工作组和任意拘留问题工作组需要法医专门知识。[3]

2003年,人权委员会欢迎"在发生严重侵犯人权和国际人道主义法的情况下,更多地使用法医调查……以及建立一个法医专家综合数据库"[4]。

2005年,人权委员会讨论了了解真相的权利,认识到"尊重和确保了解真相的权利以促进结束有罪不罚的重要性",并要求对此问题进行研究。[5] 研究发现,

> 了解严重侵犯人权和严重违反人道主义法行为真相的权利是一项不可剥夺的自主权利……与国家保护和保障人权的责任以及国家对严重侵犯人权和严重违反人道主义法的行为进行有效调查并保证提供有效补救和赔偿的义务密切相关。[6]

随着在调查侵犯人权行为中应用法医学的工作取得进展,人权理事会进一步开展了关于有罪不罚和寻求真相的工作,并将其作为过渡时期司法的一个要素。这又导致将法医遗传学的应用作为寻求真相的一个组成部分(见第六章B,2011年——真相、正义、赔偿和保证不再发生)。

---

① E/CN.4/1998/177, resolution 1998/36 of 17 April 1998.

② E/CN.4/2000/57.

③ E/CN.4/2000/57 para 10. See also E/CN.4/2000/167, resolution 2000/32 of 20 April 2000.

④ E/CN.4/2003/135, resolution 2003/33 of 23 April 2003. See also E/CN.4/2005/135, resolution 2005/26 of 19 April 2005.

⑤ E/CN.4/2005/135, resolution 2005/66 of 20 April 2005.

⑥ E/CN.4/2006/91. See also resolution 2005/66 of 20 April 2005; A/HRC/2/9, decision 2/105 of 27 November 2006 and A/HRC/5/7.

遗传学(2009 年)

2011 年,人权理事会任命了一名关于"真相、正义、赔偿和保证不再发生"问题的特别报告员(见第六章 B,2011 年——真相、正义、赔偿和保证不再发生)。

与了解真相的权利(the right to truth)相关的是法医遗传学的应用,人权理事会在 2008 年处理了这一问题,要求"全面研究……有效落实这一权利的最佳做法,特别是包括与档案和记录有关的做法……以便制定保护有关严重侵犯人权行为的档案和记录的准则"①。

137 第二年,人权理事会鼓励各国"考虑使用法医遗传学来帮助识别严重侵犯人权和违反国际人道主义法行为的受害者的遗体,并解决有罪不罚的问题"②。

人权理事会请高级专员提交一份报告,

> 说明应用法医遗传学查明严重侵犯人权和违反国际人道主义法行为受害者身份的最佳做法,以便考虑是否有可能拟订一份手册,作为应用法医遗传学的指南,包括酌情自愿创立和运营有适当保障措施的基因库。③

随后提交的报告得出结论:

> 使用法医专家,特别是应用法医遗传学和自愿建立基因数据库等做法,都可在鉴定严重侵犯人权和违反国际人道主义法行为受害者身份的工作中发挥至关重要的作用。本报告表明了必须:(a)提高对法医遗传学的认识,认识到它能促使国家政府履行人权义务,特别是但不仅限于有关失踪人员方面的义务;(b)提出要求,规定此种努力必须以尽量客观的科学方法为依据,并确保在收集、处理、使用和存储人类基因数据时尊重人的尊严并保护人权和基本自由。④

---

① A/HRC/9/28, resolution 9/11 of 24 September 2008.
② A/HRC/10/29, resolution 10/26 of 27 March 2009.
③ A/HRC/10/29, resolution 10/26 of 27 March 2009.
④ A/HRC/15/26 para 63.

理事会请高级专员采取后续行动,

> 说明各国有义务按照其查明严重侵犯人权和违反国际人道主义法行为受害者身份的国际法律承诺,包括通过应用法医遗传学,调查这类严重侵权和违法行为,以便进一步考虑是否有可能拟订一本手册,作为最有效应用法医遗传学的指南,包括酌情自愿创立和运营有适当保障措施的基因库。[①]

该报告于2011年提交给经济及社会理事会。它的结论是,调查的义务在国际人权和人道主义法律中得到了牢固的确立,"并与起诉的义务相关,也是了解真相权利的一个方面"[②]。

它总结道:

> 法医遗传学,包括建立和运作基因库,对调查严重违反人权法和严重违反人道主义法行为、确认被杀或失踪人员身份以及恢复受害者身份发挥了重要作用。随着近年来该领域的技术进步,法医遗传学作为一项工具,变得更加相关和重要,实现了大规模的身份确认。[③]

1970年——联合国工作人员 138

人权委员会于1970年首次提出这一问题,当时委员会对"有关侵犯联合国工作人员人权和根据《联合国外交特权和豁免公约》赋予的权利被剥夺的报告"表示关切。[④] 1988年,在讨论"被拘留的联合国和专门机构工作人员"这一问题时,委员会再次提出了上述情况,

> 请秘书长向人权委员会第四十五届会议[1989年]提交一份最新的报告……,

① A/HRC/15/60, resolution 15/5 of 29 September 2010.

② A/HRC/18/25 para 41.

③ A/HRC/18/25 para 42.

④ E/CN. 4/1408, resolution 32 (XXXVI) of 11 March 1980.

> 说明国际公务员及其家属被拘留、监禁、失踪或被强行扣留在一个国家的情况,包括在委员会第四十五届会议之前的五年内成功解决的案件。①

1989年,人权委员会欢迎防止歧视和保护少数小组委员会决定

> 委托其一名成员,在不涉及财务问题的情况下对上述侵犯联合国系统工作人员及其家属人权行为和破坏联合国各部门和机构职能的行为进行审查。②

在随后的几年中,人权委员会继续关注这一问题。③ 1994年,联合国大会通过了《联合国人员和有关人员安全公约》(Covention on the Safety of United Nations and Associated Personnel)并开放供签署和批准,该《公约》于1999年1月生效。④ 2005年通过了该《公约》的一项任择议定书,将该《公约》的适用范围扩大。⑤

1997年,人权委员会要求"进行全面和独立的研究……要考虑到联合国在世界各地任务性质的发展变化"⑥。该报告"'因为缺乏必要的资源'无法在第二年提交。虽然委员会明确指出,该研究应'在现有资源范围内'编写"。相反,委员会收到了一份基于各专门机构对小组委员会特别报告员玛丽·孔基普西翁·包蒂斯塔关于保护联合国工作人员、专家及其家属的人权的建议的意见和评论的报告。该报告包括被捕或失踪的工作人员名单、有关组织无法对其行使保护权,以及自1996年7月以来丧生的工作人员名单。⑦

139 2000年,人权委员会要求采取的措施包括"改进对占伤亡人数大多数的……当地征聘的联合国人员和有关人员的保障措施……并确保……人员适当了解他

---

① E/CN. 4/1988/88, resolution 1988/41 of 6 March 1988.

② E/CN. 4/1989/86, resolution 1989/28 of 6 March 1989.

③ E/CN. 4/1991/91, resolution 1991/38 of 5 March 1991; E/CN. 4/1992/84, resolution 1992/26 of 28 February 1992; E/CN. 4/1993/122, resolution 1993/39 of 5 March 1993; E/CN. 4/1994/132, resolution 1994/42 of 4 March 1995.

④ General Assembly forty-ninth session, resolution 49/59 of 9 December 1994. See also E/CN. 4/1995/176, resolution 1995/39 of 3 March 1995; E/CN. 4/1996/177, resolution 1996/29 of 19 April 1996.

⑤ General Assembly sixtieth session, resolution 60/42 of 8 December 2005.

⑥ E/CN. 4/1997/150, resolution 1997/25 of 11 April 1997.

⑦ E/CN. 4/1998/33.

们被要求执行任务的条件以及他们必须达到的标准"[①]。

2002年,人权委员会欢迎"在《国际刑事法院罗马规约》中把蓄意攻击参与人道主义援助或维持和平任务的人员列为战争罪",并呼吁所有国家采取措施,向联合国人员安全信托基金捐款。[②]

1971年——土著人民

人权委员会关于保护土著人民人权的工作起源于防止歧视和保护少数小组委员会关于歧视问题的报告,关于保护土著人民人权的大部分工作也都是在小组委员会内开展的。1982年,小组委员会成立了土著居民问题工作组,为土著群体的参与打开了大门。该工作组促成了研究报告的编写,并促成了一些倡议,其中最引人注目的是设立了一个土著问题常设论坛(Permanent Forum for Indigenous Issues),并起草了有关土著人民权利的宣言。

1996年,人权委员会在其议程中增加了一个题为"土著议题"的新项目,[③]其中包括关于建立一个常设论坛的讨论、起草一份宣言、土著居民问题工作组、保护土著人民的遗产、关于国家与土著居民之间的条约和其他建设性安排的研究以及关于土著土地权利的研究。[④] 以下各段介绍了这些倡议的演变情况。

马丁内斯·科博报告(1971—1985年)

1969年,在政治、经济、社会和文化领域的种族歧视问题特别报告员的报告中,对土著居民的人权问题的关注首次出现在小组委员会的议程上。[⑤] 特别报告员亨旦·萨塔·库鲁兹的研究涉及更广泛领域的歧视问题,鉴于该问题的特殊性,他建议对歧视土著居民的问题进行"完整和全面的研究"。[⑥]

---

① E/CN. 4/2000/167, resolution 2000/77 of 26 April 2000.

② E/CN. 4/2002/200, resolution 2002/81 of 26 April 2002. See also resolution 2004/77 of 21 April 2004.

③ E/CN. 4/1996/177, decision 1996/102 of 1 April 1996.

④ E/CN. 4/1997/150XXIV.

⑤ E/CN. 4/Sub. 2/213/Rev. 1. E/CN. 4/Sub2/1986/7, Consolidated version of reports submitted by the Special Rapporteur, Volume I: E/CN. 4/Sub. 2/476/Add. 1, para 47.

⑥ E/CN. 4/Sub. 2/L. 566 para 2.

140 小组委员会于1971年晚些时候任命了一位特别报告员何塞·马丁内斯·科博。① 特别报告员于1972年向小组委员会提交了一份初步报告，其中提出了研究的范围，阐明了拟议的研究方法，并确定了拟议研究的两个组成部分，即“(i)对歧视土著居民的问题进行全面和综合的研究；(ii)建议采取必要的国家和国际措施来消除这种歧视”②。

特别报告员在1981—1983年期间向小组委员会提交了一份综合报告。该报告于1986年分五卷出版。③ 报告由两部分组成，第一部分介绍了联合国和其他国际组织在应对歧视土著居民方面采取的措施和行动(第1—4章)，第二部分是对土著居民人权状况方面的分析(第5—20章)。

1984年，特别报告员在小组委员会发言时指出，土著人口的状况显示出几种形式的歧视：

> 在许多国家，他们处于社会经济规模的底层。他们没有相同的就业机会，也不能像其他群体那样获得公共服务和/或在健康生活条件、文化、宗教和司法领域的保护。他们无法有意义地参与政治生活。土著居民长期以来一直对这种状况心有余悸。更令人遗憾的是，在许多情况下，他们试图成为其他文化的一部分，并将其视作实现更好生活的唯一明显手段。④

特别报告员于1985年完成了他的报告，经济及社会理事会对此表示赞赏，并要求将该报告以各种形式印发并广泛传播。⑤

小组委员会土著居民问题工作组(1982—2006年)

随着特别报告员的工作接近尾声，人权委员会于1982年授权小组委员会“每

---

① E/CN. 4/Sub. 2/323, resolution 8 (XXIV) of 18 August 1971. See also Economic and Social Council fiftieth session, resolution 1589 (L) of 21 May 1971.

② E/CN. 4/Sub. 2/L. 566. Para 12.

③ E/CN. 4/Sub. 2/1986/7 and Adds 1-4 (Vols 1-5). See also decision 1985/137 of 30 May 1985.

④ E/CN. 4/Sub. 2/1986/7/Add. 4 Introduction, para (c), citing E/CN. 4/1984/SR. para 56.

⑤ Economic and Social Council, decision 1985/137 of 30 May 1985.

年设立一个土著居民问题工作组……以审查有关促进和保护土著居民的人权和基本自由的发展情况……并向小组委员会提交其结论,同时考虑小组委员会特别报告员的报告"①。

特别报告员赞同设立工作组,"必须支持和协助工作组充分履行其重要和困难的任务"②。他还支持"工作组在接受不具有正式咨商地位的土著组织的代表方面所采取的广泛做法,认为这对充分执行其任务是必不可少的"③,并支持建立 141

> 一项基金,以确保真正的土著代表参加工作组的会议;这应采取向根据有关标准有权获得这种援助的土著代表提供财政和信息援助的形式,以便他们可以了解工作组正在做什么,可以参加其会议。④

土著居民问题工作组于 1982 年召开首次会议。虽然工作组"不想在第一次探索性会议上向小组委员会提出明确的建议,但它认为仍应该强调会议期间提出的一些建议,即使不一定同意",其中包括现有人权标准的应用和这些标准的演变,以及"起草一份或多份关于土著居民权利的决定的可能性。在未来的某个时候,它也可能考虑在这个领域起草一份公约。在这方面,应适当注意土著人民的代表组织所采取的举措"。⑤

人权委员会表示支持工作组的努力,敦促它"在执行其行动计划时加强努力,在持续和全面审查与促进和保护土著居民人权有关的所有发展的基础上制定国际标准"⑥。

委员会一贯"敦促工作组继续全面审查全世界土著人民的发展和不同情况及愿望,并欢迎工作组建议在今后的会议上突出世界土著人民国际十年的具体主题"。它请工作组"继续审议是否有办法加强土著人民对工作组工作的贡献……

---

① E/CN. 4/1982/30 resolution 1982/19 of 10 March 1982.

② E/CN. 4/Sub. 2/1986/7/Add. 4 XXII para 304.

③ E/CN. 4/Sub. 2/1986/7/Add. 4 XXII para 306.

④ E/CN. 4/Sub. 2/1986/7/Add. 4 XXII para 310.

⑤ E/CN. 4/Sub. 2/1982/33 para 126.

⑥ E/CN. 4/1985/66, resolution 1985/21 of 11 March 1985. See also E/CN. 4/1986/65, resolution 1986/27 of 11 March 198; E/CN. 4/1987/60, resolution 1987/34 of 10 March 1987.

以确保土著人民充分参与和工作组任务有关的活动”。①

直到2006年为止,工作组的工作期限每年都会得到延长。此时的工作组已经发展成为处理歧视土著人民问题的主要机构。工作组从1982年的小规模开始,到1999年出席其第十七届会议的“人数达到了前所未有的971人”,该机构开展了几项研究,并启动了建立常设论坛和标准制定活动的进程,最终于2007年通过了《土著人民权利宣言》(Declaration on the Rights of Indigenous Peoples)。②

142 在人权委员会被人权理事会取代(小组委员会被咨询委员会取代)时,理事会呼吁召开“非正式会议,讨论继续开展土著居民问题工作组工作的最适当机制”③,并于2007年设立了一个附属的“专家机制”(Expert Mechanism),以继续土著居民问题工作组的工作。该专家机制

> 以理事会要求的方式和形式,向理事会提供土著人民权利方面的专题专家,以此帮助人权理事会执行任务,具体如下:
>
> (a) 专题专家将主要着重于研究和以研究为基础的咨询意见;
>
> (b) 这项机制可在理事会规定的工作范围内,向理事会提出建议供其审议和核可。④

在工作组存续期间,它的任务是“全面审查世界土著人民的发展和不同情况及愿望”,这为处理土著权利的几个方面提供了基础。工作组的活动对提出其他相关议题起到了催化剂的作用。以下各段阐述了这些议题的发展。

---

① E/CN. 4/1996/177, resolution 1996/321 of H April 1997; E/CN. 4/1998/177, resolution 1998/13II of 9 April 1998; E/CN. 4/1990/94, resolution 1990/51 part I of 27 April 1999; E/CN. 4/2000/167, resolution 2000/56 of 25 April 2000; E/CN. 4/2000/167; E/CN. 4/2001/167, resolution 2001/59 Part I of 24 April 2001; E/CN. 4/2002/200, resolution 2002/631 of 25 April 2002; E/CN. 4/2004/127, resolutions 2004/57 of 20 April 2004 and 2004/58 Part I of 20 April 2004; E/CN. 4/2005/135, resolution 2005/49 of 20 April 2005.

② E/CN. 4/Sub. 2/1999/19 para 13.

③ A/HRC/6/22, resolution 6/16 of 21 September 2007.

④ A/HRC/6/22, resolution 6/36 of 14 December 2007.

联合国土著居民自愿基金(1985年)

1985年,人权委员会批准设立联合国土著居民自愿基金,目的是协助"土著社区和组织的代表参加土著居民问题工作组的审议,向他们提供财政援助,资金来自政府、非政府组织和其他私人或公共实体的自愿捐款"[1]。

多年来,自愿基金不断扩大,特别是在2010年,联合国大会在其任务中增加了对"土著人民组织和社区的代表在多样化和重新参与的基础上参加人权理事会和人权条约机构会议"的援助。[2]

世界土著人民国际年(1993年)

联合国大会宣布1993年为世界土著人民国际年,"以加强国际合作,解决土著社区在人权、环境、发展、教育和卫生等领域面临的问题"[3],并通过了国际年的活动方案。[4]

世界土著人民国际十年(1994年,2005年) 143

人权委员会在1993年2月纪念了国际年。[5] 同年的晚些时候,世界人权会议建议宣布世界土著人民国际十周年"自1994年1月开始,包括各种有待同土著人民合作决定的面向行动的方案……在这样一个十年的框架内,应考虑在联合国系统内为土著人民建立一个常设论坛"[6]。

联合国大会在1995年12月采纳了"国际十年"的活动计划。[7] 1996年,人权委员会确认"土著人民文化多样性和社会组织形式多样性的价值,并深信土著人

---

① E/CN. 4/1985/66, resolution 1985/29 of 11 March 1985.

② A/HRC/18/2, 2011, resolution 18/8 of 29 September 2011.

③ General Assembly forty-fifth session, resolution 45/164 of 18 December 1990.

④ General Assembly forty-sixth session, resolution 46/128 of 17 December 1991.

⑤ E/CN. 4/1993/122 XXVIH paras 852-858.

⑥ A/CONF. 157/23 Part ll. B. 2 paras 28-32.

⑦ E/CN. 4/1995/176, resolution 1995/28 of 3 March 1995; General Assembly fiftieth session, resolution 50/157 of 21 December 1995, Annex.

民在其本国内的发展将推动世界各国的社会、经济、文化和环境进展”①。

人权委员会承认，

> 必须加强开发土著人民的人力及其体制能力，为此目的，请十年协调员［高级专员］建议如何采取适当手段以执行大会的建议，即请联合国大学考虑能否在每一区域主办一所或多所高等教育机构，以之作为精英中心和专门知识传布中心。

它还就各国政府本着“国际十年”的精神可以采取的措施提出了一些建议。②

人权委员会邀请联合国金融和发展机构、业务方案和专门机构

> (a) 进一步优先改善土著人民境况及为此增加资源，尤其注重发展中国家人民的需要，包括在各自职权范围内制订落实十年目标的特定行动方案；
>
> (b) 通过适当渠道和协同土著人民发起特别项目以加强其社区行动，并便利土著人民及其他有关专家之间交流信息和专门知识；
>
> (c) 指定协调点或其他机制同高级专员/人权事务中心就关于十年的活动取得协调。③

2001 年，人权委员会讨论了“国际十年”问题，并注意到小组委员会建议举行国际会议，

> 144 拟对“国际十年”进行评价，并建议在经济及社会理事会对联合国内部所有关于土著问题的现有机制、程序和方案，包括土著居民问题工作组进行审查时，在不预先判断任何结果的情况下，考虑这一建议，以便在土著问题常设论坛

---

① E/CN. 4/1996/177, resolution 1996/39 of 19 April 1996.

② E/CN. 4/1996/177, resolution 1996/39 of 19 April 1996.

③ E/CN. 4/1997/150, resolution 1997/32 II of 11 April 1997; E/CN. 4/1998/17, resolution 1998/13 part II of 9 April 1998.

成立并举行其第一届年会后,使各项活动合理化,避免重复和重叠,提高效益。[1]

2004年,联合国大会宣布了第二个世界土著人民国际十年。[2]

土著人民常设论坛(1993—2000年)

联合国大会在1993年12月21日宣布世界土著人民国际十年时,请人权委员会"优先考虑在联合国系统内设立一个土著人民常设论坛"[3]。委员会又将这一要求转达给土著居民问题工作组,请它"提出替代建议"。[4]

1995年,根据人权委员会的一项决定,[5]在哥本哈根举行了一个关于"可能建立一个土著人民常设论坛"的研讨会。[6]

1997年,应联合国大会的要求,人权委员会在智利圣地亚哥召开了第二次研讨会,会议"借鉴哥本哈根研讨会的经验和秘书长进行的审查结果……由独立专家以及各国政府和土著人民组织的代表参加"[7]。

在这两次研讨会之后,人权委员会成立了一个工作组,"为在联合国系统内建立一个土著人民常设论坛的可能性拟订和审议进一步的建议"[8]。

2000年,人权委员会正式向经济及社会理事会提议设立一个关于土著人问题的常设论坛,

作为理事会的一个附属机构,有十六名成员组成,八人由各国政府提名,理事

---

① E/CN. 4/2001/167, resolution 2001/59 Part II of 24 April 2001. See also E/CN. 4/2002/200, resolution 2002/63 Part II of 25 April 2002; E/CN. 4/2003/135, resolution 2003/57 Part II of 24 April 2003.

② General Assembly fifty-ninth session, resolution 59/174 of 20 December 2004. See also E/CN. 4/2005/135, resolution 2005/49 Part II of 20 April 2005.

③ General Assembly forty-eighth session, resolution 48/163 of 21 December 1993.

④ E/CN. 4/1994/132, resolution 1994/28 of 4 March 1994.

⑤ E/CN. 4/1995/176, resolution 1995/30 of 3 March 1995.

⑥ E/CN. 4/Sub. 2/AC. 4/1995/7.

⑦ E/CN. 4/1996/177, resolution 1996/41 of 19 April 1996. See also E/CN. 4/1997/150, resolution 1997/30 of 11 April 1997.

⑧ E/CN. 4/1998/177, resolution 1998/20 of 9 April 1998. See also E/CN. 4/1999/167, resolution 1999/52 of 27 April 1999.

会选举产生,另外八人由理事会主席……在与土著人组织广泛磋商的基础上
145 任命……所有成员均土著人问题独立专家的个人身份任职三年,可再次连或再获任命一次;各国、联合国机构和组织、政府间组织和在理事会具有咨询地位的非政府组织可作为观察员参加;土著人组织也可同样根据增进和保护人权小组委员会土著居民问题工作组采用的程序作为观察员参加。

常设论坛

应作为理事会的一个咨询机构,任务是在理事会的权限范围内讨论与土著人有关的经济和社会发展、文化、环境、教育、卫生和人权等问题;在这方面常设论坛应:

(a) 就土著人的问题向理事会并通过理事会向联合国的方案、基金和机构提供专家的咨询意见和建议;

(b) 在联合国系统内增加对土著人问题的了解,促进有关活动的结合和协调;

(c) 编写和散发有关土著人问题的资料。[①]

2002年,人权委员会赞同小组委员会的决定,即邀请土著居民问题工作组第十九届会议主席兼任报告员艾瑞卡·戴斯,"承认她受到世界土著社区的高度尊重,出席2002年5月举行的土著问题常设论坛第一届会议,在会上发言并提交报告"[②]。

常设论坛的设立使三个工作主体之间需要进行协调,每个主体都向不同的机构报告,它们是:新设立的论坛——其作为经济及社会理事会的附属机构、小组委员会的土著居民问题工作组,以及人权委员会设立的特别报告员。

人权委员会在2003年处理了这些问题,当时它建议经济及社会理事会"在审查……联合国内有关土著人问题的所有现有机制、程序和方案时适当考虑到本决议的内容"。委员会指出,各主体是"互补的,不会引起重复",而且"由于工作组目前的任务与常设论坛和特别报告员的任务不同,因此仍旧需要工作组"。[③] 人权委

① E/CN. 4/2000/167, resolution 2000/87 of 27 April 2000.
② E/CN. 4/2002/200, decision 2002/108 of 25 April 2002.
③ E/CN. 4/2003/135, resolution 2003/55 of 24 April 2003.

员会在 2004 年重申了这一建议。[1]

土著问题常设论坛于 2002 年 5 月首次召开。

研究土著居民与政府之间条约潜在效用的特别报告员(1989—1999 年) 146

1988 年,人权委员会批准了小组委员会的建议,启动了一项研究,并指定一名特别报告员米格尔·阿方索·马丁内斯(Miguel Alfonso Martinez)"就土著居民与政府之间的条约、协定和其他建设性安排对确保促进和保护土著居民的人权和基本自由的潜在效用进行研究的可能目的、范围和来源制定一个大纲"[2]。

委员会要求特别报告员在 1992 年提交一份进展报告。[3] 它还讨论了"土著人民与国家之间的经济和社会关系"这一问题,并请

> 联合国各机关和各专门机构确保它们资助或提供的一切技术援助能够同各项国际文书和适用于土著人民的各项标准保持一致,为此目的,理事会鼓励努力促进联合国系统各组织之间的协调,并让土著人民能够在最大程度上参与规划和执行对他们产生影响的项目。[4]

特别报告员于 1999 年提交了他的最终报告。[5] 委员会要求就该研究专题举行一次研讨会,以探讨落实最终报告中建议的可能方法和途径。[6]

土著人民的文化遗产(1992—1997 年)

1992 年,人权委员会批准任命一名特别报告员艾瑞卡·戴斯,负责编写一份

① E/CN. 4/2004/127, resolution 2004/57 of 20 April 2004.

② E/CN. 4/1988/88, resolution 1988/56 of 9 March 1988.

③ E/CN. 4/1992/84, decision 1992/111 of 28 February 1992.

④ E/CN. 4/1992/84, decision 1992/113 of 3 March 1992.

⑤ E/CN. 4/Sub. 2/1999/20. See also E/CN. 4/1994/132, decision 1994/106 of 4 March 1994; E/CN4/1995/176, decision 1995/109 of 3 March 1995; E/CN. 4/1996/177, decision 1996/103 of 19 April 1996; E/CN. 4/1997/150, decision 1997/113 of 11 April 1997.

⑥ E/CN. 4/2003/135, decision 20003/117 of 25 April 2003.

关于国际社会为加强对土著人民文化遗产的尊重而应采取措施的研究。① 特别报告员于 1993 年完成了这项研究，②当时她被要求扩大研究范围，“以便拟订保护土著人民文化遗产的原则和准则草案”。研究报告的标题亦被改为“保护土著人民的文化遗产”。③

特别报告员提交了一份初步报告，包括原则和准则草案，④并在 1996 年提交
147 了最终报告，当时人权委员会要求一份“根据各国政府、土著社区和其他组织提供的评论和资料，继续与联合国系统内参与有关遗产活动的所有部门交流信息”补充报告。⑤ 第二年，委员会批准了小组委员会的请求，委托特别报告员“继续负责与联合国系统内参与有关土著人民遗产活动的所有部门交流信息，以促进合作和协调，并促进土著人民充分参与这些努力”⑥。

土著人民的土地权利（1997 年）

1997 年，人权委员会批准任命一名特别报告员艾瑞卡·戴斯，负责编写“一份关于土著人民及其与土地关系的工作文件，以便为解决这方面的现有问题提出实际措施”⑦。

2000 年，在没有最终文件的情况下，人权委员会分发了第二次会议报告，以收集意见，从而使特别报告员能够向土著居民问题工作组提交其最终工作文件。⑧

土著人民对自然资源的主权问题特别报告员（2003 年）

2003 年，人权委员会任命了一位特别报告员艾瑞卡·戴斯，“根据她的工作文件（E/CN. 4/Sub. 2002/23），就土著人民对自然资源的永久主权进行研究”⑨。

---

① E/CN. 4/1992/84, decision 1992/114 of 3 March 1992.

② E/CN. 4/Sub. 2/1993/28.

③ E/CN. 4/1994/132, decision 1994/105 of 4 March 1994.

④ E/CN. 4/1995/176, decision 1995/108 of 3 March 1995, Annex.

⑤ E/CN. 4/1996/177, resolution 1996/63 of 23 April 1996.

⑥ E/CN. 4/1997/150, decision 1997/112 of 11 April 1997.

⑦ E/CN. 4/1997/150, decision 1997/114 of 11 April 1997. See also E/CN. 4/1999/167, decision 1999/106 of 27 April 1999.

⑧ E/CN. 4/2000/167, decision 2000/106 of 25 April 2000.

⑨ E/CN. 4/2003/135, decision 2003/110 of 24 April 2003.

2005年,人权委员会收到了关于该研究的最终报告,[①]当时委员会要求召开专家研讨会

> 邀请土著人民和各国政府的代表以及特别报告员参加,以便进一步关注和讨论……研究报告中提出的许多政治、法律、经济、社会和文化方面和事项,以及特别报告员题为"土著人民及其与土地的关系"的研究报告(E/CN.4/Sub.2/2001/21)。[②] (见上文,土著人民的土地权利[1997年])

宣言草案(1988—2006年) 148

1988年,人权委员会批准了委托小组委员会土著居民问题工作组主席兼报告员艾瑞卡·戴斯"编写一份工作文件,其中包括一套原则和序言段落,以便在宣言草案中加以说明"的建议。[③]

1995年,人权委员会成立了一个工作组,"其唯一目的是拟订一项宣言草案……供大会在第一个世界土著人民国际十年内审议和通过"[④],同时考虑到小组委员会转交的宣言草案。[⑤]

人权委员会还邀请"不具有咨询地位的土著人民组织……有兴趣参加工作组的可以提交申请",并规定了认可他们的程序,使他们能够参加工作组的工作。这项措施是为了扩大民间社会参与联合国人权机构工作的范围,向不具备国际资格的组织开放,这是咨询地位的一项长期要求。[⑥]

---

① E/CN.4/Sub.2/2004/30 and Add.1.

② E/CN.4/2005/135, decision 2005/110 of 20 April 2005.

③ E/CN.4/1988/88, resolution 1988/49 of 8 March 1988. See also resolution 1988/44 of 8 March 1988; E/CN.4/1990/94, resolution 1990/62 of 7 March 1990; E/CN.4/1991/91, resolution 1991/59 of 6 March 1991; E/CN.4/Sub.2/1991/40/Rev.1 and E/CN.4/1993/122, resolution 1993/31 of 5 March 1993.

④ E/CN.4/1995/176, resolution 1995/32 of 3 March 1995.

⑤ E/CN.4/Sub.2/1994/56, resolution 1994/45 of 26 August 1994, Annex.

⑥ E/CN.4/1995/176, resolution 1995/32 of 3 March 1995, Annex. 在该决议中,委员会请"国际十年协调员按照委员会在第1995/32号决议中确定的程序……将所有申请转交……非政府组织委员会经济及社会理事会"。它请委员会"在必要时开会审查申请,并在考虑所有相关信息,包括从有关国家收到的任何意见后,向经济及社会理事会推荐这些土著组织应被授权参加工作组的人,并根据该委员会的建议,根据《关于经济及社会理事会职能委员会议事规则》第七十五条和第七十六条,授权这些工作组参加土著人民工作"。

1996 年,人权委员会欢迎在起草宣言方面取得的进展,并强调了"这种宣言草案的重要性和特殊性,它是促进土著人民权利的具体指导"。委员会还承认"土著人民组织对世界土著人民的现状及其人权需要有特别的了解和认识"①,特别强调了土著人民组织的参与和投入。1997 年,人权委员会重申了这一点,赞同"在起草宣言的过程中取得的进展"②。

1999 年,人权委员会邀请工作组主席兼报告员艾瑞卡·戴斯"和所有有关各方在闭会期间进行广泛的非正式磋商,以促进在工作组下届会议[2002 年]上起草一份宣言的进展"③。

人权理事会于 2006 年通过了《土著人民权利宣言》,并继续通过高级专员的年度报告监测《宣言》的执行情况。④

149 委员会特别报告员(2001 年)

2001 年起,人权委员会相继任命了数名关于土著人民人权和基本自由状况的特别报告员,分别为罗尔多弗·斯塔文哈根(Rodolfo Stavenhagen,2001—2008 年)、詹姆斯·安纳亚(James Anaya,2008—2014 年)、维多利亚·陶利-科尔普斯(Victoria Tauli-Corpuz,2014 年)。⑤ (见第六章 B,2001 年——土著人民)

在第一份报告中,特别报告员确定了需要进一步分析的七个问题,这些问题是所有地区的土著人民共同面临的:

(a) 发展项目对土著社区的人权和基本自由的影响;

(b) 评价最近与土著人民权利有关的立法在国家一级的执行情况;

(c) 司法行政领域中的土著人人权问题……

(d) 土著人民的文化权利……

(e) 在不同的环境下,如移民、贩卖妇女和女孩、暴力冲突、非正规经济

① E/CN. 4/1996/177, resolution 1996/38 of 19 April 1996.

② E/CN. 4/1997/150, resolution 1997/31 of 11 April 1997.

③ E/CN. 4/2001/167, resolution 2001/58 of 24 April 2001. See also resolutions 2002/64 of 25 April 2002; 2003/57 of 24 April 2003; 2004/59 of 20 April 2004; 2005/50 of 20 April 2005.

④ A/HRC/30/25, resolution 30/4 of 1 October 2015.

⑤ E/CN. 4/2001/167, resolution 2001/57 of 24 April 2001.

等,涉及土著儿童,特别是女孩的人权问题,特别是经济和社会权利等;

(f) 土著人民参与决策过程……特别是充分落实公民权利和政治权利;

(g) 从性别角度看对土著人民的新旧歧视形式……以及为打击歧视和落实土著人民的人权和基本自由而采取的措施和补救办法。[1]

由于环境原因而消失的国家和其他领土(2004—2005年)

2004年,人权委员会决定"紧急呼吁小组委员会……编写一份关于国家和其他领土由于环境原因而消失的法律影响的报告,包括对其居民的人权的影响,特别是关于土著人民的权利"[2]。小组委员会的成员之一弗朗索瓦·汉普森(Françoise Hampson)编写了这份工作文件[3]。委员会在2005年讨论了该文件,并要求更新和扩大该研究。[4]

在冲突期间保护土著人民(2005年)

2005年,人权委员会请秘书长

确保防止种族灭绝行动计划任命的防止种族灭绝特别顾问将保护土著人民及其领土的需要纳入考虑;确保在有联合国授权部队存在的情况下,保护易受伤害的土著人民及其领土和他们的生存所必不可少的物质;确保经联合国批准的行动授权中包括一项保护土著人口及其领土的要求。[5] 150

人权理事会中的土著议题(2006年)

2006年6月29日,人权理事会的首批行动之一是通过了《联合国土著人民权

① E/CN. 4/2002/97/Add. 1.

② E/CN. 4/2004/127, decision 2004/122 of 21 April 2004.

③ E/CN. 4/Sub. 2/AC. 4/2004/CRP. 1.

④ E/CN. 4/2005/135, decision 2005/112 of 20 April 2005.

⑤ E/CN. 4/2005/135, resolution 2005/52 of 20 April 2005.

利宣言》,[1]并由联合国大会于 2007 年 9 月正式宣布。[2]

在第二届会议上,人权理事会请高级专员办事处提供与土著问题有关活动的最新情况。[3] 此后,理事会在其专家机制(见下文)和土著问题特别报告员(见第六章 B,2001 年——土著人民)框架下处理了土著问题。此外,理事会"每年……在专家机制提交报告后与该机制进行互动对话"[4]。2011 年,理事会举行了"为期半天的小组讨论会,讨论语言和文化在促进和保护土著人民的福祉和身份方面的作用"[5]。

2010 年,人权理事会根据专家机制的建议,审查了支持联合国土著居民自愿基金的项目,以扩大对土著人民代表参加人权理事会和条约机构的支持。[6] 理事会欢迎"特别报告员、土著问题常设论坛和专家机制之间正在进行的合作与协调,并请他们继续以协调的方式执行任务"[7]。

2013 年,人权理事会注意到跨国公司工作组关于"从《工商业与人权指导原则》的角度看企业相关活动对土著人民权利的影响"问题的报告[8](见第六章 B,2011 年——跨国公司和其他工商企业)。

人权理事会欢迎常设论坛关于土著残疾人状况的研究[9],并决定举行为期半天的小组讨论会,讨论"在减少自然灾害风险以及预防和防备举措方面促进和保护土著人民的权利"问题。[10]

在随后的几年里,人权理事会讨论了高级专员的最新情况[11]、专家机制的活动和研究,以及秘书长关于"促进土著人民代表在联合国参与影响他们的问题的方

---

① A/61/53, resolution 1/2 of 29 June 2006.

② General Assembly sixty-first session, resolution 61/295 of 13 September 2007.

③ A/HRC/2/9, decision 2/102 of 6 October 2006. See A/HRC/9/11; A/HRC/10/51; A/HRC/15/34; A/HRC/21/23; A/HRC/21/24.

④ A/HRC/12/50, resolution 12/13 of 1 October 2009; A/HRC/15/60, resolution 15/7 of 30 September 2010.

⑤ A/HRC/15/60, resolution 15/7 of 30 September 2010.

⑥ A/HRC/15/38, resolution 15/7 of 30 September 2010.

⑦ A/HRC/15/60, resolution 15/7 of 30 September 2010. See also resolution 21/24 of 28 September 2012.

⑧ A/HRC/24/2, resolution 24/10 of 26 September 2013. See also A/HRC/17/31, Annex.

⑨ E/C. 19/2013/6.

⑩ A/HRC/24/2, resolution 24/10 of 26 September 2013. See also A/HRC/24/26; A/HRC/24/41; A/HRC/24/49.

⑪ A/HRC/27/30; A/HRC/30/25; A/HRC/33/27; A/HRC/36/22; A/HRC/39/37.

式和方法”的报告[①]。

人权理事会还在每年召开为期半天的小组讨论会,讨论土著人权利的各个方 151
面,例如:

2015 年——“暴力侵害土著妇女和女孩,包括残疾妇女的原因和后果”[②]。

2017 年——《土著人民权利宣言》通过十周年,“特别关注实现《宣言》目标的挑战和良好做法”[③]。

2018 年——“在 2030 年可持续发展议程和相关目标的背景下,土著人民参与和融入战略和项目的制定以及这些项目的实施的手段”[④]。

2019 年——“促进和保护土著语言”。理事会决定“举行为期半天的闭会期间互动对话,同时邀请大会主席参加,讨论如何加强土著人民的代表和机构参与人权理事会有关影响他们的问题的会议”[⑤]。

专家机制(2007 年)

随着小组委员会的土著居民问题工作组结束其工作,人权理事会设立了一个专家机制,以“理事会要求的方式和形式”向其提供关于土著人民权利的专题知识。该机制的重点是研究和基于研究的建议。

专家机制由根据理事会规定的程序选出的五名独立专家组成。此外,“为了加强合作,避免重复特别报告员……和常设论坛的工作,特别报告员和常设论坛的一名成员将出席其年度会议并做出贡献”[⑥]。

人权理事会请专家机制“确定建议并以协商一致的方式向理事会提出建议……并编写一份关于落实土著人民受教育权的经验教训和挑战的研究报告”[⑦]。

---

① A/HRC/21/24.

② A/HRC/30/2, resolution 30/4 of 1 October 2015.

③ A/HRC/33/2, resolution 33/13 of 29 September 2016. See also A/HRC/36/53; A/HRC/36/22.

④ A/72/53/Add. 1, resolution 36/14 of 28 September 2017.

⑤ A/HRC/39/2, resolution 39/13 of 28 September 2018.

⑥ A/HRC/39/2, resolution 39/13 of 28 September 2018.

⑦ A/HRC/9/28, resolution 9/7 of 24 September 2008.

专家机制每年向理事会报告一次。[1]

自 2009 年第一届会议以来,[2]专家机制就广泛的议题开展了研究活动:

2008 年——土著人民受教育权实施方面吸取的经验和面对的挑战;[3]

152 2010 年——土著人民和参与决策的权利;[4]

2012 年——语言和文化在促进和保护土著人民的权利和身份方面的作用;[5]

2014 年——在促进和保护土著人民权利方面的司法救助,以及关于司法救助的后续研究和建议,重点是恢复性司法和土著司法制度,“特别是与实现和平与和解有关,包括审查与土著妇女、儿童和青年以及残疾人有关的司法救助”;[6]

2014 年——促进和保护土著人民在灾害风险应对举措中的权利;[7]

2014 年——促进和保护土著人民对其文化遗产的权利,包括通过他们参与政治和公共生活;[8]

2014 年——土著人权维护者;[9]

2016 年——健康权与土著人民,重点是儿童和青年;[10]

2017 年——对于在商业和金融服务方面土著人面临的歧视问题的良好的做法和挑战,特别是土著妇女和土著的残疾人所面临的歧视问题;[11]

2017 年——《联合国土著人民权利宣言》实施十年:良好做法和经验教训;[12]

2018 年——自由、事先和知情同意:基于人权的方法。[13]

---

① A/HRC/10/56; A/HRC/12/32; A/HRC/15/36; A/HRC/18/43; A/HRC/21/52; A/HRC/24/49; A/HRC/27/64; A/HRC/30/52; A/HRC/33/56; A/HRC/36/57; A/HRC/39/68.

② A/HRC/12/50, resolution 12/13 of 1 October 2009. 自 2009 年以来,理事会在其 9 月的会议上进行土著问题的每年审议,包括专家机制的报告。

③ A/HRC/9/28, resolution 9/7 of 24 September 2008.

④ A/HRC/EMRIP/2010/2. See also A/HRC/18/42; A/HRC/EMRIP/2012/2.

⑤ A/HRC/21/2, resolution 21/24 of 28 September 2012. See also A/HRC/21/53.

⑥ A/HRC/EMRIP/2014/3/Rev. 1-A/HRC/27/65.

⑦ A/HRC/EMRIP/2014/2.

⑧ A/HRC/30/53. See also resolution 27/13 of 25 September 2014.

⑨ A/HRC/27/64.

⑩ A/HRC/33/57.

⑪ A/HRC/36/53.

⑫ A/HRC/36/22.

⑬ A/HRC/39/62, resolution 39/13 of 28 September 2018.

在其他活动中,该机制对德班审查会议的成果提出了建议,提出并实施了旨在落实《联合国土著人民权利宣言》的举措,[1]并就 2015 年后的发展议程提出了建议。[2] 它还欢迎“国家人权机构……在推进土著问题方面起到的作用”。[3]

世界土著人民大会(2014 年)

2014 年 1 月,联合国大会举行了一次高级别全体会议,并于 2014 年 9 月 22 日、23 日召开了一次世界土著人民大会(World Conference on Indigenous Peoples)。会议请人权理事会审查专家机制的任务,“以便修改和增进专家机制,使其能够更有效地促进对《联合国土著人民权利宣言》的尊重,包括更好地协助会员国监测、 153
评估和促进《宣言》目标的实现”[4]。

2016 年,人权理事会举行了一次专家研讨会,“审查专家机制的任务……并就其如何更有效地促进对《宣言》的尊重提出建议”[5]。研讨会之后,理事会修改了专家机制的任务,并将其成员规模扩大到七名独立专家——“七个原住民社会文化区域各一名”[6]。

人权理事会请专家机制

> 编写关于实现《宣言》目标过程中世界范围内土著人民权利状况的年度研究报告……辨别、传播和推广努力实现《宣言》目标方面的良好做法和经验教训……向会员国提供援助和咨询意见,助其执行普遍定期审议期间提出的建议以及条约机构、特别程序或其他相关机制提出的建议。[7]

---

① A/HRC/EMRIP/2014/4 Rev. 1.

② A/HRC/27/64.

③ A/HRC/18/43.

④ General Assembly sixty-ninth session, resolution 69/2 of 22 September 2014.

⑤ A/HRC/32/26. See A/HRC/30/2, resolution 30/11 of 1 October 2015 and A/HRC/33/2, resolution 33/25 of 30 September 2016.

⑥ 这七个区域包括:非洲,亚洲,中南美和加勒比地区,北极,中欧和东欧、俄罗斯联邦、中亚和外高加索,北美,以及太平洋。

⑦ A/HRC/33/2, resolution 33/25 of 30 September 2016.

1971 年——青年

青年与依良心拒服兵役(1974 年)

人权委员会在 1971 年讨论了依良心拒服兵役的问题,当时委员会要求一份关于各国政府对此问题现有做法和相关材料的报告。①

最初,对这一问题的实质性审议被一再推迟,或仅被给予形式上的注意。人权委员会在 1973 年②和 1974 年③推迟了审议。到 1975 年,委员会讨论了这个问题,但没有做出任何决定。④ 1976 年则没有讨论这个问题,但决定在下一届会议上对其予以"充分考虑"。⑤ 随后,人权委员会在 1977 年又一次推迟了该项议程。⑥ 1978 年,委员会听取了一些发言,但没有采取任何行动,只决定在其议程上保留这个议题。⑦ 随后该项议程在 1979 年被推迟。⑧ 到 1980 年,人权委员会"注意到有必要研究国际公认的原则,这些原则适用于因良心而拒绝服兵役的情况:
154 要求提供有关国家立法的最新资料",以及"与依良心拒服兵役的替代性服务有关的其他措施和做法的资料"。⑨ 1981 年,人权委员会请防止歧视和保护少数小组委员会研究"依良心拒服兵役的一般问题,特别是关于联合国大会 1978 年 12 月 20 日第 33/165 号决议的执行情况,以便向人权委员会提出建议"⑩。

1985 年提出的关于依良心拒服兵役问题的建议被推迟到 1987 年方才处理⑪,当时人权委员会呼吁各国"确认依良心拒服兵役是正当行使……思想、良心和宗教自由的权利",并请各国采取措施,"在真正出于良心的理由拒服兵役基础上"免

① E/CN. 4/1068, resolution 11B (XXVII) of 22 March 1971.
② E/CN. 4/H27 para 281.
③ E/CN. 4/1154, decision 9 of 7 March 1974.
④ E/CN. 4/1179 XI. A paras 138-142.
⑤ E/CN. 4/1213, resolution 1 A (XXXII) of 11 February 1976.
⑥ E/CN. 4/1257, decision 8 (XXXIII) of 11 March 1977.
⑦ E/CN. 4/1292 XIII paras 248-253.
⑧ E/CN. 4/1347, resolution 15 (XXXV) of 14 March 1979.
⑨ E/CN. 4/1988/88, resolution 38 (XXXVI) of 12 March 1980.
⑩ E/CN. 4/1475, resolution 40 (XXXVII) of 12 March 1981.
⑪ E/CN. 4/1985/66, decision 1985/114 of 14 March 1985. See also paras 390-400.

除兵役。委员会建议各国在其国家法律制度框架内建立公正的决策程序,以确定在每一具体的事例中依良心拒服兵役的理由是否成立。[1]

1989年,人权委员会提到了小组委员会两名成员阿斯比恩·艾德和C. 穆班加-齐波亚编写的关于依良心拒服兵役问题的报告。[2]

1989年,人权委员会首次确认

> 人人有权依良心拒服兵役是对《世界人权宣言》第十八条和《公民权利和政治权利国际公约》第十八条所规定的思想自由、良心自由和宗教自由权利的正当行使。

委员会要求将其决议分发给所有国家,并要求就收到的任何意见提出报告。[3] 此后,人权委员会在1991年[4]及1993年重申了这一要求,当时委员会还提到有必要为依良心拒服兵役者引入"多种形式、与拒服兵役理由不相抵触的非军事服务,而不将他们下狱监禁"[5]。

人权委员会还敦促建立国内机制,对依良心拒服兵役的有效性进行甄别。它要求将有关依良心拒服兵役的权利的资料纳入联合国的宣传活动中。[6] 在1995年,委员会也提出了类似的要求,当时委员会要求更新小组委员会关于依良心拒服兵役的报告中的资料。[7] 1998年,委员会"欢迎有些国家承认依良心拒服兵役的要求是有效的,而不加以追究"。它重申了以前对各国的呼吁,并鼓励各国,

> 在个别案情符合1951年《关于难民地位的公约》规定的难民定义的其他要求的情况下,考虑给予由于拒绝服兵役而且没有或缺乏适当的依良心拒服兵役 155
> 规定而被迫离其原籍国的依良心拒服兵役者以庇护权。[8]

① E/CN. 4/1987/60, resolution 1987/46 of 10 March 1987.

② E/CN. 4/Sub. 2/1983/30.

③ E/CN. 4/1989/86, resolution 1989/59 of 8 March 1989.

④ E/CN. 4/1991/91 resolution 1991/65 of 6 March 1991.

⑤ E/CN. 4/1993/122, resolution 1993/84 of 10 March 1993.

⑥ E/CN. 4/1993/122, resolution 1993/84 of 10 March 1993.

⑦ E/CN. 4/1995/176, resolution 1995/83 of 8 March 1995.

⑧ E/CN. 4/1998/177, resolution 1998/77 of 22 April 1998.

2000年,人权委员会要求“就承认人人均有权作为合法行使思想、良心和宗教自由权而依良心拒服兵役并以其他形式提供服务方面的最佳做法编写一份汇编和分析报告”[1]。2002年,委员会注意到“任意拘留问题工作组报告提出的建议……[2],旨在防止利用司法制度强迫依良心拒服兵役者改变其信念”[3]。

人权委员会于2004年着手进行汇编工作。它再次呼吁各国审查其有关依良心拒服兵役的现行法律,同时考虑汇编中所载的信息。委员会还鼓励各国“作为冲突后和平建设的一部分,考虑在法律和实践中对以依良心拒服兵役为由拒绝服兵役的人给予赦免和恢复权利,并予以有效执行”[4]。

2008年,高级专员在有关依良心拒服兵役的信息更新中介绍了此前几年的一些进展。高级专员提到了人权事务委员会2006年根据《公民权利和政治权利国际公约》第一项任择议定书对两起依良心拒服兵役者的案件做出的决定。[5] 更新还提到了2007年经修订的第32号意见,以及欧洲人权法院、欧洲社会权利委员会、美洲国家间人权委员会和《伊比利亚—美洲青年权利公约》达成的进展以及国家层级的进展。[6]

2012年,人权理事会要求“关于依良心拒服兵役的四年期分析报告,特别是关于新的发展、最佳做法和仍然存在的挑战”[7]。

2013年,理事会收到了分析报告,其中分析了依良心拒服兵役权利的国家间法律框架。[8] 理事会欢迎为加强现有信息而采取的措施,其中包括分析报告和高级专员发表的一份指南。[9]

2017年,人权理事会在收到高级专员的四年期报告时再次讨论了这个问题。[10]
156 理事会请高级专员再提交一份关于“不同的在根据人权标准获得依良心拒服兵役

① E/CN.4/2000/167, resolution 2000/34 of 20 April 2000.
② E/CN.4/2001/14 IV B.
③ E/CN.4/2002/200, resolution 2002/45 of 23 April 2002.
④ E/CN.4/2004/127, resolution 2004/35 of 19 April 2004.
⑤ A/HRC/9/24. The cases referred to are Nos 1321/2004 and 1322/2004 (Myung-Jin Choi and Yeo-Bum Yoon).
⑥ A/HRC/9/24.
⑦ A/HRC/20/2, resolution 20/2 of 5 July 2012.
⑧ A/HRC/23/22.
⑨ A/HRC/24/2, resolution 24/17 of 27 September 2013; HR/PUB/12/1, Sales No E.12.XIV.3 Conscientious Objection to Military Service.
⑩ A/HRC/35/4. See also resolution 20/2 of 5 July 2012.

地位的申请程序方面的做法和挑战”的报告。[①]

青年在促进和保护人权方面的作用(1975年)

1976年,人权委员会讨论了社会发展委员会青年问题特设咨询小组的一份报告[②]。报告提出了一些旨在促进青年参与人权的措施。[③]

1981年,人权委员会请各国“采取必要行动,鼓励并确保青年积极参与制定和实施本国的经济和社会发展方案,并努力克服发展中的障碍”,并且决定在下一年讨论“青年在促进各国人民的社会和经济进步方面的作用问题”。[④]

1982年,人权委员会讨论了青年在其国家发展中的作用,并呼吁采取行动,使青年能够行使“其人权……包括其受教育和工作的权利,以期创造条件,让青年积极参与制定和执行其国家的经济和社会发展方案”[⑤]。

在1985年国际青年年(International Youth Year),人权委员会重申其呼吁:“采取措施以确保青年享有均等机会参与社会的经济、社会、文化、公民和政治生活以促进人权和基本自由、加强国际和平与合作、增进各国间的了解、容忍和友好。”它请小组委员会“给予青年在人权领域,特别是在实现《国际青年年:参与、发展、和平》的目标中的作用以应有的重视,同时考虑到……《具体措施和活动纲领》”。[⑥] 在1987年,人权委员会表示“它非常有兴趣赞同……国际青年年的成果……以促进年轻人更多地参与他们国家的社会经济生活”[⑦]。

人权委员会赞赏地注意到,小组委员会决定请其一名成员编写一份关于人权与青年的报告,“分析为确保青年落实和享有人权,特别是生命权、教育权和工作权所做的努力和采取的措施”[⑧]。

---

① A/72/53/Add. 1, resolution 36/19 of 29 September 2017.

② E/CN. 5/508. See also E/CN. 4/1179, decision 9 (XXXI) of 4 March 1975.

③ E/CN. 4/1213, resolution 1 B (XXXII) of 11 February 1976.

④ E/CN. 4/1475, resolution 39 (XXXVII) of 12 March 1981.

⑤ E/CN. 4/1982/30, resolution 1982/36 of 11 March 1982. See also resolutions 1983/46 of 9 March 1983; 1985/14 of 11 March 1985.

⑥ E/CN. 4/1985/66, resolution 1985/13 of 11 March 1985.

⑦ E/CN. 4/1987/60, resolution 1987/45 of 10 March 1987.

⑧ E/CN. 4/1987/60, resolution 1987/44 of 10 March 1987.

在1989年[1]和1991年[2],人权委员会呼吁所有国家

> 采取适当的立法、行政和其他行动,使青年能够行使所有人权和基本自由,包
> 157 括受教育权和工作权,以期创造条件,让年轻人积极参与其本国全盘发展计划的制定和实施。

人权理事会在2016年首次讨论了"青年与人权"问题,除其他发展外,还提到"大会于2015年5月29日举行的纪念《世界青年行动纲领》二十周年的高级别活动"。理事会决定召开一次主题为"青年与人权的小组讨论会……以确定青年人在行使人权方面的挑战、最佳做法和经验教训,以及增强青年行使其权利的相关机会"。[3] 在该小组讨论会后,理事会在2017年要求

> 就落实青年人人权问题开展详细的研究,查明青年人行使人权遭到歧视的案例以及青年人充分和切实享有人权方面的最佳做法,着重指出获得权能的青年对在社会中实现人权工作的贡献。[4]

1975年——自决权

第一章已经述及,在1952年联合国大会讨论人权委员会提出的人权公约早期草案时,决定自决权应在"一项或多项公约"中明确列出。[5] 大会同时决定将当时正在起草的公约分为两项。[6] 人权委员会在1951年讨论了自决权的性质及其在

---

① E/CN.4/1989/86, resolution 1989/58 of 8 March 1989.

② E/CN.4/1991/91, resolution 1991/64 of 6 March 1961.

③ A/HRC/31/2, resolution 32/1 of 30 June 2016; A/HRC/35/7.

④ A/72/53, resolution 35/14 of 22 June 2017.

⑤ General Assembly sixth session, resolution 545 (VI) of 5 February 1952.

⑥ General Assembly sixth session, resolution 543 (VI) of 5 February 1952.

人权公约中的地位。[①] 并最终决定将自决权作为两项公约共有的第一条。[②]（见第一章 B，人权委员会［1946—1954 年］）

1960 年，联合国大会通过了《给予殖民地国家和人民独立宣言》。[③] 20 世纪 60 年代，为监督《宣言》的执行情况而设立的非殖民化特别委员会，请人权委员会对包括纳米比亚在内的仍处于殖民统治下的南部非洲国家进行了调查。这导致了对南非境内侵犯人权行为的调查，并发展成为第一个特别程序（见第六章 A，国别任务［1967 年］，1967 年——南非）。 158

人权委员会第一次将自决权正式列入其议程是在 1975 年，并决定将这一议题"每年都优先列入其议程"[④]。

1974 年，防止歧视和保护少数小组委员会决定进行两项关于自决权的研究。一项研究委托给特别报告员奥雷利乌·克里斯特斯库（Aureliiu Cristescu），内容是"根据《联合国宪章》和联合国机构通过的其他文书，重点研究关于促进和保护人权和基本自由之自决权的历史和当前发展"[⑤]。该研究报告[⑥]于 1978 年完成。[⑦]

另一项关于"联合国有关殖民地和外国统治下的人民自决权利之决议的执行情况"的研究被委托给另一位特别报告员赫克托·格罗斯-埃斯皮尔（Hector Gros-Espiell）。[⑧] 该研究报告[⑨]亦于 1978 年完成。[⑩]

人权委员会在更普遍的侵犯人权的情势下处理了自决权被剥夺的情况。以下各小节举例说明了一些自决权被剥夺的重要案例。

---

① E/CN. 4/516.

② 《经济、社会及文化权利国际公约》和《公民权利和政治权利国际公约》的第一条：

> 一、所有民族均享有自决权，根据此种权利，自由决定其政治地位并自由从事其经济、社会与文化之发展。
>
> 二、所有民族得为本身之目的，自由处置其天然财富及资源，但不得妨害因基于互惠原则之国际经济合作及因国际法而生之任何义务。无论在何种情况下，民族之生计，不容剥夺。
>
> 三、本公约缔约国，包括负责管理非自治领土和托管领土之国家在内，均应遵照《联合国宪章》规定，促进自决权之实现，并尊重此种权利。

③ General Assembly fifteenth session, resolution 1514 (XV) of 14 December 1960.

④ E/CN. 4/1179, resolution 3 (XXXI) of 11 February 1975.

⑤ E/CN. 4/Sub. 2/354, resolution 3 (XXVII) of 16 August 1974.

⑥ E/CN. 4/Sub. 2/404/Rev. 1.

⑦ E/CN. 4/Sub. 2/417, resolution 3 (XXXI) of 13 September 1978.

⑧ E/CN. 4/Sub. 2/354, resolution4 (XXVII) of 16 August 1974.

⑨ E/CN. 4/Sub. 2/405/Rev. 1.

⑩ E/CN. 4/Sub. 2/399, resolution 7 (XXX) of 31 August 1977.

巴勒斯坦(1975 年)

在 1967 年的敌对行动和由此产生的以色列军事占领发生后,联合国大会讨论了受占领影响的平民的困境(见第六章 A,国别任务[1967 年],1968 年——巴勒斯坦)。

1967 年的战争是继一系列武装冲突之后发生的,这些冲突源自 1947—1948 年的战争(战争本身随着 1949 年的停战协议的签订而结束)以及随后为巴勒斯坦建国而做出的努力。其他相关冲突还包括以色列于 1956 年和 1973 年与埃及的冲突,1978 年、1982 年、2006 年与黎巴嫩的冲突,1987 年的巴勒斯坦暴动(the Palestinian ‘intifada’)。军事对抗仍在继续,包括加沙地带的对抗。

在此背景下,旨在达成一项能使巴勒斯坦人民自决的协议的努力也在不时地同步开展。联合国大会在 1975 年设立了巴勒斯坦人民行使不可剥夺权利委员会(Committee on the Exercise of the Inalienable Rights of the Palestinian People, CEIRPP),讨论了巴勒斯坦人民的自决权问题。大会表示

> 对于达到下列目的未有进展表示严重关切:(a)巴勒斯坦人民在巴勒斯坦行
> 159 使不可剥夺的权利,包括不受外力干涉的自决权,和国家独立以及主权的权利;
> (b)被迫流离失所的巴勒斯坦人再返回其家园和收回其财产的不可剥夺的权利。①

从 1978 年起,人权委员会就开始着手处理巴勒斯坦的自决权问题。② 在 1982 年,它强调“巴勒斯坦人民享有不受外来干涉、实行自决和在巴勒斯坦建立一个充分独立自主的国家的不可剥夺权利”③。

1986 年,人权委员会重申支持“1983 年在日内瓦举行的巴勒斯坦问题国际会议的议事结果,并强烈谴责占领国以色列不遵守安全理事会、大会和人权委员会的有关决议”④。

---

① General Assembly thirtieth session, resolution 3376 (XXX) of 10 November 1975. See also https://wwwun.org/unispal/committee/General Assembly thirtieth session, resolution 3092 A and B of 7 December 1973.

② E/CN. 4/1292, resolution 2 (XXXIV) of 14 February 1978.

③ E/CN. 4/1982/30, resolution 1982/3 of 11 February 1982.

④ E/CN. 4/1986/65, resolution 1986/22 of 10 March 1986.

人权委员会谴责了"1985 年 10 月 1 日以色列对突尼斯和巴勒斯坦解放组织驻突尼斯办事处的武装入侵"。它还强烈谴责"以色列对 1982 年 9 月在[黎巴嫩]萨布拉(Sabra)和夏蒂拉(Shatila)的难民营发生的大规模屠杀负有责任,这构成了种族灭绝行为"①。

1987 年,人权委员会重申了其先前的决议,并引用了联合国大会的几项决议,包括联合国大会"1947 年 11 月 29 日通过的第 181A 和 B(II)号决议,其中呼吁在巴勒斯坦建立一个巴勒斯坦国,以及 1948 年 12 月 11 日通过的第 194(III)号决议"②。

1989 年及其后几年,人权委员会"极为满意地欢迎作为巴勒斯坦人民行使其基本权利及不可剥夺权利之表征的建立巴勒斯坦国宣言,并认为巴勒斯坦全国委员会 1988 年 11 月 15 日各项决定是在中东建立公正持久和平的先决条件"③。

在 1994 年和随后的几年里,人权委员会欢迎

> 在马德里开始的和平进程并支持其后的双边谈判和多边工作组会议,满意地注意到对和平进程的广泛国际支持;……表示充分支持和平进程迄今达成的成果,特别是以色列和巴勒斯坦解放组织签署的《关于临时自治安排的原则声明》(Declaration of Principles on Interim Self-Government Arrangement)和以色 160
> 列政府与约旦之间的共同议程协定,它们是实现中东的全面、公正和持久和

① E/CN. 4/1986/65, resolution 1986/22 of 10 March 1986.

② E/CN. 4/1987/60, resolution 1987/4 of 19 February 1987. 该决议还引用了下列提及巴勒斯坦人民自决权的决议:

General Assembly resolutions 1514 (XV) of 14 December 1960; 3236 (XXIX) of 22 November 1974; 3375 (XXX) and 3376 (XXX) of 10 November 1975; 32/14 of 7 November 1977; 32/20 of 25 November 1977; 32/40 A and B of 2 December 1977; 32/42 of 7 December 1977; 33/28 A-C of 7 December 1978; 34/65 A-D of 29 November and 12 December 1979; ES-7/2 of 29 July 1980; 35/169 A-E of 15 December 1980; 36/120 A-F of 10 December 1981; 36/226 A and B of 17 December 1981; ES-7/9 of 24 September 1982; 37/86 A-E of 10 and 20 December 1982; 38/58 A-E of 13 December 1983; 39/49 A-D of 11 December 1984; 40/96 A-D of 12 December 1985; 41/43 A-D of 2 December 1986; 1987/4 of 19 February 1987。

③ E/CN. 4/1989/86, resolution 1989/19 of 6 March 1989; E/CN. 4/1990/94, resolution 1990/6 of 19 February 1990. See also E/CN. 4/1991/91, resolution 1991/6 of 15 February 1991 and resolution 1992/4 of 14 February 1992.

平的重要初步步骤,并敦促所有各方执行已达成的协定。①

1995年及其后几年,人权委员会和理事会重申了"巴勒斯坦人民自决权不可剥夺,外部不得干涉"②。

同一年,人权委员会"对以色列和巴勒斯坦解放组织于1993年9月13日签订《关于临时自治安排的原则声明》以来,在被占巴勒斯坦境内人权继续遭受侵犯……深表遗憾"③。

关于和平进程,人权委员会在1997年

> 表示全力支持……特别是以色列政府和巴勒斯坦解放组织在1993年9月13日签署的《关于临时自治安排的原则声明》、随后……在1994年5月4日签署的《关于加沙地带和杰里科地区的协定》(Agreement on the Gaza Strip and the Jericho Area)、1994年8月29日《关于准备移交权力和责任的协定》(Agreement on the Preparatory Transfer of Powers and Responsibilities)、1995年9月28日《关于西岸和加沙地带的协议》(Interim Agreement on the West Bank and the Gaza Strip)、1997年1月17日签署的《关于在希伯伦重新部署的议定书》(Protocol concerning the Redeployment in Hebron)、1993年9月14日《以色列和约旦关于共同议程的协定》(Agreement between Israel and Jordan on the Com-

---

① E/CN. 4/1994/132, resolution 1994/4 of 18 February 1994; E/CN. 4/1994/132, resolution 1994/5 of 18 February 1994; E/CN. 4/1995/176, resolution 1995/6 of 17 February 1995; E/CN. 4/1996/177, resolution 1996/7 of 11 March 1996.

② E/CN. 4/1995/176, resolution 1995/4 of 17 February 1995. See also: E/CN. 4/1996/177, resolution 1996/5 of 11 April 1996; E/CN. 4/1997/150, resolution 1997/4 of 26 March 1997; E/CN. 4/1998/177, resolution 1998/4 of 27 March 1998; E/CN. 4/1999/167, resolution 1999/55 of 27 April 1999; E/CN. 4/2000/167, resolution 2000/4 of 7 April 2000; E/CN. 4/2001/167, resolution 2001/2 of 6 April 2001; E/CN. 4/2002/200, resolution 2002/3 of 17 April 2002; E/CN. 4/2003/135, resolution 2003/3 of 14 April 2003; E/CN. 4/2004/127, resolution 2004/3 of 8 April 2004; E/CN. 4/2005/135, resolution 2005/1 of 7 April 2005; General Assembly, A/HRC/7/78, resolution 7/17 of 27 March 2008; A/HRC/10/29, resolution 10/20 of 26 March 2009; A/HRC/13/56, resolution 13/6 of 24 March 2010; A/HRC/16/2, resolution 16/30 of 25 March 2011; A/HRC/19/2, resolution 19/15 of 22 March 2012; A/HRC/22/2, resolution 22/27 of 22 March 2013; A/HRC/25/2, resolution 25/27 of 28 March 2014; A/HRC/28/2, resolution 28/25 of 27 March 2015; A/HRC/31/2, resolution 31/33 of 24 March 2016; A/72/53, resolution 34/29 of 24 March 2017; A/HRC/37/2, resolution 37/34 of 23 March 2018.

③ E/CN. 4/1995/176, resolution 1995/1 of 17 February 1995.

mon Agenda)、约旦和以色列于1994年7月25日签署的《华盛顿宣言》(Washington Declaration)和1994年10月26日的《约旦—以色列和平条约》(Jordan-Israel Treaty of Peace),这些成果都构成在中东实现全面、公正和持久和平的重大步骤,并敦促所有各方执行所达成的协定。[1]

2000年,人权委员会提到"1999年9月4日的《沙姆沙伊赫备忘录》(Sharm el Sheikh memorandum),一方面关切地注意到备忘录的执行受到拖延,另一方面呼吁全面执行该备忘录以及1995年9月28日关于西岸和加沙地带的以色列—巴勒斯坦临时协定和其他有关协议"。委员会表示严重关切"以色列继续进行定居活动……并强烈谴责一切恐怖主义行为,同时呼吁所有各方不要让任何恐怖主义行为对目前的和平进程产生不利影响"。[2]

2003年和2004年,人权委员会"敦促当事各方合作,尽早无条件毫不更动地 161
执行……'路线图',以便恢复谈判……达成政治解决办法"[3]。2004年,委员会"要求以色列停止并拆除在被占领巴勒斯坦领土,包括在东耶路撒冷及其周围修建的所谓安全栅栏,这是偏离1949年停战线的行为,是违反……国际法的"[4]。

2005年,人权委员会"满意地注意到各方已恢复对话并采取了积极步骤,同时要求以色列恢复和解政策"[5]。委员会还注意到国际法院的咨询意见,该意见认为"在被占领巴勒斯坦领土内修建隔离墙……及其相关制度,都违反了国际法"[6]。

2006年,人权理事会对以色列的一些措施"表示严重关切",认为这些措施是"妨碍实现公正和全面和平以及建立一个独立、可行、主权和民主的巴勒斯坦国的

---

① E/CN.4/1997/150, resolution 1997/6 of 26 March 1997. See also resolution 1997/1 of 26 March 1997.
② E/CN.4/2000/167, resolution 2000/8 of 17 April 2000.
③ E/CN.4/2003/135, resolution 2003/7 of 15 April 2003 and resolution 2004/9 of 15 April 2004.
④ E/CN.4/2004/127, resolution 2004/9 of 15 April 2004.
⑤ E/CN.4/2005/135, resolution 2005/6 of 14 April 2005.
⑥ E/CN.4/2005/135, resolution 2005/7 of 14 April 2005.

重大障碍”。[1]

2012 年,联合国大会给予巴勒斯坦非会员联合国观察员国地位[2],2018 年,人权理事会注意到“巴勒斯坦国加入了若干人权条约和核心人道主义法公约,并于 2015 年 1 月 2 日加入了国际刑事法院《罗马规约》”[3]。

阿富汗(1980 年)

人权委员会于 1980 年在“人民自决的权利……因苏联对阿富汗的军事干预及其后续影响,阿富汗人民的自决权和其他基本人权被剥夺”这项议程下首次审议了阿富汗的人权状况。它谴责并痛惜“苏联的这种侵略是对国际法的公然违反……并呼吁全世界所有人民和政府坚持谴责这种侵略,谴责它是对人权的侵略和对人民自由的侵犯”。[4] 在 1981 年委员会又重新讨论了这一问题,并决定继续跟踪事态发展。[5]

1983 年,人权委员会注意到

> 国际社会日益关切阿富汗人民继续遭受到的严重苦难以及由于数百万阿富汗难民进入巴基斯坦和伊朗伊斯兰共和国,且难民数目还在继续增加,给上
> 162 述两个国家带来的社会和经济问题的严重性;深切地意识到迫切需要为阿富汗地严重局势寻求政治解决办法。[6]

在此情势下,人权委员会于 1984 年任命了有关该问题的一名特别报告员菲利

① A/HRC/2/9, resolution 2/4 of 27 November 2006. See also A/HRC/7/78, resolution 7/1 of 6 March 2008 and A/HRC/10/29, resolutions 10/18 and 10/19 of 26 March 2009; A/HRC/13/56, resolution 13/7 of 24 March 2010; A/HRC/16/2, resolution 16/31 of 25 March 2011; A/HRC/19/2, resolution 19/17 of 22 March 2012; A/HRC/22/2, resolution 22/26 of 22 March 2013; A/HRC/25/2, resolution 25/28 of 28 March 2014; A/HRC/28/2, resolution 28/26 of 27 March 2015; A/HRC/31/2, resolution 31/36 of 24 March 2016; A/72/53, resolution 34/31 of 24 March 2017; A/HRC/37/2, resolution 37/36 of 23 March 2018.

② General Assembly sixty-seventh session, resolution 67/19 of 29 November 2012.

③ A/HRC/37/2, resolution 37/35 of 23 March 2018. See A/72/556; A/HRC/37/75.

④ E/CN. 4/1988/88, resolution 3 (XXXVI) of 14 February 1980.

⑤ E/CN. 4/1475, resolution 13 (XXXVII) of 6 March 1981.

⑥ E/CN. 4/1983/60, resolution 1983/7 of 16 February 1983.

克斯·埃尔马科拉(见第六章A,1984年——阿富汗)。

1984—1988年,人权委员会呼吁

> 在撤出外国军队、充分尊重阿富汗独立、主权、领土完整和不结盟地位以及严格遵守不干预和不干涉原则的基础上,对阿富汗局势实行政治解决;确认阿富汗难民有安全和体面地返回家园地权利。①

1989年,人权委员会欢迎1988年4月在日内瓦缔结的关于解决阿富汗局势的协定,“这是迈向阿富汗问题全面政治解决的重要一步”,并欢迎任命一名与阿富汗有关的人道主义和经济援助特别协调员。②

1992年,人权委员会呼吁“有关各方严格尊重和忠实执行《日内瓦协定》”③。

西撒哈拉(1980年)

人权委员会于1980年首次处理西撒哈拉局势,当时委员会

> 满意地注意到非洲统一组织和联合国大会关于西撒哈拉人民行使自决和独立权利的建议,这是结束外国占领下撒哈拉人民的基本权利受到侵犯和恢复该地区人民尊严的唯一手段。④

1981年,人权委员会“对摩洛哥继续占领西撒哈拉表示遗憾,因为这妨碍了该地区人民行使其自决和独立的权利”⑤。

次年,人权委员会欢迎“非洲统一组织(Organisation of African Unity, OAU)和 163
联合国决定在西撒哈拉全境组织一次关于自决的自由和公平的公民投票,以达成

---

① E/CN. 4/1984/77, resolution 1984/10 of 29 February 1984; E/CN. 4/1985/66, resolution 1985/3 of 26 February 1985; E/CN. 4/1986/65, resolution 1986/23 of 10 March 1986; E/CN. 4/1987/60, resolution 1987/5 of 19 February 1987; E/CN. 4/1988/88, resolution 1988/4 of 27 February 1988.

② E/CN. 4/1989/86, resolution 1989/23 of 6 March 1989. See also E/CN. 4/1990/94, resolution 1990/5 of 16 February 1990 and E/CN. 4/1991/91, resolution 1991/4 of 15 February 1991.

③ E/CN. 4/1992/84, resolution 1992/5 of 21 February 1992.

④ E/CN. 4/1980/12, resolution 4 (XXXVI) of 15 February 1980.

⑤ E/CN. 4/1475, resolution 12 (XXXVII) of 6 March 1981.

对西撒哈拉问题的公正和明确的解决办法"[①]。

1983年,人权委员会"重申了西撒哈拉人民不可剥夺的自决和独立权利",并再次呼吁摩洛哥和波利萨里奥阵线(Frente Polisario)"进行直接谈判,以便签署一项停火协定,这是组织自决问题公民投票必不可少的先决条件"。[②]

次年,人权委员会回顾了"哈桑二世国王陛下(His Majesty King Hassan II)做出的接受在西撒哈拉举行公民投票的庄严承诺",并注意到非洲统一组织关于在举行公民投票之前由联合国和非统组织实行停火和建立一支维持和平部队的决议。[③]

1987年,人权委员会重申,"西撒哈拉问题是一个非殖民化问题,仍需在西撒哈拉人民行使其不可剥夺的自决和独立权利的基础上完成",并对"联合国决心与非洲统一组织充分合作,以执行该组织的有关决定"表示满意。[④]

1989年,人权委员会欢迎1988年8月达成的原则协议,"以期在联合国与非洲统一组织合作组织和监督下,为西撒哈拉人民的自决问题举行公民投票"[⑤]。

1990年,人权委员会鼓励各方举行持续的直接会谈。[⑥] 第二年,委员会注意到秘书长任命了一名西撒哈拉问题特别代表约翰内斯·曼兹(Johannes Manz),并敦促加强努力,"以解决剩余问题"[⑦]。

1992年,人权委员会欢迎"按照摩洛哥王国和[波利萨里奥阵线]所接受的秘书长建议",西撒哈拉停火于1991年9月6日开始生效。[⑧]

1995年和1996年,人权委员会表示希望"双方很快恢复直接会谈,以创造有利于迅速和有效地执行解决计划的气氛"[⑨]。

---

① E/CN. 4/1982/30, resolution 1982/15 of 25 February 1982.

② E/CN. 4/1983/60, resolution 1983/6 of 16 February 1983.

③ E/CN. 4/1984/77, resolution 1984/13 of 29 February 1984. See also E/CN. 4/1985/66, resolution 1985/5 of 26 February 1985; E/CN. 4/1986/65, resolution 1986/21 of 10 March 1986.

④ E/CN. 4/1987/60, resolution 1987/3 of 19 February 1987. See also E/CN. 4/1988/88, resolution 1988/5 of 22 February 1988.

⑤ E/CN. 4/1989/86, resolution 1989/18 of 6 March 1989.

⑥ E/CN. 4/1990/94, resolution 1990/4 of 16 February 1990.

⑦ E/CN. 4/1991/91, resolution 1991/5 of 15 February 1991.

⑧ E/CN. 4/1992/84, resolution 1992/18 of 28 February 1992. See also E/CN. 4/1993/122, resolution 1993/17 of 26 February 1993; E/CN. 4/1994/132, resolution 1994/6 of 18 February 1994.

⑨ E/CN. 4/1995/176) resolution 1995/7 of 17 February 1995; E/CN. 4/1996/177, resolution 1996/6 of 11 April 1996.

1997 年,人权委员会表示严重关切"解决计划的执行不断受到阻挠……并表示深信双方必须进行有用的直接接触,以求解决分歧,为迅速、有效执行解决计划创造有利的条件"[①]。 164

1998 年,人权委员会

> 满意地注意到在秘书长私人特使詹姆斯·贝克三世(James Baker III)先生的主持的非公开直接谈判中,摩洛哥王国与萨基亚阿姆拉和里奥罗人民解放阵线就执行解决计划所达成的协议,并敦促各方充分和忠实地落实这些协议。[②]

2000 年,人权委员会敦促双方"忠实地执行秘书长关于选民身份识别、申诉程序和修订后的执行时间表的一揽子措施"[③]。

尽管人权委员会赞扬"秘书长及其个人特使的杰出努力,以及双方在支持这些努力方面所表现出的合作精神",但秘书长的报告没有反映出任何进展:

> 第二次伦敦会谈不但没有取得进展反而倒退。在说明它们各自原先的立场之后,双方都没有提出任何具体提案的意愿,因此缩减它们之间的歧见。它们也没有表现出捐弃成见的意愿,开始就解决西撒哈拉的争端寻求政治解决而进行谈判。[④]

秘书长在 2003 年的报告中认为:

> 如果双方无法商定一项政治解决办法,而且安全理事会无法要求双方采取在它们看来不符合自己利益的步骤,尽管这样做可能明显有利于西撒哈拉

---

① E/CN. 4/1997/150, resolution 1997/5 of 26 March 1997.

② E/CN. 4/1998/177, resolution 1998/5 of 27 March 1998. See also E/CN. 4/1999/167, resolution 1999/4 of 23 April 1999.

③ E/CN. 4/1988/88, resolution 2000/2 of 7 April 2000. See also E/CN. 4/2001/167, resolution 2001/1 of 6 April 2001; E/CN. 4/2002/200, resolution 2002/4 of 12 April 2002; E/CN. 4/2003/135, resolution 2003/1 of 14 April 2003; E/CN. 4/2004/127, resolution 2004/4 of 8 April 2004.

④ A/55/303 para 62.

居民，安理会不妨考虑，自己是否愿意继续积极处理这一政治进程。①

165 东帝汶（1983 年）

1983 年，人权委员会"重申东帝汶人民享有自决和独立的权利……并对东帝汶人民因该国普遍存在的局势而遭受的痛苦表示最深切的关注"②。

酷刑问题特别报告员于 1991 年访问了印度尼西亚和东帝汶。1992 年，人权委员会再次讨论了该地区人权状况，当时委员会发表了一份主席声明，指出"严重关切东帝汶的人权状况，并对 1991 年 11 月 12 日在帝力发生的暴力事件表示强烈遗憾，该事件导致大量平民伤亡，许多人下落不明"。秘书长任命了一名特别代表 S. 阿莫斯·瓦科（S. Amos Wako）"以澄清 1991 年 11 月 12 日的悲惨事件"。③

1993 年，人权委员会"欢迎恢复关于东帝汶问题的会谈，并鼓励秘书长继续斡旋"④。

1999 年 8 月的公民投票之后，联合国东帝汶过渡行政当局（United Nations Transitional Administration in East Timor, UNTAET）成立。2002 年，东帝汶成为一个独立国家，并成为联合国会员国。在此期间，人权委员会根据其特别程序处理了当地的人权状况。（见第六章 A，1993 年——东帝汶）

格林纳达（1984 年）

1984 年，人权委员会注意到联合国大会重申了"格林纳达人民主权和可转让的自决权"，并呼吁"所有国家对格林纳达的主权、独立和领土完整表示最严格的尊重"。⑤

雇佣军（1986 年）

1968 年，联合国大会提到了雇佣军"在葡萄牙统治下的领土上发生的殖民战

---

① A/58/171 para 33.

② E/CN. 4/1983/60, resolution 1983/8 of 16 February 1983.

③ E/CN. 4/1992/84 XII para 457.

④ E/CN. 4/1993/122, resolution 1993/97 of 11 March 1993.

⑤ E/CN. 4/1984/77, resolution 1984/25 of 12 March 1984.

争中的作用”,请所有国家“采取一切措施,防止在其领土上招募或训练任何人员作为雇佣军”。[①] 联合国大会宣告

> 以雇佣军镇压民族解放及独立运动乃系应予惩罚之罪行,雇佣军应被宣告为不受法律保护之罪犯,并呼吁各国政府制订法律,宣布在其境内招募、资助和训练雇佣军乃系一种刑事罪行,并禁止其国民充当雇佣军。[②]

联合国大会继续谴责使用雇佣军侵犯自决权的行为,并在1979年决定“考虑起草一项国际公约,将一切形式的雇佣军活动定为非法”[③]。大会于1980年成立了一个起草公约的小组。[④]《反对招募、使用、资助和训练雇佣军国际公约》(International Convention against the Recruitment, Use, Financing and Training of Mercenaries)于1989年通过[⑤],并于2001年10月20日生效。[⑥](见第七章A3,非核心公约,《反对招募、使用、资助和训练雇佣军国际公约》[1980—2001年]) 166

人权委员会在1986年首次讨论了这个问题,当时它“认识到雇佣军制度是对国际和平与安全的威胁,而且与种族灭绝一样,是一种反人类罪”。它谴责“越来越多地招募、资助、训练、转运和使用雇佣军”,并决定将其作为一个“高度优先”事项列入议程。[⑦]

人权委员会在第二年任命了一位特别报告员,“审查利用雇佣军作为侵犯人权和阻碍人民行使自决权的手段的问题”。[⑧] 多年来,特别报告员恩里克·贝纳莱斯·巴列斯特罗斯(Enrique Bernales Ballesteros)在开展监测工作的同时,也对这一现象的法律问题进行了研究。在他的第一份报告中重点讨论了“雇佣军”的定

---

① General Assembly twenty-eighth session, resolution 2395 (XXIII) of 29 November 1968.

② General Assembly twenty-third session, resolution 2465 (XXIII) of 20 December 1968.

③ General Assembly thirty-fourth session, resolution 34/140 of 14 December 1979.

④ General Assembly thirty-fifth session, resolution 35/48 of 4 December 1980.

⑤ General Assembly forty-fourth session, resolution 44/34 of 4 December 1989.

⑥ https://treaties.un.org/doc/Treaties/2007/12/13ZXVIII-6.en.pdf, visited on 21 December 2019.

⑦ E/CN.4/1986/65, resolution 1986/26 of 10 March 1986.

⑧ E/CN.4/1987/60, resolution 1987/16 of 9 March 1987. See also 1986, resolution 1986/43 of 23 May 1986.

义[1];2004 年,其继任者沙伊斯塔·沙米姆(Shaista Shameem)又提出了一个新的定义。[2] (见第六章 B,1987 年——雇佣军)

第二年,特别报告员被一个工作组取代,该工作组被要求“在面对雇佣军或与雇佣军有关的活动所造成的当前和新出现的威胁时,就鼓励进一步保护人权,特别是人民的自决权的可能的新标准、一般准则或基本原则拟订并预先发出具体建议”[3]。

在随后的几年里,随着私营保安公司的出现,雇佣军的活动范围扩大,并对更广泛的人权领域产生了影响。2011 年,人权理事会请工作组“继续推进前几任任务负责人在加强防止和制裁招募、使用、资助和训练雇佣军的法律框架方面已经完成的工作”[4]。

私营军事和安保公司(2010 年)

167 人权理事会欢迎“举行……工作组第二届会议,审议制定国际监管框架,以监测和监督私营军事和安保公司活动的可能性”[5],并要求工作组在 2015 年之前提出建议。[6] 至 2015 年,理事会又将工作组的任务期限“再延长两年半”。[7]

2017 年,人权理事会设立了“一个新的……工作组……其任务是在不预先判断其性质的情况下,确定国际监管框架的内容,以保护人权并确保对与私营军事和安保公司活动有关的侵犯和虐待行为进行问责”[8]。

---

① E/CN. 4/1988/14 V A paras 95-104.

② E/CN. 4/2004/15 V.

③ E/CN. 4/2005/135, resolution 2005/2 of 7 April 2005.

④ A/HRC/18/2, resolution 18/5 of 29 September 2011 and A/HRC/18/32, resolution 21/8 of 27 September 2012 and A/HRC/21/43.

⑤ A/HRC/21/2, resolutions 21/8 of 27 September 2012 and 21/29 of 28 September 2012.

⑥ A/HRC/22/2, resolution 22/33 of 22 March 2013.

⑦ A/HRC/28/2, resolution 28/7 of 26 March 2015.

⑧ A/72/53/Add. 1, resolution 36/11 of 28 September 2017.

1980年——人权维护者

个人、群体和社会机构的权利与义务(1980年)

人权委员会在1980年首次讨论了这个问题,当时它呼吁各国政府"鼓励和支持个人和社会机构在不影响《世界人权宣言》第二十九条和第三十条的情况下行使其权利和义务,以促进对人权的有效遵守"[1]。

同时,人权委员会请防止歧视和保护少数小组委员会继续审查个人对社会的责任以及《世界人权宣言》第二十九条[2]规定的对人权和自由的限制。[3] 次年,委员会注意到小组委员会特别报告员艾瑞卡·戴斯编写的报告,并请小组委员会研究这个问题,"但不能忽略公民和政治权利以及经济、社会及文化权利的不可分割性和相互依赖性,以考虑在这方面可能需要采取的进一步行动"[4]。1990年,委员会认可了关于个人地位和当代国际法的最终报告,[5]并要求予以出版并广泛传播。[6]

宣言(1998年) 168

1982年,人权委员会请小组委员会"编写……关于个人、群体和社会机构在促进和保护普遍公认的人权和基本自由方面的权利和义务的原则,并考虑国家在保护人权方面的特殊责任"[7],委员会同时决定成立一个工作组,一旦小组委员会的

---

① E/CN.4/1988/88, resolution 23 (XXXVI) of 29 February 1980.

② 《世界人权宣言》第二十九条内容如下:

(一) 人人对社会负有义务,因为只有在社会中他的个性才可能得到自由和充分的发展。

(二) 人人在行使他的权利和自由时,只受法律所确定的限制,确定此种限制的唯一目的在于保证对旁人的权利和自由给予应有的承认和尊重,并在一个民主的社会中适应道德、公共秩序和普遍福利的正当需要。

(三) 这些权利和自由的行使,无论在任何情形下均不得违背联合国的宗旨和原则。

③ E/CN.4/1988/88, resolution 23 (XXXVI) of 29 February 1980.

④ E/CN.4/1475, resolution 28 (XXXVII) of 11 March 1981.

⑤ E/CN.4/1068, resolution 18 (XXXVII) of 10 March 1981.

⑥ E/CN.4/1990/94, resolution 1990/89 of 7 March 1990.

⑦ E/CN.4/1982/30, resolution 1982/30 of 11 March 1982.

报告出台,即起草一份宣言。[1] 工作组于1997年完成了工作,并由联合国大会于1998年通过了《个人、群体和社会机构在促进和保护普遍公认的人权和基本自由方面的权利和义务宣言》(见第七章A4,宣言和其他规范,人权维护者[1998年])。

人权维护者——特别程序(2000年)

2000年,人权委员会决定任命一名秘书长特别代表海纳·吉拉(Hina Jilani),负责"报告世界各地人权维护者的状况,以及完全按照《个人、群体和社会机构在促进和保护普遍公认的人权和基本自由方面的权利和责任宣言》加强对他们的保护的可能手段"[2]。(见第六章B,2000年——人权维护者)

1981年——非国家行为者

审议"进一步促进"项目下的问题(见第四章B,委员会早期勉力完成工作的尝试[1952—1966年]和第四章C,合理化[1992—2006年])为人权委员会提供了一个提出新问题的窗口。其中包括"非正规武装团体和贩毒者实施的暴力行为的后果"所引起的人权问题。

这个问题带来了关于非国家行为者对侵犯人权行为的责任的讨论,这场辩论吸引了不同的观点,如严格坚持国家有责任保护其管辖下的个人的观点,又如优先保护侵犯人权行为的受害者,而不考虑犯罪者的能力的观点。

劫持人质(1981年)

该问题的第一次呈现于1981年,当时人权委员会讨论了劫持人质的问题,并确认了以下几点:

169 劫持人质是对人权的严重侵犯,使人质面临……困难、痛苦以及生命和健康的危险。[它呼吁]所有国家充分和无条件地遵守其国际义务,保护外交

① E/CN.4/1984/77, decision 1984/116 of 16 March 1984.

② E/CN.4/1988/88, resolution 2000/61 of 26 April 2000.

和领事人员及馆舍,防止劫持人质事件的发生。

其背景是1979年11月美国驻德黑兰大使馆遭到袭击,几名美国外交官被扣为人质,并被持续关押至1981年1月。[①]

人权委员会在1986年再次讨论这个议题,委员会"强烈谴责一切扣留人质行为,不论其出于谁手,出于何种情况,也无论人质是否偶然被劫,是否为有人希望对之施加压力的国家的国民"。讨论该议题的背景是1985年10月巴勒斯坦武装分子在地中海上对游轮阿奇尔·劳罗号(Achille Lauro)的劫持事件。[②] 委员会在随后的几年里再次处理这个问题,提请秘书长"在一国提出要求时,采用他所掌握的一切手段,以确保被劫持的人立即获释"[③]。

1997年,人权委员会发表了一份主席声明,"强烈谴责恐怖分子占据秘鲁利马日本大使官邸,并在官邸劫持人质,强烈谴责在世界各地劫持人质"[④]。

在随后的几年里,人权委员会重申其"谴责世界任何地方的一切劫持人质行为,并呼吁各国采取一切必要措施……防止、制止和惩处劫持人质行为……并敦促所有专题特别报告员和工作组继续……论述劫持人质的后果"[⑤]。

人权理事会第一届会议则发表主席声明,"强烈谴责世界任何地方的一切劫持人质行为,特别是最严重的劫持人质行为,包括谋杀俄罗斯联邦驻巴格达大使馆的四名外交官,以及涉及伊拉克平民的其他劫持人质案"[⑥]。2010年,理事会表示

---

① E/CN. 4/1475, resolution 27 (XXXVII) of 11 March 1981.

② E/CN. 4/1986/65, resolution 1986/49 of 12 March 1986. See also Security Council resolution 579 (1985) of 18 December 1985.

③ E/CN. 4/1987/60, resolution 1987/28 of 10 March 1987. See also E/CN. 4/1988/88, resolution 1988/38 of 8 March 1988; E/CN. 4/1989/86, resolution 1989/26 of 6 March 1989; E/CN. 4/1990/94, resolution 1990/36 of 6 March 1990; E/CN. 4/1991/91, resolution 1991/40 of 5 March 1991; E/CN. 4/1992/84, resolution 1992/23 of 28 February 1992.

④ E/CN. 4/1997/150 III E para 17. See also E/CN. 4/1996/177, resolution 1996/62 of 23 April 1996; E/CN. 4/1997/150, resolution 1997/28 of 11 April 1997.

⑤ E/CN. 4/1998/177, resolution 1998/73 of 22 April 1998; E/CN. 4/1999/167, resolution 1999/29 of 26 April 1999; E/CN. 4/2000/167, resolution 2000/29 of 20 April 2000; E/CN. 4/2001/167, resolution 2001/38 of 23 April 2001; E/CN. 4/2003/135, resolution 2003/40 of 23 April 2003; E/CN. 4/2005/135, resolution 2005/31 of 19 April 2005.

⑥ A/61/53, President's statement 1/PRST/2.

> 决定……召开一次小组讨论会，讨论采取行动处理恐怖分子劫持人质方面的
> 170 人权问题，特别侧重于国家增进和保护其管辖范围内的所有人的人权的首要责任、加强防止和打击恐怖主义的国际合作，以及保护一切所涉受恐怖主义之害的人的权利。[①]

次年，人权理事会请其咨询委员会对恐怖组织劫持人质的问题进行研究，“以促进认识和了解，特别关注其对人权的影响以及区域和国际合作在该领域的作用”[②]。2012 年，理事会表示注意到了咨询委员会起草小组的初步报告。[③]

非国家行为者(1990 年)

1990 年，人权委员会提出了非国家行为者的责任这一议题。其目的是从人权角度来关注毒品贩运、犯罪和“非正规武装团体”问题。委员会请秘书长从所有相关来源收集信息，并将其提供给相关问题特别报告员和工作组进行审议。上述要求是基于其对“非正规武装团体(无论其来源)和贩毒者在许多国家实施的犯罪和暴行对享有人权的不利影响”的深切关注。[④]

世界人权会议亦于 1993 年申明，恐怖主义行为的目的是破坏人权，威胁国家安全，破坏合法政府的稳定。[⑤]

令人关切的是，为应对恐怖主义而采取的措施可能超越国际人权标准。1995 年和 1996 年，人权委员会“认识到有必要以符合国际法和《联合国宪章》的方式处理适用于国内和相关暴力、动乱、紧张局势和公共紧急情况的原则”，并“请各国考

---

① A/HRC/15/60, decision 115/116 of 1 October 2010.

② A/HRC/18/2, resolution 18/10 of 29 September 2011.

③ A/HRC/AC/9/CRP. 1, resolution 21/18 of 27 September 2012.

④ E/CN. 4/1990/94, resolution 1990/75 of 7 March 1990. See also E/CN. 4/1991/91, resolution 1991/29 of 5 March 1991; E/CN. 4/1992/84, resolution 1992/42 of 28 February 1992; E/CN. 4/1993/122, resolution 1993/48 of 9 March 1993.

⑤ A/CONE. 157/23, Vienna Declaration and Programme of Action, Part I, para 17:

> 恐怖主义行为、手段和做法的一切形式和表现，以及在某些国家与贩毒的联系，是旨在摧毁人权、基本自由和民主的活动，威胁到领土的完整和国家的安全，破坏合法政府的稳定。国际社会应采取必要步骤，加强合作，防范和打击恐怖主义。

虑审查其与公共紧急状况有关的国家立法,以确保其符合法治的要求,不涉及歧视”。[1]

1998 年,人权委员会收到了一份分析报告[2],其中指出: 171

> 在结论中……首先需要重申和强调我们讨论的出发点,即继续在世界各地肆虐的许多国内暴力情况对成百万个人的生命构成的可怕威胁。人权委员会通过的国别决议大都涉及有一定程度国内暴力的国家,这些国家又引人注目地出现在委员会各专题报告员和工作组的报告中。冲突的存在与侵犯人权行为之间有着密切联系。因此,再次看一下我们手中防止这些侵权行为的手段是及时的、适合的。[3]

委员会欢迎对报告中提出的“需要进一步研究”的问题进行讨论,请各方提出意见,并以“人类的基本标准”为主题进行进一步研究。[4]

人权委员会在 1999 年收到了一份更新的分析报告。该报告的结论是:

> 基本人道标准的目的是确保人类在所有情形中都能受到切实有效的保护,尤其是在发生内部暴力情形中能受到切实有效的保护,在后一种情形中,政府和非国家行为者会犯下一些极为令人震惊的残暴行为,使数百万人蒙受灾难性影响国际人权准则和人道主义规则与原则,不论其渊源如何,都注重人的价值,尊重人的尊严。因此,某些行为在正常时期和内部武装冲突情形中可能是非法的行为但在内部暴力活动中应属合法行为这一论点是毫无道理的。[5]

2000 年,人权委员会收到了关于这一专题研究的专家会议报告,

---

① E/CN. 4/1995/176, resolution 1995/29 of 3 March 1995. See also E/CN. 4/1996/177, resolution 1996/26 of 19 April 1996.

② E/CN. 4/1998/87 and Add. 1. See also E/CN. 4/1997/150, resolution 1997/21 of 11 April 1997.

③ E/CN. 4/1998/87 X para 104.

④ E/CN. 4/1998/177, resolution 1998/29 of 17 April 1998.

⑤ E/CN. 4/1999/92.

讨论的目的是审查基本人道标准概念的相关法律框架内的最新发展是否已经解决或将有助于解决人权法律保护方面的任何问题……基本问题之一[似乎]是为什么在国内冲突中应接受低于战争或和平时期的人员保护标准,以及认为这种情况是正确的。①

172 1994年,人权委员会更改了议程,但保留了实质性内容。议题被改为"人权与恐怖主义",但其关注点仍然是恐怖主义行为对享有人权的不利影响。在通过该决议时,委员会强调该议题将发展为关于非国家行为者责任的讨论。②

恐怖主义(1998年)

1997年,委员会内关于这个议题的情势发生了变化。围绕着非国家行为者(相对于国家而言)侵犯人权的责任问题出现了两极分化的观点。非国家行为者的责任问题也成为未来几年辩论的重点。事实上早在1982年,委员会中的一些成员就对相关决议的影响表示了保留意见。③

同年晚些时候,小组委员会任命了一名特别报告员卡利奥皮·库法(Kalliopi

① E/CN. 4/2000/145 Annex.

② E/CN. 4/1994/SR. 56. paras 7, 9. See also Commission E/CN. 4/1995/176, resolution 1995/43 of 3 March 1995; E/CN. 4/1996/177, resolution 1996/47 of 19 April 1996.

③ E/CN. 4/1997/150, resolution 1997/42 of 11 April 1997. 投票结果是28票赞成,0票反对,23票弃权。当时委员会的成员总数为53人。E/CN. 4/1982/SR. 57, paras 13-14:

79. 萨利纳斯·里维拉(Salinas Rivera)先生(智利)说,虽然智利代表团不会反对该决议草案,但它坚信侵犯人权的行为本质上是制度性的,只能归咎于国家及其代理人。恐怖组织的行为,无论多么严重和令人反感,都仅构成刑事犯罪,应依法予以惩处。像决议草案那样坚持认为恐怖主义行为本身就构成侵犯人权行为,等于歪曲了概念,可能对国际人权保护体系产生负面影响。

80. 范·沃尔夫滕·帕尔特(van Wulfften Palthe)先生(荷兰)在代表欧洲联盟发言时说……[81]恐怖主义和此类行为的存在,不能被任何国家援引来为侵犯人权的行为辩护,反恐斗争必须充分尊重人权和基本自由,这是国家行为与犯罪行为之间相区别一个要点。

86. 洛夫提斯(Loftis)先生(美国)……他的代表团关切地注意到第二段中将恐怖主义行为描述为"侵略行为"(acts of aggression),这种措辞与《联合国宪章》第七章的内容相呼应,可能会产生意想不到的负面后果。

Koufa),对恐怖主义与人权问题进行全面研究。[1]

1999年,人权委员会根据小组委员会及其特别报告员进度报告,维持了其先前的立场。[2]

2002年,委员会回顾了“2001年9月11日在美利坚合众国发生的导致数千名平民丧生的可怕事件”,并支持小组委员会特别报告员“补充其必要的研究,收集所有必要的最新资料和数据,以编写其第二份进度报告”。[3]

2003年,人权委员会对高级专员(由联合国大会授权)提供的一份报告[4]中的结论表示欢迎[5]该结论认为:

> 在消除恐怖主义行为和威胁的国际斗争中,必须确保尊重人权;在促进 173
> 维持国际和平与安全,同时努力开展国际合作,鼓励尊重所有人的人权和基本自由方面,联合国起着重要的双重作用。[6]

关于“恐怖主义与人权”问题,人权委员会在2004年要求分发“小组委员会恐怖主义与人权问题特别报告员的报告,并期待着她的最终报告”[7]。2005年,委员会“对特别报告员卡利奥皮·库法女士关于题为‘恐怖主义与人权’的研究和出色的最终报告(E/CN.4/Sub.2/2004/40)表示由衷赞赏”[8]。

人权委员会请高级专员

> 在审查这个问题、授权研究恐怖主义及开展打击恐怖主义活动的过程中采取

① E/CN.4/Sub.2/1997/50, resolution 1997/39 of 28 August 1997. See also E/CN.4/Sub,2/1996/41, resolution 1996/20 of 29 August 1996; E/CN.4/1998/177, resolution 1998/47 and decision 108/107 of 17 April 1998; E/CN.4/Sub.2/1997/28 para. 20.

② E/CN.4/1999/167, resolution 1999/27 of 26 April 1999 and E/CN.4/2000/167, resolution 2000/30 of 20 April 2000; E/CN.4/2001/167, resolution 2001/37 of 23 April 2001; E/CN.4/2003/135, resolution 2003/37 of 23 April 2003.

③ E/CN.4/2002/200, resolution 2002/35 of 22 April 2002.

④ E/CN.4/203/120.

⑤ General Assembly fifty-seventh session, resolution 57/219 of 18 December 2002.

⑥ E/CN.4/2003/135, resolution 2003/68 of 25 April 2003.

⑦ E/CN.4/2004/127, resolution 2004/44 of 19 April 2004.

⑧ E/CN.4/2005/135, decision 2005/107 of 17 April 2005.

一种综合的方法，特别是要充分重视本决议就恐怖主义对于个人享有人权的严重影响提出的问题。[①]

2011年，人权理事会建议联合国大会“宣布8月19日为纪念和悼念恐怖主义受害者国际日”，[②]以纪念2003年8月19日，联合国驻巴格达总部遭到袭击并造成22人死亡的事件。

2016年，人权理事会收到了反恐问题特别报告员的报告[③]和关于“恐怖主义对人人享有人权的影响”的小组讨论会报告。[④] 理事会除了像往年一样谴责恐怖主义行为外，

又促请各国依照《海牙-马拉喀什全球反恐论坛备忘录》(the Hague-Marrakech Memorandun of the Global Counterterrorism Forum)所载良好做法，对回国的外国恐怖主义战斗人员采取康复和重新融入社会的战略，并采取综合方针，包括建立国家咨询和去激进化中心，这类中心可与刑事司法措施一道发挥重要作用。

人权理事会对“在全球化社会中，恐怖分子及其支持者越来越多地利用信息和通信技术，尤其是互联网和其他媒介，用以宣传、实施、煽动、招募、资助或策划恐怖行为”表示关切，并呼吁各国“培养和平、公正和人类发展的文化”。理事会还要求一份“关于恐怖主义对享有人权的负面影响”的报告。[⑤]

174 2016年，理事会收到了高级专员关于“保护和促进人权如何有助于防止和打击暴力极端主义的最佳做法和经验教训”的报告。[⑥]（见上文，1960年——宗教不容忍，对宗教的诽谤[1999年]）

2017年，高级专员的报告涉及“恐怖主义对享有人权的负面影响”[⑦]。人权理

① E/CN. 4/2004/127, resolution 2004/44 of 19 April 2004.

② A/HRC/17/2, resolution 17/8 of 16 June 2011.

③ A/HRC/29/51.

④ A/30/64.

⑤ A/HRC/31/2, resolution 31/30 of 24 March 2016.

⑥ A/HRC/33/29. See also A/HRC/31765, resolution 33/21 of 30 September 2016.

⑦ A/HRC/34/30. See also resolution 35/34 of 23 June 2017.

事会欢迎设立反恐办公室(Office of Counter-Terrorism)[①],并鼓励有关各方“将尊重国际法,特别是人权法,以及适用的国际人道主义法和国际难民法,作为它们在反恐领域向各国提供技术援助的一项重要内容”[②]。

人权与反恐(2005 年)

2004 年,人权委员会讨论了“在打击恐怖主义的同时保护人权”这一议题,并请独立专家罗伯特 · 戈德曼(Robert Goldman)“审查在打击恐怖主义的同时保护人权的问题”。[③] 独立专家指出:

> 鉴于特别程序和条约机构监督系统的覆盖面与在反恐的同时加强保护人权的迫切需求之间的差距,人权委员会应当考虑设立一项具有多方面任务授权的特别程序,监督各国的反恐措施及其是否符合国际人权法。[④]

人权委员会在 2005 年任命了一位“打击恐怖主义的同时促进和保护人权和基本自由”的特别报告员(见第六章 B,2005 年——打击恐怖主义)。此外,还有其他特别程序亦涉及反恐中的人权保护问题(见第六章 A,2005 年——关塔那摩)。[⑤]

同时,经济及社会理事会继续提请人权委员会向高级专员提出以下要求:

> (a) 审查在打击恐怖主义的同时保护人权和基本自由的问题,考虑所有来源的可靠资料;
>
> (b) 就各国在采取行动打击恐怖主义的同时,有义务促进和保护人权和基本自由的问题,提出一般建议;
>
> (c) 在既要打击恐怖主义,又要保护人权和基本自由问题上,应各国要

---

① General Assembly seventy-first session, resolution 71/291 of 15 June 2017.

② A/72/53, resolution 35/34 of 23 June 2017. See also A/HRC/37/2, resolution 37/27 of 23 March 2018.

③ E/CN. 4/2004/127, resolution 2004/87 of 21 April 2004.

④ E/CN. 4/2005/103 V, para 91.

⑤ E/CN. 4/2005/60/Add. 1 Addendum; paras 155-159, 162, 163.

求向其提供援助和咨询,并向相关联合国机构提供此种援助和咨询。[①]

175 高级专员在2010年报告了全球反恐战略和反恐执行工作队的执行情况以及问责和赔偿问题。[②] 2011年,人权理事会决定召开"关于恐怖主义受害者人权问题的小组讨论会"[③]。

2014年,人权理事会请高级专员和特别报告员

> 对目前正在进行的关于联合国会员国保证采取充分的人权保障措施以确保程序公平和明确的问题展开的讨论进一步提出适当的意见,尤其是关于将个人和实体列入反恐制裁名单以及将其从该名单中删除方面的意见。[④]

理事会收到了高级专员关于恐怖主义和保护人权的最新情况[⑤],并决定在当年晚些时候就这一问题举行一次小组讨论会。[⑥] 理事会还请咨询委员会"就恐怖主义对享有所有人权和基本自由的不利影响进行研究并编写报告,重点关注经济、社会及文化权利"[⑦]。

1984年——残疾人

残疾人的权利是20世纪70年代联合国大会通过的两项宣言,以及经济及社会理事会通过的一项宣言的主题,这些宣言分别为《智力迟钝者权利宣言》(1971年)[⑧]、《残疾人权利宣言》(1975年)[⑨]和《聋盲人权利宣言》(1979年)[⑩]。

---

① E/CN. 4/2005/135, resolution 2005/80 of 21 April 2005. See also A/HRC/7/78 resolution 7/7 of 27 March 2008 and A/HRC/10/29, resolution 10/15 of 26 March 2009.

② A/HRC/13/36.

③ A/HRC/15/60, decision 16/116 of 24 March 2011.

④ A/HRC/25/2, resolution 25/7 of 27 March 2014.

⑤ A/HRC/28/28; A/HRC/34/30. See A/HRC/29/2, resolution 29/9 of 2 July 2015.

⑥ A/HRC/28/2, resolution 28/17 of 26 March 2015.

⑦ A/72/53, resolution 34/8 of 23 March 2017.

⑧ General Assembly twenty-sixth session, resolution 2856 (XXVI) of 20 December 1971.

⑨ General Assembly thirtieth session, resolution 3447 (XXX) of 9 December 1975.

⑩ 1979 decision 1979/24, Annex.

经济及社会理事会重点关注残疾人的“预防”和“康复”问题,并推动相关内容载入《残疾人权利宣言》[1]。次年(1976 年),联合国大会宣布 1981 年为“国际残疾人年”,并成立国际年咨询委员会[2],以制定一项有关残疾人的世界行动纲领。[3]

1982 年,防止歧视和保护少数小组委员会根据联合国大会的要求,即“国际残疾人年的活动所产生的及时和重要的推动力应通过各级机构采取适当的后续行动加以保持和加强”,承认人权与残疾之间的联系,并决定寻求信息,其中应包括“需要加强旨在允许残疾人将其人权受到侵犯的指控提交给有权对此类投诉采取 176
行动的主管机构或提请政府注意的程序”。[4]

第二年,对保护残疾人权利的考虑逐渐转向寻求补救措施。这一年,小组委员会建议各国政府特别注意“强化残疾人可能解决人权问题的程序的方式和方法”。它还决定考虑“编写一份关于人权和残疾的全面研究报告”,并请人权委员会

> 请各国政府经与残疾人协商查明在它们管辖地区内残疾人的人权问题,并将这些问题的说明连同改进计划,按照小组委员会第 1982/1 号决议提交小组委员会第三十七届会议审议;并请各国为政府特别主义加强残疾人可以根据小组委员会第 1982/1 号决议提出人权问题的程序和方式方法。[5]

同年,联合国大会宣布 1983—1992 年为联合国残疾人十年,并通过了《关于残疾人的世界行动纲领》。[6]

1984 年,人权委员会首次处理这一问题,要求小组委员会“任命一名特别报告员,与社会发展和人道主义事务中心协商,彻底研究严重侵犯人权和基本自由与残疾之间的因果关系,以及在缓解问题方面取得的进展”[7]。

委员会还向经济及社会理事会建议,作为例外情况,

---

① Economic and Social Council fifty-eighth session, resolution 1921 (LVIII) of 6 May 1975.

② General Assembly thirty-first session, resolution 31/123 of 16 December 1976.

③ General Assembly thirty-sixth session, resolution 36/77 of 8 December 1981.

④ E/CN. 4/Sub. 2/1982/43, resolution 1982/1 of 7 September 1982.

⑤ E/CN. 4/Sub. 2/1983/43, resolution 1983/15 of 5 September 1983.

⑥ General Assembly thirty-seventh session, resolution 37/53 of 3 December 1982.

⑦ E/CN. 4/1984/77, resolution 1984/31 of l4March 1984; Economic and Social Council 1984, resolution 1984/26 of 24 May 1984.

在理事会1986年第一届常会议程中额外增添一个关于残疾人的特别项目以便配合残疾人十年(1983—1992年)的中期1987年的来临,并就专题报告员的报告和小组委员会、人权委员会及社会发展委员会对这些问题和有关问题的意见和建议展开充分的讨论。[1]

小组委员会特别报告员莱安德罗·德斯波伊[2]于1991年提交了他的最终报告。[3] (见第六章B,2014年——残疾人)特别报告员认为有必要改变对待残疾人态度背后的文化,注重包容性,将残疾人视为一个易受歧视,并因此需要被如此理解的弱势群体;仅靠立法本身是不够的。此外,他发现国内立法的水准"远远低于适
177 当对待残疾人的要求"[4]。《世界行动纲领》中的指南认为,"应特别通过加强或建立协调和执行《纲领》的国家委员会来实施"[5]。特别报告员鼓励强化由残疾人组成的民间社会组织的努力,因为它们在确保提高认识水平以及满足解决歧视和保护问题的需要方面发挥了非常重要的作用。

特别报告员指出,有必要建立一个国际管控机构,为残疾人提供"特殊和具体的保护。因此,最积极的非政府组织正在强调需要建立一个灵活的机制,以适应他们所关注的问题的特殊性,就像国际监察员一样"[6]。特别报告员鼓励进一步对这项提案进行讨论,同时他还进一步提出另一个提案,即将此类监督任务委托给依《经济、社会及文化权利国际公约》设立的经济、社会及文化权利委员会(Committee on Economic, Social and Cultural Rights, CESCR)。

特别报告员并未建议起草一项具体的公约。然而他指出,除了现有国际人权公约中设想的更普遍的保护之外,还需要明确"一个规范性框架"。特别报告员指出了这一领域的空白:"众所周知,在残疾人问题上还没有出现过这样的情况",他举例说,"1987年10月联合国大会第四十二届会议上关于制定残疾人人权公约的

---

① E/CN. 4/1984/77, resolution 1984/31 of 12 March 1984 proposing Draft Resolution III to the Council. The resolution also referred to the Declaration on the Rights of Mentally Retarded Persons, the Declaration on the Rights of Disabled Persons and the Declaration on the Rights of Deaf-Blind Persons.

② E/CN. 4/Sub. 2/1984/43, resolution 1984/20 of 29 August 1984.

③ E/CN. 4/Sub. 2/1985/32. See also E/CN. 4/Sub. 2/1988/11; E/CN. 4/Sub. 2/1991/31.

④ E/CN. 4/Sub. 2/1991/31 para 272.

⑤ E/CN. 4/Sub. 2/1991/31 para 277.

⑥ E/CN. 4/Sub. 2/1991/31 paras 281(b)-285.

讨论以推迟这一倡议而告终”①。

1993 年世界人权会议在《维也纳宣言和行动纲领》中专辟有一个章节，强烈呼吁使残疾人融入社会，指出“残疾人到处都有。残疾人的平等机会应当得到保证，为此要消除一切排除或限制他们充分参与社会、由社会情况决定的障碍，无论这些障碍是身体、财政、社会抑或心理上的”②。

同一年，联合国大会通过了《残疾人机会均等标准规则》，制定《标准规则》的社会发展委员会任命了一名特别报告员，负责监督《标准规则》的执行情况（见第六章 B，2014 年——残疾人）。

2002 年，人权委员会欢迎“社会发展委员会残疾问题特别报告员所做的宝贵工作”，并“感兴趣地注意到大会第 56/168 号决议，该决议设立了一个特设委员会，审议关于促进和保护残疾人权利和尊严的全面综合国际公约的建议”。③

联合国大会于 2006 年通过了《残疾人权利公约》及其任择议定书。④ 人权理事会于 2014 年就此问题任命了一名特别报告员（见第六章 B，2014 年——残疾人）。

2012 年，理事会欢迎高级专员关于“残疾人参与政治和公共生活”问题的 178
研究。⑤

2013 年，人权理事会讨论了加强与残疾人人权工作有关的技术合作问题。它要求一份关于“支持各国在国家立法、政策和方案中促进和保护残疾人权利的努力”的行动报告。⑥

2015 年，人权理事会欢迎特别报告员的任命和她的报告，⑦以及高级专员关于残疾人独立生活和融入社区的权利的研究报告。⑧（见第六章 B，2014 年——残疾人）

---

① E/CN. 4/Sub. 2/1991/31 para 281.

② A/CONE. 157/23, World Conference on Human Rights, Vienna, 14-25 June 1993: Vienna Declaration and Programme of Action Part IIB: 6, paras 63-65.

③ E/CN. 4/2002/200, resolution 2002/61 of 25 April 2002.

④ General Assembly sixty-first session, resolution 61/106 of 13 December 2006.

⑤ A/HRC/19/36, resolution 19/11 of 22 March 2012. See also A/HRC/22/25 and Corr. 1, resolution 22/3 of 21 March 2013.

⑥ A/HRC/24/2, resolution 24/31 of 27 September 2013.

⑦ A/68/202.

⑧ A/HRC/28/37; A/HRC/28/2, resolution 28/4 of 26 March 2015.

2018 年,除特别报告员的报告外[1],人权理事会还欢迎高级专员关于“残疾人平等和不受歧视的权利以及在与他人平等的基础上获得司法救助的权利”问题的报告。[2] 理事会决定将下一次年度互动辩论的重点放在《残疾人权利公约》第二十六条上,其主题为“关于适应训练和康复,并将提供国际手语翻译和字幕”[3]。

教育与残疾(2014 年)

人权理事会欢迎 2014 年关于残疾人受教育权利的专题研究。[4] (见第六章 B,2014 年——残疾人)

风险状况和人道主义紧急情况(2016 年)

2016 年,人权理事会援引《2015—2030 年仙台减少灾害风险框架》(the Sendai Framework for Disaster Risk Reduction 2015-2030)和《残疾人权利公约》第十一条,讨论了残疾人权利保护在这一方面的问题。理事会还收到了高级专员关于“风险和人道主义紧急情况下的残疾人权利”问题的研究报告。[5]

人权理事会决定“[在 2017 年举行的]互动辩论,重点讨论《残疾人权利公约》第五条……和关于获得司法保护的问题,并将提供国际手语翻译和字幕”[6]。

179 1986 年——见解和表达

1984 年,人权委员会对“世界许多地方广泛拘留行使见解和表达自由权的人”表示关切。[7] 次年,委员会再次讨论这个问题,指出“进一步的措施可能需要在国家和国际层级确保尊重言论和意见自由的权利”[8]。1986 年,人权委员会重申它

① A/HRC/37/56 and Adds 1-2.
② A/HRC/34/26; A/HRC/37/25.
③ A/HRC/37/2, resolution 37/22 of 23 March 2018.
④ A/HRC/25/29 and Corr. 1. See A/HRC/25/2 resolution 25/20 of 28 March 2014.
⑤ A/HRC/31/30; resolution 31/6 of 23 March 2016. See also A/HRC/31/62; A/69/284.
⑥ A/HRC/31/2, resolution 31/6 of 23 March 2016.
⑦ E/CN. 4/1984/77, resolution 1984/266 of 12 March 1984.
⑧ E/CN. 4/1985/66, resolution 1985/17 of 11 March 1985.

的关切,呼吁"尚未这样做的国家采取步骤,允许充分实现见解和言论自由的权利"①。

1988年,防止歧视和保护少数小组委员会请其成员之一达尼洛·蒂尔克(Danilo Turk)准备一份工作文件②,该文件是关于见解和言论自由权的。③ 在此基础上,小组委员会决定由其两名成员路易·儒瓦内和达尼洛·蒂尔克编写一份关于见解和言论自由权的研究报告。④ 特别报告员在1992年提交了他们的最终报告,人权委员会在1993年赞扬了他们的工作,并就这一问题任命了自己的特别报告员。⑤ (见第六章B,1993年——见解和表达)

1992年,人权委员会对"在世界许多地区普遍发生的拘留或歧视行使……思想、良心和宗教自由的权利、和平集会、结社的自由和参与公共事务的权利的人的情况"表示关切。委员会请各特别程序"在其职权范围内特别注意因行使见解和言论自由权利而被拘留、虐待或歧视的人士"⑥。

新闻工作者(2012年)

人权委员会于1993年任命了一名见解和表达自由权问题特别报告员(见第六章B,1993年——见解和表达),他的工作使记者的安全问题成为关注焦点。2014年,人权理事会在收到见解和表达自由权问题特别报告员⑦、决处决或任意处决问题特别报告员⑧的工作报告,以及一份高级专员的报告中就"保护记者、防止攻击和打击攻击记者行为的有罪不罚现象的良好做法"发表了意见⑨的背景下,讨论了

---

① E/CN. 4/1986/65, resolution 1986/46 of 12 March 1986. See also E/CN. 4/1987/60, resolution 1987/32 of 10 March 1987; E/CN. 4/1988/88, resolution 1988/37 of 8 March 1988.

② E/CN. 4/Sub. 2/1989/26.

③ E/CN. 4/Sub. 2/1988/45, decision 1988/110 of 1 September 1988.

④ E/CN. 4/1989/86, resolution 1989/31 of 6 March 1989. See also E/CN. 4/Sub. 2/1989/58, resolution 1989/14 of 31 August 1989.

⑤ E/CN. 4/1993/122, resolution 1993/45 of 5 March 1993. See also E/CN. 4/1990/94, resolution 1990/32 of 2 March 1990; E/CN. 4/1991/91, resolution 1991/32 of 5 March 1991.

⑥ E/CN. 4/1992/84, resolution 1992/22 of 28 February 1992.

⑦ A/HRC/27/2, resolution 27/5 of 25 September 2014. See also A/HRC/21/2, resolution 21/12 of 27 September 2012.

⑧ A/HRC/20/22.

⑨ A/HRC/24/23.

记者的安全问题。[①] 在2014年举行的一次小组讨论会中，[②]理事会请各国

180 制订和实施战略，消除攻击和暴力侵害记者犯罪不受惩罚的现象，包括酌情利用2014年6月11日举行的小组讨论会上指出的和/或人权事务高级专员办事处关于记者的安全问题良好做法报告中汇编的那些良好做法。[③]

2016年，人权理事会援引了秘书长的报告，其中包括关于记者安全和有罪不罚问题的报告。[④] 它"请高级专员编写一份报告，概述与确保记者安全有关的现有机制，包括现有的国际和区域预防、保护、监测和投诉机制，以便对其有效性进行分析"[⑤]。

2018年，人权理事会收到了高级专员的报告，该报告"全面介绍了……有关记者安全的机制"[⑥]并

强烈谴责普遍存在的攻击和暴力侵害记者行为不受惩罚的现象，并对这些罪行绝大多数未受惩罚表示严重关切……呼吁各国制定和实施战略，通过采用在2014年6月举行的小组讨论中确定的……良好做法，打击暴力侵害记者行为的有罪不罚现象。[⑦]

和平抗议(2012年)

2010年，人权理事会任命了一名和平集会和结社自由权问题特别报告员[⑧]（见第六章B，2010年——和平集会和结社）；2012年，理事会在关于该主题的小组讨论会之后，讨论了"在和平抗议背景下增进和保护人权"的问题，并请高级专员提交

① A/HRC/20/17.
② A/HRC/27/35.
③ A/HRC/27/2, resolution 27/5 of 25 September 2014.
④ A/70/290; A/69/268.
⑤ A/HRC/33/2, resolution 33/2 of 29 September 2016.
⑥ A/HRC/29/23.
⑦ A/HRC/27/35; A/HRC/39/2, resolution 39/6 of 27 September 2018.
⑧ A/HRC/15/60, resolution 15/21 of 30 September 2010.

一份关于“确保在和平抗议的背景下增进和保护人权的有效措施和最佳做法”的专题报告,并“鼓励相关专题特别程序任务负责人……对……报告做出贡献”。[①]

2014年,人权理事会收到了关于“关于确保在和平抗议背景下增进和保护人权的有效措施和最佳做法的研讨会报告”[②],并请和平集会和结社自由权问题特别报告员和人权问题特别报告员为其提供指导,编写“基于最佳做法和经验教训的适当管理集会的实用建议汇编”[③]。

对援引人权机制的人进行报复(1990年) 181

在1990年拟定《人权维护者宣言》(《个人、群体和社会机构在促进和保护普遍公认的人权和基本自由方面的权利宣言》)期间,人权委员会处理了与特别报告员和其他特别程序接触的人遭到报复的问题。这是由于“有报告称,失踪人员的亲属在通过适当渠道寻求澄清受害者的命运或下落时,已经常遭到报复,正如他们所属的组织一样”。委员会请特别程序“(a)在其职权范围内采取紧急措施;(b)在他们提交委员会或小组委员会的报告中特别注意这个问题”,并请秘书长提交“关于对违反人权行为见证人或受害人打击报复的资料”。[④] 在介绍该决议时,有人解释说,“在个人或团体与人权机构代表合作之前或之后对他们进行报复的问题已在一些报告中提出……特别是被强迫或非自愿失踪问题工作组的报告中”[⑤]。

1993年,人权委员会讨论了秘书长的报告;[⑥]它请

> 所有联合国人权机构代表以及监测人权条约遵守情况的条约机构按其职权继续采取紧急步骤,帮助防止联合国人权程序的引用受到阻碍;还请所有联合国人权机构代表以及监测人权遵守情况的条约机构按其职权继续采取紧

---

① A/HRC/19/2, resolution 19/35 of 23 March 2012.

② A/HRC/25/38 and Corr. 1. See also A/HRC/22/28.

③ A/HRC/22/2, resolution 22/10 of 21 March 2013 and A/HRC/25/2, resolution 25/38 of 28 March 2014.

④ E/CN. 4/1990/94, resolution 1990/76 of 7 March 1990.

⑤ E/CN. 4/1990/SR. 54 paras 16-21. See also E/CN. 4/199191, resolution 1991/70 of 6 March 1991; E/CN. 4/1992/84, resolution 1992/59 of 3 March 1992.

⑥ E/CN. 4/1993/38.

急步骤,帮助防止这类恐吓和报复事件的发生;进一步请这些代表和条约机构在各自提交人权委员会、防止歧视及保护少数小组委员会或大会的报告中继续提到指称援引联合国人权程序而受恐吓、报复和阻碍的事件,同时述及各自在这方面采取的行动。[1]

该种保护的重点涉及以下特定群体:

(a)寻求与联合国人权机构代表合作或已经与之合作的人,或向他们提供证词或信息的人;(b)利用或已经利用联合国主持的保护人权和基本自由程序的人,以及所有为此目的向他们提供法律援助的人;(c)根据人权文书规定的程序提交或已经提交来文的人;(d)侵犯人权受害者的亲属。[2]

182 随后几年中,人权委员会根据秘书长提供的最新情况[3],多次呼吁保护人们免受报复。[4]

2000年,关于人权维护者的特别程序得以设立(见第六章B,2000年——人权维护者),补充了对与人权机制合作者的报复行为的关注,两者得以并行发展。在人权委员会向理事会过渡期间以及在随后的几年里,这些报告仍在持续提供。[5]

---

① E/CN. 4/1993/122, resolution 1993/64 of 10 March 1993.

② 秘书长关于恐吓和/或报复案件的报告可见于下列文件:E/CN. 4/1992/25; E/CN. 4/1993/38; E/CN. 4/1994/52; E/CN. 4/1995/53; E/CN. 4/1996/57; E/CN. 4/1997/50; E/CN. 4/1998/57; E/CN. 4/1999/27; E/CN. 4/2000/101; E/CN. 4/2001/34; E/CN. 4/2002/36; E/CN. 4/2003/34; E/CN. 4/2004/29; E/CN. 4/2005/31; E/CN. 4/2006/30。

③ E/CN. 4/1994/132, resolution 1994/70 of 9 March 1994; E/CN. 4/1995/176, resolution 1995/75 of 8 March 1995; E/CN. 4/1996/177, resolution 1996/70 of 23 April 1996; E/CN. 4/1997/150, resolution 1997/56 of 15 April 1997; B/CN. 4/1998/177, resolution 1998/66 of 21 April 1998; E/CN. 4/1999/167, resolution 1999/16 of 23 April 1999; E/CN. 4/2000/167, resolution 2000/22 of 18 April 2000; E/CN. 4/2001/167, resolution 2001/11 of 18 April 2001; E/CN. 4/2002/200, resolution 2002/17 of 19 April 2002; E/CN. 4/2003/135, resolution 2003/9 of 16 April 2003; E/CN. 4/127, resolution 2004/15 of 15 April 2004; E/CN. 4/2005/135, resolution 2005/9 of 14 April 2005.

④ E/CN. 4/1993/122, resolution 1993/64 of 10 March 1993.

⑤ A/HRC/4/58; A/HRC/7/45 and A/HRC/10/36; A/HRC/14/19; A/HRC/18/19; A/HRC/21/18; A/HRC/27/38; A/HRC/30/29.

人权理事会在 2009 年首次讨论了这个问题。[①] 它请各国

> 对寻求或曾经与联合国、联合国代表和机构在人权领域进行合作的个人和组织,确保他们得到充分保护,免遭恐吓或报复,重申各国有义务消除恐吓或报复行为有罪不罚的现象,根据国际标准,将罪犯及其同谋者绳之以法,并为受害人提供有效的补救。[②]

2012 年,人权理事会举行了一次小组讨论会,“讨论针对在人权领域与联合国、其代表和机制合作或已经合作的个人和团体的恐吓或报复问题”[③]。

2013 年,人权理事会要求“设立一个联合国范围内的高级协调中心,与所有利益攸关方,特别是会员国接触,促进预防、保护和追究报复和恐吓行为,并鼓励对此类行为做出迅速和有效的统一反应”[④]。

报复情况成为影响特别程序工作的一个主要问题。2014 年,在其年度会议上,特别程序的任务负责人在工作的主要挑战方面提到了对与他们合作的人的报复行为:

> 尽管系统不断扩大,特别程序对保护和促进人权做出了重大贡献,但系统仍然面临严峻的挑战,包括资金不足,这对其活动产生了影响。在人权领域与联合国、其代表和机制合作的人遭到报复,以及某些国家不与任务负责人合作,都是令人十分关切的问题……
>
> 一些[任务负责人]报告了在国家访问之前、期间和之后对愿意与他们接 183
> 触的妇女和其他对话者进行恐吓和报复的情况。一位任务负责人举了一个他自己在国家访问后的具体例子……因此,有必要制定一个系统的方法来解决这个问题,并保护消息来源,由于新的电子方式,他们现在更容易受到

---

① A/HRC/12/50, resolution 12/2 of 1 October 2009. See also E/CN.4/2006/30; A/HRC/4/58; A/HRC/7/45 and A/HRC/10/36.

② A/HRC/12/50, resolution 12/2 of 1 October 2009.

③ A/HRC/22/34. See also A/HRC/18/2, decision 18/118 of 29 September 2011; A/HRC/21/2 paras 219-225.

④ A/HRC/24/2, resolution 24/24 of 27 September 2013.

> 影响……
>
> 他们表示有必要建立一个高级别机制来应对那些参与报复的国家……
>
> 任务负责人还提到了各国和非政府组织对任务负责人的诽谤性、人身攻击,并强调理事会应更积极地应对这种攻击。

特别程序协调委员会(Coordinating Committee for Special Procedures)已向人权理事会主席、秘书长、高级专员和民间社会提出了这些问题。在与成员国的会议上,协调委员会"请理事会做出更正式的反应,谴责这些行动"[①]。

2015 年,秘书长向人权理事会提交了关于报复行为的报告。其中的结论是:

> 虽然国家的首要义务是保护那些在人权领域与联合国合作的人,并确保他们可以安全和不受阻碍地这样做,但本报告中描述的案件表明,令人担忧的是,这些行为恐吓和报复的行为往往是由政府官员或国家代表所为。

这种行为是"完全不可接受的,必须立即和无条件地停止"。[②]

民间社会空间(2013 年)

人权理事会在 2013 年讨论了议题"民间社会空间:在法律和实践上创建和维护一个安全和有利的环境",并敦促"各国在法律和实践中创建和维护一个安全和有利的环境,使民间社会能够不受阻挠地安全运作"。理事会呼吁就民间社会空间的重要性进行小组讨论,"这将有助于确定各国在努力确保民间社会空间方面面临的挑战以及吸取的经验教训和良好做法"。[③]

2014 年,人权理事会收到了小组讨论会的报告[④],并要求"根据良好的做法和经验教训,为民间社会创建和维护一个安全和有利的环境的实用建议做一个汇
184 编"[⑤]。2016 年,理事会收到了高级专员关于"优化民间社会变革潜力"的良好做

① A/HRC/28/41 paras 51, 56-59, 88.

② A/HRC/30/29. See also A/72/53/Add. 1, resolution 36/21 of 29 September 2017.

③ A/HRC/24/2, resolution 24/21 of 27 September 2013.

④ A/HRC/27/33.

⑤ A/HRC/27/2, resolution 27/31 of 26 September 2014. A/32/20.

法的报告[①],并邀请各国“和其他利益相关者参与,在自愿的基础上,向人权理事会第三十五届会议[2017年]通报为执行该报告所载建议而采取的措施”。[②]

2018年,人权理事会审议了高级专员关于“民间社会与国际和区域组织接触的程序和做法”的报告[③]以及高级专员之前的报告中的良好做法汇编[④],并请其提交一份进展报告。[⑤]

1987年——健康

《经济、社会及文化权利国际公约》第十二条规定了人人有权享有能达到的体质和心理健康的标准。2000年,经济、社会及文化权利委员会就《经济、社会及文化权利国际公约》第十二条发表了一般性意见。[⑥]

2002年,人权委员会任命了一名关于“人人有权享有能达到的最高标准健康”问题的特别报告员。[⑦]

人权理事会成立后亦保留了这个议题(见第六章B,2002年——健康)。

精神健康(1978年)

人权委员会与防止歧视和保护少数小组委员会在20世纪70年代末至80年代初重点关注了保护因精神疾病而被拘留的人,并由此产生了小组委员会特别报告员艾瑞卡·戴斯编写的保护因精神疾病或患有精神障碍而被拘留的人的原则、准则和保障。[⑧](见上文,1968年——科技与人权,保护因精神疾病而被拘留的人[1977年];亦见上文,1963年——司法行政,任意拘留[1985年],因精神不健康而被拘留的人[1980年])

---

① A/32/20.

② A/HRC/32/2, resolution 32/31 of 1 July 2016.

③ A/HRC/38/18.

④ A/HRC/32/20.

⑤ A/HRC/38/2, resolution 38/12 of 6 July 2018.

⑥ E/C. 12/2000/4 General Comment No. 14 (2000).

⑦ E/CN. 4/2002/200, resolution 2002/31 of 22 April 2002.

⑧ E/CN. 4/Sub. 2/1983/17/Rev. 1.

人权理事会在2016年处理了这个问题,要求一份关于"将人权观点纳入心理健康和实现心理健康状况或社会心理障碍者的人权和基本自由,包括使用精神健康和社区服务的人"的报告。[1] 理事会在2017年收到了健康权问题特别报告
185 员[2]和残疾问题特别报告员[3]的报告,[4]并要求"协商……讨论与在心理健康方面实现人权观点有关的所有相关问题和挑战"[5]。

对艾滋病毒/艾滋病患者的歧视(1987年)

随着20世纪80年代末艾滋病毒(HIV)/艾滋病(AIDS)大流行的出现,人们开始关注对健康权的保护。1987年,在世界卫生大会推出防治该流行病的全球战略后,经济及社会理事会首次讨论了"预防和控制艾滋病"的问题。1987—1990年间,联合国大会和经济及社会理事会的一系列决议都以此为主题。[6]

1988年,小组委员称它所收到的信息和材料"足以让人考虑小组委员会是否应该研究这个问题"[7],并做出决定,任命了一名该问题的特别报告员路易斯·巴雷拉·基罗斯(Luis Varela Quirós)。[8] 小组委员会的特别报告员于1994年提交了他的报告。[9]

---

① A/HRC/32/2, resolution 32/18 of 1 July 2016.

② A/HRC/35/21.

③ A/HRC/34/58.

④ A/HRC/34/32.

⑤ A/72/53/Add. 1, resolution 36/13 of 28 April 2017.

⑥ The following are the main resolutions: General Assembly resolutions 42/8 of 26 October 1987 (A/42/PV. 48; A/42/L. 7/Rev. 1); 43/15 of 22 October 1988 (A/42/PV. 38, A/43/750/Add. 1); 44/233 of 22 December 1989, (A/44/PV85, A/44/832/Add. 1); 45/187 of 21 December 1990, (A/45/PV71, A/45/848); 46/203 of 20 December 1991 (A/46/PV79, A/46/727). Economic and Social Council resolutions 1987/75 of 8 August 1987; 1988/55 of 27 July 1988; 1989/108 of 27 July 1989; 1990/86 of 27 July 1990.

⑦ 防止歧视及保护少数小组委员会,1988年9月1日第1988/111号决定:

> 基于世界卫生组织、国际法学家委员会和某些成员向小组委员会第四十届会议提供的资料。关于歧视HIV病毒携带者或患有艾滋病的人的问题,连同1987年10月26日联合国大会第42/8号决议和1988年5月3日世界卫生大会WHA41.24号决议提出的建议,有理由考虑组委员会是否应该研究这个问题。

⑧ E/CN. 4/1984/77, resolution 1990/65 of 7 March 1990.

⑨ E/CN. 4/1993/122, resolution 1993/53 of 9 March 1993. See also E/CN. 4/1992/84, resolution 1992/56 of 3 March 1992; E/CN. 4/1993/122, resolution 1993/53 of 9 March 1993 and E/CN. 4/Sub, 2/1990/9; E/CN. 4/Sub. 2/1991/10 and E/CN. 4/Sub. 2/1992/10 and E/CN. 4/Sub. 2/1993/9.

1989年7月,人权事务中心和世界卫生组织的全球艾滋病计划召开了一次全球协商会议。对艾滋病毒/艾滋病的关注为正在出现的整个联合国系统人权主流化(mainstreaming)提供了一座里程碑(见第八章E,“伟大事业”的主流化[1994年])。

人权委员会欢迎世界卫生组织执行委员会关于“最终建立一个联合和共同赞助的联合国艾滋病毒/艾滋病方案[United Nations Programme on HIV/AIDS, UNAIDS]的建议,并敦促将人权问题纳入实施新方案的战略中”[①]。委员会欢迎在1996年设立联合国艾滋病方案,并请高级专员“继续努力,与联合国艾滋病方案和非政府组织以及艾滋病毒/艾滋病感染者团体合作,拟订关于在艾滋病毒/艾滋病方面促进和保护尊重人权的准则”[②]。

1995年,人权委员会确认,现有的国际人权标准“禁止以艾滋病或艾滋病毒情况——实际或被假定受感染——为由的歧视……国际人权文书不歧视条款中‘或 186
其他状况’应被理解为包括健康情况,包括艾滋病毒/艾滋病”[③]。

1997年召开了第二次全球协商会议。这次协商会议产生了一套关于在艾滋病毒/艾滋病情况下促进和保护人权的准则。[④]

1999年及其后几年,人权委员会敦促各国政府采取措施,包括与适用准则有关的措施,以加强国家机制,消除对艾滋病毒/艾滋病感染者和受影响者的歧视和侮辱,“特别是妇女……以便保护披露其艾滋病毒状况的感染者、被推定为感染者和其他受影响者免受暴力、侮辱和其他负面影响”[⑤]。

2001年,联合国大会在一次专门讨论艾滋病问题的特别会议上通过了《关于艾滋病毒/艾滋病问题的承诺宣言》;[⑥]2003年,儿童权利委员会通过了一项关于艾滋病毒/艾滋病和儿童权利的一般性意见。[⑦]

---

① E/CN. 4/1994/132, resolution 1994/49 of 4 March 1994.

② E/CN. 4/1996/177, resolution 1996/43 of 19 April 1996.

③ E/CN. 4/1995/176, resolution 1995/44 of 3 March 1995.

④ E/CN. 4/1997/150, resolution 1997/33 of 11 April 1997: a Global Consultation on HIVAIDS and Human Rights 26 to 28 July 1989 Annex. See E/CN. 4/1997/37 Second International Consultation on HIV/AIDS and Human Rights (Geneva, 23–25 September 1996) Annex I.

⑤ E/CN. 4/1999/167, resolution 1999/49 of 27 April 1999; E/CN. 4/2001/167, resolution 2001/51 of 24 April 2001; E/CN. 4/2003/135, resolution 2003/47 of 23 April 2003; E/CN. 4/2005/135, resolution 2005/84 of 21 April 2005.

⑥ General Assembly twenty-sixth special session, resolution S–26/2 of 27 June 2001, Annex.

⑦ Committee on the Rights of the Child, Committee on the Rights of the Child thirty-second session, General Comment no 3 (2003).

人权委员会讨论了在艾滋病毒/艾滋病、结核病和疟疾等大流行病的背景下获取药物的问题,并呼吁各国"根据适用的国际法,包括已加入的国际条约,推行政策",以促进:

> (a) 有足够数量的药品和医疗技术用于治疗艾滋病毒/艾滋病等大流行病或伴随这些疾病的最常见的机会性传染病;
>
> (b) 所有人,包括人口中最脆弱的部分,都能不受歧视地获得这种药品或医疗技术,以及包括社会弱势群体在内的所有人的负担能力;
>
> (c) 保证用于治疗艾滋病毒/艾滋病等大流行病或与之相伴的最常见的机会性感染的药品或医疗技术,无论其来源和来源国如何,在科学上和医学上都是适当并具有良好质量。[1]

2006 年,联合国大会在一次高级别会议上通过了《关于艾滋病毒/艾滋病问题的政治宣言》。[2]

人权理事会在其关于该主题的第一项决定中,要求对探索"新的和创新的融
187 资机制进行研究,同时考虑现有的融资机制,从人权的角度来看,这可以帮助改善个人获得抗击这些流行病的药物的机会"[3]。

2009 年,人权理事会在有关特别程序的工作中提到了"保护人权和有效应对艾滋病毒/艾滋病流行之间的关键交叉点"。理事会向其活动的三个主要部门提出,并请它们在各自领域加强对艾滋病毒/艾滋病的关注。[4]

2002 年,人权委员会任命了人人有权享有最高标准能达到的健康问题特别报告员,从而进一步发展了对健康权的关注。[5] (见第六章 B,2002 年——健康)2010 年,人权理事会请特别报告员"继续为分析特别影响发展中国家的艾滋病毒/艾滋病疫情的人权层面做出贡献,包括分析发展中国家成员享有健康权的问题……所

---

① E/CN. 4/2001/167 resolution 2001/33 of 23 April 2001; E/CN. 4/2002/200 resolution 2002/32 of 22 April 2002; E/CN. 4/2003/135 resolution 2003/29 of 22 April 2003; E/CN. 4/2004/127 resolution 2004/26 of 16 April 2004; E/CN. 4/2005/135 resolution 2005/23 of 15 April 2005.

② General Assembly sixtieth session, resolution 60/262 of 2 June 2006, Annex.

③ A/HRC/2/9, decision 2/107 of 27 November 2006.

④ A/HRC/12/50, resolution 12/27 of 2 October 2009.

⑤ E/CN. 4/2002/200, resolution 2002/31 of 22 April 2002.

有易受和受该流行病影响的人群”[①]。

2011 年,人权理事会除了敦促各国政府和人权系统的其他部门在预防、规划和以其他方式处理艾滋病毒/艾滋病方面加强努力外,还决定举行一次小组讨论会,

> 倾听感染艾滋病毒/艾滋病者或受艾滋病毒/艾滋病影响者,尤其是青年人、妇女和孤儿的声音,以便为按时实现千年发展目标(Millennium Development Goals)6,遵照《关于艾滋病毒/艾滋病问题的政治宣言》和《关于艾滋病毒/艾滋病问题的承诺宣言》,在加强人权在艾滋病毒/艾滋病对策中的中心位置时考虑他们的经历。[②]

该小组讨论会于 2012 年 3 月 20 日举行。[③]

人权理事会欢迎联合国大会决定在 2016 年召开一次关于艾滋病毒/艾滋病的高级别会议,并决定在关于艾滋病毒/艾滋病和人权的国际准则制定二十周年之际,召开一次小组讨论会,“讨论在努力到 2030 年结束艾滋病毒/艾滋病流行的背景下解决人权问题的进展和挑战”[④]。

2018 年,人权理事会收到了关于 2017 年社会论坛的报告,该报告侧重于在艾滋病毒/艾滋病背景下保护人权的问题。[⑤] 它提请对此展开磋商,并

> 请联合国人权事务高级专员与联合国艾滋病毒/艾滋病联合规划署协作,在 2019 年上半年组织一次为时一天半的协商会议,讨论涉及在应对艾滋病毒时尊重、保护和实现人权方面的所有相关问题和挑战,并侧重于区域和次区域战略和最佳做法。[⑥]

---

① A/HRC/15/60, resolution 15/22 of 30 September 2010.

② A/HRC/16/60, resolution 16/28 of 25 March 2011.

③ A/HRC/19/2 paras 121-125.

④ A/HRC/30/2, resolution 30/8 of 1 October 2015.

⑤ A/HRC/37/74.

⑥ A/HRC/38/2, resolution 38/8 of 5 July 2018.

188

麻风病(2008年)

2009年,咨询委员会向人权理事会提交了“一套关于消除对麻风病人及其家人的歧视的原则和指导方针草案”。理事会请咨询委员会征求意见并最终确定该指导原则草案。[①] (见第六章B,2017年——麻风病患者)

获得药物的机会(2009年)

人权理事会在2009年讨论了这一问题,并“鼓励[健康权问题]特别报告员在其现有任务范围内纳入获得药品的人权问题”[②]。

2015年召开的社会论坛重点讨论了药品的获取问题。[③] 人权理事会在2016年亦专门讨论了这个议题,并强调“各国有责任确保所有人都能不受歧视地获得药品,特别是负担得起、安全、有效和高质量的基本药品”。理事会决定在2017年召开一次小组讨论会,“重点讨论与获得药品有关的良好做法和关键挑战,这是健康权的基本要素之一……残疾人应能充分参与讨论”。[④]

埃博拉(2014年)

人权理事会在2014年处理了埃博拉疫情(Ebola epidemic)问题。它呼吁

> 国际社会、人权理事会特别程序任务负责人、联合国人权事务高级专员办事处以及有关联合国专门机构和区域及次区域组织……尽最大努力,通过为受疫情影响各国提供技术、物资和资金援助,消除埃博拉病毒对其国内享有人权状况的影响。[⑤]

---

① A/HRC/AC/3/2, recommendation 3/1 of 7 August 2009; A/HRC/12/50, resolution 8/13 of 18 June 2008.

② A/HRC/12/50, resolution 12/24 of 2 October 2009; A/HRC/23/2, resolution 23/14 of 13 June 2013.

③ A/HRC/29/44.

④ A/HRC/32/2, resolution 32/15 of 1 July 2016.

⑤ A/HRC/27/2, President's statement PRST 27/4 of 26 September 2014.

人权理事会在2015年讨论了“加强公共卫生的能力建设,以应对埃博拉和艾滋病毒/艾滋病等大流行病”这一问题,并呼吁“发展有弹性和可持续的卫生系统……以加快向普遍获得优质保健服务和全民医保过渡,从而促进不受干扰、负担得起和可获得的优质保健服务,防止大规模大流行病”。[1]

公共卫生(2016年) 189

人权理事会在2016年讨论了加强公共卫生能力建设的问题,当时它“认识到以优惠条件向发展中国家转让无害环境技术的根本……重要性”,请成员国“促进公共卫生系统建设,确保实现人人享有最高标准身心健康的权利,包括处于弱势的人”,并召开了一次小组讨论会,“目的是交流关于通过加强公共卫生能力建设,实现人人享有健康权利的经验和做法”。[2]

1988年——贪污

公职人员以欺诈手段致富(1988年)

1987年,防止歧视和保护少数小组委员会讨论了“收回侵犯人权者非转移的国家资产”的问题,并建议人权委员会

> 请各国政府,特别是瑞士和美利坚合众国政府,尽力帮助确保迅速收回被马科斯夫妇(Mr. and Mrs. Marcos)非法转移的属于菲律宾人民的财产和被杜瓦利尔家族(Duvalier family)非法转移的属于海地人民的财产。[3]

人权委员会在1988年采取了后续行动,请“所有相关国家合作,迅速收回分别由马科斯和杜瓦利埃家族非法转移的属于菲律宾和海地人民的资产”[4]。

1992年,人权委员会讨论了“国家高级官员损害公共利益的欺诈性致富行为、

---

① A/HRC/30/2, President's statement PRST/30/2 of 2 October 2015.

② A/HRC/32/2, resolution 32/16 of 1 July 2016.

③ E/CN. 4/Sub. 2/1987/42, resolution 1987/14 of 2 September 1987.

④ E/CN. 4/1988/88, resolution 1988/20 of 7 March 1988.

对其负责的因素以及各国参与这种欺诈性致富行为的代理人”。委员会遗憾地指出,“虽然国际法不认为挪用公款是政治犯罪,而是赋予其普通犯罪的性质,但大多数国家的法律和司法实践都不允许引渡犯有此类挪用公款罪的人”。[①]

善治(2000年)

2000年,人权委员会强调,

> 在国家一级加强良好管理,包括通过建立有效的负责的机构促进增长和可持
> 190 续的人的发展等手段加强良好管理,对所有各国政府而言都是一个持续的进程,无论有关国家发展程度如何;并请人权事务高级专员邀请所有各国提供在国家一级有效地加强增进人权的良好管理做法的实际活动案例,包括国家间发展合作范围内的活动,以便纳入一个供参考的设想及做法汇编,供感兴趣各国在需要时查阅。[②]

2004年,高级专员和联合国开发计划署组织了一次关于促进人权的良好治理做法的研讨会,[③]其讨论内容包括

> 强调必须在国家内部和国际一级采取措施,促进透明度和打击腐败,包括使《联合国反腐败公约》和《联合国打击跨国有组织犯罪公约》生效和实施,以消除腐败及其对人权的多种不利影响。[④]

2008年,人权理事会“注意到……《联合国反腐败公约》缔约国会议第一和第二届会议的成果”,并欢迎“关于反腐败、善治和人权”的联合国会议。[⑤] 2012年,

---

① E/CN. 4/1992/84, resolution 1992/50 of 3 March 1992.

② E/CN. 4/2000/167, resolution 2000/64 of 26 April 2000. See also E/CN. 4/2001/167, resolution 2001/72 of 25 April 2001; E/CN. 4/2002/200, resolution 2002/76 of 25 April 2002.

③ E/CN. 4/2005/97.

④ E/CN. 4/2003/135, resolution 2003/65 of 24 April 2003. See also E/CN. 4/2004/127, resolution 2004/70 of 21 April 2004; E/CN. 4/2005/135, resolution 2005/68 of 20 April 2005.

⑤ A/HRC/7/78, resolution 7/11 of 27 March 2008.

理事会“欢迎普遍批准《联合国反腐败公约》的日益增长的趋势”[1]。

2014年,人权理事会讨论了高级专员关于“公共服务作为善治的重要组成部分的作用”问题的报告,[2]次年,理事会举行了关于“基于人权的公共服务善治方法”的小组讨论会。[3]

2018年,人权理事会收到了一份关于“联合国系统促进善治在促进和保护人权方面的作用的活动和方案”的报告[4],并要求举行为期半天的研讨会,“讨论善治在促进和保护人权方面的作用,以及分享在执行可持续发展目标包括目标1方面的最佳做法”[5]。同年,理事会讨论了“通过透明、负责任和高效的公共服务促进人权和可持续发展目标”这一议题,并引用了高级专员关于“公共服务作为善治的重要组成部分的作用”问题的报告。[6]

非法来源的资金(2011年) 191

2011年,人权理事会讨论了“不把非法资金归还来源国对享受人权的负面影响”这一议题。理事会注意到《联合国反腐败公约》和《联合国打击跨国有组织犯罪公约》已经生效。[7]

高级专员在2012年提交了一份关于这个问题的全面研究报告,其中描述了资金返还的主要障碍、对国家履行人权义务能力的影响,并建议采取措施“减少资金未被返还的消极影响”[8]。人权理事会讨论了《反腐败公约》,并“呼吁进一步开展国际合作,特别是通过联合国系统,支持……防止和打击腐败行为和转移非法来源资产的努力”。理事会强调,“还有一项共同的责任,即遵守和尊重所有适用的法律和人权,并需要让受害者有更多机会获得有效的补救,以便按照商业和人权

---

① A/HRC/19/2, resolution 19/20 of 23 March 2012.

② A/HRC/25/27.

③ A/HRC/31/28, See also A/HRC/25/2, resolution 25/8 of 27 March 2014 and A/HRC/31/2, resolution 31/14 of 23 March 2016.

④ A/HRC/34/28.

⑤ A/HRC/37/2, resolution 37/6 of 22 March 2018.

⑥ A/HRC/37/2, resolution 37/7 of 22 March 2018. See also A/HRC/25/27.

⑦ A/HRC/17/2, resolution 17/23 of 17 June 2011.

⑧ A/HRC/19/42 IV. See A/HRC/19/2, resolution 19/38 of 23 March 2012.

指导原则的规定,有效预防和补救与商业有关的人权损害”。[①]

人权理事会欢迎2013年关于腐败对享受人权的负面影响的小组讨论会,[②]并在2015年“感兴趣地注意到……咨询委员会关于腐败对享受人权的负面影响的最终报告”[③]。理事会要求“汇编各国、国家人权机构、国家反腐败当局、民间社会和学术界为消除腐败的负面影响所做的努力的最佳做法”[④]。

在2013年,人权理事会

> 欢迎《联合国反腐败公约》缔约国会议第四届会议决定举行关于开展国际合作向各国提供关于引渡和法律互助的咨询和援助问题的不限名额政府间专家会议;赞赏地注意到世界银行集团和联合国毒品和犯罪问题办公室的被盗资产追回行动。

理事会请外债影响问题独立专家“继续努力编写关于‘不把非法来源的资金归还来源国……的负面影响’的深入研究”。[⑤] 该研究报告已于2014年提交给理事会。[⑥] 外债问题独立专家在2015年和2016年进一步处理了这个问题。[⑦] (见第六章B,1998年——外债)

192 人权理事会在2016年请咨询委员会“就非法来源的资金流动和不归还来源国对享有人权的影响进行全面的研究”[⑧]。2017年,理事会请它再进行一项研究,关于“有无可能在完成必要的法律程序的同时,按照本国的优先事项利用未归还的非法资金,包括将其货币化和(或)建立投资基金”问题。[⑨] 该研究报告已于

---

① A/HRC/17/31 Annex.

② A/HRC/23/26.

③ A/HRC/23/2, resolution 23/9 of 13 June 2013. See also A/HRC/19/2 resolution 19/38 of 23 March 2012; A/HRC/21/2, resolution 21/13 of 27 September 2012; A/HRC/26/2, decision 26/115 of 26 June 2014; A/72/53, resolution 35/25 of 23 June 2017; A/HRC/26/42; A/HRC/28/73.

④ A/HRC/29/2, resolution 29/11 of 2 July 2015. See also A/72/53, resolution 35/25 of 23 June 2017.

⑤ A/HRC/22/2, resolution 22/12 of 21 March 2013.

⑥ A/HRC/25/52.

⑦ A/HRC/22/42 and Corr. 1; A/HRC/28/60 and Corr. 1; A/HRC/31/61.

⑧ A/HRC/31/2, resolution 31/22 of 24 March 2016.

⑨ A/72/53, resolution 34/11 of 23 March 2017.

2017年提交理事会。[1]

腐败和酷刑(2018年)

人权理事会援引了防范酷刑小组委员会关于"一个国家内的腐败程度与酷刑的普遍程度"之间关联的表述。[2](见第七章A2,核心公约,酷刑[1976年],酷刑公约任择议定书[2002年])。

1989年——环境

防止歧视和保护少数小组委员会于1989年首次讨论了环境与人权的问题。1995年,在小组委员会完成有关环境的工作后,人权委员会开始讨论其中一个方面,即有毒废物问题。2000年,委员会讨论了一项令其关注领域扩展至整个环境与人权问题的建议。

1996年,人权委员会在"实现经济、社会和文化权利以及研究发展中国家在实现这些人权的努力中所面临的特殊问题"的大背景下[3],对环境和有毒废物的倾倒问题进行了审议。[4]

2002年及随后几年,委员会召开关于人权和环境的专家会议和专家研讨会[5],将环境"作为可持续发展的一部分"进行了讨论。[6]

人权理事会在2012年就此问题设立了一名独立专家(见第六章B,2012年——环境)。

---

① A/HRC/28/73; A/72/53/Add. 1, A/72/53, resolution 35/25 of 23 June 2017.

② Committee against Torture, CAT/C/52/2. See resolution 37/19 of 23 March 2018.

③ E/CN. 4/2002/109; E/CN. 4/2002/WP. 7.

④ E/CN. 4/1996/177, resolution 1996/13 of 11 April 1996.

⑤ E/CN. 4/1996/177, resolution 1996/13 of 11 April 1996.

⑥ E/CN. 4/2002/200, resolution 2002/75 of 25 April 2002. See also E/CN. 4/2003/135, resolution 2003/71 of 25 April 2003; E/CN. 4/2005/135, resolution 2005/60 of 20 April 2005.

193

环境问题特别报告员——小组委员会(1989—1994年)

1989年,小组委员会请其成员之一法蒂玛·祖赫拉·克森提尼(Fatma Zohra Ksentini)编写"一份简明的说明,列出可以进行相关研究的方法"。在此之前,小组委员会收到"地球之友(Friends of the Earth)、塞拉俱乐部(the Sierra Club)和人道主义律师协会以及某些成员提供的关于人权和环境的资料,以及《2000年环境展望》"的启发,这为其决定处理这一问题提供了依据。①

人权委员会于1991年批准了小组委员会的决定②,让特别报告员法蒂玛·克森提尼女士负责编写一份关于人权与环境的研究报告。委员会的行动与1992年在里约热内卢举行的环境与发展会议的筹备工作同时进行。

小组委员会的特别报告员于1994年提交了一份最终报告。③ 该特别报告员建议"在联合国人权事务中心内设立一个协调中心来处理这个问题;应任命一名人权委员会的特别报告员"④。

特别报告员提交了一份关于人权和环境的原则宣言草案,"表示希望该草案将有助于联合国在目前的联合国国际法十年期间通过一套巩固享有满意环境的权利的规则"⑤。

此后,人权委员会着手处理有毒废物问题,任命法蒂玛·克森提尼为特别报告员(见下文,1989年——环境,有毒废物[1989年])。同时,委员会继续审议环境问题,由秘书长提交报告,其中包括各国政府、政府间组织和非政府组织的意见。⑥ 1997年,人权委员会将这些报告及其简要记录送交联合国大会关于21世纪议程(Agenda 21)的特别会议。⑦

---

① E/CN. 4/Sub. 2/1989/58, decision 1989/108 of 31 August 1989. See also E/CN. 4/Sub. 2/1990/12.

② E/CN. 4/1990/94, resolution 1990/41 of 6 March 1990; E/CN. 4/1991/91 resolution 1991/44 of 5 March 1991.

③ E/CN. 4/Sub. 2/1994/9. See also E/CN. 4/Sub. 2/1992/7; E/CN. 4/Sub. 2 1993/7; E/CN. 4/1997/18, E/CN. 4/1993/122, decision 1993/114 of 10 March 1993 and E/CN. 4/1995/176, resolution 1995/14 of 24 February 1995; E/CN. 4/1996/177, resolution 1996/13 of 11 April 1996.

④ E/CN. 4/Sub. 2/1994/9 VL B para 260.

⑤ E/CN. 4/Sub. 2/1994/9 VL B para 261 Annex I and Annex II.

⑥ E/CN. 4/1996/23 and Add. 1; E/CN. 4/1997/18.

⑦ E/CN. 4/1999/89 paras 1-4.

1999年的报告总结了所收到的唯一答复(来自粮农组织[Food and Agriculture Organization of the United Nations, FAO]),并提出了“对1997年6月23日至28日举行的关于21世纪议程的大会第十九届特别会议的审议中所反映的人权、环境问题和可持续发展方面的共同利益和关注的主题进行了简明的分析”①。

2000年,加强委员会机制有效性问题工作组审议了

> 将非法运输有毒废物的不良影响问题特别报告员的任务改为人权与环境问题特别报告员的任务……工作组……建议人权委员会……考虑扩大任务范围。然而,扩大后的任务主题需要比“人权和环境”得到更精确的界定。② 194

2002年1月,高级专员办事处和联合国环境规划署(United Nations Enviroment Programme, UNEP)召开了一次专家会议③,并举行了一次关于人权和环境问题的研讨会,提出了“可能对联合国环境与发展会议的十年审查有用……的一系列意见”④。

从2002年起到2006年的最后一届会议止,人权委员会将人权与环境问题作为可持续发展的一部分保留在议程中,并鼓励人权事务高级专员和联合国环境规划署在“能力建设活动中的努力”方面进行合作。⑤

2011年,“为了积极促进2011年在南非德班举行的联合国气候变化会议取得成功”,人权理事会要求“对人权与环境的关系进行详细的分析研究”。⑥ 最终的研究报告

> 探讨了人权与环境关系中的理论问题;主要的环境威胁及其对人权的影响;环境保护如何有利于实现人权;国家宪法纳入环境权利和义务的程度;《联合国宪章》和人权条约机构在人权和环境关系方面的工作;区域人权机构不断

---

① E/CN.4/1999/89 paras 1-4.

② E/CN.4/1988/88, decision 2000/109 of 26 April 2000, Annex I, para 15.

③ E/CN.4/2002/WP.7.

④ E/CN.4/2002/200, resolution 2002/75 of 25 April 2002.

⑤ E/CN.4/2002/200, resolution 2002/75 of 23 April 2002; E/CN.4/2003/135, resolution 2003/71 of 25 April 2003; E/CN.4/2005/135, resolution 2005/60 of 20 April 2005.

⑥ A/HRC/15/60, resolution 16/11 of 24 March 2011.

发展的判例;以及人权与环境的域外方面的辩论。①

该研究得出的结论是:

> 自1972年斯德哥尔摩举行的联合国人类环境会议以来,各个国家、国际机构和民间社会开始越来越多地关注人权与环境间的关系。人权理事会指出,可持续发展和保护环境能够促进人类的福祉和享有人权。斯德哥尔摩会议后缔结的一些人权文书明确提及环境问题,或承认享有健康环境的权利。同样,大量环境文书也明确地阐述了保护人类健康、环境及人类共同遗产的目标。此外,许多国家已经在本国宪法中纳入了环境权利和义务。人权理事会还指出,损害环境会对有效享有人权带来直接和间接的不利影响。在这方面,各人权条约机构在一般性意见、有关个人申诉的决定和结论性意见中,处理了各自条约所保护的权利的环境方面问题。②

195 研究报告建议"人权理事会可以考虑……除其他外,建立一个关于人权和环境的特别程序,组织一个高级别小组或呼吁对当前的问题进行进一步或更具体的研究"③。

有毒废物(1989年)

人权委员会于1989年首次讨论这一问题,当时通过了小组委员会提出的一项决议,请联合国环境规划署"加快行动,制定控制危险废物越境转移的全球公约"④。

1990年,委员会注意到1989年3月22日通过的《控制危险废物越境转移及其处置巴塞尔公约》(Basel Convention on the Control of Trans-boundary Movements of Hazardous Wastes and Their Disposal)的最后文件,并注意到非洲国家集团尚未签署

---

① A/HRC/19/34 I para 5.

② A/HRC/19/34 X paras 74-77.

③ A/HRC/19/34, X para 79.

④ E/CN. 4/1989/36, resolution 1989/42 of 6 March 1989.

该公约。委员会请联合国环境规划署“与非洲统一组织进行谈判,以便找到解决这一问题的全球办法”[1]。

次年,人权委员会欢迎《关于禁止向非洲输入一切形式有害废物并管制在非洲产生的此类废物的越境转移的巴马科公约》(Bamako Convention on the Ban of the Import of All Forms of Hazardous Wastes into Africa and the Control of Trans-boundary Movement of Such Wastes Generated in Africa)获得通过。[2]

这个问题在1993年得到审议,当时人权委员会欢迎1992年11月在突尼斯举行的世界人权会议非洲区域会议上通过的最后宣言,[3]其中提到了倾倒有毒和危险产品及废物的环境后果及其对人类生活的影响。委员会敦促“国际社会向非洲和其他发展中国家提供必要的支持,帮助它们努力执行关于有毒和危险产品及废物越境转移和倾倒的现有国际和区域文书的规定”[4]。

1995年,人权委员会注意到小组委员会特别报告员法蒂玛·克森提尼关于人权和环境问题的最终报告[5],并将其任命为本机构的有毒废物问题特别报告员(见第六章B,1995年——有毒废物)。

气候变化(2008年)

2009年,人权理事会收到了一份“关于气候变化与人权之间关系的详细分析研究报告”[6]。理事会决定就这一主题举行一次小组讨论会,作为对实现《巴厘岛行动计划》(Bali Action Plan)目标和《气候变化框架公约》(the Framework Convention on Climate Change)缔约方会议的贡献。[7]

2011年,人权理事会要求在《气候变化框架公约》秘书处、联合国环境规划署和联合国开发计划署的协助下组织一次研讨会,主题是关于“解决气候变化对充分享有人权的不利影响”的方案。[8] 196

---

① E/CN.4/1990/94, resolution 1990/43 of 6 March 1990.

② E/CN.4/1991/91, resolution 1991/47 of 5 March 1991. See also E/CN.4/Sub.2/1990/7.

③ A/CONB.157/AFRM/14-A/CONF.157/PC/57.1.

④ E/CN.4/1993/122, resolution 1993/90 of 10 March 1993.

⑤ E/CN.4/1995/176, resolution 1995/14 of 24 February 1995.

⑥ A/HRC/10/61. See also A/HRC/7/78, resolution 7/23 of 28 March 2008.

⑦ A/HRC/10/29, resolution 10/4 of 25 March 2009.

⑧ A/HRC/18/2, resolution 18/22 of 20 September 2011.

2014年,人权理事会“欢迎高级专员办事处召开研讨会,以讨论2012年2月23日和24日举行的关于应对气候变化对充分享有人权的不利影响的专员会议”[1]。

2016年,人权理事会收到了人权与环境问题小组讨论会的报告[2]、高级专员关于气候变化与健康权之间关系的分析研究[3],以及环境问题特别报告员的报告。[4] 理事会决定“考虑能否组织关于气候变化和人权的后续活动”[5]。

2017年,人权理事会收到了“关于气候变化对各国努力实现儿童权利的不利影响和相关政策的小组讨论报告”[6]、高级专员关于气候变化与“儿童充分和有效享有权利”之间关系的分析研究报告[7],以及环境、气候变化和人权问题特别报告员的报告(见第六章B,2012年——环境)。[8] 理事会决定就“人权、气候变化、移民和跨越国界的流离失所者”问题进行小组讨论。[9]

环境问题独立专家——人权理事会(2012年)

对气候变化、有毒废物和环境问题的审议,导致人权理事会在2012年决定任命一名“与享有安全、清洁、卫生和可持续环境有关的人权义务问题”的独立专家约翰·诺克斯(John Knox)。[10]

城市和其他人居地区的人权(2017年)

人权理事会在2017年处理了这个问题。它“鼓励相关特别程序……提交可

---

① A/HRC/20/7.

② A/HRC/32/24. See also A/HRC/26/2, resolution 26/27 of 27 June 2014; A/HRC/29/2, resolution 29/15 of 2 July 2015.

③ A/HRC/31/36.

④ A/HRC/31/52.

⑤ A/HRC/32/2, resolution 32/33 of 1 July 2016.

⑥ A/HRC/35/14.

⑦ A/HRC/35/13.

⑧ A/HRC/31/52.

⑨ A/72/53, resolution 35/20 of 22 June 2017.

⑩ A/HRC/19/2, resolution 19/10 of 22 March 2012.

以支持各国实施《新城市议程》[①]和可持续目标11的建议”[②]。(见第六章B,住房;第六章B,环境)[③]

1990年——过渡时期司法

197

虽然人权委员会在2005年才专门讨论了过渡时期司法问题,但早在20世纪80年代,委员会与防止歧视和保护少数小组委员会便关注了有罪不罚问题。1990年,小组委员会开始研究援助受害者的准则,促成联合国大会在2005年通过了《严重违反国际人权法和严重违反国际人道主义法行为受害者获得补救和赔偿的权利基本原则和准则》。[④]

同时,人权委员会还确定了其他需要采取行动的过渡时期司法问题,并着手处理有罪不罚、受害者赔偿、补偿和归还以及了解真相的权利等相关议题。[⑤] 特别程序的反馈为这一进程提供了更大的动力。到2008年,人权理事会已在处理所有这些方面的过渡时期司法问题。[⑥] 这既包括高级专员办事处的咨询服务和技术援助活动,也包括实地派驻人员开展工作。以下各段介绍了上述议题的出现情况。

有罪不罚(1983年)

关于有罪不罚的研究起源于1983年,当时小组委员会请其特别报告员路易·儒瓦内“就赦免法的技术性质及其在保障和促进人权方面的作用编写一份一般性研究报告”[⑦]。最终报告题为《关于赦免法及其在保障和促进人权方面作用的研究》,[⑧]于1985年提交。

小组委员会在1991年请其两名成员路易·儒瓦内和哈吉·吉塞(El Hadji

---

① General Assembly seventy-first session, resolution 71/256 of 23 December 2016.

② General Assembly seventieth session, resolution 70/1 of 25 September 2015.

③ A/72/53, resolution 35/24 of 23 June 2017.

④ General Assembly sixtieth session, resolution 60/147 of 16 December 2005.

⑤ E/CN. 4/2005 135, resolutions 2005/66 and 2005/70 of 20 April 2005 and 2005/81 of 21 April 2005.

⑥ A/HRC/9/28, resolutions 9/10 and 9/11 of 24 September 2008 and A/HRC/12/50, resolution 12/11; A/HRC/12/50, resolution 12/12 of 1 October 2009.

⑦ E/CN. 4/Sub. 2/1983/43, resolution 1983/34 of 6 September 1983.

⑧ E/CN. 4/Sub. 2/1985/16/Rev. 1.

Guissé)起草关于有罪不罚的研究报告。在1993年提出初步报告后,小组委员会要求研究报告应包括对经济、社会和文化权利的严重侵犯,第二年,小组委员会决定将研究报告分成两部分,委托路易·儒瓦内研究侵犯公民权利和政治权利的有罪不罚问题,同时委托哈吉·吉塞研究侵犯经济、社会及文化权利的有罪不罚问题。

有罪不罚(公民权利和政治权利)(1994—1997年)

小组委员会在1997年审议了路易·儒瓦内的最终报告。[1] 该报告将研究主题的发展情况分为了四个阶段:

> 研究表明,国际社会多年来已意识到迫切需要打击不受惩罚现象……第
> 198 一阶段。20世纪70年代,非政府组织、人权倡导者、法律专家和某些国家的民主反对派——在能够发表看法时——动员起来争取对政治犯实行大赦。在当时处于独裁统治之下的拉丁美洲国家,这一现象十分典型。其中的先驱者包括巴西大赦委员会(Amnesty Committee in Brazil)、乌拉圭法学家推动大赦国际秘书处(International Secretariat of Jurists for Amnesty in Uruguay, SIJAU)以及巴拉圭大赦和民主秘书处(Secretariat for Amnesty and Democracy in Paraguay, SIJADEP)。实践证明,作为自由象征的大赦这一议题能够广泛动员各个领域的公众舆论,从而更易于逐渐汇集这一阶段进行的许多活动,以对独裁当局实行和平抵抗或抵制……
>
> 第二阶段。这一阶段为20世纪80年代。正在衰落的军事独裁当局急于在来得及的时候为自己不受惩罚作好安排,因而颁布了大量"自我大赦"法,作为自由象征的大赦被越来越多地视为一种"不受惩罚的保证"。这激起了受害者的强烈反应,他们加强了自己的组织能力,以确保"实现公正"。五月广场母亲(Mothers of the Plaza de Mayo)在拉丁美洲的影响日益扩大,以及后来发展到其他大陆的拉丁美洲失踪人员亲属联合会(Latin American Fedration of Associations of Relatives of Disappearad Detainess, FEDEFAM)的出现,就显示了这一点。

---

① E/CN. 4/Sub. 2/1997/20/Rev. 1 paras 7-15.

> 第三阶段。这一阶段始于以柏林墙倒塌为标志的冷战的结束,其间出现了许多民主化或恢复民主的进程以及结束内部武装冲突的和平协议。无论在国家对话还是在和平谈判的过程中,寻求在先前压迫者遗忘一切的愿望与受害者追求公正的努力之间达成无法实现的平衡的各方时刻会碰到不受惩罚的问题。
>
> 第四阶段。这是国际社会认识到打击不受惩罚现象的重要阶段。例如,美洲国家间人权法院通过一项开拓性的判决,判定对严重侵犯人权者实施大赦不符合每个人获得由公正和独立法院公平审讯的权利。世界人权大会(1993年6月)在其题为《维也纳宣言和行动纲领》(A/CONF. 157/24,第二部分第91段)的最终文件中支持这一看法。[①]

人权委员会注意到报告所附的“通过打击有罪不罚现象的行动保护和促进人权的一套原则”[②],并“强调建立一个常设国际刑事法院作为打击有罪不罚现象的一项措施的重要性,同时承认前南斯拉夫问题国际刑事法庭(International Criminal Tribunal for Yugoslavia, ICTY)和卢旺达问题国际刑事法庭(International Criminal Tribunal for Rwanda, ICTR)的工作”。[③]

有罪不罚(经济、社会及文化权利)(1994—1997年)

哈吉·吉塞于1997年提交了他的最终报告。[④] 在第一次报告时,特别报告员列出了

> 目前的做法和程序,这些做法和程序是侵犯经济、社会及文化权利的根源,其中债务问题对是理解负担沉重的发展中国家的灾难性和不可容忍的困境是迫切和绝对必要的……结构调整方案、腐败、财政和海关欺诈和其他经济犯罪。[⑤] 199

---

① E/CN. 4/Sub. 2/1997/20/Rev. 1 paras 1-6; A/CONF. 157/24, Part II, para 91.

② E/CN. 4/Sub. 2/1997/20/Rev. 1 Annexes I and II.

③ E/CN. 4/1998/177, resolution 1998/53 of 17 April 1998.

④ E/CN. 4/Sub. 2/1997/8. See also E/CN. 4/Sub. 2/1995/19; E/CN. 4/Sub. 2/1996/15.

⑤ E/CN. 4/Sub. 2/1995/19 paras 39-62.

特别报告员总结说,“在最终报告中,提出了许多非常重要的问题。主要目的当然是推动该议题的讨论,促进就这些问题交换意见”[1]。小组委员会将最终报告送交人权委员会,并建议委员会“考虑是否可能任命一名关于侵犯经济、社会及文化权利者有罪不罚问题的特别报告员”[2]。

委员会在1999年审议了最后报告;在报告中,特别报告员建议

> (a)应……定期举行高级会议,鼓励对侵犯经济、社会及文化权利者不受惩罚问题进行广泛讨论……(b)应鼓励非政府组织建立机构,监测个人经济和社会权利的落实和保护,进而使国际社会密切监督国家和其他人的群体尊重这些权利的情况。[3]

补救和赔偿(1990年)

1990年,人权委员会批准了小组委员会的一名成员西奥·范博文(Theo van Boven)关于“严重侵犯人权行为的受害者获得复原、赔偿和康复的权利……以探讨制定基本原则和准则的可能性”的研究。[4] 小组委员会在1991年收到了初步报告。[5]

1995年,人权委员会提请国际社会“加大对救济权的关注”[6]。第二年,委员会请“尚未这样做的国家提供资料……说明已经通过的以及正在通过的与严重侵犯人权和基本自由的受害者的恢复原状、补偿和康复权利有关的立法”[7]。

1997年,人权委员会注意到“由前特别报告员西奥·范博文编写的关于……
200 侵犯人权和违反国际人道主义法行为受害者获得赔偿权利的基本原则和准则”,并且“优先注意复原、补偿和康复问题的有益基础”。[8]

1997年,人权委员会敦促所有政府

---

① E/CN.4/Sub.2/1997/8 para 5.

② E/CN.4/Sub.2/1997/50, resolution 1997/20 of 27 August 1997.

③ E/CN.4/Sub.2/1997/8 V B para 143.

④ E/CN.4/1990/94, resolution 1990/35 of 2 March 1990.

⑤ E/CN.4/Sub.2/1997/59, resolution 1990/5 of 30 August 1990.

⑥ E/CN.4/1995/176, resolution 1995/34 of 3 March 1995.

⑦ E/CN.4/1996/177, resolution 1996/35 of 19 April 1996.

⑧ E/CN.4/1997/150, resolution 1997/29 of 11 April 1997.

> 促进迅速和全面执行《维也纳宣言和行动纲领》……其中指出,各国应废除导致对酷刑等严重侵犯人权行为的责任人进行惩罚的立法,并对这种侵犯行为进行处罚,从而为法治提供坚实的基础。

委员会还提醒各国政府,“体罚可以构成残忍、不人道或有辱人格的处罚,甚至是酷刑”,并强调必须对酷刑指控进行迅速和公正的调查,采取相关的后续行动,同时各国有义务确保对可能参与拘留另一个人的人员进行教育和培训。[①]

1998 年,人权委员会任命了一位专家谢里夫·巴西奥尼(Cherif Bassiouni)“编对范博文先生编写的基本原则和准则做出修订,同时考虑到……各种意见和评论,并提交给委员会……[1999 年]以期大会通过”[②]。

2000 年,人权委员会收到了《基本原则》[③],并要求“在日内瓦为所有感兴趣的政府、政府间组织和具有经济及社会理事会咨商地位的非政府组织举行一次协商会议……以便最后确定这些原则和准则”[④]。

2005 年,人权委员会通过了《粗暴违反国际人权法和严重违反国际人道主义法行为的受害者得到补救和赔偿的权利基本原则和准则》。[⑤]

有罪不罚(1997 年)

如前所述,1997 年,小组委员会专家路易·儒瓦内提交了关于侵犯人权者的惩罚问题的最终报告,以及“通过打击犯罪的行动保护和促进人权的一套原则”。[⑥]

2004 年,人权委员会重新讨论了这个问题,并任命了一名独立专家来更新小组委员会在 1997 年提出的一套原则,以“反映国际法和实践的最新发展,包括国际判例和国家实践,并考虑到秘书长委托进行的关于有罪不罚的独立研究 201

① E/CN. 4/1997/150, resolution 1997/29 of 11 April 1997.

② E/CN. 4/1998/177, resolution 1998/43 of 17 April 1998. See also E/CN. 4/1999/167, resolution 1999/33 of 26 April 1999.

③ E/CN. 4/2000/62 Annex.

④ E/CN. 4/2000/167, resolution 2000/41 of 20 April 2000.

⑤ E/CN. 4/2005/135, resolution 2005/35 of 19 April 2005, Annex. See also E/CN. 4/2004/127, resolution 2004/34 of 19 April 2004; A/HRC/9/28, resolution 9/10 of 24 September 2008.

⑥ E/CN. 4/Sub. 2/1997/20/Rev. 1: Introduction: A and Annexes. See E/CN. 4/1999/167, resolution 1999/34 of 26 April 1999.

(E/CN. 4/2004/88)"[①]。

人权委员会欢迎"为指导各国制订消除有罪不罚现象的有效措施而修订的通过消除有罪不罚现象保护和增进人权的一套原则(E/CN. 4/2005/102 和 Add. 1)"[②]。

安全理事会(2003 年)

2004 年,秘书长科菲·安南在 1997 年和 2002 年的改革之后(见第八章 D,人权事务高级专员[1993 年],1997 年改革),向安全理事会提交了一份关于冲突和冲突后社会的法治和过渡时期司法的报告。[③] 两年后,秘书长又提交了第二份题为"汇聚我们的力量:加强联合国对法治的支持"的报告,宣布在秘书处成立一个法治协调和资源小组(Rule of Law Coordination and Resource Group),作为"协调全系统的法治专题工作的总部联络中心,以确保工作质量、政策的统筹和协调"。该报告阐述了高级专员在"联合国系统内促进和保护人权的领导的作用,包括过渡时期司法在内的人权保护"。[④]

2009 年,经济及社会理事会欢迎"在联合国与过渡时期司法有关的活动中越来越多地纳入人权观点,包括通过联合国人权事务高级专员办事处与联合国系统其他相关部门合作开展的活动",并"赞赏地注意到对人权和过渡时期司法的分析研究"[⑤],请高级专员办事处"继续加强其在联合国内的领导作用,包括在过渡时期司法的概念和分析工作方面"[⑥]。

2000 年,一个联合国和平行动小组建议"大幅提人权高级专员办事处的实地任务规划和准备能力"[⑦]。(见第八章 E,"伟大事业"的主流化[1994 年])

---

① E/CN. 4/2004/127, resolution 2004/72 of 21 April 2004.

② E/CN. 4/2005/135, resolution 2005/81 of 21 April 2005.

③ Security Council, S/2004/616.

④ A/61/636-S/2006/980.

⑤ A/HRC/12/18 and Add. 1.

⑥ A/HRC/12/50, resolution 12/11 of 1 October 2009.

⑦ A/55/305-S/2000/809 paras 244, 245. See also E/CN. 4/2005/135, resolution 2005/70 of 20 April 2005.

了解真相的权利(2005年)

2005年,人权委员会在结束有罪不罚现象的背景下,讨论了了解真相的权利问题,并涉及失踪人员问题。委员会请高级专员编写一份"关于了解真相的权利的研究报告,包括关于国际法规定的权利的基础、范围和内容的信息,以及有效实施这一权利的最佳做法和建议,特别是在这方面可能采取的立法、行政或任何其他措施"[①]。 202

人权委员会"请特别报告员和委员会的其他机制在其任务范围内酌情考虑了解真相的权利问题"[②]。法官和律师独立性问题特别报告员在2006年提交给委员会的报告中提到了这一点。[③] (见第六章B,1994年——法官和律师的独立性)

2006年,人权理事会要求对该问题进行研究,后来又要求对了解真相的权利的研究采取后续行动,以包括"国家和国际惯例"。[④]

2010年,理事会建议联合国大会宣布3月24日为"了解严重侵犯人权行为真相权利和维护受害者尊严国际日",并引述了萨尔瓦多的奥斯卡·阿努尔福·罗梅罗主教(Monsignor Oscar Arnulfo Romero)的工作以及他在1980年3月24日被暗杀的经历。[⑤]

2011年,人权理事会任命了一名"促进真相、正义、赔偿和保证不再发生问题"特别报告员。[⑥] (见第六章B,2011年——真相、正义、赔偿和保证不再发生)

法医遗传学(2009年)

对了解真相权利的保障需要应用法医遗传学,人权理事会在2009年讨论了这一问题,鼓励各国"考虑使用法医遗传学来帮助识别严重侵犯人权和违反国际人

---

① E/CN. 4/2005/135, resolution 2005/66 of 20 April 2005.

② E/CN. 4/2005/135, resolution 2005/66 of 20 April 2005.

③ E/CN. 4/2006/52 III, VII.

④ A/HRC/2/9, decision 2/105 of 27 November 2006. See also A/HRC/9/28, resolution 9/11 of 24 September 2008; A/HRC/12/50, resolution 12/12 of 1 October 2009.

⑤ A/HRC/14/37, resolution 14/7 of 17 June 2010.

⑥ A/HRC/18/2, resolution 18/7 of 29 September 2011. See also A/HRC/21/2, resolution 21/7 of 27 September 2012; A/HRC/15/33; A/HRC/17/21.

道主义法行为的受害者的遗体,并解决有罪不罚的问题”[1]。(见第二章,1968年——科技与人权)

灾后和冲突后局势(2013年)

人权理事会在2013年处理了这一问题,当时它请其咨询委员会编写“关于在灾后和冲突后局势中促进和保护人权的最佳做法和主要挑战的研究报告,重点是将人权纳入救济、恢复和重建工作的主流”[2]。

203 1992年——法治

1992年,人权委员会强调

> 有必要设法使联合国系统为法治的发展做出更积极和重大贡献的方式方法,包括建立机制对执法和司法裁判等人权相关的项目提供实际的技术及财政援助。[3]

人权委员会随后批准了世界人权会议的建议,即“在联合国内部建立一个综合方案……以帮助各国完成建立和加强适当的国家结构的任务。直接影响到对人权的全面遵守和对法治的维护”[4]。1996年和1997年,委员会“欢迎高级专员与联合国其他有关机构和方案进行协商和接触,在为加强法治提供援助方面强化机构间的协调与合作”。重点是让联合国系统的其他部门参与支持关于实现人权的规定和维护法治的国家项目。[5]

通过技术援助加强法治是秘书长1998年的一份报告的主题。技术援助方案

---

① A/HRC/10/29, resolution 10/26 of 27 March 2009.

② A/HRC/22/2, resolution 22/16 of 21 March 2013, See also A/HRC/26/2, decision 26/116 of 27 June 2014.

③ E/CN. 4/1992/84, resolution 1992/51 of 3 March 1992.

④ E/CN. 4/1994/132, resolution 1994/50 of 4 March 1994.

⑤ E/CN. 4/1996/177, resolution 1996/56 of 19 April 1996; E/CN. 4/1997/150, resolution 1997/48 of 11 April 1997.

包括支持将“国际人权标准纳入国家法律、政策和实践,以及建设促进和保护人权的国家能力和区域结构……该方案提供广泛的人权援助”[①]。(见第八章A,技术合作[1987年])。

2012年,人权理事会讨论了“人权、民主和法治”这一议题,提出了一些建议供各国遵循,以加强对这些领域的支持。理事会要求“研究各国在努力从人权角度确保民主和法治方面所面临的共同挑战,以及在国家与国际社会接触方面的经验教训和最佳做法”,并召开了一次关于“各国在努力确保民主和法治过程中面临的共同挑战”问题的小组讨论会。[②]

秘书长的报告中还强调了在过渡时期更加注重法治的必要性,人权理事会也对此进行了讨论。[③] 2015年,理事会设立了人权、民主和法治论坛(Forum on Human Rights, Democracy and the Rule of Law)。[④](见第九章,人权理事会——“一个新时代”[2006年],人权、民主和法治论坛[2015年])

1992年——民防部队 204

被强迫或非自愿失踪问题工作组在1992年提出了不属于正规执法机构的民防部队问题。人权委员会请秘书长提交一份报告,并请“特别报告员和工作组……在其职权范围内适当注意与保护人权有关的民防部队问题”[⑤]。

1993年——妇女

引　言

联合国对妇女人权的保护起源于该组织的早期阶段。其重点关注妇女在家

---

① A/53/309, Strengthening of the rule of law Report of the Secretary-General, Chapter III para 6.

② A/HRC/19/2, resolution 19/36 of 23 March 2012.

③ A/HRC/27/2, resolution 27/3 of 25 September 2014. See S/2004/616; S/2011/634; A/61/636-S/2006/980 and Corr. 1; A/66/749; S/2013/341; A/68/213/Add. 1; A/69/181.

④ A/HRC/28/2, resolution 28/14 of 26 March 2015.

⑤ E/CN. 4/1992/84, resolution 1992/57 of 3 March 1992. See also resolutions 1993/54 of 9 March 1993; resolution 1994/67 of 9 March 1994.

庭和社会中地位的具体领域，以及贩卖人口和卖淫问题。本节旨在描述人权委员会及其相关机构（联合国大会、经济及社会理事会、防止歧视和保护少数小组委员会）以及后来的人权理事会在相关议题上的演进。

妇女地位委员会是联合国处理与妇女有关问题的主要机构。相关领域的里程碑事件包括世界妇女大会（World Conferences on Women，墨西哥，1975 年；哥本哈根，1980 年；内罗毕，1985 年；北京，1995 年）。这些会议促成了《北京行动纲要》（Beijing Platform for Action）的通过，以及 2000 年的联合国大会特别会议上对其采取的后续行动（“北京+5”），还包括妇女地位委员会在 2005 年和 2010 年对《纲要》进展进行的十年和十五年审查。[①] 2015 年，人权理事会发表了一份主席声明，纪念《北京宣言》通过二十周年，

> 赞同各国在 2015 年 3 月 9 日妇女地位委员第五十九届会议通过的第四次妇女问题世界会议召开二十周年政治宣言中所做的承诺，期待 2015 年 9 月 26 日召开关于性别平等和增强妇女权能的全球领导人会议。[②]

尽管在不同的背景下不时提出妇女人权问题（如《消除对妇女一切形式歧视公约》[Convention on the Elimination of All Forms of Discrimination Against Women]
205 中的男女歧视问题）[③]，但这是人权委员会在世界人权会议的背景下才首次具体关注对妇女人权的保护问题。在突尼斯[④]、圣何塞（哥斯达黎加）[⑤]和曼谷举行的区域和筹备会议上，[⑥]强调了需要将“妇女的权利问题作为人权来处理”。《维也纳宣言和行动纲领》也强调了侵犯妇女人权的几个方面，并强调要消除对妇女的暴力。[⑦]

---

① See http://www.un.org/womenwatch/daw/beijing, visited on 21 December 2019.

② A/HRC/28/2, President's statement PRST/28/1 of 25 March 2015.

③ General Assembly thirty-fourth session, resolution 34/180 of 18 December 1979 (entry into force on 3 September 1981) Convention on the Elimination of All Forms of Discrimination against Women.

④ A/CONE157/AFRM/14, resolution AFRM/13.

⑤ A/CONE157/LACRM/15 para 14.

⑥ A/CONE157/ASRM/8 para 22; see also A/CONF. 157/PC/83 Section 3.

⑦ A/CONF. 157/23 paras 36-44.

多年来,对妇女人权关注的重点已从“男女平等”发展到“保护妇女人权”,[①]并进一步发展至“妇女赋权”(empowerment of women)。

2000年,安全理事会在“妇女与和平安全”的主题下,敦促“会员国确保在预防管理和解决冲突的国家地区和国际机构和机制的所有决策层增加妇女人数”[②]。2010年,联合国大会设立了联合国促进性别平等和增强妇女权能署(联合国妇女署[United Nations Entity for Gender Equality and the Empowerment of Women, UN Women])[③],合并了一些现有方案和机构的现有任务和职能。[④]

在20世纪90年代初,人权委员会强调了保护妇女人权的问题。在南斯拉夫发生的冲突给妇女人权带来了压力,推动其成为主要的人权议程;当时正在全力筹备的世界人权会议的召开,则提供了一个平台,使这一趋势得到进一步巩固。

在随后的几十年里,委员会以及自2006年以来的人权理事会继续推进这一趋势。以下段落描述了这一进程。

影响妇女和儿童健康的传统习俗:小组委员会特别报告员(1983—2006年)

1983年,小组委员会在审议奴隶制和奴隶贸易的“所有做法和表现”时,首次谈及女性生殖器残割行为。基于此,小组委员会指定其两名成员哈利玛·恩巴雷克·瓦尔扎齐和M. Y. 姆达威(M. Y. Mudawi)进行一项关于“对女性性器官的残害问题的各个方面,包括该问题目前的程度及其原因以及如何解决该问题”的研究。[⑤]

1983年,小组委员会设立了一个由自身和儿童基金会、教科文组织、卫生组织的专家共同组成的工作组,“对影响妇女和儿童健康的传统习俗现象进行全面研 206

① A/CONE157/23 Vienna Declaration and Programme of Action paras 37, 38, 40, 42, where the reference is to ‘the equal status of women and the human rights of women’.

② Security Council, resolution 1325 (2000) of 31 October 2000.

③ General Assembly sixty-fourth session, resolution 64/289 of 2 July 2010.

④ General Assembly sixty-fourth session, resolution 64/289 of 2 July 2010.

⑤ E/CN. 4/Sub. 2/1983/43, resolution 1983/1 of 31 August 1983.

究”。[1] 工作组于1986年向人权委员会提交了报告[2],后者要求分发该报告,并呼吁各专门机构和非政府组织“在各自的职权范围内向提出要求的政府提供必要的援助,以帮助它们打击这种行为”[3]。

1988年,人权委员会请小组委员会“考虑在国家和国际一级可以采取的旨在消除此种行为的措施,并[在1990年]向委员会提交一份报告”[4]。根据这一要求,小组委员会任命了一名特别报告员哈利玛·恩巴雷克·瓦尔扎齐,“研究影响妇女和儿童健康的传统习俗及其最新发展,并在当年晚些时候将其研究结果提请小组委员会审议”[5]。

人权委员会则在随后几年多次批准将特别报告员的任务期限延长,直至2004年,具体情况如下:

1990年——“为使特别报告员能够提出一份更完整的报告”,并回应小组委员会为支持这项任务而提出的一系列建议,包括由特别报告员进行实地访问和组织国际区域研讨会;[6]

1992年和1994年——“以便使特别报告员能够向小组委员会提交……消除影响妇女和儿童健康的有害传统习俗的行动计划,以及关于将在亚洲举行的区域研讨会的报告”,该报告已于1994年提交;[7]

1995年——“为了使特别报告员能够进行深入研究,除其他事项外,评估世界许多地方影响妇女和儿童健康的传统习俗之间的差异和相似之处”;[8]

1997年——“为了跟踪和监测消除影响妇女和儿童健康的传统习俗的进展情况,特别是通过实施《消除影响妇女和儿童健康的传统习俗行动计划》”;[9]

---

① E/CN. 4/1984/77, resolution 1984/48 of 13 March 1984.

② E/CN. 4/1986/42.

③ E/CN. 4/1986/65, resolution 1986/28 of 11 March 1986.

④ E/CN. 4/1988/88, resolution 1988/57 of 9 March 1988.

⑤ E/CN. 4/1989/86, decision 1989/107 of 6 March 1989.

⑥ E/CN. 4/1990/94, decision 1990/109 of 7 March 1990.

⑦ E/CN. 4/Sub. 2/1994/10/Add. 1 and Corr. 1. See also Commission decisions, 1992/109 of 28 February 1992; 1994/104 of 4 March 1994.

⑧ E/CN. 4/1995/176, decision 1995/112 of 3 March 1995.

⑨ E/CN. 4/1997/150, decision 1997/108 of 11 April 1997.

1999年——“确保特别报告员完成她的任务”;[1]

2001年——“向小组委员会第五十三届和第五十四届会议提交最新报告”;[2]

2004年——向小组委员会提交一份最新报告。[3] 207

在2005年提交的第九次也是最后一次报告中,特别报告员分享了她的一些经验:

开展这项工作已有九年,采取消除有害传统习俗的行动也有二十年之久,因而特别报告员认为,是该将这一问题交给人权委员会机制处理的时候了。题为“2000年妇女:二十一世纪两性平等、发展与和平”的大会第二十三届特别会议最后文件,界定了种种罪行和对妇女的暴力,并列入更加广泛的有害传统习俗问题。根据该文件,特别报告员认为受权处理对妇女的暴力问题的机制应当更加仔细审查构成暴力形式的传统习俗问题。对妇女的暴力问题特别报告员似乎是合乎逻辑的和显而易见的选择,因为她已经考虑到小组委员会特别报告员所报告的某些有害传统习俗。[4]

该报告综合了多年来收集的信息;特别报告员指出,在编写最终报告时,她没有遵循向各国发出获取信息的请求的标准做法,“之所以做出这一决定,也是因为各国接到一些类似的请求,都是要求为秘书长提交大会的有关对妇女的暴力问题的报告提供资料,而且近年来所提交的答复数量有所减少”[5]。

特别报告员感谢各国、各组织和个人在她执行任务期间向她提供的信息,不过,

鉴于各国每年提交的答复数量不均,以及对她就许多传统习俗,比如为维护

---

① E/CN. 4/1999/167, resolution 1999/80 of 28 April 1999. See also E/CN. 4/Sub. 2/1996/41) resolution 1996/19 of 29 August 1996.

② E/CN. 4/2001/167, decision 2001/107 of 24 April 2001.

③ E/CN. 4/2004/127, decision 2004/111 of 20 April 2004.

④ E/CN. 4/Sub. 2/2005/36.

⑤ E/CN. 4/Sub. 2/2005/36.

名誉的犯罪所发出的呼吁报之以缄默,她对此也表示失望,对这一问题本可以适当处理,以便提高其领土上存在此种习俗的国家政府的认识。尽管过去三年来答复数量不多,她仍然注意到在消除某些习俗,尤其是女性外阴残割做法方面取得了一定进展。然而,斗争并没有取得胜利;在世界各地,妇女和女童依然在古老习俗的影响之下。①

在其他建议中,特别报告员提到了为描述任务主题而出现的各种表述,并强调"必须停止玩弄文字游戏的做法,保留与'女性生殖器残割'(female genital mutilation)有关的术语"②。

208 小组委员会"深为遗憾地注意到特别报告员的决定,即在本届会议上提交的报告将是她关于这个问题的最终报告",并请人权委员会请其暴力侵害妇女问题特别报告员"更系统地考虑影响妇女和女童健康的有害传统习俗的影响,并将之作为其任务的一个组成部分"。③

女性生殖器残割(2013 年)

2013 年,人权理事会再次讨论这一问题。它注意到秘书长的一份报告④,并在 2014 年举行了"关于确定打击女性生殖器残割的良好做法的高级别小组讨论会"。

---

① E/CN. 4/Sub. 2/2005/36 para 3.

② E/CN. 4/Sub. 2/2005/36 para 35, 91. 关于术语,报告澄清:

特别报告员首先要表示关切的是有人试图以别的措辞来淡化"女性外阴残割"这一术语,这些人主张采用的措辞有:"女性割礼""外阴切割""女性外阴切割手术""女性外阴改造术""女性外阴阉割",以及最近提出的"女性外阴切除"。他们以必须尊重其他文化为理由,为这种语义转换辩解。尽管特别报告员敏锐地意识到有必要避免贬低某种文化或群体(在这里她想提请注意她在履行职责期间所提交的所有报告以及 20 多年来她就这一问题所采取的一贯立场),她依然确信使用"女性外阴残割"一语十分重要,因为该术语清楚地说明,这一习俗是侵犯人权行为,也是对妇女的暴力行为。只有这一术语才充分反映出这些习俗所造成的损害的严重性和伤害程度,并具有切割所必然带有的暴力和身体伤害等要素。同时,特别报告员要强调说,这些切割的做法决不能解释为是父母、家庭或社区想要伤害有关女童。它只是一种古老习俗的再现,已深深地融入有关群体的生活。

③ E/CN. 4/Sub. 2/2005/44 resolution 2005/28 of 11 August 2005.

④ E/CN. 6/2012/8.

理事会要求“汇编防止和消除女性生殖器残割方面的良好做法和主要挑战”。①

2016年,人权理事会“欢迎联合国将2月6日定为对切割女性生殖器零容忍国际日”,并请

> 联合国人口基金和联合国儿童基金会关于“残割/切割女性生殖器问题——加速变革”的联合方案继续培养国家和地方社区有效落实包容性的政策、方案和行动计划的能力,以便在地方、国家和区域各级消除切割女性生殖器习俗,同时鼓励各国和各发展合作机构考虑增加给联合方案的财政支持。②

2018年,人权理事会请高级专员

> 决定于2019年举行一次为期两天的会议(最好在亚的斯亚贝巴举行),讨论国家和非国家行为体在不同情况(包括特定族群、人道主义援助和移民及其他人口流动情况)下为预防和消除切割女性生殖器习俗采取措施时适用人权规范、标准和原则方面所取得的进展、存在的差距和面临的挑战。③

如前所述,正是在1993年,保护妇女人权被纳入人权委员会的议程。其背景是妇女地位委员会的一份报告④,其中涉及基于性别的暴力问题,包括家庭暴力、受虐妇女的困境和相关问题,该报告的目的是确保妇女权利问题被有效纳入委员会的机制当中。委员会请特别程序任务负责人对此加以确保,并决定“考虑任命一名暴力侵害妇女问题特别报告员,同时考虑到妇女地位委员会的工作……和世界人权会议的成果”。⑤ 209

同年晚些时候,联合国大会通过了《消除对妇女的暴力行为宣言》,⑥除其他考

---

① A/HRC/27/36. See A/HRC/27/2, decision 24/117 of 27 September 2013 and resolution 27/22 of 26 September 2014.

② A/HRC/32/21, resolution 32/21 of 1 July 2016.

③ A/HRC/38/2, resolution 38/6 of 5 July 2018.

④ E/CN. 6/1993/12.

⑤ E/CN. 4/1993/122, resolution 1993/46 of 8 March 1993; E/CN. 4/1994/132, resolution 1994/45 of 4 March 1994. See also A/CONE157/23 part II. B. 3 paras 36-44.

⑥ General Assembly forty-eighth session, resolution 48/104 of 20 December 1993.

虑因素外,还对“长期以来未能保护和促进与对妇女的暴力行为有关的这些权利和自由”表示关切。①

人权委员会于1994年任命了一名关于“暴力侵害妇女行为及其因果”问题的特别报告员(见第六章B,1994年——暴力侵害妇女)。

从1993年起,委员会对保护妇女人权的关注有所扩展,其各方面的问题皆被作为其他议程项目的一部分加以处理。1994年,除了将妇女人权纳入议程外,委员会还处理了前南斯拉夫冲突中的强奸和虐待妇女问题,以及影响妇女和儿童健康的传统习俗。从1995年起,除了这些问题外,委员会还重点关注对移徙女工的暴力问题,以及贩卖妇女和女童的问题。截至1996年,除了其他各项任务中与保护妇女人权有关的方面外,还有三项任务涉及针对妇女的问题。②

前南斯拉夫境内的冲突和对妇女的暴力(1991—1993年)

前南斯拉夫境内的冲突(1991—1993年)使人权委员会前所未有地关注对妇女的暴力问题和更广泛的保护妇女人权的问题。委员会历史上的第一次特别会议(special session)于1992年举行③,其目的是集中讨论冲突期间前南斯拉夫的人权状况。特别会议决定任命一名特别报告员塔德乌什·马佐维耶斯基(Tadeusz Mazouiecki),“直接调查前南斯拉夫领土内……的人权状况”④。

到该年12月,特别报告员提交了三份报告⑤,他在其中强调了强奸和其他形式的暴力侵害妇女案件。1993年1月,

> 还开展了一次对关于普遍发生强奸事件的指控的调查,这一调查尤其涉及波斯尼亚和黑塞哥维那。这一调查是与特别报告员的访问并行的。负责调查

---

① E/CN. 4/1994/132, resolution 1994/45 of 4 March 1994.

② E/CN. 4/1996/177, resolution 1996/17 of 11 April 1996, Violence against women migrant workers and resolutions 1996/24 of 19 April 1996, Traffic in Women and Girls; 1996/48 of 19 April 1996 Integrating the human rights of women throughout the United Nations system; and resolution 1996/49 of 19 April 1996, The elimination of violence against women.

③ Economic and Social Council first regular session of 1990, resolution 1990/48 of 25 May 1990. See also resolution 44/167 of 15 December 1989.

④ E/CN. 4/1992/84/Add. 1/Rev. 1, resolution 1992/S-1/1 of 14 August 1992.

⑤ E/CN. 4/1992/S-1/9; E/CN. 4/1992/S-1/10; A/47/666-S/24809.

的是一个专家组,由四名医学和精神病学专家组成……访问了克罗地亚、波斯尼亚和黑塞哥维那以及南斯拉夫联邦共和国(塞尔维亚和黑山),收集和分析了受害者和见证人的证词以及相关的统计数据和医疗记录。[1] 210

世界人权会议和保护妇女人权(1993 年)

1993 年 4 月,一个非政府组织亚洲打击贩卖妇女联盟(the Coalition against Trafficking in Women-Asia)向世界人权会议筹备委员会提出了一项关于消除对妇女一切形式性剥削的新公约建议。[2]

世界人权会议特别关注对妇女人权的保护,强调

> 有必要努力消除公共和私人生活中对妇女施加的暴力,消除一切形式的性骚扰、性剥削和贩卖妇女的行为,在司法中消除性别偏见,根除妇女权利同某些传统或习惯风俗、文化偏见和宗教极端主义的有害影响所可能产生的任何冲突。世界人权会议吁请联合国大会通过关于妇女所受暴力的宣言草案。[3]

会议申明,"妇女的人权应成为联合国人权活动,包括促进有关妇女的所有人权文书的工作的一个组成部分"[4]。(见第八章 C,世界人权会议[1990—1993 年],《维也纳宣言和行动纲领》)

《消除对妇女的暴力行为宣言》(1993 年)

同年晚些时候,也即 1993 年 12 月,联合国大会通过了《消除对妇女的暴力行为宣言》。该《宣言》将对妇女的暴力行为定义为"对妇女造成或可能造成身心方面或性方面的伤害或痛苦的任何基于性别的暴力行为,包括威胁进行这类行为、强迫或任意剥夺自由,而不论其发生在公共生活还是私人生活中"。《宣言》第二

---

① E/CN. 4/1993/50 para 7. See also E/CN. 4/1993/122, resolution 1993/8 of 23 February 1993; E/CN. 4/1994/132, resolution 1994/77 of 9 March 1994.

② A/CONF. 157/PC/85 A.

③ A/CONF. 157/23 Part II B 3 para 38.

④ A/CONF. 157/23 Part I para 18.

条进一步规定，对妇女的暴力行为“应理解为包括但不限于下列各项”：

> (a) 在家庭内发生的身心方面和性方面的暴力行为，包括殴打、家庭中
> 211 对女童的性虐待、因嫁妆引起的暴力行为、配偶强奸、阴蒂割除和其他有害于妇女的传统习俗、非配偶的暴力行为与剥削有关的暴力行为；
>
> (b) 在社会上发生的身心方面和性方面的暴力行为，包括强奸、性凌虐、在工作场所、教育机构和其他场所的性骚扰和恫吓、贩卖妇女和强迫卖淫；
>
> (c) 国家所做或纵容发生的身心方面和性方面的暴力行为，无论其在何处发生。①

妇女人权在整个联合国系统的主流化(1993 年)

这一进程始于维也纳会议结束后不久。其首先旨在通过现有的人权程序将保护妇女的人权纳入主流，并在此后不久将其纳入联合国系统。

1993 年，人权委员会请“委员会和小组委员会的所有特别报告员和工作组……在履行其职责时，定期和系统地在其报告中列入有关影响妇女的侵犯人权行为的现有资料”，并请秘书处“确保特别报告员、专家和工作组充分了解妇女权利受到侵犯的具体方式”。②

两年后(1995 年)，人权委员会提出了一些将妇女人权纳入人权机制的建议，并呼吁在国际层级加强努力，强化人权委员会和妇女地位委员会之间的合作以及条约机构和特别程序的工作。③ 第二年，委员会指出应将妇女人权进一步纳入特别程序工作的领域，并“强调需要进一步审议和定性分析这一问题……并在其工作中实际应用”④。

1997 年，人权委员会将保护妇女人权的工作从人权方案扩大到整个联合国系统。委员会“关注《维也纳宣言和行动纲领》和《北京行动纲要》中的建议的落实

---

① General Assembly forty-eighth session, resolution 48/104 of 20 December 1993. The Declaration originated in the Commission on the Status of Women, as a result of a Canadian initiative in 1991 (A/48/PV. 85 page 6).

② E/CN. 4/1993/122, resolution 1993/46 of 8 March 1993.

③ E/CN. 4/1995/176, resolution 1995/86 of 8 March 1995.

④ E/CN. 4/1996/177, resolution 1996/49 of 19 April 1996.

情况远未达到这两项文件所确立的目标”,并提出了一些建议以推动这一进程,包括向条约机构提出建议。它促请

> 联合国系统的各有关机关和机构……向所有联合国职员和官员……提供妇女人权方面的培训……并特别鼓励人权事务中心有系统地审查其宣传和培训资料,必要时修订这种资料,以期确保纳入性别观点牢记在招聘人员时须 212
> 考虑到对妇女人权方面专家的需要。[1]

1998 年,人权委员会就推进将保护妇女人权纳入整个联合国系统的进程提出了一些建议,并指出目标是

> 实现男女平等……包括制订性别主流化的政策、改进性别主流化的办法、制订监测和评估办法及机制、建立性别主流化方面的责任制……呼吁人权委员会与妇女地位委员会之间和人权事务高级专员办事处与提高妇女地位司之间进一步加强合作与协调。[2]

1999 年,人权委员会欢迎妇女地位委员会通过《消除对妇女一切形式歧视公约》的任择议定书草案(见第七章 A2,核心公约,妇女[1963 年])以及联合国系统其他机构为促进“将性别观点纳入主流和实现性别平等”而采取的各种其他措施。[3]

这一年,在议程合理化方面,人权委员会设立了一个项目,专门讨论纳入妇女人权和性别观点问题,并将暴力侵害妇女问题作为其中一个分项目。[4] 这成为暴力侵害妇女问题以及妇女和女童贩卖问题特别报告员的报告,以及使妇女人权在整个联合国系统主流化的重点关注领域。(见第四章 C,合理化[1992—2006 年])

2001 年,人权委员会

---

① E/CN. 4/1997/150, resolution 1997/43 of 11 April 1997.

② E/CN. 4/1998/177, resolution 1998/51 of 17 April 1998.

③ E/CN. 4/1999/2; E/CN. 4/1999/167, resolution 1999/41 of 26 April 1999. See also E/CN. 4/2000/167, resolution 2000/46 of 20 April 2000.

④ E/CN. 4/1998/177, resolution 1998/84 of 24 April 1998.

> 注意到安全理事会就妇女与和平和安全通过的第一项决议 S/RES/1325(2000),其中除其他外呼吁所有有关行动者在谈判和执行和平协定时,采取性别观点,除其他外包括采取措施,确保保护和尊重妇女和女童的人权,特别是在宪法、选举制度、警察和司法方面。[1]

在整个20世纪90年代末,人权委员会除了在其各项决议中纳入对性别问题有敏感认识的语言之外,还加强了对与保护妇女人权有关的具体问题的审查,诸
213 如对妇女的暴力、贩卖妇女儿童、对移徙女工的暴力等议题经常出现在委员会的报告中。[2]

人权委员会从1997年开始收到了关于“采取步骤将性别观点充分纳入联合国人权系统”问题的报告。[3] 2005年,委员会还收到了提高妇女地位司和人权事务高级专员办事处的联合工作计划。[4]

人权理事会在2007年处理了这个问题,除其他措施外,还在其工作方案中列

---

① E/CN. 4/2001/167, resolution 2001/50 of 24 April 2001. See also E/CN. 4/2002/200, resolution 2002/50 of 23 April 2002 and E/CN. 4/2003/135, resolution 2003/44 of 23 April 2003.

② 例如,参见人权委员会关于以下方面的决议和决定:

—将妇女人权纳入联合国人权机制和消除对妇女的暴力行为:E/CN. 4/1993/122, resolution 1993/46; E/CN. 4/1994/132, resolution 1994/45; E/CN. 4/1995/176, resolution 1995/86; E/CN. 4/1996/177, resolution 1996/48; E/CN. 4/1997/150, resolution 1997/43; E/CN. 4/1998/177, resolution 1998/51。

—前南斯拉夫境内对妇女的强奸和虐待:E/CN. 4/1993/122, resolution 1993/8; E/CN. 4/1994/132, resolution 1994/77。

—影响妇女和儿童健康的传统习俗:E/CN. 4/1990/94, resolution 1990/109; E/CN. 4/1992/84, resolution 1992/109; E/CN. 4/1994/132, resolution 1994/104; E/CN. 4/1995/176, resolution 1995/117; E/CN4/1997/150, resolution 1997/108。

—贩卖妇女和女童:E/CN. 4/1995/176, resolution 1995/25; E/CN. 4/1996/177, resolution 1996/24; E/CN. 4/1997/150, resolution 1997/19; E/CN. 4/1998/177, resolution 1998/30。

—对移徙女工的暴力行为:E/CN. 4/1995/176, resolution 1995/20; E/CN. 4/1996/177 resolution 1996/17; E/CN. 4/1997/150, resolution 1997/19; E/CN. 4/1998/177, resolution 1998/30。

—暴力侵害妇女:E/CN,4/1994/132, resolution 1994/45; E/CN. 4/1995/176, resolution 1995/85; E/CN. 4/1996/177, resolution 1996/49; E/CN. 4/1997/150, resolution 1997/44; E/CN. 4/1998/177, resolution 1998/52。

③ E/CN. 4/1997/40; E/CN. 4/1998/49 and Add. 1; E/CN. 4/1999/67 and Add. 1; E/CN. 4/2000/67; E/CN. 4/2001/71; E/CN. 4/2002/81; E/CN. 4/2003/72; E/CN. 4/2004/64; E/CN. 4/2005/68.

④ E/CN. 4/2005/69-E/CN. 6/2005/6.

入“足够和充分的时间,每年至少举行为期一天的会议,讨论妇女的人权问题”[①]。

暴力侵害妇女(1994 年)

1994 年,人权委员会设立了暴力侵害妇女行为及其因果问题特别报告员(见第六章 B,1994 年——暴力侵害妇女)。

2009 年,人权理事会收到了一份关于“加紧努力消除一切形式的暴力侵害妇女行为”的报告[②],并提出了一些措施,以确保提高对解决所有此类形式的暴力之必要性的认识。[③]

人权理事会每年都会就妇女人权问题进行为期一天的讨论。2011 年的讨论重点是预防,即“分享良好的做法,并确定预防领域存在的差距”[④]。

贩卖妇女和女童(1995 年)

在 1995 年为联合国大会编写的一份关于贩卖妇女和女童问题的报告中,秘书长提出了“全面评估最适当的手段,以确保对这一问题采取理想的综合办法”的建议。[⑤]

人权委员会在 1994 年任命了暴力侵害妇女问题特别报告员后,于 1995 年讨论了贩卖妇女和女童问题(见第六章 B,1994 年——暴力侵害妇女)。委员会表示 214

> 严重关切日益恶化的人口贩卖问题,特别是色情事业日益发展为联营企业及妇女和女童贩卖的国际化……[并建议]……在执行所有有关国际法律文书方面考虑到贩卖妇女和女童问题。[⑥]

次年,人权委员会请人权事务高级专员将贩卖妇女和女童列为其优先关注的

① A/HRC/6/22, resolution 6/30 of 14 December 2007.

② A/63/214.

③ A/HRC/11/37, resolution 11/2 of 17 June 2009.

④ A/HRC/14/37, resolution 14/12 of 18 June 2010.

⑤ A/50/369.

⑥ E/CN. 4/1995/176, resolution 1995/25 of 3 March 1995.

问题,并鼓励将这一问题纳入其咨询服务方案,以协助各国政府“通过教育和适当的宣传活动制定打击贩卖人口的预防措施”[①]。1997年,委员会呼吁原籍国、过境国和目的地国执行第四次妇女问题世界会议的《行动纲领》。[②]

在1998年提交给人权委员会的报告中,秘书长得出的结论是:

> 各方针对秘书长关于提供贩运妇女和女童方面资料的要求所做的答复表明存在大量的贩运活动。各方的答复也表明,需要进一步掌握关于贩运问题的资料才能够制定和实施有效的战略。在目前,所实施的战略绝大多数是处理这一问题的法律措施和双边协议。在这方面须指出,如一些答复中所表示的那样,对付贩运妇女和儿童问题的战略常常由于此种活动具有国际性质以及受害人不愿投诉或参与打击该活动的措施而受到影响。[③]

人权委员会建议采取一些措施,其中包括:

> (a) 考虑批准和执行有关贩卖人口和奴隶制的国际公约;
>
> (b) 采取适当措施解决助长贩卖妇女和女童卖淫和其他形式色情交易的根本原因,包括外部原因,加强现有的立法更好地保护妇女和女童的权利,采取刑事和民事措施惩治犯罪者;
>
> (c) 加强所有有关执法部门和机构的合作和协调一致的行动,以摧毁国家地区和国际上的贩卖网;
>
> (d) 拨出资源,为贩卖活动受害者的康复和重新融入社会制订综合方案,包括职业培训、法律援助和医疗;
>
> (e) 制订教育和培训方案及政策,并考虑颁布立法禁止性旅游和贩卖人口特别强调对年轻妇女和儿童的保护。[④]

215 1999年,人权委员会鼓励“各国政府加强合作,打击贩运活动并帮助受害者康

① E/CN.4/1996/177, resolution 1996/24 of 19 April 1996.

② E/CN.4/1997/150, resolution 1997/19 of 11 April 1997.

③ A/52/355 Traffic in Women and Girls—Report of the Secretary-General para 35.

④ E/CN.4/1998/177, resolution 1998/30 of 17 April 1998.

复"。委员会还请暴力侵害妇女问题特别报告员和贩卖儿童问题特别报告员以及小组委员会当代形式奴隶制问题工作组继续将这一问题作为优先关注的项目来处理,并"建议采取……措施打击这种现象"。委员会要求一份关于"联合国机构和其他国家间组织与贩运妇女和女童问题有关的活动"的报告。[①] 随后在2000年提交的报告是以二手资料为基础的,"因为没有收到发给所有相关机构和组织的[请求提供信息的]答复"[②]。

在此期间,人权委员会进一步完善了暴力侵害妇女行为的定义。2000年,委员会肯定了"'暴力侵害妇女'(violence against women)一词是指对妇女造成或可能造成身心方面或性方面的伤害或痛苦的任何基于性别的暴力行为,包括威胁进行此种行为、胁迫或任意剥夺自由,而不论其发生在公共生活还是私人生活中,且这方面又包括家庭暴力、以'维护名誉'为名的犯罪和以'卫道'为名的犯罪以及女性外阴残割和包办婚姻等对妇女有害的传统习俗"[③]。(见第六章B,1994年——暴力侵害妇女,以及第六章B,2004年——贩卖人口特别是妇女和儿童)

2001年,人权委员会"敦促各国政府考虑签署和批准《联合国打击跨国有组织犯罪公约》(United Nations Convention against Transnational Organized Crime)及其补充议定书,特别是《关于预防、禁止和惩治贩运人口特别是妇女和儿童行为的议定书》(Protocol to Prevent, Suppress and Punish Trafficking in Persons, Especially Women and Children)"[④]。

2001年和2002年,人权委员会收到了一份关于"联合国机构和其他国际组织有关贩运妇女和女童问题的活动"的报告。[⑤]

人权理事会在2009年讨论了这一问题,除其他考虑外,敦促采取措施,提高对高级专员办事处2002年制定的《关于人权和人口贩运的建议原则和准则》的认识。[⑥]

---

① E/CN. 4/1999/167, resolution 1999/40 of 26 April 1999.

② E/CN. 4. 2000/66 para 1. See also E/CN. 4/2000/167, resolution 2000/44 of 20 April 2000.

③ E/CN. 4/2000/167, resolution 2000/45 of 20 April 2000.

④ E/CN. 4/2001/167, resolution 2001/48 of 24 April 2001.

⑤ E/CN. 4/2001/72; E/CN. 4/2002/80. See also E/CN. 4/2002/200, resolution 2002/51 of 23 April 2002.

⑥ A/HRC/11/37, resolution 11/3 of 17 June 2009. See also A/HRC/10/64.

联合国大会在预防犯罪和刑事司法的背景下讨论了暴力侵害妇女行为。[①]

对移徙女工的暴力行为(1995年)

1995年,人权委员会讨论了对移徙女工的暴力行为,

> 表示深切关注在身心方面和性方面受到骚扰和凌虐的移徙女工的困境……
> 216 并请有关国家,特别是移徙女工的原籍国和接受国,进行定期协商以查明在促进和保护移徙女工的权利和在确保她们的保健和社会服务方面的问题领域,采取具体措施以处理这些问题,必要时设立适当的机制以执行这些措施,并普遍创造条件促进移徙女工与她们所居留的社会的其他人之间和睦和容忍。[②]

1997年,人权委员会

> 决心防止和消除对妇女和女童的一切形式的暴力行为;鼓励各国颁布或加强国内立法中刑事、民事、劳工和行政等方面的处罚规定,以惩罚和纠正使遭到任何形式暴力的妇女和女童受到伤害的行为,无论是在家里、工作场所、社区中,还是在社会上。[③]

2000年,人权委员会请各国,"特别是原籍国和目的地国,考虑采取恰当的法律措施,打击蓄意怂恿女工秘密流动,剥削移徙女工,侵犯移徙女工人格尊严的中介人"[④]。(见第七章A2,移徙工人:劳动力剥削和秘密贩运[1973年])

---

① General Assembly sixty-fifth session, resolution 65/228 of 21 December 2010.

② E/CN. 4/1995/176, resolution 1995/20 of 24 February 1995.

③ E/CN. 4/1997/150, resolution 1997/13 of 3 April 1997, See also E/CN. 4/1998/177, resolution 1998/17 of 9 April 1998.

④ E/CN. 4/2000/167, resolution 2000/54 of 25 April 2000. See also E/CN. 4/2002/200, resolution 2002/58 of 25 April 2002.

平等拥有财产和获得适足住房的权利(2000年)

2000年,人权委员会讨论了妇女平等拥有、利用和控制土地的权利以及妇女平等拥有财产和获得适足住房(adequate housing)的权利。它鼓励各国政府

> 支持彻底改变那些歧视妇女、剥夺妇女安全保有和平等拥有、利用和控制土地的权利以及拥有财产和获得适足住房的平等权利的习俗和传统,确保妇女在土地改革、农业改革、重新安置土地计划以及在拥有财产和获得适足住房方面有权获得平等待遇,并采取其他措施向生活贫困的妇女尤其是女户主提供更多的土地和住房。

人权委员会还敦促对"法官、律师、政治领导人以及其他政府官员、社区领导人以及其他有关人士"进行关于妇女在土地所有权和控制权方面权利的教育和培训。[1]

人权委员会在2001年及其后几年重申了这些关切,鼓励 217

> 各人权条约机构特别是经济、社会及文化权利委员会和消除对妇女歧视委员会(Committee on the Elimination of Discrimination against Women, CEDAW),以及委员会与增进和保护人权小组委员会的各项特别程序以及其他人权机制……在执行任务时有系统地经常考虑到性别公平观。[2]

妇女、宗教和传统(2002年)

宗教不容忍问题特别报告员在其职责范围内多次提到了妇女的状况。2002年,特别报告员向人权委员会提交了一份关于"宗教或信仰自由以及宗教和传统背景下的妇女地位"问题的研究报告。[3] (见第六章)

---

① E/CN. 4/2000/167, resolution 2000/13 of 17 April 2000.

② E/CN. 4/2001/167, resolution 2001/34 of 23 April 2001. See also resolutions 2002/49 of 23 April 2002; 2003/22 of 22 April 2003.

③ E/CN. 4/2002/73/Add. 2.

联合国大会对暴力侵害妇女问题的深入研究(2003 年)

2003 年,联合国大会要求对"侵害妇女的一切形式的暴力行为"进行深入研究。[1] 该研究报告于 2006 年提交给大会;报告对暴力侵害妇女的现象进行了全面陈述和评估,并提出了一些建议。[2]

贩卖人口特别是妇女和儿童问题特别报告员(2004 年)

2004 年,人权委员会任命了一名贩卖人口特别是妇女和儿童问题特别报告员(见第六章 B,2004 年——贩卖人口特别是妇女和儿童)。

法律和实践中对妇女的歧视问题工作组(2010 年)

人权理事会在 2009 年讨论了对妇女的歧视问题,并要求进行专题研究。[3] 次年,人权理事会成立了在法律和实践中对妇女的歧视问题工作组(见第六章 B,2010 年——法律和实践中对妇女的歧视)。

218 可预防的孕产妇死亡率(2009 年)

2010 年的一项研究侧重于可预防的孕产妇死亡率和发病率与人权问题,[4]随后在 2011 年进行了关于"可预防的孕产妇死亡率和发病率与人权"的专题研究。[5] 理事会召开了一次专家研讨会,高级专员提出了"关于采用基于人权的方法执行降低可预防的孕产妇死亡率和发病率的政策和方案的简明技术指南"[6]。

---

① General Assembly fifty-eighth session, resolution 58/185 of 22 December 2003.

② A/61/122 and Add. 1.

③ A/HRC/12/50, resolution 12/17 of 2 October 2009.

④ A/HRC/14/39.

⑤ A/HRC/18/27.

⑥ A/HRC/18/2, resolution 18/2 of 28 September 2011. See also A/HRC/11/37, resolution 11/8 of 17 June 2009; A/HRC/15/60, resolution 15/17 of 30 September 2010; A/HRC/18/2, resolution 18/2 of 28 September 2011; A/HRC/21/2, resolution 21/6 of 27 September 2012 and A/HRC/21/22 and Corr. 1 and 2.

2014 年,人权理事会收到了高级专员关于"运用基于人权的方法执行降低可预防的孕产妇死亡率和发病率的政策和方案的技术指南"的报告,提请注意其建议,[①]并在 2016 年采取后续行动。[②]

2018 年,人权理事会要求"关于在消除可预防的孕产妇死亡和发病现象方面尊重、保护和实现所有人权的良好做法和挑战的后续报告",并请高级专员"在 2019 年组织一次为期两天的会议,讨论采用基于人权的方法执行政策和方案以降低人道主义环境中可预防的孕产妇死亡率和发病率方面的良好做法、现实差距和挑战"。[③]

2030 年可持续发展议程(2017 年)

人权理事会在 2017 年讨论了"所有妇女和女童充分享有人权与在执行《2030 年可持续发展议程》过程中有系统地顾及性别平等因素",要求"组织一次为期两天的……专家会议,讨论所有妇女和女童充分享有人权与在执行《2030 年议程》过程中有系统地顾及性别平等因素方面存在的差距、面临的挑战以及相关最佳做法"。[④] 可持续发展目标 5 寻求实现性别平等并增强所有妇女和女童的权能。[⑤]
(见第八章 D,高级专员[1993 年],可持续发展目标[2015 年])

一项关于暴力侵害妇女行为的公约?

1993 年的《消除对妇女的暴力行为宣言》继续提供着关于暴力侵害妇女行为的主要国际规范。截至 2016 年,除了《消除对妇女一切形式歧视公约》及其任择 219
议定书和各种国际文书(见第七章 A2,核心公约,妇女[1963 年])外,还有三个直接处理妇女保护问题的特别程序在发挥作用。2003 年的深入研究报告阐述了适用于或可被视为适用于该次级项目的国际法,但其建议中没有关于制止暴力侵害妇女行为的具体公约。[⑥]

---

① A/HRC/27/2, resolution 27/11 of 25 September 2014 and A/HRC/27/20.

② A/HRC/33/24, resolution 33/18 of 30 September 2016.

③ A/HRC/39/26, resolution 39/10 of 27 September 2018.

④ A/72/53/Add. 1, resolution 36/8 of 28 September 2017.

⑤ General Assembly seventieth session, resolution 70/1 of 25 September 2015 para 54 et seq.

⑥ A/61/122 and Add. 1 VIII.

暴力侵害妇女问题特别报告员拉希达·曼朱(Rashida Manjoo)谈到了国际人权法中有关暴力侵害妇女的“规范性差距”(normative gap)问题,并在2015年提出了制定具有约束力的国际文书的理由:

国际体系的局限,包括缺乏关于暴力侵害妇女行为的具有法律约束力的特定文书,会削弱人权理事会的期望,即区域安排应加强国际人权文书中所载的普遍人权标准(见理事会第12/15决议)。联合国系统内目前的规范和标准源自软法的发展,并且具有有说服力的价值,但没有法律约束力。国际人权法的规范性差距提出了关于国家有责任克尽职责和国家有责任作为最终责任承担者保护妇女和女童免遭暴力、其原因和后果的关键问题。在她于2014年提交人权理事会(A/HRC/26/38)和大会(A/69/368)的报告中,特别报告员建议国际社会审查具有约束力的现有国际法律框架内的规范性缺陷,并更具体地解决暴力侵害妇女问题在保护、预防和问责方面的法律空白。鉴于妇女因为她们是女人而大量遭受这种侵犯人权行为的广泛性和普遍性,制定一套不同的规范和实际措施应对、防范和最终消除这种暴力行为至关重要……

20多年前在制定和通过《消除对妇女的暴力行为宣言》之前提出并在过去20年得到特别报告员任务强调的关切使人更加认为,是考虑制定和通过联合国关于暴力侵害妇女和女童问题的具有约束力并有自己专门监测机构的国际文书的时候了。这样一份文书应确保各国对具有法律约束力的标准承担责任,它应为在全球保护妇女和女童提供一个明确的规范性框架,并应有一个具体的监测机构,在实质上提供对一般和国家层面发展情况的深入分析。有了一项具有法律约束力的文书,就可以建立一个保护、预防和教育框架,重申国际社会对其表述的承诺,即妇女的权利是人权,以及侵害妇女的暴力行为其本身是对人权的侵犯……

转型变革需要在规范性方面改变思维,并且需要承诺、勇气和关怀伦理,以取代既得利益和根深蒂固的领土立场。变革需要对现状提出质疑,包括继
220 续求助于20年前用于避免处理国际人权法规范性差距的争论。转型变革需要各国的言行反映出承认暴力侵害妇女行为本身是对人权的侵犯,而且更重要的是,它需要各国承诺在追求防止和消除这种暴力行为时接受具体法律义

务的约束。[①]

特别报告员在其报告的增编中就制定一项关于暴力侵害妇女行为的国家间文书的必要性提出了进一步的思考和材料:

> 在现任特别报告员的专题报告中加入这一增编的目的是,强调民间社会的努力并将其制度化,并为下一任任务负责人以及联合国系统提供一个历史视角。鉴于有人试图压制和扼杀关于规范性差距的讨论,以及个人对这种讨论如何破坏现有框架的批评,这已成为当务之急。[②]

如本节引言所述,有关这一议题的发展演变在其他机构继续进行。联合国大会讨论了影响妇女的其他问题,特别是在司法领域的问题。在这种情况下,大会于 2010 年通过了一套关于在预防犯罪和刑事司法中消除对妇女的暴力行为的最新示范战略和实际措施。[③]

1996 年——体育

奥林匹克理想(1996 年)

1994 年,联合国大会“意识到国际奥林匹克委员会的人道主义活动日增,例如……向战乱地区儿童提供的粮食救济援助……祝贺国际奥林匹克委员会成立一百周年”,并重申“它对促进、保护和实施人权以及对建立全球友谊和维护世界

---

① A/HRC/29/27 paras 63-65,着重号为作者所加。

② A/HRC/29/27/Add. 5 Part 1 Introduction. 特别报告员补充说:

> 包含此增编的另一个原因是缺乏对 1991 年在维也纳举行的历史性且具有开创性的联合国专家组会议(EGM)的讨论、记录和承认。EGM 专门讨论制定针对妇女的暴力行为的具体文书,加拿大政府提交了一份题为《制定针对妇女的暴力行为的国际文书中的问题》(1991)(UN DOC EGM/VAW/WP. 1)的工作文件。这份文件承认现有国际条约对暴力侵害妇女行为的适用性有限。

③ General Assembly sixty-fifth session, resolution 65/228 of 21 December 2010, Annex.

和平的宝贵贡献”。[①]

2012 年，人权理事会决定召开“一次高级别互动小组讨论会，以着重提出、研究
221 并建议可采用哪些方式利用体育和重大体育赛事，尤其是奥运会和残奥会，提高对《世界人权宣言》的认识和了解，实施其中所载的原则”[②]。次年，理事会请咨询委员会编写一份研究报告“探讨利用体育和奥林匹克理想增进所有人的人权并加强对人权的普遍尊重的可能性，同时铭记《奥林匹克宪章》中的相关原则和体育运动中的良好榜样的价值”[③]。理事会在 2016 年“赞赏地注意到咨询委员会的最终报告”[④]。

2018 年，人权理事会“鼓励各国促进将体育作为打击一切形式歧视的手段”，并决定“在其工作方案中纳入关于通过体育和奥林匹克理想促进人权的专题小组讨论会，每四年举行一次……第一次小组讨论会将在 2020 年东京奥运会和残奥会之前举行”[⑤]。

一个没有种族主义的体育世界(2010 年)

人权理事会欢迎在 2010 年设立联合国体育促进发展与和平办公室(United Nations Office of Sport for Development and Peace)，并“强调了打击体育领域种族主义罪行有罪不罚现象的重要性”[⑥]。

体育与健康(2014 年)

2014 年，人权理事会在健康权问题特别报告员的工作范围内处理了这一问题(见第六章 B，2002 年——健康)，当时理事会请特别报告员编写关于“通过体育和健康的生活方式促进人人享有可达到的最高水准身心健康的权利”这一主题的研

① E/CN. 4/1996/177, resolution 1996/45 of 19 April 1996. See also General Assembly forty-ninth session, resolution 49/29 of 7 December 1994.

② A/HRC/18/2, resolution 18/23 of 30 September 2011; A/HRC/20/11.

③ A/HRC/24/2, resolution 24/1 of 26 September 2013.

④ A/HRC/30/50, resolution 31/23 of 24 March 2016. See also A/HRC/27/58, resolution 27/8 of 25 September 2014.

⑤ A/HRC/37/2, resolution 37/18 of 23 March 2018.

⑥ A/HRC/13/56, resolution 13/27 of 26 March 2010.

究报告。[①]

1997年——国籍

人权委员会在1997年重申

> 人人享有国籍权作为一项不可剥夺的人权的重大意义,并呼吁所有国家不采取措施颁布出于种族、肤色或民族或族裔理由歧视个人或群体的立法,借以取消或削弱在平等基础上对享有国籍权的行使。[②]

在随后的几年里,人权委员会(及之后的理事会)敦促"人权委员会的有关机制和相关的联合国条约机构继续就此问题向一切有关来源收集资料,在它们的各自报告中考虑到这类资料以及其中的任何建议"[③]。 222

2009年,人权理事会要求一份关于国籍权的报告,报告"重点放在任意剥夺国籍,包括在国家继承情况下的任意剥夺国籍问题上"[④];2010年要求一份关于"任意剥夺国籍可能对个人享有人权的影响"的报告。[⑤] 2012年,理事会又要求一份关于"在与国籍有关的问题上对妇女的歧视,包括对儿童的影响"的报告。[⑥] 2014年,理事会接受了一份关于"可能导致剥夺国籍的立法和行政措施的报告……重点关注受影响者可能成为无国籍者的情况"[⑦]。第二年,它又收到了一份报告,该报告关于任意剥夺国籍对有关儿童享有人权的影响,以及关于儿童获得国籍的现行法律和做法,特别是如果他们不获得国籍,就会成为无国籍者。[⑧]

---

① A/HRC/26/2, resolution 26/18 of 26 June 2014.

② E/CN. 4/1997/150, resolution 1996/36 of 11 April 1997.

③ E/CN. 4/1998/177, resolution 1998/48 of 17 April 199. See also E/CN. 4/1999/167 resolution 1999/28 of 26 April 1999; E/CN. 4/2005/135 resolution 2005/45 of 19 April 2005; A/HRC/7/78 resolution 7/10 of 27 March 2008.

④ A/HRC/10/29, resolution 10/13 of 26 March 2009.

⑤ A/HRC/13/56, resolution 13/2 of 24 March 2010.

⑥ A/HRC/20/2, resolution 20/4 of 5 July 2012.

⑦ A/HRC/25/28; A/HRC/20/2, resolution 20/5 of 5 July 2012.

⑧ A/HRC/31/29, resolutions 26/14 of 26 June 2014 and 32/5 of 30 June 2016.

同样在2016年,人权理事会讨论了"妇女在法律和实践中的平等国籍权利"问题,并要求"举办为期半天的专家研讨会,展示促进妇女平等国籍权利的最佳做法"①。

1998年——容忍与多元性

人权委员会指出,"在一个多种族、多宗教和多文化的世界中,没有社会能免于因缺少容忍而产生的危险以及由此而滋生的暴力"。它呼吁高级专员将"在办事处的工作方案中……酌情举办讲习会和研讨会,利用大众传媒和非政府组织,并通过咨询服务和技术合作方案来协助各国的国家方案[以促进容忍]"。②

人权委员会在2000年重申了它的呼吁,包括"委员会的各有关机制……继续……有效地促进民主多元性和容忍……进一步研究促成不容忍的情况和环
223 境……和继续努力以旨在鉴定可促进容忍和多元性的普遍接受的原则和最佳的做法"③。

1998年——和平

1998年,人权委员会"强调在新的世纪之交之际,为切实享有人权和基本自由,必须制订预防政策,包括鼓励所有的人接受和平文化"。委员会欢迎联合国大会宣布2000年为"和平文化国际年",并"敦促各国促进和平文化"。④

1999年,人权委员会"赞赏地注意到民间社会与联合国各实体合作,将2000年定为和平文化国际年的举措"⑤。次年,委员会欢迎联合国大会通过《和平文化宣言和行动计划》并宣布2000年为"和平文化国际年"。⑥

---

① A/HRC/32/2, resolution 32/7 of 30 June 2016.

② E/CN. 4/1998/177, resolution 1998/21 of 9 April 1998.

③ E/CN. 4/2000/167, resolution 2000/50 of 25 April 2000. See E/CN. 4/2002/200, resolution 2002/55 of 25 April 2002; E/CN. 4/2004/127, resolution 2004/54 of 20 April 2004.

④ E/CN. 4/1998/177, resolution 1998/54 of 17 April 1998.

⑤ E/CN. 4/1999/167, resolution 1999/62 of 28 April 1999.

⑥ E/CN. 4/2000/167, resolution 2000/66 of 26 April 2000.

2001年,人权委员会“重申全球人民均有享受和平的神圣权利”[①],2003年,“强调和平是增进和保护所有的人的所有人权的必要前提”[②]。

人权理事会于2009年举办了一次关于各民族享有和平权利问题的专家讲习班,“以进一步澄清这一权利的内容和范围……提出措施,提高对实现这一权利重要性的认识……建议采取具体行动,动员各国、政府间组织和非政府组织促进人民享有和平的权利”[③]。

讲习班结束后,理事会请咨询委员会“编写一份各民族享有和平权利宣言草案”[④]。2012年,理事会注意到咨询委员会编写的宣言草案[⑤],并设立了一个工作组,“其任务是在咨询委员会提交的草案基础上,逐步谈判拟订一份联合国享有和平的权利宣言草案,同时避免对过去、现在和未来的相关意见和建议过早地得出结论”[⑥]。

联合国大会于2016年12月通过了《和平权利宣言》。[⑦] 人权理事会决定召开“为期半天的和平权利闭会期间研讨会……以讨论《宣言》的执行情况”[⑧]。

1998年——加强人权领域的国际合作 224

人权委员会请各国“和所有相关的联合国人权机制与程序继续关注相互合作、理解和对话在确保促进和保护人权方面的重要性”[⑨]。

---

① E/CN. 4/2001/167, resolution 2001/69 of 25 April 2001. See also E/CN. 4/2002/200, resolution 2002/71 of 25 April 2002.

② E/CN. 4/2003/135, resolution 2003/61 of 24 April 2003. See also E/CN. 4/2004/127, resolution 2004/65 of 21 April 2004; E/CN. 4/2005/135, resolution 2005/56 of 20 April 2005.

③ A/HRC/14/38; A/HRC/13/47 resolution 14/3 of 17 June 2010.

④ A/HRC/8/52, resolution 8/9 of 18 June 2008, See also A/HRC/11/37, resolution 11/4 of 17 June 2009; and A/HRC/17/2, resolution 17/16 of 17 June 2011 and A/HRC/17/39.

⑤ A/HRC/20/31 Annex.

⑥ A/HRC/20/2, resolution 20/15 of 5 July 2012. See also A/HRC/23/2, resolution 23/16 of 13 June 2013; A/HRC/27/2, resolution 27/17 of 25 September 2014; A/HRC/30/2, resolution 30/12 of 1 October 2015. See also A/HRC/WG. 13/1/2; A/HRC/27/63; A/HRC/29/45.

⑦ General Assembly seventy-first session, resolution 71/189 of 19 December 2016. See also A/HRC/32/2 resolution 32/28, Annex of 1 July 2016.

⑧ A/72/53, resolution 35/4 of 22 June 2017.

⑨ E/CN. 4/1998/177, resolution 1998/81 of 24 April 1998.

1999年,人权委员会要求在2001年提交一份关于“加强人权领域国家间合作的方法和手段”问题的报告。[①] 2000年,委员会认为,人权领域的国际合作“应该对防止侵犯人权的紧迫任务做出有效和实际的贡献……[并重申]……充分实现人权应遵循普遍性、非选择性、客观性和透明性的原则”。这一原则在随后的几年里得到了重申:“除了对各自社会的单独责任外,各国还负有维护人权原则的集体责任。在全球范围内的人类尊严、平等和公平原则。”[②]

2001年,人权委员会欢迎联合国大会决定宣布2001年为“联合国不同文明间对话年”。[③]

在其开始运作后不久,人权理事会就提到了加强国际合作,以加强人权标准实施的必要性,并提到“不同文化之间的对话”,以及“促进、保护和充分实现所有人权和基本自由应遵循普遍性、非选择性、客观性和透明度等原则”。[④]

2012年,人权理事会注意到咨询委员会关于加强人权领域国际合作的研究报告,并要求举办研讨会[⑤],该研讨会于次年举行。理事会注意到一些报告[⑥],并请咨询委员会编写“关于加强人权领域国际合作方式方法的更有针对性的深入研究报告”。[⑦] 2015年,理事会注意到该研究报告[⑧],欢迎“关于人权主流化的高级别小组讨论”,并要求再提交一份报告,“说明加强包括理事会在内的联合国人权机制中国际合作的方式和方法,以及障碍与挑战和克服这些障碍的建议”。[⑨]

2018年,人权理事会注意到“关于联合国技术合作自愿基金董事会活动的年

---

① E/CN. 4/1997/150, resolution 1999/68 of 28 April 1999.

② E/CN. 4/2000/167, resolution 2000/70 of 26 April 2000. See also E/CN. 4/2002/200, resolution 2002/86 of 26 April 2002; E/CN. 4/2003/135, resolution 2003/60 of 24 April 2003; E/CN. 4/2004/127, resolution 2004/63 of 21 April 2004; E/CN. 4/2005/135, resolution 2005/54 of 20 April 2005.

③ E/CN. 4/2001/167, resolution 2001/67 of 25 April 2001.

④ A/HRC/7/78, resolution 7/3 of 27 March 2008. See also A/HRC/4/123, decision 4/104 of 30 March 2007; A/HRC/10/29, resolution 10/6 of 26 March 2009; A/HRC/13/56, resolution 13/23 of 26 March 2010; A/HRC/16/2, resolution 16/22 of 25 March 2011.

⑤ A/HRC/19/2, resolution 19/33 of 23 March 2012. See A/HRC/19/74.

⑥ A/HRC/19/74; A/HRC/19/50; A/HRC/23/20; A/HRC/23/60; A/HRC/23/61.

⑦ A/HRC/23/2, resolution 23/3 of 13 June 2013. See also A/HRC/25/2, resolution 25/3 of 27 March 2014, and A/HRC/19/50; A/HRC/24/56.

⑧ A/HRC/26/41.

⑨ A/HRC/28/2, resolution 28/2 of 26 March 2015. See A/HRC/31/81 and A/HRC/32/2, resolution 32/6 of 30 June 2016.

度最新情况”[1],并请高级专员“编写一份关于办事处……在执行和加强人权领域 225
国际合作方面的工作报告”[2]。

1999 年——民主权

1999 年,委员会“决心在步入新世纪和下一千年的前夕,在委员会力所能及的范围内采取一切措施,为所有人民争取他们有权享有的基本民主权利和自由”。它请人权事务高级专员办事处“优先援助这种[促进民主和法治的技术合作]方案,并在全联合国系统内推动开展与民主有关的活动”。[3]

第二年,人权委员会

> 感到鼓舞,全世界越来越多的国家愿意投入他们的力量、资源和政治意愿,建设民主社会,使个人有机会掌握他们自己的命运……注意到先后于 1998 年 6 月在马尼拉、1994 年 7 月在马那瓜和 1997 年 9 月在布加勒斯特举行的第一、第二和第三次新的民主政体或恢复民主政体国际会议各参加国采取的主动行动……呼吁各国……加强法治……通过健全的管理加强民主。[4]

人权委员会在 2001 年重申“人民的意愿应是政府权力的基础,这种意愿应通过举行定期真正的选举来表达,选举必须以普遍公平的秘密或类似方式的自由投票程序进行”[5]。

2002 年举行了一次关于“民主与人权的相互依存关系”的专家研讨会;[6]人权委员会强调需要“进一步澄清界定民主并具有普遍意义和用途的基本概念”。2004 年,委员会就多项重点内容强调了该议题,比如

---

① A/HRC/37/79.

② A/HRC/38/2, resolution 38/3 of 5 July 2018.

③ E/CN. 4/1999/167, resolution 1999/57 of 27 April 1999.

④ E/CN. 4/2000/167, resolution 2000/47 of 25 April 2000.

⑤ E/CN. 4/2001/167, resolution 2001/36 of 23 April 2001. See also E/CN. 4/2002/200, resolution 2002/34 of 22 April 2002.

⑥ E/CN. 4/2003/59. See also E/CN. 4/2001/167, resolution 2001/41 of 23 April 2001; E/CN. 4/2002/200, resolution 2002/46 of 23 April 2002.

> 民主与法治……促进民主权利……促进和巩固民主……继续就促进和巩固民主的措施进行对话……促进和巩固民主的进一步措施……民主与人权之间的相互依存关系……加强区域、次区域和其他组织与安排在促进和巩固民主方面的作用。

226 人权委员会还强调“将加强民众参与、公平、社会正义和非歧视作为民主的重要基础”。[①]

2015年,人权理事会设立了人权、民主和法治论坛。[②] (见第九章,人权理事会——“一个新时代”[2006年],人权、民主和法治论坛[2015年])

享有民主和公平的国际秩序的权利(2000年)

人权委员会在2000年重申其“决心在新的世纪和平年到来之际,在其权力范围内采取一切措施确保实现一个民主和公平的国际秩序”。这需要实现一些权利,包括自决权、对天然财富和资源的永久主权、发展权、和平权、平等参与决策过程的权利、团结合作的权利、文化合作的权利、享有健康的环境的权利、拥有人类共同遗产的权利,以及

> 在所有合作领域享受透明、民主、公正和负有责任的国际体制,特别是通过执行充分和公平参与其各自决策机制的原则;[和]所有区域和各国的人民都有权平等担任国际公务员,确保各区域任职人数比例公平,两性比例平衡;[和]……立一个自由、公正、有效和平衡的国际信息和通信秩序。[③]

2001年,人权委员会再次提出了一些措施,以建立一个民主和公平的国际秩序,其中包括实现“各国人民和各国有权永久享有对其天然财富和资源的主权以

---

① E/CN. 4/2003/135, resolution 2003/36 of 23 April 2003. See also E/CN. 4/2004/127, resolution 2004/30 and 2004/31 of 19 April 2004; E/CN. 4/2005/135, resolutions 2005/29 of 19 April 2005 and 2005/32 of 19 April 2005.

② A/HRC/28/2, resolution 28/14 of 26 March 2015.

③ E/CN. 4/2000/167, resolution 2000/62 of 26 April 2000.

及人人均有权享受有利于健康的环境"[①]。2003 年,委员会重申了其早先向国际社会发出的呼吁,并"强调了维护由国家和人民组成的国际社会的丰富性和多样性的重要性,以及对国家和区域特点和各种历史、文化和宗教背景的尊重"[②]。2011 年,人权理事会任命了一名关于促进民主和公平的国际秩序问题的独立专家。[③] (见第六章)

人权和人的责任(2000 年)

2000 年,人权委员会回顾说,"人的责任是导致《世界人权宣言》谈判进程的一个组成部分,也是《世界人权宣言》本身的一个组成部分,但此后却被忽视了" 227
(着重号为作者所加)。委员会请小组委员会对这个问题进行研究。[④] 小组委员会特别报告员米格尔·阿方索·马丁内斯于 2003 年提交了他的最终报告。[⑤]

2005 年,人权委员会请特别报告员编写"新的人类社会责任宣言草案初稿(E/CN. 4/2003/105,附件一),同时考虑到辩论……以及评论和建议"[⑥]。

2001 年——国际团结

2001 年,人权委员会"敦促国际社会紧急考虑各种方法和手段,促进和巩固对发展中国家的国际援助,帮助它们努力实现发展,并为充分实现所有人权创造条件"[⑦]。

2005 年,人权委员会"考虑到迫切需要进一步制定准则、标准、规范和原则,以

---

① E/CN. 4/2001/167, resolution 2001/65 of 25 April 2001. See also resolution 2002/72 of 25 April 2002.

② E/CN. 4/2003/135, resolution 2003/63 of 24 April 2003. See also E/CN. 4/2004/127 resolution 2004/64 of 21 April 2004; E/CN. 4/2003/135 resolution 2005/57 of 20 April 2005. A/HRC/8/52, resolution 8/5 of18 June 2008.

③ A/HRC/18/2, resolution 18/6 of 29 September 2011.

④ E/CN. 4/2000/167, resolution 2000/63 of 26 April 2000.

⑤ E/CN. 4/2003/105. See also E/CN. 4/2002/107 and Corr. 1 and E/CN. 4/2002/200, Commission decision 2002/1 10 of 25 April 2005.

⑥ E/CN. 4/2005/135, decision 2005/111 of 20 April 2005. See also E/CN. 4/2005/99.

⑦ E/CN. 4/2001/167, resolution 2001/73 of 25 April 2001. See also resolution 2002/73 of 25 April 2002; 2004/66 of 21 April 2004.

促进和保护与团结的基本价值密切相关的权利”,决定任命一名国际团结问题独立专家。[1] (见第六章 B,2005 年——国际团结)

通过更好地理解人类的传统价值以促进人权(2009 年)

2010 年,人权理事会就这一问题召开了一次研讨会。[2] 研讨会结束后,[3]理事会请咨询委员会“编写一份研究报告,说明更好地了解和理解尊严、自由和责任等传统价值如何有助于促进和保护人权”[4]。

2013 年——出生登记:人人在任何地方被承认在法律前的人格的权利

2013 年,人权理事会在出生登记的背景下讨论了这一问题,当时它“对全世界未办出生登记人数众多表示关切”[5]。

228 2015 年,人权理事会审议了高级专员关于获得普遍出生登记和拥有出生证明文件的障碍以及各国在履行其确保出生登记的义务方面采取的良好做法的报告。[6] 理事会请高级专员“查明并积极寻求机会与联合国统计司及其他联合国有关机构、基金和组织……协作,以加强旨在普及出生登记和促进人口动态统计发展的现有政策和方案”[7]。

2017 年,人权理事会收到了一份关于出生登记和人口动态统计发展的报告。[8] 它要求一份进一步的报告,

说明在确保儿童获得出生登记,特别是确保风险最大、被边缘化和生活在冲

---

① E/CN. 4/2005/135, resolution 2005/55 of 20 April 2005.

② A/HRC/12/50, resolution 12/21 of 2 October 2009.

③ A/HRC/16/2.

④ A/HRC/15/60, resolution 16/3 of 24 March 2011. See also A/HRC/AC/9/6 and A/HRC/21/2, resolution 21/3 of 27 September 2012.

⑤ A/HRC/22/2, resolution 22/7 of 21 March 2013.

⑥ A/HRC/27/22.

⑦ A/HRC/28/2, resolution 28/13 of 26 March 2015.

⑧ A/HRC/33/22.

突、贫困、紧急状态下和处于弱势的儿童,包括属于少数群体的儿童、残疾儿童、土著儿童以及移民、寻求庇护者、难民和无国籍人的子女获得出生登记方面的最佳做法和具体措施,同时考虑到落实可持续发展目标具体目标 16.9 的承诺。[1]

家庭(2014 年)

2014 年,人权理事会讨论了"保护家庭"问题,决定在 2015 年召开"关于保护家庭及其成员的小组讨论会,讨论各国在国际人权法下的义务的影响,并讨论挑战和最佳做法"[2]。2015 年,理事会要求一份报告,说明"各国在保护家庭方面履行国际人权法相关规定的义务所产生的影响,以及家庭在实现其成员的适当生活水准权方面的贡献,特别是通过其在消除贫穷和实现可持续发展方面的作用"[3]。

2016 年,人权理事会讨论了家庭"在支持保护和促进残疾人人权方面的作用",并援引了高级专员题为《保护家庭:家庭对实现其成员的适当生活水准权的贡献,尤其是通过在消除贫困和实现可持续发展方面发挥作用》的报告。[4]

2017 年,人权理事会欢迎举行关于保护家庭和残疾问题的国际研讨会,并决定召开为期一天的研讨会,"讨论各国在保护家庭方面履行国际人权法相关规定的义务对家庭在支持保护和促进老年人人权方面的作用的影响"[5]。

2013 年——国家政策 229

人权理事会在 2013 年"强调了国家元首和政府首脑在 2005 年世界首脑会议成果文件中反映的将促进和保护人权纳入国家政策的决议的重要性"[6]。次年,理事会采纳了高级专员关于这个问题的报告[7],并召集了一个小组讨论会。在 2015

---

① A/HRC/34/2, resolution 34/15 of 24 March 2017.

② A/HRC/26/2, resolution 26/11 of 26 June 2014; A/HRC/28/40.

③ A/HRC/29/2, resolution 29/22 of 3 July 2015.

④ A/HRC/31/37.

⑤ A/72/53, resolution 35/13 of 22 June 2017.

⑥ A/HRC/23/2, resolution 23/19 of 13 June 2013.

⑦ A/HRC/27/41.

年的会议上，理事会讨论了“报告的结论，以查明将人权纳入国家政策和方案的主流过程中存在的困难、进展情况和良好做法”[1]。

2015年，人权理事会收到了高级专员的报告和一份小组讨论会说明。[2] 它在2016年举办了一个专家研讨会，“确保有效和实用的机制和方法，将人权纳入制定工作的主流和公共政策的实施”[3]。理事会要求“汇编将人权纳入国家政策主流方面的良好做法、挑战和经验教训，以促进可持续发展目标的实现”。理事会还请咨询委员会“编写一份研究报告，帮助各国在高级专员汇编资料的基础上将人权纳入国家政策，从而落实《2030年议程》”。[4]

地方政府与人权(2013年)

2016年，咨询委员会提交了“一份研究探讨地方政府在增进和保护人权的研究报告，包括将人权纳入地方行政和公共服务方面的作用，以便汇总最佳做法和主要挑战”[5]。人权理事会召开了一个小组讨论会，“讨论地方政府在促进和保护人权的作用，其目的是确定地方政府如何有效地促进、保护和实现人权”[6]。（另见上文，1988年——贪污，善治[2000年]）

2013年——平等政治参与

2013年，人权理事会“表示关切的是，尽管全世界在实现平等政治参与方面取得了进步，但许多人仍然在享有参与本国政治和公共事务的权利方面面临包括歧视在内的障碍”[7]。次年，理事会接受了高级专员的一项关于“阻碍平等政治参与
230 的因素和克服这些挑战的步骤”问题的研究[8]，并敦促各国考虑研究报告的结论和

---

① A/HRC/27/2, resolution 27/26 of 26 September 2014.

② A/HRC/27/41; A/HRC/30/28.

③ A/HRC/34/33. See also resolutions 30/24 of 2 October 2015 and 35/32 of 23 June 2017.

④ A/72/53, resolution 35/32 of 23 June 2017.

⑤ A/HRC/30/49. See also A/HRC/27/59, resolution 27/4 of 25 September 2014.

⑥ A/HRC/33/2, resolution 33/8 of 29 September 2016. See also A/HRC/38/22, A/HRC/39/2, resolution 39/7 of 27 September 2018.

⑦ A/HRC/24/2, resolution 24/8 of 26 September 2013.

⑧ A/HRC/27/29.

建议,“并确保所有公民充分、有效和平等地参与政治和公共事务”[①]。

此后,人权理事会收到了“关于在现有人权法背景下促进、保护和实施参与公共事务权利的后续研究”[②],并在 2016 年举行了一次专家研讨会,“讨论关于实施参与公共事务权利的现有指南,以确定可能存在的差距并提出建议”[③]。

2018 年,高级专员提出了“关于各国切实落实参与公共服务权的准则草案”[④],理事会“非常感兴趣”地收到了该草案,并请高级专员“编写一份关于各国在使用准则方面的良好做法和挑战的后续报告”。[⑤]

2014 年——枪支

人权理事会在 2014 年首次处理了这一议题,内容包括

> 国家对民间获取、拥有和使用枪支进行有效管制可增强对生命权和人身安全的保护,从而有利于减少枪支滥用的受害人数;深表关切的是,世界各地成千上万各年龄段的人,包括妇女和儿童,因平民滥用枪支丧生或受伤并遭受心理伤害,其人权尤其是其生命权和人身安全因而受到负面影响。[⑥]

它要求“一份报告,说明有效管制平民获取、拥有和使用枪支的不同方式,以评估这种管制对保护人权的贡献……并确定最佳做法”[⑦]。人权理事会还决定召开为期一天的研讨会,“讨论各国履行其义务……对家庭支持保护和促进残疾人权利的作用的影响”[⑧]。

2018 年,人权理事会收到了高级专员关于“人权与对民间获取、拥有和使用枪

① A/HRC/27/2, resolution 27/24 of 26 September 2014.

② A/HRC/30/26.

③ A/HRC/33/25. See A/HRC/30/2, resolution 30/9 of 1 October 2015; A/HRC/33/2, resolution 33/22 of 30 September 2016.

④ A/HRC/39/28.

⑤ A/HRC/39/2, resolution 39/11 of 28 September 2018.

⑥ A/HRC/26/2, resolution 26/16 of 26 June 2014.

⑦ A/HRC/29/2, resolution 29/10 of 2 July 2015.

⑧ A/HRC/32/2, resolution 32/23 of 1 July 2016.

支的管制”的报告。[①] 理事会进一步要求一份“关于民间获取、拥有和使用枪支对公民权利、政治权利、经济、社会及文化权利的影响的报告,以期有助于各国和其他相关利益攸关方更充分地了解这种影响”[②]。

231 2015 年——世界毒品问题

2015 年,人权理事会向联合国大会关于世界毒品问题的特别会议提出了它的书面文件。2018 年,理事会收到了一份关于“在世界毒品问题背景下尊重保护和促进人权,特别考虑到受影响者和处于弱势地位者的需要”问题的研究报告,并要求一份关于“在人权方面有效处理和打击世界毒品问题的联合承诺[③]”的报告。[④]

2015 年——国家后续行动制度

2015 年,人权理事会鼓励各国“建立和加强国家人权后续行动制度和程序,酌情寻求技术援助和能力建设,并为此分享经验和良好做法”[⑤]。

理事会在 2017 年再次讨论了这个问题,当时它注意到关于人权领域技术合作自愿基金董事会活动的报告。[⑥] 同年晚些时候,理事会收到了关于促进国际合作以支持国家后续行动制度和程序的小组讨论会报告。理事会请高级专员

> 继续汇编、评估和提高对良好做法、挑战和经验教训的认识,以了解国家人权后续行动制度和程序,包括适当的国家报告和后续机制,对执行人权建议以及酌情对实现可持续发展目标的潜在贡献。[⑦]

---

① A/HRC/32/21.

② A/HRC/38/2, resolution 38/10 of 5 July 2018.

③ General Assembly thirtieth special session, resolution S-30/1 of 19 April 2016, Annex.

④ A/HRC/30/65. See A/HRC/28/2, resolution 28/28 of 27 March 2015 and A/HRC/37/2, resolution 37/42 of 23 March 2018.

⑤ A/HRC/30/2, resolution 30/25 of 2 October 2015.

⑥ A/HRC/32/51; A/HRC/34/74, A/72/53, resolution 35/8 of 22 June 2017.

⑦ A/HRC/34/24.

2018 年,人权理事会讨论了"人权领域的互利合作",并请咨询委员会就技术援助和能力建设在促进和保护人权方面互利合作中的作用进行研究。[1]（见第九章 A,人权理事会——"一个新时代",咨询委员会[2007 年]）

① A/HRC/37/2, resolution 37/23 of 23 March 2018.

第三章 方法

（1955 年）

232

引 言

议题的积累和活动领域的扩大使"伟大事业"有必要进入其发展的另一个阶段。人权委员会需要超越自身起草国际标准的最初任务。这个问题于 1955 年被提出。在讨论过程中，"一些成员表示，委员会已经走到了其历史的转折点，关于未来工作计划的决定亦将决定委员会是否将获得新生"[①]。实质性议题的领域不断扩大，需要委员会采取新的工作方法。本章介绍了人权委员会（以及后来的理事会）从 1955 年引入咨询服务开始，为推进其工作进程而采取的各种措施，并以其出现的时间先后为序展开介绍。

议题积累的另一个后果是，委员会迫于压力，需要调整其开展业务的方法。这方面的努力将在下一章介绍。（见第四章，议程管理：协调［1955 年］与合理化［1992 年］）

1955 年——咨询服务

该工作计划的内容之一是"审议普遍发展情况和为确保世界各地更广泛地遵守和尊重人权和基本自由而采取的行动"，包括"审议促进更广泛地遵守人权和基本自由的其他方法，如为技术援助和地方的人权委员会提供经费"。[②]

与此相一致，联合国大会在 1955 年也设立了一个咨询服务方案。大会

① E/CN. 4/719 and Corr. 1 V, VII.

② E/CN. 4/719 and Corr. 1 V B para 107.

> 兹决定将前所核定(关于促进及维护妇女权利、根绝歧视及保护少数民族以及促进新闻自由)之各项技术协助方案与本决议案所订广泛的人权方面协助方案合并办理,这个方案称为“人权方面之咨询服务”。[①]

233 这些服务将应各国政府的要求提供,包括“(i)专家的咨询服务,(ii)研究奖金和奖学金,(iii)研讨班”[②]。

次年,即1956年,秘书长在提交给人权委员会的一份报告中列出了有关这一方法的规范,这是委员会历史上的第一份此类报告。秘书长

> 建议,尽管“人权领域的咨询服务”方案与经济发展、社会福利咨询服务和公共行政领域的技术援助方案截然不同,但应酌情利用技术援助管理局的现有机制以及技术援助委员会(Technical Assistance Board,后来的联合国开发计划署[UNDP])的驻地代表和国家委员会所能提供的服务。[③]

值得注意的是,联合国系统内的人权“主流化”最终是在21世纪初才进行的(见第八章E,“伟大事业”的主流化[1994年])。

咨询服务将根据政府的请求提供,“并在适当的时候与专门机构合作,且不与其现有活动重复”。各国政府在这些活动的几乎所有实施步骤中都有发言权,如确定要提供的服务种类,以及选择获得研究经费和奖学金的个人。

1976年,秘书长详细介绍了自1955年咨询服务开始以来的实施情况。[④] 人权委员会请其提交该方面的报告,“以便更有效地利用咨询服务方案”。该报告详细介绍了研讨会、奖学金和所涉费用。[⑤]

在向咨询服务转变的同时,防止歧视和保护少数小组委员会建议举办研讨会,以扩大对全世界更广泛的社会阶层的认识和反馈。此前,教科文组织已成功举办旨在促进对其信息自由工作的兴趣和支持的研讨会。

---

① General Assembly tenth session, resolution 926 (X) of 14 December 1955.

② General Assembly tenth session, resolution 926 (X) of 14 December 1955.

③ E/CN. 4/722 para 5.

④ General Assembly tenth session, resolution 926 (X) of 14 December 1955.

⑤ E/CN. 4/1192.

从1955年到20世纪70年代,咨询服务成为人权委员会议程上的一个常设项目。不过其命运摇摆不定,在有些年份委员会并没有举办相关工作(例如在1964年和1965年)。不过事实证明,研讨会很受欢迎,在许多情况下此类活动能够提出一些倡议,并由委员会采取后续行动:1963年的堪培拉研讨会将警察道德问题纳入委员会的议程;类似的,1966年的巴西利亚研讨会促使联合国大会1966年10月26日第2144A(XX)号决议(第12段)和人权委员会议程中载列"考虑各种方法,增进制止无论在何处发生之侵害人权情事之能力"。在喀布尔、达喀尔和华沙举行的研讨会(1967年)将重点放在经济、社会及文化权利上;而开罗研讨会(1969年/1970年)则重新将重点放在区域权利委员会上(第6[XXVI]号决议)。 234
同样地,接下来的贝尔格莱德研讨会(1971年)关注青年教育,雅温得(1971年)和尼斯研讨会则关注种族歧视。[1]

咨询服务是为了支持人权委员会执行其工作方案,特别是对关于国际人权宪章工作的后续行动。鉴于委员会(以及经济及社会理事会和联合国大会)在整合公民权利和政治权利以及经济、社会及文化权利这两个人权领域上所遇到的问题,以及这些权利的实施问题,提高对人权公约的认识十分重要。在20世纪50年代中期的情势下,需要把重点放在巩固通过《世界人权宣言》获得的成果上。至于人权公约,咨询服务充其量只能帮助它们在大会上顺利通过,并加速其生效——这将在1976年实现。

对咨询服务方案的需求有时无法满足,如1978年,秘书处在人权委员会表示,

> 遗憾的是,尽管会员国对该方案的兴趣越来越大,但为执行该方案提供的资金已减少到最低限度,因此,人权司难满足委员会在年度方案中列入举办两次研讨会、一次培训课程和提供足够数量的研究金……的愿望。[2]

在设立30年后的20世纪80年代,咨询服务方案成为技术合作方案的基础,对联合国处理人权的方法产生了重大影响。咨询服务部在联合国的经常预算下运作——而这一预算体系在人权项目上从来都不算慷慨。20世纪80年代中期出

---

[1] E/CN. 4/1097 II para 16.

[2] E/CN. 4/1292 XXI para 325.

现的技术合作方案是靠预算外资源,即捐助者的捐款来运作。这将对在 20 世纪 50 年代中期最初磨合而成的这一方案的性质和范围产生影响。(见第八章 A,技术合作[1987 年];亦见下文,1978 年——自愿基金)

1956—1981 年——定期报告

1950—1956 年间发生的演变特别重要,当时人权公约的未来仍存有疑问;但它已经传达出一种信号,即就人权而言,国家已不再是水密隔舱(water-tight compartments)一般的存在,无论从何种角度解释,国家在人权问题上皆须向国际社会负责。它注入一种基于利益互惠而分享信息的概念。

在引入咨询服务方案的同时,委员会在 1956 年开辟了另一种工作方法。此前,《人权年鉴》已经引入了政府分享人权信息的做法;而"人权的年度报告"(Annual Reports on Human Rights)专题则与之有着同等重要性。

235 1950 年,一项建议被列入人权委员会的议程,即请各国每年提交与《世界人权宣言》有关的国家发展报告。[①] 该提案从《人权年鉴》的做法中得到启发。根据该提案,各国政府将每年向秘书长提交"关于前一年促进尊重人权和人权进展的报告"[②]。

该提案经历了几次修正,至 1956 年由人权委员会制定了一个程序:请各国每年向秘书长提出报告,内容为

> 关于在人权领域取得的发展和进步以及为保障人类自由而采取的措施……这种报告将涉及《世界人权宣言》中列举的权利和人民的自决权,并补充《人权年鉴》所提供的资料。[③]

新的程序是根据人权委员会在前一年的工作计划中商定的"优先项目"之一制定的。虽然它不像五年前的原始提案那样详细,但确实推动了从国内到国际的

① E/CN. 4/517.

② E/CN. 4/731 III para 21 et seq.

③ E/CN. 4/731 para 23, resolution I (XII). See also E/CN. 4/SR. 515.

关于人权事项的额外信息流的开始。

《人权年鉴》——作为核心委员会的一项重要建议——于 1946 年正式推出,该出版物反映了在各国国内分享或收集人权问题信息的首次努力。各国首次在国际范围内分享有关国内人权问题的信息。几年后,它导致了定期报告制度的形成,从而使分享信息的做法更进一步。

从通过《年鉴》分享信息到提供"年度报告",这一演变历程促进了一种定期报告"体系"的形成。该体系将持续运行 25 年。到 1981 年停止运行时,各项国际人权公约已经生效,公约规定的报告程序也开始运作。《人权年鉴》与定期报告并行发展,尽管结构不同,但皆服务于信息分享工作,二者在"伟大事业"的发展过程中都发挥了作用。

建立定期报告制度,除了加强实现人权的普遍性质(区别于"国内性质")之外,还将重点放在制定使其发挥作用之方式的必要性上。根据所涵盖的主题必须制定有关程序,包括报告的周期、预期报告者,以及最重要的是可预期的后续行动(如有)。在随后的几年里,这些模式得到了完善,并建立了一个平台,以后的程序将以此为基础。

1956 年,经济及社会理事会批准了人权委员会的提案,并稍作修改,请各国和专门机构

> 每三年递交一份报告,说明此前三年在人权领域的发展和取得的进展,以及在其都市区和非自治领土及托管领土上为保障人类自由而采取的措施;报告应涉及《世界人权宣言》中阐述的权利和人民的自决权,并补充《人权年鉴》所提供的资料。[①] 236

经济及社会理事会请秘书长提出建议,作为编写报告的指南,并编写一份报告的简明摘要。[②] 其建议涉及所报告的权利的顺序、内容类型、重大成就、遇到的任何限制和困难(如经济和社会性质的障碍或任何紧急情况引起的障碍),以及对

---

① E/CN. 4/731 para 23, resolution I (XII), and ECOSOC, resolution 624B and C (XXII) of 1 August 1956.

② E/CN. 4/731 para 23, resolution I (XII), and ECOSOC, resolution 624B and C (XXII) of 1 August 1956.

特殊部分的说明。[①] 第一批报告将涵盖 1954—1956 年间的情况。

该程序设想人权委员会可能会从一份报告中选择一项或一组权利,并邀请专门机构和非政府组织“合作开展”特别研究;第一项特别研究以“人人有权不受任意逮捕、拘留和流放”为主题。[②] (见第二章,1963 年——司法行政,不受任意逮捕、拘留和流放的自由[1964 年])

人权委员会于 1959 年开始审议定期报告——其在 1958 年的会议上收到了 35 份报告,随后增至 41 份,但这批报告被认为太过简单,以致无法进行综合分析以确定趋势。应委员会的要求,秘书长分发了更详细的建议,以协助报告的编写。[③] 这些建议明确指出,报告应包括“描述和说明与人权有关的重大发展的简明声明,从而使各国政府能够交流知识和经验,并通过委员会的媒介在促进人权方面相互帮助,这是对定期报告目标的重要澄清”[④]。

至 1961 年,联合国会员国已从 1956 年的 80 个国家增加到 104 个,使得更多的国家提交了报告——有 67 个国家在第二周期(1957—1959 年)提交了报告。1961 年,人权委员会决定任命一个委员会来审查这些报告,并向自己提出建议,更确切地说,“如果该委员会认为现有的资料足以达到这个目的,则应编写客观和一般性质的意见、结论和建议草案”[⑤]。

1962 年,该审查委员会向人权委员会做了附带评论的报告,包括一份思考和建议的清单。[⑥] 非政府组织首次参与了这一进程,它们在委员会上发表了书面声明并提出了口头意见,引起了会议讨论,[⑦]最终人权委员会邀请非政府组织“就人权领域的情况提出客观的评论和意见,以协助委员会审议定期报告的摘要”[⑧]。

237

在 1964 年对定期报告的下一轮审查中,人权委员会再次设立了一个审查委员会[⑨],其具有与上一轮所设机构类似的职能,即审查秘书处准备的摘要,以准备

① E/CN. 4/734.

② Economic and Social Council twenty-third session, resolution 624B (XXII) of 1 August 1956.

③ E/CN. 4/789 para 96.

④ E/CN. 4/817 para 53.

⑤ E/CN. 4/817, resolution 3 (XVII) of 14 March 1961.

⑥ E/CN. 4/832/Rev. 1 para 61.

⑦ E/CN. 4/832/Rev. 1 para 64, 65 and 71.

⑧ Economic and Social Council thirty-ninth session, resolution 888B (XXXIV) of 24 July 1962.

⑨ E/CN. 4/874, resolution 3 (XX) and 3B (XX).

“1960—1962年期间人权发展的总体调查……[并准备]……客观和普遍性质的……结论和建议”。审查委员会被要求“就从非政府组织收到的评论和意见……建议应遵循的程序。[并]……就今后定期报告应遵循的程序提出建议”。[①]

审查委员会还被要求处理自1954年以来积累的关于信息自由的报告,并就“联合国与各专门机构,特别是联合国教科文组织进行合作,在信息自由问题上可以采取的措施”提出建议。[②]

1965年,一个定期报告特设委员会(Ad Hoc Committee on Periodic Reports)得以成立。[③] 在这一进程的进一步发展中,除了请该特设委员会研究和评估所收到的报告和其他资料,还请它“根据妇女地位委员会与防止歧视和保护少数小组委员会的评论、意见及建议”提交评论和建议。这一点很重要,因为定期报告不仅涵盖的范围更广,而且还将受益于这两个专门机构的投入。

人权委员会对提交关于公民权利和政治权利与经济、社会及文化权利,以及信息自由报告的时间进行了合理化,即在一个持续三年的周期内,每年分别提交一种报告。[④]

小组委员会被要求“对收到的材料进行初步研究……并提交评论和建议供委员会审议”,人权委员会在1966年进一步明确了其任务。但前者的参与是短暂的。[⑤] 到了第二年,小组委员会表示需要人权委员会进一步澄清,特别是关于要求它进行的初步审查的范围和性质。小组委员会与人权委员会分享了其“在小组委员会审查定期报告方面存在的疑虑和困难”。尽管有这样的发展,小组委员会以及在它之后的人权理事会咨询委员会,在根据1967年和1970年制定的程序对投诉进行评估方面发挥了作用(见第十章A,来文和申诉[1947年],“1503”程序[1970年])。

妇女地位委员会则仍然积极参与定期报告工作,各专门机构和非政府组织亦然,它们的参与程度已大大提升。[⑥]

1966年,人权委员会没有深入审查特设委员会的报告,但它赞同其关于需要 238

① E/CN. 4/874, resolution 3A (XX) of 14 March 1964.

② E/CN. 4/874, resolution 3B (XX) of 14 March 1964.

③ Economic and Social Council thirty-ninth session, resolution 1074C (XXXIX) of 28 July 1965.

④ Economic and Social Council thirty-ninth session, resolution 1074C (XXXIX).

⑤ E/CN. 4/918 (paras 438-440, and resolutions 11 and 12(XXII) of 2 April 1966.

⑥ E/CN. 4/940 paras 528 and 529.

鼓励各国更多参与该工作的建议。[①]

1967年,人权委员会进一步完善了定期报告制度在确定趋势和挑战方面的目标。[②] 委员会没有讨论其特设委员会的报告,然而它处理了其工作的一些方面,包括小组委员会请委员会“进一步考虑”其在定期报告制度中的作用。人权委员会决定,此前请小组委员会进行的初步研究已经没有必要,这项任务将由特设委员会承担。

在1968年的会议上,人权委员会按计划审议了1964年7月1日至1967年6月30日期间关于形成的报告。委员会认为,所提交的报告数量只允许进行“部分调查”,在此基础上,委员会确定了“具有特别重要性和共同利益的趋势、特点和问题”。[③]

1969年出现了类似的情况,当次的报告涉及公民权利和政治权利。人权委员会在部分调查的基础上,确定了所提交报告中出现的趋势。[④]

1970年,人权委员会审议了1966年7月1日至1969年6月30日期间关于经济、社会及文化权利的报告。鉴于这一主题,委员会将相关讨论与审议特别报告员马努切尔·甘吉(Manouchehr Ganji)关于实现经济、社会和文化权利的报告结合起来,这是委员会议程上的一个长期项目。[⑤] (见第五章A,执行经济、社会及文化权利[1968年],甘吉报告[1969—1974年])委员会确定了从报告中得出的经济、社会和文化权利的趋势,但有几份报告没有及时送达特设委员会,这是一个长期存在的情况,导致经济及社会理事会决定允许特设委员会在收到报告后一年时间内完成其工作。

第二年,人权委员会没有讨论实质问题;委员会用一半的会议时间来讨论种族主义问题,因为1971年是“打击种族主义和种族歧视国际行动年”。委员会就程序问题进行了简短的讨论:其挫折感很明显。1971年3月25日,委员会提醒各国“提交有关信息自由的报告的时限是1971年3月31日,并希望各国政府能够在

① E/CN. 4/916, resolution 12 (XXII) of 2 April 1966.

② E/CN. 4/940, resolution 16 (XXIII) of 22 March 1967 Part B. 9.

③ E/CN. 4/972, resolution 12 (XXIV) of 6 March 1967 Part B.

④ E/CN. 4/1007, resolution 22 (XXV) of 20 March 1969.

⑤ E/CN. 4/1039 XII and XIII.

这个时间之前提交报告"[①]。

经济及社会理事会更进一步,于1971年5月决定,"请各成员国在一个连续的周期内每两年提交一次定期报告:第一次是关于公民权利和政治权利,于1972年提交;第二次是关于经济、社会及文化权利,于1974年提交;第三次是关于信息自由,于1976年提交"。理事会还补充说:"对促进和保护人权的进展和问题的评估……只有在以下情况下才有实际价值:各国政府在其报告中详细介绍了所遇到的具体困难、所采用的实际措施或方法或为克服这些困难所需的援助。"[②] 239

两年后的1973年,当人权委员会开始审议定期报告时,它收到了两组报告,一组关于信息自由,另一组则关于公民权利和政治权利。委员会再次对提交报告的政府数量很少表示遗憾,但还是列出了对这两组报告的审查结果。[③] 此外,委员会还讨论了这一程序继续面临的实际问题,并在工作安排和优化资源的框架内,提出了简化定期报告和《人权年鉴》提交程序的建议。随后,经济及社会理事会对《人权年鉴》本身采取了措施,其中包括每两年出版一次,并对提交材料的格式进行修订。[④]

至1974年,情况继续保持不变,人权委员会抱怨其缺乏政府提交的报告。[⑤] 第二年的报告数量有所增多,主题是经济、社会及文化权利,人权委员会在特设委员会的帮助下对这些报告进行了适当的分析。[⑥] 在接下来的几年里,这个项目要么不在人权委员会的议程上(1976年),要么被推迟到下一届会议(1977—1980年)。最终,在1981年,人权委员会正式决定停止定期报告制度。[⑦]

普遍定期审议(2006年)

人权理事会的成立在2006年带来了普遍定期审议程序的设立,根据这一程

---

① E/CN. 4/1068 resolution 18 (XXVII) of 25 March 1971.

② Economic and Social Council fiftieth session, resolution 1956 (L) of 21 May 1971.

③ E/CN. 4/1127, resolution 23 (XXIX) and 24 (XXIX) of 4 April 1973.

④ Economic and Social Council fifty-fourth session, resolution 1793 (LIV) of 18 May 1973.

⑤ E/CN. 4/1154, resolution 12 (XXX) of 6 March 1974.

⑥ E/CN. 4/1179, resolution 12 (XXXI) of 6 March 1975.

⑦ E/CN. 4/1475, decision 10 (XXXVII) of 13 March 1981 and Document of Economic and Social Council, decision 1981/151 of 8 May 1981.

序，每个国家的人权状况都是定期审查的对象，其目的是在处理审查过程中提出的人权问题时保持一致性和连续性（见第九章 A，人权理事会——“一个新时代”[2006 年]，普遍定期审议）。

1967 年——调查

在 1966 年和 1970 年，人权委员会出现了两项与调查相关的平行发展。这两项发展都是为了响应联合国大会和经济及社会理事会的要求，采取新的措施来打击严重侵犯人权的行为，且两项发展都是由于需要解决南非的种族隔离政策而产生的。

240 1966 年，经济及社会理事会请人权委员会“将侵犯人权和基本自由的问题，包括任何国家的种族歧视和隔离政策以及种族隔离，作为一项重要而紧迫的问题加以审议”①。同年晚些时候，联合国大会扩展了这一要求，请理事会和委员会“紧急考虑各种方法，增进联合国制止无论在何处发生之侵害人权情事之能力”②。

委员会同样认为，为了做到这一点，自身“有必要充分考虑各种手段，以便更充分地了解侵犯人权的情况，并就制止这些行为的措施提出建议”③。

在此基础上，人权委员会决定在议程中列入“名为‘在任何国家侵犯人权和基本自由权利的问题，包括种族歧视和隔离及其政策’的年度审议”，它提及当时出现的核心公约（《消除一切形式种族歧视国际公约》和两项人权公约，它们分别于 1965 年和 1966 年由大会通过并开放供批准），补充说，“（上述机制）将在不影响现有或可能建立的机构的职能和权力的情况下，成为保护人权和基本自由的国际公约中所包含的执行措施框架”。④

委员会决定请一个特设研究小组“研究如何使其能够或协助其履行与侵犯人权有关的职能……同时维持和履行其他职能”⑤。

---

① Economic and Social Council, resolution 1102 (XL) of 6 March 1966.

② General Assembly twenty-first session, resolution 2144 A (XXIII) of 26 October 1966, 着重号为作者所加。

③ E/CN. 4/940, resolution 8 (XXIII) of 19 March 1967.

④ E/CN. 4/940, resolution 8 (XXIII) of 19 March 1967.

⑤ E/CN. 4/940, resolution 9 (XXIII) of 19 March 1967.

在议程中增加“侵权问题”这一项目,使人权委员会能够处理一系列人权问题,包括国家人权状况。正如在本书其他各处所见,它是大多数特别程序产生的源头。[①] (见第六章,引言,对侵犯人权行为的调查)

根据保密程序进行的调查(1967年)

作为回应,经济及社会理事会授权人权委员会“根据1959年7月30日经济及社会第728F(XXVIII)号决议,审查……所列的来文中与严重侵犯人权有关的资料”,并“在适当情况下,仔细考虑了向其提供的资料后……对显示为一贯侵犯人权的情况进行彻底研究……种族隔离政策就是一例”。[②]

1970年,经济及社会理事会进一步扩大了人权委员会在保密程序下采取行动的权力。除了1967年授权的深入研究外,理事会还请委员会确定“可能显示为需要委员会审议的一套公然严重侵害(且经常得到证明确系如此)人权及基本自由的特定情况……是否可以成为一个特设委员会的调查对象”[③]。 241 (见第十章A,来文和申诉[1947年])

此项调查

> 只应在关系国明确表示同意后进行,并应与该国密切合作并依据商定条件进行。无论如何,此项调查只可在下述情形下进行:
>
> (i) 国家阶层所有一切方法皆经利用且已用尽;
>
> (ii) 情势与当时正在依据联合国及各专门机关组织约章或其所通过各公约或区域公约内所载其他程序处理的事项无关,或与关系国欲依据其所缔一般或特别国际协定交由其他程序处理的事项无关。[④]

这些程序是保密的,保密期限“直到人权委员会[可能]决定向经济及社会理

---

① E/CN. 4/1408, resolution 31 (XXXVI) of 11 March 1980. See also E/CN. 4/1988/88, resolution 1988/41 of 8 March 1988, E/CN. 4/1990/94, resolution 1990/31 of 2 March 1990.

② Economic and Social Council, resolution 1235 (XLII) of 9 June 1967.

③ Economic and Social Council, 1970, resolution 1503 (XLVIII) of 27 May 1970,着重号为作者所加。

④ Economic and Social Council, 1970, resolution 1503 (XLVIII) of 27 May 1970.

事会提出建议”[1]为止，人权理事会在2008年保留了这一保密程序（见第九章A，人权理事会——“一个新时代”[2006年]，申诉程序）。

特别调查(1967年)

1967年，人权委员会援引其1946年的授权，成立了特设专家工作组，“由知名法学家和监狱官员组成……调查对南非囚犯、被拘留者或被警察拘留者的酷刑和虐待的指控”。随后在1968年，委员会报告了一些（调查中发现的）侵犯人权的情况。[2]

1969年，人权委员会设立了一个由南非问题特设工作组成员组成的特别专家工作组，“调查有关以色列违反1949年8月12日《关于战时保护平民之日内瓦公约》的指控”[3]，这一工作组后来被联合国大会关于以色列影响被占领土平民人权行为的特别委员会所取代（见第六章A，国别任务[1967年]，1968年——巴勒斯坦）。

人权委员会在接下来数年中采取了公开与秘密调查程序并行的方式。其中公开调查为特殊调查程序的产生提供了背景。

242 ## 调查委员会/实况调查团(2006年)

人权委员会在21世纪初首次成立了调查委员会(commissions of inquiry)和实况调查团(fact-finding missions)。人权理事会则进一步采取了此类措施。

> 在过去的二十年里，一系列委员会与特派团得到设立，以评估世界各地一些最严重的侵犯人权和人道主义法律的情况，包括前南斯拉夫、达尔富尔、东帝汶、黎巴嫩和几内亚，以及最近在科特迪瓦、利比亚、巴勒斯坦被占领土、阿拉伯叙利亚共和国、斯里兰卡和中非共和国的国际人权调查。[4]

---

① Economic and Social Council, 1970, resolution 1503 (XLVIII) of 27 May 1970.

② E/CN. 4/972, III paras 23-250.

③ E/CN. 4/1007, resolution 6 (XXV) of 4 March 1969.

④ HR/PUB/14/7 Background.

截至 2019 年,以下特派团处于活跃状态:

——刚果民主共和国开赛地区国际专家组(2018 年 7 月)

——巴勒斯坦被占领土 2018 年抗议活动调查委员会(2018 年 5 月)

——也门人权状况知名专家组(2017 年 9 月)

——缅甸问题国际独立实况调查团(2017 年 3 月)

——布隆迪人权调查委员会(2016 年 9 月 30 日)

——南苏丹人权委员会(2016 年 3 月)

——阿拉伯叙利亚共和国问题国际独立调查委员会(2011 年 8 月)。[1] (见第六章,引言,对侵犯人权行为的调查)

1967 年——区域性安排

1967 年,人权委员会成立了一个研究小组,以“全面研究在联合国范围内建立区域人权委员会的建议”[2]。之所以采取这一行动,是因为委员会“注意到[欧洲和美洲的]两个区域政府间人权委员会已经建立若干年,鼓励在联合国系统内部或外部建立区域人权委员会是适时的”[3]。

研究小组被要求调查:

> (a)在尚不存在区域人权委员会的地区建立这种机构的基础;(b)这种委员会的职权范围及其成员的任命方法;(c)人权委员会与现有区域委员会和随后可能建立的区域委员会之间的关系。[4]

人权委员会处理了关于其他区域的安排。1992 年,秘书长报告了在各区域开 243

① https://www.ohchr.org/EN/HRBodies/HRC/Pages/ListHRCMandat.aspx, visited on 22 December 2019.

② E/CN.4/940, resolution 6 (XXIII) of 14 March 1967. See also General Assembly twenty-first session, resolution 2144 (XXI) of 26 October 1966.

③ E/CN.4/940, resolution 6 (XXIII) of 14 March 1967.

④ E/CN.4/940, resolution 6 (XXIII) of 14 March 1967.

展的各种活动,从培训课程到组织间的磋商和会议,直至导致世界人权会议的各种会议和活动。①

1997 年,人权委员会邀请各国"在尚未订立人权区域安排的领域内考虑做出此类安排,以便在其各自区域内建立促进和保护人权的适当区域机制"。委员会强调了咨询服务的支持在建设区域安排方面对促进人权的活动的重要性。②

人权委员会 1999 年收到的报告介绍了联合国与非洲(非洲统一组织和非洲人权和民族权利委员会[African Commission on Human and Peoples' Rights]、西非国家经济共同体[Economic Community of West African States, ECOWAS]和南部非洲发展共同体[South African Development Community, SADC])、欧洲(欧洲委员会[Council of Europe]、欧洲联盟[European Union]、欧洲安全与合作组织[Organization for Security and Cooperation in Europe, OSCE])、拉丁美洲(美洲体系[Inter-American System])和亚洲及太平洋地区的区域安排之间的合作。"联合国同区域机构在人权领域中的合作仍是有实质内容和相辅相成的。"③

1999 年,人权委员会欢迎高级专员任命了一名驻比勒陀利亚的地区方案顾问,

> 以通过项目和活动推动促进和保护人权、民主和法治,并应要求向各国政府和南非发展共同体提供实地援助和咨询……并提供一名地区方案顾问……担任地区项目干事,进行亚洲和太平洋地区的技术合作。④

2001 年,人权委员会在提到它所收到的关于高级专员所采取措施的报告时,⑤欢迎"高级专员办事处与欧洲和中亚区域组织之间继续合作,特别是优先制定防止贩运人口的区域办法"⑥。在 2003 年和 2005 年,委员会注意到进一步的进程,⑦其

---

① E/CN. 4/1992/58. See also E/CN. 4/1992/84, resolution 1992/52 of 3 March 1992 and forty-ninth session, resolution 1993/51 of 9 March 1993.

② E/CN. 4/1997/150, resolution 1996/34 of 11 April 1997.

③ E/CN. 4/1999/93, II Conclusions, para 31.

④ E/CN. 4/1999/167, resolution 1999/71 of 28 April 1999.

⑤ E/CN. 4/2001/97.

⑥ E/CN. 4/2001/167, resolution 2001/79 of 25 April 2001.

⑦ E/CN. 4/2003/135, resolution 2003/75 of 25 April 2003; E/CN. 4/2005/135, resolution 2005/73 of 20 April 2005.

反映在人权高级专员的报告中。①

2011 年,人权理事会对“伊斯兰合作组织(Organization of Islamic Cooperation)成员国做出区域间努力、设立了独立的常设人权委员会”表示赞赏。②

从 2008 年开始,人权理事会举办了一系列讲习班,“评估区域人权安排的发展”。③ 2016 年,理事会请咨询委员会提交一份报告,“说明在建立区域和次区域安排方面取得的进展……及其成就……以及联合国人权事务高级专员办事处发挥的作用”④。 244

亚太地区(1992 年)

随着 1987 年非洲人权和人民权利委员会的成立,亚洲成为唯一没有区域人权机构的地区。自 1992 年起,人权委员会将工作重点放在亚洲的区域机构建设上。在此之前,委员会主要通过其咨询服务等方式增加关注。⑤ 但相关工作进展缓

---

① E/CN. 4/2003/107; E/CN. 4/2005/104.

② A/HRC/18/2, resolution 18/14 of 29 September 2011.

③ A/HRC/6/22, resolution 6/20 of 28 September 2007. See also A/HRC/12/50, resolution 12/15 of 1 October 2009; A/HRC/18/2, resolution 18/14 of 29 September 2011; A/HRC/24/2, resolution 24/19 of 27 September 2013; A/72/53, resolution 34/17 of 24 March 2017 and A/HRC/11/3; A/HRC/15/56; A/HRC/23/18; A/HRC/28/31; A/HRC/34/23.

④ A/HRC/32/2, decision 32/115 of 30 June 2016.

⑤ E/CN. 4/1985/66, resolution 1985/48 of 14 March 1985 (refers to Asian region *); E/CN. 4/1986/65, resolution 1986/57 of 13 March 1986 (refers to Asian-Pacific region); E/CN. 4/1987/60, resolution 1987/41 of 10 March 1987; E/CN. 4/1988/88, resolution 1988/73 of 10 March 1988; E/CN. 4/1989/86, resolution 1989/50 of 7 March 1989; E/CN. 4/1990/94, resolution 1990/71 of 7 March 1990; E/CN. 4/1991/91, resolution 1991/28 of 5 March 1991; E/CN. 4/1992/84, resolution 1992/40 of 28 February 1992; E/CN. 4/1993/122, resolution 1993/57 of 9 March 1993; E/CN. 4/1994/132, resolution 1994/48 of 4 March 1994; E/CN. 4/1995/176, resolution 1995/48 of 3 March 1995; E/CN. 4/1996/177, resolution 1996/64 of 23 April 1996; E/CN. 4/1997/150, resolution 1997/45 of 11 April 1997; E/CN. 4/1998/177, resolution 1998/44 of 17 April 1998; E/CN. 4/1999/167, resolution 1999/69 of 28 April 1999; E/CN. 4/2000/167, resolution 2000/74 of 26 April 2000; E/CN. 4/2001/167, resolution 2001/77 of 25 April 2001; E/CN. 4/2002/200, resolution 2002/82 of 26 April 2002; E/CN. 4/2003/135, resolution 2003/73 of 25 April 2003; E/CN. 4/2004/127, resolution 2004/74 of 21 April 2004; E/CN. 4/2005/135, resolution 2005/71 of 20 April 2005; E/CN. 4/2005/NI/1; E/CN. 4/2006/100 and Add. 1; A/HRC/3/7 decision 3/102 of 8 December 2006; A/HRC/6/22 resolution 6/25 of 28 September 2007; A/HRC/4/90; A/HRC/14/37, resolution 14/8 of 17 June 2010.

慢:[1]仅于1982年在科伦坡举办了一次研讨会[2],于1987年在曼谷举办了人权教学培训班。[3]

1985年,人权委员会请秘书长“与亚洲及太平洋经济和社会委员会(Economic and Social Commission for Asia and the Pacific, ESCAP)和该地区各国政府合作,审议建立一个亚洲及太平洋人权材料区域保存中心”[4]。

1990年,作为当时新兴的宣传活动的重点工作的一部分,亚洲及太平洋经济社会委员会的图书馆被指定为人权材料的一个保存中心,“负责在亚太地区收集、处理和分发这些材料”。[5]

1991年,人权委员会记录了该地区的一些事件:

> 注意到1990年5月7日至11日在马尼拉举行的关于各种人权问题,包
> 括促进和保护人权的区域和国家机构和安排的第一次亚太区域讲习班,此次
> 245 讲习班于1990年5月7日至11日在马尼拉举行;1990年11月21日至23日
> 在库克群岛拉罗通加为南太平洋国家的公职人员举行关于人权的研讨会/讲
> 习班;1990年12月10日至15日在新德里举行的世界人权大会和1991年1
> 月21日和22日在雅加达举行的国家人权研讨会。[6]

1992年[7],联合国机构分享了它们在该地区的活动信息,并与亚太经社委员会进行了协调。向一个国家(蒙古)提供了支持,并组织了两个区域培训课程(位于雅加达和乌兰巴托)。一个国家的政府(文莱达鲁萨兰国)在答复中表示,“(对于发展人权领域的)研究和学习……应考虑到该地区各国的政府制、文化和传统。文莱达鲁萨兰国还认为,西方的人权模式不适合亚太地区”[8]。

---

① E/CN. 4/1989/86 resolution 1989/50 of 7 March 1989.

② A/37/422 Annex.

③ E/CN. 4/1988/19 Add. 1; E/CN. 4/1989/20.

④ E/CN. 4/1985/66, resolution 1985/48 of 14 March 1985. See also E/CN. 4/1987/60, resolution 1987/41 of 10 March 1987 and E/CN4/1988/88, resolution 1988/73 of 10 March 1988.

⑤ E/CN. 4/1990/94, resolution 1990/71 of 7 March 1990. See also E/CN. 4/1990/18, para 7.

⑥ E/CN. 4/1991/91, resolution 1991/28 of 5 March 1991.

⑦ E/CN. 4/1991/91, resolution 1991/28 of 5 March 1991.

⑧ E/CN. 4/1992/24 para 26.

人权委员会赞同继续协调该地区的培训活动。① 1993 年,亚太经社委员会报告说,“亚太经社委员会图书馆观察到,学者、学生、外交官以及联合国机构的工作人员对人权信息的认识和需求明显增加”。在四个国家(蒙古、尼泊尔、伊朗和印度尼西亚)组织了培训课程,联合国贸易和发展会议与联合国开发计划署也分享了它们在该地区的活动信息,还有两个国家——文莱达鲁萨兰国和中国分享了它们的观点。② 1993 年,人权委员会注意到持续的进展,并再次鼓励该地区各国利用咨询服务机构提供的持续支持。③

1996 年,人权委员会欢迎“在亚洲和太平洋地区举行的关于各种人权问题的区域研讨会”,并针对在世界人权会议召开前主要在亚洲出现的“文化相对主义”,重申了

> 一切人权均为普遍、不可分割、相互联系,国际社会必须站在同样地位上以公平、平等的态度全面看待人权;民族特性和地域特征的意义,以及不同的历史、文化和宗教背景都必须予以考虑,但是各国,不论其政治、经济和文化制度如何,都有义务促进和保护一切人权和基本自由。④

1997 年,人权委员会提到了在亚太地区召开的区域讲习班的重要性,特别是在西亚(安曼)召开的第一次讲习班,以及邀请伊朗主办的第六次区域讲习班,作为“在亚太地区逐步建立促进和保护人权的区域安排的一部分,该安排应产生于并针对该地区各国政府的需要和优先事项”。委员会“欢迎建立亚太国家人权机 246

---

① E/CN. 4/1992/84, resolution 1992/40 of 28 February 1992.

② E/CN. 4/1993/3L paras 14-17. 两个国家都认为,亚洲具有其独特的人权价值观和取向,即“文化相对主义”。这种观点在世界人权大会上,特别是在曼谷召开的亚洲区域会议上讨论颇多,最终导致出现了《维也纳宣言和行动纲领》第一部分第五段中对人权普遍性的确认。See also A/CONF. 157/ASRM/8-A/CONF. 157/PC/59, Final Declaration of the Regional Meeting for Asia of the World Conference on Human Rights, Bangkok, 2 April 1993 paras 7 and 8:

> 7. 强调所有人权的普遍性、客观性和不可选择性,必须避免在实施人权时采取双重标准,避免其政治化,并不得以任何理由侵犯人权;
>
> 8. 认为尽管人权具有普遍性,但应铭记各国和各区域的情况各有特点,并有不同的历史、文化和宗教背景,应根据国际准则不断重订的过程来看待人权。

③ E/CN. 4/1993/122, resolution 1993/57 of 9 March 1993.

④ E/CN. 4/1996/177, resolution 1996/64 of 23 April 1996.

构论坛”。[①]

1998年,人权委员会继续支持亚太地区的人权工作发展,其中包括正在举行的区域讲习班,涵盖在马尼拉(1990年)、雅加达(1993年)、首尔(1994年)、加德满都(1996年)、安曼(1997年)和德黑兰(1998年)举办的讲习班。委员会赞同德黑兰讲习班的结论,其中强调国家机构作为区域安排基础的重要性,“包括《亚洲及太平洋地区技术合作方案框架》(E/CN.4/1998/50,附件二)”。[②]

秘书长在1999年提交的报告肯定了

> 这些讲习班就原则和“逐步开展”(step-by-step)、“各个解决”(building blocks)的处理方法达成共识,让该地区的各国政府进行广泛协商,讨论是否有可能建立区域安排。讲习班还商定区域安排必须产生于并针对该地区各国政府确定的需要和优先次序,通过协商一致来确定作用、职能、任务、结果和成就。[③]

1999年在新德里举办了第七次区域讲习班审查了自德黑兰讲习班以来取得的进展。会上提出了高级专员办事处亚太区域人权顾问的职权范围问题。[④]

2000年,人权委员会欢迎在北京召开第八次讲习班,并赞扬“中国政府……对在亚洲和太平洋地区增进和保护人权所做的贡献”[⑤]。同年,高级专员报告了“为每一个大的地理区域制定一项区域战略。此种战略的主要内容之一是任命区域顾问,巴格瓦提(P. N. Bhagwati)大法官作为高级专员亚太地区顾问正在给予协助”[⑥]。

2001年,人权委员会注意到第九次区域讲习班(曼谷)和区域闭会期间讲习班的讨论情况,这些讲习班涉及“国家人权机构在促进国际妇女人权方面的作用(2000年5月,斐济)、议员的人权(2000年8月,蒙古)以及国家机构与经济、社会

---

① http://www.asiapacificforum.net. Last visited on 22 December 2019. See also E/CN.4/1997/150, resolution 1997/45 of 11 April 1997.

② E/CN.4/1998/177, resolution 1998/44 of 17 April 1998. See also E/CN.4/1998/50 Annex II.

③ E/CN.4/1999/94.

④ E/CN.4/1999/94 Annex I.

⑤ E/CN.4/2000/167, resolution 2000/74 of 26 April 2000.

⑥ E/CN.4/2000/98 III para 59. See also E/CN.4/1999/167, resolution 1999/69 of 28 April 1999.

及文化权利(2000年11月,菲律宾)”。[①]

2004年,人权委员会“对前联合国人权事务高级专员塞尔吉奥·维埃拉·德梅洛(Sergio Vieira de Mello)先生的逝世深表悲哀,他曾参加第十一次讲习班,而且是在亚洲和太平洋地区为追求人权而不幸去世的”[②]。 247

2007年,人权理事会欢迎第十四届亚太区域合作年度研讨会的召开和《巴厘行动要点》的通过。[③] 2009年,理事会欢迎“设立东南亚国家联盟(the Association of South East Asian Nations, ASEAN)政府间人权委员会”。[④]

1979年——国家机构

建立国家机构的建议由人权委员会前主席古内瓦德内(R. S. S. Gunewardene)于1960年首次提出:[⑤]

> 在提交给委员会的一份备忘录(E/CN.4/791)中,他回顾说,经济及社会理事会在1946年6月21日第9(II)号决议中请联合国各会员国“考虑是否应在各自国家内设立信息小组或地方人权委员会,与它们合作促进人权委员会的工作”;而自1946年以来,委员会一直没有讨论这一问题。[⑥]

1962年,人权委员会建议邀请各国政府

> 根据本国的情况,同意成立[这种]机构……并鼓励已经存在的机构开展活动。例如,这些机构可以研究与人权有关的问题、审议国内的人权情况、向政

---

① E/CN.4/2001/16, resolution 2001/77 of 25 April 2001. See also E/CN.4/2003/109 and E/CN.4/1998/50 Annex II.

② E/CN.4/2004/127, resolution 2004/74 of 21 April 2004. See also E/CN.4/2004/89.

③ A/HRC/6/22, resolution 6/25 of 28 September 2007.

④ A/HRC/12/50, resolution 12/15 of 1 October 2009. See also A/HRC/14/37, resolution 14/8 of 17 June 2010.

⑤ E/CN.4/791.

⑥ E/CN.4/804 IV para 34.

府提供建议，并协助形成有利于尊重人权的舆论。[1]

委员会请秘书长“在必要时分批编写和出版一份保护和促进人权的国家机构和程序指南”[2]。

1979年，人权委员会批准了一套关于国家机构的结构和运作的指导方针，以供各国参考，并“协助它们建立未来的国家机构”[3]。

这些指导方针是在1978年9月根据咨询服务方案组织的研讨会上制定的。[4] 委员会将“国家机构”列入其议程，并定期进行审议。[5]

248 1987年，人权委员会承认“非政府组织在建立国家机构方面可以发挥建设性作用”，并要求提供援助，以支持“这些机构的有效性、独立性和完整性”。[6]

《巴黎原则》(1993年)

1990年，人权委员会决定召开一次讲习班，参加者为“国家和区域机构……审查它们同诸如联合国及其机构等国际机构的合作，以期提高其国内和国际效益”[7]。1991年，委员会肯定了国家机构“作为在联合国主持下传播人权材料和其他宣传活动的机构的作用”[8]。

1991年在巴黎举行的讲习班的成果是一套原则，该原则由人权委员会于1992年[9]，并由联合国大会于次年批准，[10]被称为“巴黎原则”(Paris Principles)。它们成为国家人权机构的公认准则。

人权委员会将这些原则提交给世界人权会议的筹备委员会。[11] 在会议筹备期

---

① E/CN. 4/832/Rev. 1, 1962 VII paras 271-285, XII draft resolution V and VI of 27 March 1962.

② E/CN. 4/832/Rev. 1, resolution 9 (XVIII) of 27 March 1962.

③ E/CN. 4/1347, resolution 24 (XXXV) of 14 March 1979.

④ The Secretariat of the United Nations, ST/HR/SER. A/2 V. See also E/CN. 4/1321 and Adds 1-6.

⑤ E/CN. 4/1347, resolution 24 (XXXV) of 14 March 1979.

⑥ E/CN. 4/1987/60, resolution 1987/40 of 10 March 1987. See also E/CN. 4/1988/88, resolution 1988/72 of 10 March 1988; E/CN. 4/1989/86 and resolution 1989/52 of 7 March 1989.

⑦ E/CN. 4/1990/94, resolution 1990/73 of 7 March 1990, para 3.

⑧ E/CN. 4/1992/84, resolution 1991/27 of 5 March 1991.

⑨ E/CN. 4/1992/43. See also E/CN. 4/1992/84 resolution 1992/54 of 3 March 1992.

⑩ General Assembly forty-eighth session, resolution 48/134 of 20 December 1993.

⑪ E/CN. 4/1992/84, resolution 1992/54 of 3 March 1992, Annex.

间,国家机构被会议筹备委员会邀请作为观察员参加会议,因此被列入会议议事规则。[1]《维也纳宣言和行动纲领》“重申了国家机构对促进和保护人权所起的重要和建设性作用,特别是在向主管当局的咨询作用和它们在纠正侵犯人权问题上的作用,以及在传播人权资料和开展人权教育方面的作用”[2]。

国家人权机构国际协调委员会(1993 年)

联合国大会 1993 年通过《巴黎原则》后[3],国家机构间成立了一个委员会来监督原则的实施。国际协调委员会(International Coordinating Committee for National Human Rights Institutions, ICC)根据国家机构对《巴黎原则》的遵守情况对其进行了分类,并赋予其相应地位。如果被认为完全符合原则要求,则该国家机构被归类为“A 级”,如果部分符合原则则为“B 级”,而“C 级”不具有任何地位。[4] 249

1996 年,人权委员会欢迎

> 印度、印度尼西亚和伊朗伊斯兰共和国等国政府设立了全国人权委员会……和蒙古、尼泊尔、巴基斯坦、巴布亚新几内亚、斯里兰卡和泰国等国政府就建立促进和保护人权的国家机构做出的决定和采取的准备步骤。[5]

人权委员会欢迎 1996 年 4 月在墨西哥举行的北美和拉丁美洲区域会议,以及

> 在澳大利亚达尔文市举行的首次亚太区域国家人权机构讲习班上商定设立亚太区域国家人权机构论坛……以及 1997 年 1 月在哥本哈根举行的第二次欧洲国家机构区域会议上设立一协调小组,以加强欧洲以及独立国家联合体

---

① E/CN. 4/1993/33; E/CN. 4/1993/122, resolution 1993/55 of 9 March 1993.

② E/CN. 4/1996/177, resolution 1996/50 of 19 April 1996.

③ General Assembly forty-eighth session, resolution 48/134 of 20 December 1993, Annex.

④ Global Alliance of National Human Rights Institutions (GANHRI)-Chart of the Status of National Institutions-Accreditation status as of 26 May 2017.

⑤ E/CN. 4/1996/177, resolution 1996/64 of 23 April 1996. See also E/CN. 4/1994/132, resolution 1994/48 of 4 March 1994.

中的国家机构。[①]

国家机构参加人权委员会及其附属机构会议的方式在委员会1998年收到的一份报告中有所涉及。该报告介绍了1997年11月在墨西哥举行的第四次国际研讨会的情况,

> 根据为使国家机构能参加联合国各类人权会议所采取的备选方式,这些国家机构不妨:(a)作为本国代表团的组成部分并给予代表团可用的部分发言时间;(b)作为本国代表团的组成部分……再另行给予其发言时间;(c)独立出席会议,享有单独的发言时间(类似于为非政府组织观察员所做的安排)。[②]

1999年,人权委员会欢迎"越来越多的国家宣布决定建立或考虑建立国家机构……包括在发达国家建立这种机构的趋势……以及国家机构协调委员会的重要工作"。委员会申明,"委员会允许国家机构在专门为此目的留出的特别会议上为委员会提供服务的安排……应继续下去"。[③]

250 2004年,人权委员会收到了关于高级专员与国家机构的活动报告,[④]"欢迎国家机构积极关注残疾人问题,包括为国家机构举办讲习班"[⑤]。

人权理事会在2012年欢迎

> 所有区域的国家人权机构之间加强区域合作,赞赏地注意到非洲国家人权机构网络、美洲增进和保护人权国家机构网络、亚太国家人权机构论坛和欧洲

---

① E/CN. 4/1997/150, resolution 1997/40 of 11 April 1997. See also E/CN. 4/1994/132, resolution 1994/54 of 4 March 1994 and E/CN. 4/1996/177, resolution 1996/500f 19 April 1996.

② E/CN. 4/1998/47 paras 8 and 9.

③ E/CN. 4/1999/167, resolution 1999/72 of 28 April 1999. See also E/CN. 4/2000/167, resolution 2000/76 of 26 April 2000; E/CN. 4/2001/167, resolution 2001/80 of 25 April 2001; E/CN. 4/2002/200, resolution 2002/83 of 26 April 2002; E/CN. 4/2003/135, resolution 2003/76 of 25 April 2003 and E/CN. 4/2003/110.

④ E/CN. 4/2004/101. See also E/CN. 4/2005/107.

⑤ E/CN. 4/2004/127, resolution 2004/75 of 21 April 2004. See also E/CN. 4/2005/135, resolution 2005/74 of 20 April 2005. See also A/HRC/17/2, resolution 17/9 of 16 June 2011. See also A/HRC/16/76.

国家人权机构集团的不懈工作。[1]

国家人权机构全球联盟(2017年)

2016年,国际协调委员会更名为国家人权机构全球联盟(Global Alliance of National Human Rights Institutions, GANHRI)。全球联盟依照瑞士法律注册为法人实体,设有主席团,由代表全球联盟四个区域的16个"A级"国家人权机构组成。全球联盟的年度大会、全球联盟主席团和资格认证小组委员会的会议以及全球联盟国际会议均与联合国人权办合作举办,由联合国人权办担任全球联盟秘书处。[2]

换句话说,国家人权机构全球联盟虽不是一个联合国机构,但其行政支持由高级专员办事处提供。

人权理事会欢迎"越来越多的国家机构寻求认证地位……以及国家人权机构全球联盟与联合国人权事务高级专员办事处密切合作,在评估是否符合《巴黎原则》方面发挥的重要作用"[3]。理事会在2016年注意到"人权条约机构主席决定考虑采取共同的条约机构方式与国家人权机构接触"[4]。

2018年,人权理事会审议了关于国家机构和全球联盟活动的报告,并请高级专员召开会议,

与国家人权机构全球联盟密切协调,在全球联盟2019年年度会议期间召开一次为期半天的闭会期间磋商会,……目的是交流国家人权机构在努力支持建 251
立和维持包容性社会以及执行《2030年议程》方面的经验和做法。[5]

---

① A/HRC/20/2, resolutions 20/14 of 5 July 2012; 23/17 of 13 June 2013; 27/18 of 25 September 2014; also see A/HRC/20/9; A/HRC/20/10; A/HRC/23/27; A/HRC/27/39; A/HRC/27/40.

② OHCHR https://www.ohchr.org/EN/Countries/NHRI/Pages/NHRIMain.aspx visited 21 December 2019.

③ A/HRC/33/33; A/HRC/33/34.

④ A/HRC/33/2, resolution 33/15 of 29 September 2016. See also A/71/270 para 92.

⑤ A/HRC/39/20; A/HRC/39/21, A/HRC/39/2, resolution 39/17 of 28 September 2018.

1979 年——宣传活动

20 世纪 70 年代末,为提高各方对自身工作的认识,人权委员会制定了进一步的方法,将重点重新放在宣传活动上。

委员会在早年敦促公众了解其工作,包括通过新闻部进行宣传。从 1979 年起,人权委员会加强了这一工作,这主要是因为越来越多的公约和程序开始生效。在首次讨论这个问题时,委员会请秘书长“进一步采取一切适当措施,发展人权领域的宣传活动……并提交一份报告,其中包括现有宣传活动的摘要……以及对其未来发展的建议”[①]。

这是一个开端,经过多年来的发展,成为今天的媒体和宣传方案。最初,人权委员会与联合国教科文组织和国际劳工组织进行联络,提议“制定并实施一项世界性计划,以尽可能多的语言传播有关人权的国际文书”,并请秘书长“告知联合国新闻委员会(United Nations Committee on Information),它强烈希望该委员会能就人权领域的宣传活动提出适当建议”。[②] 秘书长全面介绍了计划开展或已经开展的活动——这些活动不多,反映出需要采取更积极的方法。它们讨论了在出版物、传播、视听和公共活动方面的活动。[③]

起初,人权委员会对传播和提高认识的要求是针对各国政府的。多年来,委员会也将重点放在联合国上。这涉及两个部门之间的密切合作,一个是拥有全球新闻中心网络的新闻部,另一个是对这一领域一无所知的人权事务中心。

当时的出版物不多:《联合国人权领域行动》(*United Nations Action in the Field of Human Rights*)和《国际文书汇编》(*Compilation of International Instruments*)最早是为 1968 年的德黑兰会议准备的,多年来还出版了新的版本。1985 年和 1986 年,一些项目开始出现的,例如《世界人权宣言》的“个性化”版本以及“教学手

---

① E/CN. 4/1347, resolution 23 (XXXV) of 14 March 1979.

② E/CN. 4/1408, resolution 24 (XXXVI) of 11 March 1980; Economic and Social Council first regular session 1980, resolution 1980/30 of 2 May 1980.

③ E/CN. 4/1436.

册”。[1] 1987 年取得了较为适度的进展,如重印了《国际文书汇编》。[2]

到了 1988 年,人权在委员会的其他几个工作领域(如条约制定、特别程序和咨询服务)都提到了宣传活动。1988 年,委员会详细说明了其优先事项,列出了一 252 份全面的公共信息优先事项清单:它重申了

> 有必要以简明易懂的形式用各国和当地语文提供数量充分的有关人权的材料,有效利用大众宣传工具,特别是电台、电视和视听技术,以吸引更多的听众,优先照顾儿童、青少年和条件不利者,包括偏远地区的人民。[3]

它还要求合作制作宣传材料,鼓励民间社会的参与,在联合国新闻中心收集基本参考著作和联合国材料,以便最终完成教学手册,并敦促各会员国在其教育计划中纳入与全面了解人权问题有关的材料,将适当的人权内容纳入法律培训及其实施者、武装部队、医药、外交和其他相关领域的培训方案中。[4]

人权委员会还注意到“拟在人权中心建立一个新的组织以增进各方对联合国人权领域的工作的了解,要求该新组织的活动与新闻部密切协调,适当考虑到各自的职权”[5]。

世界人权宣传运动(1988 年)

1988 年 12 月 10 日,在《世界人权宣言》发表四十周年之际,联合国大会发起了“世界人权宣传运动”。在这一运动中,“本组织在这一领域的活动应以全球实用的方式得到发展和加强,让联合国系统的有关机构、会员国和非政府组织参与补充活动”[6]。(见第八章 B,世界人权宣传运动[1988 年])

在运动实践中,需要人权事务中心的专门支持和投入。有必要解释联合国的

---

① E/CN. 4/1985/66, resolution 1985/49 of 14 March 1985; E/CN. 4/1986/65, resolution 1986/54 of 13 March 1986.

② E/CN. 4/1987/60, resolution 1987/39 of 10 March 1987.

③ E/CN. 4/1988/88, resolution 1988/74 of 10 March 1988.

④ E/CN. 4/1988/88, resolution 1988/74 of 10 March 1988.

⑤ E/CN. 4/1988/88, resolution 1988/74 of 10 March 1988.

⑥ General Assembly forty-third session, resolution 43/128 of 8 December 1988.

活动、其组成部分,以及它是如何工作的、为了什么、与谁合作。有一些专门的部门需要得到专门的关注。大部分信息都存在于一些官方文件中,包括多年来编写的研究和报告。新出版物中的第一种为“概况介绍系列”(*The Fact Sheet Series*),是为了用易于理解的语言,简明扼要地介绍人权计划的各个组成部分和活动。随后是《专业培训手册》(*Professional Training Manuals*),供更多人使用。

在人权事务中心内设立了对外关系、出版和文件科,以支持世界运动。该运
253 动的持续时间没有限制;其目的是将这一新工具融入“伟大事业”主流化活动中,与条约系统和特别程序一起成为主流活动。它将与咨询服务方案和实质性领域相协调,其工作打算以更容易被社会各界吸收的形式向外转达。同样地,它将确保真实性和统一性。

在1989年提交给人权委员会的报告中,秘书长概述了在《世界人权宣言》通过四十周年之际开展的活动,并阐述了为世界运动设想的方案,该运动旨在借鉴这一经验。①

该报告介绍了背景情况:

> 1988年——《世界人权宣言》问世四十周年之际——引来了联合国在人权领域活动和努力的新阶段。自从《世界人权宣言》通过以来,立法工作取得了广泛的成果,通过了两项协议(和一项任择议定书)以及约50份其他国际文件,涉及人类努力的各个方面,并为《宣言》涉及的权利和自由增添了具体的法律义务。尽管立法程序尚未完成,但显然,确定标准的工作已取得重要成果。当前,将人权领域的一系列准则付诸实施已明显成为联合国工作的重点。要在全球范围内实现这一目标,就必须进行宣传,使人们认识和了解基本权利和自由、促进和保护这些权利的机制,以及联合国在这一关键领域发挥的作用。毫无疑问,每个地方的每一个人都有权了解他或她的权利。这是因为,沉默往往成为专制的帮凶,而新闻宣传则是照亮通向人权和基本自由之路的明灯。②
>
> 因此,争取人权世界宣传运动的主要目标就是树立世界范围的人权观

① E/CN. 4/1989/21 para 63.

② E/CN. 4/1989/21.

> 念,明确承认人权和基本自由为人人固有,不分其种族、肤色、性别、语言、宗教、政治或其他见解;也部分其国籍或社会出身、财产、出生或其他身份上的差别。根据这一目标,目前联合国,在确定标准和进一步完善法律方面继续努力并把实施进程作为重点的同时,正在加强对新闻和教育的重视。它们确实是能否在全球范围内实施人权领域法律的关键。因此,目前联合国的方案建立在立法、司法和新闻/教育三大要素及其内在联系的基础之上。[①]

该运动确定了参与者:联合国系统、会员国和非政府组织。它也确定了目标群体,

> 因为他们对社会的特殊影响和倍增效应……政府、非政府组织、媒体、教育和研究界、国家和区域人权机构以及有关个人……当选的代表议员和 254
> 政府官员对成员国的决策过程有直接影响。他们参与该运动也是非常有益的。[②]

该运动实施的实质内容被委托给人权事务中心,后勤工作则被委托给新闻部,联合国大会为此新闻部设立了一个新的传播司,"该司正在修订秘书处的传播方法并将其计算机化,以便在全球和区域范围内更好地针对特定受众,并协助各组织、学校和非政府组织确定适当的材料供其使用"[③]。

于1988年结束出版的《人权年鉴》是第一份专门关注人权事务的出版物。随着人权条约的出现,《国际文书汇编》[④]于1968年首次出版,随后分别在1973年、1978年、1983年和1988年进行了修订再版,而更为全面的《联合国人权领域行动》[⑤]于1983年首次出版,并于1993年进行修订。

---

① E/CN. 4/1989/21 para 64.

② E/CN. 4/1989/21 paras 63, 64, 73, 74.

③ General Assembly forty-third session, resolution 43/128 of 8 December 1988.

④ The Secretariat of the United Nations, ST/HR/1 and revisions: A Compilation of International Instruments, Vols I and II.

⑤ The Secretariat of the United Nations, ST/HR/2 and revisions: United Nations Action in the field of Human Rights.

秘书长概述了该运动初始阶段计划开展的活动。① 为响应联合国大会关于“以清晰易懂的形式精心设计人权信息材料”的要求,②于1987年推出了“概况介绍系列”,出版了该系列的第一本著作《人权机制》(*Human Rights Machinery*)。③ 随后在1989年出版了《ABC 人权教学——中小学实践活动》(*ABC Teaching Human Rights-Practical Activities for Primary and Secondary Schools*)。

到1989年10月,这些计划已经变成了规模空前的活动。“概况介绍”在全球范围内分发,由于需求量大,有必要将印刷量增加一倍(英文版本),达到了10000份。以六种官方语言制作了八份“概况介绍”,第九份正在准备中,同时还出版了一份《通讯》和一份《简报》。一本教学手册以及五本特别出版物亦相继出版。此外还启动了一个研究系列。100多种语言版本的《世界人权宣言》也正在审核和/或发行。

对参考材料进行了更新④,并出版了人权委员会的正式记录和《决定选集》(*Selected Decisions*)。在世界范围内组织了八次培训课程、研讨会和讲习班,另有四次计划举行,还有两次正在申请资金。

为了协调活动和最大限度地参与,联合国系统的12个机构和项目进行了协商。与非洲统一组织(后来的非洲联盟[African Union, AU])的人权和人民权利委员会、美洲国家间人权委员会、欧洲委员会和其他区域组织进行了类似的协商。

255 该运动还针对人权学术和研究机构开展活动。这些机构包括斯特拉斯堡的国际人权研究所(International Institute of Human Rights)、圣雷莫的人道主义法研究所(Institute of Humanitarian Law)、突尼斯的阿拉伯人权研究所(Arab Institute of Human Rights)(1989年刚刚成立)、圣何塞的美洲人权研究所(Inter-American Institute of Human Rights)、班珠尔的非洲民主和人权中心(African Centre for Democ-

---

① E/CN. 4/1989/21 III.

② General Assembly forty-third session, resolution 43/128 of 8 December 1988 para 2.

③ http://www. ohchr. org/Documents/Publications/FactSheetNo. l-English. pdf. last visited on 22 December 2019.

④ The Secretariat of the United Nations, ST/HR/2/Rev. 4 United Nations Action in the Field of Human Rights; ST/HR/l/Rev. 6 Vol. 1/Rev. 6 Part 1 and 2) Compilation of International Instruments, and Status of International Instruments in the Field of Human Rights; ST/HR/3 The Core International Human Rights Treaties.

racy and Human Rights)等。[1]

这一活动在随后几年持续进行。[2] 该运动为其他人权活动提供了一个共同的工具,并被要求支持在人权委员会、新成立的条约机构和特别程序中开展的各种活动。这些材料为技术援助方案下开展的活动提供了实质性支持(见第八章B,世界人权宣传运动[1988年])。

1997年,人权委员会启动了《世界人权宣言》五十周年的筹备工作。委员会"请各国政府……做出更大努力,制订教育和宣传方案,以传播《宣言》文本,更好地理解《宣言》的普遍意义"[3]。

人权委员会

> 敦促新闻部与人权事务高级专员/中心合作,充分和有效地利用联合国新闻中心,在其指定的活动领域内传播有关人权和基本自由的基本信息和参考资料……与人权事务高级专员/中心合作,结合世界人权宣传运动、《世界人权宣言》五十周年和联合国人权教育十年,制作有关人权各个方面的宣传材料,特别是视听材料。

它请秘书长在开展世界人权宣传运动和相关活动时"尽可能地利用非政府组织的合作"。[4]

秘书长向联合国大会[5]和人权委员会[6]提交的报告描述了高级专员办事处和新闻部的活动,两者都被委托执行世界宣传运动的活动。[7]

1999年,人权委员会欢迎新闻部的倡议,即通过"联合国项目'网络校车'(CyberSchoolBus)传播人权信息;这是一项基于互联网为中学提供一个互动网站的教育服务"。委员会鼓励各国政府"为进一步发展高级专员办事处的网站,特别 256

---

① A/44/660and Add. 1.

② E/CN. 4/1989/86, resolution 1989/53 of 7 March 1989; E/CN. 4/1990/94, resolution 1990/72 of 7 March 1990; See also E/CN. 4/1990/19.

③ E/CN. 4/1997/150, resolution 1997/35 of 11 April 1997.

④ E/CN. 4/1997/150, resolution 1997/41 of 11 April 1997.

⑤ A/53/313.

⑥ E/CN. 4/1999/86.

⑦ E/CN. 4/1999/86 Annex.

是在传播人权教育材料和工具方面做出贡献”。[①]

2001 年,宣传活动继续扩大。电子存储和访问的使用增加,

> 自 1996 年 12 月 10 日网站启动以来,网站的平均使用量……从每周 1000 次增加到 30000 次,每月访问 300 万份文件。为了应对不断增长的需求,人权高专办……更换了服务器,重新设计了主页和菜单,并提供了几个会议的现场音频和录音……2000 年人权委员会为期六周的会议在万维网上作了实况转播。[②]

人权委员会敦促所有成员国制订国家人权教育和公共信息行动计划,“作为广泛的国家人权行动计划的一个组成部分,并补充已经确定的其他国家计划,如有关妇女、少数民族和土著人民的计划”[③]。

2008 年 11 月 15 日,欧洲航天局报告说,《世界人权宣言》被送入太空,这象征着运动扩展至新的层面:

> 今天清晨,随着奋进号航天飞机从佛罗里达州肯尼迪航天中心成功发射,《世界人权宣言》被带入太空……在奋进号上发射《宣言》是纪念联合国大会在法国巴黎夏洛宫首次通过该文件六十周年的持续一年之久的庆祝活动的一部分。[④]

该运动使《世界人权宣言》被翻译成多种语言和形式成为可能。翻译计划启动后,对六种官方语言版本和现有译本(当时约有 80 种)进行了修订,以确保语言的准确性,并进行了其他语言的翻译。截至 2019 年 6 月,《世界人权宣言》有 520

---

① E/CN. 4/1999/167, resolution 1999/60 of 28 April 1999.

② E/CN. 4/2001/92 I A, B.

③ E/CN. 4/2001/167, resolution 2001/63 of 25 April 2001. See also E/CN. 4/2003/135, resolution 2003/62 of 24 April 2003; E/CN. 4/2005/135, resolution 2005/58 of 20 April 2005.

④ http://wwwesa. int/Our__Activities/Human_Spaceflight/Universal_Declaration_oflHiiman_. Rights_reaches„space_as„the_ISS_gets_ready„for„crew„oflsix/%28print%29. last visited on 22 December 2019.

种语言和各种特殊格式。其他出版物也被翻译成几种当地语言。[①]

1978 年——自愿基金

人权委员会为推进其各项倡议的实施而采取的另一种方法旨在克服资金方面的长期挑战——直到 1978 年,其资金完全来自联合国预算,并受制于控制资金和支出的预算程序。通过自愿捐款提供的预算外资金在 20 世纪 70 年代智利的人 257
权危机之后首次实现,从而为酷刑受害者提供了支持。最初获得自愿基金支持的主体为个人或团体;随后几年国家亦加入其中。以下段落介绍了从 1978 年开始设立的主要信托基金。每种基金及其董事会每年都会提交报告。此外,从 2000 年起,高级专员编写了一份关于活动和资金使用情况的年度报告,其中包括关于自愿基金状况的详细信息。[②]

酷刑受害者及其家属自愿基金(1978 年/1981 年)

1978 年,人权委员会设立了“联合国智利信托基金(United Nations Trust Fund for Chile)……负责收取捐款,并通过已有的援助渠道,向在智利境内因拘留或监禁人权受到侵害的人士,被迫离国的人士,以及他们的亲属,提供人道主义、法律和经济方面的援助”[③]。

此后,人权委员会延长了信托基金的任务期限,并在 1981 年将其重新命名为联合国援助酷刑受害者自愿基金(United Nations Voluntary Fund for Victims of Torture),委托其

> 通过已有的援助渠道,向由于遭受酷刑而人权受到严重侵害的个人,和这些受害者的亲属,提供人道主义、法律和经济方面的援助,并优先向下面这种国

① See OHCHR website page on the Universal Declaration of Human Right at https://www.ohchr.org/EN/UDHR/Pages/SearchByLang.aspx. last visited on 22 December 2019.

② See, for example, Human Rights Office of the High Commissioner (OHCHR), Annual Reports—Implementation of activities and use of funds for 2001-2018.

③ General Assembly thirty-third session, resolution 33/174 of 20 December 1978; E/CN.4/1292, resolution 13 (XXXIV) of 6 March 1978.

家境内的受害者给予援助，这些国家的人权情况曾是大会、经济及社会理事会或人权委员会的各项决议或决定的主题。[1]

人权委员会请秘书长继续将该基金“每年列入在联合国发展活动认捐会议上认捐的方案”，并提出其他建议以增加资金。[2] 其捐款不仅来自各国政府：1999年，在日内瓦举行的工作人员晚会的收益亦被捐给了援助酷刑受害者自愿基金。[3]

关于该基金的报告每年提交一次，自2000年起列入高级专员的一份报告中。在1993年，人权委员会和联合国大会还收到了一份关于基金头十年活动的报告。[4]

258 2000年，人权委员会除其他要求外，还“尤其强调酷刑受害者康复服务的援助和酷刑受害者人道主义援助小型项目的需求在不断增加”[5]。

土著居民自愿基金(1985年)

联合国大会于1985年设立了联合国援助土著居民基金(United Nations Fund for Indigenous Populations)，“向土著民族和组织的代表提供财政援助，以帮助他们参加土著居民问题工作组的审议”。大会明确指出，这是“基金所支持的唯一类型活动”，并详细规定了获得该支持的资格标准。[6]

1989年，人权委员会请土著居民问题工作组“考虑如何扩大自愿基金的范围和活动，以便在工作组的年度会议上为土著居民代表提供更好的指导”[7]。

2010年，人权理事会建议扩大基金的任务范围，“以便它也可以用来协助土著

---

① General Assembly thirty-sixth session, resolution 36/151 of 16 December 1981; E/CN. 4/1475, resolution 35 (XXXVII) of 11 March 1981.

② E/CN. 4/1995/176, resolution 1995/37 A of 3 March 1995. See also E/CN. 4/1996/177, resolution 1996/33 A of 19 April 1996.

③ E/CN. 4/1999/55 Annex II.

④ E/CN. 4/1993/23. See also A/48/520 Annex I. See, for example, E/CN. 4/1999/55; E/CN. 4/2001/59; A/HRC/31/23; A/37/618; A/38/221; A/39/662; A/40/876; A/48/520; A/55/178; A/56/181; A/70/223; A/71/289.

⑤ E/CN. 4/2000/167, resolution 2000/43 of 20 April 2000. See also E/CN. 4/1997/150, resolution 1997/38 of 11 April 1997; E/CN. 4/1998/177, resolution 1998/38 of 17 April 1998; E/CN. 4/1999/167, resolution 1999/32 of 26 April 1999.

⑥ General Assembly fortieth session, resolution 40/131 of 13 December 1985.

⑦ E/CN. 4/1989/86, resolution 1989/34 of 6 March 1989.

社区和土著组织的代表参加理事会和人权条约机构的会议”[1],并在2013年建议将基金的名称改为联合国土著人民自愿基金(United Nations Voluntary Fund for Indigenous Peoples)。[2]

技术合作自愿基金(1987年)

1987年,人权委员会要求建立一个咨询服务和技术援助的自愿基金,目的是为“集中于执行……人权国际公约和其他国际文书的实际活动提供额外的财政支持”。[3] (见第八章A,技术合作[1987年])

1955年设立的咨询服务方案[4]由经常预算提供资金。自愿基金的设立使预算外资金(来自经常预算以外的捐款)成为可能。自愿基金最初为政府官员处理人权条约规定的报告程序的能力建设方案提供支持,并向各国从特别调查程序过渡提供援助。这些年来,该基金的活动类型不断扩大,其中还包括支持冲突后或过渡局势的活动。[5] 259

信托董事会

2011年,董事会提到,其工作“从详细修订各项目转向就政策方针向人权高专办提供咨询意见,并在更宽泛的方案层面提出整体的技术合作构想和战略”[6]。(见第8章)

2012年,董事会进一步澄清:“现在的资金不是集中在较小的项目上,而是注入现有实地机构的工作中,理由是人权高专办实地机构开展的许多活动属于技术合作领域。”截至2011年,董事会在设有人权高专办实地机构的国家举行会议。

---

① A/HRC/15/60, resolution 15/7 of 30 September 2010.

② A/HRC/24/2, resolution 24/10 of 26 September 2013.

③ E/CN. 4/1987/60, resolution 1987/38 of 10 March 1987. See also Economic and Social Council decision 1987/147 of 29 May 1987.

④ General Assembly tenth session, resolution 926 (X) of 14 December 1955.

⑤ A/HRC/40/78; A/HRC/37/79; A/HRC/34/74; A/HRC/32/51; A/HRC/29/48; A/HRC/26/51 A/HRC/23/16; A/HRC/20/34; A/HRC/16/66; A/HRC/13/61; A/HRC/10/57; A/HRC/7/74; A/HRC/4/94.

⑥ A/HRC/16/66 II para 4.

> 董事会第三十四届会议分别于2011年4月26日和27日在布隆迪、2011年4月28日至29日在肯尼亚举行。这是董事会届会首次在日内瓦以外举行会议……董事会认为首次实地考察取得了丰硕成果,今后还将在其他国家举行类似的届会。这将有助于查明技术合作优先领域和先进经验。[①]

第二年,“人权理事会听取了关于普遍定期审议机制的后续活动和利用普遍定期审议财政和技术援助自愿基金的最新情况”[②]。

董事会进一步参与了实地行动和主流化工作,并在2013年

> 获得了2009年11月设立的联合国发展集团人权主流化机制的最新情况报告。主流化机制包括19个联合国机构、基金与方案……由人权高专办主持……向联合国发展集团报告……为了使这一进程投入运行,2012年1月推出了向驻地协调员办公室和联合国国家工作队部署人权顾问的联合战略。[③]

在2013年,

> 秘书长请董事会监督两个基金[人权领域技术合作自愿基金和执行普遍定期审议财政和技术援助自愿基金]……这一决定是基于确保两个基金运作的一致性的重要性,因为这两个基金都通过技术援助和合作的方式支持各国履行其国际义务。[④]

260 2017年,董事会报告说,“对人权高专办方案的财政支持没有达到满足实地需要的水平;事实上,通过技术合作自愿基金收到的资金继续缩减”[⑤]。

当代形式奴隶制问题自愿信托基金(1991年)

1991年,联合国大会设立了一个自愿信托基金,目的是协助

① A/HRC/20/34 II paras 6 and 9.
② A/HRC/23/16 II A para 8.
③ A/HRC/23/16 II. A para 11.
④ A/HRC/26/54. See also A/HRC/32/51.
⑤ A/HRC/34/741 para 7. See also A/HRC/37/79; A/HRC/40/78.

> 处理当代形式奴隶制问题的非政府组织代表参与当代形式奴隶制问题工作组的审议……其次……向因当代形式奴隶制而人权遭到严重侵犯的个人提供人道主义、法律和财政援助。……基金的受益人仅为……处理当代形式奴隶制问题的非政府组织的代表,他们被董事会认为……如无基金资助就无法出席当代形式奴隶制问题工作组会议。而且能够帮助工作组更深入了解与当代形式奴隶制有关的问题和由于当代形式奴隶制而使其人权受到严重侵犯的个人。①

1995 年,董事会对于“由于联合国自愿基金的财务状况……基金董事会自 1993 年被任命以来,只能召开一次会议”表示遗憾。②

董事会在 2015 年通过的任务声明指出,“在 2016—2019 年期间,基金将优先考虑为奴隶劳动和类似奴隶制做法的受害者,特别是妇女和儿童提供专门援助的项目申请,尤其是在冲突和人道主义危机造成的后果中”③。

向种族主义和种族歧视进行战斗十年
行动方案信托基金(1985 年)

(见第二章,1946 年——种族主义和种族歧视,十年行动[1973 年—1983 年—1993 年—2003 年],资源)

柬埔寨人权教育方案信托基金(1993 年) 261

(见第六章 A,1978 年——民主柬埔寨)

---

① General Assembly forty-sixth session, resolution 46/122 of 17 December 1991.

② E/CN. 4/1995/176, resolution 1995/27 of 3 March 1995. See also A/71/272; A/72/229; A/73/264.

③ Mission Statement—Adopted by the Board of Trustees of the United Nations Voluntary Trust Fund on Contemporary Forms of Slavery (26 November 2015) at https://wwwohchr. org/Documents/Issues/Slavery/UNVTCFS/MissionStatement_EN. pdf visited on 22 December 2019. See also https://wwwohchr. org/EN/Issues/Slavery/UNVTFCFS/Pages/DecisionMaking. aspx visited 22 December 2019.

普遍定期审议自愿信托基金(2007年)/财政和技术援助自愿基金(2007年)

2007年,人权理事会设立了一项普遍定期审议信托基金(Universal Periodic Review Trust Fund),"以便发展中国家,特别是最不发达国家参加普遍定期审议机制",同时,

> 请秘书长设立一个名为"财政和技术援助自愿基金"(Voluntary Fund for Financial and Technical Assistance)的新的供资机制,与第1段所述普遍定期审议自愿信托基金共同管理,以便与多边供资机制一起提供财政和技术援助,与相关国家协商并在征得它们的同意后,帮助它们执行由普遍定期审议产生的各项建议。[①] (见第九章A,人权理事会——"一个新时代"[2006年],普遍定期审议)

2011年,人权理事会请秘书处"修订自愿基金在普遍定期审议工作中的参与范围,并每年以书面形式更新……基金的运作和可用的资源"。至于协助实施普遍定期审议的自愿基金,理事会请秘书处"每年向人权理事会提供关于基金运作和可用资源的最新书面资料"。[②]

在2013年,

> 秘书长任命联合国人权领域技术合作自愿基金的董事会成员兼任执行普遍定期审议财政和技术援助自愿基金董事会的组成人员,负责后一基金的管理工作……董事会……重点负责提供政策建议,全面指导执行普遍定期审议财政和技术援助自愿基金的运作。[③]

2015年,高级专员报告,

---

① A/HRC/6/22, resolution 6/17 of 28 September 2007.

② A/HRC/17/2, decision 17/119 of 17 June 2011 Part V.

③ A/HRC/32/28 II A. See also A/HRC/26/54; A/HRC/24/56.

董事会于2014年10月在日内瓦举行了第三届会议，于2015年2月在金边和曼谷举行了第四届会议。董事会在会议期间有机会向人权高专办提供政策建议，旨在最大限度地发挥技术援助和财政支持的作用，帮助各国落实普遍定期审议和其他国际机制的建议。①

支助最不发达国家和小岛屿发展中国家参与人权理事会工作的信托基金(2012年) 262

人权理事会在2012年设立了该信托基金，以支付：

(a) 培训和能力建设，包括远程教学：信托基金将与高级专员办事处及联合国训练研究所和(或)相关学术/培训机构合作，支助开展对官员的有针对性的培训，讲解国际人权体系、国际人权法和人权理事会及其机制的规则和运作情况，并支助最不发达国家和小岛屿发展中国家参与这些培训；

(b) 政府官员参加人权理事会会议的差旅和食宿：信托基金将帮助最不发达国家和小岛屿发展中国家(不论在日内瓦是否有派驻代表)参加理事会会议或获得补充支助；

(c) 研究金方案：此类方案将支付生活费用，以使最不发达国家和小岛屿发展中国家的官员可以在各自驻人权理事会的代表团中接受为期3个月的工作安排；

(d) 入职培训：信托基金将支助高级专员办事处组织的入职培训，培训对象为最不发达国家和小岛屿发展中国家分派负责人权理事会会议和多边人权系统会议的外交官；组织培训的时间将与到达和离开日内瓦的主要时段相符。培训期间，外交官将接受重点突出、切合实际的培训，了解理事会及其机制的工作程序。②

理事会在2017年要求"与信托基金的受益人协商，在信托基金十周年之际，办事处评估信托基金在履行其培训和能力建设任务方面的活动……"并提交一份

---

① A/HRC/29/22 II A para 6.

② A/HRC/19/2, resolution 19/26 of 23 March 2012.

报告。[①]

民间社会参加社会论坛、少数民族问题论坛和工商业与人权论坛的特别基金(2013年)

人权理事会要求设立这一基金,

> 应是便利尽可能广泛的民间社会代表和其他相关利益攸关方参加,优先安排在相关领域活动的地方或国家一级的非政府组织参加,尤其应注意最不发达国家的与会者。[②] (见第十章D,人权理事会和民间社会)

1992年——委员会改革:特别会议

1990年,经济及社会理事会通过了一项旨在加强人权委员会工作的重大升级工作,并于1992年生效。在这样做时,它回顾

> 263 第九次不结盟国家的国家和政府首脑会议1989年9月7日在贝尔格莱德通过的最后文件的有关一节,内中阐明必须加强联合国的作用和效率并强固其机制……人权委员会的特别报告员和工作组是分析、报告和监测人权的重要因素之一。[③]

根据决议,人权委员会成员增加至53名,"新设的十个席位应根据公平地域分配原则,分配给非洲、亚洲、拉丁美洲和加勒比区域集团"。

专题报告员和"已设立或将设立"的工作组的任期定为三年,主席团将在委员会届会结束后开会,"对委员会的工作提出建议,包括有效利用会议时间和设施"。[④]

---

① A/72/53, resolution 34/40 of 24 March 2017.

② A/HRC/24/2, decision 24/118 of 27 September 2013.

③ Economic and Social Council, 1990, resolution 1990/48 of 25 May 1990.

④ Economic and Social Council, 1990, resolution 1990/48 of 25 May 1990.

人权委员会被授权"只要大多数成员国同意"即可召开特别会议。1992年,委员会讨论了建立紧急机制的问题,但没有做出决定;提议的机制旨在使委员会能够"毫不拖延地以适当的方式对严重侵犯人权的情况做出反应"。该机制由主席团从为此目的制定的名单中临时选出的五名专家组成,他们将编写一份报告,在此基础上"召开委员会特别会议"。如果所有成员中的大多数同意,"应召开一次委员会特别会议";如果他们不同意,该报告将送交联合国大会或人权委员会,以先到者为准。①

1992—2006年期间,人权委员会举行了五届特别会议。其中前两届会议是在1992年举行的,重点关注当时在南斯拉夫发生的冲突。第一届是应美国的要求在1992年8月13日至14日召开的②。委员会申明"国家应对其代理人在另一国领土上犯下的侵犯人权行为负责",并任命了一名特别报告员"对前南斯拉夫领土上,特别是波斯尼亚和黑塞哥维那境内的人权状况进行第一手调查"。③ 应土耳其的要求,委员会于1992年11月30日至12月1日举行了第二届特别会议,④当时它收到了特别报告员的三份报告⑤以及其他文件(见第六章A,国别任务[1967年],1992年——南斯拉夫)。

应加拿大的要求,人权委员会1994年5月24日至25日举行了关于卢旺达局势的第三届特别会议。⑥ 委员会"最强烈地谴责了卢旺达境内所有违反国际人道主义法的行为以及所有侵犯和践踏人权的行为"。它赞扬了高级专员(第一任高级专员何塞·阿亚拉-拉索,他在几周前就任)对卢旺达进行的访问,并赞同他的 264
结论和建议。委员会又任命了一名特别报告员勒内·德格尼·塞吉(René Degni Segui)。

与两年前在南斯拉夫问题中的要求类似,⑦人权委员会提请

① E/CN. 4/1992/84, resolution 1992/55 Annex, of 3 March 1992, See also Commission resolution 1993/96 of 11 March 1993, and Economic and Social Council decision 1993/286 of 28 July 1993.

② E/CN. 4/1992/84/Add. 1/Rev. 1.

③ E/CR4/1992/84/Add. 1/Rev. 1 resolution 1992/S4/1 of 14 August 1992.

④ E/CN. 4/1992/84/Add 2.

⑤ A/47/666-S/24809 and E/CN. 4/1992/S-1/9 and 10.

⑥ E/CN. 4/S-3/4.

⑦ E/CR4/1992/84/Add. 1/Rev. 1, resolution S-1/1 of 14 August 1992.

> 人权委员会的现有机制，包括法外处决、即决处决或任意处决问题特别报告员、酷刑问题特别报告员、负责国内流离失所者问题的秘书长代表、被强迫或非自愿失踪问题工作组和任意拘留问题工作组。以及适当的人权条约机构，紧急注意卢旺达的情况，不断向特别报告员提供充分合作、协助和调查结果，并在必要时陪同特别报告员访问卢旺达。①

委员会请特别报告员“立即访问卢旺达，并向人权委员会成员紧急报告该国的人权状况，包括他或她关于制止侵犯和虐待行为以及防止今后侵犯和虐待行为的建议”，并要求将特别报告员的报告提供给联合国大会和安全理事会。②

应葡萄牙的要求，人权委员会1999年9月23日至27日举行了关于东帝汶局势的第四届特别会议。③ 在提出请求时，葡萄牙提到“东帝汶的局势在全民投票结果出来后……急剧发展，东帝汶人民由于缺乏任何形式的保护，[正在]……受到系统的迫害，只应被定义为种族清洗”④。

人权委员会决定设立

> 一个国际调查委员会，其中有足够的亚洲专家代表，以便与印度尼西亚国家人权委员会和专题报告员合作，系统地收集和汇编1999年1月宣布投票以来在东帝汶可能发生的侵犯人权行为和可能构成违反国际人权法的行为的资料。⑤

委员会还请其关于法外处决、境内流离失所者、酷刑、暴力侵害妇女和强迫失踪等问题的特别报告员“对东帝汶进行访问，并向委员会报告其调查结果”。它请高级专员“与联合国其他活动合作，制定人权领域的技术合作综合方案，特别注重能力建设与和解，以便持久解决东帝汶的问题”。⑥

265 在各参与方中，印度尼西亚国家人权委员会(Komnas Ham)在人权委员会上发

① E/CN. 4/1994/132/Add. 2, resolution S-3/1 of 25 May 1994.

② E/CN. 4/1994/132/Add. 2, resolution S-3/1 of 25 May 1994.

③ E/CN. 4/1999/167/Add. 1.

④ E/CN. 4/S-4/2.

⑤ E/CN. 4/1999/167/Add. 1, resolution 1999/S-4/1 of 27 September 1999.

⑥ E/CN. 4/1999/167/Add. 1, resolution 1999/S-4/1 of 27 September 1999.

言;其代表马祖基·达鲁斯曼(Marzuki Darusman)赞同以下观点:

> 在重建中需要国际帮助……将成立一个委员会,调查东帝汶公投后发生的侵犯人权事件。该委员会还将确保肇事者受到起诉,并向印度尼西亚政府提出报告和建议。它将由国家人权委员会的成员、杰出人士和以个人身份行事的专家组成。国际组织也可以参加。[①]

第五届特别会议应阿尔及利亚的要求于 2000 年 10 月 17 日至 19 日举行,议题为"在巴勒斯坦发生的悲惨事件,[以及]……以色列占领巴勒斯坦领土的势力对巴勒斯坦人民严重和大规模侵犯人权的行为"[②]。

人权委员会谴责"利库德集团领导人阿里埃勒·沙龙(Ariel Sharon)于 2000 年 9 月 28 日对谢里夫圣地(Al-Haram al-Sharif)的挑衅性访问,该访问随后引发了悲惨事件,在被占领的东耶路撒冷和其他被占领的巴勒斯坦领土上造成了大量巴勒斯坦平民的死亡和受伤"[③]。

人权委员会决定"基于紧急情况,任命一个人权调查团……[它还要求]……人权事务高级专员对被占巴勒斯坦领土进行紧急访问,以评估以色列占领者对巴勒斯坦人民人权的侵犯"。委员会还请其特别报告员"立即对被占巴勒斯坦领土进行访问"。[④] (见第六章 A,国别任务[1967 年],1968 年——巴勒斯坦)

人权理事会在 2006 年成立时,也被授权举行特别会议。截至 2016 年 1 月,理事会已经召开了 24 次特别会议(见第九章 A,人权理事会——"一个新时代"[2006 年],特别会议)。

1992 年——追究人权犯罪的责任

除此前数年发展形成的办法外,20 世纪 90 年代初还出现了国际(或"混合")刑事法庭,所有这些法庭都将危害人类罪(或人权罪)纳入其管辖权。

---

① E/CN. 4/S-4/SR. 3.

② E/CN. 4/S-5/5.

③ E/CN. 4/S-5/5, resolutionS-5/1 of 18 October 2000.

④ E/CN. 4/S-5/5, resolution S-5/1 of 19 October 2000.

《维也纳宣言和行动纲领》建议“人权委员会审查是否可能更好地在国际和区域一级执行现有人权文书,并鼓励国际法委员会继续进行设立一个国际人权法庭的工作”。[①] 1998 年,《罗马规约》获得通过,国际刑事法院于 2002 年正式成立。

266

国际刑事法院(2002 年)

《国际刑事法院规约》第五条列出了法院管辖范围内的罪行,其中包括危害人类罪。第七条规定,危害人类罪是指

> 在广泛或有系统地针对任何平民人口进行的攻击中,在明知这一攻击的情况下,作为攻击的一部分而实施的下列任何一种行为:1. 谋杀;2. 灭绝;3. 奴役;4. 驱逐出境或强行迁移人口;5. 违反国际法基本规则,监禁或以其他方式严重剥夺人身自由;6. 酷刑;7. 强奸、性奴役、强迫卖淫、强迫怀孕、强迫绝育或严重程度相当的任何其他形式的性暴力;8. 基于政治、种族、民族、族裔、文化、宗教、第三款所界定的性别,或根据公认为国际法不容的其他理由,对任何可以识别的团体或集体进行迫害,而且与任何一种本款提及的行为或任何一种本法院管辖权内的犯罪结合发生;9. 强迫人员失踪;10. 种族隔离罪;11. 故意造成重大痛苦,或对人体或身心健康造成严重伤害的其他性质相同的不人道行为。

第七条第二款进一步界定了这些行为。[②]

《犯罪构成要件》进一步详细说明了第七条的解释和适用:

> 由于第七条涉及国际刑法,其规定与第二十二条一致,必须严格解释,同时考虑到第七条所定义的危害人类罪是整个国际社会关注的最严重的罪行之一,需要个人承担刑事责任,并要求采取世界主要法律制度所承认的普遍

① A/CONR. 157/23.

② A/CONF. 183/9 of 17 July 1998 corrected by proces-verbaux of 10 November 1998, 12 July 1999, 30 November 1999, 8 May 2000, 17 January 2001 and 16 January 2002.

适用的国际法所不允许的行为。[①]

其他国际刑事法院/特别管辖权(1993年)

在1993年世界人权会议开幕前几周,成立了纽伦堡审判(1945—1946年)以来的第一个国际刑事法庭:前南斯拉夫问题国际刑事法庭。[②] (见第六章A,1992年——南斯拉夫)

其他的法庭也紧随其后设立: 267

1994年——卢旺达问题国际刑事法庭。[③] (见第6.A章,1994年—卢旺达)

前南斯拉夫法庭和卢旺达法庭分别于2017年12月和2015年12月结束工作,其后续工作被委托给安全理事会于2010年设立的国际刑事法庭机制。[④] (见第六章A,1992年——南斯拉夫,前南斯拉夫问题国际刑事法庭[1993—2017年];第六章A,1994年——卢旺达,卢旺达问题国际刑事法庭[1994—2015年])

2000年——塞拉利昂问题特别法庭。(见第六章A,1996年——塞拉利昂,塞拉利昂问题特别法庭[2000—2013年])

塞拉利昂问题特别法庭根据联合国与塞拉利昂政府之间的一项协议设立。[⑤] 它于2002年开始工作,于2013年关闭,并根据联合国和塞拉利昂政府之间的协议设立了塞拉利昂余留事项特别法庭,并由塞拉利昂议会法案批准。[⑥]

2004年——柬埔寨法院特别法庭(Extraordinary Chambers in the Courts of

---

① Official Records of the Assembly of States Parties to the Rome Statute of the International Criminal Court, first session, New York, 3-10 September 2002 (United Nations publication, Sales No E. 03. V2 and corrigendum), part ll. B. The Elements of Crimes adopted at the 2010 Review Conference are replicated from the Official Records of the Review Conference of the Rome Statute of the International Criminal Court, Kampala, 31 May-11 June 2010 (International Criminal Court publication, RC/11).

② Security Council 1993, resolution 827 (1993) of 25 May 1993.

③ Security Council 1994, resolution 955 (1994). See also resolution 977 (1995).

④ http://wwwunmict. org/en/about. last visited on 11 December 2019.

⑤ Security Council, 2000, resolution 1315 (2000) of 14 August 2000. See also S/2000/786; S/2000/915; S/2001/40; S/2001/95; S/2001/693; S/2001/722; S/2002/246.

⑥ International Criminal Court, The Residual Special Court for Sierra Leone Agreement (Ratification) Act, 2011 No 1: 2012. See also: http://www. rscsl. org/index. html visited 22 December 2019.

Cambodia, ECCC),应柬埔寨政府的要求成立,是柬埔寨的一个特别法庭。[①] (见第六章 A,1978 年——民主柬埔寨,柬埔寨法院特别法庭[1997 年/2005 年])

2010 年——预防

除了问责,人权委员会还在 2000 年进一步关注预防,将其作为落实人权的一种方法。

2010 年,人权理事会引用了联合国大会第 60/251 号决议规定的"通过合作和对话防止侵犯人权"的作用,并承认其"通过加强对话和合作,为防止侵犯人权做出贡献,并迅速应对人权紧急情况"。2011 年,理事会请高级专员"编写……一个实用的工具包,以支持各国和其他利益攸关方了解预防对促进和保护人权的作用"。[②]

2013 年,理事会邀请"家人权机构考虑在相关国际和区域论坛的框架内解决
268 预防在促进和保护人权方面的作用问题","承认普遍定期审议作为人权理事会的一个合作机制的重要性",并决定召开一次小组讨论会。[③]

2016 年,人权理事会收到了关于小组讨论会的报告[④],以及一份高级专员的研究报告;[⑤]理事会要求"一个专家工作组基于上述提到的报告的结论和建议,并讨论民间社会、学术界、国家人权机构和其他相关利益者在防止人权侵犯中的地位"。[⑥]

2018 年,人权理事会决定举行两个研讨会并制定一份报告,

---

① A/51/930-S/1997/488. See also General Assembly resolution 52/135 of 12 December 1997; and A/52/1007; A/53/801-S/1999/67; A/53/850-S/1999/231; A/53/851-S/1999/230; A/53/866-S/1999/295; A/53/867-S/1999/298; A/53/875-S/1999/324; A/54/846-S/2000/316; S/1999/443; A/57/626; A/57/769; A/57/808; A/58/617; A/59/432 and Add. 1; A/60/565; A/62/304; A/67/380.

② A/HRC/18/2, resolution 18/13 of 29 September 2011. See also A/HRC/14/37, resolution 14/5 of 17 June 2010 and A/HRC/18/24.

③ A/HRC/24/2, resolution 24/16 of 27 September 2013. See also A/HRC/18/24.

④ A/HRC/28/30.

⑤ A/HRC/30/20.

⑥ A/HRC/33/2, resolution 33/6 of 29 September 2016.

该报告将会给予应有的考虑,人权理事会如何与所有的联合国系统参与者在阻止人权侵犯方面,为加强全系统的一致性,并维持和平和促进可储蓄发展目标表的实现一同有效合作……给予应有的考虑,联合国系统可用于促进人权的金融资源,特别是用于防止侵犯人权的金融资源。[1] (见第八章E,“伟大事业”的主流化[1994年])

1993年——高级专员的任务

在1993年设立高级专员一职时,联合国大会决定

人权事务高级专员应是在秘书长指导和授权下,在大会、经济及社会理事会和人权委员会的总体指导、授权和决定框架内,对联合国人权活动负有主要责任的联合国官员。[并]……促进和保护所有人切实享有所有公民、文化、经济、政治和社会权利。[2]

2017年,高级专员援引了对该办事处的授权,对委内瑞拉的人权状况进行了监测和报告。[3] (见第八章D,高级专员[1993年])

---

① A/HRC/38/2, resolution 38/18 of 6 July 2018.

② General Assembly forty-eighth session, resolution 48/141 of 20 December 1993.

③ General Assembly forty-eighth session, resolution 48/141 of 20 December 1993.

第四章　议程管理：
协调(1955年)与合理化(1992年)

引　言

对“伟大事业”之发展的研究不能忽视人权委员会以及后来的人权理事会在工作安排方面的变迁。议程管理不仅仅是将指定的一系列事项安排到固定时间和空间的组织活动；它还受到当时国际局势的影响，不同国家和/或国家集团有不同的优先事项。国家间(而且通常是跨地区的)关系也必然会介入人权委员会和理事会的讨论。

虽然被有些人称为人权工作的“政治化”，但这是寻求国家行为的共同标准时不可或缺的因素。民间社会亦由于其对工作安排的影响而成为人权工作的必要组成部分。正如读者之后会看到的，民间社会在将各种问题列入人权委员会议程，以及在实践中跟进这些问题的处理方面发挥了重要作用(参见第十章，“全人类”与“伟大事业”)。

将某个问题列入议程，是涉及若干行动方(尤其是民间社会)之间协商的复杂进程中一个重要(但并非决定性)的步骤。对这一问题的审议及其深度和效率，对组织工作具有直接影响，而有关各方给予该问题的优先地位以及可获得的资源也都会影响这些安排。资源的可获得性最终取决于其他联合国机构(预算、行政和财政)，这些机构的优先事项可能不一定(通常不会)与委员会的优先事项一致。

在此复杂进程中，三个因素会影响议程的管理：

——不断出现的新问题(见第二章，议程[1946年]，引言)；

——国家(或国家集团)之间在紧急事项、与国际人权宪章之相关性，以及政治优先事项方面的分歧；

——上述分歧对处理所涉人权问题的实际方式的影响。

随着人权委员会发展势头的增强，它的工作范围得以扩张，需要对各种问题进行优先性排序，并做好协调。在委员会可获得的组织资源限度内，前两章描述
270 的问题并不全都会被分配到所需时间。而在接下来几年间，情况变得越发严峻：越来越多事项被添加到议程中，超过了解决问题的速度，委员会可获得的资源却几乎没有增加。

本章重新审视了为解决上述问题所做出的努力，随着经济及社会理事会以及联合国大会所处理工作的体量和强度持续增加，这些努力首先在人权委员会内部进行，最终扩展到了更广阔的范围。本章考察了委员会通过"协调"(coordination)、"规划"(programming)、"合理化"(rationalization)程序处理前几章提到的问题，并最终将它们纳入委员会议程的方式。

20世纪80年代，国际人权运动风起云涌。5个公约生效，《禁止酷刑公约》和《儿童权利公约》同步发展，特别程序在该时期也从3个增加到14个——而且，"预防"措施(人权教育和技术援助)也开始实施。这些行动均推动了人权委员会的成长，它开始大量涉足其他领域的活动，参与联合国发展和国际安全项目。该现象被称为人权"主流化"(参见第八章E，"伟大事业"的主流化[1994年])。

短短几年间，人权委员会规模扩大了将近一倍(从1960年的18名成员增加到1966年的32名成员)。1961年秘书长的意外去世结束了人权委员会为公约起草后一阶段做好准备的工作。新的问题和兴趣点出现，新的项目设立。"伟大事业"必须设法管理其议程和工作计划。

人权委员会会议的组织和规划是一个长期存在的挑战。委员会对这一不断加剧的问题回应不足，导致议程中持续增加新的事项。议程规则也无法提供解决办法：问题可以通过不同的方式被提出，由委员会决定它们的优先顺序。使情况更加复杂的是，关注领域的扩大和考察的深化衍生出的对资源的需求，导致委员会不仅需要对其自身的工作方案，还需要对秘书处提供的支持进行更仔细的审查。

本章描述了人权委员会多年来解决这些问题的方式——有些有效，有些无效。这常常造成某些议程上的问题被长期延迟审议的情况，一如20世纪60年代

中期到70年代所发生的那样。该现象也是人权委员会解体与人权理事会建立的一个重要原因。

A. 秘书处（1982—2006年）

《联合国宪章》第十五章与秘书处有关，规定秘书长“为本组织之行政首长”，而且“办事人员由秘书长依大会所定章程委派之”。[①]

《宪章》确认了秘书长的职权，他得将其所认为可能威胁国际和平及安全之任 271
何事件提请安理会注意。秘书长为联合国机构提供支持，“并……执行各机关所托付之其他职务”。第101条规定：“办事人员之雇用……应以求达效率、才干及忠诚之最高标准为首要考虑。征聘办事人员时，于可能范围内，应充分注意地域上之普及。”[②]

自1946年联合国成立后直到1983年，人权司（Division of Human Rights）负责为人权活动提供支助，1983年人权司改名为人权事务中心（Centre for Human Rights），1997年人权事务高级专员办事处（Office of the High Commissioner for Human Rights）取代了人权事务中心。自此，人权高专办开始负责人权事务。包括作为人权委员会和小组委员会、联合国大会第三委员会和条约机构、特别程序，以及根据其他各机构决议开展的人权行动的秘书处。随着活动范围的扩大，对秘书处专业能力的要求也不断提高。所以，在委员会项目协调过程中，提供资金和人力资源成为一个重要因素。

向人权机构提供支持是秘书处职能的一部分，为此其需要应对各种新旧挑战，以保证其工作质量与一致性。随着预算增加、职员增多的需求不断扩大，各种审议工作的陆续开展总会达到一个临界值，导致秘书处组织和管理方面的改革。而秘书处的资质范围、内部能力（包括领导能力）也是委员会工作演进过程中的一个影响因素。

初始阶段，第一任人权司司长约翰·汉弗莱领导的团队密切参与了《世界人

---

① Charter of the United Nations, Chapter XV, articles 97, 100 and 101.

② Charter of the United Nations, Chapter XV, articles 97-101.

权宣言》第一版草案的准备工作。[1] 他们设立的标准被后继者遵循,帮助管理复杂议程、应对需求挑战的同时,也确保了国际公务员服务所需的基本品质——谨慎、匿名。

20 世纪 70 年代后期,活动的增加对人权事务中心提出了空前要求(财政资源和人力资源)。1982 年 2 月,"因为与该组织在纽约的领导层的政策分歧"[2],人权司司长西奥·范博文宣布卸任该职,并述及特别程序的扩展及其造成的人力资源影响:

272 使用特别程序和工作组处理侵犯人权的情势或相关问题,例如失踪、大规模流离失所,已经被证明很有价值……然而,人权司没有足够的雇员为那些报告员和工作组提供充分服务。考虑到项目数量庞大、近几年开展的调查的范围,以及未来几年这些调查确定会继续的事实,必须加强人权司在编雇员建设。[3]

最开始,为新程序提供支助是临时性的,但是工作体量的增大和连贯性的提高需要更加制度化的支持。当 1983 年人权司成为人权事务中心时,[4]其主任级别

---

① 约翰·汉弗莱(John Humphrey,加拿大)的继任者依次为:马克·施赖伯(Marc Schreiber,比利时)、西奥·范博文(Theo van Boven,荷兰)、库尔特·赫恩德尔(Kurt Herndl,澳大利亚)、扬·马滕森(Jan Martenson,法国)、易卜拉希马·法勒(Ibrahima Fall,塞内加尔)、何塞·阿亚拉-拉索(José Ayala-Lasso,厄瓜多尔)、玛丽·罗宾逊(Mary Robinson,爱尔兰)、塞尔吉奥·维埃拉·德梅洛(Sergio Vieira de Mello,巴西)、路易斯·阿尔布尔(Louise Arbour,加拿大)、纳瓦尼特姆·皮莱(Navanethem Pillay,南非)、扎伊德·拉阿德·侯赛因(Zeid Ra'ad Al-Hussein,约旦)、米歇尔·巴切莱特(Michelle Bachelet,智利)。见 http://www.ohchr.org/EN/AboutUs/Pages/HighCommissioner.aspx visited on 23 July 2017。

② E/CN. 4/1982/SR. 14 para 68.

③ E/CN. 4/1982/SR. 14 para 73. 加强资源建设以支持人权活动的观点早在 1980 年便已出现,当时,联合国大会和人权委员会询问秘书长,"他是否认为考虑重新命名人权事务中心是合适的,以确保秘书处的人权部门可以分配到足够的财政及其他资源,履行其职责"。见 Commission resolution 22 (XXXVI) on 28 February 1980。

④ 联合国大会于 1979 年 11 月 23 日通过第 34/37 号决议,请秘书长"按照人权委员会第 35 届会议提出的观点,考虑将人权分部重新命名为人权事务中心",并请求秘书长"确保秘书处的人权相关部门能够分配到充足的经济资源和其他资源"。1980 年,人权委员会加入了向秘书长提出的这个请求。见 E/CN. 4/1408/Add. 1 resolution 22 (XXXVI) of 28 February 1980。另见 A/C. 5/32/17 Organizational nomenclature in the Secretariat: Report of the Secretary-General。

提升为助理秘书长级(Assistant Secretary-General)。那时新任秘书长哈维尔·佩雷斯·德奎利亚尔(Javier Perez de Cuellar)于1983年2月5日在人权委员会发表演讲,表明了对委员会和新设立的人权事务中心的支持。[1]

资源问题始终存在,而且随着人权委员会的持续扩张变得越发难以解决。这既影响了委员会的会议(如本章其他部分所述),也影响了受托实施委员会决议和决定的秘书处的结构和职员。

几名任务负责人便指出了他们在执行任务的过程中因为缺乏资金和人力而面临的问题。[2]

1989年,人权委员会支持加强人权事务中心建设;它要求任命一个工作组准备"就尽可能利用电子计算机处理条约监督机构在报告方面的工作一事编写一份研究报告"[3]。

委员会谈到了"人权事务中心的协调作用",提出了关于职员和秘书处为各项任务提供支持的问题。它要求一份报告,

> 就加强人权事务中心活动发表意见,特别强调新的方向和形式,包括加强代表不足的国家集团,主要是发展中国家在人权事务中心的高级职位和制定政策职位方面的代表性,同时……维护公平地域分配的原则。[4] 273

1991年该要求被再次申明;[5]人权委员会欢迎联合国大会提供额外(临时)人力资源的决议,但与此同时重申"长期的规划和资源建议应该与人权事务中心的需求相吻合,与1992—1993两年期拟议的项目预算大纲中所包括的工作量相适应"[6]。

1990年,作为联合国行政机构之一的方案和协调委员会(Committee for Pro-

---

① E/CN.4/1983/SR.21.这是继1956年3月29日达格·哈马舍尔德之后,秘书长第一次到访人权委员会。

② See, for example, E/CN.4/1994/25 para 6, 36; E/CN.4/1994/79 para 18:"特别报告员注意到供他执行任务的资源十分有限,在某些方面甚至少得可怜。"E/CN.4/1996/4 para 1, 3; E/CN.4/2004/45 para 1; A/HRC/25/50IV; A/71/368 II A, paras 4-6。

③ E/CN.4/1989/86, resolution 1989/46 of 6 March 1989.

④ E/CN.4/1989/86, resolution 1989/54 of 7 March 1989.

⑤ E/CN.4/1991/91, resolution 1991/22 of 5 March 1991.

⑥ E/CN.4/1991/91, resolution 1991/23 of 5 March 1991.

gramme and Coordination)“对人权方案进行了一次深度评估”[1]。人权委员会注意到了该报告,并且请“联合国各有关方面,特别是人权事务中心”注意该报告,并“考虑采取适当的行动”。[2] 与此同时,根据大会的要求,[3]委员会建立了一个工作组“以审查使其工作更加有效的方式,并提出相关建议”。大会批准了委员会的扩张,并于1992年实行。

但是工作组没能提出建议,[4]人权委员会请其继续工作,[5]直到工作组被接下来的进程取代。1991年,委员会认可了人权方案及其各组成部分,[6]在接下来的几年里,委员会又重申了它的顾虑,即考虑到工作量的增加和即将到来的世界人权会议,人权事务中心需要充足的资源。[7] (见第八章C,世界人权会议[1990—1993年])同时,针对其工作的合理性问题,委员会承认“调整议程结构本身并不足以解决问题,与此同时还应该使工作合理化,减少每届会议提交文件的数量”[8]。

1991年,人权委员会讨论了人权事务中心的资源问题,并接受联合国大会批准的临时措施,重申了“长期的规划和资源建议应该与人权事务中心的需求相吻合,与……项目预算大纲中所包括的工作量相适应”[9]。

1993年,人权委员会讨论了委员会文献资料和特别程序提名人员的地域分配这两个问题。文献资料方面,委员会强调了报告需要简洁,及时提交、传递,要求
274 提供额外资源,建议特别程序被提名人在经济及社会理事会确认之前展开临时工作。对于第二个问题,委员会请主席铭记需要在被提名人之间进行公平地域分配。[10]

1993年的报告建议进一步审查,并提议小组委员会可以负责该任务。[11] 委员

---

① General Assembly forty-fourth session, resolution 44/167 of 15 December 1989; General Assembly resolution 44/167.

② E/CN. 4/1990/94, decision 1990/112 of 7 March 1990.

③ General Assembly forty-fourth session, resolution 44/167 of 15 December 1989.

④ E/CN. 4/1990/91 para 7.

⑤ E/CN. 4/1990/94, decision 1990/115 of 9 March 1990.

⑥ E/CN. 4/1991/91, resolution 1991/26 of 5 March 1991.

⑦ E/CN. 4/1992/84, resolution 1992/51 of 3 March 1992; E/CN. 4/1993/122, resolution 1993/52 of 9 March 1993.

⑧ E/CN. 4/1992/84, resolution 1992/81 of 6 March 1991.

⑨ E/CN. 4/1991/91, resolution 1991/23 of 5 March 1991.

⑩ E/CN. 4/1993/122, resolution 1993/94 of 11 March 1993.

⑪ E/CN. 4/1993/30.

会再次呼吁秘书长“继续收集关于各会员国的资料和意见……在适当时向世界人权会议提出”①。

《维也纳宣言和行动纲领》再次强调了资源问题，请秘书长和联合国大会“向人权事务中心提供充分的人力、财力和其他资源……使其有效开展活动，同时承认必须不断调整联合国的人权机制”②。人权委员会支持该呼吁，决定“每年一次审查充分执行《维也纳宣言和行动纲领》所载建议的进展情况”③。

1994 年人权委员会讨论了人权事务中心的组成问题，要求一份“关于人权事务中心职员目前的地域分配情况的报告，以评估当前决议的执行情况”。委员会要求特别关注发展中国家人员的雇佣情况，“在聘用高级别人员和专业人员以及妇女时予以优先考虑”。④

人权事务高级专员职务的设立带来了新的挑战。当年，人权委员会再次讨论了加强秘书处可得资源建设的问题。⑤ 此外还讨论了人权事务中心职员组成问题以通过从发展中国家招聘工作人员确保其组成符合公平地域分配原则(参见第八章 D，高级专员[1993 年])。

在接下来的几年里，人权委员会讨论了与职员相关的三个主要问题：对充足资源的需求、组成，以及在联合国秘书处内的协调作用。⑥

1995 年，高级专员宣布了一个计划，“调整秘书处的结构使它适合《维也纳宣言和行动纲领》的新重点”⑦。人权委员会注意到了该计划，并提请制定一份“列出管理结构的……关于人权事务高级专员办事处和人权事务中心员额编制的组织结构图”⑧。它还要求一份“综合报告……说明人权事务中心工作人员和参与其活动的他类工作人员的组成和职务的地域分配情况，以及已采取的措施……和为 275
改进当前情况而提出的建议”⑨。

---

① E/CN. 4/1993/122, resolution 1993/59 of 9 March 1993.

② A/CONF. 157/23 Part II, paras 11 and 17.

③ E/CN. 4/1994/132, resolution 1994/95 of 9 March 1994.

④ E/CN. 4/1994/132, resolution 1994/56 of 4 March 1994.

⑤ E/CN. 4/1993/122, resolution 1993/52 of 9 March 1993.

⑥ E/CN. 4/1994/132, resolutions 1994/55 and 56 of 4 March 1994; E/CN. 4/1995/176, resolutions 1995/61 and 5/64 of 7 March 1995.

⑦ E/CN. 4/1995/98 para 54.

⑧ E/CN. 4/1995/176, resolution 1995/64 of 7 March 1995.

⑨ E/CN. 4/1995/176, resolution 1995/61 of 7 March 1995.

人权事务中心和新设立的人权事务高级专员的地位存在争议。争议涉及级别与责任问题,高级专员是“在秘书处的授权和领导下负责联合国人权活动的联合国官员”①,也作为人权事务中心主任担任人权事务助理秘书长。这会引起行政和管理问题,尤其是雇佣员工和预算拨款方面的问题。

同一年,人权委员会请秘书长“每年至少在日内瓦召开两次会议,邀请所有感兴趣的国家参加,为人权事务中心的活动以及改组进程提供信息”②。

1996年,高级专员向人权委员会报告了改组进程的结果,称

> 该过程旨在改革人权事务中心结构的工作和组织,以便使该中心成效卓著地实现其目标。高级专员提交给大会的报告中写明了此项结构改革的背景和具体步骤③……上述工作的结果形成变更计划中,其中包括在五个领域重新组织和重新定位的项目:管理资金,管理人力资源,管理信息,处理同其他伙伴的关系,改革人权事务中心的结构。④

1996年,委员会认为

> 有必要在正在进行的人权事务中心改组进程范围内采取紧急具体和立即措施,以改变人权事务中心目前的员额地域分配格局,根据《宪章》第101条对员额做出公平地域分配,特别是征聘发展中国家人员,包括由其担任关键职位……[它进一步请秘书处]……在与各国签订派遣初级专业人员到人权事务中心工作的协议时,应促请这些国家提供财政资源,以确保发展中国家的工作人员能够担任初级专业人员,以期遵守公平地域分配原则,并就此建立一种永久机制,据此,来自捐助国的每名初级专业人员如加入该中心工作则亦应有一名来自发展中国家的初级专业人员加入工作。⑤

---

① General Assembly forty-eighth session, resolution 48/141 of 20 December 1993.

② E/CN. 4/1995/176 resolution 1995/93 of 10 March 1995.

③ A/50/36.

④ E/CN. 4/1996/103 IV.

⑤ E/CN. 4/1996/177, resolution 1996/65 of 23 April 1996.

1997 年，作为对秘书长改革的回应，人权委员会欢迎并鼓励“秘书长增强**人权事务中心——作为联合国秘书处的基本组成部分，在联合国人权事务高级专员的全面监督下**——的作用，推动其职能发展的努力”[①]。 276

秘书处的组成

与此同时，人权委员会向高级专员提出了史无前例的要求，令其“每年提供一份关于人权事务高级专员办事处/人权事务中心职员，包括非正式职员的报告，除其他外，反映职员级别、国籍、性别信息”[②]。

1999 年和接下来的几年，人权委员会继续采取双轨措施。在“加强人权事务高级专员办事处建设”的前进方向下，委员会赞赏秘书长和高级专员的努力，同时“强调高级专员办事处是各方所公设的办事处，因此应该继续力求反映各种不同的背景”。[③]

人权委员会欢迎 2004 年任命的新一位高级专员路易斯·阿尔布尔（Louise Arbour，2004—2008 年）。[④] 在同一届会议上，委员会再次呼吁“立即采取紧急具体措施以改变人权事务中心目前的员额地域分配格局”[⑤]。

2002 年，人权委员会请联合检查组（The Joint Inspection Unit）[⑥]“对联合国人权事务高级专员办事处的管理和行政工作进行一次综合全面的检查，尤其是对雇佣政策和员工组成的影响进行检查”[⑦]。委员会重申需要“确保联合国经常预算及时向联合国人权方案提供一切必要的经费、物力和人力，使高级专员办事处能够

---

① E/CN. 4/1996/177, resolution 1997/76 of 18 April 1997，着重号为作者所加。

② E/CN. 4/1996/177, resolution 1997/76 of 18 April 1997. See also E/CN. 4/1998/177, resolution 1998/46 of 17 April 1998; E/CN. 4/1998/52.

③ E/CN. 4/1999/167, resolutions 1999/54 of 27 April 1999 and 1999/70 of 28 April 1999; E/CN. 4/2000/167, resolution 2000/1 of 7 April 2000; E/CN. 4/2002/200, resolution 2002/2 of 12 April 2002.

④ E/CN. 4/2004/127, resolution 2004/2 of 8 April 2004.

⑤ E/CN. 4/2000/167, resolution 2000/73 of 26 April 2000. See also E/CN. 4/2001/167, resolution 2001/78 of 25 April 2001.

⑥ General Assembly thirty-first session, resolution 31/192 of 22 December 1976, Annex, Statute of the Joint Inspection Unit. 该检查组被赋予“最广泛的调查权”，负责对所有影响服务效率和资金合理使用的事项进行调查。1966 年专家委员会在 A/6343 第六章第 64 段中首次提出审查联合国及其专门机构的财务状况，并于 1966 年试运行。

⑦ E/CN. 4/2002/200, resolution 2002/80 of 25 April 2002.

有效、切实和迅速地执行任务”。它注意到,已经发展出了一种惯常做法,发布年度呼吁和年度报告,请高级专员“在她的下一次年度呼吁和年度报告中列入关于高专办预算所有自愿捐款,特别是指定用途捐款的提供和使用情况方面的详细资料”①。

277 在高级专员办事处的组成方面,委员会

> 深切地注意到联合国人权事务高级专员的报告明确表明,来自某一地区的工作人员无疑过多,而且不平衡现象恶化……大量项目人员造成高级专员办事处工作人员地域分配与整个秘书处的总体情况相比向西欧和北美倾斜。②

人权委员会敦促高级专员采用新的招聘政策,“以改善目前职员组成的不均衡情况”③。2004年,这一点被重申,委员会表示“它对联合检查组报告中的结论深表担忧,即高级专员办事处工作人员不平衡的地域分配是一个严重的难以解决的问题”④。

人权委员会邀请联合国大会的其他机构,如“行政预算咨询委员会(The Advisory Committee on Administrative and Budgetary Questions)、方案与协调委员会和大会第五委员会……适当考虑联合检查组的报告”⑤。

人权理事会和秘书处的支持

在建立人权理事会时,联合国大会

---

① E/CN. 4/2002/200, resolution 2002/2 of 12 April 2002. See also E/CN. 4/2004/127, resolution 2004/2 of 8 April 2004.

② E/CN. 4/2001/167, resolution 2001/78 of 25 April 2001; E/CN. 4/2003/135, resolution 2003/74 of 25 April 2003.

③ E/CN. 4/2001/167, resolution 2001/78 of 25 April 2001; E/CN. 4/2003/135, resolution 2003/74 of 25 April 2003.

④ E/CN. 4/2004/127, resolution 2004/73 of 21 April 2004. See also E/CN. 4/2005/135, resolution 2005/72 of 20 April 2005.

⑤ A/59/65. See also E/CN. 4/2004/127, resolution 2004/73 of 21 April 2004. See also E/CN. 4/2005/135, resolution 2005/72 of 20 April 2005.

决定……全年中，理事会会定期开会，并计划每年不少于三次，包括一次不少于10周的重要会议……而且在第三方理事会成员的支持下，理事会成员可以请求召开特别会议。①

在第一年，人权理事会再次确认，“考虑到理事会繁重的工作安排以及获得必要的会议服务方面遇到的困难，特别是在第一年机构建设期间”，需要保证有执行其决定的必要经费。理事会请秘书长报告以哪些方法和方式

确保提供：(a)会议服务，特别是举行特别会议、常规会议期间的追加会议和闭会期间的组织会议的会议服务，包括口译；(b)对人权理事会各届会议进行定期网播；(c)及时将文件译成联合国所有正式语文；(d)适当的供资机制，及时提供执行理事会决定产生的意料之外的特殊费用，主要涉及真相调查团、特别委员会以及秘书处对执行这些决定的必要支持。② 278

在接下来的会议中，人权理事会“满意地注意到，高级专员办事处的经常预算到2010年将会翻倍”，而且强调高级专员办事处“是一个各方公设的办事处，因此应该尽力反映不同的背景”。③

人权理事会鼓励高级专员“继续现行做法，最大限度地利用与开展活动所在地区相关的人权专门知识，酌情考虑来自该地区的人权方面的专门人才”，并且请高级专员“采取进一步措施落实联合检查组的建议，以在各级别改善办事处职员组成的地域平衡性”。理事会还要求提出关于如何“解决办事处职员地域不平衡问题”的建议。④

2007年，人权理事会决定

使联合国人权事务高级专员办事处下的反对歧视股的工作和名称符合其职权，此后该股将被称为“反对种族歧视股”（Anti-Discrimination Unit），其业务

① General Assembly sixtieth session, resolution 60/251 of 15 March 2006.

② A/HRC/3/7, decision 3/104 of 8 December 2006.

③ A/HRC/4/123, resolution 4/6 of 30 March 2007.

④ A/HRC/4/123, resolution 4/6 of 30 March 2007.

活动将完全集中于《德班宣言》第一和第二段所界定的种族主义、种族歧视、仇外心理和相关不容忍现象。①

2008年,人权理事会再次确认,“联合国大会第五委员会是被授权主管行政和预算事项的适当的大会主要委员会”,并且欢迎“大幅度增加为高级专员办事处活动划拨的人力和财力资源”。②

2010年,人权理事会的一份主席声明邀请高级专员先与理事会分享之前拟议的项目预算框架,再提交方案和协调委员会,“以便高级专员汇编各国和相关的利益攸关方的意见并转交委员会审议”③。2011年,理事会通过了类似的声明,同时再次确认联合国大会第五委员会是“被授权主管行政和预算事项的适当的主要委员会”,请高级专员

279 在年度报告中详细说明:(a)按方案和任务分列的经常预算拨款;(b)高级专员办事处收到的自愿捐款及其具体分配情况;(c)按方案和任务分列的专用捐款和未指定用途的捐款的分配情况;(d)特别程序资金的分配情况;以供在共同商定的论坛上审议。④

人权理事会赞赏高级专员的决定,

在发行高级专员办事处的年度报告之时,每年将同时举行由联合国会员国参加的会议,而且保证对会上所做的评论予以考虑,并由高级专员办事处对这些评论加以汇编并予以公布。⑤

---

① A/HRC/6/22, resolution 6/22 of 28 September 2007.

② A/HRC/7/78, resolution 7/2 of 27 March 2008; A/HRC/10/29, resolution 10/5 of 26 March 2009; A/HRC/13/56, resolution 13/1 of 24 March 2010; A/HRC/162, resolution 16/10 of 24 March 2011; A/HRC/19/2, resolution 19/3 of 22 March 2012.

③ A/HRC/15/60, PRST 15/2 of 1 October 2010.

④ A/HRC/18/2, PRST 18/2 of 30 September 2011. See also A/HRC/19/2, resolution 19/3 of 22 March 2012.

⑤ A/HRC/19/2, PRST/19/1 of 22 March 2012.

2013 年,人权理事会"关切地注意到,2012 年四个区域中只有两个区域的任职人数比例有所增加,而某个区域任职人数偏高的状况并无改变"[1]。相应地,在接下来的一年里,理事会"关切地注意到,2013 年,三个区域所占工作人员的比例有所下降,而某个区域所占比例过高的状况却更为突出"。理事会承认,"截至 2013 年 12 月 31 日,女性在高级专员办事处所有专业和专业以上级别工作人员中占 54.6%"。[2]

2015 年,人权理事会请高级专员办事处"不晚于第三十一届会议,以联合国所有正式语文尽快为人权理事会及其各项机制和程序开发一个更易辨认、无障碍、用户友好的网页,包括一个使用方便的外联网,并对其进行管理和提供支持"[3]。

B. 委员会早期勉力完成工作的尝试(1952—1966 年)

前文追述了在为人权活动寻求重组资源的过程中人权委员会和秘书处的关系。这种关系的变迁体现了更广泛的委员会工作组织和协调问题。

直至 20 世纪 70 年代的人权委员会记录都表明,它并不情愿解决方案和协调问题。随着活动的拓展,预算分配的需求也随之增长。因为缺乏计划和协调,大量活动受到了影响,而对这些活动的支持正取决于资源的可获得性。该过程导致 280
了联合国其他部门(例如发展和社会事务)的变化。反过来,这意味着联合国核心行政和管理部门必须接受人权项目(见第八章 E,"伟大事业"的主流化[1994 年])。

人权委员会以明确的"强烈抗议"(*cri de coeur*)结束了它的第八届会议(1952 年),哀叹自身面对议程中未解决的问题时的无力。[4] 它的议程建立在之前会议的基础上,但是委员会没有时间解决新的问题。1951—1955 年间的每一届会议上,委员会议程里的所有项目事实上都被推迟了,因为它的注意力集中在人权公约的起草上。

---

① A/HRC/22/2, resolution 22/2 of 21 March 2013.

② A/HRC/28/2, resolution 28/1 of 26 March 2015. See also A/HRC/27/18; A/70/68 and Add. 1; A/HRC/31/2, resolution 31/1 of 23 March 2016; A/72/53/Add. 1, resolution 36/1 of 28 September 2017.

③ A/HRC/29/2, PRST 29/1 of 3 July 2015.

④ E/2256, Commission on Human Rights Report eighth session, New York, 14 April-14 June 1952 para 296.

更早一些，在1947年12月第二届会议结束时，人权委员会强调需要解决无国籍问题，建议起草关于国籍、强迫或强制劳动背景下“村镇小型公用事业”、庇护权以及建立区域人权委员会的公约。[①]

到1949年，人权委员会在其主要工作中增加了一些关于国际人权宪章的内容。这些项目来源不同，包括社会委员会——像人权委员会一样，是经济及社会理事会的一个职能委员会——起草的一份《儿童权利宣言》，理事会将其提交给了人权委员会。其他项目也同样重要，直到今天，其中的大多数仍具有现实意义，包括保护老年人、寻求庇护的权利、建立“区域人权委员会”以及后来的“国家人权机构”。

计划和协调（1952年）

制订工作计划以及在联合国体系内进行协调的需求已被讨论了一段时间。1952年，经济及社会理事会通过了一个包括6项“重点优先项目”的清单，请它的下设委员会进行评估，并特别关注“可能对这些优先项目的完成有直接贡献的计划”。[②]

人权相关问题位列第六（项目F），主题是“阐述并广泛遵守人权”。包括三个具体方面：

> （1）更加充分地宣传《世界人权宣言》，完成人权公约；（2）推动人权，促进对人权的遵守，包括消除强迫劳动、消除对结社自由的限制、取消《世界人权宣言》中提到的所有歧视性措施；（3）推动信息自由和出版自由。[③]

281 对人权委员会工作计划的审查是1952年第八届会议议程之一，但是公约相关工作几乎占据了委员会会议的全部时间，所以该议程遭到推迟，1953年和1954年亦如是。

① E/800 Report of the second session, Geneva, 2-17 December 1947 XI, ‘Miscellaneous Resolutions’ paras 46-49.

② Economic and Social Council, resolution 451A (XIV) of 23 July 1952, Annex.

③ Economic and Social Council, resolution 451A (XIV) of 23 July 1952, Annex.

在1954年结束了关于公约的工作之后，日益混乱的工作管理方式表明需要一个更加程序化的工作方法。人权委员会尚未找到其在实质和程序两方面工作的正确方向和方法。在达格·哈马舍尔德时期（1953—1961年），人们曾努力解决这个问题，但是继1957年之后，在1963年，委员会再一次推迟了它的大部分议程。[①]

1955年，秘书长提议对人权活动进行审查，并建议人权委员会为它未来的工作制定一个规划。在分发给委员会的一份备忘录[②]中，秘书长提到了前八年堆积的各类事项，评价称“整体来看……不能说这是一个已精心规划的工作方案”。[③]

秘书长建议人权委员会“放弃那些不太可能取得成果的工作，推迟非紧急项目，最重要的是，建立并制定一个在接下来的几年里能够稳步系统实施的计划”。备忘录指出了委员会需要审查的工作领域。除此之外，它还提及各成员国在某一特定问题上陷入僵局时，往往倾向于请秘书处进行研究或采取类似行动，从而耗尽了宝贵的资源。

备忘录还特别提到了个人来文的处理，“秘书处被要求为委员会准备……机密清单，列入每年收到的对人权侵犯行为进行申诉的成千上万份来文的概要”。第75（V）和76（V）号决议设立了这一程序，但“事倍功半”。[④]

当然，把缺乏实际效果归因于处理个人来文的程序并不准确，个人能够有机会介入委员会工作（反之亦然）是该机构的本质和特色。而之所以不能取得“实际效果”，是因为委员会内部对于应该给予此类申诉何种关注缺乏共识（见第十章A，来文和申诉［1947年］）。

备忘录还提到，需要精简《人权年鉴》的内容和数量，它是那时与人权相关的唯一的官方出版物，已于1988年停止出版。它具有某种形式的问责性质，是这方面工作的首次尝试，为国家提供在官方出版物中分享国内人权信息的途径。

1955年会议的大部分时间都用来改善人权委员会的工作计划。[⑤] 会议报告反映了随后几十年持续存在的状况：

---

① E/CN. 4/857 para 10.

② E/CN. 4/710.

③ E/CN. 4/710 Annex, page 6.

④ E/CN. 4/710 Annex, page 6.

⑤ E/CN. 4/719 and Corr. 1 para 20.

282 > 从一开始它就意识到……实际上有两个问题:(1)为今年会议上将要讨论的议程项目规定先后顺序;(2)为委员会将来的会议制定一个人权计划。各方同意应该即刻解决第一个问题。至于第二个问题,有两派观点:一派认为,只有处理完目前的议程项目之后才可以制定新的人权计划;另一派认为,应该毫不延迟地制定一个长期人权计划,不管今年的会议能够解决多少问题。①

同年,人权委员会通过了一份工作方案:“公约草案的完成标志着委员会极其重要的活动阶段的结束;现在是时候呼吁,继续执行其他任务,以适用、促进并拓展人权。”②

该工作方案列出了8个标准项目,涵盖范围广泛,包括公约的后续进程、推广活动、新的研究以及来文处理。③ 后来,人权委员会一直重复使用该方案,④之后人权理事会亦然。⑤

这一届会议是人权委员会工作史上的里程碑。对“推广”的关注补充了委员会的标准设定工作,推广活动是确保关于人权的国际工作被长期接受的另一种方式。因此,推广活动是人权委员会工作不可或缺的组成部分。这些发展使制定委员会工作计划更加迫切,压力持续增加。

从1955年人权委员会决定关注“其他人权的适用、推广和拓展任务”⑥开始,直到1963年,“进一步推动和鼓励对人权和基本自由的尊重”被加入委员会议程中。⑦ 后来,这成了委员会的固定工作,是人权委员会发展的必要组成部分。委员会通过将该部分添加到议程中,可以接触更多重大领域,监督其工作、开发新方法。

尽管意图是好的,但人权委员会并没有迅速采取更进一步的推进措施。虽然

---

① E/CN. 4/719 and Corr. 1 para 81.

② E/CN. 4/718, Texts of resolutions adopted on 18 and 20 April 1955, resolution II.

③ E/CN. 4/718, resolution I. 委员会对该方案的详细讨论参见:E/CN. 4/719 and Corr. 1, paras 79-114;该方案详情参见 resolution VI at para 85。

④ See, for example, Commission resolution 1998/84 of 24 April 1998, Annex.

⑤ A/HRC/5/21, resolution 5/1 of 18 June 2007, Annex Part V B.

⑥ E/CN. 4/718, resolution II.

⑦ E/CN. 4/857 VIII.

从1967年开始,“工作方案”就存在于议程中,但是委员会并没有优先关注该问题。后来在1973年,联合国大会以同样的方式(“联合国体系内改善对人权和基本自由的享有的替代方案和途径”)第三次提出了此倡议。

1956年,人权委员会讨论了联合国“在世界范围内更广泛地遵守、尊重人权”的工作发展情况,并决定由会员国每年提交一次报告,该报告应包括研究个体权利或集体权利的准备工作,从研究“每个人享有的不受任意逮捕、拘禁和放逐的权 283
利”[1]开始,也应包括咨询服务[2](见第三章,1956—1981年——定期报告)。

人权委员会的困境并不总是能够被充分重视。例如,1958年,经济及社会理事会提议委员会(和妇女地位委员会)每两年召开一次会议。但是委员会成功地坚持在每年召开会议。[3]

就像1955年那样,在1961年,人权委员会通过了一份包括8个“持续性项目”和1个临时项目在内的工作计划。8个持续性项目是:咨询服务、定期报告、对个体权利和集体权利的研究、对歧视的研究、小组委员会的报告、结社自由、《人权年鉴》以及个人来文。临时项目是“国家人权咨询委员会”(见第三章,1979年——国家机构)。[4]

这些安排并没有解决人权委员会面临的问题。每届会议开始前都会有计划地推迟几项议程;[5]关键问题是,人权项目的审议也在被推迟的议程之中。很明显,项目协调没有具备它所需要的优先地位。

同时,在1965年的人权委员会议程中又加入了额外项目:

——依据1964年5月在喀布尔召开的名为“发展中国家的人权”的研讨会,研究与发展中国家人权相关的特殊问题;[6]

——波兰提议的战争罪的惩罚问题;

---

① E/CN. 4/719 and Corr. 1, resolution I, Annual Reports on Human Rights and Resolution II, Studies of Specific Rights or Group of Rights.

② General Assembly tenth session, resolution 926 (X) of 14 December 1955. 该决议列出了三种支持形式(专家咨询服务、学术研究和研讨会)。

③ E/CN. 4/769, resolution 11 (XIV) 1958.

④ E/CN. 4/817 paras 199 and 200.

⑤ E/CN. 4/857 para 10; E/CN. 4/874 para 8; E/CN. 4/891 para 29.

⑥ ST/TAO/HR/21, 12-25 May 1964, para 203.

——哥斯达黎加提议的人权事务高级专员的选举问题。①

每一个问题的关键决定都会影响随后几年的人权计划。

轮值主席的引入(1966—1967年)

1966年,人权委员会的工作新增了一抹政治性色彩。当年,该委员会主席职位出现首次也是唯一一次竞争,来自东欧国家集团的候选人(乌克兰苏维埃社会主义共和国的内德拜洛[P. E. Nedbailo])和来自拉丁美洲和加勒比国家集团的候选人(哥斯达黎加的费尔南多·沃利奥·希门尼斯[Fernando Volio Jimenez])被提
284 名。最终,拉丁美洲的候选人当选了主席,东欧候选人的竞选资格则被撤回,"代理主席做出的解释是,委员会的大部分成员准备在第二十三届会议上支持内德拜洛先生担任主席"。1967年,内德拜洛成为第一名来自东欧国家集团的人权委员会主席。由此,从1966年开始,人权委员会以及2006年之后的人权理事会,其主席开始在五个地缘政治国家集团之间逐年轮换。②

随后一年,在经济及社会理事会的要求下,人权委员会首次着手处理"侵犯人权问题……包括各国的种族歧视、种族分隔及种族隔离政策,尤其提及殖民地国家和其他附属国家和领土"③。

自决权(非殖民化背景下)和种族隔离都是联合国大会特别委员会的议题,属于人权委员会议程中的重要事项。

新领域:各国侵犯人权问题(1967年)

非殖民化特别委员会1965年提请人权委员会注意"请愿人提交的关于葡萄牙管辖下的领土内、西南非洲和南罗得西亚发生的侵犯人权行为的证据"。联合国大会已经谴责了"种族歧视、种族分隔及种族隔离政策"之类的侵犯人权行为,

---

① E/CN. 4/891 paras 7-25.

② 自1967年起,除2003年外,主席均未经投票选举产生。关于2003年的情况,参见E/CN. 4/2003/135 para 5:"在第1次会议上,应美利坚合众国要求,以33票对3票、17票弃权的无记名投票选举纳贾特·阿勒哈买吉女士(Najat Al-Hajjaji)女士(阿拉伯利比亚民众国)为主席。"

③ Economic and Social Council fortieth session, resolution 1102 (XL) of 4 March 1966.

并且“宣布它们构成危害人类罪”。[①]

1967年，另一个大会委员会——反对种族隔离特别委员会请人权委员会调查南非的侵犯人权行为。委员会接受了该任务，在议程中增加了一个“补充事项”——“1967年2月3日从南非共和国政府种族隔离政策大会特别委员会代理主席那里收到的来文(E/CN.4/935)”[②]。

反对种族隔离特别委员会的请求导致了一项调查的开展，该调查成了第一个“特别程序”，设立特别程序的决定使接下来的几年里对人权委员会安排工作计划的需求达到了史无前例的程度(参见第六章，引言)。

在此背景下，人权委员会着手“审查它的工作程序和方法，以期加速对议程事项的讨论”。1966年，经济及社会理事会同意，委员会应该着手处理那些“已经被连年推迟的”议程事项，并授权委员会可以为此目的在1967年召开长达六周的会议。 285

1967年，委员会并没有把会议延长至六周，但是也没有完成工作，部分原因在于几次会议用来讨论了反对种族隔离特别委员会提出的请求。不过委员会确实开始解决工作安排问题，任命了一个工作组为各种事项的讨论制定顺序。[③]

工作安排(1968)

截至1968年，人权委员会正式将“工作安排”加入了它的议程。就像它前几年所做的那样，委员会通过了一个决议，为一些议程事项规定了先后顺序，制定了讨论它们的暂行时间表，把14项议程中的10项推迟到了下一年。[④]

同一年，人权委员会着手处理“使委员会有能力或者帮助委员会履行职能的方式和途径”问题，并且成立了一个由15名成员组成的新的特设工作组，以制定关于下列事项的详细提案：“(a)采取措施早日结束议程中堆积的事项；(b)减少委员会目前需要的文献资料；(c)改进委员会程序以提高效率。”[⑤]

---

① Economic and Social Council fortieth session, resolution 1102 (XL) of 4 March 1966.

② E/CN.4/940 paras 8, 186-270.

③ E/CN.4/940, resolution 1 (XXIII) of 21 February 1967. See also paras 10-17.

④ E/CN.4/972, resolution 1 (XXIV) of 6 February 1968. See also paras 10-14.

⑤ E/CN.4/972, resolution 8 (XXIV) of 1 March 1968.

同时,因为审查联合国及各专门机关财政专设专家委员会(The Assembly's Ad Hoc Committee of Experts to Examine the Finance of the United Nations and the Specialized Agencies)的建议,审议工作规划和建立优先性顺序的压力增大了,人权委员会的工作议程仍在持续增加。①

也是在 1968 年,在题为"侵犯人权问题"(刚刚被加入)的议程下,人权委员会首次处理包括一些国家人权状况在内的众多问题。议程安排变得更加复杂;同一年,委员会"因为没有时间,不可能讨论"临时委员会提出的建议、审议工作程序和方法"以加速对议程事项的处理"。②

此外,为了调节工作量,人权委员会于 1969 年决定按顺序讨论议程事项,同时推迟审议 25 项议程中的 5 项。③

1968 年,委员会提议采取措施解决堆积的工作议程,以减少文献资料并审查其程序。④ 它决定"根据它们的重要程度""平衡不同种类的事项"。包括:"(a)与其永久性职责相关的需要定期讨论的事项……(b)眼下由联合国主要机构提出的
286 与人权相关的事项;(c)根据经济及社会理事会职能委员会的程序规则提交给它的事项。"⑤

然而人权委员会并未跟进自己的决定,它的工作方法没有任何新的突破。直到 1975 年,委员会才第一次表现出它解决这个问题的决心。⑥ 那时,关注的焦点是委员会的"长期工作规划"。

到 1968 年,人权委员会开始处理 1967 年敌对行动中以色列占领领土内的人权情势,下一年它设立了一个专家工作组,把"中东敌对行动中被占领领土内的侵犯人权问题作为一个单独的优先事项"添加到了当年的议程中。⑦ (见第六章 A,1968 年——巴勒斯坦)

1972 年,经济及社会理事会对人权委员会需要安排其工作表示关切,请委员

① E/CN. 4/972 XV.

② E/CN. 4/972 III and XV.

③ E/CN. 4/1097, resolution 1 (XXV) of 18 February 1969.

④ E/CN. 4/972, resolution 8 (XXIV) of 1March 1968.

⑤ E/CN. 4/1007, resolution 2 of 21 February 1969.

⑥ 1974 年,人权委员会曾邀请各国提出建议,以便在下届会议上审议。次年,由于收到的答复很少,委员会请秘书处提供几份材料,并请小组委员会制订其五年工作计划。

⑦ E/CN. 4/1039, resolution 10 (XXVI) of 23 March 1970.

会“在安排工作时适当关注时间限制和繁重的任务量”，并且提出了委员会为此可以采取的措施。理事会建议委员会“在必要时，采取诸如将议题分组、在会议开始时推迟项目、对决议草案进行非正式讨论，以及建立工作组等措施”。经社理事会请人权委员会成员“充分理解委员会繁重的工作任务，避免优先处理与联合国无关或相关性有限的问题”。[1]

1976年，人权委员会重新开始讨论它的计划和资源，通过采取议题分组等措施改进工作方法。[2] 这一时期恰巧与两项国际人权公约的生效、条约监督机构的成立相重合。

20世纪70年代，在会议开始实质工作前推迟项目成了一种趋势，被当作人权委员会工作筹备的间或尝试。1970年便是如此——委员会推迟了3项议程，讨论了各种做法，并最终就优先性达成了共识。[3] 整个20世纪70年代，直到1977年，大量项目被推迟。[4]

同时，新的需求持续增加，导致对新议程的需求亦持续增加。1975年，议程包括3个新项目。第一个项目是小组委员会请人权委员会“研究指称的发生在智利的侵犯人权行为”[5]。委员会建立了一个特设工作组“调查智利当下的人权状况”[6]。这是委员会建立的第三个特别调查(参见第六章A，1975年——智利)。

另外两个新项目是“经济、社会及文化权利的实现问题……与发展中国家人 287
权相关的特定问题研究”[7]和“人民自决权的实现问题”[8]。

1976年，联合国大会交给了人权委员会若干任务，包括打击种族主义十年方案的实施和酷刑问题。[9] 随着两项国际人权公约生效，委员会又在议程中添加了两公约的进展问题。

1977年，人权委员会把小组委员会的反对种族隔离新公约的实施问题和“通

---

① Economic and Social Council fifty-second session, resolution 1694 (LII) of 2 June 1972.
② E/CN. 4/1213 paras 102 and 103.
③ E/CN. 4/1039I. G paras 12-14; XV paras 243-248.
④ E/CN. 4/1068 XIXB.
⑤ E/CN. 4/1179 IX para 92
⑥ E/CN. 4/1179, resolution 8 (XXXI) of 27 February 1975.
⑦ E/CN. 4/1179, resolution 2 (XXXI) of 10 February 1975.
⑧ E/CN. 4/1179, resolution 3 (XXXI) of 11 February 1975.
⑨ E/CN. 4/1182/Add. 2.

过非法和秘密贩运进行劳动剥削”问题添加到了议程中。[①]“侵犯人权问题”被修正,用“在世界上任何地方”(in any part of the world)代替“在任何国家”(in all countries)一词,这种改变会影响委员会的工作量。[②]

人权委员会工作方案的通过必然意味着,在委员会之外,整个联合国系统对人权相关工作方法的重新思考。也意味着审查1976—1979年中期计划分配给人权活动的资源。[③]

委员会面临的挑战广泛而深刻。它们强调对资源的需求,包括改组委员会以及重新考虑它在联合国体系内的地位。这些挑战要求反思实质性人权问题的演进。然而,委员会的回应即使不能说不积极,也是十分谨慎的。

人权委员会通过了两个决议:其中第一个是敦促国家“通过自己的努力和国际援助与合作建立新的经济秩序,为维护国际和平与安全创造最有利的环境”[④]。

第二个决议将委员会工作局限于请主席团在1977年会议之前召集会议,以及继续组织关于人权的国际和区域研讨会。[⑤]

在预算方面,人权委员会邀请方案和协调委员会

> 分析1976—1979年中期计划中包含的人权方案[⑥]和1976—1977年项目预
> 288 算[⑦],以查明该人权方案和两个文件中分配的资源能够在何种程度上有效实
> 现联合国人权活动的目标和宗旨。

确切地说,人权委员会的回应不具有建设性;在秘书处的支持下,委员会能够

---

① E/CN. 4/1219 Provisional Agenda paras 3 and 4.

② E/CN. 4/1257 para 238(b).

③ A/10006/Add. 1.

④ E/CN. 4/1213, resolution 5 (XXXII) of 27 February 1976.

⑤ E/CN. 4/916 para 5. 当时的人权委员会主席团由当届会议的官员组成,从1967年起由主席、三名副主席和一名报告员组成。他们每个人分别来自联合国会员国的五个地缘政治集团之一。主席团的每个成员与其各自的国家小组进行协调,不一定局限于委员会成员。虽然不是一个正式的体系,但它从联合国建立开始就如此运作,并限制联合国各机构成员的构成,包括人权委员会、小组委员会和经济及社会理事会、人权理事会及其咨询委员会。尽管主席团正式职责是维护委员会会议的良好秩序,但它在几个领域均发挥了重要作用,尤其是在对委员会无法解决的问题时进行磋商时。主席团在工作组、实况调查组和特别报告员的成立和最终组成方面扮演了重要角色。

⑥ A/10006/Add. 1.

⑦ A/10006.

更好地就执行其自身决定所涉活动的范围和性质提供反馈，而不是作这种回应。

人权委员会请联合国新闻中心对人权活动进行更多宣传，并且决定审查：

> 将附加会议需要讨论的任务……分为两组的可能性——一组包括与公民权利和政治权利有关的事项，另一则由与经济、社会和文化权利有关的事项组成——紧迫事项，例如那些与指称的严重侵犯人权特定情势相关的问题，将会在每届会议上优先考虑。[①]

此想法虽没有付诸实施，但值得一提，因为它反映了一种趋势，即深化两类权利分离的观念。

1976年的讨论结果与期待不符，但是人权委员会的工作方案和提高联合国工作的效率这一更大问题进入了议程。随着两项国际人权公约的生效和相应条约监督机构的建立所带来的新突破，以及临时调查的实施，委员会在议程上开辟了一块领地，专门解决未来的方向问题和相关执行措施。

1977年，即将卸任的主席团召开会议，以就如何改善人权委员会的职责履行提出建议。[②] 它的报告没有提出任何具体建议，而是提出了一些组织结构方面的措施，例如会议长度（从5周延长到6周）、会议时间（从北半球初夏推迟到冬末）。主席团不支持长期规划，更喜欢为每届会议设置各自的优先事项。[③] 委员会要求一份报告，反思前些年提出的建议，并且于1978年再次设立了一个工作组以提供建议。[④]

同一年，联合国大会通过了关于“替代方法”的关键决议，再次确认了人权方法的基本概念，例如所有权利的相互依赖性、匡正国际经济秩序的需要以及联合国机构在它们的人权工作中考虑“发达国家和发展中国家的经验和贡献”的需要。大会请人权委员会优先“分析联合国体系内促进人权有效享有的替代措施和方法”。[⑤]

---

① E/CN. 4/1213, resolution7 (XXXII) of 3 March 1976.

② E/CN. 4/1257 paras 47-62; Economic and Social Council resolution 1992 (LX) of 12 May 1976.

③ E/CN. 4/1243.

④ E/CN. 4/1257, decision 4 (XXXII) of 21 February 1977.

⑤ General Assembly thirty-second session, resolution 32/130 of 16 December 1977.

289 下一年,也即1978年,人权委员会组织工作方法发生了重要转变。一些议程项目的措辞发生了变化,并增加了一些新项目。委员会就事项讨论的顺序和根据实质相似度分组达成了共识,将某些任务分配给了各工作组。[①]

同年,委员会开始处理少数群体权利问题,也开始起草一份关于儿童权利的公约。它还修正了3个项目:第一个是研究在实现经济、社会及文化权利过程中"发展中国家面临的特殊问题",第二个是自决权和"该权利适用于被殖民或处于外国占领或控制之下的民族的问题",第三个是被拘留或监禁人员的人权问题,该问题导致了《反对酷刑公约》的起草。[②]

扩展(1979年)

1979年,人权委员会把对"进一步推动"和"替代方法"的讨论结合起来。委员会在随后几年里维持了这种做法,并通过这种方式确保它可以集中关注新的发展态势,因为它适应了面对新活动带来的挑战。

同年,人权委员会就一系列综合性改革达成了共识。[③] 成员从32个增加到了43个,会议将会持续6周(而不是原先的4周),工作组还有额外的1周。它强调了需要召开特别会议"起草人权文件",请秘书长"审查人权部门的人力和其他资源问题……着眼于使其保持在能够有效履行职责的水平",并且将小组委员会的会议延长到了4周。[④]

人权委员会还决定"在第38届会议上,继续它正在进行的对工作方案和方法……的整体分析工作"[⑤]。该工作持续到1983年[⑥]和1984年。[⑦]

小组委员会在这段时间也有自己的报告。1984年,小组委员会请它的工作组"深入研究小组委员会的工作方法和工作规划,包括与委员会和秘书处的关系"[⑧]。

---

① E/CN. 4/1292, paras 348-352.

② E/CN. 4/1292, para 349.

③ E/CN. 4/1347, resolution 22 (XXXV) of 14 March 1979.

④ E/1979/79, resolution 1979/36 of 10 May 1979; E/CN. 4/1347, resolution 22 (XXV) of 14 March 1979.

⑤ E/CN. 4/1475, resolution 23 (XXXVII) of 10 March 1981.

⑥ E/CN. 4/1983/60, resolution 1983/50 of 10 March 1983.

⑦ E/CN. 4/1984/77, resolution 1984/59 of 15 March 1984.

⑧ E/CN. 4/1984/77, resolution 1984/60 of 15 March 1984.

在此期间，人权委员会做出了一些“总务”决定，值得注意的是删去了自1947年第一届会议时就列在议程上的“关于人权的来文”项目。委员会决定交替审议“人权与科技发展”和“青年”两个新项目。[①]

20世纪70年代末和80年代初是委员会的工作范围和强度增加的一段时期，使委员会在新增领域的工作平衡面临挑战。更多公约出台、特别程序增加、咨询服务和技术合作活动也变多了。 290

1980年，随着特别程序的增加，人权委员会开始邀请特别报告员参加会议，以展示他们的报告。[②] 该做法源于小组委员会特别报告员早年间的实践。所有这些都增加了对委员会工作安排的需求。1979年，人权委员会推迟了5个项目，[③]1980年推迟了3个，[④]并把4个分配给了工作组。[⑤]

1981年，人权委员会决定停止“人权定期报告”，并且请经济及社会理事会每天增加3个小时的会议服务。1981年会议引入了“主席声明”，以表明委员会的立场，此届会议上主席做的是关于绑架和劫持问题的声明。

人权分部副主任审议1984—1985年中期计划时提交给人权委员会的声明，总结了管理委员会持续增加的工作以及处理这些工作面临的资源限制问题：

> 委员会在确定标准和进行研究时应加强计划与协调……如果委员会尤其在请求新的活动时，不能明确指明其有限次序，秘书处将自己决定优先次序，有时可能会决定推迟或延期委员会要求的活动。[⑥]

1981年人权委员会被准许“在绝对必要时”召开20次附加会议。[⑦] 附加会议在委员会存续期间一直存在。

委员会的工作量在20世纪80年代持续增加，因为伴随着两项公约的起草和未来方向的持续性谈判，特别程序数量也在增加。截至1982年，已经有12个特别程

---

① E/CN. 4/1983/60, decision1983/108 of 10 March 1983.

② E/CN. 4/1988/88 para 412.

③ E/CN. 4/1347, decision 15 (XXXV) of 14 March 1979.

④ E/CN. 4/1408, decision 16 (XXXVI) of 12 March 1980.

⑤ E/CN. 4/1408, decision 1 (XXXVI) of 5 February 1980.

⑥ E/CN. 4/1475 para 231.

⑦ E/CN. 4/1985/66, decision 1985/111 of 14 March 1985.

序,每个程序都占据议程上的时间,也需要资源支持。委员会通过组合措施来解决这个问题,例如对某些项目进行分组讨论、训练如何遵循各方同意的讨论顺序。

1983年,人权委员会再次任命了一个工作组"考虑对第40届会议的议程进行合理化改革",[1]同时增加了另一个项目,即"不同形式的人口参与作为发展和实现人权的重要因素"。

291 1983年,人权委员会第一次就发言时间限制达成了共识,在随后的会议中,委员会对此规定起初进行了轻微修改,后来进行了重大修改。[2]

该背景下,1989年,在方案和协调委员会对联合国方案进行评估时,也"对人权方案进行了一次深入评估"[3]。方案和协调委员会明确了4个次级项目,并就每个项目以及管理事项提出了建议。

1991年,人权委员会通过了一个关于修订议程指南的决定。[4] 也是在1991年,委员会正式对项目进行了分组,把几个儿童权利相关的项目融合为一个。[5] 委员会还把"被占领科威特的人权状况"作为一个次级项目置于"侵犯人权问题"之下。[6]

进一步扩展—特别程序—特别会议(1990—1992年)

1988年,人权委员会向经济及社会理事会提出了关于其工作方案和方法的建

---

① E/CN. 4/1983/60 para 528.

② E/CN. 4/1983/60 para 533. 在第二次会议上,委员会接受了其官员就发言限制提出的以下建议:(1)……成员同意将每个项目的每次发言限制为20分钟,就同一项目的进一步发言限制为10分钟;(2)对于观察员,将适用以下限制——观察员的发言不得超过15分钟;国家观察员还有权就同一项目第二次发言,但不言而喻,第二次发言的时间限制为10分钟,但报告具体提及的国家观察员的发言时间限制为15分钟;(3)非政府组织的发言限于10分钟,每个项目发言一次;(4)关于答辩权,将遵循大会的做法,即限于两次答辩,第一次10分钟,第二次5分钟。

③ E/AC. 51/1989/2.

④ E/CN. 4/1991/91, decision 1991/109 of 8 March 1991.

⑤ E/CN. 4/1991/91, decision 1991/103 of 6 February 1991. 将"儿童权利公约进展"项目改写为:

儿童权利,包括:

(1) 儿童权利公约进展;

(2) 贩卖儿童问题特别报告员的报告;

(3) 消除童工剥削的行动纲领;

(4) 防止贩卖儿童、儿童卖淫和儿童色情制品的行动纲领草案。

⑥ E/CN. 4. 1991/91, decision 1991/101 of 29 January 1991.

议。[①] 在“总务”方面,它把专题程序延长到了两年。[②] 这是特别程序演进中的重要一步,起源于20 年前的单一临时措施。随着越来越多的解决人权问题的此类任务设立,它们得到了进一步巩固。

特别报告员和人权委员会建立的其他机制之间的第一次协调发生在1989 年。 292
他们和委员会主席以及小组委员会主席和特别报告员会面,提出了增进机制有效性的建议。[③]

在随后几年,条约机构主席、特别程序任务负责人间定期进行协调。从那时开始,协调成为人权方案的基本组成部分。(参见第六章 C,非常规体系;第七章 C,应对挑战[1984 年])

1992 年,人权委员会采取了对工作方案有影响的措施。包括将委员会成员增加到 53 个,特别程序专题任务负责人任期“规则化”(三年任务期限),以及引入委员会特别会议。这些措施的引入带来了对物质和后勤支持前所未有的需求。[④]

C. 合理化(1992—2006 年)

1992 年,人权委员会工作的规划和协调进一步深入其议程。委员会决定着手对其工作进行合理化改革,确认了“这一全面过程只能通过磋商和基于委员会上的协商一致意见来进行”[⑤]。

1993 年,人权委员会建立了一个工作组,为其工作的合理化改革提供建议。同时,它将两个项目加入其议程,其一为“关于前南斯拉夫领土人权状况”,另一个关于世界土著居民国际日纪念。[⑥]

---

① E/CN. 4/1988/85 and Corr. 1.

② E/CN. 4/1988/88, resolution 1988/30 of 8 March 1988. 该决定适用于雇佣军问题特别报告员、《基于消除宗教或信仰原因的一切形式的不容忍和歧视宣言》执行情况特别报告员、酷刑问题特别报告员任务、任意处决问题特别报告员、向南非种族主义和殖民主义政权提供政治、军事、经济及其他形式的援助对人权的享受所产生的不良后果问题特别报告员及防止歧视及保护少数小组委员会特别报告员的任务期限。

③ E/CN. 4/1989/86, resolution 1989/48 of 7 March 1989.

④ General Assembly forty fourth session, resolution 44/167 of 13 December 1989; Economic and Social Council, 1990, resolution 1990/48 of 25 May 1990.

⑤ E/CN. 4/1992/84, resolution 1992/83 of 6 March 1992.

⑥ E/CN. 4/1993/122, paras 6-8 and 9-13, and resolution 1993/98 of 12 March 1993.

随着技术援助项目的设立和支持它的自愿基金的建立,人权委员会将对一些特别程序的审议从"侵犯人权行为"项目转移到了"咨询服务"项目下,反映了委员会开始关注对转型国家的援助。[①]

这意味着人权委员会此时有三个关注领域需要讨论:发生侵犯人权行为并接受特别程序调查的国家;技术援助项目提供支持的国家;同时存在前述两种情况的国家。这些事态发展进一步增加了对委员会工作规划和统筹的需求。

293 1993年,在维也纳世界人权会议前的几个月,人权委员会请秘书长基于"为监督、调查和监测缔约国所缔结的有关人权的各项条约义务和现行国际标准的执行情况而建立的各种机构有效发挥作用"的主题提供一份综合报告。

委员会要求向世界人权会议提供这份报告,其内容关涉下列情况:

> (a) 为监督、调查和监测各项国际法律文书的规定和有关标准的执行情况建立的各条约和非条约规定机构的原定职责;
>
> (b) 现有各非条约规定机构据以进行活动的国际法律规范和标准,以及每个机构认为在履行其职责时应当遵循的概念范围、工作方法和议事规则;
>
> (c) 各现有机构在接受来文以及初步审查和评价来文、将其转交有关方面和随后的有关过程方面确立的各种规范、标准和惯例;
>
> (d) 人权中心为将所收到关于这些问题的来文转交现有公共机构或根据经济及社会理事会第1503(XLVII)号决议制定的保密程序中所规定机构而实际采用的标准以及这些标准的法律依据。[②]

由此,委员会工作合理化改革的探索从解决纯程序和组织问题(例如为委员会会议制订工作方案、发言的时间限制)扩展到包括委员会"机制"在内的问题,如处理个人来文、特别程序任务和小组委员会的工作。

---

① See, for example, E/CN. 4/1993/122, resolution 1993/93 of 10 March 1993. 当时委员会就"萨尔瓦多的人权"这一议题决定"在第五十届会议上在相关议程项目下根据专家报告讨论该问题,这一举动被理解为如果取得了实质进展,将会在'人权领域的咨询服务'项目下审议该问题"。

② E/CN. 4/1993/122, resolution 1993/58 of 9 March 1993.

维也纳世界人权会议后的合理化（1994年）

《维也纳宣言和行动纲领》在实质和制度优先事项方面深刻影响了人权委员会的工作。

在各种程序需要的支持方面，委员会成员观点各不相同，世界人权会议强调需要在出现的各机构和各程序的活动间保持一致性。《维也纳宣言和行动纲领》承认"联合国人权机制在人权保护和促进方面继续适应当前和未来需求"的必要性，"特别是联合国人权机关应该改进其协调，提高其效率和效力"。[①]

人权委员会在世界人权会议闭幕后继续讨论这一问题，并于1994年审议了其提交世界人权会议的报告。[②] 该报告描述了既存（当时是7个）条约机构的程序，包括处理个人来文的程序；也阐释了"非条约机制"，包括转交秘书处根据"1503"机密程序或《公民权利和政治权利国际公约任择议定书》收到的来文的标准相关 294
信息。[③] 该报告还包括关于妇女地位的来文的处理程序。[④]

接下来的几年，人权委员会的成果产出显著增加。它陆续采取了几项措施，其中大多数势头强劲，发展成为"替代方法"。一些与制度建设相关，其他的与新的关注领域相关。

其中最重要的是人权委员会宣传活动对国家和区域人权机构的支持、人权教育项目的引入、世界人权宣传运动以及人权事务高级专员的设立（参见第八章，"伟大事业"步入现代［1987—2005年］）。

世界人权会议强调需要更新对人权委员会工作方案的评估，并识别优先领域。随后几年，这种情况在委员会一直存在，这一时期的委员会开始了"工作合理化"的系统性进程。[⑤]

1994年，人权委员会将"世界人权会议后续进程"添加到它的议程中。[⑥] 伴随

---

① A/CONF. 157/23 Part II A, para 17.

② E/CN. 4/1994/42.

③ 报告（E/CN. 4/1994/42）还提及了委员会早期一份题为"联合国处理关于侵犯人权的个人来文的程序分析"的报告（E/CN. 4/1317）。

④ E/CN. 4/1994/42 II G.

⑤ E/CN. 4/1999/104.

⑥ E/CN. 4/1994/1/Add. 3 para 4.

着人权事务高级专员的设立和1994年第一位人权专员何塞·阿亚拉-拉索的任职,资源问题再一次成为焦点。人权事务中心负责执行人权方案,并假设向高级专员提供资源是对高级专员全面负责下的现有资源的补充。在人权事务高级专员设立后的最初几年里,该安排并没有发挥作用,直到1997年秘书长将人权事务中心和人权高级专员合并为单一的机构——人权事务高级专员办事处。① 1996年,根据内部监督事务厅(Office of Internal Oversight Services)的建议,聘用普华永道(Price Waterhouse Coopers)协助新成立的人权事务高级专员办事处进行改组调整,以支持因高级专员任务和委员会工作而不断增加的活动。不过人权委员会尚未完成自身的合理化改革。

不限成员名额非正式工作组(1994)

进入1995年,人权委员会继续在一个"不限成员名额非正式工作组"内讨论工作合理化问题,请该工作组关注:

> (a) 委员会议程的重新分组,以便向第五十一届会议提出一个临时议程;
>
> (b) 与上一项目有关的组织事项,包括工作安排和文件;
>
> (c) 其他改革的初步清单。

295 该工作组的工作将以协商一致方式进行。②

1995年工作组做了报告,包括一些建议和思考,以解决关于人权委员会会议组织(例如会议持续时间、决定方式、成员资格、特别会议、非政府组织代表、议程和《维也纳宣言和行动纲领》的后续进程)、特别程序(包括任务负责人任命、工作方法、所提建议的后续进程)、小组委员会、来文程序(包括"1503"机密程序)、人权事务高级专员(包括高级专员应该是"所有人权信息的接受者",而且"应该在之后准备一份汇总报告提交给委员会")以及秘书处(包括它应该根据国别编纂信息)

---

① A/51/950 Part One: II B paras 78-79; Part Two: V F paras 194-206.

② E/CN.4/1994/132, decision 1994/111 of 11 March 1994.

方面的问题。[①]

该报告讨论了新的机制和职能,鼓励联合国体系内人权主流化、建立新的关于信息自由的小组委员会和监测《发展权利宣言》(Declaration on the Right to Development)实施的永久评估机制。此外还有若干问题由于缺乏共识,因而未被工作组提及。[②]

1994 年,因为南非的情况发生了变化,人权委员会用“监督和协助南非向民主过渡”项目[③]代替了资助南非的不良人权后果项目[④]。下一年,委员会在对小组委员会报告的审议中添加了一个名为“土著问题”的分项目。[⑤]

同时,人权委员会讨论了《维也纳宣言和行动纲领》提及的人权方案的评估问题,强调“联合国负责修订联合国系统人权方案中期计划的机构必须保证充分反映《维也纳宣言和行动纲领》以及人权领域主管机构的决定所规定的所有任务”。还强调“人权事务中心的改组进程应保证充分执行《维也纳宣言和行动纲领》以及人权领域主管机构的决定所规定的所有任务”。委员会请该工作组每年至少举行两次会议,“以便就人权事务中心的活动及其改组进程提供情况”。[⑥]

1995 年和 1996 年,该工作组报告没有任何后续进展。然而在 1996 年,其提出了一个建议,即“决定和决议的通过应该在不违反议事规则的情形下以协商一致意见为基础,只有在为了达成协商一致意见用尽一切努力以后仍无法达成的情况下才付诸表决”[⑦]。该建议没有进行投票表决,在主席声明里做了解决: 296

主席愿意表示感谢各方普遍认为需要继续促成协商一致意见、进行对话和增加透明度,并且希望缓解委员会的政治化程度。为了促进这些努力,可以在届会与届会之间和届会期间在不同集团的各代表团之间举行频密的非

① E/CN. 4/1995/17.

② E/CN. 4/1995/17.

③ E/CN. 4/1994/132, resolution 1994/8 of 18 February 1994.

④ 其名称为“向南非种族主义和殖民主义政权提供政治、军事、经济及其他形式的援助对人权的享受所产生的不良后果”。

⑤ E/CN. 4/1995/176, decision 1996/102 of 1 April 1996.

⑥ E/CN. 4/1995/176, resolution 1995/93 of 10 March 1995.

⑦ E/CN. 4/1996/L. 2.

正式会议。[1]

此后,人权委员会越发频繁地将发表"主席声明"作为一种表明其对相关问题和情势的观点立场的方式。[2]

1997年改革之后的合理化进程(1998—2000年)

1997年,关于方案和协调以及合理化的讨论进一步发展。一项关于人权委员会改组、议程重启及相关问题的综合建议被提出。虽然委员会推迟了对该建议的审议;然而它标志着对委员会工作管理问题的前所未有的关注。[3]

1998年,在人权事务高级专员办事处和人权活动的资源问题上,委员会表示"关注高级专员在联合国经常预算目前提供的资源情况下,没有能力履行所有既定的和新的职权"。它呼吁秘书长、经济及社会理事会和联合国大会"不再迟延地采取所有必要步骤……提供本两年期和未来的两年期的经常预算资源,这些资源必须足够"。[4]

在1998年会议的最后一天,主席雅各布·塞莱比(Jacob Selebi)宣布,紧随"主席和各区域集团商议委员会议程未来可能的改组"[5]之后,人权委员会已经通过了一份调整后的1999年会议议程。[6]

第五十四届会议主席团的审议(1999年)

1998年,人权委员会交给了主席团一个闭会期间的任务,即对委员会机制的

① E/CN. 4/1996/177 para 21.

② For example, E/CN. 4/1997/150, paras 17 and 18; E/CN. 4/1998/177, para 28; E/CN. 4/1999/167, para 29.

③ E/CN. 4/1997/150, decision 1997/126 of 18 April 1997. See also E/CN. 4/1997/L. 105.

④ E/CN. 4/1998/177, resolution 1998/83 of 24 April 1998.

⑤ E/CN. 4/1998/177, resolution 1998/84 of 24 April 1998.

⑥ E/CN. 4/1998/L. 106.

有效性进行审议,“以提出建议”。[1]

1999 年,主席团向委员会做了报告,提出了它的建议。涉及特别程序、“1503”机密程序、小组委员会以及委员会标准设定工作组问题。[2] 297

它向委员会提出了 13 条建议,向高级专员提出了若干议案,还作了一些评论。它将其建议的标准设立在“简单的目的基础上:增强联合国促进和保护国际公认的人权、帮助预防人权侵犯的能力”[3]。

主席团指出,

> 促进上述目的的一大关键将是让委员会的工作最大限度地非政治化,采取一切可能的措施,保证其各种机制的建立和运作以最高标准的客观性和专业性为基础,不受外来政治和其他因素的影响。

主席团承认“政治意愿在这一努力中必将发挥关键作用”,但认为,“委员会及其机制的效率依靠的根本基础是各国政府与这些机制充分合作的责任”,这一责任的法律基础

> 植根于《联合国宪章》第五十五和条五十六条。对此,联合国所有会员国承诺与本组织合作,促进对人权的尊重。但委员会的效率和这次审查活动的成功最终将取决于各国政府履行这一承诺的政治意愿。如果所有各方履行它们在审查期间表示的加强委员会各机制的承诺,这就不应该构成障碍。[4]

主席团讨论了人权活动资源不足的问题,该问题被包括联合国大会在内的各方广泛成承认。[5] 尽管再次请高级专员和秘书长“确保有效落实该报告设想的措

---

① E/CN. 4/1998/177, decision 1998/112 of 24 April 1998. 第五十四届会议主席团成员包括:主席雅各布·塞莱比先生(Jacob Selebi,南非);副主席伊夫泰哈·艾哈迈德·乔杜里先生(Iftekhar Ahmed Chowdhury,孟加拉国)、路易斯·加列戈斯·奇里沃加先生(Juis Gallegos Chiriboga,厄瓜多尔)、罗斯·海因斯先生(Ross Hynes,加拿大);报告员罗曼·库日尼亚尔先生(Roman Kuzniar,波兰)。

② E/CN. 4/1999/104 and Add. 1.

③ E/CN. 4/1999/104 and Add. 1.

④ E/CN. 4/1999/104 and Add. 1 paras 11-15.

⑤ General Assembly fifty-third session, resolution 53/167 of 9 December 1998.

施”，主席团提醒人权委员会，它“有责任保证其各机制的活动对稀少的……资源的利用既合理又有效”。[①]

该报告注意到，人们普遍认识到特别程序是人权委员会的主要成就之一，“并且是联合国促进和保护国际公认人权和为防止侵犯这些人权做出贡献的努力的重要基石”。该报告讨论了特别程序的以下几个方面：

298 (a)选定任务；(b)查明各种机制的作用和任务；(c)挑选官员和为他们确定基本工作条件；(d)由各机制解除他们的任务；(e)编写和散发各机制的报告；和最后(f)利用各机制的工作成果并采取后续行动。[②]

针对特别程序主题任务的建议包括调整、合并、改革和终止一些现有的任务。在国别任务方面，报告论述了去政治化的需要，认为可以通过下列措施实现：

如果各国政府不那么倾向于从双边、区域或其他集团利益的角度来看待和阐述棘手的人权问题，或不那么倾向于将它们看作为“南北”冲突问题……此外，如果所有各国本着建设性和合作态度参与审议如何在其本国内促进和保护国际人权标准，那么相互信任就可进一步得到加强。[③]

在官员选择方面，主席团强调“压倒一切的考虑因素应该是个人专长和技术资格以及各机制的独立性、客观性和整体完整性”。该报告讨论了委员会主席在与主席团讨论后做出任命的责任，这是从早期的特别程序发展而来的惯常做法。

主席团提议由秘书长为任务专家准备一份行为守则。在职责范围内，官员作为任务负责人执行任务时享有外交特权和豁免（见第六章 C，任务负责人的地位［1989 年］）。

该报告强调需要确保特别程序工作从经常预算中获得资金支持，而不应该像以前那样依靠自愿捐款。主席团注意到“建立和维持特别程序机制花费的巨大精力和财力与……委员会没有充分一贯地讨论它们的工作”之间的矛盾，建议除了

① E/CN. 4/1999/104 and Add. 1 para 16.
② E/CN. 4/1999/104 and Add. 1 para 18.
③ E/CN. 4/1999/104 and Add. 1 para 23.

正式介绍特别程序的报告和有关国家的答复外，

> 对以下问题进行重点和系统的对话：(i)第一机制的意见和建议；(ii)有关当事方讨论或执行目前和过去有关建议的情况；(iii)对直接相关的政府给予委员会及其机制合作的程度，包括是否同意接受直接访问的任何有关关注。①

为了持久追踪对人权问题的关注，主席团建议人权委员会主席团在联合国大会进行人权议题辩论前（九月/十月）举行会议，审查高级专员与特别程序合作准备的报告，即“一份关于执行各机制建议和委员会年度会议结论迄今取得的进展和采取的措施的摘要报告”。在审议该文件的基础上，主席团 299

> 将审议它可以采取的适当步骤，或向有关当事方提出建议，协助推进各机制建议或委员会结论的执行或落实。在这些会议期间，可与有关国家的代表进行非公开对话……在主席团年度审查会议结束时，主席团将举行一次公开的情况通报会，向所有委员会委员的代表通报它可能考虑提出的任何意见或结论。②

主席团建议修改处理根据经济及社会理事会第1503(XLVIII)号决议提交的个人申诉的程序（“1503”机密程序），设想建立一个由五名专家组成的情况委员会，于每年的9月份和次年1月份召开两次会议。在该情况委员会的每年9月的第一次会议上，将审议每月的来文摘要、原件和相关政府的任何回复，并且决定将哪些来文送交有关国家澄清事实。在第二次会议上，将会审查相关材料，然后“决定是否将所收到的情况呈交人权委员会审议，并编写摘要报告列出所涉的主要问题，并提出解决这些问题的方法，但不提出决议或决定草案形式的建议”。③

人权委员会的审议也包括两个阶段：届会初期的非公开会议和接近闭幕时举行的第二次非公开会议。在第一次会议上，委员会“邀请有关政府参加，与人权委员会进行有意义的对话”。在第二次会议上，将会决定采取何种适当行动，包括

---

① E/CN. 4/1999/104 and Add. 1 para 48, recommendation 9.

② E/CN. 4/1999/104 and Add. 1 para 49 recommendation 10.

③ E/CN. 4/1999/104 and Add. 1 para 54 recommendation 11.

> 决定是否在机密程序内继续或中止审议这一事项，是否在委员会的公开程序中讨论这一问题——对于政府未给予充分合作的情况下，这是一个主要的选择……在届会结束时……主席应公开宣布所审议国家的国名、所涉的主要问题以及委员会决定采取的行动。

主席团建议，在确保这一程序平稳运行方面，高级专员办事处应继续提供支助。①

300 主席团建议保留防止歧视和保护少数小组委员会，将其名称改为“增进与保护人权小组委员会”。主席团还提议做出其他旨在完善小组委员会工作方法的改革，因为

> 持续不断地改进小组委员会工作方法的努力，似乎没有解决这一机构某些根本性的问题，所以主席团认为应该考虑彻底的改革措施。本次审查这样做确有必要，因为小组委员会迄今是委员会附属机构中花费最大的机构，其年度会议的费用比人权委员会本身还高。②

主席团承认“小组委员会作为一个独立专家机构的独特作用，认可它作为一个论坛为有关群体提供向国际社会表达它们在人权方面的想法和关注的机会”。它建议“突出小组委员会作为独立专家机构的作用，集中关注人权委员会决定的优先事项”，并提议小组委员会委员应减少到 15 人，年度会议的时间应减少到两个星期。小组委员会成员应该

> 由人权委员会根据其专家资格与主席团协商后提名，任期四年，最多连任一期。为保护小组委员会作为独立专家机构的形象，任何委员均不得在其政府的领导机构中兼职。

主席团提议加强小组委员会与人权委员会之间的联系。小组委员会的工作

① E/CN. 4/1999/104 and Add. 1 para 54, recommendation 11.

② E/CN. 4/1999/104 and Add. 1 para 56 observation 27.

和优先事项“应依据人权委员会交付它的任务而定……重点是根据人权委员会的请求审议调查和研究报告及专家意见”①。

该报告建议改变小组委员会的工作方法，包括就世界各地的侵犯人权问题进行年度辩论。“然而，辩论不谈判决议，讨论情况作为小组委员会年度报告的一部分，反映在提交人权委员会的摘要报告中。”主席团建议小组委员会的“少数群体和土著居民两个工作组”继续工作，“土著居民工作组继续工作直至其未来地位问题在人权委员会审议在联合国系统内设立一个土著人民常设论坛的过程中得到解决为止”。它建议终止小组委员会当代形式奴隶制问题工作组，并“将不是由现有机制处理的这些职责转交给新设立的当代形式奴隶制问题特别报告员”。②

最后，主席团讨论了人权委员会在制定国际标准时设立的工作组。它建议， 301
在做出设立工作组的决定之前应该采取步骤，“如果所需要的基础工作尚未完成，人权委员会应请小组委员会就所涉问题进行研究，并拟定文书草案”，关注接下来的需求，考虑 1986 年联合国大会制定的“会员国和联合国机关在拟定人权领域国标准时应该考虑的”准则。③

它建议起草过程应该有时间限制（两年或三年，但不应该超过五年），如果任务期限结束时工作还没有结果，委员会在同意展期之前应为其订立一个思考期（如一年或两年）。④

该报告收到了两组评价，一组是 1999 年 2 月 26 日由“志同道合者国家”（Like-Minded Stutes）做出的，⑤另一组是 1999 年 3 月 9 日由亚洲地区集团做出

---

① E/CN. 4/1999/104 and Add. 1 para 56 recommendation 12(e)(ii).

② E/CN. 4/1999/104 and Add. 1 para 56 recommendation 12(e)(ii).

③ General Assembly forty-first session, resolution 41/120 of 4 December 1986. 大会要求拟定的国际文书应该：

(a) 同现有的整套国际人权法相一致；

(b) 具有根本性质并基于人的固有尊严和价值；

(c) 相当精确而规定有可以确定和可行的权利和义务；

(d) 适当时提供实际而有效的执行办法，包括报告制度；

(e) 取得广泛的国际支持。

④ E/CN. 4/1999/104 and Add. 1 para 61, recommendation 13.

⑤ E/CN. 4/1999/120.

的。[①] 第一组评论包括“关于主席团报告的评论、意见和候补建议”[②]。第二组是“亚洲地区集团……的立场文件，是经过两个月的努力得出的成果”。[③]

这些信件中的观点反映了人权委员会的演进与实施国际人权标准和程序过程中的核心问题。也反映了委员会在其存续的剩余年月以及它的继任者人权理事会所采用工作方法的征兆。

“志同道合者国家”的回应(1999 年)

“志同道合者国家”强烈反对主席团采取的工作方式，认为主席团没有考虑到它的任务是两项提案的折中，一项由一组国家提出，另一项于 1997 年由古巴提出，名称为“人权委员会的改组和振兴”；“在该背景下，此次审议没有试图在传统观点之外提出新的想法，也没有提出促进和保护人权的其他方式”[④]。

信中表明，“主席团的工作方式整体上将有效性仅仅等同于增强监督和合规。对主席团而言，针对国家的情况提出申诉的权利是神圣不可侵犯的”，而是不是“一项通过确保人权委员会机制遵守客观性、公正性、普遍性、去政治化以及所有人权不可分割性标准以提高其有效性的技术措施”。[⑤]

302 该国家集团认为，主席团的提议

> 实际上可能仅仅产生相反结果，加剧政治化……无法解决发展中国家对于不断增强的政治化、双重标准、选择性的担忧，也无法确保阻止任何国家将人权作为实现政治和其他非人权目标的工具。[⑥]

“志同道合者国家”强调，

> 人权委员会及其机制的有效性并不衍生于通过监督和指责来强制或压迫各国的能力。而是来源于建立信任与合作的能力，即通过协助寻求解决方案、

---

① E/CN. 4/1999/124.

② E/CN. 4/1999/120.

③ E/CN. 4/1999/124.

④ E/CN. 4/1999/120 Annex, paras 1-4.

⑤ E/CN. 4/1999/120 Annex, para 5.

⑥ E/CN. 4/1999/120 Annex, para 6.

促进基层民众对人权的有效享有，尤其是通过加强各国能力建设。在这个方面应该承认，扩大和增强人权委员会监督机制的作用、拓展国家人权状况的讨论范围、将人权委员会和主席团作为迫使国家与人权机制合作的工具，不可能真正地增强人权委员会工作的有效性。[①]

该国家集团表明，从 1996 年开始，它已经启动了

一项试图消除委员会存在的不信任和南北分歧的进程……呼吁结束政治化和选择性指责，取而代之的应该是促进对话与合作，建立共识……然而，主席团忽略了这些事项，将其推迟，因为目前针对需要做什么没有充分共识。[②]

该信继续写道：

目前，人权问题辩论围绕着作为原告的个人与作为侵犯人权行为者的国家的严格概念展开。然而，全球化的加快和目前的发展证明全球化的结构和实践可能经常直接或间接侵犯人权，不仅是经济、社会和文化权利，也可能侵犯公民权利和政治权利。这种现象突出表现在三个方面：

（a）依赖于试图分摊责任和惩罚国家的人权机制，却不考虑目前不合理的国际秩序；（b）因为目前的国际法仅仅适用于可识别的行为（即国家从事的
行为）而不是与超国家力量（即全球化）相关的实践，而该实践正是侵犯人权 303
行为发生的背景，所以监督方法可能处理侵犯人权行为的后果，但并不能触及其原因；（c）国际秩序是侵犯人权的原因这一事实强调了人权领域国际合作的重要性。[③]

所以，国际合作包括两个方面：

（a）国际合作是与冲突相对的一种方法；

---

① E/CN. 4/1999/120 Annex, para 7.

② E/CN. 4/1999/120 Annex, para 8.

③ E/CN. 4/1999/120 Annex, para 9.

(b) 国际合作是应对导致人权侵犯的国际秩序的首选途径。[1]

“志同道合者国家”从以下其他方面继续对主席团报告进行了批判：

——没有强调公民权利和政治权利与经济、社会和文化权利之间现有的不平衡，忽视了人权的不可分割性；
——没有考虑“特性”(似乎该报告将所有国家等同看待，无论它们的发展水平、宗教和文化倾向)为何，忽视了《维也纳宣言和行动纲领》再次确认的所有人权的不可分割性和相互依赖性；
——错误地将行为准则起草任务分配给高级专员，然而这是委员会的职责；
——赋予委员会主席团超出其能力范围的职责；
——在政治化问题上，提及了“西欧和其他”，“根据报告，国家集团和区域集团是政治化和南北分歧的主要原因之一，然而必须指出，发展中国家根据区域界限联合在一起不是政治化的原因，不过区域主义原则经常被一个区域恶的国家集团用作指责他国的方式”；
——主席团关于改革“1503”机密程序的建议不充分；
——事实上提议解散小组委员会，但是应该加强小组委员会建设；
——“报告没有提出……关于如何建立和维持一个平衡的人权路径”。[2]

之后，该集团继续讨论了主席团报告中各种提议的细节。[3]

该集团提议，“应该设立一个不限成员名额非正式工作组审查所有主席团未能充分解决的问题和主席团的建议，在适当时进行修改”[4]。

304 亚洲地区集团的回应(1999 年)

亚洲地区集团建议建立一个工作组审查“所有主席团提出的重要问题和主席

① E/CN. 4/1999/120 Annex, para 10.
② E/CN. 4/1999/120 Annex, paras 10-27.
③ E/CN. 4/1999/120, paras 28 et seq.
④ E/CN. 4/1999/120 Annex, para 27.

团的提议,并对其进行修改……以取得最好结果”[①]。

亚洲地区集团批评了主席团报告的以下几个方面:

——许多建议“支持将干涉作为一种增强机制有效性的方式,与争取和关注相关国家间的合作不符”;

——“34个成员国的观点在报告中没有得到合理均衡体现”;

——扩大监督机制作用的建议将会占用讨论委员会议程其他事项的更多时间;将会导致委员会“给国家施加压力与人权机制合作,这些建议只会增强委员会及其活动的政治性”;

——“报告缺乏如何建立和维持平衡的非选择性的人权方案的理性观念”,过多地关注经济、社会和文化权利以及发展权;

——报告试图扩大主席团的职能范围,“这是一种不健康的发展,将会导致主席团可信度的降低”。

亚洲地区集团讨论了主席团13条建议的每一条,有些被接受,另一些则拒绝。[②] 它列出了一些要素,其中

对委员会机制尤其重要的:

推动国家间建设性对话,交流和合作,作为对抗性方式的更优选择;

承认人权的普遍性、不可分割性和相互依赖性;

避免政治化和选择性;

更多关注经济、社会和文化权利,以及发展权,以带来所需要的适当平衡;

特别报告员应更加关注促进人权方面的事务,以便在保护人权方面取得所需的适当平衡;

合理注意和尊重各个社会的文化和宗教特色,因为这些特点定义了实现人权和基本自由的社会环境;

---

① E/CN. 4/1999/124.

② E/CN. 4/1999/124 paras 11-27.

关注人权委员会机制和政府合作存在困难的情况,并试图从政府角度理解原因;

努力实现联合国系统内各机制在人员和职能方面的区域和性别平衡;

305 除其他外,通过提供咨询服务和合作项目,增强各机制协助国家进行人权能力建设的促进作用;

为委员会主席团商议关于国家情势的决定提供制度性安排,此种协商应该同时包括一名主席团成员和所涉国家的代表。[①]

人权委员会对该报告的讨论包括了“志同道合者国家”和亚洲地区集团在其信件中提到的一些内容,[②]其讨论结果体现在一份主席声明中:“委员会对主席团在各种磋商后编写的详尽报告表示赞赏。这份报告大大推动了关于机制审查的讨论,委员会决心保持这种势头,为取得成果而继续努力。”[③]

闭会期间不限成员名额工作组(1999年)

基于此份报告,委员会在1999年设立了一个闭会期间不限成员名额工作组,以“继续全面研究主席团报告及这方面的其他投入”。委员会给了该工作组15天时间,在2000年届会之前完成工作,并“请主席准备一份完整的报告……包括供委员会核可的建议”。[④]

在解释工作组的任务时,委员会认可了协商一致方式的价值,但是

也有人担心协商一致要求会有碍于在广泛的有代表性的多数意见希望向前推进的领域取得进展。一致认为,一旦就具体问题达成尽可能广泛的一致意见,工作组的所有参加者就要表现出灵活性和建设性的态度,以利达成协商一致的结果。[⑤]

---

① E/CN.4/1999/124 para 29.

② E/CN.4/1999/SR, paras 53, 54 and 61.

③ E/CN.4/1999/167 para 552.

④ E/CN.4/1999/167 para 552.

⑤ E/CN.4/1999/167 para 552.

提及1998年会议上主席团做出的建议,该声明改变了合理化的方式:"所有与会者……承认全面、综合性审议所涉问题的重要,但也认为需要为推进总体进程而渐进地取得进展。"[①]

人权委员会批准了主席团的若干建议。它请工作组考虑主席团关于特别程序的一些提案,尤其是:

——提请经济及社会理事会在5月份的会议做出关于委员会特别程序的决定,而不是在之后的常会上,这将会给特别程序更多的时间来落实它们的任务; 306

——建议个人在特别任务中的任期不得超过6年;

——建议特别程序争取"尽可能在12月中旬"提交报告。[②]

委员会请工作组关注:

——特别程序专题任务的合理化;

——如何支持特别程序"立即有效"地处理针对"需要立即澄清或救助措施的严重侵犯人权行为的指控";

——委员会会议如何更有意义地审议特别机制的报告;

——如何确保有效地保持贯彻落实特别程序的建议和有关结论。[③]

关于"1503"机密程序,人权委员会请工作组拟出建议,供其据以做出决定,"为此要考虑到主席团报告中的详细建议"[④]。

关于小组委员会,委员会同意立即修改它的名称,请工作组考虑主席团的建议,并提出自己的意见。[⑤]

关于标准制定,委员会请工作组进一步研究主席团的建议并提出自己的建

---

① E/CN. 4/1999/167 para 552.

② E/CN. 4/1999/167 para 552.

③ E/CN. 4/1999/167 para 552.

④ E/CN. 4/1999/167 para 552.

⑤ E/CN. 4/1999/167 para 552.

议。委员会重申,它“强烈希望工作组迅速和积极地开展工作,并准备在明年的会议上通过一套协调而具有实质性的措施,以提高委员会的效率”①。

2000年4月26日,人权委员会决定“在不进行投票表决的情况下,核可并全面执行……工作组的报告”,该报告于2000年2月11日以协商一致的方式在工作组内获得通过。②

工作组的报告对1998年主席团报告中提到的内容进行了整体探讨,即特别程序、“1503”机密程序、小组委员会和标准制定。工作组还处理了人权委员会工作方法、为人权高级专员提供充足资源、职员雇佣以及它们的专业性和公正性问题。③

307 工作组讨论了特别程序任务负责人的选择程序、对他们的支持、在尊重他们独立性和个人责任的同时确保协调性的需求。还考虑了任务的合理化,设定了标准避免重复。工作组一致认为,

> 人权委员会应定期对所有任务进行客观透彻的审查。审查时的一个关键问题应是,联系有关主题领域侵犯人权事件继续发生或有关国家人权继续受侵犯的情况考虑一项任务是否有继续存在的必要。④

与主席团报告中的建议一致,工作组提出了将现有任务合理化的建议。它提出,合并结构调整问题独立专家与外债问题特别报告员的任务。关于有毒废料,工作组建议委员会考虑于2001年续展时扩大该任务,并更精确地定义任务主题为“人权与环境”。⑤

工作组建议继续保留关于任意拘留和强迫失踪问题的两个工作组,但是建议限制成员任期,鼓励确保轮换和连续性。⑥

工作组没有支持主席团结束雇佣军问题特别报告员任务的建议,但是建议于任务续展之时“在2001年进一步审议所有备选办法”。它也没有支持主席团结束

① E/CN. 4/1999/167 para 552.

② E/CN. 4/2000/167, decision 2000/109 of 26 April 2000.

③ E/CN. 4/2000/112.

④ E/CN. 4/2000/112 paras 5-22.

⑤ E/CN. 4/2000/112 paras 14-22.

⑥ E/CN. 4/2000/112 paras 14-22.

小组委员会所属当代形式奴隶问题工作组任务的建议，但是建议“立即采取措施使工作组的精力更为集中”。[①]

工作组讨论了紧急反应问题，包括如何使审查特别程序报告更有意义，如何有效贯彻后续措施报告。它敦促报告员应同人权署密切协调，确保“（a）指明据以发出紧急呼吁的事实；（b）互通信息以确保报告员在没有完全了解是否已向有关政府发出任何其他呼吁之前不发出类似的呼吁”。工作组建议“收到紧急呼吁的政府本身则应理解发出这些呼吁所依据的关切的严重性并尽快做出响应”。[②]

为了保持人权委员会全年工作的连贯性，工作组建议每年在联合国大会会议期间于 9 月底召开为期一天的非正式会议。“会议不产生正式结果，它的议程将包含前一届委员会会议处理的而且也列于联合国大会第三委员会临时议程中的问题。”[③] 308

关于“1503”机密程序，工作组提议分两个阶段，先由小组委员会五名成员组成的来文工作组负责，接下来是委员会情况工作组。情况工作组在人权委员会会议期间将会召开两次非公开会议：

> 在第一次会议上将邀请每个有关国家先做出陈述。人权委员会成员和有关国家将接着进行讨论……在第二次会议上，委员会成员将讨论和就决议或决定草案采取行动，委员会随后将在公开举行的会议上宣布根据“1503”程序审议了哪些国家以及不再根据此程序审议的国家名单。“1503”程序的档案将予以保密，除非有关国家表明愿意予以公开。[④]

关于小组委员会，工作组赞同有必要“澄清和调整”它的任务，并表达了对小组委员会独立性的担忧：

> 工作组强调，成员的独立性是小组委员会的决定性特征之一；只要人们认为其独立性被侵蚀，小组委员会的信誉及其对人权问题的影响力便会被削弱。

---

① E/CN. 4/2000/112 paras 14-22.

② E/CN. 4/2000/112 paras 26-34.

③ E/CN. 4/2000/112 para 34.

④ E/CN. 4/2000/112 paras 36-41.

工作组建议人权委员会应该

> 初步审查小组委员会……目前执行的任务；随后委员会应定期进行透彻的审查。小组委员会的工作重点应当是根据委员会的要求拟订研究和调查报告并提供专家咨询意见。[①]

关于国家情势，工作组建议小组委员会"应继续能够对委员会不予处理的国家情况进行辩论。而且还应允许小组委员会讨论涉及任何国家发生严重侵犯人权事件的紧急事项……不应通过任何针对国家的决议"。工作组建议"作为智库……小组委员会应避免谈判和通过内容提及具体国家的主题决议"。[②]

309 关于标准制定，工作组建议"如果所需的基础工作尚未完成，委员会应考虑请小组委员会就所涉问题进行研究，并就设想的文书起草案文，其中应包括全面的分析和实质性评论"。工作组的主席应该能够进行磋商和非正式接触"以期将工作组的任务往前推进"。工作组建议人权委员会考虑要求完成任务的具体时限。"原则上，确定的期限不应超过五年"，可以延长一到两年作为思考期。[③]

工作组建议，继续审议人权委员会的议程改革问题，试行 1999 年制定的新议程，并于两年后审议相关经验。必须及早提供文件，以便使各代表团都有机会参加事先对决议的商讨。[④]

工作组呼吁决议的数量和篇幅应该遵守一定的标准，建议"对尽可能多的主题采用每两年才做出一次决议的方法"，并且所有决议都应定期审议，如果引起做出决议的情况已不复存在，则应终止该项决议。它建议"尽力争取尽早通知提出决议的意向"。[⑤]

工作组建议继续目前的做法，在每届会议上进行特定主题对话。主题由人权委员会主席与各区域集团磋商后确定。[⑥]

---

① E/CN. 4/2000/112 paras 42-50.
② E/CN. 4/2000/112 para 53.
③ E/CN. 4/2000/112 paras 57-60.
④ E/CN. 4/2000/112 paras 61-63.
⑤ E/CN. 4/2000/112 paras 64-67.
⑥ E/CN. 4/2000/112 paras 68.

2000年,人权委员会批准了工作组的报告,并且决定立即“全面执行”。[①]

委员会工作方法的全面深入审议(2002—2003年)

人权委员会于2002年重新讨论该问题。若干事态发展持续影响着委员会的工作。考虑到“最近出现了新的更复杂的情况……因此更有必要对委员会……工作方法产生的严重问题做出深入的审查”[②],委员会决定开始“彻底审议增强委员会工作方法的有效性问题”。审议从2003年开始。

人权委员会指出,

> 每年提交给委员会的报告和其他文件的数量持续大幅度增加……另外每届会议上还有100多项决议草案、决定草案和修正案……提交委员会供采取行动……与此同时本届会议已决定大幅度减少委员会可支配的工作时间。[③] 310

委员会确定了一份包含8个主题的“非穷尽式清单”,与委员会届会的组织事项相关。从1994年开始,就集中关注“机制”的组织事项。这次,人权委员会开始重新处理它自己届会的相关问题。[④]

虽然2002年引入的电子投票[⑤]有利于人权委员会高效利用时间,但是因为预算有限,所有的晚会和夜会都取消了。委员会对此进行了回应。授权扩大后的主席团[⑥]“考虑就第五十九届会议工作安排采取的措施以在主席团一成立时向它提

---

① E/CN. 4/2000/167, decision 2000/109 of 26 April 2000. See also E/CN. 4/2000/167 para 40.

② E/CN. 4/2002/200, resolution 2002/91 of 26 April 2002.

③ E/CN. 4/2002/200, resolution 2002/91 of 26 April 2002.

④ E/CN. 4/2002/200, resolution 2002/91 of 26 April 2002, Annex.

⑤ E/CN. 4/2002/200, decision 2002/118 of 26 April 2002. 委员会决定的表达方式值得注意:

> 人权委员会2002年4月26日第58次会议,确认由联合国人权事务高级专员办事处提供委员会第五十八届会议使用的电子投票系统的效益和效率,注意到这项主动行动大幅减少了就提议采取行动所需的时间,认识到这一系统并不是经济及社会理事会各职能委员会议事规则第五十九条规定的投票方法的替代方法,并且除另有说明外,任何唱名表决的要求均由主席解释为要求进行记录表决,未经表决决定,呼请秘书长继续为今后的各届会议、包括特别会议提供电子投票系统。

⑥ 委员会主席团由五名官员组成,分别来自组成联合国的五个地缘政治集团(非洲、亚洲、东欧、中北美和加勒比以及西欧和其他国家)。每个地缘政治集团还任命了一名协调员。扩大后的主席团由五名官员加上每个小组的协调员组成。

出建议”。委员会提到了“晚会和夜会无法继续”所造成的困扰，指出“这使委员会极难用充分的时间对若干议程项目进行适当审议并使所有与会者以最积极的方式参与”。[①]

这些措施给与会者造成了困难，尤其是非政府组织，它们失去了参与讨论的机会。委员会决定采取措施解决这个问题：

> 鉴于时间限制和2002年会议采取的紧急措施，使得许多非政府组织……无法发言，未经表决决定，受到紧急措施影响的发言全文应破例按其原文作为人权委员会第五十八届会议的文件印发。[②]

311 人权委员会请高级专员“在2002年12月31日之前提交一份意见的综合汇编”，高级专员将征求关于增强委员会工作方法有效性的意见和建议。委员会呼吁区域集团“采取它们认为适当的措施，尽快开始对该非穷尽清单所列的事项进行分析”。[③]

2003年，人权委员会同意了扩大主席团的建议，决定“在组织工作和处理事务时考虑到这些因素”[④]。

主席团的报告包括一份“非穷尽清单”。

> 一般认为……关于改革委员会工作方法问题的工作应当以前几次相类似的努力为背景，这几次努力是在赛勒比大使（Selebi，南非）主持下发起并在安德森大使（Anderson，爱尔兰）和西姆卡达大使（Simkhada，尼泊尔）主持下进行的。尤其提到了加强人权委员会机制有效性问题闭会期间不限成员名额工作组报告（E/CN.4/2000/112），该报告以协商一致的方式得到委员会第2000/109号决定的核准。[⑤]

---

① E/CN.4/2002/200, decision 2002/115 of 26 April 2002.

② E/CN.4/2002/200, decision 2002/117 of 26 April 2002.

③ E/CN.4/2002/200, resolution 2002/91 of 26 April 2002.

④ E/CN.4/2003/135, decision 2003/101 of 17 March 2003.

⑤ E/CN.4/2003/118 and Corr.1.

主席团讨论了“非穷尽清单”问题：在每届会议持续期间，人权委员会没有提出对现有情况做任何改变，除了鼓励守时和尽量减少额外会议。主席团建议保留1998年制定的议程。[①]

关于定期审议议程项目，它建议委员会“鼓励每两年或三年提交一次主题任务决议”，据此推定，相应的文件也可以每两年或三年编写一次。[②]

关于一年一度审议的文件，主席团建议“扩大主席团应当定期与联合国有关业务部门会晤以确定这方面的困难，并寻求克服困难的补救办法”[③]。

主席团建议，为所有现有报告的执行摘要建立一份简编，传播有关前一届会议的统计资料。它赞同本着“透明度和信息共享的精神”，在高专办网址上刊登预印版文件的做法。[④]

主席团支持把重要文件制成只读光盘。各国政府的函件应该“至少在相关项目讨论前一星期”以三种语文的形式分发。主席团建议，在高专办网址上建立一个公共数据库以便于搜索特别报告员的报告，包括建议和与各国政府的对话。 312

主席团建议通过联合国电视进行实况播送，“应当向世界任何地方的所有感兴趣的电视频道发送信号，不论是机构的频道还是私人的频道。如有要求……还应当提供录像带和录音带。秘书处应当设想扩大节目的实况转播覆盖率”[⑤]。

关于会务安排和工作处理，主席团参考了“委员会历任主席的所有主要裁决和经委员会全体会议核可的主席团建议”的一份概要，首次发布于2001年，并保持更新、定期修正。[⑥]

该报告更详细地介绍了“扩大主席团”的作用：

---

① E/CN. 4/1998/177, resolution 1998/84 of 14 April 1998.

② E/CN. 4/2003/118 and Corr. 1.

③ E/CN. 4/2003/118 and Corr. 1.

④ E/CN. 4/2003/118 and Corr. 1.

⑤ E/CN. 4/2003/118 and Corr. 1.

⑥ E/CN. 4/2002/16. 原始文件发布于2001年，文件号为E/CN. 4/2001/CRP. 1。它列出了委员会在发言时间及相关安排、非政府组织声明方面的做法。文件还定义了相关国家、特别程序报告的介绍、特邀发言人、答辩权、国家机构、决议草案的介绍，并对以下安排进行了规定：起草发言者名单、提交决议草案、法定人数、程序问题、对小组委员会提案草案采取的行动、投票程序、非政府组织的书面意见、声明分发、主席团会议的周期、透明度和协商、认证、会议室的座位和其他安排、非政府组织组织的平行会议、经认证的媒体的参与以及人权高专办网站。

看来普遍同意,扩大主席团在委员会的工作安排和帮助解决程序问题方面起着一种特定作用……扩大主席团在选举任务负责人以前主席召集的正式磋商中起着根本的作用……扩大主席团在闭会期间举行会议,以便处理组织和行政事项,其中包括与程序和提名有关的问题……向除重要人物以外的其他人发出的邀请应当经扩大主席团审议并在全体会议上核准。

主席团建议扩大主席团会议纪要应该上传到网络上。[①]

该报告鼓励恢复举行特别辩论的做法,指出"存在一种停止特别辩论的趋势",并为"重要人物参与"做了详细安排,建议应该在届会第一星期举行。[②]

该报告讨论了特别程序,认为

为了增强委员会的保护作用,委员会应当更好地利用特别程序活动,包括与各国政府的对话。特别程序属于那些上一届年会中受到强制限制最严重的程序。这种情况不能重复。接任主席团不妨研究一下加强特别程序制度的方法和手段。[③]

313 人权委员会收到了一份关于"增强委员会工作方法有效性的意见和建议"的汇编,补充2002年会议上扩大主席团报告中提出的建议。[④] 该汇编报告赞同扩大主席团提出的建议,并在做出会议工作安排时予以考虑。除了其他措施,委员会同意与特别程序进行"互动"对话,也同意对会议发言时间进行限制。[⑤]

尽管多次尝试将其工作主流化、合理化或者增强,也根据各种建议采取了一些措施,但是合理化问题更严峻了。

使合理化努力更加复杂的征兆是人权委员会接待重要人物的时间需求呈指数级增长。从20世纪80年代开始,在委员会发表演说的重要人物从1987年的12

① E/CN. 4/2003/118 and Corr. 1 para 4. 2.

② E/CN. 4/2003/118 and Corr. 1 para 5.

③ E/CN. 4/2003/118 and Corr. 1 para 9(b).

④ E/CN. 4/2003/11. See also E/CN. 4/2003/118 and Corr. 1.

⑤ E/CN. 4/2003/135, decision 2003/101 of 17 March 2003.

人[1]增加到 2003 年的 51 人。对此,委员会正式决定,在每年的会议中专门拿出一部分时间来举行“高级别会议”,以解决这些问题。此外,随着特别程序增加,委员会展示和讨论相关报告的时间需求也随之增加了。2003 年,委员会邀请了 51 位特别程序负责人,其中包括 3 位基金会董事。[2] 所有这些都占用了委员会大量可用时间。

2003 年,人权委员会同意采取进一步措施,限制所有与会者的发言时间。[3] 在那年它这样做之前,授权主席团考虑可向下一届会议扩大主席团提出哪些措施建议,“进一步改进委员会的组织工作”[4]。委员会 2004 年的第一个决定就是核可这个建议。[5]

合理化的努力持续了十年,但并没有达成共识;相反,这一努力造成了极化,偏离了实质问题。政治化和选择性经常被提到,典型代表是“志同道合者国家”的出现,这一情况之前从来没有发生。

一方面,各方一致同意将届会周期定为六周。联合发言、两年或三年提交一次主题文件,以及非政府组织参与这些事项也达成了共识。另一方面,接待重要 314
人物、报告尤其是特别程序报告的大量增加,也严重限制了委员会工作的深度和集中度。

2001 年,秘书长在报告中表达了这些担忧:

> 人权委员会是本组织的重要部分,它有辉煌的历史,包括起草《世界人权宣言》。世界各地人民祈望委员会保护他们的权利,并帮助他们赢得《联合国

---

① 最早在委员会发言的重要人物之一是阿根廷外交部长但丁·卡普托(Dante Caputo),他来自该国军政府结束后的第一个文官政府。此后历届会议中的发言要人数量,1985 年和 1986 年各有 3 位,1987 年 12 位,1988 年 17 位,1989 年 13 位,1990 年 20 位,1993 年 23 位,1994 年 25 位,1995 年 33 位,直到 1996 年增至 41 位。这一数字连年增长。为此,人权理事会正式设立了一个高级别会议。

② E/CN. 4/2003/135, decision 2003/102 of 17 March 2003.

③ E/CN. 4/2003/135 para 21. 在 2003 年 3 月 20 日第八次会议上,委员会同意将非政府组织(NGO)的联合发言限制做如下安排:1 至 2 个 NGO:3 分钟 30 秒;3 至 5 个 NGO:4 分 50 秒;6 至 10 个 NGO:7 分钟;10 个以上 NGO:8 分 20 秒。有关国家的发言时间将比正常发言时间多出 5 分钟。委员会还同意特别程序介绍报告的时间应为 7 分钟;国家机构在议程项目 18(b)下的发言时间为 5 分钟;在条约机构主席希望并到会的情况下,可以请他们到委员会发言 7 分钟。

④ E/CN. 4/2003/135, decision 2003/116 of 25 April 2003.

⑤ E/CN. 4/2004/127 para 17.

宪章》序言所载的更大自由,较佳生活水平。我坚决地敦促会员国铭记委员会的真正目标,并寻求使它更有效的方法。他们必须认识到,如果他们让选举和辩论受政治考虑所左右,或集团立场的影响,代替为增进世界各国的人权而展开诚挚的努力,则委员会的信誉和效用就必将受到贬损。[①]

人权委员会已经到达了其生命历程第一阶段的尽头。"合理化"努力被纳入更大的组织改革进程之中,融入联合国体系内人权活动主流化的洪流(参见第八章E,"伟大事业"的主流化[1994年])。

资源支持(2000年)

高级专员——呼吁(2000年)

活动的拓展凸显了对资源的需求,历史上,该问题曾经影响过人权委员会的工作,而高级专员的任务使活动进一步增加。截至20世纪60年代末,因为联合国系统内人权活动主流化发展势头强劲,在经常预算之外投入大量资金成为必要。反过来,自愿捐款则需要进一步的内部协调和对国际(政府和非政府)社会负责。

除了向人权委员会(及之后的人权理事会)、联合国大会提交报告,截至2000年,高级专员通过发布关于活动实施和资金使用的年度报告,触及范围更广。[②] 尽管高级专员之前的报告关注实质问题和它们的进展,因为它们会影响高级专员办事处,[③]这些年度报告还提供了关于财务和预算的额外信息。

315 2006年年度报告发布后,又公布了一份《战略管理计划》。

---

① A/57/387 para 46,着重号为作者所加。

② See: Annual Report... implementation of activities and use of funds, Human Rights for 2000 to 2000; Annual Report 2006; Human Rights Report—Activities and results, for 2008, 2009; OHCHR Report for 2010 to 2016; UN Human Rights Report 2017, 2018.

③ See, for example, E/CN. 4/1995/98; E/CN. 4/1996/103; E/CN. 4/1997/98; E/CN. 4/1998/122; E/1999/96; E/CN. 4/1999/9; E/CN. 4/2000/12; E/CN. 4/2001/16; E/CN. 4/2002/18 and Adds 1-2; E/CN. 4/2003/14; E/CN. 4/2004/12 and Adds. 1-3; E/CN. 4/2005/12; E/CN. 4/2006/10; A/49/36; A/50/36; A/51/36 and Add; A/52/36; A/53/36; A/54/36; A/55/36; A/56/36; A/57/36; A/58/36; A/59/36; A/60/36; A/61/36; A/62/36; A/63/36; A/64/36; A/65/36; A/66/36; A/67/36; A/68/36; A/69/36; A/70/36; A/71/36; A/72/36; A/73/36.

第一份《战略管理计划》旨在规定人权事务高级专员办事处如何在确保人权受到保护方面发挥作用。它设计了办事处如何改变和组织自己，应该实施什么计划，接下来的两年里哪些活动优先。[①]

2013年，高级专员引入了人权呼吁。用高级专员纳瓦尼特姆·皮莱(Navanethem Pillay)的话说，

我们工作的60%依赖于自愿捐款，大多数资金用于实地调查、人道主义基金，以及研究与分析。近年来，我办公室收到的自愿捐款……停滞在11000万美元左右。然而政府、民间社会和国际社会的求助不断增加……因此……2013年同2012年相比我们计划减少12%开支。[②]

这一时期发行的三份出版物的重点工作是通过宣传人权活动和它们实施的背景来提升资源的获取(参见第八章D，高级专员[1993年])。

人权理事会(2005年)

2005年，秘书长在人权委员会做了关于改革建议的演讲。他的讲话标志着向人权理事会过渡的开始(参见第九章，人权理事会——“一个新时代”[2006年])。

秘书长如此描述改革计划：

尽管委员会对于当下改革的重要意义不容置疑，它落实其任务的能力落后于新的需求，并受到届会政治化和工作选择性的破坏，以至于它逐渐削弱的可信度给整个联合国系统的名誉蒙上了一层阴影。[③]

“建立人权理事会将会是新的开始。联合国已经有了两个理事会，分别负责

① High Commisioner's Strategic Management Plan：2006-2007；2008-2009；2010-2011；OHCHR Management Plan 2012-2013；2014-2017.

② United Nations Human Rights Appeal 2013，Foreword.

③ E/CN.4/2005/135；E/CN.4/2005/SR.37 para 5，着重号为作者所加。

安全和发展；建立第三个理事会处理人权问题是合乎逻辑的。”①

提及合理化和工作规划，

> 316 **理事会将会是一个常设机构，在需要时可以召开会议，它的主要任务包括监督所有国家所有人权义务的履行**……理事会需要同等关注公民、政治、经济、社会和文化权利以及发展权，而且应该能够给国家提供给技术援助，给国家和联合国机构提供政策建议。②

人权委员会对此的回应是

> 建立一个不限成员名额工作组……连贯地反思秘书长报告中的人权建议，以为关于拟议联合国改革的政府间讨论做出贡献……而且决定召集为期一天的特别会议正是通过不限成员名额工作组的讨论结果，并通过经济及社会理事会转交给秘书长。③

经济及社会理事会修改了委员会的提案，授权委员会主席组织“一次至多两天的不限成员名额非正式会谈，讨论秘书长报告中包含的人权建议”④。

2005 年 9 月，联大世界首脑会议决定建立一个“人权理事会”：

> 157. 我们决心进一步加强联合国人权机制，决意创建人权理事会。
>
> 159. 人权理事会应处理各种侵犯人权的情况，包括粗暴、蓄意侵犯人权的事件，并提出有关建议。人权理事会还应促进联合国系统内部的有效协调，推动将人权纳入主流。⑤

联合国大会主席被邀请举行谈判，“并在 2005 年会议期间尽快完成谈判，以

---

① E/CN. 4/2005/135；E/CN. 4/2005/SR. 37 para 5.

② E/CN. 4/2005/135；E/CN. 4/2005/SR. 37 para 5，着重号为作者所加。

③ E/CN. 4/2005/135，decision 2005/116 of 22 April 2005.

④ Economic and Social Council，decision 2005/217 of 9 June 2005.

⑤ General Assembly sixtieth session，A/RES/60/1，resolution 60/1 of 16 September 2005.

确定人权理事会的任务授权、模式、职能、规模、组成、成员、工作方法和程序”[1]。

大会主席举行的谈判使2006年3月15日第60/251号决议在之后的同一届会议上得以通过，正式建立了人权理事会（参见第九章，引言）。

“联合国系统内的有效协调和人权主流化”用语强调了人权委员会解散之时规划和协调已经完成的程度。人权方案融入了国际体系，使体系内的协调和人权方案的主流化成为必要。

联合国大会讨论了新成立的人权理事会的资源问题，认为 317

> 理事会应全年定期开会，每年排定不少于三届会议，包括一届主要会议，总会期不少于10周，并可在需要时经理事会成员要求及理事会三分之一成员支持下举行特别会议。[2]

工作安排和相关议程以及合理化是人权理事会第一届会议着手处理的第一批问题。除其他安排外，理事会组织了会前筹备会，制定了标准议程和年度工作规划。它还为每届会议制订工作方案。[3]

主流化将人权融入了联合国体系内，例如发展、和平与安全领域，此外还触及了工商业部门。这两项变化使改革不仅必要，而且不可避免（参见第九章A，人权理事会——“一个新时代”[2006年]，过渡期[2006—2008年]）。

---

① General Assembly sixtieth session, A/RES/60/1, resolution 60/1 of 16 September 2005.

② General Assembly sixtieth session, A/RES/60/251, resolution 60/251 of 15 March 2006 para 10.

③ General Assembly, A/HRC/5/21, resolution 5/1 of 18 June 2007.

第五章　经济、社会及文化权利的"孵育"（1968—1992年）

318

第五十五条

为造成国际间以尊重人民平等权利及自决原则为根据之和平友好关系所必要之安定及福利条件起见，联合国应促进：

（a）较高之生活程度，全民就业，及经济与社会进展。

（b）国际间经济、社会、卫生及有关问题之解决；国际间文化及教育合作。

（c）全体人类之人权及基本自由之普遍尊重与遵守，不分种族、性别、语言或宗教。

第五十六条

各会员国担允采取共同及个别行动与本组织合作，以达成第五十五条所载之宗旨。

（《联合国宪章》第九章）

引　言

从成立之初，落实人权工作就给人权委员会带来了挑战。这也是将公民权利和政治权利与经济、社会及文化权利分离并分别起草两个公约，而不是像联合国大会最初决议的那样起草一份单一公约的主要原因（参见第一章B，人权委员会[1946—1955年]）。

在委员会和（之后）联合国大会起草两份公约期间，执行方式一直是个问题。随着1966年两份公约草案的通过并开放签署，国际社会便面临着落实人权进程的真正考验。

尽管公民权利和政治权利的执行相对而言问题较少,经济、社会及文化权利的执行(implementation)——或者最好说是"实现"(realization)——无论在实质还是程序上,都引发了众多讨论,经过多年才形成了当下的理解并被接受。所以,本章使用了"孵育"(incubation)一词。

319 对落实经济、社会及文化权利的正式关注始于来自乌克兰苏维埃社会主义共和国的内德拜洛,那时他即将卸任人权委员会主席,在 1968 年提出将"实现经济和社会权利研究"列入第二十四届会议议程。[①] 该问题在委员会存续期间一直保留在其议程上,并在之后继续保留在人权理事会议程上。

该提议得到了必要的解释性备忘录和研讨会报告的支持,该研讨会在咨询服务项目下组织,于 1967 年在华沙举行。[②]

人权委员会采取的第一个步骤是要求事先研究这些权利的执行问题,以及是否需要指派一名特别报告员以该研究和其他资源为基础准备一份综合性报告。委员会希望下一年在德黑兰举行的世界人权会议能够适当关注经济、社会及文化权利的执行问题。[③]

德黑兰会议欢迎人权委员会的决定,并请联合国大会、经济及社会理事会、人权委员会、妇女地位委员会、社会发展委员会以及各专门机构,"尽快考虑加强活动,促进对经济、社会及文化权利的尊重和落实"。它请求各国政府"关注保护、促进和实现经济、社会及文化权利的物质手段的发展,以及防止侵犯这些权利的法律程序的发展与完善"。德黑兰会议还要求为国家提供咨询服务,以使它们能够"分享关于有效实现经济、社会及文化权利的方式方法的经验"。[④]

与发展中国家人权有关的特殊问题(1965—1998 年)

当人权委员会于 1969 年着手处理经济、社会及文化权利的有效执行问题时,它将其与"与发展中国家人权有关的特殊问题"进行了合并。

喀布尔发展中国家人权研讨会(Kabul Seminar on Human Rights in Developing

① E/CN. 4/972, para 272.
② ST/TAO/HR/31.
③ E/CN. 4/972, resolution 11 (XXIV) of 6 March 1968.
④ A/CONF. 32/41, resolution XXI of 12 May 1968.

Countries, 1964 年)将该研究添加到了 1965 年的议程上。之后,委员会请国际人权会议筹备委员会“考虑将该问题添加到会议议程上”。[①]

1998 年的议程上写道: 320

> 在实现这些人权的努力中面临的特殊问题,其中包括:(a)与享有相当的生活水平权利相关的问题,外债、经济调整政策及其对充分享有人权特别是对执行《发展权利宣言》的影响;(b)现有的不公平国际经济秩序对发展中国家经济的影响,以及这对实施人权和基本自由的阻碍。

“特殊问题的研究”一直保留在委员会议程上,直到 1998 年。在 1999 年,议程进行了调整。[②]

委员会的讨论包括了几个方面,尤其涉及公民权利和政治权利与经济、社会及文化权利的相互依赖和互补关系,以及确保采用普遍方式实现人权,因为它们以各种方式影响社会的各个角落。随着优化经济、社会及文化权利执行方式的努力一直在继续,具体到 1977 年,“发展权”的概念产生了。

本章包括两节。第一节关注 1969 年开始人权委员会(和小组委员会)为了促进经济、社会及文化权利的执行所做的努力,以及 20 世纪 90 年代工作向具体权利的延伸。第二节关注对发展权辩论的兴起,该辩论导致了 1986 年《发展权利宣言》的通过和 1990 年关于发展权作为一项人权的全球磋商的开展。

A. 执行经济、社会及文化权利(1968 年)

甘吉报告(1969—1974 年)

纳内德拜洛倡议之后,人权委员会委派特别报告员马努切尔·甘吉“提交一份关于……实现……经济、社会及文化权利的报告,尤其需要考虑到发展中国家在这方面的特殊问题”[③]。

---

① E/CN. 4/940, resolution (XXIII) of 22 March 1967.

② E/CN. 4/1999/1; E/CN. 4/1998/L. 106 Annex I.

③ E/CN. 4/1007, resolution 14 (XXV) of 13 March 1969.

该报告将以各国（联合国会员国和专门机构成员国）提交的材料和特别报告员自己的实地考察为基础。一份一般性的调查问卷得到分发，以“进一步征求统计数据和其他信息资料”（1971 年 11 月）；此外还分发了两份调查问卷，“一份只针对社会主义国家，另一份针对欠发达国家”（1972 年 2 月和 4 月）。

特别报告员访问了 35 个国家和每个联合国区域经济委员会：

> 321 特别报告员到访了每个区域经济委员会的总部，另访问了 7 个亚洲国家、7 个拉丁美洲和加勒比国家、8 个非洲国家、5 个社会主义国家以及 8 个西方和其他集团国家。特别报告员选择访问的国家或多或少代表了相关区域普遍的经济和社会状况。①

下面的报告描述了特别报告员的行程：

> 特别报告员因为经济原因仅仅能够在每个国家停留一小段时间。他在 108 天内完成了对 35 个国家的访问。飞行将近 11 万千米……特别报告员总共会见了 1000 多名官员，讨论了被访问国家人民经济和社会权利的促进与保护问题。②

人权委员会于 1974 年开始审议修正后的研究报告和相关意见与评论。秘书长广泛宣传了该研究报告。委员会还请各个国家和专门机构“向定期报告临时委员会提交关于实现经济、社会及文化权利充分享有的深入定期报告”。③ （见第三章，1956—1981 年——定期报告）

“甘吉报告”首要关注实现经济、社会和文化权利的国家进程，原始材料也仅仅与国家政府相关。1966 年联合国大会已通过了两项人权公约，但此时两公约尚未生效。报告倡导采用整体方式：

---

① E/CN,4/1108/Rev. 1; E/CN. 4/1131/Rev. 1, Introduction, paras 1-21.

② E/CN. 4/1108/Rev. 1; E/CN. 4/1131/Rev. 1, Introduction, paras 1-21.

③ E/CN. 4/1154, resolution 6 (XXX) of 22 February 1974. See also E/CN. 4/1127, resolution 14 (XXIX) of 30 March 1973.

> 尽管国际人权两公约有望早日生效……但考虑到两公约在近期不太可能得到联合国所有会员国的接受，则联合国就迫切需要特别关注全世界经济、社会和文化权利的实现问题。①

“第一个五年”之后，人权委员会谋求重新审议“甘吉报告”，并在1975年发布了新的研究报告。②

1969—1972年间，因为特别报告员正在准备他的报告，人权委员会启动了并行程序，以秘书长的报告为基础，利用专门机构和区域委员会提供的信息，讨论经济、社会及文化权利的实现问题(参见下文，第五章A，蒂尔克报告[1989—1992年])。

公约生效(1977年) 322

1966年12月，联合国大会通过了《经济、社会及文化权利国际公约》并开放签署。截至1976年，经35个国家批准，该《公约》正式生效。不同于《公民权利和政治权利国际公约》的缔约国将其报告提交给秘书长，并由秘书长转交给人权事务委员会，《经济、社会及文化权利国际公约》的缔约国报告程序由经济及社会理事会负责。

随着1976年两公约生效，公约监督程序亦同步生效。③《经济、社会及文化权利国际公约》条约监督程序的引入并不是一帆风顺的。1976年，经济及社会理事会承担其《公约》下的责任，制订了一份报告计划，并在“理事会需要审议报告时”将该计划提供给设立的工作组，“帮助它审议报告”。④ 理事会决定，根据《公约》提交报告的缔约国“不需要提交”与定期报告制度下“类似问题相关的报告”(见第三章，1956—1981年——定期报告)。

两年后该问题被重新讨论，理事会调整了工作组的程序，澄清了工作组成员将由理事会主席“与区域集团适当协商之后”确定。工作组由“15个理事会成员

① E/CN. 4/1108/Rev. 1; E/CN. 4/1131/Rev. 1 para 169(18).

② E/CN. 4/1108/Rev. 1; E/CN. 4/1131/Rev. 1.

③ 两项《公约》有不同的执行监督程序。《公民权利和政治权利国际公约》缔约国选举了人权事务委员会，而根据《经济、社会及文化权利国际公约》，同等机制由经济及社会理事会负责。

④ Economic and Social Council sixtieth session, resolution 1988 (LX) of 11 May 1976.

组成,它们也是《公约》缔约国”。[1] 1979 年,理事会批准了工作组的工作方法,包括由秘书处提供缔约国报告的分析摘要,“使工作组能够加快工作进程”。

工作组于 1980 年甫一开始工作便遇到了“困难”,[2]因此,理事会改变了其组成。[3] 改组后的工作组被称作“专家组”(Group of Experts),正式名称为“执行《经济、社会及文化权利国际公约》政府专家会期工作组”(Sessional Working Group of Government Experts on the Implementation of the International Covenant on Economic, Social and Cultural Rights)。专家组成员由理事会选举产生(区别于协商后由理事会主席提名),即理事会负责选择一个国家,该国家“在与秘书长商议且经理事会确认后,指定一名合格者在专家组代表它”,这与委员会成员的遴选程序类似。理事会将于 1985 年审查“专家组的组成、组织和行政安排”,并于接下来每三年审查一次,以确保成员数量和地域代表与缔约国数量和分布一致。[4]

323 五年后,经济及社会理事会重新将专家组命名为“经济、社会及文化权利委员会”(Committee on Economic, Social and Cultural Rights),并且将成员数量从 13 名增加到了 18 名。成员“从缔约国提名的个人名单中”选择(不再选择国家),每四年由理事会选择一次,可连任。理事会(从每三年增加到)每五年定期审查一次。[5]

人权委员会欢迎“经济、社会及文化权利委员会的建立,而且鼓励公约缔约国全面支持委员会并与之合作”。委员会回应了联合国大会对各国政府的呼吁,“认真考虑经济、社会及文化权利委员会的提名,适当承认委员会成员以个人能力服务的专家地位,承认他们在人权领域的能力”。[6]

1987 年,人权委员会支持新的经济、社会及文化权利委员会,请小组委员会

> 就关于经济、社会及文化权利的各项研究做出鉴定……就如何通过联合国在发展及其他方面的活动来更有效地促进《经济、社会及文化权利国际公约》各项条款的执行……提出建议。[7]

---

① Economic and Social Council, 1978, decision 1978/10 of 3 May 1978.

② Economic and Social Council, 1980, resolution 1980/24 of 2 May 1980.

③ Economic and Social Council, 1981, decision 1981/162 of 8 May 1981.

④ Economic and Social Council, 1982, resolution 1982/33 of 6 May 1982.

⑤ Economic and Social Council, 1985, resolution 1985/17 of 28 May 1985.

⑥ E/EN. 4/1986/65, resolution 1986/13 of 10 March 1986.

⑦ E/CN. 4/1987/60, resolution 1987/20 of 10 March 1987.

第二年,人权委员会欢迎

> 经济、社会及文化权利委员会建立一个会期工作组来审议其工作方法,并请委员会优先拟定编制《公约》第十六条和第十七条规定的报告的一般准则……并且根据人权委员会确立的先例拟定一般性评论,并考虑加强同其他条约机构进行对话和情报交流的方式方法。[①](参见第七章C,主席的角色[1984年])

人权委员会邀请公约缔约国“考虑确定一些准则,以衡量在逐步实现公约所承认的权利方面取得的成就,在这方面,要特别注意处境最恶劣和条件最不利者的权利”[②]。

1989年,人权委员会建议经济、社会及文化权利委员会考虑阿斯比恩·艾德为小组委员会准备的关于食物权的“最近的深入研究报告”[③],并建议在其根据《公约》准备的报告中,应“包括国家发展政策和项目中确保促进和保护人权的措施”[④]。

人权委员会还请秘书长寻求经济、社会及文化权利委员会关于“如何充分利用人权领域的咨询服务方案促进和增强对经济、社会及文化权利的尊重”的建议。[⑤]

1990年,人权委员会欢迎“经济、社会及文化权利委员会……与小组委员会特别报告员达尼洛·蒂尔克先生间……就实现经济、社会和文化权利进行对话”[⑥], 324
1991年双方再次进行关于经济、社会及文化权利实现程度的测量指标的对话。委员会请秘书长“组织……一次专家研讨会,讨论在逐渐实现经济、社会和文化权利的过程中测量成果的适当指标”[⑦]。

---

① E/CN. 4/1988/88, resolution 1988/23 of 7 March 1988.

② E/CN. 4/1988/88, resolution 1988/23 of 7 March 1988.

③ E/CN. 4/Sub. 2/1987/23.

④ E/CN. 4/1989/86, resolution 1989/13 of 2 March 1989.

⑤ E/CN. 4/1989/86, resolution 1989/13 of 2 March 1989.

⑥ E/CN. 4/1990/94, resolution 1990/17 of 23 February 1990.

⑦ E/CN. 4/1991/91, resolution 1991/18 of 1 March 1991.

蒂尔克报告(1989—1992年)

同时,在1987年,小组委员会被要求拟定一份更新"甘吉报告"结论的时间表,并编写一份关于"各大国际金融机构,特别是国际货币基金组织(International Monetary Fund)和世界银行的政策和做法对人权的影响"的研究报告。[1]

小组委员会[2]适时地委托其成员达尼洛·蒂尔克(同时也是发展权利工作组成员)研究"实现经济、社会及文化权利问题、政策、进展",人权委员会于1989年核可了该决定。[3]

尽管蒂尔克的任务可能被看作前文述及的1973年"甘吉报告"的继续,但是情况发生了变化。例如,蒂尔克的任务需要他考虑"在联合国发展和金融机构的政策中以及专门机构的制度中融入人权因素的相关问题"[4]。

1989—1992年之间,特别报告员发布了4份报告——1989年发布了初步报告,1990年和1991年分别发布了进展报告,1992年发布了最终报告。[5] 正如特别报告员在他的最终报告中所强调的那样,"特别报告员希望明确,这些连续的报告应被作为一个整体看待,他没有修改任何基于前面报告内容的观点"[6]。

初步报告(1989年)除其他问题外,特别明确了"极端贫困问题和结构调整政策对经济、社会及文化权利实现的影响"[7]。第一份进展报告处理的是制定经济和社会指标测量此类权利实现程度的问题,分析了其他国际机构对此类指标的使用。报告还评论了人权机构特别是经济、社会及文化权力委员会应用此类指标的
325 可能性;并且分析了极端贫困带来的挑战。[8] 第二份进展报告也详述了结构调整政策的影响,经济、社会及文化权利的享有,以及国际金融机构特别是世界银行和

① E/CN. 4/1987/60, resolution 1987/19 of 10 March 1987.
② E/CN. 4/1998/88, resolution 1988/22 of 7 March 1988.
③ E/CN. 4/1989/86, resolution 1989/12 of 2 March 1989 and decision 1989/103 of 2 March 1989.
④ E/CN. 4/Sub. 2/1989/19 para 7.
⑤ E/CN. 4/Sub. 2/1989/19; E/CN. 4/Sub. 2/1990/19; E/CN. 4/Sub. 2/1991/17; E/CN. 4/Sub. 2/1992/16.
⑥ E/CN. 4/Sub. 2/1992/16 para 2.
⑦ E/CN. 4/Sub. 2/1989/19 para 94(b).
⑧ E/CN. 4/Sub. 2/1990/19.

国际货币基金组织的角色。[1] 最终报告评估了采取综合性人权方式的必要性，尤其是在促进经济、社会和文化权利方面。[2]

除其他建议外，报告鼓励人权委员会和小组委员会指定特别报告员处理特定的经济、社会及文化权利问题，鼓励现任和将来的国别任务报告员“持续审查国家不尊重经济、社会及文化权利的情况”。[3]

“蒂尔克报告”架起了人权委员会和经济、社会及文化权利委员会之间的桥梁。对于理解委员会实现经济、社会及文化权利的工作演进过程中这一重要阶段具有重大意义。[4]

1989 年，人权委员会正式在议程中加入了“外债、经济调整政策及其对充分享有人权的影响，特别是对《发展权利宣言》的影响”。[5]

关于外债导致的结构和经济调整政策已经讨论多年，“蒂尔克报告”为人权委员会在 1992 年最终报告之前及之后的讨论和决议提供了实质性成果。报告还介绍了将有效实现经济、社会及文化权利的探索融入国际金融机构的必要性。

1992 年，人权委员会表达了对“蒂尔克报告”的赞赏，强调了它对发展中国家因为外债而不断恶化的情况的担忧，认为外债是“对经济和社会发展以及许多发展中国家居民生活标准产生不利影响的最严峻问题之一”。经济调整政策应该优先考虑“人的状况，包括居住、健康、食物、教育和人口就业率，尤其是最脆弱和低收入群体”。委员会重申了联合国大会对

---

① E/CN. 4/Sub. 2/1991/17.

② E/CN. 4/Sub. 2/1992/16.

③ E/CN. 4/Sub. 2/1992/16 paras 206-246.

④ E/CN. 4/Sub. 2/1989/19.

⑤ E/CN. 4/1989/86, resolution 1989/15 of 2 March 1989. 人权委员会通过唱名表决，以 26 票对 11 票，3 票弃权驳回了一项（罕见的）程序性动议，该动议质疑委员会在国际金融事务方面的职权。投票情况如下：

反对：比利时、加拿大、法国、德意志联邦共和国、意大利、日本、葡萄牙、西班牙、瑞典、大不列颠及北爱尔兰联合王国、美利坚合众国。

支持：孟加拉国、博茨瓦纳、巴西、保加利亚、中国、哥伦比亚、古巴、塞浦路斯、埃塞俄比亚、德意志民主共和国、印度、伊拉克、墨西哥、摩洛哥、尼日利亚、巴基斯坦、巴拿马、秘鲁、菲律宾、卢旺达、斯里兰卡、多哥、乌克兰苏维埃社会主义共和国、苏维埃社会主义共和国联盟、委内瑞拉、南斯拉夫。

弃权：塞内加尔、索马里、斯威士兰。

阿根廷和冈比亚的代表表示，他们的代表团没有参加投票。

326 发展中世界的生活条件不断恶化及其对充分享有人权的消极影响，特别是非洲十分严重的经济状况以及沉重的外债负担对发展中国家的恶劣影响，表示特别关切。①

1989—1992年是国际关系发展的重要阶段，这也反映在了人权委员会工作的变化上。第一份报告（“甘吉报告”）起草于1968—1975年间，主题是实现经济、社会及文化权利。那时人权公约还没有生效，“甘吉报告”的关注重点在国家层面。而到了蒂尔克发布最终报告时，人权公约已经生效了，并且经济、社会及文化权利委员会已经有了先例，正在寻求通过一个任择议定书赋予个人针对国家不履行公约义务的行为提起申诉的权利。

联合国体系内，包括它的机构和制度，开始形成这样一种观点，即尊重人权是它们的活动的共同之处。国家发展和金融机构必须在解决和消除实现经济、社会及文化权利的阻碍方面发挥重要作用。

《维也纳宣言和行动纲领》、1993年人权事务高级专员办事处的建议以及随后始于1997年的秘书长科菲·安南的改革，是国际体制内人权“主流化”进程的里程碑。两年之后的1999年，科菲·安南在达沃斯世界经济论坛上发起了《全球契约》，涉及普遍尊重人权追求的最后一个重要领域——工商业（参见第八章E，企业的社会责任[1999年]）。

起初在1993年，人权委员会已经表达过对蒂尔克的研究的赞赏，并且再次确认“任何债务策略的最终目标都应该是负债的发展中国家实现充分发展，能够满足经济、社会和发展需求”，1994年其进一步补充道，“债务偿还不应该优先于负债国家的人民享有食物、住所、衣服、就业、健康服务和健康环境的基本权利”。②

1994年人权委员会继续跟进，请秘书长“与国家元首/政府首脑，多边金融机构、专门机构、政府间和非政府间国际组织的负责人举行一次高级别磋商”，“并且报告找到解决发展中国家外债危机的充分措施，以使它们充分实现所有人权”。③ 随后的一年，它提请“债权国和债务国以共同责任原则为基础，在联合国系

① E/CN. 4/1992/84, resolution 1992/9 of 21 February 1992.

② E/CN. 4/1993/122, resolution 1993/12 of 26 February 1993.

③ E/CN. 4/1994/132, resolution 1994/11 of 25 February 1994.

统内进行政治对话”，并请秘书长“提出落实这些对话的方式和途径”。[1]

人权委员会，经济、社会及文化权利委员会和特别报告员 327

多年来，人权委员会，经济、社会及文化权利委员会和小组委员会特别报告员围绕实现经济、社会及文化权利的活动之间的互补性越来越明显。例如在1992年，人权委员会欢迎经济、社会及文化权利委员会举行的关于指标的讨论，特别报告员达洛尼·蒂尔克在他关于实现经济、社会及文化权利的研究中也积极探讨该问题。人权委员会要求召开一次专家研讨会以讨论测量成果的指标。[2] 该研讨会于1993年1月25至29日在日内瓦举行。

人权委员会核可了“林堡原则”(Limburg Principles)，它是解释和适用公约的关键文件，1986年由一个学者和专家组起草，这与经济、社会及文化权利委员会工作相关。[3]

随后的一年(1993年)，人权委员会指出，“尽管已经取得了进步……但是落实和促进这些权利以及实现过程中的问题在联合国系统框架内还没有得到充分关注”，而且“成员国……应该更加努力，确保它们的所有民众享有同等的生活条件，优先关注生活在极端贫困中的人”[4]。

人权委员会欢迎经济、社会及文化权利委员会关于适足住房权利的第4号一般性意见，[5]并关注小组委员会成员之一拉金达尔·萨查尔(Rajindar Sachar)准备的关于该问题的工作文件。[6]

1993年，人权委员会请秘书长“准备关于结构调整和经济、社会及文化权利的基本政策指导，作为人权机构和国家金融机构之间持续性对话的基础”[7]。

随后一年，人权委员会请“人权条约机构主席、专门机构和非政府组织代表和国家代表召开更多专家研讨会，关注具体的经济、社会及文化权利，并澄清这些权

---

[1] E/CN. 4/1995/176, resolution 1995/13 of 24 February 1995.

[2] E/CN. 4/1992/84, resolution 1992/10 of 21 February 1992.

[3] E/CN. 4/1987/17.

[4] E/CN. 4/1993/122, resolution 1993/14 of 26 February 1993.

[5] E/1992/23, General Comment No 4: The right to adequate housing(ar. 11(1) of the Covenant).

[6] E/CN. 4/Sub. 2/1992/15.

[7] E/CN. 4/1993/122, resolution 1993/14 of 26 February 1993.

利的特定内容”[1]。

在具体权利研究方面,人权委员会支持小组委员会关注:适足住房权(拉金达尔·萨查尔)、收入分配(阿斯比恩·艾德)以及经济、社会和文化权利的实现(达尼洛·蒂尔克)。[2]

人权委员会欢迎人权事务中心和其他联合国系统机构之间的对话,包括国际金融机构。它鼓励金融机构代表参加包括条约监督机构在内各人权机构的会议,评估它们的政策和实践对享有人权的影响。它提倡这些机构可以考虑组织一次
328 专家研讨会,讨论与“它们在实现经济、社会及文化权利中的作用”相关的话题。[3]

同年,人权委员会批准了小组委员会对“享有人权,尤其是经济、社会及文化权利与收入分配之间的关系”报告员何塞·本戈亚(José Bengoa)的任命,并审议了小组委员会人权和极端贫困问题特别报告员的初步和最终报告。[4]

人权委员会赞赏享有人权与收入分配之间的关系问题特别报告员的初步报告,[5]并欢迎秘书长的报告,该报告包括关于结构调整和经济、社会及文化权利的一系列初步政策指导。[6] (参见下文,国际金融机构;外债,经济调整,结构调整政策[1989 年])

1993 年的世界人权会议“鼓励人权委员会与经济、社会及文化权利委员会合作,继续审议《经济、社会及文化权利国际公约》的任择议定书,该议定书授予个人或团体提交关于违反公约的申诉的权利”[7]。四年后的 1997 年,经济、社会及文化权利委员会提交了它起草的任择议定书草案。[8]

2000 年,人权委员会

> 鼓励经济、社会及文化权利委员会继续……增进和保护人权并且彻底实现一些特定权利,例如拟定更多的一般性意见,使所有缔约国能够获益于审查缔

---

① E/CN. 4/1994/132, resolution 1994/20 of 1 March 1994.

② E/CN. 4/1994/132, resolution 1994/20 of 1 March 1994.

③ E/CN. 4/1995/176, resolution 1995/15 of 24 February 1995.

④ E/CN. 4/1995/176, decision 1995/105 of 24 February 1995.

⑤ E/CN. 4/Sub. 2/1995/14.

⑥ E/CN. 4/Sub. 2/1995/10.

⑦ A/CONF. 157/23 Part II, para 75.

⑧ E/CN. 4/1997/105, Annex.

约国报告时获得的经验。[1]

2003 年和 2004 年,关于实现经济、社会及文化权利进展的报告注意到经济、社会及文化权利委员会此方面的发展,以及特别程序的发展,

> 包括极端贫困问题……独立专家(1998)……教育权问题特别报告员(1998……),适足住房问题特别报告员(2000……),食物权问题特别报告员(2000……),结构调整政策和外债的影响的问题的独立专家(2000……),研究公约任择议定书问题的独立专家(2001……)。[2] (见第七章 A1,经济、社会及文化权利国际公约任择议定书[2001—2008 年])

人权委员会于 2003 年任命了一个工作组,“审议关于拟订《经济、社会和文化权利国际公约》任择议定书的各种供选择方案”[3]。并在该年届会上听取了工作组的报告。[4] (参见第七章 A1,经济、社会及文化权利国际公约任择议定书[2001—2008 年]) 329

2007 年及随后几年,人权理事会收到了一份关于“高级专员办事处实施的促进经济、社会及文化权利的活动,主要是技术合作、外地办事处的工作……内行专家的研究及宣传”的报告。[5]

---

① E/CN. 4/2000/167, resolution 2000/9 Part I of 17 April 2000.

② E/CN. 4/2003/46 and resolution 2003/18 of 22 April 2003; E/CN. 4/2004/38 and E/CN. 4/2004/127, resolution 2004/29 of 19 April 2004.

③ E/CN. 4/2003/135, resolution 2003/18 of 22 April 2003. See also resolutions E/CN. 4/2004/127, resolution 2004/29 of 19 April 2004; E/CN. 4/2005/135, resolution 2005/22 of 15 April 2005.

④ E/CN. 4/2001/26; E/CN. 4/2002/28/Rev. 1; E/CN. 4/2003/26; E/CN. 4/2004/23; E/CN. 4/2005/52; E/CN. 4/2006/26.

⑤ A/HRC/4/123, resolution 4/1 of 23 March 2007 and A/HRC/4/62, See also A/HRC/10/29, resolution 10/1 of 25 March 2009 and A/HRC/7/58; A/HRC/10/46; A/HRC/19/2, resolution 19/5 of 22 March 2012 and A/HRC/171 24; A/HRC/22/2, resolution 22/5 of 21 March 2013 and A/HRC/22/24 and Corr. 1; A/HRC/25/2, resolution 25/11 and A/HRC/25/31; A/HRC/28/2, resolution 28/12 of 26 March 2015 and A/HRC/28/35; A/HRC/31/2, resolution 31/5 of 23 March 2016 and A/HRC/31/31; A/72/53, resolution 34/4 of 23 March 2017 and A/HRC/34/25; A/HRC/37/2, resolution 37/13 of 22 March 2018 and A/HRC/37/30.

对具体权利的关注

人权委员会自成立之初经验表明,经济、社会及文化权利的执行,无论其范围还是内容,将会带来很多挑战。尽管大多数公民权利和政治权利在国内立法方面有制度支持,但是经济、社会及文化权利即便最好的情况下,也仅是在几个国家作为政策问题出现。当《经济、社会及文化权利国际公约》生效和它的实施监督程序建立时,人权委员会已经面临着这些挑战。这些权利的落实需要改变既有的经济政策和制度。

这使人权委员会开始关注发展权,同时支持监督缔约国落实公约义务的机构。除了这种一般性支助,人权委员会还开始关注具体的经济、社会及文化权利。接下来将会描述关于这些具体权利的措施。

财产权(1954 年及 1991—1994 年)

1954 年,在人权委员会将起草的公约草案被提交给联合国大会之前,它无限期地推迟了将财产权规定在公约里的提议。最终通过的《公约》没有包含任何此类权利,尽管该权利被规定在《世界人权宣言》中。①

330 1987 年,人权委员会开始讨论财产权利问题及其对国家经济和社会发展的贡献。该提议重申了联合国大会的对委员会提交一份报告的要求,其内容关于

> 个人充分享有人权和基本自由,尤其是每个人拥有财产的权利和《世界人权宣言》第十七条规定的其他权利,与缔约国经济和社会发展之间的关系。②

秘书长 1988 年向大会提交了报告。③

人权委员会通过了一个关于财产对会员国经济和社会发展影响的平行决议,该决议确认了

---

① E/CN. 4/705 paras 226-242.

② E/CN. 4/1987/60, resolution 1987/17 of 10 March 1987; General Assembly forty-first session, resolution 41/132 of 4 December 1986.

③ A/43/739.

人民的自决权,包括行使他们对其一切自然资源及资源享有充分主权的不可剥夺的权利,承认会员国中存在许多形式的法定财产制,包括个人、社区和国家所有制形式,每一种形式都应确保实现有效发展。[1]

人权委员会敦促跨国公司“保证它们的活动不对发展中国家实施人权的过程产生不利影响”,并且“强烈谴责与南非种族主义政权保持或继续扩大合作的公司”。[2]

1991年,人权委员会委派了一个独立专家路易斯·瓦伦西亚·罗德里格斯(Luis Valencia Rodríquez)准备研究“尊重单独拥有财产的权利以及与他人共同拥有财产的权利有助于发展个人自由的方式和程度,以及促进、加强和推动其他人权和基本自由的措施”问题。[3]

委员会请独立专家分析与财产权相关的下列问题:“(a)个人不动产,包括个人和家庭住所;(b)经济生产财产,包括与农业、商业和工业有关的财产……考虑到社会公正和实现社会公正的方式。”[4]

独立专家于1993年提交了最终报告。[5] 他被要求向政府、政府间和非政府间国际组织寻求意见和评论。专家于1994年完成了该报告[6],人权委员会随即正式结束了对该问题的审议。[7]

民众参与权(1983—1991年) 331

人权委员会于1983年首先处理的是民众参与权问题。它要求研究“作为充分实现全部人权的重要因素的各种形式的民众参与权”[8]。该研究于1985年完成,委员会要求将它提交给联合国大会,并进行分发以征求意见。[9]

---

① E/CN.4/1987/60, resolution 1987/18 of 10 March 1987.

② E/CN.4/1987/60, resolution 1987/18 of 10 March 1987. See also resolutions 1988/18 and 1998/19 of 7 March 1988.

③ E/CN.4/1991/91, resolution 1991/19 of 1 March 1991.

④ E/CN.4/1991/91, resolution 1991/19 of 1 March 1991.

⑤ E/CN.4/1993/15. See also E/CN.4/1992/9.

⑥ E/CN.4/1992/84, resolution 1992/21 of 28 February 1992, E/CN.4/1993/122; resolution 1993/21 of 4 March 1993. See also Economic and Social Council, E/CN.4/1994/19 and Add. 1.

⑦ E/CN.4/1994/132, resolution 1994/13 of 25 February 1994.

⑧ E/CN.4/1983/60, resolution 1983/14 of 22 February 1983.

⑨ E/CN.4/1985/66, resolution 1985/44 of 14 March 1985.

1987年,人权委员会要求研究各国管辖领域内确立参与权发展程度的法律和惯例。[①] 随后几年,委员会重申了研究两个话题的附加要求:民众参与与国家法律和管理。[②]

经南斯拉夫提倡,于1983年在卢布尔雅那(Ljubljana)召开一个研讨会,讨论"作为充分实现全部人权的重要因素的各种形式的民众参与"。此后,随着南斯拉夫社会主义联邦共和国于1991年解体,人权委员会停止了对该倡议的讨论;那时,民众参与原则被认为是实现经济、社会及文化权利的重要组成部分。达洛尼·蒂尔克强调民众参与对于有效实现经济、社会及文化权利的重要性。

此后不久,民众参与权问题成为民主权利下关注的一个因素。(参见第三章,1999年——民主权利)

食物(1983年)

1983年,小组委员会任命其成员阿斯比恩·艾德作为特别报告员,准备一份关于"作为人权的食物权"的研究报告,该报告于1988年完成。[③] 继该研究报告之后,人权委员会采取了进一步活动,于2000年任命了一名食物权问题特别报告员(见第六章B,2000年——食物)。

1985—1986年,人权委员会敦促小组委员会优先研究上述问题,并"尽快"提交一份报告。[④] 最终报告于1988年提交,委员会要求采取步骤,"确保专门机构和其他机构在处理食品相关问题时进行更好的协调,包括与联合国人权机构"[⑤]。委
332 员会还鼓励经济、社会及文化权利委员会在制定一般性意见时考虑该报告。[⑥]

1997年,人权委员会继续关注食物权,尤其是食物权的定义问题,它批准了世界粮食峰会"更好地定义《经济、社会及文化权利公约》第十一条中与食物有关的

① E/CN. 4/1987/60, resolution 1987/21 of 10 March 1987.

② E/CN. 4/1988/88, resolution 1988/21 of 7 March 1988; E/CN. 4/1989/86, resolution 1989/14 of 2 March 1989; E/CN. 4/1990/94, resolution 1990/14 of 23 February 1990; E/CN. 4/1991/91, resolution 1991/12 of 22 February 1991.

③ E/CN. 4/1983/60, resolution 1983/16 of 22 February 1983.

④ E/CN 4. 1985/66, resolution 1985/42 of 14 March 1985; E/CN. 4/1986/65, resolution 1986/15 of 10 March 1986. 在同一个决议中,委员会提到了"甘吉报告",请小组委员会审议委员会报告的结论性意见和建议,该报告名称是"实现经济、社会及文化权利:问题,政策和进展",并在委员会第四十三届会议上提交这些结论性意见和建议的更新版本。

⑤ E/CN. 4/1988/88, resolution 1988/29 of 7 March 1988.

⑥ E/CN. 4/1989/36, resolution 1989/13 of 2 March 1989.

权利……并提出建议,以落实和实现这些权利以实现世界粮食首脑会议的承诺和目标”①。

人权事务高级专员于 1997 年 12 月举办了一次关于食物权问题的磋商,②委员会欢迎

> 作为对世界粮食首脑会议的具体和实际反响……以便更好地界定《公约》第十一条确认的权利……提出方法执行和实现这些权利作为兑现世界粮食首脑会议所作承诺的手段。③

人权委员会核可了上述磋商的建议,同意召开一个后续会议“讨论与食物有关的权利的内容和落实办法,为高级专员提供一系列建议,帮助她回应世界粮食首脑会议的要求”。它邀请经济、社会及文化权利委员会考虑起草一份“帮助澄清《公约》第十一条与食物相关的权利的内容”的一般性意见。④

1999 年,高级专员提交了一份与界定食物权的进展相关的报告,关注人权委员会核可的后续磋商,⑤注意到“后续磋商中提及的……意见和建议……以便拟定与食物有关的权利的内容和落实办法”⑥。

1999 年,经济、社会及文化权利委员会通过了关于食物权的第 12 号一般性意见,小组委员会特别报告员阿斯比恩 · 艾德 1988 年更新了他关于食物权的报告。⑦ 2000 年,人权委员会对两方面的发展和高级专员的报告表示赞赏。⑧ 在这种情况下,人权委员会强调了一个事实,即“全世界有 8 亿 2500 万人民,大多数是妇女和儿童,没有充足的食物可以满足他们基本的营养需求,尤其是在发展中国家”⑨。

2000 年,人权委员会决定“任命一位专门负责食物权问题的特别报告员,任务

---

① E/CN. 4/1997/150, resolution 1997/8 of 3 April 1997.

② E/CN. 4/1998/21 paras 9-37.

③ E/CN. 4/1998/177, resolution 1998/23 of 17 April 1998.

④ E/CN. 4/1998/177, resolution 1998/23 of 17 April 1998.

⑤ E/CN. 4/1999/45.

⑥ E/CN. 4/1999/167, resolution 1999/24 of 26 April 1999.

⑦ E/CN. 4/Sub. 2/1999/12.

⑧ E/CN. 4/2000/48 and Add. 1.

⑨ E/CN. 4/2000/167, resolution 2000/10 of 17 April 2000.

期限为三年,以便能够以完整和协调的方式促进和保护获得粮食的权利”[1]。从
333 此,人权委员会及之后的人权理事会就特别报告员有关食物权的各方面报告发表了意见,[2]同时支持经济、社会及文化权利委员会和咨询委员会的工作。[3](参见第六章 B,2000 年——食物)

农村地区人口(2014 年)

2011 年,人权理事会请咨询委员会进行

> 综合性研究……关于(a)城镇贫困人口以及他们对食物权的享有……(b)农村妇女和她们对食物权的享有……特别关注女性为户主的家庭和临时工、季节工;(c)严重的营养不良和儿童疾病之间的关系……促进营养不良儿童的保护的途径。[4]

随后一年,人权理事会注意到了咨询委员会准备的关于“农民和其他农村地区劳动者权利”问题的宣言草案,[5]决定建立一个工作组“谈判并完成一份联合国农民和其他农村地区劳动者权利宣言草案,将其交给人权理事会,以咨询委员会提交的宣言草案为基础,不违背过去、目前和将来与此相关的评论和意见”[6]。

2013 年,人权理事会认可了咨询委员会关于促进农村贫困人口和农村妇女人权的策略与最佳做法[7]以及食物权[8]的工作。

2014 年,人权理事会开始讨论工作组的报告,[9]请工作组主席“以工作组第一届会议的讨论,包括咨询委员会的宣言草案,为基础准备一份新的文件”[10]。2017

---

① E/CN. 4/2000/167, resolution 2000/10 of 17 April 2000.

② See, for example, A/HRC/13/56 resolution 13/4 of 24 March 2010.

③ A/HRC/13/32.

④ A/HRC/15/60, resolution 16/27 of 25 March 2011.

⑤ A/HRC/AC/8/5, resolution 19/7 of 22 March 2012.

⑥ A/HRC/AC/CRP. 1; A/HRC/21/2, resolution 21/19 of 27 September 2012.

⑦ A/HRC/22/61.

⑧ A/HRC/22/72. See A/HRC/22/2, resolution 22/9 of 21 March 2013.

⑨ A/HRC/22/72. See A/HRC/22/2, resolution 22/9 of 21 March 2013.

⑩ A/HRC/26/2, resolution 26/26 of 27 June 2014. See also A/HRC/30/2, resolution 30/13 of 1 October 2015; A/HRC/30/55.

年,人权理事会收到了工作组的一份报告,[①]理事会要求“确保最多五名专家小组成员参加工作组第五届会议,其中包括农民和农村地区其他劳动者的代表”[②]。2018年,人权理事会通过了《联合国农民和其他农村地区劳动者权利宣言》(Declaration on the Rights of Peasants and Other People Working in Rural Areas)。[③] (参见第七章A4,宣言和其他标准,农民和农村地区其他劳动者[2018年])

住房(1986年) 334

人权委员会于1986年首先处理的是适足住房问题,在“为无家可归者提供住所国际年”背景下,重申了“每人自己和其家人均享有包括适足住房在内的充裕的生活水平”[④]。

1993年,人权委员会核可了小组委员会的决定,“任命拉金达尔·萨查尔为促进实现适足住房权问题特别报告员,请他就此问题进行为期两年的研究”[⑤]。

2000年,人权委员会任命了“一名特别报告员……其任务应侧重……享有适足生活水准的权利中取得适足住房的那一部分权利”。特别报告员米隆·科塔里(Miloon Kothari)被要求

> (i)报告在全世界范围内实现与任务有关的权利的情况……(ii)酌情促进各国政府之间的合作并帮助各国政府努力取得这些权利;(iii)在工作中采用性别公平观……(iv)酌情设法将与任务有关的权利列为联合国有关工作团、外地办事处和国家办事处的工作事项。[⑥] (见第六章B,2000年——住房)

委员会鼓励各国政府

---

① A/HRC/33/59; A/HRC/36/58.

② A/72/53/Add. 1, resolution 36/22 of 29 September 2017.

③ A/HRC/39/2, resolution 39/12 of 28 September 2018; A/HRC/39/67.

④ E/CN. 4/1986/65, resolution 1986/36 of 12 March 1986. See also E/CN. 4/1987/60, resolution 1987/22 of 10 March 1987; E/CN. 4/1988/88, resolution 1988/24 of 7 March 1988.

⑤ E/CN. 4/1993/122, decision 1993/103 of 4 March 1993. See also E/CN. 4/1994/132, resolution 1994/14 of 25 February 1994; E/CN. 4/1995/176, resolution 1995/19 of 24 February 1995.

⑥ E/CN. 4/2000/167, resolution 2000/9 of 17 April 2000.

> 彻底改变那些歧视妇女、剥夺妇女安全保有和平等拥有利用和控制土地的权利以及拥有财产和获得适当住房的平等权利的习俗和传统……并采取其他措施向生活贫困的妇女尤其是女户主提供更多的土地和住房。[①]

委员会也鼓励

> 各国政府、联合国系统专门机构以及其他组织……向法官、律师、政治领导人以及其他政府官员、社区领导人以及其他有关人士适当提供信息和人权教育。[②]

335

极端贫困(1989 年)

得益于国际非政府组织第四世界扶贫国际运动(ATD Quart Monde)的努力,极端贫困问题于 1989 年在人权委员会上第一次被提出。[③] 从此人权委员会开始处理社会排斥和极端贫困问题,将其作为有效实现经济、社会和文化权利的障碍。委员会提请大会和所有联合国机构注意"极端贫困和社会排斥的现状……确保充分享有所有人权的责任之间的矛盾"[④]。

随后一年,人权委员会再次确认,"极端贫困和社会排斥构成对人权的侵犯,因此国家和国际方面需采取紧急行动予以消除",并提请小组委员会"对该问题进行特别研究"。[⑤]

1991 年,人权委员会提请小组委员会"特别注意最贫困人员表达自身经历的条件,以助于更好地理解他们生活的艰难现实和原因"[⑥]。

随后一年,人权委员会请小组委员会对极端贫困和社会排斥问题进行研究,并特别注意:

---

① E/CN. 4/2000/167, resolution 2000/13 of 17 April 2000.

② E/CN. 4/2000/167, resolution 2000/13 of 17 April 2000.

③ ATD Fourth World-All together in Dignity to overcome poverty. See https://www. atd-fourthworld. org/.

④ E/CN. 4/1989/86, resolution 1989/10 of 2 March 1989.

⑤ E/CN. 4/1990/94, resolution 1990/15 of 23 February 1990.

⑥ E/CN. 4/1991/91, resolution 1991/14 of 22 February 1991.

(a) 极端贫困对遭受极端贫困者享有和行使所有人权和基本自由的影响;

(b) 最贫困者本人为了实现行使这些权利和充分参与他们生活其间的社会的发展而做出的努力;

(c) 最贫困者可有效传达其经验和想法并在实现人权方面成为伙伴的条件;

(d) 确保更好地理解最贫困者和为他们提供服务者的经验和想法的方式。①

以上四项被纳入1992年小组委员会特别报告员的任务中。②

世界人权会议于1993年再次确认,

绝对贫困和被排除在社会之外是对人的尊严的侵犯,必须采取紧急措施,加强对绝对贫困现象及其成因的了解,包括与发展问题有关的原因,以便促进最贫困者的人权……各国必须扶助最贫困者参与他们所生活的社区的决策进程,促进人权和努力扫除绝对贫困现象。③

1995年,人权委员会欢迎 336

1994年10月12日至14日举行的具有创新意义的极端贫困与剥夺人权问题研讨会……这次研讨会使来自世界各地贫困地区生活在极端贫困中的个人和家庭与国际政府间和非政府组织的专家和代表得以一起参加共同思考。④

同年,人权委员会批准小组委员会的决定,“任命何塞·本戈亚先生为国家和国际两级享有人权特别是经济、社会及文化权利与收入分配之间关系问题特别报

① E/CN. 4/1992/84, resolution 1992/11 of 21 February 1992.

② E/CN. 4/1993/122, resolution 1993/13 of 26 February 1993.

③ A/CONF. 157/23, Vienna Declaration and Programme of Action Part I para 25.

④ E/CN. 4/1995/176, resolution 1995/16 of 24 February 1995. See also E/CN. 4/1995/101.

告员”[1]。联合国大会宣布1997—2006年为“国际消除贫穷十年”。

人权委员会认可小组委员会特别报告员莱安德罗·德斯波伊的最终报告,[2]要求将其公开发布。[3] 它请高级专员

> 确保……更好地制定保护人权和消除贫困的政策和战略……报告……与经济资源、消除贫困、经济发展,特别是生活在极端贫困境况妇女相关的妇女权利领域中遭遇的阻碍和取得的进展。它还请特别报告员……继续与世界银行磋商,并报告小额贷款方案的创设情况。[4]

1998年,高级专员做了关于小额贷款方案特别是世界银行的方案的报告,“为贫民服务的可持续银行业务”(Sustainable Banking for the Poor, SBP),该项目旨在提高政府、捐助者和其他人员“拟订和实施政策和方案的能力,以便建立切实为贫民服务的可持续融资机构”。[5]

同年,人权委员会任命了一名独立专家安妮-马里耶·利赞(Anne-Marie Lizin)

> (a)评价促进和保护人权与消灭贫穷之间的互相关系……(b)特别考虑到处于极端贫困状态妇女在享有其基本人权方面所遭遇到的障碍和取得的进展……(f)就可能制订的关于人权与极端贫困宣言草案的主要内容向人权委员会……提出建议。[6]

独立专家于1999年向人权委员会提交了她的第一份报告,建议召开一次会
337 议,起草“人权与极端贫困宣言初步草案”,[7]该建议得到了人权委员会支持。[8]
(见第六章B,1998年——极端贫困)

---

① E/CN. 4/1995/176, decision 1995/105 of 24 February 1995.
② E/CN. 4/Sub. 2/1996/13.
③ E/CN. 4/1996/177, resolution 1996/10 of 11 April 1996.
④ E/CN. 4/1997/150, resolution 1997/11 of 3 April 1997.
⑤ E/CN. 4/1998/23.
⑥ E/CN. 4/1998/177, resolution 1998/25 of 17 April 1998.
⑦ E/CN. 4/1999/48 paras 148 and 149.
⑧ E/CN. 4/1999/167, resolution 1999/26 of 26 April 1999.

2006年,人权理事会注意到小组委员会制定的“极端贫困与人权指导原则草案:贫困者的权利”,[①]并且确认了“打击极端贫困必须仍然是重中之重”[②]。

《关于人权与极端贫困问题指导原则》[③]于2012年9月在人权理事会通过。[④] 它延续了特别报告员任务中的问题。[⑤] (见第六章B,1998年——极端贫困)

健康(1989年)

1989年,人权委员会着手讨论健康权问题,建议当时正在研究对艾滋病毒/艾滋病患者的歧视问题的小组委员会“考虑将该研究范围扩大到其他对病人或残疾人的歧视的可能性,并与世界卫生组织进行协商”[⑥]。

教育(1998年)

受教育权是人权委员会和小组委员会着手解决的第一批问题之一(见第二章,1956年——教育)。1998年,人权委员会“作为提高经济、社会及文化权利的关注度的努力的一部分”,任命了一名受教育权特别报告员卡特里娜·托马斯夫斯基(Katarina Tomasevski)。[⑦] 特别报告员被要求“报告世界各国逐步实现包括取得基础教育在内的受到教育的权利的现以及落实这项权利方面遇到的困难”[⑧]。(见第六章B,1998年——教育)

1999年,人权委员会请高级专员“组织一次工作会议,研究与受教育权有关的逐步发展的基准和指标”[⑨]。

随后几年,人权理事会继续以包括通过特别报告员的任务在内的方式讨论受

---

① A/HRC/Sub. 1/58/36, resolution 2006/9 of 24 August 2006.

② A/HRC/2/9, resolution 2/2 of 27 November 2006. See also A/HRC/7/78, resolution 7/27 of 28 March 2008 and A/HRC/7/32.

③ A/HRC/21/39.

④ A/HRC/21/2, resolution 21/11 of 27 September 2012.

⑤ A/HRC/17/2, resolution 17/13 of 17 June 2011, See also A/HRC/26/2, resolution 26/3 of 26 June 2014.

⑥ E/CN. 4/1989/86, resolution 1989/11 of 2 March 1989.

⑦ E/CN. 4/1997/150, resolution 1997/17 of 11 April 1997.

⑧ E/CN. 4/1998/177, resolution 1998/33 of 17 April 1998.

⑨ E/CN. 4/1999/167, resolution 1999/25 of 26 April 1999.

教育权问题。[①]

338 ## 饮水和卫生设施(1999年)

1999年,人权委员会请小组委员会“进一步考虑实现和促进享有饮水供应和卫生设施的权利”[②]。

2005年,小组委员会特别报告员哈吉·吉塞提交了实现享有饮用水和卫生设施的权利的指导原则草案。[③] 接下来的一年,人权理事会请高级专员“仔细研究与公平获取安全饮用水和卫生设施相关的国际人权文件下的人权义务的范围和内容”[④]。

高级专员得出结论:

> 尽管国际、区域和国家层级的各种机制对获得安全饮用水和卫生设施方面的某些人权义务内容和层面进行监测,这一问题目前受到忽视。虽然联合国特别程序和条约机构对澄清获得安全饮用水和卫生设施方面的人权义务做出了贡献,它们的工作也突出表明,以综合、连续的方式涵盖这些事项是一项艰巨的任务。由于特别程序和条约机构必须在其授权范围内处理广泛的问题以及在获得安全饮用水和卫生设施方面产生的具体问题,在国际层级目前对安全饮用水和卫生设施缺乏具体的、专门的和持续性的关注。[⑤]

2008年,人权理事会任命了一名独立专家,此后(2011年)又改为特别报告员。[⑥] (见第六章B,2008年——饮水和卫生设施)

国际金融机构;外债,经济调整,结构调整政策(1989年)

1987年,小组委员会的一名成员达尼洛·蒂尔克被任命为特别报告员,准备

---

① A/HRC/8/52, resolution 8/4 of 18 June 2008 See also, for example, A/HRC/26/2, resolution 26/17 of 26 June 2014; A/HRC/29/2, resolution 29/7 of 2 July 2015; A/HRC/32/2, resolution 32/22 of 1 July 2016; A/HRC/38/2, resolution 38/9 of 5 July 2018.

② E/CN. 4/1999/167, decision 1999/108 of 27 April 1999.

③ E/CN. 4/Sub. 2/2005/25. See also E/CN. 4/Sub. 2/1998/7.

④ A/HRC/2/9, decision 2/104 of 27 November 2006.

⑤ A/HRC/6/3 para 69.

⑥ A/HRC/6/22, resolution 6/8 of 28 September 2007.

一份关于"更有效落实经济、社会和文化权利的问题、政策和进展"问题的研究报告，[①]1989年，人权委员会正式决定着手处理"外债、经济调整政策及其对充分享有人权的影响，特别是对执行《发展权利宣言》的影响"问题。这将被置于"享有适当生活水平的权利问题"分项目下讨论。[②]

蒂尔克的报告完成后，人权委员会继续关注外债、经济调整政策和极端贫困的影响[③]，这带来了其对全球化、多国企业参与和企业社会责任问题的关注。（见 339
第八章F，企业的社会责任[1999年]）

1996年，应小组委员会的请求，人权委员会设立了一个工作组，"在关于结构调整方案与经济、社会及文化权利的一套初步基本政策方针"[④]的基础上详细制定关于该问题的政策方针，前述已有方针在秘书长的一份报告中被提出。[⑤]

工作组要求"独立专家，最好是一名结构调整方案领域内的专业经济学家，研究结构调整政策对经济、社会和文化权利的影响"[⑥]。这名独立专家将"更新此前关于该问题的工作成果……并提交一份更新报告，包括一套指导原则"[⑦]。（见第六章B，1998年——外债）

同年，人权委员会引入了新的国际经济秩序这一概念，申明 340

> 外债问题的长期解决办法在于建立公正和公平的国际经济秩序，保证发展中国家，除了别的好处以外，有较好的进入市场机会，能够稳定汇率和利率，利用金融和资本市场，促进财政资源的充分流动和有较佳机会取得发达国家的技术。

① E/CN. 4/Sub. 2/1988/45, resolution 1988/33 of 1 September 1988.

② E/CN. 4/1989/86, resolution 1989/15 of 2 March 1989.

③ E/CN. 4/1991/91, resolution 1991/13 of 22 February 1991; E/CN. 4/1992/84, resolutions 1992/9 and 1992/11 of 21 February 1992; E/CN. 4/1993/122, resolution 1993/12 of 26 February 1993; E/CN. 4/1994/132, resolutions 1994/11 and 1994/12 of 25 February 1994; E/CN. 4/1995/176, resolution 1995/13 of 25 February 1995; E/CN. 4/1996/177, resolution 1996/15 11 April 1966; E/CN. 4/1997/150, resolution 1997/10 of 3 April 1997.

④ E/CN. 4/1996/177, decision 1996/103 of 11 April 1996.

⑤ E/CN. 4/Sub. 2/1995/10.

⑥ E/CN. 4/1997/20 II para 25.

⑦ E/CN. 4/1997/150, decision 1997/103 of 3 April 1997.

它还承认,“国际金融机构的活动需要提高透明度”①。

1998年,与这些问题相关的程序期限延长了。工作组被授权召开会议以“审议独立专家的报告和收到的评论”,独立专家被要求“提交报告以供分发和评论……并由工作组审议”。②

同年,人权委员会任命了一名外债对充分享有经济、社会和文化权利的影响问题特别报告员雷纳尔多·菲格雷多(Reinaldo Figueredo),委托他准备

> 一份分析报告……特别注意到(a)外债和为应付外债所采取的政策对发展中国家充分享有经济、社会和文化权利所起的负面影响;(b)各国政府私营部门和国际金融机构为减轻发展中国家,尤其是最贫困的国家和重债国所受的这种影响而采取的措施。③ (见第六章B,1998年——外债)

同时,人权委员会延展了独立专家的任务期限,请他

> 通过拟定关于结构调整政策的基本政策指南……协助工作组;并且监测新动态,包括国际金融机构和其他联合国机构……在结构调整政策和人权方面采取的行动和举措,并提交一份修订报告。④

工作组被授权重新召集会议“审议独立专家的增订报告……拟定有关结构调整方案与经济、社会和文化权利的基本政策指南,可以此作为人权机构与国际金融机构不断对话的基础”⑤。

2000年,机构调整政策独立专家(他的任务是支持结构调整工作组)和外债问题特别报告员(直接向人权委员会报告)向工作组和人权委员会提交了一份联合

---

① E/CN. 4/1997/150, resolution 1997/10 of 3 April 1997.

② E/CN. 4/1998/177, decision 1998/102 of 9 April 1998.

③ E/CN. 4/1998/177, resolution 1998/24 of 17 April 1998, and reiterated in 1999, see E/CN. 4/1999/167, resolution 1999/22 of 23 April 1999.

④ E/CN. 4/1999/167, decision 1999/104 of 26 April 1999.

⑤ E/CN. 4/1999/167, decision 1999/104 of 26 April 1999.

报告。[1]

同年，人权委员会决定终止上述两个程序，取而代之的是任命了一位“调整政策和外债对充分享有所有人权，尤其是经济、社会和文化权利的影响问题独立专家［凡图·切鲁（Fantu Cheru）］”[2]。

独立专家被要求报告：

（a）外债和为应付外债所采取的政策对发展中国家充分享有所有人权，尤其是经济、社会和文化权利的影响；

（b）各国政府、私营部门和国际金融机构为减轻发展中国家，尤其是最贫困的国家和重债国所受的这种影响而采取的措施；

（c）国际金融机构、联合国其他机关、政府间组织和非政府组织在结构调整政策和人权方面新的动向行动和倡议。[3]（见第六章 B，1998 年——外债）

工会权利（1990 年）

1990—1996 年间人权委员会处理的另一个问题是自由结社和组织工会的权利。自由结社特别是组织工会的权利，在两项国际人权公约中都有规定。[4] 1990 341
年，人权委员会邀请成员国批准和全面适用国际劳工组织 1948 年第 87 号《结社自由及保护组织权利公约》和 1949 年第 98 号《组织及共同交涉权公约》。它表达了对现实的深切担忧——“在许多国家，行使工会权利为更加公正的社会和人类尊严而斗争的个人的基本人权受到严重侵犯，包括生命权”[5]。1992、1994 和 1996 年，人权委员会呼吁国家“确保其管辖范围内的所有人能够自由全面地行使他们

---

① E/CN. 4/2000/53. 工作组在未审议联合报告的情况下暂停会前会议，并请委员会延长其任务期限，使其能够在 2000—2001 年届会之间举行会议（第 4 段）。

② E/CN. 4/2000/167, resolution 2000/82 of 26 April 2000.

③ E/CN. 4/2000/167, resolution 2000/82 of 26 April 2000.

④ United Nations, Treaty Series, vol 993, page 3 International Covenant on Economic, Social and Cultural Rights, article 8; United Nations, Treaty Series, vol 999, page 171. International Covenant on Civil and Political Rights, article 22.

⑤ E/CN. 4/1990/94, resolution 1990/16 of 23 February 1990.

的工会权利”①。

单边强制措施(1991 年)

人权委员会在实现发展权的背景下讨论了该问题。1991 年和随后几年,人权委员会处理了“通过平等权和人民自决权原则,所有民族享有不受外部干预的情况下,自主决定它们的政治进程,经济、社会及文化发展的权利,每个国家都有责任尊重该权利”的相关问题。②

1993 年,委员会的关注点转向单边强制措施,当时人权委员会敦促国际社会“拒绝某些国家对发展中国家使用明显违反国际法的单边经济措施,其目的在于直接或间接地胁迫受制于这些措施的发展中国家的主权决定”③。

1997 年和 1998 年,人权委员会欢迎发展权利工作组提出的建议,即“国家应该避免实施单边经济措施,避免国内法的域外适用,它们与自由贸易原则相违背,而且阻碍发展中国家的发展”。工作组将该建议纳入促进和落实发展权的全球战略建议中。④

1999 年和 2000 年,人权委员会邀请发展权利工作组“适当审议人权问题和单边强制措施的消极影响问题”,所有特别报告员和关于经济、社会及文化权利的专题任务“在他们的任务范围内合理注意单边强制措施的消极影响和后果”。⑤

342 人权理事会于 2007 年设法处理了该问题。⑥ 次年,理事会

> 谴责某些国家继续单方面适用和实行这种措施,以此为手段对任何国家、特

---

① E/CN. 4/1991/91, resolution 1992/12 of 21 February 1992; E/CN. 4/1994/137, resolution 1994/63 of 4 March 1994; E/CN. 4/1996/177, resolution 1996/60 of 23 April 1996.

② E/CN. 4/1991/91, resolution 1991/79 of 6 March 1991.

③ E/CN. 4/1994/132, resolution 1994/47 of 4 March 1994.

④ E/CN. 4/1996/177, resolution 1996/9 of 11 April 1996. See also E/CN. 4/1997/150, resolution 1997/7 of 3 April 1997; E/CN. 4/1988/88, resolution 1998/11 of 7 April 1998.

⑤ E/CN. 4/1999/167, resolution 1999/21 of 23 April 1999; E/CN. 4/2000/167, resolution 2000/11 of 17 April 2000; E/CN. 4/2001/167, resolution 2001/26 of 20 April 2001; E/CN. 4/2003/135, resolution 2003/17 of 22 April 2003; E/CN. 4/2004/127, resolution 2004/22 of 16 April 2004; E/CN. 4/2005/135, resolution 2005/14 of 14 April 2005.

⑥ A/HRC/4/123, decision 4/103 of 30 March 2007. See also A/HRC/6/22, resolution 6/7 of 28 September 2007; A/HRC/12/50, resolution 12/22 of 2 October 2009; A/HRC/15/60, resolution 15/24 of 1 October 2010.

> 别是发展中国家施加政治或经济压力,企图阻止这些国家按自己的自由意愿行使决定自己的政治、经济及社会制度的权利。①

2012年,人权理事会注意到高级专员关于“此类措施在国际法下的合法性问题以及单边强制措施对人权的影响问题”的研究报告。② 2013年,人权理事会讨论了高级专员的报告,③以及关于“实行单方面强制措施对目标国家人口享有人权的影响有关问题”的研讨会纪要,④要求针对同一主题召开另一次研讨会,关注“它们对妇女、儿童的社会经济影响”。⑤

2014年,人权理事会“深切担心…单边强制措施会持续颁布、落实和执行,除其他外,包括诉诸战争和军国主义……因此给其他国家管辖范围内的个人充分享有所有人权带来阻碍”,决定任命一名单边强制措施问题特别报告员。⑥ (见第六章B,2014年——单边强制措施)

2015年,人权理事会“赞赏地注意到……咨询委员会的进展报告包括评估单边强制措施对人权享有的影响的建议,以及加强问责制的建议”⑦。

2017年,人权理事会收到了2015年举行的一次关于单边强制措施的小组讨论会报告。该报告得出结论认为,

> 这些措施是不正当的非法的和不道德的,不能反映《联合国宪章》中规定的增进和保护人权的目的……有必要对单边强制措施进行更多讨论,包括问责制和对遭受此类措施多年的受害人进行补救。⑧

强迫驱逐(1993年) 343

人权委员会于1993年开始处理强迫驱逐问题,援引了经济、社会及文化权利

① A/HRC/9/28, resolution 9/4 of 24 September 2008.
② A/HRC/19/2, resolution 19/32 of 23 March 2012.
③ A/HRC/19/33; A/67/181.
④ A/HRC/24/20.
⑤ A/HRC/24/2, resolution 24/14 of 27 September 2013.
⑥ A/HRC/27/2, resolution 27/21 of 20 September 2014.
⑦ A/HRC/28/74; resolution 30/2 of 1 October 2015.
⑧ A/HRC/31/82, resolution 34/13 of 24 March 2017.

委员会第 4 号一般性意见,表达了它对于“根据联合国数据,超过 10 亿人无家可归,没有适足住房,而且这个数字还在增加”这一情况的担忧。①

人权委员会要求“一份分析报告”,它 1994 年讨论了该报告。该报告的结论是

> 应该更具体审议强迫驱逐问题……而且建议关于适足住房权、人口转移、国内流离失所者和环境问题的各位特别报告员……特别注意研究他们各自任务与强迫驱逐有关实践之间的关系。②

1996 年,人权委员会委托“一个专家研讨会讨论强迫驱逐实践,以就发展引起的流离失所问题拟订全面人权准则”,该研讨会计划于第二届生境会议(Habitat II,1996 年 6 月)之后召开。③

人口转移、安置(1993 年)

1993 年,人权委员会核可了小组委员会的决定,委托两名成员奥恩 · 哈索内先生和波多野里望先生“编写一份关于人口转移包括定居者和定居点的安置所涉人权问题的初步研究报告”④。

次年,人权委员会准许该任务期限延展,建议组织“多学科专家在完成报告之前召开研讨会”。⑤

特别报告员 1997 年提交了最终报告,给出了专家研讨会的结论和建议,以及一份关于人口转移和定居者安置的宣言草案。该报告建议人权委员会“通过一项文书,其中载有各国公认适用于人口转移和定居者安置的国际法原则”⑥。

全球化(1999 年)

1999 年,人权委员会首次讨论全球化对人权享有的影响,当时,它请小组委员

① E/CN. 4. 1993/122, resolution 1993/77 of 10 March 1993.

② E/CN. 4/1994/20. See also E/CN. 4/2004/127, resolution 2004/28 of 16 April 2004.

③ E/CN. 4/1996/177, decision 1996/104 of 11 April 1996.

④ E/CN. 4/1993/122, decision 1993/104 of 4 March 1993.

⑤ E/CN. 4/1994/132, decision 1994/102 of 25 February 1994.

⑥ E/CN. 4/Sub. 2/1997/23. See also E/CN. 4/Sub. 2/1993/17 and Corr. 1; E/CN. 4/Sub. 2/1994/18 and Corr. 1

会“在条约机构、特别报告员、独立专家和人权委员会工作组基础上，研究全球化及其对充分享有所有人权的影响问题”[1]。小组委员会将两名特别报告员奥洛卡-奥尼安戈(J. Oloka-Onyango)和迪皮卡·乌达加马(Deepika Udagama)的报告[2]于2003年提交给了人权委员会，[3]要求以联合国官方语言公布。[4] 344

人权委员会从2001年开始关注这个问题，当时它强调“必须对全球化进行监督和管理，以期在国家和国际级别上增进其对享有所有人权的积极影响并减轻其消极影响”，因此需要条约监督机构和特别程序“的报告考虑全球化及其对充分享有所有人权的影响”。[5]

2000年，秘书长在提交给大会的一份初步报告中对此问题进行了界定：

> 国际人权法规范和准则着重参与、不歧视、赋予权利和责任制，全球经济则着重自由贸易、增长、就业和可持续发展等经济目标。国际社会所面临的挑战是确保调和这两类目标，以期履行建立有助于所有人权享有的社会和国际秩序的承诺。[6] (见第八章E,“伟大事业”的主流化[1994年])

关于全球化的出现，该报告解释道：

> 在往往是很遥远的新市场竞争的需要导致一连串的兼并和收购，使一些公司能够具有最重要的专门能力，确保在特定地区的国际竞争优势。这种情况又导致特大企业现象。1999年跨界兼并和收购额超过11000亿美元。结果，有些跨国公司拥有比一些国家还要多的经济资源……在最坏的情况下，跨国公司可能得以利用它们相对于一些国家的强势地位，挑拨国家或社区相争以图得到最大的利益。[7]

---

① E/CN. 4/1999/167, resolution 1999/59 of 28 April 1999.

② E/CN. 4/Sub. 2/2000/13; E/CN. 4/Sub. 2/2001/10; E/CN. 4/Sub. 2/2003/14.

③ E/CN. 4/2000/167, decision 2000/102 of 17 April 2000.

④ E/CN. 4/Sub. 2/2003/43, decision 2003/117 of 15 August 2003. See also E/CN. 4/2004/127, decision 2004/107 of 16 April 2004.

⑤ E/CN. 4/2001/167, resolution 2001/32 of 23 April 2001.

⑥ A/55/342 para 8.

⑦ A/55/342 paras 41 and 42.

该报告强调了需要解决整体权利问题：

> 这种挑战的实质是必须审查全球化的社会、政治、文化和经济层面及其对每个人权利的影响。正如秘书长在其提交千年大会的报告中指出的那样：[①]“经济领域无法与更复杂的社会和政治结构分开而单独在自己的轨道上
> 345 腾飞。全球经济的生存和兴旺必须有共同价值观和机构做法作为更坚实的基础，必须促进更广泛和更包容的社会目的。”[②]

高级专员于2002年向人权委员会做了关于农业贸易自由化的报告。[③] 该报告的结论是，“正如联合国粮食及农业组织所确认的那样，只要制定国内政策来分配收益并补偿输家，那么贸易自由化就可以在改善获得粮食的机会方面发挥重要作用”。该报告倡导在若干领域采取行动以追求实现贸易自由化的人权路径，包括“人权影响研究……针对易受害人民和群体的特别和差别待遇……使发展中国家的特别和差别待遇投入运作……提供更多针对发展的融资……更多的针对性粮食援助”[④]。

人权委员会再次确认促进和保护所有人权最重要的是国家责任，“国家除了对它们自己的社会负有单独责任，还在全球层面负有支持人类尊严原则、平等公正原则的集体责任”[⑤]。

2004年，人权委员会表达了它对于“为缩小发达国家和发展中国家的差距而采取的措施不足”的深切忧虑，并且承认“执行《千年宣言》及达到“千年发展目标”确定的目标将有助于逐步实现发展权”。[⑥]

关于全球化影响的讨论与发展权实现类似。人权委员会2005年开始关注这个问题，“强调需要放宽规则，以便在全球经济中确保增长和发展游戏的公平分配”，以及

---

① A/54/2000 para 25.

② A/55/342 para 48.

③ E/CN. 4/2002/54.

④ E/CN. 4/2002/54 IV. See also E/CN. 4/2002/200, resolution 2002/28 of 22 April 2002.

⑤ E/CN. 4/2003/135, resolution 2003/23 of 22 April 2003.

⑥ E/CN. 4/2004/127, resolution 2004/24 of 16 April 2004.

> 只有通过广泛和持久的努力,包括在全球一级制定政策和措施,在人类多样性的基础上共同创造未来,才能使得全球化具有充分的包容性和公平,符合人道主义,促进享有所有人权。①

从 2002 年开始的一段时期,联合国大会每年都支持人权委员会关于全球化及其对人权享有的影响的工作。②

B. 发展权(1977 年)

引　言

1977 年,人权委员会首次对“发展权”进行了思考。相关讨论是委员会在接下来数年,以及之后的人权理事会工作的基本组成部分。

人权委员会 1977 年届会的会议报告中对发展权有如下介绍: 346

> 一些发言者承认,与实现经济、社会和文化权利相关的问题涉及国际和国内两个维度。欠发达问题是殖民统治的后遗症。即使实现了政治独立,发展中国家的自然资源仍经常遭到新殖民主义的掠夺……涉及的阻碍经济、社会及文化权利实现的其他外部因素包括威胁国家主权和民族统一的侵略与威胁、外国占领、种族隔离和其他形式的歧视与统治,还有跨国公司的活动……
>
> 几位代表强调,他们认为,对发展中国家经济社会发展的援助是国际社会,尤其是工业化国家的道德和法律义务。这种责任基于《联合国宪章》(特别是第五十五条和第六十六条)、《世界人权宣言》和其他强调国家团结基本原则的联合国文件。
>
> 几位发言者从这些文件中推导出发展权的存在,联合国特别是人权委员会应该促进该权利。他们提议,“发展权的国际性”这一主题应该由秘书

---

① E/CN. 4/2005/135, resolutions 2005/14 and 2005/17 of 14 April 2005.

② See, for instance, General Assembly seventy-first session, resolution 71/197 of 19 December 2016.

长进行综合全面的研究，并与联合国教科文组织和其他适格的专门机构合作。①

人权委员会要求研究"作为人权的发展权的国家性，与其他基于国际合作的人权之间的关系，包括和平权，并考虑新的国际经济秩序和基本人类需要"②。该研究还应该③协助人权委员会更新"甘吉报告"。④（见上文，第五章 A，"甘吉报告"［1969—1974 年］）

当年晚些时候，联合国大会通过了一份关键文件，规定了人权委员会应该遵循的原则。⑤

大会在人权委员会议程中引入"替代性措施"，旨在为委员会提供新的工作方
347 法。当时，后者已经开始对不同国家侵犯人权的指控进行调查；同时随着人权公

---

① E/CN. 4/1257 paras 39-41.

② E/CN. 4/1257, resolution 4 (XXXIII) of 21 February 1977; endorsed in Economic and Social Council sixty second session, decision 229 (LXII) of 13 May 1977.

③ E/CN. 4/1292, resolution 10 (XXXIV) of 24 February 1978.

④ E/CN. 4/1108/Rev. 1; E/CN. 4/1131/Rev. 1.

⑤ General Assembly thirty-second session, resolution 32/130 of 16 December 1977. 该决议决定联合国系统内今后处理有关人权问题的工作办法应该考虑到以下概念：

(a) 一切人权和基本自由都是不可分割并且是互相依存的；对于公民权利和政治权利，以及经济、社会和文化权利的执行、增进和保护，应当给予同等的注意和迫切的考虑；

(b) 正如一九六八年《德黑兰宣言》所确认的，若不同时享有经济、社会及文化权利，则公民及政治权利绝无充分实现之日；实现人权如要达成长久进展，亦有赖于健全有效的国家和国际经济及社会发展政策；

(c) 个人和各国人民的一切人权和基本自由是不可剥夺的；

(d) 因此，人权问题应当在全球范围内加以审议，要同时考虑到发生人权问题的各种社会的全面情况，以及关于促进个人的充分尊严和社会的发展和福利的需要；

(e) 在联合国系统内处理人权问题时，国际社会对于为种族隔离、一切形式的种族歧视、殖民主义、外国统治和外国占领、侵略和对国家主权、国家统一和领土完整的威胁以及拒绝承认民族自决和各国对其财富和自然资源享有行使充分主权的基本权利等状况所影响的各国人民和个人，其人权受到大规模严重侵害的情势，应作为优先事项，或继续作为优先事项，来寻求解决；

(f) 实现新的国际经济秩序是有效增进人权和基本自由的必要因素，也应当给予优先地位；

(g) 为了增进人权和基本自由，各会员国加入或批准这方面的国际文书从而承担具体的义务，至为重要，因此，应当鼓励联合国系统在人权领域树立标准的工作，并且鼓励有关国际文书获得普遍接受和执行；

(h) 联合国系统所有机构在有关人权和基本自由的工作中，应当考虑到发达国家和发展中国家两者的经验和贡献。

约的生效,国际人权法的发展正劲。(见第四章B,委员会早期勉力完成工作的尝试[1952—1966年])

1979年人权委员会收到的报告为其相关讨论提供了全面分析和基础,当时与会者观点各异。① 报告详述了发展权的概念和它的国际维度,援引了反映共同责任或团结的国际文书。作为实现经济、社会及文化权利的前提,发展权应作为人权存在。②

该报告讨论了发展权是否为新的人权,或者说它是否有所有权利的反映,并认为它的确可以促进所有权利的实现。这包括道德层面、现有的国际层面的法律规范、权利的主体和受益人以及权利带来的义务。③

该报告还讨论了影响发展权实现的具体问题,提到了自决权、裁军、参与、发展援助、跨国公司的角色以及新的发展策略的实施。④

该报告做了评论和建议,反映了相关讨论的各个方面。如关于发展权的本质和范围,报告指出:

> 发展权就像其他人权,它不是静止的,而是不断演进的概念。发展观念
> 的变化,对建立新的国际社会、经济、政治和文化秩序的必要性的认可使发展 348
> 权愈发重要。可以期待,在接下来的几年里,对发展权含义的理解将更加全面,对该权利与义务的阐释也会更加详细。⑤

发展权的另一个维度影响了发展援助的性质。真正支持鼓励发展的人权特征与随后几年出现的“条件性”现象——有条件地对人权落实进行援助——之间需要寻求平衡:

> 为官方发展援助目的进行的发展权含义分析……表明国际社会对加强促进人权和提供官方发展援助之间的联系很感兴趣。鉴于现在似乎没有官

---

① E/CN. 4/1347 paras 111-128.

② E/CN. 4/1334 I paras 14-37.

③ E/CN. 4/1334 II paras 38-114.

④ E/CN. 4/1334 IV paras 206-303.

⑤ E/CN. 4/1334 V para 307.

> 员与该问题进行的全面分析,人权委员会……希望考虑对相关问题进行详细研究,以便形成一般性原则和标准,用于指导将来的双边和多边援助协议,努力在整体上促进人权,尤其是发展权。①

有关经济、社会及文化权利的讨论涉及跨国公司,因为它们对若干国家的经济有特殊影响:

> 该报告……注意到跨国公司活动带来有益影响的潜力是巨大的。然而,它们活动的某些方面引发了沉重的忧虑。尽管若干联合国机构正在为跨国公司制定相近的行为准则,本报告的分析……表明为了阐明与这些公司义务相关的特定人权还有许多工作要做,无论是一般情况下还是特殊情况下。②

在此背景下,该报告明确了需要将人权标准融入联合国发展项目中:

> 该报告最重要的结论之一是……需要确保促进尊重人权是所有发展项目不可缺少的要素。在这方面,人权委员会倾向于认为,促进人权最有效的方式方法可以被充分纳入联合国发展项目的整体中,包括促进发展权的方式
> 349 方法。在发展权语境下能够被讨论的重要问题是:在关于发展的各个方面的报告中,例如20世纪80年代审议国际发展战略取得的进展的报告,特别考虑人权,包括发展权的方式;改善联合国体系内人权活动协调性的需要……将人权标准适用于发展计划的制定和实施;人权影响评估的"可行性",人权影响评估可能与环境影响评估概念类似,在开始特定的发展项目前实施,或者与准备综合发展计划或方案有关。③

这可以被认为是人权委员会基准和指标工作的萌芽,同时也是经济、社会及文化权利委员会相关工作的开始:

---

① E/CN. 4/1334 V para 312.
② E/CN. 4/1334 V para 313.
③ E/CN. 4/1334 V para 314.

> 人权作为发展权概念的重要维度,反映了它的动态特征。该概念的持续演进以及向能够为发展活动提供指导和启示的观念的转变,很大程度上依赖于人权委员会将来的活动方式。[①]

重要的是,这些问题在随后几年将会出现,尽管不是在与讨论发展权直接相同的语境下。1997年的秘书处改革带来的联合国系统内人权主流化、发展项目中人权的引入、1998年联合国发展援助框架的建立、联合国人权事务高级专员办事处和联合国开发计划署的项目、对工商业的关注,以及1999年《全球契约》的通过,都表明了这一点。(见第八章,“伟大事业”步入当代[1987—2005年])

人权委员会要求再提供一份报告,反映作为人权的发展权的区域和国家维度,“尤其要注意发展中国家在确保该权利享有方面遇到的阻碍”[②]。人权委员会考虑了建立更加公平公正的国际经济秩序的必要性,“该秩序将会允许在所有国家实现更平衡的发展,将承认所有人享有适足生活水准的平等权利的《世界人权宣言》中的原则变为现实”[③]。

1979年,经济及社会理事会决定

> 请秘书长于1980年……举办一个讨论会,讨论现有的不正义的国际经济秩序对于发展中国家经济的影响,特别是对实现《世界人权宣言》第二十五条所宣布的享有充分生活水平的权利所造成的障碍。[④] 350

1980年,人权委员会又进行了一次讨论,考虑关于发展权的分歧观点。“在介绍这个术语时,人权司司长注意到秘书长的报告(E/CN. 4/1334)在联合国机构和科学界已经受到了广泛关注。”[⑤]

与此同时,在1974年,联合国大会召开了一次特别会议,“首次研究自然资源和发展问题,致力于讨论国际社会面临的最重要的经济问题”。该次特别会议通

① E/CN. 4/1334 V para 316.

② E/CN. 41/1347, resolution 4 (XXXV) of 2 March 1979.

③ E/CN. 4/1347, resolution 5 (XXXV) of 2 March 1979.

④ E/1979/79 Economic and Socia Council, first regular session of 1979, decision 1979/30 of 10 May 1979.

⑤ E/CN. 4/1408 VI 111.

过了《建立新的国际经济秩序宣言和行动纲领》。[①] 同一年,大会通过了《各国经济权利和义务宪章》。[②]

次年,即1975年,大会举行了另一场关于发展和国际经济合作的特别会议,[③]至1980年,大会通过了《联合国第三个十年国际发展战略》。[④]

有关发展权的辩论为上述宣言和行动纲领提供了人权视角。例如,在人权委员会的辩论中,反复提到的一点是,经济发展不应该单纯从技术角度理解,而应该在促进人权实现方面,从其对个人和社会的整体价值进行理解。这种方式引起了人权委员会某些成员国的注意,它们"质疑人权委员会在国际经济事务中的职权,以及复制联合国其他机构如联合国贸发会、联合国工业发展组织、联合国开发计划署、联合国粮农组织和国际劳工组织的工作是否可取"[⑤]。人权委员会在几项决议中澄清了与其任务一致的人权办法,大意是其参与经济事务主要基于它与实现经济、社会和文化权利的相关性,这最终成为基于人权的发展方法(Human Rights-Based Approach to Development, HRBA)(见第八章E,"伟大事业"的主流化[1994年])。

经济、社会及文化权利的本质和内容与联合国体系内若干方面的活动相一致,或者说相重合。它们的实现涉及联合国体系内现存经济和社会政策、实践与《经济、社会及文化权利国际公约》下缔约国条约义务的一致性,涉及的主要机构包括世界银行和国际货币基金组织。

1980年,人权委员会对其议程进行了重新排序,区分了享有适足生活水准权问题与不公正的国际经济秩序对发展中国家的经济影响问题,后者论及的这种经济秩序阻碍了人权的实现。
351 1981年,委员会正式将发展权写入了其议程。[⑥]

人权委员会要求更新研究报告,[⑦]关注有效实现发展权需要的条件。它要求该研究关注某些可能影响发展的领域(13个)。它核可了小组委员会的决定,任命了一名特别报告员劳尔·费列罗(Raúl Ferrero),以为小组委员会准备一份关于

① General Assembly sixth special session, resolutions 3201 (S-VI) and 3202 (S-VI) of 1 May 1974.

② General Assembly twenty-ninth session, resolution 3281 (XXIX) of 12 December 1974.

③ General Assembly seventh special session, resolution 3362 (S-VI) of 16 September 1975.

④ General Assembly thirty-fifth session, resolution 35/56 of 5 December 1980.

⑤ E/CN. 4/1408 paras 124 and 125.

⑥ E/CN. 4/1408, resolution 6 (XXXVI) of 21 February 1980, para 7.

⑦ E/CN. 4/1408, resolution 7 (XXXVI) of 21 February 1980.

“新的国际经济秩序和增进人权”的研究报告。[1] 1981年,该后续报告提交到了人权委员会。[2]

关于发展权的第一个工作组(1981年)

1981年,紧随秘书长两份报告[3]之后,人权委员会建立了一个由15名政府专家组成的工作组,以

> 研究发展权的范围和内容,以及确保在所有国家实现各种国际文件规定的经济、社会及文化权利最有效的方式,特别关注发展中国家在确保人权享有的过程中遇到的困难。

该工作组被要求提出落实发展权的建议,并起草一份国际文书。[4]

1982年,人权委员会批准了工作组的报告,[5]并且决定重新召集该工作组“执行同样的任务……起草一份发展权利宣言草案”[6]。

不结盟运动国家支持关注国际经济新秩序,将其作为实现发展权的前提。正如前些年一样,人权委员会

> 感兴趣地注意到不结盟国家元首和政府首脑1979年9月3日至9日于古巴哈瓦那举行的第六次会议确定不结盟运动的基本目标之一是:尽早建立新的国际经济秩序,以加速发展中国家的发展;消除发达国家和发展中国家之间的不平等。[7]

1983年的讨论反映了持续存在的关于发展权性质的观点分歧, 352

---

① E/CN. 4/1408 resolution 18 (XXXVI) of 29 February 1980.

② E/CN. 4/1421.

③ E/CN. 4/1334 and E/CN. 4/1421.

④ E/CN. 4/1475, resolution 36 (XXXVIII) of 11 March 1981.

⑤ E/CN. 4/1983/11.

⑥ E/CN. 4/1982/30, resolution 1982/17 of 9 March 1982.

⑦ E/CN. 4/1982/30, resolution 1982/17 of 9 March 1982.

代表们对发展权的性质表明了各种观点。有的代表说发展权是一种全面的权利，这种权利的享有涉及个人、社会和国际社会的物质福利以及道德和智力的进步。有的代表说发展权是一种综合的权利，它包括要有效地实现其他基本人权的所有条件和义务。①

在1983年的一个相关动议中，人权委员会要求“综合分析研究”“作为全面实现所有人权重要因素的民众参与权”。② 随后几年该问题持续得到讨论，③最终民众参与的重要性被纳入人权委员会关于实现发展权以及经济、社会及文化权利的决定中(见上文，第五章A，民众参与[1983—1991年])。

此外，小组委员会还委托一名成员阿斯比恩·艾德为食物权研究做准备：“特别报告员……应该特别关注食物权的规范内容和它对于建立新的国际经济秩序的重要意义。”④

人权委员会追求实现经济、社会和文化权利的目标包括两个层面：一方面，在全球层面，正如对发展的关注所表明的那样，需要新的国际经济秩序、外债和经济结构调整政策；另一方面，需要分析个人权利，例如食物权、适足住房权、极端贫困、健康、环境和教育。

《发展权利宣言》(1984—1986年)

1984年，人权委员会请工作组在下一年内提交关于发展权利的宣言草案。⑤ 委员会还建议出版和分发小组委员会关于国际经济新秩序和增进人权问题的报告。⑥

次年，人权委员会表达了它对“世界上许多国家中经济、社会和文化权利的落实状况在不断恶化”的关切，并且呼吁各国制定旨在实现经济、社会及文化权利的

① E/CN. 4/1983/60 para 97. See also paras 98-103.

② E/CN. 4/1983/60, resolution 1983/14 of 22 February 1983.

③ E/CN. 4/1984/77, resolution 1984/15 of 6 March 1984. See also E/CN. 4/1985/66, resolution 1985/44 of 14 March 1985.

④ E/CN. 4/1983/60, resolution 1983/16 of 22 February 1983.

⑤ E/CN. 4/1984/77, resolution 1984/16 of 6 March 1984.

⑥ E/CN. 4/1984/77, resolution 1984/17 of 6 March 1984.

政策。委员会敦促小组委员会优先研究食物权问题、审议和更新“甘吉报告”中的 353
结论和建议。[1]

至1985年，工作组向人权委员会提交了它自1981年以来九次会议的成果。此时工作组尚未完成宣言草案，它的报告包括几次会议积累的若干待决建议。[2]

在该届会议上，将宣言起草事项提交联合国大会的建议取代了工作组继续召开会议以完成该项工作的方案。对原始宣言草案的修改通过几次公开表决方才决定，反映了人权委员会内部存在的分歧。[3]

为了支持大会通过有关发展权利的宣言，人权委员会还提交了“发展权问题相关报告的部分内容、委员会讨论纪要，以及其他相关文件”。同时，它决定召集工作组“研究促进发展权的必要措施”。[4] 同年晚些时候，联合国大会决定将宣言起草工作推迟到1986年届会，并决定将原定的工作组1986年的会议推后。[5]

1986年12月4日，联合国大会最终通过了《发展权利宣言》。[6]（见第七章A4，发展权[1986年]）

《宣言》通过后的工作组（1987年）

人权委员会的工作组在《发展权利宣言》通过之后的后续进程中继续发挥着重要作用。它被要求“提出关于促进发展权实现的具体建议”[7]。

在《宣言》通过后的第一个决议中，人权委员会认可了工作组的建议，即“将来关于发展权的工作应该按步骤分阶段进行”，人权委员会请工作组提出“哪些建议最有助于促进和落实《发展权利宣言》，以及落实该宣言的可执行措施”。[8]

人权委员会1988年采用了谨慎的措施，决定于1989年1月召集一个“不限成员名额”的政府专家工作组；还决定将以工作组的报告和委员会成员的观点为基

---

① E/CN. 4/1985/66, resolution 1985/42 of 14 March 1985.

② E/CN. 4/1985/11 paras 34 and 35.

③ E/CN. 4/1985/66 paras 130-161.

④ E/CN. 4/1985/66, resolution 1985/43 of 14 March 1985.

⑤ General Assembly fortieth session, decisions 40/425, and 40/427.

⑥ General Assembly forty-first session, resolution 41/128 of 4 December 1986.

⑦ E/CN. 4/1986/65, resolution 1986/16 of 10 March 1986.

⑧ E/CN. 4/1987/60, resolution 1987/23 of 10 March 1987.

础，确定《宣言》通过之后落实和增进该《宣言》的实际措施。[①]

354 工作组于1989年向人权委员会提出了一些建议；其中一些反映在委员会决议中。委员会表达了它的观点："忆及……委员会在《发展权利宣言》的宣布之后，现已经进入其旨在执行和进一步加强该宣言而就此事项进行审议的新阶段。"它呼吁召开一次关于实现发展权的全球磋商。[②]

全球磋商(1990年)

随着1986年《发展权利宣言》的通过，[③]人权委员会工作组建议进行一次全球磋商，"讨论发展权实现问题……关注执行宣言的基本问题，用于识别取得的进展和评估此类进展的机制的标准"[④]。

全球磋商于1990年1月进行。政府间和非政府间组织的跨学科专家代表齐聚一堂，包括联合国贸发会秘书长肯尼斯·达济(Kenneth Dadzie)，国际经济合作部总干事安托万·布朗卡(Antoine Balnca，他后来成为人权事务中心主任)，非政府组织——种族主义、种族歧视、种族隔离和殖民特别委员会秘书伊迪丝·巴兰坦(Edith Ballantyne，人权领域顶尖的民间社会人物)，委员会发展权利工作组主席阿利翁·塞内(Alioune Sete)，以及人权事务中心主任扬·马丁森(Jan Martenson)，工作组为此次磋商准备了宣言。

此次磋商讨论了两种经济制度下发展战略的人权方面：[⑤]

> 一项只侧重经济增长……的发展战略大体上并没达成社会公正；人权仍然遭到侵害，直接地或是通过社会关系中个性的丧失、家庭和社会以及社经生活的瓦解。
>
> 一直过分依靠中央计划管制经济、排除个人和团体的参与且并不为其提供机会积极参与国家经济生活的发展战略也常常没有达到发展权利的实现。[⑥]

---

① E/CN. 4/1988/88, resolution 1988/26 of 7 March 1988.

② E/CN. 4/1989/86, resolution 1989/45 of 6 March 1989.

③ General Assembly forty-first session, resolution 41/128 of 4 December 1986.

④ E/CN. 4/1989/10 V para 35.

⑤ E/CN. 4/1990/9/Rev. 1.

⑥ E/CN. 4/1990/9/Rev. 1 paras 153 and 154.

此次磋商的结果强调联合国发展部门需要新文化,这是20世纪90年代后期和21世纪初期改革的核心。那时,联合国体系内人权“主流化”被正式引入(见第八章E,“伟大事业”的主流化[1994年])。

至1990年,人权委员会在其议程中加入“发展权的实现”这一项,以关注1986 355
年《宣言》的落实情况。在这方面,发展权讨论在技术上要与它的起源——社会、经济及文化权利的实现这一整体问题分开。

《宣言》的落实本身就是一个需要关注的问题。紧随此次磋商,人权委员会要求“综合研究……联合国体系内为了持续落实《发展权利宣言》而采取的措施和提出的建议,并做出报告”①。

发展权的实现是世界人权会议的议程之一。人权委员会重申“呼吁世界人权会议筹备委员会……充分考虑《发展权利宣言》”。它请秘书长“提出关于有效落实和促进《发展权利宣言》的具体建议”。②

秘书长的报告中列出一系列建议,“这些建议利用了全球磋商形成的提议,1990、1991和1992年收到的关于发展权利落实的意见,以及相关学术文献”③。

报告指出,一些国际机构已经在它们的战略中使用了发展权概念。

> 委员会在所有讨论中应当牢记,有两项事态发展可能对促进发展权具有极其重大的意义。第一,在委员会审议之外,而且也不经委员会敦促,联合国许多从事发展问题的机构已在其方案、政策声明或出版物中纳入了一般人权问题,特别是《发展权利宣言》中的原则。第二,1992年6月,各国政府通过了关于环境与发展的《里约宣言》,表明了它们有决心从事可持久的发展。《里约宣言》原则3宣布有必要实现发展权,以便“公平地满足目前和未来世代的发展和环境需求”。④

报告接下来极富远见地写道:

---

① E/CN.4/1990/94, resolution 1990/18 of 23 February 1990.

② E/CN.4/1992/84, resolution 1992/13 of 21 February 1992.

③ E/CN.4/1993/16 para 3.

④ E/CN.4/1993/16 para 5.

可以认为,这两种事态发展或多或少地确定了发展和人权的议程,使人权委员会更有必要及时制订一项战略,将发展权问题提升为联合国发展领域的主流活动之一。《发展权利宣言》将是在发展的范围内强调经济、社会和文化权利以及公民权利和政治权利之间之相互依存和不可分割性的一个极好框架。①

356 报告提到了联合国开发计划署和联合国儿童基金,它们分别关注"人类发展"和"人类投资"。"世界银行已经引入了'善治'概念,将其定义为'高效的公共服务,可靠的司法体系,以及负责的行政管理'。"

令人更加感兴趣的是有些发展机构还将这些政策融入它们项目的构想、设计和计划中。开发计划署关于制订国家人类发展战略、确定人类发展目标的提议就是一例。另一个例子是儿童基金会协调的世界儿童问题最高级会议所通过的行动计划。作为后续行动,已有130多个国家准备或正在制订国家行动方案,以执行该行动计划。②

报告提到的主要困难包括

实现发展权的最大问题还是出现在国际宏观经济一级,因为发展中国家与发达国家、南方与北方、穷国与富国之间的差别日益扩大,并因贸易壁垒、债务、缺乏技术转让和限制性的移民政策而更为加剧,阻碍了真正的进展。但是,也有一些问题出现在国家一级,特别是国内收入分配日益悬殊,腐败行为得不到惩罚……整个联合国系统内部缺乏协调是另一个严重的障碍,更为令人不安的是,秘书处内处理人权、社会发展和经济事务的各个部门之间缺乏协调,这主要是部门分割的结果。③

报告提出了一些后续跟进建议,有一些很难实现。其中四个反映了报告的一

① E/CN. 4/1993/16 para 5.

② E/CN. 4/1993/16 para 15.

③ E/CN. 4/1993/16 paras 21 and 22.

般逻辑。

第一个是建立一个高级别专家委员会,许多场合都曾提出过这个建议,尤其在1990年全球磋商中提道:

> 尽管秘书长不认为有必要设立另一个专家机构,但是高级专家委员会可以在下列四个不同的方面履行职责:(i)作为一个条约监督性的机构,审查国家报告;(ii)作为一个人权的“大型委员会”……并作为联合国人权和社会经济方案之间的一个正式的桥梁;(iii)作为一个向人权委员会、经济及社会理事会和大会提供专家咨询的机构,类似于在一般发展问题方面就各个专题问题向大会提供咨询的发展规划委员会;(iv)作为一个工作组,类似于土著人民问题工作组,提供一个讲台,各国政府非政府组织和专家可以在那里聚会和讨论。①

第二个建议是,

> 委员会不妨考虑建议设立一个机构间执行小组,类似于由世界卫生组织设立的艾滋病问题咨询小组……它的职权范围可以是:(i)作为一个为全联合国系统交流有关执行《发展权利宣言》的信息的讲坛;(ii)认明可能的联合活动;(iii)建立各种活动之间的联系。经过必要的修正,这一咨询小组可以成为一个机构间委员会。② 357

第三个建议是“人权事务中心进行一次机构间磋商,以探讨将人权的各种要素纳入发展活动的问题。还可以请非政府组织,特别是那些在发展中国家的非政府组织进行类似的活动”③。

最后一个建议是任命一名特别报告员,“审查执行《发展权利宣言》,认明遇到的障碍,提出克服这些障碍的措施”④。

至于国际金融机构,该报告“认识到最近政策在朝这个方向转变,应当进一步

---

① E/CN. 4/1993/16 para 38.

② E/CN. 4/1993/16, para 39.

③ E/CN. 4/1993/16, para 40.

④ E/CN. 4/1993/16, para 41.

鼓励国际金融机构将其工作的重心从经济增长转到人类发展”①。

全球磋商之后,人权委员会要求“综合研究……联合国系统内继续落实和执行《发展权利宣言》所采取的措施和提出的建议”②。

关于发展权的第二个工作组(1993年)

在全球磋商提出的选择中,人权委员会更倾向于遵循先例——建立工作组。该工作组被要求:“(a)识别执行和实现《发展权利宣言》遇到的困难……(b)提出所有国家实现发展权的方式和途径。”③

维也纳世界人权会议前的一段时间——1992年11月在突尼斯、1993年1月在哥斯达黎加圣何塞,以及1993年3至4月在曼谷,分别召开了区域会议。在这些区域会议上,发展权成为讨论重点。④ (见第八章C,世界人权会议[1990—1993年])

工作组的第一届会议讨论了发展权框架,明确了它在国家和国际层面落实发展权的观点。尽管没有时间讨论任务的第二部分——落实发展权所遇到的困难,但工作组还是提出了四组困难。人权委员会和第一个工作组的讨论记录已经详细阐述了遇到的困难,新的工作组以这些记录为基础:

> 与其进一步例举对发展权利的种种障碍——因为这是永远也例举不完
> 358 的,并为了有力地阐明其职责,做成工作建议,工作组决定进行一项初步尝试,把这些障碍归纳为如下四类:
>
> (a)对实施《发展权利宣言》的最重要的障碍之一是存在着威胁国际和平与安全的因素。在世界许多地方,由于武装冲突、公然无视属于民族和其他少数的人的权利的、大量人口在其原籍国内外流离失所、自然灾害等等,已产生并继续产生大规模侵犯人权包括侵犯发展权利的现象;

---

① E/CN. 4/1993/16, paras 48-52.

② E/CN. 4/1990/94, resolution 1990/18 of 23 February 1990. See also E/CN. 4/1991/91, resolution 1991/15 of 22 February 1991.

③ E/CN. 4/1993/122, resolution 1993/22 of 4 March 1993.

④ E/CN. 4/1993/122, resolution 1993/22 of 4 March 1993. See also E/CONF. 157/APRM/resolution AFRM/6: Realization of the Right to Development; E/CONF. 157/AFRM/resolution AFRM/7. Full realization of economic, social and cultural rights.

> (b) 一旦公约内列举的基本经济、社会和文化权利之一遭到漠视，发展权利就遭到侵犯……
>
> (c) 尽管最近举行的一些世界大会……都在一定程度上扩大了发展的概念……但对工作组而言，似乎出现了一些对实现发展权利的新障碍，并需要予以解决；障碍之一是缺乏可用以实现这些雄心壮志的资源，其他障碍是在国家和国际各级经济发展及其政治、环境、社会和文化后果之间缺乏联系；国家在其与社会的关系中和在其治理上发挥的作用不妥以及出现各种各样的腐败现象……
>
> (d) 由此工作组认为发展权利的实现面临一个共同的障碍：在政府一级和联合国系统内的各机构和方案之间的机构性机制作用发挥不力。[①]

在第二届会议上，工作组关注专门机构和其他政府间机构的角色，并与经济、社会及文化权利委员会主席进行了磋商。工作组继续讨论了遇到的障碍，明确了“工作组认为，因为国际社会发生了深刻的变化，是时候更多地关注实现发展权所遇到的新障碍了(E/CN. 4/1994/21)”[②]。

第三届会议上，工作组关注实施问题，包括民间社会的角色。人权委员会要求采取措施促进对《发展权利宣言》的认可，从而增强国家、区域和国际进程对该宣言的吸收。[③]

关于发展权的第三个工作组(1996年)

人权委员会从1981年开始就关注《发展权利宣言》的起草。委员会该时期的努力体现为建立了三个工作组，第一个存续了八年(1981—1989年)，第二个存续了三年(1994—1996年)，第三个从2000年开始工作，同时委员会还任命了一个独 359
立专家为工作组提供实现发展权所取得的进展的信息。

第二个工作组结束工作时并没有达成共识，第三个工作组第一年在主席任命上存在分歧，因而没有运行。至2000年，人权委员会启动了第三轮讨论，以寻求对

① E/CN. 4/1994/21 and Corr. 1 para 91.

② E/CN. 4/1995/11 III para 46.

③ E/CN. 4/1995/176, resolution 1995/17 of 24 February 1995.

《宣言》的共识,并建立监督其实施的程序。

1996年,人权委员会结束了第二个工作组的工作,并立即设立了另一个工作组——第三个工作组。它欢迎"发展权利问题工作组任务期间的工作,以及对有效落实《发展权利宣言》所作出的贡献",并决定"建立一个政府间专家工作组,任务是制定详细的促进和落实发展权的战略",因为落实《宣言》需要在各个层面进行"持续具体的努力"。①

新的工作组花了两年时间最终建立,由10名政府专家组成。它被要求"制定详细的落实和促进发展权的战略……工作组将会把它们用于进一步落实和推动发展权"②。

随后一年,人权委员会收到了工作组的中期报告③和秘书长的报告④。人权委员会请工作组继续鼓励更广泛的国际社会参与,详细阐明落实《宣言》的战略,"适当考虑"消除已经识别的障碍的可能性,以及"建立新的《发展权利宣言》后续进程或者增强现有进程"的可能性。⑤

1998年,工作组提出了一个落实和促进发展权的全球战略,并包含一个后续进程。工作组提出了四个选项:

> (a)人权委员会自己负责;(b)由联合国秘书长与人权委员会协商后根据委员会的建议建立一个高级别小组……(c)一个由区域集团提名的专家组成的人权委员会工作组;(d)一个由来自区域集团的成员国组成的发展权利委员会……根据轮值原则……定期轮换。⑥

关于发展权的第四个工作组以及独立专家(1998年)

人权委员会确认了若干原则,⑦并且决定建立一个后续机制,始期为三年,由

① E/CN. 4/1996/177, resolution 1996/15 of 11 April 1996.
② E/CN. 4/1996/177, resolution 1996/15 of 11 April 1996.
③ E/CN. 4/1997/22.
④ E/CN. 4/1997/21. See also A/51/36, A/51/539, and E/CN. 4/1997/98.
⑤ E/CN. 4/1997/150, resolution 1997/72 of 16 April 1997.
⑥ E/CN. 4/1996/177, resolution 1996/15 of 11 April 1996.
⑦ E/CN. 4/1998/177, resolution 1998/72 of 22 April 1998.

一个工作组和一名独立专家组成。工作组不限成员名额,任务是

> (i)监督和审查国家和国际一级……在促进和执行发展权方面取得的进展,就此提出建议并进一步分析充分享有发展权所遇到的障碍,每年侧重于《宣言》中的一项具体承诺;(ii)审查……就各类活动与发展权之间的关系提交的报告和任何其他资料;(iii)就其审议工作提出届会报告,供人权委员会审议,其中除其他外,包括就执行发展权问题向人权事务高级专员办事处提出的咨询意见和技术援助方案建议。[①] 360

独立专家应该是“在发展权领域具有较强能力的个人……他的任务是向每一届工作组会议提交一份研究报告,报告落实发展权取得的进展”[②]。

经济及社会理事会批准了人权委员会建立后续机制的建议,该机制由一个工作组和一名独立专家组成。它邀请高级专员

> 在该机制运行期间每年向委员会提出一份报告,向工作组提出中期报告并向独立专家提供这些报告,每次均应包括:(a)任务授权中所载的发展权有关的活动;(b)委员会和大会关于发展权决议的执行情况;(c)联合国系统内执行委员会这方面决议的机构之间的协调工作。[③]

工作组在2000年没有举行实质性会议,因为对于主席任命没有达成共识,直到人权委员会届会开幕不久之前才确定。[④] 2000年届会上,人权委员会重申了它之前的决定,即建立一个后续机制,“欢迎并一致拥护阿尔及利亚的邓布里(M. S. Dembri)女士担任发展权工作组主席”,并且鼓励主席“不晚于2000年9月末”召集一次工作组会议。[⑤]

工作组于2000年9月召集了第一次会议,2001年1月29日至2月2日、2月

① E/CN. 4/1998/177, resolution 1998/72 of 22 April 1998.

② E/CN. 4/1998/177, resolution 1998/72 of 22 April 1998

③ E/CN. 4/1999/167, resolution 1999/79 of 28 April 1999.

④ E/CN. 4/2000/21.

⑤ E/CN. 4/2000/167, resolution 2000/5 of 13 April 2000.

26日至27日,以及3月2日又各召集了一次会议。[①] 在这些会议上,工作组收到了独立专家阿尔琼·桑古塔(Arjun Sengupta)准备的文件。[②]

除了工作组和独立专家的报告,人权委员会还收到了高级专员关于其落实发展权活动的报告。该报告关注"消除贫困、国际金融结构、企业责任、性别主流化、教育、健康、食物、种族歧视、土著居民、善治、移民和人口贩运"等问题。[③]

361 人权委员会请独立专家"进一步阐明拟议的'发展契约'……它……还承认,对许多发展中国家来说,实现食物权、健康权和教育权是实现发展权的关键内容"[④]。

1999年,人权委员会一方面表达了它的"担忧,即在《世界人权宣言》通过五十周年之际,绝对贫困、饥饿、疾病、缺少住所、文盲和无望困扰着超过10亿人,这一事实是不可接受的"。另一方面,它欢迎"大会通过发展议程[⑤]……该议程宣布发展是联合国主要优先事项之一……它的目标是重建新的更强的发展伙伴关系"。[⑥]

高级别工作组(2005年)

2005年,人权委员会欢迎

> 在工作组框架内设立一个落实发展权问题高级别工作组,协助工作组履行其……任务,高级别工作队由在落实发展权方面有实际经验的五名专家,以及联合国各机构、基金和方案、多边金融和发展机构,和世界贸易组织的高级代表组成。[⑦]

① E/CN. 4/2001/26.

② E/CN. 4/1999/WG. 18/2; A/55/306 and E/CN. 4/2001/WG. 18/2.

③ E/CN. 4/2001/25 para 5. 报告指出,2000年联合国大会特别会议审查了社会发展问题世界首脑会议(哥本哈根,1995年)商定的十项承诺,将其作为社会发展框架(第4段),报告结构即以此为基础。

④ E/CN. 4/2001/167, resolution 2001/9 of 18 April 2001, See also resolutions 2002/69 of 25 April 2002; 2003/83 of 25 April 2003; 2004/7 of 13 April 2004.

⑤ General Assembly fifty-first session, resolution 51/240 of 20 June 1997.

⑥ E/CN. 4/1999/167, resolution 1999/79 of 28 April 1999.

⑦ E/CN. 4/2005/135, resolution 2005/4 of 12 April 2005. See also reports: E/CN. 4/2005/24; E/CN. 4/2005/25.

此后的人权理事会将工作组和高级别工作组保留到了 2010 年。[1]

2012 年,人权理事会注意到了工作组第 12 届会议报告[2]、高级别工作组的报告[3],以及高级专员的报告[4]。它还收到了纪念《发展权利宣言》通过二十五周年活动相关的报告,包括题为“实现发展权的前进道路:政策与实践之间”的报告[5]和 2011 年社会论坛[6]的报告。

人权理事会欢迎工作组开始“考虑、修改和精练发展指标和次级实践指标草 362
案”[7]。2013 年,人权理事会着手处理秘书处和高级专员的联合报告,请工作组继续它的工作,同时“承认需要专家的贡献”。[8]

2015 年,人权理事会请工作组提交一份文件,需要“包括一套……落实发展权的标准”,并且提出“纪念《发展权利宣言》三十周年活动相关的”建议。[9] 2017 年,人权理事会注意到除工作组讨论外的一些标准制定工作。它请工作组“完成对指标和次级实践指标的审查”[10]。

2016 年,理事会对庆祝活动表示赞赏,包括

> 关于人权主流化的年度高级别小组讨论,主题为“2030 年可持续发展议程和人权,尤其强调发展权”……人权理事会第三十二届会议上关于促进和保护发展权的小组讨论,大会高级别分部在大会第七十一届会议上举行的纪念《发展权利宣言》三十周年的活动。[11]

---

① A/61/53, resolution 1/4 of 30 June 2006. See also A/HRC/4/123, resolution 4/4 of 30 March 2007; A/HRC/9/28, resolution 9/3 of 24 September 2008; A/HRC/12/50, resolution 12/23 of 2 October 2009; A/HRC/18/2, resolution 18/26 of 30 September 2011. See also A/HRC/15/WG. 2/TF/2.

② A/HRC/19/52 and Corr. 1.

③ A/HRC/15/WG. 2/TF/2/Add. 2.

④ A/HRC/19/45, 12 August 2011.

⑤ A/HRC/19/45, 12 August 2011.

⑥ A/HRC/19/70. See also A/RC16/2, decision 16/17 of 25 March 2011; A/HRC18/2, resolution 18/26 of 30 September 2011; A/HRC/19/2, resolution 19/34 of 23 March 2012.

⑦ A/HRC/21/2, revolution 21/32 of 28 September 2012. See also A/HRC/21/19; AHRC/21/28 and A/HRC/15/WG. 2/TF/2/Add. 2.

⑧ A/HRC/24/2, resolution 24/4 of 26 September 2013; A/HRC/27/2, resolution 27/2 of 25 September 2014. See also A/HRC/24/27; A/HRC/24/37/Rev. 1; A/HRC/27/45.

⑨ A/HRC/30/2, resolution 30/28 of 2 October 2015. See also A/HRC/30/22.

⑩ A/72/53/Add. 1, resolution 36/9 of 28 September 2017.

⑪ A/HRC/33/2, resolution 33/14 of 29 September 2016. See also A/HRC/33/31; A/HRC/33/45.

2018 年,人权理事会收到了秘书长和高级专员的联合报告[1]、工作组的报告[2]、不结盟运动关于“落实和制定发展权的标准”的建议[3],以及特别报告员的报告[4]。人权理事会请工作组“通过参与协作,开始讨论关于发展权的有约束力的法律文书的详细草案”,并且请咨询委员会准备一份报告,阐述“关于发展权的有约束力的法律文书的重要性”[5]。

人权理事会的特别报告员(2016 年)

2016 年,人权理事会任命了一位发展权问题特别报告员。[6] 该任命的背景是,
363 发展权工作组一直在制定落实发展权的标准。[7] (见第六章 B,2016 年——发展权)

咨询委员会(2017 年)

人权理事会于 2017 年开始讨论“发展对于享有所有人权的贡献”。它请咨询委员会“研究发展以何种方式促进所有人享有所有人权,特别是良好经验和做法”[8]。

---

① A/HRC/39/18.

② A/HRC/39/56.

③ A/HRC/WG. 2/18/G/1; A/HRC/WG. 2/18/CRP. 1.

④ A/HRC/39/151.

⑤ A/HRC/39/2, resolution 39/9 of 27 September 2018.

⑥ A/HRC/33/2, resolution 33/14 of 29 September 2016.

⑦ A/HRC/33/45; A/HRC/WG. 2/17/2.

⑧ A/72/53, resolution 35/21 of 22 June 2017.

第六章　特设及特别程序的出现（1966年） 364

引　言

本章追溯了特别程序的缘起与发展，分析其如何演变为国际人权规范实施机制的一大支柱。本章描述了人权委员会在各国人权状况方面采取的行动，包括委员会自1978年[1]以来根据“1503”机密程序的审查情况。关于申诉程序的相关内容会在第七章和第十章中介绍。

虽然最开始的工作并不涉及具体国家的人权状况，但是人权委员发现其不得不这么做只是一个时间问题。早在1957年，锡兰（斯里兰卡）便提议由委员会处理“阿尔及利亚境内的侵犯人权行为”，但该提议遭到了法国的迅速反对，并通过苏联的程序性提案进行了压制。[2] 同样在1957年，中国台湾地区“代表”[3]提出了处理越南境内华人群体困境的议案。[4]

1963年，联合国大会向越南派遣了一个实况调查团，调查越南共和国政府（the Republic of Vietnam）与越南佛教界之间的关系，一些国家在联合国大会上将“南越（South Vietnam）侵犯人权事件”列入议程，主旨是南越政府对佛教团体的迫害。最终，此项申诉被南越政府邀请相关国家进行访问所取代——虽然南越当时尚不是联合国会员国——“以便他们了解该国政府和越南佛教界之间的真实关系”[5]。

---

① E/CN. 4/1292 X. para 208.

② E/CN. 4/753/Rev. 1 para 237.

③ 中华人民共和国成立后，受美国等国阻挠，长期无法恢复在联合国的合法席位，导致台湾的国民党蒋介石政权于1949—1971年间长期在联合国窃居中国席位。——译者

④ E/CN. 4/753/Rev. 1 para 240.

⑤ A/5630 General Assembly eighteenth session para 3.

该特派团由联合国大会于1963年10月8日设立,并由阿富汗、巴西、锡兰、哥斯达黎加、达荷美、摩洛哥和尼泊尔的代表组成。特派团于1963年10月24日至1963年11月3日访问了南越。1963年12月13日,大会决定不再审议这个项目:1963年11月在南越的政变使得特派团的初始目的变得多余。①

这一经历是史无前例的,它在许多方面开创了新局面,而且为人权委员会的
365 后续工作扫清了道路。该特派团作为一个人权特派团,并且相关工作得到了人权司(约翰·汉弗莱既是人权司司长,同时也是人权委员会的首席秘书)的支助,这一事实显然与之后的"伟大事业"息息相关。

1966年,国际劳工组织提议将布隆迪境内的人权状况评估列入人权委员会的议程,为了支持这项请求,"劳工组织理事会做出了一致的决定,没有保留意见或者弃权"。此前,劳工组织的主管机关收到了关于在布隆迪发生侵犯工会权利行为的严重指控,并涉及未经审判处决工会成员的行为,且尽管一再提出要求,但劳工组织尚未收到布隆迪的答复。最终,在布隆迪承诺派遣使团前往国际劳工组织,以"确定事实并与该机构进行讨论"后,上述议案未被正式提出。②

总的来说,对国际人权法律框架的关注提升了人权的意识,并增进了人权委员会的咨询服务功能,促使其开始着手解决非洲南部的人权问题,特别是葡萄牙管辖的领土、西南非洲和南罗得西亚的人权问题。与此同时,南非(一个联合国会员国,不同于其他上述提及的尚未独立的国家)的种族隔离政策请国际社会采取更多的行动。

直到1955年,非洲在联合国仅有四个会员国席位,分别是埃塞俄比亚、埃及、利比里亚和南非;20世纪50年代末至60年代初,情况发生了巨大变化:到1968年,36个非洲国家成为联合国会员国。③ 同时,在1966年,人权委员会成员国扩充到了32个,这必然会给联合国人权工作带来新的机遇与挑战。

20世纪60年代中期,一个崭新的理念开始在人权委员会中萌芽,它根植于联合国大会的两个委员会:一个是1966年的非殖民化特别委员会。在前一年6月,该委员会提请人权委员会注意请愿人民提交的关于在葡萄牙管辖的领土以及西

① A/5630 General Assembly eighteenth session.

② E/CN. 4/916 para 8, 9, 13-15.

③ See https://www. un. org/en/member-states/index. html visited 24 January 2020.

南非洲和南罗得西亚侵犯人权的证据。另一个是经济及社会理事会,它请人权委员会“将侵犯人权和基本自由的问题,包括种族歧视和种族隔离政策及所有国家内,尤其是殖民地与其他附属国家与领土内之种族隔离政策,视为急要事项,加以审议”[①]。(见第二章,1946 年——种族主义和种族歧视)

1966 年,就人权委员会的权限展开了一次至关重要的讨论,会议的重点是人权委员会应非殖民化特别委员会的邀请而采取的后续动作,主要问题是人权委员会是否被要求对所有国家侵犯人权的情况进行调查,或者请求是否仅限于某些国家的种族主义和种族歧视。[②]

讨论的结果是谨慎的,但并不消极。委员会的决议指出,“为了全面处理所有 366
国家侵犯人权和基本自由的问题,委员会有必要充分考虑各种手段,以便更多地了解侵犯人权的情况,以期就制止侵犯人权的措施提出建议”(着重号为作者所加)。重要的是,委员会决定在下一年度着手审议“委员会的任务和职能,以及它在应对各国侵犯人权问题方面的作用”[③]。

对侵犯人权行为的调查

人权委员会在 1966 年将“各国侵犯人权和基本自由的行为,包括种族歧视、种族隔离及其政策”列入其议程。1966 年[④]和 1967 年[⑤],委员会就调查权进行了彻底的讨论。

当委员会将对侵犯人权行为的研究作为一个常设项目列入议程时,它提出了一系列有趣的建议,其中一些建议有助于提高人权委员会在未来发挥的作用,其中有三项尤为重要:

第一,是“从各个方面研究在联合国大家庭内设立区域人权委员会的建议”,并在其成员中设立一个工作组来执行该建议。[⑥]

---

① A/8000/Rev. 1para 463-Economic and Social Council Fortieth session, resolution 1102 (XL) of 4 March 1966.

② E/CN. 4/916 III paras 163-222, E/CN. 4/SR. 869-73, 877.

③ E/CN. 4/916, resolution 2B(XXII) of March 1966.

④ E/CN. 4/916 III paras 163-222.

⑤ E/CN. 4/940 IV paras 219-223; V paras 271-404.

⑥ E/CN. 4/940, resolution 6 (XXIII) of 22 March 1967.

第二,是任命一名特别报告员,"调查联合国过去为消除种族隔离政策和做法所采取的行动……研究南非、西南非洲和南罗得西亚为建立和维持种族隔离和种族歧视而制定的立法和采取的行动"①。

第三,是请求获得经济和社会理事会的授权,

> 以审查与种族隔离等严重侵犯人权和基本自由行为有关的信息……秘书长根据经济及社会理事会第 728 F(XXVIII)号决议所列来文;并对持续侵犯人权的行为进行全面的研究与调查。

此外,小组委员会将"提请委员会注意任何它有合理理由怀疑存在侵犯人权的国家,包括种族歧视、种族隔离,特别是在殖民地和其他未获独立的领土上发生的侵犯人权和基本自由的行为"。小组委员会将编写一份报告,其中载有"现有的所有有关侵犯人权的资料"。②

1968 年,发言者谈到许多针对联合国会员国政府侵犯人权的指控,在众多议
367 题中即包括希腊局势和 1967 年战争后以色列占领巴勒斯坦领土、美国和越南的战争以及海地的局势。③

1968 年的讨论标志着"伟大事业"发展的新时代到来,这很重要,因为它使得人权委员会能够更密切地了解现实情况,但也使得委员会受到有关"选择性"的批判,因为并非所有消极的人权状况都得到了同样积极的对待。④

随着讨论的发展,1967 年反对种族隔离特别委员会⑤"向委员会转交了许多已提请其注意的涉嫌侵犯人权的个案,并表示希望委员会采取步骤确保进行国际调查,以改善这些受害者的状况"⑥。

特别委员会解释说,大会没有对早些时候提出的设立一个国际调查委员会的建议施加压力,

---

① E/CN. 4/940, resolution 7 (XXIII) of 22 March 1967.

② E/CN. 4/940, resolution 8 (XXIII) of 22 March 1967.

③ E/CN. 4/972 paras 158 et seq.

④ See General Assembly sixtieth session, resolution 60/251 of 15 March 2006. 该决议指出人权委员会应当按照普遍、中立、客观以及非选择性的标准开展国际对话和合作。

⑤ 南非种族隔离政策特别委员会于 1962 年 11 月 6 日依据联合国大会第 1761 (XVII)号决议成立。

⑥ E/CN. 4/940 IV paras 186 sqq.

因为人们希望国际社会的关注能够说服南非政府改善条件,以符合南非自身的文明标准和法规。然而,委员会仍然继续收到虐待囚犯、被拘留者和警察逮捕拘留者的证据,数千人因为违反种族隔离法而被拘禁。[①]

这封来函附有七个附件,其中提到南非共和国继续虐待囚犯、被拘留者和被警方拘留的人,特别是种族隔离的众多反对者,他们被任意地囚禁。这封来函请人权委员会认真考虑这件事,并采取措施确保国际调查,以改善这些受害者的状况。[②]

人权委员会有史以来第一次被要求进行国际调查,委员会举行了九次会议以讨论反种族隔离特别委员会的请求,决定设立一个知名法学家和监狱官员组成的特设专家工作组,其成员由委员会主席任命。[③]

规范性议事规则(1969年)

在1968年于德黑兰举办的国际人权会议之后,[④]人权委员会决定为联合国特设机构编写规范性议事规则以应对持续性的人权侵犯行为。[⑤] 1974年,委员会向 368
经济及社会理事会提交了由其设立的一个工作组[⑥]编写的规范性议事规则[⑦]。1968年成立的调查以色列侵害占领区巴勒斯坦人民和其他阿拉伯人人权行为特别委员会是第一个适用该规则的机构。[⑧] (见下文)

"在世界上任何地方"(1977年)

人权委员会在随后几年的议程中形成了另一种模式的人权机制,增加了对具体人权情况的关注,这就需要更加密切地审查个人的处境,特别是侵犯人权行为

① E/CN. 4/940 IV paras 186 sqq.
② E/CN. 4/940 IV paras 186 sqq.
③ E/CN. 4/940 IV resolution 2 (XXIII) of 6 March 1967.
④ E/CN. 32/41, resolution X of 12 May 1968.
⑤ E/CN. 4/1007, resolution 8 (XXV) of 4 March 1969.
⑥ E/CN. 4/1154, resolution 9 (XXX) 5 March 1974. See also resolution 8 (XXV) of 14 March 1969; 14 (XXVII) of 24 March 1971 and 15 (XXIX) of 30 March 1973.
⑦ E/CN. 4/1134. See also E/CN. 4/1086; E/CN. 4/1021/Rev. 1.
⑧ A/8089 I E para 21.

受害者的处境。1977 年,委员会的议程中有关术语的范围进一步扩大,从“任何国家”(in all countries)延伸到“在世界上任何地方”(in any part of the world)。①

这一变化发生时的会议记录提供了一个有趣的视角,从而有助于我们进一步了解人权委员会自 1966 年以来在其权限问题上所持立场的变化,当时委员会决定使用“在世界上任何地方”这一术语时:

> 38. 佐林(Zorin)先生(苏联)提议,“任何国家”一词应当改为“世界各地”(in various parts of the world),这样显得更为准确。
>
> 39. 姆巴耶(M'Baye)先生(塞内加尔)说,他不反对这项建议。
>
> 40. 基思·恩温(Keith Unwin)先生(英国)说,苏联的修正案似乎意味着对委员会职能的限制,因为“各”(various)一词可能被理解为“某些”(certain)。因此他的代表团更倾向于更为笼统的原始措辞。然而,作为替代方案,他支持“在世界上任何地方”(in any part of the world)。
>
> 41. 佐林(Zorin)先生(苏联)说,他不反对此种措辞。
>
> 42. 姆巴耶(M'Baye)(塞内加尔)说,塞内加尔代表团可以接受此种措辞。
>
> …………
>
> 46. 主席注意到没有进一步的评论意见,建议委员会通过塞内加尔代表团对第 12 号议程提出,并经英国代表进一步修正的修正案。②

在这几分钟之内,“伟大事业”向世界上的任何地方敞开了大门,这一步将在未来几十年里充分发挥影响。

在这些事情发生的同时,在 1975 年③人权委员会讨论了塞浦路斯问题,这一问题将在其议程上保留数年,委员会本身并没有采取任何行动,只是定期关注从联合国其他部门转交的报告;尽管如此,它为各方之间的持续交流提供了平台。

369 自 1977 年起,“在世界上任何地区侵犯人权和基本自由问题”这一议题为了

① E/CN. 4/1257 para 238(b).

② E/CN. 4/SR. 1382.

③ E/CN. 4/1179 paras 64 and 65, and resolution 4 (XXXI) of 13 February 1975.

解若干国家的人权状况提供了平台。其中一些是专门审查具体国家人权状况的特别程序。此后不久,随着共同趋势或现象的显现,出现了本章第二节所述的专题特别程序。

A. 国别任务(1967 年)

1967 年——南非

正如大家所知的,开展调查是人权委员会特别程序的第一项职能。

这一进程的发端是非殖民化,直接的催化剂是消除种族主义和种族歧视。1966 年 8 月和 9 月在巴西利亚举行了一次关于种族隔离问题的研讨会[①],为人权委员会决定进行调查增加了动力。

1967 年,人权委员会的成员国数量从 21 个增加到 32 个。委员会中的非洲国家从 1966 年的 2 个(塞内加尔和达荷美)增加到了 1967 年的 8 个,其中 6 个是撒哈拉以南的非洲国家。[②] 关于调查的必要性不存在争议,辩论的焦点集中在根据经济及社会理事会 1946 年 2 月 16 日的第 5(1)号决议以及 1946 年 6 月 21 日的第 9(1)号决议规定的委员会依职权进行调查的方式上。[③]

人权委员会就反对种族隔离特别委员会的请求进行的讨论是漫长而艰巨的。法律事务处发表了法律意见:根据 1946 年 6 月 21 日的决议,委员会有权“召集由专门领域的非政府专家或个人专家组成的特设工作组”。但法律事务处怀疑这“是否适用于设立一个具备目前决议中所规定权力的委员会,特别是开展调查的权力”。[④]

在人权委员会激烈对立的辩论过程中,

与会者普遍同意,《联合国宪章》第二条、第七条不适用于审议中的案件,一些

① UNDOC: ST/TAO/HR/27.

② E/CN. 4/940 para 8. 这 8 个国家分别是刚果民主共和国、达荷美(今贝宁)、摩洛哥、尼日利亚、塞内加尔、索马里、阿拉伯联合共和国(埃及)、坦桑尼亚联合共和国。

③ Economic and Social Council second session, resolution adopted on 21 June 1946. See E/56/Rev. 1 and E/84, para 4, Chapter 9.

④ E/CN. 4/SR/914 pages 5 and 6.

成员认为，至少在《宪章》生效之后，鉴于联合国采取了许多措施，保护基本人权已经不再是一个基本上属于各国国内管辖范围的问题。并指出，根据《宪章》，特别是第五十五条和第五十六条的规定，南非共和国有义务在人权领域
370 与联合国开展合作，同时其他国家有义务采取补救措施。[①]

南非问题特设专家工作组（1966—1995年）

1966年3月6日，人权委员会成立了一个由个人专家和监狱官员组成的专家组，以便"（a）调查对囚犯的酷刑待遇的指控；（b）进行交流，听取证人的证词，并使用其认为适当的诉讼方式；（c）建议在具体案件中采取的行动；（d）尽早就人权问题达成共识"[②]。

专家由委员会主席提名，工作组根据1946年6月21日的9（II）决议[③]成立，法律事务处对该决议的解释力表示怀疑。[④] 值得指出的是，1946年授权专家的目的是在委员会起草国际人权宪章的责任范围内制定的，当时尚没有任何迹象表明委员会将会被要求提出对国家指控。

1966年10月26日通过的联合国大会的第2144A（XXI）号决议是这一时期演变的关键节点。大会提请经济及社会理事会及人权委员会"紧急考虑各种方法，增进联合国制止在任何地方发生的侵犯人权情事的能力"[⑤]。

自非殖民化特别委员会成立以来，压力一直在增加，该委员会记录了越来越多的侵犯人权的个案，这导致人权委员会在1966年3月开始做出积极的回应。委员会要求澄清其权力和程序，使其可以根据上述事实向安理会和大会提出请求，并提出有关制止此类违法行为方法的建议。

人权委员会在1967年做出的调查决定反映了这一过程的逻辑演变，[⑥]特别委

---

① E/CN. 4/940 paras 219 sqq.

② E/CN. 4/940, resolution 2(XXIII) of 6 March 1967.

③ Economic and Social Council forty-second session resolution 1236(XIII) of 6 June 1967.

④ E/CN. 4/SR. 914.

⑤ General Assembly twenty-first session, resolution 2144A(XXI) of 20 October 1966, operative para 12，着重号为作者所加。

⑥ See Economic and Social Council forty-ninth session, resolution 1102 (XL) of March 1966; E/CN. 4/916 resolution 2 (XXII) of 25 March 1966; Economic and Social Council forty-first session, resolution 1164 (XII) of 5 August 1966; and General Assembly twenty-first session, resolutions 2144A and 2144B(XXI) of 26 October 1966.

员会在1966年10月26日通过的关于这一问题的第二项决议中进一步施加了压力,大会呼吁安理会"紧急采取有效措施,以期在南非和其他邻近领土消除种族隔离",因为它比以往任何时候都更加确信,"南非的种族隔离构成对国际和平与安全的威胁"——大会的建议以及1966年8月巴西利亚研讨会中提出的建议"被南非政府和南罗得西亚政府忽视了"。①

在应反对种族隔离特别委员会的请求进行调查的同时,人权委员会还就联合国大会提出的"紧急考虑各种方法,增进联合国制止在任何地方发生的侵犯人权情事的能力"的要求提出了几项建议。② 371

特设工作组从调查南非政治犯待遇的单一任务开始,在随后的几年里,其任务不断得到扩展和修订,从而适应事态的发展。

在第二年,即1968年,人权委员会便扩大了工作组的任务,请它

> (i)调查关于在西南非洲对囚犯、被拘留者或警察拘禁人员进行虐待和施加酷刑的指挥;(ii)[以及]在南罗得西亚的同样行为;[以及](iii)在莫桑比克、安哥拉和非洲所有其他葡萄牙领土上的同样行为;(iv)特别调查南非当局非法逮捕由联合国直接负责的西南非洲领土的国民所产生的后果。

工作组同时还被要求彻底调查南非局势是否揭露了种族灭绝罪的一些要素。③

第二年,人权委员会进一步扩大了工作组的任务范围,请其:

> (a) 根据联合国大会1968年11月26日第2394(XXII)号决议,对南非死刑问题进行调查;
> (b) 对南非的政治犯和被俘的自由战士的待遇进行调查;
> (c) 对南非、纳米比亚、南罗得西亚所谓的过境营地中非洲人的状况以及土著保护区进行调查;
> (d) 如特设专家工作组的报告(E/CN. 4/984/add. 18)所述,进一步调查南非当前局势中种族隔离的严重表现;

① General Assembly twenty-first session resolution 2144B(XXI) of 26 October 1966.

② E/CN. 4/940, resolution 5-8(XXIII) of 16 March 1967.

③ E/CN. 4/972, resolution 2(XXIV) of 16 February 1968.

(e) 调查纳米比亚、南罗得西亚、安哥拉、莫桑比克和几内亚比绍因南非政权、南罗得西亚非法少数民族政权以及安哥拉、莫桑比克和几内亚比绍的葡萄牙殖民政权在纳米比亚的行动而造成的殖民主义和种族歧视的严重表现。[①]

1972 年,人权委员会交送了种族隔离问题工作组从国际刑法的角度编写的报
372 告[②],以及国际法委员会、反对恐怖主义小组撰写的报告,以征求意见。工作组请小组委员会研究不同国家的情况,以及正在采取和将要采取的措施、做出或承认有罪判决的实践。[③]

在 1973 年提交给人权委员会的报告中,工作组指出,

> 自 1967 年以来,工作组同时就在南部非洲和葡萄牙管辖下的非洲领土享有工会权利和相关问题进行了一系列调查。工作组向委员会第二十八届会议提交了一份研究报告,从国际刑法的角度讨论了种族隔离问题。[④]

在 1973 年,人权委员会请工作组

> 继续仔细观察和调查纳米比亚、南罗得西亚、安哥拉、莫桑比克、几内亚比绍局势中的种族隔离和种族歧视政策的进一步发展,以及南非非法政权、南罗得西亚的非法少数民族政权和安哥拉、莫桑比克、几内亚比绍的葡萄牙政权采取的行动,并在适当的时候将这些事件通知委员会主席。[⑤]

在 1975 年,委员会请工作组继续

> 仔细观察和调查纳米比亚、南罗得西亚目前的种族隔离和种族歧视政策的进

---

① E/CN. 4/1007, resolution 2 (XXV) of 16 March 1969.

② E/CN. 4/1075, See also E/CN. 4/1039, resolutions 8 (XXVI) of 18 March 1970; E/CN. 4/1068, resolution 7 (XXVII) of 8 March 1971.

③ E/CN. 4/1097, resolution 2 (XXVIII) of 17 March 1972.

④ E/CN. 4/1111.

⑤ E/CN. 4/1127, resolution 19 (XXIX) of 3 April 1973.

> 一步发展……研究隔离的家园政策的发展……以及南非的农业劳动力政策、种族隔离对非洲家庭的影响,并调查南非和纳米比亚学生运动面临的特殊困难。[①]

1977年,工作组与反对种族隔离特别委员会一起向联合国大会提交了一份特别报告,内容涉及南非、纳米比亚和津巴布韦囚犯的待遇,包括一些被拘留者的死亡情况,以及1976年6月16日索韦托大屠杀以来反对种族隔离和平示威期间的警察暴行。[②] 它还起草了一份涉嫌在纳米比亚犯有种族隔离罪的罪犯名单,并通过了1977年在拉各斯举行的反对种族隔离行动世界会议的宣言和行动纲领。[③] 373

1979年,人权委员会请工作组对"为执行特设专家工作组的建议而采取的行动进行全面研究……并与反对种族隔离特别委员会合作,调查在南非发生的虐待以及谋杀案件"[④]。

委员会"对伊朗政府深表感谢,伊朗政府断绝了与南非种族主义政府的一切关系,并……特别是停止了对该政权的所有石油供应"[⑤]。

人权委员会请安理会考虑

> 根据《联合国宪章》第七章对南非实施强制性经济制裁,特别是强制禁止向南非供应石油和石油产品,并通过采取全面的强制性措施,终止与南非种族主义政权的一切军事和核合作,加强对南非的武器禁运。

委员会还请工作组审查反奴隶制保护人权协会(Anti-Slavery Society for the Protection of Human Rights)提交的关于种族隔离作为一种集体奴役形式的报告和关于南非童工问题的报告。委员会请工作组"调查在卡辛加(Kassinga)被捕和被关押在纳米比亚南部马林塔尔(Marienthal)附近的哈大普冰坝营(Hardap Dam

---

① E/CN. 4/1179, resolution 5 (XXXI) of 14 February 1975.

② A/32/226 Annex.

③ E/CN. 4/1292, resolution 5 (XXXIV) of 22 February 1978.

④ E/CN. 4/1347, resolution 12 (XXXV) of 6 March 1979.

⑤ E/CN. 4/1347, resolution 13 (XXXV) of 6 March 1979.

Camp)的那些人的监禁情况和他们的健康情况,并研究种族隔离政策对南非黑人妇女和儿童的影响”。[1]

多年来,人权委员会将工作组的任务范围扩大到种族隔离对人权影响的其他领域,如建立“班图家园”(Bantu Homelands)对妇女和儿童、对黑人工人和工会权利以及对学生和学生运动的影响。[2]

1980 年,联合国大会请人权委员会调查南非侵害妇女和儿童的罪行。[3] 专家工作组于 1982 年报告了其调查结果,并于 1982 年[4]以及 1983 年[5]采取了后续行动。

除定期报告外,工作组在 1983 年根据反奴隶制保护人权协会的一份报告提交了一份关于“隔离”作为一种集体奴役形式和南非童工问题的报告。[6]

1985 年,工作组提交了另一份报告,重点是种族隔离和种族灭绝政策。[7] 人权委员会请工作组“与反对种族隔离特别委员会合作,继续调查南非被拘留者遭受酷刑和虐待以及被拘留者死亡的案件”[8]。

374 紧急状态(1985 年)

同年,工作组展示了“关于南非政府于 1985 年 6 月 20 日发布的紧急状态的……初步评估报告”[9]。工作组发现,

> (紧急状态)赋予警察和军队逮捕、不经审判拘留、搜查、禁止集会的近乎绝对的权力,甚至还存在不经任何正当法律程序杀人的权力。因为根据紧急状态条例,被拘留的任何人没有任何法律保护,而且这种武力的始作俑者不受因使用这种武力而产生的所有法律后果。[10]

---

[1] E/CN. 4/1475, resolution 5 (XXXVII) of 23 February 1981.

[2] E/CN. 4/1982/30, resolution 1982/8 of 25 February 1982. See also E/CN. 4/1983/10.

[3] General Assembly thirty-fifth session, resolutions 35/206 A to R of 16 December 1980, resolution 35/206 N.

[4] E/CN. 4/1497.

[5] E/CN. 4/1983/38.

[6] E/CN. 4/1983/37.

[7] E/CN. 4/1985/I4.

[8] E/CN. 4/1985/66, resolution 1985/8 of 25 February 1985.

[9] E/CN. 4/1986/6 Annex.

[10] E/CN. 4/1986/6 Appendix.

1986 年,人权委员会“对于 1985 年 7 月强行实施紧急状态以来南非侵犯人权明显加剧的情况表示极大忧虑”。委员会确认“关于种族隔离不能改良而只能取缔其一切形式的信念,并重申反对南非的所谓宪法安排,认为这种安排完全无效”。[①]

1987 年,人权委员会收到了关于在紧急状态下被拘留的 16 岁以下儿童的资料。据南非当局称,当时有 256 名儿童根据紧急条例被拘留。[②]

纳米比亚(1981 年)

1981 年,工作组以“南非种族主义政权在日内瓦谈判中拒绝同意停火及部署联合国过渡时期援助团的日期,并无视国际社会的和平提议”为由,加强了对纳米比亚局势的关注。[③]

人权委员会对“联合国与种族主义南非之间旨在通过谈判解决纳米比亚问题的三年会谈结果”表示失望,“由于南非种族主义者一贯表现出的恶意,迄今为止,委员会尚未通过谈判解决纳米比亚问题”。[④]

委员会请工作组继续“报告纳米比亚境内侵犯人权的政策和做法并提出适当建议”。它还重申了向南非提出的请求,即“允许特设专家工作组对纳米比亚监狱的生活条件和囚禁待遇进行实地调查”。[⑤]

1988 年 12 月,安哥拉、古巴和南非签署了一项协定[⑥],南非军队撤出纳米比亚,古巴军队将重新部署到安哥拉北部并直至撤离,双方同意执行安理会 1978 年 9 月 29 日通过的第 435(1978)号决议。该决议决定设立过渡时期援助团(Transition Assistance Group, UNTAG),其任务是通过联合国监察和监督下的自由选举确 375
保纳米比亚早日独立。[⑦]

1989 年 12 月,南非政府同意工作组访问纳米比亚,访问于 1990 年 2 月 12 日

---

① E/CN. 4/1986/65, resolution 1986/4 of 28 February 1986.

② E/CN. 4/1987/42.

③ E/CN. 4/1475, resolution 4 (XXXVII) of 23 February 1981.

④ E/CN. 4/1475, resolution 4 (XXXVII) of 23 February 1981.

⑤ E/CN. 4/1986/65, resolution 1986/3 of 28 February 1986. See also resolution 1988/10 of 29 February 1988.

⑥ E/CN. 4/1990/7 Annex.

⑦ Security Council, 1988, resolution 435 (1978) of 29 September 1978.

至17日进行,工作组随后不久向人权委员会提交了访问报告。[1]

1990年3月7日,人权委员会结束了工作组有关纳米比亚的任务。[2]

被拘留儿童(1988年)

1989年,人权委员会审议了工作组关于"南非和纳米比亚对儿童实行拘留、酷刑和其他不人道待遇问题"[3]的报告。[4]

秘书长在1989年向联合国大会做报告时回顾了对南非和纳米比亚被拘留儿童待遇的关注重点:

> 特设工作组[在1975年]推荐一项研究将显示种族隔离政策对非洲家庭的有害影响。此外,[在1979年,工作组]提到国际儿童年并提请人权委员会对南非黑人儿童的命运进行调查……[并在1981年]委员会……请工作组研究种族隔离政策对南非黑人妇女和儿童的影响。[5]

委员会重申谴责对儿童的拘留行为,并请工作组继续特别关注南非对儿童的拘留、酷刑和其他人身待遇。[6]

1990年,人权委员会重申其对工作组的支持,并欢迎"纳尔逊·曼德拉的获释,要求立即无条件释放所有政治犯和被拘留者"[7]。

1991年,工作组提到南非政府与南非国民大会(African National Congress)会谈后起草的"格鲁特·舒尔纪要"(The Groote Schuur Minute),即达成了"解决现有

---

① E/CN. 4/1990/7/Add. 1 Addendum.

② E/CN. 4/1990/94, resolution 1990/60 of 7 March 1990.

③ E/CN. 4/1989/8.

④ E/CN. 4/1988/88, resolution 1988/11 of 29 February 1988. See also E/CN. 4/1989/86, resolution 1989/4 of 23 February 1989.

⑤ See E/CN. 4/1497, paras 89-106; E/CN. 4/1986/9 paras 55-60; E/CN,4/AC. 22/1987/1 paras 80-94; E/CN. 4/1988/8, paras 68-91, See also A/44/623.

⑥ E/CN. 4/1990/94, resolution 1990/11 of 23 February 1990. See also E/CN. 4/1991/91, resolution 1991/8 of 22 February 1991 and E/CN. 4/1990/7 V; E/CN. 4/1991/10 V.

⑦ E/CN. 4/1990/94, resolution 1990/26 of 27 February 1990. See also E/CN. 4/1987/60, resolution 1987/14 of 3 March 1987; E/CN. 4/1988/88, resolution 1988/9 of 29 February 1988; E/CN. 4/1989/86, resolution 1989/5 of 23 February 1989.

的暴力气候和无论来自哪一方的恐吓,并对稳定与和平谈判进程承担责任"的承诺。[①] 它还提到1990年8月6日的"比勒陀利亚会议纪要"(The Pretoria Minute),其中载有对5月达成协议采取后续行动的一项协议所做出的安排,即落实立法和相关措施工作组的建议。[②] 376

1991年,人权委员会赞扬1990年南非在德克勒克(F. W. De Klerk)总统领导下发生的积极变化,例如一些政治犯被释放,取消了紧急状态,废除了《隔离设施法》(the Separate Amenities Act),并关注到最近有关南非政府决定审查一些根深蒂固的基本争端,并视支持种族隔离制度为犯罪行为的重大政策声明。[③]

工作组于1991年向联合国大会提交了一份初步报告,其中提到访问南非的努力。[④] 1991年5月至7月,工作组在日内瓦与南非政府代表举行了一次非政府会议,随后进行了更多的非正式接触,目的是安排工作组访问南非,但这些努力没有取得成果。[⑤]

工作组提到了1991年9月的《国家和平协议》(National Peace Accord),该协议旨在打击政治暴力,建立消除恐惧和暴力的机制,包括规范安全部队和警察的行为。[⑥] 工作组提到,1991年11月成立了一个由里查德·戈德斯通(Richard Goldstone)领导的预防公共暴力和恐吓调查委员会。[⑦]

人权委员会对尚未解决的人权问题表示关切,同时欢迎南非正在采取的积极措施,并敦促南非当局废除《国内治安法》(Internal Security Act)的所有条款,这些条款规定在过渡期间可采取的不经审判拘留以及其他措施,包括

> 废除剩余的歧视性种族隔离法律,采取必要的法律和行政措施纠正根深蒂固的社会经济不平等现象,并毫不拖延地在教育、卫生、住房和社会福利方面实施这种立法。……并加入关于人权的两项国际公约和《消除一切形式种族歧

---

① E/CN. 4/1991/10, Annex I ('The Groot Schuur Minute').

② E/CN. 4/1991/10, Annex II ('The Pretoria Minute').

③ E/CN. 4/1991/91, resolution 1991/21 of 1 Marc 1991.

④ A/46/401, Annex.

⑤ E/CN. 4/1992/8 Introduction.

⑥ E/CN. 4/1992/8 para 127.

⑦ E/CN. 4/1992/8 para 121.

视国际公约》,从而推进种族隔离制的废除。①

1993 年,工作组对自缔结过境协定以来南非的暴力局势表示关切。② 人权委员会请工作组继续监测南非的人权状况。③

377 ## 监测制裁:哈利法报告(1974—1993 年)

与特设工作组平行推进,自 1974 年起,小组委员会任命了一名特别报告员艾哈迈德·哈利法(Ahmed Khalifa),“评估对于南非种族主义政权进行援助,特别是通过外国资本投资和军事援助的方式,对于人权的享受所产生的不利影响”④。

特别报告员在 1975—1993 年执行了该监测任务,他在联合国大会和人权委员会上发表了他的报告和最新情况。⑤

1990 年和 1991 年,人权委员会提请特别报告员“(a)继续更新援助南非种族主义和殖民主义政权的银行、跨国公司和其他组织的名单,并接受年度审查”⑥。1992 年,委员会请秘书长与南非政府联系,以便特别报告员能够以特派团成员身

---

① E/CN. 4/1992/84, resolution 1992/19 of 28 February 9 1992.

② A/47/676 Annex, See also E/CN. 4/1993/14 I B.

③ E/CN. 4/1993/122, resolution 1993/9 of 26 February 1993.

④ E/CN. 4/Sub. 2/354, resolution 2 (XXVII) of 16 August 1974.

⑤ See E/CN. 4/1257, resolution 7 (XXXIII) of 4 March 1977; E/CN. 4/1292, resolution 6 (XXXIV) of 22 February 1978; E/CN. 4Z1347, resoiution. 9 (XXXV) of 5 March 1979; E/CN. 4/1408, resolution 11 (XXXVI) of 26 February 1980; E/CN. 4/1475, resolution 8 (XXXVII) of 23 February 1981; E/CN. 4/1982/30, resolution 1982/12 of 25 February 1982; E/CN. 4/1983/60, resolution 1983/11 of 18 February 1983; E/CN. 4/1984/77, resolution 1984/6 of 28 February 1984; E/CN. 4/1985/66, resolution 1985/9 of 26 February 1985; E/CN. 4/1986/65, resolution 1986/5 of 28 February 1986; E/CN. 4/1987/60, resolution 1987/9 of 26 February 1987; E/CN. 4/1988/88, resolution 1988/13 of 29 February 1988; E/CN. 4/1989/86, resolution 1989/7 of 23 February 1989. See also General Assembly resolutions, 3362 (XXX) and 3383 (XXX) of 10 November 1975; 31/33 of 30 November 1976; 33/23 of 29 November 1978; 33/32 of 9 November 1978; 35/32 of 14 November 1980; 36/172 A to F17 December 1981; 37/39 of December 1982; 39/15 of 23 November 1984; 41/95 of 4 December 1986; 43/92 of 8 December 1985; 93/19 of 26 February 1993. See reports: E/CN. 4/Sub. 2/I982/10; E/CN. 4/Sub. 2/1983/6 and Add. 1-2; E/CN. 4/Sub. 2/1984/8 and Add. 1 and 2; E/CN. 4/Sub. 2/1985/8 and Add. 1-2; E/CN. 4/Sub. 2/1987/8/Rev. 1 and Add 1 parts land 11; E/CN. 4/Sub. 2/1988/6 and Add. 1; E/CN. 4/Sub. 2/i989/9 and Corr. 1 and Add. 1; E/CN. 4/Sub. 2/1990/13 and Add. 1; E/CN. 4/Sub. 2/1991/13 and Add. 1; E/CN. 4/Sub. 2/1992/12 and Add 1; A/47/480.

⑥ E/CN. 4/1990/94, resolution 1990/22 of 27 February 1990. See also E/CN. 4/1990/94 resolution 1990/23 of 27 February 1990; E/CN. 4/1991/91, resolution 1991/9 of 22 February 1991.

份访问南非,从而更新其报告。[①]

1993年,“鉴于最近发生的事件”,特别报告员建议延长其任务期限。[②] 同时,人权委员会赞同小组委员会关于任命一名特别报告员朱迪思·阿塔赫以监督南非向民主过渡的建议。

阿塔赫报告(1993—1995年)

特别报告员朱迪思·阿塔赫的任务包括就下列问题提出报告:

> (a)按照各项国际人权文书采取的防止南非不同群体之间暴力的步骤;(b)为调查关于南非保安部队参与煽动暴力的指控而采取的步骤,以及正确如何解决该问题;(c)为确保所有南非人,包括在种族隔离制度下被迁到所谓家园的南非人平等的政治参与而采取的步骤;(d)为确保所有南非人在没有歧视的情况下享有经济和社会权利而采取的步骤;(e)对阻碍南非民主化的障碍的分析以及克服障碍的方式和手段。[③]

1994年,人权委员会 378

> 鉴于南非的局势变化,决定将题为“向南非种族主义的殖民主义政权提供政治、军事、经济及其他形式的援助对人权的享受所产生的不利后果”的议程项目改成题为“监督和协助南非向民主过渡”的项目。[④]

委员会欢迎南非政府提出的在当年晚些时候访问该国的邀约。[⑤]

工作组于1994年8月10日至26日访问了南非。[⑥] 人权委员会“对南非的新宪法于1994年4月27日开始生效,1994年4月26日至29日举行了民主选

---

① E/CN.4/1992/84, resolution 1992/7 of 21 February 1992.

② E/CN.4/Sub.2/1992/12 and Add.1. See also Commission resolution 1993/19 of 26 February 1993.

③ E/CN.4/1993/122, resolution 1993/19 of 26 February 1993. See also E/CN.4/Sub.2Z1992/12 and Add.1; E/CN.4/Sub.2/1993/ll and Add.1.

④ E/CN.4/1994/132, resolution 1994/8 of 18 February 1994.

⑤ E/CN.4/1994/132, resolution 1994/10 of 18 February 1994.

⑥ E/CN.4/1995/23 Introduction.

举……以及 1994 年 5 月 10 日南非总统就任和全国团结政府成立，均深表满意”[1]。

人权委员会对工作组在支持消除南非种族隔离和在该国建立一个非种族主义和民主社会的努力方面发挥的重要作用表示赞赏。委员会认为，自本决议通过之日起，工作组将终止其任务，[2]在同一届会议上，特设专家工作组已经圆满完成任务，并且委员会还决定结束特别报告员关于南非向民主过渡问题的任务。[3]

1968 年——巴勒斯坦

在人权委员会开展了第一次特别调查行动（南非）之后，1967 年中东战争爆发，以色列占领了巴勒斯坦（包括东耶路撒冷在内的西岸地区，以及加沙地带）、埃及（西奈半岛）和叙利亚（戈兰高地）的部分领土。

巴勒斯坦问题自 1947 年起就被列入联合国大会议程。此后随着对抗的愈演愈烈和敌对行为的不断发生，使这一问题始终列于大会和安理会的议程之上。相关主题包括防止敌对行动的措施、对巴勒斯坦难民的支持，以及为寻求结束冲突而反复做出的努力。[4]

而 1967 年的战争和由此产生的军事占领（包括自决权问题）则带来了人权委员会对此议题的讨论（见第二章，1975 年——自决权，巴勒斯坦[1975 年]）。基于军
379 事占领这一事实，安理会引用了《日内瓦公约》，特别是第三和第四公约，“向有关政府建议严格遵守 1949 年 8 月 12 日通过的《日内瓦公约》所载关于战俘待遇和战时保护平民的人道主义原则”，这是《日内瓦公约》自 1949 年通过以来，其相关原则第一次被援引。

---

① E/CN. 4/1995/176, resolution 1995/8 of 17 February 1995.

② E/CN. 4/1995/176, resolution 1995/8 of 17 February 1995.

③ E/CN. 4/1995/176, resolution 1995/9 of 17 February 1995.

④ See, for example: General Assembly, resolutions 181(II) of 29 November 1947 (Future government of Palestine); 212(III) of 19 November 1948 (Assistance to Palestine refugees); 194(III) of 11 December 1948 (Palestine—progress report of the UN Mediator); 302((IV) of 8 December 1949 (Assistance to Palestine refugees); 303 (IV) of 9 December 1949 (Palestine question of an international regime for the Jerusalem areas and the protection of the Holy Places).

1967年6月敌对行动停止几天后,安理会要求一份报告,"说明军事行动发生地区居民的安全、福利和保障情况,并协助居民返回原住所"[①]。

此后,联合国大会召开了紧急特别会议,要求一份报告,说明可以采取何种措施,以"尽可能在紧急情况下,向流离失所者提供人道主义援助"[②]。

安理会——古辛特派团(1967年)

1967年7月,秘书长吴丹任命了一名特别代表尼尔斯-戈兰·古辛(Nils-Goran Gussing)来获取相关信息,以向大会和安理会进行报告。[③] 9月,秘书长派个人代表埃内斯托·塔尔曼(Ernesto Thalman)报告耶路撒冷局势。[④]

1967年9月,秘书长分发了一份关于以色列延长逃离西岸的巴勒斯坦人民返回家园的最后期限的换文。[⑤] 同月,秘书长报告了各捐助者响应联合国大会呼吁,提供人道主义救济的情况。[⑥]

1967年10月,秘书长分发了一份最终报告,该报告是古辛根据对当地进行的一次访问后了解到的最新全面情况编写的。[⑦]

安理会于1967年11月22日通过了第242(1967)号决议,决议确认

> 为履行《宪章》原则,必须于中东建立公正而持久和平,其中应包括实施如下两项原则:(i)以色列军队撤离其于最近冲突所占领之领土;(ii)终止一切交战地位之主张或状态,尊重和承认该地区每一国家之主权、领土完整及政治独立,与其在安全及公认之疆界内和平生存、不受威胁及武力行为之权利。[⑧]

1967年12月,联合国大会再次呼吁向6月敌对行动中的难民提供人道主义

---

① Security Council, 1967, resolution 237 of 14 June 1967.

② General Assembly fifth Emergency special session, resolution 2252 (ES-V) of 4 July 1967.

③ S/8124-A/6787.

④ S/8146-A/6793.

⑤ S/8133-A/6789; S/8153-A/6795.

⑥ A/6792 and Add. 1.

⑦ S/8158-A/6797.

⑧ Security Council Security Council, 1967, resolution 242 (1967) of 22 November 1967.

380 援助。[1] 1968年3月,联合国近东巴勒斯坦难民救济和工程处(United Nations Relief and Works Agency for Palestine Refugees in the Near East, UNRWA)报告说,由于“军事事件”,数千名巴勒斯坦难民从西岸涌向约旦河谷,使危机进一步恶化。[2]

1968年,人权委员会讨论了被占领领土上的人权问题,[3]并向以色列政府发送了一封电报,分享了委员会“从报纸上获悉的以色列在1967年6月敌对行动后摧毁住所给被占领地区巴勒斯坦平民造成的痛苦”[4]。

1968年4月,秘书长和国际粮农组织总干事呼吁提供粮食的特别捐助,以满足流离失所者的需要。[5]

同月,秘书长援引了“相关指控……以及各种形式和不同时期给予平民待遇的关切”,以及他无法“依据联合国现有资源所提供的消息缓解此种关切”,建议派遣一名代表按照1967年10月报告的个人代表的思路收集相关信息。

秘书长和埃及、以色列、约旦及叙利亚政府进行了磋商,并寻求和以色列的合作,以便为秘书长代表的访问提供便利,以色列试图澄清拟议代表的任务和职能,包括“冲突地区阿拉伯国家的犹太社区的情况,这些社区在1967年6月敌对行动后受到影响”。为此秘书长援引了安理会第237(1967)号决议和大会第2252(ES-V)号决议规定的任务,其中提及“确保已发生军事行动地区居民的安全、福利和保障,并便利那些自敌对行动发生以来逃离该地区的居民的返回”[6]。

在接下的几个月里,交流继续进行,在以色列提出关于特派团职权范围的进一步讨论中,一些问题并没有得到解决。1968年7月31日,秘书长报告说没有取得任何进展:“鉴于这些因素涉及许多人的福祉,却不能被给予足够的优先权,也不能被视为具有足够的紧迫性来克服障碍,这在我看来是最为不幸的。”[7]

1968年9月27日,安理会对于“以色列仍在为接待秘书长特别代表设定条件而拖延执行第237(1967)号决议”的行为表示谴责,并请秘书长“紧急派遣一名特

---

① General Assembly twenty-second session, resolution 2341A and B (XXII) of 19 December 1967.

② S/8435-A/7060.

③ E/CN. 4/972, resolution 6 (XXIV) of 27 February 1968.

④ E/CN. 4/972 XII.

⑤ E/CN. 4/999.

⑥ S/8553-A/7085.

⑦ S/8699-A/7149.

别代表前往1967年6月5日敌对行动后被以色列占领的阿拉伯领土”。[①]

秘书长报告了他的努力,并指出,

> 派遣特别代表的现状与之前交流中所述内容完全一致,本报告中无须详细说
> 明。从信函中可以看出,我未能执行安理会的决定。[②] 381

1968年5月在德黑兰举行的国际人权会议上讨论了“被占领领土上尊重和保障人权”的问题。会议“对因1967年6月敌对行动而被占领的阿拉伯领土上的人权受到侵犯表示严重关切……并请大会任命一个特别委员会,以调查以色列占领领土上侵犯人权的行动”。[③]

该月晚些时候,安理会

> 痛惜以色列未能遵守大会决议……认为以色列采取的一切立法与行政措施,包括征用土地及其上财产在内,足以改变耶路撒冷的法律地位,概属无效……并呼吁以色列撤销业已采取的措施,并立即停止采取足以改变耶路撒冷地位的其他行动。[④]

同年联合国大会处理了巴勒斯坦的人道主义危机问题,联合国近东巴勒斯坦难民救济和工程处报告了1967年联合国7月至1966年6月30日期间巴勒斯坦难民的情况。[⑤]

联合国大会呼吁以色列“立即采取有效步骤,毫不拖延地让自敌对行动爆发

---

① 1968, resolution 259 (1968) of 27 September 1968.

② S/8851.

③ A/CONF. 32/41, resolution I of 7 May 1968.

④ Security Council 1968, resolution 252 (1968) of 21 May 1968.

⑤ A/7213.联合国近东巴勒斯坦难民救济和工程处于1949年根据大会1949年12月8日第302(IV)号决议成立,旨在为1948年阿以冲突造成的巴勒斯坦难民提供救济和工作方案。这些人被定义为“在1946年6月1日至1948年5月15日期间正常居住地在巴勒斯坦,并且由于1948年的冲突而失去家园和谋生手段的人”。

“当该机构于1950年开始运作时,它正在响应大约75万名巴勒斯坦难民的需求。如今,大约500万巴勒斯坦难民有资格获得近东救济工程处的服务。”见https://wwwunrwa.org/who-we-are visited on 14 November 2017。

以来逃离这些地区的居民重新返回家园”[1]。

联合国大会——以色列行动特别委员会(1968 年)

大会在 1968 年重申了德黑兰会议的呼吁,[2]成了一个特别委员会,“调查以色列侵害被占领土居民人权的行为”[3]。截至 2019 年,该特别委员会仍然存在,[4]并更名为调查以色列侵害占领区巴勒斯坦人民和其他阿拉伯人人权的行动特别委员会(Special Committee to Investigate Israeli Practices Affecting the Human Rights of the Palestinian People and Other Arabs of the Occupied Territories)。[5]

382 特别委员会由大会主席任命的三个会员国组成。主席艾米利奥·阿雷纳拉斯(Emillo Arensles)在完成该任务前逝世。经过协商,决定从大会第二十三届会议副主席中指定一人(路易斯·阿尔瓦拉多[Luls Alvarado])执行该任命。[6] 1969 年 9 月 12 日,副主席任命了三个国家(锡兰、索马里、南斯拉夫)组成特别委员会。[7] 特别委员会于 1969 年 11 月开始工作。它的工作以规范性议事规则为指导。(见上文)

特别委员会于 1970 年首次向联合国大会做报告[8],此后一直进行定期报告。[9] 1970 年,人权委员会根据秘书长编写的一份报告,对人道主义法落实情况进

---

① General Assembly twenty-third session, resolution 2452A (XXIII) of 19 December 1968.

② General Assembly twenty third session, resolution 2443 (XXIII) of 19 December 1968.

③ General Assembly twenty-third session, resolution 2443 (XXIII) of 19 December 1968.

④ A/8089;特别委员会最初由锡兰(现斯里兰卡)、索马里和南斯拉夫组成。它目前(2019 年)由斯里兰卡(主席)、马来西亚和塞内加尔组成。

⑤ A/8089; General Assembly seventy-second session, resolution 72/84 of 7 December 2017.

⑥ A/8089; A/7495 and Adds. 1-3.

⑦ A/8089; A/7495/Add. 3.

⑧ A/8089.

⑨ A/8089; A/8089; A/8389 and Corr. 1 and 2 and Add. 1 and Add. 1 Corr. 1; A/8828; A/9148 and Add. 1; A/9817; A/10272; A/31/218; A/32/284; A/33/356; A/34/631; A/35/425; A/36/579; A/37/485; A/38/409; A/39/591; A/4O/702; A/41/680 A/42/650; A/43/694; A/44/352; A/44/599; A/45/84; A/45/306; A/45/576; A/46/65; A/46/282; A/46/522; A/47/76; A/47/262; A/47/509; A/48/96; A/48/278; A/48/557; A/49/67; A/49/172; A/49/511; A/50/170; A/50/282; A/50/463; A/51/99 and Adds 1-3; A/52/131 and Add. 1 and 2; A/53/136 and Add. 1; A/54/73 and Add. 1; A/54/325A/55 and Add. 1; A/55/453; A/56/428 and Add. 1; A/56/491; A/57/207; A/57/421; A/58/311; A/59/381; A/6O/38O; A/61/500; A/62/360; A/63/273; A/64/339; A/65/327; A/66/370; A/67/550; A/68/379; A/69/355; A/70/406 and Corr. 1; A/71/352; A/72/539; A/73/499.

行全面审查。[①] 至1984年,秘书长向大会提交了报告。[②]

大会延长了特别委员会的任务期限,并通过了若干决议,涉及平民人权状况的其他方面,包括《日内瓦第四公约》的适用,以及以色列当局采取的行动,例如没收财产和资源、建立定居点以及将以色列公民转移到这些定居点。[③]

根据《日内瓦第四公约》的规定[④],特别委员会在其第一次报告中建议 383

---

① A/8089; A/7720 General Assembly twenty-fourth session, 'Respect for human Rights in Armed Conflicts'.

② Reports of the Secretary-General: A/39/620; A/40/686; A/41/469 and Add. 1; A/42/459; A/44/640; A/43/636; A/43/806; A/45/608; A/46/521; A/47/545; A/48/486 - A/48/543; A/49/598 - A/49/601; A/5D/657-A/50/660; A/51/514; A/51/516->518; A/52/550-553; A/53/259; A/53/260; A/53/264; A/53/660; A/53/661; A/54/181 - 185; A/55/261 - 265; A/56/214 - 219; A/57/314 - 318; A/58/155; A/58/156; A/58/263/A/58/264; A/58/310; A/59/338; A/5 59/339; A/59/343; A/59/344; A/59/345; A/60/294-298; A/61/327 - 331; A/62/330-334; A/63/482-484; A/63/518 and 519; A/64/332; A/64/340; A/64/354; A/64/516; A/64/517; A/65/326; A/65/355; A/65/365; A/65/366; A/65/372; A/66/356; A/66/362; A/66/364; A/66/373; A/66/400; A/67/332; A/67/338; A/67/372; A/67/375; A/67/511; A/68/313; A/68/355; A/68/378; A/68/502; A/68/513; A/69,128; A/69/316; A/69/327; A/69/347; A/69/348; A/70/133; A/70/312; A/70/341; A/70/351; A/70/421; A/71/315; A/71/321; A/71/392; A/717355; A/71/364; A/72/296; A/72/314; A/72/538; A/72/564; A/72/565; A/73/357; A/73/364; A/73/410; A/73/420.

③ General Assembly, resolutions: 2443 (XXIII) of 19 December 1968; 2546 (XXIV) of 11 December 1969; 2727 (XXV) of 15 December 1970; 2851 (XXVI) of 20 December 1971; 30D5. (XXVII) of 15 December 1972; 3092 A-B (XXVIII) of 7 December 1973; 3240 A-C (XXIX) of 29 November 1974; 3525 A-D (XXX) of 15 December 1975; 31/106 A-D of 16 December 1976; 32/91 A-C of 13 December 1977; 33/113 A-C of 18 December 1978; 34/90 A-C of 12 December 1979; 35/122 A-F of 11 December 1980; 36/147 A-G of 16 December 1981; 37/88 A-G of 10 December 1982; 38/79 A-H of 15 December 1983; 39/95 A-H of 14 December 1984; 40/161 A-G of 16 December 1985; 41/63 A-G of 3 December 1986; 42/160 A - G of 8 December 1987; 43/21 of 3 November 1998 (Intifada); 43/58 A-G of 6 December 1988; 44/48 A-G of 8 December 1989; 45/74 A-G of 11 December 1990; 46/47 A-G of 9 December 1991; 47/70 A-G of 14 December 1992; 48/41 A-D of 10 December 1993; 49/36 A-D of 9 December 1994; 50/29 A-D of 6 December 1995; 51/131 to 51/135 of 13 December 1996; 52/64 to 52/68 oflO December 1997; 53/53 to 53/57 of 3 December 1998; 54/76 to 54/80 of 6 December 1999; 55/130 to 55/134 of 8 December 2000; 56/59 to 56/63 of 10 December 2001; 57/124 to 57/128 of 11 December 2002; 58/96 to58/100 of 9 December 2003; 59/121 to 59/125 of 10 December 2004; 60/104 to 60/108 of 8 December 2008; 61/116 to 61/120 of 14 December 2006; 62/106 to 62/110 of 17 December 2007; 63/95 to 63/99 of 5 December 2008; 64/91 to 64/95 of 10 December 2009; 65/102 to 65/106 of 10 December 2010; 66/76 to 66/80 of 9 December 2011; 67/118 to 67/122 of 18 December 2012; 68/80 to 68/84 of 11 December 2013; 69/90 to 69/94 of 5 December 2014; 70/87to 70/91 of 9 December 2015; 71/95 to 71/99; of 6 December 2016; 72/84 to 72/88 of 7 December 2017; 73/96 to 73/100 of 7 December 2018.

④ Geneva Convention relative to the protection of civilian persons in time of war of 12 August 1949: Article 9 et seq.

> 被以色列占领领土的国家……立即授权一个或多个中立国，或一个国际组织，提供一切公正和有效保障，以保护被占领领土居民的人权。在被占领领土上居民无法行使自决权的特殊情况下，有必要做出适当安排，使其利益得到适当代表……本着《日内瓦第四公约》的精神……特别委员会将建议由以色列提名的一个中立国家或组织参与这一安排。

并且“在做出这样的安排在之前，特别委员会应继续其工作”。[①]

人权委员会——特别专家工作组（1969—1971年）

1969年，在讨论任命大会特别委员会的程序时，人权委员会决定设立一个特别专家工作组，由南非问题特设工作组成员组成（见上文），其任务是：

> (a)调查有关以色列在1949年8月12日战争期间在以色列占领的领土内违反《日内瓦公约》的指控；(b)使用有必要的程序，接收通信，听取证人的意见。[②]

特别工作组于1970年向委员会提出报告，[③]在报告中分析了“以色列国防军在这些领土上的有关公告和命令……以及指控违反《日内瓦第四公约》的个人证词和……红十字委员会的报告，这些信息对特别工作组的任务有着一定影响”[④]。

人权委员会赞赏特别工作组关于下列问题的结论：“(a)《日内瓦公约》……适用于包括耶路撒冷在内的所有被占领地区；(b)在以色列占领地区存在违反《公约》的行为”；以及

> 谴责以色列拒绝适用该《公约》及其违反该《公约》的行为，特别是下列违反行
> 384 为：(i)全部或部分毁坏被占领地区的村庄和城市；(ii)在军事占领的阿拉伯领土上建立定居点；(iii)非法驱逐平民；(iv)根据其军事法强迫平民的胁迫

① A/8089; A/8089 para 156.
② E/CN. 4/1007, resolution 6 (XXV) of 4 March 1969.
③ E/CN. 4/1016 and Adds 1-5.
④ E/CN. 4/1016/Add. 1 and Add. 2.

行为;(v)反对废除被占领领土上违反《公约》和安理会及大会相关决议的国家法律;(vi)集体惩罚政策和行为。[①]

联合国大会特别委员会于1970年开始工作后,人权委员会的特别工作组即告终止。在随后的几年中,委员会处理了在军事占领地区保护人民人权的各方面问题,这些问题包括巴勒斯坦人民的自决权(见第二章,1975年——自决权,巴勒斯坦[1975年])、1949年8月12日《关于保护战时平民的日内瓦第四公约》的适用性、加沙地带巴勒斯坦人民的困境和当地情况、在被占领叙利亚领土上发生的武装冲突,以及随后几年出现的其他相关问题,例如加沙地带、戈兰高地和黎巴嫩南部的局势。

人权委员会一贯申明《日内瓦第四公约》适用于自1967年以来被以色列占领的包括耶路撒冷在内的所有领土,并"强烈谴责以色列拒绝适用……该《公约》……以及对《公约》的无视"[②]。

从人权委员会到人权理事会

政策和行动

多年来,人权委员会讨论了"以色列的政策和行动,这些政策和行动侵犯了包括耶路撒冷在内的巴勒斯坦领土上巴勒斯坦人民的人权"。委员会列举了许多此类政策和行动的实例,并申明"巴勒斯坦人民有权根据符合《联合国宪章》的联合国有关决议,以一切手段抵制以色列的占领"。[③]

人权委员会

谴责以色列的政策和行动……特别是以色列军队和居民向巴勒斯坦平民开

① E/CN. 4/1039, resolution 10 (XXVI) of 23 March 1970.

② See, for example, E/CN. 4/1990/94, resolution 1990/2 B of 16 February 1990; E/CN. 4/1991/91, resolution 1991/1 B of l5 February 1991; E/CN. 4/1992/84, resolution 1992/2 B of 14 February 1992; E/CN. 4/1993/122, resolution 1993/2 B of 19 February 1993; E/CN. 4/1994/132, resolution 1994/3 B of 18 February 1994.

③ See, for example, E/CN. 4/1990/94 resolution 1990/2 B of 16 February 1990; E/CN. 4/1991/91, resolution 1991/1 B of 15 February 1991; E/CN. 4/1992/84, resolution 1992/2 B of 14 February 1992; E/CN. 4/1993/122, resolution 1993/2 B of 19 February 1993; E/CN. 4/1994/132, resolution 1994/3 B of 18 February 1994.

火,造成他们伤亡,例如自巴勒斯坦人民反抗以色列军事占领起义爆发以来,
以及1990年5月20日在里雄莱锡安和1990年10月8日在阿克萨清真寺发
385 生的屠杀事件;不断实施着限制性经济措施;拆迁房屋;侵占属于个人或集体
的财产;实施集体惩罚;任意地拘留数千名巴勒斯坦人;没收巴勒斯坦人的财
产,包括他们的银行账户;征用土地;限制旅行;关闭大学和学校;在监狱和拘
留中心实施酷刑;以及在被占领巴勒斯坦领土上建立犹太人定居点。

委员会还"确认巴勒斯坦人民有以一切符合《联合国宪章》宗旨和原则的手段,抵抗以色列占领的权利,正如巴勒斯坦人自1987年12月以来在勇敢地起义中所表现的那样"[1]。

2002年,人权委员会谴责了死亡人数惊人增加……对居民和红十字国际委员会以及巴勒斯坦红新月会工作人员的行动的限制"。并赞同高级专员的建议,请其"领导一个访问团立即前往该地区,并迅速返回,将调查结果提交给委员会本届会议"。[2] 在同一届会议晚些时候,委员会"对以色列拒绝高级专员率领的小组访问表示遗憾……并赞同……高级专员关于全面调查侵犯人权和违反国际人道主义法行为的建议"[3]。

人权理事会在2010年举行了一次紧急讨论[4],原因是以色列攻击了向加沙运送人道主义援助的船队,并决定"设立一个独立的国际实况调查团,调查以色列违反国际法的行为"。[5]

定居点

多年来,在被占领土上建立的以色列人定居点是人权委员会关注的主题。委员会一贯重申,"以色列公民在被占领土上的定居是非法的并违反《关于战时保护

[1] E/CN. 4/1991/91, resolution 1991/2 A of 15 February 1991. See also E/CN. 4/2002/200, resolution 2002/8 of 15 April 2002, E/CN. 4/2003/135, resolution 2003/6 of 15 April 2003.

[2] E/CN. 4/2002/200, resolution 2002/1 of 5 April 2002.

[3] E/CN. 4/2002/200, resolution 2002/90 of 26 April 2002. See also A/HRC/6/22, resolution 6/19 of 28 September 2007.

[4] A/HRC/13/47 Part Two I G.

[5] A/HRC/14/37, resolution 14/1 of 2 June 2010. See also A/HRC/15/60, resolution 15/1 of 29 September 2010; A/HRC/16/2, resolutions 16/20 and 16/29 of 25 March 2011; A/HRC/17/2, resolution 17/10 of 17 June 2011; A/HRC/19/2, resolution 19/16 of 22 March 2012; A/HRC/22/2, resolution 22/28 of 22 March 2013; A/HRC/25/2, resolution 25/29 of 28 March 2014; A/HRC/15/21.

平民的日内瓦第四公约》的有关条款”。1990 年,委员会处理了“最近提出的把来到以色列的移民安置在被占领土的建议,申明以色列公民在被占领土定居是非法的,并违反《关于战时保护平民的日内瓦第四公约》的有关条款”,[1]随后几年又重申了这一点。[2]

1998 年,人权委员会 386

> 深切关注以色列移民点的活动,包括……没收土地、拆除房屋、没收财产、驱逐当地居民和修筑旁路……这些是非法的,违反了《关于战时保护平民的日内瓦公约》,是对和平的一大障碍。[3]

委员会在 1999 年“严重关切以色列移民点的活动和这种活动自《伊河备忘录》(Wye River Memorandum)签署以来的加剧”[4]。

2000 年,人权委员会谴责

> 以色列没收耶路撒冷巴勒斯坦人的住宅,吊销耶路撒冷巴勒斯坦居民的身份证……从而为使耶路撒冷犹太化创造条件……审讯期间对巴勒斯坦人使用酷刑……委员会重申 1967 年以来包括东耶路撒冷在内的被占领巴勒斯坦领土上所建的所有以色列定居点均属非法……应予拆除……以实现和平。[5]

2001 年,人权委员会欢迎特别报告员的报告,以及高级专员关于其访问该地区的报告,还有委员会在其特别会议上设立的调查委员会的报告,并敦促以色列“实施高级专员在其报告中就移民点,包括确保以色列治安部队保护巴勒斯坦人

---

① E/CN. 4/1990/94, resolution 1990/1 of 16 February 1990.

② See, for example, E/CN. 4/1990/94, resolution 1990/1 of 16 February 1990; E/CN. 4/1991/91, resolution 1991/3 of 15 February 1991; E/CN. 4/1992/84, resolution 1992/3 of 14 February 1992; E/CN. 4/1993/122, resolution 1993/3 of 19 February 1993; E/CN. 4/1994/132, resolution 1994/1 of 18 February 1994; E/CN. 4/1995/176, resolution 1995/3 of l7 February 1995; E/CN. 4/1996/177, resolution 1996/4 of 11 April 1996.

③ E/CN. 4/1998/177, resolution 1998/3 of 27 March 1998; E/CN. 4/1997/150, resolution 1997/3 of 26 March 1997.

④ E/CN. 4/1999/167, resolutions 1999/5 and 1999/7 of 23 April 1999.

⑤ E/CN. 4/2000/167, resolution 2000/6 of 17 April 2000.

免遭以色列移民暴力伤害问题,提出的有关建议。[①]

2012 年,人权理事会成立了"一个独立的国际实况调查团,调查以色列定居点对巴勒斯坦人民人权的影响"[②]。2013 年的调查报告探讨了"以色列定居点对……自决权……平等不受歧视权利的影响"[③]。理事会要求一份报告,"继续详细说明独立国际实况调查团报告所载建议的执行情况"[④]。

2015 年,人权理事会请高级专员"通过部署必要的人员,进一步加强其办事处在被占领巴勒斯坦领土上的存在"[⑤]。

387 **被拘留者的待遇**

1983 年,人权委员会敦促以色列"根据《日内瓦第三公约》,承认在以色列入侵黎巴嫩期间被抓获的所有战斗人员的战俘地位,并立即释放自那场战争开始以来被任意拘留的所有平民"[⑥]。委员会在随后几年一再发出同样的呼吁。[⑦]

2017 年,人权理事会请高级专员与任意拘留工作组协商,报告"导致任意拘留巴勒斯坦囚犯和以色列被拘留者的长期因素"[⑧]。

特别报告员(1993 年)

1993 年,人权委员会任命了一名特别报告员(雷内·费尔伯[René Felber,1993—1995 年];汉努·哈利宁[Hannu Halinen,1995—1999 年];乔治·贾科梅利[Giorgio Giacomelli,1999—2001 年];约翰·杜加尔德[John Dugard,2001—2008 年];理查德·福尔克[Richard Falk,2008—2014 年];马卡里姆·维比索诺[Makarim Wibisono,2014—2016 年];迈克尔·林克[Michael Lynk,2016 年]),其职责为:

> (a)调查以色列在 1967 年以来被以色列占领的巴勒斯坦领土上违反国际法、国际人道主义法以及 1949 年 8 月 12 日《关于战时保护平民的日内瓦第

---

① E/CN, 4/2001/167, resolution 2001/8 of 18 April 2001. See also resolution 2002/7 of 12 April 2002.

② A/HRC/22/2, resolution 19/17 of 22 March 2012.

③ A/HRC/22/63 IV A, B, C, V, VI.

④ A/HRC/22/2, resolution 22/29 of 22 March 2013.

⑤ A/HRC/28/2, resolution 28/27 of 27 March 2015. See also 31/34 of 24 March 2016.

⑥ E/CN. 4/1983/60, resolution 1983/27 of 7 March 1983.

⑦ See E/CN. 4/1984/77, resolution 1984/20 of 6 March 1984; E/CN. 4/1985/66, resolution 1985/15 of 11 March 1985.

⑧ A/72/53, resolution 34/30 of 4 March 2017.

四公约》的原则和基础的行为;(b)接收来信,听取证词,利用一切他认为为执行任务所需的程序形式。[①]

委员会随后讨论其特别报告员的报告和大会特别委员会的报告(见上文)。

从1994年起,特别报告员每年向委员会(2006年后向人权理事会)和联合国大会提交报告[②],特别报告员在其第一次报告中描述了其工作方法和背景:

自1993年8月底以色列政府和巴勒斯坦解放组织(巴解组织)宣布将签订一项协定以来,整个国际社会即抱着无限的希望,1993年9月在华盛顿签署了关于自治临时安排的原则宣言,各国政府因而可以对开始进行的和平进程表示支持,并做出向将取得自决的领土提供物质支助的承诺。这次重要的政治事件对特别报告员从事工作的方式会产生影响,这是理所当然的。因此,为了不阻碍巴解组织和以色列所进行的政治进程,不能单方面对任何一方进行谴责,否则会证明反对这项计划的以色列和巴勒斯坦反对派有理。然 388
而,显而易见,1993年9月13日的协定仅涉及杰里科和加沙地带,其他被占领领土的地位保护不变。最后,协定必须经过签署双方特别谈判之后才能真正生效。上述情况即为特别报告员必须考虑到的新情况,但并不意味着特别报告员及其会谈者应放弃其任务。[③]

特别报告员于1994年1月下旬访问了以色列和被占领巴勒斯坦领土,并将其报告限定为

① E/CN. 4/1993/122, resolution 1993/2 A of 19 February 1993.

② Reports of the Special Rapporteur to the Commission (1994-2006): E/CN. 4/1994/14; E/CN. 4/1995/19; E/CN,4/1996/18; E/CN,4/1997/16; E/CN. 4/1998/17; E/CN. 4/1999/24; E/CN. 4/2000/25; E/CN. 4/S-5/3; E/CN. 4/2001/30; E/CN. 4/2002/32; E/CN. 4/2003/30; E/CN. 4/2003/30/Add J; E/CN. 4/2004/6 and Add. 1; E/CN. 4/2005/29 and Add. 1; E/CN. 4/2006/29. Reports to the Human Rights Council (2006 - 2018): A/HRC/2/5; A/HRC/4/116; A/HRC/4/17; A/HRC/5/11; A/HRC//7/17; A/HRC/10/20; A/HRC/13/53; A/HRC/13/53/Rev. 1; A/HRC/16/72; A/HRC/19/76; A/HRC/20/32; A/HRC/22/62; A/HRC/23/31; A/HRC/25/67; A/HRC/28/78; A/HRC/34/70; A/HRC/37/75. Reports to the General Assembly (2001 - 2017): A/56/440; A/57/366 and Add. 1; A/61/470; A/62/275; A/63/326; A/64/328; A/65/331; A/66/358; A/67/379; A/68/376; A/69/301; A/71/554; A/72/556; A/72/539.

③ E/CN. 4/1994/14 paras 6-8.

> 只是初步性质的调查，不可避免地是不完整的，因为特别报告员没有时间在现场进行更广泛的第一手调查，尽管环境对他构成了严重限制，但他……努力抓住每一个机会形成自己的观点。特别报告员根据与他交谈的所有巴勒斯坦人表达的愿望，准备继续他的工作，并尽早访问相关领土，同时充分考虑当前的政治事态发展。①

1998年，人权委员会谴责了“开通在阿克萨清真寺底下的隧道”，继续在耶路撒冷和其他部分被占领的领土采取的相关措施，以及减少耶路撒冷巴勒斯坦居民人口的措施。委员会谴责在审讯中对巴勒斯坦人实施酷刑。②

2008年，人权理事会

> 痛惜以色列最近宣布在被占领东耶路撒冷及其周围为以色列定居者建造新的住房，因为这将破坏和平进程和一个连贯完整、主权和独立的巴勒斯坦的建立，违反国际法以及以色列在2007年11月27日在安纳波利斯和平会议上做出的保证。③

特别会议（2000年，2006年，2008年，2009年，2014年，2018年）

人权委员会于2000年举行了一次关于巴勒斯坦局势的特别会议，这是自1992年以来委员会第五届特别会议。④ 会议召开的目的是“讨论以色列的占领对巴勒斯坦人权造成的严重和大规模的侵害”⑤。（见第三章，1992年——委员会改革：特别会议）

389 特别报告员乔治·贾科梅利向特别会议提交了一份访问报告⑥。特别会议还

① E/CN. 4/1994/14 paras 18-31.

② E/CN. 4/1998/177, resolution 1998/1 of 27 March 1998.

③ A/HRC/7/78, resolution 7/18 of 27 March 2008. See A/HRC/7/17.

④ Economic and Social Council 1990 first regular session, resolution 1990/48 of 25 May 1990.

⑤ E/CN. 4/S-5/2.

⑥ E/CN. 4/S-5/3

收到了以色列对报告的评论[1]。特别报告员于2000年10月11日至15日访问了被占领的巴勒斯坦领土，这使他能

> 就其任务与广泛的协调人进行协商，这包括在西岸、加沙地带以及耶路撒冷的巴勒斯坦和以色列非政府组织、驻当地国际组织、基层和社团组织举行的会议……特别报告员遗憾地指出，这一次他还是没有机会与以色列官方人员进行对话，这是因为以色列继续反对调查并且拒绝与特别报告员合作。[2]

特别报告员报告称，“总的来说，特别报告员在提交给委员会第五十六届会议上的一份报告(E/CN.4/2000/25)中所报告的各种侵犯人权的情况保持不变。然而自2000年9月底以来，这一范围内的违法行为数量已经呈现出一种不稳定的上升趋势”[3]。

人权委员会“谴责利库德集团领导人阿里埃勒·沙龙于2000年9月28日对谢里夫圣地的挑衅性访问。这次访问引起了随后在被占领的东耶路撒冷和其他被占领巴勒斯坦领土上发生的悲惨事件”[4]。委员会设立了一个“人权调查委员会，还请人权事务高级专员对被占领巴勒斯坦领土进行紧急访问，以评估以色列占领国侵犯巴勒斯坦人民人权的情况”[5]。

人权委员会请

> 法外处决、即决处决或任意处决问题特别报告员，负责国内流离失所问题的秘书长代表，酷刑问题特别报告员，暴力侵害妇女问题特别报告员，宗教不容忍问题特别报告员，当代形式种族主义问题特别报告员，适足住房问题特别报告员和被强迫或非自愿失踪问题工作组，立即对被占领巴勒斯坦领土采取

① E/CN. 4/S-5/4. See also E/CN. 4/2002/129; E/CN. 4/2002/129/Corr. 1; E/CN. 4. 2002/159; E/CN. 4/2003/G/21; E/CN. 4/2003/G/21; E/CN. 4/2004/G/24; E/CN/4/2004/G/42; A/HRC/4/G/15.

② E/CN. 4/S-5/3.

③ E/CN. 4/S-5/3.

④ E/CN. 4/S-5, resolution S-5/1 of 19 October 2000.

⑤ E/CN. 4/S-5, resolution S-5/1 of 19 October 2000.

行动。[1]

人权委员会审议了高级专员玛丽·罗宾逊(Mary Robinson)访问该区域的报告[2]、调查委员会的报告[3]以及特别报告员2001年的报告[4],委员会专门召开紧急会议审议因2004年3月22日谢赫·艾哈迈德·亚辛(Shelkh Ahmed Uassin)被杀
390 造成的被占领巴勒斯坦领土的状况。[5]

人权理事会在2006年举行了两次特别会议,第一次会议讨论了被占领巴勒斯坦领土的人权状况,并要求派遣一个高级实况调查团前往加沙。第二次会议涉及以色列军事行动在黎巴嫩造成的严重人权状况,[6]并设立了一个调查委员会,该委员会于2006年9月提交了一份进度报告[7]。理事会感到遗憾的是,"以色列作为占领国迄今仍未执行这些决议,并阻碍了紧急实况调查团的派遣"[8]。高级代表团(德斯蒙德·图图[Desmond Tutu]、克里斯汀·钦肯[Christine Chinkin])于2007年向理事会做了报告。[9]

人权理事会于2008年举行了一次特别会议,讨论"以色列对被占领巴勒斯坦的军事攻击和入侵造成的侵犯人权行为"[10]。此外2009年也举行了两次特别会议,第一次会议于1月召开,讨论"以色列对被占领加沙地带发动军事袭击造成的严重侵犯人权行为"。理事会决定

> 紧急派遣独立的国际实况调查团,调查占领国因最近的侵略而在整个被占领巴勒斯坦领土,特别是被占领加沙地带对巴勒斯坦人民实施的违反国际人权

---

① E/CN. 4/S-5, resolution S-5/1 of 19 October 2000.

② E/CN. 4/2001/114.

③ E/CN. 4/2001/121.

④ E/CN. 4/2001/30, See also E/CN. 4/2001/167, resolution 2001/7 of 18 April 2001.

⑤ E/CN. 4/2004/127, decision 2004/102 of 23 March 2004.

⑥ A/61/53 Parts II and III.

⑦ A/HRC/3/2.

⑧ A/HRC/4/123, resolution 4/2 of 27 March 2007. See also General Assembly: A/HRC/6/22 resolution 6/18 of 28 September 2007.

⑨ A/HRC/5/20; A/HRC/9/26. See also General Assembly: A/HRC/9/28, resolution 9/18 of 24 September 2008.

⑩ A/HRC/S-6/2.

法和国际人道主义法的所有行为。[1]

第二次会议于2009年10月召开,即关于“包括东耶路撒冷在内的被占领巴勒斯坦领土人权状况”,该会议请高级专员“在其定期报告中监测、记录和报告以色列在耶路撒冷及其周围落实人权义务的状况”。理事会欢迎独立国际实况调查团的报告,并请其就报告的执行情况提出报告。[2] 理事会在审议专家委员会[3]和高级专员的报告[4]时,对这些特别会议采取了后续行动。

人权理事会于2014年举行了特别会议(关于确保在包括东耶路撒冷在内的被占领巴勒斯坦领土上尊重国际法的第二十一届特别会议)[5],并在2018年举办了特别会议(关于确保在包括东耶路撒冷在内的被占领巴勒斯坦领土上大规模平民抗议中违反国际法问题的第二十八届特别会议)。[6]

问责(2015年) 391

2015年及其后几年,人权理事会强调了2014年加沙冲突报告中的问责问题。[7] 在2017年,理事会向联合国大会建议

继续了解此事,直到它确信在执行联合国加沙冲突实况调查团提出的建议方面……已经或正在国家或国际层面采取适当行动,以确保为受害者伸张正义并追究肇事者的责任。[8]

---

① A/HRC/S-9/2. See also General Assembly: A/HRC/10/29, resolution 10/21 of 26 March 2009.

② A/HRC/S-12/1. See also A/HRC/12/48; A/HRC/12/37. See also A/HRC/19/2, resolution 19/18 of 22 March 2012; A/HRC/22/2, resolution 22/25 of 22 March 213; A/HRC/25/2, resolution 25/30 of 26 March 2014.

③ A/HRC/12/48;A/HRC/15/50;A/HRC/15/51;A/HRC/15/52 andA/64/890

④ A/HRC/13/56 resolution 13/9 of 25 March 2010; A/HRC/15/60 resolution 15/6 of 29 September 2010. See also A/HRC/16/2 resolution 16/32 of 25 March 2011 and A/HRC/13/54, A/HRC/13/55, A/HRC/15/50, A/HRC/16/24, A/HRC/16/71.

⑤ A/HRC/S-21/2.

⑥ A/HRC/S-28/2.

⑦ A/HRC/29/52. See also A/HRC/22/63; A/HRC/12/48.

⑧ A/HRC/29/52. See also resolutions 29/25 of 3 July 2015; 31/35 of 24 March 2016; 34/28 of 24 March 2017; 37/37 of 23 March 2018.

其他特别程序(2002 年)

除了联合国大会特别委员会和人权理事会特别报告员外,还有其他特别程序报告了被占领领土的情况,包括:

2002 年——适足住房问题特别报告员[1];

2003 年——食物权问题特别报告员[2];

2004 年、2015 年——暴力侵害妇女问题特别报告员[3];

2005 年——人权维护者问题特别代表[4];

2007 年——反恐问题特别报告员[5];

2008 年——宗教不容忍问题特别报告员[6]。

叙利亚(戈兰高地)(1980 年)

自 1974 年访问了戈兰高地的库奈特拉(Quneitra)镇之后[7],联合国大会请特别委员会"在专家协助下……对库奈特拉的破坏情况进行调查,并评估这种破坏造成的损害的性质、程度"[8]。特别委员会于 1976 年提交了报告。[9] 在 1977 年,特别委员会提交了关于库奈特拉被毁事件的进一步报告。大会重申,根据国际法和公平原则,阿拉伯叙利亚共和国有权向以色列主张充分的赔偿。[10]

392 在 1990 年和随后的几年,人权委员会谴责了

以色列执意改变被占领的阿拉伯叙利亚戈兰高地地貌、人口构成、制度结构

---

① E/CN. 4/2003/5/Add. 1.

② E/CN. 4/2003/54.

③ E/CN. 4/2005/72/Add. 4; A/HRC/35/30/Add. 2.

④ E/CN. 4/2006/95/Add. 3.

⑤ A/HRC/6/17/Add. 1 and Corr. 1.

⑥ A/HRC/10/8/Add. 2.

⑦ A/9817 V.

⑧ General Assembly twenty-ninth session, resolution 3240C (XXIX) of 29 November 1974.

⑨ A/31/218 V, Annex III, See also General Assembly: A/10272 V; Assembly resolution 3525C (XXX) of 15 December 1975.

⑩ A/32/284 Annex II; resolution 32/91D of 13 December 1997.

和法律地位……占领国以色列业已采取或将要采取意图改变……戈兰高地的特征和法律地位的一切立法和行政措施和行动均为无效。[①]

委员会再次谴责以色列1994年及其后几年在被占领戈兰高地采取的措施。[②] 人权理事会保持了委员会的观点。[③] 2017年,理事会收到了秘书长关于被占领叙利亚戈兰人权状况的报告。[④]

黎巴嫩(1982年)

1982年,以色列入侵黎巴嫩并占领黎巴嫩南部直到2000年。人权委员会讨论了战斗人员和非战斗平民的待遇问题,并呼吁通过以色列与红十字国际委员会的合作来保护他们。委员会还讨论了在入侵过程中被俘人员的情况。[⑤] 1985年,委员会"呼吁以色列……释放被拘留和绑架的人,并要求以色列立即全面撤出黎巴嫩南部"。委员会呼吁"那些继续向以色列提供经济、政治和军事援助的国家停止对以色列的支持,停止支持以色列坚持其侵略、扩张和殖民定居

① E/CN. 4/1990/94, resolution 1990/3 of 16 February 1990; E/CN,4,1991/91, resolution 1991/2 of 15 February 1991; E/CN. 4/1992/84, resolution 1992/1 of 14 February 1992; E/CN. 4/1993/122, resolution 1993/1 of 19 February 1993.

② E/CN. 4/1994/132, resolution 1994/2 of 18 February 1994. See also E/CN,4/1995/176, resolution 1995/2 of 17February 1995; E/CN. 4/1996/177,resolution 1996/2ofll April 1996; E/CN. 4/1997/150, resolution 1997/2 of 26 March 1997; E/CN. 4/1998/177, resolution 1998/2 of 27 March 1998; E/CN. 4/1999/167, resolution 1999/6 of 23 April 1999; E/CN. 4/2000/167, resolution 2000/7 of 17 April 2000; E/CN. 4/2001/167, resolution 2001/6 of 18 April 2001; E/CN. 4/2002/200, resolution 2002/6 of 12 April 2002; E/CN. 4/2003/135, resolution 2003/5 of 15 April 2003; E/CN. 4/2004/127, resolution 2004/8 ofl5 April 2004; E/CN. 4/2005/135, resolution 2005/8 of 14 April 2005.

③ A/HRC/2/9, resolution 2/3 of 27 November 2006; A/HRC/7/78, resolution 7/30 of 28 March 2008; A/HRC/10/29 resolution 10/17 of 26 March 2009; A/HRC/13/56, resolution 13/6 of 24 March 2010; A/HRC/16/2, resolution 16/17 of 24 March 2011; A/HRC/19/2, resolution 19/14 of 22 March 2012; A/HRC/22/2, resolution 22/17 of 21 March 2013; A/HRC/25/2, resolution 25/31 of 28 March 2014; A/HRC/28/2, resolution 28/24 of 27 March 2015; A/HRC/31/2, resolution 31/25 of 24 March 2016; A/72/53, resolution 34/27 of 24 March 2017; A/HRC/37/2, resolution 37/33 of 23 March 2018.

④ A/34/37. See also A/71/352.

⑤ E/CN. 4/1983/60, resolution 1983/27 of 7 March 1983. See also resolutions 1984/20 of 6 March 1984; 1985/15 of 11 March 1985.

点政策”[1]。

1987年，人权委员会对“黎巴嫩境内巴勒斯坦难民营的严重局势深表失望，因
393 为难民营不断遭到袭击和围困，使其居民面临死亡的危险”[2]。委员会还讨论了黎巴嫩南部的局势，要求以色列从黎巴嫩领土上撤军，并尊重黎巴嫩主权和领土完整。[3]

1990年及随后几年，人权委员会谴责“以色列继续在黎巴嫩南部侵犯人权，特别表现为任意剥夺平民人口的权利、摧毁他们的家园、没收他们的财产、将他们驱逐出被占领地区，并轰炸平民村庄”[4]。1996年，委员会再次表示遗憾，对于

> 以色列在黎巴嫩南部和西贝卡被占领区继续侵犯人权。占领国以色列有义务承诺允许国际红十字会和其他国际人权主义组织定期访问基亚姆(Khiyam)和迈尔杰乌荣(Marjayoun)拘留中心，以核实一些人因为虐待而死亡的情况。[5]

2000年5月以色列军队撤出了黎巴嫩。2001年，人权委员会呼吁

> 以色列政府不得出于谈判目的将被关押在其监狱中的黎巴嫩公民作为人质，并立即释放他们。根据所有《日内瓦公约》和国际法的其他规定，允许红十字国际委员会定期探访被拘留者。[6]

---

① E/CN. 4/1985/66, resolution 1985/41 of 13 March 1985; E/CN. 4/1988/88, resolution 1988/66 of 10 March 1988, E/CN. 4/1989/86, resolution 1989/65 of 8 March 1989.

② E/CN, 4/1987/60, resolution 1987/49 of 11 March 1987.

③ E/CN. 4/1987/60, resolution 1987/54 of 11 March 1987. See also E/CN. 4/1986/65, resolution 1986/43 of 12 March 1986.

④ E/CN. 4/1990/94, resolution 1990/54 of 6 March 1990; E/CN. 4/1991/91, resolution 1991/66 of 6 March 1991; E/CN. 4/1992/84, resolution 1992/70 of 4 March 1992; E/CN. 4/1993/12, resolution 1993/67 of 10 March 1993; E/CN. 4/1994/132, resolution 1994/83 of 9 March 1994.

⑤ E/CN. 4/1996/177, resolution 1996/69 of 23 April 1996: See also E/CN. 4/1997/150, resolution 1997/55 of 15 April 1997; E/CN. 4/1998/177, resolution 1998/62 of 21 April 1998; E/CN. 4/1999/167, resolution 1999/12 of 23 April 1999; E/CN. 4/2000/167, resolution 2000/16 of 18 April 2000.

⑥ E/CN. 4/2001/167, resolution 2001/10 of 18 April 2001 See also E/CN. 4/2002/200, resolution 2002/10 of 19 April 2002; E/CN. 4/2003/135, resolution 2003/8 of 16 April 2003.

1975年——智利

1975年,人权委员会决定进行第三次特别调查。1973年9月智利发生政变后,委员会向智利政府发出电报以表示关切,并请该国采取措施纠正这种情况。[1]

委员会成立了一个由五名成员组成的特设工作组"通过……访问智利,并从所有相关来源收集口头和书面证据,调查智利目前的人权状况"。工作组将向委员会和联合国大会提出报告,此后"该特设工作组将不再保留"。[2]

特设工作组(1975年) 394

这项特别调查的最初任务期限为一年。根据人权委员会的决议,工作组在1976年向委员会提出报告后将被撤销。[3] 但这取决于工作组是否能够进入智利进行调查——这次访问直到1978年才得以实现。

工作组在1979年的报告中指出:

> 特设工作组于1975年成立时,对智利的访问是其任务规定的内容之一。经智利政府同意,专家组原定于1975年7月访问智利。但就在访问开始之前,政府通知专家组,将推迟访问直到一个更有利的时机。专家组于1976年和1977年试图根据其任务安排访问智利,但没有成功。人权委员会第三十四届会议结束后,工作组与智利政府代表再次进行接触,以安排访问,并在1978年5月的会议上达成协议,使工作组能够于1978年7月访问智利。

在此期间,工作组的任务期限每年延长一次,并向联合国大会和人权委员会做报告。[4]

1976年,"尽管智利当局拒绝工作组访问该国",但人权委员会仍对工作组报

---

① E/CN. 4/1154 VIII paras 94-97; XIX B Decision 1,1 March 1974.

② E/CN. 4/1179, resolution 8 (XXXI) of 27 February 1975. See also resolution 3 (XXXII) of 19 February 1976.

③ E/CN. 4/1179, resolution 8 (XXXI) of 27 February 1975.

④ A/10285; E/CN. 4/1188; A/31/253; E/CN. 4/1221; A/32/227; E/CN. 4/1266; A/33/331; E/CN. 4/1310.

告的质量表示赞赏，该小组工作期限再次被延长一年，委员会对“不断公然侵犯人权，包括酷刑制度化的做法，深表悲痛”。①

1978年，人权委员会成立

> 联合国智利信托基金，接收捐款分发给……在智利被拘留或监禁而人权遭受侵害的受害者、被迫离开该国的人以及上述类别人权的亲属，向他们提供人道主义、法律和财政的援助。②

工作组于1978年访问了智利。联合国大会赞赏地注意到，“1978年7月，特设工作组第一次得以根据其任务访问智利。这为联合国在处理1978年12月以来不断和公然侵犯人权行为方面提供了宝贵的经验”。

在1978年12月，大会

> 欢迎特设工作组终于能够前往智利，并根据其任务规定实地调查该国的人权状况……对特设工作组表示非常感谢……因为它以谨慎和客观的方式执行其任务。③

395 大会请人权委员会

> 经与特设工作组主席协商，从工作组成员中任命……一位智利人权状况特别报告员……并在委员会第8(XXXI)号决议的基础上确定特别报告员的任务，而这份决议也确定了特设工作组的任务……同时，考虑在第三十五届会议中，特设工作组在其报告中所表达的关于了解智利失踪人员下落和命运的有效方式。④

---

① E/CN. 4/1213, resolution 3 (XXXII) of 27 February 1976.

② General Assembly thirty-third session, resolution 33/174 of 20 December 1978 E/CN. 4/1292, resolution 13 (XXXlV) of 6 March 1968.

③ General Assembly thirty-third session, resolution 33/176 of 20 December 1978.

④ General Assembly thirty-third session, resolution 33/175 of 20 December 1978.

在提交给人权委员会的最终报告中,工作组提请注意

国际社会关注其中两个特别重要的问题。其中一个是外国经济援助对智利尊重人权的影响问题。小组委员会于 1977 年任命安东尼奥·卡塞斯(Antonio Cassese)为该问题的报告员,负责分析向智利现政权提供援助的数量、来源、发展和意义,并研究援助的数量和质量的变化是否有助于恢复智利对人权的尊重。报告员向小组委员会第三十一届会议提交了完整报告。[①]

…………

专家组的第二个关切是,必须向智利境内侵犯人权行为的受害者及其亲属提供人道主义、法律和财政援助。小组委员会于 1977 年 8 月设立了一个自愿基金,接收捐款,并向根据紧急立法而被拘留或监禁在智利的人、被迫流离失所者以及其亲属分发人道主义、法律和财政援助。人权委员会于 1978 年 3 月请求设立自愿基金。大会在第 33/174 号决议中决定设立该基金。[②]

智利问题特别报告员(1978—1990 年)

第二年,人权委员会任命了智利人权状况特别报告员阿卜杜拉耶·迪耶(Abodoulaye Dieye),其任务与前述工作组相同。值得注意的是,这是委员会首次任命个人(不同于团体或委员会)进行调查。此外,委员会还从工作组中指派了另外两名专家菲利克斯·埃尔马科拉和瓦利德·萨迪(Waleed M. Sadi)与特别报告员合作,并与智利当局接触,研究该国失踪人员的命运。[③]

1982 年,人权委员会表示不接受“智利当局不与特别报告员合作,不遵守各种国际人权文书规定的态度”[④]。 396

次年,委员会再度表示严重关注“智利始终存在有计划地严重侵犯人权的情况,特别是将紧急状况制度化,所颁布的宪法不能反映人民的自由意愿,其条款不仅未能保障人权和基本自由,反而严重限制其享有和行使”。委员会表示严重关注“智利司法机关由于不能就此充分行使权力并在履行其职能过程中受到严重限

---

① E/CN. 4/Sub. 2/412 (vols I-IV).

② E/CN. 4/1310 paras 7 and 8.

③ E/CN. 4/1347, resolution 11 (XXXV) of 6 March 1979.

④ E/CN. 4/1982/30, resolution 1982/25 of 10 March 1982. See also resolution 9 (XXXVII) of 26 February 1981.

制,以致无法切实通过人身保护令或宪法权利保护令进行补救和提供保护"。[①]

特别报告员阿卜杜拉耶·迪耶于1983年3月17日去世,1983年6月1日,新任特别报告员拉杰苏默·拉拉赫(Rajsoomer Lallah)就职。[②] 同年晚些时候,他向联合国大会提交了第一份报告。[③]

人权委员会对"特别报告员报告中所述智利境内持续存在并日益严重和有系统性地侵犯人权的行为表示愤慨,特别是当局拒绝恢复民主秩序暴力镇压民众,导致大规模逮捕和大量伤亡"[④]。

1985年,新任特别报告员费尔南多·沃利奥·希门尼斯访问了智利。[⑤] 1987年,委员会欢迎

> 智利政府已经授权特别报告员再次访问该国,并表示相信该国政府将提供合作,让报告员自由地进行调查;同时,委员会感到遗憾的是,这项授权没有给予特别报告员所要求的根据其任务编写报告的机会,而且,政府与联合国的合作没有使得人权状况获得实质性改善。[⑥]

1989年,与往年一样,人权委员会表达了其关注,

> 正如特别报告员的报告中所述,智利境内持续存在严重侵犯人权和基本自由的行为,其中提到了谋杀、绑架、失踪、酷刑、任意逮捕和长期独立监禁、政治犯、对反对派的死亡威胁和恐吓。[⑦]

397 在1990年,人权委员会

---

① E/CN. 4/1983/60, resolution 1983/38 of 8 March 1983.
② A/39/631.
③ A/38/385 and Add. 1.
④ E/CN. 4/1985/66, resolution 1985/47 of 14 March 1985. See also resolution 1984/63 of 15 March 1984.
⑤ E/CN. 4/1986/2 II.
⑥ E/CN. 4/1987/60, resolution 1987/60 of 12 March 1987.
⑦ E/CN. 4/1989/86, resolution 1989/62 of 8 March 1989. See also E/CN. 4/1988/88, resolution 1988/78 of 10 March 1988.

满意地注意到智利当选政府承诺做出必要的努力,确保从1973年起受到影响的传统民主法律制度全面恢复正常,国内强制执行的机构体系16年来严重和系统地违反了国际人权标准。

委员会决定,自当选政府就职起,不延长特别报告员的任期,“因为目前智利的民主进程和当选政府的管理将有助于充分享有人权的基础上恢复法治”。委员会提请当选政府“在委员会届会特别会议(1991年)上提交一份报告,说明联合国截至1990年3月通过的关于智利恢复人权和基本自由的建议的后续行动。[①]

智利失踪人员(1978—1980年)

有赖于智利问题特设专家工作组进行的调查,对失踪人员及其困境的关注开始出现在委员会议程中。工作组在其最后一份报告中表示深切关注

失踪人员与严重的人道主义问题的关联。关于政府安全人员逮捕和拘留行为,已收集到超过600人的可靠证据。政府和法院的调查未能确定失踪被拘留者的下落或命运。仔细调查的必要性并没有减少,最近在智利的一个乱葬坑发现了未经鉴定的尸体,这使得此类调查更加紧迫和不可或缺。[②]

为此,人权委员会任命了两名专家菲利克斯·埃尔马科拉和瓦利德·萨迪,“研究智利失踪者及其子女的命运问题”[③]。

专家菲利克斯·埃尔马科拉指出,“失踪人员的问题不仅仅是一个智利内部的问题。本研究报告可能有助于促进联合国处理其他国家失踪人员现象的更广泛努力”[④]。(参见第六章)

专家提供了39起案件的清单,这些案件来自“(a)专家收到的来自不同个人和组织的口头证词和书面信息;(b)智利问题特设工作组收集的信息;及(c)由团结公会(Vicaría de la Solidaridad)编写的出版物《他们在哪里》(Dónde Estàn)中所

① E/CN. 4/1990/94, resolution 1990/78 of 7 March 1990.

② E/CN. 4/1310 para 335.

③ E/CN. 4/1351/Add. 1 page 4, See also General Assembly thirty-third session, resolution 33/175 of 20 December 1978.

④ A/34/583/Add. 1 para 5.

载的信息”[①]。

398 专家发现，

> 智利政府根据国际法，应至少对600名基本人权受到侵犯的失踪人员的命运负责，以及对那些在可归咎于政府机构的可疑情况下死亡的人负责。智利政府有义务向国际社会解释和澄清这些失踪人员的命运。应特别注意通知亲属拘留期间出生的儿童的下落。在确定每个人的命运后，应该对其亲属进行公平的赔偿。正在进行的调查……应该加快，军事法庭对国家情报局(DINA)和军事人员的管辖权不应阻止全面调查和公布真相。关于发现乱葬坑特别是在圣地亚哥公墓，以及许多关于为积极参与调查的失踪人员案件未能被法院积极调查，政府应成立一个公正和独立的调查委员会，该委员会将拥有查明尸体的必要权力，特别是根据智利问题特设工作组、团结公会和红十字国际委员会的失踪人员名单展开调查。[②]

根据专家的建议，失踪人员及其命运将成为第一个专题任务的主题(见下文，第六章B，1980年——被强迫或非自愿失踪)。

联合国智利信托基金(1978年)

联合国大会为智利设立了一个信托基金，向智利“因拘留或监禁而人权遭受侵犯的人士分发人道主义、法律和经济援助”[③]。

1981年，人权委员会延长了信托基金的任务期限，并将其重新指定为联合国援助酷刑受害者自愿基金，并负责

> 通过既定的人道主义援助渠道，向人权因酷刑而受到严重侵犯的个人分发人道主义、法律和经济援助，并向大会、经社理事会或人权委员会决议承认的这些受害者的亲属提供援助。[④]

---

① E/CN. 4/1381 para 1; E/CN. 4/1363.

② E/CN. 4/1363 V. B paras 94-96. See also E/CN. 4/1408, resolution 21 (XXXVI) of 29 February 1980.

③ General Assembly thirty-third session, resolution 33/174 of 20 December 1978.

④ E/CN. 4/1475, resolution 35 (XXXVII) of 11 March 1981.

人权委员会对智利人权状况的调查持续了 16 年,这项任务对委员会工作的进一步发展做出了重大贡献,除了继续进行调查直到恢复文官政府,它还扩大了人权行动的范围。[1]

这开启了对酷刑问题的关注,并引发了几年后起草的《禁止酷刑公约》。它还 399
通过设立智利信托基金为酷刑受害者提供保护开辟了道路。该基金后来扩展为(目前仍然活跃的)酷刑受害者自愿信托基金。此外,它还确定了非自愿失踪的概念,并将之扩展为一个需在全球范围处理的问题,从而引出了第一个专题任务。不同于工作组和委员会,智利问题特别报告员也是迄今为止第一位受托调查相关事项的个人。

智利(1981 年)

人权委员会根据"1503"机密程序在 1981 年审议了智利的局势。[2] 2000 年,委员会停止了对该程序的审议。[3]

1978 年——民主柬埔寨/柬埔寨

民主柬埔寨的局势于 1978 年首次在人权委员会上被提出,任命一名特别报告员的建议被一项首先将相关指控提交委员会的决定所取代,并要求该国政府在几个月内提出意见以做出相应决定。[4]

当年 12 月,越南与柬埔寨发生战争,并在短时间内迫使柬埔寨原政权退出首都。这一局势导致了大量难民的证词和报告得以产生,说明了该国自 1975 年以来持续存在的情势以及战争发生后的局势。小组委员会汇总了这些信息[5],并将其提交给人权委员会;委员会于 1980 年处理了这些信息后,决定继续审查"柬埔寨的局势"。[6]

1980 年,人权委员会请小组委员会的一名成员阿卜杜勒瓦哈布·布赫迪巴(Abdelwahab Bouhdiba)"进一步审查关于这一主题的所有材料,并连同适当的建

---

① E/CN. 4/1990/94, resolution 1990/78 of 7 March 1990. See also E/CN. 4/1991/SR. 41.

② E/CN. 4/1475 para 240.

③ E/CN. 4/2000/167 para 209.

④ E/CN. 4/1292, decision 9 (XXXIV) of 8 March 1978.

⑤ E/CN. 4/1335.

⑥ E/CN. 4/1408 paras 246, 255-257, resolution 29 (XXXVI) of 11 March 1980.

议提交给委员会”[1]。

1981 年,人权委员会请秘书长任命一名特别代表,负责执行联合国大会第 35/6 号决议,该决议中提出了解决柬埔寨局势的措施建议。[2] 委员会在 1993 年任命了特别代表迈克尔·柯比(Michael Kirby)。[3]

委员会决定继续将审议柬埔寨局势“作为优先事项”,并请秘书长“密切关注局势并进行斡旋,以促进柬埔寨的全面政治解决和恢复人权”。委员会还请小组
400 委员会“审查外国势力对柬埔寨人民行使自决权的影响”。[4]

1984 年,人权委员会请秘书长“继续密切注意柬埔寨局势的发展,立刻加紧努力,包括进行斡旋,以争取全面的政治解决,并恢复柬埔寨的基本人权”[5]。

1985 年,人权委员会再次“对占领军向泰柬边境线上的平民的一再发动军事袭击,继续违反有关人权”表示遗憾,“例如 1984 年 11 月至 1985 年 1 月间的攻击,造成 16 万多柬埔寨平民流入泰国的新的人口大规模流亡,以及据报发生的强制人口变动和使柬埔寨人民背井离乡的现象”[6]。

1986—1991 年期间,人权委员会重申支持结束冲突。[7]

1992 年,委员会欢迎 1991 年 10 月 23 日《柬埔寨冲突全面政治解决的巴黎协定》(Paris Agreement on a Comprehensive Settlement in Cambodia)的签署,以及柬埔寨过渡时期联合国权力机构(United Nations Transitional Authority in Cambodia, UNTAC)的成立,此外还包括

> 编制并实施一项人权教育计划、对人权状况进行全面监督、调查有关违反人权的指控,适当时并采取纠正行动,还意识到……过渡时期结束之后人权委员会应继续密切监督柬埔寨的人权状况,注意到人权事务中心已在柬埔寨开

---

① E/CN. 4/1408, resolution29 (XXXVI) of 11 March 1980.

② E/CN. 4/1475, resolution 11 (XXXVII) of 6 March 1981.

③ E/CN. 4/1993/122, resolution 1993/6 of l9 February 1993.

④ E/CN. 4/1982/30, resolution 1982/13 of 25 February 1982.

⑤ E/CN. 4/1984/77, resolution 1984/12 of 29 February 1984.

⑥ E/CN. 4/1985/66, resolution 1985/12 of 27 February 1985.

⑦ E/CN. 4/1986/65, resolution 1986/25 of 10 March 1986. See also resolutions 1987/6 of 19 February 1987; 1988/6 of 22 February 1988; 1989/20 of 6 March 1989; 1990/9 of 19 February 1990 and decision 1991/104 of 15 February 1991.

始推行一项人权资料方案。①

1993 年,人权委员会任命了一名特别代表(迈克尔·柯比[Michael Kirby,1993 年];托马斯·哈马尔贝格[Thomas Hammarberg,1996—2000 年];彼得·兰普雷克特[Peter Leuprecht,2000—2005 年];佳日思[Yash Ghai,2005—2008 年];此后为特别报告员苏里亚·苏贝迪[Surya Subedi,2009—2015 年]和罗娜·史密斯[Rhona Smith,2016 年]),“与柬埔寨政府和人民保持联系……以起到引导和协调的作用……使联合国起到协助政府促进和保护人权的作用”。秘书长被请求“确保在柬埔寨过渡时期联合国权力机构的任务期限届满后,联合国人权事务中心仍能继续驻留柬埔寨”。②

随后,联合国柬埔寨人权教育方案信托基金也成立了,该基金呼吁联合国与活跃于人权领域的非政府组织开展密切合作,③为人权事务中心驻柬埔寨办事处
的活动方案提供资金(见第三章,1978 年——自愿基金,柬埔寨人权教育方案信托基 401
金[1993 年])。

1996 年,人权委员会赞扬了特别代表的工作并支持其的建议。它请特别代表“继续评价……所提出的建议……执行的程度……并关切特别代表的报告中详述的严重侵犯人权的行为”④。

人权委员会在 1997 年处理了柬埔寨局势的几个方面。它对不团结问题以及特别代表报告中详述的几起侵犯人权事件表示严重关切。它欢迎“柬埔寨政府促进和平的努力……并敦促余下的红色高棉停止战斗,重申对余下的……严重侵权行为……表示关切”⑤。

柬埔寨法院特别法庭(1997/2005 年)

1998 年,人权委员会提请

---

① E/CN. 4/1992/84, decision 1992/102 of 21 February 1992.

② E/CN. 4/1993/122, resolution 1993/6 of 19 February 1993.

③ E/CN. 4/1993/122, resolution 1993/6 of 19 February 1993.

④ E/CN4/1996/177, resolution 1996/54 of 19 April 1996, See also E/CN. 4/1994/132, resolution 1994/61 of 4 March 1994.

⑤ E/CN. 4/1997/150, resolution 1997/49 of 11 April 1997.

秘书长审查柬埔寨当局为处理过去严重违反柬埔寨法律和国际法事件而提出的援助请求,包括考虑可否由秘书长任命一个专家小组来评定现有证据和提出进一步措施,以便促进民族和解、加强民主和解决个人责任问题。①

专家组建议

联合国设立一特设国际法庭审判红色高棉官员从1975年4月17日至1979年1月7日期间犯的危害人类罪行和灭绝种族罪行……作为起诉政策,联合国所任命的独立检察官的调查范围仅限于那些对最严重违反国际人权法行为负有最大责任的个人,并在调查、起诉和审判方面行使其酌处权,以便充分考虑到柬埔寨个人责任和民族和解的双重目标……在亚洲—太平洋区域的一个国家而不是在柬埔寨设立法庭,包括副检察官办公室……法庭规定了被告可能要向被害人做出赔偿,包括通过一项信托基金或其他特别基金……联合国与柬埔寨政府和非政府部门合作,鼓励柬埔寨人民进行反思,以确定是否要设立真相陈述机制。②

402 2000年,人权委员会呼吁进一步努力"发展独立、公正和有效的司法制度……专业公正的警察和军队……发展市民社会……并建立独立的国家人权委员会"。委员会还对继续侵犯人权表示严重关切,指出"有罪不罚现象继续普遍,这与对一些出于政治动机的暴力案件的调查有关"。③

在随后的几年中,委员会处理了柬埔寨局势的几个方面,其中包括

对联合国的支持与合作……行政、立法和司法改革……侵犯人权和暴力……红色高棉法庭……劳工权利……保护妇女和儿童……加强人权[以及]地雷

① E/CN. 4/1998/177, resolution 1998/60 of 17 April 1998. See also E/CN. 4/1999/101/Add. 1.
② A/53/850-S/1999/231 Annex.
③ E/CN. 4/2000/167, resolution 2000/79 of 26 April 2000; See also E/CN. 4/1999/167, resolution 1999/76 of 28 April 1999.

和小武器……[以及在 2003 年]非政府组织的作用。①

2004 年,人权委员会欢迎关于设立特别法庭的协议,以及"柬埔寨过去十年在改善境内人权状况方面所取得的进展"②。

人权理事会继续委员会的工作,并在 2008 年欢迎柬埔寨法院特别法庭取得的进展,包括于 2007 年拘留了五名主要嫌疑人,并于 2008 年 8 月 8 日提交了第一份封闭令。③

理事会欢迎"柬埔寨政府与联合国人权事务高级专员办事处……延长了关于执行人权领域技术合作方案的谅解备忘录"④,并任命一名特别报告员"履行原先由秘书长特别代表履行的职责"⑤。

2011 年,人权理事会就柬埔寨法院特别法庭表态,

欢迎……取得的进展,包括 2011 年 6 月 27 日开始审理起诉农谢(Nuon Chea)、英萨利(Ieng Sary)、英蒂丽(Leng Thirith)和乔森潘(Khieu Samphan)等人,鉴于被告人年迈体弱而柬埔寨人民渴望正义已久,支持柬埔寨政府和联合国的立场,公平、高效、迅速地开展案件的审理。⑥

人权理事会除了承认一些积极的事态发展,同时还对柬埔寨人权状况的某些领域表示关切。⑦ 403

① E/CN. 4/2001/167, resolution 2001/82 of 25 April 2001. See also E/CN. 4/2002/200, resolution 2002/89 of 26 April 2002; E/CN. 4/2003/135, resolution 2003/79 of 25 April 2003. See also, reports: E/CN. 4/2002/117, E/CN. 4/2002/118, E/CN. 4/2003/113; E/CN. 4/2003/114.

② E/CN. 4/2004/127, resolution 2004/79 of 21 April 2004; E/CN. 4/2005/135, resolution 2005/77 of 20 April 2005. See also reports: E/CN. 4/2004/104; E/CN. 4/2004/105; E/CN. 4/2005/111; E/CN. 4/2005/116.

③ A/HRC/9/28, resolution 9/15 Part I of 24 September 2008, See also resolution 12/25 Part I of 2 October 2009.

④ A/HRC/9/28, resolution 9/15 Part II of 24 September 2008.

⑤ A/HRC/9/28, resolution 9/15 Part III of 24 September 2008. See also resolution 12/25 of 2 October 2009 and A/HRC/12/40; A/HRC/12/41, resolution 15/20 of 30 September 2010 and A/HRC/15/46; A/HRC/15/47.

⑥ A/HRC/18/2, resolution 18/25 Part I of 30 September 2011.

⑦ A/HRC/18/2, resolution 18/25 Part II of 30 September 2011.

2013 年,理事会收到了特别报告员[①]和高级专员[②]的报告,其中重申了对柬埔寨的技术援助请求。[③]

理事会还审议了特别报告员于 2014 年[④]和 2015 年[⑤]提交的报告,并邀请秘书长、联合国系统驻柬埔寨机构和国际社会,包括民间社会,继续与柬埔寨政府合作,加强民主,确保保护和促进柬埔寨所有人民的人权。[⑥]

1979 年——尼加拉瓜

1979 年,人权委员会讨论了尼加拉瓜的局势。它谴责“尼加拉瓜当局侵犯人权和基本自由的行为,并对尼加拉瓜政府没有采取任何尊重人民的人权和基本自由的措施深表关切”。委员会请秘书长继续审查尼加拉瓜局势的发展。[⑦] 当年 7 月,桑地诺(Sandinista)起义推翻了索摩查(Somoza)政府。

1979 年——赤道几内亚

1979 年,人权委员会任命了其历史上的第二位特别报告员费尔南多·沃利奥·希门尼斯对赤道几内亚的人权状况进行彻底研究。[⑧] 该决定是根据经济及社会理事会第 1235(XLII)号决议(见第十章 A,来文和申诉[1947 年])规定的程序做出的,该决议授权委员会彻底研究显示一贯侵犯人权的情况。[⑨] 当年 12 月,赤道几内亚当局被推翻。[⑩]

1981 年,人权委员会“获悉赤道几内亚发生了政府更迭”,并任命了一名专家

---

① A/HRC/21/63 and A/HRC/24/36.

② A/HRC/24/32.

③ A/HRC/24/2, resolution 24/29 of 27 September 2013.

④ A/HRC/27/70.

⑤ A/HRC/30/58.

⑥ A/HRC/30/2, resolution 30/23 of 2 October 2015. See also resolution 36/32 of 29 September 2017; and A/HRC/36/32; A/HRC/27/70; A/HRC/30/58; A/HRC/33/62; A/HRC/36/61.

⑦ E/CN. 4/1347, resolution 14 (XXXV) of 13 March 1979.

⑧ E/CN. 4/1347, resolution 15 (XXXV) of 13 March 1979.

⑨ resolution 1235 (XLII) of 6 June 1967.

⑩ E/CN. 4/1347, resolution 15 (XXXV) of 13 March 1979.

协助政府“采取必要行动,全面恢复人权”。[1]

作为专家的费尔南多·沃利奥·希门尼斯提议了一项行动计划;委员会再次 404
强调了行动计划执行方面的拖延,并请秘书长在必要时提供专家协助,与赤道几内亚政府讨论联合国在执行行动计划方面可以发挥的作用。[2]

1983年,人权委员会以“非常规”的方式在议程中(与技术援助不同)保持了对赤道几内亚局势的关注,同时注意到为协助赤道几内亚国家委员会起草宪法而招募的两名委员会专家鲁文·埃尔南德斯-巴列(Ruben Hernandez-Valle)和豪尔赫·马里奥·拉瓜迪亚(Jorge Mario Laguardia)的报告。[3]

1984年,人权委员会认为,自1979年8月3日事件以来,赤道几内亚境内的人权状况没有发生重大变化,因此请秘书长任命一名专家(费尔南多·沃利奥·希门尼斯)访问赤道几内亚,以便与该国政府一道研究执行联合国提出的行动计划的最佳方式。[4] 委员会于1986年聘请了该专家。[5]

1987年,人权委员会表示“希望赤道几内亚政府将尽快回应……1986年1月访问赤道几内亚的两位法律专家的建议……并适当考虑行动计划的实施”[6]。

1990年,人权委员会敦促该国政府设立一个“特别委员会,以监督行动计划的执行情况……以及采取为促进和保护人权而建议的其他措施”[7]。

1992年,人权委员会对“赤道几内亚境内人权状况的严重恶化,和……出于政治动机的侵犯人权行为持续存在,例如任意逮捕和有系统地对政治犯实施酷刑”的情况表示遗憾。委员会还对“尽管赤道几内亚政府批准了专家于1980年编写的行动计划,它从未实施该计划”表示关切。委员会请该国政府执行该由专家提

① E/CN. 4/1408, resolution 33 (XXXVI) of 11 March 1980.

② E/CN. 4/1982/30, resolution 1982/34 of 11 March 1982.

③ E/CN. 4/1983/60, resolution 1983/32 of 8 March 1983.

④ E/CN. 4/1984/77, resolution 1984/51 of 14 March 1984. See also E/CN. 4/1985/66, resolution 1985/30 of 11 March 1985.

⑤ E/CN. 4/1986/65, resolution 1986/53 of 13 March 1986.

⑥ E/CN. 4/1987/60, resolution 1987/36 of 10 March 1987. See also E/CN. 4/1988/88, resolution 1988/52 of 8 March 1988; E/CN. 4/1989/86$_s$ resolution 1989/70 of 8 March 1989.

⑦ E/CN. 4/1990/94, resolution 1990/57 of 7 March 1990. See also E/CN. 4/1991/91, resolution 1991/80 of 6 March 1991.

出[1]的紧急救援计划。[2]

次年,人权委员会赞扬希门尼斯先生在过去14年中为增进和保护赤道几内亚的人权所做的出色工作"。委员会任命了一名特别报告员亚历杭德罗·阿图西奥(Alejandro Artucio),"其任务是根据他认为相关的所有资料,包括政府间组织和个人提供的资料,特别是几内亚政府提供的任何文件,研究赤道几内亚政府侵犯人权的行为"。[3]

405 感兴趣地注意到赤道几内亚民主化进程的持续性已导致政府、反对党各政党恢复了政治对话……并修订了1983年缔结的民族契约……委员会还鼓励该国政府继续其已经做出的积极努力,以结束妇女处于劣势和对她们的歧视,并扩大她们在教育、专业、社会和政治领域的参与。

人权委员会鼓励该国政府执行特别报告员的建议,包括"立即终止所有酷刑行为……以及刑事判决……负责人的诉讼程序"[4]。

特别报告员分别于1997年12月和1998年1月访问了赤道几内亚,以实地查明从1998年1月开始"在比奥科岛发生事件的范围、严重性、规模以及影响"[5]。

报告员在1998年指出,"迄今为止所取得的进展虽然值得赞扬,但尚未达到能够使人权委员会减少对该国局势的监测的地步。相应地,应当继续保持国际监督以及技术援助"[6]。

人权委员会鼓励该国政府"继续努力,按照1997年提出的方案优先重视民主、人权和施政领域的方案,促进保护人权和基本自由"[7]。

1999年,人权委员会向赤道几内亚政府提出了几项加快向民主过渡的建议。委员会决定任命一名特别代表(而不是特别报告员)监测赤道几内亚境内的人权

① E/CN. 4/1992/84, resolution 1992/79 of 5 March 1992.

② E/CN. 4/1992/51 V.

③ E/CN. 4/1993/122, resolution 1993/69 of 10 March 1993. See also E/CN. 4/1994/132, resolution 1994/89 of 9 March 1994; E/CN. 4/1996/177, resolution 1996/66 of 23 April 1996.

④ E/CN. 4/1997/150, resolution 1997/67 of 16 April 1997.

⑤ E/CN. 4/1998/73/Add. 1 Addendum.

⑥ E/CN. 4/1998/73 para 85.

⑦ E/CN. 4/1998/177, resolution 1998/71 of 21 April 1998.

状况。[1] 特别代表古斯塔沃·加伦(Gustavo Gallón)建议委员会继续监测人权状况,“给予更多的关注,以便迅速执行 20 多年来反复提出的建议”[2]。

委员会鼓励该国政府“采取迅速有效的管理办法,以遵守委员会和代表提出的建议”[3]。

2001 年,人权委员会延长了特别代表的任务期限,并请他

> 审查赤道几内亚境内的人权情况,与赤道几内亚政府进行对话,特别是协助高级专员办事处和政府制定一项全面的技术援助方案,代表委员会核实向赤道几内亚提供的技术援助是否支持其国家人权行动计划。[4] 406

2002 年,人权委员会结束了特别代表监督赤道几内亚人权状况的任务,并将对该国人权状况的审议转移到技术援助方面。[5]

1979 年——埃塞俄比亚

1979—1981 年间,人权委员会根据“1503”机密程序审议了埃塞俄比亚的局势。[6]

1979 年——危地马拉

人权委员会于 1979 年首次讨论了危地马拉的人权状况;到 1998 年正式结束审议时,[7]委员会已收到秘书长提交的一系列报告,这些报告分别由一名特别报告员(科尔维尔子爵[Viscount Colville,1982—1986 年])及其后的特别代表(共四任,分别为:科尔维尔子爵[1987 年];赫克托·格罗斯-埃斯皮尔[Hector Gros-Espiell,1988—1990];克里斯蒂安·托穆夏特[Christian Tomuschat,1991—1993 年]和莫妮

---

① E/CN. 4/1999/167, resolution 1999/19 of 23 April 1999.

② E/CN. 4/2000/40.

③ E/CN. 4/2000/167, resolution 2000/19 of 18 April 2000.

④ E/CN. 4/2001/167, resolution 2001/22 of 20 April 2001.

⑤ E/CN. 4/2002/200, resolution 2002/11 of 19 April 2002.

⑥ E/CN. 4/1347 para 218; E/CN. 4/1408 para 247; E/CN. 4/1475 para 240.

⑦ E/CN. 4/1998/177, resolution 1998/22 of 14 April 1998.

卡 · 平托[Monica Pinto,1994—1998 年])完成。

1979 年,人权委员会致电危地马拉政府,对阿尔贝托 · 富恩特斯 · 莫尔博士(Dr Alberto Fuentes Mohr)[1]遇刺事件表示“深切哀悼”,并要求提供“有关此事的一些信息”。[2]

1980 年,人权委员会敦促当局改善局势,并满意地注意到危地马拉政府已邀请美洲国家间人权委员会访问该国并报告情况。[3] 委员会决定继续审查危地马拉的局势。[4]

至 1981 年人权委员会根据“1503”机密程序审议了危地马拉的局势。[5]

同年,委员会审议了秘书长的报告,其中载有一系列非政府来源的详细资料,证明了该国局势的严峻性。[6] 委员会请秘书长继续努力建立直接联系,并从所有相关来源收集信息,并请秘书长向联合国大会预先发送一份临时报告。[7]

407 同时,人权委员会任命了一名特别报告员,对危地马拉的人权状况进行全面研究。由于局势继续恶化,该国政府在执行委员会先前各项决议方面没有给予合作。[8]

对此,人权委员会主席报告说,他无法任命特别报告员,因为“出现主席无法控制的情况,无法任命被提名的人。主席随后任命哥斯达黎加的伊丽莎白 · 奥迪奥 · 贝尼托夫人(Mrs. Elizabeth Odio Benito)为特别报告员”,并于 1982 年 12 月 10 日正式通知危地马拉政府,

> 危地马拉代表于[1983 年]1 月 18 日……表示希望特别报告员不应由曾作为其国家代表参加过人权问题辩论的人士担任,以避免对他的任命和批准的任何障碍,因此要求提出另一名候选人。[9]

---

① 危地马拉国会代表、该国前外交部长和联合国秘书处前成员。

② E/CN. 4/1347, decision 12 (XXXV) of 14 March 1979.

③ E/CN. 4/1408, resolution 32 (XXXVI) of 11 March 1980.

④ E/CN. 4/1408, resolution 32 (XXXVI) of 11 March 1980.

⑤ E/CN. 4/1475 para 240.

⑥ E/CN. 4/1438.

⑦ E/CN. 4/1475, resolution 33 (XXXVII) of 11March 1981.

⑧ E/CN. 4/1982/30, resolution 1982/31of 11 March 1982.

⑨ E/CN. 4/1983/43.

在该届会议开始时,人权委员会请[1]秘书处列出它收到的关于危地马拉人权状况的材料。[2] 这一决定具有一定的意义,反映了委员会的严肃态度,即不让特别报告员任命的拖延阻止其对持续恶化的局势的审议。委员会对未能任命特别报告员表示失望,并再次提请委员会主席从事该工作。[3]

特别报告员科尔维尔子爵于 1984 年 3 月被任命。[4] 1984 年,人权委员会欢迎危地马拉政府与特别报告员合作,解除了戒严状态,并取消了特别法庭。委员会注意到政治暴力的持续,并对此感到震惊。它提到了特别报告员的报告"及其他可靠资料,其中揭露有人在危地马拉犯下违反基本人权概念的暴行"。委员会强调小组委员会的调查结果,即"危地马拉存在一场非国际性质的武装冲突,其根源是结构性的经济、社会和政治力量"。[5] 1985 年,委员会注意到特别报告员报告的情况虽有所改善,但危地马拉仍在继续发生严重和系统性的侵犯人权事件。[6]

1986 年,人权委员会将特别报告员的任命改为"特别代表"。危地马拉政府表示愿意"继续与人权委员会合作,提供关于保护人权的新法律秩序的执行情况以及危地马拉政府为保障危地马拉人民充分享有基本自由所作努力的全面和详细资料"[7]。

随着当局正式提出"危地马拉立宪政府可能要求提供的咨询服务和其他援 408
助",对危地马拉局势的审议从"侵犯人权"转向"咨询服务",至少在当时,这给人的印象是,该国政府与委员会的关系基础已从"谴责的"转变为旨在加强保护人权的框架结构的方法。[8] 在随后的几年中,委员会在各届会议上对危地马拉局势的审议,于"咨询服务"与"侵害人权行为"之间不断变化。

1987 年,人权委员会结束了特别代表的任务,任命一名专家赫克托 · 格罗斯-

---

① E/CN. 4/1984/60, decision 1983/103 of 7 February 1983.

② E/CN. 4/1983/47.

③ E/CN. 4/1984/60, resolution 1983/37 of 8 March 1983.

④ E/CN. 4/1984/30 para 1. 9. See also E/CN. 4. /1985/19; A/38/465; A/39/635; A/40/865.

⑤ E/CN. 4/1984/77, resolution 1984/53 of 14 March 1984.

⑥ E/CN. 4/I985/66, resolution 1985/36 of 13 March 1986.

⑦ E/CN. 4/1986/65, resolution 1986/62 of 13 March 1986.

⑧ E/CN. 4/1986/23 para 70:"内政部长说,国际社会通过它的谴责,推动了危地马拉的变革;现在,国际社会应尽力向危地马拉提供它所急需的技术援助。"

埃斯皮尔通过直接接触,协助危地马拉政府采取必要行动,进一步恢复人权。[1]

1990年,如酷刑问题特别报告员的报告所述,人权委员会对所谓行刑队的犯罪活动死灰复燃深表关切。[2] 同年,考虑危地马拉的人权状况,独立专家克里斯蒂安·托穆夏特也被任命为秘书长代表,并继续向政府提供人权领域的援助。[3]

1991年,人权委员会欢迎危地马拉政府

> 开展咨询活动以及为独立专家提供便利和合作……委员会还深为痛惜1990年危地马拉发生的严重侵犯人权事件……这带来了一种恐惧的气氛。[4]

这一时期对危地马拉的任务兼有"监督"和"援助"两个方面。[5]

1992年,人权委员会"深为关切尽管危地马拉政府做出了努力,严重侵犯人权的行为仍不断发生"。委员会还提到酷刑问题特别报告员、被强迫或非自愿失踪问题工作组和即决处决或任意处决问题特别报告员及其独立专家克里斯蒂安·托穆夏特的报告。委员会将在第二年公开其将审议危地马拉局势("咨询服务"或"侵害人权行为")的情况。[6]

在随后的几年,独立专家莫妮卡·平托的任务期限不断延展,以"继续审查人权状况……向政府提供帮助"[7]。

409 1996年,人权委员会注意到

> 尽管上一届危地马拉政府为了结束暴力和有罪不罚现象而在司法裁判系统中实行了法律和体制改革,但这些现象继续存在,鼓励新政府特别注意司法标准和《土著居民的属性和权利协议》中的内容。[8]

---

① E/CN4/1987/6Q resolution 1987/53 of 11 March 1987. See also E/CN. 4/1988/88, resolution 1988/50 of 8 March 1988; E/CN. 4/1990/94, resolution 1989/74 of 8 March 1989.

② E/CN. 4/1990/17 paras 177 and 178.

③ E/CN. 4/1990/94, resolution 1990/80 of 7 March 1990.

④ E/CN. 4/1991/91, resolution 1991/51 of 6 March 1991.

⑤ E/CN. 4/1991/91, decision 1991/105 of 25 February 1991.

⑥ E/CN. 4/1992/84, resolution 1992/78 of 5 March 1992.

⑦ E/CN. 4/1993/122, resolution 1993/88 of 10 March 1993; E/CN. 4/1994/132〉resolution 1994/58 of 4 March 1994.

⑧ E/CN. 4/1996/177, resolution 1996/59 of 19 April 1996.

委员会

> 满意地注意到危地马拉政府和革命联盟正在推动进行谈判,寻求就尚未解决的议程项目达成一致意见……以便在尽可能短的时间内签署一项稳固和持久的和平协定。[①]

独立专家莫妮卡·平托于 1997 年 3 月辞职。同年,人权委员会请秘书长

> 于 1997 年底向危地马拉派遣一个工作团,依据《和平协定》的执行情况就危地马拉境内的人权情况变化向人权委员会……提出一份报告在执行和平协定方面人权状况的演变……以及关于提供人权领域咨询服务的协定的执行情况……以便完成委员会议程上对危地马拉情况的审议。[②]

委员会审议了工作团的报告[③],宣布支持危地马拉人权核查团(United Nations Verification Mission in Guatemala, MINUGUA)的行动,承认危地马拉政府所做的努力,并表示支持历史澄清委员会的工作,请高级专员在咨询服务协议期满时予以续延。委员会最终决定结束对危地马拉人权状况的审议。[④]

1979 年——印度尼西亚

人权委员会于 1979—1981 年[⑤]和 1983—1985 年,根据"1503"机密程序审议了印度尼西亚与东帝汶有关的局势。[⑥]

---

① E/CN. 4/1996/177, resolution 1996/59 of 19 April 1996.

② E/CN. 4/1997/150, resolution 1997/51 of 15 April 1997.

③ E/CN. 4/1998/93.

④ E/CN. 4/1998/177, resolution 1998/22 of 14 April 1998.

⑤ E/CN. 4/1408 para 247; E/CN. 4/1475 para 240; E/CN. 4/1983/60 para 225.

⑥ E/CN. 4/1347 para 218; E/CN. 4/1984/77 para 277; E/CN. 4/1985/66 paras 276-278.

410

1979年——大韩民国

1979—1982年,人权委员会根据"1503"机密程序审议了大韩民国的局势。[①]

1980年——阿根廷

1980—1984年,人权委员会根据"1503"机密程序审议了阿根廷的局势。[②] (另见第六章B,1980年——被强迫或非自愿失踪)

1980年——马拉维

人权委员会于1977年根据"1503"机密程序审议了马拉维的局势。相关背景是"在马拉维发生的对'耶和华见证人'(Jehovah's Witnesses)的迫害"。委员会于1980年决定结束对这一问题的审议,"因为所投诉的事件据说发生在1972—1975年之间……没有任何进一步的证据表明这种情况会继续存在……至1977年,委员会认为有理由相信这种情况不再存在"[③]。

1981年——萨尔瓦多

人权委员会于1981年根据"1503"机密程序审议了萨尔瓦多的局势。[④] 当年,委员会任命了一名特别代表何塞·安东尼奥·帕斯托尔·里德鲁埃乔(José Antonio Pastor Ridruejo)调查"关于萨尔瓦多境内发生的……所有严重侵犯人权和基本自由的行为"[⑤]。

人权委员会对"萨尔瓦多政府和其他政治力量之间的对话中断"表示遗憾,

---

① E/CN. 4/1347 para 218; E/CN. 4/1408 para 247; E/CN. 4/1475 para 240; E/CN. 4/1982/30 para 219.

② E/CN. 4/1408 para 247; E/CN. 4/1475 para 240; E/CN. 4/1982/30 para 219; E/CN. 4/1983/60 para 225; E/CN. 4/1984/77 para 277.

③ E/CN. 4/1408, decision 10 (XXXVI) of 7 March 1980.

④ E/CN. 4/1475 para 240.

⑤ E/CN. 4/1475, resolution 32 (XXXVII) of 11 March 1981. See also E/CN. 4/1982/30, resolutions 1982/28 of 11 March 1982; E/CN. 4/1983/60, resolution 1983/29 of 8 March 1983.

“后者最近重申愿意毫不拖延地恢复这些谈判,并敦促双方为共同寻求谈判达成的全面政治解决创造适当条件”。[①]

在 1988 年审议延长特别代表的任务期限时,“考虑到该国人权情况的事态发展”,委员会承诺“审议并考虑对授权进行积极修改”。[②]

人权委员会再次呼吁各国“不要干预萨尔瓦多的国内局势,鼓励缔结公正持久的和平,而不是以任何方式帮助延长和加剧武装冲突”[③]。 411

1992 年,人权委员会结束了特别代表的任务,援引了在萨尔瓦多发生的事态发展,包括

> 1991 年 12 月 31 日签署的《纽约文件》(Act of New York)和 1992 年 1 月 15 日《查普尔特帕克和平协定》(Chapultepec Peace Agreement)中所载述的协议……据此结束了武装冲突,各方保证促进国家的民主化,保证不受限制地尊重人权并且协助使萨尔瓦多社会重新团结起来。

委员会

> 对任命了……实况委员会以查清 1980 年以来所发生的侵犯人权事件感到满意……欢迎巩固和平全国委员会已经设立……保护人权总检察长将予选定。[④]

委员会任命了一名独立专家,

> 在人权事项上向萨尔瓦多政府提供协助,考量萨尔瓦多的人权情况以及和平

① E/CN. 4/1984/77, resolution 1984/52 of 14 March 1984; E/CN. 4/1985/66, resolution 1985/35 of 13 March 1985; E/CN. 4/1986/65, resolution 1986/39 of 12 March 1986; E/CN. 4/1987/60, resolution 1987/51 of 11 March 1987; E/CN. 4/1988/88, resolution 1988/65 of 10 March 1988; E/CN. 4/1989/86, resolution 1989/68 of 8 March 1989。

② E/CN. 4/1989/86, resolution 1989/68 of 6 March 1989.

③ E/CN. 4/1990/94, resolution 1990/77 of 7 March 1990. See also E/CN. 4/1991/91, resolution 1991/75 of 6 March 1991.

④ E/CN. 4/1992/84, resolution 1992/62 of 3 March 1992.

> 协定对切实享有人权的影响;并调查双方对特别代表最终报告所载建议和联合国萨尔瓦多观察团……所作建议的实施状况。

人权委员会决定在其下一届会议中再进行审议该问题,并对审议内容("侵犯人权"或"咨询服务")持开放态度。[1]

独立专家的任务期限得到延长,以"报道萨尔瓦多人权的发展情况,并为政府在这一领域的需要提供援助"。[2] 1994 年,该任务进一步扩大,包括报告萨尔瓦多的人权发展情况。[3] (见第八章 A,技术合作[1987 年])

1981 年——玻利维亚

1979—1981 年,人权委员会根据"1503"机密程序审议了玻利维亚的局势。[4]

412 1980 年,联合国大会提请人权委员会接受玻利维亚政府的邀请,"就地研究该国人权情况"[5]。随后几年,委员会设立了一名特别代表赫克托·格罗斯-埃斯皮尔,

> 根据他认为相关的信息,包括玻利维亚政府可能希望提交的评论和材料,对玻利维亚的人权状况进行彻底研究。特使被要求以新的谨慎和平等态度履行其任务,并向委员会报告其进展情况。[6]

1982 年,人权委员会对于"自 1981 年 9 月 4 日以来,玻利维亚的人权状况有所改善"表示满意,并请秘书长提供咨询服务和玻利维亚政府要求的其他形式的适当援助,以帮助该国政府。[7]

1984 年,人权委员会要求向玻利维亚提供人权领域的咨询服务,并支持改善

---

① E/CN. 4/1992/84, resolution 1992/62 of 3 March 1992.

② E/CN. 4/1993/122, resolution 1993/93 of 10 March 1993.

③ E/CN. 4/1994/132, resolution 1994/62 of 4 March 1994.

④ E/CN. 4/1347 para 218; E/CN. 4/1408 para 247; E/CN. 4/1475 para 240.

⑤ General Assembly thirty-fifth session, resolution 35/185 of 15 December 1980.

⑥ E/CN. 4/1475, resolution 34 (XXXVIII) of II March 1981.

⑦ E/CN. 4/1982/30, resolution 1982/33 of 11 March 19982.

经济和社会状况,这被认为是妨碍该国民众充分享有人权的一个因素。首先,委员会在咨询服务方案下要求"迅速执行特使所建议的项目"。其次,委员会"请国际劳工组织、联合国粮食及农业组织、联合国教科文组织和世界卫生组织向玻利维亚政府提供必要的援助"。[①] 1985 年,委员会敦促迅速实施项目,在各级教育中明确将人权作为一门学科进行教学,改革国家监狱系统,培训专业人员,为调查被强迫和非自愿失踪提供技术援助,解决极端贫困问题,支持改善卫生部门和儿童保育中心。[②]

值得注意的是,特使的报告最终促成了人权领域技术援助自愿基金的出现(见第八章 A,技术合作[1987 年])。

2004 年,人权委员会停止根据"1503"机密程序审议玻利维亚的局势。[③]

1981 年——德意志民主共和国

人权委员会于 1981 年[④]、1982 年[⑤]和 1993 年[⑥]根据"1503"机密程序审议了德意志民主共和国的局势。

1981 年——日本 413

人权委员会于 1981 年根据"1503"机密程序审议了日本的局势。[⑦] 1998 年,委员会根据该程序再次审议并终止了对日本局势的审议。[⑧]

1981 年——莫桑比克

人权委员会于 1981 年根据"1503"机密程序审议了莫桑比克的局势。[⑨]

---

① E/CN. 4/1984/77, resolution 1984/43 of 13 March 1984.

② E/CN. 4/1985/66, resolution 1985/34 of 13 March 1985.

③ E/CN. 4/2004/127 para 211.

④ E/CN. 4/1475 para 240.

⑤ E/CN. 4/1982/30 para 219.

⑥ E/CN. 4/1983/60 para 225.

⑦ E/CN. 4/1475 para 240.

⑧ E/CN. 4/1998/177 para 419.

⑨ E/CN. 4/1475 para 240.

1982 年——伊朗

1983 年，人权委员会根据“1503”机密程序审议了伊朗境内的人权情况。[1]

1982 年，委员会请秘书长“与伊朗政府建立直接联系，并继续努力……确保巴哈伊教徒充分享有所有人权和基本自由”[2]。

1984 年，人权委员会任命了一名特别代表安德烈斯·阿吉拉尔(Andrés Aguilar)“深入研究该国人权状况”。1985 年，委员会赞同其初步报告中的一般性意见。[3]

在随后的几年中，人权委员会继续审查伊朗局势，并审议了特别代表的报告[4]和在此期间访问伊朗的特别程序的报告(见下文，第六章 B，专题任务[1978 年])。

该任务于 2002 年结束，当时委员会拒绝了延长该任务期限的提议。[5]

2006 年，人权委员会根据“1503”机密程序审议了伊朗的局势，[6]并于 2007 年终止审议。[7]

414 在与人权委员会同步审议了伊朗境内的人权情况后，[8]联合国大会于 2007 年请“秘书长向其提交一份全面报告”，并鼓励人权理事会的专题程序“继续努力改善该国的人权状况”。此后，秘书长向大会提交了报告，并向理事会提交了内部

---

[1] E/CN. 4/1983/60 para 225.

[2] E/CN. 4/1982/30, resolution 1982/27 of 11 March 1982. See also resolution 1983/34 of 8 March 1983.

[3] E/CN. 4/1985/17.

[4] E/CN. 4/1983/19; A/40/874; E/CN. 4/1985/17 E/CN. 4/1987/23; E/CN. 4/1988/24; E/CN. 4/1989/26; E/CN. 4/1990/24; A/45/697; E/CN. 4/1991/35; E/CN. 4/1992/34; E/CN. 4/1993/41; E/CN. 4/1994/50; E/CN. 4/1995/55; E/CN. 4/1997/63; E/CN. 4/1998/59; E/CN. 4/1999/32; E/CN. 4/2000/35; A/55/363; E/CN. 4/2001/39; E/CN. 4/2002/42.

[5] E/CN. 4/2002/200 IX. (b) paras 236-241.

[6] A/61/53 paras 131 and 132.

[7] A/HRC/4/123 paras 119 and 120.

[8] See, for instance, resolutions 56/171 of 21 December 2001; 58/195 of 22 December 2003; 59/205 of 20 December 2004; 60/171 of 16 December 2005; 61/176 of 19 December 2006; 62/168 of 18 December 2007; 63/169 of 18 December 2008; 64/176 of 18 December 2009; 65/226 of 21 December 2010; 66/175 of 19 December 2011; 67/182 of 20 December 2012; 68/184 ofl8 December 2013; 69/190 of 18 December 2014; 70/173 of 17 December 2015; 71/204 of 19 December 2016; 72/189 of 19 December 2017; 73/181 of 17 December 2018.

报告。①

人权理事会于 2011 年首次讨论伊朗局势,任命了一名特别报告员(艾哈迈德·沙希德[Ahmed Shaheed,2012—2016 年];阿斯玛·贾汉吉尔[Asma Jahangir,2016—2018 年]),并向联合国大会报告,②大会和人权理事会审议了伊朗局势。③

> 人权状况特别报告员阿斯玛·贾汉吉尔于 2018 年 2 月 11 日离世。鉴于有关国家于 2018 年 2 月 21 日即任务负责人逝世后对报告提交了评论,特允许其将评论分发给理事会。2018 年 2 月 26 日理事会商定,任务负责人的报告应根据理事会第 34/23 号决议联同有关国家的评论一并提交理事会。④

伊朗已经向特别程序任务执行人发出公开邀请。

1982 年——波兰 415

1982 年,人权委员会请秘书长"或他所指定的人士(胡格·高博[Hugo Gobbil]),根据他认为有关的资料,包括波兰政府愿意提供的意见和材料,对波兰的人权状况进行彻底研究"⑤。

1983 年——土耳其

1983—1986 年,人权委员会根据"1503"机密程序审议了土耳其的局势。委员

---

① A/63/459; A/64/357; A/65/370; A/66/361; A/67/327; A/68/377; A/69/306; A/70/352; A/71/374; A/72/562; A/73/299.

② A/HRC/16/2, resolution 16/9 of 24 March 2011; A/HRC/19/2, resolution 19/12 of 22 March 2012; A/HRC/22/2, resolution 22/23 of 22 March 2013; A/HRC/25/2, resolution 25/24 of 28 March 2014; A/HRC/31/2, resolution 31/19 of 23 March 2016; A/72/53, resolution 34/23 of 24 March 2017; A/HRC/37/2, resolution 37/30 of 23 March 2018.

③ A/66/374; A/67/369; A/68/503; A/69/356; A/70/411; A/71/418; A/72/322; A/73/398 A/73/442; see also A/HRC/19/66; A/KRC/34/65; A/HRC/22/56; A/HRC/25/61; A/HRC/28/70; A/HRC/31/69; A/HRC/34/65; A/HRC/37/68.

④ A/HRC/37/68 and Add. 1.

⑤ E/CN. 4/1982/30, resolution 1982/26 of 10 March 1982.

会于 1986 年停止对该问题的审议。①

1984 年——阿富汗

人权委员会于 1980 年首次在自决权的范畴内讨论了阿富汗问题(见第二章,1975 年——自决权,阿富汗[1980 年])。委员会在 1981—1983 年期间根据"1503"机密程序审议了阿富汗的局势。②

1984 年,人权委员会任命了一名特别报告员菲利克斯·埃尔马科拉,"负责审查阿富汗的人权状况,以期提出有助于确保在所有外国部队撤离前后或撤离期间充分保护该国所有居民的人权的建议"。委员会欢迎向特别报告员发出的访问阿富汗的邀请。③

416 1988 年,人权委员会欢迎阿富汗当局与特别报告员合作,"允许进入设施进行调查",并对人权状况的许多消极方面表示关切。④

1995 年,人权委员会对特别报告员菲利克斯·埃尔马科拉先生于 1995 年 2 月 24 日在维也纳去世深表悲痛,并赞扬他毕生致力于促进人权。⑤ 1996 年,委员会延长了特别报告员白正贤(Chung-Hyun Paik)的任期,同时提出了若干建议,以加强不断演变的和平进程。⑥

1998—2001 年期间,小组委员会集中讨论了"阿富汗武装团体占领的领土上妇女和女童的状况"⑦。

417 2000 年,人权委员会审议了特别报告员卡迈勒·侯赛因(Kamal Hossain)⑧以

---

① E/CN. 4/1983/60 para 225; E/CN. 4/1984/77 para 277; E/CN. 4/1985/66 paras 276-278.

② E/CN. 4/1475 para 240; E/CN. 4/I982/3O para 219; E/CN. 4/1983/60 para 225.

③ E/CN. 4/1984/77, resolution 1984/55 of 15 March 1984. See also E/CN. 4/1985/66, resolution 1985/38 of 13 March 1985; E/CN. 4/1986/65, resolution 1986/40 of 12 March 1986; E/CN. 4/1987/60, resolution 1987/58 of 11 March 1987.

④ E/CN. 4/1988/88, resolution 1988/67 of 10 March 1988, See also E/CN. 4/1989/8, resolution 1989/67 of 8 March 1989; E/CN. 4/1990/94, resolution 1990/53 of 6 March 1990; E/CN. 4/1991/91, resolution 1991/78 of 6 March 1991; E/CN. 4/1992/84, resolution 1992/68 of 4 March 1992; E/CN. 4/1993/122, resolution 1993/66 of 10 March 1993; E/CN. 4/1994/13, resolution 1994/84 of 9 March 1994.

⑤ E/CN. 4/1996/177, resolution 1995/74 of 8 March 1995.

⑥ E/CN. 4/1996/177, resolution 1996/75 of 23 April 1996.

⑦ E/CN. 4/Sub. 2/1999/13; E/CN. 4/Sub. 2/2000/18; E/CN. 4/Sub. 2/2001/28.

⑧ E/CN. 4/2000/33.

及暴力侵害妇女问题特别报告员在 1999 年 9 月访问阿富汗的报告。[1]

人权委员会在 2001 年重申谴责继续侵犯人权的行为,欢迎“设置联合国阿富汗特派团民事股(Civil Affairs Unit of the United Nations Special Mission to Afghanistan),并对该股在继续就政治和人权问题与阿富汗冲突双方的地方和区主管机构的高级代表进行对话表示欢迎”[2]。

第二年,人权委员会“热烈欢迎秘书长任命一名阿富汗问题特别代表”。委员会收到了其阿富汗问题特别报告员[3]和暴力侵害妇女问题特别报告员[4]以及秘书长[5]的报告,其中提出了联合国阿富汗援助团的新架构。

2003 年,人权委员会收到了其阿富汗问题特别报告员[6]和即决处决或任意处决问题特别报告员[7]的报告。它欢迎一些发展,包括成立“宪法起草委员会和正在进行的制定新宪法的进程”。委员会没有延长特别报告员的任期,但要求任命一名独立专家负责“制定咨询服务方案,以确保充分尊重和保护人权”。[8]

人权委员会在 2014 年[9]和 2015 年[10]于主席声明中讨论了阿富汗局势,重申了 418
关切和建议,并欢迎“最近任命的独立专家谢里夫·巴西奥尼关于阿富汗人权状况和人权领域技术援助成就的报告”[11]。

2005 年,人权委员会结束了独立专家的任务,并请高级专员报告阿富汗人权状况和技术援助的成就。[12] 此后,该国人权状况成为高级专员报告的主题。[13]

如前所述,特别程序根据各自的任务规定处理阿富汗的案件。其中一些任务

---

① E/CN. 4/2000/68/Add. 4 Addendum, See also resolution 2000/18 of 18 April 2000.

② E/CN. 4/2001/167, resolution 2001/13 of 18 April 2001.

③ E/CN. 4/2002/43.

④ E/CN. 4/2000/68/Add. 4.

⑤ E/CN. 4/2002/200, resolution 2002/19 of 22 April 2002.

⑥ E/CN. 4/2003/39.

⑦ E/CN. 4/2003/3/Add. 4.

⑧ E/CN. 4/2003/135, resolution 2003/77 of 25 April 2003.

⑨ E/CN. 4/2004/127 XIX paras 713-714.

⑩ E/CN. 4/2005/135 II C 2.

⑪ E/CN. 4/2004/127 XIX paras 713-714, See also E/CN. 4/2005/122.

⑫ E/CN. 4/2005/135 II C 2.

⑬ A/60/343; E/CN. 4/2006/108; A/HRC/4/98; A/HRC/7/27; A/HRC/10/23; A/HRC/13/62; A/HRC/16/67; A/HRC/19/47; A/HRC/22/37; A/HRC/25/41; A/HRC/28/48; A/HRC/31/46; A/HRC/3 4/41; A/HRC/37/41.

负责人访问了阿富汗，包括：

1999 年、2005 年、2014 年——暴力侵害妇女问题特别报告员[1]；

2002 年、2008 年——任意处决或即决处决问题特别报告员[2]；

2003 年——暴力侵害妇女问题特别报告员（关于阿富汗妇女和女童状况的特别程序）[3]；

2003 年——适足住房问题特别报告员[4]；

2009 年——雇佣军问题工作组[5]；

2016 年——国内流离失所者人权问题特别报告员[6]。

2010 年，人权理事会“痛惜并谴责针对阿富汗无辜学童的袭击，并表示声援政府为保护所有学生免受令人发指的袭击所做的努力”[7]。

1984 年——贝宁

1984 年[8]、1985 年[9]和 1988 年[10]，人权委员会根据“1503”机密程序审议贝宁的局势。

419 1984 年——马来西亚

1984 年人权委员会根据“1503”机密程序审议马来西亚的局势。[11]

---

① E/CN. 4/2000/68/Add. 4; E/CN. 4/2006/61/Add. 5; A/HRC/29/27/Add. 3.

② E/CN. 4/2003/3/Addd. 4; A/HRC/8/3/Add. 6 andA/HRC/ll/2/Add. 4.

③ A/58/421.

④ E/CN. 4/2004/48/Add. 2; A/HRC/10/7/Add. 2.

⑤ A/64/311 III. A and A/HRC/15/25/Add. 2.

⑥ A/HRC/35/27/Add. 3.

⑦ A/HRC/14/37, resolution 14/15 of 18 June 2010.

⑧ E/CN. 4/1984/77 para 277.

⑨ E/CN. 4/1985/66, paras 276-278.

⑩ E/CN. 4/1988/88 para 386.

⑪ E/CN. 4/1984/77 para 277.

1984年——巴基斯坦

1984年[①]、1985年[②]、1988年[③],人权委员会根据"1503"机密程序审议巴基斯坦的局势。

1984年——菲律宾

1984年[④]、1985年[⑤]、1986年[⑥],委员会根据"1503"机密程序审议菲律宾的局势。

1984年——斯里兰卡

1984年,人权委员会呼吁各方"继续采取一切必要措施,加强和维护和平,恢复斯里兰卡人民之间的和谐"[⑦]。

委员会于1987年审议了斯里兰卡的情况,当时它呼吁"所有党派和团体放弃使用武力和暴力行为,寻求谈判达成的政治解决方案"[⑧]。

人权委员会还注意到酷刑问题特别报告员和被强迫或非自愿失踪问题工作组的报告中所提供的资料。

2012年,人权理事会审议了斯里兰卡汲取教训与和解委员会的报告,并关切地注意到"该报告没有充分地讨论关于违反国际法的严重指控"。理事会吁请该国政府"尽快提出一份全面的行动计划,说明政府为实施委员会报告中的建议已经采取和将要采取的步骤,并且解决关于违反国际法的指控"[⑨],理事会欢迎高级专员"关于向斯里兰卡政府提供服务和技术援助的报告……以及其中所载的建议和结论……特别是关于建立真相调查机制,并将作为过渡时期司法更全面、更包

---

① E/CN.4/1984/77 para 277.
② E/CN.4/1985/66, paras 276-278.
③ E/CN.4/1988/88 para 386.
④ E/CN.4/1984/77 para 277.
⑤ E/CN.4/1985/66 paras 276-278.
⑥ E/CN.4/1986/65 para 369.
⑦ E/CN.4/1984/77, decision 1984/111 of 14 March 1984.
⑧ E/CN.4/1987/60, resolution 1987/61 of 12 March 1987.
⑨ A/HRC/19/2, resolution 19/2 of 22 March 2012.

容的做法的组成部分”[①]。理事会还鼓励该国政府与特别程序任务负责人合作，积极回应他们的请求。[②]

420 人权理事会在2014年提请高级专员办事处

> 监测斯里兰卡的人权状况，继续评估相关国家进程的进展，并全面调查关于斯里兰卡双方在汲取教训与和解委员会涵盖期间所犯的严重侵犯和践踏人权行为和相关罪行的指控……避免发生有罪不罚现象。[③]

2017年，人权理事会“赞赏地注意到……高级专员提交的全面报告”，并请斯里兰卡政府充分执行理事会确定的措施。它要求进一步的报告，包括一份全面报告，然后进行讨论。[④]

1985年——乌拉圭

1979—1984年，人权委员会根据“1503”机密程序审议了乌拉圭的局势。[⑤] 1985年，委员会停止根据“1503”程序审议乌拉圭境内人权情况，并根据该国政府的请求取消了对“1503”程序中提交材料的限制。[⑥]

1986年——加蓬

人权委员会于1986年根据“1503”机密程序审议了加蓬的局势，并终止对该问题的审议。[⑦]

---

① A/HRC/22/38 and Add. 1.

② A/HRC/22/2, resolution 22/1 of 21 March 2013.

③ A/HRC/25/2, resolution 25/1 of 27 March 2014 and A/HRC/25/23. See also A/HRC/30/2, resolution 30/1 of 1 October 2015.

④ A/HRC/34/20, resolution 34/1 of 23 March 2017.

⑤ E/CN. 4/1347 para 218 E/CN. 4/1408 para 247; E/CN. 4/1475 para 240; E/CN. 4/1982/30 para 219; E/CN. 4/1983/60 para 225; E/CN. 4/1984/77 para 277.

⑥ E/CN. 4/1985/66, decision 1985/107 of 8 March 1985.

⑦ E/CN. 4/1986/65 para 369.

1987——海地

人权委员会于 1981—1983 年[1]、1985—1987 年[2]、1989 年[3]和 1990 年[4]根据“1503”机密程序审议了海地局势,并根据该程序任命一名特别代表安德烈·布伦 421
瑞克(André Brauschewlg)。1987 年,委员会决定公布其关于海地的决定,并在其中表示“感谢特别代表……以及海地政府特别代表和委员会毫无保留地合作”。委员会请海地政府考虑特别代表指出的需要采取的措施,并为此目的提供技术援助。[5]

此后,人权委员会聘请了一名独立专家菲利普·特克希尔(Philippe Texier),他提出了一系列措施,包括制定一项方案,强调旨在加强司法独立性和促进组织接受人权培训的民警服务的措施。[6]

1990 年,人权委员会根据“1503”机密程序再次审议海地局势。[7] 它欢迎海地政府向专家提供的合作,但指出海地当局尚未对专家提交的援助建议采取行动。[8]

1991 年 9 月海地发生政变后,人权委员会于 1992 年任命了一名特别报告员马尔科·图里奥·布鲁尼·切利(Morco Tulio Bruni Celli),负责编写一份关于海地人权状况的报告。委员会“强烈反对推翻依宪法选出的总统让-贝特朗·阿里斯蒂德(Jean-Bertrand Aristide),以及随后该国人权状况的恶化”[9]。

1995 年,人权委员会对“重新建立宪法秩序和让-贝特朗·阿里斯蒂德先生回国,以及联合国/美洲国家组织国际组织观察员特派团的工作感到满意”。它欢迎海地当局任命真相与正义委员会,并要求任命一名独立专家“向海地政府提供协助,以

---

① E/CN. 4/1475 para 240; E/CN. 4/1982/30 para 219; E/CN. 4/1983/60 para 225.

② E/CN. 4/1985/66 paras 276-278; E/CN. 4/1986/65 para 369; E/CN. 4/1987/60 para 434.

③ E/CN. 4/1989/86 para 422.

④ E/CN. 4/1990/94 para 443.

⑤ E/CN. 4/1987/60, resolution 1987/13 of 2 March 1987. See also E/CN. 4/1984/77, decision 1984/109 of 1 . March 1984; E/CN. 4/1988/88, resolution 1988/51 of 8 March 1988.

⑥ E/CN. 4/1989/86, resolution 1989/73 of 8 March 1989.

⑦ E/CN. 4/1990/94 para 442.

⑧ E/CN. 4/1990/94, resolution 1990/56 of 7 March 1990. See also E/CN. 4/1991/91, resolution 1991/77 of 6 March 1991.

⑨ E/CN. 4/1992/84, resolution 1992/77 of 5 March 1992. See also resolutions 1993/68 of 10 March 1993; 1994/80 of 9 March.

审查海地人权状况的发展,并监测海地履行其在这一领域的义务的情况”。[1] 独立专家阿达玛·迪昂(Adama Dieng)于1996年向人权委员会提交报告。[2]

1998年,独立专家得出结论:

> 不应该掩盖事实真相;不能说海地解除武装工作已取得成功。因此,在联合国最后一个士兵离开之后,存在着往日的恶魔重现并带来一系列灾难的真实危险……国际社会的支持如能更加协调,可能增加效果,节省时间和金
> 422 钱。国际社会的代表往往批评海地行政当局,这也是有道理的,但他们也应作些自我批评。在最近的将来,最高的优先事项必须是建立一个胜任和有效的司法制度。[3]

人权委员会欢迎独立专家的报告以及关于在海地开展的技术合作活动的报告。该报告提请注意,“海地国家警察需要继续接受技术培训,以使其能够执行任务,有效发挥作用”[4]。

独立专家报告说,

> 毫无疑问,海地的人权状况有所改善,尽管该国的稳定受到威胁……但是……国际社会增加对所有领域的支持也很重要,其中……最重要的是司法,这是法治国家的基石。

专家敦促高级专员办事处重新考虑其减少活动的决定。[5]

人权委员会收到了独立专家提交给联合国大会的报告,“其中总结了1999年3月特派团的调查结果和1999年的调查结果与……海地特派团、海地政府和某些

---

① E/CN. 4/1995/176, resolution 1995/70 of 8 March 1995.

② E/CN. 4/1996/177, resolution 1996/58 of 19 April 1996. See also E/CN. 4/1997/150, resolution 1997/52 of l5 April 1997.

③ A/52/499 XI para 99.

④ E/CN. 4/1998/177, resolution 1998/58 of 17 April 1998.

⑤ A/53/355 VIII para 38. See also resolution 1999/77 of 28 April 1999.

非政府组织定期提交报告①;以及秘书长关于海地民主和人权状况的报告”②。

人权委员会重申其“对缺乏一个正常运作的议会和缺乏完全独立的地方政府的关切……原定于2000年3月19日举行的议会选举继续推迟”。委员会请秘书长和海地政府

> 通过与联合国人权事务高级专员办事处和驻海地国际文职人员支助团密切合作,制定技术合作方案,纳入性别观点,帮助加强公民保护办公室。③

2005年,独立专家路易·儒瓦内谈到了侵犯人权行为“与暴力气氛持续相关……司法和警察改革的主要障碍以及打击有罪不罚现象的困难”④。

2007年,人权理事会发表了一份主席声明,其中注意到“海地当局遇到的困难和做出的努力⑤……并计划通过一系列关于妇女地位和民事登记和土地登记制度改革的法律”⑥;2008年,委员会欢迎海地当局提出的延长独立专家任务期限的请求。⑦ 423

2010年1月,人权理事会举行了一次特别会议,主题为“支持海地在2010年1月12日地震后的恢复进程”⑧。理事会欢迎2012年的事态发展,鼓励

> 整个国际社会,尤其是国际捐助方、拉丁美洲和加勒比国家集团、“海地之友”国家集团和联合国各专门机构,加强与海地当局的合作,争取在海地全面实现公民权利,政治权利,经济、社会及文化权利,包括发展权。⑨

2017年,人权理事会结束了独立专家的任务,并请海地政府在国际支持下制

---

① A/54/366.

② A/54/625.

③ E/CN. 4/2000/167, resolution 2000/78 of 26 April 2000.

④ E/CN. 4/2005/123See also E/CN. 4/2005/135 II. C. 3.

⑤ A/HRC/15/60, PRST 15/1 of 30 September 2010.

⑥ A/HRC/6/22, PRST/6/1 of 28 September 2007.

⑦ A/HRC/9/28, PRST/9/1 of 24 September 2008.

⑧ A/HRC/S-13/2, resolution S-13/1.

⑨ A/HRC/19/2, President's statement PRST/19/2 of 23 March 2012. See also A/HRC/22/65 and PRST 22/2 of 22 March 2013; A/HRC/25/71 and PRST 25/1 of 28 March 2014; A/HRC/28/82 and PRST/28/3 of 27 March 2015; PRST/31/1 of 24 March 2016.

订一项行动计划，以落实人权机制提出的建议，包括在普遍定期审议框架内提出的建议和独立专家提出的建议，以建立一个关于实现技术援助方案相关目标和指标的国家报告和后续机制。[①]

1988 年——阿尔巴尼亚

1984—1988 年，人权委员会根据“1503”机密程序审议了阿尔巴尼亚的局势。[②] 1988 年，委员会在公开会议上讨论了阿尔巴尼亚的局势，并决定停止根据“1503”程序审议该问题。此外，委员会还决定公布其收到的关于阿尔巴尼亚的机密材料。[③]

1989 年，人权委员会请该国政府提供资料，“说明其宪法和法律措施以何种具体方式遵守《世界人权宣言》的规定，并答复人权委员会特别报告员转交给它的《消除基于宗教信仰原因的一切形式的不容忍和歧视宣言》执行情况的具体指控”[④]。

1990 年，人权委员会再次提出上述要求。委员会感到关切的是，有报告称，尽管出现了一些积极的事态发展，“但仍有人揭露侵犯人权的情况，特别是侵犯思想、良心和宗教自由、出境权和公平审判权的情况”[⑤]。

424 1992 年，人权委员会“欢迎阿尔巴尼亚政府愿意与人权委员会合作……但是人权状况的某些方面尽管出现了积极的事态发展，仍然令人关切”。委员会欢迎人权事务中心与阿尔巴尼亚政府于 1991 年 2 月达成的技术合作协定。[⑥] 1993 年，委员会将审议阿尔巴尼亚人权状况的工作转移到技术合作自愿基金主题下的技术合作范畴内。[⑦]

---

① A/72/53, President´s statement PRST 34/1 of 24 March 2017.

② E/CN. 4/1984/77 para 277; E/CN. 4/1985/66 paras 276-278; E/CN. 4/1986/65 para 369; E/CN. 4/1987/60 para 434; E/CN. 4/1988/88 para 386.

③ E/CN. 4/1988/88, resolution 1988/17 of 2 March 1988. See also resolution 8 (XXIII) of 16 March 1967 and Economic and Social Council resolution 1235 (XLII) of 6 June 1967.

④ E/CN. 4/1989/86, resolution 1989/69 of 8 March 1989.

⑤ E/CN. 4/I990/94, resolution 1990/49 of 9 March 1990. See also E/CN. 4/1991/91, resolution 1991/76 of 6 March 1991.

⑥ E/CN. 4/1992/84, resolution 1992/69 of 4 March 1992.

⑦ E/CN. 4/1993/122, resolution 1993/65 of 10 March 1993, and resolution 1994/57 of 4 March 1994.

1995年,人权委员会停止根据"1503"程序对阿尔巴尼亚局势的审议。[①]

1988年——古巴

1988年,人权委员会接受了古巴政府的邀请,访问古巴以"观察其人权状况"[②]根据本决定任命的代表团(主席阿利翁·塞内[Alioune Sene]和成员朱迪思·阿塔赫[Judith Sefi Attah]、托多·迪切夫[Todor Dichev]、何塞·因格斯[José D. Inglés]、迈克尔·利利斯[Michael Lillis]、拉斐尔·里瓦斯·波塞达[Rafael Rivas Posada])于1989年提交了该国人权状况的相关报告。[③]

随后,人权委员会将决定在何种项目下审议该报告。1989年,委员会决定在一个特设项目下审议该报告,从而使特派团的报告不像当时议程上其他国家的情况那样,既不涉及"调查",也不涉及"援助"。[④]

人权委员会注意到"作为对古巴人权的观察结果……这是一份认真而全面的报告"。委员会注意到古巴政府"愿意分析访问团在其报告中提出的意见,并考虑在与就古巴境内行使和享有人权问题进行辩论过程中所作的客观评估"。[⑤]

1991年,人权委员会任命了一名特别代表拉斐尔·里瓦斯·波萨达根据1988年访问古巴的代表团报告的后续行动,"就报告中所载及与之相关的问题与古巴政府和公民保持直接联系"[⑥]。

1997年,人权委员会请特别报告员卡尔·约翰·格罗特(Carl-Johan Groth)与 425
古巴政府和公民保持联系,并请他和现有的人权机制充分合作,交流关于古巴人权现状的信息和调查结果。[⑦]

1998年,人权委员会否决了一项关于古巴境内人权情况的决议草案。[⑧]

2002年,人权委员会请高级专员采取"必要步骤,派遣一名个人代表,以便她 426

---

① E/CN. 4/1995/176 para 604.

② E/CN. 4/1988/88, decision 1988/106 of 10 March 1988.

③ E/CN. 4/1989/46.

④ E/CN. 4/1989/86, decision 1989/102 of 21 February 1989.

⑤ E/CN. 4/1989/86, decision 1989/113 of 9 March 1989.

⑥ E/CN. 4/1991/91, resolution 1991/68 of 6 March 1991.

⑦ E/CN. 4/1997/150, resolution 1997/62 of 16 April 1997.

⑧ E/CN. 4/1998/177 paras 364-372.

的办公室与古巴政府进行合作”[1]。2003 年,委员会对由克里斯蒂娜·夏内(Christine Chanet)担任高级专员个人代表的建议表示满意。[2]

1988 年——格林纳达

1988 年,人权委员会根据“1503”机密程序审议了格林纳达的局势。[3]

1989 年——罗马尼亚

人权委员会对罗马尼亚境内的人权状况表示关切,并任命了一名特别报告员约瑟夫·沃亚梅(Josep Voyame)。[4]

1990 年,人权委员会审议了特别报告员的报告[5],其中包括一份补编,反映了特别报告员 1989 年 12 月报告结束后导致政府更迭的事件。[6]

1992 年,人权委员会注意到,“对人权的尊重总体上继续改善……尽管仍有相
427 当多的缺点有待克服”。委员会对“政府和人权中心在咨询服务方面的合作”表示欢迎。[7]

人权委员会解释了特别报告员的任务,并要求案例包括罗马尼亚采取的措施,以进一步通过协商和咨询程序提升罗马尼亚的人权状况。[8]

1989 年——缅甸(Burma)/1992 年——缅甸(Myanmar)

1978 年,人权委员会根据“1503”机密程序审议了缅甸局势,[9]1990—1992 年,

---

① E/CN. 4/2002/200, resolution 2002/18 of 19 April 2002.

② E/CN. 4/2003/135, resolution 2003/13 of 17 April 2003, See also B/CN. 4/2004/127, resolution 2004/11 of 15 April 2004; E/CN. 4/2005/135, resolution 2005/11 of 14 April 2005.

③ E/CN. 4/1988/88 para 386.

④ E/CN. 4/1989/86, resolution 1989/75 of 9 March 1989.

⑤ E/CN. 4/1990/28.

⑥ E/CN. 4. 1990/28/Add. 1-Addendum.

⑦ E/CN. 4/1992/84, resolution 1992/64 of 3 March 1992 See also E/CN. 4/1991/91, resolution 1991/69 of 6 March 1991.

⑧ E/CN. 4/1993/122, resolution 1993/72 of 10 March 1993.

⑨ E/CN. 4/1347 para 218.

委员会结束了根据"1503"程序对该问题的审议。[①]

1989年,人权委员会处理了缅甸的局势;它"对1988年缅甸境内有关侵犯人权的报告和指控表示关切,并对缅甸境内实现民主愿望有待克服的障碍表示关切"。委员会注意到"缅甸当局一直在回应报告员就具体问题提出的要求,并敦促他们尽早落实组织自由公正的多党民主选举的承诺"。[②]

人权委员会于1992年任命了一名特别报告员(横田洋三[1992—1996年];拉苏默·拉拉[Rajsoomer Lallah,1996—2001年];保罗·塞尔吉奥·皮涅罗[Paulo Sergio Pinheiro,2001—2007年];托马斯·奥杰亚·库尼塔纳[Tomas Ojea Quni-tana,2008—2014年];李扬熙[Yanghee Lee,2014年]),以便

> 与缅甸政府和人民建立直接联系,包括被剥夺自由的政治领导人……审查缅甸的人权状况,并追踪在向文官政府移交权力和起草新宪法方面取得的任何进展,解除对缅甸个人自由的限制,恢复缅甸的人权。

人权委员指出,正在举行的起草新宪法的全国大会没有1990年正式选出的代表参加,这些代表被阻止参会,并"对其目标之一是维持武装部队在国家未来政治生活中的主导作用表示关切"。委员会请政府"创造必要的条件,在安全和有尊严 428
的条件下,终止缅甸难民向邻国的流动,并促进他们早日遣返和返回社会"。[③]

1997年,人权委员会"深切关注……特别报告员的报告指出在1990年民主选举后,缅甸境内持续发生侵犯人权事件,在建立民主政府方面没有采取重大步骤"[④],因此请政府采取一些措施。[⑤]

1998年,人权委员会欢迎"缅甸政府与全国民主联盟之间的接触,尽管其性质有限,但对缅甸政府未能与昂山素季和其他政治领导人,包括少数民族代表进行实质性政治对话深表遗憾"。它对"政府拒绝合作,也不接受特别报告员的访问"

---

① E/CN. 4/1990/94 para 443; E/CN. 4/1991/91 para 490; E/CN. 4/1992/84 para 522.

② E/CN. 4/1989/86, decision 1989/112 of 8 March 1989.

③ E/CN. 4/1993/122, resolution 1993/73 of 10 March 1993. See also B/CN. 4/1994/132, resolution 1994/85 of 9 March 1994; E/CN. 4/1995/176, resolution 1995/72 of 8 March 1995; E/CN. 4/1996/177, resolution 1996/80 of 23 April 1996; E/CN. 4/1994/27; E/CN. 4/1994/31.

④ E/CN. 4/1997/64.

⑤ E/CN. 4/1997/150, resolution 1997/64 of 16 April 1997.

表示深切关注。[1]

2000年，特别报告员向联合国大会报告称，“尽管大会和人权委员会一再提出要求，但他尚未获准访问实地了解情况”[2]。在他提交给委员会的报告中，特别报告员发现“最不幸的是，虽然缅甸人权总体状况方面的存在发展，但是缅甸继续存
429 在对政治和公民权利的压制”[3]。委员会请高级专员与国际劳工局局长合作，以确定能最有效促进缅甸人权状况的方式。[4]

截至2004年，特别报告员保罗·塞尔吉奥·皮涅罗与秘书长特使伊斯梅尔（Razali Ismail）进行了协调，委员会审议了他的报告。[5]

人权委员会欢迎一些事态发展，“例如一些政治活动家被释放。该国某些地区正在进行的停火。缅甸继续与红十字国际委员会合作”。但委员会对其他事态发展表示遗憾，例如“缅甸境内持续存在严重和系统侵犯人权的情况”。[6]

2007年10月，人权理事会举行了一次关于缅甸人权状况的特别会议，“强烈谴责对和平示威的持续暴力镇压”，并欢迎缅甸政府决定在当年晚些时候接待秘书长特使易卜拉欣·甘巴里（Ibrahim Gambar）的访问。[7] 同年晚些时候，理事会欢迎特别报告员的访问，并对调查结果表示深切关注。[8]

2008年，特别报告员库尼塔纳报告指出，“前任特别报告员的报告指出的情况……几乎没有任何改善，关键问题仍须处理”[9]。2009年，人权理事会对“昂山素季最近被定罪和判刑表示严重关切，并呼吁立即无条件释放昂山素季”[10]理事会

---

① E/CN. 4/1998/177, resolution 1998/63 of 21 April 1998.

② A/54/440 Introduction.

③ E/CN. 4/2000/38 V para 61.

④ E/CN. 4/2000/167, resolution 2000/23 of 18 April 2000. See also A/55/359 V para 59; E/CN. 4/2005/36.

⑤ A/59/269.

⑥ E/CN. 4/2002/200, resolution 2002/67 of 25 April 2002. See also E/CN. 4/2003/135, resolution 2003/12 of 16 April 2003; E/CN. 4/2004/127, resolution 2004/61 of 21 April 2004; E/CN. 4/2005/135, resolution 2005/10 of 14 April 2005.

⑦ A/HRC/S. 5/2, resolution S-5/1 of 2 October 2007.

⑧ A/HRC/6/22, resolution 6/33 of 14 December 2007. See also resolutions 7/31 and 7/32 of 28 March 2008 and A/HRC/6/14, resolution 10/27 of 27 March 2009.

⑨ A/HRC/8/12VI para 69. See also A/HRC/10/19 IV, V.

⑩ A/HRC/12/50, resolution 12/20 of 2 October 2009. See also A/HRC/13/56, resolution 13/25 of 26 March 2010.

在2011年对此表示欢迎。[①]

2013年和2014年,人权理事会请特别报告员"在其下一次报告中,就缅甸的需要,包括技术援助和能力建设提出进一步建议,并表示坚决支持秘书长及其特别顾问的斡旋任务和承诺"[②]。

2013年,人权理事会在一份主席声明中讨论了"若开邦罗兴亚穆斯林和其他穆斯林的情况",敦促"政府……立即采取措施,制止一切基于宗教和人权的暴力行为,包括针对穆斯林的暴力行为",并敦促它继续与人权理事会接触。[③]

人权理事会"对缅甸政府的进一步拖延表示关切,同时忆及缅甸政府承诺开设一个国家办事处,人权事务高级专员注意到正在进行的谈判,并呼吁政府立即 430
设立全权负责的办公室"。它请特别报告员报告"关于缅甸需求的更多建议,包括技术援助和能力建设方面的建议,以及关于选举进程的信息"。[④]

2015年,人权理事会讨论了"缅甸罗兴亚穆斯林和其他少数民族的人权状况",并请高级专员提交一份相关报告,特别是关于贩卖和强迫流离失所的罗兴亚穆斯林问题。[⑤]

2017年,人权理事会决定

> 紧急派遣一个独立的国际实况调查团。确定最近在缅甸特别是若开邦……的事实和情况……以确保侵犯者承担全部责任,为受害者伸张正义。[⑥]

人权理事会延长了该任务期限,并请调查团在2018年之前提交报告。

2018年,人权理事会收到了特别报告员的报告,[⑦]理事会要求当局立即恢复与特别报告员的合作,并充分配合实况调查团的工作。[⑧] 同年晚些时候,理事会讨论

---

① A/HRC/15/60, resolution 16/24 of 25 March 2011. See also A/HRC/19/2, resolution 19/21 of 23 March 2012. 6/365; A/HRC/19/67.

② A/HRC/22/2, resolution 22/14 of 21 March 2013. See also A/HRC/25/2, resolution 25/26 of 28 March 2014.

③ A/HRC/2/2, PRST 23/1 of 14 June 2013.

④ A/HRC/28/2, resolution 28/23 of 27 March 2013.

⑤ A/HRC/29/2, resolution 29/21 of 3 July 2015.

⑥ A/72/53, resolution 34/22 of 24 March 2017.

⑦ A/HRC/37/70; A/72/382.

⑧ A/HRC/37/2, resolution 37/32 of 23 March 2018.

了缅甸罗兴亚穆斯林和其他未成年人的人权状况以及实况调查团的报告。[1]

同年,人权理事会决定

> 建立一个持续的独立机制,以收集、整合、保存和分析2011年以来在缅甸犯下的最严重国际罪行和违反国际法行为的证据,并准备档案,以便利和加快公正、独立的刑事诉讼程序,根据国际法标准,在国家、地区或国际法院或法庭,根据国际法,对这些罪行拥有或将来可能拥有管辖权。

理事会注意到"国际刑事法院预审分庭的裁决,即它可以对将罗兴亚人从缅甸驱逐到孟加拉国行使管辖权,并请该机制在调查缅甸境内侵犯人权行为方431 面与其未来的任何机构密切合作"。理事会延长了实况调查团的任务期限,使其直到新机制开始运作,以确保其收集的大量且不断增加的侵犯和践踏人权的证据得到充分记录、核实、整合和保存,以便该机制有效地共享、访问和使用这些材料。[2]

人权理事会要求"在报告之后进行互动对话,探讨缅甸罗兴亚穆斯林少数民族和其他少数民族面临的侵犯和践踏人权行为的根源"[3]。

1990年——文莱

1988—1990年,人权委员会根据"1503"机密程序审议了文莱达鲁萨兰国的局势,并终止了对该问题的审议。[4]

1990年——巴拿马

在美国入侵巴拿马之后,人权委员会于1990年强烈谴责"公然违反国际法和侵犯巴拿马的独立、主权和领土完整的外国军事干涉",并要求"充分尊重和严格

---

① A/HRC/39/64, resolution 39/2 of 27 September 2018.

② A/HRC/39/64, resolution 39/2 of 27 September 2018.

③ A/HRC/39/64, resolution 39/2 of 27 September 2018.

④ E/CN. 4/1988/88 para 386; E/CN. 4/1989/86 para 422; E/CN. 4/1990/94 para 443.

遵守《托里霍斯-卡特条约》(the Torrijos-Carter Treaties)的文字和精神”。[①]

1990 年——巴拉圭

1979—1990 年,人权委员会依据“1503”机密程序审议了巴拉圭的局势。[②] 1990 年[③]和 1998 年,委员会根据“1503”程序停止对该问题的审议。[④]

1984 年,人权委员会“对巴拉圭 20 多年来长期实施戒严深表关切”,并请巴拉圭政府考虑“结束戒严状态,以便在国内鼓励促进和尊重人权”。[⑤]

1990 年,人权委员会宣布巴拉圭的人权状况不再按照“1503”程序进行审议。[⑥] 同年,委员会欢迎“巴拉圭的民主化进程,认为这是实现充分和有效享有人权的关键一步”。该国政府则请委员会提供技术援助和咨询服务。[⑦] 432

2004 年,人权委员会应巴拉圭政府要求[⑧],公布了根据“1503”程序做出的相关决定。[⑨]

1991 年——科威特

在伊拉克入侵和占领科威特之后,人权委员会于 1991 年指派一名特别报告员沃尔特·卡林(Walter Kälin)“审查伊拉克入侵和占领部队在被占领的科威特领土犯下的侵犯人权行为,并尽快予以报告”[⑩]。

此后一年,委员会“对在伊拉克被拘留和失踪的科威特和第三国国民深表关

---

① E/CN. 4/1990/94, resolution 1990/10 of 20 February 1990. See also General Assembly resolution 44/240 of 29 December 1989.

② E/CN. 4/1347 para 218; E/CN. 4/1408 E/CN. 4/1988/88 para 247; E/CN. 4/1475 para 240; E/CN. 4/1982/30 para 219; E/CN. 4/1983/60 para 225; E/CN. 4/1984/77 para 277; E/CN. 4/1985/66, paras 276-278; E/CN. 4/1986/65 para 369; E/CN. 4/1987/60 para 434; E/CN. 4/1988/88 para 386; E/CN. 4/1989/86 para 422; E/CN. 4/1990/94 para 443.

③ E/CN. 4/1990/94 para 443.

④ E/CN. 4/1998/177 para 419.

⑤ E/CN. 4/1984/77, resolution 1984/46 of 13 March 1984.

⑥ E/CN. 4/1990/94 para 442.

⑦ E/CN. 4/1990/94, resolution 1990/61 of 7 March 1990.

⑧ E/CN. 4/2004/127, decision 2004/103 of 31 March 2004.

⑨ E/CN. 4/2004/127 para 211.

⑩ E/CN. 4/1991/91, resolution 1991/67 of 6 March 1991.

切”，并请伊拉克政府“提供关于1990年8月2日至1991年2月26日期间从科威特被劫持的……所有科威特人和第三国国民的充分资料……并立即释放这些人”。[1]

1994年，人权委员会根据“1503”机密程序审议了科威特局势并停止对该问题的审议。[2]

1991年——伊拉克

人权委员会根据“1503”机密程序在1988年[3]和1989年[4]审议了伊拉克的局势。1989年，委员会结束了审议。[5]

1991年，人权委员会任命了一名特别报告员（史托尔[Max van der Stoel，1991—2000年]；安德烈亚斯·马夫罗马蒂斯[Andreas Mavromatis，2001—2004年]），“根据特别报告员认为相关的所有信息，对伊拉克政府侵犯人权的行为进行彻底研究，包括政府间和非政府组织提供的信息以及伊拉克政府提供的任何意见和材料”[6]。

1992年，除其他外，人权委员会强烈谴责“伊拉克政府近年来非同寻常地严重
433 侵犯人权，特别报告员认为对此需……向伊拉克派遣一名人权监督员”[7]。

1993年，人权委员会敦促伊拉克政府“成立一个独立的调查委员会，并……与被强迫或非自愿失踪问题工作组密切合作，调查数万名失踪者的下落”。它还“特别震惊地注意到针对库尔德人的镇压政策和做法……以及仍在对伊拉克南部什叶派群体实行的歧视政策和镇压，这是其对沼泽地带阿拉伯人的原已确定的政策所致”。[8]

1994年，人权委员会强烈谴责“伊拉克政府对性质最为严重的大规模侵犯人权行为负有责任，造成了无处不在的镇压和压迫秩序……该行为受到广泛的歧视

① E/CN. 4/1992/84, resolution 1992/60 of 3 March 1992. See E/CN. 4/1992/26.
② E/CN. 4/1994/132 para 633.
③ E/CN. 4/1988/88 para 386.
④ E/CN. 4/1989/86 para 422.
⑤ E/CN. 4/1989/86 E/CN. 4/1989/86 para 422.
⑥ E/CN. 4/1991/91, resolution 1991/74 of 6 March 1991.
⑦ E/CN. 4/1992/84, resolution 1992/71 of 5 March 1992.
⑧ E/CN. 4/1993/122, resolution 1993/74 of 10 March 1993.

和广泛的恐怖活动的支持”。委员会要求“采取必要措施向有关地点派出人权监督员……,帮助对伊拉克人权情况的报告作独立的核实”。[①]

人权委员会呼吁

> 伊拉克政府提供1990年8月2日至1991年2月26日期间从科威特被驱逐或逮捕的所有人的详细资料,以及在此期间或之后在拘留中被处决或死亡的人的详细资料,来解决科威特人和其他国家国民的失踪案件。

并请伊拉克政府采取一系列措施,包括与为查明数百名失踪人员和战俘的命运和/或下落而设立的三方委员会合作,设立全国失踪问题委员会,并向在伊拉克羁押期间死亡者的家属支付赔偿,或“该国政府通过安全理事会1991年5月20日第692(1991)号决议建立的机制对其负责,但迄今为止未能对此负责的人”[②]。

特别报告员在提交人权委员会的第六次报告中指出,伊拉克政府的情况没有改善;“相反,根据上一年全年收到的大量严重侵犯人权指控,特别报告员得出结论,认为人权状况已相当恶化”。他建议,除其他事项外,“联合国人权监测员应被派往伊拉克全境的有关地点,在那里他们可以接收和核实有关伊拉克人权状况的信息”。[③]

1998年,人权委员会再次谴责伊拉克侵犯人权的行为,并请该国纠正这种情况,以及

> 尊重并确保所有个人的权利,不论其出身、种族、性别或宗教,在其领土内和受其管辖的范围内与被强迫或非自愿失踪问题工作组合作……并通过安全 434
> 理事会建立的机制,向在伊拉克当局羁押下死亡或失踪者的家属支付赔偿。[④]

1999年,人权委员会

---

① E/CN. 4/1994/132, resolution 1994/74 of 9 March 1994.

② E/CN. 4/1996/177, resolution 1996/72 of 23 April 1996. See also E/CN. 4/1997/150, resolution 1997/60 of 16 April 1997.

③ E/CN. 4/1998/67IV A para 78, IV B para 88.

④ E/CN. 4/1998/177, resolution 1998/65 of 21 April 1998.

强烈谴责伊拉克政府大规模蓄意严重侵犯人权和国际人道主义法……即审即决和任意处决,包括政治杀害和持续的所谓清洗监狱,以及被强迫或非自愿失踪、经常实行任意逮捕和拘留,以及一贯而且经常不尊重法定程序和法治,例如以涉及财产的轻罪和违反习俗为由处决违法者……普遍且经常地使用酷刑,对某些罪行制定和执行残忍和不人道的惩罚法令。

并要求伊拉克政府

确立司法独立并立即停止针对伊拉克库尔德人、亚述人、土库曼人和南部沼泽地区居民的持续压迫行为,包括强迫驱逐和迁移的行为,在沼泽地区进行的排水工程造成环境破坏和平民处境更为恶化;并确保什叶派及其宗教机构的人身健全和自由,包括充分的信仰自由。①

2000年,特别报告员重申了他在先前报告中提出的建议。“特别报告员特别重申,需要执行他早期提出的建议,即在伊拉克全境建立一个由联合国工作人员组成的人权监测机制,从而不断提供有关人权状况的第一手、重要和可核查的信息。”②

人权委员会再次向伊位克政府提出要求,其中包括:

废除规定残忍和不人道处罚或待遇……确保不再发生酷刑和残忍处罚和待遇的做法;废除一切惩罚自由表达言论的法律和程序,包括1986年11月4日革命指挥委员会第840号法令,确保国家权力以人民的真正意愿为基础。③

435 特别报告员于2004年提交了其最终报告。④ 第二年,人权委员会收到了高级

① E/CN. 4/1999/167, resolution 1999/14 of 23 April 1999.

② A/54/466 Annex.

③ E/CN. 4/2000/167 resolution 2000/17 of 18 April 2000. See also E/CN. 4/2001/167, resolution 2001/14 of 18 April 2001; E/CN4/2002/200, resolutions 2002/15 of 19 April 2002; E/CN. 4/2003/135, resolution 2003/84 of 25 April 2003.

④ E/CN. 4/2004/36 and Add. 1.

专员的最新报告。[①] 此后,联合国伊拉克援助团(United Nations Assistance Mission in Iraq, UNAMI)对人权状况进行了监测。

2012年,人权理事会根据"1503"机密程序审议了伊拉克局势并停止对该问题的审议。[②]

人权理事会于2015年再次讨论了伊拉克局势,主题为"在'达伊沙'(Daesh)及相关恐怖主义团体实施暴行的背景下开展技术援助和能力建设以加强伊拉克的人权"。会议"最强烈地谴责恐怖主义团体所犯持续、普遍和严重践踏人权和违反国际人道主义法的行为",并请高级专员向"伊拉克政府提供技术援助,以协助伊拉克各方增进和保护人权"。[③]

1992年——南斯拉夫

南斯拉夫境内的冲突于1991年爆发。到1992年,6个共和国中的3个(波斯尼亚和黑塞哥维那、克罗地亚和斯洛文尼亚)已脱离联邦共和国,成为联合国会员国。第四个国家(马其顿)于1993年成为联合国会员国。塞尔维亚和黑山组成了南斯拉夫联盟共和国。[④] 联合国大会拒绝承认新的联盟共和国是前联邦共和国的继承国,该国最终于2000年成为联合国会员国。黑山于2006年脱离联邦,成为联合国会员国。

1992年8月,根据经济及社会理事会1990年5月25日第1990/48号决议(见第三章,1992年——委员会改革:特别会议),人权委员会首次召开特别会议,讨论当时在南斯拉夫发生的冲突。它任命了一名特别报告员(塔德乌什·马佐维茨基[Tadeusz Mazowiecki, 1992—1995年];伊丽莎白·雷恩[Elisabeth Rehn, 1995—1998年];伊日·丁斯特比尔[Jiri Dienstbier, 1998—2001年]),"直接调查前南斯拉夫境内,特别是波斯尼亚和黑塞哥维那境内的人权情况"[⑤]。

人权委员会彻底谴责"种族清洗"的做法,"尤为憎恶……特别是在波斯尼亚

---

① E/CN. 4/2005/4.

② A/HRC/19/2 para 323; A/HRC/20/2 para 212; A/HRC/21/2 paras 227 and 229.

③ A/HRC/28/2, resolution 28/32 of 27 March 2015.

④ General Assembly forty-seventh session, resolution 47/1 of 22 September 1992.

⑤ E/CN. 4/1992/84/Add. 1/Rev. 1, resolution 1992/S-1/1 of 14 August 1992.

和黑塞哥维那境内出现的‘种族清洗’思想和做法，此种思想和做法至少导致公然侵犯人权，将人民驱逐出境和大规模迁徙或将其逐离家园，目的在于迁徙或毁灭民族群体、族裔群体、种族群体或宗教群体”。①

委员会提请其酷刑问题特别程序、即决处决或任意处决问题特别程序、国内流离失所者问题特别程序和任意拘留问题特别程序，“立即关注前南斯拉夫境内
436 的局势，并继续向特别报告员提供充分合作、协助和调查结果，并在特别报告员提出请求的情况下陪同其访问前南斯拉夫”。它请特别报告员直接调查“前南斯拉夫领土内特别是波斯尼亚和黑塞哥维那境内的人权状况……并向人权委员会成员提交紧急报告”。②

特别报告员(1992年)

特别报告员将“有系统地收集和汇编关于前南斯拉夫领土内可能的侵犯人权情况包括可能构成战争罪的情况的资料……还指出此种资料今后可能用于对国际人道主义法的违反者提起诉讼”。特别报告员被要求在1992年8月28日之前提出报告。③

特别报告员访问了该地区两次，第一次是在1992年8月21—26日访问前南斯拉夫，当他访问

> 前南斯拉夫特别是波斯尼亚和黑塞哥维那境内令人关注的地区……鉴于特别报告员可利用的时间非常有限，首次访问只能集中注意最紧迫的问题，主要是波斯尼亚和黑塞哥维那共和国特别严峻的局势。④

特别报告员于1992年10月12—22日再次访问了该地区，⑤并向大会报告。⑥

人权委员会于1992年11月30日和12月1日举行了第二次特别会议，⑦于

---

① E/CN.4/1992/84/Add.1/Rev.1 resolution 1992/S-1/1 of 14 August 1992.

② E/CN.4/1992/84/Add.1/Rev.1, resolution 1992/S-1/1 of 14 August 1992.

③ E/CN.4/1992/84/Add.1/Rev.1, resolution 1992/S-1/1 of 14 August 1992.

④ E/CN.4/1992/S-1/9.

⑤ E/CN.4/1992/S-1/10.

⑥ A/47/666-S/24809.

⑦ E/CN.4/1992/84/Add.2.

1992年12月审议了特别报告员的三份报告,[①]委员会谴责

> 前南斯拉夫境内的一切侵犯人权行为。包括特别报告员指出的……特别是在波斯尼亚和黑塞哥维那推行的种族清洗,认定在波斯尼亚和黑塞哥维那境内塞尔维亚控制地区的塞族领导人、南斯拉夫军队和塞尔维亚共和国政治领导人对这种应受斥责的做法负有首要责任。[②]

人权委员会还"要求立即停止种族清洗的做法,尤其要求塞尔维亚共和国利用其对波斯尼亚和黑塞哥维那与克罗地亚境内自行成立的塞族当局的影响,立即制止种族清洗的做法。委员会还指出,"国家必须为代理人在另一国领土内犯下侵犯人权的行为承担责任"。[③]

1992年10月,安全理事会设立了一个"独立的专家委员会,请它收集资料,向秘书长提供关于在前南斯拉夫境内严重违反《日内瓦第四公约》和其他违反人道主义法行为的证据的结论"[④]。 437

在1992年11月举行的第二次特别会议上,人权委员会请特别报告员"继续向专家委员会提供他们掌握的所有相关和准确的资料"[⑤]。

1993年,人权委员会

> 强烈谴责前南斯拉夫境内发生的强奸和凌辱妇女和儿童的暴行,这些暴行据情况判断已构成战争罪。并对如下做法表示愤怒:有组织的强奸被用作一种针对穆斯林妇女和儿童的战争武器,作为塞尔维亚军队在波斯尼亚和黑塞哥维那共和国执行种族清洗政策的手段,及将强奸用来作为在克罗地亚推行种族清洗的手段。[⑥]

---

① A/47/666-S/24809 and E/CN. 4/1992/S-1/9 and 10.

② E/CN. 4/1992/84/Add. 2, resolution S2/1 of 1 December 1992.

③ E/CN. 4/1992/84/Add. 2, resolution S2/1 of 1 December 1992.

④ Security Council, 1992, resolution 780 (1992) of 6 October 1992.

⑤ E/CN. 4/1992/84/Add. 2, resolution 1992/S 2-1 of 1 December 1992.

⑥ E/CN. 4/1993/122, resolution 1993/8 of 23 February 1993.

委员会请特别报告员

> 继续具体调查……强奸和凌辱妇女事件，包括派遣一个合格的专家小组，与委员会有关的特别报告员、欧洲理事会派出的代表团和任何其他代表团配合，并向委员会提交进一步的报告。①

人权委员会鼓励特别报告员和专家委员会对前南斯拉夫境内的蓄意强奸问题进行调查，并将调查结果和所有相关证据提交它所要求的国际法庭检察官。②

委员会呼吁

> 收容前南斯拉夫难民的所有国家向专家委员会提供必要援助，或提供调查蓄意强奸妇女行为的证据，并敦促所有国家和所有相关政府间组织和非政府组织……继续向此类强奸和凌辱的受害者提供适当的身心康复援助。③

在要求指派外地工作人员时，人权委员会进一步改进了特别程序的信息收集技术，这些技术正在从远距离监测和（或）定期访问和面谈发展到现场存在。④

1995 年，人权委员会处理了波斯尼亚和黑塞哥维那、克罗地亚和南斯拉夫联盟共和国（塞尔维亚和黑山）的局势，谴责

> 特别报告员报告中所指的一切具体侵犯行为……大都与自封的波斯尼亚
> 438 塞族当局控制下的前南斯拉夫地区实施的系统性种族清洗政策和种族灭绝行为有关，包括大规模屠杀、酷刑、失踪、对妇女和儿童的强奸和其他性虐待、以平民作为对峙线上的人盾和排雷人员、任意处决、损毁房屋、宗教物品以及文化和历史遗产、强迫和非法驱逐、拘留、任意搜查以及其他暴力行为。⑤

---

① E/CN. 4/1993/122, resolution 1993/8 of 23 February 1993.

② E/CN. 4/1994/132, resolution 1994/77 of 9 March 1994.

③ E/CN. 4/1992/S-1/9.

④ E/CN. 4/1994/132, resolution 1994/72 of 9 March 1994.

⑤ E/CN. 4/1995/176, resolution 1995/89 of 8 March 1995.

1996 年,人权委员会讨论了这一情况的多个方面,援引了

> 1995 年 10 月 21 日在美利坚合众国俄亥俄州德顿发起并于 1995 年 12 月 14 日在巴黎签署的《波斯尼亚和黑塞哥维那和平总框架协定》(A/SC/790-S/1995/999)以及 1995 年 11 月 12 日签署的《关于东斯拉沃尼亚、巴拉尼亚和西斯尔米姆地区的基本协议》(S/1995/951,附件)和关于在东斯拉沃尼亚、巴拉尼亚和西斯尔米姆地区建立联合国临时权力机构的安全理事会 1996 年 1 月 15 日第 1037(1995)号决议……根据和平协定附件 6 设立的各种机制,特别是作为保护人权的中心因素的波斯尼亚和黑塞哥维那人权委员会及其两个组成部分——人权法庭和意见调查官办公室。[①]

人权委员会讨论了波斯尼亚和黑塞哥维那境内持续侵犯人权的情况、对国际法庭工作的支持,以及《框架协定》的执行和相关的和平建设,包括将要采取的调解步骤、合作与协调的必要性以及失踪人员特别程序。它赞扬特别报告员伊丽莎白·雷恩的工作,并建议高级专员在前南斯拉夫马其顿共和国设立办事处,"以便与该国政府保持合作与对话"。[②]

人权委员会还讨论了波斯尼亚和黑塞哥维那、克罗地亚共和国和南斯拉夫联盟共和国(塞尔维亚和黑山)人权状况的若干方面,[③]就其一般义务以及与每个国家有关的具体问题提出了建议。它提请各方"充分履行在和平协议中做出的保护人权的承诺,以及……建立各级民主政府机构",并与起诉应对 1991 年以来前南斯拉夫境内所犯严重违反国际人道主义法行为负责者的国际法庭充分合作。[④]

委员会请特别报告员在 1997 年 9 月 30 日前提供关于前南斯拉夫马其顿共和国的最终报告,"除非特别报告员另有建议……在提交该报告后停止审议前南斯拉夫马其顿共和国局势"[⑤]。 439

1998 年,人权委员会收到了特别报告员的最终报告,他于 1998 年 1 月被任命

① E/CN. 4/1996/177, resolution 1996/71 of 23 April 1996.

② E/CN. 4/1996/177, resolution 1996/71 of 23 April 1996. See also E/CN. 4/1997/150, resolution 1997/57 of 15 April 1997.

③ E/CN. 4/1997/150, resolution 1997/57 of 15 April 1997.

④ Security Council resolution 808 (1993) of 22 February 1993.

⑤ E/CN. 4/1997/150, resolution 1997/57 of 15 April 1997.

为秘书长波斯尼亚和黑塞哥维那问题特别代表后辞去特别报告员职务，并对此解释称，

> 报告的目的是概述雷恩女士自1995年9月就任以来，波斯尼亚和黑塞哥维那、克罗地亚共和国和南斯拉夫联盟共和国在人权领域取得的主要成就。报告进一步指出仍然存在的主要问题和考虑到有关政府以及国际社会，包括下一任特别报告员面临的挑战。[①]

委员会请新任特别报告员[②]

> (a)与高级专员合作……在处理失踪人员问题时，参加国际失踪人员委员会特设小组和其他涉及失踪人员问题的小组，并在其提交人权委员会的报告中纳入有关前南斯拉夫境内失踪人员活动的信息；(b)特别注意属于其任务范围内的少数民族、流离失所者、难民和回返者的情况；(c)处理超越其任务所涉国家边界的人权问题，这些问题只能通过在不止一个国家采取协调一致的行动加以解决。[③]

2000年，人权委员会注意到，"虽然克罗地亚在人权方面取得了重大的积极进展，波斯尼亚和黑塞哥维那在过去一年中在人权问题上取得了一些有限的改善，但南斯拉夫联盟共和国(塞尔维亚和黑山)的局势仍然令人严重关切"。委员会强调

> 在整个地区持续存在不同严重程度的问题：(a)没有充分尊重所有个体的人权；(b)需要促进和保护政府的民主体制；(c)法治严重薄弱；(d)不尊重言论和结社自由以及新闻媒介的自由和独立；(e)继续阻碍前南斯拉夫问题国际
> 440 刑事法庭的工作；(f)需要鼓励和促进难民和流离失所者的返回，并保护和援

---

① E/CN. 4/1998/63 para 5. See also E/CN. 4/1998/9, E/CN. 4/1998/12, E/CN. 4/1998/13, E/CN. 4/1998/14, E/CN. 4/1998/15, and E/CN. 4/1998/63.

② E/CN. 4/1998/164 Annex 8.

③ E/CN. 4/1998/177, resolution 1998/79 VII of 22 April 1998; E/CN. 4/1999/167, resolution 1999/18 of 23 April 1999.

助他们,直到他们能够安全、体面地返回家园;(g)失踪人员问题。

关于克罗地亚,人权委员会建议,如果该国承诺和支持《克罗地亚的人权和民主原则》中指出的问题,则将议题放在关于技术援助和咨询服务的议程项目下审议",即不再置于"侵犯人权"项目下。[①]

特别报告员在2001年提交人权委员会的报告[②]中描述了波斯尼亚和黑塞哥维那、克罗地亚、塞尔维亚和黑山的事态发展。"本报告中涉及的几个问题最好在区域范围内解决……特别报告员强调,在其任期内的所有三个国家都遵守同样的人权原则,因此它们的决议将受益于协调一致的区域办法。"他建议委员会"重新访问上述地区,以便更好地分析跨越国际边界的重要人权问题……除了更传统的以国家为基础的方法之外,还需要具备区域视角"[③]。

特别代表(2001年)

2001年,人权委员会任命了一名特别代表何塞·库蒂莱罗(José Cutileiro,2001—2003年)代替特别报告员,负责审查波斯尼亚和黑塞哥维那及南斯拉夫联盟共和国的人权状况。特别代表将

> 密切注视局势……包括与前南斯拉夫问题国际刑事法庭的合作,释放包括科索沃阿族人在内的被无理拘留的犯人,查明在冲突中失踪的人员,保护少数群体,贩卖人口和难民与国内流离失所者的返回权利。[④]

失踪人员特别程序(1994—1997年)

1994年,人权委员会同意被强迫或非自愿失踪问题工作组的一项提议,即"由一名成员(曼弗雷德·诺瓦克[Manfred Nowak])代表工作组……在处理前南斯拉夫境内的被强迫失踪事件时,酌情与特别报告员合作"。[⑤] 委员会确定该项任务的

---

① E/CN. 4/2000/167, resolution 2000/26 Part I of 18 April 2000.

② E/CN. 4/2001/47 and Add. 1.

③ E/CN. 4/2001/47 para 4.

④ E/CN. 4/2001/167, resolution 2001/12 of 18 April 2001. See also E/CN. 4/2002/200, resolution 2002/13 of 19 April 2002; and A/56/460; E/CN. 4/2001/41; E/CN. 4/2003/38 and Add. 1.

⑤ E/CN. 4/1994/132, resolution 1994/72 of 9 March 1994.

内容为

> 具有被强迫或非自愿失踪问题工作组成员身份的专家和前南斯拉夫境内人权情况特别报告员的共同任务(第1994/39和1994/72号决议)。根据其第一
441 次报告(E/CN. 4/1995/37)中的专家建议,将特别程序负责人转变为独立任命的委托专家。[①]

南斯拉夫问题特别程序的第一份报告于1995年提出。[②] 该报告称自己是"人权委员会建立的第一个特别机制,该机制既具有专题性质,又有针对具体国家的性质",因为它的设计必须考虑到工作组的立场,而后者坚持认为"它的工作方法并不是真正适合于处理前南斯拉夫局势的规模和性质……而且不能指望它设计特殊的工作方法满足特定情况要求"。[③]

特别程序采用的方法受工作组方法的启发,诸如"严格的人道主义、非指责性方法……其唯一目的是澄清失踪人员的命运",以及"作为失踪人员亲属之间沟通的渠道……以及那些可能提供失踪人员下落信息的人……专家并不专注于判断犯罪悬疑人的责任问题"。同时,与工作组不同的是,特别程序处理了包括战斗人员在内的所有失踪人员案件。它还涉及事实上的执政当局,而不仅仅是国家政府。因此,"特别程序采用了更广泛的'失踪人员'(missing persons)这个术语"。该特别程序"鉴于自身有限的人员和财政资源,基本上是作为一个涉及数据库处理和通信的沟通渠道,并将实地的实际追踪和谈判活动留给更有经验的组织,如国际红十字会和国家红十字会"。[④]

专家被邀请访问克罗地亚与波斯尼亚和黑塞哥维那,但他访问南斯拉夫联邦共和国(塞尔维亚和黑山)的请求被拒绝。他在访问期间收到了超过3万起失踪人员案件的所有记录,这些记录是由克罗地亚失踪人员追踪委员会和克罗地亚被监禁和失踪捍卫者家属协会等现有地方机构记录。特别程序成立后的头几个月收到了大约600起案件。

---

① E/CN. 4/1996/36.

② E/CN. 4/1995/37.

③ E/CN4/1993/25 paras 41 and 42, as quoted in E/CN. 4/1996/37 para 10.

④ E/CN. 4/1995/371 para 12 (a)-(i)

专家除了敦促各国政府和组织继续与特别进程合作外,还敦促波斯尼亚和黑塞哥维那塞族事实当局"停止'种族清洗'和可能导致其控制下的人员失踪的类似行为"[①]。

专家在第二次报告中提到他从克罗地亚与波斯尼亚和黑塞哥维那得到的合作,以及南斯拉夫联盟共和国(塞尔维亚和黑山)的继续不合作。他介绍了经审议并转交克罗地亚和波斯尼亚和黑塞哥维那当局的案件情况。专家介绍了1995年12月14日签署的《关于东斯拉沃尼亚的基本协定》和《代顿和平协定》,特别是附件7第5条中提到失踪人员的条款。他还提到了波斯尼亚和黑塞哥维那政府与该国基族事实当局之间,以及同克族事实当局之间的冲突。[②] 442

这位专家描述了波斯尼亚塞族部队7月袭击联合国在斯雷布雷尼察和泽帕(Srebrenica and Zepa)的安全避难所的后果,以及由此造成的失踪人员和发现的乱葬坑。[③] 关于乱葬坑问题,专家报告说,"克罗地亚境内大约有50个乱葬坑,根据各种报告和信息来源,波斯尼亚和黑塞哥维那境内有多达300个乱葬坑"[④]。

1995年,专家提议设立一个失踪人员问题高级别多边委员会,克罗地亚与波斯尼亚和黑塞哥维那对该委员会的设立表示支持,专家正在继续与其他各方进行谈判。然而,多边委员会只有在所有有关各方,包括南斯拉夫联盟共和国(塞尔维亚和黑山)本身进行合作的情况下才能成立。[⑤]

在报告总结时,专家同意以下观点:

> 令人担忧的是,前南斯拉夫境内的绝大多数失踪人员都是任意处决或武装对抗的受害者,并……被埋在波斯尼亚和黑塞哥维那与克罗地亚的300多个疑似乱葬坑中。因此,为寻找真相,迫切地需要找到、守卫和挖掘这些乱葬坑,并挖掘和鉴定其中的遗骸。挖掘工作的责任主要由疑似乱葬坑所在国的政府承担……负责追踪失踪人员的国际组织和机制任务是监督挖掘工作,以确保以专业和公正的方式进行。如果有关政府不愿意或无法自己进行挖掘,特别程序的任务还将包括在专业法医专家小组的协助下

① E/CN. 4/1995/37 IV paras 44 and 55.

② E/CN. 4/1996/36 III and IV. See E/CN. 4/1995/176, resolution 1995/35 of 3 March 1995.

③ E/CN. 4/1996/36 IV D paras 61-66.

④ E/CN. 4/1996/36 V.

⑤ E/CN. 4/1996/36 VI.

挖掘乱葬坑。[1]

人权委员会欢迎"工作组专家成员的报告……以及设立由高级代表办事处担任主席的挖掘和失踪人员问题专家组"。委员会进一步赞扬了该专家,并要求制订一项全面计划,以处理克罗地亚与波斯尼亚和黑塞哥维那境内的失踪人员问题。委员会强调"有必要建立一个死前(ante mortem)数据库,以协助在大规模尸检之前确定死者身份。委员会要求将专家任务期限再延长一年,以确保获得适当的支持,包括为专家组的活动提供财政援助,并请国际社会为这项工作提供必要的帮助"。[2]

443 在第三次报告中,专家就冲突造成的失踪人员的性质和程度发表了看法。专家指出,委员会已将任务的性质从与特别报告员进行的联合行动改为独立行动。[3] 在 1996 年期间

> 任务的重点发生了很大变化。专家在现场花费了大量时间,以便亲自与其他国际行为者协调活动,参加所有相关会议,定期与各方谈判,并监督挖掘过程。他还非常重视为全面的法医活动方案筹集资金的必要性。[4]

专家主要报告了根据提请他注意的几起失踪案件查明遗骸的情况,这些案件导致了前南斯拉夫境内失踪人员国际委员会(International Commission on Missing Persons in the former Yugoslavia, ICMP)于 1996 年 10 月 11 日成立。委员会商定了一项初步行动方案,重点是挖掘遗骸。"这一初步方案的执行遇到了相当大的政治、财政和其他障碍。"[5]然而,其中一些活动还是可能实现的,例如建立验尸数据

① E/CN. 4/1996/36 VII para 86.

② E/CN. 4/1996/177, resolution 1996/71 VII of 23 April 1996.

③ E/CN. 4/1995/176, resolution 1995/35 of 3 March 1995.

④ E/CN. 4/1997/55 para 10.

⑤ E/CN. 4/1997/55 paras 18-48, 56. 相关内容包括:"56……为所有红十字国际委员会在波斯尼亚和黑塞哥维那登记的失踪人员建立一个死前数据库,优先考虑来自斯雷布雷尼察地区的失踪人员。前南国际刑事法庭的挖掘工作以及与前南国际刑事法庭的密切合作以确保挖掘在特定墓地发现的所有遗骸并努力辨认它们……国际法医专家鼓励、协助和监测各方在其控制的领土上自行进行的挖掘……国际法医专家对跨党派挖掘的鼓励、协助和监督……优先考虑当事方或国际法医专家在地表发现的遗体。"

库(委托红十字会),出于人道主义原因与国际刑事法庭为收集调查相关证据而进行的挖掘工作同时进行。该报告较为详细地描述了克罗地亚与波斯尼亚和黑塞哥维那境内坟墓、乱葬坑、未掩埋遗骸和各种挖掘工作的情况。[①]

关于失踪者的失踪原因,专家在报告中分析认为

> 这表明,已登记和未经证实的失踪案件数量是世界上最高的。然而,这种现象的原因仍然存在激烈的争议。虽然塞尔维亚当局似乎认为失踪者[仅仅是武装冲突的结果],但其他人认为失踪事件是在“种族清洗”行动中计划战略的一部分。[②]

在结论中,专家请人权委员会尽可能毫不含糊地定义这项任务。特别是应委托特别程序编写并负责执行一项全面的法医活动方案,调查前南斯拉夫境内失踪现象的根源和情况。[③]

1997年,人权委员会欢迎设立前南斯拉夫境内失踪人员国际委员会,并要求有关国家 444

> (a)立即释放由于其间任何冲突或与这种冲突相关而被拘禁的所有人员;(b)立即向红十字国际委员会和其他相关组织提供解决因各方之间冲突而失踪者下落所必需的任何和全部资料,包括所有医疗、牙科和尸检记录;(c)立即并在最高外交级别上与失踪人员国际委员会、高级代表办事处挖掘尸体和失踪人员专家组及由红十字国际委员会任主席的失踪人员工作组合作。[④]

该专家于1997年3月辞职,“因为国际社会不支持他用一切可用手段澄清失踪案件的努力”[⑤]。人权委员会感谢该专家“致力于解决失踪人员问题,为最终解

① E/CN. 4/1997/55 III and IV.
② E/CN. 4/1997/55 V para 104.
③ E/CN. 4/1997/55 para 123.
④ E/CN. 4/1997/150, resolution 1997/57 of 15 April 1997.
⑤ E/CN. 4/1998/43 I. E para 31.

决失踪人员问题做出了贡献,并要求做出安排,“包括移交该专家获得的相关信息,由这些组织承担专家成员在辞职之日前组成的有关失踪人员的职能”。[①]

1999年,人权委员会对遗骸挖掘和失踪人员身份确认方面取得的进展表示满意。[②] 2000年,委员会与高级代表办事处在波斯尼亚和黑塞哥维那联合挖掘过程中进行了充分合作。[③]

科索沃

1994年,人权委员会注意到特别报告员的报告,该报告“反映了科索沃人权状况的持续恶化……并强烈谴责南斯拉夫联盟共和国(塞尔维亚和黑山)当局对科索沃阿族犯下的侵犯人权行为”[④]。

在1996年发表的一份主席声明中,人权委员会“对科索沃最近爆发的暴力事件深感关切,委员会对包括妇女、儿童和老人在内的大批平民的死亡表示遗憾,并谴责塞尔维亚警察过度和野蛮使用武力”[⑤]。

1999年,人权委员会强烈谴责“贝尔格莱德和塞尔维亚当局对科索沃人进行的广泛和系统的种族清洗,以及破坏邻国稳定的风险”。它欢迎高级专员决定“立
445 即向该地区派遣人权监测员,以评估塞尔维亚种族清洗政策和实践造成的人权和人道主义危机,以确保各方行为符合国际人权法和国际人道主义法”。[⑥]

1999年9月,人权委员会“任命了人权高级顾问。他的作用是确保科索沃临时当局的所有活动以增进人权为中心,以及确保临时当局的各项规章制度与国际人权标准并行不悖”[⑦]。

2000年,人权委员会回顾其谴责塞尔维亚对科索沃平民的军事进攻,“导致对科索沃人民犯下战争罪和严重违反国际人道主义法……并强调需要一个完全独立和公正的司法机构”[⑧]。

---

① E/CN. 4/1997/150, resolution 1997/57 VIII of 15 April 1997. 人权委员会所指的机构是:特别报告员、红十字国际委员会、高级代表办事处、失踪人员国际委员会总部和其他相关行为体。

② E/CN. 4/1999/167, resolution 1999/18 of 23 February 1999.

③ E/CN. 4/2000/167, resolution 2000/26 Part V of 18 April 2000.

④ E/CN. 4/1994/132, resolution 1994/76 of 9 March 1994.

⑤ E/CN. 4/1998/177 para 28.

⑥ E/CN. 4/1999/167, resolution 1999/2 of 13 April 1999.

⑦ E/CN. 4/2000/32.

⑧ E/CN. 4/2000/167, resolution 2000/26 Part III of 18 April 2000.

前南斯拉夫问题国际刑事法庭(1993—2017 年)

安全理事会设立了一个“国际法庭”,“其唯一目的是起诉应对从 1991 年 1 月 1 日至安全理事会于和平恢复后确定的日期,前南斯拉夫境内所犯的严重违反国际人道主义法行为负责的人”[①]。

1994 年,人权委员会要求“有关各方采取坚定和坚决的行动,制止一切侵犯人权和违反国际法的行为,包括‘种族清洗’、犯下种族灭绝罪以及对妇女和儿童实施强奸和性虐待”[②]。

2000 年,人权委员会呼吁

> 《和平协定》的所有各方,尤其是南斯拉夫联盟共和国(塞尔维亚和黑山)政府履行与前南斯拉夫问题国际刑事法庭充分合作的义务。

委员会

> 呼吁南斯拉夫联盟共和国(塞尔维亚和黑山)当局与波斯尼亚和黑塞哥维那当局,包括联邦,特别是塞族共和国当局……缉拿和递解所有被法庭起诉的人。[③]

法庭于 2017 年 12 月 31 日结束工作,[④]与卢旺达问题国际刑事法庭一样,该法 446
庭的工作委托给了安全理事会 2010 年设立的国际刑事法庭机制。安全理事会于 2010 年 12 月 22 日设立了该机制,以作为一个小型、临时和有效的机构。该机制于 2012 年 7 月在坦桑尼亚联合共和国阿鲁沙开始运作,于 2013 年 7 月在荷兰海牙开始运作。阿鲁沙分支机构继承了卢旺达问题国际法庭的职能,海牙分支机构则继承了前南问题国际法庭的职能。卢旺达问题国际法庭于 2015 年 12 月 31 日关闭,前南问题国际法庭于 2017 年 12 月 31 日关闭。[⑤]

---

① E/CN. 4/1993/122, resolution 1993/7 of 23 February 1993, See Security Council resolution 808 (1993) of 22 February 1993; Security Council, 1993, resolution 827 (1993) of 25 May 1993.

② E/CN. 4/1994/132, resolution 1994/75 of 9 March 1994, citing Security Council resolution 827 (1993) of 25 May 1993.

③ E/CN. 4/2000/167, resolution 2000/26 Part VI of 18 April 2000.

④ See http://www.icty.org visited on 18 January 2018.

⑤ See http://www.unmict.org/en/about visited on 18 January 2018.

1992 年——巴林

1992 年和 1993 年,[①]人权委员会根据"1503"机密程序审议了巴林的局势,并决定停止根据该程序对该国情况的审议。[②]

1993 年——肯尼亚

1993 年[③]和 2000 年[④],人权委员会根据"1503"机密程序审议了肯尼亚的局势,并决定停止对该问题的审议。

1993 年——格鲁吉亚

1993 年,人权委员会对格鲁吉亚"侵犯人权的严重局势"表示关切。它欢迎"格鲁吉亚政府表示希望得到……支助和技术援助,包括帮助起草法律文书、起草关于属少数的人的宪法条款以及协助开展全国选举",并要求"评估宪法和体制方面的立法工作,并为国家和地方机构提供必要的专门知识,以执行人权领域的国际标准"。[⑤]

2017 年,人权理事会处理了格鲁吉亚局势,请高级专员继续通过其在第比利斯的办公室提供技术援助,呼吁"高级专员以及国际和区域人权机制立即进入……格鲁吉亚阿布哈兹和茨欣瓦利地区/南奥塞梯"[⑥]。2018 年委员会再次发
447 出该呼吁,同时"强烈呼吁立即授权高级专员办事处……访问格鲁吉亚阿布哈兹和南奥塞梯茨欣瓦利地区"[⑦]。

---

① E/CN. 4/1992/84 para 522; E/CN. 4/1993/122 para 574.

② E/CN. 4/1993/122 para 574.

③ E/CN. 4/1993/122 para 574.

④ E/CN. 4/2000/167 para 209.

⑤ E/CN. 4/1993/122, resolution 1993/85 of 10 March 1993; E/CN. 4/1994/132, resolution 1994/59 of 4 March 1994.

⑥ A/72/53, resolution 34/37 of 24 March 2017.

⑦ A/HRC/37/2, resolution 37/40 of 23 March 2018. See also A/HRC/36/65.

1993年——苏丹

人权委员会于1991年[①]和1992年[②]根据“1503”机密程序审议了苏丹局势。在1993年,委员会终止根据“1503”程序审议苏丹局势,[③]并根据公开程序任命苏丹人权状况特别报告员/独立专家(加什帕尔·比罗[Gáspár Bíró,1993—1998年];莱昂纳多·弗朗戈[Leonardo Franco,1998—2000年];格哈德·鲍姆[Gerhard Baum,2000—2004年];巴穆尔·阿杜[Mahmoud Baderin,2004年];西玛·萨马尔[Sima Samar,2005—2009年];马哈茂德·巴德林[Mahmoud Baderin,2009—2011年];阿里斯蒂德·诺诺西[Aristide Nononsi,2015年]),请报告员“与该国政府和人民建立直接联系,调查并报告……关于苏丹的人权状况”。委员会的该决定是“在苏丹境内广泛存在武装冲突”的情况下做出的,此外,当时有若干关于苏丹“存在严重侵犯人权的报告……如酷刑问题特别报告员,法外处决、即决处决或任意处决问题特别报告员和宗教不容忍问题特别报告员提交的报告”。[④]

1994年,人权委员会呼吁包括苏丹政府在内的各方,“保证由独立的司法调查委员会充分、彻底而迅速地调查外国救济组织的苏丹雇员被杀戮事件,把杀戮的凶手绳之以法,并给予受害者家属应得的赔偿”[⑤]。

在最初拒绝合作之后,苏丹政府于1996年决定“重新给予充分和毫无保留的合作,并协助特别报告员履行其任务”。人权委员会要求采取一些措施,例如“释放所有剩余的政治犯……禁止所有的酷刑行为”。它欢迎1996年4月10日在喀土穆宣布的与南苏丹独立运动和苏丹人民解放运动加扎尔集团达成的和平协议。[⑥]

1997年,人权委员会“对苏丹政府在特别报告员……1997年1月短暂访问该国期间宣布无法保障其安全深表遗憾,并对苏丹政府继续严重侵犯人权深表关切”[⑦]。

在提交人权委员会的第五次报告中,特别报告员再次重申了他在1997年提出

---

① E/CN. 4/1991/91 para 490.

② E/CN. 4/1992/84 para 522.

③ E/CN. 4/1993/122 para 574.

④ E/CN. 4/1993/122, resolution 1993/60 of 10 March 1993. See also E/CN. 4/1993/122, para 574.

⑤ E/CN. 4/1994/132, resolution 1994/79 of 9 March 1994.

⑥ E/CN. 4/1996/177, resolution 1996/73 of 23 April 1996.

⑦ E/CN. 4/1997/150, resolution 1997/59 of 15 April 1997.

的建议和

> 在喀土穆建立一个高级专员办事处的外地办事处,确保迅速交换并核查有关
448 苏丹人权状况的信息和报告,并向政府提供咨询和技术合作。关于冲突地区的问题,特别报告员再度请求毫无拖延地落实……建议派遣外地干事监测苏丹境内人权状况。外地干事的派驻地点、方式和目标应参照特别报告员在前几次报告中的建议。①

2000年,人权委员会对一些发展表示欢迎,诸如

> 负责武装冲突中儿童问题的秘书长特别代表于1999年3月访问苏丹以及苏丹政府向宗教不容忍问题特别报告员发出的邀请;(e)1999年9月,苏丹政府向人权事务高级专员办事处的需求评估团提供了合作;(f)1999年9月,促进和保护见解和言论自由权问题特别报告员派出了实况调查团。②

人权委员会赞赏地注意到,苏丹政府和联合国人权事务高级专员办事处于2000年3月29日签署了协定,苏丹政府承诺执行该协定。委员会请高级专员和苏丹政府继续磋商,以期就高级专员在苏丹设立常驻代表达成协议。③

特别报告员得出结论:

> 尽管存在着较为有利的政治环境,但是继续有各种任意处决、酷刑、任意拘留、压制言论自由的企图和其他侵犯个人人权的案件提请其注意。因此,他非常关切在调查和制裁这种侵害情事方面缺乏官方的行动。④

人权委员会呼吁苏丹政府改革法律制度,使其与国际人权标准保持一致,并

---

① E/CN. 4/1998/66 X B paras 72 and 73. See also E/CN. 4/1988/88, resolutions 1988/67 of 21 April 1998 and E/CN. 4/1999/167, resolution 1999/15 of 23 April 1999.

② E/CN. 4/2000/167, resolution 2000/27 of 18 April 2000.

③ E/CN. 4/2000/167, resolution 2000/27 of 18 April 2000.

④ A/55/374 VII. B para 88.

全面执行现有立法,“包括保障人权和民主的上诉程序,尤其是《协会和政党法》(the Association and Political Parties Act)”[1]。

2004 年,人权委员会任命了一名苏丹人权状况独立专家伊曼纽尔·兰斯福德·阿多(Emmanuel Akwei Addo),其报告已在 2005 年提交至委员会,[2]内容关于 449
苏丹局势,特别是苏丹西部的达尔富尔局势。[3] 高级专员亦于 2005 年提交了一份关于达尔富尔地区局势的报告[4]。

人权委员会于 2005 年任命了一名特别报告员西玛·萨马尔。[5] 人权理事会欢迎《达尔富尔和平协议》(Darfur Peace Agreement),并呼吁“各方……确保部署在苏丹的高级专员办事处的监测员充分和不受限制地进入相关地区”[6]。

同年晚些时候(2006 年),人权理事会召开特别会议,决定“派遣一个高级别特派团,评估达尔富尔的人权状况以及苏丹在这方面的需要”[7],根据高级别特派团提出的报告[8],理事会召集了一个由苏丹和其他特别程序问题特别报告员组成的小组,请该小组“与苏丹政府合作,建立非洲联盟的适当人权机制,并与达尔富尔对话与协商(Darfur-Darfur Dialogue and Consultation, DDDC)主席密切沟通,以确保有效的后续行动,并促进有关达尔富尔问题的决议和建议的执行”[9]。

2008 年,人权理事会

> 呼吁苏丹政府继续并加紧努力,根据具体的时间框架和指标,执行专家组提出的建议,以加速执行《全面和平协定》,并设立剩余的委员会,特别是国家人

---

[1] E/CN. 4/2001/167, resolution 2001/18 of 20 April 2001. See also E/CN. 4/2002/200, resolution 2002/16 of 19 April 2002 and E/CN. 4/2001/48.

[2] E/CN. 4/2005/11.

[3] E/CN. 4/2004/127, decision 2004/128 of 23 April 2004.

[4] E/CN. 4/2005/3.

[5] E/CN. 4/2005/135, resolution 2005/82 of 21 April 2005.

[6] A/HRC/2/9, decision 2/115 of 28 November 2006.

[7] A/HRC/S-4/5.

[8] A/HRC/4/80 I. A. 2 para 2. 该特派团中的成员以个人身份服务,包括诺贝尔和平奖获得者乔迪·威廉姆斯(Jody Williams,团长)教授、伯特兰·拉姆查兰(Bertrand Ramcharan)教授、尊敬的马特·纳特(Mart Nutt)、马卡里姆·维比索诺(H. E. Makarim Wibisono)大使、帕特里斯·通达(Patrice Tonda)大使以及苏丹人权状况特别报告员西马·萨马尔(Simma Samar)博士。2007 年 2 月 14 日,马卡里姆·维比索诺大使停止了他的访问,因此没有参与编写本报告。

[9] A/HRC/4/123, resolution 4/8 of 30 March 2007. See also resolutions 6/34 and 6/35 of 14 December 2007.

权委员会的最终成立。①

2009年,人权理事会再次任命一名独立专家马苏德·巴德林(Mashood Baderin)与苏丹新成立的人权论坛以及非洲联盟人权部门合作,②联合国驻苏丹特派团独立专家在报告中报告了特别程序小组建议的执行情况:

> 尽管专家组的建议实施时间已超过三年,但专家组的许多建议仍然没有
> 450 得到执行。虽然政府已经就一些建议采取了初步措施,但这些措施的影响[还不够充分]。政府需要采取额外措施来促进达尔富尔地区的人权。③

2016年,人权理事会

> 对冲突影响地区的人权状况和安全局势深切关注,特别是在苏丹达尔富尔地区和南科尔多凡和青尼罗河州,对平民的人权产生严重负面影响……特别关注妇女和儿童,并鼓励苏丹政府……协助独立专家完成任务,访问冲突地区。④

2017年,人权理事会收到了独立专家的报告以及政府对该报告的意见。⑤ 理事会

> 敦促苏丹政府与独立专家合作,高级专员办事处和其他利益攸关方认为,苏丹人权状况的持续改善将有助于最终将独立专家的任务移交给另一个适当的联合国人权机制。⑥

---

① A/HRC/7/78, resolution 7/16 of 27 March 2008. See also A/HRC/9/28, resolution 9/17 of 24 September 2008.

② A/HRC/11/37, resolution 11/10 of 18 June 2009. See: A/HRC/11/14 and Add. 1; A/HRC/14/41.

③ A/HRC/18/40/Add. 1 IV See also A/HRC/18/2, resolution 18/16 of 29 September 2011. A/HRC/21/2, resolution 21/27 of 28 September 2012, See also A/HRC/24/31 and A/HRC/24/2, resolution 24/28 of 27 September 2013; A/HRC/27/69 and Add. 1 and A/HRC/27/2, resolution 27/29 of 26 September 2014.

④ A/HRC/33/2, resolution 33/26 of 30 September 2016; A/HRC/33/65; A/HRC/30/60. See also A/HRC/30/2, resolution 30/22 of 2 October 2015.

⑤ A/HRC/36/63 and Add. 1.

⑥ A/72/53/Add. 1, resolution 36/26 of 29 September 2017.

2018 年,人权理事会收到了独立专家的报告,并决定终止独立专家的任务,其终止时间为自高级专员办事处和苏丹政府宣布高级专员办事处的国家办事处开始运作之日起。[1]

多年来,以下专题任务和特派团访问了苏丹:

1996 年——宗教不容忍问题特别报告员[2];

1999 年——见解和表达自由权问题特别报告员[3];

2001 年、2004 年、2005 年——负责国内流离失所问题的秘书长代表[4];

2003 年——极端贫困问题独立专家[5];

2004 年——即决处决或任意处决问题特别报告员[6];

2007 年——达尔富尔人权状况高级特派团[7];

2007 年——达尔富尔人权状况特别程序小组[8];

2015 年——单边强制措施问题特别报告员[9]; 451

2016 年——暴力侵害妇女问题特别报告员[10]。

1993 年——扎伊尔/1997 年——刚果民主共和国

人权委员会在 1985—1989 年[11],以及 1991—1993 年[12]期间,根据“1503”机密程序审议了扎伊尔的局势。

1993 年,人权委员会请其专题程序“继续注意扎伊尔的人权状况”。随后法外

---

① A/HRC/39/2, resolution 39/22 of 28 September 2018.

② A/51/542/Add. 2.

③ E/CN. 4/2000/63/Add. 1

④ E/CN. 4/2002/95/Add, 1; E/CN. 4/2003/86/Add. 1 and Add. 6; E/CN. 4/2005/8.

⑤ E/CN. 4/2004/43 VI.

⑥ E/CN. 4/2005/7/Add. 2.

⑦ A/HRC/4/80.

⑧ A/HRC/5/6; A/HRC/6/19.

⑨ A/HRC/33/48/Add. 1.

⑩ A/HRC/32/42/Add. 1 and Add. 4.

⑪ E/CN. 4/1985/66 paras 276-278; E/CN. 4/1986/65 para 369; E/CN. 4/1989/86; E/CN. 4/1989/86 para 422; E/CN. 4/1991/91 para 490; E/CN. 4/1993/122 E/CN. 4/1993/122 para 574; E/CN. 4/1987/60 para 434; E/CN. 4/1989/86 para 422.

⑫ E/CN. 4/1991/91 para 490; E/CN. 4/1992/84 para 522; E/CN. 4/1993/122 para 574.

处决、即决处决或任意处决问题特别报告员[1],酷刑问题特别报告员[2],被强迫或非自愿失踪问题工作组[3],任意拘留委员会工作组[4]提交了报告。委员会还请秘书长提交一份报告。[5]

在此背景下,人权委员会任命了一名特别报告员(罗伯托·加勒顿[Roberto Garretón,1983—2001 年];尤利亚-安托阿尼拉·莫托克[Iulia-Antoanella Motoc,2002—2004 年]、独立专家提廷加·弗雷德里克·佩克雷[Titinga Frédéric Pacéré,2004—2007 年])。特别报告员被要求"与扎伊尔当局和人民建立直接联系"。委员会"对扎伊尔境内继续严重侵犯人权和基本自由,特别是实行酷刑……任意拘留……并尤其是在军队管理的拘留中心进行上述做法表示遗憾"。[6]

特别报告员在提交人权委员会的第一份报告中描述了扎伊尔由于独裁政权、改革缺乏进展以及受到邻国冲突影响的若干种族冲突而造成的局势的复杂性。[7]

特别报告员建议"建立一个联合国基础设施……由两名人权专家驻守现场……在金沙萨监督扎伊尔的人权状况"。他们将"定期向特别报告员通报情况,并协助他完成任务。实际上,特别报告员的任务仅限于通过每年两次访问日内瓦、一次访问扎伊尔,以了解扎伊尔的情况"。[8]

特别报告员在提交给人权委员会的第二份报告中指出,"令人遗憾的是……事实上,在他的建议中所涉及的任何领域都没有取得进展"。关于向民主的过渡,特别报告员认为"1995 年对于过渡进程来说是被浪费的一年……总统的绝对权威保持不变"。[9]

452 1996 年 1 月,高级专员召集了布隆迪、卢旺达和扎伊尔三位特别报告员,以加强协调他们在大湖地区人权状况恶化问题上的行动。[10]

---

① E/CN. 4/1994/7 paras 653-662; E/CN. 4/1993/46, paras 654-656; E/CN. 4/1992/30, paras 598-604; E/CN. 4/1992/30/Add. 1.

② E/CN. 4/1994/31 paras 657-664; E/CN. 4/1992/17 paras 266-269.

③ E/CN. 4/1994/26, paras 509-513.

④ E/CN. 4/1995/67 I A para 3.

⑤ E/CN. 4/1993/122, resolution 1993/61 of 10 March 1993. See E/CN. 4/1994/49.

⑥ E/CN. 4/1994/132, resolution 1994/87 of 9 March 1994.

⑦ E/CN. 4/1995/67 III, IV, VI B para 272.

⑧ E/CN. 4. 1995/67 VI B para 277.

⑨ E/CN. 4/1996/66 XI A, B. See E/CN. 4/1995/176, resolution 1995/69 of 8 March 1995.

⑩ E/CN. 4/1996/69 Annex.

同年,除了该国局势特别报告员的报告外,人权委员会

> 审查了……酷刑问题特别报告员[①]、被强迫或非自愿失踪问题工作组[②]、法官和律师独立性问题特别报告员[③],以及法外处决、即决处决或任意处决问题特别报告员[④]的报告。

特别报告员报告了1997年3月应高级专员的请求在扎伊尔东部的贝尔斯地区,对被占领地区的一次访问。[⑤] 他还报告了金沙萨人权办事处在“经过数次谈判后”于1996年12月10日开始履职的情况。并介绍了他于1996年7月对卢旺达的访问。[⑥]

特别报告员的结论是,

> 早期报告中的大部分建议没有被扎伊尔政府采纳……该国政府也未能在这一年中与特别报告员开展适当合作,其不同意特别报告员在7月访问东部地区,也没有回复他发出的任何信函。[⑦]

1997年,人权委员会请扎伊尔人权状况特别报告员和法外处决、即决处决或任意处决问题特别报告员与被强迫或非自愿失踪问题工作组的一名成员组成联合特派团。[⑧]

联合特派团

> 不得不返回日内瓦,而没有访问他们要进行调查的地区……虽然特派团未能实现其主要目标,但它在基加利的存在……有助于提请国际社会注意将人权问题纳入扎伊尔解决冲突和政治过渡进程的重要性。[⑨]

---

① E/CN. 4/1996/35 and Add. 1.

② E/CN. 4/1996/38.

③ E/CN. 4/1996/37.

④ E/CN. 4/1996/4; E/CN. 4/1996/177, resolution 1996/77 of 23 April 1996.

⑤ E/CN. 4/1997/6 and Adds. 1 and 2.

⑥ E/CN. 4/1997/6/Add. 1 I. B X, XI, XII.

⑦ E/CN. 4/1997/67 XIII A 1.

⑧ E/CN. 4/1997/150, resolution 1997/58 of 15 April 1997.

⑨ A/51/942 Annex.

随着秘书长在其领导下成立了,“具有与联合特派团类似的任务的调查小组”,联合特派团暂停了调查,“并提供了团队的所有文件”。[①]

453 特别报告员于1997年向联合国大会提交了第一份报告。至1997年5月,随着政权更迭,扎伊尔成为刚果民主共和国。[②] 特别报告员总结称,

> 不幸的是,头几个月的记录似乎不太令人满意……旧的国家结构仍发挥影响(尽管这一点被否认),缺乏短期、中期或长期的民主项目,没有人能够控制权力的行使,这一事实让特别报告员得出结论——刚果人民没有,而且在可预见的未来,也没有享有民主的人权。[③]

秘书长的调查小组无法执行政府最初接受的任务。它得出的结论是,“调查小组成员受到骚扰,当局有意制造障碍阻止调查小组适当执行其任务,因此应该指出,刚果民主共和国政府无意接受秘书长调查小组”[④]。尽管情况如此,该小组还是得出了一些结论。1998年4月,秘书长撤回了调查小组,因为

> 联合国调查人员于1998年4月8日被拘留并没被收其持有的文件……这一事件标志着,自调查小组35周前抵达果民主共和国以来,阻碍调查小组执行任务的不合作和阻挠模式达到顶峰。[⑤]

特别报告员在1998年向联合国大会报告称,

> 自现任政府于1997年5月17日上台以来,它拒绝与特别报告员……根据第1997/58号决议设立的联合特派团……甚至与秘书长的调查小组……开展合作,3月10日对A/52/496号文件中所载报告措辞温和并充满尊重的回复所

① E/CN4/1998/64 VI para. 17
② A/52/496 Annex II, III, IV, V.
③ A/52/496 Annex VIII.
④ S/1998/581 Annex IV A 1 para 73.
⑤ S/l998/581 Annex, Introduction para 1. See also E/CN. 4/1998/65; E/CN. 4/1998/177, resolution 1998/61 of 21 April 1998.

体现的合作精神被对特别报告员及联合国的新一轮攻击所取代。①

1998年,特别报告员指出,

令人鼓舞的是,政府在某些情况下采取了果断行动,以解决其当局的腐败问题……其创设人权部门,虽然它还不知道它在保护和促进人权方面起到了什么样的作用,最新的监狱改革也是如此。②

1998年5月4日,特别报告员提请刚果民主共和国政府……允许他在8 454
月份访问该国,以便直接听取当局对局势的看法,但是他未收到回复。他通过向政府提交其报告中提到的所有案件(88份通信和紧急行动,包括419起案件,涉及约4000人),以寻求政府的合作,但没有收到任何答复。③

特别报告员的结论是

武装冲突双方无视国际人道主义法的规则,尤其是叛军,他们表现异常残忍……政府和叛军都不承认任何罪行,他们反对任何独立和公正的调查。④

当年(1999年),人权委员会"欢迎特别报告员最近对刚果民主共和国的访问……以及与政府的合作……以及人权部门的活动"。委员会对"刚果民主共和国,尤其是该国东部令人担忧的人权状况,以及对在刚果民主共和国全境持续侵犯人权和违反国际人道主义法的逍遥法外的行为"感到担忧。⑤

在提交联合国大会的第三份报告中,特别报告员报告了政府的合作情况。

在暂停与特别报告员合作两年后,刚果民主共和国政府向他发出了两份邀请。在2月16日—23日的首次访问中,特别报告员访问了金沙萨和

① A/53/365 Annex I. B, D para 10, citing S/1998/582; Annex II, III, V, VI; Annex VII A para 89.
② A/53/365 Annex VII, A paras 93-95; B para 98.
③ E/CN. 4/1999/31 VII paras 127 and 132.
④ E/CN. 4/1999/31 VII paras 127 and 132.
⑤ See E/CN. 4/1999/31 VII para 133, E/CN. 4/1999/167, resolution 1999/56 of 27 April 1999.

卢本巴希。在8月27日—9月6日的第二次访问中,他与洛朗·德西雷·卡比拉(Laurent Desire Kabila)总统会晤了近两个小时。特别报告员希强调,他在两次访问期间得到了金沙萨政府的良好合作,特别是人权部长的合作。①

报告谈到了目前武装冲突的复杂性:

1998年8月2日,在卡比拉总统将其前盟友卢旺达爱国军(the Rwandan Patriotic Army, RPA)驱逐出境六天后,刚果民主共和国爆发了战争。除国家军队外,还有至少17个非正规武装团体(见附件VIII)。刚果民主共和国境内还发生了其他各种国内外冲突,这一事实可以解释这么多军队和武装团体的存在。②

455 联合国大会欢迎各种发展,例如"(a)《卢萨卡停火协定》(Lusaka Ceasefire Agreement)……(e)秘书长任命刚果民主共和国和平进程特使;(f)秘书长任命刚果民主共和国问题特别代表"③。

特别报告员在2000年提交给人权委员会的报告中提到1999年7月10日《卢萨卡停火协定》,指出没有遵守协议规定的任何最后期限。特别报告员建议各方在"军事和政治层面"执行协议,报告提及了童兵问题,并指出"停止童兵问题不应该被推迟"。④

---

① A/54/361 I A para 2.

② A/54/361 II paras 13 and 14; VI para 107. 另见附件IX,其中列出了冲突:

刚果民主共和国政府/刚果争取民主联盟和刚果解放运动
卢旺达政府/前卢旺达武装部队和帮派民兵
乌干达政府/各武装反对集团
苏丹政府/各武装反对集团
布隆迪政府/捍卫民主阵线
安哥拉政府/争取安哥拉彻底独立全国联盟和卡宾达
刚果共和国政府/各武装反对集团
卢旺达政府/乌干达政府

尚有一些未受到国际社会注意,或未成为全国辩论焦点的其他族裔间武装冲突,例如1999年6月巴赫马人和巴伦杜人在东方省伊昆古(Irungu)和朱古(Djugu)地区发生的冲突。这两个族裔在冲突前一直和平共处,后来就土地分配达成协定。

③ General Assembly fifty-fourth session, resolution 54/179 of 17 December 1999.

④ E/CN. 4/2000/42 VII A, B; E/CN. 4/2000/167, resolution 2000/15 of 18 April 2000.

特别报告员提出了妨碍其工作的“行政障碍”问题。[①] 其在结论中谈到了非洲中部的局势:

> 非洲中部是一个非常富有的地区,但那里的居民生活在极端贫困之中。肆无忌惮的独裁者的可怕历史——这些独裁者都从境外得到了支持——是造成这灾难性局面的原因之一……八个国家的军队和众多武装部队介入了刚果、乌干达、卢旺达、布隆迪的战争中,这场战争被称为非洲的第一次世界大战,同一个国家又发生了九场武装冲突。甚至在当前战争之前就存在的极端贫困已经达到了灾难性的程度,战争进一步加剧了贫困。[②]

特别报告员向当局、反叛团体和联合国提出了旨在支持和平进程的建议,并“听取特别报告员的话……防止卡尔森报告中报告的卢旺达种族灭绝事件再次发生”(见下文)。[③]

2001年,特别报告员报告了他的参与情况,

> 在2000年1月举行的安全理事会特别会议上……发布了关于联合国在卢旺达种族灭绝期间所采取行动的种族灭绝行为的报告[④],它指出,种族灭绝的发生主要是因为法外处决问题特别报告员的报告指出就在种族灭绝开始前几 456
> 周,各国没有采取任何措施来避免种族灭绝。[⑤]

卡比拉总统于2001年1月遇刺,其子继任。在过渡期间发生了两起涉及即决处决平民的事件,特别报告员在其任务报告中提到了这两起事件。特别报告员还调查了1月在伊图里发生的大屠杀,以及招募童兵的情况。[⑥]

人权委员会欢迎一些事态发展,包括特别报告员于2000年8月和2001年3

---

① A/56/403 I B.

② A/56/403 VIII A para 107.

③ A/56/403 VIII B para 130.

④ S/1999/1257.

⑤ E/CN. 4/2001/40 I B para 3.

⑥ E/CN. 4/2001/40/Add. 1 I C, II A 1, V B.

月访问该国,高级专员于2000年10月访问该国,人权实地办事处的活动和刚果民主共和国政府承诺与联合国机构和非政府组织合作,确保童兵复员和重返社会,以及政府在这方面采取的措施。委员会对许多持续侵犯人权的事件表示关切,包括即决处决,"广泛对妇女和儿童使用性暴力,包括作为战争手段……武装部队和团体继续招募和使用儿童兵,在刚果民主共和国全境跨界招募和绑架儿童"。[①]

特别报告员罗伯托·加勒顿在2001年提交联合国大会的最终报告中报告了他于2001年7月对该国的第二次访问。[②] 特别报告员在报告中指出:

> 各种战争,特别是卢旺达和乌干达在1998年发动的战争,在一个拥有巨大矿产和农业财富的国家留下了成千上万的死伤者、烧毁的房屋、孤儿,尤其是贫困者。刚果民主共和国当时在联合国开发计划署的人类发展指数152项中排名第142。乌干达、卢旺达和布隆迪向刚果民主共和国输出了各自的冲突……掠夺刚果财富,为该国的死亡和破坏提供资金。《卢萨卡停火协议》经多次调整后仍然有效,尽管没有得到充分遵守,各方的立场没有发生实质性的变化。但是仍然没有和平,外国军队没有撤离的发展。[③]

除其他积极措施外,大会对如下事项表示欢迎,包括

457 2001年6月举行的全国人权会议的组织;刚果民主共和国总统同意特别报告员在其任务范围内执行任务……调查南基伍省大屠杀和特别报告员提到的其他暴行的初步联合任务……以及反叛组织对调查任务的同意。[④]

新任特别报告员莫托克在2002年2月对刚果民主共和国进行考察访问后,向人权委员会作了口头汇报。[⑤]

从2002年开始,特别报告员和即决处决或任意处决问题特别报告员、失踪问

---

① E/CN. 4/2001/167, resolution 2001/19 of 20 April 2001.

② E/CN. 4/2002/47.

③ A/56/327 X A para 92.

④ General Assembly fifty-sixth session, resolution 56/173 of 19 December 2001.

⑤ E/CN. 4/2002/SR. 19 pages 17-18 paras 86-94, resolutions 2002/14 of 19 April 2002; resolution 2003/14 of 17 April 2003.

题工作组对该国进行了联合访问。[1]

2004 年,人权委员会终止了特别报告员的职务,并任命了一名独立专家蒂廷加・弗雷德里克・帕切尔提供协助,负责研究刚果民主共和国人权状况的演变。[2] 2008 年,人权理事会没有延长独立专家的任期,而是请高级专员报告该国的人权状况以及高级专员办事处在该国开展的活动。理事会欢迎向一些特别程序发出的邀请,并请它们报告这些邀请的后续行动。[3]

2008 年,人权理事会举行了一次关于刚果民主共和国东部人权状况的特别会议,[4]邀请了七个专题程序在就如何最好地从技术上援助刚果民主共和国提出建议以解决刚果人权状况外的基础上,对刚果民主共和国东部目前的状况进行审查。[5] 联合任务团于 2009 年、2010 年和 2011 年提交了报告。[6]

人权理事会于 2009 年根据“1503”机密程序审议了刚果民主共和国的局势,[7]并在 2011 年重新审视局势并建议提供技术援助,[8]于 2012 年停止审议。[9]

2013 年,人权理事会决定就在刚果民主共和国打击性暴力的经验教训和持续挑战举行高级别对话,并允许处于冲突和冲突后局势的国家分享经验。[10]

其他特别程序亦访问了刚果民主共和国,包括: 458

2002 年——即决处决或任意处决问题特别报告员[11];

2006 年——法官和律师独立性问题特别报告员[12];

---

① A/57/349; A/58/127; E/CN. 4/2003/44.

② E/CN. 4/2004/127, resolution 2004/84 of 21 April 2004, See also E/CN. 4/2005/135, resolution 2005/85 of 21 April 2005; E/CN. 4/2004/34; A/58/534.

③ A/HRC/7/78, resolution 7/20 of 27 March 2008.

④ A/HRC/S-8/2. See A/HRC/10/58; A/HRC/10/59.

⑤ A/HRC/7/78 resolution 7/20 of 27 March 2008 and A/HRC/S-8/2, resolution S-8/1 of 26 November 2008.

⑥ A/HRC/10/59; A/HRC/13/63; A/HRC/16/68.

⑦ A/HRC/11/37 V A para 162.

⑧ A/HRC/18/2 para 210. See also A/HRC/19/2 para 323.

⑨ A/HRC/19/2 para 323.

⑩ A/HRC/24/2, resolution 24/27 of 27 September 2013. See also A/HRC/24/33.

⑪ E/CN. 4/2003/3/Add. 3.

⑫ A/HRC/4/2S/Add. 3 and A/HRC/8/4/Add. 2.

2007年——暴力侵害妇女问题特别报告员[①]；

2008年——负责国内流离失所问题的秘书长代表[②]；

2009年——人权维护者问题特别报告员[③]；

2009年——即决处决或任意处决问题特别报告员[④]；

2010年——土著居民权利问题特别报告员[⑤]；

2011年——外债问题独立专家[⑥]；

2011年——失踪问题工作组[⑦]。

截至2011年，高级专员报告了该国人权状况和高级专员办事处在刚果民主共和国的活动。[⑧]

2017年，人权理事会请高级专员

> 派遣国际专家团队（巴克雷·恩迪亚耶[Bacre Ndiaye]、科特[Luc Côté]、贝伊[Fatimata M'Baye]）收集和保存信息，并与刚果民主共和国政府合作，查明关于卡塞地区侵犯和践踏人权行为以及违反国际人道主义法的行为，并向刚果民主共和国司法当局提交本次调查的结论。[⑨]

当年晚些时候，人权理事会请高级专员口头提供最新情况，并要求一份关于刚果民主共和国人权状况的全面报告。为了在加强的互动对话中向人权理事会提交报告，理事会决定在2018年年中之前继续处理这一局势。[⑩]

---

① A/HRC/7/6/Add. 4.

② A/HRC/8/6/Add. 3.

③ A/HRC/13/22/Add. 2.

④ A/HRC/14/24/Add. 3. See also A/HRC/20/22/Add. 1.

⑤ A/HRC/18/35/Add. 5.

⑥ A/HRC/20/23/Add. 2.

⑦ A/HRC/19/58/Add. 3. See also A/HRC/33/51/Add. 7 II.

⑧ A/HRC/16/27; A/HRC/24/33; A/HRC/27/42; A/HRC/30/32; A/HRC/30/33; A/HRC/33/36. See also A/HRC/19/2, resolution 19/27 of 23 March 2012; A/HRC/27/2, resolution 27/27 of 26 September 2014; A/HRC/30/2, resolution 30/26 of 2 October 2015; A/HRC/33/2, resolution 33/29 of 30 September 2016.

⑨ A/72/53, resolution 35/33 of 23 June 2017.

⑩ A/72/53/Add. 1, resolution 36/30 of 29 September 2017.

2018年,人权理事会关切地注意到国际专家组在其报告中的结论,[①]特别是关于严重侵犯和践踏人权的结论,以及冲突各方违反国际人道主义法的结论,包括关于蓄意袭击平民的结论,并请高级专员派遣一个由两名国际人权专家组成的小组,在充分支持下,负责监测、评估、刚果民主共和国执行建议的情况和报告。[②] 459

1993年——多哥

人权委员会于1993年提到了即决处决或任意处决问题特别报告员的报告,遗憾地看到

> 武装部队使用武力对付和平示威者,造成众多伤亡,并要求多哥当局采取一切必要措施,创造条件使多哥难民彻底安全地、尊严地从邻国返回,并保证全体多哥人民,包括政治反对派的安全。[③]

人权委员会要求"根据可能收集到的关于多哥人权状况的所有资料,包括由非政府组织提供的资料"提交一份报告。[④] 460

1994年,人权委员会"欢迎多哥已迈上了民主政治变革的道路这一事实,促请所有多哥人尊重1994年2月举行的议会选举的结果,并确保以民主方式选出的议会有效运作"。它鼓励多哥政府"及时向……国际人权公约设立的条约机构提交报告,并酌情要求人权事务中心的咨询服务和技术援助方案提供援助"。[⑤]

1996年,人权委员会决定终止对多哥局势的审议。[⑥]

委员会于2001年[⑦]和2002年[⑧]根据"1503"机密程序开展并停止了对多哥局势的审议。

---

① A/HRC/38/31.

② A/HRC/38/2, resolution 38/20 of 6 July 2018; A/HRC/39/2, resolution 39/20 of 28 September 2018; A/HRC/39/42.

③ E/CN. 4/1993/122, resolution 1993/75 of 10 March 1993.

④ E/CN. 4/1993/122, resolution 1993/75 of 10 March 1993.

⑤ E/CN. 4/1994/132, resolution 1994/78 of 9 March 1994.

⑥ E/CN. 4/1996/177, resolution 1996/67 of 23 April 1996.

⑦ E/CN. 4/2001/167 para 235.

⑧ E/CN. 4/2002/200 para 253.

1993年——巴布亚新几内亚(布干维尔)

1993年,人权委员会跟进了小组委员会的一项决议,要求

> 立即保障布干维尔居民的行动自由,以保护和促进人权和基本自由,并请研究国家和土著居民之间条约……的特别报告员将布干维尔土著人民与巴布亚新几内亚政府之间达成的协定一事载入他的报告。①

人权委员会敦促巴布亚新几内亚政府"允许国际实况调查团进入该国,特别包括布干维尔,以协助解决冲突"②。

1994年,人权委员会请秘书长

> 根据自本决议通过[1994年3月1日]至1994年9月30日之间进展情况考虑是否应该任命一位特别代表,其任务可包括:与巴布亚新几内亚政府与布干维尔人民建立直接接触,以调查布干维尔的人权情况,包括调查在实现充分恢复人权……方面取得的任何进展……和探讨各种方法,促使武装冲突结束,促进冲突各方之间的对话和谈判。③

1993年——东帝汶

(见第二章,1975年——自决权,东帝汶[1983年])

1992年,人权委员会在1991年11月帝力发生暴力事件后核准发表了一份主席声明。次年,它"对东帝汶持续侵犯人权的报道表示深切关注"。委员会鼓励印度尼西亚当局执行酷刑问题特别报告员的建议,并欢迎其与即决处决或任意处决问题特别报告员达成的第二次访问东帝汶的协议。④

---

① E/CN. 4/Sub. 2/1992/58, resolution 1992/19 of 27 August 1992.

② E/CN. 4/1993/122, resolution 1993/76 of 10 March 1993.

③ E/CN. 4/1994/132, resolution 1994/81 of 9 March 1994.

④ E/CN. 4/1993/122, resolution 1993/97 of 11 March 1993.

此后直至2002年,人权委员会持续讨论东帝汶的人权状况,并发表主席声明。[1]

1997年,人权委员会吁请印度尼西亚"采取必要措施确保充分尊重东帝汶人民的人权和基本自由",包括提请印度尼西亚当局"与委员会及其各专题报告员和各工作组充分合作,并……邀请这些报告员和工作组,尤其是酷刑问题特别报告员访问东帝汶"。[2]

1999年,人权委员会举行了一次关于东帝汶局势的特别会议,[3]会议通过决议,提请

> 法外处决、即决处决或任意处决问题特别报告员,负责国内流离失所者问题的秘书长特别代表,酷刑问题特别报告员,暴力侵害妇女问题特别报告员以及被强迫和非自愿失踪问题工作组对东帝汶进行调查并报告调查 461
> 结果。[4]

1999年11月,三名特别报告员对当地进行了联合访问。他们的联合报告解释说:"召开特别会议的原因是,在1999年8月30日就东帝汶未来地位举行全民协商之后,关于东帝汶广泛的暴力和严重侵犯人权的报告越来越多。"联合代表团提出了一些建议。[5]

这些建议包括

> 1.印度尼西亚政府应立即遵行与联合国难民事务高级专员办事处签署的谅解备忘录,保障难民专员办事处人员不受阻碍地进出关押有四分之一东帝汶人口的西帝汶各营地……2.印度尼西亚政府应接受印度尼西亚人权问题全国委员会关于解散民兵的要求……3.应迅速采取行动,满足东帝汶过渡当局

---

[1] E/CN. 4/1996/177 X (b) para 370; E/CN. 4/1998/177 X (b) para 416; E/CN. 4/1999/167 IX para 243; E/CN. 4/2000/167 IX para 213; E/CN. 4/2001/167 IX para 239; E/CN. 4/2002/200 IX para 258.

[2] E/CN. 4/1997/150, resolution 1997/63 of 16 April 1997.

[3] E/CN. 4/1999/167/Add. 1.

[4] E/CN. 4/1999/167/Add. 1, resolution S-4/1 of 27 September 1999.

[5] A/54/660.

> 的下述最迫切需要:法医人类学和病理学的专家、解剖设施、医务专业人员……以及一个有效的信息存取系统所需的相关工作人员等。4. 为侵犯人权行为受害者提供咨询和康复的大量精神科和其他专门资源……6. 除非印度尼西亚政府为调查印尼军参与过去一年暴行所采取的措施在今后几个月内有所成果……不然,安全理事会应考虑为此目的设立一个国际刑事法庭……这样一个法庭应对任何一方自殖民国离开后在该领土犯下的所有国际法罪行行使司法管辖权……8. 整个国际社会应酌情随时准备协助东帝汶过渡当局开展工作。例如目前建立司法体系及检方和辩护律师队伍这一速成方案,要求提供印度尼西亚法律和国际人权法方面的大量培训资源。9. 东帝汶过渡当局应在国际社会支持下,特别注意在财政上培养和支持非政府组织和民间社会的其他机构,并提供培训和技术援助和所需的物质基础设施。①

除了特别报告员的联合任务外,人权委员会在1999年9月的特别会议上还要求调查委员会于2000年提交关于侵犯人权和违反人道主义法行为的报告。②

委员会还审议了高级专员关于办事处活动和人权状况的报告,③以及秘书长提交联合国大会和安全理事会的报告④。

462 各项特别程序还处理了东帝汶人权状况的各个方面:

1991年——酷刑问题特别报告员⑤;

1993年——失踪问题工作组⑥;

1993年——即决处决或任意处决问题特别报告员⑦;

1998年——暴力侵害妇女问题特别报告员⑧;

---

① A/54/660 para 74.

② A/54/726.

③ E/CN. 4/2002/39; A/56/337.

④ S/2001/983 and Corr. 1; S/2002/80 and Corr. 1; S/PRST/2001/23, S/PRST/2001/32.

⑤ E/CN. 4/1992/17/Add. 1; E/CN. 4/1993/26 paras 270-274; E/CN. 4/1993/46; E/CN. 4/1995/61/Add. 1.

⑥ E/CN. 4/1993/25 paras 278-290; A/HRC/19/58/Add. 1 and A/HRC/30/38/Add. 4.

⑦ E/CN. 4/1993/46 paras 348-353.

⑧ E/CN. 4/199/68/Add. 3.

1999年——即决处决或任意处决问题特别报告员、酷刑问题特别报告员、暴力侵害妇女问题特别报告员联合特派团[①];

1999年——国际调查委员会[②];

1999年——负责国内流离失所者问题的秘书长代表[③];

2011年——极端贫困问题特别报告员[④]。

1993年——索马里

人权委员会在1989—1994年期间根据"1503"机密程序审议了索马里局势。[⑤] 1993年,委员会将其作为一个咨询服务问题予以处理;次年,鉴于情况正在恶化,委员会在该议题中增加了人权监督的内容。[⑥]

1993年,人权委员会任命了一名独立专家(法努埃尔·贾里敦通·科宗吉兹[Fanuel Jarientundu Kozonguizi,1993—1995年];穆罕默德·沙尔菲[Mohamed Charf,1995—1996年];莫娜·里什马维[Mona Rishmawi,1996—2000年];加尼姆·阿尔纳贾尔[Ghanim Alnajjar,2001—2006年];沙姆苏勒·巴里[Shamsul Bari,2006—2013年])[⑦],"协助负责索马里问题的秘书长特别代表制定一项长期咨询服务方案,以重建该国的人权和法治"。委员会敦促"在联合国索马里行动内设立一个单位,以协助促进和保护人权,鼓励尊重人道主义法,并执行独立专家的建议"。[⑧]

1994年,人权委员会根据"1503"程序停止了对索马里局势的审议。[⑨] 同年,委员会扩大了独立专家的任务范围,使其"能够寻求和接收有关索马里人权状况的资料和报告,以防止侵犯人权的行为"[⑩]。

---

① A/54/660.

② A/54/726.

③ E/CN. 4/2000/83/Add. 3.

④ A/HRC/20/25/Add. 1.

⑤ E/CN. 4/1989/86 para 422; E/CN. 4/1990/94 para 443; E/CN. 4/1991/91 para 490; E/CN. 4/1992/84 para 522.

⑥ E/CN. 4/1994/132, resolution 1994/60 of 4 March 1994.

⑦ E/CN. 4/1997/88 paras 7 and 9.

⑧ E/CN. 4/1993/122, resolution 1993/86 of 10 March 1993.

⑨ E/CN. 4/1994/132 para 633.

⑩ E/CN. 4/1994/132, resolution 1994/60 of 4 March 1994.

463 1995年,人权委员会指出,“由于索马里目前的情况,独立专家未能执行其任务”。委员会请独立专家穆罕默德·沙尔菲

> 研究如何最好地在尽早的日期对索马里执行一项咨询服务方案……重新建立对人权和法治的尊重,加强索马里的警察部队、司法制度和监狱制度。[①]

独立专家于1996年2月和3月访问了索马里的博萨索(Bosasso)和哈尔格萨(Hargeisa),以及伦敦、日内瓦和内罗毕,并描述了当时的局势

> 仍然远无安全及和平可言,重新陷入全面内战的可能仍是严重的威胁……关于被迫流离失所及难民问题,估计肯尼亚难民营约有15万人,在埃塞俄比亚和吉布提仍有30多万难民,在索马里境内还有35万流离失所者……在摩加迪沙约有109个国内流离失所者难民营,共有54680人。[②]

在对其报告的更新中,独立专家提到了关于四个地区种族清洗和许多其他侵犯人权行为的可信报告。他建议设立一个国际刑事法庭,或者如果该国能够恢复其机构,则设立一个具有国内管辖权的法庭。[③]

人权委员会还指出,“在目前的情况下,独立专家履行其任务极其困难”[④]。

1997年,独立专家莫娜·里什马维提交了她的第一份报告。[⑤] 她说,“独立专家在访问期间显然发现,索马里冲突的人权层面被忽视了,甚至有时受到破坏……正是在这样一个困难的时代,应该制定创新的办法来帮助民众”[⑥]。

1998年,独立专家讨论了当前局势引起的问题,包括对人道主义工作人员的袭击、地雷、难民和国内流离失所者、对儿童和妇女地位的影响,以及对司法系统的影响。专家还报告了自1992年以来对驻索马里的比利时、加拿大和意大利部队

---

① E/CN. 4/1995/176, resolution 1995/56 of 3 March 1995.
② E/CN. 4/1996/14 paras 16 and 17.
③ E/CN. 4/1996/14, E/CN. 4/1996/14/Add, 1 (French only) paras 12, 32-38.
④ E/CN. 4/1996/177, resolution 1996/57 of 19 April 1996.
⑤ E/CN. 4/1997/88.
⑥ E/CN. 4/1997/88 paras 85-87. See also E/CN. 4/1997/150, resolution 1997/47of 11 April 1997.

的指控。她还访问了哈尔格萨和博萨索。[①]

独立专家建议在四个领域"开展对索马里的技术援助方案":支持人权维护者、高级专员应协驻联合国开发计划署执行其有关增进法律意识的项目,向联合国各机构提供如何将人权纳入其工作的切实协助,以及支持重整民兵并建立法律和秩序的努力。[②] 464

1998年,人权委员会欢迎高级专员在联合国索马里驻地人道主义协调员办事处框架内任命一名人权干事。[③]

1999年,人权委员会收到了独立专家以书面形式提交的报告,内容包括对哈尔格萨附近乱葬坑的初步评估。[④] 专家"于1998年11月4日和5日访问了索马里南部的乔哈尔,并于1998年11月9日至12日访问了哈尔格萨……安全局势再次不允许独立专家对摩加迪沙进行哪怕一天的访问"[⑤]。

专家描述了以下背景:

> 令人啼笑皆非的是,索马里是种族最为相同的非洲国家之一。该国绝大部分人口讲同一种语言、拥有同样的族裔和部族背景、共享同样的文化遗产,并信奉同一种宗教,伊斯兰教……全国大部分地区仍陷于曾导致1991年中央政府崩溃的族系内部冲突之中。不断爆发的内战、饥馑和灾害,这一切仍在危害人的生命……自1991年以来索马里一直处于无中央政府状态,有30多个派别在该国境内交战……交战各派于1996年在内罗毕、1997年1月在瑟德拉、1997年5月在萨那和1997年5月在开罗,分别达成了各项协议。然而,没有一项协议得到遵守。[⑥]

在谈到法律背景时,独立专家重申了以下观点,即

---

① E/CN. 4/1998/96.

② E/CN. 4/1998/96 VII paras 128 and 129.

③ E/CN. 4/1998/177, resolution 1998/59 of 17 April 1998.

④ E/CN. 4/1999/103and Add. 1.

⑤ E/CN. 4/1999/103 I. para 2.

⑥ E/CN. 4/1999/103 II paras 8, 9, 23.

只要军阀、民兵和其他非正规武装部队继续在索马里作战,直到达成和平解决方案前,有关非国际武装冲突的国际人道主义法就应在索马里全境适用,无论该地区是否处在激烈战斗当中。

此外,参与冲突的索马里各派别“受到人道主义基本原则的约束”。[①](见第二章,1967年——冲突)

报告列出了

一些基本原则……在索马里被侵犯……战争罪和/或危害人类罪具备普遍管辖权……鉴于索马里境内侵犯人权行为的严重性,可以设想在某个阶段设立一个索马里问题国际法庭。[②]

465 专家总结其报告称:

国际社会仍在与交战派别进行谈判。令人颇感讽刺的是,这些交战派别竟然作为索马里人民的代言人与外部世界进行会谈。人权委员会表示希望将人权问题列入和平谈判……这是颇为适当的要求。目前在这些会谈中,人权和人道主义法律并未居于突出的地位。[③]

独立专家报告了她于1999年11月访问该地区的情况,“当时她去了内罗毕。然后访问了索马里南部的拜多阿镇,她指出,西北部的索马里兰和东北部的邦特兰的安全局势中普遍存在三大趋势:第一个趋势的特点是存在相对和平的地区,特别是在索马里北部。第二个是军阀力量的削弱。第三个是伊斯兰法庭的出现,伊斯兰法庭试图填补空白,维持法律和秩序”[④]。报告提到了吉布提总统于1999年9月提出的建议。[⑤]

---

① E/CN. 4/1999/103 V paras 40 and 41-99.

② E/CN. 4/1999/103 V paras 40 and 41-99.

③ E/CN. 4/1999/103 VIII paras 153-155. See also E/CN. 4/1999/167, resolution 1999/75 of 28 April 1999.

④ E/CN. 4/2000/110 I para 10.

⑤ E/CN. 4/2000/110 II para 22.

报告的结论是,“尽管存在严重的人权和人道主义危机。1999年期间,索马里约有一半地区一直生活在和平之中……与此同时,独立专家对索马里中部和南部的严重人权危机表示关切”[①]。

独立专家加尼姆·阿尔纳贾尔在2001年访问该国之后提出了一些建议,包括“新的或修订的、时间更长的技术合作项目。和……在索马里全境部署国家干事的实地行动基地,以确保更有效和相关的项目执行和监测”[②]。

2003年[③],独立专家提到了“国内流离失所者的困境、执法和监狱条件、保护妇女权利、经济、社会和文化权利”[④]。此后,人权理事会保留了独立专家汉姆苏勒·巴里的任务,以期最大限度地向索马里提供人权领域的技术援助并使其运作。[⑤]

2009年,人权理事会请独立专家“继续工作到2009年9月底”,同时鼓励高级专员与索马里当局就国家和区域一级开展人权领域的技术合作,促进人权机构的建设,包括立法部门、司法部门、执法机构和教育部门建设。[⑥]

2010年,人权理事会召开了 466

> 高级专员、独立专家、秘书长特别代表就技术合作状况、能力发展项目……以及改善人权状况的有效措施……开展的独立对话……以提高联合国在促进和保护人权方面的支持效力。[⑦]

---

① E/CN. 4/2000/110 IX paras 163 - 165. See also E/CN. 4/2001/167, resolution 2001/81 of 25 April 2001.

② E/CN. 4/2002/119 IX para 138. See also E/CN. 4/2002/200, resolution 2002/88 of 26 April 2002.

③ E/CN. 4/2003/115.

④ E/CN. 4/2003/135, resolution 2003/78 of 25 April 2003 and report E/CN. 4/2003/115. See also E/CN. 4/2004/127, resolution 2004/80 of 21 April 2004 and report E/CN. 4/2004/103, E/CN. 4/2005/135, resolution 2005/83 of 21 April 2005 and report E/CN. 4/2005/117.

⑤ A/HRC/7/78, resolution 7/35 of 28 March 2008.

⑥ A/HRC/10/29, resolution 10/32 of 27 March 2009. See also A/HRCZ12/50, resolution 12/26 of 2 October 2009.

⑦ A/HRC/14/37, decision 14/119 of 18 June 2010. See also A/HRC/15/60, resolution 15/28 of 1 October 2010, A/HRC/17/2, resolution 17/25 of 17 June 2011; A/HRC/19/2, resolution 19/28 of 23 March 2012; A/HRC/20/2, resolution 20/21 of 6 July 2012; A/HRC/21/2, resolution 21/31 of 28 September 2012 and A/HRC/21/61; A/HRC/23/2, decision 23/114 of 14 June 2013; A/HRC/24/2, resolution 24/30 of 27 September 2013 and A/HRC/24/40; A/HRC/30/2, resolution 30/20 of 2 October 2015.

2016年,人权理事会“强烈赞扬独立专家的参与”,并延长了该任务期限。[1]

1994年——布隆迪

人权委员会于1994年处理了布隆迪的局势,并“强烈谴责在布隆迪启动的民主进程遭到野蛮和暴力破坏,要求立即停止暴力行为,并呼吁社会各界,包括平民和军人,尊重该国宪法”[2]。

委员会欢迎秘书长任命布隆迪问题特别代表“和……旨在成立一个国际调查委员会的努力,该委员会负责确定有关未遂政变及其引发的暴力的事实”。[3]

次年,人权委员会任命了一名特别报告员(保罗·塞尔吉奥·皮涅罗[Paolo Sergio Pinheiro,1995—1999年];玛丽·特蕾莎·凯塔·博库姆[Marie Thérèse A. Keita Bocoum,2000—2003年];阿基奇·奥凯拉[Akich Okela,2004—2010年]),“负责根据其认为的所有相关资料以及其与布隆迪当局和民众的联系,起草一份关于布隆迪人权状况的报告”。委员会还“赞扬法外处决、即决处决或任意处决问题特别报告员立即前往布隆迪的决定”。[4]

人权委员会敦促“有必要进一步毫不延迟地增加在布隆迪的预防性行动,特别是在全境部署人权专家和观察员”[5]。

次年,人权委员会欢迎高级专员和布隆迪政府于1994年9月22日签署的关于“执行一项重大技术援助方案”的协定。[6]

467 同年,安全理事会向布隆迪派遣了一个国际调查委员会,

> 确定有关1993年10月21日刺杀布隆迪总统、随后发生的屠杀以及其他有关严重暴力行径的真相……建议适当的……措施,以及将应对这些行为负责的

---

① A/HRC/33/2, resolution 33/17 of 29 September 2016. See also A/72/53/Add. 1, resolution 36/27 of 29 September 2017; A/HRC/39/72 and A/HRC/39/2, resolution 39/23 of 28 September 2018.

② E/CN. 4/1994/132, resolution 1994/86 of 9 March 1994.

③ E/CN. 4/1994/132, resolution 1994/86 of 9 March 1994.

④ E/CN. 4/1995/176, resolution 1995/90 of 8 March 1995.

⑤ E/CN. 4/1995/176, resolution 1995/90 of 8 March 1995.

⑥ E/CN. 4/1996/177, resolution 1996/1 of 27 March 1996.

人绳之以法。[①]

布隆迪、卢旺达和扎伊尔问题特别报告员和即决处决问题特别报告员举行了一次协调会议,建议“将高级专员的行动扩大到这三个国家……参与这项行动的实地观察员也应部署至该三国的办事处”[②]。1997 年,人权委员会还呼吁“冲突各方结束暴力和杀戮的循环,尤其是针对难民、妇女、儿童和老年人的不分青红皂白的暴力”。它呼吁向布隆迪人权实地行动全面部署商定的 35 名观察员。[③]

1999 年,人权委员会强调了“布隆迪政府为确保人权的既定法律保障和国际人权标准得到充分尊重而采取的一系列积极进展和努力,并敦促与冲突有关的各方结束暴力和杀戮循环,尤其是针对平民的盲目暴力”。委员会赞扬布隆迪人权观察团“在实地开展的活动,欢迎布隆迪政府给予的合作,并呼吁为加强该观察团”。[④]

特别报告员玛丽·特蕾莎·凯塔·博库姆在其第一份报告中分享了自己的评估,即“总体而言,布隆迪的人权状况已经恶化”,并向冲突各方和布隆迪当局提出了建议。[⑤] 委员会欢迎任命纳尔逊·曼德拉为阿鲁沙和平进程调解人(Facilitator of the Arusha Peace Process),以接替去世的朱利叶斯·尼雷尔(Julius Nyerere)。[⑥]

同年,特别报告员向联合国大会报告了她于 2000 年 6 月和 7 月第二次访问布隆迪的情况:

> 自特别报告员 1999 年 10 月访问以来,安全局势一直波动很大。2000 年初,由于新调解人的努力,布隆迪人曾希望阿鲁沙谈判能够迅速完成。不幸的是,今年上半年暴力行为大幅增加。[⑦]

---

① S/1996/682; S/1996/8. See also, Security Council resolution 1012 of 28 August 1995.

② E/CN. 4/1996/9.

③ E/CN. 4/1997/150, resolution 1997/77 of 18 April 1997. See also E/CN. 4/1998/177, resolution 1998/82 of 24 April 1998.

④ E/CN. 4/1999/167, resolution 1999/10 of 23 April 1999.

⑤ E/CN. 4/2000/34.

⑥ E/CN. 4/2000/167, resolution 2000/20 of 18 April 2000.

⑦ A/55/358 Annex.

《关于布隆迪和平与和解的阿鲁沙协定》(Arusha Agreement on Peace and Reconciliation in Burundi)于2000年8月签署。[1] 特别报告员于2001年1月访问了布隆迪:[2]

> 468 特别报告员的访问是在《阿鲁沙和平协定》签署几个月,也即和平进程调解人纳尔逊·曼德拉主持的捐助者会议在巴黎召开一个多月后,以及刚果民主共和国总统卡比拉遇刺并导致大湖区深陷危机的几天之后进行的。这些事件……对布隆迪的总体局势产生了影响……在本报告所述期间,人权状况没有显著改善。[3]

人权委员会谴责"持续侵犯人权和人道主义法的行为"。它欢迎"2000年12月,在南非前总统曼德拉的倡议下,在法国总统希拉克的支持下,国际社会在巴黎举行的捐助者会议上展现出的团结一致"。[4]

2004年,人权委员会结束了特别报告员的任务,任命了一名独立专家"为布隆迪政府提供支持……以改善人权状况[5]。委员会采纳了独立专家阿基奇·奥凯拉的报告,[6]并请他"继续研究布隆迪的人权状况"[7]。2007年,人权理事会请高级专员"通过其驻布琼布拉办事处的增加对布隆迪的技术援助,并呼吁国际社会向布隆迪政府提供拨款,使其能够更好地巩固本国领土上的人权、和平与安全"[8]。

人权理事会于2008年延长了独立专家的任务期限,"直到成立一个独立的国家人权委员会",并请"高级专员办事处通过其在布隆迪的机构,与布隆迪当局协商,继续其活动和技术援助方案"。[9]

2011年,人权理事会"认识到,在2010年6至9月的选举之后,布隆迪政府和

---

[1] E/CN. 4/2001/44 I B.

[2] E/CN4/2001/44.

[3] E/CN. 4/2001/441 para 6; II para 41.

[4] E/CN. 4/2001/167, resolution 2001/21 of 20 April 2001. See also E/CN. 4/2002/200, resolution 2002/12 of 19 April 2002; E/CN. 4/2003/135, resolution 2003/16 of 17 April 2003.

[5] E/CN. 4/2004/127, resolution 2004/82 of 21 April 2004. See also E/CN. 4/2004/35.

[6] E/CN. 4/2005/118.

[7] E/CN. 4/2005/135, resolution 2005/75 of 20 April 2005.

[8] A/HRC/6/22, resolution 6/5 of 28 September 2007.

[9] A/HRC/9/28, resolution 9/19 of 24 September 2008.

代表发生了重大变化……并决定独立专家……向理事会后续会议报告,并保持积极对话”[1]。在之后的会议中,理事会“……举行了关于独立专家的报告的互动对话及其关于任务完成情况的发言,其间独立专家确认根据《巴黎原则》设立了独立的国家人权委员会,从而达到了第 9/19 号决议第 8 段的要求”,并决定结束该任务授权。[2]

2015 年,人权理事会欢迎高级专员“在布隆迪设立一个国际公务员联合会,并欢迎当局的合作”,并请高级专员“与布隆迪政府接触,以评估和报告人权状况”。[3] 469

次年,人权理事会决定

> 设立一个调查委员会[法特萨·奥格戈兹(Ratsah Ouguergouz)、雷内·阿拉皮尼·甘索(Reine Alapini Gansou)和弗朗索瓦·汉普森],为期一年,负责彻底调查 2015 年 4 月以来在布隆迪发生的侵犯和践踏人权行为,包括……其是否可能构成国际犯罪……(b)查明指称在布隆迪违反和侵犯人权的肇事者,以便全面追究责任;(c)提出建议,说明应采取哪些步骤,保证这些侵犯和践踏人权行为的犯罪人,无论其派别归属,都必须为其行为负责。[4]

人权理事会“对调查委员会的调查结果表示关切”,并将其报告[5]提交联合国大会,建议“大会将报告……提交至联合国所有相关机构,供其审议并采取适当行动”[6]。

在同一届会议上,人权理事会请高级专员

> 紧急派遣一个由三名专家组成的小组……与布隆迪政府合作,根据国际标准和惯例收集和保存信息,确定事实和情况,并向布隆迪司法当局转交此类信息,以确定真相,并确保犯下可悲罪行的人都能被布隆迪司法当局起诉。[7]

---

① A/HRC/15/60, resolution 16/34 of 25 March 2011.

② A/HRC/18/2, resolution 18/24 of 30 September 2011.

③ A/HRC/30/2, resolution 30/27 of 2 October 2015.

④ A/HRC/33/2, resolution 33/24 of 30 September 2016.

⑤ A/HRC/36/54.

⑥ A/72/53/Add. 1, resolution 36/19 of 29 September 2017.

⑦ A/72/53/Add. 1, resolution 36/2 of 28 September 2017.

人权理事会于2018年"欢迎了布隆迪调查委员会的工作……并谴责布隆迪政府继续拒绝与委员会合作,尤其是拒绝委员会进入该国……以及布隆迪政府对调查委员会提出的建议缺乏后续行动"①。

其他特别程序亦访问了布隆迪,包括:

1994年、2000年——负责国内流离失所者问题的秘书长代表②;
1995年——即决处决或任意处决问题特别报告员③;
2014年——真相、正义、赔偿和保证不再发生问题特别报告员④;
2015年——人权维护者问题特别报告员⑤。

470

1994年——爱沙尼亚

人权委员会于1994年根据"1503"机密程序处理了爱沙尼亚的局势。⑥ 1997年,委员会停止了对爱沙尼亚局势的审议。⑦

1994年——德国

1994年,人权委员会根据"1503"机密程序开展并停止了对德国局势的审议。⑧

1994年——卢旺达

1993—1995年,人权委员会根据"1503"机密程序处理了卢旺达局势。⑨ 1994年5月,委员会举行了第三届特别会议,任命了一名特别报告员(雷内·德尼-塞吉

① A/HRC/39/63, resolution 39/14 of 28 September 2018. See also A/HRC/36/54 and Corr. 1.
② E/CN. 4/1995/50/Add. 2; E/CN. 4/2001/5/Add. 1.
③ E/CN. 4/1995/50/Add. 2.
④ A/HRC/30/42/Add. 1 and A/HRC/30/CRP. 1.
⑤ A/HRC/31/55/Add. 2.
⑥ E/CN. 4/1994/132 para 633.
⑦ E/CN. 4/1997/150 para 415.
⑧ E/CN. 4/1994/132 para 633.
⑨ E/CN. 4/1993/122 para 574; E/CN. 4/1994/132 para 633; E/CN. 4/1995/176 para 604.

[Renè Degni-Sègui,1994—1997年];米歇尔·穆萨利[Michel Moussalli,特别代表,1997—2001年]),

> 负责亲自调查卢旺达的人权情况,并从各国政府、个人、政府间和非政府组织持续不断地受理有关的可信资料,包括最近大规模伤害事件的根源和责任方面的资料,并利用人权委员会现有机制所提供的协助。[1]

卢旺达问题国际刑事法庭(1994—2015年)

同样在1994年,安全理事会设立了卢旺达问题国际刑事法庭,“专为起诉应对1994年1月1日至1994年12月31日期间卢旺达境内种族灭绝和其他严重违反国际人道主义法行为负责者和应对这一期间邻国境内种族灭绝和其他这类违法行为负责的卢旺达公民”[2]。(见第三章 1992年——追究人权犯罪的责任)

1994年,人权委员会收到了特别报告员关于他访问卢旺达的两份报告。第一次访问于6月9日至20日进行[3],当时他由即决处决问题特别报告员(瓦利·巴克雷·恩迪亚耶[Waly Bacre Ndiaye])和酷刑问题特别报告员(奈杰尔·罗德利[Nigel Rodley])陪同。第二次访问于1994年12月29日至31日进行,

> 这次访问的目的是评估自1994年6月28日提交给委员会的初步报告(E/ 471
> CN.4/1995/7)定稿以来卢旺达的人权状况,并与卢旺达新政府建立联系,以便与他们讨论与人权有关的问题,特别是难民和流离失所者的情况。[4]

1994年8月,高级专员和卢旺达政府发起卢旺达人权实地行动团(Human Rights Field Operation in Rwanda, HRFOR),其行动包括

> (a)调查违反人权和人道主义法的事件,包括可能出现的灭绝种族行为;
> (b)监测当前的人权事态,并通过派驻人权实地干事的方式帮助防止发生这

① E/CN.4/1994/132/Add.2, resolution S-3/1 of 25 May 1994.

② Security Council, 1994, resolution 955 (1994). See also S/1994/1115.

③ E/CN.4/1995/7.

④ E/CN.4/1995/12.

种事违反人权的事件;(c)与其他国际机构合作,以便使人们恢复信任和促进难民和国内流离失所者返回,并重建民间社会;(d)执行技术合作方案。[①]

1995年,人权委员会停止根据"1503"机密程序对卢旺达局势进行审议。[②]

1996年,人权委员会收到了其特别报告员[③]和高级专员[④]的报告。同时"最强烈地谴责在卢旺达发生的种族灭绝、违反国际人道主义法和所有侵犯和践踏人权的行为",委员会再次确认"所有犯下或授权进行种族灭绝或其他严重违反国际人道主义法行为的人"的个人责任及其可追究性,"国际社会将竭尽全力……将他们绳之以法"。委员会敦促所有国家与国际刑事法庭充分合作,起诉应对1994年1月至1994年12月31日期间在卢旺达境内和领国境内种族灭绝和其他严重违反国际人道主义法行为负责的人。

人权委员会欢迎人权实地行动团的目标:

(a)调查侵犯人权和人道主义法的行为,包括种族灭绝行为和危害人类罪;(b)监测人权情况和防止今后的侵权行为;(c)与其他国际机构合作,重建信任,从而促进难民自愿返回和安置;(d)经由人权教育和技术合作方案,特别是在司法、逮捕条件、拘禁和拘禁待遇等方面,并经由与卢旺达人权组织的合作方案,重新建立民间社会。[⑤]

472 1997年,人权委员会将特别报告员转为特别代表(米歇尔·穆萨利[Michel Moussalli]),"请其就如何改善卢旺达的人权状况提出建议,以促进在卢旺达建立一个独立的国家人权委员会并使其有效运作,以及关注在何种情况下,向卢旺达政府提供技术援助可能是合适的"[⑥]。

---

① E/CN. 4/1998/60 para 4. See E/CN. 4/1995/176, resolution 1995/91 of 8 March 1995.

② E/CN. 4/1995/176 para 604.

③ E/CN. 4/1996/68.

④ E/CN. 4/1996/111.

⑤ E/CN. 4/1996/177, resolution 1996/76 of 23 April 1996.

⑥ E/CN. 4/1997/150, resolution 1997/66 of l6 April 1997.

1998 年,人权委员会收到了特别代表的报告[1]、卢旺达人权实地行动团[2]的报告,以及暴力侵害妇女问题特别报告员 1997 年 9 月 27 日至 11 月访问卢旺达和 1997 年 9 月 23 日至 25 日访问阿鲁沙卢旺达问题国际刑事法庭的报告[3]。

人权委员会敦促卢旺达政府“极为重视起诉并惩处针对妇女性凌辱的罪行……强烈谴责前卢旺达政府军士兵、民兵以及其他叛乱团体继续在卢旺达实施暴力和种族灭绝活动”。委员会还“谴责危害卢旺达及该地区和平与稳定的非法销售武器现象”。[4]

1999 年,人权委员会注意到“卢旺达人权状况有所改善的迹象……对持续违反人权和国际人道主义法的行为表示关切,并敦促卢旺达政府继续调查和起诉此类侵权行为”。委员会鼓励

> 卢旺达政府释放未成年人、老龄囚犯、罹患绝症的囚犯以及被控犯有种族灭绝和其他侵犯人权行为但档案不全的犯罪嫌疑人,以减少监狱中的关押人数,并认为亟待完成每一位被拘留者的档案,以便确定应将哪些人立即释放、尽早释放或有条件释放。

令委员会感到遗憾的是,“无法就卢旺达人权实地行动团的新任期达成协议,以致该团于 1998 年 7 月 28 日撤离卢旺达,使得卢旺达没有任何独立的人权监督机构”[5]。

特别代表于 2000 年向人权委员会报告,

> 强调他的任务并没有要求他监督侵犯人权的行为,而是要求他全面了解人权状况,并就如何加强卢旺达人权机构和民间社会的能力提出建议,而这些机构的任务当然包括人权监控。特别代表……发现它重要且有用,他……还就 473
> 该国棘手的人权问题发表了意见。

---

① E/CN. 4/1998/60.

② E/CN. 4/1998/61.

③ E/CN. 4/1998/54/Add. 1. Addendum.

④ E/CN. 4/1998/177, resolution 1998/69 of 21 April 1998.

⑤ E/CN. 4/1999/167, resolution 1999/20 of 23 April 1999.

在1999年在编写报告时特别代表对卢旺达已进行了四次访问:“他关注拘留、正义与和解等主题。他赞扬了内政部为改善监狱条件和管理所做的努力,并提出了几项具体建议,其中包括加卡卡(gacaca)提案。在数量有限的地点启动加卡卡审判,将有助于评估实际困难,并让卢旺达人及其国际伙伴放心。”①

人权委员会欢迎根据1993年8月《阿鲁沙和平协定》的授权设立国家人权委员会和法律和宪法委员会,并“敦促卢旺达政府与有关政府和联合国人权事务高级专员合作,促进发展国家人权监测能力,包括培训国家人权监测员”②。

特别代表在提交联合国大会的最终报告中提到他2000年对卢旺达的三次访问,以及在基加利和卢旺达其他地区进行的广泛协商。特别代表提出了一些建议,重点是保护受害者和解决监狱人口问题的措施,以及加强寻求和解的人权机构。③

特别代表在2000年10月和2001年2月、3月对卢旺达进行访问之后,向人权委员会提交了其最新报告。报告详细介绍了为加强卢旺达人权基础设施而采取的措施,包括设立国家人权委员会、民族团结与和解委员会、宪法委员会、加强司法行政的措施,还包括引入加卡卡以加快处理大量被拘留者,包括未成年人和其他易受伤害的被拘留者,及其重新融入社会的措施。特别代表提出了几项旨在解决妇女状况的建议,并最后结论称,

> 非洲和联合国的所有有关当局和组织,利用一切可能的手段,确保和平与安全最终在整个大湖区普遍存在并得到尊重;该区域的所有平民人口得到充分保护;他们的基本经济需求得到了满足。这些是人权文化在该地区发展和生根的基本要求。④

人权委员会于2001年结束了对卢旺达人权状况的审议,在此之前,委员会“非常
474 满意地注意到特别代表的这份报告,并表达了对特别代表工作的深切感谢”⑤。

---

① E/CN. 4/2000/41 para 220 (h).

② E/CN. 4/2000/167 resolution 2000/21 of 18 April 2000.

③ A/55/269 I, II, 111, XVI.

④ E/CN. 4. 2001/45/Add. 1 Appendix II para 58.

⑤ E/CN. 4/2001/167, resolution 2001/23 of 20 April 2001.

1994年——越南

人权委员会于1994年[①]和2000年[②]根据"1503"机密程序开展并停止了对越南局势的审议。

1995年——拉脱维亚

人权委员会于1995年[③]、1997年[④]和2000年[⑤]根据"1503"机密程序开展并停止了对拉脱维亚局势的审议。

1995年——老挝

1995年,人权委员会根据"1503"机密程序开展并停止了对老挝人民民主共和国局势的审议。[⑥]

1995年——摩尔多瓦

1995年,人权委员会根据"1503"机密程序开展并停止了对摩尔多瓦共和国局势的审议。[⑦]

1995年——沙特阿拉伯

1995—1999年,[⑧]人权委员会根据"1503"机密程序处理了沙特阿拉伯的局势。

---

① E/CN. 4/1994/132 para 633.

② E/CN. 4/2000/167 para 209.

③ E/CN. 4/1995/176 para 604.

④ E/CN. 4/1997/150 para 415.

⑤ E/CN. 4/2000/167 para 209.

⑥ E/CN. 4/1995/176 para 604.

⑦ E/CN. 4/1995/176 para 604.

⑧ E/CN. 4/1995/176 para 604; E/CN. 4/1996/177 para 382; E/CN. 4/1997/150 para 415; E/CN. 4/1998/177 para 419; E/CN. 4/1999/167; E/CN. 4/1999/167 paras 246, 247.

它在1998年[1]和1999年[2]停止了审议。

475

1995年——斯洛文尼亚

1995年[3]和1996年[4],人权委员会根据"1503"机密程序开展并停止对斯洛文尼亚局势的审议。

1995年——泰国

人权委员会于1995年[5]和1996年[6]根据"1503"机密程序开展并停止了对泰国局势的审议。

1995年——乌干达

1978年,人权委员会根据"1503"机密程序审议了乌干达的局势。[7] 1978年9月,委员会向乌干达派遣了一个斡旋团(团长为查尔斯·奥尼亚马[Charles Onyeama])。1980年[8]和1981年[9],委员会根据"1503"程序维持了对乌干达局势的审议。至1995年[10],委员会结束对乌干达局势的审议,此后还于2000年[11]和2001年[12]开展并结束对该问题的审议。

---

① E/CN. 4/1998/177 para 419.
② E/CN. 4/1999/167 paras 246 and 247.
③ E/CN. 4/1995/176 para 604.
④ E/CN. 4/1996/177 para 382.
⑤ E/CN. 4/1995/176 para 604.
⑥ E/CN. 4/1996/177 para 382.
⑦ E/CN. 4/1347 para 218.
⑧ E/CN. 4/1408; E/CN. 4/1988/88 para 247.
⑨ E/CN. 4/1475 para 240.
⑩ E/CN. 4/1995/176 para 604.
⑪ E/CN. 4/2000/167 para 209.
⑫ E/CN. 4/2001/167 para 235.

1996年——亚美尼亚

人权委员会于1994年[1]和1995年[2]根据“1503”机密程序审议了亚美尼亚的局势，并于1996年停止审议该问题。[3]

1996年——阿塞拜疆

人权委员会于1994年[4]和1995年[5]根据“1503”机密程序审议了阿塞拜疆的局势，并于1996年停止审议该问题。[6]

1996年——利比里亚 476

1996年，人权委员会

> 深切谴责滥杀生命、滥伤肢体和破坏财产的行为……委员会吁请利比里亚各方尊重并迅速贯彻执行它们已经签署的一切协定和承诺，尤其是有关维持停火、裁军和让战斗人员复员以及实行民族和解的《阿布贾协定》（Abuja Agreement）。[7]

1997年，委员会欢迎“《阿布贾协定》的签署和……交战各方……在人员遣散方面取得的实质性进展……预期将于1997年5月举行大选”[8]。

人权委员会在2002年根据“1503”机密程序审议了利比里亚局势。[9] 2003年，

---

① E/CN. 4/1994/132 para 633.

② E/CN. 4/1995/176 para 604.

③ E/CN. 4/1996/177 para 382.

④ E/CN. 4/1994/132 para 633.

⑤ E/CN. 4/1995/176 para 604.

⑥ E/CN. 4/1996/177 para 382.

⑦ E/CN. 4/1996/177, Chairperson's Statement para 25.

⑧ E/CN. 4/1997/150, Chairperson's Statement, para 578.

⑨ E/CN. 4/2002/200 para 253.

委员会决定公布根据“1503”程序就利比里亚局势做出的决定。[1] 委员会还任命了一名独立专家夏洛特·阿巴卡(Charlotte Abaka),以“促进利比里亚政府与高级专员办事处之间……就提供技术援助和咨询服务开展合作”[2]。

独立专家提出了建议,包括“向所有参与制定战后政策和方案的行为者提供协助的可能性”[3]。

2007年,人权理事会请独立专家“确保其工作对联合国利比里亚特派团的工作起到补充作用,并协助利比里亚政府查明能使技术援助尽可能流向该国的机会”[4]。次年,人权理事会表示“欢迎独立专家协助利比里亚政府完成的工作,最大限度地利用技术援助提供的机会,补充联合国利比里亚特派团的工作”。理事会请高级专员办事处“通过其在利比里亚的机构,与该国政府协商,开展技术援助活动”[5]。

1996年——尼日利亚

1995年,肯·萨罗-维瓦(Ken Saro-Wiwa)及其八名同事被处决后,联合国大
477 会请人权委员会“紧急关注尼日利亚境内的人权状况,并建议其相关机制,特别是
法外处决、即决处决或任意处决问题特别报告员向委员会提出报告”[6]。

大会还请秘书长“在履行斡旋任务时,与英联邦合作,与尼日利亚政府进行讨论,并就国际社会为尼日利亚恢复民主治理提供实际援助的可能性提出报告”[7]。

实况调查团(1996年)

1996年3月,秘书长宣布,

---

① E/CN. 4/2003/135 para 226; E/CN. 4/2003/135, decision 2003/105 Annex.

② E/CN. 4/2003/135, resolution 2003/82 of 25 April 2003.

③ E/CN/4/2004/113. See E/CN. 4/2004/127, resolution 2004/83 of 21 April 2004.

④ A/HRC/6/22, resolution 6/31 of 14 December 2007.

⑤ A/HRC/9/28, resolution 9/16 of 24 September 2008.

⑥ General Assembly fiftieth session, 1995, resolution 50/199 of 22 December 1995, 大会“震惊地注意到最近任意处决九名人士,他们是:肯·萨罗-维瓦、巴里内姆·基奥贝尔(Barinem Kiobel)、赛特尔代·多比(Saturday Dobee)、保罗·莱武拉(Paul Levura)、诺杜都·埃亚沃(Nordu Eawo)、费利克斯·恩瓦特(Felix Nwate)、丹尼尔·格博库(Daniel Gbokoo)、约翰·克普伊门(John Kpuimen)和巴里博尔·贝拉(Baribor Bera),注意到英联邦国家政府首脑决定暂停尼日利亚的英联邦会籍,还注意到欧盟的决定以及其他国家或国家集团关于尼日利亚的决定”。

⑦ General Assembly fiftieth session, 1995, resolution 50/199 of 22 December 1995.

经与尼日利亚政府和英联邦秘书长协商以及应尼日利亚政府的要求,我已决定向尼日利亚派遣一个实况调查团……调查团的任务是要致力查清国际社会关注的两个问题:

(a)最近对肯·萨罗-维瓦先生及其他人士的审判和处决。在这方面,调查团将从尼日利亚作为缔约国的各国际人权文书以及尼日利亚有关法律这两个角度来审查这一审判的司法程序;

(b)尼日利亚政府计划落实其宣布的关于在尼日利亚恢复民主治理的承诺的计划。[1]

实况调查团(成员包括科菲·阿苏特·阿梅加[Koff Atsu Amega],马利马特[V. S. Malimath],约翰·佩斯)于1996年3月和4月访问了尼日利亚。调查团得出结论,认为"审判肯·萨罗-维瓦先生和其他人的特别法庭,是在违背法令第1条的情况下设立的,它无权审判肯·萨罗-维瓦先生和其他人……在审判过程中实际采用的程序不公正……包括执行死刑时存在着程序不公正现象"[2]。

调查团提出了一些建议,重点是法律框架的改革,以及

就肯·萨罗-维瓦和其他人的审判一案,尼日利亚政府应考虑成立一个由尼日利亚最高法院院长任命的知名法学家组成的专门小组,由该小组制订方法以确定应向死者的哪些家属提供何种程度的财政救济。应暂停根据《动乱(特别法庭)法》而待审和已审判案件。[3] 478

调查团建议

成立一个由奥贡社区和该地区其他少数民族群体代表组成的委员会,由高级法院的一名退休法官担任主席,其宗旨是改善这些社区的社会经济条件,促进就业机会、健康、教育和福利服务,并担任受理对当局骚扰的任何投控/指称的申诉机构。

---

① A/50/896.

② A/50/960 and Corr. 1 Annex I VI A.

③ A/50/960 and Corr. 1 Annex I VII para 77.

代表团在结束报告时提出了尼日利亚当局向文官政府过渡的建议。[①] 1996 年 5 月 21 日，该国国家元首发布了一份关于调查团建议的临时报告，宣布将为落实调查团建议而采取的后续措施。[②]

联合特派团（1996—1997 年）

1996 年，人权委员会

> 深为关注严重侵犯人权事件的报道……一如法官和律师独立性问题特别报告员[③]和法外处决、即审即决或任意处决问题特别报告员[④]提交人权委员会的报告所指出的，并注意到法官和律师独立性问题特别报告员和法外处决、即决处决或任意处决问题特别报告员都要求到尼日利亚进行联合调查访问。

委员会吁请尼日利亚政府“接受……进行联合调查访问的要求”。[⑤] 两位特别报告员被要求向联合国大会提交了一份临时报告[⑥]，并向人权委员会提交了一份最终报告。[⑦]（见第六章）

特别报告员最终未能访问尼日利亚。在提交给联合国大会的报告中，特别报告员提出了许多初步意见，包括

> 如果特别报告员无法前往尼日利亚，他们将别无选择，只能根据从第三方来源收到的关于尼日利亚人权状况的信息，向人权委员会提交最后报告。特别
> 479 报告员敦促大会采取合适措施来应对尼日利亚政府的顽固态度。[⑧]

最终报告的结论是：

---

① A/50/960 and Corr. 1 Annex I VII para 77.

② A/50/960 and Corr. 1 Annex II.

③ E/CN. 4/1996/37.

④ E/CN. 4/1996/4.

⑤ E/CN. 4/1996/177, resolution 1996/79 of 23 April 1996.

⑥ A/51/538 and Add. 1.

⑦ E/CN. 4/1997/62 and Add. 1.

⑧ A/51/538/Add. I, Addendum II para 10.

虽然特别报告员无法实地考察尼日利亚的情况,但是他们希望强调,本报告中的调查结果和建议是以尼日利亚立法、国际人权文书和其他联合国机构的调查结果以及非政府组织和个人提供的可靠信息为依据的。在尼日利亚军政府的统治下,法治即使没有解体,今天也是处在垮台的边缘。在军政府颁布的若干命令当中,1993 年第 107 号和 1994 年第 12 号命令,是该国内任何宪法秩序的丧钟。政权现在完全掌握在军政府手中。政府拒绝服从法院命令与作为民主核心的责任制概念背道而驰。因此,独立和公正的司法部门不可能作为一个机构存在,而独立的法官和律师也不可能在这样的环境下履行职能和发挥正当作用。①

联合报告建议:

鉴于就尼日利亚境内报告的侵犯人权事件的严重性和该国政府未能与人权委员会合作,委员会应当延长尼日利亚境内人权状况的任务,并任命一名国别特别报告员。此外,由于该国政府狭义地看待现任专题特别报告员的任务,并拒绝允许他们会见和约谈被拘留者,因此针对具体国家的特别报告员将是最合适的……以便全面监测和报告侵犯人权行为。②

特别报告员(1997 年)

1997 年,人权委员会任命了一名尼日利亚人权状况特别报告员索利·杰汉基尔·索拉布吉(Soli Jehangir Sorabjee),其任务是"与尼日利亚当局和人民建立直接联系"③。

人权委员会于 1998 年收到了特别报告员的报告,其中载有向尼日利亚政府提出的一系列广泛建议,包括"采取具体和可信的步骤,毫不拖延地恢复民主政府,通过法令结束军政府统治,并允许观察员在过渡期间驻留"④。

1999 年,人权委员会结束了对尼日利亚局势的审议,赞扬尼日利亚政府"根据 480
民主原则、多党制和普选办法顺利地通过选举产生,这为将在 1998 年 5 月 29 日通

① E/CN. 4/1997/62/Add. 1, Addendum III paras 69 and 70.

② E/CN. 4/1997/62/Add. III paras 78 and 79.

③ E/CN. 4/1997/150, resolution 1997/52 of 15 April 1997.

④ E/CN. 4/1998/62 V para 109. See also E/CN. 4/1998/177, resolution 1998/64 of 21 April 1998.

过民主办法选出的政府的产生迈出重要一步”[1]。

2002年,人权委员会根据“1503”机密程序开展并停止了对尼日利亚局势的审议。[2]

1996年——乌兹别克斯坦

人权委员会于1996年根据“1503”机密程序审议了乌兹别克斯坦的局势。[3] 它于1997年[4]和2003年[5]开展并停止审议该问题。2004年和2005年,委员会继续审查这一问题,并根据“1503”程序任命了一名独立专家。[6] 委员会于2006年[7]和2007年[8]停止了对乌兹别克斯坦局势的审议。

1997年——安提瓜和巴布达

1997年,人权委员会根据“1503”机密程序开展并停止对安提瓜和巴布达局势的审议。[9]

1997年——博茨瓦纳

1997年,人权委员会根据“1503”机密程序开展并停止了对博茨瓦纳局势的审议。[10]

1997年——捷克共和国

1997年,人权委员会根据“1503”机密程序开展并停止了对捷克共和国局势的

---

① E/CN. 4/1999/167, resolution 1999/11 of 23 April 1999.
② E/CN. 4/2002/200 E/CN. 4/1988/88 para 253.
③ E/CN. 4/1996/177 para 382.
④ E/CN. 4/1997/150 para 415.
⑤ E/CN. 4/2003/135 para 226.
⑥ E/CN. 4/2004/127 para 211; E/CN. 4/2005/135 paras 185 and 186.
⑦ A/HRC/2/9 para 131.
⑧ A/RC/4/123 paras 119-120.
⑨ E/CN. 4/1997/150 para 415.
⑩ E/CN. 4/1997/150 para 415.

审议。[1]

1997年——哥伦比亚

481

哥伦比亚的人权状况是许多专题特别程序和人权事务委员会的主题:“自1988年起,联合国人权委员会特别程序开始建议哥伦比亚政府采取措施,切实有效制止准军事活动现象。联合国人权事务委员会在1997年5月3日的报告中重申了这一建议。”[2]

1996年,人权委员会对哥伦比亚人权状况表示严重关切,并敦促高级专员“尽早在哥伦比亚设立一个常设办事处”[3]。

次年,委员会“热烈欢迎人权事务高级专员办事处在波哥大设立”[4]。随后几年内高级专员提交了关于该办事处在哥伦比亚活动的报告,并介绍了该国在人权和国际人道主义法方面的情况,以及哥伦比亚就国际程序和机制的建议采取的后续行动。[5]

高级专员1998年的报告进一步指出,

> 哥伦比亚政府告诉高级专员办事处,政府为克服人权危机所采取的主要行动的目的,是执行各个联合国机构和其他国际组织提出的建议。政府还表示,尽管采取了措施,但成效有限,这是因为暴力事件难以消除,武装冲突不断加剧,而且从发起采取措施至今过去的时间仍较为短暂。[6]

---

① E/CN. 4/1997/150 para 415.

② CCPR/C/79/Add. 76 para 31; E/CN. 4/1998/16 III para 150.

③ E/CN. 4/1996/177 para 25.

④ E/CN. 4/1997/11 Annex.

⑤ E/CN. 4/1998/16 VI; E/CN. 4/1999/8 and E/CN. 4/1999/141, Annex; E/CN. 4/2000/11 and E/CN. 4/2000/117; E/CN. 4/2001/15 and E/CN. 4/2001/139; E/CN. 4/2002/17 and E/CN, 4/2002/172; E/CN. 4/2003/13 and E/CN. 4/2003/G/64 Annex; E/CN. 4/2004/13 and E/CN. 4/2004/2004/G/23, Annex; E/CN. 4/2005/10 and Corr. 1 and E/CN. 4/2005/G/29.

⑥ E/CN. 4/1998/16 III para 138.

在随后的会议上，委员会发表了主席声明。[1]

几个专题特别程序亦访问并报告了哥伦比亚人权状况的各个方面，其中包括：

1987 年——酷刑问题特别报告员[2]；

1988 年、2005 年——失踪问题工作组[3]；

1989 年、2009 年——即决处决或任意处决问题特别报告员[4]；

482 1994 年、1999 年、2006 年——负责国内流离失所者问题的秘书长代表[5]；

1994 年——酷刑问题特别报告员和即决处决问题或任意处决问题特别报告员[6]；

1996 年——当代形式种族主义问题特别报告员[7]；

1996 年、2009 年——法官和律师独立性问题特别报告员[8]；

2001 年、2009 年——人权维护者问题秘书长特别代表[9]；

2001 年——暴力侵害妇女问题特别报告员[10]；

2003 年——教育权问题特别报告员[11]；

2004 年——见解和表达自由权问题特别报告员[12]；

2004 年、2009 年——土著居民问题特别报告员[13]；

2007 年——健康权问题特别报告员[14]；

---

① E/CN. 4/1998/177, para 26; E/CN. 4/1999/167, para 552; E/CN. 4/2000/167, para 40; E/CN. 4/2001/167, para 54; E/CN. 4/2002/200, para 45; E/CN. 4/2003/135, para 53; E/CN. 4/2004/127, para 64; E/CN. 4/2005/135, II C.

② E/CN. 4/1988/17/Add. 1—visit to Argentina, Colombia and Uruguay.

③ E/CN. 4/1989/18/Add. 1; E/CN. 4/2006/56/Add. 1; A/HRC/19/58/Add. 4 II.

④ E/CN. 4/1990/22/Add. 1; A/HRC/I4/24/Add. 2; A/HRC/20/22/Add. 2.

⑤ E/CN. 4/1995/50/Add. 1; E/CN. 4/2000/83/Add. 1; A/HRC/4/38/Add. 3.

⑥ E/CN. 4/1995/111; E/CN. 4/2000/9/Add. 1 paras 20-55.

⑦ E/CN. 4/1997/71/Add. 1.

⑧ E/CN. 4/1998/39/Add. 2; A/HRC/14/26/Add. 2.

⑨ E/CN. 4/2002/106/Add. 2; A/HRC/13/22/Add. 3.

⑩ E/CN. 4/2002/83/Add. 3.

⑪ E/CN. 4/45/Add. 2.

⑫ E/CN. 4/2004/62/Add. 4 and E/CN. 4/2005/64/Add. 3.

⑬ E/CN. 4/2005/88/Add. 2; A/HRC/12/34/Add. 9 and A/HRC/15/37/Add. 3.

⑭ A/HRC/7/11/Add. 3.

2008 年——任意拘留问题工作组①;

2010 年——少数群体问题独立专家②。

在 2013 年的报告中,高级专员谈及“给人带来希望、需要密切观察或需要采取紧急行动的几类动态”③。

1997 年——冈比亚

1997—1999 年,人权委员会根据“1503”机密程序开展并停止了对冈比亚局势的审议。④

1997 年——黎巴嫩

1997 年,人权委员会根据“1503”机密程序开展并停止了对黎巴嫩局势的审议。⑤

1997 年——立陶宛

1997 年,人权委员会根据“1503”机密程序开展并停止了对立陶宛局势的审议。⑥

1997 年——坦桑尼亚 483

1997 年,人权委员会根据“1503”机密程序开展并停止了对坦桑尼亚局势的审议。⑦

---

① A/HRC/10/21/Add. 3.

② A/HRC/16/45/Add. 1.

③ A/HRC/22/17/Add. 3.

④ E/CN. 4/1997/150 para 415; E/CN. 4/1998/177 para 419; E/CN. 4/1999/167; E/CN. 4/1999/167 paras 246 and 247.

⑤ E/CN. 4/1997/150 para 415.

⑥ E/CN,4/1997/150 para 415.

⑦ E/CN. 4/1997/150 para 415.

1997 年——美国

1997 年,人权委员会根据"1503"机密程序开展并停止了对美国局势的审议。[①]

1998 年——秘鲁

1998 年,人权委员会根据"1503"机密程序开展并停止了对秘鲁局势的审议。[②]

1996 年——塞拉利昂

1996—1999 年,人权委员会根据"1503"机密程序审议了塞拉利昂的局势。[③] 1999 年,有鉴于该程序"不能为处理该国所面临的严重情况提供适当讲坛……秘书长的报告揭露了恐怖的侵犯人权和违反国际人道主义法的行为",人权委员会停止了"1503"程序并根据公开程序审议了该国局势。委员会还要求了解有关基拉利昂违反人权和国际人道主义法的报告,"包括提交给委员会的报告中所载的参考资料"。[④]

2000 年,人权委员会对塞拉利昂的事态发展表示欢迎,包括

> 塞拉利昂政府和塞拉利昂民间社会为在该国建立一个人权基础设施而采取的步骤,特别是为设立一个有效运作的真相与和解委员会、全国人权委员会和巩固和平委员会所做出的努力……塞拉利昂政府、全国民主和人权委员会……通过的《人权宣言》。[⑤]

---

① E/CN. 4/1997/150 para 415.

② E/CN. 4/1998/177 para 419.

③ E/CN. 4/1996/177 para 382; E/CN. 4/1997/150 para 415; E/CN. 4/1998/177 para 419; E/CN. 4/1999/167 para 246.

④ E/CN. 4/1999/167, resolution 1999/1 of 6 April 1999.

⑤ E/CN. 4/1988/88, E/CN. 4/2000/167, resolution 2000/24 of 18 April 2000.

同时,委员会亦对另一些情况表示严重关切,如 484

> 塞拉利昂继续发生违反人权和人道主义法的行为,而且通常可能逍遥法外……痛惜反判分子不断犯下的暴行,其中包括谋杀、强奸、绑架和拘留……招募和使用儿童兵……以及对平民的袭击。

人权委员会请高级专员继续协助该国政府“建立并维持一个有效运作的独立人权与和解委员会和国家人权委员会”。[①]

除了秘书长向安全理事会提交的报告外,一些特别报告员还就其职权范围内的侵犯人权行为采取了行动。其中包括即决处决或任意处决问题特别报告员、雇佣军问题特别报告员、酷刑问题特别报告员和言论自由问题特别报告员。联合国塞拉利昂特派团(United Nations Mission in Sierra Leone, UNAMSIL)的活动“特别集中在四个相关领域:监视、报告、干预和技术合作”[②]。

在提交安全理事会的报告中,截至 2000 年 3 月,塞拉利昂的人权状况被描述为仍然

> 令人严重关切,特别是在洛科港,劫掠村庄、烧毁房屋、骚扰和绑架平民、强奸和性虐待事件继续发生……肇事者应该记住,他们的行为并不在大赦范围内,因此他们应该被追究责任……联塞特派团人权科已经大大加强了培训和机构建设活动。[③]

高级专员在 2000 年提交联合国大会的报告[④]和 2001 年提交人权委员会的报告[⑤]中谈到了塞拉利昂的人权状况。秘书长在提交安全理事会的定期报告中亦列入了关于塞拉利昂人权状况的资料。[⑥]

高级专员在提交人权委员会的报告中提到该国,包括叛军控制区在内所发生

---

① E/CN. 4/1988/88, E/CN. 4/2000/167, resolution 2000/24 of 18 April 2000.

② E/CN. 4/2000/31.

③ S/2000/186 V.

④ A/55/36 III C.

⑤ E/CN. 4/2001/35.

⑥ S/2000/455 V; S/2000/751 IV; S/2000/1055 VIII; S/2000/1199 VII; S/2001/228 V paras 44-54.

的人权问题。报告提到安全理事会[①]请独立特别法庭就危害人类罪、战争罪和其他严重违反国际人道主义法的行为，以及根据塞拉利昂有关法律在塞拉利昂境内犯下的罪行进行司法审判，[②]以及成立真相与和解委员会的提议。[③]

485 高级专员的报告包括各种特别程序报告的信息，如儿童与武装冲突问题特别报告员报告的武装冲突中的儿童情况[④]，以及对妇女的暴力和处决、当代形式的奴隶制和言论自由。[⑤] 高级专员在报告中介绍了联塞特派团人权科的工作[⑥]，其中包括监测和能力建设，包括成立真相与和解委员会和全国人权委员会。[⑦]

2002 年，人权委员会要求"向联合国塞拉利昂特派团人权科提供一切必要援助，包括将该科充分纳入特派团的工作"[⑧]。

2003 年，人权委员会"再次请高级专员和国际社会继续协助塞拉利昂政府维持一个有效运作的真相与和解委员会，并与特别法庭合作"[⑨]。

塞拉利昂问题特别法庭(2000—2013 年)

塞拉利昂问题特别法庭成立于 2000 年[⑩]，并于 2013 年结束工作。塞拉利昂留守特别法庭是根据联合国和该国政府于 2010 年 8 月达成的协议设立的，目的是"监督特别法庭工作所产生的持续法律义务"[⑪]。(见第三章，1992 年——追究人权犯罪的责任)

---

① Security Council, 2000, resolution 1315 (2000) of 14 August 2000.

② E/CN. 4/2001/35.

③ E/CN. 4/2001/35 II B paras 20-22.

④ E/CN. 4/2000/71.

⑤ E/CN. 4/2001/35 II D, E, F.

⑥ E/CN. 4/2000/3 II para 26.

⑦ E/CN. 4/2001/35 III.

⑧ E/CN. 4/2003/135, E/CN. 4/2002/200, resolution 2002/20 of 22 April 2002. See also E/CN. 4/2001/167, resolution 2001/20 of 20 April 2001.

⑨ E/CN. 4/2003/135, resolution 2003/80 of 25 April 2003; E/CN. 4/2003/35, E/CN. 4/2000/167, resolution 2004/86 of 21 April 2004; E/CN. 4/2004/106; A/58/379, E/CN. 4/2005/135, resolution 2005/76 of 20 April 2005; E/CN. 4/205/113; A/59/340.

⑩ Security Council, resolution 1315 (2000) of 14 August 2000. See also S/2000/786; S/2000/915; S/2001/40; S/2001/95; S/2001/722; S/2001/693; S/2002/246.

⑪ See http://www. rscsl. org/index. html visited 26 June 2019.

2000 年——车臣(俄罗斯联邦)

2000 年,人权委员会处理了车臣局势。

委员会欢迎俄罗斯当局与红十字国际委员会达成的初步协议,并注意到高级专员对俄罗斯联邦的访问。委员会要求有关特别报告员"立即对车臣共和国和相 486
邻的共和国进行访问",并欢迎俄罗斯邀请高级专员在两三个月后进行回访。[①]

高级专员在 2001 年提交人权委员会的报告中描述了关于委员会决议的后续行动,包括特别程序采取的行动。高级专员还报告了在其他领域与俄罗斯联邦继续开展的合作,包括

> 1999 年 6 月高级专员在莫斯科与俄罗斯外交部签署的一项为期三年的技术合作项目。该项目由人权高专办技术合作自愿基金资助,用于为人权教育领域的能力和资源开发提供支持。该项目包括加强从事该领域工作组织的全国网络。教师、学生和教育职业工作者将参加区域和全国的培训活动和竞赛。[②]

该报告反映了从俄罗斯联邦当局以及国际和区域组织收到的资料。高级专员建议"进行一次独立的、范围广泛的调查,将其作为解决关切的最适当方式……虽然许多建设性的机制已经到位,但尚未具备独立调查的属性"。高级专员敦促相关特别程序进行访问,这"可以在促进和保护车臣人权取得进展方面发挥重要作用,并认为对所有相关特别程序都应发出邀请"。[③]

2000 年——刚果共和国 487

人权委员会于 2000 年[④]和 2001 年[⑤]根据"1503"机密程序开展并停止对刚果共和国局势的审议。

---

① E/CN. 4/2000/167, resolution 2000/58 of 25 April 2000.

② E/CN. 4/2001/36 II para 11.

③ E/CN. 4/2001/36 V.

④ E/CN. 4/2001/167 para 209.

⑤ E/CN. 4/2001/167 para 235.

2000 年——阿拉伯联合酋长国

人权委员会于2000年根据“1503”机密程序停止了对阿拉伯联合酋长国局势的审议。①

2000 年——津巴布韦

人权委员会于2000年根据“1503”机密程序开展并停止了对津巴布韦局势的审议。②

2001 年——马尔代夫

人权委员会于2001年根据“1503”机密程序停止对马尔代夫局势的审议。③ 委员会于2008年再次开展并停止了对马尔代夫局势的审议。④

2002 年——赞比亚

人权委员会于2002年根据“1503”机密程序停止对赞比亚局势的审议。⑤

490

2003 年——土库曼斯坦

2003年,人权委员会讨论了土库曼斯坦的人权状况。

2005年,土库曼斯坦政府分发了一份说明,介绍了该国为解决这一局势而采取的措施,包括

> 人权事务高级专员办事处专家组的访问,土库曼斯坦正在努力切实执行专家们提出的建议。在这方面,土库曼斯坦方面与联合国开发计划署驻土库曼斯

---

① E/CN. 4/2000/167 para 209.

② E/CN. 4/2000/167 para 209.

③ E/CN. 4/2001/167 para 235.

④ A/HRC/9/28 para 177.

⑤ E/CN. 4/2002/2000 para 253.

坦办事处和人权事务高级专员办事处共同拟订关于人权领域联合合作项目的提案。[1]

2008 年,人权委员会根据“1503”机密程序审议了土库曼斯坦的局势,[2]并于 2009 年[3]和 2012 年[4]对该国局势开展并停止了审议。

2003 年——乍得 492

1991—1999 年,[5]人权委员会根据“1503”机密程序审议了乍得局势。委员会于 1999 年停止审议乍得局势,转而审议咨询服务。

人权委员会于 2002 年再次根据“1503”程序处理乍得局势。[6] 2003 年,委员会决定公布就乍得人权状况做出的决定。[7] 它要求为乍得政府提供一项技术和咨询服务方案,理由是“乍得政府的积极态度及其愿意与联合国人权事务高级专员办事处合作,以巩固人权文化”[8]。

次年,人权委员会任命了一名独立专家(莫妮卡·平托),以“促进乍得政……与高级专员在促进和保护人权领域的合作”[9]。2005 年,人权委员会感谢独立专家的出色工作,[10]满意地欢迎“乍得政府愿意接受[高级专员]办事处的开设”[11]。

---

① E/CN. 4/2005/G/35 Annex.

② A/HRC/9/28 para 177.

③ A/HRC/10/29 V. A para 245.

④ A/HRC/I9/2 para 323.

⑤ E/CN. 4/1991/91 para 490; E/CN. 4/1992/84 para 522; E/CN. 4/1993/122 para 574; E/CN. 4/1994/132 para 633; E/CN. 4/1995/176 para 604; E/CN. 4/1996/177 para 382; E/CN. 4/1997/150 para 415; E/CN. 4/1998/177 para 419; E/CN. 4/1999/167; E/CN. 4/1999/167 paras 247, 248.

⑥ E/CN. 4/2002/200 para 253.

⑦ E/CN. 4/2003/135 para 226; E/CN. 4/2003/35, decision 2003/104 of 2 April 2003, Annex.

⑧ E/CN. 4/2003/135, resolution 2003/81 of 25 April 2003.

⑨ E/CN. 4/2004/127, resolution 2004/85 of 21 April 2004.

⑩ E/CN. 4/2005/121.

⑪ E/CN. 4/2005/135, decision 2005/118 of 22 April 2005.

2003 年——吉布提

人权委员会于 2003 年根据“1503”机密程序审议了吉布提的局势。[①] 2004 年，委员会停止了根据“1503”程序进行的审议。[②]

2005 年——关塔那摩

（见第二章，1963 年——司法行政）

法官和律师独立性问题特别报告员莱安德罗·德斯波伊于 2003 年提出了关塔那摩被拘留者的地位和拘留条件问题。

493 美国哥伦比亚特区巡回上诉法院裁定，关塔那摩被拘留者不能援引美国法院的管辖权，因为该领土并非美国国土的一部分。特别报告员指出，这项决定可能会开创一个危险的先例，因为它似乎意味着一个主权国家的政府可以从邻国租赁一块土地，建立一个拘留营，全面管理和控制它，逮捕来自其他管辖区的恐怖主义嫌疑人，把他们送往该营地，并剥夺他们的合法权利，包括通常授予其公民的正当程序原则，理由是该营地在其管辖范围之外。在这种情况下，美国政府的这种行为将被视为系统性地逃避适用国内法和国际法，从而剥夺这些嫌疑人的合法权利……特别报告员指出，这一决定影响深远，如反恐战争一样，不可能通过剥夺法律权利，包括对那些仅仅涉嫌恐怖主义的人采取正当程序的基本原则来赢得胜利。[③]

几个月后，特别报告员又发布了一份新闻稿，

对美国政府执行 2001 年 11 月 13 日布什总统签署的军事命令（在反恐战争中拘留、对待和审判某些非公民）表示震惊。根据该命令，六名被拘留者可能会被交由军事法庭审判。这些被拘留者被描述为基地组织或其他参与针对美

---

① E/CN. 4/2003/135 para 226.
② E/CN. 4/2004/127 para 211.
③ E/CN. 4/2004/60/Add. 1 para 108.

> 国的恐怖主义的可疑成员。在采取这些严厉措施打击恐怖主义的过程中,美国政府的做法违抗了联合国决议,包括联合国大会 2002 年 12 月 18 日第 57/219 号决议和安全理事会 2003 年 1 月 20 日第 1456 号决议。这些决议确认并重申各国必须确保为打击恐怖主义而采取的任何措施必须符合国际法,包括国际人权法、难民法和人道主义法。[①]

2004 年晚些时候,特别报告员与酷刑问题特别报告员、健康权问题特别报告员在一次会议上发表了讲话,

> 内容是关于[六名被拘留者]的情况……这些人都被单独监禁在古巴关塔那
> 摩的美国军事拘留所。据报道,他们是迄今为止唯一受军事命令约束的被拘
> 留者……[上文述及]根据该命令被关押的人。据报道,他们可能会被无限期
> 拘留而不受指控或审判。他们可能也会受到军事委员会的审判,其判决包括
> 死刑,且无法在任何法院提出上诉。其中三人……据称被控犯有战争罪……
> 据信,这六名男子都被关押在埃科营(Camp Echo),系关塔那摩监狱关押在押
> 前囚犯的地方。据称,每名男子每天都被关押在一个没有窗户的牢房里 23— 494
> 24 小时……在 2004 年 3 月 31 日的一份声明中,应五角大楼邀请访问关塔那
> 摩的精神病医生达里尔·马修斯博士(Dr. Daryl Matthews)表示,单独监禁将
> 使被拘留者"面临未来精神恶化的重大风险。集中营的条件可能会让那里的
> 被拘留者更容易受到心理胁迫和虚假供词的影响"。"人们进一步担心的是,
> 军方将允许接受据称不考虑本国和国际正当程序获得的陈述作为证据。"根
> 据 2004 年 6 月 22 日公布的 2002 年 2 月司法部给五角大楼的备忘录,"即使
> 审讯人员[没有遵守]'米兰达规则'(最高法院关于嫌疑人权利和审讯人员
> 行为的裁决),在军事审判中受审人员的认罪声明仍可被接受",因为军事委
> 员会只服从总统作为军事行动总司令指令和权威。[②]

特别报告员在年度会议中讨论了这一问题,并发布了一份新闻稿,该新闻稿

---

① E/CN. 4/2004/60/Add. 1 para 109.

② E/CN. 4/2005/60/Add. 1 para 155.

也发给了阿富汗、伊拉克和美国政府。

> [特别报告员]……重申其个人和集体决心在各自任务范围内,监测各国以反恐名义制定的政策、立法、措施和做法,以确定这些政策、立法、措施和做法是否符合国际人权标准。①
>
> 他们表达了一致的愿望,希望……一起尽早访问那些因涉嫌恐怖主义或其他违法行为而被逮捕、拘留或审判的人,地点是伊拉克、阿富汗、关塔那摩湾军事基地和其他地方。②

美国政府于2004年11月做出答复:"虽然政府表示,它无法按照要求为访问提供准备,但它愿意在华盛顿特区由美国政府官员,包括国防部代表,提供简报,讨论与拘留做法有关的事项。"③

2004年11月,相关特别程序发出了一封联合指控信,指出他们注意到了在华盛顿特区举行简报会的提议,

495 他们欢迎美国政府就此事展开对话的倡议……[并解释]……人权理事会特别程序有权尽早探访那些在伊拉克、阿富汗、关塔那摩军事基地和其他地方因涉嫌恐怖主义或其他违法行为而被逮捕、拘留或审判的人。④

法官和律师独立性问题特别报告员援引了

> 美国地区法官暂停了军事委员会在关塔那摩对萨利姆·艾哈迈德·哈姆丹(Salim Ahmed Hamdan)的诉讼。他下令,除非并直到根据《日内瓦第三公约》第五条的要求,一个主管法庭裁定哈姆丹无权享有战俘地位,否则他必须得

---

① Statement reproduced at: E/CN. 4/2005/60/Add. 1 Addendum; para 156.

② Statement reproduced at: E/CN. 4/2005/60/Add. 1 Addendum: para 156. 此处所涉及的特别程序包括"法官和律师独立性问题特别报告员莱安德罗·德斯波伊、任意拘留问题工作组主席兼报告员莱拉·泽鲁居伊(Leila Zerrougui)、人人有权享有达到最高身心健康标准报告员保罗·亨特(Paul Hunt)和酷刑和其他残忍、不人道或有辱人格的待遇或处罚问题特别报告员西奥·范博文"。

③ E/CN. 4/2004/60/Add. 1 para 159.

④ E/CN. 4/2004/60/Add. 1 para 157.

到战俘身份的充分保障。

特别报告员对"几名关塔那摩在押人员获释"表示欢迎,但"他对500多名在押人员深感关切,这些在押人员在法律上处于三年多的悬而未决状态"。[①]

在2004年的委员会会议上,古巴提出的一项决议草案未获通过。该提案要求酷刑问题特别报告员、法官和律师独立性问题特别报告员以及任意拘留问题工作组"考虑到最近的决议中描述的情况,并向高级专员报告他们的调查结果"[②]。

次年,一项类似的提案由白俄罗斯、古巴、阿拉伯叙利亚共和国、朝鲜民主主义人民共和国、阿拉伯利比亚民众国和委内瑞拉提出,但仍未获通过。拟议的决议要求

> 美利坚合众国政府允许人权委员会的有关特别程序对关塔那摩海军基地被羁押者的状况进行公正和独立的实情调查访问……允许任意拘留问题工作组主席兼报告员、酷刑问题特别报告员、人人有权享有能达到的最高标准身心健康问题特别报告员、法官和律师独立性问题特别报告员访问在该基地内建立的拘留所。[③]

2006年,人权委员会收到了

> 任意拘留问题工作组主席、法官和律师独立性问题特别报告员、酷刑问题特别报告员、宗教信仰自由问题特别报告员和……健康问题特别报告员的联合报告。[④]

报告转载了一封来自美国的信,其中包括美国政府对报告的意见和评论。[⑤] 五个特别程序任务负责人解释说, 496

---

① E/CN.4/2004/60/Add.1 paras 162 and 163.

② E/CN.4/2004/127 para 633.

③ E/CN.4/2005/135 paras 29-34.

④ E/CN.4/2006/120.

⑤ E/CN.4/2006/I20 Annex II.

> 自2002年1月以来，他们一直在关注被关押在关塔那摩湾美国海军基地的被拘留者的状况。2004年6月，他们决定组成一个小组继续执行这项任务，因为相关状况属于其中的各项任务所涉的范围。……任务负责人认为，通过提交一份关于这一问题的联合报告而不是提交五份单独的报告，他们能够更好地履行对委员会的报告义务。[①]

由于该组织未能访问关塔那摩[②]，

> 所以，本报告依据的是政府对任务承担者发送的关塔那摩拘留状况问题单所做的答复，任务承担者与目前居住在法国、西班牙和联合王国的关塔那摩获释人员或在释放后又在这三个国家被拘留的人员进行的谈话，以及为某些关塔那摩被拘留者辩护的律师对任务承担者发送的问题单的答复。报告还依据公共利益可获取的资料，包括非政府组织编写的报告、已解密的美国官方文件中所载的资料以及媒体报道。[③]

该报告提出了处理人权和反恐措施的法律框架，美国根据国际法承担的义务及其范围、限制和克减，以及国际人道主义法和人权法的互补性。[④]

报告讨论了任意拘留的各个方面以及法官和律师的独立性，重点讨论了在关塔那摩湾剥夺自由、在武装冲突中被捕的被拘留者和在没有武装冲突的情况下被捕的被拘留者，以及向司法机构质疑拘留合法性的权利和由有能力的独立法庭审判的权利和公平审判的权利。[⑤]

关于酷刑问题，报告谈到了适用的规则不够明确和混乱、审讯技巧、拘留条件、过度使用武力、非常引渡、转移和不遣返以及缺乏公正的调查。[⑥]

该报告还讨论了其他任务，即宗教信仰自由和宗教不容忍，以及享有最高标准身心健康的权利，其中包括卫生专业人员的道德义务，包括与强迫喂食有关的

---

① E/CN. 4/2006/120 paras 1 and 2.
② E/CN. 4/2006/120 paras 4 and 5.
③ E/CN. 4/2006/120 para 4.
④ E/CN. 4/2006/120 I A-E.
⑤ E/CN. 4/2006/120 II A-F.
⑥ E/CN. 4/2006/120 III A-F.

义务。①

该小组建议,

> 对恐怖主义嫌疑人的拘留应当依据遵守相关国际法订立的保障规定的刑事程序进行。据此,美利坚合众国政府应当或是依照《公民权利和政治权利公 497
> 约》第九条第三款和第十四条,立即将所有关塔那摩湾被拘留者提交审理,或是不再拖延地将其释放。还应当考虑了一个具备管辖资格的国际法庭审理恐怖主义嫌疑人。

他们建议美国

> 应当不再拖延地关闭关塔那摩湾拘留设施。在关闭这些设施以及将被拘留者转到美国境内的候审拘留设施之前,政府应当避免采取任何构成酷刑或残忍、不人道或有辱人格的待遇或处罚、基于宗教的歧视以及对健康权和宗教信仰自由权利的侵犯的做法。具体而言,国防部批准采用的所有特别审讯方法都应当立即废止。②

在其他建议中,该小组要求所有五名任务负责人"都应当能够充分、不受限制地访问关塔那摩湾设施,包括能够私下同被拘留者谈话"③。

2005年——尼泊尔

1996年④和1999年⑤,人权委员会根据"1503"机密程序开展并停止了对尼泊尔局势的审议。

人权委员会于2005年在技术合作和咨询服务范畴内处理尼泊尔局势。委员

---

① E/CN.4/2006/120 IV A, B, V A, B.

② E/CN.4/2006/120 VI B paras 95 and 96.

③ E/CN.4/2006/120VI B para 104.

④ E/CN.4/1996/177 para 382.

⑤ E/CN.4/1999/167 paras 246 and 247.

会注意到关于专题任务的报告(见下文,第六章B,专题任务[1978年]),并对"任意逮捕和秘密拘留,特别是对政治领导人和活动人士、人权维护者、记者和其他人的逮捕和秘密拘留,以及持续的被强迫失踪"深表关切。委员会注意到2005年4月缔结了关于在高级专员在尼泊尔设立一个办事处的协定。①

人权理事会继续关注尼泊尔局势,并请高级专员报告尼泊尔的人权状况"及其办事处的活动,包括技术合作"②。

下列专题任务亦访问了尼泊尔:

1993年——贩卖儿童、儿童卖淫和儿童色情制品问题特别报告员③;

1996年——任意拘留问题工作组④;

498 2000年——即决处决或任意处决问题特别报告员⑤;

2004年——暴力侵害妇女问题特别报告员(对孟加拉国、尼泊尔和印度就贩卖妇女和女童问题所做的访问)⑥;

2004年——失踪问题工作组⑦;

2005年——酷刑问题特别报告员⑧;

2008年——土著居民人权问题特别报告员⑨;

2018年——移徙者人权问题特别报告员⑩。

2006年——吉尔吉斯斯坦

1997年,人权委员会根据"1503"机密程序审议了吉尔吉斯斯坦的局势。⑪ 委

---

① E/CN. 4/2005/135, resolution 2005/78 of 20 April 2005.

② E/CN. 4/2005/135, resolution 2005/78 of 20 April 2005.

③ E/CN. 4/1994/84/Add. 1.

④ E/CN. 4/1997/4/Add. 2.

⑤ E/CN. 4/2001/9/Add. 2.

⑥ E/CN. 4/2001/73/Add. 2.

⑦ E/CN. 4/2005/65/Add. 1 and A/HRC/19/58/Add. 4.

⑧ E/CN. 4/2006/6/Add. 5.

⑨ A/HRC/12/34/Add. 3.

⑩ A/HRC/38/41/Add. 1.

⑪ E/CN. 4/1997/150 para 415.

员会于1998年停止对该问题的审议[①],并于2005年继续审查相关情况。[②] 2006年,人权委员会决定公布它根据"1503"程序做出的一项决定,理由是"政治局势发生了变化,新政府……已采取积极步骤处理……案件并调查此事……理事会鼓励政府继续努力,并决定停止审议吉尔吉斯斯坦局势"[③]。

2010年4月,"在导致政府更迭的抗议期间发生的死亡事件……以及最近发生的不同种族之间的暴力事件以及因而造成的持续死亡",使人权理事会再次讨论吉尔吉斯斯坦局势。理事会鼓励"政府……继续参与真正的公开对话和民族和解进程,并请高级专员继续通过她在比什凯克的办事处提供技术援助"。[④]

2009年——洪都拉斯

人权委员会在1988年[⑤]和1989年[⑥]根据"1503"机密程序审议了洪都拉斯的局势。它于2004年[⑦]和2005年[⑧]开展并停止了对该问题的审议。

2009年,人权理事会讨论了洪都拉斯"自2009年6月28日政变以来……特别是在2009年9月21日,何塞·曼努埃尔·塞拉亚·罗萨莱斯(José Manuel Ze- 499
laya Rosales)总统回归后"的人权状况并要求提交"一份关于洪都拉斯侵犯人权行为的全面报告"。[⑨] 高级专员"派遣了一个三人特派团,于2009年10月18日至11月7日访问洪都拉斯,以汇编必要的信息并编写报告",该报告于2010年提交理事会。[⑩]

2015年,洪都拉斯政府和高级专员同意设立一个国家办事处,"负责监督人权状况……并向国家机构、国家人权机构和民间社会组织提供能力建设和技术

---

① E/CN. 4/1998/177 para 419.

② E/CN. 4/2005/I35 para 186.

③ A/HRC/2/9, decision 2/101 of 2 October 2006. See also E/CN. 4/2006/119.

④ A/HRC/14/37, resolution 14/14 of 18 June 2010. See also A/HRC/17/41 and A/HRC/17/2, resolution 17/20 of 17 June 2011.

⑤ E/CN. 4/1988/88 para 386.

⑥ E/CN. 4/1989/86 para 422.

⑦ E/CN. 4/2004; E/CN. 4/2004/127 para 211.

⑧ E/CN. 4/2005/135 para 186.

⑨ A/HRC/12/50, resolution 12/14 of 1 October 2009.

⑩ A/HRC/13/66. See also A/HRC/34/3/Add. 2.

援助”[①]。

2010年——几内亚

2009年，人权理事会根据“1503”机密程序审议了几内亚局势，并对该问题保持持续关注。[②] 次年，它停止了对该问题的审议。[③]

2010年，人权理事会谴责“2009年9月28日在科纳克里主体育场屠杀聚集在一起参加和平集会的手无寸铁的平民……特别是武装部队和安全部队成员对妇女实施的性质特别严重的性侵犯”。理事会注意到为过渡政府采取的措施，并欢迎“几内亚政府决定与人权事务高级专员办事处合作，以便在几内亚设立一个国家办事处”。[④]

高级专员报告该国的人权状况[⑤]，人权理事会于2012年呼吁国际社会

> 向几内亚当局提供适当的援助，促进尊重人权，包括实现“千年发展目标”，打击有罪不罚现象并改革安全与司法部门，推动目前争取获得真相、促进司法和全国和解的倡议。[⑥]

人权理事会于2013年采纳了高级专员的报告[⑦]，鼓励政府继续采取措施，包括对“因2009年9月28日的事件而丧生的受害者家属进行赔偿……对受伤人员遭受的身心痛苦进行补救”[⑧]。2014年，理事会注意到秘书长为调查这些事件而
500 设立的调查委员会的报告[⑨]以及高级专员的报告[⑩]中提及了几内亚的人权状况。2016年，理事会要求一份关于“几内亚人权状况和高级专员办事处在几内亚的活

---

① See for example, A/HRC/34/3/Add. 2.

② A/HRC/12/50 para 201.

③ A/HRC/13/56 para 233.

④ A/HRC/13/56, resolution 13/21 of 26 March 2010, See also, resolution 16/36 of 25 March 2011.

⑤ A/HRC/16/26; A/HRC/19/29.

⑥ A/HRC/19/2, resolution 19/30 of 23 March 2012.

⑦ A/HRC/22/39.

⑧ A/HRC/23/2, resolution 23/23 of 14 June 2013.

⑨ S/2009/693

⑩ A/HRC/25/44. See also A/HRC/25/2, resolution 25/35 of 28 March 2014; A/HRC/28/2, resolution 28/33 of 27 March 2015.

动”的报告。[①]

2011年——科特迪瓦

2010年12月,人权理事会举行了第十四届特别会议,讨论2011年总统大选结束后科特迪瓦的人权状况。理事会指派

> 一个独立的国际调查委员会。调查2010年11月28日总统选举后在科特迪瓦发生的严重侵犯人权指控的事实和案情,以查明这些行为的责任人并将其绳之以法。[②]

2011年,调查委员会(成员包括威迪·蒙丹蓬;阿拉皮尼-甘苏[Reine Alapini-Gansou]、苏利曼·阿里·巴尔多[Suliman Ali Baldo])向理事会提交了报告。[③] 理事会任命了“一名独立专家(多都·迪尼[Doudou Diène])……负责协助科特迪瓦政府和相关行为者在次年落实调查委员会的建议和人权理事会的决议”[④]。随后几年,理事会注意到一些积极措施,但关切地注意到“当地人道主义局势的严重性”,并请高级专员继续提供技术援助。[⑤]

2014年,人权理事会注意到“当地人道主义局势持续不稳定……反复出现针对妇女和儿童的暴力指控”。“理事会决定在人权领域与科特迪瓦建立能力建设和技术合作的新任务。”[⑥]

2016年,人权理事会收到了独立专家的报告。[⑦] 它欢迎一些积极的事态发展,请高级专员提供技术支持,并决定“将与科特迪瓦进行能力建设和技术合作的任

---

① A/HRC/31/2, resolution 31/29 of 24 March 2016; A/HRC/31/48.

② A/HRC/15/60 resolution 16/25 of 25 March 2011. See also A/HRC/S-14/1.

③ A/HRC/17/48. See also A/HRC/17/49.

④ A/HRC/17/2, resolution 17/21 of 17 June 2011.

⑤ A/HRC/20/2, resolution 20/19 of 6 July 2012. See also A/HRC/22/66 and A/HRC/23/2, resolution 23/22 of 14 June 2013.

⑥ A/HRC/26/2, resolution 26/32 of 27 June 2014. See also A/HRC/29/49, A/HRC/29/2, resolution 29/24 of 3 July 2015.

⑦ A/HRC/31/78; A/HRC/32/52. See also S/2016/29.

务期限最后延长一年至2017年6月30日”[1]。

2017年,人权理事会感谢独立专家,“并注意到该国最新的法律和政治发展”,并请高级专员“提供科特迪瓦政府要求的技术援助,以加强科特迪瓦国家人权委
501 员会的能力,因为该委员会的任期将于2017年6月届满”。[2]

2011年——利比亚

2011年2月,人权理事会召开了关于阿拉伯利比亚民众国人权状况的特别会议,[3]并决定

> 紧急派遣一个……独立的国际调查委员会[成员包括阿斯马·卡迪尔(Asma Khader)、菲利普·基尔希(Philippe Kirsch)、谢里夫·巴西奥尼],对阿拉伯利比亚民众国境内发生的据称违反国际人权法的一切行为展开调查,查明这种违法行为和所犯罪行的事实情况,并在可能时查明责任人,尤其是就追究责任的措施提出建议,以确保责任人承担责任。[4]

根据人权理事会的建议,2011年,联合国大会暂停了“阿拉伯利比亚民众国人权理事会的成员资格”[5]。2011年9月,理事会建议大会解除暂停成员资格的决定,“欢迎利比亚承诺恪守其根据国际人权法承担的义务”[6]。

调查委员会于2011年向人权理事会提交了报告,[7]并于2012年提交了最终报告。[8] 理事会鼓励利比亚过渡政府落实其建议,并请高级专员“探索在人权领域的合作方式,包括技术援助和能力建设”[9]。

---

① A/HRC/32/2, resolution 32/30 of 1 July 2016.

② A/72/53, PRST 35/1 of 23 June 2017.

③ A/HRC/S-15/1.

④ A/HRC/S-15/1, resolution S-15/1 of 25 February 2011.

⑤ General Assembly sixty-fifth session, resolution 65/265 of 1 March 2011, See also resolution S-15/1 of 25 February 2011.

⑥ A/HRC/18/2, resolution 18/9 of 29 September 2011.

⑦ A/HRC/17/44.

⑧ A/HRC/19/68. See A/HRC/17/2, resolution 17/17 of 17 June 2011.

⑨ A/HRC/19/2, resolution 19/39 of 23 March 2012. See also A/HRC/22/2, resolution 22/19 of 21 March 2013, A/HRC/25/2, resolution 25/37 of 28 March 2014 and A/HRC/25/42.

2015 年,人权理事会注意到“高级专员提及的技术支持和能力建设需求”,[1]并请高级专员“紧急派遣一个特派团,调查自 2014 年初以来在利比亚发生的违反和践踏国际人权法的行为,并查明此类虐待和侵权行为的事实和情况,以避免有罪不罚现象,并确保全面追究责任”[2]。

2016 年,人权理事会收到了高级专员驻利比亚办事处的调查报告,[3]并请高级专员“继续与联合国利比亚支助团(the United Nations Support Mission in Libya)密切合作,以便向利比亚政府提供协调一致的人权技术援助”,并报告调查利比亚的人权状况。[4] 互动对话则在当年晚些时候和 2018 年进行。[5] 502

2018 年,理事会“鼓励各特别程序访问利比亚,向人权理事会提交报告并发布公开声明”。理事会还请高级专员“……口头汇报关于利比亚境内人权状况和本决议执行的最新情况,由负责利比亚问题秘书长特别代表参加”。[6]

2011 年——也门

1998 年[7]、1999 年[8]和 2000 年[9],人权委员会根据“1503”机密程序开展并停止了对也门局势的审议。

在 2011 年的一项程序性决定中,人权理事会欢迎也门政府邀请高级专员访问该国,并要求进行互动对话,以讨论访问报告。[10] 高级专员的访问报告[11]于 2011 年提交理事会,会议“呼吁也门政府和其他各方落实高级专员报告中提出的建议,同时确认政府在互动对话中的回应”[12]。

---

① A/HRC/28/51.

② A/HRC/28/2, resolution 28/30 of 27 March 2015.

③ A/HRC/31/47.

④ A/HRC/31/2, resolution 31/27 of 24 March 2016.

⑤ A/72/53, resolution 34/38 of 24 March 2017. See also A/HRC/34/42.

⑥ A/HRC/37/2, resolution 37/41 of 23 March 2018. See also A/HRC/37/46.

⑦ E/CN. 4/1998/177 para 419.

⑧ E/CN. 4/1999/67 paras 246 and 247.

⑨ E/CN. 4/2000/167 para 209.

⑩ A/HRC/17/2, decision 17/117 of 16 June 2011.

⑪ A/HRC/18/21.

⑫ A/HRC/18/2, resolution 18/19 of 29 September 2011.

次年,人权理事会审议了高级专员的报告[①],并要求一份"关于也门人权状况的进度报告"[②],并在几个月后审议了该报告[③],理事会对与也门政府签署在也门设立高级专员国家办事处的协议表示欢迎。[④] 理事会再次提请高级专员"提供技术援助,并根据需要与也门政府合作,确定其他援助领域,使也门能够履行其人权义务"[⑤]。

2014年,人权理事会注意到高级专员的报告和"人权理事会第二十七届会议期间举行的辩论,以及也门政府就该报告发表的声明和评论,以及也门政府与联合国合作的意愿"[⑥]。

2017年,人权理事会请高级专员

> 建立一个了解人权法和也门情况的国际和区域知名专家小组……监测和报
> 503 告人权状况,全面审查所有关于武装冲突各方自2014年9月以来违反和践踏国际人权法和其他适当和适用的国际法领域的指控……请国际和区域知名专家小组[在2018年之前]向高级专员提交一份全面书面报告,然后进行一次互动对话。[⑦]

人权理事会注意到专家小组(查尔斯·加拉韦[Charles Garraway]、卡迈勒·詹杜比[Kamel Jendoubi]、梅丽莎·帕克[Melissa Parke])的报告[⑧],并延长了他们的任务期限,请专家小组"向人权理事会第二十四届会议[2019年]提交一份全面的书面报告,然后进行互动对话"。并请高级专员"继续提供实质性的能力建设、

---

① A/HRC/19/51.

② A/HRC/19/2, resolution 19/29 of 23 March 2012.

③ A/HRC/21/37.

④ A/HRC/21/2, resolution 21/22 of 27 September 2012.

⑤ A/HRC/24/2, resolution 24/32 of 27 September 2013. See also A/HRC/24/34.

⑥ A/HRC/27/2, resolution 27/19 of 25 September 2014; A/HRC/27/44. See also A/HRC/30/2, resolution 30/18 of 2 October 2015; A/HRC/30/31, A/HRC/33/2, resolution 33/16 of 29 September 2016; A/HRC/33/38, A/72/53/Add. 1 resolution 36/31 of 29 September 2017; A/HRC/36/33.

⑦ A/72/53/Add. 1, resolution 36/31 of 29 September 2017.

⑧ A/HRC/39/43.

技术援助、咨询和法律支持,以使国家调查委员会能够完成其调查工作”。[①]

2011 年——南苏丹

人权理事会欢迎南苏丹共和国于 2011 年“立国并成为联合国会员国”。高级专员于 2012 年提交了一份评估报告,就“协助政府努力促进和保护人权领域”提出了建议。[②]

2013 年,高级专员报告了“在人权领域为南苏丹提供技术援助和能力建设的进展情况”[③],人权理事会

> 吁请南苏丹政府执行其加入的具有法律约束力的国际和区域人权文书,并……加强与联合国南苏丹特派团在有关增进和保护人权问题上的合作,确保其人员的安全。[④]

2014 年,人权理事会

> 对 2013 年 12 月中旬在南苏丹爆发的危机和暴力行为所造成的人权状况深表关切并感到痛惜……欢迎非洲联盟设立了南苏丹调查委员会……鼓励联合国南苏丹特派团对该国的人权状况进行定期报告。[⑤]

同年晚些时候,人权理事会“对南苏丹的局势表示严重关切,并要求各方停止侵犯人权、虐待和暴力行为”。它请高级专员“将监测南苏丹的人权状况作为紧急事项并就此提出报告”[⑥]。理事会还就南苏丹局势举行了小组讨论会。[⑦] 504

① A/HRC/39/2, resolution 39/16 of 28 September 2018. See also A/HRC/39/43, A/HRC/39/2, resolution 39/21 of 28 September 2018.

② A/HRC/18/2, resolution 18/17 of 29 September 2011. See also A/HRC/21/2, resolution 21/28 of 28 September 2012 and A/HRC/21/34.

③ A/HRC/23/31.

④ A/HRC/23/2, resolution 23/24 of l4 June 2013.

⑤ A/HRC/25/2, PRST 25/2 of 28 March 2014.

⑥ A/HRC/28/49. See also S/2015/296.

⑦ A/HRC/26/2, resolution 26/31 of 27 June 2014.

2015年,人权理事会请高级专员

> 紧急派团与南苏丹政府互动协作,检测并报告人权状况,全面评估关于严重侵犯和践踏人权行为的指控,以确保追究责任,辅助非洲联盟调查委员会的工作……以及就技术援助和能力建设问题以及如何改善该国的人权状况提出建议,

并且“在互动对话中……提交一份全面报告,其中说明性暴力问题”。①

2016年,人权理事会决定设立一个

> 南苏丹人权委员会,由三名成员组成[雅斯·敏苏卡(Yasmin Sooka)、肯尼斯·R. 斯科特(Kenneth R. Scott)、戈弗雷·穆西拉(Godfrey M. Musila)]……任务如下:(a)监测并报告南苏丹的人权状况,提出改善南苏丹人权状况的建议;(b)评价过去关于2013年12月以来的人权状况的报告,以便为实现过渡期正义与和解确立事实依据;(c)酌情就过渡期正义、追究责任、和解和消除创伤问题提供指导,一旦民族团结过渡政府组建完成、投入运作并承诺制止对平民的暴力行为和与南苏丹混合法院合作,就向民族团结过渡政府提供技术援助问题提出建议,以支持实现过渡期正义、追究责任、和解和消除创伤工作。②

2016年12月,人权理事会召开特别会议;理事会收到了南苏丹问题专家小组的临时报告③和高级专员评估小组的报告④。理事会对当地局势表示震惊和深切关注,并敦促“南苏丹人权委员会响应特别会议的呼吁……就如何制止性暴力和性别暴力提出重点工作建议供南苏丹政府考虑”,并在2017年初在理事会的互动对话期间提交一份全面的书面对话。⑤ 该委员会于2017年提交报告;⑥理
505 事会要求于2018年开展“强化互动对话”,参与方包括“高级专员、非洲联盟、联合

---

① A/HRC/29/2, resolution 29/13 of 2 July 2015.

② A/HRC/31/2, resolution 31/20 of 23 March 2016; A/72/53, resolution 34/25 of 24 March 2017.

③ S/2016/963.

④ A/HRC/31/49.

⑤ A/HRC/S-26/2, resolution S-26/1 of 14 December 2016.

⑥ A/HRC/34/63.

监测和评估委员会、非洲人权和民族权利委员会以及其他利益攸关方……讨论南苏丹的人权状况以及南苏丹政府为确保追究侵犯和践踏人权行为的责任而采取的措施”①。

2018 年,人权理事会审议了南苏丹人权委员会关于问责制的报告。②

2011 年——叙利亚

人权委员会在 1989 年、1992 年和 1997 年根据“1503”机密程序审议了叙利亚局势并在每次都决定停止审议该问题。③

2011 年 4 月,人权理事会召开特别会议。理事会还要求在下一届会议上就阿拉伯叙利亚共和国的人权状况进行互动对话。④

2011 年 8 月,人权理事会再次召开特别会议,审议了实况调查团的报告。⑤

2016 年,人权理事会“欢迎阿拉伯叙利亚共和国已经停止敌对行动;责成…… 506
所有各方履行承诺……以支持为持续和永久停火创造条件的努力”⑥。当年晚些时候,理事会决定“召开关于阿拉伯叙利亚共和国人权状况的高级别小组讨论会”⑦。

2017 年,人权理事会建议联合国大会向安全理事会提交调查委员会的所有报告,并采取适当行动。⑧

人权理事会欢迎大会 2016 年 12 月 21 日第 71/248 号决议“建立国际、公正和独立机制”⑨。

---

① A/72/53, resolution 34/25 of 24 March 2017.

② A/HRC/37/71. See also A/HRC/37/2, resolution 37/31 of 23 March 2018.

③ E/CN. 4/1989/86 para 422; E/CN,4/1992/84; E/CN. 4/1992/84 para 522; E/CN. 4/1997/150; E/CN. 4/1997/150 para 415.

④ A/HRC/S-16/2, resolution S-16/lof 29 April 2011.

⑤ A/HRC/18/53.

⑥ A/HRC/31/2, resolution 31/17 of 23 March 2016. See also A/HRC/32/2, resolution 32/25 of l July 2016.

⑦ A/HRC/33/2, resolution 33/23 of 30 September 2016.

⑧ A/72/53, resolution 34/26 of 24 March 2017.

⑨ A/72/53, resolution 35/26 of 23 June 2017. See also A/72/53/Add. l> resolution 36/20 of 29 September 2017.

507 ## 2011 年——塔吉克斯坦

人权理事会在 2011 年于三个议程中根据"1503"机密程序审议了塔吉克斯坦的局势。理事会停止审议该问题,并建议同该国开展技术合作。[①]

2012 年——马里

1996 年,人权委员会根据"1503"机密程序开展并停止了对马里局势的审议。[②]

2012 年,人权理事会

> 谴责在马里北部发生的侵犯人权行为和暴力行为,尤其是叛乱分子、恐怖主义团伙和其他跨国有组织犯罪网络犯下的此类行为,包括针对妇女和儿童的暴力行为、杀戮行为、劫持人质、抢劫、盗窃和破坏文化和宗教遗址以及征募儿童兵的行为,并要求将肇事者绳之以法。

它请高级专员密切关注马里北部的人权状况,并就此向理事会提出报告,这一要求在当年晚些时候得到重申。[③]

2013 年,人权理事会决定"设立为期一年的马里人权状况独立专家(苏利曼·巴尔多)任务,以协助马里政府采取行动增进和保护人权"[④]。第二年,理事会注意到几个领域取得了进展,并延长了任务期限,"以协助马里政府采取行动增进和保护人权"[⑤]。2017 年,该项任务期限延长,并请高级专员向马里政府提供技术援
508 助。[⑥] 2018 年,理事会决定在其"第四十届会议期间举行一次由马里政府代表和

---

① A/HRC/16/2 para 312; A/HRC/17/2 para 242; A/HRC/18/2 para 210.

② E/CN. 4/1996/177 para 382.

③ A/HRC/20/2, resolution 20/17 of 6 July 2012; A/HRC/21/2, resolution 21/25 of 28 September 2012.

④ A/HRC/22/2, resolution 22/18 of 21 March 2013.

⑤ A/HRC/25/2, resolution 25/36 of 28 March 2014. See also A/HRC/28/83 and Corr. 1 and resolution 28/31 of 27 March 2015; A/HRC/31/76 and resolution 31/28 of 24 March 2016.

⑥ A/72/53, resolution 34/39 of 24 March 2017. See also A/HRC/34/72.

独立专家出席的对话,以评估该国人权状况的演变,尤其侧重于打击有罪不罚问题”①。

2012 年——厄立特里亚

人权理事会在 2012 年根据“1503”机密程序审议了厄立特里亚局势,并决定公开审议该国局势。② 理事会“强烈谴责厄立特里亚当局继续广泛和系统地侵犯人权和基本自由”,以及该国人权状况的其他几个方面。③

人权理事会任命了一名特别报告员(塞拉·奇塔露丝[Sheela B. Keetharuth,2012—2018 年];丹妮拉·克拉维茨[Daniela Kravetz,2018 年]),并请厄立特里亚政府与特别报告员合作,“允许其访问该国,并提供履行其任务所需的信息”④。

人权理事会于 2013 年审议了特别报告员的报告,⑤并请特别报告员也向联合国大会提出报告。⑥ 2014 年,理事会“设立一个……调查委员会[成员包括迈克·史密斯(Mike Smith)、维克托·丹克瓦(Victor Dankwa)、塞拉·奇塔露丝],其中一名成员为特别报告员……调查特别报告员历次报告所述据称在厄立特里亚境内发生的所有侵犯人权行为”⑦。

理事会注意到“调查委员会工作的重要性及其提供的……收集用以支持未来问责工作的资料”⑧。理事会“呼吁厄立特里亚政府立即采取具体步骤,执行其建议”,并再次呼吁“厄立特里亚政府毫不拖延地采取若干措施”。⑨ 在 2017 年理事会援引了调查委员会⑩和特别报告员⑪的报告。2018 年,它举行了一次强化互动对话。⑫

---

① A/HRC/37/2, resolution 37/39 of 23 March 2018; A/HRC/37/78. See also S/2017/1105.

② A/HRC/20/2 para 212. See also A/HRC/21/2 paras 227-229.

③ A/HRC/21/2, resolution 21/1 of 26 September 2012.

④ A/HRC/20/2, resolution 20/20 of 6 July 2012.

⑤ A/HRC/23/53.

⑥ A/HRC/23/2, resolution 23/21 of 14 June 2013.

⑦ A/HRC/26/2, resolution 26/24 of 27 June 2014. See A/HRC/26/45.

⑧ A/HRC/29/42. See also A/HRC/29/2, resolution 29/18 of 2 July 2015.

⑨ A/HRC/32/2, resolution 32/24 of 1 July 2016.

⑩ A/HRC/29/42; A/HRC/32/47.

⑪ A/HRC/35/39.

⑫ A/72/53, resolution 35/35 of 23 June 2017.

2018年,人权理事会决定“就厄立特里亚境内的人权状况(于2019年)举行一次强化互动对话。特别报告员、高级专员办事处、民间社会和其他相关利益攸关方参加了对话”①。

509

2013年——中非共和国

1980年②和1981年③,人权委员会根据“1503”机密程序审议了中非共和国的局势。

2013年,人权理事会开始“向中非共和国提供人权领域的技术援助”。理事会“感兴趣地注意到高级专员决定……派遣一个实况调查”。它呼吁“立即停止一切侵犯人权行为和暴力行为”,并要求在当年晚些时候提交一份关于人权状况的报告,以及“一份评估技术援助需求的报告”。④

高级专员在2013年做了报告,⑤理事会呼吁过渡当局“采取一切必要措施,确保在恪守适用的国际人权法的规定的情况下,立即制止在全国范围内针对平民的任何暴力行为,并任命一名独立专家(玛丽·特里萨·凯塔 ·博库)……负责监测中非共和国的人权状况,并就人权领域的技术援助和能力建设提出建议”⑥。

独立专家于2014年提交了初步报告,⑦人权理事会决定在2015年举行一次互动对话,“以评估当地人权状况的发展,并特别侧重于打击有罪不罚现象”⑧。2015年,理事会

> 欢迎……互动对话,司法部长和民族和解部长参加了关于打击中非共和国有罪不罚现象的辩论;决定[在2016年]在独立专家和其他利益攸关方在场的情况下举行一次互动对话,评估当地人权状况的变化情况,尤其着重于过渡

---

① A/HRC/38/2, resolution 38/15 of 6 July 2018. See also A/HRC/38/50.

② E/CN. 4/1408; E/CN. 4/1988/88 para 247.

③ E/CN. 4/1475 para 240.

④ A/HRC/23/2, resolution 23/18 of 13 June 2013.

⑤ A/HRC/24/59.

⑥ A/HRC/24/2, resolution 24/34 of 27 September 2013.

⑦ A/HRC/26/53.

⑧ A/HRC/27/2, resolution 27/28 of 26 September 2014.

时期司法。①

2017年和2018年,人权理事会延长了独立专家的任务期限,“以评估、监测和报告中非共和国的人权状况,以期就人权领域的技术援助和能力建设提出建议”,并决定组织一次高级别互动对话,“以评估当地人权状况的演变”。②

2014年——喀麦隆 510

2014年,人权理事会根据“1503”机密程序开展并停止了对喀麦隆局势的审议。③

2014年——乌克兰

2014年,人权理事会讨论了乌克兰局势。④ 委员会欢迎高级专员提供的技术援助,并请高级专员口头介绍办事处每一次定期报告的调查结果。⑤

2016年,人权理事会“邀请高级专员继续向联合国会员国口头介绍……理事会和观察员对高级专员办事处每一份报告的调查结果……并将其作为互动对话的一部分”⑥。

2017年——委内瑞拉

人权委员会于1982年根据“1503”机密程序处理了委内瑞拉的局势。⑦

---

① A/HRC/30/2, resolution 30/19 of 2 October 2015. See also A/HRC/33/2, resolution 33/28 of 30 September 2016; A/HRC/33/63.

② A/HRC/36/64, A/72/53/Add. 1, resolution 36/25 of 29 September 2017. See also, A/HRC/39/70; A/HRC/39/2, resolution 39/19 of 28 September 2018.

③ A/HRC/25/2 para 379; A/HRC/27/2 para 308.

④ A/HRC/26/2, resolution 26/30 of 27 June 2014.

⑤ A/HRC/29/2, resolution 29/23 of 3 July 2015.

⑥ A/HRC/32/2, resolution 32/29 of l July 2016, See also A/72/53, resolution 35/31 of 23 June 2017.

⑦ E/CN. 4/1982/30 para 219.

2017 年,高级专员发表了一份关于委内瑞拉人权情况的报告。[①] 该报告是“根据联合国大会第 48/1412 号决议赋予高级专员的任务而编写的”。[②]

511 该报告随后于 2018 年更新[③]。

2018 年,人权理事会对该报告表示欢迎。敦促委内瑞拉政府开展合。理事会要求高级专员编写一份全面的书面报告。增强的互动对话”[④]。理事会于 2019 年 7 月审议了委内瑞拉政府关于该报告的意见。[⑤]

B. 专题任务(1978 年)

引　言

随着对不同国家人权情况的处理,人权委员会很快就清楚地意识到,有必要按类型或主题处理侵犯人权的行为。如上所述,自 1978 年起,对智利的调查使得委员会有必要处理被强迫和非自愿失踪现象。这同样带来了对酷刑、任意拘留和紧急状态等问题的关注。

人权委员会最初将专题任务期限设置为一年,于 1988 年决定将这类任务期限延长为两年,以“增进特别报告员与各国政府之间的合作机会”,以及“事先规划人

512 权事务中心人员和资金的配置”。[⑥] 1990 年,经济及社会理事会正式建议将任务期限设定为三年。[⑦] 作为其工作合理化的一部分,委员会于 2000 年为专题任务规定的时限为任期最多两任,时间为三年。[⑧]

1996 年,人权委员会讨论了相关程序问题,请专题任务“在报告中列入各国政

---

① Human rights violations and abuses in the context of protests in the Bolivarian Republic of Venezuela from 1 April to 31 July 2017—accessible at https://www,ohchr. org/Documents/Countries/VE/HCReportVenezuela_1 April-31 July 2017_EN. pdf visite d on 7 June 2019.

② General Assembly forty-eighth session, resolution 48/141 of 20 December 1993.

③ Human Rights Violations in the Bolivarian Republic of Venezuela: a downward spiral with no end in sight—accessible at https://wwwohchr. org/Documents/Countries/VE/VenezuelaReport2018_EN. pdf visited on 7 June 2019.

④ A/HRC/39/2, resolution 39/1 of 27 September 2018.

⑤ A/HRC/41/18 and Add. 1.

⑥ E/CN. 4/1988/88 resolution 1988/30 of 8 March 1988.

⑦ Economic and Social Council resolution 1990/48 of 25 May 1990.

⑧ E/CN. 4/2000/167 decision 2000/109 of 26 April 2000, Annex para 19.

府提供的关于后续行动的资料,并在结论中提出自己的意见,必要时对遇到的问题和取得的进步提出意见”。委员会注意到1995年5月人权委员会特别程序工作组和咨询服务方案与人权事务高级专员会议的建议,并就其方法提出了许多建议。它请专题任务负责人之间定期举行会议,“以便他们能够继续交换意见,更密切地合作和协调并提出建议”。委员会还要求每年提出一份专题和国别任务负责人的名单,同时列明其国籍。①

1997年,人权委员会赞扬了邀请专题特别报告员或工作组访问其国家及采取其他形式与专题任务密切合作的各国政府。它再次要求在人权委员会每届会议临时议程说明的附件中列出一份目前构成专题和国别任务负责人的名单,同时列明他们的国籍。②

1998年,人权委员会进一步阐述了专题特别程序的职能,并请它们

> 在其报告中载明对回应行动的意见并的情载述分析结果,以便更有效地履行职权,另外在其报告中述及关于各政府可通过……咨询服务方案要求提供有关援助的建议。③

2000年,人权委员会向专题程序提出了若干要求,其中包括

> 就如何防止出现侵犯人权事件提出建议……在各自职权范围内进行调查时密切注意各国政府取得的进步并在报告中有所反映……在报告中列入各国政府提供的关于后续行动的资料以及本身对这些资料的意见并酌情包括对遇到的问题和取得的进步的评论。④

人权理事会保留了国别和专题特别程序(见第九章A,过渡期[2006—2008年])。 513

---

① E/CN. 4/1996/177, resolution 1996/46 of 19 April 1996.

② E/CN. 4/1997/150, resolution 1997/37of 11 April 1997.

③ E/CN. 4/1998/177, resolution 1998/74 of 22 April 1998.

④ E/CN. 4/2000/167, resolution 2000/86 of 27 April 2000. See also E/CN. 4/2002/200, resolution 2002/84 of 26 April 2002; E/CN. 4/2004/127, resolution 2004/76 of 21 April 2004.

1980年——被强迫或非自愿失踪

1980年,人权委员会设立了第一个"专题程序"。(见时间表:[专题]特别程序的出现)尽管委员会主要在武装冲突的情况下讨论失踪人员的问题(见第二章,1967年——冲突),但该问题最初是在审查智利局势的背景下出现的,当时委员会指派一名专家菲利克斯·埃尔马科拉研究相关指控(见上文,第六章A,智利失踪人员[1978—1980年])。1978年,联合国大会处理了失踪人员问题,并"请人权委员会审议失踪人员的问题,以期做出适当的建议"①。

委员会任命了一个工作组②,"审查与被强迫或自愿失踪人员有关的问题,并在确定其工作方法时,铭记有必要能够对收到的信息做出有效反应,并酌情开展工作"③。

多年来,人权委员会和后来的人权理事会扩大了任务范围。2004年,委员会"鼓励工作组在执行其任务时,继续促进失踪者家属同有关政府进行联系,特别是在正常渠道被阻断时"④。

2008年,人权理事会再次确认了工作组的任务,并"鼓励[工作组]提供适当协助,以利各国执行《宣言》和现行国际规则……并继续审议其工作方案"⑤。

工作组在第一次报告中阐述了其工作方法,并定期更新。⑥ 其中国别访问是

---

① General Assembly thirty-third session, resolution 33/173 of 20 December 1978.

② 以下是自工作组成立以来在其中任职的成员:Kwadwo Faka Nyamekye (1981), Viscount Colville (1981-1984), Waieed Sadi (1981), Ivan Toševski (1981-2003), Luis Varela Quiros (1981-1988), Jonas Foli (1982-2000), Aga Hilali (1982-2000), Toine van Dongen (1985-1993), Diego García Sayan (1989-2004), Manfred Nowak (1994-2001), Joel Bayo Aclekanye (2001-2008), Anwar Zanal Abidin (2002-2003), Stephen Toope (2003-2008), Saied Rajaie Khorassani (2004-2009), Darko Göttlicher (2005-2010), Santiago Corcuera (2005-2010), Olivier de Frouville (2009-2014), Jeremy Sarkin (2008-2014), Osman Al-Hajjé (2010-2015), Ariel Dulitzky (2011-2017), Jasminka Dzumhur (2011-2015), Houria al-Slami (2014), Bernard Duhaime (2014), Tae-Ung Baik (2015), Henrikas Mickevičuis (2015), Luciano Kazan (2017)。

③ E/CN. 4/1988/88, resolution 20 (XXXVI) of 29 February 1980.

④ E/CN. 4/2004/127, resolution 2000/40 of 19 April 2004.

⑤ A/HRC/7/78, resolution 7/12 of 27 March 2008. See also A/HRC/27/2, resolution 27/1 of 25 September 2014; A/72/53/Add. 1, resolution 36/6 of 28 September 2017.

⑥ E/CN. 4/2002/79 Annex I; A/HRC/10/9 I para 4 Annex I:"工作组在2007年对其工作方法进行审查之后决定进行调整。2008年12月4日批准的经修订的工作方法载于本报告附件,并将立即生效。"A/HRC/13/31 Annex I. See also A/HRC/WGEID/102/2。

工作组所遵循方法的一个重要组成部分。该种访问始于1982年对墨西哥的访问。此后,该工作组定期进行国别访问,提出建议,并对这些建议采取后续行动。[①]

工作组指出:"其工作的起点是收到了大量与据称失踪有关的信息。"[②] 514

工作组的报告提供了自1980年设立以来的统计数据,以及2005年的概况。它回忆道,

> 自1980年成立以来,工作组向各国政府转交了总计50705起案件。正在积极审议的案件总数为41909起。在过去的5年里,工作组澄清了6270起案件。[③]

截至2018年,该组织已向108个国家转交了总计57149起案件。其中92个国家的45499起案件正在积极审议中。[④]

工作组最初的工作重点涉及拉丁美洲国家、南非和纳米比亚,后来扩展到其他国家。从2005年的报告开始,工作组讨论了全球的失踪现象,[⑤]并在2006年

---

① 访问按时间顺序排列如下:墨西哥(E/CN.4/1492/Add.1 paras 2-9, A/HRC/19/58/Add.2, A/HRC/30/38/Add.4);玻利维亚(E/CN.4/1985/15 I. F paras 51-67);秘鲁(E/CN.4/1986/18/Add.1, E/CN.4/1987/15/Add.1);危地马拉(E/CN.4/l988/19/Add.1, A/HRC/4/41/Add.1, A/HRC/16/48/Add.2);哥伦比亚(E/CN.4/1989/18/Add.1, E/CN.4/2006/56/Add.1, A/HRC/19/58/Add.4);菲律宾(E/CN.4/1991/20/Add.1);斯里兰卡(E/CN.4/1992/18/Add.1, E/CN.4/1993/25/Add.1, E/CN.4/2000/64/Add.1);前南斯拉夫(E/CN.4/1994/26/Add.1);前南斯拉夫(E/CN.4/1995/37, E/CN.4/1996/36, E/CN.4/1997/55);也门(E/CN.4/1999/62/Add.1);土耳其(E/CN.4/1999/62/Add.2);刚果民主共和国(E/CN.4/2003/44, A/57/349, A/58/127);尼泊尔(E/CN.4/2005/65/Add.1, A/HRC/19/58/Add.4);萨尔瓦多(A/HRC/7/2/Add.2, A/HRC/22/45/Add.3);洪都拉斯(A/HRC/7/2/Add.1, A/HRC/16/48/Add.2);阿根廷(A/HRC/l0/9/Add.1, A/HRC/27/49/add.2);摩洛哥(A/HRC/13/31/Add.1, A/HRC/22/45/Add.3);波斯尼亚和黑塞哥维那(A/HRC/16/48/Add.1, A/HRC/27/49/Add.2);东帝汶(A/HRC/19/58/Add.1, A/HRC/30/38/Add.4);刚果共和国(A/HRC/19/58/Add.3);巴基斯坦(A/HRC/22/45/Add.2, A/HRC/33/5l/Add.7);智利(A/HRC/22/45/Add.1, 4, A/HRC/36/39/Add.3);西班牙(A/HRC/27/49/Add.1, Add.3, A/HRC/36/39/Add.3);塞尔维亚/科索沃(A/HRC/30/38/Add.1, A/HRC/39/46/Add.2);黑山(A/HRC/3O/38/Add.2, A/HRC/39/46/Add.2);克罗地亚(A/HRC/30/38/Add.3, A/HRC/39/46/Add.2);土耳其(A/HRC/33/51/Add.1);斯里兰卡(A/HRC/33/51/Add.2);秘鲁(A/HRC/33/51/Add.3);阿尔巴尼亚(A/HRC/36/39/Add.1);冈比亚(A/HRC/39/46/Add.1)。

② E/CN.4/1435 para 3; E/CN.4/1995/36 Annex III. See also A/HRC/39/46 Annex II.

③ E/CN.4/1984/21 V; E/CN.4/2005/65, I.C para 17.

④ A/HRC/39/46, II C, Annex II.

⑤ E/CN.4/2005/65 I B.

(于人权理事会成立前向人权委员会提交的最后一份报告中)将失踪"作为一个全球性问题"①。

在1985年的报告中,工作组强调了该组织成立三年后持续面临的严峻局面。"要说根除被强迫失踪现象的努力已取得重大突破,是不中肯的。"工作组强调

> 需要取得更具体的结果,缺乏这种结果将导致亲属倾向于将对政府的不满转变为对工作组的失望……有意识或无意识的,工作组已经成为许多人的希望明灯。但是,在上述背景下,工作组越来越难满足这种期望。②

515 工作组与区域组织建立了联系,并引用了萨尔瓦多、玻利维亚和斯里兰卡的案例,以说明调查失踪案的国家机构的出现。③ 在成立初期,工作组与阿根廷失踪人员亲属联合会进行了协商,④1985年,工作组将起草一项关于强迫失踪的公约草案纳入其报告范围。⑤

1992年,联合国大会公布由小组委员会起草并经工作组审议⑥的《保护所有人免遭强迫失踪宣言》⑦,这强化了其工作的规范框架(见第7章)。

两年后,工作组建议建立一个定期报告制度,以监测《宣言》的执行情况,并发挥作用,以"审查这些报告并转达评论和建议"⑧。该建议没有得到执行。从1996年开始,工作组开始就《宣言》中的条款和各种问题通过一般性意见。⑨"近年来,工作组除了协助亲属和政府澄清个别失踪案件外,还根据委员会的指示,承担了

---

① E/CN. 4/2006/56 I. B; A/HRC/4/41 I. C.

② E/CN. 4/1985/15 para 294.

③ E/CN. 4/1984/21VI.

④ E/CN. 4/1985/15 I F paras 68-72; E/CN. 4/1986/18 I F 2.

⑤ E/CN. 4/1985/15 Annex III.

⑥ General Assembly forty-seventh session, resolution 47/133 of 18 December 1992.

⑦ E/CN. 4/1991/20 I F paras 27-29. See also E/CN. 4/1995/36 I F.

⑧ E/CN. 4/1994/26 paras 87 and 88.

⑨ 工作组就第3条(E/CN. 4/1996/38, paras 48-53)、第4条(E/CN. 4/1996/38, paras 54-58)、第10条(E/CN. 4/1997)、第17条(E/CN. 4/2001/68 paras 25-32)、第18条(E/CN. 4/2006/56 paras 49)、第19条(E/CN. 4/1998/43 paras 68-75)制定了一般性意见,关于强迫失踪的定义(A/HRC/7/2 para 26),关于作为危害人类罪的强迫失踪(A/HRC/13/31 para 39),作为持续犯罪(A/HRC716/48 para 39)和了解与强迫失踪有关的真相的权利(A/HRC/16/48 para 39),关于在强迫失踪情况下在法律面前人格被承认的权利(A/HRC/19/58/Rev. 1 para 42),关于儿童和强迫失踪(A/HRC/WGEID/98/1),关于受强迫失踪影响的妇女(A/HRC/WGEID/98/2)。

监测各国遵守《宣言》义务的主要责任。”①

工作组参与了《保护所有人免遭强迫失踪国际公约》的起草工作,并于1998年重申,它愿意在发挥专题特别程序作用的同时,发挥监测机构的作用,并援引“美洲国家间人权委员会双重作用的先例,审查其继续作为专题机制……同时作为条约监督机构发挥作用的可能性”②。

2016年(此后再次重申),工作组要求“在调查委员会和其他实况调查机构的任务到期后让工作组在这些调查结果的后续工作中发挥作用”③。

工作组每年提交一份关于各国及其与有关政府沟通的信息分析报告。④ 它根据指控的类型和紧迫性,建立了一个后续程序,“强调处于弱势地位的人的状况,包括妇女、儿童、老年人、残疾人、少数民族和土著人民”⑤。 516

根据这些分析,工作组确定了需要审议的政策和做法。⑥ 其中,第一个是1992年审议的有罪不罚现象,在1994年,它被定性为“消除强迫失踪工作的主要障碍之一”⑦。目前,有罪不罚现象仍然是工作组工作的主要障碍。⑧

---

① E/CN,4/1996/38 paras 473 and 474.

② E/CN.4/1998/48 I D para 19. 工作组对根据公约设立条约监督机构的效用持怀疑态度。2001年,工作组提交了关于公约草案的评论意见,在其中仍然怀疑“设立新的条约监督机构是否明智。如果将这些任务分配给一个现有的条约监督机构可能会更好,如禁止酷刑委员会或人权事务委员会”。E/CN.4/2001/68 Annex III, E/CN.4/2005/65 II.D。

③ A/HRC/33/51 para 119, A/HRC/36/39 para 120, A/HRC 39/46 para 150.

④ E/CN.4/1435 III A-I, IV; E/CN.4/1492 III A-VIV; E/CN.4/1983/14 IIA—K, III, IV; E/CN.4/1984/21 II A-K, III A, B; E/CN.4/1985/15 II A, B, III; E/CN.4/87/15II A, B, III IV; E/CN.4/1988/19II, III, IV; E/CN.4/1989/18 n, ill, IM v; E/CN.4/1990/13 II, III, IV; V; E/CN.4/1991/20II, III, IV V; E/CN.4/1992/18 H, III; E/CN.4/1993/28 II, III; E/CN.4/1994/26 II, III, IV; E/CN.4/1995/36 HI, IV; E/CN.4/1996/38 IL III, IV; E/CN.4/1997/34II, III, IV; E/CN.4/1998/43 II, III, IV; E/CN.4/1999/62II, III. IV; E/CN.4/2000/64 II, III, IV V; E/CN.4/20Q1/68 II, III, IV V; E/CN4/2002/79II, III, IV; E/CN/2003/7, II, III, IV; E/CN.4/2004/58II, III, IV; E/CN.4/2005/65 III, IM M E/CN.4/2006/56 III, IV.

⑤ A/HRC/WGEID/102/2.

⑥ E/CN.4/1993/25 I E.

⑦ E/CN.4/1984/26 IF para 73. See also General Comment on article 4 in E/CN.4/1996/381F paras 54-58; and E/CN.4/2000/64 VI para 140:“再次强调……有罪不罚是强迫失踪的主要原因之一——可能是根本原因,同时也是澄清过去案件方面遇到的重要障碍之一。”

⑧ See E/CN.4/1990/13 V para 344; E/CN.4/1999/62 IV paras 334-336, 338:“也许导致失踪现象的最重要的因素可能是有罪不罚现象……军事法庭对有罪不罚对造成有罪不罚具有重大影响,并且通常还有国家诱导的行为……司法系统的体制性瘫痪,尤其是人身保护令实际上或完全没有实施。”E/CN.4/2000/64 paras 140-142; E/CN.4/1999/167, resolution 1999/38 of 26 April 1999。

1984年,工作组报告了失踪事件对受害者家庭的影响,特别是对儿童的影响。它援引了“最近几项关于儿童和失踪问题的研究”,以及“儿童、孕妇和哺乳期母亲受益于特殊保护、护理和援助措施的权利”。[①]

随着其活动的扩展,工作组强调了更多的实质性和程序性问题。1988年,工作组讨论了选择性问题:

> 工作组经常被人告知,在履行它的使命时,它对某一地区的失踪事件比其他地区更加关注。这一批评虽然可以理解,但缺乏根据……工作组本身不能主动寻求有关某一国家的新的材料,也无法把注意力集中于某一地区而忽视另一地区。[②]

几年后,在对发生在非洲的失踪案件报告不足的情况下,出现了一个类似的问题:“非洲在过去十年中受到武装冲突的困扰最为严重,但与此同时,该地区据称是被强迫或非自愿失踪案件报告最少的地区。”工作组怀疑它正在处理一种被低估的失踪现象。[③]

517 2006年,工作组进一步评论了报告不足的问题,指出

> 并不只在非洲……在工作组发现,造成失踪案件漏报的一般因素包括贫困、文盲、逆来顺受、对报复的恐惧、司法行政不力、报告渠道和机制失效、制度化的有罪不罚制度和沉默的做法。[④]

2007年,漏报再次成为一个令人担忧的问题:“这是由于政府限制民间社会在

---

① E/CN. 4/1984/21Vpara 150; VI paras 156 and 157

② E/CN. 4/1988/19 I, IV.

③ E/CN. 4/2004/58 IV para 333:“漏报的原因可能多种多样,包括民间团体力量薄弱、当地缺乏人权非政府组织、缺乏北方同行给予的鼓励和支持,包括经济支持。”工作组认为,“联合国及其在相关国家的地方办事处可以考虑采取某些举措,鼓励和支持非政府组织,或实施某些教育和开发方案,消除缺乏邮政设施和对工作组及其任务的了解等方面的障碍”。

④ E/CN. 4/2006/56 IA paras 4-6 and IV A para 593.

这一敏感领域的工作。”①

1992年,工作组讨论了“行刑队”(death squads)在失踪现象中不同于国防单位的作用:

> 这些武装团伙显然是在法律以外活动的……正规武装人员的积极参与和官方车辆的使用 有可能使政府公开涉嫌失踪人员的逮捕和拘留……民防单位属于另一类,它们与行刑队不同,原则上是按法律行事的,这是 一个重要的区别。有关其活动的法律制度国家和国家之间差异很大。②

工作组还确定了其他问题,如应用法医学的必要性③、赔偿问题、死亡推定和挖掘遗骸,工作组于1998年审议了这些问题。④

工作组还解决了由于大量未解决(在工作组的术语中为“未澄清”[not clarified])案件而造成的问题,这些案件的发生时间长达数年,除其他措施外,工作组还建议立法,允许司法判决推定死亡,并向家属提供赔偿和其他形式的补救。⑤

2003年,工作组列出了一些预防措施,其中包括

> 可供查阅和更新的被拘留者登记册;保证被剥夺自由人士的亲属和律师可查阅适当的资料并出入拘留场所;确保被拘留者在拘留后迅速受司法当局审讯;将被控犯有强迫失踪行为的所有人员绳之以法,确保仅由主管民事法院 518

---

① A/HRC/4/41 IV para 496. 工作组对于某些区域和国家失踪案报告不足的现象表示关切。这主要是由于政府限制民间社会关于这一敏感问题的工作。工作组感到关切的是,一些国家对从事失踪案工作的非政府组织实施了法律限制。非政府组织的工作者和失踪案的证人还受到威胁和骚扰。工作组强烈敦促各国允许非政府组织自由开展它们的工作,不受任何妨碍;允许失踪受害者的家人不受官僚限制或立法障碍而组织起来,并保护证人。

② E/CN. 4/1992/18 paras 374 and 378. 在有些国家,法律仅仅规定建立这种单位的可能性,而在另外一些国家,法律则较为详细,规定了一些标准。在工作组工作所涉及的大多数国家,法律在这方面严重欠缺;有些国家则完全没有规定。但是,建立这些单位在世界范围内似乎呈上升趋势,特别是在冲突地区。它们可以在许多的掩盖和不同的名称下存在,比如“乡村巡逻队”“家园卫队”“民防武装部队地方支队”“自警队”或简称“民防队”。民防单位滥用权力的问题引起工作组的关切,特别是因为这些单位据报参与许多起失踪案件和其他滥用权力案件。

③ E/CN. 4/1993/25 I G para 53.

④ E/CN. 4/1998/43 I F.

⑤ E/CN. 4/1998/43 paras 409-412. See also E/CN. 4/1998/177, resolution 1998/40 of 17 April 1998.

对他们进行审判，并确保这些人不能从特别大赦法或其他类似措施中获益，使他们有可能豁免刑事诉讼或制裁。[①]

几年后，工作组在解决非国际性武装冲突情况下的预防措施时提出，

许多强迫失踪案产生于非国际性的武装冲突。持久和稳固的解决办法是国际社会采取协调行动，解决引起这类国内状况的根本原因。关键的是监督那些表明出现或可能出现失踪案的早期警告迹象，以防止这一情况。工作组相信，采取经过深思熟虑的政策和行动，打破贫困现象不断增加进而引发冲突的恶性循环，是在这方面应予考虑主要的基本预防措施。[②]

2005年出现的特别令人关切的领域包括儿童失踪、需要解决对亲属和人权维护者的恐吓问题，以及援引反恐战争为失踪辩解。工作组严重关切的是，“越来越多的国家利用反恐活动作为借口，不遵守《宣言》义务”[③]，并在次年提到“将恐怖分子嫌疑人运送到其他国家进行审讯的‘非常规引渡’”[④]。

工作组在21世纪初进一步确认应在冲突后建立真相与和解机制，以解决过渡问题，并警告“不要利用这些机制来制定大赦法……以及其他措施来免于惩罚”[⑤]。工作组重申了其对“在一段广泛侵犯人权的时期后，失踪案件经常继续存在，失踪案工作人员的未决案件和迫害持续多年”。作为过渡时期的一部分，大赦法的颁布以及越来越多的关于人权维护者失踪和恐吓、迫害或报复人权的报告仍然令人担忧。人权维护者、证人、法律顾问和失踪者亲属寻求查明失踪者的命运或下落。[⑥] 工作组通过了一项关于《宣言》第十八条的一般性意见，以解决这一问题。[⑦]

1993年，工作组审议了关于前南斯拉夫境内失踪人员的指控，提出“前南斯拉

① E/CN. 4/2003/70 IV para 329.

② A/HRC/4/41 IV para 501.

③ E/CN. 4/2005/65 I C para 13.

④ E/CN. 4/2006/56 I E paras 20-22 and IV A para 594-596, 598.

⑤ E/CN. 4/2006/56 I D para 23; IV A para 603.

⑥ A/HRC/4/41 I E paras 24-28.

⑦ E/CN. 4/2006/56 II E 2 para 49.

夫局势的紧迫性与工作组现有工作方法之间的矛盾”[1]。这导致工作组提议设立 519
关于前南斯拉夫失踪人员“特别程序”。[2] “前南斯拉夫境内失踪人员问题特别程序是前南斯拉夫境内人权状况特别报告员塔德乌什·马佐维耶茨基先生和工作组成员曼弗雷德·诺瓦克先生共同授权设立的。”[3](见第六章 A,1992 年——南斯拉夫,失踪人员特别程序[1994—1997 年])

工作组在其年度报告中列入了一个专题项目[4],讨论了以下主题:

2013 年——“赔偿和强迫失踪”[5]。

2015 年——“强迫失踪与经济、社会及文化权利”[6]。

2017 年——“移民背景下的强迫失踪”[7],重点是“移民背景下的强迫失踪……以及其他私人行为者在移民方面采取的其他相关类似做法,包括贩运人口或偷渡移民,这可能相当于强迫失踪”[8]。

2018 年——“有关有效调查防止强迫失踪的标准恶化公共政策”[9]。

1981 年——人口大规模流亡

1980 年,人权委员会着手处理人口大规模流亡的问题。“有迹象表明如此大规模的个人和群体事件往往是侵犯人权的结果”,委员会对此表示关注,请秘书长“在任何此类人口大规模流亡事件成为国际关切和棘手问题的情况下,考虑与适当政府建立直接联系,评估局势与充分享有人权之间的关系,并提出改善这些情

---

① E/CN. 4/1993. 25 I E para 42; E/CN. 4/1994/26 I E.

② E/CN/1998/431 para 21:“在其报告中 (E/CN/4/1994/26/Add. 1) 1993 年 9 月与工作组和特别报告员讨论;范东根先生提议建立一个‘前南斯拉夫失踪人员特别程序,作为特别报告员和工作组一名成员的联合任务,负责处理南斯拉夫所有失踪人员案件’。专家(曼弗雷德·诺瓦克)提交了三份报告:E/CN. 4/1995/37 第 7 段; E/CN. 4/1996/36; E/CN. 4/1997/55。诺瓦克于 1997 年辞职,原因是国际社会不支持他通过现有手段,包括挖掘遗骸来澄清失踪问题。”E/CN. 4/1998/43 I E para 31。

③ E/CN. 4/1995/36 I E para 43.

④ A/HRC/22/45 II para 46.

⑤ A/HRC/22/45 III A-D paras 46-68.

⑥ A/HRC/30/38/Add. 5 I para 5. See also A/HRC/22/45 para 51.

⑦ A/HRC/36/39/Add. 2; A/HRC/33/51 II G.

⑧ A/HRC/36/39/Add. 2 I para 4.

⑨ A/HRC/39/46 II G.

况的具体建议”。[①]

秘书长指出了解决人口大规模流亡现象的复杂性，称，

> 毫无疑问，在许多情况下，人口大规模流亡是由否认人权造成的，秘书长在他
> 520 的接触和咨询中也指出了这一点。然而，秘书长经常发现，在公开披露他与有关政府接触的确切依据，包括关于人口大规模流亡与充分享有人权之间关系的接触时，需要相当谨慎，以避免影响未来的接触，并避免丧失他未来对这种情况的受害者提供援助的可能性。[②]

基于这一警告，秘书长分享了观点，即“进一步调查或阐明侵犯人权与人口大规模流亡之间的联系可能是值得人权委员会等联合国机构审议的问题，以便制定适当的解决办法，补充处理此类情况的方法或程序”[③]。

人权委员会任命特别报告员研究人权与人口大规模流亡问题，并补充说，“在进行研究时，特别报告员可能主要从联合国有关机构或部门，以及政府、专门机构、政府间组织和非政府组织寻求和获得信息”[④]。

特别报告员萨德鲁丁·阿加汗于1982年提交了报告。特别报告员在其送文函中用预言般的语言将这一现象描述为

> 一个巨大而又日益复杂的问题。大规模外流正在成为当代经常出现的一种悲惨现象，其根本原因在于我们社会所固有的许多问题，而每个问题都需要单独加以详细研究。除非能打破框框，立即采取具体措施，避免或至少控制大规模外流的局面，否则这个问题肯定会越来越严重。采取这些措施的一个先决条件是：各国政府要有政治意愿并在全球范围内化为实际行动……如果本研究报告能够提高各国政府和一般公众对于这个问题的认识，并推动大家作进一步的分析，那么，它就不算白写了。然而，我经过再三考虑后认为，如果确实要使子孙后代再也看不到几百万人流离颠沛的悲惨景象，光靠报告和

---

① E/CN.4/1408, resolution 30 (XXXVI) of 11 March 1980.

② E/CN.4/1440 paras 6 and 9.

③ E/CN.4/1440 paras 6 and 9.

④ E/CN.4/1475, resolution 29 (XXXVII) of 11 March 1981.

决议(无论它们多么中肯和有用)是不够的。[1]

报告提出了九项建议:

> (1)重新修订难民法、国籍法和劳工法,在促进一个新的国际人道主义秩
> 序的范围内,重新审议给予政治避难的惯例;(2)重新评价同可能造成人口大
> 规模流亡的原因有关的发展中国家的经济需要;(3)国际援助标准统一问题;
> (4)同时接触原籍国和给予庇护的国家,以便对整个情况有一个全面了解,从
> 而能够更好地制订计划;(5)多边援助应考虑到双边援助,以避免重复,保证 521
> 统筹办理;(6)在救济机构之外,另行采用有效的人口调查办法,以便公正
> 地由专家确定,在大批人口涌进的情况下,需要得到援助的越境者的数目;
> (7)**对可能出现大规模外流的情况公正地收集资料和数据,从而建立一个预
> 先警报制度,以便迅速报告联合国秘书长和有关政府间机构,在需要时及时
> 采取行动;(8)任命一位人道主义问题特别代表,其任务主要包括:(a)预先提
> 出警报,(b)进行监督,(c)使有关人道主义的情况免于政治化,(d)执行人道
> 主义机构因制度和授权的限制而不能承担的职务,(e)充当有关各方之间的
> 友好桥梁**;(9)从富于人道主义问题经验的团体中,选定一批愿意并能够参加
> 的男女工作人员,组成一支"人道主义观察员"队伍,这支队伍在需要时能够
> 对情况进行监督,并通过亲临现场,帮助紧张局势逐步缓和下来。[2]

人权委员会向联合国大会和大会于 1981 年设立的国际合作防止新难民潮问题政府专家组(Group of Government Experts on International Cooperation to Avert New Flows)提交了报告。[3] 大会要求将收到的意见提供给委员会和专家组,"以便于进一步审议这项研究的结果"[4]。

1983 年,人权委员会承认,"特别报告员研究报告中的建议可能有助于防止人口进一步大规模流动并减轻其后果",并请秘书长根据这些意见和对研究报告的

---

① E/CN. 4/1503.

② E/CN. 4/1503 Recommendations, 着重号为作者所加。

③ E/CN. 4/1982/30, resolution 1982/32 of 11 March 1982.

④ General Assembly thirty-seventh session, resolution 37/186 of 17 December 1982.

其他反馈提出建议,“开展有效的国际合作安排,以解决和减轻与侵犯或压制人权有关的人口大规模流动的”。[1]

1984 年,人权委员会注意到,“到目前为止,只有一定数量的政府表达了它们的意见”,并欢迎秘书长“……继续审查特别报告员的建议”。[2]

1985 年,人权委员会欢迎秘书长采取步骤建立早期预警系统,并指定一名人道主义问题的临时特别代表。[3]

1987 年,人权委员会提到了国际合作防止新难民潮问题政府专家组的报告,并要求“提供关于使联合国对预计需要人道主义援助的情况做出更迅速和更适当的反应所正在进行的努力的任何进展情况”[4]。

522 1989 年,人权委员会注意到秘书长建立了研究和资料收集厅,以协调资料收集工作,“以就需秘书长注意的正在发展的情况提供早期预警,并作为联合国系统内政策反应,包括为秘书长明确政策选择方案的协调中心”[5]。

人权委员会欢迎难民事务高级专员成立了一个解决方案和保护问题工作组,并请秘书长“加强努力,以发挥研究和资料收集厅的作用,加强与各机构资料收集和分析的协调,以便为发展中的情况提供早期预警”[6]。

1992 年,人权委员会欢迎设立紧急救济协调员(Emergency Relief Coordinator)职位,并敦促秘书长

> 高度重视和调拨资源巩固和加强人道主义领域内预报活动系统,加强秘书处内与预报有关的主管办事处之间的协商……特别是联合国难民事务高级专员办事处、人权事务中心和有关专门机构,以便确保采取有效行动,查明导致人口大规模外流的侵犯人权行为。[7]

---

① E/CN. 4/1983/60, resolution 1983/35 of 8 March 1983.

② E/CN. 4/1984/77, resolution 1984/49 of 14 March 1984.

③ E/CN. 4/1985/66, resolution 1985/40 of 13 March 1985. See also E/CN. 4/1986/65, resolution 1986/45 of 12 March 1986.

④ E/CN. 4/1987/60, resolution 1987/56 of 11 March 1987. See also E/CN. 4/1988/88, resolution 1988/70 of 10 March 1988.

⑤ E/CN. 4/1989/86, resolution 1989/63 of 8 March 1989. See also E/CN. 4/1990/94, resolution 1990/52 of 6 March 1990; A/44/622 II para 8; A/45/607.

⑥ E/CN. 4/1991/91, resolution 1991/74 of 6 March 1991.

⑦ E/CN. 4/1992/84, resolution 1992/63 of 3 March 1992.

1993 年,行政协调委员会(Administrative Committee on Coordination, ACC)在联合国机构间分享和分析相关资料的并制定集体建议以采取行动来减轻难民和流离失所者新流动之可能原因的基础上,设立了一个关于难民和流离失所者可能流动的联合国机构间预报磋商会。委员会敦促秘书长“巩固和加强人道主义领域内预警活动系统,特别是指定人道主义事务部作为该领域预警的协调中心,以及确定导致人口大规模外流的侵犯人权行为”①。

1994 年,人权委员会援引世界人权会议的成果和秘书长的改革建议,再次邀请它们“加强合作和援助,在世界范围内努力解决难民和流离失所者大规模流亡造成的严重问题,以及这种人口大规模流亡的原因”②。

1995 年,人权委员会“感兴趣地注意到秘书长的报告,其中载有关于在人口大规模流亡领域行之有效的解决办法的资料和意见”③。

1996 年,人权委员会请高级专员“与联合国难民事务高级专员合作,关注导致
或可能导致人口大规模流亡的情况,建立应急准备和响应机制,包括信息共享和 523
提供技术咨询、专业知识和合作”④。

1997 年,人权委员会请特别程序的任务负责人“酌情就导致人口大规模外流或阻碍他们自愿返回家园的问题寻求信息”。它请各条约机构“与委员会的所有机制充分合作,尤其是向它们提供其掌握的关于造成或影响难民和流离失所者的人权状况的所有相关资料”。⑤

1998 年,人权委员会欢迎联合国难民事务高级专员公署(United Nations High Commissioner for Refugees)对其审议工作的贡献,同时请人权事务高级专员提交一份报告,“说明防止人口大规模流亡和流离失所期间发生的侵犯和否定人权行为的措施”⑥。

2000 年,人权委员会将对人口大规模流亡问题的审议推迟三年进行。⑦ 三年后,高级专员提交了一份报告,其结论是,“解决导致人口大规模流亡和流离失所

① E/CN. 4/1993/122, resolution 1993/70 of 10 March 1993.

② E/CN. 4/1994/132, resolution 1994/66 of 9 March 1994.

③ E/CN. 4/1995/176, resolution 1995/88 of 8 March 1995.

④ E/CN. 4/1996/177, resolution 1996/51 of 19 April 1996.

⑤ E/CN. 4/1997/150, resolution 1997/75 of 18 April 1997.

⑥ E/CN. 4/i998/177, resolution 1998/49 of 17 April 1998.

⑦ E/CN. 4/2000/167, resolution 2000/55 of 25 April 2000.

的人权状况的挑战仍然是一个最令人关切的问题。即使国际社会越发意识到这一全球性问题,仍需要进一步加强努力和全球合作与援助,以解决这些情况以及由此产生的严重问题”①。委员会要求“对委员会和小组委员会的相关报告和决议进行专题汇编”②。

根据这些要求编写的有关该问题的报告主要是对答复的汇编,“并没有试图以任何方式对人口大规模流亡问题进行全面分析,而是突出了这方面的形势和主要发展……正如这些答复所反映的那样”③。

自 1982 年特别报告员首次发出警告以来,有关该问题的情况一直没有得到改善。

1982 年——即决处决或任意处决

在成立强迫失踪问题工作组两年后,人权委员会任命了一名特别报告员(阿莫斯·瓦科[S. A. Wako,1982—1992 年];巴克雷·瓦利·恩迪亚[Bacre Waly Ndiaye,1992—1998 年];阿斯玛·贾汉吉尔[Asma Jahangir,1998—2004 年];菲利普·阿尔斯顿[Philip Alston,2004—2010 年];克里斯托夫·海恩斯[Christof Heyns,2010—2016 年];阿涅丝·卡拉马尔[Agnes Callamard,2016 年]),“审查与即决处决或任意处决有关的问题……提交一份全面报告……关于此类处决的发生和程度”,并
524 指出此类处决“普遍出于政治动机”。④ 人权理事会维持了相关任务。⑤

特别报告员在其第一份报告中回顾说,即决处决或任意处决问题“已被任命处理特定国家问题的特别报告员……审议多年,或由……小组委员会长期以来在‘失踪和即决处决’项目下提出报告”⑥。联合国大会在 1980 年和 1981 年讨论了这个问题,并请预防和控制犯罪委员会“审查……该问题,以期提出建议”⑦。

---

① E/CN. 4/2003/84 III para 53.

② E/CN. 4/2003/135, resolution 2003/52 of 24 April 2003. See also E/CN. 4/2005/80.

③ E/CN. 4/1997/42 para 6; E/CN. 4/1998/51 para 7. See also E/CN. 4/2000/81; E/CN. 4/2003/84; E/CN. 4/2005/80 and Add. 1.

④ E/CN. 4/1982/30, resolution 1982/29 of 11 March 1982. See also resolution 1983/36 of 8 March-1983.

⑤ A/HRC/8/52, resolution 8/3 of 18 June 2008; A/HRC/17/2, resolution 17/5 of 16 June 2011; A/HRC/26/2, resolution 26/12 of 26 June 2014; A/72/53, resolution 35/15 of 22 June 2017.

⑥ E/CN. 4/1983/16 I para 1.

⑦ General Assembly thirty-fifth session, resolution 35/172 of 15 December 1980; thirty-sixth session, resolution 36/22 of 9 November 1981.

特别报告员讨论了与“即决”(summary)和“任意”(arbitrary)定义有关的基本概念,并研究了“战争、武装冲突和紧急状态下……涉及执法中杀人……以及有关拘禁或监禁中的即决处决或任意处决”。① 特别报告员提出了“初步的定义”②,并根据39个国家的模式、目标和指控分析了这些资料。③

特别报告员提到了经济及社会理事会1989年通过的《有效防止和调查法外处决、任意处决和即决处决的原则》,该文件

> 是对他任务立场的有力支持……任何政府未能达到该原则中规定的标准可能被认为是说明政府的责任,即使没有任何政府官员被发现直接参与了即决处决或任意处决行为。④

报告附有执法官员使用武力和枪支的基本原则。⑤

在描述法律框架时,特别报告员提到了1991年发表的“一份对保障生命权具有重大意义的文件……题为《有效防止和调查法外、任意和即决处决手册》(ST/CSDHA/12),制定了调查法外处决或杀害的程序”,该报告还讨论了适用的法律框架,包括

> 与实行死刑有关的文书……武装冲突中对生命权的侵犯……执法人员使用武力造成的死亡……拘留期间的死亡……死刑队或不明身份者的暗杀活动……将人驱逐到其生命有危险的国家……以及受害者的权利。⑥

在1992年的报告中,特别报告员描述了他任期十年间的变化: 525

> 这种演变一方面是由于所提出的各种情况……需要解释即决处决或任意处决的概念,另一方面是由于各项决议……关于特别报告员的任务和国际

① E/CN. 4/1983/16 VI A, B, C, D.

② E/CN. 4/1983/16 VI E para 66.

③ E/CN. 4/1983/16 VII C.

④ E/CN. 4/1990/22 III C paras 462 and 463 Annex.

⑤ 于第八届联合国预防犯罪和罪犯待遇大会(古巴哈瓦那,1990年8月27日至9月7日)上通过。

⑥ E/CN. 4/1992/30 II A para 22, B-H.

标准的持续发展,这些国际标准直接或间接涉及生命权。[①]

特别报告员解释了在对向各国政府发出的指控采取后续行动时制定的程序,如收到的指控"表明即将发生即决处决或任意处决时……另一些情况表明,政府如采取紧急措施可能会防止生命再度受到损失,防止执法官员再次过度使用武力",并对"在和联合国的合作中……遭到恐吓和报复,可能威胁到生命权"的指控做出回应。[②] 特别报告员在1984年描述了其在收到申诉,"指控即将发生即决处决或威胁即决处决"的情况下,"用电传紧急致函有关国家"的举措。[③]

通过与各国政府沟通获得的资料得到了观测和在国别访问中收集资料的补充。从1985年访问苏里南开始,特别报告员定期访问了一些国家。[④] 与其他特别

---

① E/CN. 4/1992/30 IV A1 paras 600-615.

② E/CN. 4/1992/30 IV A 3 paras 622-632.

③ E/CN. 4/1984/29 para 33. See also E/CN. 4/1991/36 III paras 573 and 575.

④ 特别报告员的访问情况见下列文件:阿富汗(E/CN. 4/2003/3/Add. 4;A/HRC/8/3/Add. 6;A/HRC/11/2/Add. 4;A/HRC/17/28/Add. 6—后续行动);阿尔巴尼亚(A/HRC/17/28/Add. 3;A/HRC/23/47/Add. 4—后续行动);阿尔巴尼亚/马其顿、前南斯拉夫共和国(E/CN. 4/2000/3/Add. 2);巴西(A/HRC/8/3/Add. 4);巴西(E/CN. 4/2004/7/Add. 3);布隆迪(E/CN. 4/1996/4/Add. 1);中非共和国(A/HRC/8/3/Add. 5;A/HRC/1l/2/Add. 3);哥伦比亚(E/CN. 4/1990/22/Add. 1; E/CN. 4/1995/111—与酷刑问题特别报告员联合访问;A/HRC/14/24/Add. 2;A/HRC/20/22/Add. 2—后续行动);刚果民主共和国(E/CN. 4/2003/3/Add. 3;A/HRC/14/24/Add. 3;A/HRC/20/22/Add. 1—后续行动);厄瓜多尔(A/HRC/17/28/Add. 2;A/HRC/23/47/Add. 3—后续行动);萨尔瓦多(A/HRC/38/44/Add. 2, Add. 5);前南斯拉夫(E/CN. 4/1993/46 IV—与前南斯拉夫问题特别报告员联合访问);冈比亚(A/HRC/29/37/Add. 1—与酷刑问题特别报告员联合访问);危地马拉(A/HRC/4/20/Add. 2—后续行动; A/HRC/1l/2/Add. 7);洪都拉斯(E/CN. 4/2003/3/Add, 2; A. HRC/35/23/Add. 1, Add. 3);印度(A/HRC/23/47/Add. 1, Corr. 1, Add. 7);印度尼西亚/东帝汶(E/CN. 4/1995/61/Add. 1);伊拉克(A/HRC/38/44/Add. 1, Add. 4);牙买加(E/CN. 4/2004/7/Add. 2);肯尼亚(A/HRC/11/2/Add. 6;A/HRC/17/28/Add. 4—后续行动);黎巴嫩/以色列(A/HRC/2/7—负责适足住房、境内流离失所者和健康的联合特派团);墨西哥(A/HRC/26/36/Add. 1, Add. 3);墨西哥(E/CN. 4/2000/3/Add. 3);尼泊尔(E/CN. 4/2001/9/Add. 2);尼日利亚(E/CN. 4/2006/53/Add. 4—后续行动;A/HRC/8/3/Add. 3);巴布亚新几内亚(A/HRC/29/37/Add. 1);巴布亚新几内亚/布干维尔(E/CN. 4/1996/4/Add. 2);秘鲁(E/CN. 4/1994/7/Add. 2);菲律宾(A/HRC/8/3/Add. 2—后续行动; A/HRC/11/2/Add. 8);卢旺达(E/CN. 4/1994/7/Add. 1);斯里兰卡(E/CN. 4/1998/68/Add. 2; E/CN. 4/2005/53/Add. 5—后续行动; A/HRC/8/3/Add. 3);苏丹(E/CN. 4/2004/7/Add. 3);苏里南(E/CN. 4/1985/17, Add. 5; E/CN. 4/1988/22, Annex);东帝汶(A/54/660—与酷刑和暴力侵害妇女问题特别报告员联合访问);土耳其(E/CN. 4/2002/74/Add. 1;A/HRC/23/47/Add. 2;A/HRC/23/47/Add. 6);乌干达(E/CN. 4/1987/20, Add. 2);乌克兰(A/HRC/32/39/Add. 1);美利坚合众国(E/CN. 4/1998/68/Add. 3;A/HRC/11/2/Add. 5;A/HRC/17/28/Add. 5—初步后续说明;A/HRC/20/22/Add. 3—后续行动);扎伊尔(E/CN. 4/1992/30/Add. 1)。

程序的协调也有助于简化信息的接收和后续行动,包括对一些国家的联合访问。[①]

1995年,特别报告员对访问的价值提出了警告。他指出: 526

> 人权委员会成员对其授权的特别报告员提出的结论和建议显然缺乏重视……卢旺达的情况就令人遗憾地说明了这一现象,国际社会如果在1994年早些时候……采取果断行动的话,就可能使该国的情形较少受到该年4月6日以后所发生的灾难事件的影响。[②]

在同样的背景下,特别报告员指出:

> 邀请特别报告员查访并在执行任务期间表现出合作但又忽视其作为查访结果所提出的建议是不足取的。特别报告员一再强调,他把查访视为旨在加强尊重生命权的对话的开始。他的给论,即使可能提及对生命权的侵犯,也不是以责难的态度提出的。相反,特别报告员认为,承认所遇到的问题并指出这些问题是试图解决这些问题的先决条件。特别报告员根据他在这个问题上的经验和专门知识可再一次提供帮助。[③]

对信息的分析从对国际法律框架的讨论和分析[④]发展到对早期报告中讨论的问题的确定。这些问题被视为"涉及侵犯生命权的问题""特别关注的问题"或"需要特别报告员注意的问题"。[⑤]

截至21世纪的第一个10年,特别报告员确定了"特别重要的问题",并列出了"未来研究"的主题。[⑥] 在最近的报告中,特别报告员就任务的主题方面提交了以下报告:

---

① See also E/CN. 4/1994/7 II A-F; E/CN. 4/1995/61 II.

② E/CN. 4/1995/61 V A para 366.

③ E/CN. 4/1995/61 V A para 368

④ See E/CN. 4/1983/16 IV, V, VI; E/CN. 4/1984/29 II; E/CN. 4. 1986/21 III; E/CN. 4/1987/20 III, IV; E/CN. 4/1986/22 III; E/CN. 4/1989/25 III; E/CN. 4/1990/22 III, IV.

⑤ See E/CN. 4/1994/7 VI D; E/CN. 4/1996/4 IV E; E/CN. 4/1997/60 V; E/CN. 4/1998/68 V; E/CN. 4/2000/3 V; E/CN. 4/2001/9 V; E/CN. 4/2002/74 V.

⑥ A/HRC/14/24 III, IV, V.

2001 年、2002 年——“侵犯特殊群体的生命权”[1]。

2005 年——“特选的关注问题以及问责制关键挑战的概述”[2]。

2006 年——“某些关切问题综述和透明度的作用”[3];“建立追究法外处决责任的法律框架”[4]。

2007 年——“特别报告员在武装冲突方面的任务”,“武装冲突中‘结束痛苦的致死行动’”,“仅对‘最严重的罪行’判处死刑”,以及“禁止强制性的死刑”。[5]

2008 年——“国家调查委员会在处理法外处决有罪不罚问题中的作用”“寻求
527 赦免或减免死刑的作用”,以及“管理监狱的囚犯”;[6]“保护证人在结束法外处决不受惩罚循环中的作用”,“使军事法庭制度与人权相结合”[7]。

2009 年——“回应针对协助特别报告员开展工作的个人的报复行为”,“维护禁止处决少年犯的规定”,以及“在监控公众集会过程中使用致命武力”;[8]“私刑杀害和暴民惩罚”[9]。

2010 年——“警察监督机制研究”[10];“关于定点杀戮的研究”[11];“与选举有关的暴力和杀戮”[12];“法外处决和反渗透技术”[13]。

2011 年——“在对集会进行治安管控的情况下保护生命权”[14];“在逮捕中保护生命权”[15]。

2012 年——“记者生命权的保护”[16];“对死刑的限制”[17]。

---

① E/CN. 4/2002/74 IV, VII.

② E/CN. 4/2005/7 III, IV.

③ E/CN. 4/2006/53 II A, B, C, D, E. III.

④ A/61/311 III, IV; A/65/321 III.

⑤ A/HRC/4/20 III A, B, G D, IV.

⑥ A/HRC/8/3 III A, B, C, IV.

⑦ A/63/313.

⑧ A/HRC/11/2 III A, B, C, D, IV A, B, C.

⑨ A/64/187 IV.

⑩ A/HRC/14/24/Add. 6.

⑪ A/HRC/14/24/Add. 8.

⑫ A/HRC/14/24/Add. 7.

⑬ A/65/321 IV, V.

⑭ A/HRC/17/28 III, IV, V.

⑮ A/66/330 I, II, III.

⑯ A/HRC/20/22 III, IV, V.

⑰ A/67/275 III, IV, V.

2013年——“致命武器和生命权保护”[①]。

2014年——“在执法过程中保护生命权:改革国内法律的必要性”,“遥控驾驶飞机或武装无人机和新兴的自主武器系统”;[②]“区域人权系统作为生命权的切入点”,“执法过程中使用低致命性武器和自动武装”,“死刑执行的恢复”。[③]

2015年——“利用信息和通信技术保障生命权”[④];“法医学在保护生命权中的作用”,“对外国人适用死刑”,以及“国家的责任”。[⑤]

2016年——“修订《联合国预防和调查法外处决、任意处决和即决处决手册》明尼苏达议定书”[⑥]。

2016年——“私人安全提供商在执法环境中的生命权和使用武器”[⑦]。

2016年——“集会的适当管理”[⑧]。

2017年——“性别问题敏感角度的杀戮”[⑨];“复杂移民背景下的任意处决”[⑩]。

2018年——“武装非国家行为者以及生命权”[⑪];“拯救生命不是犯罪”[⑫]。

在特别报告员提出的几项建议中,经常援引咨询服务的适用情况。在任务存 528
在之初,特别报告员就澄清了若想取得积极成果必须:

(a)政府具有打击侵犯人权行为和改善本国情况的真正意愿;(b)在提出具体项目之前仔细审查该国情况……(c)妥善规划资金和人力资源以支持项目的进行;(d)……联合国系统内的机构和部门要密切合作和协调;(e)建立

① A/HRC/23/47 III, IV, V; A/68/382 III, IV, V. See also A/HRC/28/2, resolution 28/3 of 26 March 2015.

② A/HRC/26/36 II, III.

③ A/69/265 III,IV,V.

④ A/HRC/29/37 II, III, IV.

⑤ A/70/304 III, IV.

⑥ A/HRC/32/39/Add. 4.

⑦ A/HRC/32/39 III, IV, V.

⑧ A/HRC/31/66.

⑨ A/HRC/35/23 III, IV, V.

⑩ A/72/335 III, IV, V, VI.

⑪ A/HRC/38/44 III, IV, V.

⑫ A/73/314 III, IV, V, VI, VII, VIII.

监督项目实施和进展的机制,并定期评估此类项目。[①] (见第三章和第八章)

1985 年——酷刑

1985 年,人权委员会"对世界各地据报发生的酷刑……事件数目惊人之多,表示严重关注……决定任命一名特别报告员,任期一年,以审查有关酷刑的问题"[②]。

特别报告员(彼得·科伊曼斯[Peter Kooijmans,1985—1993 年];奈杰尔·罗德利[Nigel Rodley,1993—2004];西奥·范博文[Theo van Boven,2001—2004 年];曼弗雷德·诺瓦克[Manfred Nowak,2004—2009 年];胡安·门德斯[Juan Méndez,2010—2015 年];尼尔斯·梅尔策[Nils Melzer,2016 年])就"酷刑的实行和发生范围"做出报告,他们应"寻求并获得可靠的信息,……对相关信息予以有效反应,并谨慎地开展工作"。[③]

该任务涉及四种类型的活动:

> (a)向各国政府、专门机构和政府间和非政府组织索要和从它们那里接受可信和可靠的资料;(b)向政府发出紧急呼吁,要求澄清有关个人的情况那些人的情况……(c)向政府转交上面(a)中提到的那类资料,表明属于特别报告员职权范围的行为可能已经发生,需要采取法律或行政措施,防止这类行为的发生;以及(d)探讨对有关国家进行访问的可能性,以便更直接地了解属于特别报告员职权范围内的案件和情况,找出防止这种事件再次发生或改进状况的措施。[④]

人权理事会"赞赏特别报告员在履行任务方面的总体奉献精神,并进一步延长了其任务期限"[⑤]。

---

① E/CN. 4/1990/22 III D para 466.

② E/CN. 4/1985/66, resolution 1985/33 of 13 March 1985.

③ E/CN. 4/1985/66, resolution 1985/33of 13 March 1985. See also E/CN. 4/1986/65, resolution 1986/50 of 13 March 1986; E/CN. 4/1987/60, resolution 1987/29 of 10 March 1987; E/CN. 4/1988/88, resolution 1988/32 of 8 March 1988; E/CN. 4/1990/94, resolution 1990/34 of 2 March 1990; E/CN. 4"992/84, resolution 1992/32 of 28 February 1992; E/CN. 4/1995/176, resolution 1995/37 of 3 March 1995.

④ E/CN. 4/1994/31 I, para 5.

⑤ A/HRC/25/2, resolution 25/13 of 27 March 2014. See also E/CN. 4/1292, resolution 34/19 of 24 March 2017.

特别报告员在收集和接收各种来源的信息的基础上制定了工作方法,并通过 529
与各国政府的通信和发出紧急呼吁,对这些信息采取后续行动。特别报告员报告了与各国政府一同处理的案件。[①]

1987年,特别报告员进行了第一次国别访问。其中包括采取后续行动的程序,即特别报告员要求有关政府"向他通报根据他访问其国家后提出的建议可能采取的任何措施"[②]。从那时起,这种做法一直持续至今。[③] 访问成为特别报告员工作的重要组成部分。[④]

---

① E/CN/4/1986/15 II A para 59; E/CN. 4. 1987/13 II A para 16; E/CN. 4/1988/17 II A para 16; E/CN. 4/1989/15 II B paras 13-105, C paras 106-157; E/CN. 4/1990/17 III B; E/CN. 4/1991/17 II B; E/CN. 4/1992/17 II C; E/CN. 4/1993/26 II; E/CN. 4/1994/31 II; E/CN. 4/1995/34 II; E/CN. 5/1996/35 II and Add. 1; E/CN. 4/1997/7 III, and Add. 1; E/CN. 4/1998/38 III, and Add. 1; E/CN. 4/1999/61 III; E/CN. 4/2000/9 III and Add. 5; E/CN. 4/2001/66 III; E/CN. 4/2002/76 III and Add. 1; E/CN. 4/2003/68/Add. 1; E/CN. 4/2004/56 II and Add. 1; E/CN 4/2005/62/Add. 1; E/CN. 4/2006/6/Add. 1; A/HRC/4/33/Add. 1; A/HRC/7/3/Add. 1; A/HRC/10/44/Add. 4; A/HRC/13/39/Add. 1; A/HRC/16/52/Add. 1; A/HRC/19/61/Add. 4; A/HRC/22/53/Add. 4; A/HRC/25/60/Add. 2; A/HRC/28/68/Add. 1; A/HRC/31/57/Add. 1; A/HRC/34/54/Add. 3.

② E/CN. 4/1990/17 IV C.

③ E/CN. 4/1998/17/Add. 1 Addendum See also E/CN. 4/2000/9/Add. 1 Addendum; E/CN. 4/2004/56/Add. 3 Addendum; E/CN. 4/2006/6/Add. 2 Addendum; A/HRC/10/44/Add. 5; A/HRC/13/39/Add. 6; A/HRC/22/53/Add. 3 Addendum.

④ 特别报告员访问了阿根廷(E/CN. 4/1988/17/Add. 1);阿塞拜疆(E/CN. 4. 2001/66/Add. 1);巴西(A/HRC/31/57/Add. 4);巴西(E/CN. 4/200V66/Add. 2);喀麦隆(E/CN. 4/2000/9/Add. 2);智利(E/CN. 4/1996/35/Add. 2);哥伦比亚(E/CN. 4/1988/17/Add. 1);哥伦比亚(联合特派团)(E/CN. 4/1995/111);丹麦(A/HRC/10/44/Add. 2);东帝汶(联合特派团)(A/54/660,E/CN. 4/2000/115);赤道几内亚(A/HRC/10/44/Add. 1—初步说明,A/HRC/13/39/Add. 4);前南斯拉夫(E/CN. 4/1993/26);冈比亚(A/HRC/28/68/Add. 4);格鲁吉亚(A/HRC/31/57/Add. 3);格鲁吉亚(E/CN. 4/2005/62/Add. 3—初步说明,E/CN. 4/2006/6/Add. 3);中国(E/CN. 4/2006/6/Add. 6);加纳(A/HRC/25/60/Add. 1,A/HRC/31/57/Add. 2—后续行动);希腊(A/HRC/16/52/Add. 4);危地马拉(E/CN. 4/1990/17 IV A);洪都拉斯(E/CN. 4/1990/17 IV B);印度尼西亚(A/HRC/7/3/Add. 7);印度尼西亚/东帝汶(E. CN. 4/1992/17/Add. 1);牙买加(A/HRC/16/52/Add. 3);约旦(A/HRC/4/33/Add. 3);哈萨克斯坦(A/HRC/13/39/Add. 3);肯尼亚(E/CN. 4/2000/9/Add. 4);吉尔吉斯斯坦(A/HRC/19/6l/Add. 2);毛里塔尼亚(A/HRC/34/54/Add. 1);墨西哥(A/HRC/28/68/Add. 3,A/HRC/34/54/Add. 4—后续行动);墨西哥(E/CN. 4/1998/Add. 2);摩尔多瓦(A/HRC/10/4/Add. 3);蒙古(E/CN. 4/2006/6/Add. 4);摩洛哥(A/HRC/22/53/Add. 2);尼泊尔(E/CN. 4/2006/6/Add. 5);尼日利亚(A/HRC/7/3/Add. 4);巴基斯坦(E/CN. 4/1997/7/Add. 2);巴布亚新几内亚(A/HRC/16/52/Add. 5);秘鲁(E/CN. 4/1989/15 III. A);菲律宾(E/CN. 4/1991/17 III. A);大韩民国(E/CN. 4/1989/15 III, B);罗马尼亚(E/CN. 4/2009/9/Add. 3);俄罗斯联邦(E/CN. 4/1995/34/Add. 1);斯里兰卡(A/HRC/34/54/Add. 2,A/HRC/7/3/Add. 6);塔吉克斯坦(A/HRC/22/53/Add. 1,A/HRC/28/68/Add. 2—后续行动);多哥(A/HRC/7/3/Add. 5);印度尼西亚(A/HRC/19/61/Add. 1,A/HRC/28/68/Add. 2—后续行动);土耳其(A/HRC/37/50/Add. 1,E/CN. 4/ (转下页)

早期报告中的实质性讨论集中在对收到的信息进行分析后产生的一些方面,例如

> 防止酷刑行为的措施……废除酷刑或减轻其影响的措施[1]……医务人员在酷刑中的作用……违反禁止酷刑的规定应负的责任……纠正和/或防止酷刑的国家标准[2]……防止未成年人与成年人一起被拘留[3]。

随后几年,随着向联合国大会提交临时报告,以及讨论特定部门的报告,主题重
530 点有所扩大,包括"对特定性别的酷刑[4]……酷刑和儿童"以及[5]"体罚……单独监禁……对人权维护者的酷刑……酷刑受害者的赔偿和康复……以及酷刑和贫困"[6]。

2009年,人权理事会讨论了"医务人员和其他卫生人员的作用和责任"[7]。多年来,理事会还讨论了其他主题,包括:

2002年——"禁止酷刑的不可克减性"[8]。

2002年——"在反恐措施方面禁止酷刑"[9]。

2003年——"关于专门用于实施酷刑的器具的生产贸易的研究"[10]。

2003年——"赔偿酷刑受害者,防止精神病院出现酷刑和其他形式的虐待"[11]。

2004年——"艾滋病毒/艾滋病与酷刑"[12]。

(接上页)1989/15 III. C,E/CN. 4/1999/61/Add. 1);乌拉圭(A/HRC/13/39/Add. 2,E/CN. 4/1988/17/Add. ,1);乌兹别克斯坦(E/CN. 4/2003/68/Add. 2,E/CN. 4/2004/56/Add. 2);委内瑞拉(E/CN. 4/1997/7/Add. 3);扎伊尔(E/CN. 4/1990/17/Add. 1)。

① E/CN. 4/1986/15 I A-D.

② E/CK4/1987/13 III, IV, V.

③ E/CN. 4/1988/17 IV A-E.

④ E/CN. 4/1995/341, paras 15-24; A/54/426 IV A.

⑤ E/CN. 4/1996/351, paras 9-17; A/54/426 IV B.

⑥ A/54/426 IV C-G; A/55/290 II A, B, C, D, E; A/56/156.

⑦ A/HRC/10/29, resolution 10/24 of 27 March 2009.

⑧ E/CN. 4/2002/137 I, paras 8-15.

⑨ A/57/173 I A-F; A/58/120 II.

⑩ E/CN. 4/2003/69; A/58/120 III; E/CN. 4/2004/56 V.

⑪ A/58/120 IV, V.

⑫ E/CN. 4/2004/56 IV.

2005年——“不遣返原则和外交保证”①;“关于专门用于实施酷刑的器具的生产贸易的研究……其源头、目的地和形式”②。

2006年——“不采用酷刑逼供取得的证据原则”③;“酷刑与残忍、不人道或有辱人格的待遇或处罚之间的区别”④。

2007年——“法医专业知识在打击酷刑有罪不罚现象”和“避免剥夺自由作为防止酷刑手段方面的作用”;⑤“酷刑受害者获得补救和赔偿的权利”⑥。

2008年——“保护残疾人免受酷刑和单独监禁”⑦;“加强保护妇女免受酷刑”⑧。

2009年——“拘留条件和被拘留的儿童”⑨;“考虑到禁止残忍、不人道和有辱人格的处罚,并对毒品政策采取基于人权的做法”⑩。

2010年——“有罪不罚是酷刑普遍存在的根源”,“酷刑受害者康复中心的作用”,以及“国家预防机制的作用”。⑪

2010年——“关于酷刑现象的研究,包括对拘留条件的评估”⑫。

2011年——“单独监禁问题”⑬;“对酷刑采用受害者为中心的方法……秘密 531
拘留中的酷刑”⑭。

2012年——“死刑”⑮;“酷刑调查委员会”⑯。

---

① A/60/316 II, III.

② E/CN. 4/2005/62 II.

③ A/61/259 III.

④ E/CN. 4/2006/6 IV.

⑤ A/602/221 III, IV.

⑥ A/HRC/4/33 V.

⑦ A/63/175 II, III.

⑧ A/HRC/7/3 II, III.

⑨ A/64/215 III, IV.

⑩ A/HRC/10/44 III, IV.

⑪ A/65/273 III, IV, V.

⑫ A/HRC/13/39/Add. 5; A/HRC13/39 IV, V, VI, VII.

⑬ A/66/268 III.

⑭ A/HRC/16/52 IV A-H,V.

⑮ A/67/279 III, IV, V, VI.

⑯ A/HRC/19/61 III, IV, V.

2013 年——“审查囚犯待遇最低限度标准规则”[①];“在医疗环境中实施酷刑和虐待保护框架”[②]。

2014 年——“法医学和医学在调查和防范酷刑和其他虐待中的作用”[③];“在司法程序中的排除规则”[④]。

2015 年——“从域外的角度看待禁止酷刑”[⑤];“对被剥夺自由的儿童的酷刑和虐待”[⑥]。

2016 年——“关于询问的普遍议定书”[⑦];“从性别视角看待酷刑问题”[⑧]。

2017 年——“专题优先事项,包括重申、澄清、促进和发展规范性标准,警方拘留和审前拘留期间的酷刑,拘留之外使用武力,非国家行为体实施的酷刑和虐待”[⑨]。

2018 年——“与迁徙有关的酷刑和虐待”[⑩];“成就与挑战”[⑪]。

2018 年,人权委员会引用了防止酷刑小组委员会的报告,其中提出“一个国家内部腐败程度与酷刑流行程度之间具备相关性”的观点[⑫],并呼吁各国“确保对酷刑行为负责……在这方面,强调预防和打击腐败对确保国家主管部门调查……所有此类行为指控……的能力非常重要”[⑬]。(见第二章,1988 年——贪污,腐败和酷刑[2018 年])

除上述情况外,值得注意的是,特别报告员提出了一些重要的意见。

如特别报告员彼得·科伊曼斯在其第一份报告中指出,“酷刑仍在普遍使用,而且在一些国家内是有系统的使用”,他提出一些建议,其中包括各国政府应迅速

---

① A/68/295 III, IV.

② A/HRC/22/53 III, IV, V.

③ A/69/387 III, IV.

④ A/HRC/25/60 III, IV.

⑤ A/70/305 III,IV.

⑥ A/HRC/28/68 III, IV.

⑦ A/71/298 II, III, IV.

⑧ A/HRC/31/57 III, IV.

⑨ A/72/178 I-VII; A/HRC/34/54 IV, V.

⑩ A/HRC/37/50 II, III.

⑪ A/73/2017 II, III, IV.

⑫ CAT/C/52/2.

⑬ A/HRC/37/2, resolution 37/19 of 23 March 2018.

批准《禁止酷刑公约》,进行国内立法改革,通过或执行规则以排除在酷刑下提取的证据,限制单独监禁,适用《执法官员行为准则》及医务道德原则,禁止转让特别 532
适用于酷刑的材料和设备。[①]

特别报告员奈杰尔·罗德利提交了他的建议汇编,并定期更新。他提出这些建议的前提是,“各国政府有真正的意愿执行为防止酷刑行为发生而设立的保障措施”[②]。2002年,特别报告员在提交其最新修订的汇编时指出,所有建议“可合并为一项全面建议,即终止事实上的或法律上的不受惩罚现象”[③]。

2017年,特别报告员尼尔斯·梅尔策在其第一份报告中发现,

> 尽管三十多年来这项任务以及其他无数国际、政府和非政府利益攸关方辛勤工作,然而,在世界大多数地区,即使不是所有地区,酷刑和其他残忍、不人道或有辱人格的待遇或处罚行为依然猖獗。具体而言,特别报告员震惊地注意到,自本世纪以来,对激烈政治言论的一再容忍和民粹观念,已经超越了跨国恐怖主义的兴起、有组织犯罪和其他实际或假想的威胁。这些政治言论和民粹观念不仅对酷刑和其他残忍、不人道或有辱人格的待遇或处罚熟视无睹,甚至还以国家安全和反恐的名义提倡和煽动使用酷刑和其他残忍、不人道或有辱人格的待遇或处罚。[④]

1986年——宗教不容忍

人权委员会起草一项关于宗教不容忍问题的公约的努力没有成功(见第二章,1960——宗教不容忍,以及第七章A4,宗教不容忍[1960—1981年])。它于1981年推动通过了《消除基于宗教或信仰原因的一切形式的不容忍和歧视宣言》。1986年,委员会“对世界各地发生的不符合《宣言》规定的事件和政府行动的报道深表关切”。它据此任命了一名特别报告员(安吉尔·达尔梅达·里贝罗[Angel d'Almeida Riberiro,1986—1993];阿卜德尔法塔赫·奥马尔[Abdelfattah Amor,

---

① E/CN. 4/1986/15 V paras 141, 148-160.

② A/54/426 Annex.

③ E/CN. 4/2002/76 Annex 1.

④ A/HRC/34/54 V para 52.

1994—2004 年];阿斯玛·贾汉吉尔[Asama Jahangir,2004—2010 年];海纳·比勒费尔特[Heiner Bielefeldt,2010—2016];艾哈迈德·沙希德[Ahmed Shaheed,2016 年]),以审查此类事件和行动,并请特别报告员"建议补救措施,包括酌情促进宗教或信仰社区与其政府之间的对话"。[1]

2007 年,人权理事会请特别报告员重新定义其任务,包括

533 (a)促进在国家、区域和国际各级采取措施确保宗教或信仰自由权利得到增进和保护;(b)查明在享有宗教或信仰自由权利方面存在哪些现有障碍和新出现的障碍,并就克服这些障碍的途径和方法提出建议;(c)继续审查不符合《消除基于宗教或信仰原因的一切形式的不容忍和歧视宣言》规定的事件和政府行动,并建议适当的补救措施;(d) 在报告过程中(包括在收集资料和提出建议的过程中),继续采用性别公平观,尤其是识别针对性别的侵犯行为。[2]

特别报告员采用了与其他特别程序类似的方法,以收集和接收信息为基础。这些报告包括实质性分析[3],以及截至 1991 年的具体案件和关于来文的统计资料。[4] 1991 年,第一位特别报告员建议起草一份法律草案[5],但后来转向了旨在

---

① E/CN. 4/1986/65, resolution 1986/20 of 10 March 1986. Initially, thematic mandates were extended year by year. As of 1988 the extension was for two years, and since 1992, the mandate was extended every three years. See: E/CN. 4/1987/60, resolution 1987/15 of 4 March 1987; E/CN. 4/1988/88, resolution 1988/55 of 8 March 1988; E/CN. 4/1990/94, resolution 1990/27 of 2 March 1990; E/CN. 4/1992/84, resolution 1992/17 of 21 February 1992; E/CN. 4/1995/176, resolution 1995/23 of 24 February 1995; E/CN. 4/2002/200, resolution 2002/40 of 23 April 2002; E/CN. 4/2003/135, resolution 2003/54 of 24 April 2003; E/CN. 4/2004/127, resolution 2004/36 of 19 April 2004; E/CN. 4/2005/135, resolutions 2005/3 of 12 April 2005 and 2005/40 of 19 April 2005.

② A/HRC/6/22, resolution 6/37 of 14 December 2007. See also A/HRC/28/2, resolutions 28/18 and 28/29 of 27 March 2015.

③ E/CCN. 4/1997/35 IV A, B, C, D; E/CN. 4/1988/45 III A, B. V; E/CN. 4/1989/44 IV, V; E/CN. 4/1990/46 III, IV.

④ E/CN. 4/1991/56 II B, III; E/CN. 4/1992/52 II, IV; E/CN. 4/1993/62 II, III; E/CN. 4/1994/79 II, III; E/CN. 4/1995/91 II, IV; E/CN. 4/1995/91/Add. 1; E/CN. 4/1996/95 V, VI, VII; E/CN. 4/1997/911; E/CN. 4/1998/6 V; E/CN. 4/1999/58 IV A, B; E/CN. 4/2000/651; E/CN. 4/2001/631; E/CN. 4/2002/73 II B, C; E/CN. 4/2003/66 I A, B; E/CN. 4/2004/63 I B; E/CN. 4/2005/61/Add. 1; E/CJJ. 4/2006/5/Add. 1; A/HRC/4/21/Add. 1; A/HRC/10/8 II C; A/HRC/10/8/Add. 1; A/HRC/13/40/Add. 1; A/HRC/16/53/Add. 1.

⑤ E/CN. 4/1987/35 para 96; E/CN. 4/1988/45 IV paras 53-58.

鼓励宽容的预防措施[①],更具体地说,就是强调教育和宗教间对话。2001年,在马德里举行了一次有关宗教或信仰自由、容忍和不歧视的学校教育问题国际协商会议,目的是制定"一项以宗教和信仰自由权为中心的国际学校战略"[②]。随后几年出现了其他措施和建议,其中包括人权理事会2010年第16/18号决议,该决议支持了"促进宗教宽容、和平与尊重的国内环境"的措施。[③] 2012年,"特别报告员及其前任……概述了'拉巴特行动计划'(Rabat Plan of Action)[④]在处理构成煽动暴力的鼓吹宗教仇恨的问题上的重要性"[⑤]。

2011年,特别程序的案例报告制度做了调整,所案件都被纳入一份文件。[⑥](见下文,第六章C,非常规体系[1993年]——来文统一报告[2011年])

在国别访问期间,特别报告员手头的信息得到了第一手观察资料的补充,[⑦]使

---

① A/51/542 III; A/52/477 III; A/53/279II. A, B; A/54/386 II, III, IV.

② A/55/280 VI, para 128, A/57/274 IV; A/58/296 IV; E/CN. 4/2001/63 III; E/CN. 4/2002/731 A; E/CN. 4/2003/66 II B III.

③ A/HRC/15/60 resolution 16/18 of 24 March 2011. See also resolution 19/25 of 23 March 2012.

④ A/HRC/22/17/Add. 4 Appendix.

⑤ A/73/362 V B para 62.

⑥ A/HRC/18/51; A/HRC/19/60II. C; A/HRC/20/30; A/HRC/2l/49; A/HRC/22/67; A/HRC/23/51; A/HRC/24/21; A/HRC/25/74; A/HRC/26/21; A/HRC/27/72; A/HRC/28/25; A/HRC/29/50; A/HRC/30/27; A/HRC/3U 79; A/HRC/32/53; A/HRC/33/32; A/HRC/34/75; A/HRC/35/44; A/HRC/36/25; A/HRC/37/80; A/HRC/38/54; A/HRC/39/27.

⑦ 访问国家包括:阿尔巴尼亚(A/HRC/37/49/Add. 1);阿尔及利亚(E/CN. 4/2003/66/Add. 1);阿根廷(E/CN. 4/2002/73/Add. 1);澳大利亚(E/CN. 4/1998/6/Add. 1);阿塞拜疆(A/HRC/4/21/Add. 2);孟加拉国(A/55/280/Add. 2, A/HRC/31/18/Add. 2);保加利亚(E/CN. 4/1988/45 II. C);中国(E/CN. 4/1995/91 III. A);塞浦路斯(A/HRC/22/51/Add. 1);法国(E/CN. 4/2006/5/Add. 4);格鲁吉亚(E/CN. 4/2004/63/Add. 1);德国(E/CN. 4/1998/6/Add. 2);希腊(A/51/542/Add. 1);罗马教廷(E/CN. 4/2000/65 IV, A/HRC/4/21 I. B para 17);印度(E/CN. 4/1997/91/Add. 1, A/HRC/10/8/Add. 3);伊朗(E/CN. 4/1996/95/Add. 2);爱尔兰(E/CN. 4/1988/45 II. B);以色列/巴勒斯坦被占领土(A/HRC/10/8/Add. 2);约旦(A/HRC/25/58/Add. 2);哈萨克斯坦(A/HRC/28/66/Add. 1);老挝(A/HRC/I3/40/Add. 4);黎巴嫩(A/HRC/31/18/Add. 1);前南斯拉夫马其顿共和国(A/HRC/13/40/Add. 3);马尔代夫(A/HRC/4/21/Add. 3);摩尔多瓦(A/HRC/19/60/Add. 2);尼日利亚(E/CN. 4/2006/5/Add. 3);巴基斯坦(E/CN. 4/1996/95/Add. 1);巴拉圭(A/HRC/19/60/Add. 1);罗马尼亚(E/CN. 4/2004/63/Add. 2);塞尔维亚/科索沃(A/HRC/13/40/Add. 3);塞拉利昂(A/HRC/25/58/Add. 1);斯里兰卡(E/CN. 4/2006/5/Add. 3);苏丹(A/5 l/542/Add. 2);土耳其(A/55/280/Add. 1);土库曼斯坦(A/HRC/10/8/Add. 4);美利坚合众国(E/CN. 4/1999/58/Add. 1);乌兹别克斯坦(A/HRC/37/49/Add. 2);越南(A/HRC/28/66/Add. 2);越南(E/CN. 4/1999/58/Add. 2)。

534 其得以通过对资料及发展趋势的分析和辨识,确定问题或“与任务相关的问题”[①]。多年来,特别报告员处理了以下问题:

1996 年——“容忍文化的发展”[②]。

2002 年——“关于宗教和信仰自由以及从宗教和传统的角度研究妇女地位”[③]。

2003 年——“2001 年 9 月 11 日之后宗教或信仰自由的情况”,“不同宗教间对话”。[④]

2005 年——“改变信仰问题”,“被拘留者的宗教或信仰自由”;[⑤]“侵犯宗教或信仰自由的具体情况”[⑥]。

2006 年——“宗教或宗教信仰自由的模式和趋势”[⑦];“宗教象征物”[⑧];“煽动种族和宗教仇恨,促进容忍”。[⑨]

2007 年——“难民、寻求庇护者和国内流离失所者的处境”,“相信无神论或非神论者的情况”;[⑩]“二十年的任务经验”[⑪];“概述任务所涉问题”[⑫]。

2008 年——“公民身份问题和行政程序中的宗教歧视”[⑬]。

2009 年——“处境脆弱者:被剥夺自由者,难民、寻求庇护者和国内流离失所者,儿童,在民族或族裔、宗教和语言上属于少数群,迁徙者”[⑭];“基于宗

---

① A/HRC/4/21 III A, B, C; A/HRC/6/5 II A. B,C, D, E III; A/HRC/13/40 IV A, B; A/HRC/34/50 IV A, B, C.

② E/CN. 4/1996/95 III; E/CN. 4/1997/91 III; E/CN. 4/1998/6 IV; E/CN. 4/1999/581, II; E/CN. 4/2000/65 II A, B.

③ E/CN. 4/2002/73/Add. 2.

④ E/CN. 4/2003/66 II A, C.

⑤ A/60/399 V A, B,VI.

⑥ E/CN. 4/2005/61 III, see also IV (general issues of freedom of religion or belief) and V (other aspects).

⑦ A/61/340 III A-G.

⑧ E/CN. 4/2006/5 III.

⑨ A/HRC/2/3.

⑩ A/62/280 III A, B.

⑪ A/HRC/4/21 II.

⑫ A/HRC/6/5 II A, B, C, D, E, III.

⑬ A/63/161 III A, B, C, IV.

⑭ A/64/159 III A, B, C, D, E.

教或信仰的歧视及其对享有经济、社会及文化权利的影响"①。

2010年——"思想、良心和宗教自由"②;"以宗教或信仰为由或为名进行歧视或暴力行为的预警信号"③。

2011年——"国家促进宗教间沟通的作用"④;"宗教或信仰自由与学校教育"⑤。

2012年——"作为宗教信仰自由内涵之一的皈依权"⑥;"宗教或信仰自由及 535
承认问题"⑦。

2013年——"宗教或信仰自由与男女平等"⑧;"保护少数群体成员的宗教或信仰自由"⑨。

2014年——"应对工作场所中的不容忍和歧视"⑩;"处理集体宗教仇恨中的宗教不容忍和歧视问题"⑪。

2015年——"儿童及其父母在宗教或信仰自由领域的权利"⑫;"防止宗教名义的暴力"⑬。

2016年——"广泛侵害宗教或信仰自由行为及其根源和因素"⑭;"两项紧密联系的权利:宗教或信仰自由与见解和言论自由"⑮。

2017年——"宗教不容忍的一般趋势和具体表现","通过联合国人权机制评估执行情况";⑯"制定实施程序,消除对宗教或信仰自由权利的误解"⑰。

---

① A/HRC/10/8 III.

② A/65/207 II A-M.

③ A/HRC/13/40 III A, B, C. V.

④ A/66/156 III A, B, C, D E, F; IV.

⑤ A/HRC/16/53 III, IV.

⑥ A/67/303 III A-D, IV A-E.

⑦ A/HRC/19/60 III, IV. See also A/HRC/19/2, resolution 19/8 of 22 March 2012.

⑧ A/68/290 III A, B, C, IV.

⑨ A/HRC/22/51 III A, B, C. IV.

⑩ A/69/261 III A, B, C, D, IV A, B, C.

⑪ A/HRC/25/58 III A, B,C, D, IV See A/HRC/25/2, resolution 25/12 of 27 March 2014.

⑫ A/70/286 III A, B, C, D, IV.

⑬ A/HRC/28/66 II A-R III A-R.

⑭ A/71/269 III A, B, C, D, E, IV.

⑮ A/HRC/31/18; A/HRC/31/2, resolution 31/16 of 23 March 2016.

⑯ A/72/365 III A, B, C, D, E, V A, B.

⑰ A/HRC/34/50 II A, B, C, D, III;. See A/72/53, resolution 34/10 of 23 March 2017.

> 2018 年——“宗教或信仰自由与国家安全的关系，暴力极端主义”[1]；“国家和宗教之间的关系及其对宗教信仰自由的影响”[2]。

2018 年，联合国大会深为关切

> 在消除基于宗教或信仰原因一切形式不容忍和歧视这一领域取得的进展有限……强调指出必须继续进行并加强不同宗教或信仰之间及其内部的各种形式对话，并促进更广泛的参与，包括妇女的参与，以增进宽容、尊重和相互理解。[3]

1987 年——雇佣军

1986 年，人权委员会在审查南部非洲的自决权时讨论了雇佣军问题（见第二章）。它谴责“继续招募、资助、训练、集结、运送和利用雇佣军……破坏南部非洲
536 国家的稳定，推翻它们的政府和镇压为争取行使自决权而斗争的民族解放运动”[4]。

人权委员会任命了一名特别报告员（恩里克·贝纳莱斯·巴列斯特罗斯［Enrique Bernales Ballesteros，1987—2004 年］；沙伊斯塔·沙米姆［Shaista Shameem，2004—2005 年］）。特别报告员被要求“审查利用雇佣军作为手段侵犯人权和阻挠人民行使自决权的问题”[5]。

1989 年 12 月通过的《反对招募、使用、资助和训练雇佣军国际公约》（于 2001 年 10 月生效）提供了规范性背景（见第七章 A3，雇佣军［1980—2001 年］）。到 1992 年，特别报告员讨论了对雇佣军定义的修改，“以便不仅将直接参与这些活动的人，并且也将通过招募、资助、训练或使用雇佣军，倡导这种活动的人也纳入雇佣

---

① A/73/362 II, III, IV, V, VI.

② A/HRC/37/49 II A, B, C, D, III. See also A/HRC/37/2, resolution 37/9 of 22 March 2018.

③ General Assembly seventy-third session, resolution 73/176 of 17 December 2018.

④ E/CN. 4/1986/65, resolution 1986/26 of 10 March 1986.

⑤ E/CN. 4/1987/60, resolution 1987/16 of 9 March 1987. See also Economic and Social Council, 1986, resolution 1986/43 of 23 May 1986; General Assembly forty-first session, resolution 41/102 of 4 December 1986.

军活动的概念”[1]。

2005 年,人权委员会结束了特别报告员的任务,成立了一个工作组[2],请工作组“就可能采用的新标准、一般准则或基本原则,拟订和提出具体建议……**并拟订鼓励在活动中尊重人权的国际基本原则草案**”[3]。

2008 年,工作组“开始制定一项原则和标准框架,据以建立国家和国际管控机制,以应对私营军事安保公司的活动”[4],并于 2010 年提交了一份“关于私营军事和安保公司的拟议公约草案”[5]。

特别报告员所采用的方法与当时存在的其他特别程序所采用的方法相似,并根据特别报告员的经验进一步发展,这包括从 1988 年访问安哥拉开始的国别访问。[6]

特别报告员在其第一份报告中分享了他的优先事项包括“有关雇佣军过去活动
的调查,关于这一问题的国际法现状的审查,雇佣军活动类型的划分”。报告力 537
图“论述‘雇佣军’一词的定义这一困难问题”。[7]

---

① E/CN. 4/1992/12 para 171.

② E/CN. 4/2005/135 resolution 2005/2 of 7 April 2005. 该工作组的成员包括:Saeed Mokbil (2018), Jelena Aparac (2018), Lilian Bobea (2018), Chris Kwaja (2018), Sorcha MacLeod (2018), Gabor Rona (2011-2018), Patricia Arias (2011-2018), Anton Katz (2011-2018), Elzbieta Karska (2011-2018), Faiza Patel (2011-2014), Najat Al-Hajjaji (2005-2011), Amada Benavides de Perez (2005-2011), José Luis Gomez del Prado (2005-2011), Alexander Nikitin (2005-2011), Shaista Shameem (2005-2010)。

③ E/CN. 4/2005/135, resolution 2005/2 of 7 April 2005, 着重号为作者所加。

④ A/63/325 IV A-F. See A/64/311 II B.

⑤ A/65/325 IV Annex; A/66/317 V D. See also A/HRC/15/60, resolution 15/26 of 1 October 2010.

⑥ 特别报告员和工作组访问了以下国家:[奥地利];[乍得];阿富汗(A/HRC/I5/25/Add. 2);安哥拉(A/43/735 IV, V, VI, VII,E/CN. 4/1989/14 II. B);比利时(A/HRC/33/43/Add. 2);中非共和国(A/HRC/36/47/Add. 1);智利(A/HRC/7/7/Add. 4);科摩罗(A/HRC/27/50/Add. 1);科特迪瓦(A/HRC/30/34/Add. 1);克罗地亚、塞尔维亚和黑山(E/CN. 4/1995/29 IV A, B, C);古巴(E/CN. 4/2000/14 II A, B, C, D);厄瓜多尔(A/HRC/4/42/Add. 2);萨尔瓦多/巴拿马(A/47/178 V A, B,E/CN,4/2003/16 V A, B);赤道几内亚(A/HRC/18/32/Add. 2);欧洲联盟机构(A/HRC/33/43/Add. 4);斐济(A/HRC/7/7/Add,3);加纳(A/HRC/39/49/Add. 1);洪都拉斯(A/HRC/4/42/Add. 1,A/HRC/24/45/Add. 1);伊拉克(A/HRC/18/32/Add. 4);马尔代夫(E/CN. 4/1991/14);尼加拉瓜(E/CN. 4/1989/14 IV, V, VI, VII, VIII);秘鲁(A/HRC/7/7/Add. 2);索马里(A/HRC/24/45/Add. 2);南非(E/CN. 4/1997/24 II A, B, A/HRC/18/32/Add. 3);突尼斯(A/HRC/33/43/Add. 1);乌克兰(A/HRC/33/43/Add. 3);联合王国(A/54/326 III, A/HRC/10/14/Add. 2);美利坚合众国(A/44/526 III, A/HRC/15/25/Add. 3)。

⑦ E/CN. 4/1988/14 para 6.

随着私营安全和军事援助公司在21世纪初的出现[①],对雇佣军的法律定义的探索进一步深入。[②]

特别报告员和工作组监测了雇佣军活动的各种表现。它们最初侧重于南部非洲的非殖民化情况,此后又讨论了雇佣军参与非殖民化后冲突的其他情况。[③]

特别报告员谈到了私人保安服务在其任务中的作用,并且在1997年访问南非后将这一问题列为优先事项之一。人权委员会请工作组"监测世界不同地区一切形式和表现的雇佣军和与雇佣军有关的活动时……监测和研究在国际市场上提供军事援助、咨询和安全服务的私营公司开展的活动对享有人权的影响"[④]。

特别报告员的报告最初侧重于监测局势,其中包括哥伦比亚、科摩罗、古巴、前南斯拉夫、马尔代夫、莫桑比克、利比里亚、安哥拉、塞拉利昂、南非、亚美尼亚、阿塞拜疆、格鲁吉亚、摩尔多瓦和塔吉克斯坦等国。[⑤]

1991年,特别报告员提出了关于"武装团体在人口和毒品贩运中传播恐惧的行为"问题,并于1998年提出了"恐怖主义和雇佣军活动"以及"私人安保公司和雇佣军活动"两个问题。[⑥]

2001年,特别报告员对"雇佣军活动的现状"进行了评估,[⑦]并且在2003年向联合国大会提交的最终一份报告中,即将离任的特别报告员恩里克·贝纳莱斯·巴列斯特罗斯概述了自任务开始以来的发展情况。[⑧]

特别报告员沙伊斯塔·沙米姆则将重点放在"提供军事援助……的私营公司

---

① A/54/326 V,VI.

② A/55/334 IV A, B,C; A/56/224 VII.

③ 其中包括安哥拉、塞拉利昂、苏里南、尼加拉瓜、哥伦比亚(关于毒贩和雇佣军)、古巴(和美国)、马尔代夫、科摩罗、斐济、巴布亚新几内亚、斯里兰卡、前南斯拉夫(克罗地亚、塞尔维亚和黑山),以及过去属于苏联的各国。

④ E/CN. 4/2005/135, resolution 2005/2 of 7 April 2005.

⑤ E/CN. 4/1989/14; E/CN. 4/1990/11; E/CN. 4/1991/14; E/CN. 4/1992/12; E/CN. 4/1993/18; E/CN. 4/1994/23; E/CN. 4/1995/29; E/CN/4/1996/27; E/CN. 4/1997/24; E/CN. 4/203/16; A/43/735; A/44/526; A/47/412; A/48/385; A/49/362; A/50/390; A/51/392; A/52/495.

⑥ E/CN. 4/1998/31 IV; E/CN. 4/1999/11 IV; E/CN. 4/2000/14 III; A/53/338 IV C, V. See A/54/326 VI.

⑦ E/CN. 4/2001/19 III.

⑧ A/58/115 III. See A/53/338 IV A, B, C. V.

活动对国际市场的影响……恐怖主义……关于新的雇佣军法律定义的建议”[1]。这些问题将构成此后工作组任务的基础。[2]

特别报告员和工作组讨论了以下问题：538

2003年——“雇佣军活动的演变”,“雇佣军的法律定义”。[3]

2005年——“审议雇佣军问题”[4]。

2007年、2008年——“国家作为使用武力的首要权力者；安保的私营化”[5]。

2009年——“监管私营军事和安保公司的新国际公约的标准，原则和指导方针”[6]。

2010年——“拟定一份可能的新的私营军事和安保公司公约草案的进展”[7]。

2011年——“雇佣军：一种反复出现且不断演变的现象”[8]；“国家专营合法使用武力”[9]。

2012年——“私营军事和安保公司”[10]；“纳入国家监管的私营军事和安保公司”[11]。

2013年——“私营军事和安保公司的持续出现”[12]。

2014年——“联合国使用私营军事和安保公司的情况”[13]。

2015年——“评估雇佣军现象”[14]；“关于私营军事和安保公司国内法研究”[15]。

---

① E/CN. 4/2005/14 III, IV, V, VII.

② A/HRC/7/78, resolution 7/21 of 28 March 2008; A/HRC/24/2, resolution 24/13 of 26 September 2013; A/HRC/27/2, resolution 27/10 of 25 September 2014.

③ A/58/115 III, IV A, B, C, Annex.

④ A/60/263 VII.

⑤ A/HRC/4/42 III; A/HRC/7/7 III A, B, C, D, E.

⑥ A/HRC/10/14 II, III, IV.

⑦ A/HRC/15/25 III.

⑧ A/HRC/18/32 IV A, B, C, D.

⑨ A/66/317 IV A, B, C, D.

⑩ A/67/340 IV, V, VI.

⑪ A/HRC/21/43 III, IV, V; See A/HRC/24/45 III A, B, IV; A/HRC/27/50 III A, B, C, IV; A/HRC/30/34 III A, B, IV; A/HRC/33/43.

⑫ A/68/339.

⑬ A/69/338.

⑭ A/70/330.

⑮ A/HRC/30/34 III, IV; A/HRC/30/2, resolution 30/6 of 1 October 2015.

2016 年——"雇佣军和外国作战人员"①;"关于私营军事和安全公司国内法研究"②。

2017 年——"国家固有的职能和私有化的增长"③;"良好做法,国内立法中的空白"④。

2018 年——"可持续发展目标 16(创建和平、包容的社会以促进可持续发展,让所有人都能诉诸司法,在各级建立有效、负责和包容的机构)和工作组的某些结论之间存在的趋势和跨领域议题,表明雇佣军、外国作战人员和私营军保公司是阻碍实现该目标的严重阻碍"⑤。

2018 年——"非国家武装团体招募儿童,包括雇佣军和私营军事和安保公司"⑥。

539

1990 年——儿童

关于贩卖儿童问题的特别程序起源于小组委员会根据其当代形式奴隶制问题工作组的建议而提出的一项提案。1990,人权委员会任命了一名特别报告员(威迪·蒙丹蓬[Vitit Muntarbhorn,1991—1994 年];奥菲利亚·卡尔塞塔斯-桑托斯[Ofelia Calcetas-Santos,1994—2001 年];胡安·米格尔·佩蒂特[Juan Miguel Petit,2001—2008 年];纳贾特·马拉·姆吉德[Najat Maalla M'jid,2008—2014 年];莫德·布尔-布基契奥[Maud de Boer-Buquicchio,2014 年]),研究"与贩卖儿童、儿童卖淫和儿童色情制品有关的问题,包括为商业目的收养儿童的问题"。委员会请特别报告员在执行任务时考虑到,必须能够利用他所获得的确实可信的资料,就他拟列入其报告的一切资料征求有关政府的意见,并审慎、独立地完成工作"。⑦ 该任务于 2008 年由人权理事会承担。⑧

---

① A/71/318.

② A/HRC/33/43 III, IV See A/HRC/33/2, resolution 33/4 of 29 September 2016.

③ A/72/286 II, III, IV, V, VI.

④ A/HRC/36/47 II, III, A-G, IV V; A/72/53/Add. 1, resolution 36/3 of 28 September 2017.

⑤ A/73/303 I para 4 IV A, B, C, D, E, F,G, V A, B.

⑥ A/HRC/39/49 III A-H, IV; resolution 39/5 of 27 September 2018.

⑦ E/CN. 4/1990/94, resolution 1990/68 of 7 March 1990.

⑧ A/HRC/7/78, resolution 7/13 of 27 March 2008. See also A/HRC/25/2, resolution 25/6 of 27 March 2014.

特别报告员的任命是在20世纪90年代出现的保护儿童人权委员会采取行动的更广泛背景下进行的(见第二章1957年——儿童),尤其是在《儿童权利公约》生效,并迅速获得创纪录数量的国家批准(截至2018年5月16日为196个),以及随后通过了三项任择议定书后(见第七章A2,儿童[1951年])。

同年(1990年),小组委员会当代形式奴隶制问题工作组提出了一项行动纲领草案,以打击“世界范围内的贩卖儿童、儿童卖淫和儿童色情制品的现象……以及受外国旅游者利用的发展中国家儿童成为性侵犯的受害者”①。

特别报告员于1991年向人权委员会提交了对其任务的初步评估。② 同年,委员会讨论了小组委员会奴隶制问题工作组的另外两项倡议:一项是拟议的《防止贩卖儿童、儿童卖淫和儿童色情制品行动纲领》,委员会请小组委员会对其进行审查。对此,委员会要求修订本“充分反映1990年9月30日世界儿童问题首脑会议通过的《儿童生存、保护和发展世界宣言》所载方案”③。委员会于1992年正式通过了该行动纲领。④

另一项是《消除剥削童工现象行动纲领》草案。1992年,人权委员会将方案草案送交小组委员会,以便后者在考虑到收到的意见后做出必要的修改,并请“特别报告员根据自己的经验,考虑对他提出的关于当代奴隶制问题工作组的意见和建议的可能性”⑤。委员会在1993通过了修订后的行动纲领。⑥ (见第二章,1957年——儿童)

特别报告员在1994年提交联合国大会的第一份报告中阐述了其工作方法, 540

> 包括六方面……第一,在整个一年内,从政府和非政府来源取得文件和有关的资料……第二,定期向各种国家政府和其他有关机构发出征求具体资料的意见调查表,目的在收集各国对有关情况做出的反应……第三,前往各国进行实地考察……第四……代表个人进行干预措施……第五,1994年特别报告员开始针对各种国家机构……提供咨询意见……第六,在这一年

① E/CN. 4/1990/94, resolution 1990/67 of 7 March 1990.

② E/CN. 4/1991/51; E/CN. 4/1991/91, resolution 1991/53 of 5 March 1991.

③ E/CN. 4/1991/91, resolution 1991/54 I of 6 March 1991.

④ E/CN. 4/1992/84, resolution 1992/74 I of 5 March 1992.

⑤ E/CN. 4/1992/84, resolution 1992/74 II of 5 March 1992.

⑥ E/CN. 4/1993/122, resolution 1993/79 of 10 March 1993.

中,特别报告员与主要机构和其他相关机构保持联系,向它们提供活动简报。

在同一份报告中,特别报告员报告了“设施和其他支助不足”的问题。[①] (见第四章C,合理化[1992—2006年],资源[2000年])

该方法得到了进一步完善,并在此后得到遵循,包括定期进行国别访问。[②] 年度报告分析了特别报告员的任务趋势并就执行情况提出了建议。特别报告员还提交了关于专门议题的研究和报告:

1994年——“特别重点:家庭暴力”[③]。

1995年——“具有特定性质的考虑事项”[④]。

1995年——“特别重点:司法制度”[⑤]。

1997年——“将焦点放在大众传播媒介和教育”[⑥];“将语言转化为行动”[⑦]。

---

① A/49/478 paras 4-10.

② E/CN. 4/199/51VII para 54. 特别报告员访问了以下国家:阿尔巴尼亚(E/CN. 4/2006/67/Add. 2);亚美尼亚(A/HRC/31/58/Add. 2);澳大利亚(E/CN. 4/1993/67/Add. 1);比利时、荷兰(E/CN. 4/2000/73/Add. 1);贝宁(A/HRC/25/48/Add. 3);巴西(E/CN. 4/1992/55/Add. 1; E/CN. 4/2004/9/Add. 2);捷克共和国(E/CN. 4/1997/95/Add. 1);多米尼加共和国(A/HRC/37/60/Add. 1);萨尔瓦多(A/HRC/16/57/Add. 4);爱沙尼亚(A/HRC/12/23/Add. 2);斐济(E/CN. 4/2000/73/Add. 3);法国(E/CN. 4/2004/9/Add. 1;A/HRC/19/63/Add. 2);格鲁吉亚(A/HRC/34/55/Add. 1, Add. 2);危地马拉(E/CN. 4/2000/73/Add. 2; A/HRC/22/54/Add. 1);洪都拉斯(A/HRC/22/54/Add. 2; A/HRC/28/56/Add. 1);日本(A/HRC/31/58 Add. 1, Add. 3);肯尼亚(E/CN. 4/1998/101/Add. 1);吉尔吉斯斯坦(A/HRC/25/48/Add. 1);老挝(A/HRC/40/51/Add. 1); 拉脱维亚(A/HRC/12/23/Add. 1);马达加斯加(A/HRC/25/48/Add. 2);马来西亚(A/HRC/40/51/Add. 3);毛里求斯(A/HRC/19/63/Add. 1);墨西哥(E/CN. 4/1998/101/Add. 2;A/HRC/7/8/Add. 2);摩洛哥(E/CN. 4/2001/78/Add. 1);尼泊尔(E/CN. 4/194/84/Add. 1);尼日利亚(A/HRC/32/32/Add. 2—与卫生问题特别报告员联合访问);巴拉圭(E/CN. 4/2005/78/Add. 1);罗马尼亚(E/CN. 4/205/78/Add. 2);南非(E/CN. 4/2003/79/Add. 1);乌克兰(A/HRC/4/31/Add. 2, Corr. 1);阿拉伯联合酋长国(A/HRC/16/57/Add. 2);美利坚合众国(E/CN. 4/1997/95/Add. 2;A/HRC/16/57/Add. 5)

③ A/55/297 V A, B.

④ A/50/456 III A, B, C, IV A, B, IV A, B, V.

⑤ A/51/456 VI A, B, C, D.

⑥ A/52/482 IV A, B, C, D,V A, B.

⑦ E/CN. 4/1997/95 IV A, B, C, V A, B.

1998年——“买卖与贩卖”[1];“特别重点:媒介和教育”[2]。

1999年——“特别重点:买卖和贩卖儿童”[3]。

2000年——“特别重点:家庭暴力”[4]。

2001年——“特别重点:企业部门的作用”[5]。 541

2004年——“特别重点:防止对儿童性剥削”[6]。

2005年——“互联网儿童色情”[7]。

2006年——“由剥削衍生的性服务需求”[8]。

2007年——“贩卖儿童器官,拐骗儿童或儿童失踪问题快速反应方案”[9]。

2008年——“贩运和商业性剥削受害儿童的援助和康复计划”[10]。

2009年——“互联网儿童色情”[11]。

2011年——“建立国家按照权利全面保护儿童防止和打击贩卖儿童、儿童卖淫和儿童色情制品体系”[12];“体恤儿童的咨询、申诉和报告机制”[13]。

2012年——“儿童参与作为预防和打击买卖和性剥削儿童的一项关键要素”[14];“在自然灾害造成的人道主义危机后保护儿童免受买卖和性剥削”[15]。

2013年——“保护儿童免遭旅行和旅游中的性剥削”[16]。

2014年——“打击儿童贩卖和性剥削的有效预防战略”[17]。

---

① A/53/311 IV A, B, C,V A, B.

② E/CN. 4/1998/101 III A, B, C, D, E, IV A, B.

③ E/CN. 4. 1999/71 III A, B, C.

④ E/CN. 4/2000/73 IV A-E, V VI.

⑤ E/CN. 4/2001/78 IV A, B, C.

⑥ E/CN. 4/2004/9 III A-L, IV V.

⑦ E/CN. 4/2005/78 II A-G, III, IV.

⑧ E/CN. 4/2006/67 III A, B, C, IV, V.

⑨ A/HRC/4/31 III A, B, IV A, B, C, D, V, VI.

⑩ A/HRC/7/8 IV A, B, C, V, VI.

⑪ A/HRC/12/23 II A-F, II.

⑫ A/66/228 II,III.

⑬ A/HRC/16/56.

⑭ A/67/291, II, III.

⑮ A/HRC/19/63 III A, B, C, IV A, B.

⑯ A/HRC/22/54 III A, B, C, IV A, B.

⑰ A/68/275 II, III.

2015 年——“关于性剥削受害儿童获得关怀、康复和重返社会的研究”[1];“信息和通信技术与买卖和性剥削儿童的行为”[2]。

2016 年——“对基于强迫劳动为目的的儿童贩卖研究”[3];“解决对儿童性剥削需求的儿童贩卖研究”[4]。

2017 年——“人道主义冲突危机下的儿童贩卖”[5];“非法收养研究”[6]。

2018 年——“基于儿童权利角度就实施可持续发展目标,打击和防止儿童买卖和儿童性剥削的专题研究”[7];“代孕和贩卖儿童问题研究”[8]。

542 2019 年——“关于儿童买卖和性剥削的研究”[9]。

2010 年——“关于贩卖儿童的任择议定书”[10]。

1991 年——任意拘留

1982 年,人权委员会在审查被强迫或非自愿失踪问题工作组的报告时,请小组委员会“继续研究消除被强迫或非自愿失踪的最有效手段,以便向委员会提出一般性建议”[11]。(见第二章,1963 年——司法行政,被强迫或非自愿失踪[1978 年])

自 20 世纪 60 年代以来,小组委员会就司法行政中人权的各个方面进行了研究。[12](见第二章,1963 年——司法行政)智利的经验、紧随其后在阿根廷和其他地方出现的失踪现象,以及由此产生的对紧急状态、拘留、酷刑和失踪问题的关注,将其工作重点转移到对具体情况的调查上,这是一种基于案件调查和趋势检测的工作方法。《禁止酷刑公约》于 1984 年由联合国大会通过并于 1987 年生效,为调

---

① A/70/222 III.

② A/HRC/28/56 IV A, B, C, D, V A, B.

③ A/71/26 I III, IV.

④ A/HRC/31/58 III A, B, C, D, IV A, B.

⑤ A/72/164 III, IV V.

⑥ A/HRC/34/55 III A, B, C, D, E, IV A, B.

⑦ A/73/174 III, IV, V.

⑧ A/HRC/37/60 III A, B, C, D, E, F, G, IV A, B.

⑨ A/HRC/40/51 III A, B, C, D, E, F, IV A, B.

⑩ AZ65/221 II A-D.

⑪ E/CN. 4/1982/30, resolution 1982/24 of 10 March 1982.

⑫ See, for example, E/CN. 4/Sub. 2/296/Rev. .1 Sales No E. 71. XIV. 3 Annex.

查各种形式任意拘留的案件和趋势增添了另一理由。[1]

1988年,人权委员会在处理司法行政中的人权问题时,请小组委员会“继续考虑有关未经认可的拘留人宣言的问题,并考虑戒严或紧急状态的问题”[2]。

同年,联合国大会通过了《保护所有遭受任何形式拘留或监禁的人的人权原则》。[3]

1991年,人权委员会成立了一个由五名独立专家组成的工作组[4],其任务是“根据《世界人权宣言》或相关国家接受的相关国际法律文书中规定的相关国际标准,调查任意或以其他方式实施的拘留案件”[5]。

工作组被要求“从各国政府、政府间组织和非政府组织寻求和接收资料”[6],工 543
作方法主要“基于被强迫或非自愿失踪问题工作组根据多年经验采用的工作方法,包括紧急行动程序”[7]。

1998年,工作组应人权委员会的要求修改了工作方法,[8]以“避免对其职权的解释出现任何争议,决定自1997年5月……将向其提出的个别案例的结论称为‘意见’(opinions)而不再是‘决定’(decisions)”[9]。此后,工作组定期更新其工作方法,[10]人权理事会于2007年再次确认了工作组的任务范围。[11]

---

① General Assembly thirty-ninth session, resolution 39/46 of 10 December 1984.

② E/CN. 4/1988/88, resolution 1988/33 of 8 March 1988.

③ General Assembly forty-third session, resolution 43/173 of 9 December 1988, Annex.

④ 曾在工作组任职的成员包括:Aslan Abashidze (2008-2010); Elina Steinerte (2016); José Guevara Bermúdez (2014); Kapil Sibal (1992-2002); Laity Kama (1992-2001); Leila Zerrougui (2002-2008); Louis Joinet (1992-2003); Mads Andenas (2009-2015); Leigh Toomey (2015); Malick El Hadji Sow (2008-2014); Manuela Carmena Castillo (2004-2009); Petr Uhl (1992-2001); Roberto Gallertón (1992-2000); Seong-Phil Hong (2014); Sètondji Roland Adjovi (2014); Said Mohammad Hashemi (2003-2008); Shaheen Sardar Ali (2008-2014); Soledad Villagra de Biedermann (2001-2008); Tamás Ban (2002-2008); Vladimir Tochilovsky (2010-2016)。

⑤ E/CN. 4/1991/91, resolution 1991/42 of 5 March 1991.

⑥ E/CN. 4/1991/91, resolution 1991/42 of 5 March 1991.

⑦ E/CN. 4/1992/20 II.

⑧ E/CN. 4/1997/150, resolution 1997/50 of 15 April 1997. 委员会请工作组“重新审查其工作方法,特别是与收到的来文的可受理性、紧急上诉程序以及为政府答复有关个别案件的请求设定的最后期限有关的工作方法,以及在申请90天的答复期限时,酌情表现出灵活性”。

⑨ E/CN. 4/1998/44 I. 2 para 11 and Annex I.

⑩ E/CN. 4/1995/31; E/CN. 4/1996/40 Annex I; E/CN. 4/1998/44 Annex I; A/HRC/16/47 Annex; A/HRC/30/69; A/HRC/33/66; A/HRC/36/38.

⑪ A/HRC/6/22, resolution 6/4 of 28 September 2007. See also A/HRC/33/2, resolution 33/30 of 30 September 2016.

工作组报告了其审议案件的结果(1995—1997年为"决定"①,1997年之后为"意见"②)。工作组还发布了"关于剥夺自由案件"的"审议意见","这些审议工作涉及范围广泛,包括如软禁和任意拘留、来文的可受理性和用尽国内补救办法、与国际标准相比对国内法的评估等原则性问题"。③

国别访问成为工作组工作方法的重要组成部分。工作组于1994年首次访问了不丹,之后访问了若干国家。④

544 工作组的报告从最初至随后几年,逐渐演变为更加关注广泛的实质性内容。其讨论了以下问题:

---

① E/CN. 4/1994/27 Annex II, III; E/CN. 4/1995/31/Adds. 1 and 2; E/CN. 4/1996/40/Add. 1; E/CN. 4/1997/4/Add. 1.

② E/CN, 4/1998/44/Annex III, and Add. 1; E/CN. 4/1999/63/Add. 1; E/CN. 4/2000/4/Add. 1; E/CN, 4/2001/14/Add. 1; E/CN. 4/2002/77/Add. 1; E/CN. 4/2003/8/Add. 1; E/CN. 4/2004/3/Add. 1; E/CN. 4/2005/6/Add. 1; E/CN/4/2006/7/Add. 1; A/HRC/4/40/Add. 1; A/HRC/7/4/Add. 1; A/HRC/10/21/Add. 1; A/HRC/13/30/Add. 1; A/HRC/16/47/Add. 1; A/HRC/19/57/Add. 1; A/HRC/22/44/Add. 1; A/HRC/27/48/Add. 1; A/HRC/33/50 II A; A/HRC/WGAD/2015; A/HRC/WGAD/2018/23.

③ E/CN. 4/1993/24 paras 4, 19 and 20, II, III and Annex I, II, III; E/CN. 4/2000/4 Annex II; E/CN. 4/2005/6 II; E/CN. 4/2006/7 II; A/HRC/22/64 III. A to D; A/HRC/39/45 Annex.

④ 工作组访问了以下国家:安哥拉(A/HRC/7/4/Add. 4);阿根廷(E/CN. 4/2004/3/Add. 3; A/HRC/39/45/Add. 1);亚美尼亚(A/HRC/16/47/Add. 3);澳大利亚(E/CN. 4/2003/8/Add. 2);阿塞拜疆(A/HRC/36/37/Add. 1, Add. 3);巴林(E/CN. 4/2002/77/Add. 2);白俄罗斯(E/CN. 4/2005/6/Add. 3);不丹(E/CN. 4/1995/31/Add. 3; E/CN. 4/1997/4/Add. 3);巴西(A/HRC/27/48/Add. 3);加拿大(E/CN. 4/2006/7/Add. 2);中国(E/CN. 4/1998/44/Add. 2; E/CN. 4/2005/6/Add. 4);哥伦比亚(A/HRC/10/21/Add. 3);厄瓜多尔(A/HRC/4/40/Add. 2);萨尔瓦多(A/HRC/22/44/Add. 2, Add. 3);赤道几内亚(A/HRC/7/4/Add. 3);格鲁吉亚(A/HRC/19/57/Add. 2, Add. 4);德国(A/HRC/19/57/Add. 3; A/HRC/30/36/Add. 1);希腊(A/HRC/27/48/Add. 2);洪都拉斯(A/HRC/4/40/Add. 4);匈牙利(A/HRC/27/48/Add. 4);印度尼西亚(E/CN. 4/2000/4/Add. 2);伊朗(E/CN. 4/2004/3/Add. 1);意大利(A/HRC/10/21/Add. 5; A/HRC/30/36/Add. 3);拉脱维亚(E/CN. 4/2005/6/Add. 2);马来西亚(A/HRC/16/47/Add. 2);马耳他(A/HRC/13/30/Add. 2; A/HRC/33/50/Add. 1);毛里塔尼亚(A/HRC/10/21/Add. 2);墨西哥(E/CN. 4/2003/8/Add. 3);摩洛哥(A/HRC/27/48/Add. 5);尼泊尔(E/CN. 4/1997/4/Add. 2);新西兰(A/HRC/30/36/Add. 2);尼加拉瓜(A/HRC/4/40/Add. 3);挪威(A/HRC/7/4/Add. 2);秘鲁(E/CN. 4/1999/63/Add. 2);罗马尼亚(E/CN. 4/1999/63/Add. 4);塞内加尔(A/HRC/13/30/Add. 3);南非(E/CN. 4/2006/7/Add. 3);斯里兰卡(A/HRC/39/45/Add. 2);土耳其(A/HRC/4/40/Add. 5);乌克兰(A/HRC/10/21/Add. 4);英国(E/CN. 4/1999/63/Add. 3);美利坚合众国(A/HRC/36/37/Add. 2);越南(E/CN. 4/1995/31/Add. 4)。

1997年——“研究同人权委员会要求其研讨的与该小组任务范围有关的问题”①。

1998年、1999年——“移民和寻求庇护者的情况”②。

2003年——“对有关卢旺达问题国际刑事法庭的指称的法律”,“关于在关塔那摩湾被拘留人员被剥夺自由事件”,“为保护受害者而进行的拘留”,“因性取向方面的歧视而进行的任意拘留”。③

2004年——“在反恐斗争中保护人权和基本自由问题”,“歧视、剥夺弱势群体自由、审前拘留、因使用互联网被剥夺自由”。④

2005年——“关于剥夺自由作为一项打击恐怖主义的措施的发展动态”,“劫持人质和任意拘留”,“不适当拘留条件对辩护权的负面影响”。⑤

2006年——“工作组审理与武装冲突有关的拘留案件的权限”,“秘密监禁”,“过度监禁”。⑥

2007年——“关于防止在国际间移送被拘押者、特别在反恐情况下出现任意拘留现象的法律意见”,“关于监狱系统和被拘留者境况的概述”。⑦

2008年——“工作组关注的剥夺自由国际趋势”。⑧

2009年——“被剥夺自由的人的权利,反恐怖主义措施中的拘留,任意拘留和腐败,对非正规状态移民的拘留,刑事讯问的中录音录像”⑨。

2010年——“非正常情况下移民被拘留问题,军事法庭,紧急状态,行政拘留人身保护令,遵守与补救措施”⑩。

2011年——“任意拘留问题工作组对武装冲突局势适用国际人权文书,秘密拘留”⑪。

---

① E/CN/4/1997/4 II, III.

② E/CN. 4/1998/44 II; E/CN. 4/1999/63 II A, B, III B.

③ E/CN. 4/2003/8 II, III, IV, V, VI.

④ E/CN. 4/2004/3 II, III A, B, C, D, IV, V.

⑤ E/CN. 4/2005/6 III, IV, V, VI, VII.

⑥ E/CN. 4/2006/7 III A, B, IV V, VI.

⑦ A/HRC/4/40 III A-G, IV, V, VI.

⑧ A/HRC/7/4 II A-D, III, IV.

⑨ A/HRC/10/21 III A-E, IV, V.

⑩ A/HRC/13/30 III A-E.

⑪ A/HRC/16/47 III A, B, IV, V.

2012 年——“审前拘留作为一项例外措施，人身保护，案件、遵约情况和补救”[1]。

545 2014 年——“军事司法，过度监禁，保护性监禁”[2]。

截至 2009 年，工作组还讨论专题性问题，其中反复出现对紧急状态的讨论。1994 年，工作组要求那些长期维持紧急状态的政府，“将其使用限制在情况的严重和紧急的状态下”。[3]

2014 年——“关于在法庭上质疑拘留合法性的权利的国家、地区和国际法律、法规和实践汇编”[4]。

2015 年——“毒品管制背景下的拘留，和平抗议和任意拘留，对任意拘留的补救”[5]。

2015 年——“联合国关于被剥夺自由者向法院提起诉讼权利的补救措施和程序的基本原则和准则”[6]。

2017 年——“基于歧视性理由剥夺自由，剥夺自由的形式”[7]。

2018 年——“被剥夺自由者的领事援助和外交保护，任意拘留与酷刑和虐待事件之间的联系”[8]。

移民和寻求庇护者（1997—2000 年）

移民和寻求庇护者的困境于 1997 年由人权委员会向工作组提出。委员会请工作组“对移民和寻求庇护者的情况给予所有必要的关注，这些人据称被长期行政拘留，而且无法获得行政或司法补救”[9]。工作组讨论了该问题，[10]并在 1998 和 1999 年

---

① A/HRC/19/57 III, A, B, C, IV, V See also A/HRC/20/2, resolution 20/16 of 6 July 2017, A/HRC/24/2, resolution 24/7 of 26 September 2013.

② A/HRC/27/48 III A, B, C, IV, V.

③ E/CN. 4/1994/27 IV B paras 72 and 74.

④ A/HRC/27/47.

⑤ A/HRC/30/36 III A, B, C, IV, V.

⑥ A/HRC/30/37.

⑦ A/HRC/36/37 III A, B, V, VI.

⑧ A/HRC/39/45 III A, B, IV, V.

⑨ E/CN. 4/1997/150, resolution 1997/50 of 15 April 1997.

⑩ E/CN. 4/1988/44 II.

访问罗马尼亚和英国后进行了汇报,提出了移民待遇和庇护方面应遵守的标准。[1]

1991 年——国内流离失所者

在将人口大规模流亡(见上文)作为一项特别程序(1981—1983 年)加以关注之后,人权委员会在 1991 年重新回到了人口流动的人权方面并将其与人道主义区分开来。它提到了国内流离失所者面临的严重问题(见第二章,1963 年——迁移),并强调"缔约国严格遵守国际人权文书和国际人道主义法规定的义务的重要性"[2]。委员会请秘书长指定一名代表(弗朗西斯·邓[Francis Deng,1992—2004 年])"向各国政府征求与境内流离失所者有关的人权问题的意见和资料,包括探讨所有现行国际人权、人道主义及难民法律和标准,以及这些法律和标准对境内流离失所者的保护和救济援助的适用性"[3]。 546

在接下来的几年里,代表的任务得到了扩大。1996 年,人权委员会请高级专员"发展……建立一个关于国内流离失所者状况和保护的更全面、更连贯的数据收集系统,以及其他形式的协调"[4]。

该代表于 1998 年提交了关于国内流离失所者的指导原则,[5]

> 该代表承担了一项促进性的作用,促进提高各方对国内流离失所者困境的认识,并鼓励采取解决这一问题的有效行动。在履行这一职能时,代表所承担的任务可归纳为下述三个工作领域:(a)制定……适当规范框架;(b)形成拟将这些权利转化为现实的有效体制安排;以及(c)集中关注那些国内流离失所者的具体情况……在过去的三年里……代表与一组国际法律专家合作,编写了两份研究报告,分析与国内流离失所者有关的现有法律标准,并在这些研究的基础上,制订了一整套全面解决国内流离失所者需要的一套指导原则。[6]

---

① E/CN. 4/2000/4 Annex II; A/HRC/39/45 Annex. Deliberation No. 5.

② E/CN. 4/1991/91, resolution 1991/25 of 5 March 1991.

③ E/CN. 4/1992/84, resolution 1992/73 of 5 March 1992. See also E/CN. 4/1991/NGO/1.

④ E/CN. 4/1996/177, resolution 1996/52 of 19 April 1996.

⑤ E/CN. 4/1998/53/Add. 2 Addendum.

⑥ E/CN. 4/1998/53 paras 2, 5, 6, 8.

这一程序的独特之处在于,它产生了自己的规范结构——其他程序依赖于公约或宣言中的既定规范,这些规范通常由人权委员会或其他主管政府间机构起草。它的独特之处还在于,执行过程需要在处理人道主义问题的几个联合国机构之间进行实际协调。

1999 年,代表在向人权委员会提交报告的末尾指出:

> 自 1992 年设立这项任务以来,已经完成了相当多的工作……随着指导原则的就续和投入实施,随着机构间合作的体制安排的建立,并随着一项国别访问和与各国政府及其他行为者对话的进程建立,本体制比以往任何时候都更有能力应对这一挑战……任务由此进入了一个挑战程度不亚于以往的新阶段。[①]

2004 年,人权委员会建立了"一个新机制以解决国内流离失所者的复杂问题,特别是通过将国内流离失所者的人权纳入联合国系统所有相关部门的主流",并指定了第二个代表(瓦尔特·卡林[Walter Kälin,2004—2010 年])。[②]

2010 年,人权理事会委托一名特别报告员(查洛卡·贝亚尼[Chaloka Beyani,2010—2016 年];塞西莉亚·希门尼斯-达玛丽[Cecilia Jimenez-Damary,2016 年])
547 执行这项任务,并请特别报告员"努力加强国际社会对国内流离失所者情况这一复杂问题的反应"。理事会详细说明了执行任务的方式。[③]

代表(截至 2010 年)[④]以及特别报告员向人权委员会和联合国大会提交了报告。国别访问成为根据任务规定开展的工作的一个常规组成部分。[⑤] 此外,多年

---

① E/CN. 4/1999/79 V paras 98 and 99.

② E/CN. 4/2004/127, resolution 2004/55 of 20 April 2004.

③ A/HRC/14/37, 2010, resolution 14/6 of 17 June 2010. See also Council resolution 32/11 of 1 July 2016.

④ A/HRC/14/37, resolution 14/6 of l7 June 2010.

⑤ E/CN. 4/1993/35 para 18. 以下是截至 2018 年访问的国家:阿富汗(A/HRC/35/27/Add. 3);安哥拉(E/CN. 4/2001/5/Add. 5);亚美尼亚(E/CN. 4/2001/5/Add. 3);阿塞拜疆(E/CN. 4/1999/79/Add. 1, A/HRC/8/6/Add. 2, A/HRC/16/43/Add. 2, A/HRC/29/34/Add. 1);波斯尼亚和黑塞哥维那(E/CN. 4/2006/71/Add. 4);布隆迪(E/CN. 4/1995/50/Add. 2, E/CN. 4/2001/5/Add. 1);哥伦比亚(E/CN. 4/1995/50/Add. 1, E/CN. 4/2000/83/Add. 1, A/HRC/4/38/Add. 3);中非共和国(A/HRC/4/38/Add. 5, A/HRC/8/6/Add. 1, A/HRC/16/43/Add. 4);乍得(A/HRC/13/21/Add. 5);哥伦比亚(E/CN. 4/2000/83/Add. 1);科特迪瓦(A/HRC/4/38/Add. 2, A/HRC/23/44/Add. 1);克罗地亚(E/CN. 4/2006/71/Add. 3);达尔富尔(联合特派团)(A/HRC/5/6, A/HRC/6/7); (转下页)

来还召开了一系列区域和国际协商、研讨会和会议,以提高对指导原则及其适用的认识。①

早期的报告侧重于指导原则的制订过程,包括面临挑战和方法,以及最终采取的提高认识的措施。根据委员会的要求,②任务的第二阶段增加了对联合国系统内主流化的关注。③ 随着特别报告员的设立,其报告反映了情况监测,并强调了专题议题,其中包括:

2009年——"保护自然灾害流离失所者的人权,人权及国内流离失所与和平进程、和平协定与和平建设之间的关系"④。

2010年——"国内流离失所者问题持久解决框架"⑤。

2011年——"气候变化和国内流离失所"⑥。

(接上页)刚果民主共和国(A/HRC/8/6/Add.3, A/HRC/10/59);东帝汶(E/CN.4/2000/83/Add.3);萨尔瓦多(A/HRC/38/39/Add.1);格鲁吉亚(E/CN.4/2001/5/Add.4, E/CN.4/2006/71/Add.7, A/HRC/10/13/Add.2, A/HRC/13/21/Add.3, A/HRC/16/43/Add.3, A/HRC/16/33/Add.1, A/HRC/35/27/Add.2);海地(A/HRC/29/34/Add.2);洪都拉斯(A/HRC/32/35/Add.4);印度尼西亚(E/CN.4/2002/95/Add.2);伊拉克(A/HRC/16/43/Add.1, A/HRC/32/35/Adds.1 & 7);肯尼亚(A/HRC/16/54/Add.2);利比亚(A/HRC/38/39/Add.2);马尔代夫(A/HRC/19/54/Add.1);墨西哥(E/CN.4/2003/86/Add.3);莫桑比克(E/CN.4/1997/43/Add.1);尼泊尔(E/CN.4/2006/71/Add.2)、尼日尔(A/HRC/38/39/Add.3);尼日利亚(A/HRC/35/27/Add.1);秘鲁(E/CN.4/1996/52/Add.1);菲律宾(E/CN.4/2003/86/Add.4, A/HRC/32/35/Add.3 & Add.5);俄罗斯联邦(E/CN.4/2004/77/Add.2);卢旺达(E/CN.4/1995/50/Add.4);塞尔维亚和黑山(E/CN.4/2006/71/Add.5, A/HRC/26/33/Add.2);索马里(A/HRC/13/21/Add.2);南苏丹(A/HRC/26/33/Add.3);斯里兰卡(E/CN.4/1994/44/Add.1, A/HRC/8/6/Add.4, A/HRC/26/33/Add.4 & Add.6);苏丹(E/CN.4/2002/95/Add.1, E/CN.4/2003/86/Add.1, E/CN.4/2005/8, E/CN.4/2006/71/Add.6, A/HRC/23/44/Add.2);叙利亚(A/HRC/32/35/Adds.3 & 5);塔吉克斯坦(A/51/1483/Add.1);土耳其(E/CN.4/2003/86/Add.2);乌干达(E/CN.4/2004/77/Add.1);乌克兰(A/HRC/29/34/Add.3)。

① See, for example, Regional Workshops on implementing the Guiding Principles. Addis Ababa, October 1998 E/CN.4/1999/79/Add.2; Bogota, May 1999; Tbilisi, May 2000 (E/CN.4/2003/Add.5; Jakarta Seminar E/CN.4/2002/Add.3; Sudan Seminar E/CN.4/2003/Add.6; Russian Federation International Conference E/CN.4/2003/Add.5; IGAD (Sudan) Sub-Regional Conference E/CN.4/2004/Add.4; Regional Conference Abuja A/HRC/4/38/Add.4).

② See A/48/579 (1993); E/CN.4/1994/44; A/49/538 (1994); E/CN.4/1995/50; A/50/58; A/51/483; A/54/409; A/56/16; E/CN.4/2004/77; A/58/393; A/63/286; A/HRC/16/43; A/HRC/38/39.

③ See A/60/338; A/61/276; A/62/227.

④ A/HRC/10/13 (2009) I B,C.

⑤ A/HRC/13/21/Add.4 Addendum.

⑥ A/66/285 III A-I, See also A/HRC/20/2, resolution 20/9 of 5 July 2012.

2013 年——"国内流离失所妇女:进展、挑战和前进方向"①。

548 2014 年——"城市环境中的国内流离失所者问题持久解决框架"②。

2015 年——"参照 2015 年后发展议程看国内流离失所者问题"③。

2017 年——"加强国内流离失所者参对其有影响的决策"④;"确保将国内流离失所者纳入过渡司法程序"⑤。

2018 年,特别报告员指出,"随着 2018 年指导原则颁布二十周年纪念日的到来,流离失所者的数量却已经不可避免地上升到 4000 多万人,这令人感到震惊"。报告讨论了重新把重点放在执行指导原则上的必要性,并提出了一些建议。⑥

1993 年——种族主义

1993 年,人权委员会决定"特别考虑到最近的趋势,任命一名关于当代形式的种族主义、种族歧视和仇外心理及容忍问题的特别报告员"⑦。(见第二章,1946 年——种族主义和种族歧视)

人权委员会指出,

> 一方面,种族主义和种族歧视是一种体制化的政策,例如种族隔离……另一方面,在许多社会的一些地区由于个别人或团体而发生种族主义、种族歧视、仇外心理和其他不容忍现象。⑧

特别报告员被要求"审查……当代形式的种族主义、种族歧视,对黑人、阿拉伯人和穆斯林的任何形式的歧视、仇外心理,仇视黑人、反犹太主义和相关的不容忍现

---

① A/HRC/23/44 III. See A/HRC/23/2 resolution 23/8 of 13 June 2013.

② A/69/295 III.

③ A/HRC/29/34 III A-H.

④ A/72/202 III A-I.

⑤ A/73/173 III A-G.

⑥ A/HRC/38/39 III para 17. See also A/72/53, decision 35/101 of 22 June 2017.

⑦ E/CN. 4/1993/122, resolution 1993/20 of 2 March 1993.

⑧ E/CN. 4/1993/122, resolution 1993/20 of 2 March 1993.

象,以及克服这些障碍的政府措施”①。人权理事会确认了特别报告员的任务,并予以详细说明。②

2011年,人权理事会请特别报告员“向人权理事会和大会提交一份年度报告,说明与其任务有关的所有活动,以期最大限度地发挥报告程度的效益”③。

特别报告员(莫里斯·格莱莱-阿汉汉佐[Maurice Glélé-Ahanhanzo,1993—2002年];杜杜·迪耶内[Doudou Diène,2002—2008年];杰苏·穆伊盖[Githu Muigai,2008—2011年];穆图马·鲁泰雷[Mutuma Ruteere,2011—2017年];滕达依·阿丘梅[E. Tendayi Achiume,2017年])采用了受其他特别程序启发的方法,④包括国别访问。⑤ 549

特别报告员采取了“双管齐下的方法,既有理论和概念方面,也有事实方面”⑥。第一批报告侧重于与政府的直接互动,强调了出现的指控和情况。在1997—2008年期间,特别报告员讨论了“种族主义、种族歧视、仇外心理和相关的不容忍现象的当代表现”⑦。随后在21世纪的前十年,讨论了“种族主义的表现”,

---

① E/CN. 4/1994/132, resolution 1994/64 of 9 March 1994.

② A/HRC/7/78, resolution 7/34 of 28 March 2008.

③ A/HRC/15/60, resolution 16/33 of 25 March 2011. See also A/HRC/25/2, resolution 25/32 of 28 March 2014; A/72/53, resolution 34/35 of 24 March 2017.

④ E/CN. 4/1994/66 II.

⑤ 特别报告员访问了以下国家:阿根廷(A/HRC/35/41/Add. 1 & Add. 5);澳大利亚(E/CN. 4/2002/24/Add. 1, A/HRC/35/41/Add. 2 & Add. 4);玻利维亚(A/HRC/23/56/Add. 1);巴西(E/CN. 4/1996/72/Add. 1, E/CN. 4/2006/16/Add. 3);加拿大(E/CN. 4/2004/18/Add. 2);哥伦比亚(E/CN. 4/1997/71/Add. 1, E/CN. 4/2004/18/Add. 3);科特迪瓦(E/CN. 4/2005/18/Add. 3);捷克共和国、匈牙利、罗马尼亚(E/CN. 4/2000/16/Add. 1);多米尼加共和国(A/HRC/7/19/Add. 5);爱沙尼亚(A/HRC/7/19/Add. 2);斐济(A/HRC/35/41/Add3);法国(E/CN. 4/1996/72/Add. 3);德国(E/CN. 4/1996/72/Add. 2, A/HRC/14/43/Add. 2);希腊(A/HRC/32/50/Add. 1);危地马拉(E/CN. 4/2005/18/Add. 2);洪都拉斯(E/CN. 4/2005/18/Add. 5);匈牙利(A/HRC/20/33/Add. 1);意大利(A/HRC/4/19/Add. 4);日本(E/CN. 4/2006/16/Add. 2);大韩民国(A/HRC/29/46/Add. 1);科威特(E/CN. 4/1997/71/Add. 2);拉脱维亚(A/HRC/7/19/Add. 3);立陶宛(A/HRC/7/19/Add. 4);毛里塔尼亚(A/HRC/26/49/Add. 1);尼加拉瓜(E/CN. 4/2005/18/Add. 6);俄罗斯(A/HRC/4/19/Add. 3);新加坡(A/HRC/17/40/Add. 2);南非(E/CN. 4/1999/15/Add. 1);西班牙(A/HRC/23/56/Add. 2 & Add. 3);瑞士(A/HRC/4/19/Add. 2);特立尼达和多巴哥(E/CN. 4/2004/18/Add. 1);阿拉伯联合酋长国(A/HRC/14/43/Add. 3);英国(E/CN. 4/1996/72/Add. 4);美利坚合众国(E/CN. 4/1995/78/Add. 1, A/HRC/11/36/Add. 3)。

⑥ A/49/677 II para 18.

⑦ E/CN. 4/1997/71 II A-G, V; E/CN. 4/1998/79 IV A-F IX; E/CN. 4/2001/21 III, VII; E/CN. 4/2002/24 II A-D, V VI; E/CN. 4/2003/24 II. A-C, IV; E/CN. 4/2004/18 II A-E, IV; E/CN. 4/2005/18 II A-E, IV; E/CN. 4/2006/16 II A-E III; A/HRC/4/19 III A-E, IV; A/HRC/7/19 III A-E IV.

例如：

2002 年——“互联网上的种族主义宣传，反犹太主义”①。

2003 年——“互联网上的种族主义宣传，种族主义和体育，与反犹太主义和仇视伊斯兰教有关的种族主义”②；“政府、司法当局或其他机构采取或计划采取的行动，针对辛提人/罗姆人的措施”③。

2004 年——“仇外情绪高涨和对某些形式的歧视的保护减弱，互联网上的种族主义宣传，种族主义和体育，与反犹太主义和仇视伊斯兰教有关的种族主义”④。

2005 年——“外国人、寻求庇护者、难民和移民的待遇，种族主义和体育”⑤。

2009 年——“诋毁宗教行为，尤其是仇视伊斯兰教对其信奉者享有各项人权的严重影响”⑥。

在对具体案例和情况采取后续行动的同时，特别报告员发展了下列专题领域：

2002 年、2004 年——“为反对种族主义世界会议编写的《关于促进或煽动种族歧视的政治纲领的研究》”⑦。

550 2009 年——“贫困和种族主义”⑧。

2010 年——“种族主义在冲突局势中，包括冲突前后”⑨。

2011 年——“针对罗姆人的种族主义问题”⑩；“种族主义的受害者，打击种族

---

① A/57/204 III A, B, C, V.

② A/58/3-13 III A,B,C.

③ A/58/133 III A, B, C, IV A, B, V.

④ A/59/329 C, D, V.

⑤ A/60/283 II A, B, V.

⑥ A/HRC/12/38.

⑦ A/CONF. 189/PC. 2/21; E/CN. 4/2004/61.

⑧ A/HRC/11/36 III. V.

⑨ A/HRC/14/43 II. III. IV. VI.

⑩ A/HRC/17/40 II, III, V.

主义的最佳做法”[1]。

2011年——“在国家层面发展的对抗极端政治派别以及类似的极端主义意识形态运动的良好实践”[2]。

2012年——“防止种族主义”[3];“采取一种全面的方法应对互联网种族主义”[4]。

2013年——“关于种族主义的国际框架”[5];“教育和种族主义”[6]。

2014年——“利用互联网和社交媒体宣传种族主义”[7];“种族主义运动”[8]。

2015年——“执法机构中的种族主义”[9];“分类数据”[10]。

2016年——“排外”[11];“在反恐背景下反对种族主义和仇外心理所面临的挑战”[12]。

2017年——“国家专门机构和国家行动计划在防止和打击种族主义方面的作用”[13]。

2018年——“公民身份、国籍和移民背景下的种族歧视”[14];“民族主义、民粹主义对种族平等的威胁”[15]。

特别报告员在2018年讨论了

种族歧视的当代驱动因素和表现形式……当国家为采取和实施基于公民

---

① A/66/313 II A, B, C, IV.

② A/HRC/18/44.

③ A/HRC/20/33 II, III, IV, V, VII.

④ A/67/326 III, IV, V VI, VII.

⑤ A/HRC/23/56 III, IV A, B, V A, B, C,VI.

⑥ A/68/333 III A, B, C, D, IV.

⑦ A/HRC/26/49 III, IV.

⑧ A/69/340 III A, B, C, D, IV.

⑨ A/HRC/29/46 III, IV.

⑩ A/70/335 III, IV, V, VI.

⑪ A/HRC/32/50 III, IV.

⑫ A/72/287 II A-D, III; A/HRC/35/41 IV A-F, V.

⑬ A/71/301 II A, B, C, D, E, III.

⑭ A/HRC/38/52 II, III, IV, V.

⑮ A/73/305 II, III.

身份和移民身份的种族歧视政策辩护时,它们会综合运用多种方法。可能很难区隔出歧视和不容忍的个别驱动因素,但有可能确定不同但相关的类别。①

551

1993年——见解和表达

1993年,人权委员会在小组委员会进行研究后,任命了一名增进和保护见解和言论自由权问题特别报告员(阿比德·侯赛因[Abid Hussain,1993—2002年];阿姆贝伊·利加博[Ambeyi Ligabo,2002—2008年];弗兰克·威廉·拉鲁[Frank William La Rue,2008—2014年];大卫·凯伊[David Kaye,2014年])。②

人权委员会请特别报告员"收集一切寻求行使或促进行使……见解和言论自由权的人",以及"信息领域专业工作者……遭受歧视、暴力威胁或暴力行为骚扰,包括迫害和恫吓的资料"。③

人权理事会在2008年批准继续这项任务,并请特别报告员

> (a)提请理事会和联合国人权事务高级专员注意与见解和言论自由权有关的情况和案件;(b)将妇女人权和性别观点纳入其任务规定的整个工作中……(d)报告滥用言论自由权构成种族或宗教歧视行为的情况……(e)考虑获取信息的方法,以共享最佳做法;(f)以继续提供他/她的观点,针对新信息和通信技术的优势和挑战,包括互联网和移动技术。④

特别报告员的工作方法以其他特别程序的经验为基础,借鉴了其认为最适合自己具体任务的方法,这意味着其形成一种综合的工作方法,其中考虑了各国的普遍情况和个别情况。⑤

---

① A/HRC/38/52 IV A, B, C, V.

② E/CN. 4/1993/122, resolution 1993/45 of 5 March 1993.

③ E/CN. 4/1993/122, resolution 1993/45 of 5 March 1993.

④ A/HRC/7/78, resolution 7/36 of 28 March 2008, See also A/HRC/25/2, resolution 25/2 of 27 March 2014; A/72/53, resolution 34/18 of 24 March 2017.

⑤ E/CN. 4/1995/32 II para 57. See also E/CN. 4/1999/64 Annex.

特别报告员报告了其与各国政府的通讯,包括各种情势和个案。[①] 自 2012 年起,来文不再包含在特别报告员的报告中,而是与其他特别程序的来文一起纳入了一份统一报告。(见下文,第六章 C,非常规体系[1993 年],来文统一报告[2011 年])

截至 2017 年,特别报告员除了收集信息并跟进由此产生的事件和国家情况外,还进行了第三方调查;在涉及见解和言论自由的案件中,在国家、区域和国际法院进行干预并发表专家意见。[②] 552

2011 年,人权理事会请特别报告员向联合国大会报告"与其任务有关的所有活动,以期最大限度地发挥报告程序的效益"[③]。

特别报告员在其第一份报告中提到,实地访问"是其任务的一个基本要素"[④]。特别报告员为此访问了若干国家。[⑤]

特别报告员提出了一些建议。如 1997 年的报告提供了一个很好的例子:当年

---

① E/CN. 4/1995/32 II B, IV V; E/CN. 4/1996/39 III, IV; E/CN. 4/1997/31 III, IV; E/CN. 4/1998/40 IV, V; E/CN. 4/1999/64 IV, V; E/CN. 4/2000/63 IV, V; E/CN. 4/2001/64 IV, V; E/CN. 4/2002/75 II A, V and Add. 2; E/CN. 4/2003/67/Add. 1; E/CN. 4/2003/67 II A; E/CN. 4/2004/62 II A and Add. 1; E/CN. 4/2005/641 A and Add. 1; E/CN. 4/2006/55 I A and Add. 1; A/HRC/4/27 I A and Add. 1; A/HRC/7/14 I A and Add. 1; A/HRC/11/14 II A and Add. 1; A/HRC/14/23 II A and Add. 1; A/HRC/17/27 II A and Add. 1 and Add. 1 Corr. 1; A/HRC/20/17 II A; A/HRC/18/51; A/HRC/19/44; A/HRC/20/30.

② See https://wwwohchr. org/EN/Issues/FreedomOpinion/Pages/AmicusBriefsBxpertTestimony. aspx visited on 10 March 2019.

③ A/HRC/16/2, resolution 16/4 of 24 March 2011.

④ E/CN. 4/1994/33 II paras 24-33.

⑤ 特别报告员访问了以下国家:阿尔巴尼亚(E/CN. 4/2001/64/Add. 1);阿尔及利亚(A/HRC/20/17/Add. 1 & Add. 3);阿根廷(E/CN. 4/2002/75/Add. 1);阿塞拜疆(A/HRC/7/14/Add. 3);白俄罗斯(E/CN. 4/1998/40/Add. 1);哥伦比亚(E/CN. 4/2004/62/Add. 4, E/CN. 4/2005/64/Add. 3);科特迪瓦(E/CN. 4/2004/62/Add. 3, E/CN. 4/2005/64/Add. 2);赤道几内亚(E/CN. 4/2003/67/Add. 2);洪都拉斯(A/HRC/11/4/Add. 2, A/HRC/23/40/Add. 1 & Add. 3);匈牙利(E/CN. 4/1999/64/Add. 2);伊朗(E/CN. 4/1996/39/Add. 2, E/CN. 4/2004/62/Add. 2);爱尔兰(E/CN. 4/2000/63/Add. 2);以色列/巴勒斯坦被占领土(A/HRC/20/17/Add. 2);意大利(E/CN. 4/2005/64/Add. 5, A/HRC/26/30/Add. 3 & Add. 6);日本(A/HRC/35/22/Add. 1 & Add. 5);大韩民国(E/CN. 4/1996/39/Add. 1);利比里亚(A/HRC/38/35/Add. 3);前南斯拉夫马其顿共和国(A/HRC/26/30/Add. 2 & Add. 5);马拉维(E/CN. 4/1995/32 III, D) 马来西亚 (E/CN. 4/1999/64/Add. 1);马尔代夫(A/HRC/11/4/Add. 3);墨西哥(A/HRC/17/27/Add. 3, A/HRC/38/35/Add. 3 & Add. 4);黑山(A/HRC/26/30/Add. 1 & Add. 4);波兰(E/CN. 4/1998/40/Add. 2);塞尔维亚和黑山(E/CN. 4/2005/64/Add. 4);苏丹(E/CN. 4/2000/63/Add. 1);塔吉克斯坦(A/HRC/35/22/Add. 2 & Add. 7);突尼斯(E/CN. 4/2000/63/Add. 1);土耳其(E/CN. 4/1997/31/Add. 1, A/HRC/35/22/Add. 3 & Add. 6);乌克兰(A/HRC/7/14/Add. 2);英国(E/CN. 4/2000/63/Add. 3)。

的建议包括建立早期预警系统、需要解决妇女的意见和言论自由权问题,并希望与暴力侵害妇女问题特别报告员密切合作。报告讨论了其任务与当时关于发展权的辩论的相关性:

> 特别报告员建议,今后关于落实发展权的讨论充分考虑到各国政府需要充分促进和保护见解和言论自由权,以及寻求和接受信息的权利。这些权利是确保公众参与的基本先决条件。没有参与,作为人民而不是国家特权的发展权的实现将继续受到威胁。①

特别报告员的报告最初侧重于对所收集资料的处理,并导致对具体问题或趋势的确认。从 2010 年起,对具体案例和情况报告从特别报告员的报告转移到集体报告,由此使专题研究获得了主要关注。2013 年,人权理事会请特别报告员"在其报告中分析意见和言论自由在促进妇女参与政治、社会、文化和经济生活以及促进两性平等方面的作用,以及对女性在行使见解和言论自由方面面临的挑战的分析"②。

553 从 2016 年开始,特别报告员对"数字时代国家监管""私营部门和言论自由的交叉问题"进行了一系列研究。③

特别报告员重点研究了一些实质性问题:

> 1995 年——特别报告员特别关注对期刊编者的保护:1995 年,他谈到了"几个国家对编辑和记者的持续恐吓和骚扰"④。他建议独立的新闻机构和行为准则,指出"自由不是一种特权,而是一种权利,媒体称自由的行使是一种责任。公开的媒体行为准则对所有记者都至关重要。然而,这样的准则只会在这项建议是由该专业本身自愿采纳的情况下发挥作用"。⑤ 特别报告员的另一项建议是设立"一个正式的监察员机构,个人和组织都可以在被认为滥用言论自由权的情况下向该机构提出上诉"⑥。

① E/CN. 4/1997/31 para 66.

② A/HRC/23/2, resolution 23/2 of 13 June 2013.

③ A/HRC/32/38.

④ E/CN. 4/1995/32 IV, V.

⑤ E/CN. 4/1995/32 para 133.

⑥ E/CN. 4/1995/32 V para 136.

1998 年——“问题:寻求信息的权利;过渡国家选举中媒体的作用;新信息技术的影响;国家安全;妇女表达自由”[①]。

同年,特别报告员表明了非政府组织的重要作用:“特别报告员鸣谢继续大力协助他执行任务的第 19 条:国际反对检查制度中心这一机构。他鼓励所有组织和个人继续提供……信息和材料。”[②]

1999 年——“问题:寻求和接收信息的权利;国家保安法;刑事诽谤;新信息技术;妇女与言论自由”[③]。

2000 年——“问题:趋势;信息获取;刑事诽谤和破坏名誉;警察和刑事司法制度;新技术”[④]。

2001 年——“问题:趋势;非国家机构和人员;新技术;妇女”[⑤]。2000 年,特别报告员“对妇女继续被各种手段压制表示严重关切。歧视性的规则和习俗继续支持根深蒂固的父权主义态度”。报告员敦促各国政府执行《关于个人、群体和社会机构在促进和保护普遍公认的人权和基本自由方面的权利和责任宣言》,以解决“人权维护者的见解和言论自由权持续受到侵犯的问题”。[⑥] (第七章 A4,人权维护者[1998 年])

2002 年——“趋势:通过杀害、袭击、威胁、骚扰手段伤害媒体专业人员和其他人;拘留或逮捕、起诉、审讯和判刑;对媒体采取的行政法律措施以及压制措施。”“问题:反对种族主义、种族歧视、仇外心理和有关不容忍行为世界会议;9.11 事件;广播;互联网。”[⑦] 554

2003 年——“问题:趋势;获得关于艾滋病毒感染的教育和预防信息;见解和言论自由权与反恐怖主义措施”[⑧]。

---

① E/CN. 4/1998/40 III,V.

② E/CN. 4/1998/40.

③ E/CN. 4/1999/64 III, V.

④ E/CN. 4/2000/63 III, V Annexes I, II.

⑤ E/CN. 4/2001/64 III, V.

⑥ E/CN. 4/2000/63 V paras 207-210. See also E/CN. 4/2001/64 Annexes I, II, III, IV.

⑦ E/CN. 4/2002/75 III, IV, V.

⑧ E/CN. 4/2003/67 III, IV.

2004 年——“问题:实施获取信息权;获得关于艾滋病毒感染的教育和预防信息;见解和言论自由权与反恐怖主义措施”[1]。

2005 年——“问题:落实获取信息权;媒体专业人员的保护与安全”[2]。

2006 年——“问题:互联网管理与人权;言论自由与诽谤;媒体专业人员的安全与保护”[3]。

2007 年——“问题;特别报告员对丹麦的访问;互联网治理和数字民主;诽谤罪不作为刑事犯罪;媒体专业人员的安全与保护”[4]。

2008 年——“问题:落实获取信息的权利;记者和媒体专业人员的安全与保护;对见解和言论自由的法律限制;见解和言论自由与实现其他人权”[5]。

2009 年——“设想和优先事项:主要优先事项和工作方法;对见解和言论自由权的限制;在冲突地区工作的记者和媒体专业人员的安全和保护;极端贫穷情况下落实取得信息的权利”[6]。

2010 年——“主要专题:对见解和言论自由权的一般性考虑;需要特别关注的群体的言论自由和言论自由在打击歧视中的作用;容许的对言论自由的制约和限制;保护新闻记者和新闻出版自由”[7]。

2011 年——“访问在线内容;互联网链接的获取;[8]关于见解和言论自由权与互联网的一般性原则”[9]。

2012 年,人权理事会召开了一次关于互联网言论自由权的小组讨论会,“特别关注如何根据国际人权法改善对其保护的方法和手段”[10]。理事会申明“人们在互
555 联网下所享有的权利在网上同样应得到保护,特别是言论自由,这项权利不分国

① E/CN. 4/2004/62 III, IV.

② E/CN. 4/2005/64 II, III.

③ E/CN. 4/2006/55 II, III, IV.

④ A/HRC/4/27 II, III.

⑤ A/HRC/7/14 II, III.

⑥ A/HRC/11/4 III, IV.

⑦ A/HRC/14/23 III, IV.

⑧ A/66/290 III, IV, V.

⑨ A/HRC/17/27.

⑩ A/HRC/17/27 III, IV, V, VI See also A/HRC/18/2, decision 18/119 of 29 September 2011 and A/HRC/17/27.

界,可以通过自主选择的任何媒介行使"[1]。

2012年——"煽动仇恨"[2];"在武装冲突局势之外保护记者和媒体自由的挑战"[3]。

2013年——"了解真相和获取信息的权利"[4];"监视"[5]。

2014年——"儿童言论自由权利"[6];"选举过程中的表达沟通自由"[7]。

2015年——"获得信息的权利;保护信息来源"[8]。"在数字时代保护吹哨人和安全的私人通信"[9]。

2016年——"对言论自由的当代限制"[10];"数字时代的表达自由、国家和私营部门"[11]。

2017年——"信息自由;信息获取政策的关键要素"[12];"保护和促进言论自由的国家义务;数字接入提供商和言论自由"[13]。

2018年——"认识人工智能"[14];"加密和匿名技术"[15];"用户生成的在线内容;与内容相关的关键问题"[16]。

2018年,人权理事会谈到了"在互联网上享有人权",并赞赏地注意到"高级专员题为'在互联网上促进、保护和享有人权:如何从人权角度出发消除性别数字

① A/HRC/20/2, resolution 20/8 of 5 July 2012.
② A/67/357 III, IV, V.
③ A/HRC/20/17 III, IV See also resolution 21/12 of 27 September 2012.
④ A/68/362 III, IV, V.
⑤ A/HRC/23/40 III, IV, V, VI, VII, VIII.
⑥ A/69/335.
⑦ A/HRC/26/30 III, IV, V VI, VII.
⑧ A/70/361.
⑨ A/HRC/29/32.
⑩ A/71/373.
⑪ A/HRC/32/38, See also A/HRC/32/2, resolution 32/13 of 1 July 2016.
⑫ A/72/350.
⑬ A/HRC/35/22.
⑭ A/73/348.
⑮ A/HRC/38/35/Add. 5.
⑯ A/HRC/38/35.

鸿沟'的报告[1],特别是关于打击基于性别的网上暴力的建议"[2]。(见下文)

1994 年——暴力侵害妇女

正如上文(第二章,1993 年——妇女)所讨论的,在 20 世纪 90 年代初,人权委员会侧重于保护妇女的人权,这与消除对妇女歧视不同。[3] 继 1993 年通过《维也纳宣言和行动纲领》和《消除对妇女的暴力行为宣言》之后,委员会于 1994 年又任命了一名暴力侵害妇女及其因果问题特别报告员[4](拉迪卡·库马拉斯瓦米[Radhika Coomaraswamy,1994—2003 年];亚肯·埃蒂尔克[Yakin Ertürk,2003—2009 年];拉希达·曼朱[Rashida Manjoo,2009—2015];杜布拉芙卡·西蒙诺维奇[Dubravka Simonovic,2015 年])[5]。

556

特别报告员被要求:

> (a)向各国政府、条约机构、专门机构、其他负责各种人权问题的特别报告员、政府间组织和非政府组织,包括妇女组织,征求和接收关于对妇女的暴力行为及其原因和后果的资料,并对这些资料做出有效反应;(b)建议在国家、区域和国际各级消除和根除对妇女的暴力行为并弥补其后果的措施和方式方法。[6]

此后,还有"(d)继续采取全面和普遍的方法,消除暴力侵害妇女行为及其因果,包括与公民、文化、经济、政治和社会领域有关的暴力侵害妇女行为的原因"[7]。

1995 年,人权委员会请特别报告员"继续将移徙女工的暴力行为问题引入与

① A/HRC/35/9.

② A/HRC/38/2, resolution 38/7 of 5 July 2018.

③ General Assembly forty-eighth session resolution 48/104 of 20 December 1993.

④ E/CN. 4/1994/132, resolution 1994/45 of 4 March 1994.

⑤ E/CN. 4/1994/132, resolution 1994/45 of 4 March 1994; fifty-third session, resolution 1997/44 of 11 April 1997.

⑥ E/CN. 4/1994/132, resolution 1994/45 of 4 March 1994.

⑦ A/HRC/15/60, resolution 7/24 of 28 March 2008.

其职权有关的紧急问题内"[①]。

特别报告员与各国政府处理具体案件,同时还会访问一些国家以收集关于具体问题和案件的资料。[②]

除了具体案件,特别报告员还采取了专题研究的工作方法。在随后几年间, 557
特别报告员报告了如下问题:

1996年——"家庭暴力"[③]。

1997年——"社区中的暴力;妇女遭受的强奸和性暴力行为,包括性骚扰;贩卖妇女和强迫卖淫;移徙女工遭受的暴力;极端宗教主义"[④]。

1998年——"武装冲突时期对妇女的暴力;监管过程中对妇女施行的暴力;难民妇女和流离失所的妇女遭受的暴力"[⑤]。

---

① E/CN. 4/1995/176, resolution 1995/20 of 24 February 1995. See also E/CN. 4/1996/177, resolutions 1996/17 of 11 April 1996, and resolution 1996/49 of 19 April 1996.

② 特别报告员访问了以下国家:阿富汗(E/CN. 4/2006/61/Add. 5;A/HRC/29/27/Add. 3);阿尔及利亚(A/HRC/7/6/Add. 2);阿根廷(A/HRC/35/30/Add. 3);澳大利亚(A/HRC/38/47/Add. 1);阿塞拜疆(A/HRC/26/38/Add. 3 & Add. 6);巴哈马(A/HRC/38/47/Add. 2);孟加拉国(A/HRC/26/38/Add. 2);孟加拉国、尼泊尔、印度(E/CN. 4/2001/73/Add. 2);波斯尼亚和黑塞哥维那(A/HRC/23/49/Add. 3);巴西(E/CN. 4/1997/47/Add. 2);哥伦比亚(E/CN. 4/2002/83/Add. 3);刚果民主共和国(A/HRC/7/6/Add. 4);克罗地亚(A/HRC/23/49/Add. 4);古巴(E/CN. 4/2000/68/Add. 2);朝鲜民主主义人民共和国、大韩民国、日本(E/CN. 4/1996/53/Add. 1 & Corr. 1);东帝汶(A/54/660);萨尔瓦多(E/CN. 4/2005/72/Add. 2);萨尔瓦多、危地马拉(E/CN. 4/2004/66/Add. 2);格鲁吉亚(A/HRC/32/42/Add. 3 & Add. 6);加纳(A/HRC/7/6/Add. 3);危地马拉(E/CN. 4/2005/72/Add. 3);海地(E/CN. 4/2000/68/Add. 3);洪都拉斯(A/HRC/29/27/Add. 1);印度(A/HRC/26/38/Add. 1 & Add. 4);印度尼西亚和东帝汶(E/CN. 4/1999/68/Add. 3);伊朗(E/CN. 4/2006/61/Add. 3);以色列(A/HRC/35/30/Add. 1);意大利(A/HRC/20/16/Add. 2 & Add. 6);约旦(A/HRC/20/16/Add. 1 & Add. 5);吉尔吉斯斯坦(A/HRC/14/22/Add. 2);墨西哥(E/CN. 4/2006/61/Add. 4);摩尔多瓦(A/HRC/11/6/Add. 4);荷兰(A/HRC/4/34/Add. 4);巴基斯坦和阿富汗(E/CN. 4/2000/68/Add. 4);巴勒斯坦被占领土(E/CN. 4/2005/72/Add. 4;A/HRC/35/30/Add. 2);巴布亚新几内亚(A/HRC/23/49/Add. 2);波兰(E/CN. 4/1997/47/Add. 1);俄罗斯(E/CN/4/2006/61/Add. 2);卢旺达(E/CN. 4/1998/54/Add. 1);沙特阿拉伯(A/HRC/11/6/Add. 3);塞拉利昂(E/CN. 4/2002/83/Add. 2);所罗门群岛(A/HRC/23/49/Add. 1);索马里(A/HRC/20/16/Add. 5);南非(E/CN. 4/1997/47/Add. 3;A/HRC/32/42/Add. 2 & Add. 5);苏丹(A/HRC/32/42/Add. 1 & Add. 4);苏丹(达尔富尔)(E/CN. 4/2005/72/Add. 5);瑞典(A/HRC/4/34/Add. 3);塔吉尔斯坦(A/HRC/11/6/Add. 2);土耳其(A/HRC/4/34/Add. 2);英国(A/HRC/29/27/Add. 2);美利坚合众国(E/CN. 4/1999/68/Add. 2)。

③ E/CN. 4/1996/53 II, VI, IV V VI, VII.

④ E/CN. 4/1997/47 I, III, IV, V.

⑤ E/CN. 4/1998/54 I, II, III.

1998年,特别报告员称其前三份报告是“关于家庭[1]、社区[2]和国家[3]对妇女暴力行为的第一轮报告”,并分享了她在之后的报告中的研究计划,“打算进一步深入探讨家庭暴力、拐卖和强迫卖淫的各个具体方面,还将深入探讨国家犯下的和/或纵容的对妇女的暴力行为。特别报告员还打算对特别令人关注的国家做相应的访问”。[4]

1999年——家庭中对妇女的暴力行为。[5] 特别报告员得出结论:

> 绝大多数情况下,国家没有履行其国际义务,阻止、调查和检举家庭内部对妇女的暴行。虽然有着令人鼓舞的动向,总的来说制定和执行针对妇女遭受暴力,具体来说针对家庭暴力的新政策、程序和法律,但此类暴力显然并未引起政府的注意……报告员谈到了非政府组织的作用,寻求有效机制来打击家庭中对妇女的暴力行为不是也不可能是妇女非政府组织的唯一责任。相反,消除对妇女的暴力行为是政府的责任。[6]

1999年——“影响妇女生殖权利的政策;导致对妇女暴力的政策”[7]。

2000年——“贩卖妇女;妇女流动过程中对妇女的侵犯”[8];“经济和社会政策及其对暴力侵害妇女的影响”[9]。

558 2001年——“种族、性别歧视和对妇女的暴力”[10]。

2001年——“武装冲突期间(1997—2000年)暴力侵害妇女的案件”[11]。

2002年——“家庭中侵犯妇女权利的文化习俗”[12]。

---

[1] E/CN. 4/1996/53.

[2] E/CN. 4/1997/47.

[3] E/CN. 4/1998/54.

[4] E/CN. 4/1998/54 para 5.

[5] E/CN. 4/1999/68 II, III, IV, V.

[6] E/CN. 4/1999/68 V paras 242 and 243.

[7] E/CN. 4/1999/68/Add. 4.

[8] E/CN. 4/2000/68 II, III, IV, V, VI, VII, VIII, IX.

[9] E/CN. 4/2000/68/Add. 5.

[10] A/CONF. 189/PC. 3/5.

[11] E/CN. 4/2001/73.

[12] E/CN. 4/2002/83.

2003 年——“暴力侵害妇女领域的国际、区域和国家发展(1994—2003 年)”①。
2004 年——“争取有效执行国际准则,终止对妇女的暴力行为”②。
2005 年——“暴力侵害妇女行为与艾滋病毒/艾滋病的交叉”③。

2005 年,人权委员会进一步重申,

“对妇女的暴力行为”一词是指对妇女造成或可能造成身体、性或心理伤害或痛苦的任何基于性别的暴力行为,包括此种行为威胁、胁迫或任意剥夺自由,无论其发生在公共生活中还是私人生活中,而且包括但不仅仅限于家庭暴力、以维护名誉为名的犯罪、以情感为名的犯罪、拐卖妇女和女童、包括女性外阴残割、早婚和逼婚、溺杀女婴、与嫁妆有关的暴力行为和致死等对妇女和女孩有害的传统习俗、泼硫酸以及与商业性剥削和经济剥削有关的暴力④

2006 年——“作为消除对妇女暴力行为工具的尽职调查标准”⑤。
2007 年——“文化与暴力侵害儿童行为的交叉点”⑥。
2008 年——“暴力侵害妇女行为指标和国家应对措施”⑦。
2008 年——“下一步:制定针对妇女暴力行为的跨国指标”⑧。
2009 年——“妇女人权的政治经济学”⑨。
2009 年——“联合国暴力侵害妇女问题特别报告员 15 年工作的批判性审查”⑩。
2010 年——“对遭受暴力的妇女的赔偿”⑪。

---

① E/CN. 4/2003/75 and Corr. 1 and Add. 1.
② E/CN. 4/2004/66.
③ E/CN. 4/2005/72.
④ E/CN. 4/2005/135, resolution 2005/41 of 19 April 2005.
⑤ E/CN. 4/2006/61.
⑥ A/HRC/4/34.
⑦ A/HRC/7/6.
⑧ A/HRC/7/6/Add. 5.
⑨ A/HRC/11/6 and Add. 6.
⑩ A/HRC/11/6/Add. 5.
⑪ A/HRC/14/22 III A, B, C, D.

2011 年——“针对妇女的多种和交叉形式的歧视和暴力”[1]。

559 自 2004 年开始，特别报告员向联合国大会做口头报告。从 2011 年起，特别报告员转而提交年度报告，以遵循大会“加强努力，以消除对妇女的一切形式的暴力行为”[2]，其中论及的相关如下（见第二章，1993 年——妇女）：

2011 年——“从家庭至跨界领域暴力侵害妇女行为持续存在：有效补救的挑战”[3]。

2012 年——“与妇女性别相关的杀戮”[4]。

2012 年——“对残疾妇女的暴力行为”[5]。

2013 年——“消除对妇女暴力行为的国家责任”[6]。

2013 年——“妇女被监禁的途径、条件和后果”[7]。

2014 年——“对妇女的暴力行为成为有效实现所有人权的障碍”[8]。

2014 年——“对妇女的暴力行为：联合国内部二十年的进展变化”[9]。

2015 年——“弥合国际人权法的差距：三个区域人权体系在暴力侵害妇女行为法律标准和实践方面的经验教训”[10]。

2017 年——“在暴力侵害妇女问题上采用基于人权的方法提供综合服务和保护措施：侧重于庇护所和保护令”[11]。

2018 年——“针对妇女和女童的在线暴力和信息通信技术（ICT）促成的暴力”[12]。

---

① A/HRC/17/26 II A, B, C, D, E. See also A/HRC/17/2, resolution 17/11 of 17 June 2011.

② General Assembly sixty-fifth session, resolution 65/187 of 21 December 2010，着重号为作者所加。

③ A/66/215 III A, B, C, D.

④ A/HRC/20/16 III, IV V See also A/HRC/20/2, resolution 20/12 of 5 July 2012.

⑤ A/67/227.

⑥ A/HRC/23/49 III, IV and Add. 5. See also A/HRC/23/2, resolution 23/26 of 14 June 2013.

⑦ A/68/340.

⑧ A/69/368 III, IV.

⑨ A/HRC/26/38 III A-G, IV See also A/HRC/26/2, resolution 26/15 of 26 June 2014.

⑩ A/70/209 III A-E, IV.

⑪ A/HRC/35/30 II.

⑫ A/HRC/38/47 III, IV See also A/HRC/29/32; A/HRC/35/3-E/CN. 6/2017/7 and resolution 38/5 of 5 July 2018.

2018 年,人权理事会对关于妇女人权的小组讨论表示欢迎,并要求一份讨论总结报告。[1]

2003 年、2009 年和 2014 年提交的报告说明了这项任务的工作范围:

——2003 年的报告对前十年的进展进行了评估。[2] 另外还提交了第二份报告,详细审查了 1994—2003 年期间区域间、区域内和国家的事态发展,以及减少暴力侵害妇女行为的方式和方法的最佳做法。[3]

——2009 年,特别报告员提交了一份报告“评估……过去十五年工作的成就……包括十四份年度报告,三十二个国家任务报告,十一个通信报 560
告……以及其他几方面的研究报告”。报告还讨论了其他方面的合规和执行问题,其重点是“……尽职调查、对非国家行为者行为的问责……指标、数据收集和研究等”。[4]

——2014 年,特别报告员详细回顾了二十年来的任务状况。并指出“由于缺乏一项关于暴力侵害妇女行为的具有法律约束力的文书”而导致的“规范性差距”。报告员建议“人权理事会开展调查,旨在进一步加强消除暴力侵害妇女行为的努力”。[5]

次年,特别报告员讨论了三个区域人权体系的安排:非洲、欧洲和美洲体系。[6]

2015 年,特别报告员强调有必要制定一项关于暴力侵害妇女行为的公约:

> 缩小规范性差距需要国际法律认可妇女享有免遭一切形式暴力行为,无论是公开还是私下暴力行为的权利。一项明确阐明保护妇女尊严、自由、安全、安保和平等权利的国际人权法将带来法定义务,由此提供由某个专门的监测机构实施国际审查和问责的机会。[7]

---

① A/HRC/38/2, resolution 38/5 of 5 July 2018.

② E/CN. 4/2003/75.

③ E/CN. 4/2003/75/Add. 1.

④ A/HRC/11/6/Add. 5 Add,I para 3, IV.

⑤ A/HRC/26/38 IV para 77.

⑥ A/HRC/29/27 III, IV See also A/HRC/29/2, resolution 29/14 of 2 Juiy 2015.

⑦ A/70/209 IV para 67.

2017年,人权理事会讨论了"吸收男性和男童参与防止和应对暴力所有妇女和女童行为",并要求一份报告,以审查"有前途的做法和经验教训、现有战略以及联合国或其他方面开展的旨在吸收男性和男童参与促进和实现两性平等的举措"[1]。

1994年——法官和律师的独立性

1994年,在收到小组委员会特别报告员L. M. 辛格维编写的关于审判员、陪审员和评审员的独立性和公正性以及律师的独立性宣言草案[2],以及同为小组委员会特别报告员的路易·儒瓦内编写的关于司法独立性和保护执业律师的最终报告后[3],人权委员会任命了一名特别报告员(帕拉姆·库马拉斯瓦米[Param Coomaraswamy,1994—2003年];莱安德罗·德斯波伊[Leandro Despoy,2003—2009年];加芙列拉·克瑙尔[Gabriella Knaul,2009—2015年];莫妮卡·平托[Monica Pinto,2015—2016年]、迭戈·加西亚·萨扬[Diego García Sayán,2017年]),执行下述任务,包括

> 561 (a)对送交特别报告员的任何重要指控进行调查,汇报调查的结论;(b)不仅查明和记录对司法机构、律师及司法人员和辅助人员独立性的损害行为,而且也查明和记录在保护和加强其独立性方面取得的进展,并提出具体建议,包括在有关国家提出请求时提供咨询服务或技术援助;(c)为了提出建议,研究重要的和热门的原则问题,以期保护和加强司法机构和律师的独立性。[4]

人权理事会审查了这项任务,并进一步请特别报告员"确定改进司法系统的方式方法,并就此提出具体建议……要应用性别观点……继续与联合国有关机构、任务和机制以及区域组织密切合作,同时避免重复"[5]。

2009年,人权理事会请特别报告员"制定保障措施,以确保和加强律师的独立

① A/72/53, resolution 35/10 of 22 June 2017; A/HRC/32/42 and A/HRC/35/30. See also A/HRC/32/2, resolution 32/19 of 1 July 2016.

② E/CN. 4/Sub. 2/1988/20/Add. 1 and Add. 1/Corr. 1.

③ E/CN. 4/Sub. 2/1993/25 and Add. 1.

④ E/CN. 4/1994/132, resolution 1994/41 of 4 March 1994.

⑤ A/HRC/8/52, resolution 8/6 of 18 June 2008.

性,包括公设辩护人,作为保护人权和法治的保障"①。第二年,理事会请特别报告员"执行一项全球专题研究,评估法官、检察官、公设辩护人和律师的人权教育和持续培训,并提出适当后续行动的建议"②。

特别报告员于1995年向人权委员会提交了第一份报告:

> 在制定执行任务的工作方法时,特别报告员意识到,他的任务是针对具体的实际问题制定的。在许多国家,法官和律师因履行其专业职能而遭受报复……除了干预个别法官或律师之外,还有许多行政或立法部门暂停了司法部门某些职能的事件,或者在某些情况下,立法将其废除,司法机构(包括律师协会)受到了干预。③

特别报告员阐述了他提议的工作方法,包括紧急呼吁和实地访问,人权委员会对此表示欢迎。特别报告员定期访问各国,④包括与其他特别报告员的联合访 562
问行动。⑤

---

① A/HRC/12/50, resolution 12/3 of 1 October 2009.

② A/HRC/15/60, resolution 15/3 of 29 September 2010. See also A/HRC/17/2, resolutions 17/2 of 16 June 2011; A/HRC/25/2, resolution 25/4 of 27 March 2014; A/HRC/26/2, resolution 26/7 of 26 June 2014; A/72/53, resolutions 35/11 and 35/12 of 22 June 2017.

③ E/CN. 4/1995/39 II at para 65.

④ 特别报告员访问了以下国家:白俄罗斯(E/CN. 4/2001/65/Add. 1);比利时(E/CN. 4/1998/39/Add. 3);巴西(E/CN. 4/2005/60/Add. 3);保加利亚(A/HRC/20/19/Add. 2);哥伦比亚(E/CN. 4/1998/39/Add. 2;A/HRC/14/26/Add. 2);刚果民主共和国(A/HRC/8/4/Add. 2);厄瓜多尔(E/CN. 4/2005/60/Add. 4; E/CN. 4/2006/52/Add. 2);萨尔瓦多(A/HRC/23/43/Add. 1);危地马拉(E/CN. 4/2000/61/Add. 1; E/CN. 4/2002/72/Add. 2; A/HRC/11/41/Add. 3);几内亚比绍(A/HRC/32/34/Add. 1);印度尼西亚(E/CN. 4/2003/65/Add. 2);意大利(E/CN. 4/2002/72/Add. 3; E/CN. 4/2003/65/Add. 4);哈萨克斯坦(E/CN. 4/2005/60/Add. 2);吉尔吉斯斯坦(E/CN. 4/2006/52/Add. 3);马尔代夫(A/HRC/4/25/Add. 2; A/HRC/23/43/Add. 3);墨西哥(E/CN. 4/2002/72/Add. 1;A/HRC/17/30/Add. 3);莫桑比克(A/HRC/17/30/Add. 2);巴基斯坦(A/HRC/23/43/Add. 2);秘鲁(E/CN. 4/1998/39/Add. 1);波兰(AHRC/38/38/Add. 1);葡萄牙(A/HRC/29/26/Add. 4);卡塔尔(A/HRC/29/26/Add. 1);罗马尼亚(A/HRC/20/19/Add. 1);俄罗斯(A/HRC/11/41/Add. 2;A/HRC/26/32/Add. 1);沙特阿拉伯(E/CN. 4/2003/65/Add. 3);斯洛伐克共和国(E/CN. 4/2001/65/Add. 3);南非(E/CN. 4/2001/65/Add. 2);斯里兰卡(A/HRC/35/31/Add. 1);塔吉克斯坦(E/CN. 4/2006/52/Add. 4);突尼斯(A/HRC/29/26/Add. 3);土耳其(A/HRC/20/19//Add3);阿拉伯联合酋长国(A/HRC/29/26/Add. 2);英国(E/CN. 4/1998/39/Add. 4)。

⑤ See, A/51/538 and Add. 1.

第一批报告反映了特别报告员在确认“特别重要的理论问题”后所采取的行动。[①] 此后从第二次报告开始[②]一直到2011年[③],根据特别报告员收集的资料,这些报告还反映了各国的情况(包括案件),上述信息于2011年后与其他任务的来文一起被纳入来文统一报告中。[④] (见下文,第六章C,非常规体系[1993年],来文统一报告[2011年])

此后,特别报告员将讨论重点放在趋势上,后来又集中于主题问题。报告中确定的主题反映了这些年来的情势演变:

2000年——“理论问题:名誉谋杀;司法腐败;人权维护者”[⑤]。

2001年——“理论问题:司法腐败;人权维护者”[⑥]。

2002年——“理论问题:司法腐败;歧视性做法;恐怖主义;反映司法机构独立性和公正性的司法判决”[⑦]。

2004年——“特别报告员审查的基本主题和问题:能够确保或相反可能阻碍法官和律师独立性的法律和体制框架;可能损害法官和律师的独立性与公正立场以及公平诉讼权的其他机能障碍;可能损害法官和律师独立性以及良好司法工作的具体情况;与国际刑事法庭有关的问题;言论自由和司法机构”[⑧]。

2005年——“打击恐怖主义及其对……人权的影响;过渡时期的司法”[⑨]。“律师和法律职业的独立性;对六年任期的简要回顾和评估;国际司法的重大发展”[⑩]。

2006年——“司法与了解真相权;过渡时期的司法机构和司法;伊拉克特别法

① E/CN. 4/1996/37 IV; E/CN. 4/1997/32 IV.

② E/CN. 4/1996/37 V.

③ A/HRC/17/30/Add. 1.

④ See A/HRC/18/51 and Corr. 1 A/HRC/19/44; A/HRC/20/30 et seq.

⑤ E/CN. 4/2000/61 IV A, B, C.

⑥ E/CN. 4/2001/65 IV A, B.

⑦ E/CN. 4/2002/72 IV A, B, C, VI.

⑧ E/CN. 4/2004/60 III A, B, C, D, E, IV.

⑨ E/CN. 4/2005/60 III A-F, IV A-F, V.

⑩ A/64/181 III, IV, V, VI.

庭;反恐斗争及其对人权的影响:关于关塔那摩基地被拘留者状况的报
告”[1]。“《保护所有人不遭受强迫失踪国际公约》;审判平民和审判严重
侵犯人权行为方面的军事司法;关塔那摩湾被拘留者的状况;伊拉克最 563
高刑事法庭;国际刑事法院;柬埔寨特别法庭”[2]。

2007 年——“1994—2006 年特别报告员处理的情况分类;法治和紧急状态”[3]。“影响到司法制度和法官、检察官和律师独立性的条件;紧急状态下的权利保护;诉诸司法;国际司法”[4]。

2008 年——“国家紧急状态和获得公平审判的权利;获得正义;国际司法中的主要事态发展”[5]。“确保防止任意逮捕和无保障的审判;法官的报酬;国际司法动态”[6]。

2009 年——“司法独立保障”[7]。“律师和法律界的独立性;任务期六年的简要回顾和评估;国际司法的重大发展”[8]。

2010 年——“作为法官和律师独立性保障的人权继续教育;国际司法的重大发展”[9]。“有罪不罚”[10]。

2011 年——“性别与司法”[11]。“重新审视司法系统的独立性”[12]。

2012 年——“检察官和司法腐败”[13]。“通过司法系统打击腐败”[14]。

2013 年——“法律援助”[15]。“军事法庭”[16]。

---

① E/CN. 4/2006/52 III, IV, V, VI, VII.

② A/61/384 III, IV V, VI, VII, VIII, IX; E/CN. 4/2006/120.

③ A/HRC/4/25 II, III, IV, V, VI.

④ A/62/207 IV, V, VI, VII, VII,VIII.

⑤ A/HRC/8/4 II, III, IV, V, VI.

⑥ A/63/271 III, IV, V, VI, VII, VIII.

⑦ A/HRC/11/41 III, IV, V.

⑧ A/64/181 III, IV, V, VI.

⑨ A/HRC/14/26 III, IV, V See also A/HRC/19/2, resolution 19/31 of 23 March 2012.

⑩ A/65/274III, IV, V, VI, VII, VIII, IX, X, XI, XII.

⑪ A/HRC/17/30 III, IV, V, VI, VII.

⑫ A/HRC/32/34 III, IV, V.

⑬ A/HRC/20/19 III, IV, V, VI, VII, VIII, IX, X.

⑭ A/67/305 III, IV, V, VI.

⑮ A/HRC/23/43 III, IV, V See A/HRC/23/2; A/HRC/23/2, resolution 23/6 of 13 June 2013.

⑯ A/68/285 III, IV, V, VI. See also A/HRC/28/32, A/HRC/31/2, resolution 31/2 of 23 March 2016.

2014 年——“司法责任;国家责任和获得补救的权利”[①]。“司法和 2015 年后发展议程”[②]。

2015 年——“在司法系统中保护儿童权利”[③]。

2015 年——“关于任务的展望;自任务确立以来完成的专题工作概览;关切的具体问题”[④]。“审查和评估任务期限六年期间处理的主要问题”[⑤]。

564 2016 年——“司法系统的独立性指标”[⑥]。“保护律师和法律界的独立性”[⑦]。

2017 年——“有组织犯罪和司法腐败”[⑧]。

2018 年——“司法委员会”[⑨]。“律师协会”[⑩]。“任务确立以来完成的专题工作概览;关注的具体问题”[⑪]。

1995 年——有毒废物

1995 年,在小组委员会特别报告员法蒂玛·祖赫拉·克森提尼提交了关于环境与人权的报告(见第二章,1989 年——环境,有毒废物[1989 年])之后,委员会任命了自己的有毒废物问题特别报告员(法蒂玛·祖赫拉·克森提尼[1995—2004 年];奥科丘克沃·伊比努[Okchukuku Ibinu,2004—2010 年];卡林·杰奥尔杰斯库[Karin Georgescu,2010—2012 年];马克·帕勒马尔茨[Mark Palmayez,2012—2014 年];巴什库特·通贾克[Bascourt Tunkak,2014 年]),其任务为:

(a)调查和审查在非洲和其他发展中国家非法倾倒有毒和危险产品及废物对享有人权,特别是对人人享有生命和健康的人权产生的影响;

(b)调查、监测和审查在非洲和其他发展中国家非法运输和倾倒有毒和

---

① A/HRC/36/32 III, IV, V, VI.

② A/69/294 III, IV, V.

③ A/HRC/29/26 III, IV, V. See also A/HRC/29/2, resolution 20/5 of 2 July 2015.

④ A/HRC/35/31 I, II A, B, C, III.

⑤ A/70/263 III, IV.

⑥ A/HRC/32/34 III, IV, V.

⑦ A/71/348 III A-E, IV.

⑧ A/72/140 III, IV, V.

⑨ A/HRC/38/38.

⑩ A/73/365.

⑪ A/HRC/35/31 II A, B, C, III.

危险产品及废料的行为,接收这方面的来文,收集这方面的资料;

(c)就控制、减少和消除在非洲和其他发展中国家非法运输、转移和倾倒有毒和危险产品及废料的适当措施提出建议和提案;

(d)每年制作一份在非洲和其他发展中国家非法倾倒有毒和危险产品及废料的国家和跨国公司名单,并调查发展中国家因这类可恶行为而遭死亡、致残或以其他形式受伤的人。①

人权委员会请特别报告员

在提交委员会的下一份报告中列入在非洲和其他发展中国家非法运输和倾倒有毒和危险产品及废料的国家和企业,包括跨国公司的资料……以及在发展中国家因这类可恶行为而死亡、致残或受到了其他形式伤害的人。②

1997 年,人权委员会进一步扩大了任务范围,请特别报告员“在其职权范围内继续对在非洲和其他发展中国家非法贩运、转移和倾倒有毒和危险产品及废料的现有问题和解决办法进行全面、多学科和综合研究”③。 565

委员会请特别报告员在其报告中列入关于

(a)发展中国家因非法运输和倾倒有毒和危险产品及废料行为而死亡、残废或受到其他形式伤害的人;(b)犯下这些令人发指罪行的人不受治罪问题,包括出于种族动机的歧视做法,并建议终止这类行为的措施;(c)受害者的康复和援助问题;(d)与跨境运输和倾倒有毒和危险产品及废物有关的国家立法范围;(e)欺骗性废物回收方案、将污染性工业、工业活动和技术从发达国家迁往发展中国家……等问题。④

---

① E/CN. 4/1996/17. 最初称特别报告员的任务名为“关于非法运输和倾倒有毒和危险产品和废料对享有人权的不利影响”;特别报告员在其初步报告中建议使用适当的简称,例如“人权与有害废物和产品问题特别报告员”(第 154[b]段)。

② E/CN. 4/1996/177, resolution 1996/14 of 11 April 1996.

③ E/CN. 4/1997/150, resolution 1997/9 of 3 April 1997.

④ E/CN. 4/1988/88, resolution 2000/72 of 26 April 2000. See also E/CN. 4/2001/167, resolution 2001/35 of 23 April 2001; E/CN. 4/2002/200, resolution 2002/27 of 22 April 2002.

对任务也进行了调整,新增了一些领域和问题。因此,2011年,人权理事会赋予这项任务一个新的名称:危险物质及废料的无害环境管理和处置对人权的影响问题特别报告员。当时,理事会请特别报告员在其报告中列入关于以下方面的资料,包括

> (a)有关跨国公司和其他企业在有危险物质和废料的无害环境管理和处置方面的人权问题;(b)与危险物质和废料的管理和处置有关的侵犯人权行为受害者的康复和援助问题;(c)与危险物质和废料的管理和处置对人权的影响有关的国家立法的范围;(d)废物回收方案、从一个国家向另一个国家转让工业、工业活动和技术及其新趋势对人权的影响;国际文书规定不明确,因而使运输和倾倒危险物质及废料得以进行的问题,以及国际管制机制在实效方面存在欠缺的问题。①

特别报告员遵循了与其他特别程序类似的工作方法,包括在"适当情况下的
566 紧急行动程序"。这涉及向各国政府、政府间组织和非政府组织寻求资料,为分析"引起非法贩运、转移和倾倒有毒和危险产品及废物的各个方面和因素"提供了基础。特别报告员"对五个地缘政治区进行了实地考察,以调查指控和补充所需资料"。②

初步报告介绍了现有的法律框架和国际标准,包括《控制危险废物越境转移

① A/HRC/18/2, resolution 18/11 of 29 September 2011, See also A/HRC/21/2, resolution 21/17 of 27 September 2012; A/HRC/27/2, resolution 27/23 of 26 September 2014; A72/53/Add. 1, resolution 36/15 of 28 September 2017 and A/HRC/27/54.

② E/CN. 4/1996/17 I paras 7-14; 特别报告员访问的国家包括:巴西(E/CN. 4/1999/46/Add. 1 II A, B);加拿大(E/CN. 4/2003/56/Add. 2);哥斯达黎加(E/CN. 4/1999/46/Add. 1 III A, B, C);荷兰(A/HRC/12/26/Add. 2);丹麦(A/HRC/39/48/Add. 2 II A-F IV A, B & Add. 4);埃塞俄比亚(E/CN. 4/1998/10/Add. 2 I B);德国(E/CN. 4/2000/50/Add. 1 II A, B, C, D; A/HRC/33/41/Add. 2 & Add. 4);格陵兰(A/HRC/39/48/Add. 2 III A-E, IV E & Add. 5);匈牙利(A/HRC/24/39/Add. 1 & Add. 2);印度(A/HRC/15/22/Add. 3);哈萨克斯坦(A/HRC/30/40/Add. 1);大韩民国(A/HRC/33/41/Add. 1 & Add. 3);吉尔吉斯斯坦(A/HRC/15/22/Add. 2);马绍尔群岛/美国(A/HRC/21/48/Add. 1 & Add. 2);墨西哥(E/CN. 4/1999/46/Add. 1 IV A, B, C, D);荷兰(E/CN. 4/2000/50/Add. 1 I A, B, C);巴拉圭(E/CN. 4/1999/46/Add. 1 I A, B, C);波兰(A/HRC/18/31/Add. 2);塞拉利昂(A/HRC/39/48/Add. 1 & Add. 3);南非(E/CN. 4/1998/10/Add. 2 I A);坦桑尼亚(A/HRC/7/21/Add. 3;A/HRC/9/22/Add. 2);土耳其(E/CN. 4/2005/44);乌克兰(A/HRC/5/5/Add. 1; A/HRC/7/21/Add. 2);英国(A/HRC/36/41/Add. 1 and Add. 2);美国(E/CN. 4/2003/56/Add. 1)。

及其处置的巴塞尔公约》[①]、《巴马科公约》、《放射性废物国际越境转移实务守则》(Code of Practice on the International Tran-boundary Movement of Radio Active Waste)以及其他国际文书和国内法。[②]

报告侧重于审查特别报告员收到的资料以及与各国政府就其对"案件和事件"的意见,以及国别访问的后续行动进行交流。[③] 2001年,特别报告员报告了"趋势、跨国公司和对人权的影响"[④]。2005年,特别报告员宣布了"对有关专题做深入分析"这一新重点。[⑤]

向专题报告的转变涉及根据专家咨询意见扩大资料基础,这些报告的重点在随后的几年中继续发生演变:

2004年——"有毒和危险产品及废料的非法贩运和倾倒趋势;跨国公司;人权影响"[⑥]。

2006年——"人权与有毒有害化学品;与危险化学品管理相关的监管标准和举措"[⑦]。

2007年——"接触有毒和危险产品:武装冲突的影响;接触有毒和危险产品及废物的人权层面;与武装冲突期间释放有毒和危险产品有关的法律框架"[⑧]。

2008年——"非法运输和倾倒有毒有害物质对人权的不利影响;危险产品和废料;知情权和参与权"[⑨]。

2009年——"船只拆卸对享有人权的不利影响"[⑩]。

---

① E/CN. 4/1996/17 para 31.

② E/CN. 4/1996/17 II.

③ E/CN. 4/1997/19 II, III, IV, V; E/CN. 4/1998/10 II, III, IV and Add. 1; E/CN. 4/1999/46 II, III; E/CN. 4/2000/50 II, III, IV, V; E/CN. 4/2002/61 III, IV; E/CN. 4/2003/56 III, IV, V; E/CN. 4/2005/45/Add. 1; E/CN,4/2006/42/Add. 1.

④ E/CN. 4/2001/55 III, IV, V, VI.

⑤ E/CN. 4/2005/45 I C.

⑥ E/CN. 4/2004/46 III, IV, V, VI.

⑦ E/CN. 4/2006/42 II, III, IV.

⑧ A/HRC/5/5 I, II, III, IV.

⑨ A/HRC/7/21 II, III, IV, V.

⑩ A/HRC/12/26 III, IV.

2010 年——“审查特别报告员的工作”[1]。

567 2011 年——“医疗废物的管理和处置”[2]。

2012 年——“采掘业废物的管理和处置”[3]。

2015 年——“危险物质和废物信息的重要性”[4]。

2016 年——“有毒物质和污染对儿童权利的影响”[5]。

2017 年——“国家的职责;企业的责任;诉诸司法和救济”[6]。

2018 年——“工人人权和接触有毒物质的情况;有毒物质接触对工人权利的挑战”[7]。

1998 年——外债

1998 年,人权委员会设立了第一个有关经济、社会及文化权利的特别程序,任命了一名外债对充分享有经济、社会及文化权利的影响问题特别报告员雷纳尔多·菲格雷多,负责提出

> 分析报告,特别注意到:(a)外债和为应付外债而采取的政策对发展中国家充分享有经济、社会和文化权利的负面影响;(b)各国政府、私营部门和国际金融机构为减轻发展中国家尤其是最贫困的国家和重债国所受的这种影响而采取的措施。[8]

2000 年,人权委员会任命了“凡图·切鲁先生担任结构调整政策和外债对充分享有所有人权,尤其是经济、社会及文化权利的影响问题独立专家”,以取代外债问题特别报告员和 1997 年任命的结构调整政策问题独立专家的任务,以支持为

① A/HRC/15/22 III, IV, V.
② A/HRC/18/31.
③ A/HRC/21/48.
④ A/HRC/30/40.
⑤ A/HRC/33/41.
⑥ A/HRC/36/41.
⑦ A/HRC/39/48.
⑧ E/CN. 4/1999/167, resolution 1999/22 of 23 April 1999.

起草政策准则而设立的工作组的工作。[①](见第五章 A,国际金融机构;外债,经济调整,结构调整政策[1989 年])

这项任务仍主要关注外债问题,但在 2005 年,其重点从“结构调整政策”转向了“经济改革政策”。2008 年,人权理事会将其名称修订为“国家的外债和其他有关国际金融义务对充分享有人权尤其是经济、社会和文化权利的影响问题”。[②]

独立专家最初的任务(凡图・切鲁[2000—2002 年];贝尔纳茨・穆德霍[Bernards Mudho,2002—2008 年];西法斯・卢米纳[Cephas Lumina,2008—2014 年];胡安・巴勃罗・波霍斯拉夫斯基[Juan Pablo Bohoslavsky,2014 年])是提交一份年度分析报告,“说明结构调整政策和外债对充分享有所有人权,特别是经济、社会及文化权利的影响,从而向“为拟定结构调整方案与经济、社会及文化权利的政策准则设立的……工作组”提供专家支持。[③] 568

人权理事会将该任务更名为“国家的外债和其他有关国际金融义务对充分享有各项人权,尤其是经济、社会及文化权利的影响问题独立专家”[④]。

独立专家的报告分析了一系列问题。此外,人权委员会(以及后来的人权理事会)请独立专家提供各种意见,例如:

> 2004 年,制定关于外债和人权的指导原则;[⑤]
>
> 2014 年,开展进一步研究,分析 2015 年后发展议程背景下非法资金流动对享有人权的负面影响;[⑥]

---

① E/CN. 4/2000/167, resolution 2000/82 of 26 April 2000.

② A/HRC/7/78, resolution 7/4 of 27 March 2008, 着重号为作者所加。

③ E/CN. 4/2000/167, resolution 2000/82 of 26 April 2000.

④ A/HRC/7/78, resolution 7/4 of 27 March 2008. See also A/HRC/12/50, decision 12/119 of 2 October 2009; A/HRC/14/37, resolution 14/4 of 17 June 2010; A/HRC/17/2, resolution 17/7 of 16 June 2011; A/HRC/25/2, resolution 25/16 of 27 March 2014; A/HRC/28/2, resolution 28/8 of 26 March 2015; A/72/53, resolution 34/3 of 23 March 2017.

⑤ E/CN. 4/2004/127, resolution 2004/18 of 16 April 2004.

⑥ A/HRC/25/2, resolution 25/9 of 27 March 2014. See also A/HRC/28/2, resolution 28/5 of 26 March 2015.

2017 年,为经济改革政策制定人权影响评估指导原则。①

在回应这些请求时,独立专家依赖于“广泛而包容的协商过程”,包括区域协商、与布雷顿森林机构、私营部门以及其他专家和专家组的协商。② 还包括访问独立专家观察到与任务有相关情况的国家。第一次这样的访问是在 2003 年对乌干达进行的。③

569 这些报告涉及一系列主题:

2000 年——“国家的游戏:第三世界债务、‘HIPC 计划’和无动于衷的政治;赞比亚;债务、艾滋病毒/艾滋病和担惊受怕的一年;洪都拉斯和尼加拉瓜:债务、飓风米奇和重建的负担;债务减免和 1999 年《最有害的童工形式公约》”④。

2001 年——“为什么皇帝没有衣服:重债穷国与筹资危机;减贫战略文件:一项新的结构调整方式;虚假的指标:债务‘持续’率能否说明一国经济的恶劣程度?”⑤

---

① A/72/53, resolution 34/3 of 23 March 2017. 理事会请独立专家特别注意:

(a)外债和为处理外债问题而实行的政策对充分享有所有人权,尤其是经济、社会及文化权利的影响;(b)外债和其他有关国际金融义务对国家制定和执行各项政策与方案,包括编制和执行能满足推动实现社会权利方面的重大需要的国家预算的能力的影响;(c)各国政府、私营部门和国际金融机构为减轻发展中国家特别是最贫困国家和重债国家遭受的此种影响而采取的措施;(d)国际金融机构、联合国其他机构以及政府间组织和非政府组织在经济改革政策和人权方面的新的动态,以及在这方面采取的行动和举措;(e)公共债务、经济改革和金融整合政策对实现可持续发展目标的影响;(f)非法资金流动对享有人权的影响;(g)负责落实发展筹资问题国际会议成果的进程,以便提请理事会注意结构调整和外债对享有人权尤其是经济、社会及文化权利的影响问题;(h)在履行任务过程中加强与所有相关利益攸关方的协商。

② A/HRC/20/23. See also E/CN. 4/2005/42 II, III, IV; E/CN. 4/2006/46 II, III; A/HRC/7/9 II; A/HRC/11/10 IV A; A/HRC/17/37; A/HRC/25/51.

③ 独立专家此后还访问了以下国家:阿根廷(A/HRC/25/50/Add. 3);澳大利亚/马绍尔群岛(A/HRC/17/37/Add. 1);布基纳法索(A/HRC/7/9/Add. 1);中国(A/HRC/31/60/Add. 1);刚果民主共和国(A/HRC/20/23/Add. 2);欧盟(A/HRC/34/57/Add. 1);希腊(A/HRC/25/50/Add. 11; A/HRC/31/60/Add. 2);冰岛(A/HRC/28/59/Add. 1);日本(A/HRC/25/50/Add. 2);吉尔吉斯斯坦(E/CN, 4/2005/42/Add. 1);拉脱维亚(A/HRC/23/37/Add. 1);莫桑比克(E/CN. 4/2006/46/Add. 1);挪威/厄瓜多尔(A/HRC/14/21/Add. 1);巴拿马(A/HRC/37/54/Add. 2);斯里兰卡(A/HRC/40/57/Add. 2 & Add. 4);瑞士(A/HRC/37/54/Add. 3);突尼斯(A/HRC/37/54/Add. 1 and Add. 4);乌干达(E/CN. 4/2004/47/Add. 1);乌克兰(A/HRC/40/57/Add. 1 & Add. 3);越南(A/HRC/17/37/Add. 2; A/HRC/20/23/Add. 1)。

④ E/CN. 4/2000/51 I, II, III, IV, V.

⑤ E/CN. 4/2001/56 II, III, IV.

2003 年——“减少债务和减轻贫困:执行结构调整方案产生的模棱两可的问题;减债本身为什么不能实现穷人的人权:玻利维亚的案例研究”[1]。

2004 年——“《重债穷国倡议》取得的进展;将人权纳入预算程序与其他问题的相互联系:贸易,艾滋病毒/艾滋病”[2]。

2005 年——“债务承受能力问题:最新发展情况;审查以往与建议的一般性准则草案相关的举措;制订一般性准则草案需考虑的一些要素”[3]。“债务问题的范围及其对人;减免债务和增加援助的新倡议”[4]。

2006 年——“债务可持续承受能力问题:最新发展情况;进一步审议一般性准则的建议草案”[5]。“多边债务减免倡议”[6]。

2007 年——“外债、债务减免倡议和人权;经济改革政策和人权”[7]。

2008 年——“准则草案的关键原则;任务回顾与未来”[8]。“外债和人权”[9]。

2009 年——“债务与人权:概念框架”[10]。“非法债务”[11]。

2010 年——“秃鹫基金”[12]。“债务和贸易关系”[13]。

2011 年——“出口信贷机构和主权债务”[14]。

2012 年——“债务指导原则对外债和人权的影响”[15]。“债务政策对妇女权利的影响”[16]。

2013 年——“国际债务减免倡议对人权影响的评估”[17]。“建立以权利为基础 570

---

① E/CN. 4/2003/10 I, II, III, IV.

② E/CN. 4/2004/47 I, II, III, IV.

③ E/CN. 4/2005/42.

④ A/60/384.

⑤ E/CN. 4/2006/46.

⑥ A/61/464.

⑦ A/HRC/4/10.

⑧ A/HRC/7/9 II, III, IV.

⑨ A/63/289 II, III.

⑩ A/HRC/11/10.

⑪ A/64/289 III, IV, V.

⑫ A/HRC/14/21 III, IV, V. See also A/HRC/AC/13/2 and A/HRC/27/2, resolution 27/30 of 26 September 2014.

⑬ A/65/260.

⑭ A/66/273.

⑮ A/HRC/20/23. See also A/HRC/20/2 resolution 20/10 of 5 July 2012.

⑯ A/67/304 II, III, IV, V.

⑰ A/HRC/23/37. See also A/HRC/23/2, resolution 23/11 of 13 June 2013.

的全球发展伙伴关系”[1]。

2014年——“《外债与人权指导原则》评注草案”[2]。“外债作为人权问题”[3]。“不归还非法来源资金对享受人权的负面影响”[4]。

2015年——“关于金融共谋的报告:向严重侵犯人权的国家提供贷款”[5]。“通过‘条约必须遵守’调和债务与人权”[6]。

2016年——“从人权的角度来看,为什么必须考虑不平等问题?”[7]“解决核心问题:不平等与债务危机如何互动?”[8]“关于合法资金流动的最后研究、最新发展和需要关注的问题”[9]。

2017年——“债务和劳工权利”[10]。“投资仲裁中的债务纠纷”[11]。

2018年——“制定评估经济改革对人权的影响的指导原则”[12]。“经济改革和紧缩措施对妇女人权的影响”[13]。

2019年——“对经济改革进行人权影响评估的指导原则”[14]。

1998年——极端贫困

在小组委员会完成报告后(见第五章A,对具体权利的关注,极端贫困[1989年]),人权委员会于1998年任命了一名人权与极端贫困问题独立专家,并于2011年改为任命特别报告员[15](安妮-马里耶·利赞[Anne-Marie Lizin,1998—2004年];

---

① A/68/542 III, IV.
② A/HRC/25/51.
③ A/HRC/25/50 III, V.
④ A/HRC/25/52. See A/HRC/25/2, resolution 25/9 of 27 March 2014 and A/HRC/28/2, resolution 28/5 of 26 March 2015.
⑤ A/HRC/28/59.
⑥ A/70/275 III, IV.
⑦ A/HRC/31/60 II, III, IV. See A/72/53, resolution 34/11 of 23 March 2017.
⑧ A/HRC/31/61; A/HRC/31/2, resolution 31/11 of 23 March 2016.
⑨ A/71/305 III, IV.
⑩ A/HRC/34/57.
⑪ A/72/153 II, III, IV, V, VI.
⑫ A/HRC/37/54. See also A/HRC/37/2, resolution 37/11 of 22 March 2018.
⑬ A/73/179.
⑭ A/HRC/40/57.
⑮ A/HRC/17/2, resolution 17/13 of 17 June 2011.

阿尔琼·桑古塔[Arjun Sengupta,2004—2008 年];马格达莱纳·塞普尔韦达·卡尔莫纳[Magdalena Sepúlveda,2008—2014 年];菲利普·阿尔斯顿[Philip Alston,2014 年])其任务是

> (a)评估促进和保护人权与极端贫困之间的相互关系……(b)特别考虑生活在极端贫困中的妇女所遇到的障碍和取得的进展……(f)就可能制订的关于人权与极端贫困宣言草案的主要内容向人权委员会提出建议。①

人权理事会在 2008 年修订了任务规定,请特别报告员 571

> (b)查明在区域国家和国际、政府、公司和社会各级消除妨碍所有生活在极端贫困中的人充分享受人权的各种障碍的备选办法……(h)特别注意处于极端贫困中的妇女的境况并赋予其当家做主的权力……(i)特别注意生活在极端贫困中的儿童的境况,以及生活在极端贫困中的残疾人及其他最弱势群体的境况;(j)提出有助于实现千年发展目标的建议。②

早期的报告采用了多种方法,包括协商③以及国别访问。独立专家/特别报告员访问了若干国家。④

报告将从各国获得的经验与主题分析方法结合起来:

---

① E/CN. 4/1998/177, resolution 1998/25 of 17 April 1998.

② A/HRC/8/52, resolution 8/11 of 18 June 2008. See also A/72/53, resolution 35/19 of 22 June 2017.

③ See, for example, E/CN. 4/2000/52/Add. 1; E/CN. 42001/54/Add. 1.

④ 独立专家/特别报告员访问了以下国家:孟加拉国(A/HRC/15/55);阿尔巴尼亚(E/CN. 4/1999/48 IV para 97);贝宁(E/CN. 4/2002/55 II B);玻利维亚(E/CN. 4/2002/55 II A);保加利亚(E/CN. 4/1999/48 IV B, D);智利(A/HRC/32/31/Add. 1 & Add. 3);中国(A/HRC/35/26/Add. 1);多米尼加共和国(E/CN. 4/2003/52/Add. 1);厄瓜多尔(A/HRC/11/9/Add. 1);加纳(A/HRC/38/33/Add. 2 & Add. 4);几内亚比绍(A/HRC/29/31/Add. 1);毛里塔尼亚(A/HRC/35/26/Add. 1);摩尔多瓦(A/HRC/26/28/Add. 2);蒙古(A/HRC/23/36/Add. 2);莫桑比克(A/HRC/26/28/Add. 1);纳米比亚(A/HRC/23/36/Add. 1);巴勒斯坦被占领土(A/HRC/10/22—联合访问);巴拉圭(A/HRC/20/25/Add. 2);葡萄牙(E/CN. 4/1999/48 IV A, D);罗马尼亚(A/HRC/32/31/Add. 2 & Add. 4);沙特阿拉伯(A/HRC/35/26/Add. 3);苏丹(E/CN. 4/2004/43 VI);东帝汶(A/HRC/20/25/Add. 1);美利坚合众国(E/CN/4/2006/43/Add. 1;A/HRC/38/33/Add. 1);越南(A/HRC/17/34/Add. 1);也门(E/CN. 4/1999/48 IV C, D; E/CN. 4/2004/43/Add. 1);赞比亚(A/HRC/14/31/Add. 1)。

2008——“独立专家的任务”[1]。

2009——“现金转拨方案”[2];“全球金融危机及其对极端贫困者人权的影响”[3]。

2010——“贫穷和老年人”[4];“人权与社会保护”[5]。

2011——“解决最脆弱群体的需要以确保复苏具有包容性和基于权利”[6];“贫困的现实:污名化、歧视、惩罚、排斥”[7]。

2012——“《关于人权与极端贫困问题指导原则》最后草案”[8];“穷人诉诸司法的障碍”[9]。

2013——“参与、权能和贫困”[10];“无偿工作”[11]。

572 2014——“税收:实现人权和解决不平等的关键工具”[12];“社会保障权的实施”[13]。

2015——“不平等”[14];“世界银行的人权政策”[15]。

2016——“经济和社会权利”[16];“联合国对海地霍乱的责任”[17]。

2017——“引入基本收入”[18];“公民权利和政治权利侵犯对穷人造成的不成比例和不同影响”[19]。

---

① A/63/274.

② A/HRC/11/9.

③ A/64/279.

④ A/HRC/14/31.

⑤ A/65/259.

⑥ A/HRC/17/34.

⑦ A/64/265.

⑧ A/HRC/21/39. See also A/HRC/15/41; A/HRC/7/15 VII.

⑨ A/67/278.

⑩ A/HRC/23/36.

⑪ A/68/293.

⑫ A/HRC/26/28. See also A/HRC/26/2, resolution 26/3 of 26 June 2014.

⑬ A/69/297.

⑭ A/HRC/29/31.

⑮ A/70/274.

⑯ A/HRC/32/31.

⑰ A/71/367.

⑱ A/HRC/35/26.

⑲ A/72/502.

2018——“国际货币基金组织”[1];“私有化”[2]。

1999 年,独立专家呼吁召开一次会议,“为国际社会起草人权与极端贫困宣言初步草案的基本内容……目的是……使最贫穷者能够行使其本国赋予公民的一切权利和自由”[3]。该草案得到人权委员会的认可。[4]

2001 年,任务重点转移到制定“在与极端贫困做斗争的背景下实施现有的人权规范和标准的指导原则”[5]。

《关于人权与极端贫困问题指导原则》[6]于 2012 年 9 月由人权理事会通过。[7]

1998 年——教育

人权委员会在 1998 年决定,“为了努力增加经济、社会及文化权利的显著性,任命一位……特别报告员授权其集中研究……教育的权利”。教育也是人权委员会和小组委员会最先讨论的议题之一(见第二章,1956 年——教育)。

特别报告员(卡塔琳娜·托马舍夫斯基[Katarina Tomasevski,1998—2004 年];弗农·穆尼奥斯·比拉洛博斯[Vernor Muñoz Villalobos,2004—2010 年];基肖尔·辛格[Kishore Singh,2010—2016 年];库姆布·博利·巴里[Koumbou Boly Barry,2016 年])被要求

> (i)报告世界各国逐步实现包括取得基础教育在内的受到教育的权利的现状以及落实这项权利方面遇到的困难……(ii)在没有紧急行动计划的情况下,酌情协助有关政府制订和通过这种计划,确保在合理的时间范围内逐步执行 573
> 所有人均免费取得义务基础教育的原则,特别考虑到发展水平和各国政府的

---

[1] A/HRC/38/33.

[2] A/73/396.

[3] E/CN. 4/1999/48 VIII para 149.

[4] E/CN. 4/1999/167, resolution 1999/26 of 26 April 1999.

[5] E/CN. 4/2001/167, resolution 2001/31 of 23 April 2001.

[6] A/HRC/21/39. In 2011, the Council extended the mandate—previously and independent expert—as a special rapporteur. (Resolution 17/13 of 17 June 2011)

[7] A/HRC/21/2, resolution 21/11 of 27 September 2012.

挑战和努力的程度;(iii)考虑到性别因素,特别是女孩的情况和需要,并促进消除教育方面的一切形式的歧视;……(vi)确定取得基础教育方面的咨询服务和技术合作的资金的可能类型和来源;(vii)尽可能确保与根据小组委员会第1997/7号决议,特别是穆斯塔法·梅赫迪(Mustapha Mehedi)先生编写的受到教育的权利的工作文件展开的工作保持协调和相辅相成。[①]

2008年,人权理事会请特别报告员

(a)向所有相关资料来源……收集、索取、接收和交换关于落实受教育权的成果和切实接受教育的障碍的资料,并提出有关增进和保护受教育权的适当措施的建议;(b)加紧努力寻找各种方法和手段,克服落实受教育权方面的障碍和困难;(c)提出有关建议,以推动实现千年发展目标……(d)在其整个工作中纳入性别公平观;(e)审查受教育权与其他人权之间的相互依存关系和相互联系。[②]

特别报告员在第一份报告中专门调查了"联合国系统内现有的资料……然后寻求政府和其他行动者的补充资料,它们以评论和建议的形式提供反馈"[③]。

1999年,特别报告员进行了第一次国别访问(访问乌干达和英国),随后又访问了其他国家。[④]

---

① E/CN. 4/1998/177, resolution 1998/33 of 17 April 1998.

② A/HRC/8/52, resolution 8/4 of 18 June 2008. See also A/HRC/15/60, resolution 15/4 of 29 September 2010; A/HRC/20/2, resolution 20/7 of 5 July 2012; A/72/53, resolution 35/3 of 27 June 2017.

③ E/CN. 4/1999/49 para 1.

④ 特别报告员访问了以下国家:阿尔及利亚(A/HRC/29/30/Add. 2);不丹(A/HRC/29/30/Add. 1);波斯尼亚和黑塞哥维那(A/HRC/8/10/Add. 4);博茨瓦纳(E/CN. 4/2006/45/Add. 1);智利(A/HRC/35/24/Add. 1);中国(E/CN. 4/2004/45/Add. 1);哥伦比亚(E/CN. 4/2004/45/Add. 2);科特迪瓦(A/HRC/38/32/Add. 1);厄瓜多尔(A/HRC/23/35/Add. 2);斐济(A/HRC/32/37/Add. 3);德国(A/HRC/4/29/Add. 3);危地马拉(A/HRC/11/8/Add. 3);印度尼西亚(E/CN. 4/2003/9/Add. 1);哈萨克斯坦(A/HRC/20/21/Add. 1);马来西亚(A/HRC/11/8/Add. 2);墨西哥(A/HRC/14/25/Add. 4);蒙古(A/HRC/14/25/Add. 3);摩洛哥(A/HRC/4/29/Add. 2; A/HRC/8/10/Add. 2);巴拉圭(A/HRC/14/25/Add. 2);塞内加尔(A/HRC/17/29/Add. 2);塞舌尔(A/HRC/26/27/Add. 1);突尼斯(A/HRC/23/35/Add. 1);土耳其(E/CN. 2002/60/Add. 2);乌干达(E/CN. 4/2000/6/Add. 1);英国(E/CN. 2000/6/Add. 2; E/CN. 4/2003/9/Add. 2);美利坚合众国(E/CN. 4/2002/60/Add. 1)。

第一批报告侧重于各种问题。从2006年开始,特别报告员就具体方面进一步编写了深入的分析报告。以下段落强调了这种演变:

2001年——问题:“让受教育权发挥其充分潜能;消除实现受教育权的障碍;将人权纳入国际战略;发展合作中以权利为基础的政策;为教育简化人权框架”[①]。 574

2002年——问题:“法律规则包含宏观经济和教育战略;监督教育权的逐步实现;保护教育方面的人权;通过教育加强人权”[②]。

2003年——问题:“通过全球法律规则将人权纳入主流;落实以权利为基础的教育;教育方面的人权保障措施”[③]。

2004年——问题:“因经济原因无法上学;教育的宗旨:强化还是消除不平等?错误观念继续构成障碍”[④]。

2005年——问题:“通过教育实现人权;消除受教育权方面的歧视;教育质量;紧急情况下的安全和受教育权”[⑤]。

2006年——“女童的受教育权”[⑥]。

2007年——“残疾人的受教育权”[⑦]。

2008年——“紧急情况下的受教育权”[⑧]。

2009年——“被拘留者的受教育权”[⑨]。

2010年——“移民、难民和寻求庇护者的受教育权”[⑩];“接受全面性教育的权利”[⑪]。

2011年——“促进教育机会平等”[⑫];“资助基础教育;紧急情况下的受教育权

① E/CN. 4/2001/52.

② E/CN. 4/2002/60.

③ E/CN. 4/2003/9.

④ E/CN. 4/2004/45.

⑤ E/CN. 4/2005/50.

⑥ E/CN. 4/2006/45.

⑦ A/HRC/4/29.

⑧ A/HRC/8/10.

⑨ A/HRC/11/8.

⑩ A/HRC/14/25.

⑪ A/65/162.

⑫ A/HRC/17/29.

最新进展”[1]。

2012 年——“素质教育规范行动”[2];“技术教育和培训的重要性”[3]。

2013 年——“受教育权的可裁判性”[4];“教育在 2015 年后发展议程中的重要性”[5]。

2014 年——“学生受教育程序评估”[6];“教育私营化”[7]。

2015 年——“保护受教育权免受商业化的影响”[8];“受教育权以及全球公私伙伴关系”[9]。

575 2016 年——“终身学习”[10];“受教育权的数字革命”[11]。

2017 年——“通过非正规教育实现受教育权”[12];“加强受教育权的公平和包容”[13]。

2018 年——“治理和受教育权”[14];“难民教育的问题和挑战”[15]。

1999 年——移民

1999 年,根据其工作组的建议(见第二章,1963 年——迁徙,移民[1997 年]),人权委员会任命了一名移民人权问题特别报告员(加芙列拉·罗德里格斯·皮萨罗[Gabriela Rodríguez Pizarro,1999—2005 年];豪尔赫·布斯塔曼特[Jorge Bustamante,2005—2011 年];弗朗索瓦·克雷波[François Crépeau,2011—2017 年];费利佩·冈萨雷斯·莫拉莱斯[Felipe Gonzàlez Morales,2017 年]),“以研究如何设法

---

① A/66/269.

② A/HRC/20/21.

③ A/67/310.

④ A/HRC/23/35. See also A/HRC/23/2, resolution 23/4 of 13 June 2013.

⑤ A/68/294.

⑥ A/HRC/26/27.

⑦ A/69/402.

⑧ A/HRC/29/30. See also A/HRC/29/2, resolution 29/7 of 2 July 2015.

⑨ A/70/342.

⑩ A/HRC/32/37. See also A/HRC/32/2, resolution 32/22 of 1 July 2016.

⑪ A/71/358.

⑫ A/HRC/35/24.

⑬ A/72/496.

⑭ A/HRC/38/32, resolution 38/9 of 5 July 2018.

⑮ A/73/262 III-VIII.

克服全面有效保护这一弱势群体人权……方面面临的障碍”[1]。

特别报告员的职责包括

> (a)要求所有有关来源包括移民自身提供资料,并接受这类资料说明移民及其家属人权遭受侵犯的情况;(b)拟定适当的建议,以预防不论在任何地方移民人权遭受侵犯并进行补救;(c)促进这一问题有关国际规范和标准的有效实施;(d)就在国家、区域和国际一般可实施哪些行动和措施消除对移民人权的侵犯提出建议;(e)在寻求和分析有关资料时顾及性别公平观,并特别注意对女性移民的多重歧视和暴力发生情况。[2]

2008年,人权理事会延长了该任务期限,[3]并使之持续至2017年,长期保持不变。[4]

第一份报告(2000年)[5]对任务涉及的人数进行了初步估计:

> 国际劳工组织估计,其中7000—8000万是所谓的“移徙工人”;联合国难
> 民事务高级专员办事处报告称有2150万难民,估计国内流离失所者有3000 576
> 万人……移民大规模向北方移动,南方国家之间的移动越来越多。[6]

特别报告员“从人权的角度出发,考虑了移民的基本定义”提议将该群体分为三个类型:

> (a)处于身为国民或公民所属国家领土之外的人……(b)接受国准予难民、常住居民或入籍公民地位或类似时本应给予的固有权利得不到全面的法律承认的人;以及(c)因外交协议、签证或其他协议而享有的基本权利得不到

---

[1] E/CN.4/1999/167, resolution 1999/44 of 27 April 1999.

[2] E/CN.4/1999/167, resolution 1999/44 of 27 April 1999.

[3] A/HRC/8/52, resolution 8/10 of 18 June 2008.

[4] A/72/53, resolution 34/21 of 24 March 2017. See also, A/HRC/17/2, resolution 17/12 of 17 June 2011; A/HRC/20/2, resolution 20/3 of 5 July 2017; A/HRC/26/2, resolution 26/19 of 26 June 2014.

[5] E/CN.4/2000/82.

[6] E/CN.4/2000/82 para 15.

全面法律保护的人。

特别报告员同样认为,“应该在不久的将来采用一个考虑到移民人权和已经定义的概念的移民临时定义,但必须保留进一步完善定义的可能性”[1]。

特别报告员建议设立一个机构间工作队,“以促进研究;提供关于如何处理该专题的专家知识,以加强特别报告员的工作;系统地收集和传输可用的数据和资料”[2]。

特别报告员制定了与其他任务类似的工作方法,包括收集资料、报告与各国政府一起处理的具体案件、紧急呼吁[3]以及国别访问[4]。除了国别访问外,一些访问还涉及具体问题领域,比如 2002 年对墨西哥和美国边境的访问,[5]或者 2012 年、2013 年关于欧盟外部边境管理的区域研究。[6]

577 第一次报告中突出体现的对人权挑战的分析,逐渐转向探索应对这些挑战的方法。包括 2009 年和 2010 年提交联合国大会的报告在内,各篇报告讨论了“令人关切的问题”,其中 2012 年和 2013 年的报告包括一个“专题部分”,讨论了非法移民的刑

---

① E/CN. 4/2000/82 paras 26-43.

② E/CN. 4/2000/82 VIII para 91, See also E/CN. 4/2000/167, resolution 2000/48 of 25 April 2000.

③ See, for example, E/CN. 4/2003/85/Add. 1; E/CN. 4/76/Add. 1; E/CN. 4/2005/85/Add. 1; E/CN. 4/2006/73/Add. 1; A/HRC/7/12/Add. 1; A/HRC/11/7/Add. 1; A/HRC/14/30/Add. 1; A/HRC/17/33/Add. 1 See also resolution 9/5 of 24 September 2008.

④ 特别报告员访问的国家如下:加拿大(E/CN. 4/2001/83/Add. 1);厄瓜多尔(E/CN. 4/2002/94/Add. 1);墨西哥(E/CN. 4/2003/85/Add. 2);墨西哥和美利坚合众国边境(E/CN. 4/2003/85/Add. 3);菲律宾(E/CN. 4/2003/85/Add. 4);摩洛哥(E/CN. 4/2004/76/Add. 3);西班牙(E/CN. 4/2004/76/Add. 2);伊朗(E/CN. 4/2005/85/Add. 2);意大利(E/CN. 4/2005/85/Add. 3);秘鲁(E/CN. 4/2005/85/Add. 4);美利坚合众国(A/HRC/7/12/Add. 2);墨西哥(A/HRC/11/7/Add. 2);罗马尼亚(A/HRC/14/30/Add. 2);英国(A/HRC/14/30/Add. 3);日本(A/HRC/17/33/Add. 3);塞内加尔(A/HRC/17/33/Add. 2);南非(A/HRC/17/33/Add. 4);阿尔巴尼亚(A/HRC/20/24/Add. 1);意大利(A/HRC/23/46/Add. 3);希腊(A/HRC/23/46/Add. 4);欧盟外部边界管理(A/HRC/23/46);突尼斯(A/HRC/23/46/Add. 1);土耳其(A/HRC/23/46/Add. 2);卡塔尔(A/HRC/26/35/Add. 1);斯里兰卡(A/HRC/29/36/Add. 1);意大利(后续行动)(A/HRC/29/36/Add. 2);马耳他(A/HRC/29/36/Add. 3);安哥拉(A/HRC/35/25/Add. 1);希腊(A/HRC/35/25/Add. 2);澳大利亚(A/HRC/35/25/Add. 3);尼泊尔(A/HRC/38/41/Add. 1)。在一些情况下,有关国家对与其相关的报告发表了评论,就欧洲联盟而言,见 A/HRC/23/G/2。

⑤ E/CN. 4/2003/85/Add. 3.

⑥ A/HRC/23/46.

事定罪等问题。[1] 特别报告员还会在他们结束或开始履职时对任务进行评估。

报告涉及移徙问题的如下实质性方面：

2003 年——被剥夺自由的移徙者的人权。[2]

2004 年——移徙家庭佣工的人权。[3]

2005 年——针对移民的种族主义、种族歧视和仇外心理；移徙妇女和无人陪伴的未成年人。[4]

2008 年——将非法移民视为犯罪。[5]

2009 年——保护移徙背景下的儿童。[6]

2010 年——移徙背景下的健康权和适当住房权。[7]

2011 年——特别报告员豪尔赫·布斯塔曼特在提交人权委员会的最后一份报告中概述了所重点关注的一些专题，即非正常移徙和移徙者的刑罪化、移徙中儿童的保护及移徙者的住房权和健康权。特别报告员提出了可供进一步研究的主题，特别是气候变化背景下的移徙及移徙者的政治参与权利和公民权利。[8]

2012 年——拘留非正常移民的问题——行政拘留的替代手段。[9]

2013 年，特别报告员弗朗索瓦·克雷波提交了一份关于“欧盟外部边界管理及其对移民人权影响”的区域研究报告。[10] 2015 年，他对“2013 年以来的移民情况进行了概述，分析了欧盟外部边界管理及其对移民人权的影响”[11]。

---

① See also E/CN. 4/2005/85; E/CN. 4/2006/73; A/HRC/17/33; A/HRC/20/24; A/HRC/35/25; A/HRC/38/41.

② E/CN. 4/2003/85 II, III.

③ E/CN. 4/2004/76 II, III, IV.

④ E/CN. 4/2005/85 II, B, C, D.

⑤ A/HRC/7/12 II, III; A/65/222 III, IV.

⑥ A/HRC/11/7 II, III; A/64/213 III, IV.

⑦ A/HRC/14/30 II, III, IV, V, VI, VII.

⑧ A/HRC/17/33 II, III.

⑨ A/HRC/20/24 II A, B, C, IV.

⑩ A/HRC/23/46 III, IV See A/HRC/23/2, resolution 23/20 of 14 June 2013.

⑪ A/HRC/29/36 III A, B, C, IV.

2014 年——对移徙者的劳动剥削，当时人权理事会请特别报告员研究“过境移民的状况，包括无人陪伴的儿童和青少年以及妇女和女童的处境”。①

2016 年——双边和多边贸易对移徙者人权的影响。②

578 2017 年——特别报告员弗朗索瓦·克雷波在其提交人权理事会的最终报告中提及“2035 年促进人口流动议程”。③

2018 年——继任特别报告员费利佩·冈萨雷斯·莫拉莱斯提交了一项“一项关于移民返回和重新融入社会的专题研究”，④并在提交给联合国大会的报告中纳入了一项“关于移民切实诉诸司法的研究”，其中包括对“防火墙屏障”(firewall protection)的讨论。⑤

2006 年，联合国大会召开了一次关于国际移徙与发展的高级别对话，并在 2005 年世界首脑会议上讨论了移民问题。⑥ 另一次高级别对话于 2013 年 10 月举行。⑦ 2016 年 9 月 16 日，联合国大会在关于移民问题的世界首脑会议上通过了《难民和移民问题的纽约宣言》(New York Declaration for Refugees and Migrants)。首脑会议收到了秘书长题为“有安全和尊严”的报告，他在报告中呼吁建立一项“关于移民和人员流动的全面国际合作框架”。⑧ 2018 年，大会通过了《安全、有序和正常移民全球契约》(Global Compact for Safe, Orderly and Regular Migration)，《全球契约》“制定了由 23 个目标组成的合作框架，开展执行工作并加以后续落实和进行评估。每个目标都包含一项承诺，然后提出一系列行动，作为相关政策工具和最佳做法”⑨。(见上文，1981 年——人口大规模流亡)

① A/HRC/26/35 III, IV; See also A/HRC/29/2, resolution 29/2 of 2 July 2015.

② A/HRC/32/40 III, IV, V VI.

③ A/HRC/35/25 III A-F.

④ A/HRC/38/41 III A-F, IV.

⑤ A/73/178/Rev. 1 III F para 33. “防火墙”屏障在移民管制与其他公共服务之间建立起真正而严格的间隔，它意味着移民当局不能获得寻求公共服务者的移民状况信息，而且负责提供公共服务的机构也没有义务调查或分享公共服务使用者的移民状况信息。

⑥ General Assembly sixtieth session, resolution 60/1 of 16 September 2005.

⑦ General Assembly sixty-eighth session, resolution 68/4 of 3 October 2013 Declaration of the High-level Dialogue on International Migration and Development.

⑧ A/70/59. VII C para l05.

⑨ General Assembly seventy-third session, resolution 73/195 of 19 December 2018, Annex para 16.

2000年——食物

根据小组委员会关于食物权问题工作组以及高级专员编写的报告,[①](见第五章A,对具体权利的关注,食物[1983年]),人权委员会于2000年决定“任命一名专门负责食物权问题的特别报告员,任期三年”。特别报告员被要求:

(a)寻求、接收和回应关于实现食物权的所有方面的信息,包括消除饥饿的紧急信息;(b)与各国政府、政府间组织特别是联合国粮食及农业组织以及非政府组织开展合作……(c)查明世界范围内正在出现的与食物权有关的新问题。[②]

2007年,人权理事会修改了任务规定,请特别报告员: 579

(a)促进食物权的充分落实,并在国家、区域和国际各级采取措施,落实人人获得适足食物的权利和人人免于饥饿的基本权利,以便能够充分发展并维持其身心能力;(b)探讨克服现有和正形成的阻碍落实食物权的障碍的各种方法和途径;(c)……在履行任务时继续将性别观点纳入主流,同时顾及年龄方面的问题;(d)……提出可以帮助实现到2015年将挨饿人口比例减半的千年发展目标1,特别是落实食物权的各项建议;(e)……就逐步地充分落实食物权……的步骤提出建议。[③]

特别报告员(让·齐格勒[Jean Ziegler,2000—2008年];奥利维尔·德舒特[Olivier De Schutter,2008—2014年];希拉勒·埃尔韦尔[Hilal Elver,2014年])于2001年向人权委员会提交了第一份报告,在其中分析了食物权的定义和历史。[④]

特别报告员于2001年通过了以下定义:

---

① See, for example, E/CN. 4/1998/21, E/CN. 4/1999/45, E/CN. 4/2000/48.

② E/CN. 4/2000/167, resolution 2000/10 of 17 April 2000.

③ A/HRC/6/22, resolution 6/2 of 27 September 2007. See also A/HRC/25/2, resolution 25/14 of 27 March 2014; A/HRC/32/2, resolution 32/8 of 30 June 2016.

④ E/C. 12/1995/5 General Comment 12 twentieth session 1999; the right to adequate food (article 11).

> 食物权是消费者有权根据自己的文化传统，经常、长期和自由地直接获得或以金融手段购买适当质量和足够数量的食物，确保能够在身体和精神方面单独和集体地过上符合需要的和免于恐惧的有尊严的生活。[①]

2003 年，特别报告员制定了一项处理有关侵犯食物权的指控的程序。[②]

2002 年，特别报告员进行了第一次国别访问（巴西），随后几年进行了定期访问。[③] 特别报告员于 2008 年访问了世界贸易组织（World Trade Organization, WTO）[④]，于 2012 年访问了粮食及农业组织。[⑤]

580 这些报告集中讨论了食物权的几个实质性和规范性方面。如提交委员会的第一份报告即侧重于"食物权的定义和历史……国际文书……国内立法……经济及社会障碍"[⑥]。

特别报告员还于 2001 年向联合国大会提交了一份报告，其中概述了任务开始时的优先问题，包括："武装冲突情况下的食物权……饮用水和食物权……国际贸易和食物权……促进国家立法的具体步骤……确保地方粮食安全的具体步骤。"[⑦]

人权理事会于 2008 年举行了一次特别会议，讨论"世界粮食危机恶化对实

---

① E/CN. 4/2001/53 para 14.

② E/CN. 4/2003/54 III. See also A/HRC/4/30/Add. 1, A/HRC/7/5/Add. 1, A/HRC/10/5/Add. 1, A/HRC/13/33/Add. 1, A/HRC/16/49/Add. 1.

③ 特别报告员访问了以下国家：阿根廷（A/HRC/40/56/Add. 3）；孟加拉国（E/CN. 4/2004/Add. 1）；贝宁（A/HRC/13/33/Add. 3）；玻利维亚（A/HRC/7/5/Add. 2）；巴西（E/CN. 4/2003/54/Add. 1; A/HRC/13/33/Add. 6）；喀麦隆（A/HRC/22/50/Add. 2）；加拿大（A/HRC/22/50/Add. 1）；中国（A/HRC/16/49/Add. 3; A/HRC/19/59/Add. 1）；古巴（A/HRC/7/5/Add. 3）；埃塞俄比亚（E/CN. 4/2005/47/Add. 1）；危地马拉（E/CN. 4/2006/44/Add. 1; A/HRC/13/33/Add. 4）；印度（E/CN. 4/2006/44/Add. 2）；印度尼西亚（A/HRC/40/56/Add. 2）；黎巴嫩（A/HRC/2/8）；马达加斯加（A/HRC/19/59/Add. 4）；马拉维（A/HRC/25/57/Add. 1）；马来西亚（A/HRC/25/57/Add. 2）；墨西哥（A/HRC/19/59/Add. 2）；蒙古（E/CN. 4/2005/47/Add. 2）；摩洛哥（A/HRC/31/51/Add. 2 & Add. 4）；尼加拉瓜（A/HRC/13/33/Add. 5）；巴勒斯坦被占领土（E/CN. 4/2004/10/Add. 2）；巴拉圭（A/HRC/34/48/Add. 2）；菲律宾（A/HRC/31/51/Add. 1 & Add. 3）；波兰（A/HRC/34/48/Add. 1 & Add. 3）；南非（A/HRC/19/59/Add. 3 & Add. 6）；叙利亚（A/HRC/16/49/Add. 2）；越南（A/HRC/40/56/Add. 1）；赞比亚（A/HRC/37/6l/Add. 1）。

④ A/HRC/10/5/Add. 2.

⑤ A/HRC/22/50/Add. 3.

⑥ E/CN. 4/2001/53.

⑦ A/56/210.

现人人享有食物权造成的负面影响”。理事会请高级专员和特别报告员参加由粮食及农业组织召开的“世界粮食安全:气候变化和生物能源的挑战”高级别会议。[1]

以下是特别报告员处理的问题:

2002年——“世界粮食首脑会议:五年之后;获得土地、土地改革和粮食权”[2];“食物权可由法院审理的性质;人道主义法和人道主义援助;国际贸易和食物权方面的情况发展”[3]。

2003年——“性别与食物权;跨国公司与食物权;促进食物权的积极动态”[4];“关于食物权的国际准则;水和食物权;对侵犯食物权行为的指控”[5]。

2004年——“适足食物权和渔业生计”[6];“贸易与粮食安全:坎昆会议的失败”[7]。

2005年——“特别令人关注的情况:尼日尔的饥荒;国际组织落实食物权的责任”[8];“促进取得进展的举措;食物权问题国际自愿准则;各国对食物权的域外义务”[9]。

2006年——“定义全球化时代的食物权”[10]。

2007年——“食物权方面的最新进展;生物燃料对食物权的影响;保护人民远离饥饿”[11];“儿童及其食物权;逃荒——全世界的饥饿难民”[12]。

2008年——“执行任务的途径;有利的国际环境;落实食物权的国内框架”[13];

---

① A/HRC/S-7/2, resolution S-7/1 of 22 May 2008. See also A/HRC/12/50, resolution 12/10 of 1 October 2009.

② A/57/356.

③ E/CN. 4/2002/58.

④ A/58/330.

⑤ E/CN. 4/2003/54.

⑥ A/59/385 IV, V.

⑦ E/CN. 4/2004/10 I, II, III, IV.

⑧ A/60/350.

⑨ E/CN. 4/2005/47.

⑩ E/CN. 4/2006/44.

⑪ A/62/289.

⑫ A/HRC/4/30.

⑬ A/63/278.

581 建设抗灾能力的人权框架；世界粮食和营养安全”[①]；“国际法中的食物权；问题在哪儿？希望在哪儿？”[②]

2009年——“知识产权和生物多样性保护发展机制”[③]；“对世界贸易组织的访问；[④]发展合作和粮食援助在实现适足食物权方面的作用”[⑤]。

2010年——“土地和安全”[⑥]；“大规模土地购置和租赁：解决人权方面挑战的一套最低限度原则和措施”[⑦]；“商业农业和食物权”[⑧]。

2011年——“合同农业”[⑨]；“剖析：粮食体制的三个宗旨；生态农业对食物权的贡献；推广生态农业的公共政策”[⑩]。

2012年——“渔业对食物权的贡献”[⑪]；“贸易和投资协定对人权的影响评估指导原则”[⑫]；“三重挑战——农粮体系的职责：从提高产量到确保可持续膳食；营养不良和微量营养素缺乏；超重和肥胖”[⑬]。

2013年——“食物权与运动”[⑭]；“妇女的食物权”[⑮]；“食物权在对抗饥饿和营养不良中的重要性”[⑯]。

2014年——“任务愿景；实质优先事项”[⑰]；“诉诸司法和获得粮食的权利：前进的道路”[⑱]。

2015年——“气候变化对食物权的影响”[⑲]。

---

① A/HRC/9/23.

② A/HRC/7/5 I, II, III, IV, V.

③ A/64/170.

④ A/HRC/10/5/Add. 2.

⑤ A/HRC/13/33.

⑥ A/65/281.

⑦ A/HRC/13/33/Add. 2.

⑧ A/HRC/13/33.

⑨ A/66/262.

⑩ A/HRC/16/49.

⑪ A/67/268.

⑫ A/HRC/19/59/Add. 5.

⑬ A/HRC/19/59. See also A/HRC/19/2, resolution 19/7 of 22 March 2012.

⑭ A/68/288 II, III, IV.

⑮ A/HRC/22/50.

⑯ A/HRC/22/50/Add. 3.

⑰ A/69/275 III, IV, V.

⑱ A/HRC/28/65. See also A/HRC/28/2, resolution 28/10 of 26 March 2016.

⑲ A/70/287.

2016 年——“营养不良”[1];“妇女在实现食物权进程中面临的文化、法律、经济和生态障碍”[2]。

2017 年——“冲突局势下的食物权”[3];“杀虫剂对人权的负面影响”[4]。

2018 年——“农业工人的食物权”[5];“灾害对食物权的影响”[6]。

2000 年——住房 582

1986 年,人权委员会提及“联合国大会宣布 1987 年为‘为无家可归者提供住所国际年’”,确认“每人自己和其家人均有权享受包括适足住房在内的充裕的生活水平”,并“对数以百万计的人被剥夺住房权深表关切”。[7]

1993 年,小组委员会任命了一名住房权问题特别报告员拉金达尔·萨查尔,[8]该报告员于 1995 年提交了最终报告。[9]

2000 年,人权委员会任命了一名特别报告员(米隆·科塔里[Miron Kothari,2000—2008 年];拉克尔·罗尔尼克[Raquel Rolnick,2008—2014 年];莉兰妮·法哈[Leilani Farha,2014 年]),“重点关注适足住房问题,将之作为《世界人权宣言》第二十五条所反映的适足生活水准权的组成部分”。这一任命是在人权委员会任命教育权问题特别报告员之后,[10]为加强对具体的经济、社会及文化权利的实现所做的努力。(见第五章 A,对具体权利的关注)。

人权委员会请特别报告员

> (a)报告在全世界范围内……与任务有关的权利的情况……(b)酌情促进各国政府之间的合作并帮助各国政府努力取得这些权利;(c)在工作中采用性

[1] A/71/282.

[2] A/HRC/31/51. A/HRC/31/2, resolution 31/10 of 23 March 2016.

[3] A/72/188.

[4] A/HRC/34/48. See also A/72/53, resolution 34/12 of 23 March 2017.

[5] A/73/164.

[6] A/HRC/37/61. See also A/HRC/37/2, resolution 37/10 of 22 March 2018.

[7] E/CN. 4/1986/65, resolution 1986/36 of 12 March 1986.

[8] E/CN. 4/1993/122, decision 1993/103 of 4 March 1993. See also E/CN. 4/1994/132, resolution 1994/14 of 25 February 1994.

[9] E/CN. 4/Sub. 2/1995/12. See also E/CN. 4/1996/177, resolution 1996/11 of 11 April 1996.

[10] E/CN. 4/1998/177, resolution 1998/33 of 17 April 1998.

> 别公平观;(d)同各国政府、联合国有关机构、各专门机构和国际组织尤其是联合国人类住区(生境)中心定期对话,同它们讨论可能在住房权方面进行合作的领域,并就如何实现与任务有关的权利提出建议(e)查明可能采用的有关咨询服务和技术合作的类型和资金来源;(f)酌情设法将与任务有关的权利列为联合国有关工作团外地办事处和国家办事处的工作事项;以及(g)向委员会提交年度报告,说明涉及其任务的工作情况。[①]

人权理事会于 2007 年修订了任务规定,并请特别报告员

> (a)促进全面落实适足生活水准权所含适足住房权;(b)查明在全面落实适足住房权方面的最佳做法以及挑战和障碍,同时查明在这一方面的保护漏洞;(c)特别强调在实施同这项任务有关的权利方面的具体解决办法;(d)运用性
> 583 别公平观,包括查明在适足住房和土地权利方面与性别有关的弱点;(e)促进提供技术援助;(f)在避免不必要的工作重叠的同时,同人权理事会其他特别程序和附属机关、相关的联合国组织、条约机构及区域人权机制密切合作;(g)向大会……以及理事会提交一份关于本决议执行情况的报告。[②]

特别报告员制定了一套工作方法,基于

> 对他的任务采取建设性态度,为实现适足住房权提供切实可行的具体解决方案。虽然特别报告员亦试图提请人们注意世界范围内侵犯适足住房权行为,但他的意图主要是确定创新和战略合作可以在何处以及以何种形式实现适足住房权,将其作为适足生活水准权利的一个组成部分。[③]

2005 年,特别报告员提交了关于向各国政府通报案件的第一份报告。[④] 作为

---

① E/CN. 4/2000/167, resolution 2000/9 of 17 April 2000.

② A/HRC/6/22, resolution 6/27 of 14 December 2007. See also A/HRC/25/2, resolution 25/17 of 28 March 2014; A/72/53, resolution 34/9 of 23 March 2017.

③ E/CN. 4/2006/41 I para 8.

④ E/CN. 4/2005/48/Add. 1.

这一方法的一部分,特别报告员在国别访问期间进行了实地调查,[1]并于 2011 年访问了世界银行。[2]

2006 年,特别报告员提交了“基于发展的驱逐和流离失所……的基本原则和准则”[3]。在整个任务期间,特别报告员就具体问题提出如下报告:

2002 年——“从确认到落实住房权”[4]。

2004 年——“强迫驱逐”[5]。

2005 年——“无家可归”[6];“妇女和适足住房”[7]。

2009 年——“目前的住房、金融和经济危机”[8];“气候变化及适足住房权”[9]。

2010 年——“特大活动及其对城市改建的影响”[10];“移民适足住房权”[11]。 584

2011 年——“灾后和冲突后形势下的人权”[12];“歧视和脆弱性:灾害的影响及

---

① 特别报告员访问了以下国家:阿富汗(E/CN. 4/48/Add. 2; A/HRC/10/7/Add. 2 I);阿根廷(A/HRC/19/53/Add. 1);澳大利亚(A/HRC/4/18/Add. 2);巴西(E/CN. 4/2005/48/Add. 3; A/HRC/13/20/Add. 2 II);佛得角(A/HRC/31/54/Add. 1);柬埔寨(E/CN. 4/2006/41/Add. 3; A/HRC/13/20/Add. 2 III);加拿大(A/HRC/7/16/Add. 4; A/HRC/10/7/Add. 3);智利(A/HRC/37/53/Add. 1);克罗地亚(A/HRC/16/42/Add. 2);埃及(A/HRC/40/61/Add. 2);印度(A/HRC/34/51/Add. 1 & Add. 3);印度尼西亚(A/HRC/25/54/Add. 1);伊朗(E/CN. 4. 2006/41/Add. 2);哈萨克斯坦(A/HRC/16/42/Add. 3);肯尼亚(E/CN. 4/2005/48/Add. 2; A/HRC/13/20/Add. 2 IV);黎巴嫩/以色列(A/HRC/2/7—联合特派团);马尔代夫(A/HRC/10/7/Add. 4; A/HRC/13/20/Add. 3);墨西哥(E/CN. 4/2003/5/Add. 3; A/HRC/10/7/Add. 2 II);巴勒斯坦(E/CN. 4/2003/5/Add. 1; A/HRC/22/46/Add. 1);秘鲁(E/CN. 4/2004/48/Add. 1; A/HRC/10/7/Add. 2 III);葡萄牙(A/HRC/34/51/Add. 2);大韩民国(A/HRC/40/61/Add. 1);罗马尼亚(E/CN. 4/2003/5/Add. 2; A/HRC/10/7/Add. 2 IV);卢旺达(A/HRC/22/46/Add. 2);塞尔维亚/科索沃(A/HRC/31/54/Add. 1);南非(A/HRC/7/16/Add. 3);西班牙(A/HRC/4/18/Add. 3; A/HRC/7/16/Add. 2);英国(A/HRC/25/54/Add. 2 & Add. 4);美利坚合众国(A/HRC/13/20/Add. 4)。

② A/HRC/16/42/Add. 4; A/HRC/22/46/Add. 3.

③ E/CN. 4/2006/41 III para 30, Appendix.

④ E/CN. 4/2002/59 I-IV.

⑤ E/CN. 4/2004/48.

⑥ E/CN. 4/2005/48.

⑦ E/CN. 4/2005/43.

⑧ A/HRC/10/7.

⑨ A/64/255.

⑩ A/HRC/13/20.

⑪ A/65/261.

⑫ A/HRC/16/42. See also A/HRC/19/2, resolution 19/4 of 22 March 2012.

救灾措施中的复合因素”[①]。

2012年——“妇女与适足住房权”[②]；“现行住房金融政策及其对贫困人口适足住房权的影响”[③]。

2013年——“住房保有权”[④]；“住房融资的增加和非市场住房政策的下降”[⑤]。

2014年——“指导原则”[⑥]。

2015年——“地方和国以下各级政府在适足住房权方面的责任”[⑦]；“通往新城市的人权之路”[⑧]。

2016年——“无家可归者”[⑨]；“揭示联系：生命、安全、尊严与住房”[⑩]。

2017年——“住房金融化”[⑪]；“基于人权的适足住房”[⑫]。

2018年——“住房权与非正规住区”[⑬]。

2018年，特别报告员在提及可持续发展目标时表示，

鉴于非正规住区居民人口数量之大、改造所需资源之多和居民遭受权利剥夺之严重，到2030年完成所有住区改造的目标异常艰巨。为监测2030年目标进展而编制的指标和统计数据表令人有些力不从心。除了承诺改善数字和统计趋势外，还需要做更多工作。特别报告员每次穿过商业和豪华住宅开发区林立的繁华城市，去往地处城市中心或边缘的非正规住区探访生活条件极端恶劣的居民时，都会清楚地认识到这一事实，那就是，不论是从道德、政治还是法律角度来讲，人们被迫以这种方式生活都是不可接受的。我们必须从

---

① A/66/270.

② A/HRC/19/53.

③ A/67/286.

④ A/HRC/22/46.

⑤ A/68/289.

⑥ A/HRC/25/54.

⑦ A/HRC/28/62.

⑧ A/70/270.

⑨ A/HRC/31/54; A/HRC/31/2, resolution 31/9 of 23 March 2016.

⑩ A/71/310.

⑪ A/HRC/34/51. See also A/HRC/37/2, resolution 37/4 of 22 March 2018.

⑫ A/72/128.

⑬ A/73/310/Rev. 1.

拒绝接受这种不可接受的现象做起。所有行为体都必须在共同人权范式内行动起来，围绕到2030年完成所有非正规住区改造这一当务之急共同努力。①

2000年——人权维护者 585

在1998年通过《个人、群体和社会机构在促进和保护普遍公认的权利和基本自由方面的权利和义务宣言》(《人权维护者宣言》)②和一份关于有效促进和执行《宣言》的适当方式的报告③之后，2000年，人权委员会决定任命一名秘书长特别代表海纳·吉拉(2000—2008年)，以

> 就世界各地人权维护者的情况和充分遵照《宣言》提高对他们的保护的可能手段提出报告，特别代表的主要活动应为：(a)收集、接受和审查有关以个人名义或与其他人联合从事增进和保护人权和基本自由活动的任何人的情况和权利的资料并做出反应；(b)在促进和有效执行该《宣言》方面与各国政府和其他感兴趣的行为者建立合作和进行对话；(c)提出更好地保护人权维护者和对这些建议采取后续行动的有效战略。④

人权理事会审查了任务规定，并于2008年任命了特别报告员(玛格丽特·塞卡格亚[Margaret Sekaggya，2008—2014年]；米歇尔·福斯特[Michel Forst，2014年])，并修订了其职权范围：

> (a)通过与各国政府、相关利益攸关方和其他有关人士的合作、建设性对话和交往，促进有效和全面地执行《关于个人、群体和社会机构在促进和保护普遍公认的人权和基本自由方面的权利和义务宣言》；(b)以全面的方式研究单独或与其他人联合从事增进和保护人权和基本自由活动的任何人行使其

① A/73/310/Rev. 1 III paras 115 and 117.

② General Assembly fifty-third session, resolution 53/144 of 9 December 1998.

③ E/CN. 4/2000/95 IV.

④ E/CN. 4/2000/167, resolution 2000/61 of 26 April 2000.

权利方面的趋势、事态发展和挑战；(c)建议具体和有效的战略，以便采取一种全球性的方式，更好地保护人权维护者，并跟进这些建议；(d)收集、接受和审查有关单独或与其他人联合从事增进和保护人权和基本自由活动的任何人的情况和权利的资料并作出反应；(e)在执行其任务的整个期间，纳入性别公平观，特别注意女性人权维护者的处境；(f)工作时与联合国总部和国家一级的其他相关机构、办事处、部门及各专门机构，尤其是与理事会其他特别程序密切协调。①

特别代表在其第一次报告中提到了"经过广泛的讨论……许多国家政府同
586 意，这一新机制……将会使各国以及国际上认识到对人权的宣传与活动所发生的暴力和压迫现象"。特别代表还提到"另一些代表团对新机制可能重复现有机制的工作并造成混乱表示关切"。此外，有人指出，"新机制可能会利用现有机制已经有限的资源，从而分散它们急需的资源"。②

特别代表在制定工作方法时采用了与其他特别程序类似的方法。③ 这包括查明案件并与各国政府沟通、确定趋势④、强调"值得关注的问题"⑤，进行国别访问⑥、开

① A/HRC/7/78, resolution 7/8 of 27 March 2008. See also A/HRC/25/2, resolution 25/18 of 28 March 2014; A/72/53, resolution 34/5 of 23 March 2017.

② E/CN. 4. 2001/94 paras 6, 7, 8.

③ See, for example, E/CN. 4/2001/94 II; A/61/312 II A, B, C; A/63/288 III, V; A/HRC/28/63 III.

④ See, for example, E/CN. 4/2002/106 III A; E/CN. 4/2003/104 II; E/CN. 4/2004/94 II, III, IV; E/CN/4/2005/101 II.

⑤ See, for example, A/56/341 II.

⑥ 特别代表/特别报告员访问了以下国家：安哥拉(E/CN. 4/2005/101/Add. 2)；亚美尼亚(A/HRC/16/44/Add. 2)；澳大利亚(A/HRC/37/51/Add. 3)；阿塞拜疆(A/HRC/34/52/Add. 3)；巴西(E/CN. 4/2006/95/Add. 4, A/HRC/4/37/Add. 2)；布隆迪(A/HRC/31/55/Add. 2)；哥伦比亚(E/CN. 4/2002/106/Add. 2；A/HRC/13/22/Add. 3)；刚果民主共和国(A/HRC/13/22/Add. 2)；危地马拉(E/CN. 4/2003/104/Add. 2；A/HRC/10/12/Add. 3)；洪都拉斯(A/HRC/22/47/Add. 1；A/HRC/40/60/Add. 2)；匈牙利(A/HRC/34/52/Add. 2)；印度(A/HRC/19/55/Add. 1)；印度尼西亚(A/HRC/7/28/Add. 2)；爱尔兰(A/HRC/22/47/Add. 3)；以色列和巴勒斯坦被占领土(E/CN. 4/2006/95/Add. 3)；韩国(A/HRC/25/55/Add. 1)；吉尔吉斯斯坦(E/CN. 4/2002/106/Add. 1)；前南斯拉夫马其顿共和国(E/CN. 4/2004/94/Add. 2；A/HRC/7/28/Add. 4)；墨西哥(A/HRC/37/51/Add. 2)；摩尔多瓦(A/HRC/40/60/Add. 3)；尼日利亚(E/CN. 4/2006/95/Add. 2)；塞尔维亚(科索沃)(A/HRC/7/28/Add. 3)；泰国(E/CN. 4/2004/94/Add. 1)；多哥(A/HRC/10/12/Add. 2；A/HRC/25/55/Add. 2)；突尼斯(A/HRC/22/47/Add. 2)；土耳其(E/CN. 4/2005/101/Add. 3)。

展区域协商[1],以及对任务进行定期审查[2],并对任务相关的专题领域进行探索,包括如下:

2002 年——“维护人权的妇女;911 袭击对人权维护者的影响”[3]。

2003 年——“安全立法和人权维护者;人权维护者在紧急状况下的作用和处境”[4]。

2004 年——“满足《宣言》中所载的结社权利标准”[5]。

2005 年——“人权维护者对和平与安全的贡献”[6]。

2006 年——“侵犯维权者的集会自由权利;国际和区域条约及宣言中所载的集会自由权”[7]。

2007 年——“人权维护者与抗议权:特别代表的干预和立场”[8];“经济、社会及文化权利领域的人权维护者;处于特别危险情况下的维护者——维护土著民族和少数群体的权利,维护女同性恋者、男同性恋者、双性恋者、跨性别者和雌雄同体者的权利,妇女人权维护者”[9]。

2008 年——“结社自由”[10]。 587

2009 年——“普遍定期审议:加强对人权维护者的保护”[11]。

2010 年——“非国家行为者侵害人权”[12];“人权维护者的安全和保护”[13]。

2011 年——《人权维护者宣言》[14];“女性人权维护者”[15]。

---

① See, for example, A/57/182 II, III.

② E/CN. 4/2006/95 II, III, IV; A/HRC/7/28 II, III; A/HRC/25/55 III, IV, V; A/HRC/34/52.

③ E/CN. 4/2002/106 III, B, C.

④ A/58/380 II, III, IV, V.

⑤ A/59/401 I, II, III.

⑥ A/60/339 II, III, IV, V.

⑦ A/61/312 III, IV.

⑧ A/62/225 II, III, IV.

⑨ A/HRC/4/37 II, III.

⑩ A/64/226 II, III, IV.

⑪ A/HRC/10/12 II, III.

⑫ A/65/223 II, III. IV.

⑬ A/HRC/13/22 III, IV.

⑭ A/66/203.

⑮ A/HRC/16/44 III, IV.

2012 年——“国际法律框架;规范人权维护者活动的法律的类别;关于法律的最低标准”[①];“面临风险的特定维权者群体:记者和媒体工作者,从事土地和环境问题工作的维权者,以及青年和学生维权者”[②]。

2013 年——“大型开发项目和人权保护机构的活动;对发展项目采取基于人权的做法”[③];“国家人权机构在保护人权维护者方面的作用”[④]。

2016 年——“敌对环境;赋予环境人权维护者权能”[⑤];“概念化的保护实践”[⑥]。2016 年,人权委员会“欢迎人权维护者状况特别报告员的工作,并赞赏地注意到了报告中关于经济、社会、文化权利的内容”[⑦]。

2017 年——“从事工商业和人权工作的人权维护者”[⑧]。

2018 年——“全球人权维护者情况调查”[⑨];“流动人口”[⑩]。

2019 年——“女性人权维护者”[⑪]。

特别报告员在 2018 年《人权维护者宣言》发表二十周年之际结束了调查,并建议“联合国系统的机构和程序……采取措施扩大人权维护者参与联合国相关讨论的范围,通过继续保持警惕,确保人权维护者能够参与联合国进程,而不必担心遭到报复”[⑫]。

---

① A/67/292 II, III, IV.

② A/HRC/19/55 III, IV.

③ A/68/262 III, IV, V.

④ A/HRC/22/47 III, IV, V.

⑤ A/71/281 III, IV, V, VI.

⑥ A/HRC/31/55 III, IV, V VI, VII. See also A/HRC/31/2, resolution 31/32 of 24 March 2016.

⑦ A/HRC/31/2, resolution 31/32 of 24 March 2016, citing A/HRC/4/37; A/HRC/19/55; A/68/262; A/70/217.

⑧ A/72/170 VI, V, VI.

⑨ A/73/215 III, IV, V, VI, VII.

⑩ A/HRC/37/51 III, IV, V, VI, VII, VIII.

⑪ A/HRC/40/60.

⑫ A/73/215 VII para 73.

2001 年——土著人民 588

除了 2001 年就土著人民人权问题开展的活动外(见第二章),人权委员会还任命了一名特别报告员(罗尔多弗·斯塔文哈根[Rudolf Stavenhagen,2001—2008 年];詹姆斯·安纳亚[James Anaya,2008—2014 年];维多利亚·陶利-科尔普斯[Victoria Tauli-Corpuz,2014 年]),以便

> (a)收集、索取、收取并交换从政府、土著人民自己、社区和组织和其他一切有关来源收到的关于人权和基本自由受到侵犯的资料和文函;(b)拟订建议和提议采取适当措施和活动,以防止和补救土著人民人权和基本自由受到侵犯的情况;(c)与委员会和小组委员会的其他特别报告员、特别代表、工作组和独立专家密切合作。[①]

2007 年,人权理事会请特别报告员

> (a)研究如何克服妨碍全面、切实保护土著人民人权和基本自由的现存障碍;(b)收集、索取、接受并交流从……一切相关信息来源收到的……资料和文函;(c)就防止和补救土著人民人权和基本自由受到侵犯的情况的适当措施和活动,拟订建议和提议;(d)与人权理事会的其他特别程序和附属机关……密切合作;(e)与土著问题常设论坛密切合作……;(e)与所有相关的行为者……进行定期的合作对话;(g)酌情宣传《联合国土著人民权利宣言》……(h)在执行其任务时,特别注意土著儿童和妇女的人权和基本自由,并考虑到性别观点。[②]

特别报告员在第一次报告中概述了程序和方法。其中包括需要处理的一些

---

① E/CN. 4/2001/167, resolution 2001/57 of 24 April 2001.

② A/HRC/6/22, resolution 6/12 of 28 September 2007, See also A/HRC/15/60, resolution 15/14 of 30 September 2010; A/HRC/24/2, resolution 24/9 of 26 September 2013; A/HRC/33/2, resolution 33/12 of 29 September 2016.

具体问题,[①]同时还包括寻求资料、跟进案例情况[②]以及进行国别访问。[③]

589 人权委员会还讨论了在武装冲突期间保护土著人民的问题,并于2005年请特别报告员"与防止种族灭绝问题秘书长特别顾问(根据《防止灭绝种族行动计划》任命)建立联系,以"保护土著人民免遭灭绝种族问题"并"作为其任务的一部分,建立应急机制"。[④]

特别报告员讨论了下列专题问题:

2007年——"亚洲土著人民权利状况"[⑤];"亚洲土著人民的人权和基本自由状况"[⑥];"实施特别报告员年度报告所载建议方面最佳做法的研究"[⑦]。

2008年——"《土著人民权利宣言》和大量相关的国际文献资源"[⑧]。

---

① E/CN. 4/2002/97 V paras 113 and 114.

② See E/CN. 4/90/2003/Add. 1; E/CN. 4/2004/80/Add. 1; E/CN. 4/2005/88/Add. 1; E/CN. 4/2006/78/Add. 1; A/HRC/4/32/Add. 1; A/HRC/9/9/Add. 1; A/HRC/12/34/Add. 1; A/HRC/15/37/Add. 1; E/CN. 4/18/35/Add. 1; A/HRC/21/47/Add. 3; A/HRC/24/41/Add. 4; A/HRC/27/52/Add. 4; A/67/301 II B. 2 para 12. On the procedure followed by the Special Rapporteur, see A/68/317 II A. 3(a) paras 26-34.

③ 特别报告员访问了以下国家:阿根廷(A/HRC/21/47/Add. 2);澳大利亚(A/HRC/12/34/Add. 10;A/HRC/15/37/Add. 4;A/HRC/36/46/Add. 2);玻利维亚(A/HRC/6/15/Add. 2;A/HRC/11/11);博茨瓦纳(A/HRC/15/37/Add. 2);巴西(A/HRC/33/42/Add. 1);加拿大(E/CN. 4/2005/88/Add. 3;A/HRC/27/52/Add. 2);智利(E/CN. 4/2004/80/Add. 3;A/HRC/12/34/Add. 6);哥伦比亚(E/CN. 4/2005/88/Add. 2;A/HRC/12/34/Add. 9;A/HRC/15/37/Add. 3);刚果共和国(A/HRC/18/35/Add. 1);哥斯达黎加(A/HRC/18/35/Add. 8);厄瓜多尔(A/HRC/4/32/Add. 2;A/HRC/15/37/Add. 7);萨尔瓦多(A/HRC/24/41/Add. 2);法国(A/HRC/18/35/Add. 6);危地马拉(E/CN. 4/2003/90/Add. 2, A/HRC/39/17/Add. 3, A/HRC/15/37/Add. 8, A/HRC/18/35/Add. 3);洪都拉斯(A/HRC/33/42/Add. 2);肯尼亚(A/HRC/4/32/Add. 3);墨西哥(E/CN. 4/2004/80/Add. 2);纳米比亚(A/HRC/24/41/Add. 1);尼泊尔(A/HRC/12/34/Add. 1);新西兰(A/HRC/15/37/Add. 9);新西兰(E/CN. 4/2006/78/Add. 3, A/HRC/18/35/Add. 4);挪威、瑞典、芬兰(萨普米地区)(A/HRC/33/42/Add. 3;A/HRC/15/37/Add. 6;A/HRC/18/35/Add. 2);巴拿马(A/HRC/27/52/Add. 1);巴拉圭(A/HRC/30/41/Add. 1);秘鲁(A/HRC/12/34/Add. 8;A/HRC/27/52/Add. 3);菲律宾(E/CN. 4/2003/90/Add. 3);俄罗斯(A/HRC/15/37/Add. 5);南非(E/CN. 4/2006/78/Add. 2);苏里南(A/HRC/18/35/Add. 7);美利坚合众国(A/HRC/21/47/Add. 1;A/HRC/36/46/Add. 1)。

④ E/CN. 4/2005/135, resolutions 2005/51 and 2005/52 of 20 April 2005.

⑤ A/62/286 IV, V.

⑥ A/HRC/6/15/Add. 3.

⑦ A/HRC/4/32/Add. 4.

⑧ A/HRC/9/9 III, IV, V.

2009年——《土著人民权利宣言》[①];“核心问题:磋商的义务”[②]。

2010年——“兼顾特性和文化的发展;参与权”[③];“有关土著权利的企业责任”[④]。

2011年——“对所审查的关键主题问题的概述”[⑤];“在土著领地之内或者附近作业的采掘业”[⑥]。

2012年——“协调联合国内影响土著民族的活动”[⑦];“对土著人妇女和儿童的暴力”[⑧]。

2013年——“加强对《土著人民权利宣言》的承诺”[⑨];“采矿业和土著人”[⑩]。

2014年——“土著人民经济、社会及文化权利的实施”[⑪];“阻碍土著人充分享有权利的持续性障碍”[⑫]。

2015年——“国际投资和自由贸易协定”[⑬];“土著人妇女和女童的权利”[⑭]。 590

2016年——“养护措施与土著人民的权利”[⑮];“国际投资对土著人权利的影响”[⑯]。

2017年——“《联合国土著人民权利宣言》的执行情况和土著人民权利问题特别报告员所做的工作”[⑰];“土著人和气候变化”[⑱]。

---

① A/64/338 IV, V.

② A/HRC/12/34 II, III.

③ A/65/264 III, IV, V, VI.

④ A/15/37 III, IV.

⑤ A/68/288 IV, V.

⑥ A/HRC/18/35.

⑦ A/67/301 III, IV.

⑧ A/HRC/24/47 III, V.

⑨ A/68/137 III, IV.

⑩ A/HRC/24/41. See also: A/HRC/24/41/Add. 5 Index of reports of the Special Rapporteur on the rights of indigenous peoples, James Anaya, by theme and by region.

⑪ A/69/267 III-V.

⑫ A/HRC/27/52 III-V.

⑬ A/70/301 III-VI.

⑭ A/HRC/30/41 III-V.

⑮ A/71/229 III-IX.

⑯ A/HRC/33/42 III-VII.

⑰ A/72/186 III-XII.

⑱ A/HRC/36/46 III-IX.

2018 年——“土著人民和自治”[1];“对维护权利的土著人民的袭击和定罪”[2]。

2002 年——健康

2002 年,人权委员会任命了“人人享有能达到的最高标准的身心健康的权利”问题特别报告员,[3]该决定是委员会在加强关注实现经济、社会及文化权利,特别是艾滋病毒/艾滋病大流行的大背景下做出的。[4] (见第二章,1987 年——健康;第五章 A,对具体权利的关注,健康[1989 年])

特别报告员(保罗·亨特[Paul Hunt,2002—2008 年];阿南德·格罗弗[Anand Grover,2008—2014 年];代纽斯·普拉斯[Dainius Pūras])的任务包括

> (a)收集、征求、接受和交换来自……所有有关来源的……资料;(b)与所有有关的行为者,包括政府、有关的联合国机构、专门机构和方案,特别是世界卫生组织和联合国人体免疫缺损病毒/后天免疫缺损综合征联合方案以及各非政府组织和国际金融机构展开经常的对话,以讨论可进行合作的领域;(c)报道在全世界实现人人享有可达到的最高标准的身心健康权利的现状以及有关这项权利的发展情况……(d)就促进和保护人人享有可达到的最高标准的身心健康权利的适当措施提出建议。[5]

人权理事会在 2007 年授权继续执行这项任务。[6]

591 除了各国政府和民间社会提供的资料外,特别报告员在编写专题报告时还咨

① A/73/176 III, IV.

② A/HRC/39/17 III-IX; A/HRC/39/2, resolution 39/13 of 28 September 2018.

③ E/CN. 4/2002/200, resolution 2002/31 of 22 April 2002.

④ E/CN. 4/2002/200, resolution 2002/31 of 22 April 2002.

⑤ E/CN. 4/2002/200, resolution 2002/31 of 22 April 2002.

⑥ A/HRC/6/22, resolution 6/29 of 14 December 2007. See also A/HRC/33/2, resolution 33/10 of 29 September 2016.

询了专家,[1]此外另一项主要资料来源是国别访问。[2]

特别报告员于 2003 年访问了世界贸易组织。[3] 2008 年,特别报告员报告了访问世界银行和国际货币基金组织的情况。[4] 特别报告员还于 2008 年访问了葛兰素史克公司(Glaxo Smith Kline)。[5]

截至 2011 年,特别报告员直接报告了与各国政府接触的案件和情况。[6] 此后,这些报告通过任务负责人的来文统一报告进行传递。(见第六章 C,非常规体系[1993 年],来文统一报告[2011 年])

在初步报告中,特别报告员概述了执行任务的愿景,并明确指出了贫困和歧视等优先领域。报告涉及以下主题:

2003 年——"健康权指标:渐进办法;促进健康权的良好做法:初步概览;艾滋病毒/艾滋病的健康权;被忽视的疾病、麻风病和健康权;经济、社会和文化权利国际公约任择议定书"[7]。

2004 年——"与健康有关的千年发展目标;土著人民的健康权;健康权、儿童生存和指标"[8];"贸易背景下的健康权"[9];"性健康和生殖健康权;贫困

---

① See, for example, A/HRC/35/21 para 3:"本报告是与广泛的利益攸关方进行大量磋商的结果,其中包括:残疾人社区的代表、精神卫生服务的使用者和前使用者、民间社会代表、精神卫生从业人员,包括精神病学界和世界卫生组织(卫生组织)的代表、学术专家、联合国人权机制成员和会员国代表。"

② 特别报告员访问了以下国家:阿尔及利亚(A/HRC/35/21/Add. 1);亚美尼亚(A/HRC/38/36/Add. 2);澳大利亚(A/HRC/14/20/Add. 4);阿塞拜疆(A/HRC/23/41/Add. 1);哥伦比亚(A/HRC/7/11/Add. 3);克罗地亚(A/HRC/35/21/Add. 2);厄瓜多尔(A/HRC/7/11/Add. 3);加纳(A/HRC/20/15/Add. 1);危地马拉(A/HRC/17/25/Add. 2);印度(A/HRC/7/11/Add. 4; A/HRC/14/20/Add. 2);印度尼西亚(A/HRC/38/36/Add. 1);日本(A/HRC/23/41/Add. 1);黎巴嫩/以色列(A/HRC/2/7—联合访问);马来西亚(A/HRC/29/33/Add. 1);莫桑比克(E/CN. 4/2005/51/Add. 2);尼日利亚(A/HRC/32/32/Add. 2—联合访问);巴拉圭(A/HRC/32/32/Add. 1);秘鲁(E/CN. 4/2005/51/Add. 3);波兰(A/HRC/14/20/Add. 3);罗马尼亚(EZCN. 4/2005/51/Add. 4);瑞典(A/HRC/4/28/Add. 2);叙利亚(A/17/25/Add. 3);塔吉克斯坦(A/HRC/23/41/Add. 2);乌干达(E/CN. 4/2006/48/Add. 2;A/HRC/7H l/Add. 2 II, III, IV, VI);越南(A/HRC/20/15/Add. 2)。

③ E/CN. 4/2004/49/Add. 1.

④ A/HRC/7/l11/Add. 2 V.

⑤ A/HRC/11/12/Add. 2.

⑥ See E/CN. 4/2005/51/Add. 1; E/CN. 4/2006/48/Add. 1; A/HRC/4/28/Add. 1; A/HRC/7/11/Add. 1; A/HRC/11/12/Add. 1; A/HRC/14/20/Add. 1 and Corr. 1; A/HRC/17/25/Add. 1.

⑦ A/58/427.

⑧ A/59/422.

⑨ E/CN. 4/2004/49/Add. 1.

与健康权:尼泊尔的减贫战略;被忽视的疾病;健康权和预防暴力”①。

2005 年——“决定健康的社会因素问题委员会;保健专业人员和人权教育;技术外流:保健专业人员和移徙”②;“心理健康和健康权”③。

592 2006 年——“降低孕产妇死亡率:对健康权的贡献;人对药物的权利”④;“人人有权享有有效和综合卫生制度的服务;基于人权的健康指标”⑤。

2007 年——“确定保健措施的优先次序和尊重人权”⑥;“卫生和人权运动:进展和障碍;关于健康权和其他健康相关问题的案例”⑦。

2008 年——“问责制;制药公司在获取药物机会方面的人权责任;制药公司在获取药物机会方面的人权准则”⑧;“世界银行和世界货币系统”⑨;“健康系统和健康权”⑩。

2009 年——“健康权和知情同意权”⑪;“制药公司在获取药物机会方面的健康权责任;葛兰素史克公司;解决健康权问题”⑫;“《与贸易有关的知识产权协定》(Trade-related Aspects of Intellectual Property Rights, TRIPS)对药品获取的影响”⑬。

2010 年——“健康权和国际药物控制”⑭;“同性、性取向和性别认同”⑮。

2011 年——“性健康和生殖健康权”⑯;“老年人健康”⑰;“获得药品作为健康

---

① E/CN. 4/2004/49.
② A/60/348.
③ E/CN. 4/2005/51.
④ A/61/338.
⑤ E/CN. 4/2006/48.
⑥ A/62/214.
⑦ A/HRC/4/28.
⑧ A/63/263 and Annex.
⑨ A/HRC/7/11/Add. 2 V, VI.
⑩ A/HRC/7/11.
⑪ A/64/272.
⑫ A/HRC/11/12/Add. 2.
⑬ A/HRC/11/12. See: A/HRC/32/2, resolution 32/15 of l July 2016.
⑭ A/66/255.
⑮ A/HRC/14/20.
⑯ A/66/254.
⑰ A/HRC/18/37.

权基本组成部分的专家咨询”[1];“发展、人权和健康权”[2]。

2012 年——“健康融资背景下的健康权”[3];“职业健康权”[4]。

2013 年——“武装冲突情况下的健康权”[5];“获取医药的权利”[6];“移徙工人的健康权”[7]。

2014 年——“健康权的可司法性;健康权的逐步实现”[8];“不健康的食物、非传染性疾病和健康权”[9]。

2015 年——“儿童生存和健康权”[10];“工作情况概述(2003—2014 年);前进道路”[11]。 593

2016 年——“健康权与可持续发展目标”[12];“运动和健康生活与健康权”[13];“青春期与健康权”[14]。

2017 年——“腐败与健康权”[15];“精神健康权框架”[16]。

2018 年——“监禁和剥夺自由情况下的健康权”[17];“心理健康权和移民”[18]。

2002 年——非洲人后裔

2002 年,人权委员会成立了一个非洲人后裔问题专家工作组。[19] 这源于世界

---

① A/HRC/17/43.
② A/HRC/17/25.
③ A/67/302.
④ A/HRC/20/15.
⑤ A/68/197.
⑥ A/HRC/23/42. See also A/HRC/23/42; A/HRC/23/2, resolution 23/14 of 13 June 2013.
⑦ A/HRC/23/41.
⑧ A/69/299.
⑨ A/HRC/26/31.
⑩ A/70/213.
⑪ A/HRC/29/33.
⑫ A/71/304; A/72/53, resolution 35/23 of 23 June 2017.
⑬ A/HRC/32/33.
⑭ A/HRC/32/32.
⑮ A/72/137.
⑯ A/HRC/35/21.
⑰ A/HRC/38/36.
⑱ A/73/216.
⑲ E/CN. 4/2002/200, resolution 2002/68 of 25 April 2002.

反对种族主义会议于2001年在南非德班通过的《德班宣言和行动纲领》,该文件提请人权委员会“考虑建立联合国工作组或其他机制,以研究对在非洲人散居地区生活的非洲人后裔的种族歧视问题”①。

人权委员会请工作组

> (a)研究散居各地的非洲人后裔面临的种族歧视问题,并为此通过各国政府、非政府组织以及其他有关渠道,包括与其公开会面,收集一切有关材料;(b)建议采取措施确保非洲人后裔充分、有效地利用司法系统;(c)建议如何制定、执行和实施有效措施,消除列明非洲人后裔族裔的做法;(d)拟定关于消除对非洲人后裔进行种族歧视的短期、中期和长期建议。②

人权理事会在2008年修订了工作组的任务规定,增加了“就在世界各地消除对非洲人和非洲人后裔的种族歧视问题提出建议;(e)审议《德班宣言和行动纲领》所载涉及非洲人和非洲人后裔福祉的所有问题”③。(见第二章,1946年——种族主义和种族歧视,世界会议[1978年、1983年、2001年])

594 会议上,工作组④回顾了其工作和国别访问报告。⑤

---

① A/CONF. 189/121 Programme of Action II para 7.

② E/CN. 4/2002/200, resolution 2002/68 Part I of 25 April 2002.

③ A/HRC/9/28 resolution 9/14 of 24 September 2008. See also A/HRC/14/37, resolution 14/16 of 18 June 2010; A/HRC/18/2, resolution 18/28 of 30 September 2011; A/HRC/27/2, resolution 27/25 of 26 September 2014; A/72/53/Add. 1, resolution 36/23 of 29 September 2017.

④ 曾在工作组任职的成员包括:Lesa Kasanda (2003-2009); Georges Nicolas Jabbour (2003-2009), Irina Moroianu-Zlătescu (2003-2009), Roberto Borges Martins (2003-2009), Joseph Frans (2004-2010), Monorama Biswas (2009-2014), Mirjana Najcevska (2009-2014), Ralston Nettleford (2009-2014), Maya Sahli (2009-2014), Mirielle Fanon Mendes-France (2012-2018), Linos-Alexander Sicilianos (2011-2012), Verene Shepherd (2011-2015), Michal Balzac (2014), Dominique Day (2018), Sabello Gumeze (2014), Ahmed Reed (2015), Ricardo A. Sanga III (2014), Marie-Evelyne Petrus-Barry (2018)。

⑤ 工作组访问了以下国家:比利时(E/CN. 4/2006/19/Add. 1);巴西(A/HRC/27/68/Add. 1);加拿大(A/HRC/36/60/Add. 1);厄瓜多尔(A/HRC/13/59);德国(A/HRC/36/60/Add. 2);圭亚那(A/HRC/39/69/Add. 1);意大利(A/HRC/33/61/Add. 1);荷兰(A/HRC/30/56/Add. 1);巴拿马(AZHRC/24/52/Add. 2);葡萄牙(A/HRC/21/60/Add. 1);西班牙(A/HRC/39/69/Add. 2);瑞典(A/HRC/30/56/Add. 2);英国(A/HRC/24/52/Add. 1);美利坚合众国(A/HRC/15/18; A/HRC/33/61/Add. 2)。

2013 年，工作组正式确认了其工作方法。[①] 它处理了指控和与各国政府的沟通，并在其会议上专门讨论了其任务的专题内容，具体如下：

2005 年——“种族主义与就业；种族主义与健康；种族主义与住房”[②]。

2006 年——“将非洲人后裔的状况纳入实现千年发展目标计划的主流；赋予非洲妇女权力；政党在非洲人后裔融入政治生活和决策过程中的作用”[③]。

2007 年——“种族貌相”[④]。

2009 年——“非洲人后裔儿童状况”[⑤]。

2010 年——“对非洲人后裔的结构性歧视”[⑥]。

2011 年——“非洲人后裔的现况；打击对非洲人后裔歧视的积极行动；非洲人后裔对全球发展的贡献；非洲人后裔的文化、历史和传统缺乏了解的”[⑦]。

2012 年——“促进和保护非洲人后裔权利方面的成就和挑战”[⑧]。

2013 年——“通过教育、文化权利和数据收集获得认可”[⑨]。

2014 年——“非洲人后裔：诉诸司法”[⑩]。

2015 年——“发展与非洲人后裔”[⑪]。

2016 年——“承认、正义与发展之间的相互关系”[⑫]。

2017 年——“不遗余力：非洲人后裔与可持续发展目标”[⑬]。

2018 年——“促进非洲人后裔人民人权享有宣言的框架”[⑭]。 595

---

① A/HRC/24/52 V para 45.

② E/CN,4/2005/21 II, III.

③ E/CN. 4/2006/19 II B. See also A/HRC/7/36 II, III.

④ A/HRC/4/39 II B.

⑤ A/HRC/10/66.

⑥ A/HRC/14/18 III A IV.

⑦ A/HRC/18/45 III C IV.

⑧ A/HRC/21/60 III A. See also A/HRC/21/2, resolution 21/33 of 28 September 2012.

⑨ A/HRC/24/521 V, VI.

⑩ A/HRC/27/68 IV, V.

⑪ A/HRC/30/56 IV, V.

⑫ A/HRC/33/61 IV, V.

⑬ A/HRC/36/60 IV, V.

⑭ A/HRC/39/69 IV, V.

2004 年——贩卖人口特别是妇女与儿童

人权委员会[①]和小组委员会(通过当代形式奴隶制问题工作组)[②]在 2001 年和 2002 年审议了贩卖妇女和女童的问题(见第二章,1946 年——种族主义和种族歧视,妇女和女童[2016 年];另见第二章,1993 年——妇女,贩卖妇女和女童[1995 年])。

2004 年,人权委员会任命了一名特别报告员(西格马·胡达[Sigma Huda, 2004—2008 年];乔伊·恩格齐·艾塞罗[Joy Ngozi Ezeilo,2008—2014 年];玛丽亚·格拉齐亚·吉阿姆玛丽纳罗[Maria Grazia Giammarinaro,2014 年]),“主要着眼于贩卖人口,特别是妇女和儿童行为受害者的人权问题。委员会请特别报告员“对人权可能遭侵犯的可靠信息做出有效反应”。[③]

人权理事会于 2008 年延长了任务期限,并请特别报告员

> (a)加强预防一切形式人口贩卖活动,采取措施捍卫和保护受害者的人权;(b)促进切实适用相关国际规范和标准,推动其进一步完善;(c)在特别报告员的全部工作中纳入性别和年龄公平观……(d)找出并分享最佳做法及挑战和障碍,以捍卫和保护受害者的人权,确认这方面的保护空白点;(e)特别强调有关落实这项任务相关权利方面的具体解决办法的建议,包括找出为解决贩卖人口问题开展国际合作的具体领域和途径;(f)向各国政府、条约机构、特别程序、专门机构、政府间组织和非政府组织,并酌情向其他来源询问、获取和交流贩卖人口问题的信息,按照现有做法,对于可靠的侵犯人权指控信息做出有效反应,以便保护贩卖活动的实际和潜在受害者的人权。[④]

2000 年,在贩卖人口问题特别报告员设立之前,暴力侵害妇女问题特别报告员报告了南亚地区贩卖妇女和女孩的情况。该报告是特别报告员根据对孟加拉

---

① E/CN. 4/2002/200, resolution 2002/51 of 23 April 2002.

② E/CN. 4/Sub. 2/2001/40, resolution 2001/14 of 15 August 2001.

③ E/CN. 4/2004/127, decision 2004/110 of 19 April 2004.

④ A/HRC/8/52, resolution 8/12 of 18 June 2008. See also A/HRC/26/2, resolution 26/8 of 26 June 2014; A/72/53, resolution 35/6 of 22 June 2017.

国、尼泊尔和印度的访问完成的。[①] 委员会还收到了一份关于联合国各机构和其 596
他国际组织“就贩卖妇女和儿童问题开展的活动”的报告。[②]

2009 年,特别报告员提出了各种工作方法。[③] 除了与各国政府及民间组织协商合作外,特别报告员还就受害者获得有效补救的权利、全球供应链和加强伙伴关系等问题与专家进行了磋商。[④] 定期进行的国别访问则为特别报告员提供了进一步的经验和资料。[⑤]

2011 年,人权理事会“感兴趣地注意到联合国难民事务高级专员办事处拟订的《关于人权与贩运人口问题的建议原则和准则》的评注工作已经启动”[⑥]。

特别报告员向人权委员会/理事会和联合国大会提交年度报告,特别报告员在报告中还谈到了一些具体方面。2004 年,在执行任务的第十年,特别报告员提交了对有关活动的概述。[⑦] 特别报告员讨论了以下问题:

---

① E/CN. 4/2001/73/Add. 2.

② E/CN. 4/2000/66. 人权委员会第 1999/40 号决议(E/CN. 4/1999/167, resolution 1999/40)请秘书长提交该份报告。据此,“秘书长向各个有关机构和组织发出了一份普通照会,征集有关这一专题的资料。由于未收到有关答复,本报告提供的资料是从间接来源汇编的”。

③ A/HRC/10/16 III.

④ 详见,例如:

2010 年——遭贩运者的有效补救权问题专家协商会(A/HRC/17/35/Add. 6);

2011 年——磋商区域和分区域机制在国际努力打击人口贩运,特别是贩运妇女和儿童方面的作用(A/HRC/17/35/Add. 5);

2012 年——关于贩运人口和全球供应链的专家协商会(A/HRC/23/48/Add. 4);

2014 年——关于加强与贩运人口问题国家报告员和同等机制之间伙伴关系的磋商会议(A/HRC/26/37/Add. 1)。

2018 年——关于加强与贩运人口问题国家报告员和与之相当的机制建立伙伴关系的第二次协商会议(A/HRC/29/38/Add. 2)。

⑤ 特别报告员访问了以下国家:阿根廷(A/HRC/17/35/Add. 4);澳大利亚(A/HRC/20/18/Add. 1);巴哈马(A/HRC/26/37/Add. 5);巴林/阿曼/卡塔尔(A/HRC/4/23/Add. 2);白俄罗斯(A/HRC/14/32/Add. 2);波斯尼亚和黑塞哥维那(E/CN. 4/2006/62/Add. 2);古巴(A/HRC/38/45/Add. 1);埃及(A/HRC/14/32/Add. 5; A/HRC/17/35/Add. 2);加蓬(A/HRC/23/48/Add. 2);日本(A/HRC/14/32/Add. 4);约旦(A/HRC/32/4l/Add. 1);科威特(A/HRC/35/37/Add. 1);黎巴嫩(E/CN. 4/2006/62/Add. 3);马来西亚(A/HRC/29/38/Add. 1);摩洛哥(A/HRC/26/37/Add. 3);菲律宾(A/HRC/23/48/Add. 1);波兰(A/HRC/14/32/Add. 1);塞舌尔(A/HRC/26/37/Add. 7);泰国(A/HRC/20/18/Add. 2);阿拉伯联合酋长国(A/HRC/23/48/Add. 1);美利坚合众国(A/HRC/35/37/Add. 2);乌拉圭(A/HRC/17/35/Add. 3)。

⑥ A/HRC/17/2, resolution 17/1 of 16 June 2011; See also E/2002/68/Add. 1.

⑦ See A/HRC/26/37, A/HRC/26/37/Add. 2.

2006 年——“商业性剥削需求与贩运”[①]。

2007 年——“与贩运人口特别是妇女和儿童有关的强迫婚姻”[②]。

2009 年——“识别、保护和援助贩运活动受害者”[③]。

2010 年——“开展区域和次区域合作,促进从人权角度打击人口贩运活动”[④];“预防人口贩运”[⑤]。

2011 年——“被贩运者获得有效补救的权利”[⑥]。

597 2012 年——“将以人权为基础的方法纳入对贩运人口案件的起诉”[⑦];“供应链中的人口贩卖问题”[⑧]。

2013 年——“把基于人权的方针纳入阻止助长对人特别是妇女和儿童的各种形式的剥削,并且导致发生贩运人口现象的需求的措施”[⑨];“为摘取器官而贩运人口问题”[⑩]。

2014 年——“特别报告员任务设立头十年及其附件;贩运人口受害者获得有效补救权的基本原则”[⑪]。

2015 年——“特别报告员工作议程的制定:关于加强与贩运人口问题国家报告员和与之相当的机制建立伙伴关系的第二次协商会议”[⑫];“尽职调查人口贩运行为”[⑬]。

2016 年——“主题分析:冲突和冲突后背景下的贩运人口现象:保护被贩运和可能被贩运者,尤其是妇女和儿童”[⑭]。

---

① E/CN. 4/2006/62.

② A/HRC/4/23.

③ A/64/290.

④ A/HRC/14/32.

⑤ A/65/288.

⑥ A/HRC/17/35 and Add. 5, A/66/283. See also A/HRC/20/2, resolution 20/1 of 5 July 2012.

⑦ A/HRC/20/18.

⑧ A/67/261.

⑨ A/HRC/23/48, See A/HRC/23/2, resolution 23/5 of 13 June 2013.

⑩ A/68/256.

⑪ A/69/269.

⑫ A/HRC/29/38 and Add. 2.

⑬ A/70/260.

⑭ A/71/30 III, IV, V; A/HRC/32/41. See A/HRC/32/2, resolution 32/3 of 30 June 2016. A/72/164 III, IV, V.

2017 年——“儿童在冲突和人道主义危机局势下遭受买卖、贩运和其他形式的剥削的风险”[①];“加强企业防止和打击贩运人口和劳工剥削(特别是在供应链中)的自愿标准”[②]。

2018 年——“冲突及冲突后环境下贩运人口问题的性别层面与将立足人权的打击人口贩运方针纳入安全理事会妇女与和平与安全议程的重要性”[③];“混合移民流动中人口贩运受害者和潜在受害者的及早识别、移交和保护”[④]。

2010 年,人权理事会举行了一次小组讨论会,主题为“在适当考虑相关受害者心理健康的情况下,让人口贩卖受害者发表意见”[⑤]。

该任务产生了一套《关于人口贩运活动受害者获得有效救济权利的基本原则》,并强调了《联合国打击跨国有组织犯罪公约关于预防、禁止和惩治贩运人口特别是妇女和儿童行为的补充议定书》(《巴勒莫议定书》)是对《联合国打击跨国有组织犯罪公约》的补充。[⑥]

2005 年——少数群体问题 598

保护少数群体自人权委员会成立之日起就被列入其议程(见第二章,1948 年——少数群体)。在 1992 年,通过《在民族或族裔、宗教和语言上属于少数群体的人的权利宣言》[⑦](第七章 A4,宣言和其他规范,在民族或族裔、宗教和语言上属于少数群体的人[1978—1992 年])并成立了一个小组委员会工作组以支持该《宣言》后,人权委员会于 2005 年任命了一名独立专家(盖伊·麦克杜格尔[Guy McDougall,2005—2011 年];丽塔·伊扎克[Rita Izsák,2011—2017 年];费尔南·德瓦雷纳[Fernand de Varennes,2017 年]),以

---

① A/72/164 III, IV, V.

② A/HRC/35/37.

③ A/73/171 III, IV.

④ A/HRC/38/45.

⑤ A/HRC/13/56, decision 13/117 of 26 March 2010; A/HRC/14/37, resolution 14/2 of 17 June 2010.

⑥ See A/69/33797 and A/HRC/29/38 para 30 et seq.

⑦ General Assembly forty-seventh session, resolution 47/135 of 18 December 1992.

促进执行《宣言》;包括通过与各国政府协商……由联合国人权事务高级专员办事处确定最佳做法和技术合作的可能性……在有关其任务事项方面考虑到非政府组织的意见。[①]

2007年,人权理事会设立了一个少数群体问题论坛,以讨论具体议题(见第九章A,人权理事会——"一个新时代"[2006年],少数群体问题论坛[2007年])。次年,理事会认可了独立专家的任务,并在其任务的基础上增加了"指导少数群体问题论坛工作"的责任。[②](见第二章,1948年——少数群体,少数群体问题论坛[2007年])2014年,理事会将特别程序任务由独立专家更改为特别报告员。[③]

除了报告关于违规行为的沟通[④]以及国别访问[⑤]等活动外,独立专家还处理了如下专题问题:

2007年——"少数群体、贫困和千年发展目标"[⑥]。

2008年——"少数群体和歧视性否定或剥夺公民身份"[⑦]。

2010年——"少数群体和有效政治参与:法律和国家实践调查"[⑧];"保护少数群体权利:避免暴力冲突的国家工具"[⑨]。

---

① E/CN. 4/2005/135, resolution 2005/79 of 21 April 2005. See also A/HRC/25/2, resolution 25/5 of 27 March 2014.

② A/HRC/7/78, resolution 7/6 of 27 March 2008. See also A/HRC/13/23 III; A/HRC/19/56 VI; A/HRC/37/66 VIII; A/HRC/40/64 V.

③ A/HRC/25/2, resolution 25/5 of 27 March 2014. See also A/72/53, resolution 34/6 of 23 March 2017.

④ A/HRC/22/49 II C; A/HRC/25/56 II C; A/HRC/28/64 II B; A/HRC/31/56 II B; A/HRC/34/53 II B; A/HRC/37/66 V; A/HRC/40/64 II B.

⑤ 独立专家/特别报告员访问了以下国家:波斯尼亚和黑塞哥维那(A/HRC/22/49/Add. 1);博茨瓦纳(A/HRC/40/64/Add. 2);巴西(A/HRC/31/56/Add. 1);保加利亚(A/HRC/19/56/Add. 2 & Corr. 1);喀麦隆(A/HRC/25/56/Add. 1);加拿大(A/HRC/13/23/Add. 2);哥伦比亚(A/HRC/16/45/Add. 1);多米尼加共和国(A/HRC/7/23/Add3—联合访问);法国(A/HRC/7/23/Add. 2);希腊(A/HRC/10/11/Add. 3);圭亚那(A/HRC/10/11/Add. 2);伊拉克(A/HRC/34/53/Add. 1);哈萨克斯坦(A/HRC/13/23/Add. 1);摩尔多瓦(A/HRC/34/53/Add. 2);尼日利亚(A/HRC/28/64/Add. 2);卢旺达(A/HRC/19/56/Add. 1);斯洛文尼亚(A/HRC/40/64/Add. 1);斯里兰卡(A/HRC/34/53/Add. 3);乌克兰(A/HRC/28/64/Add. 1);越南(A/HRC/16/45/Add. 2)。另见A/72/165 III。

⑥ A/HRC/4/9.

⑦ A/HRC/7/23.

⑧ A/HRC/13/25 IV.

⑨ A/65/287.

2011 年——“保护少数群体权利在促进稳定和预防冲突方面的作用”[1]。 599

2012 年——“国家体制机制在促进和保护少数群体权利方面的作用和活动”[2]。

2013 年——“语言少数群体”[3];“为保护和促进宗教少数群体权利采取少数群体权利本位方法”[4]。

2014 年——“确保将少数群体问题纳入 2015 年后发展议程;特定发展领域磋商中的少数群体问题”[5];“预防和处理对少数群体的暴力和暴行”[6]。

2015 年——“针对少数群体的仇恨言论和煽动仇恨”[7];“少数群体和刑事司法程序”[8]。

2015 年——“年全球罗姆人人权状况综合研究,特别关注反吉卜赛人现象”[9]。

2016 年——“基于种姓和类似制度的少数群体歧视”[10];“在人道主义危机情况下的少数群体”[11]。

2018 年——“无国籍:少数民族问题”[12]。

2018 年——“少数民族青年:走向包容和多元社会少数民族问题论坛建议报告”[13]。

2005 年——国际团结

(见第二章,2001 年——国际团结)

---

① A/HRC/16/45 Part Two.

② A/67/293.

③ A/HRC/22/49 III-V. 7

④ A/68/268.

⑤ A/HRC/25/56.

⑥ A/69/266.

⑦ A/HRC/28/64 III-VI.

⑧ A/70/112 III-IV.

⑨ A/HRC/29/24.

⑩ A/HRC/31/56 III-VII.

⑪ A/71/254 III-IV.

⑫ A/73/205 III, IV.

⑬ A/HRC/37/73; See A/HRC/37/2, resolution 37/14 of 22 March 2018.

人权委员会于2005年任命了一名独立专家(鲁迪·穆罕默德·里兹克[Rudy Muhammad Rizki,2005—2011年];比希尼娅·丹丹[Virginia Dandan,2011—2017年];奥比奥拉·奥卡福尔[Obiora Okafor,2017年]),“研究这一问题,并制订关于各国人民国际团结权的宣言草案”①。

2008年,人权理事会为在修订任务规定时,请独立专家

> (a)促进落实民族和个人的国际团结权,特别是通过进一步制定增进享有这一基本权利的准则、标准、规范和原则……(c)探讨采取何种方式和方法,消
> 600 除现有和正在形成的妨碍落实民族和个人国际团结权的障碍;(d)就逐步全面落实民族和个人充分享有国际团结权的可能步骤以及应对国际合作面临的日益增多的挑战提出建议。②

2014年,人权理事会“赞赏地注意到拟议的《关于各国人民和个人有权获得国际声援问题宣言》草案”③,并请独立专家“召开区域磋商和/或研讨会”。④

首先,独立专家提出了工作方法,其中包括“建立健全的理论基础,并对实际案例进行彻底检查……分发调查问卷……达成对团结的更全面理解,并确定国际团结原则的基本参数”。⑤

2013年,独立专家分享了一份由三个阶段组成的工作计划,其中第二个阶段包括“从国际团结的概念向国际团结的权利的转变”,并最终起草了宣言草案。⑥

2018年,独立专家提出了工作方法,包括国别访问和“其他类型的研究,以记录国家惯例和法律确信(opinio juris)……加强与媒体的联系……继续与民间社会

---

① E/CN. 4/2005/135, resolution 2005/55 of 20 April 2005. See also A/HRC/6/22, resolution 6/3 of 27 September 2007.

② A/HRC/7/78, resolution 7/5 of 27 March 2008, See also A/HRC/17/2, resolution 17/6 of 16 June 2011; A/HRC/2U2, resolution 21/10 of 27 September 2012 and A/HRC/21/44.

③ A/HRC/26/34/Add. 1 Annex. See also A/HRC/26/2, resolution 26/6 of 26 June 2014.

④ A/HRC/26/2, resolution 26/6 of 26 June 2014; A/HRC/29/2, resolution 29/3 of 2 July 2015; A/HRC/32/2, resolution 32/9 of 30 June 2016. See also A/HRC/21/44 V VI; A/HRC/23/45 IV V; A/HRC/26/34; A/HRC/29/35 and A/HRC/32/43.

⑤ E/CN. 4/2006/96 I paras 8-11. See also A/HRC/15/32 reporting on responses to the questionnaire.

⑥ A/68/176.

进行互动……加强与其他特别程序任务负责人的协调……广泛传播最佳做法”①。

独立专家访问了一些国家。② 年度报告则突出了与起草宣言草案有关的专题领域：

2009年——“国际团结作为国际人权法的一项原则;国际团结和消除贫困;在自然灾害与抗灾方面的国际团结与合作”③。

2014年——“2015年后联合国发展议程:通过国际团结权宣言草案的角度来看拟议的未来可持续发展目标”④。

2015年——“国际团结及其组成部分;预防性团结和国际合作”⑤。

2016年——“区域磋商中提出的关键问题;从国际法的渊源中获得国际团结的权利”⑥。

2017年——“任务设立以来的工作重点和成就,以及国际团结权宣言草案的演变情况”⑦。

2017年——“国际团结权宣言草案”⑧。

2018年——“全球移民背景下基于人权的国际团结”⑨。 601

2005年——打击恐怖主义

2005年,人权委员会收到了独立专家罗伯特·戈德曼的报告,⑩其在报告中表示,

鉴于特别程序和条约机构监督系统的覆盖面与在反恐的同时加强保护人权

---

① A/HRC/38/40 VI; A/HRC/38/2, resolution 38/2 of 5 July 2018.

② 独立专家访问了以下国家:巴西(A/HRC/23/45/Add. 1);古巴(A/HRC/38/40/Add. 1);摩洛哥(A/HRC/32/43/Add. 1);挪威(A/HRC/35/35/Add. 1)。

③ A/HRC/12/27.

④ A/69/366.

⑤ A/70/316.

⑥ A/71/280.

⑦ A/HRC/35/35 III, IV, V Annex; A/72/53, resolution 35/3 of 22 June 2017.

⑧ A/72/171.

⑨ A/73/206.

⑩ E/CN. 4/2004/127, resolution 2004/87 of 21 April 2004.

的迫切需求之间的差距,人权委员会应当考虑设立一项具有多方面任务授权的特别程序,监督各国的反恐措施及其是否符合国际人权法。[①] (见第二章,1981 年——非国家行为者,恐怖主义[1998 年])

人权委员会任命了一名“在打击恐怖主义的同时促进和保护人权和基本自由问题”特别报告员(马丁·谢宁[Martin Shainin,2005—2011 年];本·埃默森[Ben Emmerson,2011—2017 年];菲奥诺拉·尼伊兰[Fionnuala Ni Aoláin,2017 年])。特别报告员被要求

> (a)就在打击恐怖主义的同时促进和保护人权和基本自由提出具体意见……(b)搜集来自所有相关来源的资料和来文,包括政府、当事人及其家人、代表和组织……(c)查明、交流和促进在尊重人权和基本自由的前提下打击恐怖主义的最佳做法。[②]

特别报告员通过的工作方案包括与各国政府的通信、国别访问[③]以及与联合
602 国其他机构和区域机构的联络。[④] 特别报告员报告了与各国政府就侵权指控,包

---

① E/CN. 4/2005/103 para 91。专家建议:

> 为了成为一个有效的监督机制,此种特别程序应具有下列属性:其任务授权应当包括国际上承认的所有各项人权并及于所有各国;应当被授权在设计反恐措施方面向各国政府提供技术援助;应当被授权从政府、政府间和非政府渠道接收可靠的信息;应当直接向人权委员会报告;应能采取行动并被授权每年进行数次实地访问;应当被授权并被鼓励与安全理事会反恐怖主义委员会磋商和交流信息;应当与人权高专办、其他相关任务执行人和各条约机构交流信息并开展合作活动;应当与区域和分区域政府间机构和人权机构磋商。

② E/CN. 4/2005/135, resolution 2005/80 of 21 April 2005. See also A/HRC/6/22, resolution 6/28 of 14 December 2007; A/HRC/15/60, resolution 15/15 of 24 September 2010; A/HRC/22/2, resolution 22/8 of 21 March 2013; A/HRC/31/2, resolution 31/3 of 23 March 2016.

③ 特别报告员访问了以下国家:比利时(A/HRC/40/52/Add. 5);布基纳法索(A/HRC/25/59/Add. 1);智利(A/HRC/25/59/Add. 2);埃及(A/HRC/13/37/Add. 2);法国(A/HRC/40/52/Add. 4 & Add. 9);以色列和巴勒斯坦被占领土(A/HRC/6/17/Add. 4);秘鲁(A/HRC/16/51/Add. 3);沙特阿拉伯(A/HRC/40/52/Add. 2 & Add. 7);南非(A/HRC/6/17/Add. 2);西班牙(A/HRC/10/3/Add. 2);斯里兰卡(A/HRC/40/52/Add. 3 & Add. 8);突尼斯(A/HRC/16/51/Add. 2; A/HRC/20/14/Add. 1; A/HRC/40/52/Add. 1 & Add. 6);土耳其(E/CN. 4/2006/98/Add. 2; A/HRC/4/26/Add. 2);美利坚合众国(A/HRC/6/17/Add. 3)。另见 A/HRC/20/14/Add. 2——提交国家访问团的后续报告。

④ A/60/370 paras 5-10.

括由其他特别程序审理的案件进行的沟通。[①]

特别报告员讨论了实质性问题,

这些问题没有得到其他特殊程序或人权条约机构的处理……[指出三个可能的研究领域]:(a)反恐措施对结社和集会自由的影响;(b)反恐措施对经济、社会及文化权利的影响……(c)自杀攻击作为对打击恐怖主义的同时保护和促进人权及基本自由的一项具体挑战的威胁。[②]

高级专员向人权理事会提交了相关报告(见第二章,1981年——非国家行为者)。

特别报告员讨论了下列专题问题:

2006年——"结社与和平集会自由与反恐"[③]。

2006年——"关于'恐怖主义'定义问题的思考"[④]。

2007年——"反恐措施对难民保护构成的挑战"[⑤]。

2007年——"反恐背景下的经济、社会及文化权利"[⑥]。

2007年——"澳大利亚:关于在反恐的同时遵守人权问题的研究报告"[⑦]。

2007年——"反恐方面的'貌相'办法;作为一种恐怖主义的自杀式攻击"[⑧]。

2008年——"打击恐怖主义中的公正审判权;司法制度;公正审判的方方面面;死刑案件"[⑨]。

2009年——"情报机构在反恐斗争中的作用及其监督"[⑩]。

---

① E/CN. 4/2006/98 II and Add. 1; A/HRC/4/26/Add. 1; A/HRC/6/17/Add. 1; A/HRC/10/3/Add. 1; A/HRC/13/37/Add. 1; A/HRC/16/51/Add. 1.

② A/60/370 II.

③ A/61/267 III-V.

④ E/CN. 4/2006/998 III. See also A/60/3701.

⑤ A/62/263 III-IV.

⑥ A/62/263 III, A/HRC/6/17 III-VI.

⑦ A/HRC/4/26/Add. 3.

⑧ A/HRC/4/26 II, III, IV.

⑨ A/63/223 III-VII.

⑩ A/HRC/10/3 II, III.

2009 年——“反恐中的性别观点”①。

2010 年——“联合国在反恐时遵守国际人权法”②。

2010 年——“关于反恐背景下秘密拘留的全球做法的联合研究”③。

2010 年——“隐私权”④。

603 2011 年——“对关切领域的初步概述:恐怖行为受害者的权利,防止恐怖主义”⑤。

2011 年——“应对恐怖主义的十个最佳实践领域”⑥。

2011 年——“最佳实践汇编;确保在反恐时尊重人权的措施”⑦。

2012 年、2013 年——“确保公职人员对国家反恐措施中严重或系统性侵犯人权行为负责的框架原则”⑧。

2012 年——“评价 1267/1989 制裁基地组织制度监察员办公室的影响及其与国际人权规范的兼容性”⑨。

2013 年——“在反恐行动中使用遥控飞机”⑩。

2014 年——“遥控驾驶机对平民的影响”⑪;“反恐和大规模数字监控”⑫。

2015 年——“伊拉克打击伊斯兰国(Islamic State)斗争中的人权问题”⑬;“反恐措施对民间社会的影响”⑭。

2016 年——“反恐措施对移民和难民人权的影响”⑮。

2016 年——“预防和打击暴力极端主义”⑯。

---

① A/64/211, III, IV.

② A/65/258 III, IV.

③ A/HRC/13/42.

④ A/HRC/13/37 III-IV.

⑤ A/66/310 IV, V.

⑥ A/HRC/16/51.

⑦ A/HRC/14/46. See A/HRC/19/2, resolution 19/19 of 23 March 2012.

⑧ A/HRC/20/14; A/HRC/22/52.

⑨ A/67/396 III, IV.

⑩ A/68/389 III, IV.

⑪ A/HRC/25/59 III, IV See: A/HRC/25/2, resolutions 25/7 of 27 March 2014 and 25/22 of 28 March 2014. See also A/HRC/28/2, resolution 28/3 of 26 March 2015.

⑫ A/69/397 III, IV.

⑬ A/HRC/29/51 III, IV.

⑭ A/70/371 III, IV.

⑮ A/71/384 III, IV.

⑯ A/HRC/31/65 III, IV.

2017 年——“在打击恐怖主义的背景下紧急状态的人权挑战”[1];“初步概述特别报告员感兴趣的领域”[2]。

2017 年——“最近事态发展和专题新情况;改革联合国处理人权和反恐问题的体制结构”[3]。

2018 年——“安全理事会在规制恐怖主义方面的作用;安全理事会在 2001 年 9 月 11 日之后的作用”[4]。

2007 年——奴隶制

自 1975 年当代形式奴隶制问题工作组开始审议相关问题以来,各种形式的奴隶制问题一直列在人权委员会和小组委员会的议程上。(见第二章,1966 年——奴隶制问题)

2007 年,人权理事会以一名“当代形式奴隶制包括其原因和后果问题”特别报 604
告员取代工作组。这是人权理事会设立的第一个特别程序(见时间表:[专题]特别程序的出现)。理事会请特别报告员(古尔纳拉·沙希尼扬[Gulnara Shahinian, 2008—2014 年];乌尔米拉·博呼拉[Urmila Bhoola,2014 年])

> 研究并报告所有当代奴隶制形式及类似奴役的做法,但特别应研究并报告 1926 年《禁奴公约》和 1956 年《废止奴隶制、奴隶贩卖及类似奴隶制的制度与习俗补充公约》所界定的形式及做法,以及当代形式奴隶制问题工作组涵盖的所有其他问题,包括强迫卖淫及其人权层面问题。[5]

2016 年,在延长任务期限时,理事会请特别报告员

> 继续审查和报告所有当代形式奴隶制和类似奴役的做法……在履行任务时,

---

① A/HRC/37/52.

② A/72/495 IV, V.

③ A/HRC/34/61 III-V See also A/72/53, resolution 35/34 of 23 June 2017.

④ A/73/361 II-VII.

⑤ A/HRC/6/22, resolution 6/14 of 28 September 2007. See also A/HRC/15/60, resolution 15/2 of 29 September 2010.

> 特别报告员应……(b)征求和接收各国政府、条约机构、特别程序、专门机构、政府间组织、非政府组织以及其他相关来源关于当代形式奴役问题的信息;(c)……提出建议,包括建议如何采取补救措施处理当代形式奴役的原因和后果……(d)主要侧重于人权理事会现有各项任务未涵盖的当代形式奴隶制的各个方面。[1]

特别报告员开展了一系列活动,除了与各国政府和非政府组织保持联系外,还包括国别访问[2]、参加各类会议,并进行协商。

特别报告员在2008年的第一份报告中阐述了其任务范围和工作方法,[3]随后的报告则讨论了各种专题:

> 2009年——"债务劳役做法"[4]。
>
> 2010年——"家庭奴役:全球人权关注"[5]。
>
> 605 2011年——"手工采矿业和采石业的儿童奴隶制"[6]。
>
> 2012年——"质役婚姻"[7]。
>
> 2013年——"关于打击当代形式恐怖主义的挑战和教训的专题报告"[8]。
>
> 2015年——"加强国家和企业的问责制,以防止、减轻和纠正供应链中各种当代形式奴隶制"[9]。

---

① A/HRC/33/2, resolution 33/1 of 29 September 2016.

② 特别报告员访问了以下国家:比利时(A/HRC/30/35/Add. 2);巴西(A/HRC/15/20/Add. 4);厄瓜多尔(A/HRC/15/20/Add. 3);萨尔瓦多(A/HRC/33/46/Add. 1);加纳(A/HRC/27/53/Add. 3);海地(A/HRC/12/21/Add. 1);哈萨克斯坦(A/HRC/24/43/Add. 1; A/HRC/27/53/Add. 2);黎巴嫩(A/HRC/21/41/Add. 1);马达加斯加(A/HRC/24/43/Add. 2);毛里塔尼亚(A/HRC/15/20/Add. 2; A/HRC/27/53/Add. 1);尼日尔(A/HRC/30/35/Add. 1);尼日利亚(A/HRC/32/32/Add. 2—联合特派团);巴拉圭(A/HRC/39/52/Add. 1);秘鲁(A/HRC/18/30/Add. 2);罗马尼亚(A/HRC/18/30/Add. 1)。

③ A/HRC/9/20.

④ A/HRC/12/21 III-V.

⑤ A/HRC/15/20 III, IV.

⑥ A/HRC/18/30 III-IX.

⑦ A/HRC/21/41 II-IX. See A/HRC/24/2, resolution 24/3 of 26 September 2013.

⑧ A/HRC/24/43.

⑨ A/HRC/30/35.

2016 年——“债务束缚”[1]。

2017 年——“获得正义和救济的权利”[2];“利用 2030 年可持续发展议程实现全面根除当代形式的奴隶制”[3]。

2018 年——“重申平等、反对倒退”[4]。

2018 年——“全球经济背景下奴隶制度对边缘化移徙女工的影响”[5];“以性别为基础的不平等、侵犯妇女人权和当代形式奴隶制”[6]。

2008 年——饮水和卫生设施

在实现经济、社会及文化权利特别是健康权的更广泛背景下,对饮水和卫生设施的重视得到了发展。在小组委员会 20 世纪 90 年代末的工作以及高级专员的一项研究[7](见第五章 A,对具体权利的关注,饮水和卫生设施[1999 年])之后,人权理事会于 2008 年任命了一名独立专家,研究“与享有安全饮用水和卫生设施有关的人权义务问题”[8]。2011 年,理事会延长了任务期限,并将独立专家改为特别报告员(卡塔里娜·德·阿尔博克[Catarina de Albuquerque,2008—2014 年];雷奥·海勒[Léo Heller, 2014 年])。[9]

理事会请独立专家

> 查明、促进和交流……最佳做法,编写一份这方面的最佳做法简编……进行一项研究,进一步澄清在享有安全饮用水和卫生设施方面的人权义务……提出有助于实现千年发展目标,尤其是目标 7 的建议。[10]

---

① A/HRC/33/46.

② A/HRC/36/43 II-VI.

③ A/72/139 II, III.

④ A/HRC/38/46 II, III; A/HRC/38/2, resolution 38/1 of 5 July 2018.

⑤ A/HRC/39/52 II-VII.

⑥ A/73/139 II, III.

⑦ A/HRC/6/3. See also A/HRC/2/9, decision 2/104 of 27 November 2006.

⑧ A/HRC/7/78, resolution 7/22 of 28 March 2008.

⑨ A/HRC/16/2, resolution 16/2 of 24 March 2011.

⑩ A/HRC/7/78, resolution 7/22 of 28 March 2008.

606 三年后,理事会将独立专家的任命改为特别报告员,并请特别报告员

> 特别是在国别访问期间,继续特别重视在实施享有安全饮用水和卫生设施的人权工作中的实际解决办法……从而促进充分落实这项人权;特别注意处于弱势和被边缘化的人群;努力查明妨碍充分落实享有安全饮用水和卫生设施的人权的困难和障碍以及这方面的保护缺口,继续查明在这方面的良好做法和有利因素;监测全世界各地落实享有安全饮用水和卫生设施的人权的情况。[①]

独立专家/特别报告员制定的工作方法设想了磋商和国别访问。特别报告员确定了审查问题的优先次序。在执行任务期间,独立专家/特别报告员访问了一些国家,[②]并在数年来处理了以下问题:

2009 年——"卫生设施危机;卫生设施危机的定义;与各项人权的相互关系;卫生设施为一项单独的权利;与卫生设施相关的人权义务"[③]。

2010 年——"由非国家行为者提供服务的背景;委托提供服务;由非国家行为者提供水和卫生设施与人权的关系;主要挑战"[④]。

2010 年——"人权对实现千年发展目标,特别是目标 7 的贡献"[⑤]。

2010 年——"最佳做法汇编的进度报告"[⑥]。

---

① A/HRC/16/2, resolution 16/2 of 24 March 2011. See also A/HRC/24/2, resolution 24/18 of 27 September 2013; A/HRC/33/2, resolution 33/10 of 29 September 2016.

② 独立专家/特别报告员访问了以下国家:孟加拉国(A/HRC/15/55—联合报告);博茨瓦纳(A/HRC/33/49/Add. 3);巴西(A/HRC/27/55/Add. 1 & Add. 4);哥斯达黎加(A/HRC/12/24/Add. 1);埃及(A/HRC/12/24/Add. 2;A/HRC/15/3l/Add. 3);萨尔瓦多(A/HRC/33/49/Add. 1);印度(A/HRC/39/55/Add. 1 and Add. 3);日本(A/HRC/18/33/Add. 3);约旦(A/HRC/27/55/Add. 2 & Add. 5);基里巴斯(A/HRC/24/44/Add. 1);墨西哥(A/HRC/36/45/Add. 2);蒙古(A/HRC/39/55/Add. 2);纳米比亚(A/HRC/21/42/Add. 3);葡萄牙(A/HRC/36/45/Add. 1);斯洛文尼亚(A/HRC/15/31/Add. 2;A/HRC/18/33/Add. 2);塔吉克斯坦(A/HRC/33/49/Add. 2);泰国(A/HRC/24/44/Add. 3);图瓦卢(A/HRC/24/44/Add. 2);美利坚合众国(A/HRC/18/33/Add. 4);乌拉圭(A/HRC/21/42/Add. 2)。

③ A/HRC/12/24.

④ A/HRC/15/31.

⑤ A/65/254.

⑥ A/HRC/15/31/Add. 1.

2011 年——“最佳做法汇编”[1]。

2011 年——“计划”[2];“饮水和卫生设施方面的资金不足”[3]。

2012 年——“成见与用水、卫生设施及卫生状况的关系”[4];“发展、全球监测与人权”[5]。

2013 年——“可持续性与享有用水和卫生设施的人权;亏负当代和子孙后代: 607
未能在经济增长和危机期间顾及可持续性”[6]。

2013 年——“废水”[7]。

2014 年——“实现安全饮用水人权手册”[8]。

2014 年——“全面认识侵犯享有水和卫生设施的人权的行为”[9];“在实现安全饮用水和卫生设施权利背景下的参与权”[10]。

2015 年——“可负担性”[11];“饮水、卫生设施和个人卫生的人权框架”[12]。

2016 年——“实现享有饮水和卫生设施的人权中的性别平等”[13]。

2016 年、2017 年——“饮水和卫生发展合作的模式和趋势”[14]。

2017 年——“饮水和卫生设施法规”[15]。

2018 年——“人们在途中、过境地、接待处和目的地国获得饮水和卫生设施的状况”[16]。

---

① A/HRC/18/33/Add. 1.

② A/HRC/18/33.

③ A/64/255.

④ A/HRC/21/42. See also A/HRC/21/2, resolutions 21/2 and 21/16 of 27 September 2012 and A/HRC/20/27.

⑤ A/67/270. See also A/66/255.

⑥ A/HRC/24/44.

⑦ A/68/264.

⑧ A/HRC/27/55/Add. 3. See also Fact Sheet No 35: The Right to Water at http://sr-watersanitation, ohchr. org/pdfsZFactSheet35en. pdf.

⑨ A/HRC/27/55. See also A/HRC/27/2, resolution 27/7 of 25 September 2014.

⑩ A/69/213.

⑪ A/HRC/30/39.

⑫ A/70/203.

⑬ A/HRC/33/49.

⑭ A/71/302; A/72/127.

⑮ A/HRC/36/45.

⑯ A/HRC/39/55; A/HRC/39/2, resolution 39/8 of 27 September 2018.

2018 年——“问责制”[1]。

2009 年——文化权利

人权委员会于2002 年首次讨论了在该领域任命一位特别报告员的问题,当时委员会要求“就任命一名特别报告员的可能性进行协商”,其任务将是全面执行题为“增进人人享有文化权并尊重不同的文化特性”的决议。[2]

2009 年,人权理事会设立了一个题为“文化权利领域独立专家”的新的特别程序。理事会请独立专家(法丽达·沙希德[Farida Shaheed,2009—2015 年];卡里玛·贝农[Karima Bennoune,2015 年])

> 找出……增进和保护文化权利方面的最佳做法;找出文化权利的增进和保护
> 608 面临的可能障碍,并就这方面可采取的行动向理事会提出建议……研究文化权利和文化多样性之间的关系……将公平性别观和残疾人观点纳入其工作。[3]

至 2012 年,该任务被重新指定为特别报告员。[4]

特别报告员确定了优先问题(文化权利、交流和信息的全球化、发展进程……不受任何歧视地参与、获得和贡献文化生活),进行了国别访问,[5]讨论了专题方面的问题。提交人权理事会和联合国大会的报告涉及主题如下:

---

① A/73/162.

② E/CN. 4/2002/200, resolution 2002/26 of 22 April 2002 see also, E/CN. 4/2003/135, resolutions 2003/26 of 22 April 2003, E/CN. 4/2004/127, resolution 2004/20 of 16 April 2004; E/CN. 4/2005/135, resolution 2005/20 of l4 April 2005; A/HRC/6/22, resolutions 6/6 of 28 September 2007 and 6/11 of 28 September 2007.

③ A/HRC/10/29, resolution 10/23 of 26 March 2009.

④ A/HRC/19/2, resolution 19/6 of 22 March 2012. See also A/HRC/25/2, resolution 25/19 of 28 March 2014; A/HRC/28/2, resolution 28/9 of 26 March 2015; A/72/53, resolution 34/2 of 23 March 2017; A/HRC/37/2, resolution 37/12 of 22 March 2018.

⑤ 特别报告员访问了以下国家:奥地利(A/HRC/20/26/Add. 1);波斯尼亚和黑塞哥维那(A/HRC/25/49/Add. 1);博茨瓦纳(A/HRC/31/59/Add. 1);塞浦路斯(A/HRC/34/56/Add. 1);马来西亚(A/HRC/40/53/Add. 1 & Add. 2);摩洛哥(A/HRC/20/26/Add. 2);俄罗斯(A/HRC/23/34/Add. 1);塞尔维亚、科索沃(A/HRC/37/55/Add. 1);圣文森特和格林纳丁斯(A/HRC/23/34/Add. 2);越南(A/HRC/28/57/Add. 3)。

2010年——“任务关注的领域和重点问题:文化权利、交流和信息全球化及发展进程,参与、享受和促进文化生活”[1]。

2011年——“从人权观点阐述的文化遗产的概念”[2]。

2012年——“享受科学进步及其应用利益的权利”[3];“文化权利平等:挑战与机遇”[4]。

2013年——“艺术表达和自由权”[5];“研究和书写历史,尊重学术自由”[6]。

2014年——“纪念活动”[7];“商业广告对文化权利享有的影响”[8]。

2015年——“版权政策和科学文化权利”[9];“专利政策对人权的影响”[10]。(见第二章)

2016年——“文化权利:重新审视和确认概念和法律框架;故意破坏文化遗产”[11];“在冲突和非冲突情况下故意破坏文化遗产的人权解决途径”[12]。

在这份报告之后,人权理事会要求召开“一次关于如何防止、控制和/或减轻文化遗产的破坏或破坏对所有人享有人权,包括文化权利的有害影响,以及关于这方面的最佳做法的研讨会”[13]。

2017年——“原教旨主义、极端主义和人权”[14];“原教旨主义、极端主义和妇 609
女文化权利”[15]。

---

① A/HRC/14/36.

② A/HRC/17/38.

③ A/HRC/20/26. See also A/HRC/20/2, resolution 20/11 of 5 July 2012.

④ A/67/287.

⑤ A/HRC/23/34. See also A/HRC/23/2; resolution 23/10of 13 June 2013.

⑥ A/68/296.

⑦ A/HRC/25/49. See also A/HRC/25/2, resolution 25/19 of 28 March 2014.

⑧ A/69/286.

⑨ A/HRC/28/57.

⑩ A/70/279.

⑪ A/HRC/31/59; A/HRC/31/2, resolution 31/12 of 23 May 2016.

⑫ A/71/317. See A/HRC/33/2, resolution 33/20 of 30 September 2016.

⑬ A/71/317. See A/HRC/33/2, resolution 33/20 of 30 September 2016.

⑭ A/HRC/34/56.

⑮ A/72/155.

2018 年——“社会参与文化和艺术倡议:目标和挑战”[①];“2018 年及以后的文化多样性和文化权利”[②]。

2018 年,人权理事会收到了文化遗产保护研讨会的报告,并请高级专员“召开一次由全世界各个区域专家参与的为期两天的研讨会,为传播促进普遍尊重文化权利的文化遗产保护、恢复和维护方法开发适当的工具”[③]。

2019 年——“文化权利:科技年度报告”[④]。

2010 年——和平集会与结社

人权委员会于 2005 年提到了和平集会和结社自由的权利。[⑤](见第二章,1986 年——见解和表达,和平抗议[2012 年])

2010 年,人权理事会任命了一名和平集会和结社自由权问题特别报告员。理事会请特别报告员(马伊纳·吉埃[Maina Kai,2011—2017 年];安纳利萨·坎皮[Annalisa Ciampi,2017 年];克莱芒·武莱[Clément Voule,2018 年])

> 收集有关促进和保护和平集会和结社自由权利方面的资料,包括国家做法和经验,研究有关行使这些权利的趋势、发展和挑战……就方式方法提出建议……详细研拟一个……最佳做法的框架……将性别问题融入整个任务工作之中……协助人权高专办提供的技术援助或咨询服务……凡是侵犯和平集会和结社自由权利的行为,以及直接针对行使这些权利者的歧视、武力威胁或使用武力、骚扰、迫害、恐吓或者报复的行为,无论发生在何处,都要进行汇报,对于特别严重的局势要提请理事会和人权高专办注意;在开展其活动时,要确保其目前的职责任务不包括国际劳工组织及其专门监督机制和程序

---

① A/HRC/37/55.

② A/73/227.

③ A/37/29; A/HRC/37/2, resolution 37/17 of 22 March 2018.

④ A/HRC/40/53.

⑤ E/CN. 4/2005/135, resolution 2005/37 of 19 April 2005.

有关职工和工人结社自由权利的具体职责范围的事项，以避免任何重复。①

特别报告员报告了各项活动，包括与各国政府处理案件的来文、②国别访问，③以及下列专题： 610

2012年——“和平集会和结社自由权利方面的最佳做法”④。

2013年——“社团获得资金的能力；举行和平集会的能力”⑤。

2014年——“风险最高群体的和平集会和结社自由权面临的威胁”⑥。

2015年——“在自然资源开发背景下的和平集会和结社自由权”⑦。

2016年——“联合报告：集会的适当管理”⑧。

2018年，人权理事会“鼓励各国对根据最佳做法和经验教训编写妥善管理集会问题实用建议汇编工作给予应有的考虑，该汇编为各国提供了一项有益的工具，说明如何履行它们的义务和承诺”。同年，理事会要求一份报告，“讨论包括信息和通信技术在内的新技术及其对在和平抗议等集会背景下促进和保护人权的影响”。⑨

2017年——“原教旨主义及其对和平集会和结社自由权的影响”⑩。

---

① A/HRC/15/60, resolution 15/21 of 30 September 2010. See also A/HRC/32/2, resolution 32/32 of 1 July 2016.

② A/HRC/20/27/Add. 3; A/HRC/23/39/Add. 2; A/HRC/26/29/Add. 1; A/HRC/29/25/Add. 3; A/HRC/32/36/Add. 3; A/HRC/35/28/Add. 3.

③ 特别报告员访问了以下国家：智利(A/HRC/32/56/Add. 1 & Add. 4)；格鲁吉亚(A/HRC/20/27/Add. 2 & Add. 4)；哈萨克斯坦(A/HRC/29/25/Add. 2 & Add. 5)；大韩民国(A/HRC/32/36/Add. 2 & Add. 5)；阿曼(A/HRC/29/25/Add. 1 & Add. 4)；卢旺达(A/HRC/26/29/Add. 2 & Add. 3)；英国(A/HRC/23/39/Add. 1 & Add. 3；A/HRC/35/28/Add. 1 & Add. 4)；美利坚合众国(A/HRC/35/28/Add. 2)。

④ A/HRC/20/27 III, IV. See also A/HRC/20/27/Add. 1.

⑤ A/HRC/23/39 III, V. See also A/HRC/24/2, resolution 24/5 of 26 September 2013.

⑥ A/HRC/26/29 III, IV.

⑦ A/HRC/29/25 III, IV.

⑧ A/HRC/31/66.

⑨ A/HRC/38/2, resolution 38/11 of 6 July 2018; A/HRC/31/66.

⑩ A/HRC/32/36 III, IV, V.

2017 年——“民间社会成就”①。

2018 年——“行使和平集会和结社自由权利的趋势”②。

2010 年——法律和实践中对妇女的歧视

2009 年,人权理事会请高级专员“就在法律和实践中对妇女的歧视问题,以及联合国人权系统如何解决这个问题情况进行专题研究”③,该研究提出了后续行动的备选方案,其中包括设立一个特别程序。④

611 继这份报告之后,人权理事会在 2010 年成立了一个关于在法律和实践中对妇女的歧视问题工作组。⑤ 理事会深切关注“各地妇女因歧视性法律和做法而仍处于非常不利的地位,而且世界各国均未实现法律上和事实上的两性平等”⑥。

工作组被要求

> (a)与各国、有关联合国机构、国家人权机构、不同法律体系专家和民间社会组织开展对话,以确定、推广并交流……最佳做法,并编写这一方面的最佳做法的简编;(b)……研究工作组可以如何与各国合作,以履行关于消除法律上和实践中对妇女的歧视的承诺;(c)就如何改善立法和执行法律提出建议,促进实现千年发展目标……(d)在履行任务时,与理事会其他特别程序和附属机构,包括妇女地位委员会和联合国妇女署……密切协调开展工作。⑦

工作组在第一次报告中提出了其工作方法,⑧包括与各国政府和非政府组织

---

① A/HRC/35/28 III, IV.

② A/HRC/38/34 III, IV.

③ A/HRC/12/50, resolution 12/17 of 2 October 2009.

④ A/HRC/15/40 IV C.

⑤ 曾在工作组工作的成员包括:Eleonora Zielinska(2010-2017), Frances Raday(2010-2017), Kamala Chandrakirana(2010-2017), Emna Aouij (2010-2017), Melissa Upreti(2018), Meskerem Geset Techane(2018), Ivana Radačič(2018), Alda Facio(2018), Elizabeth Broderick(2018)。

⑥ A/HRC/15/60, resolution 15/23 of l October 2010.

⑦ A/HRC/I5/60, resolution 15/23 of l October 2010.

⑧ A/HRC/20/28 V. See also A/HRC/20/2, resolution 20/6 of 5 July 2012.

的沟通,通过包括国别访问在内的各种方式收集资料。[1]

在提交人权理事会的年度报告中,工作组除了报告其各项活动外,还就其任务的各个方面提交了专题分析:[2]

2013年——"消除政治和公共生活中对妇女的歧视,特别是在政治过渡时期"[3]。

2014年——"消除政治和公共生活中对妇女的歧视,特别是在经济危机时期"[4]。

2015年——"消除文化和家庭生活中对妇女的歧视,尤其是家庭作为文化空间"[5]。

2016年——"消除对妇女在健康和教育方面的歧视"[6]。 612

2017年——"消除对妇女歧视和赋予妇女权利的良好做法"[7]。

2018年——"重申平等,对抗倒退"[8]。

2011年——真相、正义、赔偿和保证不再发生

关于寻求真相、正义和赔偿的任务与关于有罪不罚的任务类似,产生于20世纪80年代对非自愿失踪、酷刑和任意拘留现象的关注。这是过渡时期司法的一个要素,并促使人们重新关注法治的重要性。(见第二章,1990年——过渡时期司法)

---

① 工作组访问了以下国家:乍得(A/HRC/38/46/Add. 2);智利(A/HRC/29/40/Add. 1 & Add. 4);中国(A/HRC/26/39/Add. 2);匈牙利(A/HRC/35/29/Add. 1 & Add. 4);冰岛(A/HRC/26/39/Add. 1);科威特(A/HRC/35/29/Add. 2 & Add. 3);摩尔多瓦(A/HRC/23/50/Add. 1);摩洛哥(A/HRC/20/28/Add. 1);秘鲁(A/HRC/29/40/Add. 2 & Add. 5);萨摩亚(A/HRC/38/46/Add. 1);塞内加尔(A/HRC/32/44/Add. 1 & Add. 3);西班牙(A/HRC/29/40/Add. 3);突尼斯(A/AHRC/23/50/Add. 2);美利坚合众国(A/HRC/32/44/Add. 2)。

② A/HRC/20/28.

③ A/HRC/23/50. See A/HRC/23/2, resolution 23/7 of 13 June 2013.

④ A/HRC/26/39 III-VI. See also A/HRC/26/2, resolutions 26/5 and 26/15 of 26 June 2014.

⑤ A/HRC/29/40 III, IV See: A/HRC/29/2, resolution 29/4 of 2 July 2015.

⑥ A/HRC/32/44 III, IV See A/HRC/32/2, resolution 32/4 of 30 June 2016.

⑦ A/HRC/35/29 II, III. See also A/72/53, resolution 35/18 of 22 June 2017.

⑧ A/HRC/38/46 II, III.

2005 年,人权委员会在结束有罪不罚现象的背景下讨论了了解真相的权利。[1] 这导致了对相关问题的更多关注,[2]例如证人保护、档案保护和法医遗传学的应用。[3] 2011 年 9 月 29 日,人权理事会任命了一名特别报告员(巴勃罗·德·格列夫[Pablo de Greiff,2012—2018 年];费边·萨尔维奥利[Fabian Salvioli,2018 年]),负责促进真相、正义、赔偿和保证不再发生。[4] 该程序旨在处理严重侵犯人权和严重违反国际人道主义法的情况。[5]

人权理事会援引了《保护所有人免遭强迫失踪国际公约》,该公约规定了"规定受害人有权了解强迫失踪案情的真相、调查的进展和结果以及失踪者下落,并规定缔约国有义务在这方面采取适当措施"[6]。

特别报告员被要求

> (a)协助提供与本任务有关问题的技术援助或咨询服务;(b)收集有关……的国家情况信息,包括法规框架、国家做法和经验……(c)查明、交流和推广良好做法和经验教训,找出潜在的额外因素……(e)在制定和执行处理严重侵犯人权和严重违反国际人道主义法行为的战略、政策和措施时,提出……建
> 613 议;(f)……研究解决与其任务有关问题的方式和方法;(g)进行国别访问,并迅速回应有关国家的访问邀请;(h)参与和推动相关国际会议和活动……(i)提高对在处理严重侵犯人权……时须采用……的认识……(j)在开展工作履行任务的过程中始终纳入性别公平观;(k)在开展工作履行任务的过程中始终坚持以受害者为中心。[7]

---

① E/CN,4/2005/135, resolution 2005/66 of 20 April 2005.

② A/HRC/10/29, resolution 10/26 of 27 March 2009.

③ 关于获得真相的权利,见 E/CN. 4/2006/91、A/HRC/5/7;关于落实了解真相权的最佳做法,包括与档案有关的做法和证人保护方案,见 A/HRC/12/19。

④ A/HRC/18/2, resolution 18/7 of 29 September 2011.

⑤ A/HRC/18/2, resolution 18/7 of 29 September 2011. See also A/72/53/Add. 1, resolution 36/7 of 28 September 2017.

⑥ A/HRC/18/2, resolution 18/7 of 29 September 2011.

⑦ A/HRC/18/2, resolution 18/7 of 29 September 2011. See also A/HRC/21/2, resolution 21/15 of 27 September 2012; A/HRC/27/2, resolution 27/3 of 25 September 2014.

特别报告员访问了一些国家；[1]其报告涉及如下专题问题：

2012年——“任务的基础；任务的实施战略”[2]；“过渡时期司法及法治”[3]。

2013年——“了解真相的权利；真相委员会运作中的若干问题”[4]；“侵犯人权行为与发展之间的关联性：适应性偏好、社会信任和人的发展”[5]。

2014年——“起诉——综合性过渡司法政策的组成部分”[6]；“赔偿方案”[7]。

2015年——“保证不再发生——全面过渡期正义战略的组成部分；对真相委员会和档案的一套一般性建议”[8]；“审查；其他措施”[9]；“关于实施过渡司法措施的全国协商”[10]。

2016年，理事会请特别报告员和秘书长防止种族灭绝问题特别顾问“编写一份关于过渡时期司法对防止严重侵犯和践踏人权，以及包括种族灭绝在内的严重违反国际人道主义法行为的贡献的联合研究报告”[11]。

2017年——“过渡时期司法措施中的受害者参与”[12]；“后威权时代的司法”[13]；“过渡时期司法的区域方法；提升过渡司法”[14]；“预防框架办法的 614

---

① 特别报告员访问了如下国家：布隆迪（A/HRC/30/42/Add. 1；A/HRC/30/CRP. 1）；西班牙（A/HRC/27/56 Add. 1 & Add. 3）；突尼斯（A/HRC/24/42/Add. 1）；英国（A/HRC/34/62/Add. 1 & Add. 2）；乌拉圭（A/HRC/27/52/Add. 2）。

② A/HRC/21/46 III，IV，V；摘要：“这一方针以一种全面的相辅相成的方式把寻求真相、正义、赔偿和保证不再发生的各项要素结合起来。”

③ A/67/368.

④ A/HRC/24/42 III，IV，V.

⑤ A/68/345.

⑥ A/HRC/27/56 III-IX.

⑦ A/69/518.

⑧ A/HRC/30/42 III-VII Annex.

⑨ A/70/438.

⑩ A/71/467.

⑪ A/HRC/33/2，resolution 33/19 of 30 September 2016.

⑫ A/HRC/34/62 III，IV，V.

⑬ A/HRC/36/50 III-X.

⑭ A/HRC/36/50/Add. 1.

要素”[1]。

2018 年——“关于过渡时期司法对于防止严重侵犯和践踏人权以及严重违反国际人道主义法,包括灭绝种族罪、战争罪、族裔清洗和危害人类罪及其再度发生的积极作用的联合研究报告”[2]。

2018 年——“特别报告员感兴趣领域的初步概述”[3];“特别报告员参与大会的优先事项”[4]。

2011 年——跨国公司和其他工商企业

特别代表(2005 年)

在秘书长于 1999 年访问世界经济论坛并制订《全球契约》(见第八章 F,企业的社会责任[1999 年])之后,2005 年,人权委员会任命了一名特别代表[5],以

> (a)确认并澄清跨国公司和其他工商企业在人权方面的责任和责任制的标准;(b)详细说明国家在有效管制和评判跨国公司和其他工商企业在人权方面的作用上可发挥的作用,包括通过国际合作这样做的作用;(c)研究并澄清诸如“串通”和“势力范围”的概念对跨国公司和其他工商企业所涉的问题;(e)搜集……最佳做法,并制成汇编。[6]

委员会请特别代表约翰·鲁吉(John Ruggie,2005—2011 年)“与秘书长《全球契约》问题特别顾问密切联络,并不断与所有利益攸关方……民间社会,包括雇主组织、工人组织、土著和其他受影响社区以及非政府组织协商。”[7]

高级专员被要求“与特别代表合作,每年与某一部门,如制药业、矿业或化学工业的公司的高级执行人员和专家举行会议……审议这些部门所面临的具体人

---

① A/72/523.

② A/HRC/37/65.

③ A/HRC/39/53 IV, V, VI.

④ A/71/336.

⑤ E/CN. 4/2005/91.

⑥ E/CN. 4/2005/135, resolution 2005/69 of 20 April 2005.

⑦ E/CN. 4/2005/135, resolution 2005/69 of 20 April 2005.

权问题”[①]。

2008 年,人权理事会

> 欢迎特别代表的各项报告,尤其是……确定以三项重大原则为基础的框架,即国家有责任保护所有人权不受跨国公司和其他工商企业侵害或它们参与的侵害,公司有责任尊重所有人权,以及有必要通过适当的司法或非司法机制等获得有效补救。[②] 615

理事会请特别代表

> 进一步拟定公司尊重所有人权的责任范围和内容,并向工商企业和其他利益攸关方提供具体指导……探讨各种备选办法并提出建议,以增进人权受到公司活动影响的人员获得可用的有效补救的手段;在工作中纳入性别公平观,并特别关注属于弱势群体的人员,尤其是儿童……确定、交流和促进……最佳做法及教益。[③] (见第八章 F,企业的社会责任[1999 年],工商业与人权问题特别代表[2005—2011 年])

工作组(2011 年)

2011 年,随着特别代表完成《工商业与人权指导原则》,人权理事会设立了一个人权与跨国公司和其他工商企业问题工作组。[④] 这一行动源于人权委员会和小组委员会早期关于跨国公司和人权作用以及对企业社会责任的重点工作的更广泛背景。(见第八章 F,企业的社会责任[1999 年],人权和跨国公司工作组[2011 年])

同时理事会在工作组的指导下设立了一个商业和人权论坛,以“讨论《指导原则》实施过程中的趋势和挑战,并促进与商业和人权相关问题上的对话与合作”[⑤]。(见第八章 F,企业的社会责任[1999 年],商业与人权论坛[2011 年]),工作组被要求

---

① E/CN. 4/2005/135, resolution 2005/69 of 20 April 2005.

② A/HRC/8/52, resolution 8/7 of 18 June 2008.

③ A/HRC/8/52, resolution 8/7 of 18 June 2008.

④ A/HRC/17/2, resolution 17/4 of 16 June 2011.

⑤ A/HRC/17/2, resolution 17/4 of 16 June 2011.

> 促进切实、全面地传播和实施《指导原则》……查明、交流和推广在执行《指导原则》方面的良好做法和经验教训……为促进能力建设和使用《指导原则》的努力提供支持……开展工作并及时回应各国的邀请……继续在国家、区域和国际各级探讨各种备选办法并提出建议,以增进人权受到公司活动……在整个任务工作中纳入性别观点,并特别关注生活在脆弱处境中的人,特别是儿童……指导商业和人权论坛的工作。[①]

616 高级专员于2016年及其后几年提交了指导意见,以改善与商业有关的侵犯人权行为受害者的问责制和获得补救的机会。[②]

工作组的监测重点是《指导原则》的执行情况。为此目的,它开展了一系列磋商[③]和国别访问[④],并讨论了以下主题:

2013年——“保护原住民权利的国家义务;尊重土著人民权利的公司责任”[⑤]。

2014年——“国家行动计划的定义和价值”[⑥]。

2015年——“评估《工商业和人权指导原则》的进展”[⑦]。

2016年——“支持国家对国有企业采取行动的规范和政策框架”[⑧]。

---

① A/HRC/17/2, resolution 17/4 of 16 June 2011. See also A/HRC/21/2, resolution 21/5 of 27 September 2012; A/HRC/21/21; A/HRC/26/2, resolution 26/22 of 27 June 2014; A/HRC/26/25; A/72/53, resolution 35/7 of 22 June 2017; A/HRC/35/32; A/HRC/35/33.

② A/HRC/32/19 and Add. 1; A/HRC/26/2, resolution 26/22 of 27 June 2014; A/HRC/32/2, resolution 32/10 of 30 June 2016; A/HRC/38/20 and Add. s 1-2; A/HRC/38/2, resolution 38/13 of 6 July 2018.

③ A/HRC/26/25/Add. 2; A/HRC/26/25/Add. 3; A/HRC/29/28/Add. 2; A/HRC/32/45/Add. 2; A/HRC/32/45/Add. 4; A/HRC/38/48/Add. 3.

④ 工作组访问了以下国家:阿塞拜疆(A/HRC/29/28/Add. 1 & Add. 4);巴西(A/HRC/32/45/Add. 1);加拿大(A/HRC/38/48/Add. 1);加纳(A/HRC/26/25/Add. 5);大韩民国(A/HRC/35/32/Add. 1);墨西哥(A/HRC/35/32/Add. 2);蒙古(A/HRC/23/32/Add. 1);秘鲁(A/HRC/38/48/Add. 2);美利坚合众国(A/HRC/26/25/Add. 1)。

⑤ A/68/279.

⑥ A/69/263.

⑦ A/70/216.

⑧ A/HRC/32/45.

2016年——“与农工业务有关的人权影响”[①]。

2017年——“中小企业实施《指导原则》”[②]。

2017年——“最佳实践以及如何提高国家间跨境合作在商业和人权问题上的执法效率”[③]。

2017年——“补救、司法和责任”[④]。

2018年——“贸易和出口促进;出口代理商的角色”[⑤];在本届会议上,理事会还收到了商业和人权论坛的报告,重点是实现有效补救[⑥]。

2018年——“人权尽职调查:主要特征及其重要性;进步:以良好实践为基础,解决市场和治理失败问题”[⑦]。

2011年——公平的国际秩序

2011年,人权理事会“决定设立一项新的促进民主和公平的国际秩序独立专家特别程序。理事会请独立专家(阿尔弗雷德-莫里斯·德萨亚斯[Alfred de Zayas,2012—2018年];利文斯通·塞瓦尼亚纳[Livingstone Sewanyana,2018年]) 617

> 查明促进和保护民主和公平的国际秩序可能面临的障碍,并就这方面可能采取的行动向人权理事会提出建设……查明地方、国家、区域和国际四级在推动和保护民主和公平的国际秩序方面的最佳做法;提高对促进和保护民主和公平国际秩序重要性的认识;与各国合作,以促进……旨在推动和保护民主和公平的国际秩序的措施……支持在全世界加强和促进民主、发展以及对人权和基本自由的尊重。[⑧]

---

① A/71/291.

② A/HRC/35/32.

③ A/HRC/35/33.

④ A/72/162.

⑤ A/HRC/38/48.

⑥ A/HRC/38/49; A/HRC/38/2, resolution 38/13 of 6 July 2018.

⑦ A/71/163.

⑧ A/HRC/18/2, resolution 18/6 of 29 September 2011. See also A/HRC/21/2, resolution 21/9 of 27 September 2012 and A/HRC/21/45 and Corr. 1; A/HRC/25/2, resolution 25/15 of 27 March 2014; A/HRC/24/38; A/HRC/27/2, resolution 27/9 of 25 September 2014; A/HRC/27/51.

独立专家进行了研究,发送了调查表,并参加了磋商,这些都反映在其提交联合国大会和人权理事会的报告中。2018 年,独立专家访问了委内瑞拉和厄瓜多尔。[1]

独立专家就任务规定的各个方面提交了专门报告:

2012 年——"良好做法和积极趋势"[2]。

2013 年——"民主与公平的亏缺;障碍;良好做法"[3]。

2013 年——"民间社会举措;障碍"[4]。

2014 年——"裁军促进发展"[5]。

2014 年——"自决权"[6]。

2015 年——"保护投资还是保护人权;投资者与国家争端的解决:对民主法治的挑战"[7]。

2015 年——"投资者与国家间的争端解决机制"[8]。

2016 年——"国际投资协定、双边投资条约和多边自由贸易协定对国际秩序的不利人权影响"[9]。

2016 年——"不公平的财政和预算政策对国际政策的不利影响"[10]。

2017 年——"世界银行政策;积极特点;挑战;良好做法;前进方向"[11]。

618 2017 年——"国际货币基金组织政策对国际秩序和人权的影响"[12]。

2018 年——"逐步实现民主和公平国际秩序的障碍和建议"[13]。

---

① A/HRC/39/47/Add. 1 andAdd. 2.

② A/HRC/21/45 IV, V.

③ A/HRC/24/38.

④ A/68/284.

⑤ A/HRC/27/51.

⑥ A/69/272.

⑦ A/HRC/30/44. See also A/HRC/30/2, resolution 30/29 of 2 October 2015.

⑧ A/70/285.

⑨ A/HRC/33/40, See: A/HRC/33/2, resolution 33/3 of 29 September 2016.

⑩ A/71/286.

⑪ A/HRC/36/40; A/72/53/Add. 1, resolution 36/4 of 28 September 2017.

⑫ A/72/187.

⑬ A/HRC/37/63 III, IV.

2018 年,特别报告员在报告中“阐述了他的初步意见和预定工作范围”[1]。

2012 年——环境

继 20 世纪 90 年代关于有毒废物、气候变化和环境的报告(见第二章,1989 年——环境)之后,人权理事会于 2012 年任命了一名独立专家,并于 2015 年将任务从独立专家改为特别报告员(约翰·诺克斯[John Knox,2012—2018 年];戴维·博伊德[David R. Boyd,2018 年]),[2]以“审议与享有安全、清洁、卫生和可持续环境有关的人权义务问题”。这一任命是在“对人权与环境之间的关系进行详细分析研究”之后提出的。[3]

独立专家被要求

> (a)研究与享有一个安全、清洁、卫生和可持续的环境相关的人权义务;(b)查明、促进和交流利用人权义务和承诺为判定环境政策,特别是环境保护方面的政策提供咨询、支持和协助加强的最佳做法……(c)根据其任务规定提出建议,以帮助实现千年发展目标,尤其是目标 7;(d)顾及定于 2012 年 6 月举行的联合国可持续发展会议的成果,并将人权观纳入后续进程;(e)采取性别公平观……(f)与人权理事会其他特别程序和附属机构密切协调。[4]

独立专家(以及 2015 年起的特别报告员)提交了一份初步报告[5],随后提交了一份调查分析报告[6],阐述了其执行任务的方法。独立专家“举行了一系列区域磋商,并在无偿工作的律师和学者的帮助下,审查了条约机构、区域人权法庭、特别程序任务负责人和其他人权机构将人权应用于环境问题……第二次报告概述了 619

---

① A/HRC/39/47; A/HRC/39/2, resolution 39/4 of 27 September 2018.

② A/HRC/16/2, resolution 16/11 of 24 March 2011 and A/HRC/28/2, resolution 28/11 of 26 March 2015.

③ A/HRC/19/34.

④ A/HRC/19/2, resolution 19/10 of 22 March 2012. See also A/HRC/25/2, resolution 25/21 of 28 March 2014; A/HRC/37/2, resolution 37/8 of 22 March 2018.

⑤ A/HRC/22/43.

⑥ A/HRC/25/53.

这些观点"[1]。除了磋商之外,独立专家/特别报告员还进行了国别访问。[2] 在这方面,特别报告员在2018年访问斐济之前,在高级专员办事处的网站上发布了征求意见(call for inputs),提出问题并邀请回复。[3]

其报告涉及如下主题:

2015年——"良好做法汇编"[4]。

2016年——"气候变化"[5];"履行环境相关的人权义务"[6]。

2017年——"人权依赖于生物多样性"[7]。

2017年——"儿童权利与环境"[8]。

2018年——"人权与环境框架原则"[9]。

2018年——"气候变化对人口流动的影响;与气候变化有关的跨越边界流动的人权保护差距"[10]。

在2018年的报告之后,人权理事会要求就"妇女权利与气候变化:气候行动、最佳做法和经验教训"这一主题召开小组讨论会,"重点是在气候变化的不利影响背景下促进和保护妇女和女童的权利",以及"对在地方、国家、区域和国际各级将促进性别平等的方法纳入气候行动,以充分有效地享有妇女权利进行分析

① A/73/188 I para 3.

② 独立专家/特别报告员访问了以下国家:哥斯达黎加(A/HRC/25/53/Add. 1);斐济(A/HRC/40/55 para. 4);法国(A/HRC/28/61/Add. 1 & Add. 2);马达加斯加(A/HRC/34/49/Add. 1);蒙古(A/HRC/37/58/Add. 2);乌拉圭(A/HRC/37/58/Add. 2)。

③ See: https://www.ohchr.org/EN/Issues/Environment/SREnvironment/Pages/VisitFiji.aspx visited on 26 March 2019.

④ A/HRC/28/61. 2015年,人权理事会延长了任务期限,并指定任务负责人为特别报告员,请他"根据任务负责人的调查结果,召集……关于有效履行与享有安全、清洁、健康的人权义务有关的专家研讨会和并探讨可持续环境、挑战和前进的道路"。在国家和民间社会(包括学术专家)的参与下,"提交一份总结报告……以供审议进一步的后续行动"。(A/HRC/28/2, resolution 28/11 of 26 March 2015)。

⑤ A/HRC/31/52.

⑥ A/HRC/31/53 II, III, IV. See also A/HRC/31/2, resolution 31/8 of 23 March 2016.

⑦ A/HRC/34/49; A/72/53, resolution 34/20 of 24 May 2017.

⑧ A/HRC/37/58.

⑨ A/HRC/37/59.

⑩ A/HRC/38/21.

研究”。[①]

2019年——“空气质量差的危害”[②]。

2013年——老年人

2009年,咨询委员会讨论了这一问题,并请其一名成员(钟金星[Chin-Sung Chung])提交一份题为“处理老年人人权问题的人权办法和有效的联合国机制的必要性”的工作文件,[③]并建议人权理事会委托其“编写一份研究报告,研究现有人权文书对老年人的适用情况,以及当前法律框架中可能存在的任何不足”[④]。 620

2010年,联合国大会设立了一个不限成员名额工作组,目的是“通过审议现有的老年人人权国际框架,确定可能存在的差距以及如何最好地解决这些差距,包括酌情考虑……进一步采取工具和措施的可行性”[⑤]。

健康权问题特别报告员于2011年提交了一份关于实现老年人健康权的研究报告。[⑥]

2012年,高级专员向经济及社会理事会提交了一份关于老年人人权状况的报告,高级专员在报告中得出结论,认为

> 国内和国际上保护老年人人权的现有安排不足。需要毫不拖延地采取各种措施,加强针对老年人的国际保护机制。会员国应研究各种措施,包括新的专门的国际文书、人权理事会领导下的特别程序任务,以及将老年人人权贯穿于现有机制、政策和方案中。[⑦]

---

① A/HRC/38/2, resolution 38/4 of 5 July 2018.

② A/HRC/40/55.

③ A/HRC/AC/4/CRP. 1.

④ A/HRC/AC/4/4 recommendation 4/4 of 29 January 2010.

⑤ General Assembly sixty-fifth session, resolution 65/182 of 21 December 2010.

⑥ A/HRC/18/37.

⑦ E/2012/51 V para 66.

理事会还要求就促进和保护老年人人权问题举行闭会期间公众协商。[①]

次年，人权理事会任命了一名关于老年人享有所有人权问题的独立专家。独立专家（罗莎·科恩菲尔德-马特[Rosa Kornfeld-Matte，2014 年]）被要求

> 评估有关老年人的现有国际文书的执行情况，同时查明执行……现有法律的最佳做法和在执行现行法律方面的漏洞……提高人们对老年人在享有所有人权方面面临的挑战的认识……在工作中纳入性别公平观和残疾人观点，并特别关注老年妇女、残障人、非洲人后裔、土著人、在民族或族裔、宗教和语言上属于少数群体的人、农村人口、流落街头者和难民等群体；评估执行《马德里老龄问题国际行动计划》对人权的影响。[②]

621 2014 年的社会论坛关注老年人的权利，包括最佳做法。社会论坛建议

> 成员国应着手拟定一份具有法律约束力的人权文书，为旨在尊重、保护和履行老年人权利的工作提供便利，完善数据收集机制及进一步讨论和研究可为这些工作提供信息，并构成保护老年人权利工作当前的目标。[③]

独立专家访问了许多国家。[④] 其报告讨论了任务的具体方面：

2015 年——"自主与照顾"[⑤]。

2016 年——"在执行现行法律上的最佳做法和缺陷"[⑥]。

---

① A/HRC/21/2, resolution 21/23 of 28 September 2012.

② A/HRC/24/2, resolution 24/20 of 27 September 2013; A/HRC/33/2, resolution 33/5 of 29 September 2016.

③ A/HRC/26/46 IV B para 78.

④ 独立专家访问了以下国家：奥地利（A/HRC/30/43/Add. 2）；哥斯达黎加（A/HRC/33/44/Add. 1）；格鲁吉亚（A/HRC/39/50/Add. 1）；毛里求斯（A/HRC/30/43/Add. 3）；黑山（A/HRC/39/50/Add. 2）；纳米比亚（A/HRC/36/48/Add. 2）；新加坡（A/HRC/36/48/Add. 1）；斯洛文尼亚（A/HRC/30/43/Add. 1）。

⑤ A/HRC/30/43 III, IV.

⑥ A/HRC/33/44 II, IV, V, VI.

2017年——“机器人与权利:自动化对老年人人权的影响”[①]。

2018年——“社会排斥:概念、表现和对老年人人权的影响”[②]。

2014年——残疾人

人权理事会于2014年任命了有关该问题的特别报告员,这一任命伴随《残疾人权利公约》及其于2008年生效的任择议定书而来。[③] 这是在小组委员会和社会发展委员会的早期工作之后产生的,当时,《残疾人机会均等标准规则》得以制订,并任命了关于《标准规则》的特别报告员。(见第七章A2,残疾人)

小组委员会也研究了这个问题,特别报告员莱安德罗·德斯波伊于1991年提交了一份报告(见第二章,1984年——残疾人)。

人权理事会请特别报告员(卡塔丽娜·阿吉拉尔[Catalina Aguilar,2014年])

> 开展定期对话,并与各国和其他相关利益攸关方协商……国家独立监测框架……残疾人及其代表组织和其他民间社会组织,以确定、交流和促进与实现残疾人权利和作为社会平等成员参与有关的良好做法……从各国和其他相关来源,包括残疾人及其代表组织和其他民间社会组织,接收和交流有关侵犯残疾人权利的信息和通信……就如何更好地促进和保护残疾人的权利提出具体建议,包括实现千年发展目标,如何促进包容残疾人的发展,以及如何促进他们作为发展的推动者和受益者的作用……与残疾人权利公约缔约国会议和社会发展委员会密切合作……在整个任务工作中纳入性别观点……每年向人权理事会报告……以无障碍的形式提交给大会。[④]

622

特别报告员采取了三组相互关联的活动:“收集……来自国家和包括残疾人在内的其他相关来源关于侵犯残疾人士权利的资料和来文;关于活动的年度报

① A/HRC/36/48 III, IV.

② A/HRC/39/50 III, IV.

③ General Assembly sixty-first session, resolution 61/611 of 13 December 2006.

④ A/HRC/26/2, resolution 26/20 of 27 June 2014.

告……包括有关促进残疾人权利的关键问题的专题研究;国别访问。”[①]

除了活动外,特别报告员还报告了与政府就案件进行的沟通、[②]国别访问。[③] 报告同样被设计成无障碍阅读的格式文本。[④]

特别报告员报告了如下专题问题:

2015 年——“社会保护和残疾人”[⑤]。

2016 年——“残疾人参与政治和公共生活;残疾人参与公共决策”[⑥];“残疾包容性政策;关键要素;实施包容残疾的框架”[⑦]。

2017 年——“残疾人支助服务”[⑧];“残疾女孩和残疾年轻妇女的性与生殖健康及权利”[⑨]。

2018 年——“残疾人在宪法面前获得平等承认的权利”[⑩];“残疾人的健康权”[⑪]。

2019 年——“剥夺残疾人自由”[⑫]。

623

2014 年——单边强制措施

(见第五章 A,对具体权利的关注,单边强制措施[1991 年])

2012 年,高级专员提交了一份“关于单边强制措施对享有人权的影响的专题研究报告,包括就旨在终止此类措施的行动提出的建议”[⑬]。

---

① A/HRC/28/58 IV para 20.

② A/HRC/31/62 II C; A/HRC/34/58 II C; A/HRC/37/56 II C; A/HRC/40/54 II C.

③ 特别报告员访问了以下国家:法国(A/HRC/40/54/Add. 1 & Add. 2);哈萨克斯坦(A/HRC/37/56/Add. 2 & Add. 4);朝鲜民主主义人民共和国(A/HRC/37/56/Add. 1 & Add. 3);摩尔多瓦(A/HRC/31/62/Add. 1 & Add. 2);巴拉圭(A/HRC/34/58/Add. 1);赞比亚(A/HRC/34/58/Add. 2)。

④ See, for example, A/HRC/28/58, A/70/297, A/HRC/40/54.

⑤ A/70/297.

⑥ A/HRC/31/62 III, IV, V.

⑦ A/71/314.

⑧ A/HRC/34/58 III, IV, V, VI.

⑨ A/72/133.

⑩ A/HRC/37/56 III, IV, V, VI.

⑪ A/73/161.

⑫ A/HRC/40/54 III, IV, V, VI, VII.

⑬ A/HRC/19/33.

2014年,人权理事会任命了一名特别报告员(伊德里斯·贾扎伊里[Idriss Jazairy]),研究单边强制措施对享有人权的负面影响。理事会请特别报告员

> 收集所有可能发生的与单边强制措施对享有人权的负面影响有关的信息……研究与单边强制措施对享有人权的负面影响有关的趋势、发展和挑战,并就如何防止、尽量减少和纠正单边强制措施对人权的不利影响提出指导方针和建议……全面审查评估单边强制措施以促进问责制的独立机制……向受影响国家提供技术援助和咨询服务,以防止、尽量减少和纠正单边强制措施对人权的不利影响。[①]

2015年,咨询委员会提交了一份报告,其中就评估单边强制措施对享有人权的负面影响和促进问责制的机制提出了建议。[②]

特别报告员在向人权理事会提交的第一份报告中阐述了其处理任务规定中的各种要求的工作方法。[③] 其中包括国别访问,[④]并提及下列专题:

> 2016年——"受单边强制措施影响的国家可以利用的救济;受单边强制措施影响的个人和实体可以利用的救济"[⑤]。
>
> 2017年——"域外管辖与国际制裁;为单方面强制性措施受害者设立专门赔偿委员会的备选办法"[⑥]。
>
> 2018年——"拟订联合国制裁与人权宣言和准则草案的理由;目前的未决问题:全面制裁作为经济战的兴起;对伊朗伊斯兰共和国的全面禁运的重新实施;对俄罗斯联邦的制裁及其经济社会后果;制裁措施的升级"[⑦]。

---

① A/HRC/27/2, resolution 27/21 of 26 September 2014. See also A/72/53/Add. 1, resolution 36/10 of 28 September 2017.

② A/HRC/28/74.

③ A/HRC/30/45 VII. See also A/HRC/30/2, resolution 30/2 of 1 October 2015.

④ 特别报告员访问了欧盟(A/HRC/39/54/Add. 1)、俄罗斯(A/HRC/36/44/Add. 1)、苏丹(A/HRC/33/48/Add. 1)、叙利亚(A/HRC/39/54/Add. 2)。

⑤ A/HRC/33/48 IV, V, VI. See: A/72/53, resolution 34/13 of 24 March 2017.

⑥ A/HRC/36/44 IV, V, VI; A/HRC/37/2, resolution 37/21 of 23 March 2018.

⑦ A/HRC/39/54 IV, V, VI.

624 2015年——白化病患者

2013年,人权理事会审议了高级专员的一份报告,该报告

> 概述白化病患者面临的最严重的侵犯人权行为,主要关注他们所遭受的仪式性杀戮和攻击。它还强调了白化病患者在全球面临的多种形式的歧视、羞辱和社会排斥。①

随后,咨询委员会进行了一项研究,发现尽管

> 国际和区域机制越来越多地参与处理白化病患者问题,仍需要采取更加可持续的对策,以弥合保护差距,并确保追究针对白化病患者的侵犯人权行为的责任。②

2014年12月,联合国大会宣布6月13日为"国际白化病宣传日"。③

2015年,人权理事会任命了一名白化病患者享有人权问题独立专家。独立专家(伊克蓬沃萨·埃罗[Ikponwosa Ero,2015年])被要求

> 查明、交流和促进与白化病患者权利的实现和他们作为社会平等成员的参与有关的良好做法……促进和报告白化病患者享有人权方面的发展情况以及面临的挑战和障碍……收集来自国家和其他相关来源,包括白化病患者及其代表组织和其他民间社会组织有关侵犯白化病患者权利行为的资料和来文……开展、促进和支持提供咨询服务,以支持有效实现白化病患者权利和防止暴力的国家努力……提高对白化病患者权利的认识,打击妨碍他们在与他人平等的基础上享有人权和参与社会的陈规定型观念、偏见和有害的传统

---

① A/HRC/24/57 I para 2. See also A/HRC/23/2, resolution 23/13 of 13 June 2013.

② A/HRC/24/2, resolution 24/33 of 27 September 2013 and A/HRC/28/75 IV para 61.

③ General Assembly sixty-ninth session, resolution 69/170 of 18 December 2014. See also A/HRC/26/2, resolution 26/10 of 26 June 2014.

习俗和信仰。[①]

独立专家进行了国别访问,[②]并就任务的关切领域和专题做了如下报告:

2016——“关切领域和优先问题:巫术及相关罪行,歧视,残疾,健康,妇女和儿童”[③]。 625

2016 年——“关于白化病患者遭受攻击和歧视的根本原因的初步调查”[④]。

2017 年——“白化病患者的人权”[⑤]。

2017 年——“白化病患者相关的国际人权标准和相关义务”[⑥]。

2018 年——“白化病患者的健康权;问题和挑战;最佳做法”[⑦]。

2018 年——《2017—2021 年非洲区域白化病问题行动计划》[⑧]。

2018 年——“白化病与人权专家研讨会”[⑨]。

2018 年——“2030 年可持续发展议程”[⑩]。

2019 年——“诉诸司法”[⑪]。

除了独立专家的报告外,秘书长于 2017 年向联合国大会提交了一份关于“白化病患者面临的社会发展挑战”的报告。[⑫]

---

① A/HRC/28/2, resolution 28/6 of 10 April 2015.

② 独立专家访问了斐济(A/HRC/40/62/Add. 1)、肯尼亚(A/HRC/40/62/Add. 3)、马拉维(A/HRC/34/59/Add. 1)、莫桑比克(A/HRC/34/59/Add. 2)、坦桑尼亚(A/HRC/37/57/Add. 1)。

③ A/HRC/31/63 IV, V, VI.

④ A/71/255.

⑤ A/HRC/34/59 III, IV.

⑥ A/72/131.

⑦ A/HRC/37/57 III, IV, V, VI. See also A/HRC/37/2, resolution 37/5 of 22 March 2018.

⑧ A/HRC/37/57/Add. 3.

⑨ A/HRC/37/57/Add. 2.

⑩ A/73/181.

⑪ A/HRC/40/62 III-VII.

⑫ A/72/169.

2015 年——数字时代的隐私

根据其在见解和表达自由方面的工作(见上文,第六章 B,1993 年——见解和表达),2014 年,人权理事会决定召开一次关于数字时代隐私权的小组讨论会,讨论“数字时代国内和境外对数字通信的监视和/或拦截,以及个人数据的收集,包括大规模收集,以确定挑战和最佳做法”,并就小组讨论会编写一份报告。[1]

人权理事会召开了关于该主题的小组会议,[2]并在同年审查了高级专员的一份涵盖了包括企业角色在内各种问题的报告,确认了“数字时代的隐私权”这一概念。报告总结道,

> 在数字时代增进和保护隐私权存在许多实际的重大挑战。除本报告对一些问题所作初步探讨以外,还有必要进一步讨论和深入研究与有效的法律保护、程序性保障、有效监管和补救相关的问题。对这些问题的深入分析有助于基于国际人权法对以下问题提供实际指导:与监控做法相关的必要性、相
> 626 称性和合法性原则;有效、独立和公平监督措施;以及补救措施。进一步分析还可帮助商业实体履行尊重人权的责任,包括克尽职责和风险管理保障措施,以及促进这些实体在提供有效补救方面发挥作用。[3]

2015 年,人权理事会援引《工商业与人权指导原则》[4]和工商企业的责任,任命了一名隐私权问题特别报告员。特别报告员(约瑟夫·卡纳塔西[Joseph Cannataci])被要求

> 收集相关资料……研究有关隐私权的趋势、发展及挑战,并提出增进和保护隐私权的建议,包括联系新技术带来的挑战提出建议……向各国、联合国……区域人权机制、国家人权机构、民间社会组织、私营部门(包括工商企

---

① A/HRC/25/2, decision 25/117 of 27 March 2014.

② A/HRC/25/2, decision 25/117 of 27 March 2014. See also A/HRC/26/2, resolution 26/13 of 26 June 2014.

③ A/HRC/27/37 V para 51.

④ A/HRC/17/31, Annex.

业)……征求和获取信息,并做出回应,同时避免工作重叠……查明在增进和保护隐私权方面可能存在的障碍,查明、交流和倡导国家、区域和国际层面的原则和最佳做法,为此向人权理事会提交提案和建议,包括针对数字时代的特有挑战提交提案和建议……提高对增进和保护隐私权的重要性的认识,特别注意数字时代的特有挑战……在开展工作履行任务的过程中始终纳入性别公平观……报告不论何地侵犯……隐私权的指控,包括与新技术带来的挑战有关的指控。[①]

特别报告员计划了国别访问,并就侵犯隐私权的指控与各国政府进行接触,[②]特别报告员提交了以下方面的专题报告(另见:https://www.ohchr.org/EN/Issues/privacy/SR/Pages/AnnualReports.aspx,2020年4月26日访问):

2016年——"特别报告员的工作方法;2016年年初的隐私状况;十点行动计划"[③]。

2016年——"重要进展和实质性问题,2016年3月至7月:是否可以迫使智能手机做证,抑或这可能严重侵犯隐私?数据保留、大规模监控和更多的加密"[④]。

2017年——"第一批更有利于隐私的监督政府监控的方法"[⑤]。

2017年——"大数据和开放数据工作队"[⑥]。

2018年——"监控和隐私"[⑦]。

---

① A/HRC/28/2, resolution 28/16 of 26 March 2015. See also A/HRC/37/2, resolution 37/2 of 22 March 2018.

② A/HRC/31/64 II C; A/72/540 I B.

③ A/HRC/31/64 II, III, V, VI. See also A/HRC/32/2, resolution 32/13 of 1 July 2016.

④ A/71/368 III, IV.

⑤ A/HRC/34/60 I, II, III, V. See also A/72/53, resolution 34/7 of 23 March 2017; A/HRC/34/60 and A/69/397; A/HRC/23/40 and Corr. 1, A/HRC/29/32; A/HRC/32/38; A/70/361.

⑥ A/72/540 II, III, IV, V. See also A/73/438, A/74/277 (Health related data).

⑦ A/HRC/37/62. See also A/HRC/40/63, A/HRC/43/52 (Gender equality...).

627

2016年——发展权

(见第五章B,发展权[1977年])

2016年,人权理事会任命了发展权问题特别报告员。理事会请特别报告员(萨阿德·阿勒法拉吉[Saad Alfarargi,2017年])

> 推动在统筹一致地落实《2030年可持续发展议程》及包括《仙台减少灾害风险框架》《第三次发展筹资问题国际会议亚的斯亚贝巴行动议程》和关于气候变化的《巴黎协定》在内的2015年国际商定的其他成果的过程中促进、保护和实现发展权……参与和支持将发展权纳入联合国各机构、发展机构、国际发展、金融和贸易机构的主流的努力,并提出建议,以便从发展权的角度加强恢复活力的全球可持续发展伙伴关系……推动工作组的工作,以期协助其完成总体任务。①

特别报告员集中讨论了任务规定的各方面专题:

2018年——"不平等的范围和影响;发展权和不平等"②。

2018年——"南南合作与实现发展权"③。

2016年——性取向和性别认同

2011年,人权理事会要求开展一项研究,"以汇编世界各地基于性取向和性别认同对个人的歧视性法律、做法和暴力行为,表明如何使用国际人权法制止基于性取向和性别认同的暴力和相关侵犯人权的现象"。理事会召开了一次专题小组讨论会,"听取……研究报告中所载的事实介绍,并就基于性取向和性别认同对个

---

① A/HRC/33/2, resolution 33/14 of 29 September 2016.

② A/HRC/39/51 III, IV, V, VI.

③ A/73/271 II-VII.

人的歧视性法律、做法和暴力行为问题进行建设性的、知情的和透明的对话”。[①]

该研究“披露出一种侵犯人权的模式,需要采取对策。各国政府和政府间组织往往忽视了基于性取向和性别认同的暴力和歧视”。报告建议各国采取措施,并向人权理事会提出建议,“鼓励现有特别程序……继续调查影响个人的、基于性取向或性别认同的侵犯人权行为,并提出报告”。[②]

2015年高级专员对报告的更新分析了该问题的各个方面,包括恐同和跨恐同的暴力和歧视。高级专员建议人权理事会,“作为一个负责在全世界促进和保护人权的机构,理事会应定期了解与性取向和性别认同有关的暴力和歧视模式”[③]。 628

2016年,人权理事会任命了一名“防止基于性取向和性别观念的暴力和歧视问题”独立专家,并请独立专家(威迪·蒙丹蓬[Vitit Muntarbhorn,2016—2017年];维克托·马德里加尔-博尔洛斯[Victor Madrigal-Borloz,2018年])

> 评估关于如何克服基于个人性取向或性别认同的暴力和歧视的现有国际人权文书的执行情况,同时查明最佳做法和差距……提高对人们因个人性取向或性别认同而实施的暴力和歧视的认识,查明并处理暴力和歧视的根本原因……与各国和其他相关利益攸关方……开展对话并进行协商……处理人们因性取向和性别认同而面临的多重、交叉和严重形式的暴力和歧视……开展、促进和协助提供咨询服务、技术援助、能力建设和国际合作,以支持各国努力消除因个人性取向或性别认同而实施的暴力和歧视。[④]

独立专家于2017年访问了阿根廷;[⑤]其他访问正在计划中。提交给联合国大会和人权理事会的报告涉及任务规定的各个方面,具体如下:

2017年——“取消将两愿同性关系和性别认同定为犯罪;有效的反歧视

---

① A/HRC/17/2, resolution 17/19 of 17 June 2011. See also A/HRC/27/2, resolution 27/32 of 26 September 2014.

② A/HRC/19/41 I, VII para 82,85. See also A/HRC/27/2, resolution 27/32 of 26 September 2014.

③ A/HRC/29/23 IV, V, VI para 81.

④ A/HRC/32/2, resolution 32/2 of 30 June 2016.

⑤ A/HRC/38/43/Add. 1 and Add. 2.

措施”[1]。

2018 年——“基于性取向和性别认同的暴力与歧视;问题的根源;支持有效的国家措施”[2]。

2019 年——“把某些形式的性别归类为一种病态;缺乏国家对性别认同的承认而产生的暴力和歧视;确保尊重性别认同的有效措施”[3]。

2017 年——麻风病患者

早在 1952 年,即有提议将保护麻风病患者列入人权委员会议程,但未成功。[4]2004 年,小组委员会讨论了这个问题,并由其一名成员(横田洋三[Yozo Yokota])编写了一份工作文件。[5]

629 2008 年,人权理事会援引了健康权问题特别报告员的报告,特别报告员在报告中提出了“麻风病患者及其家属往往遭受因无知和偏见造成的耻辱和歧视”的问题,[6]理事会请咨询委员会(小组委员会的继任者)起草了一套“关于消除对麻风病患者及其家庭成员歧视的原则和准则草案”,咨询委员会于 2010 年提交了准则草案,[7]并在 2017 年提交了一份关于其实施情况的研究报告。[8][9] 研究建议

> 在联合国人权系统内建立一个具体机制,以解决这一问题,并鼓励各国和其他相关行为者执行这些原则和准则。还应授权该机制对各国在有效执行这些原则准则方面所应取得的进展进行追踪、监测和报告。[10]

2017 年,人权理事会任命了消除对麻风病患者及其家庭成员歧视问题特别报

① A/72/172 IV, V, VI, VII.
② A/HRC/38/43 V-IX.
③ A/73/152.
④ E/CN. 4/789 X para 264.
⑤ A/HRC/Sub. 1/58/CRP. 7. See also E/CN. 4/Sub. 2/2005/WP. 1.
⑥ A/58/427 V, VII.
⑦ A/HRC/8/52, resolution 8/13 of 18 June 2008.
⑧ A/HRC/15/30.
⑨ A/HRC/29/2, resolution 29/5 of 2 July 2015.
⑩ A/HRC/35/38 IV para 80.

告员。理事会请特别报告员(爱丽丝·克鲁兹[Alice Cruz,2017 年])

> 追踪并报告各国为有效执行《消除对麻风病患者及其家庭成员歧视的原则和准则》,实现麻风病患者及其家庭成员享有人权所取得的进展和采取的措施,并就此向人权理事会提出建议……进行对话并查明、交流和推广良好做法……提高对麻风病患者及其家庭成员权利的认识,消除妨碍他们享有人权和基本自由以及在与他人平等的基础上参与社会的污名、偏见和有害的传统习俗和信仰。[1]

特别报告员于 2018 年向人权理事会提交了第一份报告,分享了其执行任务的方法。[2]

C. 非常规体系(1993 年)

本章展示了人权委员会要求进行的调查是如何从基于临时行动演变为一个系统的、可以借以调查特定国家的人权问题或某种侵犯人权的模式或专题的机 630
制。作为一个系统,它们有助于巩固委员会与个人之间关系的和解——这体现了《联合国宪章》提出的国际关系的"第三维度",特别是其在将人权作为自身基本原则之一时。

虽然人权委员会在成立之初没有承认其有权对个人申诉采取行动,但其开展调查的依据往往来自或有关于侵犯人权行为受害者的资料(包括申诉)。这导致委员会在处理投诉方面的变化是不可避免的(见第十章 A,来文和申诉[1947 年])。

第一批任务被认为是一种例外的、临时的、时间有限的行动,导致有关国家不接受这些任务或试图强加条件。事实证明,不合作引发了其他方法,比如针对南非、巴勒斯坦以及最近委内瑞拉的局势所采用的远程监测措施。无法进行实地访问并没有导致任务结束;而是有助于加强其基础设施。无法通过直接访问查明的现实需要通过监测和分析加以重构。这是为了使"伟大事业"的性质得到根本性的发展。

---

① A/72/53, resolution 35/9 of 22 June 2017.

② A/HRC/38/42.

值得注意的是,联合国大会在1978年对完成其任务的智利问题特设工作组深表感谢的同时,即提请人权委员会“有鉴于今后的行动,在处理人权不断遭受严重侵犯的现象时,注意特设工作组的经验的重要性”①。

到20世纪70年代末,秘书处内的人权司进行了重组,并设立了一个专门的单位,为这类任务提供支持,另外还有两个部门,分别支持条约监督机构和个人申诉程序。

1992年,人权委员会满意地注意到,“越来越多的政府以及非政府组织联系一个或多个专题程序展开了工作关系”。委员会请非政府组织继续与专题程序合作,并请专题特别报告员和工作组“在其报告中列入有关回应问题的评论并酌情列入分析结果,以便更有效地履行其职责”。②

2006年,联合国大会设立了人权理事会。它明确指出,各国“应考虑候选国对促进和保护人权的贡献以及就此做出的自愿许诺和承诺”③。高级专员编写的资料表给出了“自愿许诺和承诺的建议要素”,包括“与特别程序合作、接受访问请求、发出长期邀请、积极回应交流和对建议采取后续行动”。④

631 最重要的是,特别程序起到了补充和加强人权方案其他部门的作用。它们补充了条约制度,加强了诸如技术合作等预防措施(见第八章E,“伟大事业”的主流化[1994年])。

任务负责人的地位(1989年)

特别程序的任务负责人由人权委员会及之后的人权理事会提名;他们独立行事,没有任何报酬。自2007年以来,他们的行动遵循人权理事会制定的行为守则(见下文,行为守则[2007年])。他们的外交地位曾两次引起争议。

1989年,罗马尼亚政府对1946年2月13日通过的《联合国外交特权及豁免公约》是否适用于小组委员会特别报告员、罗马尼亚国民杜米特鲁·马齐鲁(Du-

---

① General Assembly thirty-third session, resolution 33/176 of 20 December 1978.

② E/CN.4/1992/84, resolution 1992/41 of 28 February 1992. See also E/CN.4/1993/122, resolution 1993/47 of 9 March 1993; E/CN.4/1994/132, resolution 1994/53 of 4 March 1994.

③ General Assembly sixtieth session, resolution 60/251 of 15 March 2006.

④ Suggested elements for voluntary pledges and commitments by candidates for election to the Human Rights Council—UN office of the High Commissioner for Human Rights.

mitru Mazilu)表示质疑。人权委员会请国际法院就"《公约》第六条第二十二节对防止歧视及保护少数小组委员会专题报告员杜米特鲁·马齐鲁先生的情况的适用性的法律问题"提出咨询意见,[①]该《公约》适用性予以支持的咨询意见于1989年12月14日发表。[②]

1999年出现了类似案例,国际法院同样发表了一项咨询意见,[③]认为人权委员会的法官和律师独立性问题特别报告员帕拉姆·库马拉斯瓦米

> 享有免于各种法律程序的权利,不得因……所说的话而对他提出法律起诉……法院还一致认为,特别报告员对"马来西亚法院强加于他的任何费用,特别是审定诉讼费,不承担任何财政责任"……特别报告员是根据第22(b)款执行任务的专家,他享有免于法律诉讼的权利,那么政府即有义务将咨询意见通知主管法院,以履行马来西亚的国际义务,并尊重特别报告员的豁免权。[④]

1989年,在努力协调各条约机构主席的同时(见第七章C,应对挑战[1984年]),人权委员会要求召开一次特别报告员/代表以及委员会设立的其他机制的代表会议,委员会主席以及代表小组委员会的主席和五名报告员,就"提高特别报告员/代表以及委员会设立的其他实况调查和监测机制的有效性"提出建议。[⑤]

任务负责人的协调(1993年) 632

特别程序任务负责人的第一次会议是在1993年6月于世界人权会议期间举

---

① E/CN. 4/1989/96, resolution 1989/37 of 6 March 1989.

② International Counrt of Justice Pleading, Oral Agruments, Documents. Applicability of Article VI Section 22, of the Convention on the Privileges and Immunities of the United Nations.

③ International Court of Justice. Reports of judegment, advisory opinions and orders; Difference relating to immunity from legal process of a Special Rapporteur of the Commision on Human Rights Advisory Opinion of 29 April 1999.

④ E/CN. 4/2000/61 VII paras 197 and 198.

⑤ E/CN. 4/1989/86, resolution 1989/48 of 7 March 1989. See also E/CN. 4/1991/91, resolution 1991/31 of 5 March 1991.

行的。[①] 世界人权会议

> 强调有必要维持和加强人权委员会和防止歧视和保护少数小组委员会的特别程序、报告员、代表、专家和工作组制度,使他们得以在全世界各国执行任务……应定期举行会议,使各种程序和机制能够协调其工作,并使之合理化。[②]

人权委员会向专题特别程序提出了若干建议,以采取进一步措施提高其工作效力。[③] 1997 年,委员会请秘书长"考虑为……所有专题特别报告员和工作组主席进一步举行定期会议……以使他们能够继续交流意见,更密切地合作和协调并提出建议"[④]。

从那时起召开了年度会议,以便在特别程序之间进行协调,并与包括政府和非政府组织在内的各种利益相关者进行协调。从 2005 年开始,年度会议又成立了一个协调委员会。[⑤]

在 2003 年的第十次会议上,任务负责人发表了一份关于在反恐措施中保护人权的联合声明,指出,

> 他们虽然坚定地谴责恐怖主义,然而,他们对许多国家以打击恐怖主义的名义日益采取越来越多的政策、立法和做法,对人们享有的几乎所有人权——公民权利、文化、经济、政治和社会权利形成的不利影响,表示深感关注……他们提请注意滥用"恐怖主义"这一术语带来的危险以及由此而引起的各种新类型的歧视。[⑥] (见第九章 A,人权理事会——"一个新时代"[2006 年],申诉程序)

---

① A/CONF. 157/9.

② A/CONF. 157/23 para 95.

③ E/CN. 4/1995/176, resolution 1995/87 of 8 March 1995.

④ E/CN. 4/1997/150, resolution 1997/37 of 11 April 1997.

⑤ See: http://wwwohchr. org/EN/HRBodies/SP/CoordinationCommittee/Pages/CCSpecialProceduresIndex. aspx visited on 7 February 2018.

⑥ E/CN. 4/2004/4 Annex 1.

2004 年,人权委员会请特别程序在执行其任务时遵守一系列建议,例如“在其报告中列入各国政府提供的关于后续行动的资料,及其对这些资料的意见,酌情包括关于问题和改进的意见”[1]。(见第二章,1981 年——非国家行为者,恐怖主义[1998 年];第六章 A,2005 年——关塔那摩)

行为守则(2007 年) 633

2007 年,人权理事会通过了一项特别程序任务负责人行为守则,其中规定了一般行为原则、任务负责人的地位和各种特别程序的运作方式。任务负责人于 1999 年起草了一份行动手册。[2]

来文统一报告(2011 年)

2009 年,任务负责人支持一项提案,即设立一份“分国对照的来文统一报告……这将防止任务负责人就同样的来文向理事会报告中的不一致现象”[3]。次年,任务负责人正式决定“根据秘书处建议的准则”编写一份来文联合报告。[4]

2010 年,高级专员向任务负责人简要介绍了第一份来文联合报告,该文件

> 包含来文提要,统计资料将按照国家、任务、发送的来文编号和收到的答复分列。该联合报告将会着眼于协调工作方法,以确保在向理事会提交来文的一致性,并且避免工作重复……与会者强调,来文中包含的信息可用于早期预警并且更有效率地馈入普遍定期审议的过程。[5]

这项措施意味着,申诉文件几乎不再出现在所有个人报告中。

---

① E/CN. 4/2004/127, resolution 2004/76 of 21 April 2004.

② A/HRC/5/21, resolution 5/2 of 18 June 2007, Annex.

③ A/HRC/10/24 IV, C para 35.

④ A/HRC/12/47 VI para 26.

⑤ A/HRC/15/44 VI. A paras 26 and 27.

来文联合报告从 2011 年开始发布。[①] 文件量的增加(部分原因是特别程序的扩大)加剧了翻译和文件制作服务中遇到的问题。这些问题,以及人权理事会实行普遍定期审议,都导致了诸如来文联合文件等措施。与此同时,随着打印文件开始将参考文件并入链接中,信息技术亦开始得到采用。[②]

---

① A/HRC/18/51 and Corr. 1; A/HRC/19/44; A/HRC/20/30; A/HRC/21/49; A/HRC/22/67 and Corr. 1 and 2; A/HRC/23/51; A/HRC/24/21; A/HRC/25/74; A/HRC/26/21; A/HRC/27/72; A/HRC/28/85; A/HRC/29/50; A/HRC/30/27; A/HRC/31/79; A/HRC/32/53; A/HRC/33/32 and Corr. 1; A/HRC/34/75; A/HRC/35/44; A/HRC/36/25; A/HRC/37/80; A/HRC/38/54; A/HRC/39/27.

② See, for example, A/67/303.

时间表:(专题)特别程序的出现

634

(表现出实质性关注)

年份	公民权利和政治权利	同时涉及两类权利	经济、社会和文化权利
1980	失踪		
1981		人口大规模流亡	
1982	即决处决		
1985	酷刑		
1986			宗教不容忍
1987—2005		雇佣军*	
1990		贩卖儿童	
1991	任意拘留		
1992—2004		国内流离失所者(独立专家)**	
1993	见解和表达		
1993		种族主义	
1994	法官和律师的独立性		
1994		暴力侵害妇女	
1998			教育
1998			外债
1999			极端贫困
2000		移民	
2000			食物
2000			住房
2001		人权维护者	
2002		土著居民	
2002		非洲人后裔	
2003			健康
2004		国内流离失所者(特别报告员)	

（续表）

635

年份	公民权利和政治权利	同时涉及两类权利	经济、社会和文化权利
2004		人口贩卖	
2005		国际团结	
2005		雇佣军（工作组）	
2005		少数群体	
2005		恐怖主义	
2006—2007		由人权委员会向人权理事会过渡	
2007		奴隶制（特别报告员）***	
2008			饮水和卫生设施
2009			文化权利
2010	集会		
2010		法律和实践中对妇女的歧视	
2011			工商业
2011		国际秩序	
2011	真相与司法		
2012			环境 ****
2013		老年人	
2014		残疾人	
2014		单边强制措施	
2015		白化病	
2015	隐私权		
2016			发展权
2016			性取向
2017			麻风病

* 特别报告员于 2005 年被工作组取代。

** 独立专家于 2004 年被特别报告员取代。

*** 小组委员会的奴隶制问题工作组于 2007 年被特别报告员取代。

**** 独立专家于 2015 年被特别报告员取代。

第七章　国际人权法的产生 636

（1969年）

引　言

国际人权法由多年来国际社会所通过的文书中规定的国际规范组成。① 它们包括具有约束力的、包含义务规定的文书（例如“盟约”“公约”和“议定书”），以及不具有约束力的文书（例如“宣言”“指导原则”“基本原则”和“最低标准规则”，也被称作“柔性法律”）。它们都直接或间接地与国际人权宪章中规定的权利相关，②后者可谓国际人权法的实质性冠冕。

随着国际人权宪章在20世纪60年代中期几近完成，一项用以制定关于特定（弱势）群体权利的公约，以补充国际人权宪章的程序开始运作，并通过了与诸如儿童、妇女、残疾人、移徙工人群体相关的公约；它也通过了防止侵犯特定权利的公约，例如免于种族歧视、免于酷刑和免于非自愿失踪。（见下文，时间表：公约的产生）

---

① 这包括例如国际劳工组织和教科文组织等联合国专门机构制定的文书，以及特别是人权委员会设定标准的行为。人权事务高级专员办事处的网站提供了这些文书的清单：http://www.ohchr.org/EN/ProfessionalInterest/Pages/UniversalHumanRightsInstruments.aspx_visited on 26 January 2020.

② 国际人权宪章的包括：

（a）《世界人权宣言》，于1948年12月10日联合国大会第三届会议上以217A（III）号决议通过。

（b）《经济、社会及文化权利国际公约》（1966年12月16日开放签署，1976年1月3日生效），《联合国条约集》第993卷，第3页；

（c）《经济、社会及文化权利国际公约任择议定书》（2009年9月24日开放签署，2013年5月5日生效），于2008年12月10日联合国大会第六十三届会议上以63/117号决议通过；

（d）《公民权利和政治权利国际公约》（1966年12月16日开放签署，1976年3月23日生效），《联合国条约集》第999卷，第171页；

（e）《公民权利和政治权利国际公约任择议定书》（1966年12月16日开放签署，1976年3月23日生效），《联合国条约集》第999卷，第171页；

（f）《旨在废除死刑的公民权利和政治权利国际公约第二项任择议定书》（1989年12月15日开放签署，1991年7月11日生效），《联合国条约集》第1642卷，第414页。

多年来,人权委员会和小组委员会就第二章所述的广泛主题进行了研究,其中一些构成了起草国际文书的基础。有的主题是在国家的倡议下引入的,有些则缘于引起国际层面反应的严重侵犯人权行为。无论何种情况下,民间社会在将主题列入议程以及起草各种文书方面都发挥了决定性作用。例如,20 世纪 70 年代
637 初期智利的人权状况引发了对任意拘留、酷刑和失踪问题的关注和行动,而 20 世纪 90 年代初期南斯拉夫和卢旺达的局势则催化了国际刑事司法的复苏(见第三章,1993 年——追究人权犯罪的责任)。

这些规范的目标在于保护个人或群体的一部分。出于这个原因,国家虽然承担义务,但它们这样做是为了保护个人。监测缔约国履行条约义务的程序包括审议来自个人的申诉("来文")。可以见得,所有条约监督机构都会收到意见书("平行报告"[parallel reports]),并在审议国家报告时与民间社会进行协商(见第十章,请愿权[1948—1966 年])。

设想设立一个专家机构("条约机构"[treaty body])以监督缔约国履行其条约义务执行情况的公约被称为"核心"(core)公约。[1] 这些条约机构除了审查缔约国的报告外,还会审查个人提出的指控缔约国不遵守条约的投诉,技术上称为"来文"程序,任何国家无论何时都应遵守该程序。《消除一切形式种族歧视公约》(1965/1969)正属于此类,[2]《禁止酷刑公约》(1984/1987)包含类似的条款,[3]《保护所有人免遭强迫失踪国际公约》(2006/2010)亦然。[4]

有些个人申诉程序则是通过公约的任择议定书引入的,因为这些公约的正文没有规定该程序。[5] 此类文本包括国际人权宪章的两个组成部分——《公民权利

---

① 该系统受到国际劳工组织制定的监督机制的启发。见 http://www.ilo.org/global/about-the-ilo/how-the-ilo-works/ilo-supervisory-system-mechanism/lang--en/index.htm visited on 26 January 2020。

② 公约标题后括号内的两个年份分别为公约开放签署和批准的年份,以及公约生效的年份。《消除一切形式种族歧视公约》(1966 年 3 月 7 日开放签署,1969 年 1 月 4 日生效)第十四条,《联合国条约集》第 660 卷,第 195 页。

③ 《禁止酷刑和其他残忍、不人道或有辱人格的待遇或处罚公约》(1984 年 12 月 10 日开放签署,1987 年 6 月 26 日生效)第二十二条,《联合国条约集》第 1465 卷,第 85 页。

④ 《保护所有人免遭强迫失踪国际公约》(2006 年 12 月 20 日开放签署,2010 年 12 月 23 日生效)第三十一条,《联合国条约集》第 2716 卷,第 3 页。

⑤ 应当指出,虽然人权委员会是进行起草工作的主要机构,但联合国大会、妇女地位委员会、防止歧视和保护少数小组委员会在起草过程中同样发挥了主要作用。

和政治权利国际公约任择议定书》(1966/1976)、[①]《经济、社会及文化权利国际公约任择议定书》(2008/2013)[②],此外包括《消除对妇女一切形式歧视公约任择议定书》(1999/2000)[③]、《儿童权利公约关于设定来文程序的任择议定书》(2011/2014)[④]和《残疾人权利公约任择议定书》(2006/2008)[⑤]。《保护所有移徙工人及 638
其家庭成员权利国际公约》(1990/2003)[⑥]拟设了一个来文程序,一旦十个国家根据《公约》第七十七条做出声明,[⑦]公约即生效。

尽管并非所有国家都做出了必要的声明或加入了任择议定书,但所有核心公约的条约监督机构——除了《保护所有移徙工人及其家庭成员权利国际公约》——都有权受理个人投诉。

条约报告则提供了一种问责形式,其范围和目的是使各国能够使其国内法和实践与国际公约义务保持一致。条约监督机构不是法院,它们不对国家的行为进行裁决,因此条约机构将其调查结果指定为“建议”(recommendations)、“意见”(observations)或“结论性评论”(concluding comments),并不时发布“一般性评论”(general comments),以确保解释的一致性和公约条款的适用。同样,申诉通常被称为“来文”,条约机构的成员由每个条约管辖,其组成根据缔约国的区域分布。在2001年,人权委员会

---

① 《公民权利和政治权利国际公约任择议定书》(1966年12月16日开放签署,1976年3月23日生效),《联合国条约集》第999卷,第171页。

② 《经济、社会及文化权利国际公约任择议定书》(2009年9月24日开放签署,2013年5月5日生效),于2008年12月10日联合国大会第六十三届会议上以63/117号决议通过。

③ 《消除对妇女一切形式歧视公约任择议定书》(1999年10月6日开放签署,2000年12月22日生效),《联合国条约集》第2131卷,第83页。

④ 《儿童权利公约关于设定来文程序的任择议定书》(2011年12月19日开放签署,2014年4月14日生效),联合国大会于2011年12月19日以66/138号决议通过。《任择议定书》第五条规定了指控不遵守《儿童权利公约》及其两项任择议定书的申诉程序。(见下文,A2,儿童[1951年])

⑤ 《残疾人权利公约任择议定书》(2006年12月13日开放签署,2008年5月3日生效),《联合国条约集》第2518卷,第283页。另见A/61/611。

⑥ 《保护所有移徙工人及其家庭成员权利国际公约》(1990年12月18日开放签署,2003年7月1日生效),《联合国条约集》第2220卷,第3页。另见A/RES/45/158。

⑦ 截至2020年4月14日,三个国家已根据第七十七条做出声明,分别为危地马拉、墨西哥和乌拉圭。见 Acceptance of individual complaints procedures for CMW, Art. 77--Individual complaints procedure under the International Convention on the Protection of the Rights of All Migrant Workers and Members of Their Families at https://tbinternet. ohchr. org/_layouts/15/TreatyBodyExternal/Treaty. aspx visited on 14 April 2020。

> 对批准联合国各人权文书的国家数目大增表示欢迎，这种情况尤其有助于人权文书具有普遍性……条约机构成员组成的公平地域分配原则关注目前人权条约机构成员组成的地域分配明显不平衡，但经济、社会和文化权利委员会为除外，因它已经适用按区域组分配席位的配额制度。

委员会建议"在为每一条约机构制定每一地理区域的配额时，采用灵活的程序"。[①]

通过条约实现人权发展成为一种有别于20世纪60年代中期发展起来的"非常规体系"或者说"特别程序"的常规体系。（见第六章，特别程序的出现[1966年]）。

人权委员会的职能

人权委员会在成立时的作用是起草国际人权宪章（1946—1954年在委员会
639 内，1954—1966年在联合国大会上）。自1955年起，随着公约草案提交大会，委员会转向旨在提高对国际人道主义标准的认识的领域，以期由各会员国在其内部执行或实现这些标准。[②] （参见第三章，方法[1955年]）

到1976年两项国际公约生效时，联合国会员国的数量已增至147个（1955年人权委员会将公约草案提交大会时为76个，1966年公约开放签署时为122个）。这一情况及其相关因素创造了一个新的国际环境，其中一个因素是不结盟运动的出现（它与非殖民化的传播一同发展）[③]，在20世纪50和60年代阻碍委员会工作的冷战两极分化亦在这一时期出现"缓和"，这种变化可以从本书第二章和第三章中所呈现的委员会提出问题的模式以及所采取的行动中观察到。

新兴国家的加入使人们更加关注非殖民化以及消除种族主义和种族歧视。1965—1981年间，《消除一切形式种族歧视公约》(1965/1969)[④]、《禁止并惩治种

---

① E/CN. 4/2001/167, resolution 2001/76 of 25 April 2001.

② E/CN. 4/1213 XIII, para 167.

③ 不结盟运动是在由埃及、加纳、印度尼西亚、印度和南斯拉夫领导的万隆亚非会议上（1961年4月18日至24日）发起的。见 http://www.mea.gov.in/in-focus-article.htm？20349/History+and+Evolution+of+NonAligned+Movement。

④ 《消除一切形式种族歧视公约》(1966年3月7日开放签署，1969年1月4日生效)，《联合国条约集》第660卷，第195页。

族隔离罪行国际公约》(1973/1976)[①]和《消除对妇女一切形式歧视公约》(1979/1981)[②]相继生效。 640

这影响了委员会的议程,通过诉诸特别程序来解决被认为紧迫并要求委员会指导的人权问题,进一步扩大了对建立国际人权法律结构和意识的关注。除了侧重于通过国际条约加强国内法律和实践之外,委员会还直接采取临时行动。这种方法反过来影响了标准制定的趋势,因为这些特别程序突出显示了将受益于更集中、更合法的方法的领域。

自20世纪80年代起,人权委员会开始起草侧重于特定权利或权利各个方面的国际人权公约。这是委员会制定标准的高峰期,出现了两项并行举措,一项由瑞典发起的禁止酷刑公约,另一项是由波兰发起的关于儿童权利的公约,二者均于1978年提出,并均在随后几年获得了民间社会所提供的丰富投入。起草工作在委员会的"开放式"工作组中进行,其环境不那么正式,因此更有利于包括政府和民间社会在内的所有参与者进行讨论和谈判——例如,工作组会议并没有官方总结,只是将会议记录载入提交委员会每届全体会议的最终报告中,年复一年,直到公约完成。

人权委员会是起草国际人权法的主要场所,但有三项公约的起源则有所不同。妇女地位委员会起草了《消除对妇女一切形式歧视公约》;《移徙工人及其家庭公约》和《残疾人权利公约》则是在联合国大会上起草的,后者由一个特设委员会起草,社会发展和人道主义事务中心在其中发挥了主要作用。

人权委员会一贯鼓励各国在国际人权文书形成时即成为其缔约国。1993年,针对当时正在发生的南斯拉夫解体情势,委员会讨论了"与国家解体和继承国出现有关的国际社会的重大变化",并鼓励各继承国确认"它们继续受有关国际人权条约所规定义务的约束"。委员会还提请提供咨询服务以协助此类加入和/或批准工作。[③]

---

① 《禁止并惩治种族隔离罪行国际公约》(1973年11月30日开放签署,1976年7月18日生效),《联合国条约集》第1015卷,第243页。

② 《消除对妇女一切形式歧视公约》(1979年12月18日开放签署,1981年9月3日生效),《联合国条约集》第1249卷,第13页。

③ E/CN. 4/1993/122, resolution 1993/23 of 5 March 1993. See also E/CN. 4/1994/132 resolution 1994/16 of 23 February 1994; E/CN. 4/1995/176, resolutions 1995/18 and 1995/22 of 24 February 1995.

1998年,人权委员会

念及国际人权公约是人权领域最早的、全面具有法律约束力的国际条约,公约同《世界人权宣言》一起构成国际人权法案的核心……重申国际人权公约的重要性,认为是国际努力促进普遍尊重和遵守人权和基本自由工作的主要部分。[①]

防止歧视及保护少数小组委员会在制定国际人权法方面发挥了重要作用。在许多情况下,小组委员会成员开展相关研究,并提出了一套为制定国际标准奠定基础的原则(或草案)。(见第一章C,小组委员会[1947年];第二章,议程[1946年])

常规体系制定了一套丰富的国际标准,成为今天众所周知的国际人权法。但其中并非没有复杂情况(见下文,第七章B,挑战;第七章C,应对挑战[1984年])。

特别程序和条约的互补性(1988年)

专题特别程序在20世纪80年代迅速发展(见时间表:[专题]特别程序的出现),随着更多人权条约的生效,出现了特别程序与条约机构的工作互补或重叠的问题。这个问题被酷刑问题特别报告员彼得·科伊曼斯讨论过。

《禁止酷刑和其他残忍、不人道或有辱人格的待遇或处罚公约》[②]于1987年生效。1993年,特别报告员援引《禁止酷刑公约》和他自己的职权,讨论了特别程序和条约的互补性:[③]

641 5. 1987年11月26日选举了根据《禁止酷刑公约》第17条设立的[禁止酷刑]委员会。因此看来应该在本报告中将《公约》赋予委员会的职能与人权委员会所确定专题报告员的任务相互比较。

6. 首先,委员会只对那些已成为《公约》缔约国的国家有效,而专题报告员——就像人权委员会制订的所有主要程序的情况一样——可以联系联合

① E/CN. 4/1998/177, resolution 1998/9 of 3 April 1998.

② 《禁止酷刑和其他残忍、不人道或有辱人格的待遇或处罚公约》(1984年12月10日开放签署,1987年6月26日生效),《联合国条约集》第1465卷,第85页。

③ E/CN. 4/1988/17, para 5 et seq.

国所有会员国政府和所有在该组织具有观察员地位的国家政府。但是,更重要的是委员会的职能和专题报告员的职能在性质方面的差异。委员会必须确定《公约》缔约国是否根据该条约履行它们的义务。履行义务有以下各种方式:审议缔约国必须根据《公约》第十九条提交的报告并就这些报告发表意见;审议国家和个人的上诉(只要它这样做的职能得到《公约》第二十一条和第二十二条的承认);最后对有系统的酷刑行为的案件进行调查(只要在缔约国还未排除其进行这种调查的职能的时候)。因此其主要任务是确定个别国家是否履行或已经履行它们根据《公约》应尽的义务。所以,其职能可被称为准司法性的。

7. 专题报告员在有关酷刑问题上的职能是完全不同的。他必须就一般的酷刑现象向人权委员会——这个由政府代表组成的机构——报告。这一点反映在第1987/29号决议第12段所载的任务中,该决议请他就"他对有关酷刑问题的活动,包括这类做法的发生情况和严重程度,以及他的结论和建议"向人权委员会报告。

8. 为了执行这一任务,专题报告员与个别政府取得联系,要求有关为防止酷刑的发生和为在可能发生酷刑的地方弥补酷刑带来的后果所采取的立法和行政措施的资料。

9. 为了能够就酷刑做法的发生和程度提交报告,他有权为政府、政府间和非政府组织接受情报。这种情报不可避免地几乎总是涉及个别国家内发生的具体案件。任何时候他收到这种可信的情报,他就将情况提请有关政府注意,并请它提出意见。在这样做和随后向人权委员会报告的时候,他对每一个指控的根据的充分性不采取立场;与各国政府提交的意见一起收到的资料使他能够为委员会叙述世界上酷刑做法的发生及其程度的全貌。委员会和专题报告员的任务之间的一个重要差别是:委员会必须确定控诉是否有充足根据;专题报告员可提请政府注意指控,并请它们提出意见;鉴于这些意见和在政府代表与专题报告员之间可能进行的任何磋商,本报告包括了一般性 642
的结论和建议。

10. 但是,委员会的任务和专题报告员的任务之间可能还有一个更明显的差别。委员会像每个准司法性机构一样,基本上是被动的。除了《公约》第20条提到的开始进行调查的职权外,委员会必须等有关方提交报告后或提出诉讼后才能履行其职能。但是专题报告员被要求“牢记有必要对向他提交的确实可信的资料能够作出切实反映”，这一规定还包括在人权委员会所规定的其他任务之中，它已导致所谓的紧急行动程序。正是这一规定强调了人权委员会所设立的机构根本上的人道主义性质，提请有关政府注意具体的案件使得有可能避免潜在的侵犯人权行为。

11. 委员会的任务和专题报告员的任务两者之间的差别还可以有下述特点。委员会必须确定已接受一项条约的具体义务的国家是否遵守这些义务；如果没有遵守，委员会必须确定该有关国家违反了这些义务；这是确定国家责任的问题，在个人起诉的案件中，必须适用竭尽地方补救办法的传统规则。但是，人权委员会已制订了主要程序的文件，作为向已被国际社会认为不合法的行为进行斗争的一个工具和作为拯救这种不合法行为的潜在或实际受害者的一个手段。由此，强调之点在于“有效性”的内容和防御性措施的采取。

12. 所以，**委员会的任务和专题报告员的任务是相辅相成，而不是相互敌对的**。但是，对于各国政府来说，这两个分别的机构，其存在可能就意味着某种工作重叠；应尽可能避免这种重叠，例如，缔约国根据《公约》第十九条向委员会提交的定期报告也应提交给专题报告员；那么他就不需要在向委员会提交报告的空隙之间要求政府针对立法和行政措施提交资料了。但是，必须再次指出，这两个机构使用资料的方式有着根本差别，委员会需要这些资料，从而能够确定缔约国是否已经履行其条约义务；对专题报告员来说，这些资料之所以必需是因为能够使他得出防御性措施的存在的总格局，并在此基础上提出普遍性的建议。[①]

---

① E/CN. 4/1993/26 I paras 4-18，着重号为作者所加。（原文如此，本段引文实际上为特别报告员在其 1988 年向人权委员会提交的报告[E/CN. 4/1988/17]中所做的阐述；特别报告员在 1993 年对于两种机制的比较则主要侧重于定期访问居留点制度上的职责交叉问题，具体参见 E/CN. 4/1993/26 I paras 4-18，https://documents-dds-ny. un. org/doc/UNDOC/GEN/G93/100/96/img/G9310096. pdf?OpenElement。——译者注）

643

时间表：公约的产生

序号	通过年份	生效年份	标题
国际人权宪章(IBHR)			
IBHR	1966	1976	经济、社会及文化权利国际公约
	1966	1976	公民权利和政治权利国际公约
	1966	1976	公民权利和政治权利国际公约任择议定书
	1989	1991	旨在废除死刑的公民权利和政治权利国际公约第二项任择议定书
	2008	2013	经济、社会及文化权利国际公约任择议定书
其他核心公约			
1	1965	1969	消除一切形式种族歧视国际公约
2	1968	1970	战争罪及危害人类罪不适用法定时效公约
3	1973	1976	禁止并惩治种族隔离罪行国际公约(该条约所属条约机构于1995年2月17日结束工作)①
4	1979	1981	消除对妇女一切形式歧视公约
5	1984	1987	禁止酷刑和其他残忍、不人道或有辱人格的待遇或处罚公约 644
5a	2002	2006	禁止酷刑和其他残忍、不人道或有辱人格的待遇或处罚公约任择议定书
6	1985	1988	反对体育领域种族隔离国际公约
7	1989	1990	儿童权利公约
7a	2000	2002	儿童权利公约关于贩卖儿童、儿童卖淫和儿童色情制品问题的任择议定书
7b	2000	2002	儿童权利公约关于儿童卷入武装冲突问题的任择议定书

① E/CN. 4/1995/176, resolution 1995/10 of 17 February 1995:

非常满意地注意到南非的种族隔离时代已经结束……

决定从其第五十三届会议议程中删除题为“执行《制止及惩治种族隔离罪行国际公约》”的项目;

还决定自本决议通过之日起暂停三人小组会议。

（续表）

序号	通过年份	生效年份	标题
7c	2011	2014	儿童权利公约关于设定来文程序的任择议定书
8	1990	2003	保护所有移徙工人及其家庭成员权利国际公约
9	2006	2008	残疾人权利公约
9a	2006	2008	残疾人权利公约任择议定书
10	2006	2010	保护所有人免遭强迫失踪国际公约

A．国际人权法 645

国际人权宪章

国际人权法的基石国际人权宪章用了18年时间才告完成。尽管《世界人权宣言》在两年内(1946—1948年)即已完成,但相关国际公约直到1966年方获得通过并开放供签署和批准。此时,人权委员会已经开展了诸如咨询服务和国家定期报告等工作,相关内容可见本书第三章。

国际人权宪章的最终生效则用了大约30年。除了在人权委员会内工作的8年(1946—1954年)之外,联合国大会用了10年时间通过该国际公约。公约生效还需要35个国家提交批准书,这还需要10年时间。

导致流程拖延的原因有很多,尤其是国际政治形势——冷战,以及随着相当多的新会员国加入所导致的联合国会员性质的变化。这也导致人权委员会的成员规模(自1946年以来共有18个)在1962年(增加到21个)和1967年(增加到32个)不断扩大,后来又在1979年增加到43个,并在1992年增加到53个。这将对"伟大事业"的演进产生决定性影响——由前殖民地独立而形成的新兴国家不太愿意等待国际人权宪章生效,并敦促委员会采取更直接的行动。(见第六章,引言)

导致国际人权宪章形成过程漫长的另一个主要因素是对一个有效实施系统的寻求。这一延误的一个因素——如前所述——是在制定《经济、社会及文化权利国际公约》的执行条款时遇到的问题,这些条款不同于其"孪生兄弟",即负责监督《公民权利和政治权利国际公约》执行情况的人权事务委员会。

将人权分别列入两项公约,带来了两套不同的监督机制。如前所述(见第五章),尽管多年来公约的监督机构被赋予了相似的头衔(委员会[Committee]),但其法律地位有所不同。人权事务委员会根据《公民权利和政治权利国际公约》设立,而经济、社会及文化权利委员会则是由经济及社会理事会设立的。[1]

人权理事会启动了改变经济、社会及文化权利委员会法律地位的进程,除了征求各国政府和高级专员的意见外,理事会还请委员会"提交一份报告,概述有关

---

① Economic and Social Council, resolution 1985/17 of 28 May 1985.

这一问题的意见、提案和建议,以便协助实现上述目标”①。

经济、社会及文化权利委员会做出回应:

> 本委员会认为……这是一个及时和适宜的措施,但要考虑到目前正进行
> 646 起草一项任择议定书的进程。《任择议定书》将可促使委员会加强和增强其监测《公约》执行情况的工作,尤其是通过处理个人和集体来文的程序,审议缔约国的报告。②

高级专员的回复报告转达了各国政府的回应,包括各种选项,以及法律事务厅提交的一份文件,其中描述了两种选择(对《公约》提出修正案或者对《公约》缔约国开放的新议定书及相关程序)。③ 截至2007年,该事项仍未解决。④

1987年,人权委员会忆及1986年是两份国际公约通过二十周年,指出“只有一半的联合国会员国加入了这些国际公约”。委员会鼓励缔约国进一步加入和严格遵守两公约,并强调“避免因克减而损害人权的重要性”。它欢迎经济及社会理事会关于设立经济、社会及文化权利委员会的决定,并确认“该委员会自1987年起负责监督《经济、社会及文化权利国际公约》的执行情况”。⑤

因此可以说,国际人权法在20世纪70年代崭露头角。到那时,国际事态已发生改变,并且出现了一些情况,这些情况在人权委员会中以临时方式得到处理,最终形成并被接受为特别程序。除了特别程序之外,同一时期还起草了一系列人权文书。(见时间表:公约的出现)

随着起草国际人权文书的势头愈加猛烈,联合国大会提请各方注意。1986年,它强调了《世界人权宣言》《公民权利和政治权利国际公约》和《经济、社会及文化权利国际公约》在由联合国大会、联合国其他机关和各专门机构所制定的“一套广泛的人权领域国际标准”中的首要地位。大会重申了有效实施此类标准的根

---

① A/HRC/4/123, resolution 4/7 of 30 March 2007.

② A/HRC/6/20 Annex.

③ A/HRC/6/21 Annex.

④ A/HRC/6/22 Part Two: Summary of Proceedings III para 136. See also A/HRC/6/22, resolution 6/26 of 14 December 2007 and A/HRC/9/28, resolution 9/12 of 24 September 2008.

⑤ E./CN.4.1987/60, resolution 1987/26 of 10 March 1987.

本重要性,并认为标准制定应在"充分准备的情况下"进行。[①]

大会为制定人权文书提出一系列准则,即此类文书应:

> (a)同现有的整套国际人权法相一致;(b)具有根本性质并基于人的固有尊严和价值;(c)相当精确而规定有可以确定和可行的权利和义务;(d)适当时提供实际而有效的执行办法,包括报告制度;(e)取得广泛的国际支持。[②]

人权委员会请"参与制定人权领域国际文书的会员国以及小组委员会……在 647
从事这类工作时铭记大会制定的准则"[③]。

有效执行条约仍然是人权委员会经常关注的问题(见第七章B,挑战)。随着更多条约的完成和生效,委员会于1989年强调了1988年举行的条约机构负责人会议上所讨论的条约机构的有效运作问题,该会议产生了一套结论和建议,[④]其中一些迫切需要得到注意。[⑤]

该负责人会议于1984年首次召开,并于1988年再次召开。人权委员会对"人权事务委员会和经济、社会及文化权利委员会以严肃、积极的态度履行其职能"表示满意,并要求制定各种路线和方案,

> 在财力允许的范围内,考虑各种方式方法,在公约缔约国编写报告时给予协助,包括为负责编写报告的政府官员提供研究金,组织区域和分区域培训班,以及探讨人权领域的咨询服务方案还可能提供其他哪些服务。[⑥]

此时,人权领域技术援助自愿基金已得到设立,[⑦]主要是因为需要支持旨在提高对常规制度下国际人权程序和一般方案的了解的活动,目的是加强预防侵犯人权行为。这是了解"伟大事业"演进的一个重要方面,即随着条约报告的势头日益

---

① General Assembly forty-first session, resolution 41/120 of 4 December 1986.

② General Assembly forty-first session, resolution 41/120 of 4 December 1986.

③ E/CN. 4. 1987/60, resolution 1987/24 of 10 March 1987.

④ E/CN. 4/1989/62.

⑤ E/CN. 4/1989/86, resolution 1989/47 of 6 March 1989.

⑥ E/CN. 4/1989/86, resolution 1989/17 of 2 March 1989.

⑦ E. CN. 4/1987/60, resolution 1987/38 of 10 March 1987.

增长,产生了对咨询服务的需求——各国编写报告,并因此需要在联合国经常预算之外为其提供资金。

1990 年,人权委员会核准采用电子计算机系统,以支持条约机构的工作,强调"提议的系统的采用应符合联合国日内瓦办事处计算机化长期计划,并作为整个人权方案计算机化的第一步"①。

2000 年,人权委员会收到了秘书长关于两项国际公约现况的年度报告,②以及小组委员会要求提供的一份报告,其中"以表格形式说明了各缔约国做出的保留、声明和谅解的现况……所收到的有关这些保留、声明和谅解的任何信函以及收到的关于退出这些条约的任何通知"③。

648 人权委员会请两个公约委员会在审议各国的报告时,"继续查明联合国各部门、基金和方案以及专门机构可能采取的具体需要,包括通过联合国人权事务高级专员办事处的咨询服务和技术援助方案"④。

2015 年,人权理事会纪念"国际人权两公约通过五十周年及生效四十周年",并请高级专员为"周年纪念日庆祝活动和安排做出准备",同时决定就这一专题召开一次高级别小组讨论会,主题为"国际人权两公约五十周年:所有人权都是普遍、不可分割、相互依存、相互关联的"。⑤

2017 年,人权理事会决定召集"高级别小组讨论会,纪念《世界人权宣言》通过七十周年和《维也纳宣言和行动纲领》通过二十五周年,特别注重其中各项规定的执行情况,包括在这一领域加强国际合作的益处"⑥。

议定书

来文任择议定书(1966 年)

联合国大会于 1966 年完成了国际人权公约的相关工作。关于公约的执行条款,包括处理申诉的规定,在对国际公约草案的讨论接近尾声,也即大会处理这些

---

① E/CN. 4/1989/86, resolution 1989/46 of 6 March 1989; E/CN. 4/1990/94 resolution 1990/21 of 23 February 1990 and resolution 1990/25 of 27 February 1990.

② E/CN. 4/2000/89 and Annexes.

③ E/CN/4. 2000/96.

④ E/CN. 4/2004/127, resolution 2000/67 of 26 April 2000. See also E/CN. 4/202/2 resolution 2002/78 of 25 April 2002; E/CN. 4/2004/127, resolution 2004/69 of 21 April 2004.

⑤ A/HRC/29/2, resolution 29/1 of 2 July 2015.

⑥ A/72/53, resolution 35/1 of 22 June 2017.

公约草案 12 年后,获得审议通过:

> 在大会第二十一届会议[1966 年]上,第三委员会当前有人权委员会[在 1954 年]提出的草案中仍需审议的条款:关于执行措施的条款……和两项公约草案中相同的最后条款。①

这场讨论是由一项正式提案发起的,该提案提议将个人申诉的听讯作为《公民权利和政治权利国际公约》第四十一条第二款。② 经过讨论和若干提案,对个人申诉的处理被移至一项任择议定书中:

> 讨论主要集中在第四十一条第二款所载的内容应体现在《公约》草案中,
> 还是应载于其所附的单独议定书中。赞成将该条列入《公约》草案的人强调
> 单独的议定书会干扰文书的有机统一。另一些人则认为,尽管任择条款与另
> 一项议定书之间存在差异在法律上是不重要的,但《公约》本身存在这样一项 649
> 规定,可能会使许多国家在原则上不可能成为缔约国。③

联合国大会通过了经修正的任择议定书和两项国际公约,使国际人权宪章成为现实,并结束了"伟大事业"的第一个阶段。任择议定书于 1976 年 3 月 23 日生效。④

死刑(1989—1991 年)

1984 年,人权委员会向小组委员会提交了"旨在废除死刑"的《公民权利和政治权利国际公约》第二项任择议定书草案。⑤ 次年,委员会任命小组委员会成员马克・博苏伊特对关于第二项任择议定书的建议进行分析。⑥

---

① A/6546, para 5 citing E/2573 Annex I, and A/6342 Annex II.

② A/6546 para 474.

③ A/6546 para 485.

④ A 6546 para 568–593, 598–611, See also General Assembly resolution 2200A(XXI) of 16 December 1966.

⑤ E/CN. 4/1984/77, resolution 1984/19 of 6 March 1984.

⑥ E/CN. 4/1985/66, resolution 1985/46 of 14 March 1985. See also E/CN. 4/1987/60 decision 1987/104 of 10 March 1987; E/CN. 4/1988/88 decision 1988/104 of 7 March 1988 decision 2002/78 of 25.

委员会于1989年向联合国大会提交了比较分析报告和任择议定书草案，[①]《旨在废除死刑的公民权利和政治权利国际公约第二项任择议定书》于1989年通过，并于1991年生效。（见第十章，请愿权[1948—1966年]）

经济、社会及文化权利国际公约任择议定书（2001—2008年）

2001年，人权委员会任命了一名独立专家

> 参照经济、社会及文化权利委员会就关于《经济、社会及文化权利国际公约》来文审议办法任择议定书草案提交委员会的报告[②]……特别是《公约》任择议定书草案讲习班报告，研究《经济、社会及文化权利国际公约》任择议定书草案的问题。[③]

人权委员会于2003年设立了一个工作组，以"审议关于拟订《经济、社会及文化权利国际公约》任择议定书的意见"[④]。

《经济、社会和文化权利国际公约任择议定书》规定经济、社会及文化权利委员会有权受理和审议申诉。联合国大会于2008年12月10日通过了《任择议定书》，[⑤]该议定书于2013年5月5日生效。

650

核心公约

随着国际人权公约的生效及其实施势头加快，人权委员会继续通过制定具体领域的公约设置标准，这一任务涉及未来四十年的工作。

"伟大事业"进一步发展的第一步始于1962年，当时联合国大会请人权委员会和小组委员会准备关于消除种族歧视的宣言草案和公约草案，以及关于消除宗

① E/CN. 4/1989/86, resolution 1989/25, 6 March 1989.

② E/C. 12/1996/6 Annex IV.

③ E/CN. 4/2001/167, resolution 2001/30 of 20 April 2.

④ E/CN. 4/2002/200, resolution 2002/24 of 22 April 2002.

⑤ General Assembly, 63rd session, resolution 63/117 of 10 December 2008. See also AHRC/8/52, resolution 8/2 of 18 June 2008 and A/HRC/14/37, resolution 14/13 of 18 June 2010.

教权利和习俗方面的歧视的宣言草案和公约草案。[1]

种族歧视

(另见第二章,1946年——种族主义和种族歧视)

委员会的反应相对迅速;它于次年,即1963年,便向大会提交了《消除一切形式种族歧视宣言》草案,并继续就有关种族歧视的公约和关于宗教不容忍的两项文书开展工作。[2](见第二章,1960年——宗教不容忍)

联合国大会于1965年通过了《消除一切形式种族歧视公约》,[3]该《公约》于1969年1月4日生效。

在此基础上,大会于1965年11月1日请人权委员会和小组委员会"参照……对于经济、社会及文化领域的种族歧视情形所筹划之特别研究,建议联合国各有关机构为消除一切形式的种族歧视所可采取之任何措施"[4]。

人权委员会没有回应这一请求,部分原因是缺乏时间,部分则是由于小组委员会的特别研究仍处于准备阶段,但它仍将此事列入议程。[5]

多年来,人权委员会强烈支持《消除一切形式种族歧视国际公约》,呼吁尚未批准和加入《公约》的国家尽快这样做,并呼吁已经拟准和加入这些国际文书的国家加以执行,并呼吁它们"立即酌情采取积极措施,以限制一切形式的种族歧视、仇外心理和相关的不容忍现象"[6]。 651

2006年6月30日,在反对种族主义、种族歧视、仇外心理和相关的不容忍现象世界会议之后(南非德班,2001年8月31日至9月8日),人权理事会请高级专员选出一组

五位高水平的专家研究打击种族主义、种族歧视、仇外心理和相关不容忍现

---

① General Assembly seventeenth, resolutions 1780 (XVII) and 1781 (XVII) of 7 December 1962. 这两项决议措辞相同,都给了人权委员会一年时间提交宣言草案,公约草案的提交时间最长为三年。

② E/CN. 4/857, Resolutions 9 (XIX) of 2 April 1963 and 10 (XIX) of 3 April 1963.

③ General Assembly twentieth session, resolution 2106 (XX) of 21 December 1965.

④ General Assembly twentieth session, resolution 2017 (XX) of 1 November 1965.

⑤ E/CN. 4/916, E/CN. 4/916, Resolution 5 (XXII) of 1 April 1966.

⑥ E/CN. 4/1998/177, resolution 1998/26 IV of 17 April 1998; E/CN. 4/1999/167, resolution 1999/78 IV of 28 April 1999; E/CN. 4/1999/167, resolution 2000/14 IV of 17 April 2000; E/CN. 4/2001/167, resolution 2001/5 V of 18 April 2001; E/CN. 4/2002/200, resolution 2002/68 III of 25 April 2002.

象的现有国际文书……专家组与各人权条约机构、当代形式种族主义……问题特别报告员以及其他相关任务负责人协商,应编写一份基础文件,其中包含关于弥合这些差距的手段或途径的具体建议,包括但不限于起草《消除一切形式种族歧视国际公约》任择议定书或通过公约或宣言等新文书。

理事会请“消除种族歧视委员会通过补充建议或更新其监测程序,进一步研究如何采取措施加强《公约》的执行工作”。[①]

当年晚些时候,人权理事会成立了一个拟定补充标准特设委员会。特设委员会被要求

拟订补充标准,其形式为一项公约或《消除一切形式种族歧视国际公约》附加议定书,以弥补该《公约》中的现有缺陷,并提供新的规范标准,旨在反对一切当代形式的种族主义,包括煽动种族和宗教仇恨。[②]

高级专员还任命了一个由五位补充标准专家组成的小组,请他们“制作一份基础文件,概述《消除一切形式种族歧视国际公约》中的实质性差距,并对弥补这些差距的手段和途径提出具体的建议”[③]。2007 年,理事会“对五位专家……的任务没有完成感到遗憾”[④]。

2009 年,人权理事会批准了“特设委员会通过的蓝图……作为所有未来工作的指导性框架文件”[⑤]。理事会收到了特设委员会第三届和第四届会议的报告,[⑥]并请主席兼报告员进行进一步磋商,

以便按照其任务授权,筹备第五届会议,并收集具体提案供讨论下列专题之用:仇外心理;建立、指定或维持有能力防备和防止一切形式和表现的种族主

① A/61/53, resolution 1/5 of 30 June 2006.

② A/HRC/3/7 and resolution 3/103 of 8 December 2006, Rev. 1.

③ A/HRC/3/7 and resolution 3/103 of 8 December 2006, Rev. 1.

④ A/HRC/6/22, resolution 6/21 of 28 September 2007.

⑤ A/HRC/10/29, resolution 10/30 of 27 March 2009. See also ARC/13/56, resolution 13/18 of 25 March 2010. A/HRC/18/36; A/HRC/21/59.

⑥ A/HRC/21/2, resolution 21/30 of 28 September 2012.

义、种族歧视、仇外心理和相关不容忍现象的国家机制……以及与《消除一切形式种族歧视国际公约》有关的程序性缺陷。[①]

2017 年,人权理事会请特设委员会主席兼报告员“确保……开始关于将种族主义和仇外性质的行为定为刑事犯罪的《公约》附加议定书草案的谈判”[②]。

妇女(1963 年) 652

引言

关于妇女地位各个方面的国际法的制定可以追溯到联合国成立之初。

联合国大会于 1949 年通过了《禁止贩卖人口及取缔意图营利使人卖淫的公约》,该公约于 1951 年 7 月 25 日生效。《公约》在其序言中回顾了关于同一主题的若干其他国际文书:

> 一、经联合国大会一九四八年十二月三日所核定议定书修正之一九〇四年五月十八日之《禁止贩卖白奴国际协定》;
>
> 二、经同议定书修正之一九一〇年五月四日《禁止贩卖白奴国际公约》;
>
> 三、经联合国大会一二一九四七年十月二十日所核定议定书修正之一九二一年九月三十日《禁止贩卖妇孺国际公约》;及
>
> 四、经同议定书修正之一九三三年十月十一日《禁止贩卖成年妇女国际公约》。[③]

自 1946 年成立妇女地位委员会(见第一章 A,核心委员会[1946 年 4 月 29 日—5 月 20 日])以来,[④]联合国及其专门机构(特别是国际劳工组织)通过了许多文书,

---

① A/HRC/21/2, resolution 21/30 of 28 September 2012.

② A/72/53, resolution 34/36 of 24 March 2017.

③ See text at http://www.ohchr.org/EN/ProfessionalInterest//Pages/TrafficInPersons.aspx visited on 28 April 2016. 该《公约》还指出,“国际联盟于 1937 年拟定了一项公约草案,扩大了上述文书的范围”,并提到了自 1937 年以来的发展,“使缔结一项综合上述文书并体现 1937 年公约草案的实质内容以及其中的可取修改”。

④ The United Nations and the Advancement of Women 1945-1996-TheUnited Nations Blue Book Series, Vol VI, revised edition, I Chronology of events, page 77. See also http://www.un.org/womenwatch/daw/CSW60YRS/CSWbriefhistory.pdf, visited on January 27, 2020.

以处理保护妇女人权的各个方面问题。

1952 年,联合国大会通过了《妇女参政权公约》。该《公约》于 1954 年 7 月 7 日生效。同年,大会讨论了"妇女在私法上的地位:影响妇女人格尊严的习俗、陈旧法律和惯例"①。

1957 年,联合国大会通过了《已婚妇女国籍公约》,该《公约》于 1958 年 8 月 11 日生效。

1962 年,联合国大会通过了《关于婚姻之同意、结婚最低年龄及婚姻登记之公约》,该《公约》于 1964 年 12 月 9 日生效。

1974 年,联合国大会通过了《在非常状态和武装冲突中保护妇女和儿童宣言》。②

《消除对妇女一切形式歧视公约》(1963—1981 年)**及其任择议定书**(1999—2000 年)

653 1963 年,联合国大会请妇女地位委员会开始制定一项关于消除对妇女歧视的宣言草案。③ 大会推迟通过 1966 年提出的草案,称其无法"充分考虑宣言草案,因为"在经济及社会理事会和……大会上提交的大量修正案……以及妇女地位委员会成员的增加是合理的使得由委员会[对于妇女地位]重新审查案文正当化"④。

联合国大会最终于 1967 年 11 月 7 日通过了《消除对妇女一切形式歧视宣言》。⑤

大会于 1979 年通过《消除对妇女一切形式歧视公约》,该《公约》于 1981 年 9 月 3 日生效。1999 年 10 月 6 日,大会通过了《消除对妇女一切形式歧视公约任择议定书》。《任择议定书》于 2000 年 12 月 22 日生效,根据其第二条的规定,允许个人与妇女地位委员会接触:

> 来文可由声称因为一缔约国违反公约所规定的任何权利而受到伤害的该缔约国管辖下的个人或个人联名或其代表提出,如果代表个人或联名的个

① General Assembly ninth session, resolution 843 (IX) of 17 December 1954.

② See text at http://www.ohchr.org/EN/ProfessionalInterest/Pages/ProtectionOfWomenAndChildren.aspx visited on 28 April 2016.

③ General Assembly eighteenth session, resolution 1921 (XVIII) of 5 December 1963.

④ General Assembly twenty-first session, resolution 2199 (XXI) of 16 December 1966.

⑤ General Assembly twenty-second session, resolution 2263 (XXI) of 7 November 1967.

人提出来文,应征得该个人或联名的个人同意,除非撰文者能说明有理由在未征得这种同意时,可由其代表他们行事。[①]

(见第二章,1993 年——妇女)

酷刑(1976 年)

(见第二章,1963 年——司法行政,酷刑[1975 年])

《保护人人不受酷刑和其他残忍、不人道或有辱人格的待遇或处罚宣言》(1975 年)

1975 年 12 月 9 日,联合国大会通过了《保护人人不受酷刑和其他残忍、不人道或有辱人格的待遇或处罚宣言》,"作为所有国家和行使有效权力的其他实体的指导方针"[②]。

在同一届会议上,大会请人权委员会研究酷刑问题,

及任何必要的措施,以(a)确保有效执行《保护人人不受酷刑和其他残忍、不人道或有辱人格待遇或处罚宣言》;(b)依据《人人有不受任意逮捕、拘禁和放逐的权利》研究,及其中所载不受任意逮捕和拘禁的自由的原则草案,拟订一套关于保护所有受任何形式拘留或监禁者的守则。[③] 654

大会还请预防和控制犯罪委员会"拟订一项执法人员行为守则草案,并……将该守则草案提交大会第三十三届会议"。它请世界卫生组织"进一步注意研究和拟订与保护遭受任何形式拘留或监禁的人免遭酷刑……有关的医学伦理原则"。[④]

人权委员会于 1976 年着手处理防止酷刑的问题。它面前的议程项目包括几个分项目,具体而言有:

---

① See text at http://www.ohchr.org/EN/ProfessionalInterest/Pages/OPCEDAW.aspxvisited on 27 January 2020.

② General Assembly thirtieth session, resolution 3452 (XXX) of 9 December 1975 Annex.

③ General Assembly thirtieth session, resolution 3453 (XXX) of 9 December 1975.

④ General Assembly thirtieth session, resolution 3453 (XXX) of 9 December 1975.

> (a) 确保有效遵守《保护人人不受酷刑和其他残刑和其他残忍、不人道或有辱人格待遇或处罚宣言》的必要步骤;
>
> (b) 预防和控制犯罪委员会的报告;
>
> (c) 研究人人免于任意逮捕、拘留和流放的权利,研究被捕者与有必要咨询的人联系的权利……并起草关于免于任意逮捕和拘留的原则;
>
> (d) 在《人人免遭任意逮捕、拘留和流放的权利研究》及其所载原则草案的基础上,为保护所有遭受任何形式拘留或监禁的人制定一整套原则。①

人权委员会请小组委员会以其在研究过程中拟定的原则为基础,为保护所有遭受任何形式拘留或监禁的人制定一套原则。② 同年,小组委员会任命了一位特别报告员埃里克·奈特尔(Erik Nettel),"与秘书处合作,制定保护所有遭受任何形式拘留或监禁的人的原则初稿"③。

随后联合国大会(1976 年)重申,"它认为需要进一步努力,以帮助确保充分保障护所有人免遭酷刑",它请经济及社会理事会

> 适当优先地审议预防及控制犯罪委员会第四届会议所提《囚犯待遇最低限度
> 655 标准规则》新的第九十五条规则草案内载的建议,即设法确使《最低限度标准
> 规则》适用于所有已经或未经指控和判罪而受逮捕或拘禁的人;并适当优先
> 地审议关于有效执行这一套规则的程序草案。④

大会请人权委员会就制定保护所有遭受任何形式拘留或监禁的人的一整套原则提交一份综合报告。它还请世界卫生组织编写一份关于保护所有遭受任何形式拘留或监禁的人免受酷刑的医学伦理守则草案。⑤

---

① E/CN. 4/1213 XII paras 159-163; A/CONF. 189/PC. 3/5.

② E/CN. 4/1213, resolution 10 (XXXII) of 5 March 1976. 委员会阐明:"(a)人人免于任意逮捕、拘留和流放的权利的研究;(b)关于免于任意逮捕和拘留的原则草案;(c)研究被捕者与他们为确保他们的辩护或保护他们的基本利益而需要咨询的人进行交流的权利。"

③ E/CN. 4. Sub. 2/378 XVII section B, para 2.

④ General Assembly thirty-first session, resolution 31/85 of 13 December 1976.

⑤ General Assembly thirty-first session, resolution 31/85 of 13 December 1976.

1977 年,人权委员会将大会的要求转达给小组委员会,[1]并根据小组委员会特别报告员的建议,成立了一个由五名成员组成的工作组,以编写一份经过修订的原则草案。[2]

《禁止酷刑和其他残忍、不人道或有辱人格的待遇或处罚公约》(1977—1984 年)

是年,联合国大会请人权委员会"根据其前一年通过的《宣言》所体现的原则,起草一份关于酷刑的公约草案,并要求一份进度报告。[3] 此外,大会请委员会继续特别关注"释放因参与反对种族隔离、种族主义、种族歧视以及争取民族自决、独立和社会进步而被拘留或监禁的个人"的问题。[4]

1978 年,人权委员会收到瑞典提出的禁止酷刑公约草案、国际刑法协会(the International Association of Penal Law)提出的防止和禁止酷刑公约草案[5]以及小组委员会报告的相关部分[6],其中载有关于原则草案的辩论摘要。委员会设立了一个非正式的不限成员名额工作组,以起草公约的初稿。

同样值得注意的是,应联合国大会的要求,[7]人权委员会于 1981 年将联合国智利信托基金重新指定为联合国酷刑受害者自愿基金。[8] 这一智利信托基金由人权委员会于 1978 年设立,旨在向在智利境内被拘留或监禁侵犯人权的人、被迫离开该国的人和上述类别人员的亲属分配人道主义、法律和经济援助。[9] (见第三章,1978 年——自愿基金)

对禁止酷刑公约草案的审议恰与儿童权利公约草案的引入同步(后者由波兰 656
提出)。在接下来的几年中,这两项公约并行起草,各自都由人权委员会在相互独立的工作组中审议。(见下文,《儿童权利公约》[1978—1990 年])

除了就禁止酷刑公约和《保护所有遭受任何形式拘留或监禁的人的原则草

---

① E/CN. 4/1257, resolution 8 (XXXII) of 4 March 1977.

② E/CN. 4/1292, resolution 19 (XXXIV) of 7 March 1978.

③ Convention against Torture and Other Cruel, Inhuman or Degrading Treatment or Punishment (adopted on 10 December 1984 and entered into force on 26 June 1987). UNTS, vol. 1465, page 85.

④ General Assembly thirty-second session, resolution 32/62 of 8 December 1977.

⑤ E/CN. 4/NGO/213.

⑥ E/CN. 4/126I, Chapter IX.

⑦ General Assembly thirty-fifth session, resolution 35/190 of 15 December 1980.

⑧ E/CN. 4/1475, resolution 35 (XXXVII) of 11 March 1981.

⑨ E/CN. 4/1292, resolution 13 (XXXIV) of 6 March 1978. See also E/CN. 41983/60, resolution 1983/19 of 22 February 1983 and E/CN. 4/1988/88, resolution 1988/of 35 August 1988.

案》开展工作外，人权委员会于1979年首次审议了失踪者问题，[1]委员会未能就其面前的两项提案达成妥协，并决定将它们提交给下届会议。[2]（见下文，失踪［1980—2006年］）

1980年，人权委员会在公约起草方面取得了重大进展，通过了许多条款。[3] 这种情况在1981年得以持续，当年讨论了公约的执行问题。[4]

1984年，人权委员会将公约草案连同其记录一起送交联合国大会，并请各国政府及时发表意见，以便大会审议并通过公约。[5]

联合国大会于1984年12月10日通过了《禁止酷刑和其他残忍、不人道或有辱人格的待遇或处罚公约》并开放以供批准，[6]其于1987年6月26日生效。

1985年，人权委员会设立了一名特别报告员，负责"审查与酷刑有关的问题"，并授权特别报告员"从各国政府以及专门机构、政府间组织和非政府组织寻求并获得可信和可靠的资料"，请特别报告员"在执行他的任务时，牢记必须能够对他面前的可信和可靠的信息做出有效的反应，并谨慎地开展他的工作"。[7]（参见第六章，1985年——酷刑）酷刑问题特别报告员的任务规定持续至今。[8]

1987年6月26日，《禁止酷刑公约》生效。人权委员会对这一发展表示欢迎，并强调

> 禁止酷刑委员会必须尽早注意制定一个关于报道各缔约国执行情况的有效制度，在这样做时应适当地考虑到秘书长关于报道方式和人权委员会活动，以及根据人权领域里有关国际文书设立的其他条约机构活动的准则草案。[9]

---

① E/CN. 4/1347, resolutions 17 and 18 of 14 March 1979.

② E/CN. 4/1347 VIII C, paras 187-191.

③ E/CN. 4/1408, resolution 34 (XXXVI) of 12 March 1980.

④ E/CN. 4/1475, resolution 25 (XXXVII) of 10 March 1981. See also E/CN. 4/1982/30, resolution 1982/44 of March 1982; E/CN. 4/1983/60, resolution 1983/48 of 9 March 1983.

⑤ E/CN. 4/1984/77, resolution 1984/21 of 6 March 1984.

⑥ General Assembly thirty-ninth session, resolution 35/46 of 10 December 1984.

⑦ E/CN. 4/1985/66, resolution 1985/33 of 13 March 1985.

⑧ E/CN. 4/1986/65, resolution 1986/50 of 13 March 1986; E/CN. 4/1987/60, resolution 1987/29 of 10 March 1987; E/CN. 4/1989/86, resolution 1989/33 of 6 March 1989.

⑨ E/CN. 4/1988/88, resolution 1988/36 of 8 March 1988.

1989年,人权委员会欢迎禁止酷刑委员会的第一份报告。[①] 在1990年延长其任务期限时,委员会注意到特别报告员于1989年4月18日与禁止酷刑委员会交换了意见,并欢迎特别报告员打算随时了解以其自身的工作, 657

> 欢迎特别报告员有意了解按照《欧洲禁止酷刑和不人道或有辱人格的待遇或处罚公约》成立的委员会的工作,并视需要与它取得联系,认为该委员会的工作有助于取得有益的经验,以更易于确定这样一种定期访问的制度是否也适用于其他区域或在世界范围内实行。[②]

人权委员会强调"法律和安全人员培训方案的重要性,并请有关国家政府注意……咨询服务方案在这方面提供的可能性"[③]。

2007年,人权理事会纪念《禁止酷刑公约》生效二十周年,发表主席声明表示支持和"深切赞赏该《公约》……生效,以作为全面消除酷刑的一项核心文书"[④]。

《禁止酷刑公约》任择议定书(2002年)

1980年3月6日,哥斯达黎加提出了一项《禁止酷刑公约》任择议定书草案,其中规定专家委员会定期访问公约缔约国管辖范围内的拘留或监禁场所。[⑤] 该提案直到1986年才得到讨论,当时人权委员会决定推迟对任择议定书草案的审议。[⑥] 1989年,委员会再次推迟审议拟议的任择议定书,

> 考虑到该任意议定书草案极为重要,有可能为有效防止酷刑向前迈出一大步,并认为在审议该任意议定书草案之前,宜注意到1989年2月1日正式生

① A/43/46. See also E/CN. 4/1989/86, resolution 1989/29 of 6 March 1989.

② E/CN. 4/1990/94, resolution 1990/34 of 2 March 1990. See also E/CN. 4/2000/167, resolution 2000/43 and Annex of 20 April 2000; E/CN. 4/2001/167, resolution 2001/62 of 25 April 2001.

③ E/CN. 4/1990/94, resolution 1990/34 of 2 March 1990. See also E/CN. 4/2000/167, resolution 2000/43 and Annex of 20 April 2000; E/CN. 4/2001/167, resolution 2001/62 of 25 April 2001.

④ A/HRC/6/22, PRST/6/2, 28 September 2007.

⑤ Optional Protocol to the Convention against Torture and Other Cruel, Inhuman or Degrading Treatment or Punishment (opened for signature on 4 February 2003 and entered into force on 22 June 2006). United Nations Treaty Series, vol. 2375, p. 237; see also General Assembly, fifty-seventh session, resolution 57/199 of 9 January 2003. Annex to E/CN. 4/1409.

⑥ E/CN. 4/1986/65, resolution 1986/56 of 13 March 1986.

效的《欧洲禁止酷刑和不人道或有辱人格的待遇或处罚公约》的经验以及其他地区为设立区域拘留场所视察体制而进行的工作。[①]

658 1992年,人权委员会审议了“哥斯达黎加政府于1991年1月22日提出的任择议定书草案的案文……旨在建立一个探视拘留场所的预防制度”。该草案是“哥斯达黎加在1980年提交的草案的修订版,其中考虑了自那时以来国际反酷刑斗争的发展”[②]。

人权委员会设立了一个工作组,以拟订《禁止酷刑公约》任择议定书草案,该项工作以哥斯达黎加的草案为讨论基础,“并考虑通过该草案的影响以及任择议定书草案、区域性文书和禁止酷刑委员会之间的关系”[③]。

1997年,随着工作组继续开展工作,人权委员会邀请各国政府、专门机构和相关政府间组织和非政府组织,以及禁止酷刑委员会主席和酷刑问题特别报告员,一同参加工作组的活动。[④]

《禁止酷刑和其他残忍、不人道或有辱人格的待遇或处罚公约任择议定书》于2002年制定完成,[⑤]并于2006年生效。该议定书的目标是“建立一个由独立的国际和国家机构定期访问被剥夺自由的人们所在之处的制度”[⑥]。

儿童(1951年)

(另见第二章,1957年——儿童;第六章B,1990年——儿童)

《儿童权利宣言》(1959年)

1951年,由社会委员会(与人权委员会类似,是经济及社会理事会的一个职能委员会)起草的儿童权利宣言草案被提交给人权委员会,但直到1957年,委员会才开始审议该文件,并在两年后完成宣言草案的审议工作,于1959年将其提交给

① E/CN. 4/1989/86, decision 1989/104 of 6 March 1989.

② E/CN. 4/1992/84, resolution 1992/43 of 1 March 1992.

③ E/CN. 4/1992/84, E/CN. 4/1992/84, resolution 1992/43 of 1 March 1992.

④ E/CN. 4/1997/150, resolution No. 1997124 of 11 April 1997. See also E/CN. 4/1996/177, resolution 1996/37 of 19 April 1996.

⑤ E/CN. 4/2002/200, resolution 2002/33 of 22 April 2002, see also E/CN. 4/1998/177, 1998 of 17 April 1998/34; E/CN. 4/1999/167, 26 April 1999, 1999/30; E/CN. , 4/2000/167, 20 April 2000, 2000/35 resolution; E/CN. 4/2001/167, resolution 2001/44 of 23 April 2001.

⑥ A/61/53 PRST/1.

经济及社会理事会。[①]

联合国大会于1959年11月20日通过了《儿童权利宣言》。[②]

如前所述(见第二章),联合国大会在1962年请人权委员会就在国际权利公约草案中列入关于儿童权利的条款提供意见,但没有得到执行。委员会之所以没有采取任何行动,是因为只收到了"极少数来自政府的响应大会呼吁的意见"[③]。 659

《儿童权利公约》(1978—1990年)

1978年,随着波兰提出一项公约草案,人权委员会恢复了有关儿童权利的立法活动。[④] 在介绍提案时,

> 波兰代表回顾说,大会于1959年通过了《儿童权利宣言》……在大会宣布该宣言的原则近二十年后,现在是采取进一步和更一致的行动,以公约的形式通过一项具有国际约束力的文书的时候了,并表示公约草案应以《儿童权利宣言》的原则为基础。[⑤]

人权委员会在1979年[⑥]和1988年[⑦]审议了该草案,并于1989年在委员会中通过公约草案并将其提交至联合国大会,[⑧]大会于1989年11月20日通过《儿童权利公约》,该《公约》于1990年9月2日生效。[⑨] 1999年,人权委员会欢迎

> 已有数目空前的一百九十一个国家批准或加入《儿童权利公约》……[呼吁缔约国]全面执行《公约》,确保《公约》所载权利受到没有任何歧视的尊重,有

---

① E/CN. 4/789, resolution 5 (XV) of 8 April 1959.

② Fourteenth session of the General Regulations No. 1386 (XIV) of 20 November 1959.

③ E/CN. 4/857, resolution 11 (XIX) of 20 March 1963.

④ Convention on the Rights of the Child (adopted on 20 November 1989, entered into force on 2 September 1990). United Nations Treaty Series, Vol. 1577, page 3. See also General Assembly, forty-fourth session, resolution 44/25 of 20 November 1989.

⑤ E/CN. 4/1292 XIX para. 306. See also E/CN. 4/1292, resolution 20 (XXXIV) of 8 March 1978. For the text of the draft convention, see Annex to the resolution.

⑥ E/CN. 4/1347, resolution 20A (XXXV) of 14 March 1979.

⑦ E/CN. 4/198/88, resolution 1988/75 of 10 March 1988.

⑧ E/CN. 4/1989/86, resolution 1989/57 of 8 March 1989.

⑨ Convention on the Rights of the Child, Article 49.

> 关儿童的一切行动首先考虑到儿童的最大利益,儿童能就影响他们的事务发表见解,这些见解得到听取和适当重视。①

人权委员会请其特别程序

> 以及联合国系统所有其他有关机关和机制以及专门机构……在执行任务时经常、有系统地考虑到儿童权利这一视角,特别是要注意儿童面临危险及其权利受到侵犯等具体情况,并考虑到儿童权利委员会的工作。②

2002 年 11 月,随着对《公约》第四十二条第二款的修正,儿童权利委员会的成员增至 18 名。③

660 2014 年,人权理事会庆祝《儿童权利公约》通过二十五周年。④

《儿童权利公约》任择议定书(1994 年—2000 年—2011 年)

1993 年,人权委员会关注了武装冲突对儿童的影响(见第二章,1957 年——儿童,武装冲突中的儿童[1984 年])。⑤ 它"对招募儿童加入武装部队的做法继续存在感到遗憾,深为忧虑冲突地区丧失生命或受到严重伤害以致终生残疾的儿童人数惊人,惊悉若干特别有杀伤力的武器,特别是杀伤地雷,在冲突终止后很久仍然造成伤亡,忧心地指出儿童经常是这类武器,特别是杀伤地雷的主要受害者之一"⑥。

1994 年,人权委员会设立了两个平行运作的工作组。一个"作为优先事项并与特别报告员和儿童权利委员会密切合作,负责拟订起草一个关于贩卖儿童、儿

① E/CN. 4/1999/167, resolution 1999/80 part I of 28 April 2018.

② E/CN4/2000/167, resolution 2000/85 of 27 April 2000.

③ General Assembly fiftieth session, in its resolution 50/155 of 21 December 1995, approved the amendment to article 43, paragraph 2, of the Convention on the Rights of the Child.

④ A/HRC/27/2 PRST 27/1, 26 September 2014.

⑤ 《儿童权利公约》共有三项任择议定书,分别为:《儿童权利公约关于儿童卷入武装冲突问题的任择议定书》(2000 年 5 月 25 日通过,2002 年 2 月 12 日生效);《儿童权利公约关于贩卖儿童、儿童卖淫和儿童色情制品问题的任择议定书》(2000 年 5 月 25 日通过,2002 年 1 月 18 日生效);《儿童权利公约关于设定来文程序的任择议定书》(2011 年 12 月 9 日通过,2014 年 4 月 14 日生效)。

Optional Protocol to the Convention on the Rights of the Child on the involvement of children in armed conflict (adopted on 25 May 2000 and entered into force on 12 February 2000.)

⑥ E/CN. 4/1993/122, resolution 1993/83 of 10 March 1993.

童卖淫和儿童色情制品的《儿童权利公约》任择议定书草案的准则”[1]。另一个工作组成立后,

> 将拟订《儿童权利公约》[关于儿童卷入武装冲突的问题]任择议定书草案作为优先事项,并以……儿童权利委员会提出的任择议定书初稿作为其讨论的基础。[2]

随后在 1999 年,人权委员会请“工作组在 2000 年初举行会议,以取得进一步进展,以期在《公约》生效十周年之前完成其工作”。委员会还向负责起草关于武装冲突中儿童问题任择议定书的工作组发出了类似的呼吁,“请工作组主席继续进行广泛的非正式协商,以促进早日就任择议定书达成协议,并且如有可能,在 1999 年底之前就此提出报告,包括关于如何完成正式谈判的建议”。[3]

人权委员会于 2001 年 4 月 26 日通过了两项任择议定书,[4]并将其送交联合国大会,后者于 2000 年 5 月 25 日通过两份文书。《关于贩卖儿童、儿童卖淫和儿童色情制品问题的任择议定书》于 2000 年 1 月 18 日生效,《关于儿童卷入武装冲突问题的任择议定书》于 2002 年 2 月 12 日生效。[5]

人权理事会在 2009 年表示支持《儿童权利公约》及其任择议定书,呼吁加强执行措施,并申明“以定期、系统和透明的方式,将……条款规定纳入理事会工作……并请特别程序和其他人权机制……在履行其职责的过程中……考虑相关 661
规定”。它表示“对延迟任命负责暴力侵害儿童问题的秘书长特别代表深表关切”。[6]

同年晚些时候,人权理事会开始编写另一项任择议定书,以提供一个来文程

① E/CN. 4/1994/132, resolution 1994/90 of 9 March 1994.

② E/CN. 4/1994/132, resolution 1994/91 of 9 March 1994.

③ E/CN. 4/1999/167, resolution 1999/80 of 28 April 1999, Parts III and IV. See also E/CN. 4/1998/177, resolution 76IV of 22 April 1998.

④ E/CN. 4/2000/167, Annexes A and B to resolution 2000/59 of 26 April 2000.

⑤ General Assembly Fifth session, resolution 54/263 of 25 May 2000.

⑥ A/HRC/10/29, resolution 10/14 of 26 March 2009.

序,“作为《公约》规定的报告程序的补充”①。2011 年,理事会通过了关于来文程序的任择议定书,并将其提交给联合国大会,后者在 2011 年 12 月 19 日通过该文书。②《儿童权利公约关于设定来文程序的任择议定书》于 2014 年 4 月 14 日生效。③

儿童权利委员会根据《关于设定来文程序的任择议定书》接收来文,并监测了另外两项任择议定书的执行情况。(见第十章 C,请愿权[1948—1966 年],儿童权利委员会[2014 年])

种族隔离

南非政府实施的种族隔离政策自 1946 年以来一直在联合国大会上被讨论。1974—1994 年间,南非因其政策而被暂停联合国会员资格。人权委员会亦同时关注歧视问题,其中便包括种族歧视。1967 年,联合国大会反对种族隔离特别委员会就虐待被拘留者问题与人权委员会进行了接触,随后委员会设立了第一次特别调查,从而形成了今天众所周知的“特别程序”。(见第六章 A,1967 年——南非)

《禁止并惩治种族隔离罪行国际公约》(1971 年)

人权委员会于 1971 年首次直接参与该项工作,当时大会向委员会发送了一份公约草案和一份可能的《消除一切形式种族歧视公约》的议定书草案。大会请委员会作为优先事项起草一项关于禁止并惩治种族隔离罪行的公约。④ 委员会于次年将公约草案提交大会,大会于 1973 年 11 月 30 日通过并开放批准。1976 年 7 月 18 日,《禁止并惩治种族隔离罪行国际公约》生效。⑤

1977 年,根据《公约》第九条,人权委员会决定任命一个由三名成员组成的小组,负责审议缔约国根据《公约》第七条提交的报告。⑥

662 三人小组于 1978 年向人权委员会报告了其第一次会议情况。除此之外,该小

① A/HRC/11/37, resolution 11/1 of 17 June 2009. See also A/HRC/13/56, resolution 13/3 of 24 March 2010.

② A/HRC/17/2, resolution 17/18 of 17 June 2011.

③ General Assembly, sixty-sixth session, resolution 66/138 of 19 December 2011. See also A/HRC/17/2, resolution 17/18 of 17 June 2011.

④ General Assembly twenty-sixth Session, Resolution 2786 (XXVI) of 6 December 1971. See also E/CN. 4/1097, resolution 4 (XXVI) of 23 March 1972.

⑤ E/CN. 4/1127, resolution 16 (XXIX) of 2 April 1973. See also paragraphs 59-77.

⑥ E/CN. 4/1257, resolution 13 (XXXII) of 11 March 1977.

组还起草了报告准则以协助各国准备其报告,以及六起犯有种族隔离罪的案件的初步名单。委员会继续采用同样的安排审查缔约国根据《公约》提交的报告,同时敦促该《公约》得到进一步批准。[①]

随着 1994 年南非种族隔离制度的结束,人权委员会于 1995 年正式从其议程中删除了执行《公约》的项目,并暂停了负责报告《公约》执行情况的三国集团会议。[②] 截至 2019 年,《公约》共有 109 个缔约国和 31 个签署国。[③]

体育领域中的种族隔离(1985 年)

联合国大会于 1977 年 12 月 14 日通过了《反对体育领域种族隔离的国际宣言》。[④] 它还任命了一个特设委员会起草《反对体育领域种族隔离国际公约》,该《公约》于 1985 年完成,大会随即予以通过,[⑤]《反对体育领域种族隔离国际公约》于 1988 年 4 月 3 日生效。

移徙工人:劳动力剥削和秘密贩运(1973 年)

1973 年,人权委员会认为要采取有效行动防止对非法劳工贩运受害者的剥削,需要采取旨在加强对外国工人人权的保护的综合措施,它敦促各国批准相关的国际劳工组织的有关公约,"特别是《关于移徙就业的公约》(1949 年修订的第 975 号公约)",并缔结与移徙就业有关的双边协议。它请小组委员会"建议可能需要采取哪些进一步措施来保护不区分外国工人的人权";并请妇女地位委员会"审查关于剥削非法贩卖劳工的受害者,特别是年轻妇女的问题"。[⑥]

小组委员会委托其一名成员哈利玛 · 瓦尔扎齐编写一份研究报告,[⑦]该研究

---

① E/CN. 4/1292, resolution 7 (XXXIV) of 22 February 1978.

② E/CN. 4/995/176, resolution 1995/10 of 17 February 1995. 在此过程中,委员会确认"国际公约将涵盖南非以外可能存在的种族隔离做法的潜在情况"。

③ See United Nations Treaty Series, Chapter IV Human Rights: https://treates. un. org/Pages/ViewDetails. aspx? src = TREATY&mtdsg_no = IV-7&chapter = 4&langen#1 visited on 25 August 2015.

④ International Convention against Apartheid in Sport (adopted on 10 December 1985, entered into force on 3 April 1988). United Nations Treaty Series, vol. 1500, p. 161. See also General Assembly, fortieth session, resolution 40/64 of 10 December 1985. Thirty-second session of the General Assembly, resolution 32/105M of 14 December 1977.

⑤ General Assembly Fortieth Session, resolution 40/64G of 10 December 1985 Annex.

⑥ E/CN. 4/1127, resolution 3 (XXIX) of 13 March 1973.

⑦ E/CN. 4/1154, XIX. B Decision No. 4 of March 6, 1974, Labour exploitation through illegal and clandestine trafficking.

在十年后(1984年)得到人权委员会的认可。① 与此同时,从1977年开始,委员会
663 建议经济及社会理事会处理通过非法和秘密方式贩运剥削劳工的问题,同时"考虑到现有的国际文书以及关于该主题的相关研究和报告"。②

1978年,人权委员会要求一份综合报告,"最好包括使委员会能够确定其未来行动范围的建议",并请其工作组"提交具体建议"。③ 次年,委员会决定:

> 优先考虑……三个问题:"(i)保护移徙工人的子女免受任何形式的歧视,以及为促进他们适应东道国文化而应采取的措施,同时保持和发展他们的知识——原籍国的语言和民族文化的优势……(ii)非法贩运此类工人对移徙工人人权的侵犯……(iii)移徙工人在企业、行政部门、法院和反对一切形式的任意驱逐方面获得救济。"④

《保护所有移徙工人及其家庭成员权利国际公约》(1990年)

联合国大会于1979年设立了一个工作组以编写有关该问题的公约草案。⑤ 在工作组制定公约的过程中,人权委员会给予支持,敦促"目的地国审查并酌情采取措施防止过度使用武力,并通过举办人权培训课程,确保其警察部队和主管移民当局遵守与移徙工人及其家人体面待遇有关的基本准则"⑥。

1995年,人权委员会根据《维也纳宣言和行动纲领》"敦促所有国家保证保护所有移徙工人及其家人的人权……[并呼吁所有国家]考虑将签署和批准或加入《保护所有移徙工人及其家庭成员权利国际公约》作为优先事项"⑦。

1998年,人权委员会对"世界各地严重的种族主义、仇外心理和其他形式的歧

① E/CN. 4/1984/77, resolution 1984/38 of 12 March 1984. See E/CN. 4/Sub. 2//L. 640.

② E/CN. 4/1257, resolution 12 (XXXII) of 11 March 1977.

③ E/CN. 4/1292, resolution 21B (XXXIV) of 8 May 1978.

④ E/CN. 4/1347, resolution 25 (XXXV) of 14 March 1979.

⑤ 《保护所有移徙工人及其家庭成员权利国际公约》(1990年12月18日通过,2003年7月1日生效),《联合国条约集》第2220卷,第3页。另参见 General Assembly, forty. Fifth session, resolution 45/158 of 18 December 1990, General Assembly, thirty-fourth session, resolution 34/172 of 17 December 1979。

⑥ E/CN. 4/1996/177, resolution 1996/18 of 27 April 1999, see also E/CN. 4/1475, 37 of 12 March 1981 (XXXVI) resolution.

⑦ E/CN. 4/1995/176, resolution 1995/21 of 24 February 1995.

视以及对移徙工人不人道和有辱人格的待遇”表示关切。委员会欢迎“发起使《公约》生效的全球运动”。[①]

2000年,人权委员会再次呼吁各国政府“将签署、批准或加入《公约》作为优先事项,并希望《公约》早日生效……只需再有8个国家批准或加入即可生效”[②]。 664
并且在2002年,“表示希望《公约》将早日生效,因为……只需要再有一个国家批准或加入”[③]。

人权委员会在2002年再次提到保护移徙工人及其家庭成员的问题,请

> 各国政府采取具体措施,防止过境期间对移民人权的侵犯,包括在港口、机场、边界和移民检查站对移民人权的侵犯,对在上述设施和边界地区工作的国家官员进行培训,对移民及其家属要尊重,依法行事,并对移民及其家属从原籍国前往目的地国和从目的地国返回原籍国期间,包括通过国家边界期间,对任何侵犯他们人权的行为,除其他外包括任意拘留、酷刑和侵犯生命权、包括法外处决,根据适用的法律予以起诉。[④]

联合国大会于1990年12月18日通过了《保护所有移徙工人及其家庭成员权利国际公约》。但它于2003年7月1日方才生效。[⑤]

《移徙工人公约》与其他公约形成了鲜明对比。它花了13年的时间才获得20份批准书,最终得以生效。截至2019年7月1日,该《公约》共有54个缔约国,是核心公约中最少的——大多数移民接收国不在其中。根据《公约》第七十六条和第七十七条提出的申诉程序亦尚未生效。(见时间表:公约的出现)

移徙工人的境况属于人口流动这一总体现象中的具体问题。这些流动通常既是广泛侵犯人权行为的结果,也是其原因。始于1981年的“人口大规模流亡”研究是最早的专题特别程序之一(见第六章B,1981年——人口大规模流亡)。

---

① E/CN. 4/1998/177, resolution 1998/15 of 9 April 1998.

② E/CN. 4/2000/167, resolution 2000/49 of 25 April 2000. See also E/CN. 4/2001/167, resolution 2001/53 of 24 April 2001.

③ E/CN. 4/2002/200, resolution 2002/54 of 25 April 2002.

④ E/CN. 4/2002/200, resolution 2002/59 of 25 April 2002.

⑤ General Assembly Forty-fifth session, resolution 45/158 of 18 December 1990. See also Commission on Human Rights resolutions 2003/48 of 23 April 2003; 2004/56 of 20 April 2004.

1983年,秘书长提到出现人口流动的现象:

> 越来越多的人因迫害而逃离家园和国家——这是当代文明的持续性污点。事实上,国际社会最近不得不处理许多直接由于缺乏对其基本人权和基本自由的尊重而导致大量人口外流的情况……这个问题值得委员会继续关注。就此而言,它将尽最大努力帮助解决这些问题。[1]

在随后的几年中,这一现象在各个方面得到了关注,例如关于国内流离失所和移徙者的研究,所有这些都产生了若干报告、研究和各种国际规范(尤其是《国
665 内流离失所问题的指导原则》)。尽管如此,人员流动造成的侵犯人权行为仍然是一个挑战。

秘书长在2002年的《加强联合国:进一步改革纲领》报告中指出:"我还认为现在已到了更加全面审查移徙问题的各个方面的时候了,这一问题现已涉及几亿人,对原籍国、过境国和目的地国都产生影响。"[2]

失踪(1980—2006年)

引言

对下落不明人员(missing persons,特别是在塞浦路斯、南非和纳米比亚)和失踪人士(disappearances,特别是在智利和阿根廷)的关注出现在20世纪70年代初期。根据1975年智利问题特设工作组的建议,人权委员会在1979年要求"对智利失踪者的命运进行研究"[3]。该研究后成为1980年成立被强迫或非自愿失踪问题工作组的催化剂。(见第二章,1963年——司法行政,被强迫或非自愿失踪[1978年];第六章B,1980年——被强迫或非自愿失踪)

被强迫或非自愿失踪

1980年,人权委员会成立了一个由五名成员组成的被强迫或非自愿失踪问题工作组,工作组成员"以个人身份担任专家,审查与被强迫或非自愿失踪有关的问题,并邀请该工作组建立工作方法,牢记需要能够有效回应收到的信息并谨慎开

---

① E/CN. 4/1983/SR. 21, para 7.

② A/57/387, para 39.

③ E/CN. 4/1347, resolution 11 (XXXV) of 6 March 1979.

展工作"①。

委员会随后扩大了工作组的任务范围,请它"牢记酌情履行其任务的义务,以便除其他外保护提供信息的个人或限制政府提供的信息的传播"②。同时,委员会请小组委员会继续研究"如何最有效地防止人民被强迫或非自愿地失踪,以便向人权委员会提出一般性的建议"③。

1988年,人权委员会审议了阿根廷军政府时期的儿童失踪问题,以及"最近在巴拉圭发生的情况"。委员会"铭记过去类似情况下发生的不幸案件的教训",批准了小组委员会的请求,任命"一名或多名成员紧急建立并保持与主管当局和机 666
构的联系,包括人道主义组织,这些组织可以向其报告并确保不再有失踪的风险"④。

工作组收集的资料在随后的几年中发挥了重要作用,证明了这种现象的广泛性和各个国家无法或不愿处理这一问题的现实。关于强迫失踪是否可以(并且应该)被现有规范,例如关于生命权、免于任意逮捕的自由权、免受酷刑和其他形式的残忍和不人道待遇的保护等涵盖,或将被强迫失踪定义为犯罪并制定具体标准是否更可取、更有效的讨论由此出现。

1991年,人权委员会成立了一个工作组来审查小组委员会提交的宣言草案,⑤次年联合国大会通过了《保护所有人免遭强迫失踪宣言》。除了援引国际人道主义法和国际人权法(《世界人权宣言》《公民权利和政治权利国际公约》和《禁止酷刑公约》)的相关规定外,《宣言》还引用了《执法人员行为准则》《执法人员使用武器和火力的基本原则》《为罪行或滥用权力行为受害者取得公理的基本原则宣言》和《囚犯待遇最低标准规则》。《宣言》进一步指出,

---

① E/CN. 4/1408, resolution 20 (XXXVI) of 29 February 1980.

② 委员会批准了工作组的工作,并在1983年、1984年和1985年将其任务期限逐年延长,1986年,委员会"在实验基础上"将工作组的任务期限延长了两年,并在1988年再次延长(其他"专题"任务期限亦如此)。

③ E/CN. 4/1475, resolution 10 (XXXVII) of 26 February 1981. For a summary of the Commission's discussions, see also paras. 190-214; E/CN. 4/1982/30, resolution 1982/24 of 10 March 1982. See also paras 175 and 176.

④ E/CN. 4/198/88, resolution 1988/76 of 10 March 1988.

⑤ E/CN. 4/1991/91, resolution 1991/41 of 5 March 1991.

为了防止被强迫失踪,有必要确保严格遵守……《保护所有遭受任何形式拘留或监禁的人的原则》[①]和……《有效防止和调查法外处决、任意处决和即审即决事件的原则》。[②]

联合国大会阐明了需要制定一项国际文书的基础:

铭记造成被强迫失踪的行为违反了上述国际文书的规定,但还须制定一项文书,将造成人们被强迫失踪的一切行为列为极其严重的罪行,并确定惩罚和防止这种行为的标准。[③]

1998年,小组委员会向人权委员会转交了一份由其司法工作组主席路易·儒瓦内编写的公约草案。[④]

人权委员会花了三年时间才采取后续行动;1999年和2000年,它征求了各国政府和其他利益攸关方的意见。[⑤] 2001年,委员会决定任命一名独立专家曼弗雷
667 德·诺瓦克"检验现有的保护个人免遭强迫或非自愿失踪的刑事和人权框架……以查明任何差距,确保充分保护人们免受强迫或非自愿失踪",并在第二年设立了一个工作组,"根据独立专家的调查结果详细制定一份保护所有人免遭强迫失踪的具有法律约束力的规范性文书"。[⑥]

独立专家强调了"问题的极端严重性",指出相关法律制度存在漏洞。这一缺陷应"在具有普遍性和法律约束力的文书中"加以解决;工作组多年来的报告则表明,被强迫失踪问题可以被视为一种普遍现象,"今天仍继续在相当多的国家系统地实施"。专家总结说:"对明确界定为被强迫失踪的具体案件实行普遍管辖,并

① General Assembly Forty-third session, Annex to resolution 43/173 of 9 December 1988.

② Economic and Social Council resolution 1989/65 of 24 May 1989 Annex. See General Assembly resolution 44/162 of 15 December 1989.

③ General Assembly Forty-seventh session, resolution 47/133 of 18 December 1992.

④ E/CN. 4/Sub. 2/1998/45, resolution 1998/25 of 26 August 1998. See E/CN. 4/Sub. 2/1998/19.

⑤ E/CN. 4/1999/167, resolution 1999/38 of 26 April 1999; by which the Commission took note of the draft and requested the Secretary-General to re-evaluate, see also E/CN. 4/2000/167, Resolution 2000/37 of 20 April 2000.

⑥ E/CN. 4/2001/167, resolution 2001/46 of 23 April 2001.

给予适当的惩罚,将构成未来制止被强迫失踪行为的最有效措施。”①

专家考虑了拟议文书可能采取的三种备选形式,即一份单独的条约、《公民权利和政治权利国际公约》的任择议定书或《禁止酷刑公约》的任择议定书,具体取决于工作组的进一步讨论。

人权委员会选择制定一份单独的条约;2003—2006 年期间,工作组完成了其工作并向委员会提交了一份公约草案。② 这份公约草案成为新成立的人权理事会于 2006 年通过的第一项决议。③

《保护所有人免遭强迫失踪国际公约》于 2006 年 12 月 20 日由联合国大会通过并开放供签署、批准和加入。《公约》于 2010 年 12 月 23 日生效。④

残疾人

《残疾人机会均等标准规则》(1993 年)

1993 年,联合国大会通过了《残疾人机会均等标准规则》,该《规则》由 22 项建议和一个“监督机制”组成。《标准规则》的导言描述了它们的制定前因:

> 联合国和其他国际组织长期以来都十分重视残疾人的权利问题。1981 年国际残疾人年最重要的成果是联合国大会 1982 年 12 日 3 日第 37/52 号决议通过的《关于残疾人的世界行动纲领》。国际残疾人年和《世界行动纲领》对这一领域的进展提供了强大的推动力。两者都强调残疾人有权享有与其他公民同样的机会,并且平等分享因社会和经济发展而改善的生活条件。1987 年,在斯德哥尔摩召开了联合国残疾人十年中期审查《关于残疾人的世界行动纲领》执行情况的全球专家会议…… 668
>
> 意大利编拟了此项公约的大纲初稿并[于 1987 年]提交大会。后来,瑞典又在大会第四十四届会议上进一步提出关于公约草案的陈述。但是,在上

① E/CN. 4/2002/71, paras. 94-96.

② E/CN. 4/2003/71; E/CN. 4/2004/59; E/CN. 4/2005/66, E/CN. 4/2006/57. See also the OHCHR Committee on Disappearances page accessed 27 January 2020 http://wwohchr. org/EN/HRBodies/CED/Pages/ElaborationConvention. aspx.

③ A/6153, resolution 1/1 of 29 June 2006.

④ General Assembly sixtieth session, resolution 61/177 of 20 December 2006. See also A/HRC17178 Resolution 7126 of 28 March 2008.

述两届会议上,对于此项公约的适宜性均未能达成共识。许多代表认为,现有的人权文件似乎足以保证残疾人享有与其他人同样的权利。[1]

起草一项保护残疾人的公约的初步努力没有成功;取而代之的是另一种方法,即在没有专门条约的情况下为实施机制制定标准。这种方法来自社会发展委员会,其工作重点转移到支持更有效的国内政策和计划,同时伴随着在此情况下由一名特别报告员进行的国际监督。

《残疾人机会均等标准规则》即遵照该种原则制定。[2] 其目标包括提出"一个有效的机制来监测各国寻求实现残疾人机会均等的过程"[3]。

《标准规则》旨在帮助各国制定国家残疾人方案,以平等参与为目标并制定实施措施,包括政策制定、立法和相关方面,《规则》设想由一名特别报告员负责监督其实施。[4] 为此制订了一项行动计划草案,主题为"建立人人共享的社会:为到2000年及其后执行《关于残疾人世界行动纲领》的长期战略"[5]。

《标准规则》特别报告员(1994年)

《标准规则》第四部分设想,"在特别报告员任期届满后的一届会议上,社会发展委员会应研讨延展其任期的可能性,或者任命一名新的特别报告员,或者考虑另一种监督机制"[6]。残疾问题自愿基金(不同于联合国经常预算)支持特别报告员(本特·林奎斯特[Bengt Lindqvist, 1994—2003年];谢赫·希萨·阿勒萨尼[Sheikha Hissa Al-Thani, 2003—2009年];舒艾布·查克林[Shuaib Chalklen, 2009—2016年])的工作。[7]

就其本身而言,人权委员会在1992年的"德斯波伊报告"之后,请条约机构监

① General Assembly Forty-eighth session, Annex to resolution 48/96 of 20 December 1993.《标准规则》由1个序言和22条规则组成,分为四个部分,最后一个部分是监控机制,其他三个部分分别规定了平等参与的前提条件、平等参与的目标领域和实施办法。序言中规定了《标准规则》的目标。

② General Assembly forty-eighth session, Annex to resolution 48/96 of 20 December 1993, paras 13-15.

③ General Assembly forty-eighth session, Annex to resolution 48/96 of 20 December 1993.

④ A/49/435, para 4.

⑤ A/49/435, para 48.

⑥ General Assembly forty-eighth session, resolution 48/96 of 20 December 1993, Annex, Standard Rules, Part IV, para 12.

⑦ For more information on the Special Rapporteur, see https://www.ohchr.org/EN/lssues/Disability/SRDisabilities/Pages/SRDisabilitiesIndex.aspx and https//wohchr.org/Documents/Issues/Disability/BrochureSREN.pdf. visited on 27 January 2020.

督缔约国的遵守情况,以确保对残疾人的保护。委员会请活跃在该领域的非政府组织向经济、社会及文化权利委员会和人权事务中心提供信息。[1]（见第二章,1984年——残疾人） 669

1996年,人权委员会将相关问题由“人权和残疾”改为“残疾人的人权”。委员会强调需要在联合国系统内处理与残疾人有关问题的多个领域之间进行协调。[2]

在1996年提交联合国大会的报告中,特别报告员强调了摆在面前的任务,并指出在1983—1992年的“残疾人十年”期间,除了“一些重要进展,但总的来说,成就不大”:

> 因此,国际残疾人界要求联合国发挥强有力的领导作用,并为发展提供更具体的指导方针。为响应这一要求,大会在1993年12月20日第48/96号决议中制定并一致通过了标准规则。《标准规则》与《世界行动纲领》的区别主要有三点:《规则》在形式上更加集中和具体;它们直接解决了会员国的责任问题;它们包括一个独立和积极的监测机制。[3]

特别报告员进行了监测并向社会发展委员会提出报告,残疾领域的非政府组织社区被组织起来支持和协助特别报告员:

> 1994年9月,由下列6个国际组织建立了一个由10名专家组成的小组,这6个国际组织是:残疾人国际、国际包容协会、国际康复会、世界盲人联合会、世界聋人联合会和世界精神病疗法使用者联合会。这10位专家中有5位男士和5位妇女,他们各有不同的残疾经历,并且来自世界上的不同地方。[4]

特别报告员进行了两次调查,一次在1994年,另一次在1996年,[5]在此基础

① E/CN. 4/1994/132, resolution 1994/27 of 4 March 1994. See also E/C. 1995/176, resolution 1995/58 of 3 March 1995.

② E/CN. 4/1996/177, resolution 1996/27 of 19 April 1996.

③ A/52/56, paras 9, 10; Annex.

④ Annex to A/52/56, part two, para 13.

⑤ Annex to A/52/56, Part V. B, paras 50-59.

上,他评估了执行《标准规则》的进展情况。除了报告向会员国就实现残疾人充分参与和平等的政策和措施提供指导的进展情况外,《标准规则》“在 15 年前推出时就为残疾政策带来了新的层面”。它引起了人们对周围社会的关注,并不可避免地提出了残疾政策的人权方面。①

然而,特别报告员在结论中仍持保留态度,即“鉴于《标准规则》非常进步的性质,没有一个国家,甚至在最先进的国家中,已经完全执行了这些规则”,尽管它们
670 已经“被广泛接受并且被政府和非政府组织用作残疾领域的主要政策指南”。②

值得注意的是,在 1993 年世界人权会议的背景下,巴西造口学会(Brazilian Society of Ostomates)提请会议注意那些接受造口术的人的困境,他们不得不携带“非常昂贵”的设备,并且“在巴西 30000 名经历过造口术的人中的许多人——以及其他发展中国家的数千人——无法获得此类设备,这剥夺了他们获得平等医疗保健的人权和享有人类尊严的权利”③。

寻求人权方法:人权委员会的参与(1998 年)

特别报告员指出需要采取人权方针:“一个显著的结果是,许多国家对残疾人人权的保护不力。调查结果表明,在一些人权领域,出现了由于残疾而权利遭受侵犯的情况。”④

社会发展委员会特别报告员于 1998 年首次向人权委员会发表讲话。⑤ 委员会正式请特别报告员收集“有关影响残疾人人权的立法的资料”⑥。

2000 年,人权委员会请高级专员“与社会发展委员会残疾问题特别报告员合作,审查加强对残疾人人权的保护和监测的措施,并征求利益相关方,尤其是专家小组的意见和建议”⑦。

《残疾人权利公约》及其任择议定书(2008 年)

至此,达成公约的方向已经变得清晰。特别报告员在其第二次报告(2000 年)

---

① Annex to A/52/56, Part VI, para 129.

② A/52/56, Annex, part VI, para 130.

③ A/CONE. 157/PC/63/Add. 16.

④ A/52/56 Annex Part VI, para 137.

⑤ E/CN. 4/1997/150, Decision No. 1997/107 of 11 April 1997.

⑥ E/CN. 4/1998/177, resolution 1998/31 of 17 April 1998.

⑦ E/CN. 4/2000/16, resolution 200 of 25 April 2000, see resolution/4/1996/177, resolution 1996/27 of 19 April 1996.

中强调了制定保护残疾人人权的公约的必要性。[①] 他强调了“最近在人权和残疾人权利领域的进步”,因此

> 认识到残疾问题和同残疾有关的问题是一个联合国人权监测系统所关心的问题,这可能是近年来在有关残疾问题工作方面最重大的进展……据我所知,从人权委员会通过第 1998/31 号决议以来在这方面乏善可陈。因此,仍然 671
> 迫切需要采取这方面的后续行动。[②]

特别报告员回顾说,

> 十年前联合国大会没有采纳关于拟订一项残疾人权利公约的建议,国际残疾人运动一直未能完全接受大会做出这项决定的原因,许多人看不出这个领域的一项特别公约同其他领域已经拟订的公约在原则上有什么不同。[③]

就其本身而言,人权委员会在 2000 年强调需要加强对残疾人人权的保护,并请高级专员和社会发展委员会残疾问题特别报告员“审查加强保护和监督残疾人的人权,并征求意见和建议”[④]。这产生了关于人权和残疾问题的重要研究报告,并提交给 2001 年联合国大会设立的特设委员会。[⑤]

筹备国际公约特设委员会(2001 年)

特设委员会被要求“在考虑到人权委员会和社会发展委员会建议的情况下,考虑制定一项全面和综合的国际公约的提案……”大会决议的一个重要方面是其整体方法,涉及人权和社会发展,并侧重于包容由残疾人组成的弱势群体。[⑥]

---

① 《残疾人权利公约》(2007 年 3 月 30 日通过,2008 年 3 月 3 日生效)《联合国条约集》第 2515 卷,第 3 页。《残疾人权利公约任择议定书》(2007 年 3 月 30 日通过,2008 年 3 月 3 日生效)《联合国条约集》第 2518 卷,第 283 页。

② E/CN. 5/2000/3 and Rev. 1, para 142.

③ E/CN. 5/2000/3 and Rev. 1, para 157.

④ E/CN. 4/2000/167, resolution 2000/51 of 25 April 2000.

⑤ HR/PUB/02/1 Theresia Degener https://www. youtube. com/watch? v = NCfMVbeljEc Prof Michael Stein (YouTube) https://www. youtube. com/watch? v=GWIf_NzpvYo.

⑥ General Assembly fifty-sixth session, resolution 56/168 of 19 December 2001.

关于人权和残疾问题的研究提出了在现有条约制度下加强保护的建议，同时制定一项关于保护残疾人的具体主题，特别是与《标准规则》相关的公约。[1]

人权委员会请高级专员向其报告“研究报告所载建议的实施进展情况和人权高专办关于残疾人人权的工作方案”[2]。此外，委员会强调其关切“武装冲突局势对残疾人人权毁灭性的结果”[3]。

672 用社会发展委员会特别报告员的话来说，特设委员会的设立“标志着拟订一项残疾人权利公约的开始”。在2002年的最终报告中，他建议在公约谈判的同时保持对《标准规则》的监督，从而遵循双轨并行的方法。[4]

特设委员会于2002年开始工作，并在2004年第三届会议上开始进行公约草案的谈判。[5] 到2006年，委员会审议了其主席提出的案文草案，该草案连同公约任择议定书草案获得通过并提交联合国大会通过。[6]

在特设委员会制定公约案文时，人权委员会发挥了辅助作用，就各个方面与社会发展委员会特别报告员保持联系，“并邀请他/她在各届会议上交流就其和专家小组通过监测《标准规则》获得的人权方面的经验”。委员会期待“特别报告员继续参与人权委员会内与残疾有关的问题，以便将残疾观点纳入主流”。[7]

2004年，人权委员会欢迎开始就公约草案进行谈判。它对大会敦促“进一步努力……以确保非政府组织积极参与特设委员会”，以及国家机构和非政府组织“加强其在人权和残疾方面的工作”的立场进行了呼应。[8]

人权理事会(2006年)

2006年12月13日，联合国大会通过了《残疾人权利公约》及其任择议定书，二者于2008年5月3日生效。当时，人权理事会举行了一场专门讨论《公约》生效

---

① HR/PUB/02/1. https://www.ohchr.org/Documents/Publications/HRDisabilityen.pdf.

② E/CN.4/2002/200, resolution 2002/61 of 25 April 2002.

③ E/CN.4/2002/200, resolution 2002/61 of 25 April 2002.

④ E/CN.5/2002/4VB, para 110.

⑤ A/59/360, A/AC.265/2004/5; A/AC.265/2005/2.

⑥ On the work of the ad Hoc committee, see http://wwun.org/esa/socdev/enable/rights/adhoccom.htm, visited on 27 January 2020.

⑦ E/CN.4/2003/135, resolution 2003/49 of 23 April 2003.

⑧ E/CN.4/2004/127, resolution 2004/52 of 20 April 2004. See E/CN.4/2005/135, resolution 2005/65 of 20 April 2005.

的特别活动。①

《公约》的执行被同时委托给向残疾人权利委员会(Committee on the Rights of Persons with Disabilities, CRPD)负责的人权事务高级专员办事处,以及向《公约》缔约国会议负责的经济和社会事务部。② 高级专员报告了2007年《公约》及其任择议定书的执行进展情况,并建议"人权理事会在其未来的工作方案中专门和重点关注这一问题……高级专员……建议理事会考虑请其提交关于人权和残疾问 673
题的年度分析专题报告"③。

残疾问题特别报告员继续监测《标准规则》的执行情况并向社会发展委员会报告。鉴于《公约》与《标准规则》之间的互补性,特别报告员的工作对《公约》的执行产生了影响。④

2009年,人权理事会收到了关于批准和有效实施《公约》所需措施(在国家和国际层面)的专题研究。⑤ 2010年,理事会开始了一项"关于国家对《公约》的执行和监测机制的结构和作用"的专题研究。⑥

机构间支持小组(2006年)

该《公约》还得到了2006年成立的机构间支持小组(Inter-Agency Support Group, IASG)的支持,该小组由联合国的11个部门、机构、基金和方案组成,负责

---

① A/HRC/8/52IIIA. 1, paras. 80-83.

② https://www. un. org/development/desa/disabilities/convention-onthe-rights-of-persons-with-disabilitiesl-frequently-asked-questions-regarding-the-convention-on-the-rights-of-disabilities. html # bp5 visited on 27 January 2020.

联合国为《公约》设立了一个联合秘书处,由设在纽约的联合国经济和社会事务部(DESA)和日内瓦的人权事务高级专员办事处的工作人员组成。经济和社会事务部为缔约国会议提供支持,人权事务高级专员办事处为残疾人权利委员会提供支持。经社部和人权高专办共同努力,支持各国、民间社会和国家人权机构实施和监测《公约》。

③ A/HRC14175I para 55. See also A/HRC/7/61; A/HRC/19/36; A/HRC/22/25 and Amendment 1; A/HRC/25/29 and Amendment 1; A/HRC/28/37; A/HRC/34/26; A/HRC/37/25.

④ https://w. un. org/development/desa/disabilities/convention-ontherights-of-personsofdisabilitieslfre-quently--asked-questions-regarding. the-convention-on-the-rights-of-persons-with-disabilities. html#bp5 visited on 27 January 2020.

⑤ A/HRC/10/48 See also A/HRC/10/29, resolution 10/7 of 26 March 2009.

⑥ A/HRC/13/29 See also A/HRC/13/56, resolution 13/11 of 25 March 2010.

协调联合国在《公约》方面的工作。[①]

残疾和无障碍问题特使(2013 年)

2013 年 12 月 19 日,秘书长宣布任命残疾和无障碍问题特使列宁·沃莱尔·莫雷诺·加塞斯(Lenin Volaire Moreno Garces)。[②]

人权理事会特别报告员(2014 年)

2014 年 12 月 1 日,人权理事会任命了一名特别报告员凯瑟琳·阿吉拉尔(Catalina Aguilar)(见第二章,1984 年——残疾人;第六章 B,2014 年——残疾人)。[③]

除了《残疾人权利公约》及其任择议定书之外,保护残疾人权利仍然是《标准规则》的主题。除此之外,还设有社会发展委员会特别报告员、人权理事会特别报告员和秘书长残疾和无障碍问题特使。残疾和无障碍问题特使旨在确保在政策层面就有关残疾人的问题进行协调。

674 非核心公约

国际人权法包括多年来制定的其他几项文书。尽管与"核心"公约不同,它们并未设计条约监督程序,但其同样具有约束力,并受"条约必须遵守"(*pacta sunt ser vanda*)的国际法原则约束。以下段落将举例说明这些文书。

《防止及惩治灭绝种族罪公约》(1948 年)

该《公约》于 1948 年 12 月 9 日(《世界人权宣言》通过的前一天)通过,是有关人权具体问题的第一个公约;该《公约》于 1951 年 1 月 12 日生效。[④]《公约》得以通过要归功于拉斐尔·莱姆金(Raphael Lemkin)的努力和奉献,他被公认为《公

① HR/P/PT/17, Professional training series No17 (2020), page 35.

IASG 是支持促进和执行《公约》及其任择议定书的国际合作机制,其成员包括联合国人权事务高级专员办事处(OHCHR)、经济和社会事务部(DESA)、联合国开发计划署(UNDP)、联合国国际儿童应急基金(UNICEF)、世界卫生组织(WHO)、国际劳工组织(ILO)、联合国人口基金(UNFPA)、联合国地雷行动和联合国难民事务高级专员(UNHCR)。

② UN. Executive Office of the Secretary-General, SG/A/1446BI0/4553-HR/5167, http://www.un.org/press/en/2013/sga1446.doc.htm visited on 2 March 2016.

③ A/HRC/26/2, resolution 26/20 of 27 June 2014.

④ 《防止及惩治灭绝种族罪公约》(1948 年 12 月 9 日通过,1951 年 1 月 12 日生效),《联合国条约集》第 78 卷,第 277 页。

约》的设计者,并创造了“种族灭绝”(genocide)一词,[①]在《公约》缔结之前,种族灭绝即已在纽伦堡审判中被确定为罪行。

1967 年,小组委员会着手处理种族灭绝问题。[②] 早些时候,即 1965 年,它曾请人权委员会“考虑采取进一步措施……加强预防和惩治所有灭绝种族的罪行,使公约产生更广泛的影响”[③]。

1983 年,人权委员会批准了小组委员会的一项决定,即对小组委员会特别报告员尼科代姆·鲁哈希扬基科(Nicodeme Ruhashyankiko)于 1979 年编写的关于灭绝种族罪的研究报告进行修订。[④]

1986 年,人权委员会念及《防止及惩治灭绝种族罪公约》生效三十五周年,并“重申应进行国际合作,使人类免于遭受这种祸患”[⑤],自 1991 年起,委员会决定在“各项国际人权公约的现况”议程项目下审议《灭绝种族罪公约》的现况。[⑥]

20 世纪 90 年代,种族灭绝罪被列入前南斯拉夫问题国际刑事法庭(第四条第二款)和卢旺达问题国际刑事法庭(第二条第二款)的规约中。柬埔寨法院特别法庭(2003 年)亦将种族灭绝列入其管辖范围。[⑦] 而塞拉利昂问题特别法庭规约则将“谋杀”和“灭绝”列为“针对任何平民的广泛或有系统攻击的一部分”。《国际刑事法院规约》第五条第一款(a)项将种族灭绝罪纳入其管辖范围。

1998 年,人权委员会认为《公约》生效五十周年“为国际社会提请所有国家注 675
意《公约》的重要性提供了一个新机会”[⑧]。1999 年,委员会“强调了该《公约》的重要性和实施的必要性,并决定在 2001 年的会议上对其进行审查”[⑨],委员会邀请各

---

① See also William Schabas on the Convention for the Prevention and Punishment of the Crime of Genocide at http://legal.un.org/avl/pdf/ha/cppcg/cppcg_e.pdf, visited on 27 January 2020.

② E/CN.4/Sub.2/263, Resolution 7(XVII) [1966].

③ E/CN.4/Sub.2/250, resolution 8(XVII) [1965].

④ E/CN.4/Sub.2/416, see also E/CN.4/1983/60, resolution 1983/24 of 4 March 1983.

⑤ E/CN.4/1986/65, resolution 1986/18 of 10 March 1986. See E/CN.4/1987/60, resolution 1987125 of 10 March 1987, and E/CN.4/1989, resolution 1989/16 of 2 March 1989.

⑥ E/CN.4/1990/94, resolution 1990/19 of 21 February 1990.

⑦ A/57/769 IV C para 45. See also http://www.eccc.gov.kh/sites/default/files/ECCC%20at%20a%20%20EN%20%20April%202014_FINAL.pdf visited on 27 January 2020.

⑧ E/CN.4/1998/177, resolution 1998/10 of 3 April 1998.

⑨ E/CN.4/1999/167, resolution 2001/66 of 25 April 2001. See also E/CN.4/2003/135, resolution 2003/66 of 24 April 2003.

国批准或加入《公约》,随后"制定必要的立法以使《公约》条款生效"[①]。

2004年,秘书长"宣布了他的'防止种族灭绝行动计划'[并任命了]一名防止种族灭绝问题特别顾问,这个行动将会大大加强旨在防止种族灭绝情况的预警机制"[②]。

2013年,人权理事会重新关注了这一问题,它欢迎秘书长提交的关于"五点行动计划"执行情况的报告[③]和关于特别顾问活动情况的报告[④],以及在2006年、2008年和2009年举行的三次互动对话。理事会呼吁"举办一次……纪念《防止及惩治灭绝种族罪公约》六十五周年的高级别小组讨论会",并请特别顾问"举行一次……互动对话"。[⑤]

2018年,人权理事会要求

> 一份负责防止种族灭绝问题的协调中心和网络名册……和一份后续报告,特别重点阐述为提高人们对《防止及惩治灭绝种族罪公约》的认识而开展的活动以及实施有助于防止灭绝种族的教育方案和项目的情况。[⑥]

《战争罪及危害人类罪不适用法定时效公约》(1966—1968年)

1966年,人权委员会向经济及社会理事会发出请求,邀请其在第二十三届会议上准备

> 作为优先事项拟订一项关于对战争罪和危害人类罪不适用任何法定时效,不论其受委日期如何的公约草案……供大会第二十二届会议通过,并审议和提出任何它认为可取的进一步的建议,以在起诉和惩罚战争罪和危害人类罪的

---

① E/CN. 4/2001/167, resolution 2001/66 of 25 April 2001. See also E/CN. 4/2003/135, resolution 2003/66 of 24 April 2003.

② E/CN. 4/2005/135, resolution 2005/62 of 20 April 2005. See also A/HRC/7/78, resolution 7/25 of 28 March 2008.

③ E/CN. 4/2006/84.

④ A/HRC/7/37 and A/HRC/10/30.

⑤ A/HRC/22/2, resolution 22/22 of 22 March 2013. See also A/HRC/28/2, resolution 28/34 of 27 March 2015.

⑥ A/HRC/37/2, resolution 37/26 of 23 March 2018.

> 责任人方面开展国际合作。[1]

次年,人权委员会对“由于时间不足而无法拟定公约草案表示遗憾”,并向联合国大会提交了一份由秘书长编写的关于战争罪和危害人类罪不适用法定时效的公约草案初稿,[2]一并提交的还有其工作组的报告,报告中包含对某些条款草案的提议。[3] 676

联合国大会于1968年11月26日通过了《战争罪及危害人类罪不适用法定时效公约》(Convention on the Non-Applicability of Statutory Limitations to War Crimes and Crimes against Humanity),[4]该《公约》于1970年11月11日生效。

随后,人权委员会在1973年向联合国大会提交了一套关于侦查、逮捕、引渡和惩罚犯有战争罪和危害人类罪者的国际合作原则。[5]

《反对招募、使用、资助和训练雇佣军国际公约》(1980—2001年)

大会

自20世纪60年代后期以来,联合国大会持续谴责使用雇佣军的做法,

> 宣告以雇佣军镇压民族解放及独立运动乃系应予惩罚之罪行,各该雇佣军应被宣告为不受法律保护之罪犯,并促请所有各国政府制订法律,宣告在其领土内征募、拨款资助及训练雇佣军乃系一种刑事罪行,并禁止其公民为雇佣军。[6]

这在随后的几年中得到了重申,至1979年,联合国大会

---

① 《战争罪及危害人类罪不适用法定时效公约》(1968年11月26日通过并开放签署,1970年11月11日生效),《联合国条约集》第754卷,第73页。E/CN.4/916, resolution 3 (XXII) of 4 April 1966。

② E/CN.4/906-Study submitted by the Secretary-General; E/CN.4/928-Preliminary draft convention, see E/CN.4/940, resolution 4 (XXII) of 20 March 1967.

③ E/CN.4/940, resolution 4 (XXIII) of 20 March 1967.

④ General Assembly Twenty-third session, resolution 2391 (XXII) of 26 November 1968.

⑤ E/CN.4/1127, resolution 13 (XXIX) of 29 March 1973.

⑥ General Assembly twenty-third session, resolution 2465 (XXIII) of 20 December 1968.

> 呼吁所有国家高度警惕雇佣军活动所造成的威胁,并以行政和立法措施,确保它们的领土和它们控制下的其他领土,以及它们的国民,不被利用来策划颠覆和招募、集结、资助、训练和转运雇佣军,以颠覆或推翻任何会员国政府,或打击……与殖民统治、外国占领或种族主义政权斗争的民族解放运动……决定草拟一项国际公约,取缔一切形式的雇佣军。[①]

次年(1980年),联合国大会成立了一个特设委员会,以起草《反对招募、使用、资助和训练雇佣军国际公约》,请它"尽早制定一项国际公约,禁止雇佣军的招募"[②]。

677 该《公约》于1989年完成并于2001年10月20日生效。[③] (见第二章,1975年——自决,雇佣军[1986年];第六章B,1987年——雇佣军)

人权委员会——特别报告员(1981—2005年)

人权委员会于1986年首次审议了雇佣军问题,并要求一份报告。除其他外,它谴责"继续招募、资助、训练、集结、运送和使用雇佣军,包括为破坏南部非洲国家的稳定,推翻它们的政府和镇压为争取行使自决权而斗争的民族解放运动而提供的所谓的人道主义援助"。委员会提到了"1949年《日内瓦第四公约》第一附加议定书关于雇佣军的规定"[④]。

1987年,人权委员会任命了一名特别报告员(恩里克·贝纳莱斯·巴列斯特罗斯)"审查利用雇佣军作为侵犯人权和阻碍行使民族自决权的方法的问题"[⑤]。

在被任命之后的几年里,委员会请特别报告员"加强他特别是与起草《反对招募、使用、资助和培训雇佣军的国际公约》特设委员会的合作和协调"[⑥]。

在《公约》通过后,人权委员会请特别报告员"密切关注《公约》的批准程序和

---

① General Assembly Thirty-fourth session, resolution 34/140 of 14 December 1979.

② General Assembly Fifth session, 4 December 1980, resolution 35/48.

③ 《反对招募、使用、资助和训练雇佣军国际公约》(1989年12月4日通过,2001年10月20日生效),《联合国条约集》第2163卷,第75页。General Assembly Forty-fourth session, Resolution 44/34 of 4 December 1989。

④ E/CN. 4/1986/65, resolution 1986/26 of 10 March 1986.

⑤ E/CN. 4/1987/60, resolution 1987/16 of 9 March 1987.

⑥ E/CN. 4/1989/86, resolution 1989/22 of 6 March 1989.

适用方式……并通过他的斡旋鼓励各国成为《公约》的缔约国”[①]。

特别报告员从 1991 年开始定期报告《公约》的状况,[②]他在其几份报告中讨论了雇佣军的定义,并在 2004 年的最终报告中提出了雇佣军的新定义,以添补国际法中存在的漏洞。[③] 他的继任者沙伊斯塔·沙米姆也讨论了这个问题,并表示她打算应联合国大会的要求,“提出一项更明确的雇佣军定义,包括明确的国籍标准……并就国际上采用新定义的程序提出建议”[④]。(见第六章 B,1987 年——雇佣军)

工作组(2005 年) 678

次年(2005 年),人权委员会设立了一个“以雇佣军为手段侵犯人权并阻挠行使民族自决权问题”工作组,以取代特别报告员。该工作组被授予监督和制定标准的任务,

> 征求各国政府、政府间组织和非政府组织的意见和建议……监测世界不同地区一切形式和表现的雇佣军和有关雇佣军的活动……监测和研究在国际市场上提供军事援助、顾问和安全服务的私营公司开展的活动对享有人权尤其是人民自决权的影响,**拟订鼓励这些公司在其活动中尊重人权的国际基本原则草案**。[⑤]

私营军事和安保公司(2006 年)

工作组于 2007 年向人权理事会提交了报告,[⑥]其中讨论了私营军事和安保公司的作用和地位,并指出

> 令人关切的是,据报道在私营军事和安保公司从拉丁美洲和世界其他发展中地区招聘雇员的过程中侵犯了一系列人权……特别是报道中私营军事

---

① E/CN. 4/1990/94, resolution 1990/7 of 19 February 1990. See also E/CN. 4/1988/88, resolution 1988/7 of December 1988; E/CN. 4/1992/84, resolution 1992/6 of 21 February 1992; E/ICN. 4/2001/167, resolution 2001/3 of 6 April 2001; E/CN. 4/2004/127, resolution 2004/5 of 8 April 2004.

② E/CN. 4/1991/14 VI, paras. 143-147.

③ E/CN. 4/2004/15 V, paras. 37-47.

④ General Assembly Fifty-sixth session, resolution 56/232 of 24 December 2001, contained in E/CN. 4/2005/14, para 55.

⑤ E/CN. 4/2005/135, resolution 2005/2 of 7 April 2005,着重号为作者所加。

⑥ E/CN. 4/2006/11 and Add 1.

公司(PMC)和私营保安公司(PSC)对来自不同地区的员工实行差异化工资表的做法,

并表示,小组委员会关于跨国公司和其他工商企业在人权方面的责任的规范草案应适用于那些"在多个国家经营和提供军事和安全服务的公司"。[①]

工作组随后于2007年召开会议,讨论了一些国家情况;它承担了与标准制定有关的任务,决定在"短期内重点促进对现有《公约》的批准/加入……并从长远上寻求对制定《公约》附加议定书的进程的支持"[②]。

次年(2009年),工作组提出了一些原则,作为将"私营军事和保安行业全面监督和监管制度"编撰成法律的工作基础。[③]

当年晚些时候,工作组报告说它"正在整合公约草案……并预计在2010年初将其递送给成员国"[④]。

679 2010年,工作组向人权理事会提交了一份"可能的私营军事和保安公司(私营军保公司)公约草案"[⑤]。为保证工作的透明度和包容性,理事会建立了一个"不限成员名额的政府间工作组,该小组的任务是审议制定国际监管框架的可能性,除其他外,包括制定一项具有法律约束力的文书,对私营军事和安保公司的活动进行监管、监测和监督"[⑥]。

工作组在当年晚些时候向联合国大会提交了"拟议公约草案的要素"。[⑦] 工作组在2011年向人权理事会报告其有关公约草案工作时指出,

工作组从成员国、国际组织和私营军事与安保公司在内的广泛的各种各样的利益攸关者方面收到了400多份建议、修正案、提案和各种构想……所提议的公约是一份具有40多条条款的全面的案文。这项案文不仅拟议了一项具有法律约

① E/CN.4/2006/11/Add.1, paras 27 and 28.

② A/HRC/7/7IIA, para 9.

③ A/HRC/10/14 II, para 70. See also A/HRC/7/78, resolution 7/21 of 28 March 2008.

④ A/64/311II. B para 18, VII para 65.

⑤ A/HRC/15/25 Annex.

⑥ A/HRC/15/60, resolution 15/26 of 1 October 2010.

⑦ A/65/325 Annex.

束力文书的一般原则,并且进一步提议了包括定义及其详细条款的内容。[①]

可能的公约草案政府间工作组(2010年)

人权理事会设立的这一政府间工作组于2011年5月首次召开会议。[②] 理事会于2013年将其任务期限延长两年,并请其在2015年之前提出建议。[③]

在2015年的报告中,工作组讨论了建立相关国际制度的必要性:

> 工作组重申,最好有一项全面的、具有法律约束力的国际规范性文书,以确保世界各地的制度协调一致,受私营军事和保安公司活动影响的各项人权得到充分保护。工作组强调,各国亟须依照国际人权和人道主义法律准则,建立最低国际标准,规范私营军事和保安公司及其雇员的活动,从而实现基本人权。[④]

2015年12月,联合国大会重申了自2005年以雇佣军为手段问题工作组成立以来向其提出的要求,"继续历任特别报告员在加强防止和制裁招募、使用、资助和训练雇佣军行为的国际法律框架方面已开展的工作"[⑤]。

宣言和其他规范 680

除了具有约束力的国际文书外,人权委员会还制定了非约束性标准,例如宣言和其他也被称为"柔性法律"的规范,以下段落描述了此类主要文书。

正如本章前文所指出的,联合国大会在1986年制定了指导方针,并要求"优先实施现有的国际标准"。大会促请"从事制定新的国际人权标准工作的会员国和联合国机构在工作中适当地考虑既定的国际法律规范"[⑥]。

---

① A/HRC/18/32, chapter III D para 57.

② A/HRC/WG. 10/1/4, para 2.

③ A/HRC/22/2, resolution 22/33 of 22 March 2013. See also resolutions A/HRC/WG. 10/1/4 and A/HRC/8/2 of 20 September 2011.

④ A/HRC/30/34 IV, para 131.

⑤ General Assembly Seventieth session, resolution 70/142 of 17 December 2015.

⑥ General Assembly forty-first session, resolution 41/120 of 4 December 1986.

领域庇护(1967 年)

尽管在 1955 年到 20 世纪 60 年代初期,人权委员会并没有把工作重点放在标准制定上,但法国于 1957 年向委员会提交了一份关于庇护权的宣言草案,该草案于 1967 年被联合国大会通过,成为《领域庇护宣言》(Declaration on Territorial Asylum)。[①]

宗教不容忍(1960—1981 年)

如前所述,联合国大会要求在起草消除种族歧视问题相关文书草案的同时起草关于宗教不容忍的宣言草案和公约草案。(见第二章,1960 年——宗教不容忍)前者已按时完成,但关于宗教不容忍的文书起草工作变得更加复杂。1964 年,人权委员会收到了小组委员会的一份宣言草案,[②]并将其送交经济及社会理事会和联合国大会,但"关于消除一切形式的宗教不容忍,没有足够的时间审议和通过宣言草案"。[③]

委员会就宣言和公约采取了不同的处理方法。关于宣言,委员会建议经济及社会理事会"在其认为可行的情况下进一步考虑起草一份宣言"[④]。委员会于 1965 年通过了一些条款,并决定"绝对优先"在次年完成其工作。[⑤] 然而,在 1965 年 11 月,联合国大会请委员会"尽一切努力完成拟订……宣言草案和消除一切形式的宗教不容忍公约草案",并决定将审议这两个草案(宣言和公约)作为其第二十一届会议(1966 年)的优先事项。[⑥]

681 人权委员会在 1966 年和 1967 年完成了一些条款。[⑦] 联合国大会再次确认委员会需要起草一份宣言,[⑧]并援引第三委员会的决定,"不在公约草案中列举任何

---

① General Assembly twenty-second session, resolution 2312 (XXI) of 14 December 1967.

② E/CN. 4/874, paras 294 and 296.

③ E/CN. 4/874, resolution 2(XX) of 13 March 1964.

④ E/CN. 4/874, resolution 2(XX) of 13 March 1964.

⑤ E/CN. 4/891, resolution 1 (XXI) of 7 April 1965.

⑥ General Assembly twentieth session, resolution 2020(XX) of November 1965.

⑦ E/CN. 4/916, resolution 1 (XXII) of 21 March 1966; E/CN. 4/940, resolution 3 (XXII) of 9 March 1967.

⑧ General Assembly twenty-second session, resolution 2295 (XXII) of 11 December 1967. 大会注意到其第三委员会的如下决定:

(a) 不在消除基于宗教或信仰原因的一切形式的不容忍和歧视国际公约草案中列举任何关于宗教不容忍的具体事例,以及

(b) 修正人权委员会所提公约草案之名称、序言及第 1 条。

关于宗教不容忍的具体事例”,并修正人权委员会所提公约草案之名称、序言及第一条。[①]

1967 年,联合国大会决定“除其他外,加速缔结《消除基于宗教或信仰原因的一切形式的不容忍和歧视公约》草案,以便在 1968 年之前开放批准和加入公约”,人权委员会向大会提交了牙买加和小组委员会提出的公约草案,包括序言、12 条案文和补充条款,以及小组委员会提交的补充执行措施的初稿。在这样做时,委员会表示“希望大会决定公约草案的适当执行措施和最后条款”[②]。委员会注意到大会决定将对宗教不容忍公约草案推迟到第二年审议。[③]

1972 年,联合国大会肯定了“宣言和国际公约的同等重要性”。它指出,自 1967 年以来,对该项目的审议“未经适当讨论而在大会每届会议上推迟”,并决定在恢复审议国际公约之前优先考虑完成宣言草案。[④]

1973 年,联合国大会将重点特别放在起草宣言上;它请人权委员会“优先考虑拟定宣言草案……并在可能的情况下向大会单独提交一份宣言草案”,并为自己设定了在 1974 年完成和通过宣言的目标。[⑤] 这个过程所耗时间比预计的更久;委员会在 1975—1980 年间就宣言草案持续开展工作。

1974 年,人权委员会通知大会,它“尚未完成关于宣言草案的工作,并打算在其第三十一届会议上优先拟定宣言”[⑥]。1975 年,委员会通知大会,尽管它“取得了一些进展,但尚未完成关于宣言草案的工作,它打算在其第三十二届会议上优先考虑起草该宣言”[⑦]。

人权委员会于 1976 年为此设立了一个工作组,[⑧]并临时通过了宣言草案的标题和序言的七段。在 1976 年的会议上,工作组通过了对序言的附加程序,[⑨]并于 682
1977 年完成了序言。[⑩]

---

① E/CN. 4/972 VII paras 313-317.

② E/CN. 4/940, resolution 3 (XXII) of 9 March 1967.

③ E/CN. 4/972, paras. 314 and 315.

④ General Assembly twenty-seventh session, resolution 3027 (XXVI) of 18 December 1972.

⑤ General Assembly twenty-eighth session, resolution 3069 (XXVI) of 30 November 1973.

⑥ E/CN. 4/1154, resolution No. 2 of 5 March 1974.

⑦ E/CN. 4/1179, resolution 11 (XXXI) of 5 March 1975.

⑧ E/CN. 4/1213, resolution 7 (XXXI) of 5 March 1976.

⑨ E/CN. 4/1213 XIV, para 177.

⑩ E/CN. 4/1257, resolution 11 (XXXIII) of 11 March 1977.

1978 年，人权委员会毫无进展，

> 尽管过去 16 年来这个问题一直在委员会的议程上，但在讨论期间，有人对宣言草案进展缓慢表示失望。委员会还指出，一些国家的代表不能同意将《公民权利及政治权利国际公约》第十八条的措辞用作宣言的第一条，尽管该条文涉及同一主题并已获得联合国 40 多个会员国批准。[①]

1979 年，人权委员会通过了三个条款，并决定继续其关于宣言的工作。[②]

人权委员会最终于 1981 年完成了宣言草案并将其提交大会。[③] 联合国大会于 1981 年 11 月 25 日通过了《消除基于宗教或信仰原因的一切形式的不容忍和歧视宣言》。[④]

关于宗教不容忍问题的公约则始终未能完成。在随后的几年里，人权委员会集中精力执行《宣言》。

1984 年，委员会批准了小组委员会的一项决定，委托其一名成员伊丽莎白·奥迪奥·贝尼托编写一份“关于基于宗教或信仰原因的不容忍和歧视问题现状的研究报告”[⑤]。接下来的 1985 年，委员会敦促各国根据其国内法采取措施，尊重宗教多样性；它要求提供一份“各国关于宗教或信仰自由问题的国家立法和条例的纲要，特别是关于为打击该领域的不容忍或歧视而采取的措施”[⑥]。

1988 年，人权委员会请小组委员会提供一份工作文件，“包括有关消除基于宗教或信仰的不容忍和歧视的规定的汇编，并在起草进一步具有约束力的宗教自由国际文书之前审查需要考虑的问题和因素”[⑦]。1990 年，由西奥·范博文完成的汇编受到委员会“赞赏地”欢迎。[⑧]

---

① E/CN. 4/1292, resolution 22 (XXXIV) of 8 March 1978 and para 260 of XIV.

② E/CN. 4/1347, resolution 20 (XXXV) of 14 March 1979. See also E/CN. 4/1408 and Add. 1: resolution 35 (XXXVI) of 12 March 1980.

③ E/CN. 4/1475, resolution 20 (XXXVII) of 10 March 1981.

④ General Assembly thirty-sixth session, resolution 36/55 of 25 November 1981.

⑤ E/CN. 4/1984/77, resolution 1984/57 of 15 March 1984.

⑥ E/CN. 4/1985/66, resolution 1985/51 of 14 March 1985.

⑦ E/CN. 4/1990/94, resolution 1990/27 of 2 March 1990.

⑧ E/CN. 4/1990/94, resolution 1990/27 of 2 March 1990. See also E/CN. 4/1991/91, resolution 1991/48 of 5 March 1991.

1986 年,人权委员会任命了一名特别报告员安吉尔·达尔梅达·里贝罗,负
责“审查世界各地不符合《宣言》规定的事件和政府行为……并提出补救措施,包 683
括酌情促进社会群体或信仰与其政府之间的对话”[①]。(见第六章 B,1986 年——宗
教不容忍)

人权委员会认识到具有约束力的国际文书可以“为消除基于宗教和信仰的一切形式的不容忍和歧视做出的重要贡献”,并请会员国提交一份报告,说明其就可以采取何种方式开展这项工作的意见。[②]

在 1988 年将特别报告员的任务期限延长两年的同时,人权委员会还请小组委员会:

> (a) 编写一份《消除基于宗教或信仰原因的一切形式的不容忍和歧视宣言》中所载的与消除基于宗教或信仰原因的不容忍和歧视有关的条款汇编;
>
> (b) 铭记大会 1986 年 12 月 4 日第 41/120 号决议[③]并考虑到这一领域内现有国际文书中的规定,考察在着手起草一项更具约束力的关于宗教和信仰自由的国际文书之前应该审议的各个问题和要素。[④]

发展权(1986 年)

联合国大会于 1986 年 12 月 4 日公布了《发展权宣言》。[⑤] 同日,大会宣布,

> 发展权利的达致需要按照《建立新的国际经济秩序宣言和行动纲领》《联合国第三个发展十年国际发展战略》和《各国经济权利和义务宪章》的规定,进行协调一致的国际和国家的努力,在全世界所有各地无歧视地消除经济落后、饥饿和疾病……国际合作应针对维持安定和持久的经济增长,并同时采取行动增加对发展中国家的减让性援助,建立世界粮食保障,解决债务负担,消除

---

① E/CN. 4/1986/65, resolution 1986/20 of 10 March 1986.

② E/CN. 4. 1987/60, resolution 1987/15 of 4 March 1987.

③ 大会于 1986 年 12 月 4 日通过的第 41/120 号决议处理了人权文书的扩散问题,并敦促“优先执行现有文书”。大会制定了制定新的国际文书时应遵循的指导方针。

④ E/CN. 4/1988/88, resolution 1988/55 of 8 March 1988.

⑤ General Assembly forty-first session, resolution 41/128 of 4 December 1986.

贸易障碍,促进货币稳定和加强科技合作。[1] (见第五章B,发展权[1977年])

2016年,人权理事会纪念《宣言》发表三十周年。它决定召开一次"关于增进和保护发展权的"小组讨论会,"作为纪念活动的一部分"。[2] (参见第五章B,发展权[1977年])

684 ## 在民族或族裔、宗教和语言上属于少数群体的人(1978—1992年)

在小组委员会于1978年完成对属于某些少数群体的人的权利的研究之后(见第二章,1948年——少数群体),南斯拉夫提出了一项有关该问题的宣言草案,该草案于次年交由人权委员会审议。在这一届会议上,委员会决定征求会员国的更多意见,并请小组委员会提交其意见。[3]

1980年,人权委员会继续审查该草案,并请其工作组的主席兼报告员伊万·托塞夫斯基(Ivan Tosevski)"编写一份宣言草案的修订以及合并文本……应考虑到所有口头和书面表达的意见……为未来工作奠定的基础,并将修订后的草案及时送交秘书长,供小组委员会审议"[4]。它还请小组委员会"对修订的宣言草案进行彻底和详细的审查,并向委员会提交其对修订草案的意见"[5]。

1984年,人权委员会对其工作组在起草宣言方面取得的进展表示欢迎。它请小组委员会"考虑到已经在该领域进行的研究、各国政府提供的评论和意见以及工作组会议期间进行的讨论和其他相关文件,编写一份界定少数群体一词的文件"[6]。委员会决定召集工作组,并再次请小组委员会就"少数群体"一词的定义提出建议,因为它与正在审议的宣言草案有关。[7]

---

① General Assembly forty-first session, resolution 41/133 of 4 December 1986.

② A/HRC/31/2, resolution 31/4 of 23 March 2016.

③ E/CN. 4/1347, resolution 21 (XXXV) of 14 March 1979.

④ E/CN. 4/1408, resolution 27 (XXXVI) of 12 March 1980.

⑤ E/CN. 4/1408, resolution 27XXXVI of 12 March 1980). See also E/CN. 4/1475, resolution 21XXXVI of 10 March 1981; E/CN. 4/1982/30, resolution 1982/38 of 11 March 1982; E/CN. 4/1983/60, resolution 1983/53 of 10 March 1983.

⑥ E/CN. 4/1984/77, resolution 1984/62 of 15 March 1984.

⑦ E/CN. 4/1985/66, resolution 1985/53 of 14 March 1985.

工作组于1992年完成了宣言草案,人权委员会将其送交经济及社会理事会。[①] 联合国大会于1992年12月18日通过了《在民族或族裔、宗教和语言上属于少数群体的人的权利宣言》。[②]

1995年,人权委员会授权小组委员会设立一个工作组,以"(a)审查《在民族或族裔、宗教和语言上属于少数群体的人的权利宣言》的促进和实际落实情况;(b)研究涉及少数群体问题的可能解决方案……(c)建议进一步措施"[③]。

2005年,委员会任命了一名独立专家(2014年由人权理事会改为少数群体问题特别报告员)。(见第六章B,2005年——少数群体问题)

2011年,人权理事会召开了一次小组讨论会,以纪念《宣言》通过二十周年。[④]

非居住国公民个人(1973—1985年) 685

人权委员会于1973年审议了非居住国公民个人人权的国际法律保护问题。小组委员会提出了"国际法律现行条款在保护这些人的人权方面的适用性问题,并考虑在人权领域采取何种措施是可取的"。

人权委员会同意并请小组委员会"优先考虑……人权领域的措施,包括发表宣言的可能性"。[⑤]

1974年,小组委员会任命其一名成员埃尔斯女男爵(Baroness Elles)为特别报告员,以编写关于该主题的报告,[⑥]五年后的1979年,人权委员会收到了小组委员会特别报告员编写的宣言草案的修订案文。委员会将宣言草案送交经济及社会理事会,"以期提交大会审议"[⑦]。

次年,委员会正式向联合国大会转交了小组委员会特别报告员起草的宣言草

---

① E/CN. 4/1991/91, resolution 1991/61 of 6 March 1991. See also E/CN. 4/1992/84, resolution 1992/16 of 11 February 1992 and E/CN. 4/1992/48 and amendments 1 and 2, Annex I.

② General Assembly forty-seventh session, resolution 47/135 of 18 December 1992.

③ E/CN. 4/1995/176, resolution 1995/24 of 3 March 1995 and E/CN. 4/1997/150, 1997/16 of 3 April 1997 resolution. See also E/CN. 4/1998/177, resolution 1998/19 of 9 April 1998; E/CN. 4/1999/167, resolution 1999/48 of 27 April 1999; E/CN. 4/2000/167, resolution 2000/52 of 25 April 2000; E/CN. 4/2001/167, resolution 2001/55 of 24 April 2001; E/CN. 4/2002/200, Resolution 2002/57 of 25 April 2002.

④ A/HRC/18/2, resolution 18/3 of 29 September 2011.

⑤ E/CN. 4/1127, resolution 8 (XXIX) of 22 March 1973.

⑥ E/CN. 4/1179, decision 4 (XXXI) of 6 February 1975.

⑦ E/CN. 41347, resolution 16 (XXXV) of 14 March 1979.

案案文,并建议大会审议通过该宣言。[1]

大会于1985年12月13日通过了《非居住国公民个人人权宣言》。[2]

心理健康(1991年)

1991年12月17日,继人权委员会批准其工作组起草的宣言草案之后,联合国大会通过了《保护精神病患者和改善精神保健的原则》。[3] 委员会多年来处理了卫生和人权问题的各个方面(见第二章,1968年——科技与人权,保护因精神疾病而被拘留的人[1977年];第二章,1987年——健康,精神健康[1978年])。2002年,委员会任命了一名健康权问题特别报告员,人权理事会于2008年继续这一工作。(见第六章B,2002年——健康)

土著人民(2007年)

(见第二章,1971年——土著人民)

1995年,人权委员会设立了一个工作组,"其唯一目的是在考虑到……小组委
686 员会……1994年8月26日在第1944/45号决议附件所载的草案的情况下,起草一份宣言草案"。委员会欢迎经济及社会理事会"批准土著人民组织参与工作组的工作,并敦促理事会尽快处理所有未决的申请"。[4]

2000年,人权委员会欢迎在起草宣言方面取得的进展,"强调这一宣言草案作为专门促进土著人民权利的工具的重要性和特殊性"[5]。

人权理事会成立后的首批行动之一便是于2006年6月29日通过《联合国土著人民权利宣言》,[6]联合国大会亦于2007年9月正式通过该《宣言》。[7](见第二章,1971年——土著人民;第六章B,2001年——土著人民)

---

① E/CN. 4/1408, resolution 19 (XXXVI) of 29 February 1980.

② General Assembly Fortieth session, resolution 40/144 of 13 December 1985.

③ E/CN. 4/1991/91, resolution 1991/46 of 5 March 1991, see also E/CN. 4/1991/39.

④ E/CN. 4/1996/177, resolution 1996/38 of 19 April 1996.

⑤ E/CN. 4/2000/167, resolution 2000/57 of 25 April 2000. See also E/CN. 4/2004/127, resolution 2004/59 of 20 April 2004; E/CN. 4/2005/135, resolution 2005/50 of 20 April 2005.

⑥ A/61/53, resolution 1/2 of 29 June 2006.

⑦ General Assembly sixty-first session, resolution 61/295 of 13 September 2007.

人权维护者（1998年）

1985年，人权委员会成立了一个起草相关宣言的工作组。[1]（见第二章，1980年——人权维护者）工作组每年向委员会提交报告，[2]直到1998年，随着委员会通过了该工作组编写的宣言草案，工作组正式完成其工作。[3]

联合国大会于1998年12月9日通过了《个人、群体和社会机构在促进和保护普遍公认的人权和基本自由方面的权利和义务宣言》。[4] 参见第六章B，2000年——人权维护者）

人权教育和培训（2011年）

人权理事会的咨询委员会于2009年起草了一份关于人权教育和培训的宣言草案。[5] 理事会成立了一个政府间工作组，其任务是"在咨询委员会提交的草案基础上，就《联合国人权教育和训练宣言》草案进行谈判，最后定稿并将其提交理事会"[6]。

2011年，人权理事会通过了《联合国人权教育和培训宣言》[7]，大会于2011年 687
12月19日通过了该《宣言》。[8]（见第二章，1956年——教育）

和平权利（2016年）

人权理事会于2016年通过了《和平权利宣言》，[9]并将其提交联合国大会，大

---

① E/CN. 4/1985/66, decision 1985/112 of 14 March 1985.

② E/CN. 4/1998/98, para 1:

> 工作组在人权委员会第四十二届至五十三届会议之前分别举行了第一至第十二届会议，它提交给人权委员会的报告分别载于E/CN. 4/1986/40、E/CN. 4/1987/38、E/CN. 4/1988/26、E/CN. 4/1989/45、E/CN. 4/1990/47、E/CN. 4/1991/57、E/CN. 4/1992/53和Corr. 1、E/CN. 4/1993/64、E/CN. 4/1994/81和Corr. 1、E/CN, 4/1995/93、E/CN. 4/1996/97和E/CN. 4/1997/92号文件中。

③ E/CN. 4/1998/177, resolution 1998/7 of 3 April 1998.

④ General Assembly fifty-third session, resolution 53/144 of 9 December 1998.

⑤ A/HRC/6/22, resolution 6/10 of 28 September 2007. See also A/HRC/10/29, resolution 10/28 of 27 March 200.

⑥ A/HRC/13/56, resolution 13/15 of 25 March 2010. See A/HRC/WG. 9/1/2; A/HRC/AC/4/4 recommendation 4/2. See also A/HRC/WG. 9/1/3.

⑦ A/HRC/16/2, resolution 16/1 of 23 March 2011.

⑧ General Assembly sixty-sixth session, resolution 66/137 of 19 December 2011.

⑨ A/HRC/32/2, resolution 32/28 of 1 July 2016.

会于 2016 年 12 月通过该《宣言》。[①]（见第二章,1998 年——和平）

农民和农村地区其他劳动者(2018 年)

2018 年,人权理事会通过了《农民和其他农村地区劳动者权利宣言》,并建议联合国大会通过。[②]（见第五章 A,对具体权利的关注,食物[1983 年],农村地区人口[2014 年]）

B. 挑战

引　言

随着这些条约的生效(见时间表:公约的出现),其执行情况受到考验,许多挑战相继出现。本节描述了这些挑战的特性以及几十年来为解决它们而采取的措施。

第一类挑战是各国延迟提交相关报告。消除种族歧视委员会是第一个开始运作的条约机构,它的早期报告反映了这一问题日益严重的性质,此后不久,这一问题亦反映在其他条约机构,特别是人权事务委员会的运作中。

第二类挑战是使条约机构能够开展工作的资源之一;尽管所有条约都设想由联合国秘书处提供支助,但关于条约机构的支助费用是由缔约国承担还是由联合国经常预算承担,各条约的规定有所不同。

除人权事务委员会外,没有任何条约规定向专家委员会成员支付酬金。随着条约机构开始运作,秘书处的预算问题开始普遍存在,以致无法吸收额外的需求。此外,当时特别程序已经蓄势待发,尽管其预算是临时性的——它们尚未成为一个"系统"——但对资源的需求却越来越大。

第三类挑战是条约之间存在实质性重复的问题,导致在根据条约提交的报告
688 和条约机构对它们的审议中也存在重复。这要求在每一条约和相关条约机构的实质性自主权,以及确保条约之间的一致性之间寻求平衡。

第四类挑战是缔约国缺乏编写报告所需的专业知识。该程序相对较新,除国

① General Assembly seventy-first session, resolution 71/189 of 19 December 2016.

② A/HRC/39/2, resolution 39/12 of 28 September 2018. A/HRC/39/67.

际劳工组织的公约外,没有以往的经验可供参考。同时,人权法意识也处于初级阶段。1986年,秘书长提出了一项培训活动方案,以协助各国准备报告。该方案包括业务和财政方面,旨在为有多份报告未完成的国家提供支持,因此只具有有限的影响力。[①]

所有这些都使得有必要修订支持各个条约机构工作的安排,以确保所有条约机构之间的一致性和效率。2006年,人权理事会"鼓励高级专员对改革条约机构系统的各种选择进行研究"[②]。

消除种族歧视委员会(1970年)

第一个开始运作的条约机构是消除种族歧视委员会。它于1970年1月召开,直到1978年前的数年间,联合国大会通过了主要侧重于鼓励批准的形式决议。至1978年,大会强调了及时向消除种族歧视委员会提交报告的必要性,"请该公约各缔约国同委员会合作,按照该《公约》第九条的规定……提交报告"[③]。

人权事务委员会(1977年)

人权事务委员会于1977年3月召开会议。当年晚些时候,在其第二届会议上开始审查各国报告时,委员会通过了其第一个一般性评论,该评论随后被第30号一般性评论所取代,新规则旨在纠正因一些缔约国不提交和/或延迟提交报告而造成的情况。[④]

经济及社会理事会政府专家会期工作组(1978—1987年);经济、社会及文化权利委员会(1987年)

审查根据《经济、社会及文化权利国际公约》规定提交的缔约国报告的工作首先被委托给经济及社会理事会的一个会期工作组(1978年),于1985年被重组为

---

① A/51/510.

② A/HRC/2/9, resolution 2/5 of 28 November 2006.

③ General Assembly thirty-third session, resolution 33/102, 16 December 1978.

④ CCPR/C/21/Rev. 2/Add. 12.

经济、社会及文化权利委员会。[①]

689 《公约》第十六条规定,缔约国报告应抄送经济及社会理事会审议。委员会于1987年开始工作。[②] 而在其开展工作之初,经济及社会理事会处理文件的拖延和不提交问题便已经显现。[③]

委员会中的专家由经济及社会理事会选举产生,而不是像其他条约机构那样由缔约国选举产生。2014年,联合国大会建议以公约缔约国会议取代该程序,同时保留经济及社会理事会第1985/17号决议规定的委员会当前结构、组织和行政安排。[④]

消除对妇女歧视委员会(1982年)

消除对妇女歧视委员会于1982年10月召开会议。其1986年的第一项一般性建议涉及报告问题。它建议,

> 依照《公约》第十八条提交初步报告应包括提出日期之前的情况。此后,应在提出首次报告的日期之后,至少每四年提交一次报告,并且应说明在充分执行《公约》时所遭遇的阻碍以及为克服这类阻碍而采取的措施。[⑤]

C. 应对挑战(1984年)

随着更多公约生效和缔约国数量增加,这些挑战持续存在。本节介绍了条约机构主席们为解决这些问题所做的努力,其中包括他们要求由一位独立专家(菲利普·阿尔斯顿)对提高条约制度的长期有效性所做的研究。

690 1982年,消除种族歧视委员会注意到,“共有89份来自62个国家的逾期未交报告,其中42份来自15个国家,也即每个国家至少有两份逾期未交报告,还有

① Economic and Social Council, resolution 1985/17 of 28 May 1985.

② Part IV (articles 16-25) of the Covenant on Economic, Social and Cultural Rights sets out the procedure.

③ Economic and Social Council, resolution 1987/5 of 26 May 1987.

④ General Assembly sixty-eighth session, resolution 68/268 of 9 April 2014.

⑤ 关于消除对妇女歧视委员会的一般性建议,可参见 http://www.ohchr.org/EN/HRBodies/CEDAW/Pages/Recommendations.aspx visited on 27 January 2020。

1973—1978 年间到期的初步报告至今尚未收到"。它"遗憾地注意到,无论是通过秘书长向相关缔约国发出提醒,还是在提交联合国大会的年度报告中列入相关信息,都没有达到预期的效果"。①

1982 年,消除种族歧视委员会正式将此情况提交联合国大会,"以利用其权力确保委员会能够更有效地履行《公约》规定的义务"②。当时,条约机构的数量已增至五个。③

联合国大会的回应是请秘书长根据缔约国的意见提交一份报告,

> 对收到的答复意见加以分析,并酌情提出改进这种情况的建议……还请秘书长在编写报告时,从各种有关人权的文书对会员国规定的报告义务的全盘范围来考虑委员会一般建议六所述的情况,以期能够照顾到遵循此种义务时可能已经产生的类似及有关的问题。④

1983 年,联合国大会采纳了人权事务中心向人权事务委员会提出的建议,召开一次"条约机构主席协商会议……探讨可以加强协调的方法"⑤。

主席的角色(1984 年)

主席们于 1984 年 8 月首次会面。与会者有人权委员会主席彼得·科伊曼斯、人权事务委员会主席安德烈亚斯·马夫罗马蒂斯、消除种族歧视委员会主席路易斯·瓦伦西亚·罗德里格斯和《经济、社会及文化权利国际公约》执行情况政府专家会期工作组主席迈克尔·本迪克斯(Michael Bendix)。⑥

消除对妇女歧视委员会没有代表出席第一次主席会议;主席们解释说

> 第一次会议的目的,是专门用来讨论人权事务委员会、会期工作组、消除种族

---

① A/37/18 General Recommendation VI, resolution 1 (XXV) of 15 March 1982.

② A/37/18 General Recommendation VI, resolution 1 (XXV) of 15 March 1982.

③ A/37/18 General Recommendation VI, resolution 1 (XXV) of 15 March 1982.

④ General Assembly, thirty-seventh session, resolution 37/44, 3 December 1982.

⑤ A/38/40, para. 32, see General Assembly resolution 38/117 of 16 December 1983.

⑥ A/39/484, para 3.

歧视委员会和人权委员会所碰到的种种问题，因为这些机构的报告程序已实行多年，而其中存在的问题目前正显露出来。但可以预期的是，随着《消除对妇女一切形式歧视公约》所规定的报告程序逐步建立，随着大家对该程序的经验的积累，消除妇女歧视委员会可能会碰到一些问题，而这些问题可能是在未来的会议上需要加以考虑的。

至于《禁止并惩治种族隔离罪行国际公约》，“他们注意到[该《公约》]的相关
691 问题被包含在人权委员会主席的参与下”。①

第一次主席会议是临时召开的；从1995年起，该会议成为工作日程的一部分，每年召开一次。

三个条约机构在第一次会议上分享了它们所面临的问题。对于人权事务委员会来说，问题在于“一些报告内容简略；一些报告没有及时提交；几个缔约国不提交报告……委员会又注意到一些遇到困难的国家，缺乏律师或其他有适当资格的人编写报告”②。

消除种族歧视委员会的问题

是[大多数国家在提交了初步报告之后]没有及时提交或随后不交报告。在一些情况下即使秘书长以委员会的名义屡次发出提醒信（在某些情况下曾发出超过十二封提醒信），一些缔约国始终没有提交报告，连初步报告也没有。有人认为也许这意味着有关缔约国缺乏政治意志。委员会也注意到一些缔约国缺乏有资格的人员编写报告。③

对《经济、社会及文化权利国际公约》执行情况的监督也面临不及时提交、在某些情况下不提交以及很晚才收到报告的问题，“使得专家无法详细地研究这些报告”。会期工作组“由于组成以及开会时间”，面临着一个独特的问题，即

作为一个由政府专家组成的机构，在经济及社会理事会会议召开前一周举行

① A/39/484.
② A/39/484 II A para 12.
③ A/39/484 II B para 13.

会议,会期工作组在达到法定人数和令人满意地履行职责方面遇到了困难,因为一些应该参加会议的政府专家也有其他职责。这些问题变得更为复杂,因为会期工作组成员资格有空缺,而一些缔约国没有指派专家。因此,会议认为可以考虑模仿人权事务委员会和消除种族歧视委员会选举成员的方法,选举会期工作组的成员。

(会议)确定了今后必须考虑的问题,例如"几个现行报道制度对各国政府的负担特别是对有资格人员人数有限的政府的负担;各国政府在结构上所遇到的问题,例如,编写报告可能需要多个政府部委的参与和批准"。会议还讨论了条约机构工作的宣传问题。[1]

在讨论减轻各国时间压力的可能措施时,消除种族歧视委员会排除了延长报告周期的做法,"因为报告系统是委员会负责的监督过程中最具决定性的因素"[2]。

主席们建议保持条约机构之间的信息交流,并建议采取一些额外措施,例如 692
将各个机构的报告准则和议事规则汇编成一个文件,各个机构的一般性评论、决定和意见也可以同样地汇编成一个文件,为每一个缔约国编制一张一览表,列出该国所有已提交的报告和未完成的报告,以及一个包含根据每项文书提交的所有报告的参考文件夹。[3]

主席们解释了在同一份文件中发布报告指南的原因:

主席们都知道,每项公约、每个监督机构各有自己的特点,不过他们仍然认为,每个机构的准则的导言部分终将可以予以简化,以协助各缔约国按照它们所缔订的条约的要求提出关于本国的一般资料。[4]

这导致七年后即1991年4月推出了"共同核心文件"(common core document)。[5]

---

① A/39/484 III.

② A/39/484 III.

③ A/39/484.

④ A/39/484 Annex, para 29.

⑤ HRI/CORE/1 para 2.

《禁止酷刑公约》于 1987 年生效，进一步突出了条约机构之间的财政安排差异所导致的问题，更准确地说，执行委员会之间一边是公约，另一边是禁止酷刑委员会和消除种族歧视委员会。[1]

---

① 提及对条约机构的支助，包括财政支助的条文：

——《消除一切形式种族歧视公约》第十条第三款，

委员会的秘书人员应由联合国秘书长供给。

——《禁止并惩治种族隔离罪行国际公约》：由人权委员会主席指派的三人小组。

——《经济、社会及文化权利国际公约》：无，该条约委员会是经济及社会理事会的下属机构。

——《公民权利和政治权利国际公约》第三十五、三十六条，

第三十五条

委员会委员经联合国大会核准，自联合国资金项下支取报酬，其待遇及条件由大会参酌委员会所负重大责任定之。

第三十六条 联合国秘书长应供给委员会必要之办事人员及便利，俾得有效执行本盟约所规定之职务。

——《消除对妇女一切形式歧视公约》第十七条第九款，

联合国秘书长应提供必需的工作人员和设备，以便委员会按本公约规定有效地履行其职务。

——《禁止酷刑和其他残忍、不人道或有辱人格的待遇或处罚公约》第十八条，

第十八条第三款

联合国秘书长应提供必要的人员和设施，供委员会有效履行本公约规定的职责。

第十八条第五款

缔约各国应负责支付缔约国以及委员会举行会议的费用，包括偿付联合国依据本条第三款所承付的提供工作人员和设施等任何费用。

——《儿童权利公约》第四十三条，

第四十三条第十一款

联合国秘书长应为委员会有效履行本公约所规定的职责提供必要的工作人员和设施。

第四十三条第十二款

根据本公约设立的委员会的成员，经大会核可，得从联合国资源领取薪酬，其条件由大会决定。

——《保护所有移徙工人及其家庭成员权利国际公约》第七十二条，

第七十二条第七款

联合国秘书长应为委员会有效履行职责提供所需的工作人员和设施。

第七十二条第八款

委员会成员应依照大会所定的条件，从联合国资源支取薪酬。

——《残疾人权利公约》第三十四条，

第三十四条第十一款

联合国秘书长应当为委员会有效履行本公约规定的职能提供必要的工作人员和便利，并应当召开委员会的首次会议。

第三十四条第十二款

考虑到委员会责任重大，经联合国大会核准，本公约设立的委员会的成员，应当按大会所定条件，从联合国资源领取薪酬。

——《保护所有人免遭强迫失踪国际公约》第二十六条第七款，

联合国秘书长应为有效履行委员会的职能，向委员会提供一切必要的手段、工作人员和设施。应由联合国秘书长召开委员会的第一次会议。

四年后的1988年10月,第二次主席会议召开;人权委员会主席参加了会议。[①] 虽然条约报告系统面临的部分问题已通过联合国大会、经济及社会理事会、人权委员会、条约机构及条约缔约国会议得到解决,但“许多问题仍未解决,逾期报告的数量继续增加”[②]。 693

除了不提交报告问题之外,会议还讨论了诸如合并报告准则等协调问题,以及需要充足的财政和服务资源,这些资源的缺乏对一些条约机构的工作产生了负面影响,特别是消除种族歧视委员会和消除对妇女歧视委员会。会议讨论了一些条约机构制定的各种方法,重点是各个条约机构内遵循的程序,以及在编写报告时针对各国的其他方法,包括由委员会成员提供技术援助和咨询服务。条约机构之间在筹资安排方面的差异被认为是引起关注的主要原因。

主席们建议与人权委员会和小组委员会的特别报告员定期举行会议,加强对条约机构工作的宣传,并在其成员中实现更好的性别平衡。[③]

联合国大会批准了主席们关于编写报告手册和报告“说明……任何重叠情况和性质,以期酌情减少在监督机构内……重复提出问题”的建议。大会支持由独立专家编写一份关于新人权文书的监督工作可能采取的长期方法的研究报告。[④] 人权委员会正式将条约机构的有效运作问题纳入其议程[⑤]并要求成立一个工作队,

> 694 包括一名或一名以上的信息科学专家……建议该工作队应尽可能就利用电子计算机处理条约监督机构在报告方面的工作一事编写一份研究报告,以增强效率并促进各缔约国履行其报告义务和各条约机构对这些报告的审查。[⑥]

联合国大会欢迎对计算机化(办公)问题工作队的任命。关于资源问题,大会赞同条约机构主席会议强调需要确保条约机构的经费资源和充足的人员资源,同

① A/44/98 Annex, para 4.

② A/44/98 Annex, para 2.

③ A/44/98 Annexes V, VI and VII.

④ General Assembly forty-third session, resolution 43/115 of 8 December 1988.

⑤ E/CN. 4/1989/86, resolution 1989/47 of 6 March 1989.

⑥ E/CN. 4/1989/86, resolution 1989/46 of 6 March 1989.

时“呼吁缔约国充分和毫不拖延地履行其在相关人权文书下的财政义务，并请秘书一般考虑加强收款程序并使其更有效的方式方法”。它要求采取行政和预算措施，“以减轻条约机构目前的财政困难，从而保证它们的正常运作”。但是，它也强调了“采用此类措施……不应损害缔约国……履行其所依照此类文书的财政义务的责任”。[1]

人权委员会批准了工作队关于计算机化工作的建议，[2]包括从经常预算中支付相关费用。[3]

条约机构主席于1990年10月举行会议第三次会议。他们讨论了持续存在的逾期报告和资源问题。[4] 主席会议特别促请《消除一切形式种族歧视国际公约》的缔约国采取行动，设立一个“应急储备基金”，同时对于整个条约系统而言，“应当最为优先地采取适当措施，保证从联合国经常预算中为各委员会提供经费，或做必要的其他财政安排，使每一个委员会都能有效运作”。会议建议将自身制度化，确保“至少每两年召开一次”。[5]

当年联合国大会对“报告的持续积压和不断增加……以及条约机构延迟审议报告”表示关切，并赞同主席会议的建议，包括引入计算机化（办公）和计算机化数据库、研究独立专家报告中关于可能的长期方法的建议、报告手册的分发以及确保为条约机构提供资金的各种措施。大会没有按照主席会议的建议将其制度化。相反，它要求“在现有资源范围内召开一次……会议，会议时间待定”。[6]

人权委员会欢迎独立专家菲利普·阿尔斯顿关于改进条约机构运作的结论和建议。[7] 它欢迎人权事务委员会的评论[8]和条约机构主席会议的建议，要求一份
695 关于“财务、法律和为所有人权条约机构的运作提供全额资金的其他影响”的报告。[9]

同年，联合国大会要求一份“审查为所有条约机构的运作提供全额资金的财

① General Assembly forty-fourth session, resolution 44/135 of 15 February 1989.

② E/CN. 4/1990/39 Annex.

③ E/CN. 4/1990/94, resolution 1990/21 of 23 February 1990.

④ A/45/636 Annex.

⑤ A/45/636 Annex, Appendix.

⑥ General Assembly forty-fifth session, resolution 45/85 of 14 December 1990.

⑦ A/44/668 Annex.

⑧ E/CN. 4/1991/71 Annex.

⑨ E/CN. 4/1991/91, resolution 1991/20 of 1 March 1991.

务、法律和其他影响的进一步报告”。关于《消除种族歧视公约》和《禁止酷刑公约》,大会提请缔约国“作为优先事项考虑在可行的保证基础上支付执行这些条约的费用的所有可能措施,包括修订公约的经费条款”。1992 年,大会批准了《禁止酷刑公约》和《消除种族歧视公约》关于经常预算供资的修正案,每项修正案都要求对各自的条约进行修正;[1]截至 2019 年 7 月,两项修正案均尚未生效。

1991 年,联合国大会将主席会议制度化,请秘书长采取适当步骤,“从联合国经常预算中资助人权条约机构主席两年一次的会议”[2]。三年后,大会授权会议自 1995 年起每年举行一次。[3]

1992 年,委员会对专家研究的结论和建议表示欢迎,它要求一份向所有条约机构提供全额资助的财务、法律和其他影响的报告。[4]

统一报告指南:核心文件(1992 年)

1992 年 2 月,一份“与包含一般信息的国家报告的部分有关……并汇编为一份文档”的报告最初部分(“核心文件”)的编写指南正式发布。“由于许多国家是若干人权文书的缔约国,因此它们必须以条约各自要求的形式向各个条约机构提供某些一般性信息。”[5]埃及是第一个提交核心文件的缔约国。[6]

统一报告:指南汇编(2000 年)

2000 年,为各条约机构编制报告的指南以合并卷的形式发布,其中包括编写初次报告最初部分(“核心文件”)的合并指南。[7]

在 1992 年的第四次会议上,条约机构主席们讨论了范围广泛的问题。其中包括关于安全理事会在与人权有关的事务中的作用的建议。主席们表示完全支持秘书长提出的建议,即应探讨“授权秘书长和专家人权机构将大规模侵犯人权行 696

① General Assembly forty-seventh session, resolution 47/111 of 16 December 1992.

② General Assembly forty-sixth session, resolution 46/111 of 17 December 1991.

③ General Assembly forty-ninth session, resolution 49/178 of 23 December 1994.

④ E/CN. 4/1992/84, resolution 1992/15 of 21 February 1992.

⑤ HRI/CORE/1.

⑥ HRI/CORE/1/Add. 19.

⑦ HRI/GEN/2. The compilation is regularly updated; the latest (as of February 11, 2018) version appears in HRI/GEN/2/Rev. 6. See also General Assembly resolutions 52/118 of 12 December 1997 and 53/138 of 9 December 1998.

为提请安全理事会注意的方法，并提出行动建议”[①]。

主席们表达了对秘书处的支持：

> 主席们指出，人们日益强烈地认识到，有必要将对人权的关注纳入全部国际努力中，人权中心可获得的资源最近虽然有所增加，但仍然严重不足，无法使其履行委托给它的繁多且不断增加的任务。与会者认为，秘书处现有的工作条件，特别是日内瓦拥有的设施和资料技术，充其量只能说是简陋的……必须指出，如果不进行较深入的财物、人事和行政改革，条约机构的许多迫切需要就不能满意地加以解决。

主席们建议“……最好由一位独立专家彻底研究如果要提供足够的服务，秘书处一级需要采取的所有措施”。[②]

关于各国对成为公约缔约方提出的保留，主席

> 认为对主要人权条约做出的保留的数量、内容和范围令人震惊。他们……指出，做出的有些保留似乎会造成其是否符合有关条约的目标和宗旨的严重问题。为此……有关条约机构认为……应考虑请经济及社会理事会或大会酌情请国际法院就这一问题提供咨询意见。[③]

关于逾期过久的报告和未能提交初步报告的问题，会议建议各条约机构仿效消除种族歧视委员会的做法，

> 按逾期时间的长短顺序列出逾期或未能提交报告的国家……各条约机构还可考虑经济、社会及文化权利委员会已经采用的办法，通过一项具体决定查明报告记录特别不令人满意的缔约国……各条约机构在必要时作为最后措施仿效有些委员会已采取的做法……不要因为有关缔约国一贯长期不交报

---

① A/47/628 Annex, para 43.

② A/47/628 Annex, para 49.

③ A/47/628 Annex, paras 60–61.

> 告而不受到监督,而提交报告的国家则受到一丝不苟的监测。即使未交报告,也可从其他有关来源得到充足的资料,可以以此为基础进行调查,最好是通过对话的形式。[①]

会议特别强调了与保护儿童有关的问题。主席们回顾了 697

> 由经济、社会及文化权利委员会提出,并由儿童权利委员会核准的建议,即举行一次会议,由人权事务委员会、儿童权利委员会、消除歧视妇女委员会和经济、社会及文化权利委员会各派一至二名代表参加,以讨论与儿童权利有关的重要问题,包括监测条约义务重点的最佳办法。[②]

1993年,世界人权会议为国际体系中各条约机构首次召开会议提供了历史性机遇。[③] 它们通过了《维也纳声明》,规定了有效履行条约义务的一般原则,并援引了秘书长布特罗斯·布特罗斯-加利(Butros Butros-Ghali)的开幕词,即"人权条约保障仍然理论上的,或者是经常被违反的……人权和国际问责的概念被抹黑"[④]。

与会条约机构设定了到2000年普遍批准的目标,以及批准区域人权条约和国际劳工组织的基本人权公约。他们呼吁尽量减少各国的保留,并确保此类保留的表述应"尽可能准确和狭义……并定期审查……以撤回它们"[⑤]。他们建议更广泛地批准现有的申诉程序以及全面有效地遵守条约义务:不遵守,"包括不按要求提交报告",应构成对国际法的违反。《维也纳宣言和行动纲领》采纳了上述声明。[⑥]

主席们于1994年9月再次举行会议。关于七项核心公约状况和逾期报告情

---

① A/47/628 Annex, paras 70-71.

② A/47/628 Annex, para 88. See also General Assembly, forty-seventh session, resolution 47/111 of 16 December 1992 and E/CN. 4/1993/122, resolution 199/16 of 26 February 1993.

③ 与会条约机构包括:

人权事务委员会,经济、社会及文化权利委员会,消除种族歧视委员会,消除对妇女歧视委员会,禁止酷刑委员会,童权利委员会,非洲人权和民族权利委员会,欧洲委员会和欧洲人权法院,欧洲防止酷刑委员会,美洲委员会和美洲人权法院,以及由国际劳工局代表的国际劳工组织公约和建议执行委员会。见A/CONR157/TBB/4,脚注1。

④ A/CONF. 157/TBB/4. See A/CONF. 157/22 para 5.

⑤ A/CONF. 157/TBB/4 and Add. 1.

⑥ A/CONF. 157/23 Part II A, E. See also General Assembly forty-eighth session, resolution 48/120 of 20 December 1993; E/CN,4/19994/132, resolution 1994/19 of 25 February 1995.

况的最新信息表明,“人权文书的缔约国数量显著增加。截至1994年6月30日,七项条约共有869个缔约国……相较而言,截至1992年9月1日,共有762个缔约国”。此外,“截至1994年6月30日,联合国184个会员国中有10个未加入七项人权文书中的任何一项。这些国家是:安道尔、文莱、厄立特里亚、哈萨克斯坦、
698 吉尔吉斯斯坦、马来西亚、沙特阿拉伯、新加坡、南非和乌兹别克斯坦”。关于逾期未提交的报告,“总计1040份(相较而言,1992年为871份)”。①

对逾期提交或不提交报告的问题,主席们表示:

> 不遵守义务,包括不按规定提交报告,是违反国际法的行为。他们促请各人权条约缔约国在其定期会议上处理这一问题。这些会议不仅应专门讨论条约机构成员的选举问题,而且还应审议有关执行条约的一般性问题。②

主席们建议将人权更有效地纳入联合国的全部活动,包括确保将妇女问题纳入联合国国际人权法的适用范围。他们建议

> 每个条约机构均应酌情考虑修正为缔约国编写报告而制订的准则,以便请缔约国提供关于妇女在每项文书规定下所处境况的资料,包括分门别类的统计数据。各主持人希望非政府组织、政府间组织、专门机构和联合国办事处也能够提供类似资料。③

他们建议采取措施加强人权教育,包括请媒体“制作富有想象力的人权节目……向广大群众广播,而且可以改编以适应当地的文化环境”④。

主席们建议在1995年与秘书长举行一次会议,“讨论条约机构在提请他注意并通过他提请安全理事会注意与侵犯人权有关的紧急事项方面的作用”⑤。(见第八章E,将“伟大事业”纳入联合国系统[1997年])会议注意到,“待审议的缔约国报

① HRI/MC/1994/3. The situation improved since then. See https://tbinternet.ohchr.org/SitePages/Home.aspx.

② A/49/537 Annex, para 17.

③ A/49/537 Annex, para 20.

④ A/49/537 Annex, para 25.

⑤ A/49/537 Annex, para 29.

告日益积压已成为一个严重问题……并请这些条约机构适当考虑减少这种情况的方法”①。主席们建议“各个条约机构让非政府组织更充分地参与其活动。特别是可以允许非政府组织通过正式建立和结构良好的程序进行口头干预并传递与监测人权规定有关的信息”②。(见第十章C,请愿权[1948—1966年])

关于就计算机化(办公)做出的决定,主席们感到遗憾的是,“尽管人权委员会和大会每年的决议一再强烈赞成使条约机构的工作计算机化;但是,工作队报告内的各项建议却仍未执行”③。

联合国大会批准了主席会议的建议,包括自次年(1995年)起每年召集主席会议。④ 1995年,人权委员会处理了条约体系面临的广泛挑战并提出应对这些挑战的建议。⑤ 委员会还收到了一份报告,列出当时手头或计划中的标准制订活动,“以促进其做出更明智的决策”。⑥ 699

主席年度会议(1995年至今)

此后,条约机构主席每年举行会议。⑦ 机构之间的协调成为常态,以应对条约体系面临的挑战。1998年,人权委员会欢迎“继续强调……每个条约机构应在其职权范围内密切监测妇女享有人权的情况”⑧。

2000年,主席们发表了⑨独立专家的最终报告⑩(见下文,阿尔斯顿报告[1989—1997年]),并就普遍批准主要人权公约的目标发表了意见:

在人权署与联合国系统关键伙伴机构和部门的讨论中,批准问题一向受

---

① A/49/537 Annex, para 36.

② A/49/537 Annex, para 41.

③ A/49/537 Annex, para 53.

④ General Assembly Forty-ninth session, resolution 49/178 of 23 December 1994.

⑤ E/CN. 4/1995/176, resolution 1995/92 of 8 March 1995.

⑥ E/CN. 4/1995/81.

⑦ A/50/505; A/51/482; A/52/507; A/53/432; A/54/805; A/55/206; A/57/56; A/57/399; A/58/530; A/59/254; A/60/278; A/61/385; A/62/224; A/63/280; A/64/276; A/65/190; A/66/175; A/67/222; A/68/334; A/69/285; A/70/302; A/71/270; A/72/177.

⑧ E/CN. 4/1998/177, resolution No. 1998/27 of 17 April 1998.

⑨ A/53/432 Annex. See also E/CN. 4/2000/98.

⑩ E/CN. 4/1997/74 Annex.

> 到高度重视。一个值得注意的例子是人权署与开发署 1997 年签订的《谅解备忘录》促进批准人权条约在其中作为一项共同目标占有突出地位。人权署与开发署已经共同制订了一项“加强人权”的方案,为在 1999—2001 年期间执行《谅解备忘录》提供务实的工具。[1]

“逾期而不提交报告的情况一直是一个严重的问题。在最极端的情况下,《经济、社会及文化权利国际公约》的缔约国甚至 40%以上都没有提交初步报告。”[2]

条约间委员会会议(2002 年)

条约机构之间的协调在 2002 年进一步扩大,主席们引入了条约间委员会会
700 议,即除条约机构主席外,各机构成员也参加了会议。[3] 委员会会议设立了一个工作组,负责处理关于个人申诉和调查的结论性意见,并决定后续行动。[4]

2014 年,联合国大会决定

> 在不迟于本决议通过之日起六年内审议人权条约机构体系的状况,以审查所采取措施的有效性,以期确保这些措施的可持续性,并酌情就进一步行动做出决定,以加强和增进人权条约机构体系有效运作。[5]

随着条约机构主席与特别程序任务负责人举行会议,协商进一步扩大。

阿尔斯顿报告(1989—1997 年)

在第二次主席会议(1988 年)上,主席们建议任命一名独立专家,研究并就“新的人权文书的监督工作可能采取的长期方法”提出建议。[6] 人权委员会扩大了

---

① E/CN. 4/2000/98 III para 58.

② E/CN. 4/2000/98 III para 60. See also Commission resolution.

③ E/CN. 4/2002/200, resolution 2002/85 of 26 April 2002. See also E/CN. 4/2004/127, resolution 2004/78 of 21 April 2004.

④ See for example, HRI/ICM/WGFU/2011/1; HRI/ICM/2011/3.

⑤ General Assembly sixty-eighth session, resolution 68/268 of 9 April 2014.

⑥ General Assembly forty-third session, resolution 43/115 of 8 December 1988.

研究的范围,以涵盖"加强现有和未来机构有效运作的长期办法"①。专家总计提交了三份报告:第一份报告于1989年提交,第二份报告于1992年在世界人权会议的背景下提交,第三份报告于1997年提交。三份报告的提交跨越了"伟大事业"发展的一个关键阶段。

独立专家菲利普·阿尔斯顿于1989年向联合国大会提交了研究报告,然后于1990年向人权委员会提交了报告。② 大会"对这项研究表示满意,其中包含关于报告和监督程序、监督服务和融资的若干建议"③。委员会欢迎这些结论和建议,并请条约机构审查研究,以"考虑哪些结论和建议与其各自的职权范围相关"④。

专家认为,

> 联合国人权条约监察制度已经到了危急关头,这个制度要能够发展和成长,则一:必须认识到现存问题的严重性;二、必须重申整个条约制度的非常重要性;三、要下决心大力地寻求创新的有效解决办法。同样地,在寻求解决办法的时候,必须承认迄今取得了很大的成就……这样才能确保这个制度的根基健全,特别是确保其保障人权的能力不致为寻求空泛的效率及精简机构而被牺牲。⑤

该研究报告讨论了报告程序:"报告应被视为一项多方面的工作,在国内和国 701
际上服务于各种目标。"为了尽量减少各国准备其条约报告的负担,专家建议考虑减少(并非根据条约而要求的)其他报告。延长报告的周期有助于"更好地协调和减轻负担的系统,其优势将在不久的将来开始体现"。如果鼓励每个国家"在准备其报告时为自己的目的确定可以有效交叉引用的实例",则可以解决条约之间的重叠或重复问题。⑥

关于筹集资金问题:

---

① E/CN.4/1989/86, resolution 1989/47 of 6 March 1989.

② A/44/668, 8 November 1989.

③ General Assembly Forty-fourth session, resolution 44/135 of 15 December 1989.

④ E/CN.4/1994/132, resolution 1990/25 of 27 February 1990.

⑤ A/44/668 para 8.

⑥ A/44/668 Annex.

> 就所涉的原则而言,似可提出许多理由来强烈反对由缔约国为人权条约提供经费的安排。除其他外,这些理由包括:(a)整个国际社会是一个有效的条约制度的主要受益者;(b)条约制度是促进《联合国宪章》与人权有关的目标的一个重要的、甚至是不可或缺的手段;(c)条约机构在报告方面负起的职责,过去完全是由经常预算提供经费的;(d)当批准条约需要承担财政义务的时候,争取普遍批准的目标就遭到破坏;(e)不能让人权条约机构由于少数缔约国不履行财政义务而无法运作。[①]

该报告对条约机构改革的尝试的背景有如下观点:“联合国人权条约系统的一个长期矛盾是,一方面每一个条约制度都必须从其本身的作用及其具体的准则和程序来考虑,但是,另一方面,为了一些目的,要孤立地看待每一个条约制度,或将其脱离其作为一部分的较广泛的人权方案来看待,都是不切实际的。”过去的评估倾向于划分每个条约机构,“好像它们是完全自成一体的制度”。[②]

主席们在 1990 年 10 月审议了该报告,[③]人权委员会在 1991 年发表了意见,[④]基本上赞同研究报告中包含的建议。其他条约机构也发表了意见,其中禁止酷刑委员会“感兴趣地注意到研究中关于条约机构在国际人权文书下遇到的一般问题,以及建议的解决方案和相关的长期前景”[⑤]。

种族歧视委员会“总体上强烈赞同这项研究”,并提出了一些具体的观点;经济、社会及文化权利委员会建议“对 1989 年编写的研究报告进行更新和修订,并提交给 1993 年的世界人权会议”。[⑥]

702 1992 年,联合国大会要求“增订独立专家的报告……并提交一份临时报告……提供给 1993 年 6 月的世界人权会议”[⑦]。

临时报告[⑧]是在国际和区域人权条约机构主席会议的背景下于世界人权会议

① A/44/668 Annex.

② A/44/668 Annex, II para 9.

③ A/45/636.

④ E/CN. 4/1991/71.

⑤ E/CN. 4/1992/44.

⑥ E/CN. 4/1992/44.

⑦ General Assembly forty-seventh session, resolution 47/111 of 16 December 1992.

⑧ A/CONF. 157/PC/62/Add. 11/Rev. 1.

上提交的。[①]

专家将临时报告描述为对原先研究报告“彻底修改和更新的基础上拟订的”,因为“原报告载述的许多建议都已经得到落实”。[②]

1993年12月,在世界人权会议之后,[③]联合国大会再次讨论了有效执行的问题,并

> 重申大会有责任确保根据大会通过的文书所设的条约机构的正常运作,并就此又重申下述事项的重要性:(a)确保这些文书缔约国定期提交报告制度的有效运作,(b)取得充足经费资源以求克服其有效运作方面的现有困难,(c)在拟订任何进一步的人权文书时,要考虑报告义务和所涉经费两方面问题。[④]

最终报告于1997年提交。报告的目的是“根据最近的动态更新以前的分析,并就一系列问题提出具体建议”[⑤]。

报告描述了进展:

> 前两份报告所载的建议有许多已经付诸实施。1989年报告中的这些建议有:编写一份关于不同的条约中相互重叠条款和在报告中采用相互参照方法的可能性的研究报告;修改《禁止酷刑和其他残忍、不人道或有辱人格的待遇或处罚公约》和《消除一切形式种族歧视国际公约》,规定提供经常预算经费并采取临时措施落实所需经费;延长几个条约机构可利用的会议时间;多数委员会事先准备一份书面问题清单,以便利与缔约国对话;将各种消息来源均视为可能有用的来源;通过的最后意见应当有实质内容、有重点、定期公布各项国际人权标准制定活动的清单……1993年报告中的这些建议有:确定至少某些条约获得普遍批准的具体日期,继续寻求不提交报告问题的切实对策,必要时即使无报告也对有关情况进行审议;减少要求国家在以公约为基

---

① A/CONF. 157/TBB/1; A/CONE157/TBB/4.

② A/CONF. 157/PC/62/Add. 11/Rev. 1.

③ A/CONF. 157/23.

④ General Assembly forty-eighth session, resolution 48/120 of 20 December 1993.

⑤ E/CN. 4/1997/74 Annex, para 2.

703 础的报告制度之外提交报告的次数;在日内瓦为条约机构的一位或两位成员提供起码的办公设施;着手在中心内建立一个文件资料设施进一步重视电子信息源;其他一些次要的改革措施。①

报告指出,“与此同时,许多建议仍未得到处理。本报告将再次提及其中的一些建议”②。

1997年,人权委员会审议了独立专家的最终报告;它要求对报告发表意见,并请秘书长提交一份报告,“包括秘书长自己对报告建议的法律、行政和其他影响的看法”。委员会决定在下届会议上“审议与该主题有关的所有报告,包括秘书长、第七次和第八次主席会议和独立专家的报告,以及大会第51/87号决议中要求的秘书长的详细分析研究报告”。③

挑战的出现主要是由于一个由若干条约组成的体系——已有六项条约于1987年生效——有很多共同点,但又彼此独立运行。这一新兴体系也需要将自己融入联合国的行政基础设施,包括实质性支持(由人权事务中心,以及后来的人权事务高级专员办事处提供)和支助服务(预算和财务、会议服务、语言、后勤等)。

复杂问题的出现同样由于各国需要调整自身及其国内基础设施以适应新兴条约体系产生的需求,包括编写报告、提交报告和后续行动。此外,对于已经加入多项条约的国家——这一数量越来越多——在国内专业知识的存量和可用性方面同样出现了挑战。由于不可能在各条约及其监督机构的独立性和协调与简化各自运作方法之间找到平衡,缔约国延迟提交报告(或不提交报告)很快成为一个问题。而各条约在缔约国和联合国的支助费用责任方面缺乏一致性,使问题进一步复杂化。

积极的一面是,条约机构制定的指导方针以单一文件的形式公布,这与巩固条约程序的努力相一致。④ 条约机构主席之间的协商已规范化,从而使条约机构间的工作方法得以协调,并演变为由各“独立公约”组成的“系统”。技术支持得到提供,以协助政府准备其报告,这一发展促进了技术合作计划的出现。(见第八章

---

① E/CN. 4/1997/74 Annex.

② E/CN. 4/1997/74 Annex, para 4-6 II, III and V.

③ E/CN. 4/1997/150, decision No. 1997/105 of 3 April 1997.

④ UN. International human rights instruments, see HRI/GEN/2/Rev. 6.

员办事处进行了管理审查,并建议高级专员"应当经常与条约机构协商关于将根据条约义务提交的报告合并为一份单一的国家报告的方法,以便逐步实现这个目标"①。

同年,联合国大会"鼓励缔约国……审查条约机构的报告程序,以期制订更加协调的方法并简化这些条约的报告要求"②。

在2003年举行的条约间委员会第二次会议上讨论了提交单一综合报告的建议,

> 代表们一致认为,个别条约机构的报告的编写工作有助于建立网络并激发国家讨论条约的问题……代替综合报告的一种办法是,有些会员国决定扩大其核心文件,把提交各个条约组织的资料汇编起来。虽然缔约国没有法定义务要提交这样一份核心文件,但这份文件可以减轻它们的汇报责任,并避免提交每个条约机构的报告所载的详细资料发生重复。③

706

次年,高级专员办事处报告了就综合报告提案进行的进一步讨论,包括"关于条约机构改革主题的头脑风暴会议……于2003年5月4日至7日在列支敦士登马尔本(Malbun)举行,出席会议的有所有条约机构的代表、每个区域组五个缔约国的代表、联合国机构、国家人权机构和非政府组织的代表"④。

马尔本会议否决了秘书长的提议,并补充说,

> 各缔约国难以提交一个单一报告,来履行各该国参加的所有条约规定的报告义务,如果就一个国家所参加的每一项条约的执行情况分开提出报告,将使各国能够更好地履行各该国参加的每项条约规定的报告义务。如果各缔约国仍然选择提交一个单一文件,用以履行各该国参加的所有人权条约规定的报告义务,这个文件则必须按照所有适用于该国参加的各项条约的报告准则编制。

---

① A/57/488, para 63.

② General Assembly fifty-seventh session, resolution 57/300 of 20 December 2002.

③ A/58/351 III para 6.

④ E/CN. 4/2004/12/Add. 1 Action 3, para 4-10.

该报告还列举了拒绝该提案的其他原因。[1]

高级专员的提案(2006年)

继秘书长题为“大自由”(in larger freedom)的报告后,[2]高级专员路易斯·阿尔布尔提出了一项行动计划,其中包括提议召开一次“政府间会议,以考虑建立统一的常设人权条约机构的备选方案”[3]。该提案于2006年6月提交条约机构主席会议和条约间委员会会议,[4]并提出了各种备选方案。[5]

2006年3月,人权委员会不复存在,人权理事会继续寻求其“有效运作”。[6] 联合国大会请新的理事会“提出建议……以进一步发展人权领域的国际法”,并“促进各国充分履行人权义务”。[7]

707 2006年7月,在列支敦士登马尔本召开了第二次头脑风暴会议,讨论条约体系改革的各个方面。根据主席对讨论的总结,提到设立统一常设人权条约机构的提议,

> 代表非洲集团和亚洲集团所做的发言表示,非洲集团和亚洲集团不赞成这一建议。其他人的发言也赞成这一看法,所以说设立统一常设条约机构的建议几乎没有得到多少支持;另有一些代表团表示,这一建议颇有价值和潜力,所以希望对此进行进一步讨论。还有代表表示,他们代表的国家对此建议尚无立场,需要更多的时间、背景资料和分析,才能对这一具有重大意义的建议采取立场。

会议还讨论了其他潜在改革问题,包括统一工作方法、处理积压和不报告问

---

① A/58/123 Annex Section D, para 20-28.

② A/59/2005.

③ A/59/2005/Add. 3 Annex.

④ 除主席会议外,委员会会议于2002—2011年每年举行一次。每个条约机构的主席和另外两名成员参加会议。(HRI/MC/2006/2 para 19)

⑤ HRI/MC/2006/2.

⑥ A/HRC/2/9, resolution 2/5 of 28 November 2006.

⑦ General Assembly sixtieth session, resolution 60/251 of 15 March 2006.

题。[①] 秘书长向人权理事会通报了这些进展以及各条约机构正在单独采取或各条约机构协商采取的其他旨在协调它们的工作并提高服务效率的措施。关于统一常设条约机构的提议,条约机构成员和其他人提出了一些问题,包括对设立统一机构可能导致失去特异性的担忧,并指出许多法律问题。[②]

2008年,联合国大会欢迎引入普遍定期审议,“该工作**应当补充而不是重复条约机构的工作**……为批准人权条约做出贡献和促进执行人权条约工作,包括条约机构建议的后续工作”。[③]

在其关于条约体系的第一个实质性声明中,人权理事会提到了“迄今为止人权条约机构为改善其运作而采取的措施,并鼓励继续努力提高条约机构体系的有效性,以期对其活动和标准化报告采取更加协调的方法”[④]。

理事会要求一份年度报告,“说明为执行……决议而采取的措施以及执行障碍,包括进一步提高条约机构系统的有效性、协调和改革条约机构系统的建议”[⑤]。根据该决议每年向理事会提交的报告,[⑥]与主席年度会议(自1984年起,自1994年以来每年一次)和2002—2011年期间举行的条约间委员会会议同步。

这些报告记录了随着条约机构的扩大,缔约国提交的材料和投诉数量不断增加。它们还讨论了各个条约机构为统一其程序所做的努力。人权理事会要求提供信息受阻的情况,以及进一步的建议。正如2014年所提出的,高级专员经常重 708
复的结论集中体现了“理事会要求提供信息的障碍以及进一步提高效率的建议”以及条约机构系统的协调和改革的建议,即

> 条约机构系统在扩大,国际人权文书缔约国数量也在增长,但是却并没有划拨与之匹配的资源和会议时间,以确保有效履行条约机构的任务。资源长期不足导致大量积压报告等待条约机构审议、个人申诉的提交人等待时间过长,极大地损害了申诉机制的保护功能……通常只有在通过一项请求额外会

① A/61/351 Annex (Malbun II) (Riesenberg, Liechtenstein, 14-16 July 2006).

② A/HRC/4/81 2007, para 10.

③ A/HRC/9/28, resolution 9/8 of 24 September 2008,着重号为作者所加。

④ A/HRC/9/28, resolution 9/8 of 24 September 2008.

⑤ A/HRC/9/28, resolution 9/8 of 24 September 2008.

⑥ A/HRC/12/20; A/HRC/13/69; A/HRC/16/32; A/HRC/19/28; A/HRC/22/21; A/HRC/25/22; A/HRC/28/21; A/HRC/31/25.

议时间的决定或者某条约超越一个发展里程碑之时,才会专门审查人员编制和经费需求。此类请求并不总是能够得到大会的批准,或者仅得到大会的部分批准。没有全面审查过条约机构的工作量和资源配置。必须为条约机构建立并运作一项连贯、可持续并定期重新评估的供资制度。[①]

联合国大会主席(2012 年)

2010 年,联合国大会授权禁止酷刑委员会增加会议时间,“以处理积压的报告……以及等待审议的个人投诉”,并在此过程中要求“就包括禁止酷刑委员会在内的人权条约机构提出具体和量身定制的建议”。[②]

2012 年,联合国大会请大会主席启动“一个不限成员名额的政府间进程……就如何加强和增进人权条约机构体系的有效运作进行公开、透明和包容性的谈判”[③]。

此后不久,政府间进程延长至 2013 年,“为了在迄今进行的讨论的基础上再接再厉,以期确定……加强和增进人权条约机构系统有效运作所需的具体和可持续措施”[④]。

2012 年晚些时候,高级专员根据各利益攸关方(条约机构、国家、联合国实体、民间社会和国家人权机构)在 2009—2012 年间大约 20 次磋商中提出的建议提交了一份综合报告,[⑤]以执行条约并提高条约机构的显著性和可达性。[⑥]

709 在此进程之后,联合国大会通过了一些措施。这包括由大会主席任命的两名“共同协调人”协助该进程就“加强和加强人权条约机构体系的有效运作”进行政府间磋商,[⑦]它还收到了由秘书长关于进一步提高条约体系的有效性、协调性和改革的措施。[⑧]

---

① A/HRC/25/22 IV, paras 81-83.

② General Assembly, sixty-fifth session, resolution 65/204 of 21 December 2010.

③ General Assembly, sixty-sixth session, resolution 66/254 of 23 February 2012.

④ General Assembly, sixty-sixth session, resolution 66/295 of 17 September 2012.

⑤ A/66/860.

⑥ A/66/860 Section 4.

⑦ General Assembly sixty-sixth session, resolutions 66/254 of 23 February 2012 and 66/295 of 17 September 2012.

⑧ A/66/344 and A/HRC/19/28.

联合国大会第 68/268(2014)号决议

两位共同协调人格蕾塔·贡纳斯多蒂尔(Greta Gunnarsdottir)和穆罕默德·哈立德·希阿里(Mohamed Khaled Khiari)报告了他们在 2014 年 2 月“在文本未收到会员国的反对意见而通过默许程序后”的磋商情况。[1]

此外,联合国大会还收到了高级专员关于“多方利益攸关方磋商……以反思如何精简和加强人权条约机构体系”的报告。这包括一些会议,参与者来自政府、条约机构、国家人权机构、非政府组织和学术界。[2]

在一系列措施中,联合国大会鼓励通过一个简化的报告程序和一份共同核心文件,同时牢记在 1991 年引入的核心文件中特定缔约国在处理各种条约规定的报告义务方面的最新发展。[3]

至于条约机构之间的协调,联合国大会鼓励各条约机构采用一致的方法与缔约国进行建设性对话,并鼓励“制定一致的协商进程,以提供与各国协商的一般性意见……并牢记在制定新的一般性意见时其他利益攸关方的意见”[4]。

大会建议经济及社会理事会以国际公约缔约国会议取代选举经济、社会及文化权利委员会专家的现行程序,“同时保留经济及社会理事会第 1985/17 号决议规定的委员会现有的结构、组织和行政安排”[5]。

该建议是弥合 1952 年将人权分为两个体系、两个公约和两个程序以来两个条约机构之间差异的巨大进展(见第一章 B,大分离[1952 年])。截至 2016 年 1 月 25 日,经济及社会理事会没有就大会的建议采取任何行动。(见第七章 A1,国际人权宪章)

联合国大会要求每两年提交一份“关于人权条约机构系统状况以及……条约 710

---

[1] A/68/832, para 11.

[2] A/68/832.

[3] General Assembly sixty-eighth session, resolutions 68/2 of 20 September 2013 and 68/268 of 9 April 2014.

[4] General Assembly sixty-eighth session, resolutions 68/2 of 20 September 2013 and 68/268 of 9 April 2014.

[5] General Assembly sixty-eighth session, resolutions 68/2 of 20 September 2013 and 68/268 of 9 April 2014.

机构在提高工作效率方面取得的进展的综合报告”①。

联合国大会决定“不迟于本决议通过[2020 年]之日起六年内恢复体系改革状态,审查为确保其可持续性而采取的措施的有效性,并酌情决定采取进一步行动以加强和提高人权条约机构系统的有效运作”②。

25 年前第一份“阿尔斯顿报告”中提出的大多数问题至今尚未得到解决。条约机构主席会议则每年都在举行,并继续根据大会建议采取了一些措施——这些措施主要由条约机构本身来实施的。

---

① General Assembly sixty-eighth session, resolutions 68/2 of 20 September 2013 and 68/268 of 9 April 2014. 大会详细说明了它要求提供的报告内容为

> 一份综合报告,说明人权条约机构体系的现状以及……所获进展,包括各委员会提交和审查的报告数量、开展的访问、收到和酌情审查的个人来文、文件积压情况、开展的能力建设努力和获得的成果,以及在批准、报告增加以及会议时间分配和措施提议等方面的情况,包括根据会员国提供的信息和意见,为增强所有缔约国参与同条约机构的对话而采取的措施。

② General Assembly sixty-eighth session, resolution 68/268 of 9 April 2014.

第八章 “伟大事业”步入当代（1987—2005年）

引 言

扩大外延——保护之外增进预防（1987年）

从20世纪90年代开始，由于公约和特别程序数量的增加，“伟大事业”发展过程中的一个新时代出现了。这意味着需要更深入地把握本质，并随之开展必要的延伸工作。属于这个时代的标志有：1987年设立人权领域的技术合作自愿基金，1988年开展世界人权宣传运动，1990年决定召开世界人权会议，1993年成立人权事务高级专员办事处。这也是人权在整个联合国系统的方案和行动中“主流化”的开端，包括1994年人权被引入安理会的工作，以及1999年人权随着《全球契约》（Global Compact）的发起延伸至工商业领域。本章将描述这一发展过程。

随着各国际人权宪章（1946—1977年）的完成，以及国际人权法和特别程序的出现，形成了两种体系：常规体系，由国际人权“核心”公约组成，并设有监督其执行情况的程序（见第七章）；以及非常规体系，由人权委员会设立并由人权理事会继续执行的几项特别任务组成，旨在进行事实调查（见第六章）。

接下来的两个十年将在这些发展的基础上继续前进。在此期间，人权委员会的规模两次扩大：1979年，委员会成员从32席增加到43席，1992年则增加到53席。此外，1992年，人权委员会自成立以来第一次被授权举行特别会议，以处理被人权委员会大多数成员认为紧急的问题。①

20世纪80年代在很多方面都是意义非凡的。在国际层面上，两个大国发生了巨大的变化：在美国，里根政府继卡特时代后登场，而苏联自1982年进入了后勃列日涅夫时期，这一系列变化的结果是1991年苏联的解体以及俄罗斯联邦的

---

① Economic and Social Council, resolution 1990/48 of 25 May 1990.

712 诞生。

这些事态发展和国际层面有关变化形成了人权委员会在20世纪80年代出现的一种与过去数十年明显不同的氛围。

在联合国内部,同一个十年间,人权司的最高层发生了三次变动。西奥·范博文自1977年以来担任人权司司长,发挥了至关重要的作用。他于1982年离职,库尔特·赫恩德尔继任,1987年则由扬·马滕森接任。他们每一位都对人权委员会的工作发展做出了重大贡献。随着马滕森的上任,他开始关注对人权意识的建设、教育和培训工作,并倡议召开世界人权会议,而这些正是随后几十年间人权事务的优先重点。

1982年的人权委员会会议是联合国人权工作发展中的一个里程碑。当1982年2月10日上午的会议结束时,气氛十分伤感,当时范博文宣布,这届会议将是他作为人权司司长的最后一次会议,他提及

> 与本组织在纽约的领导间的重大政策分歧……他一直认为,首要的责任是对以其名义编写《联合国宪章》的人民负责,他坚持认为,在必要的时候,必须就原则问题发表意见,而不论在组织内外使谁高兴或不高兴。[1]

在本届会议期间,除了已列入议程的国家局势(如南非、巴勒斯坦、智利、萨尔瓦多和玻利维亚等),在几周前宣布进入紧急状态的波兰局势[2]也是一项重大议题。一个欧洲国家(也是人权委员会成员之一)的人权状况在委员会中首次受到了密切关注。会议决定任命一名秘书长特别代表,"基于他认为有关的资料,包括波兰政府愿意提供的意见和材料,对波兰的人权情况进行彻底研究"[3]。(见第六章A,1982年——波兰)

在同届会议上,人权委员会根据小组委员会的倡议,讨论了伊朗泛神教(Baha'I Community)的情况。人权委员会请秘书长"就该国当前的人权情况与伊朗政府建立直接联系,并继续努力确保泛神教徒充分享有人权和基本自由"[4]。

---

① E/CN. 4/1982/SR. 14.

② E/CN. 4/1982/30, resolution 1982/26 of 10 March 1982.

③ E/CN. 4/1982/30 paras 266-280, and resolution 1982/26 of 10 March 1982.

④ E/CN. 4/1982/30, resolution 1982/27 of 11 March 1982.

本届会议由伊万·加维洛夫(Ivan Garvalov,保加利亚)担任主席,会议期间的工作对与会者和秘书处来说都是一次难忘的经历。关于波兰局势的重要辩论巩 713
固了一项重要原则,即处理具体国家的人权状况不构成对国家内政的干涉。[1]

该届会议也标志着人权委员会在解决人口流动问题方面的第一次严肃尝试,它就人口大规模流亡和人权问题设立了任务,并任命前联合国难民事务高级专员萨德鲁丁·阿加汗为特别报告员。然这一现象在随后的几十年里继续存在,因为人权机制不能解决和纠正这一现象。[2] (见第六章B,1981年——人口大规模流亡)

A. 技术合作(1987年)

咨询服务和技术合作(1982—1987年)

20世纪80年代是技术合作方案开端的十年。这个十年结束后,在20世纪50年代中期设立,最初为达成不同目的(尽管相似)的咨询服务方案被“改造”,以成为新的技术合作方案。同时,一项自愿基金得到设立,从而使为人权活动提供预算外的资金成为可能。[3] 这一新径路的意义特别重大,因为它在“保护”措施之外增进了“预防”措施,即条约机制和特别程序。

自愿基金支持因批准人权条约而产生的执行和报告期间的国内基础设施建设。此举通过向基金提供志愿捐助的方式注入的额外财政资金加以实现——这一历史性的举措将开创一个新的局面,即为人权委员会的工作范围扩张提供契机。

常规体系的出现和特别程序的增加有助于在随后的几年里引入技术合作。正如第七章B节所示,各国提交的条约报告的情况表明,需要开展相关培训,强化对实质要求、制度要求的认识。各国迟交和不交报告的情况在短时间内达到了“惊人”的程度。[4] 在特别程序方面,玻利维亚人权问题特别代表赫克托·格罗斯-

① See Charter of the United Nations, Article 2.

② E/CN. 4/1475, resolution 29 (XXXVII) of 11 March 1981.

③ 资金问题是妨碍人权委员会扩大工作的一个长期障碍;值得注意的是,特别程序的经费是在临时的基础上提供的,因为其原先没有被列入预算,需要通过预算机构核准每项活动。人权司司长西奥·范博文在向人权委员会的最后一次发言中对此进行了强调。(SR 14, para 73)

④ General Assembly fortieth session, resolution 40/116 of 13 December 1985.

埃斯皮尔在1982年提供了推动力量。格罗斯-埃斯皮尔在提交给人权委员会的报告中指出，

> 国际社会不仅应谴责已发生的侵犯人权行为并确定其法律后果，而且也应该
> 714 采取实际步骤履行其责任，通过合作和援助加强与增进对人权的遵守，以便建立和创造必要的基本条件，从而有助于达到所向往的目标，即逐步改善有严重问题的国家的人权状况……在许多情况下，一国政府侵犯人权，从而在国际上孤立，却反而会导致一种不可取的经济形势，即该国人民的贫穷、痛苦和苦难更加深重。因此，国际社会对一国侵犯人权做出的反应有时间接地引起对人民经济和社会权利的进一步侵犯……[1]

咨询服务方案已设想到在人权领域提供专家咨询服务。然而各国对该方案的兴趣却在减弱，到20世纪80年代初，“只有少数国家政府利用专家的咨询服务。秘书长希望告诉委员会，视现有资金情况，咨询服务方案的这一部分仍然存在，如各成员国对此感兴趣，他将表示欢迎”[2]。包括咨询服务在内的人权方案的经费，来自本组织的经常预算，并不总是足够或可用的。（见第三章，1955年——咨询服务）

人权委员会在讨论向乌干达、玻利维亚和赤道几内亚提供各种形式的援助时，[3]产生了“在人权领域建立咨询服务信托基金这一值得进一步考虑的想法”。委员会要求“就一旦获得此项人权领域咨询服务基金时，如何发挥其作用，以及在基金一经设立之后以何种方式加以使用，提交有关情况报告”。[4]

对此，人权委员会强调该方案应当向各项国际人权公约的执行提供支持。委员会指出，“在人权领域的咨询服务方案应当越来越多地集中在为那些表明需要

---

① E/CN. 4/1500 para 139.

② E/CN. 4/1983/30 para 16. See also E/CN. 4/1445 para 16：

> 根据联合国大会第926（X）号决议，咨询服务方案还规定人权领域应提供专家咨询服务。自从1956年咨询服务方案开始以来，仅有少数国家政府利用专家的咨询服务。秘书长希望告诉人权委员会，视现有资金情况，咨询服务方案的这一部分仍然存在，如各成员国对此感兴趣，他将表示欢迎。

③ E/CN. 4/1986/34 and Adds 1-6.

④ E/CN. 4/1986/65, resolution 1986/52 of 13 March 1986.

这项援助的国家提供在国际人权公约实施方面的实际援助”,并鼓励颁发人权研究资金,在咨询服务方案下为“直接参与执行国际人权公约的人员”举办培训班。[①]

秘书长在1987年的报告中认为,

> 在人权领域最终设立一项咨询服务基金的做法对方案十分重要。其主要作用为筹集预算外资金,以便为人权中心咨询服务方案的实质性工作提供支助 715
> 或补充。它还可对人权委员会关于援助一些国家的特别决定的实施提供急需的额外资源。还应忆及,过去曾有许多国家在人权领域内提出过一些具体建议,如举办人权教育的培训班或根据各人权公约的规定起草法律条文或报告。[②]

这两个趋势,即向特定国家提供特别技术支持,以及加强缔约国履行条约义务的能力,促成了有关咨询服务和技术合作的自愿基金的设立。这也补充并强化了人权委员会自1979年以来关于敦促发展人权宣传活动的决定。[③]

人权委员会于1987年设立了人权领域咨询服务和技术援助自愿基金,“以提供更多的资金支持开展侧重于执行联合国、其专门机构或者区域组织颁布的有关人权的国际公约和其他国际文书的实际活动”[④]。

自愿基金的设立是为了强化咨询服务方案,随着公约体系和特别程序制度的出现,该方案的数量和内容已大大增加,“……以期创造和发展必要的基础设施,从而达到国际人权标准”[⑤]。

直至20世纪90年代初,人权委员会相互独立但并行地处理经常预算和自愿

---

① E/CN. 4/1986/65, resolution 1986/52 of 13 March 1986.

② E/CN. 4/1987/33 para 13.

③ A/43/711 para 16:“自1979年以来,人权委员会每年通过一项关于发展人权领域的宣传活动的具体决议(包括E/CN. 4/1347, resolution 23 (XXXV) of 14 March 1979, E/CN. 4/1408, resolution 24 (XXXVI) of 11 March 1980, E/CN. 4/1475, resolution 24 (XXXVII) of 10 March 1981, E/CN. 4/1982/30, resolution 1982/42 of 11 March 1982, E/CN. 4/1983/60, resolution 1983/50 of 10 March 1983, E/CN. 4/1984/77, resolution 1984/58 of 15 March 1984, E/CN. 4/1985/66, resolution 1985/49 of 14 March 1985, E/CN. 4/1986/65, resolution1986/54 of 13 March 1986, E/CN. 4/1987/60, resolution 1987/39 of 10 March 1987, and E/CN. 4/1988/88, resolution 1988/74 of 10 March 1988)。”

④ E/CN. 4/1987/60, resolution 1987/38 of 10 March 1987.

⑤ E/CN. 4/1988/88, resolution 1988/53 of 8 March 1988.

基金支持下提供的咨询服务,

> 重申在咨询服务和技术合作方案的共同范围内,应当明确区分人权领域技术合作自愿基金资助的技术合作项目和联合国经常性预算供资的活动……同时应确保这些活动之间的协调。①

随着时间的推移,这种区别变得不那么明显,咨询服务被确定为技术合作的一个组成部分。

716 技术合作项目迅速增加。1996 年,人权委员会欢迎"越来越多的对咨询服务和技术合作的要求……这表明各国对促进和保护人权的投入日益增加"。人权委员会请基金董事会

> 充分发挥咨询机构的职能,推动和争取对自愿基金的捐款,继续协助联合国人权事务高级专员/人权事务中心不断监测、审查和改进技术合作项目的选择和执行过程,进行全面需要评估,对照既定目标和成本效率标准评估进行中的和已完成的项目。②

1997 年,人权委员会鼓励

> 人权事务高级专员/人权事务中心与联合国开发计划署之间的合作,以期促进所有人权工作的联结,将法治和民主纳入联合国开发计划署的国别方案,并共同执行项目。③

人权委员会要求为技术合作提供更多的资金——经常预算已减少一半——并要求为自愿基金提供更大的支持。④

---

① E/CN. 4/1992/84, resolution 1992/80 of 5 March 1992; E/CN. 4/1993/122, resolution 1993/87 of 10 March 1993.

② E/CN. 4/1996/177, resolution 1996/55 of 19 April 1996.

③ E/CN. 4/1997/150, resolution 1997/46 of 11 April 1997.

④ E/CN. 4/1997/150, resolution 1997/46 of 11 April 1997.

技术合作方案的报告显示,

> 1997年,共开展了43个技术合作项目,其中国家层级的25个,区域层级的9个,全球层级的9个……至于财政资金方面,1997年技术合作支出总额为660万美元,其中100万美元由联合国经常预算提供,560万美元由联合国自愿基金提供。截至1997年12月,方案编制资金总额为650万美元,然而资助67个正在进行和方案中的项目共需要1840万美元。①

该报告还说明了当时自愿基金的运作方法、对国家机构和驻外机构的支持,以及基金业务的其他方面。②

1998年,人权委员会“宣布咨询服务和技术合作……构成促进和保护所有人权的最有效的手段之一”,与此同时,也重申了

> 提供咨询服务和技术合作没有使任何国家免于人权方案的监督活动,而且……在这方面……为了有助于产生持久的效果,监督和预防活动可能需伴 717
> 随着通过咨询服务和技术合作进行的推动活动。③

秘书长在1998年提交联合国大会的报告中指出,

> 要求得到加强和巩固法治方面的援助的国家的数目显示出全球日益了解到了它的重要性。在1998年,这十年来方案急剧增长的趋势仍在继续,在此方案下执行的活动的数目又一次连续增长……从1984年的2个增加到了1989年的37个、1994年的130个、1995年的215个、1996年的400个、1997年的483个……该方案在五十多个国家和领土内展开了法治支助活动……这些国别项目得到了二十多个该方案下的全球和区域项目的补充……另一方面,方案资源却跟不上需求,无论是经常预算下的拨款还是自愿捐助都不能满足报

---

① E/CN. 4/1998/92 II.

② E/CN. 4/1998/92 I G.

③ E/CN. 4/1998/177, resolution 1998/57 of 17 April 1998.

告期间的援助要求。[①]

1999年,人权委员会敦促人权事务高级专员

> 改进……在联合国各发展机构各自的任务范围内与它们进行协调,并通过宣传和传播关于社会和经济发展及消除贫穷在促进和实现所有人权的战略中起关键作用的资料,就其活动提供咨询意见。[②]

人权事务高级专员2000年关于技术合作方案的报告详细说明了自愿基金的运作情况和项目现状,包括政策方向、联合国系统内的协调、所涵盖的实质性领域以及所遵循的程序。为"拟订关于改善行动的互补性和回应会员国需求的建议",人权事务高级专员"对联合国各实体在与人权有关的领域提供的技术援助进行了分析",得出了一些结论,建议在区域层级召开研讨会,"阐释政策和实际措施,以确保在人权问题上采取一致的做法,制定适当的工作及合作方法……更有效地利用现有资源,从而因地制宜地采取有效的对策"。[③] 截至1999年11月,基金的总收入为1920万美元。[④]

在接替人权委员会时,人权理事会

> 重申为人权领域的咨询服务和技术合作奠定基础的人权委员会的各项决
> 718 议……承认联合国人权事务高级专员及其办事处的一项职责是,应有关国家的要求提供咨询服务及技术和财政援助,以支持人权领域的行动和方案。

并决定每年举行"一次专题讨论会,以推动在促进、保护人权方面的经验和最佳做

① A/53/309 para 4.

② E/CN. 4/1999/167, resolutions 1999/73 and 1999/74 of 28 April 1999.

③ E/CN. 4/2000/105 I. B paras 6-8, and Annex. See also E/CN. 4/2002/116.

④ E/CN. 4/2000/105 I. B paras 6-8, and Annex; E/CN. 4/2004/99 Annex I. See also E/CN. 4/2000/167, resolution 2000/80 of 26 April 2000; E/CN. 4/2002/200, resolution 2002/87 of 26 April 2002; E/CN. 4/2004/127, resolution 2004/81 of 21 April 2004.

法的分享以及相关的技术合作”。[①]

专题讨论的主题如下:

2013年——“推动技术合作,加强司法体系和司法工作,以确保人权和法治。人权理事会确认技术合作……是促进履行所有国际人权义务及已获接受的普遍定期审议建议的一项有益工具”[②]。

2014年——“加强人权领域的技术合作与能力建设”[③]。

2015年——“开展技术合作,支持国家一级的包容性和参与性发展,以及消除贫困”。人权理事会提出了一些“应酌情考虑的要素,在设计……政策和战略时,适当考虑国情”。[④]

2016年——“开展技术合作和能力建设,增进和保护包括妇女、儿童、老人和残疾人在内的所有移徙者的权利”[⑤]。

2017年——“人权理事会技术合作和能力建设十年:挑战和前进方向”[⑥]。

2018年——“人权和可持续发展目标:加强人权技术合作与能力建设,以促进《2030年可持续发展议程》的有效且包容执行”。人权理事会要求一份“关于联合国人权机构和机制如何……通过在促进和保护人权方面提供有效、连贯和协调的技术援助和能力建设,支持各国实现《2030年议程》”。同年,人权理事会邀请技术合作自愿基金董事会主席“在人权委员会每年3月的会议,向人权理事会提交……关于人权理事会工作的全面报告……并鼓励人权事务高级专员办事处管理的支持技术援助与能力建设领域活动的其他基金的董事会主席在同一会议上发言”。[⑦]

2019年——“老年人人权领域的技术合作与能力建设”。人权理事会要求一份报告,以“作为专题讨论的基础,讨论办事处开展的活动……以支持各 719

① A/HRC/18/2, resolution 18/18 of 29 September 2011. See also E/CN. 4/1993/122, resolution 1993/87 of 10 March 1993 and E/CN. 4/2004/127, resolution 2004/81 of 21 April 2004.

② A/HRC/21/2, resolution 21/21 of 27 September 2012.

③ A/HRC/27/2, resolution 27/20 of 25 September 2014.

④ A/HRC/27/2, resolution 27/20 of 25 September 2014.

⑤ A/HRC/30/2, resolution 30/21 of 2 October 2015. See A/HRC/31/80.

⑥ A/HRC/33/2, resolution 33/28 of 30 September 2016.

⑦ A/72/53 Add. 1, resolution 36/28 of 29 September 2017.

国为促进和保护老年人人权及其独立自主所做的努力”。[1]

2011年,人权理事会“请董事会主席……每年向人权理事会提交一份关于董事会工作的全面报告”[2]。(见第三章,1978年——自愿基金,技术合作自愿基金[1987年],信托董事会)

对特别程序的技术支持(1982年)

根据玻利维亚特别代表的提议,人权委员会要求向“玻利维亚政府提供其所请求的咨询服务和其他形式的适当援助,以协助该国政府继续采取适当措施保障享有人权和基本自由”[3]。

在同一届会议上,就乌干达问题人权委员会采取了类似的立场,请秘书长“迅速同乌干达政府建立联系,以便在供咨询服务方案范围内,提供一切适当援助,帮助乌干达政府采取措施,继续保证人权和基本自由的享有”。这些措施包括重建高等法院和司法部的法律图书馆;协助修订乌干达法律以使其符合“公认的人权和基本自由准则”,并刊行修订后的法律合订本;培训狱吏和警官,“特别是侦查和科研专家”。[4]

人权委员会在审议赤道几内亚局势时也做出了类似的决定,请秘书长“在必要时给予专家援助,与赤道几内亚政府讨论联合国在执行行动方案方面可以发挥的作用”,该行动方案是根据人权委员会任命的专家提出的建议拟订的。[5]

1982年,“应赤道几内亚总统的请求”,根据咨询服务方案,两名宪法专家被聘用,协助起草赤道几内亚的新宪法。[6]

一年前,人权委员会曾要求提供“咨询服务和其他形式的适当援助,以帮助中非共和国政府继续保障该国人权和基本自由的享有”。这是在向该国提供全面复

---

① A/HRC/39/2, resolution 39/18 of 28 September 2018.

② A/HRC/18/2, resolution 18/18 of 29 September 2011; A/HRC/26/51. See also E/CN. 4/2006/104; A/HRC/4/94; A/HRC/7/74; A/HRC/10/57 and Corr. 1; A/HRC/13/61; A/HRC/16/66; A/HRC/20/34; A/HRC/23/16; A/HRC/26/51; A/HRC/32/51; A/HRC/34/74; A/HRC/37/79; A/HRC/40/78.

③ E/CN. 4/1982/30, resolution 1982/33 of 11 March 1982.

④ E/CN. 4/1982/30, resolution 1982/37 of 11 March 1982.

⑤ E/CN. 4/1982/30, resolution 1982/34 of 11 March 1982.

⑥ E/CN. 4/1983/30 para 17.

兴和发展援助的范围内进行的。[1]

1994 年,当安哥拉冲突各方在卢萨卡进行和平谈判时,人权委员会鼓励安哥 720
拉政府“利用……咨询服务与技术援助方案”[2]。

随着特别程序下的调查活动的扩大,人权委员会决定在技术合作自愿基金和/或咨询服务下提供援助。各国从调查侵犯人权事件的对象变成了技术援助的接受者,以加强基础设施建设,避免再次出现消极的人权状况。前文引述的赤道几内亚情况就是这一趋势的一个例证,人权委员会的角色从调查转向援助,有时又回到调查或监督。(见第六章 A,1979 年——赤道几内亚)

对条约的技术支持(1985 年)

1985 年关于咨询服务的报告审查了各人权机构就长期咨询服务方案提出的建议。[3]

该报告提出了几项措施,以加强对 1984 年 8 月由人权委员会主席和当时存在的三个条约机构主席参与的会议上所通过的条约报告中关于“今后提供咨询服务和技术援助问题”的建议的支持。[4]

这些建议包括:

(a) 编制一本手册,载列有关编写和提交报告的切实可行的意见……

(b) 将一部分每年拨供的人权研究金分配给需要提高编制报告程序的技术而尤其是负责编制和提交这类报告的政府官员……

(c) 为编写或提出报告的人员连续举办区域训练班,监督机构的成员可顺理成章地成为这种培训班的讲员;

(d) 在人权方面的咨询服务方案中,可以举办更多研讨会讨论影响执行有关人权的国际公约及其报告程序的问题……

(e) 成立国际人权标准区域顾问制度,以便访问各国对其立法问题提出意见,讨论该国政府所面临的问题,并对该国政府提供执行国际标准的集体

---

① E/CN. 4/1475, resolution 15 (XXXVII) of 9 March 1981.

② E/CN. 4/1994/132, resolution 1994/88 of 9 March 1994.

③ E/CN. 4/1985/30 para 3.

④ E/CN. 4. 1985/30 para 4, citing A/39/484.

国际经验；

(f) 根据缔约国政府的要求，从各机构成员或人权中心派遣专家，短期前往各国，提供意见……

(g) 在人权方面的咨询服务方案下，秘书长可以在人权事务中心内成立
721 一个设施，专门对各国政府提供有关执行人权方面两项国际公约的意见和援助……这项设施……在必要时，可逐渐推展，发展成为两项国际文书中所要求的立法草案或某些人权问题的立法样本。①

1985 年，人权委员会支持了这些建议并鼓励秘书长“进一步采取行动推进，适当增进他在人权领域的咨询服务方案下的努力，为各国执行有关人权的国际公约，特别是国际人权公约提供实际援助”②。

根据这项决定，咨询服务方案优先培训参与条约报告工作的人员。联合国训练研究所（United Nations Institute for Training and Research，UNITAR）和人权事务中心组织了试点培训课程，“重点培训与执行国际人权公约有关的人员”。第一次培训课程于 1985 年 6 月在加勒比地区的巴巴多斯举行。培训方案由联合国训练研究所经费资助，并对此进行了评估，“以期这一系列课程能够长久延续”。③

这些课程后来成为技术合作方案的第一批活动。第二年，在曼谷举办了关于人权教学的区域培训课程；另一次是在哥斯达黎加的圣何塞，讨论有关根据人权公约编写和提交国家报告的问题；而后进一步强调编制咨询服务与技术援助的中期方案。④

1987 年，人权委员会重申了这一政策，指出“人权领域的咨询服务方案应日益侧重于为执行国际人权公约提供实际援助”。它还请其特别程序“通知各国政府……是否有可能利用咨询服务方案所提供的服务，并在其建议中……为具体项目提案”。⑤ 这与人权委员会做出设立技术合作自愿基金的决定发生在同一天。⑥

---

① E/CN. 4. 1985/30 para 4, citing A/39/484.

② E/CN. 4/1985/66, resolution 1985/26 of 11 March 1985.

③ E/CN. 4/1985/34 para 5.

④ E/CN. 4/1988/88, resolution 1988/54 of 6 March 1988.

⑤ E/CN. 4/1987/60, resolution 1987/37 of 10 March 1987.

⑥ E/CN. 4/1987/60, resolution 1987/38 of 10 March 1987.

B. 世界人权宣传运动(1988年)

在自愿基金成立后的第二年,联合国大会发起了世界人权宣传运动。它是对《世界人权宣言》通过四十周年的纪念。该运动旨在"将以全球和注重实际的方式 722
扩展和加强……同时进行联合国系统各有关机构、会员国和各非政府组织的一些配合活动"①。(见第三章,1979年——宣传活动)

该运动的发起是"伟大事业"发展中的一个重要里程碑。有关活动在随后几年中继续发展,并成为人权方案的一个组成部分,体现了联合国在人权工作方面的新局面。

该运动使得满足三个当时的主要需求成为可能:第一,除为联合国各机构会议编写的会期文件外,还满足了提供更广泛的人权信息的需要。第二,为编制用于培训和教育目的的实质性材料提供了授权。第三,该运动使得编制出的"精心设计的方案"和材料,被用于根据当时尚处于初级阶段的技术合作方案所开展的人权教育和培训成为可能。②

总体上,依据前几年就世界人权宣传运动讨论的各项提案,联合国大会强调,

> 必须以清晰易懂的形式精心设计关于人权的资料,这些资料须适应区域和各国的需求和情况并有具体的针对对象,且以各个国家和地区语言并以足够的数量进行传播以取得预期的影响,还必须有效地利用大众传播工具,特别是无线电、电视和视听技术来接触更广泛的公众,重点放在儿童、青年人和处境不利的人,包括在偏僻地区的那些人身上。③

在发起该运动时,大会呼吁将人权活动纳入联合国系统各部门及其他组成部分的主流工作中,特别是在人权教育方面与联合国教科文组织相协调,在传播关于国际人道主义法的信息方面与红十字国际委员会相协调。

---

① General Assembly forty-third session, resolution 43/128 of 8 December 1988.

② General Assembly forty-third session, resolution 43/128 of 8 December 1988.

③ General Assembly forty-third session, resolution 43/128 of 8 December 1988.

该运动还为随后几年内,根据教育和宣传要求制订的人权出版方案提供了框架。(见第三章,1979年——宣传活动)

该运动促进了一些国家人权教育的出现,包括初级、中级和高等教育以及专门培训执法和司法人员、社会工作者的专门教育机构。大学开办了人权研究课
723 程,并设立了人权中心和专门研究人权的研究所。人权领域的非政府组织也开展了人权教育和人权意识建设工作。

《世界人权宣言》获得通过的1948年12月10日被指定为联合国人权日,每年都会组织特别活动来纪念这一天。联合国邮政管理局自联合国成立以来便负责发行联合国邮票和其他集邮材料,亦定期发行相关纪念邮票。

2007年,人权理事会请其咨询委员会"起草一份关于人权教育和培训的宣言草案"[①]。(见第七章A4,宣言和其他规范,人权教育和培训)

C. 世界人权会议(1990—1993年)

引 言

德黑兰会议(1968年)

随着国际人权公约在1966年通过,人权工作的重心转向提高各国对公约的存在、批准及生效的认识方面。《世界人权宣言》通过二十周年为此提供了一个适当的历史背景。

1963年,联合国大会指定1968年为国际人权年,并请人权委员会:"(a)拟订……能对人权事业做出持久贡献的措施与工作方案;(b)拟具联合国至迟于1968年年底为求获得此种人权……实施所应达成之各项目标的建议……"[②]

两年后,联合国大会决定于1968年4月22日至5月13日在德黑兰召开一次

① A/HRC/6/22, resolution 6/10 of 28 September 2007.

② General Assembly eighteenth session, resolution 1961 (XVIII) of 12 December 1963.

国际人权会议。[1]《德黑兰宣言》是《世界人权宣言》通过后的第一个国际人权宣言。[2]

德黑兰会议是在联合国人权工作发展的早期举行的。两年前通过的人权两公约已经开放供签署和批准。随着1967年第一个特别调查程序(南非)的设立,人权委员会又开辟了新的道路。同一年,以色列占领巴勒斯坦、叙利亚和埃及的领土,这在人权委员会历史上第一次引起了对国际人道主义法方面的关注,特别是关于《日内瓦第四公约》(1949年8月12日通过的《关于战时保护平民的日内瓦公约》)在这些领土上的执行情况。1968年,联合国大会根据德黑兰会议的要求,设立了一个调查以色列在被占领土内行为的特别委员会。该特别委员会在2019年仍然存在。[3]

会议的成果有助于人权委员会在随后的几年里扩大议程。(见第二章) 724

维也纳会议(1993年)

20世纪70年代和80年代形成的发展态势使得联合国大会于1989年决定,“鉴于已取得的进展和新出现的挑战,宜于进行一项审查以查明各项人权方案所已取得的成绩以及有待完成的工作”[4]。

在“向各国政府、专门机构、非政府组织和联合国机构……就召开一次世界人权会议的可取性征求意见”后,人权委员会决定“最好召开一次世界人权会议,以便在最高级别上处理联合国在促进和保护人权方面所面临的关键问题”。[5]

同年晚些时候,联合国大会一致决定召开一次世界人权会议。该会议定于1993年举行,其目标如下:

> (a)审查和评价自从通过《世界人权宣言》以来在人权领域所取得的进展,并查明这方面进一步进展的各种障碍以及可予克服的方式;

---

① General Assembly twentieth session, resolution 2081 (XX) of 20 December 1965.

② General Assembly twenty-third session, resolution 2442 (XXIII) of 19 December 1968 endorsed the Proclamation of Teheran.

③ A/CONF. 32/41 resolution I of 7 May 1968.

④ General Assembly forty-fourth session, resolution 44/156 of 15 December 1989. See also A/44/848 Report of the Third Committee, and A/44/PV. 52.

⑤ E/CN. 4/1990/94, decision 1990/110 of 7 March 1990.

(b) 审查在发展与人人享有经济、社会和文化权利及公民和政治权利之间的关系，认识到创造条件从而使人人得享国际人权公约所规定的那些权利的重要性；

(c) 审查改进现有各项人权标准和文书的执行的方式方法；

(d) 评价联合国在人权领域所采用的方法和机制的有效性；

(e) 拟订具体建议，通过旨在促进、鼓励和监测对人权的基本自由的尊重的方案，改进联合国在人权领域的活动和机制的效力；

(f) 提出建议，确保联合国在促进和保护人权和基本自由方面的活动能得到必要的财政及其他资源。[1]

大会成立了一个筹备委员会，就“会议的议程、日期、会期、地点和参与级别……国际、区域和国家各级的筹备会议和活动以及宜于编写的研究报告和其他文件”提出建议。[2]

筹备委员会的组成包括各国政府、专门组织及其他国际和区域组织、非政府
725 组织、人权委员会主席、其他人权机构主席、特别报告员和人权专家机构的主席或
“其他指定成员”。[3]

值得注意的是，在会议程序规则中列入了国家人权机构（这在历史上是第一次），它们同政府间机构、非政府组织、区域组织和公认的解放阵线（liberation movements）一道，成为独立的参会群体。[4]（见第三章，1979 年——国家机构）

会议本身的费用由联合国经常预算负担，“不得影响……［人权经常预算］”。大会征求自愿捐助，“以满足除其他外，最不发达国家代表参加筹备会议和会议本身的费用”。[5]

筹备世界人权会议

1991 年 9 月，随着筹备委员会会议的召开，世界人权会议的筹备工作正式开始。

---

① General Assembly forty-fifth session, resolution 45/155 of 18 December 1990.

② General Assembly forty-fifth session, resolution 45/155 of 18 December 1990.

③ General Assembly forty-fifth session, resolution 45/155 of 18 December 1990. See also Economic and Social Council, E/CN. 4/1991/91, resolution 1991/30 of 5 March 1991 Annex.

④ A/CONF. 157/PC/54, decision PC. 3/3, Annex Section XI Rule 60.

⑤ General Assembly forty-fifth session, resolution 45/155 of 18 December 1990 para 7.

筹备会议与区域会议大事记

1991	9月9日至9月13日	筹备委员会第一次会议	104个国家 41个非政府组织 6项决定	
1992	3月30日至4月10日	筹备委员会第二次会议	126个国家 76个非政府组织 8项决定,包括世界人权会议的暂行议事规则,待确定的副主席人数(后来定为29人)以及出席区域会议的非政府组织,上述议题也在筹备委员会第三次会议中被讨论	
	9月14日至9月18日	筹备委员会第三次会议	135个国家 96个非政府组织 3项决定,包括世界人权会议的暂行议事规则	
	11月2日至11月6日	突尼斯—非洲区域筹备会议	《突尼斯宣言》(Tunis Declaration)	
1993	1月18日至1月22日	哥斯达黎加圣何塞—拉丁美洲和加勒比区域筹备会议	《圣何塞宣言》(Declaration of San José)	726
	1月28日至1月30日	斯特拉斯堡—欧洲委员会区域间会议	“21世纪来临之际的人权”(联合国文件:A/CONF. 157/PC/66 & Add. 1) “欧洲委员会与人权”(Add. 2)	
	3月29日至4月2日	曼谷—亚洲区域筹备会议	《曼谷宣言》(Bangkok Declaration)	
	4月19日至5月7日	筹备委员会第四次会议	143个国家 129个非政府组织 5项决定,包括文件PC. 4/5 Ad referendum,作为最终成果草案的段落	
	6月14日至6月25日	维也纳—世界人权会议	《维也纳宣言和行动纲领》(Vienna Declaration and Programme of Action)	

<u>**筹备委员会**</u>　筹备委员会于1991年9月开始工作。它呼吁“在国际、区域和国家各级”举办筹备会议和活动,并为会议编写研究报告和文件。[①]

① A/46/24.

关于会议地点,人权委员会建议会议“于1993年在柏林举办,为期两周”[1],德国最终撤回了主办申请,而奥地利和意大利则表示有兴趣主办会议。在意大利退出后,奥地利成为会议的举办地。

筹备委员会设法解决了最不发达国家在派遣代表方面所遇到的困难,计划为此募集足够的预算外捐款,在其后几届会议上也重申了这一需求。[2]

筹备委员会还建议,“在体制框架下或者在各区域委员会的帮助下”,在每一区域召开区域会议。[3]

727 针对会议的目标还编写了分析性研究报告。[4] 此外,人权委员会要求提供

> 根据联合国大会第45/155号决议、在联合国人权方案支持下组织的会议的报告;……联合国就人权或有关方面的所有研究和报告的参考指南;……人权领域的联合国行动的最新情况;更新国际文件汇编和国际文件现状,包括区域人权文件的文本。[5]

筹备委员会的第四次也是最后一次会议于1992年9月14日至18日举行。[6] 本次会议通过了世界人权会议的暂行议事规则和临时议程。同年晚些时候,两项文件得到联合国大会核可。[7] 世界人权会议的总务委员会亦宣告成立,其

---

① A/46/24 decision PC/1.

② A/46/24 decision PC/3.

③ A/46/24 decision PC/4.

④ A/CONF. 157/PC/60 and Adds 1-7. 研究报告主题如下:

(a)目标1:让·梅耶(Jean Mayer),“执行人权的所取得的进展和各种障碍:1945—1992年的回顾及对今后的建议”;(b)目标2:休伯特·威兰·康罗伊(Hubert Wieland Conroy),“在发展与享有所有人权之间的关系:要认识到创造人人可享受这些权利的条件的重要性”;(c)目标1和2:保罗·塞尔吉奥·皮涅罗,“贫困、排斥、暴力和实现人权”;(d)目标3:福斯托·波卡尔(Fausto Pocar),“加强普遍实施人权标准和人权文书”;(e)目标4:马克西姆·塔杜(Maxime Tardu),“联合国在人权领域的方法和机制的效力:批评性回顾”;(f)目标5:奈杰尔·罗德利:“争取更为有效和全面的联合国保护人权制度”;(g)目标6:玛丽亚·瓦西里奥(Maria Vassiliou),“加强联合国的人权方案:联合国的一项优先工作”。

⑤ A/46/24 decision PC/5.

⑥ A/CONF. 157/PC/54.

⑦ General Assembly forty-seventh session, resolution 47/122 of 18 December 1992. 决议核可会议临时议程,“但有一项了解,即与会者可以在筹备委员会第四届会议和世界人权会议的适当议程项目下提出他们关心的问题,以便可能列入最后案文”。

中包括29名副主席[1]以及一个全权证书委员会(Credentials Committee)、一个主要委员会(Main Committee)和一个起草委员会(Drafting Committee)。[2]

区域会议 非洲地区(突尼斯,1992年11月2日至6日)、拉丁美洲和加勒比地区(哥斯达黎加圣何塞,1993年1月18日至22日)和亚洲地区(曼谷,1993年3月29日至4月2日)举办了筹备会议。另外两个集团,即东欧集团和西欧及其他国家集团,没有举行正式的政府间区域筹备会议。

突尼斯(1992) 非洲区域会议于1992年11月2日至6日在突尼斯举行。会议于1992年11月6日通过了一份《最终宣言》。该《宣言》指出:"人权的普遍性质不容怀疑;保护和促进人权是所有国家的义务,无论其政治、经济和文化制度如何。"[3] 728

> 在一个不利的经济环境中,非洲选择了民主、经济改革和促进人权的道路,它特别受到由于未能满足人民的基本需要和极端主义的兴起而造成的内部紧张局势的干扰,但仍然愿意坚持自己的选择和履行自己的责任。[4]

《宣言》呼吁"非洲国家和国际社会向[司法领域]拨出更多资源",因为"适当的司法和独立的司法部门对充分实现人权至关重要",但是,要实现这一目标,就需要在司法行政领域进行"大量投资"。[5]

圣何塞(1993) 拉丁美洲和加勒比国家于1993年1月18日至22日在哥斯达黎加圣何塞举行会议。在《圣何塞宣言》中,会议申明

> 必须消除的对遵行人权的障碍包括:缺少民主和自由,影响人权的国际强制

① A/CONF. 157/PC/98 Report of the Preparatory Committee for the World Conference fourth session, decision PC. 4/3 of 7 May 1993. 总务委员会的构成如下:

35名成员:主席、29名副主席、总报告员、2名主要委员会主席、起草委员会主体和全权证书委员会主席,35个职务应分配如下:非洲9个,亚洲8个,东欧4个,拉美和加勒比7个,西欧和其他国家7个。

② A/47/24.

③ A/CONF. 157/AFRM/14-A/CONF. 157/PC/57.

④ A/CONF. 157/AFRM/14-A/CONF. 157/PC/57.

⑤ A/CONF. 157/AFRM/14-A/CONF. 157/PC/57.

> 措施,缺少教育,部分是因资源转用于偿还外债并因国际贸易条件不一致而造成的贫穷的社会经济境况,腐败,不受惩罚,缺少可用于使司法制度化和执法的资源,各种形式的不容忍,普遍的暴力行为,各种程度的恐怖主义和贩毒情况,非法军火贸易,社会军事化及失控的武器生产和供应,国际人权条约得不到批准,缺少真正独立的司法体系和不尊重联合国系统各组织和美洲系统各组织通过的关于享有这些权利的决议。[①]

圣何塞会议强调了在世界人权会议上采取行动以加强法治的必要性。1993年1月22日通过的《圣何塞人权宣言》

> 十分重视联合国在改善司法、警察和监狱系统及促进和宣传人权方面能为会员国提供的国际技术和资金合作及其他种类的咨询服务,也十分重视可加强执法机构的所有努力。在这方面,我们认为世界人权会议可以为人权事业做出的最重要贡献之一就是制定一个联合国技术和资金援助方案……加强执法机构的国家项目……合作。[②]

729 曼谷(1993) 亚洲区域会议于1993年3月29日至4月2日在曼谷举行。区域会议通过了一项最终《宣言》,[③]其中强调

> 所有人权具有普遍性、客观性和非选择性,强调需要避免人权实现的双重标准以及人权政治化,强调没有任何侵犯人权的行为是正当的……会议……认识到虽然人权具有普遍性,但必须将其放在动态的、不断发展的国际规范制定过程下考虑,同时考虑国家和区域特点以及各种文化和宗教背景也很重要。[④]

其他会议及活动 除了筹备委员会的会议和区域会议外,世界人权会议的筹

---

① A/CONF. 157/LACRM/15-A/CONF. 157/PC/58.

② A/CONF. 157/LACRM/15-A/CONF. 157/PC/58.

③ A/CONF. 157/ASRM/8-A/CONF. 157/PC/59 I, page 3.

④ A/CONF. 157/ASRM/8-A/CONE. 157/PC/59 I. pages 4-5.

备工作还包括一些大小会议、讨论会及相关的活动。[1]

民间社会的参与 可参会的非政府组织应是“具有经济及社会人权理事会咨商地位的非政府组织……活跃于人权和(或)发展领域以及有关区域的非政府组织”或“活跃于人权和(或)发展领域,同时其总部设在相关区域,积极与该区域各国开展事先协商的……非政府组织”。[2]

非政府组织为筹备世界人权会议组织了一些活动。它们不仅参加了区域会议,还召开了非政府组织间的会议。非政府组织所做贡献的价值在世界人权会议前后都得到了认可。[3]

在整个筹备期间和世界人权会议召开期间,在妇女协调小组(Women's Caucus Coordination Group)的协调下,非政府组织聚焦妇女的人权保护,所涉及组织包括亚洲打击贩卖妇女联盟、非洲法律与发展中的妇女等。[4]

许多非政府组织参加了突尼斯区域会议。[5]

在圣何塞区域会议上,“非政府组织……组成五个工作组详细阐述……建议和提案”[6]。

非政府组织通过了一份《非政府组织曼谷人权宣言》,制定了优先重点并提出建议。“来自亚太地区的约 26 个国家的超过 110 个非政府组织中约 240 名代表”参加了这次会议。[7]

在维也纳,非政府组织召开了一个主题为“人人享有一切人权”的论坛,并在

---

① E/CN. 4/1992/43 and Adds 1 and 2; A/CONF. 157/PC/6/Add. 7/Rev. 1; PC/7; PC/32; PC/42/Rev. 1 and Adds 1-12, PC/43; PC/65; PC/71; PC/66; and Adds 1 and 2; PC/73; PC/76; PC/77; PC/78; PC/79; PC/81; PC/84; PC/85/Rev. 1; PC/86; PC/89; PC/93; PC/95; PC/96A/CONF. 157/AFRM/5.

② A/CONF. 157/PC/54 decision P. 3/2 of 18 September 1982.

③ A/CONF. 157/AFRM/14-A/CONE. 157/PC/57 III para 4; A/CONF. 157/LACRM/15 II para 6; A/CONF. 157/ASRM/8-A/CONF. 157/PC/59 II, A para 6; A/CONF. 157/PC/85.

④ A/CONF. 157/PC/63/Add. 30; A/CONF. 157/PC/85; A/CONF. 157/PC/42/Add. 5; A/CONF. 157/PC/42/Add. 4; A/CONF. 157/PC/63/Add. 6; Add. 14; Add. 15; Add. 22; Add. 22; Add. 24; Add. 25; Add. 26; Add. 30.

⑤ A/CONF. 157/AFRM/14-A/CONF. 157/PC/57 III. A para 4. See also A/CONF157/AFRM/2; AFRM/4; AFRM/11. 90A/CONF. 157/PC/72.

⑥ A/CONF. 157/PC/72.

⑦ A/CONF. 157/PC/83.

世界人权会议上进行了分享。[①]

730 **世界人权会议**

秘书长持续将世界人权会议的筹备情况告知筹备委员会。[②] 会议设立了一个“由所有与会者组成”的主要委员会，以讨论会议议程中的实质性问题，[③]一个全权证书委员会[④]和一个磋商最后文件的起草委员会。[⑤]

出席世界人权会议的有

> 171个国家、2个民族解放阵线、15个联合国机构、10个专门机构、18个政府间组织、24个国家机构和6名监察员、11个联合国人权机构和有关机构、9个其他组织、248个在经济及社会人权理事会具有咨商地位的非政府组织和593个其他非政府组织的代表。[⑥]
>
> 联合国秘书长邀请了下列八位杰出人士作为本会议的特别来宾出席世界人权会议：俄罗斯人权活动者叶连娜·邦纳(Elena Bonner)女士、美利坚合众国前总统吉米·卡特(Jimmy Carter)先生、法国国务部长西蒙娜·韦伊(Simone Veil)女士、约旦王太子哈桑·本·塔拉勒(Hassan bin Talal)、诺贝尔和平奖获得者里戈韦塔·门楚·图姆(Rigoberta Menchu Tum)女士(危地马拉)、诺贝尔文学奖获得者沃莱·索因卡(Wole Soyinka)先生(尼日利亚)、南非非洲国民大会主席纳尔逊·曼德拉先生、菲律宾前总统科拉松·阿基诺(Corazon Aquino)女士……在这八位特别来宾中，下列六位出席了世界人权会议并在会上发言：叶连娜·邦纳女士……吉米·卡特先生……哈桑·本·塔拉勒王太子……里戈韦塔·门楚·图姆女士……沃莱·索因卡……科拉松·阿基诺女士。[⑦]

除了在筹备工作中编写的文件外，会议还收到了由东道国奥地利政府邀请的

---

① A/CONF. 157/7 and Add. 1.
② See, for example, A/CONF. 157/PC/70.
③ A/CONF. 157/MC/1.
④ A/CONF. 157/14.
⑤ A/CONF. 157/24 (Part I), para 27.
⑥ A/CONF. 157/24 (Part I) I C para 17. See also A/CONF. 157/Misc. 1/and Adds 1-3.
⑦ A/CONF. 157/24 (Part I) I. C. paras 19 and 20.

诺贝尔和平奖得主的来文,向会议的与会者分享他们的看法。“奥地利认为,应当给获奖者机会,让他们深入讨论人权与和平的关系。因此,安排了适当的非公开会议。另外,还于6月15日举行了一次公开圆桌会议,所有来维也纳的获奖者都参加了会议。”①

会议汇集了条约机构②和特别程序③,每个机构都对会议的结果做出了自己的贡献。会议为国家人权机构融入国际人权系统提供了平台。④ 联合国其他机构,包括专门机构和区域组织也做出了贡献。⑤ 731

在审议过程中,与会者提出了各种问题。下面是一些例子:伊拉克提出了“经济封锁对伊拉克健康、营养和环境状况的影响以及对发展、民主和人权的影响”问题;⑥俄罗斯对爱沙尼亚的事态发展表示关切:“爱沙尼亚议会最近通过或目前正在讨论的立法以及该国一些地方当局做出的决定使暂时驻扎在爱沙尼亚共和国的俄罗斯部队周围的形势严重恶化,并使非土著居民,首先是讲俄语居民的境况进一步恶化。”⑦1993年6月15日,会议还通过一项决定,“在听取了波斯尼亚和黑塞哥维那外交部长的解释后”,呼吁安理会“采取必要措施,以制止目前正在波斯尼亚和黑塞哥维那,特别是在格拉兹德(Gorazdeh)发生的种族灭绝事件”⑧。

秘书长布特罗斯·布特罗斯-加利宣布世界人权会议开幕,他回顾了20世纪80年代后期联合国大会决定召开世界会议时发生的历史事件:

> 在这之前两个月,柏林墙倒塌了……从而展开了新的前景……因此,世界人权会议的准备工作是配合着令人印象深刻的加速历史进程的工作进行的。这些事件的推移不能视为完全的机遇或者纯粹的巧合。这样的事情往往发生在世界开始变形……建立伦理道德的要求比较迫切,实现自我了解的

---

① A/CONF. 157/11 Annex I and Annex II.

② A/CONF. 157/TBB/1 to 4 and TBB/4 Add. 1; A/CONE. 157/PC/62/Add. 11/Rev. 1.

③ A/CONF. 157/9.

④ A/CONF. 157/NI/7/Rev. 1; A/CONF. 157/PC/92/Add. 2.

⑤ A/CONF. 157/PC/42/Add. 2; Add. 6 and Add. 11; A/CONF. 157/PC/62 and Adds; A/CONF. 157/PC/61/Rev. 1.

⑥ A/CONF. 157/4.

⑦ A/CONF. 157/18.

⑧ A/CONF. 157/13.

意志不可或缺。

…………

世界人权会议的目标忠实地反映了下列关键问题:“1948 年制定《世界人权宣言》以来在人权领域取得了哪些进展?”“遇到哪些障碍? 如何加以克服?”“如何增进人权文书的执行情况?”……每一个文化的新纪元都采用自己
732 的特殊方式以利其执行。在这方面,应该向在区域层面上提醒别人主义这一事实的会员国表示感谢……总之,我所要郑重指出的是,我们目前要在维也纳讨论的人权不是所有国家之间的最小公倍数,而是我所说的“不可减少的人类要素”,也就是我们借以共同宣称我们是单一的人类社会的精要价值! ……顾名思义,人权是所有政治学的最终规范……没有一天不发生战争或饥荒、任意拘捕、酷刑、强奸、杀害、驱逐、人口迁移和种族净化。没有一天不出现最基本的自由受到打击的报告。没有一天不提醒人们种族主义和它所滋生的暴行、不容忍和极端行为及它所造成的发展不足与破坏!

随后,秘书长谈到了他所说的

“维也纳会议三要旨”:普遍性、保障能力、民主化……我必须说,人权,从其性质本身来讲,应排除传统上划分的国内秩序和国际秩序之间的那种差别。人权涉及一种新的法律普遍性。因此,不应当从绝对主权或政治干涉的角度来考虑人权。相反,必须认识到,人权需要各国和国际组织之间的合作与协调……从这一意义上来说,国家应当是人权的最好保证。国际社会应当主要委托国家保护个人……但是,当国家不能胜任这一任务时,当它们违反《联合国宪章》的基本原则,当它们非但不是个人保护者,而是个人折磨者时就必须提出采取国际行动的问题……在这些情况下,国际社会,也就是无论是世界性还是区域性的组织必须把任务从未能履行其义务的国家接过来。这是一种不值得大惊小怪的法律制度性建设,我认为,它无损于我们当代的主权概念。我想问一问大家,当一个国家公开以违背世界良知和法律的方式利用主权概念,从而玷污了这一神圣概念的时候,它还有权期望得到国际社会的绝对尊重吗? 我要说,千真万确的情况是,被一些专制政权作为侵犯男人、妇女和儿童权利的最大理由的主权早已受到历史的谴责。①

《维也纳宣言和行动纲领》

1993年6月25日,为了

> 宣告我们时代的精神和现实,要求世界人民和联合国全体会员国再接再厉,献身于促进和保护一切人权和基本自由的全球任务,以确保这些权利能被充分和普遍地享有, 733

世界人权会议通过了《维也纳宣言和行动纲领》,旨在制定今后几年的人权议程和优先重点。②

《维也纳宣言》重申,

> 所有国家庄严承诺……履行其促进普遍尊重、遵守和保护所有人的一切人权和基本自由的义务……并声明一切人权均为普遍、不可分割、相互依存、相互联系。国际社会必须站在同样地位上,用同样重视的眼光,以公平、平等的态度全面看待人权。固然,民族特性和地域特征的意义,以及不同的历史、文化和宗教背景都必须要考虑,但是各个国家,不论其政治、经济和文化体系如何,都有义务促进和保护一切人权和基本自由。③

《行动纲领》讨论了在联合国系统内加强人权、平等、尊严和宽容,涉及种族歧视、少数群体、土著人民、移徙工人、妇女的平等地位和人权、儿童权利、免受酷刑、被迫失踪和残疾人的权利。该《行动纲领》还谈到合作、发展和加强人权、人权教育、执行和监测办法以及世界人权会议的后续行动。④

1993年12月,联合国大会采纳了会议的成果,要求广泛宣传《维也纳宣言》的

---

① A/CONF. 157/22.

② A/CONF. 157/23.

③ A/CONE. 157/23 Part I pages 3-13 paras 1-39.

④ A/CONE. 157/23 Part II pages 13-28 paras 1-100.

精神并赞同其关于“采取进一步行动以充分执行会议的所有建议”的建议。[1] 人权委员会决定每年审查全面执行《维也纳宣言》各项建议的进展情况。[2]

1997 年,人权委员会请所有国家“继续广泛宣传《维也纳宣言和行动纲领》,特别是在为纪念《世界人权宣言》通过五十周年而进行的宣传和人权教育活动方面,包括通过培训计划、人权教育和新闻宣传开展工作”。人权委员会向特别程序任务负责人提出了类似的要求。[3]

1998 年,人权委员会收到了一份关于《维也纳宣言和行动纲领》通过五年后审查情况的临时报告。该报告提供了一些数据,并就进行审查的方式提出了建议。[4]

734 2012 年,人权理事会决定召开高级别小组讨论会,“以纪念《维也纳宣言和行动纲领》通过二十周年,重点关注《维也纳宣言和行动纲领》的执行情况,以及所取得的成就、最佳做法和挑战”[5]。

D. 高级专员(1993 年)

正如第一位人权事务高级专员在 1994 年提交给联合国大会的第一份报告中所指出的,“设置联合国人权事务高级专员的职位几乎是跟联合国一样悠久的一个梦想”[6]。

关于人权事务的高级专员(1965 年)

1965 年,人权委员会在其议程中增设了“选举人权事务高级专员”的议题。这引起了热烈的讨论,最终以“通过联合国人权事务高级专员或其他适当的国际机制执行人权方面问题”列入委员会议程。[7] 随后在 1967 年,人权委员会通过了一

---

① General Assembly forty-eighth session, resolution 48/121 of 20 December 1992.

② E/CN. 4/1994/132, resolution 1994/95 of 9 March 1994.

③ E/CN. 4/1997/150, resolution 1997/69 of 16 April 1997.

④ E/CN. 4/1998/104. See also E/CN. 4/1998/177, resolution 1998/78 of 22 April 1998.

⑤ A/HRC/21/2 resolution 21/20 of 27 September 2012.

⑥ A/49/36 para 6.

⑦ E/CN. 4/891 paras 7-25, especially para 25.

项决议,[1]建议设立一个联合国人权事务高级专员办事处。[2]

1973年,联合国大会决定在正在讨论设立人权事务高级专员员额的情况下,将其议程列入“备选办法”。[3]

小组委员会在1981年提出了这一问题,小组委员会

> 确信,由于世界许多地方所发生的严重侵犯人权的次数与规模,因此迫切需要联合国采取各种有效的行动……小组委员会认为,设立联合国人权事务高级专员这一职位对于进一步促进和保护世界人权具有甚高价值。[4]

人权委员会的回应是,请小组委员会“提出一份有关联合国人权事务高级专员的可能职权范围的首次研究报告”[5]。

1980年和1981年,随着人权委员会成员国增加到43个并需要更多的会议时间,委员会[6]报告联合国大会它尚未就上述问题达成任何决定。[7] 大会对此并不满意。它在1982年请人权委员会“以应有的注意审议这个问题”[8]。

人权委员会在回应中通知大会,“它打算继续审议关于设立一个联合国人权 735
事务高级专员职位的建议,同时将[小组委员会]正在进行的工作考虑在内”[9]。

次年,人权委员会审议了小组委员会的建议,经过一番讨论后,决定将这些建议退还,并请小组委员会在考虑到人权委员会的意见后,于第二年重新提交。[10] 于是直到1993年,委员会还未就此采取行动。

---

① E/CN. 4/940, resolution 14 (XXIII) of 22 March 1967.

② E/CN. 4/940, resolution 14 (XXIII) of 22 March 1967.

③ General Assembly eighteenth session, resolution 3136 (XXVIII) of 14 December 1973, See also Assembly resolution 3221 (XXIX) of 6 November 1974.

④ E/CN. 4/Sub. 2/495, resolution 12 (XXXIV) of 10 September 1981.

⑤ E/CN. 4/1982/30, resolution 1982/22 of 10 March 1982.

⑥ 值得注意的是,人权委员会在此期间将人权司改组为人权事务中心,由一名助理秘书长担任中心主任。人权委员会还请秘书长处理该问题,并鼓励采取斡旋手段来解决人权问题。参见 E/CN. 4/1408 and Add. 1 resolutions 22 (XXXVI) of 28 February 1980, 27 (XXXVI) of 11 March 1980 and 28 (XXXVI) of 11 March 1980。

⑦ E/CN. 4/1475 decision 6 (XXXVII) of 10 March 1981.

⑧ General Assembly thirty-sixth session, resolution 36/135 of 14 December 1981.

⑨ E/CN. 4/1982/30, resolution 1982/22 of 10 March 1982 and resolution 1982/40 of 11 March 1982.

⑩ E/CN. 4/1983/60, resolution 1983/49 of 10 March 1983.

人权事务高级专员(1993年)

1993年12月,根据世界人权会议的建议,联合国大会决定"设立一个人权事务高级专员的职位"①。

世界人权会议建议联合国大会"在审查会议报告时……将审议设立人权事务高级专员问题作为一个优先事项,以促进和保护所有人权"②。

第一位人权事务高级专员(何塞·阿亚拉-拉索[José Ayala-Lasso,1994—1997年];其后任先后为玛丽·罗宾逊[Mary Robinson,1997—2002年]、塞尔吉奥·维埃拉·德梅洛[Sergio Vieira de Mello,2002—2003年]、路易斯·阿尔布尔[Louise Arbour,2004—2008年]、纳瓦尼特姆·皮莱[Navanethem Pillay,2008—2014年]、扎伊德·拉阿德·侯赛因[Zeid Ra'ad Al Hussein,2014—2018年]、米歇尔·巴切莱特·赫里亚[Michelle Bachelet Jeria,2018—2022年])于1994年2月上任。他的第一个主要挑战来自卢旺达的种族灭绝事件。

该人权事务高级专员首先于1994年3月3日向人权委员会致辞,分享了他对任务执行和所面临的挑战的看法。其中包括

> 人们日益认识到必须将国际安全建立在民主、发展和人权这三者的基础上……这反映在国际机构更多地参与促进基本权利的计划。他被委托以在联合国系统内协调这些活动的艰巨任务,在这方面,须提及教科文组织、劳工组织、卫生组织、粮农组织、开发计划署、儿童基金会、难民专员办事处,当然还有联合国秘书处正在进行的重要工作。协调的方向是确定共同目标,这将在收益方面产生成倍增加的效果,并将避免不必要的重复工作。③

在当次会议上,为纪念人权委员会召开第五十届会议,"委员会倾听了人权委员会1946年第一届会议的录音"。同时,伴随着高级专员的到来,人权委员会还

---

① General Assembly forty-eighth session, resolution 48/141 of 20 December 1993.

② A/CONF. 157/23 Part II A.

③ E/CN. 4/1994/SR. 52 paras 1-24.

迎来了信息技术的变革:会议上演示了“只读存储光盘(CD-ROM)操作系统”。[①] 人权网站于1996年12月开通。

资源仍然是一个问题。1997年,人权委员会对人权事务高级专员的报告(建立人权伙伴关系)表示赞赏,并感谢他“在普遍财政拮据”的情况下为加强人权活动所做的努力。[②] 736

人权事务高级专员办事处

高级专员办事处建立后,与人权事务中心之间就工作方式及其与人权事务高级专员的一般等级关系产生了一些问题。这些问题在随后的几年里得到解决。1995年,联合国大会“支持并鼓励秘书长为加强人权事务中心的作用和进一步改善其……在人权事务高级专员的全面监督下……运作所做的努力”,并充分支持“人权事务高级专员为加强联合国人权活动所做的努力,特别是通过旨在改组人权事务中心以提高其效率和效力的措施方面”。[③]

随着秘书长科菲·安南决定合并两机构为人权事务高级专员办事处,这个局面终于得以厘清。联合国大会最初打算维持两个独立的机构,由人权事务高级专员全面监督人权事务中心,但“两个实体间没有充分的协调和互补性,因而妨碍其工作成效,降低人权活动的影响,并使整个组织的有关活动缺乏适当的协调”。秘书长最终将人权事务高级专员办事处和人权事务中心合并为一个单位,称为人权事务高级专员办事处。[④]

目前存在的人权事务高级专员办事处成立于1996年。“因此,新的人权事务高级专员将具有领导两个在人权领域工作的坚实体制基础。”[⑤]

---

① E/CN. 4/1994/132 paras 3, 4, and 63.

② E/CN. 4/1997/150 resolution 1997/68 of 16 April 1997.

③ General Assembly fiftieth session, resolution 50/187 of 22 December 1995. See also Commission resolution 1996/83 of 24 April 1996.

④ A/51/950 paras 197 and 198 Action 14.

⑤ A/51/950 para 79.

1997 年改革

科菲·安南在 1997 年被任命为秘书长后,对联合国进行了广泛的改革,并特别重视人权方案。这与新设立的人权事务高级专员职权范围内所批准的人权方案中呈现的主流化进程相一致。①

1997 年,科菲·安南启动了联合国秘书处的改革。"对联合国的活动进行彻
737 底审查……以确定联合国能够更有效、更合理地应对未来挑战的方式。"他形容这次改革是"在这个组织 52 年的历史中……最广泛、最影响深远的"。②

除了宣布合并成立人权事务高级专员办事处外,秘书长的报告还将人权描述为

> 促进和平与安全、经济繁荣和社会公正所不可或缺的。联合国在其作为世界组织的整个历史中,一贯积极促进和保护人权,制定办法监督对国际协定的遵守情况,同时始终注意到国家和文化的差异问题。因此,已把人权问题视为跨越秘书处工作方案的四个实质性领域(和平与安全,经济和社会事务,发展合作,人道主义事务)。③

该报告称,维也纳会议和"对联合国实地行动中人权存在的日益增长的需求"是联合国任务的一个重大演变。在提到人权主流化的必要性时,认为"未来的一项主要任务是扩大人权方案并将它纳入联合国范围广泛的活动,包括发展和人道主义领域的活动之中"。④

内部监督事务厅和普华永道会计师事务所对人权方案进行了审查,

> 根据它们的建议实行了一次重大的改组。精简后现在的结构反映出工作方案的优先次序,并贯注于三个活动领域:(a)资料、分析和拟定政策;(b)支援

---

① General Assembly forty-eighth session, resolution 48/141 of 20 December 1993 op para 4. See also General Assembly, General Assembly fiftieth session, resolution 50/187 of 22 December 1995.

② A/51/950.

③ A/51/950 para 78.

④ A/51/950 para 196.

人权机关和组织;(c)采取行动促进和保护人权。[1]

改革方案计划任命一名人权事务副高级专员“协助人权事务高级专员并向其提供管理方面的支助,人权事务高级专员不在时,由他管理办事处”[2]。

报告讨论了人权同和平与安全之间的联系,“这在《宪章》中规定并已被最近的经验充分证实”(见第六章A,1994年——卢旺达),该报告建议

人权领域的发展和趋势的分析应纳入联合国的预警活动;人权是建立和平缔造和平的工作的一个关键因素,应在人道主义行动的范围内处理。人权事务高级专员办事处在这方面提供支助的能力是目前改组工作的目标之一。[3]

人权方案和联合国其他实体在与人权有关的领域提供的技术合作的增长,要求在提供这种服务方面加强协调。“人权事务高级专员办事处应能对技术援助项目的设计提供意见,并参加需要调查团。”[4] 738

人权方案派有代表参与和平与安全、经济和社会事务、发展业务(后来并入联合国发展集团[United Nations Development Group, UNDG])和人道主义事务四个执行委员会的工作。[5] 除了加强人权事务高级专员办事处在纽约的活动外,该报告授权人权事务高级专员办事处“评价各执行委员会所进行的关于人权问题的工作,并经常参与本组织有关涉及人权问题的实际或潜在冲突或冲突后情况的每一阶段活动”。人权事务高级专员将“分析联合国各实体在人权有关领域提供的技术援助,并拟定建议以促进行动的互补性”。[6]

秘书长所建立的框架如下。它说明了人权在各个新设立的、为之后的“主流化”奠定基础的执行委员会工作中的参与及其所占的交叉地位。[7]

---

① A/51/950 para 197.

② A/51/950 para 198, Action 14.

③ A/51/950 para 199.

④ A/51/950 para 200.

⑤ A/51/950 para 201.

⑥ A/51/950 para 201 Action 15(a) and (b).

⑦ A/51/950 page 30.

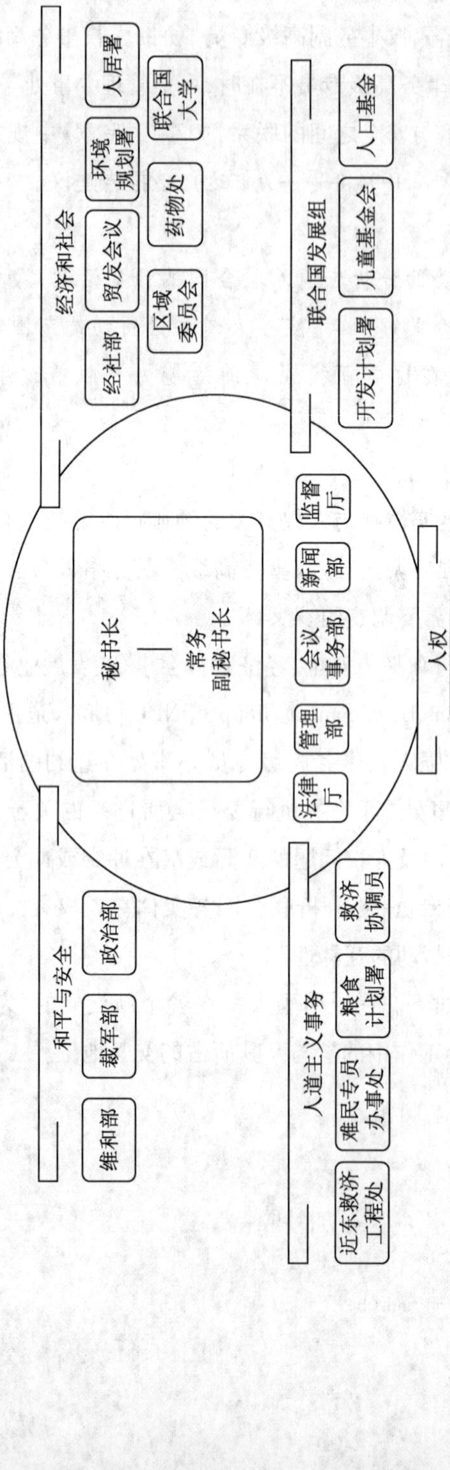
秘书长
常务
副秘书长
和平与安全
维和部
裁军部
政治部
经济和社会
经社部
贸发会议
环境
规划署
人居署
区域
委员会
药物处
联合国
大学
联合国发展组
开发计划署
儿童基金会
人口基金
人道主义事务
近东救济
工程处
难民专员
办事处
粮食
计划署
救济
协调员
法律
厅
管理
部
会议
事务部
新闻
部
监督
厅
人权

联合国的变革框架

最后,报告请人权事务高级专员对人权机制进行审查,并“就可能的方式提出精简及合理化建议”。最优先事项为

> 在人权方案结构改革的范围内,为加强和协调对各立法机关、监测人权委员会和特别程序提供的实质性和技术性支助而采取的行动将列为最优先事项。将加速建立资料、研究和分析的共同数据库,以协助这些机关。① 739

《千年宣言》和发展目标(2000年)

2000年9月8日,联合国大会通过了《千年宣言》(Millennium Declaration),其中承诺“促进民主和加强法治,并尊重一切国际公认的人权和基本自由包括发展权”②。

共有189个国家通过了该《宣言》,其中包括与会的147个国家元首和政府首脑。他们“在此具有历史意义的盛会,庄严重申,联合国是整个人类大家庭不可或缺的共同殿堂,[他们]将通过联合国努力实现……和平、合作与发展的普遍愿望”③。

《宣言》中的目标和承诺——后被“总结为”为“千年发展目标”——要在2015年之前实现。它们的实现要通过“综合办法和协调战略,同时全面处理许多问题”,因为“人类面临的问题彼此紧密交织,每个问题往往牵扯一个或多个其他问题,使这些问题更难解决”。④

和平、安全与裁军,发展与消除贫穷,保护环境,保护易受伤害者,满足非洲的特殊需要、加强联合国以及对人权承诺,是执行《联合国千年宣言》的“行进图”中为实现《宣言》而提出的目标和相应的战略。⑤

其中,有关人权、民主、善政的目标将在下列范畴内推进:

> 联合国的存在是重申坚信基本人权、人的尊严和价值、男女平等权利以

---

① A/51/950 para 206; Actions 15 and 16.

② General Assembly fifty-fifth session, resolution 55/2 of 8 September 2000 Section V.

③ General Assembly fifty-fifth session, resolution 55/2 of 8 September 2000, para 32.

④ A/56/326 para 3.

⑤ A/56/326 V.

及少数民族和移民生活在和平之中的权利。所有的人权——公民的、政治的、经济的、社会的和文化的——均为全面、普遍和相互依存的。它们是支撑人的尊严的基础,任何侵犯人权的行径都是对人的尊严实质的攻击。[①]

人权、民主和善政规定了六项目标,每一项都附有相应前进战略。《宣言》规定的目标和战略载有与人权活动有关的内容。[②]

740 **人权、民主和善政下的人权目标及战略**

目标	战略
尊重并充分维护《世界人权宣言》,力争在各国全面保护并促进所有人的公民、政治、经济、社会和文化权利	• 鼓励政府履行它们对人权的义务,紧急批准六个主要的人权条约、批准或加入国际刑事法院的《罗马规约》; • 将人权纳入着重社会每个成员的经济、社会和文化福祉的所有发展活动之中; • 支助区域和分区域人权研究所促进在各国实施人权标准、拟订为跨界问题采取行动的共同战略方面的工作; • 扩大联合国为会员国制订的方案,提供关于批准、报告和执行条约方面的咨询和培训; • 将人权标准纳入联合国系统的政策、方案和国家战略,包括国家框架和发展贷款之中。
加强我们所有国家的能力,以履行民主的原则与实践,尊重包括少数人权利在内的各项人权	• 支持各国将人权机制纳入国家机构,特别是通过建立人权委员会、监察员和法律改革委员会; • 通过机制改革和提高公民意识加强民主原则的实施; • 特别关注少数群体、土著人民和每个社会中最脆弱者的权利; • 继续联合国的工作,确保选举基于自由和公正的原则。
打击一切形式的对妇女的暴力,并执行《消除对妇女一切形式歧视公约》	• 鼓励各国政府进行立法改革、加强国内的执法机制以促进不歧视和保证遵守国际标准; • 支持国家保障妇女平等享有教育、社会和保健服务、改善她们对经济资产的控制、增强她们参与决策进程的努力; • 继续鼓励冲突各方使妇女参与停火与和平谈判,在和平协议与和平进程中纳入性别问题; • 在联合国内进行努力,确保明确授权所有的维和特派团防止、监测并报告针对妇女和女童的暴力包括所有的性暴力、绑架、强迫卖淫和贩卖。

① A/56/326 V para 195.

② A/56/326 V paras 195-224.

(续表)

目标	战略
采取措施以确保尊重和保护移徙者、移徙工人及其家属,消除许多社会中日益增加的种族主义行为和排外行动,并增进所有社会中人与人之间的和谐与容忍 741	• 支持各国批准和实施《移徙工人公约》的努力; • 帮助各国为其公民,包括成人和儿童,拟订文献方案,以向他们提供获取基本权利的重要途径; • 继续联合国的工作,提供技术咨询和培训,领导关于处理移民问题及其影响的具体政策的对话。
做出集体努力,以促进更具包容性的政治进程,让我们所有国家的全体公民都能够真正参与	• 鼓励各国按国际人权标准拟订和实施支持多元体制、定期选举和其他民主进程的方案; • 继续联合国的工作、加强议会结构和决策进程; • 协助政府使民间社会参与决策决定的努力; • 支持政府加强城市和农村地区地方治理的努力。
确保新闻媒体有发挥其重要作用的自由,也确保公众有获取信息的权利	• 鼓励各国改革以国家安全、诽谤、诬蔑和蔑视司法等理由不当限制言论的立法; • 审查国家刑法及其执行情况,以保护见解、言论和信息自由权; • 继续联合国与政府的合作,通过拟订相应的法律框架、与民间社会合作、发展媒体监测机制和查明滥权行为的能力等方式,发展一个自由而独立的媒介。

《千年宣言》及其优先事项和有时限的目标成为“整个联合国系统的共同政策框架”。[①] “伟大事业”至此融入联合国系统。(见下文,可持续发展目标[2015年])

进一步的改革(2002年) 742

2002年,作为对本组织工作全面回顾的一部分,联合国秘书长提出了有关1997年改革及“千年发展目标”的后续行动报告。[②]

报告聚焦于加强人权。[③] 在提到人权委员会时,报告警告在其工作中不应有“政治考虑”和“集团立场”,否则“人权委员会的信誉和效用”将有受到贬损的危险。在将人权纳入联合国系统方面已取得了进展,

---

① A/57/387 Summary.

② A/57/387.

③ A/57/387 II B.

譬如,在维持和平特派团中部署了人权专家。在大多数人道主义行动中,保护难民或国内流离失所者是对紧急情势做出反应的重要方面。联合国支持的发展方案通过传播资料和开展教育,并通过支持国家人权委员会等人权机构来增进人权。[1]

该报告就人权方案提出了四项行动,分别涉及:

——在国家一级支持人权:

行动2:联合国人权事务高级专员将与联合国发展集团和人道主义事务执行委员会合作,制订并执行一项计划,以便在国家一级加强与人权有关的联合国行动。

——审查人权条约机构:

行动3:联合国人权事务高级专员就新的简化报告程序与条约机构开展协商,并在2003年9月底之前向我(秘书长)提出建议。

——改进特别程序:

行动4:联合国人权事务高级专员将审查各项特别程序,并在2003年9月底之前向我(秘书长)提出报告,提出如何加强这些程序的效力以及改善提供支助的建议。

——精简管理工作:

行动5:联合国人权事务高级专员将制定一项加强管理工作的计划,同时考虑到内部监督事务厅所开展管理审查中提出的建议。我(秘书长)预期在2003年3月底之前收到这份报告。[2]

743 同时,内部监督事务厅发布了对人权事务高级专员办事处管理审查的结果,就办事处的管理结构升级提出了若干建议,并指出需要通过增加经常预算以加强核心职能员额。"人权事务高级专员办事处活动的迅速增加没有得到相应的预算支持,形成对自愿捐助的依赖,自愿捐助占到人权事务高级专员办事处全部预算

① A/57/387 para 48.
② A/57/387 II B.

的67%。”①

2003年，秘书长报告了人权事务高级专员办事处内部管理及所提供服务方面的变化。② 具体而言，报告提到“更大力支持国家在人权方面的能力建设”，现正与联合国的伙伴机构合作拟订一个计划，其目的是鼓励批准各项人权条约，帮助将人权纳入国家发展计划，协助改革国家的立法和机构，并促使人们更加了解人权。报告指出，“监测、调查和汇报的保障任务仍是人权专员办事处……和范围更广的人权机构的专属责任”③。

该报告提到了为提高人权条约的执行能力而正在采取的或正在讨论的各种措施。包括加强条约机构、各国政府和非政府组织之间的合作，以及条约机构之间的会议。这些会议提出有关精简程序的建议，包括为各项条约报告拟订一份核心文件。④（见第七章）

该报告还描述了为更大力支持特别程序而采取的步骤，例如为特别报告员编印一份手册，起草关于特别程序负责人与人权事务高级专员办事处工作人员之间关系的内部指导原则，定期更新一套供特别程序负责人使用的简介资料，增加人力资源并设立一个快速反应股以加强人权事务高级专员办事处所提供的支助。任务负责人也同意采取步骤，其中包括：

> (a)加强联合行动，包括联合紧急呼吁……(b)……查明良好做法；(c)访问国家后，专题主管干事之间互相进行系统汇报……(d)在国家访问……方面，与联合国的国家小组加强合作；(e)编写一份可行性研究报告，说明可用哪些方法扩大传播特别程序的调查结果和建议；(f)特别程序机制与安全理事会的反恐怖主义委员会起相互作用；(g)负责人之间不断交流资料和信息；(h)与人权委员会进一步加强互动性对话。⑤

人权事务高级专员办事处也按照监督事务厅的建议进行了改革：

---

① A/57/488.

② A/58/351. See also General Assembly fifty-seventh session, resolution 57/300 of 20 December 2002.

③ A/58/351.

④ A/58/351.

⑤ A/58/351 paras 8-12.

(a)设立两个新的处,一个负责特别程序,一个负责对外关系;(b)使人权
744 事务高级专员办事处区域代表的制度合理化;(c)开始编制一份人权干事名
册,以便派往联合国维持和平特派团工作;(d)将人权事务高级专员办事处的
工作人员改为……正规人员;(e)建立财务/方案规划数据库,以加强财务和
预算的管理;(f)使自愿捐助的年度呼吁和自愿捐助使用情况的年度报告的
制度更趋完善。①

威胁、挑战和改革问题高级别小组(2004年)

2003年,秘书长成立了威胁、挑战和改革问题高级别小组(the high-level panel on threats, challenges and change),"就如何朝前迈进,解决各种关键性问题,向我(秘书长)提出全面的一致性意见"。这些问题源于"成员国在对待我们面临的各种挑战的性质方面,以及在使用武力解决这些威胁是否妥当方面,存在着严重分歧"。②

该小组③被要求"对国际和平与安全目前面临的威胁做出评估;评价我们现有的政策和机构在应对这些威胁方面的表现;并为加强联合国提出建议,以使联合国能够在21世纪为所有人提供集体安全"④。

该小组强调,国际社会必须承认集体安全的优先地位,并防止出现对这种集体安全的威胁。它确定了六组威胁:

- 经济和社会威胁,包括贫穷、传染病及环境退化;

① A/58/351.

② A/59/565.

③ A/59/565 para 2:

我请泰国前总理阿南·班雅拉春(Anand Panyarachun)先生担任威胁、挑战和改革问题高级别小组主席,该小组由来自世界各地具有广泛经验和专门知识的下列名人组成:罗贝尔·巴丹泰(Robert Badinter,法国)、若昂·巴埃纳·苏亚雷斯(João Baena Soares,巴西)、格罗·哈莱姆·布伦特兰(Gro Harlem Brundtland,挪威)、玛丽·奇内里-赫斯(Mary Chinery-Hesse,加纳)、加雷思·埃文斯(Gareth Evans,澳大利亚)、戴维·汉内(David Hannay,英国)、恩里克·伊格莱西亚斯(Enrique Iglesias,乌拉圭)、阿姆鲁·穆萨(Amre Moussa,埃及)、萨蒂什·南比亚尔(Satish Nambiar,印度)、绪方贞子(日本)、叶夫根尼·普里马科夫(Yevgeny Primakov,俄罗斯联邦)、钱其琛(中国)、萨利姆·艾哈迈德·萨利姆(Salim Salim,坦桑尼亚联合共和国)、纳菲丝·萨迪克(Nafis Sadik,巴基斯坦)和布伦特·斯考克罗夫特(Brent Scowcroft,美利坚合众国)。

④ A/59/565 para 3.

- 国家间冲突;
- 国内冲突,包括内战、种族灭绝和其他大规模暴行;
- 核武器、放射性武器、化学和生物武器;
- 恐怖主义;
- 跨国有组织犯罪。[1]

该小组强调,

> 须把力量同原则结合起来。无视力量基本现实的建议,都注定要失败或没有实际意义,但一味反映实力分布情况而不求增进国际原则的建议,也不会得 745
> 到广泛支持,也就无法改变国际行为……为改革而改革,可能会重蹈过去十年无休止地辩论改革的老路。[2]

该小组检视了各种体制方面的弱点,认为

> 以下是最迫切需要弥补的弱点:
>
> • 大会丧失了活力,常常不能切实把注意力集中在当今最紧迫的问题上;
>
> • 安理会今后需要更加积极主动。要做到这一点,凡在财务、军事和外交方面对联合国贡献最大的国家应更多地参加安理会的决策工作,而参与安理会决策的国家应为联合国做出更多的贡献。安理会需要有更高的信誉,更大的合法性和代表性,来完成我们要求它完成的所有任务;
>
> • 从体制上来讲,在处理处于困境的国家和刚摆脱冲突的国家的问题方面,有一个很大的缺漏。这些国家常常得不到注意,缺乏政策指导,缺少资源;
>
> • 安理会没有最大限度地利用同区域和次区域组织合作的潜在优势;
>
> • 必须做出新的体制安排,来应对国际安全面临的经济和社会威胁;

---

① A/59/565 Part 2.

② A/59/565 Part 4.

- 人权委员会缺少合法性,使人们对整个联合国的信誉产生怀疑;
- 秘书处要更加专业化,组织结构要更加完善,并有更大的能力来采取协调行动。①

对于人权委员会,该小组表示:

> 近年来,人权委员会的信誉降低,专业精神减退,因此削弱了它履行这些职责的能力。尚未明确承诺增进和保护人权的国家是不可能制订加强人权的标准的。我们感到关注的是,近年来各国谋求成为人权委员会的成员,不是为了增进人权,而是为了使本国免受批评,或是为了批评别国。如果人们认为人权委员会在处理人权问题时持有双重标准,那么它就无法享有信誉。②

该小组支持将人权纳入国际体系的主流,并支持强化国家人权机构。它指出,

> 从许多方面来看,与人权委员会有关的最棘手、最敏感问题是成员问题。近
> 746 年来,推选哪些国家为人权委员会成员已成为国际上激烈争辩的焦点,对人权没有积极的影响,却对人权委员会工作产生了不利的影响。关于成员标准的各种建议不可能改变这种情况,反而可能使问题进一步政治化。因而,我们建议扩大人权委员会,让所有国家参加。这样就会强调所有成员都依循《宪章》承诺促进人权,因而可能有助于重新集中注意实质性问题,而不去注意谁在辩论和表决这些问题。

此外,它建议人权委员会恢复其早期的惯例,即所有成员国指派“有经验的知名人权人士”担任其代表团的团长。新的全体人权委员会将由约 15 名独立专家组成的“一个咨询委员会或咨询小组”协助,“除了就涉及某些国家的具体问题提供咨询外,该委员会或小组还可以就某些主题任务的合理化问题提供咨询,并可

① A/59/565 Part 2 and Part 4.

② A/59/565 Part 4 XVIII paras 282-291.

以承担目前一些涉及研究、制订标准和定义的任务”。①

该小组建议请人权事务高级专员编制世界人权状况年度报告。安理会也应让人权事务高级专员

> 积极参加它的审议工作,包括对和平行动任务规定的审议……我们还欣见安理会更加经常地邀请人权事务高级专员向它介绍某些国家的具体情况。我们认为这应成为一般规则,并认为安理会和建设和平人权委员会应定期邀请人权事务高级专员向它们通报安理会决议中涉及人权的各项规定的执行情况,从而能够有效地重点监测这些规定。

该小组强调人权事务高级专员办事处需要有充足的资金,指出

> ……增进和保护人权是联合国的一个主要目标,而分配给办事处的经费只占经常预算的2%……两者显然相互矛盾……从长远来看,会员国应考虑把人权委员会提升为“人权理事会”,这就是说,它不再是经济及社会人权理事会的附属机构,而是与人权理事会和安理会同等并列的一个宪章机构,以此体现在《宪章》序言中,人权问题与安全和经济问题一样,同样得到了重视。②

在向联合国其他领域提出的其他建议中,该小组建议对《联合国宪章》作一些“微小改动”,包括:

> ——第五十三条和第一百零七条(提到敌国的条款)已经过时,应予修 747
> 改……《宪章》应体现当今的希望和宏愿,而非体现1945年的忧虑;
> ——第十三章(托管理事会)和第四十七条(军事参谋团)应予删除。

该小组建议,“全体会员国都应再次承诺信守和坚决履行《宪章》的宗旨和原

① A/59/565 XVIII para 285,着重号为作者所加。
② A/59/565 XVIII para 291.

则，除表明其政治意愿外，还应相应提供必要的资源”[①]。

大自由(2005 年)

继有关“千年发展目标”和威胁、挑战和改革问题高级别小组的报告之后，秘书长于 2005 年提交了报告《大自由：实现人人共享的发展、安全和人权》(In Larger Freedom: Toward Development, Security and Human Rights for All)。[②] 秘书长在谈到“完善发展、自由与和平的三角关系”[③]这一目标时指出，“没有发展，我们就无法享有安全；没有安全，我们就无法享有发展；不尊重人权，我们既不能享有安全，也不能享有发展”[④]。

该报告讨论了集体责任：

> 当今世界，任何国家，无论多么强大，都不可能独自保护自身。同样，任何国家，无论强弱，都不可能在封闭状态下实现繁荣。我们能够而且必须一起行动……如果我们能履行彼此的承诺，就可以使新千年名副其实。[⑤]

人权体系“在巨大的负荷下……一些重要的改革已经展开……联合国人权机构已扩大保护工作、技术援助以及向各国人权机构提供的支助，因而国际人权标准在许多国家得到了更好的执行”。秘书长呼吁为人权方案提供更多的资源和工作人员。[⑥]

秘书长谈到了人权事务高级专员和安理会在人权主流化方面的作用：

> 人权事务高级专员必须在安理会以及拟议的建设和平人权委员会的审议活动中，特别是在安理会各项决议有关规定的执行方面，扮演更积极的角色。
> 748 确实，在本组织的整个工作中，都应将人权纳入决策和讨论。人权“主流

① A/59/565. See also Annex I.
② A/59/2005.
③ A/59/2005 para 12.
④ A/59/2005 para 17.
⑤ A/59/2005 para 24.
⑥ A/59/2005 para 142.

化”的概念近年来受到更多的重视,但尚待在关键的政策和资源决策中得到充分体现。①

秘书长建议设立一个人权理事会:

人权委员会已经为国际社会订立了具有普遍性的人权框架……委员会年会提请公众注意人权问题和有关辩论,提供一个拟订联合国人权政策的论坛,并建立了一套独特的独立专家制度,以及按专题和国别观察和分析尊重人权情况的特别程序。人权委员会同数以百计的民间社会组织密切互动,有机会同民间社会合作,而这种机会是其他任何机构所不具备的……然而,人权委员会执行任务的能力,却因信誉和专业精神低落而日益受到影响。特别是,各国竞相成为成员国,目的不是加强人权,而是保护本国免遭批评,或者批评他国。结果,人权委员会“信誉赤字”扩大,给整个联合国系统的名誉蒙上阴影。

如果联合国想满足全球各地人们的期望,甚至说联合国要像对待安全和发展问题那样认真对待人权问题,那么会员国就应当同意将人权委员会改成一个规模较小的常设人权理事会。会员国必须决定,是让人权委员会成为联合国的一个主要机构,还是成为大会的一个附属机构。不论成为哪一种机构,其成员由大会出席并参加表决的会员三分之二多数直接选举产生。创建这个人权理事会将赋予人权问题更崇高的地位,符合人权在《宪章》内所占的首要位置。②

一年后,即2006年3月15日,人权理事会成立。③ (见第九章)

可持续发展目标(2015年)

2015年,联合国大会通过了《2030年可持续发展议程》,即关于“2015年后发

① A/59/2005 para 144,着重号为作者所加。

② A/59/2005 paras 181-183.

③ General Assembly sixtieth session, resolution 60/251 of 15 March 2006.

展议程的联合国首脑会议的成果文件”。[①]

749 序言说明了这一文件通过的背景：

> 本议程是为人类、地球与繁荣制订的行动计划。它还旨在加强世界和平和增加自由……消除一切形式和表现的贫穷，包括消除极端贫穷，是世界最大的挑战，也是实现可持续发展必不可少的要求……17个可持续发展目标和169个具体目标展现了这个新全球议程的规模和雄心。这些目标寻求巩固发展千年发展目标，完成千年发展目标尚未完成的事业。它们要让所有人享有人权，实现性别平等，增强所有妇女和女孩的权能。[②]

在2018年，人权理事会提出“促进和保护人权与执行《2030年可持续发展议程》”，决定组织

> 两次为期一天的闭会期间会议，就人权与《2030年可持续发展议程》开展对话与合作，会议将为各国、相关联合国及区域人权机制、联合国各机构、基金（会）、计（规）划署、国家人权机构和民间社会组织提供空间，自愿交流在促进和保护人权及执行《2030年议程》方面的良好做法、成就、挑战和经验教训。[③]

人权理事会进一步“重申《2030年可持续发展议程》……以实现人人享有人权和基本自由为基础和目标”[④]。

可持续发展目标

目标1	在全世界消除一切形式的贫穷
目标2	消除饥饿，实现粮食安全，改善营养和促进可持续农业
目标3	让不同年龄段的所有的人都过上健康的生活，促进他们的安康
目标4	提供包容和公平的优质教育，让全民终身享有学习机会

---

① General Assembly seventieth session, resolution 70/1 of 25 September 2015.

② General Assembly seventieth session, resolution 70/1 of 25 September 2015 Preamble.

③ A/HRC/37/2, resolution 37/24 of 23 March 2018.

④ A/HRC/37/2, resolution 37/25 of 23 March 2018. See A/70/684; E/2017/66.

(续表)

目标 5	实现性别平等,增强所有妇女和女孩的权能	
目标 6	为所有人提供水和环境卫生并对其进行可持续管理	
目标 7	每个人都能获得价廉、可靠和可持续的现代化能源	
目标 8	促进持久、包容性的可持续经济增长,促进充分的生产性就业,促进人人有体面工作	
目标 9	建造有抵御灾害能力的基础设施,促进包容性的可持续工业化,推动创新	
目标 10	减少国家内部和国家之间的不平等	750
目标 11	建设包容、安全、有抵御灾害能力的可持续城市和人类住区	
目标 12	采用可持续的消费和生产模式	
目标 13	采取紧急行动应对气候变化及其影响*	
目标 14	保护和可持续利用海洋和海洋资源以促进可持续发展	
目标 15	保护、恢复和促进可持续利用陆地生态系统,可持续地管理森林,防治荒漠化,制止和扭转土地退化,阻止生物多样性的丧失	
目标 16	创建和平、包容的社会以促进可持续发展,让所有人都能诉诸司法,在各级建立有效、负责和包容的机构	
目标 17	加强执行手段,恢复可持续发展全球伙伴关系的活力	

来源:联合国大会第七十届会议,2015 年 9 月 25 日第 70/1 号决议第 54 段。

* 确认《联合国气候变化框架公约》是商定全球气候变化对策的主要国际政府间论坛。

E. “伟大事业”的主流化(1994 年)

引言(1962 年)

从早期阶段到 20 世纪 50 年代中期,人权方面的活动集中在人权委员会内部;同时,在人权委员会和小组委员会内,其工作几乎完全聚焦于在经济及社会理事会和联合国大会的授权下起草国际人权宪章。联合国教科文组织和国际劳工组织在这一时期的探索为人权委员会的工作做出了贡献。该阶段的工作一经完成,委员会的重点就转移到寻求执行国际人权宪章的方法上。在人权委员会中,这些问题是在诸如“进一步促进”和“其他方式和手段”等议程项目下处理的。(见第四章 C,合理化[1992—2006 年])

国际人权宪章的性质和范围,使其内容涉及联合国系统的其他领域所处理的事项。此前,联合国系统已经发展了几十年,其各组成部分的目标都与人权价值有所相关,有些还具有更密切的关联。而国际人权宪章提供了催化剂,使系统的各个组成部分结合在一起,成为一个有机的整体。《维也纳宣言和行动纲领》为行动提供了协商一致的基础。

20 世纪 70 年代末开始的公约执行过程必然涉及整个联合国系统,这将进一步演变为 20 世纪 90 年代出现的人权“主流化”趋势。

将人权推广至国际体系的其他领域的第一次尝试发生在 1962 年,当时联合国
751 大会建议人权委员会“特别注意在‘联合国发展十年’中[采取旨在加速促进尊重人权的措施]”[①]。人权委员会报告了其(繁重的)方案及其之前的各种项目情况。[②]

大会第三委员会的讨论报告载有下列内容:

> 强调人权对“联合国发展十年”的重要性;例如,各代表团认为人权问题是每一个发展十年项目的一项不言而喻的内容,并建议将促进尊重人权的方案列入发展十年项目。[③]

人权委员会的反应并不积极。它没有听从联合国大会关于同发展活动建立联系的劝告,而是向大会提交了一份“报告”——包括一项决议所载的几段内容[④]——其中列举了大会的活动清单,阐明占据其议程、可能在未来待完成的各种研究和文书草案;它还提醒大会加快其自身在那时已经进行了九年的、关于国际人权公约的审议工作。换句话说,人权委员会告知大会,它没有时间(或打算)采纳后者的建议。

在随后的几年中,人权委员会在联合国系统内组织其方案的需要与改善外部世界对人权的尊重交织在一起。这一过程的一个必然结果是,人权委员会需要与联合国负责行政和预算程序的机构协调工作,[⑤]特别是当人权委员会的议程扩大,

---

① General Assembly eighteenth session, resolution 1776 (XVIII) of 7 December 1962.

② E/CN. 4/832/Rev. 1 para 313.

③ A/5314 para 50.

④ E/CN. 4/857, resolution 8 (XIX) of 3 April 1963.

⑤ 其中包括方案和协调委员会、行政和预算问题咨询委员会以及联合国大会第五(预算)委员会。

对更多资源的需求急剧增加时。

对这些问题显然需要进行实质性协调。这反过来又影响了人权秘书处可用的资源和管理。这些因素在随后的几年里结合在一起,使人权委员会的工作在不断演变中需要以组织和计划为中心。

联合国大会在1965年回顾了关于人权和发展活动的呼吁,敦促各国政府“在联合国发展十年中做出特别努力,促进对人权和基本自由的尊重和遵守”。它呼吁联合国和各专门机构的技术援助机构在各自的方案下向这些活动提供一切可能的援助,“以期在人权领域取得进展”,并请人权委员会“继续审议进一步促进和鼓励尊重人权的问题”。①

但是,人权委员会直到1975年才对这个问题进行了实质性审议。那时发展十年活动已经结束了;在1964—1974年期间,由于各种原因,人权委员会没有采纳联合国大会的建议。直到1975年,人权委员会就其未来的工作方案征求意见,②第 752
二年,“注意到只有少数几个国家做出了答复”,要求五份关于未来方案问题的报告,③包括当时正在举行的、主题与人权领域和人权执行有关的国际会议的会议记录。这是人权公约开始生效的时代,其执行即将受到考验。

人权委员会还要求“全面说明自大会[1955年]第926(X)号决议通过以来咨询服务计划所有组成部分(例如专家、讨论会、培训班、研究金)的使用情况”,以及

---

① General Assembly twentieth session, resolution 2027 (XX) of 18 November 1965.

② E/CN. 4/1154, resolution 10(XXX) of 5 March 1974.

③ E/CN. 4/1179, resolution 10 (XXXI) of 5 March. 人权委员会“考虑到需要为委员会制订统一的长期工作方案”,要求就以下方面提交报告:

(a) 大会根据第3136(XXVIII)号和第3221(XXIX)号决议,就“在联合国系统内增进人权和基本自由的切实享受的各种途径和方法”进行的审议和决定;

(b) 第五届联合国预防犯罪和罪犯待遇大会就人权各个方面的讨论和建议,特别参考联合国大会第3218(XXIX)号决议,以及大会关于这个问题的决定;

(c) 世界粮食会议、世界人口会议和联合国人类环境会议关于执行人权的各个方面的讨论和建议;

(d) 全面说明自大会第926(X)号决议通过以来咨询服务方案的所有组成部分(例如专家、讨论会、培训班、研究金)的使用情况,以期在人权委员会和防止歧视及保护少数小组委员会的全面工作方面更有效地利用人权领域的咨询服务方案;

(e) 在有关人权方案和协调的人权委员会框架内,加强联合国各机关和秘书处单位之间以及其工作关系到人权各方面享有的各专门机构之间的合作和协调的方式方法,以期提升人权委员会对实现经济、社会和文化权利问题的总体方法和关切,包括在定期报告制度下为进一步促进人权和基本自由而通过的程序和取得的成果。

> 在有关人权方案和协调的人权委员会框架内，加强联合国各机关和秘书处单位之间以及其工作关系到人权各方面享有的各专门机构之间的合作和协调的方式方法，以期提升人权委员会对实现经济、社会和文化权利问题的总体方法和关切。[①]

其中关于联合国人类环境会议（斯德哥尔摩，1972 年 6 月 5 日至 16 日）、世界人口会议（布加勒斯特，1974 年 8 月 19 日至 30 日）和世界粮食会议（罗马，1974 年 11 月 5 日至 16 日）“执行人权的各个方面的讨论和建议”的报告，反映了这种方法的新特点。在准备报告时，

> 秘书长……从广义上理解了“与执行人权的各个方面有关”，即指的是执行的
> 753 所有方面，而不仅仅是体制方面，且包括所有人权——经济、社会及文化权利以及公民权利和政治权利。[②]

人权委员会还收到了第五届联合国预防犯罪和罪犯待遇大会（日内瓦，1975 年 9 月 1 日至 21 日）关于人权问题的讨论和建议的报告，主要与酷刑和罪犯的待遇有关。[③]

秘书长的另一项研究确定了联合国系统各组成部分和联合国秘书处在实现经济、社会及文化权利方面可能存在的共同点。[④]

该报告载有一些相关的意见：

> 直到最近，联合国似乎才在人权上强调后一个方面。只有在过去的几年中，人权委员会才试图制定其统一的长期工作方案，并在 1975 年的最后一次会议上，在其第 10(XXXI) 号决议中集中讨论了有关联合国各机构与其活动在某种程度上与人权有关的服务机构之间的协调问题。长期以来，这种活动主要是由少数几个机构从事的规范性活动，在优先次序或协调方面没有出现

① E/CN. 4/1191 Introduction.
② E/CN. 4/1191 Introduction.
③ E/CN. 4/1190.
④ E/CN. 4/1193.

大问题。今天的情况当然大不相同,因为联合国不仅扩大了其有关人权的基本概念的范围,包括许多科学技术、人口和经济问题,而且还使其运作方式多样化,从而使得标准和信息的应用监控、教育及援助活动所受到的关注,即使不比立法工作多,也至少是一样多。这增加了人权方案的复杂性,并有助于事半功倍。因此,联合国系统内人权活动的协调变得更加必要,也更加难以实现。①

在和平与安全领域,人权尚未确立其相关性。1976年时值欧洲安全与合作会议召开之际。人权委员会指出该次会议的《最后文件》“不仅对欧洲而且对整个世界的人权都具有极其重要的意义”②。反对观点认为,“人权委员会的主要责任在于促进和保护人权和基本自由方面,而不在于国际和平与安全方面,根据《宪章》,国际和平与安全是安理会和大会的职权范围所在”③。这种局限的观念持续了几十年,直到20世纪90年代初,发生在南斯拉夫和卢旺达的大屠杀使得国际和平与 754
安全与尊重人权之间的联系变得无可置疑。(见第六章A,1992年——南斯拉夫;第六章A,1994年——卢旺达)

1977年,为了纪念《世界人权宣言》通过三十周年,人权委员会请联合国教科文组织就“在全世界开展人权教育”进行研究并提出建议,并请会员国和国际社会的其他部门向联合国大会报告“为纪念三十周年所做的努力”。④

同年晚些时候,联合国大会重申了保护人权的国际性质,申明

在联合国系统内处理人权问题时,国际社会对于……人权受到大规模侵害的情事,应作为优先事项……各国对其财富和自然资源享有行使充分主权的基本权利。⑤

人权委员会于1975年对前述五份报告的要求标志着联合国系统中当代人权

---

① E/CN. 4/1193 para 167,着重号为作者所加。

② E/CN. 4/1213 para 100.

③ E/CN. 4/1213 para 101.

④ E/CN. 4/1257, resolution 3 (XXXIII) of 21 February 1977.

⑤ General Assembly thirty-second session, resolution 32/130 of 16 December 1977.

"主流化"的开端。[1] 1991年,人权委员会承担了人权事务中心"在联合国各机构和机制中处理……人权"事务的协调功能。[2] 向国际体系其他部分的延伸也提上议程且不断发展——但这并非没有挑战。

方案和协调委员会在评价人权方案(1989年)时谈及人权咨询服务和技术合作方面,建议,

> 就技术援助项目而言,开发计划署的国别计划可能包括人权项目……联合国系统各组织应鼓励各国政府考虑到人权项目的长期重要性。人权事务中心应发挥咨询作用。通过驻地代表向各国政府转达其关于人权项目的咨询意见,在这方面发挥促进作用。人权项目应纳入联合国系统现有的技术援助和经济及社会发展方案。[3]

在执行经济、社会及文化权利的一般领域,人权委员会于1993年赞赏了小组委员会实现经济、社会及文化权利问题特别报告员达尼洛·蒂尔克的建议,"金融机构和人权机构之间的合作……应予以加强,特别是鼓励这些机构的代表参加各人权机构的会议"[4]。

755 对执行经济和社会权利有关问题的关注在随后几年中继续并扩大,同时伴随着《经济、社会及文化权利国际公约》下人权委员会工作的支持[5]与就经济和社会权利部门的特定问题的倡议相结合的趋势,尤其是在《发展权利宣言》的执行方面。[6] (见第五章B,发展权[1977年])

---

① E/CN. 4/1179, resolution 10 (XXXI) of 5 March 1975.

② E/CN. 4/1991/91, resolution 1991/22 of 5 March 1991.

③ E/AC. 51/1989/2 Recommendation 8, paras 129, 130.

④ E/CN. 4/1993/122, resolution 1993/14 of 26 February 1993.

⑤ Such as E/CN. 4/1990/94, resolution 1990/17 of 23 February 1990, and E/CN. 4/1992/84, resolution 1992/10 of 21 February 1992.

⑥ See, for instance, E/CN. 4/Sub. 2/1989/19; E/CN. 4/Sub. 2/1990/19; E/CN. 4/Sub. 2/1991/17; E/CN. 4/Sub. 2/1992/16; E/CN. 4/1990/94, resolution 1990/18 of 23 February 1990; E/CN. 4/1990/9/Rev. 1; E/CN. 4/1991/91, resolution 1991/13 of 22 February 1991 and E/CN. 4/1992/84, resolution 1992/9 of 21 February 1992.

人权事务高级专员与主流化(1993年)

随着世界人权会议的召开和人权事务高级专员的设立,人权主流化的工作获得了正式授权。人权事务高级专员被委托协调“整个联合国系统内促进和保护人权的活动”,并被指定为“主要负责联合国人权活动的联合国官员”。①

在向联合国大会提交的第一份报告中,人权事务高级专员确认了他的任务,强调其“负有增加人权领域的国际合作及协调整个联合国系统人权促进和保护活动的重要责任”②。他概述了在整个联合国系统中将人权主流化的设想,即高级专员应“负责促进和保护所有人有效享有所有公民、文化、经济、政治和社会权利;促进和保护发展权利的实现,和为此目的加强联合国系统有关机构所提供的支助”③。

人权事务高级专员宣布,他打算按照《维也纳宣言和行动纲领》,把保护妇女人权和保护儿童纳入联合国系统人权活动的主流。

人权事务高级专员总结了他任职的头六个月,“在他最初担任工作的六个月中设法根据他的任务开拓进行联合国人权方案的道路。优先领域包括促进人权的国际合作和加强联合国系统内的协调”④。

1994年6月,安理会欢迎人权事务高级专员在其上任后不久就前往卢旺达及周边地区进行访问,并注意到人权委员会任命了一名卢旺达问题特别报告员。同年晚些时候,安理会在设立卢旺达问题国际刑事法庭时,注意到特别报告员的报 756
告。到1994年11月,安理会提到,

> 人权事务高级专员调派人权干事到卢旺达,以监测目前的人权情况……建立更安全的环境,从而促进难民和流离失所者返回,并执行人权领域特别是司法方面的技术援助方案。

---

① General Assembly forty-eighth session, resolution 48/141 of 20 December1993.

② A/49/36 IV para 21.

③ A/49/36 II para 3.

④ A/49/36 X paras 84, 87, 107, 117.

这标志着人权在和平与安全领域的"主流化"。[1]

1995年，在寻求加强实现经济、社会及文化权利的背景下，人权委员会欢迎"**人权机构，特别是作为协调联络中心的人权事务中心，同联合国系统的其他机构，包括国际金融机构之间建立对话**"[2]。

人权委员会鼓励这些机构"在更大的程度上参加人权机构，包括条约监测机构的会议，以及评估它们的政策和方案对人权享有的影响"[3]。

在同一届会议上，人权委员会请人权事务高级专员承担"与人权事务中心配合联合和共同赞助的联合国艾滋病毒/艾滋病方案、非政府机构和这个领域里的其他角色，承担任务，制订在艾滋病毒/艾滋病方面促进和保护尊重人权的指导原则"[4]。

在注重实现经济、社会及文化权利的同时，艾滋病毒/艾滋病流行病的出现促成了世界卫生组织和人权委员会之间的协调。如前所述，该议题在20世纪80年代后期被列入人权委员会议程。1989年7月召开了一次全球艾滋病问题协商会议，[5]此后在1996年(1996年9月23日至25日)和2002年(2002年7月25日至26日)又召开了两次会议。(见第二章，1987年——健康)

1996年，在妇女人权兴起的背景下，人权委员会呼吁"在国际一级加强努力，以便将妇女的平等地位和人权纳入联合国系统活动的主流"，并鼓励"联合国人权事务高级专员在……职权范围内，努力协调联合国负责人权事务的机关、机构和机制审议侵犯妇女人权问题的活动"[6]。

人权事务高级专员在随后几年的年度报告中报告了人权的主流化进程。1996年，高级专员在报告联合国系统内的合作情况时指出：

757　　联合国系统内部的协调也许是最困难的挑战之一。不过也取得了一些

① Security Council resolutions 925 (1994) of 8 June 1994, 955 of 8 November 1994 and 965 of 30 November 1994.

② E/CN. 4/1995/176, resolution 1995/15 of 24 February 1995，着重号为作者所加。

③ E/CN. 4/1995/176, resolution 1995/15 of 24 February 1995.

④ E/CN. 4/1995/176, resolution 1995/45 of 3 March 1995.

⑤ HR/PUB/90/2.

⑥ E/CN. 4/1996/177, resolution 1996/48 of 19 April 1996.

进展。行政协调委员会[①] 1994年春季会议首次将人权列入了议程。人权事务高级专员当时向行政协调会强调系统内需要有一个永久性的对话,以便通过系统地交换信息、经验和专门知识来促进人权。行政协调会成员在会议结束时声明了所有机构都执行《维也纳宣言和行动纲领》的承诺。[②]

人权事务高级专员在当年向联合国大会提交的报告中提到了

旨在与各方案和机构缔结工作协定或谅解备忘录的倡议。这些规定了业务方面的合作框架。1994年,人权事务中心与儿童基金会签署了一项联合工作方案,1995年又与教科文组织和联合国志愿人员方案签署了谅解备忘录。[③]

将“伟大事业”融入联合国系统(1997年)

主流化进程与后维也纳时期人权委员会工作的合理化进程并行(见第四章C,合理化[1992—2006年])。人权事务高级专员办事处则需要调整其内部组织,以支持人权委员会不断扩大的工作方案,同时加强与联合国系统其他部门的交互。

1996年,人权事务高级专员指出,“人权作为国际关系的道德基础,必须渗透到联合国的所有活动中。1993年的世界人权会议已有力地强调在有关人权的努力中必须进行合作与协调”[④]。

人权事务高级专员认为,

联合国方案的互补作用正在实现。这一观点在人权中期计划(1998—2001年)中获得通过,并为改组人权事务高级专员/人权事务中提供了框架。联合国人权方案是联合国方案的一个组成部分,因此需要其他联合国机构和方案的继续

---

① 行政协调委员会(Administrative Committee on Coordination, ACC),即改组后的联合国系统行政首长协调会,“将31个专门机构的行政首长聚集在一起,在全球、区域和国家各级作为一个整体开展工作”。它们包括“根据政府间协定设立的15个专门机构、3个相关组织以及联合国大会设立的12个基金和方案”。见 http://www.unsceb.org visited on 28 January 2020。

② E/CN.4/1996/103 para 31.

③ A/50/36 IV A paras 88 and 89.

④ A/CONR.157/23 Section II A. See E/CN.4/1997/98.

> **支持**……今天的期望源自最近取得的积极经验：与欧洲安全与合作组织和开发
> 758 计划署合作在拉脱维亚和蒙古建立国家人权机构，与挪威民主和人权资源库（Norwegian Resource Bank for Democracy and Human Rights，NORDEM）达成备用协定……与国际法学家委员会合作，在哥伦比亚设立外地办事处；欧洲联盟支持在布隆迪、哥伦比亚和卢旺达的方案；支持非洲人权和民族权利委员会；与教科文组织、联合国志愿人员方案以及斯特拉斯堡国际人权研究所和安第斯法学家委员会签订谅解备忘录，所有这些都是扩大的伙伴关系的事例。[1]

事实证明，主流化是一个持续进行的过程，例如在2013年，人权理事会举行了关于将人权融入整个联合国系统主流的高级别小组讨论会。[2]

人权高专办网站发布（1996年）

在前述同一份报告中，人权事务高级专员宣布于1996年12月10日，即世界人权日当天，发布联合国人权网站，“以满足及时向全世界传播人权资料的需要”，[3]并发展“一种人权资料综合系统”，这需要从根本上改变现有的人权资料管理程序。[4]

继几年前采用文字处理机之后，又引入了信息技术，这为通信、信息储存和分析带来了新方法，进而也为各种程序的工作，包括条约监测系统、对特别程序的支持以及编写、传播人权教育材料和有关方案带来了新方法。“伟大事业”的发展真正进入了现代。

作为行政首长一级的机构间协调机构，行政协调委员会（后改组为行政首长协调会[Chief Executives Board for Coordination，CEB]）[5]为将人权活动纳入主流提供了一个重要的讨论平台。[6] 多年来，人权逐渐被列入行政首长协调会的议程和

① E/CN. 4/1997/98. See also E/CN. 4/1996/177, resolution 1996/78 of 23 April 1996，着重号为作者所加。

② A/HRC/22/2, PRST 22/1 of 22 March 2013.

③ E/CN. 4/1997/98 para 48.

④ E/CN. 4/1997/98, para 49. 它被称为人权综合比较分析环境（Human Rights Integrated Comparative Analysis Enviroment, HURICANE），旨在为高级专员办事处各部门提供一个了解与人权有关的信息的窗口，并与联合国系统的其他部门建立联系。

⑤ See http://www. unsceb. org visited on 28 January 2020.

⑥ See also E/1998/21.

工作方案。

“伟大事业”向海外发展(1993年)

技术合作活动的出现是特别程序的演变结果,正如前面提到的1982年玻利维亚问题特别代表的例子所体现的。(见第六章A,1981年——玻利维亚)在随后的几年里,更多的国家请求技术援助,从而为此制定了技术合作方案,其中一些方案需要在现场派驻人权方面的工作人员。

759 特别程序团队长期以来将对各国进行访问作为其程序的一部分,但除日内瓦和纽约的总部办事处之外,还没有在其他地区设立常驻人权机构。“伟大事业”第一次接受海外任务是在1993年。当年,人权委员会请秘书长“确保在联合国驻柬埔寨过渡时期权力机构任务结束后,继续保持联合国人权机构在柬埔寨的存在,包括通过人权事务中心建立业务存在”。人权委员会还决定任命一名特别代表迈克尔·柯比“与柬埔寨政府和人民保持接触……指导和协调联合国在柬埔寨的人权工作……协助政府促进和保护人权”。[1]

实地活动迅速增加。1994年,在卢旺达[2]和布隆迪[3]设立了办事处(见第六章A,1994年——卢旺达)。同年,联合国大会要求“在科索沃派驻足够的监督人员”[4]。

1998年,人权事务高级专员报告说,“实地活动(正在)通过在15个国家或地区的办事处或机构进行,工作人员超过200人”,每个人都有自己的任务,

> 这些外地办事处的组织方式有很多种。有些是联合国更广泛的存在的一部分,而有些是同其他组织,如欧洲安全和合作组织或人权事务高级专员办事处直接设立的办事处合作组织的。[5]

---

① E/CN.4/1993/122, resolution 1993/6 of 19 February 1993.

② See, for example, E/CN.4/1996/111.

③ E/CN.4/1995/98 paras 29 and 36.

④ General Assembly forty-ninth session, resolution 49/204 of 23 December 1994. See also E/CN.4/1995/98 para 37.

⑤ E/CN.4/1998/122 para 119.

1999 年,有人员派驻的国家数目增加到 20 个,使得正在进行技术合作活动的国家总数达到 40 个。[①]

人权事务高级专员在 2000 年的报告中回顾说:

1992 年开始在萨格勒布派遣了 2 名干事,其任务是向关于前南斯拉夫各国人权情况的特别报告员提供支持。同年,根据人权委员会的一项建议,人权事务高级专员办事处在柬埔寨设立了一个办事处,并赋予其综合使命。从那时起,根据国家一级的需要,以各种不同的形式在实地派驻了人员,从 1994 年在卢旺达开展的人权实地工作——到目前为止这是人权事务高级专员办事处在实地派驻人员最多的一项活动——直至为了实施技术合作项目而在马拉维、蒙古和加沙地带派驻位数较少的人员。[②]

760 外地办事处

1996 年,人权事务高级专员报告表示:

人权领域的实地存在,不论是实地作业或外地办事处的方式,都是近年执行人权方案的主要创新之一。表示实地存在的方式很多,从一名专业工作人员的办事处,像在马拉维的,到在卢旺达的作业涉及 120 多名工作人员。在一些国家,人权存在被当作一种自主的项目成立,在另一些国家,它支持更广泛的联合国参与,像关于格鲁吉亚阿布哈兹的人权方案。在一些情况,人权作业融合援助和监测职能,在另一些情况则规定只限于技术援助领域。[③]

第二年,高级专员进一步进行了分享:

经验证明,实地活动极大地推动了人权的有效执行……有些活动结合援助和监督职责,而其他活动的职权专门在于技术援助方面。派驻人权外地工

---

① E/CN. 4/1999/9.

② E/CN. 4/2000/12/Add. 1 Addendum para 13 et seq,着重号为作者所加。

③ A/51/36 IV para 51.

作人员的灵活性是其一个最强大的优势。1992 年没有展开任何人权外地活动;人权事务高级专员/人权事务中心现在在所有区域的 11 个国家里设立了办事处。最近在阿布哈兹(格鲁吉亚)、哥伦比亚、加沙(巴勒斯坦)和扎伊尔设立了人权外地办事处。[①] (见上文,第八章 A,技术合作[1987 年])

复杂的项目

或执行期较长的项目,往往在实地人权机构的协助下得到执行,这些机构作为人权高专办的办事处或规模较大的联合国业务行动的组成部分开展活动……1999 年,除了萨尔瓦多、危地马拉、蒙古、巴勒斯坦、南非、南部非洲及多哥等国家和地区已经运作了几年的技术合作实地机构以外,又在阿富汗、阿塞拜疆、印度尼西亚和乌干达等国设立了新的机构。设在比勒陀利亚的次区域办事处继续在区域一级以及在南部非洲地区各国开展活动,并为活动的开展提供便利。在阿富汗,由驻伊斯兰堡的人道主义活动协调办事处(OCHA)开展活动,负责协助其他联合国机构将人权内容纳入其援助方案。人权高专办一些承担监测和技术合作双重任务的实地机构还在阿布哈兹(格鲁吉亚)、安哥拉、波斯尼亚和黑塞哥维那、布隆迪、柬埔寨、克罗地亚、刚果民主共和国、利比里亚及塞拉利昂等国执行方案和开展活动。[②]

2006 年,人权事务高级专员提交了一份研究报告,内容涉及其实地人员开展 761
的过渡时期司法活动以及维持和平行动的人权部分。[③] 一个典型的例子是 2011 年的突尼斯,当时人权理事会欢迎

突尼斯开始的政治过渡进程,以及突尼斯过渡政府关于充分实现人的尊严、自由、民主和人权等普遍价值的承诺……并注意到联合国人权事务高级专员办事处对突尼斯进行的评估访问及提交的报告,以及……设立高级专员办事

① E/CN. 4/1997/98 para 29,着重号为作者所加。

② E/CN. 4/2000/105 I. B paras 6-8, and Annex.

③ E/CN. 4/2006/93.

处驻突尼斯国别办事处的决定。[①]

人权顾问

1997年和2002年的联合国系统改革反映在实地行动中,即成立了"国家工作队"(United Nations Country Teams, UNCTs)——由在该国活跃的机构和方案组成,由驻地协调员领导。人权事务高级专员于2006年报告说,令他感到鼓舞的是,

> 越来越多的驻地协调员和人道主义协调员、联合国国别工作队以及秘书长特别代表正在积极将人权纳入其工作,并采取立足人权的方针。为支持这些努力,人权高专办……通过其总部、区域和国别办事处,并通过部署在驻地协调员办事处的人权顾问,提供咨询服务。[②]

人权与人类发展(1998年)

20世纪80年代末,联合国开发计划署提出了"人类发展"(human development)的概念,并于1990年发布了第一份《人类发展报告》。在这一过程中,人权方案开始提供技术援助,设立人权领域技术援助自愿基金(1987年),并出现了上文所述的将人权纳入联合国发展系统主流的情况。

该报告制定了人类发展指数,被描述为"对人类发展关键方面平均成就的总结性衡量:预期寿命、教育水准和生活质量",报告根据"三个维度中每个维度的标准化指数的几何平均数"得分对各国进行排名。[③]

2000年版的《人类发展报告》专门讨论了人权问题。在介绍这份报告时,联合国开发计划署署长马克·马洛赫·布朗(Mark Malloch-Brown)写道:

> 虽然该报告引用并审查了世界各地许多严重侵犯人权的例子,但它的目

---

① A/HRC/16/2, resolution 16/19 of 24 March 2011.

② E/CN. 4/2006/10 para 25. See also http://www. ohchr. org/EN/Countries/Pages/HumanRightsAdvisors-Index. aspx, visited on 28 January 2020.

③ United Nations Development Programme—Human Development Report 2000 UNDP, Oxford University Press 2000.

的并不是依法对最严重的侵犯者进行排名。相反,它的主要目的是帮助促进实际行动,将基于人权的人类发展和消除贫困的方法坚决地列入全球议程。[①] 762

联合国发展援助框架(1998 年)

1997 年的改革通过人权事务高级专员出席在改革中设立的执行委员会,使人权的主流化成为可能。而由开发计划署协调的发展执行委员会(后称为联合国发展集团)是将人权纳入发展活动的渠道。1998 年试行了一种新的方案拟订办法:开发计划署发表了将人权与可持续的人类发展结合起来的政策,从而拟订了联合国发展援助框架(United Nations Development Assistance Framework, UNDAF),其目的是“在制定具有共同目标和时间框架的单一框架方面实现以目标为导向的合作”[②]。

世界银行于 1999 年 1 月启动了全面发展框架。[③]

正是在这一时期,在人权事务高级专员办事处和开发计划署从 1998 年开始进行合作之后,“以人权为基础的方法”(Human right-based approach, HRBA)一词首次出现。

开发计划署着重于三个战略干预领域:

(1) 支持促进和保护人权的国家系统;
(2) ……对发展方案采取基于人权的方法;
(3) 加强与国际人权机构的接触。[④]

开发计划署在初步试验阶段之后通过了该框架,并从那时起开始实施。同共

① United Nations Development Programme—Human Development Report 2000 UNDP, Oxford University Press 2000.

② A/53/226 VIII B, and Add. 1, II B.

③ 可参见 Comprehensive Development Framework—Meeting the promise? —Early experience and emerging issues 17 September 2001 CDF Secretariat, the World Bank。该框架被称为各国可实现更有效减贫的一种方法。强调所有要素相互依存——发展、社会、结构、人力、治理、环境、经济和金融。涉及一套指导发展和减贫的原则,包括提供外部援助。全面发展框架的四项原则是:长期、整体愿景,国家所有权,国家主导的伙伴关系,注重成果。

http://web.worldbank.org/archive/website01013/WEB/0_CO-14.HTM visited on 10 October 2019.

④ Human Rights in UNDP—Practice Note—April 2005.

同国家分析(Common Country Analysis, CCA)一道,成为国别工作队在拟订方案时所遵循的程序。

加强人权方案(1998年—2005年)

1999年,开发计划署和人权事务高级专员办事处签署了第一个联合方案,以支持将人权与人类发展相结合。这一"加强人权"(Human Rights Strengthening, HURIST)方案,使得开发计划署的工作能够采用基于人权的方法。

根据2005年联合国开发计划署的一份实践说明,开展的活动包括:拟订国家
763 促进和保护人权行动计划、人权方案审查、减贫与人权、议会发展与人权、人权与环境、分权治理与人权、人权和警察。[①]

在2004年致捐助者的年度报告中,人权事务高级专员谈到与开发计划署合作执行"加强人权"项目:

> 在全世界大约30个国家开展活动,加强人权方案对开发计划署的活动试行以人权为基础的方法,并探讨以人权为基础的方法在减贫、土著人民、环境、诉诸司法和议会发展方面的能力发展。2004年,加强人权方案支持对联合国开发计划署在中国、肯尼亚、吉尔吉斯斯坦、前南斯拉夫的马其顿共和国、菲律宾、斯里兰卡和卢旺达的七个国别计划进行基于人权的审查。它还着重于开发计划署区域资源中心的能力建设……加强人权方案还在厄瓜多尔和肯尼亚开展了以土著人民权利为重点的试点项目;并在东帝汶启动了另一个试点项目,以促进更好地融合人权条约报告。[②]

F. 企业社会责任(1999年)

引 言

跨国公司在享有人权方面的作用和责任问题,在人权委员会关于执行《发展

① Human Rights in UNDP—Practice Note—April 2005.

② Annual Report 2004—Implementation of activities and use of funds—Office of the High Commissioner for Human Rights.

权利宣言》[①]的讨论中被越发频繁地提及,其中尤以涉及外债、经济和结构调整政策及相关问题领域为最。[②] (见第五章A,对具体权利的关注)

1998年,小组委员会收到了由其成员哈吉·吉塞编写的一份关于“跨国公司的活动对实现经济、社会及文化权利的影响”的背景文件。[③] 小组委员会成立了一个工作组以审查跨国公司的工作方法和活动。工作组被要求:

> (a)查明和审查跨国公司工作方法和活动对享有经济、社会、文化权利和发展权以及公民和政治权利的影响;(b)审查和收集关于跨国公司工作方法和活动对享受经济、社会、文化权利和发展权以及公民和政治权利的影响的各种资料……(c)分析人权方面的各项国际文书与各项区域和国际商业协定,特别是有关投资的多边协定的协调性;(d)提出关于跨国公司工作方法和活动的建议和提议,以便确保这些方法和活动符合其业务所在国的经济和社会目标……(e)每年制订一份各国和各跨国公司的名单,并以美元列出其国民生产总值和营业额;(f)在跨国公司的活动对国家管辖范围内所有人的经济、社会、文化权利和公民权利、政治权利的享受具有或可能会有重大影响的情况下,审议各国对跨国公司的活动施加规章限制的义务的范围。[④]

764

小组委员会准则草案(2002年)

小组委员会的工作组于2002年完成了工作,其报告中包含了“跨国公司和其他商业企业的人权原则和责任草案”和一份相关评论,[⑤]小组委员会请工作组“继续努力探索实施准则草案的可能机制”,包括“设立或由人权委员会提名一组专家、一名特别报告员或一个工作组,就跨国公司和其他商业企业侵犯人权的行为

---

① General Assembly forty-first session, resolution 41/128 of 4 December 1986.

② See, for example, E/CN. 4/1991/91, resolution 1991/13 of 22 February 1991 and E/CN. 4/1992/84, resolutions 1992/9 and 1992/11 of 21 February 1992, E/CN. 4/1993/122, resolution 1993/12 of 26 February 1993, E/CN. 4/1994/132, resolutions 1994/11 and 1994/12 of 25 February 1994, E/CN. 4/1995/176, resolution 1995/13 of 25 February 1995, E/CN. 4/1996/177, resolution 1996/15 11 April 1966, E/CN. 4/1997/150, resolution 1997/10 of 3 April 1997.

③ E/CN. 4/Sub. 2/1998/6.

④ E/CN. 4/Sub. 2/1998/45 resolution 1998/8 of 20 August 1998.

⑤ E/CN. 4/2002/WG. 2/WP1 and Adds. 1 and 2.

收集资料并采取有效措施”。[1]

2003年，该小组委员会“庄严地宣布了这些准则……并敦促尽一切努力使它们得到普遍的认识和尊重”[2]。次年，人权委员会开始审议这些问题，并要求一份报告，“说明在跨国公司和其他工商企业在人权方面的责任问题上现有标准和倡议的范围和法律地位，包括……规范草案，并列出悬而未决的问题”[3]。

人权委员会申明，小组委员会的草案“并不是委员会要求编写的，因而作为一项建议草案，不具有法律地位，小组委员会不应在这方面履行任何监测职能”。它请人权事务高级专员提交一份报告，“列出与跨国公司和其他工商企业在人权方面的责任有关的现有倡议和标准的范围及法律地位，特别是小组委员会拟议的准则”[4]。

该报告还包括“向所有利益相关者……征求意见，并……用于加强与跨国公司和其他工商企业在人权方面的责任有关的标准的备选方案以及可能的实施办
765 法”[5]。成果研究建议进行进一步的思考和研究，[6]以便任命一名特别代表。（见下文，工商业与人权问题特别代表[2005—2011年]）

《全球契约》

在此背景下，1999年1月31日，秘书长科菲·安南在瑞士达沃斯世界经济论坛上发表讲话，提出了一项关于人权、劳工和环境的《全球契约》。该倡议是在“相关合作伙伴，特别是私营部门”[7]参与联合国活动的大背景下提出的。具体而言，《全球契约》旨在“同商界合作”。[8]

《全球契约》与在更多国际机构中将人权纳入主流的努力是一致的。秘书长也分享了他的意见，

---

① E/CN. 4/Sub. 2/2002/46, resolution 2002/8 of 14 August 2002.

② E/CN. 4/Sub. 2/2003/12/Rev. 2 adopted on 13 August 2003.

③ E/CN. 4/2004/127 decision 2004/116 of 20 April 2004.

④ E/CN. 4/2004/127 decision 2004/1 16 of 20 April 2004.

⑤ E/CN. 4/2004/127 decision 2004/116 of 20 April 2004.

⑥ E/CN. 4/2005/91 VI paras 37-40.

⑦ General Assembly fifty-fifth session, resolution 55/215 of 21 December 2000.

⑧ A/56/323 para 3.

> 希望在联合国和私营部门之间建立创造性的伙伴关系……联合国的日常工作——无论是维持和平、制定技术标准、保护知识产权,还是向发展中国家提供急需的援助——都有助于扩大世界各地的商业机会……今年,我想请你们与我一同完成挑战,将我们的关系提升到一个更高的水平。我建议你们所有人聚集在达沃斯的商界领袖们,以及我们联合国的各位,发起一项关于共同价值观和原则的《全球契约》,这将使全球市场具有人性化的一面。全球化是一个现实。但我认为我们低估了它的脆弱性。这是问题所在。市场的蔓延速度超过了社会及政治制度适应市场的能力,更不用说引导市场走向了。具体而言,我呼吁你们——通过你们的公司,也通过你们的商业协会——拥抱、支持和颁布一套核心价值观,包括人权、劳工标准和环境实践……联合国各机构——联合国人权事务高级专员、国际劳工组织、联合国环境规划署——都随时准备协助你们,如果你们需要帮助,将这些商定的价值观和原则纳入你们的任务声明和公司实践。①

秘书长提出九项(后来增加为十项)原则,请求各商业实体自愿接受、促进和应用这些原则。这十项原则是:

人权

原则1:企业应该尊重和维护国际公认的各项人权;

原则2:企业决不参与任何漠视与践踏人权的行为;

劳工标准 766

原则3:企业应该维护结社自由,承认劳资集体谈判的权利;

原则4:企业应该消除各种形式的强迫性劳动;

原则5:企业应该支持消灭童工制;

原则6:企业应该杜绝任何在用工与职业方面的歧视行为;

环境

原则7:企业应对环境挑战未雨绸缪;

原则8:企业应该主动增加对环保所承担的责任;

---

① Press Release SG/SM/6881, 1 February 1999.

原则 9:企业应该鼓励开发和推广环境友好型技术;

反腐败

原则 10*:企业应反对各种形式的贪污,包括敲诈勒索和行贿受贿。①

(*2004 年,秘书长在聚焦具体问题的《全球契约》领导人峰会上增加了第十项反腐败的原则。)②

在秘书长在其办公室内设立了一个《全球契约》办公室,以支持响应经秘书长倡议而开展的活动。到 2003 年,《全球契约》已经形成,③其重点是"良好的企业公民意识"。自 2006 年以来,《全球契约》办公室得到了《全球契约》基金会的支持。④

进展情况通报

《全球契约》制定了实施这些原则的方法。各公司应提交年度自我评估或准备工作和反映以下三项最低要求的进展情况通报(Communication on Progress, COP):

(a)首席执行官发表声明,表示继续支持联合国全球契约,并重申参与者对该倡议的持续承诺……(b)公司已采取或计划在四个领域(人权、劳工、环境、反腐败)实施十项原则的实际行动说明……(c)对结果进行评估。

767 参与者应在加入《全球契约》一年内以及此后每年提交一份进展情况通报。进展情况通报被分为三个级别(高级[Advanced]、活跃级[Active]和学习者[Learner]),并在《全球契约》网站上列出。"学习者"类别是针对那些没有提交进展情况通报(也被归类为"不沟通"[non-communicating])或其进展情况通报没有

---

① See https://www.unglobalcompact.org/what-is-gc/mission/principles visited 28 January 2020.

② 2017 年峰会:"联合国《全球契约》领导人峰会(9 月 21 日,纽约)汇聚了来自商界、民间社会、学术界、政府和联合国的国际领导人,以加速地方和全球商业行动和伙伴关系,实现联合国可持续发展目标。"https://www.unglobalcompact.org/take-action/events/leaders-summit-2017/faq. visited 28 January2020。

③ A/58/227 paras 33-43.

④ 其基础是"基于这样一个原则,即公私合作对于为紧迫的全球问题找到持久的解决方案至关重要"。

达到最低要求的商事参与者;它们有12个月的宽限期提交一份符合规定的新进展情况通报:

> 如果一个“不沟通”的参与者在被列为“不沟通”的一年内未能提交一份符合进展情况通报所有要求的进展情况通报文件,它将被逐出《全球契约》。《全球契约》网站上将列出被驱逐的参与者的名字……所有被驱逐的组织如果想重新加入该倡议,必须重新提出申请。[①]

截至2017年,有超过10000个“活跃级”的商事参与者,约2000个“不沟通”者。[②]

参与情况通报

截至2013年,《全球契约》中的非商事参与者,如学术机构、工会组织、民间社会组织等,被要求公布其支持《全球契约》的活动——它们每两年提交一份参与情况通报。[③] 截至2017年,有超过4000个非商事参与者。

通报在《全球契约》网站上可见。[④]《全球契约》支持了人权和劳工工作组,

> 这是一个由来自商界、民间社会、工会、学术界、联合国机构和《全球契约》地方网络的代表组成的专家小组,致力于商业和人权问题。工作组的秘书处是……《全球契约》办公室、人权事务高级专员办事处和国际劳工组织。每两年对成员进行一次审查。

2011年,联合国大会认识到,

---

① UN Global Compact Policy on Communicating Progress. Updated 1 March 2013 at https://www.unglobalcompact.org/participation/report/cop visited on 28 January 2020.

② See https://www.unglobalcompact.org/about visited on 28 January 2020.

③ UN Global Compact Policy on Communicating Engagement for Non-Business Organizations: at https//www.unglobalcompact.org/participation/report/coe visited on 28 January 2020.

④ See https://www.unglobalcompact.org/search? page = 1&search%5Bdocument_type%5D = CommunicationOnProgress&search%5Bkeywords%5D = COP&search%5Btype%5D = all&utf8 = ✓.

> 联合国《全球契约》办公室根据大会关于在联合国系统内和全球企业界促进
> 768 联合国价值观和负责任企业做法的授权，在提高联合国与私营部门结成战略伙伴关系的能力方面继续发挥重要作用。[1]

2018年，秘书长报告了与私营部门的伙伴关系对实现可持续发展目标的影响，“将伙伴关系的挑战转化为机遇，评估和交流伙伴关系的成果”[2]。2018年，联合国大会延长了《全球契约》办公室的任务期限。[3]

工商业与人权问题特别代表(2005—2011年)

同时(2005年)，在人权事务高级专员报告后，[4]人权委员会任命了一名特别代表(约翰·鲁吉[2005—2011年])。[5]

2006年，该特别代表向人权理事会提交了一份临时报告，其中讨论了全球化的核心问题、滥用行为的类型和现有的应对措施。他提到小组委员会通过的准则以及采取的其他办法[6](见上文，小组委员会准则草案[2002年])。2007年，特别代表提出了一系列报告，涵盖其任务的各个方面。[7](见第六章B，2011年——跨国公司和其他工商企业)

框架——保护、尊重和补救(2008年)

在2008年提交人权理事会的报告中，该特别代表概述了一个“基于原则的概念和政策框架”，以协助国际社会“调整人权体制以更有效保护……不受涉及公司

---

① General Assembly sixty-sixth session, resolution 66/223 of 12 December 2011. See also: General Assembly, sixty-eighth session, resolution 66/234 of 20 December 2013.

② A/73/326; A/56/323; A/58/227; A/60/214; A/64/337; A/66/320; A/68/326; A/70/296.

③ General Assembly seventy-third session, resolution 73/254 of 20 December 2018. See also resolutions 55/215 of 21 December 2000; 56/76 of 11 December 2001; 58/129 of 19 December 2003; 60/215 of 22 December 2005; 62/211 of 19 December 2007; 64/223 of 21 December 2009; 66/223 of 22 December 2011; 68/234 of 20 December 2013; 70/224 of 22 December 2015; decision 72/543 of 20 December 2017.

④ E/CN. 4/2005/91.

⑤ E/CN. 4/2005/135 resolution 2005/69 of 20 April 2005.

⑥ E/CN. 4/2006/97.

⑦ A/HRC/4/35 and Corr. 1 and Add. 1 - 4 and A/HRC/4/74. See also E/CN. 4/2005/135 resolution 2005/69 of 20 April 2005.

的人权侵害"。他这样描述目前的情况:"关于工商业与人权的讨论缺乏权威的协调中心。各类主张和反主张大量涌现,倡议滚滚而来,可是没有任何努力取得显著的规模。在这一片眼花缭乱之中,落伍者——国家和公司——仍处于监测雷达之外。"

该框架"由三项核心原则构成:国家有义务提供保护防止第三方包括工商业侵犯人权;公司有责任尊重人权;必须提供更加有效的救济机会"。这三项原则"构成相辅相成的一个整体,相互支持才能取得可持续进展"。[①]

该特别代表提交了"一份就与公司有关的侵犯人权行为的范围和表现形式的 769
调查",列出了受这些侵犯人权行为影响的权利和群体清单。[②] 他还提交了一份关于多次多利益攸关方协商会议的报告,组织协商会议系"为规范工商业与人权问题辩论和帮助指导所有有关各方的行动"。协商会议的议题如下:

> (a)在有效规范和评判企业与人权有关的活动方面,国家应起的作用;(b)冲突地区的企业与人权:母国的作用;(c)企业尊重人权的责任;(d)解决与企业有关的人权问题申诉和争议的问责机制;(e)通过多利益攸关方的行动改善企业的人权表现。[③]

框架实施的指导原则(2011 年)

特别代表于 2011 年完成了其任务,提出了一套关于框架实施的指导原则。[④] 在报告中,他描述了指导原则的性质和范围:

> 人权理事会批准指导原则,本身并不能终结工商企业与人权挑战。但它标志着发轫期的结束:通过建立共同的全球行动平台,可逐步推动进展,且不妨碍任何其他大有希望的长期进展。
>
> ……指导原则的规范性贡献,不在于创立了新的国际法律义务,而在于阐明了国家和工商企业的现行标准和做法的含义;将这些义务纳入单一的、

① A/HRC/8/5 paras 1, 5, 9.

② A/HRC/8/5/Add. 2. Addendum.

③ A/HRC/8/5/Add. 1. Addendum. See also resolution 8/7 of 18 June 2008 and A/HRC/11/13.

④ A/HRC/17/31.

逻辑上连贯的和全面的模板中；确认了现行制度有哪些欠缺，应如何加以改进……

……指导原则无意成为一个工具包，只需从架子上取下，接通即可。原则本身是普遍适用的，它们所显示的含义表明，我们生活的这个世界，有192个联合国会员国，8万个跨国公司，10倍之多的附属公司，以及数不胜数的各国公司，后者大多为中小规模企业。因此，讲到实施，无法做到千篇一律。[1]

人权理事会于2011年批准了指导原则。[2] 指导原则共31项，涉及框架的三个组成部分，即国家行为、企业行为和获得有效补救。更具体地说，它们处理了：

770 ——国家保护人权的义务，确立了基本原则和实施原则，实施原则包括：国家的一般监管和政策职能；国家—企业关联关系；在受冲突影响地区支持企业尊重人权；确保政策的一致性，

——公司尊重人权的责任，确立了基本原则和实施原则，实施原则包括：政策承诺，人权尽责，补救和背景问题，

——获得补救，确立了基本原则和实施原则，实施原则包括：基于国家的司法机制；基于国家的非司法申诉机制；非国家申诉机制；非司法申诉机制的有效性标准。[3]

人权和跨国公司工作组(2011年)

同年，人权理事会设立了一个关于该问题的工作组和一个工商业和人权论坛。[4]

工作组于2012年提交了第一份报告，阐述了其初步意见和拟议的战略。[5] 在其结论中，工作组指出，

---

① A/HRC/17/31 paras 13 to 15 and Annex. See also HR/PUB/11/04.

② A/HRC/17/2, resolution 17/4 of 16 June 2011.

③ A/HRC/17/31 Annex.

④ A/HRC/17/2, resolution 17/4 of 18 June 2011.

⑤ A/HRC/20/29.

工作组对围绕其任务的复杂性和敏感性有清醒的认识……工商业是机遇的表现形式,通过将生产要素——土地、劳动力、资金和技术转化为商品和服务,可以对经济发展做出贡献。然而,当前的激励结构往往导致损害人权享有状况的决定……各国和工商企业通过履行“指导原则”中所述的彼此不同但相互补充的责任,有潜力确保经济增长是通过更加包容、公平的商业做法实现的……为此,应当最大限度地利用“指导原则”作为全球人权和工商业方面权威参照点的内在实用性和较高且不断增长的权威。工作组正是准备这么做。[①] (见第六章B,2011年——跨国公司和其他工商企业)

工商业和人权论坛(2011年)

在工作组的指导下,工商业和人权论坛将“探讨指导原则实施过程中的趋势和挑战,并促进在工商业和人权相关问题上的对话与合作,包括某些行业面临的挑战、经营环境或与特定权利或群体有关的问题,并查明最佳做法”[②]。

工作组被要求在其提交给人权理事会的报告中列入“对论坛议项的思考”,并 771
对今后论坛的讨论专题提出建议。该论坛将在其每年的会议期间对广泛的参与者开放。[③] 该论坛还将公布每场会议的讨论总结。[④] (见第六章B,2011年——跨国公司和其他工商企业)

跨国公司工作组——制定条约?(2014年)

在2014年,人权理事会决定设立

---

① A/HRC/20/29 IX paras 92-95.

② A/HRC/17/2 resolution 17/4 of 16 June 2011:

> ……论坛向各国、联合国各机制、机构和专门机构、基金和方案、政府间组织、人权领域的区域组织与机制、国家人权机构和其他相关的国家机构、跨国公司和其他工商企业、商业协会、工会、工商业和人权领域的专家、土著民族代表,以及具有经济及理事会咨商地位的非政府组织开放;论坛还应根据包括经济及社会理事会1996年7月25日第1996/31号决议在内的各项安排和人权委员会所循的惯例,按照《人权理事会议事规则》通过开放透明的资格认定程序,向其他目标和宗旨符合《联合国宪章》精神、宗旨和原则的非政府组织开放,包括受到影响的个人和群体。

③ A/HRC/17/2 resolution 17/4 of 16 June 2011.

④ A/HRC/FBHR/2012/4; A/HRC/FBHR/2013/34; AR/2014/3; A/HRC/FBHR/2015/2; A/HRC/FBHR/2016/2.

> 一个跨国公司和其他工商企业与人权的关系问题不限成员名额政府间工作组,其任务是拟订一项具有法律约束力的国际文书,以在国际人权法中对跨国公司和其他工商企业的活动进行监管。①

政府间工作组主席应当考虑到“工作组头两届会议进行的讨论情况,编写具有法律约束力的文书草案的要素,供工作组第三届会议开始时就这一议题进行实质性谈判”②。该工作组于2015年和2017年举行了会议。在2017年,该工作组开始实质性谈判。

① A/HRC/26/2 resolution 26/9 of 26 June 2014;该决议将“其他工商企业”定义为业务活动具有跨国性质的所有工商企业,不适用于根据有关国内法注册的地方企业。

② A/HRC/26/2 resolution 26/9 of 26 June 2014.

第九章　当今的“伟大事业” 772
（2006年）

引　言

人权理事会（1976年）

1976年，成立人权理事会的想法被提出，“伟大事业”随之进入了一个新的发展阶段。1976年关于这一议题的文件可谓全面，有不少于五份内容丰富的报告。[①]（见第八章E，“伟大事业”的主流化[1994年]）此外，人权委员会还对一些成员国提出的意见进行了分析。[②] 其中包括1975年11月联合国大会中的审议情况，此次大会涉及一系列议题，包括“将托管理事会（Trusteeship Council）转变为人权理事会的可能性”[③]。

鉴于人权公约即将生效（1977年）以及需要制定包括机密程序和特别调查在内的处理侵犯人权行为的程序，当届大会还对正在形成的条约体系进行了讨论。

在世界人权会议召开后，人权事务高级专员办事处成立，秘书处也进入了改革时期，诸如斡旋（good offices）及非正式办法（informal approaches）等进一步发展。 773
人权教育自身及其与民间社会的合作水平都发展至更高的维度。同时，人权驻地办事处要么基于各国政府与高级专员间的双边安排，要么作为安全理事会任务的一部分，得以在若干国家设立。对人权的关注正在成为联合国在发展、安全及人道主义行动中的一个不可或缺的组成部分。

“伟大事业”正阔步向前。因此，也到了人权委员会发展成为另一个机构的时

---

① E/CN. 4/1179, resolution 10 (XXXI) of 5 March 1975.

② E/CN. 4/1168 and Adds 1-3，总结了24个国家的意见。

③ E/CN. 4/1189 para 14. 有人进一步建议，可以考虑将托管理事会改为人权理事会。然而，一些代表认为，托管理事会应予保留，因为《宪章》明确赋予它实施托管领土人民自决权的重要职能。

候了。

A. 人权理事会——"一个新时代"(2006年)

2005年,秘书长在向人权委员会宣布他提出的设立人权理事会的计划时说:

建立人权理事会将创设一个新的开始。联合国已经有两个理事会,分别负责安全和发展;因此,设立第三个理事会来处理人权问题是符合逻辑的……该理事会需要对公民、政治、经济、社会和文化权利以及发展权给予同等关注,并应具备向各国提供技术援助以及向各国和联合国机构提供政策建议的能力。[①]

他还提及普遍定期审议,

每个成员国都将定期接受审查,同时不排除理事会处理可能发生的大规模和严重侵犯人权行为并在危机情况下采取紧急行动的可能性。为了确保新的理事会具有更强的问责制和代表性,他建议其成员应由大会成员的三分之二多数选出,当选者应具有致力于最高人权标准的可靠记录。虽然成立一个理事会不可能化解掉所有伴随着人权工作的紧张局势,但它将采取更客观和全面的方法,并最终提供更有效的援助和保护……与高级专员的磋商自然会成为这一进程的核心部分。所有国家都必须努力实现这一目标,而这表明联合国像重视安全和发展事业一样地重视人权事业。[②]

几个月后,世界首脑会议决定建立一个人权理事会:

157. 我们决心进一步加强联合国人权机制,决意创建人权理事会……159. 人权理事会应处理各种侵犯人权的情况,包括粗暴、蓄意侵犯人权的事

---

① E/CN. 4/2005/SR. 37 para 5.

② E/CN. 4/2005/SR. 37 para 5.

> 件,并提出有关建议。人权理事会还应促进联合国系统内部的有效协调,推动将人权纳入主流。[①] 774

联合国大会主席负责举行谈判,“并在第六十届会议期间尽快完成谈判,以确定人权理事会的任务授权、模式、职能、规模、组成、成员、工作方法和程序”[②]。

大会主席举行的谈判使同届会议于2006年3月15日通过了关于设立人权理事会的第60/251号决议。这一进程而后进一步推进:一周后的2006年3月22日,经济及社会理事会正式提请人权委员会“在其第六十二届会议上结束工作,该会议应是简短和程序性的,并向理事会提交其最终报告”。经济及社会理事会决定自2006年6月16日起撤销人权委员会。[③] 五天后,即2006年3月27日,人权委员会召开了第六十二届也即最后一届会议,正式结束了其工作。[④]

人权理事会是作为联合国大会的一个附属机构设立的。它由47个成员国组成,

> 每个成员由大会通过无记名投票,以会员国过半数直接选举产生;成员构成应以公平地域分配为基础,席位在各个区域集团之间分配如下:非洲国家集团,十三个;亚洲国家集团,十三个;东欧国家集团,六个;拉丁美洲和加勒比国家集团,八个;西欧和其他国家集团,七个;理事会成员任期为三年,在连续两任后没有资格立即再次当选;……会员国在选举理事会成员时,应考虑候选国对促进和保护人权的贡献以及就此做出的自愿许诺和承诺;对于理事会中严重并系统侵犯人权的成员,大会以出席并投票成员的三分之二多数,可暂时取消其在理事会的成员资格;[⑤]……当选为理事会成员者在促进和保护人权方面应坚持最高标准,与理事会充分合作,并在任期内接受定期普遍审议机制的审查。[⑥]

---

① General Assembly sixtieth session, resolution 60/1 of 16 September 2005.

② General Assembly sixtieth session, resolution 60/1 of 16 September 2005.

③ Economic and Social Council 2006, resolution 2006/2 of 22 March 2006.

④ E/CN.4/2006/122, resolution 1/2006 of 27 March 2006.

⑤ 2011年,大会根据这一规定暂停了利比亚的资格,见大会2011年3月1日第65/265号决议,对资格的暂停于次年9月被取消。见A/HRC/18/2 resolution 18/9 of 29 September 2011。

⑥ General Assembly sixtieth session, resolution 60/251 of 15 March 2006.

2006年5月9日,联合国大会选出了人权理事会的第一批成员。在2006年6月19日理事会第一届会议开幕式上,大会主席扬·埃利亚松(Jan Eliasson)对此进行了回顾:

> 谈判建立人权理事会对我们所有人来说都是一个挑战。我们生活在动
> 775 荡和困难的时代。人权问题处于各国的核心……成员国在这些谈判中不遗余力,对某些问题各执己见。最终,没有一个成员国获得了它想要的一切……但对我来说,这一点至关重要,这意味着我们从未在《世界人权宣言》所载的原则上妥协。①

在他之后,人权理事会主席路易斯·阿方索·德阿尔瓦(Luis Alfonso de Alba)、联合国秘书长科菲·安南、人权事务高级专员路易斯·阿尔布尔、诺贝尔和平奖得主旺加里·马塔伊(Laureate Wangari Maathai)和瑞士联邦外交部部长米舍利娜·卡尔米-雷伊(Micheline Calmy-Rey)发言。

秘书长回顾了1946年4月29日会议上的第一句话——他这样说道:

> 可以毫不夸张地说,全世界的目光,特别是那些人权被剥夺、威胁或侵犯的人的目光,都转向了这个会议厅和这个理事会,联合国人权工作的一个新时代已经宣告到来。②

秘书长回顾说:“无论近期暴露出什么缺点,人权委员会都确实建立了许多有用的机制。这些机制应该得到保留和加强。”③关于决定设立人权理事会的过程,“如你们所知,设立该理事会的谈判很艰难。不是每个代表团都得到了它想要的一切。尽管最终原则并没有被牺牲,但妥协是必要的”④。

人权理事会开展工作后,首先通过了人权委员会已经完成的两项国际人权文

---

① 摘自理事会开幕式上分发的英文文本,正式简要记录见A/HRC/1/SR.1中的法文和西班牙文版本。

② A/HRC/1/SR.1.

③ A/HRC/1/SR.1.

④ A/HRC/1/SR.1.

书:《保护所有人免遭强迫失踪国际公约》[1]和《联合国土著人民权利宣言》[2]。它还延长了在委员会下设立的负责拟订《经济、社会及文化权利国际公约》任择议定书的工作组[3]和委员会发展权工作组[4]的任务期限。

过渡期(2006—2008 年)

联合国大会在设立人权理事会时决定,理事会“应承担、审查并在必要时改进人权委员会的所有任务、机制、职能和责任并使之合理化,以便维持一个由特别程 776
序、专家咨询和申诉程序组成的系统”。理事会应在举行第一届会议后的一年内完成这一审查。[5]

2006 年 6 月,人权理事会成立了两个“不限成员名额的政府间工作组”,其一“就审查并在必要时改进所有任务、机制、职能和责任并使之合理化的问题提出具体建议,以便维持一个由特别程序、专家咨询和投诉程序组成的系统”[6]。其二“制定普遍定期审查机制的模式”[7]。

2006 年 12 月,人权理事会成立了第三个工作组,以“制定关于其议程、年度工作计划、工作方法以及议事规则的具体建议”[8]。

三个工作组将“在所有利益攸关方的参与下,通过不限成员名额的、闭会期间的、透明的、日程安排合理的和具有包容性的磋商”来执行其任务。磋商将由人权理事会主席主持,“必要时由一名或多名促进者协助”。

同时,理事会“强调在过渡时期避免任何保护空白的重要性”,决定“将委员会、小组委员会的所有特别程序……以及根据经济及社会理事会 1970 年 5 月 27 日第 1503(XLVIII)号决议建立的保密程序破例延长一年”。[9] 两年后的 2008 年,

① A/61/53, resolution 1/1 of 29 June 2006.
② A/61/53, resolution 1/2 of 29 June 2006.
③ A/61/53, resolution 1/3 of 29 June 2006.
④ A/61/53, resolution 1/4 of 30 June 2006.
⑤ General Assembly sixtieth session, resolution 60/251 of 15 March 2006 para 6.
⑥ A/61/53, decision 1/104 of 30 June 2006.
⑦ A/61/53, decision 1/103 of 30 June 2006.
⑧ A/HRC/3/7, resolution 3/4 of 8 December 2006.
⑨ A/61/53, decision 1/102 of 30 June 2006.

人权理事会正式延长了特别程序的任务期限,并任命了任务负责人。①

工作组制定了一套名为“联合国人权理事会机构建设”的措施,该措施由人权理事会于2007年6月18日批准。理事会详细规定了在七个方面应遵循的程序和方法:普遍定期审议、特别程序(包括在理事会根据其工作方案审议前更新的任务清单,以及相关任务负责人的清单)、咨询委员会(一个由18位以个人身份任职的专家所组成的“智囊团”,在理事会的指导下开展工作)、申诉程序、理事会工作规划的议程和框架,以及理事会的工作方法和议事规则。② 同时,理事会批准了一项关于特别程序任务负责人的行为守则草案。③

在2008年期间,人权理事会通过了从委员会继承而来的各项任务的理事会版本。④

777 工作规划的议程和框架(2007年)

人权理事会确定了指导其工作的13项原则。⑤ 它还制定了一个标准议程,包括10个项目。⑥ 除此之外,理事会在“促进和保护所有人权、公民、政治、经济、社会和文化权利,包括发展权”的项目下开展专题特别程序,在名为“需要理事会关

---

① A/HRC/7/78 para 111 and Annex V.

② A/HRC/5/21, resolution 5/1 of 18 June 2007.

③ A/HRC/5/21, resolution 5/2 of 18 June 2007.

④ See, for example, General Assembly, A/HRC/7/78, resolutions 7/4, 7/5, 7/6, 7/8, and7/13 of 27 March 2008; A/HRC/8/52, resolutions 8/3, 8/6, 8/7, 8/11, and 8/12 of 18 June 2008; A/HRC/7/78 Annex V; A/HRC/8/52/52 Annex V.

⑤ A/HRC/5/21, resolution 5/1 of 18 June 2007 Annex Part V. A.

⑥ A/HRC/5/21, resolution 5/1 of 18 June 2007 Annex Part V. B Agenda and Framework for the Programme of Work-B. Agenda:

项目1:组织和程序事项;

项目2:联合国人权事务高级专员的年度报告以及高级专员办事处的报告和秘书长的报告;

项目3:增进和保护所有人权、公民、政治、经济、社会和文化权利,包括发展权;

项目4:需要理事会注意的人权情况;

项目5:人权机构和机制;

项目6:普遍定期审议;

项目7:巴勒斯坦及其他阿拉伯被占领土的人权情况;

项目8:《维也纳宣言和行动纲领》的后续行动和执行情况;

项目9:种族主义、种族歧视、仇外心理和相关的不容忍现象,《德班宣言和行动纲领》的后续行动和执行情况;

项目10:技术援助和能力建设。

注的人权状况”的项目下开展具体的国别程序。巴勒斯坦的人权状况是在一个单独项目下开展的,项目名称为“巴勒斯坦及其他阿拉伯被占领土的人权状况”。另外理事会还在“技术援助和能力建设”项目下开展关于向有关国家提供支持的国别任务特别程序。

人权理事会认同其工作方法应该是“公开透明的、不偏不倚的、公平公正的、一视同仁的、讲求实效的;从而具有明确性、可预测性和包容性,同时它们也可以随着时间的推移进行更新和调整”。这些方法包括由有关的代表团就可能通过的决议和决定进行简要介绍,以此告知其他代表团它们所打算提出的决议和决定。

主席召开了“关于决议、决定和其他相关事务的不限成员名额的信息会议”,以提供关于谈判状况的信息,让各代表团“对这些草案的状况有一个概观。这些磋商将结合外联网上的信息,具有纯粹的信息功能,并以透明、包容的方式举行。这些会议并不作为一个谈判论坛”。谈判决议和决定草案的主要手段是由提案国代表团组织的非正式磋商:

> 在每项决议和(或)决定草案由理事会审议并采取行动之前,应至少举行一次不限参加名额的非正式磋商。磋商的安排应尽可能及时、透明和包容各方,并考虑到各代表团、特别是较小的代表团的实际困难。

人权理事会还设计了其他形式,如供理事会“逐案”决定的小组讨论、研讨会 778
和圆桌会议。除决议和决定外,理事会决定,会议成果还可包括建议、结论、讨论摘要和主席声明;这些旨在补充而不是取代决议和决定,因为这些成果将“具有不同的法律影响”,并鼓励“就某些问题对话和相互理解……它们不应用来替换或取代现有的人权机制和既定的工作方法”。[1]

在“机构建设一揽子计划”中,理事会的议事规则也得到了批准。[2]

2008 年,人权理事会重申,它将“积极考虑通过一项关于网络直播其各工作组所有公开程序的决定,同时考虑到透明度、平等待遇和非选择性的原则”[3]。

2012 年,人权理事会设立了一个支持最不发达国家和小岛屿发展中国家参与

---

① A/HRC/5/21, resolution 5/1 of 18 June 2007, Annex Part VL, paras 110-116.

② A/HRC/5/21, resolution 5/1 of 18 June 2007, Annex Part VII.

③ A/HRC/8/52, resolution 8/1 of 18 June 2008.

人权理事会工作的自愿技术援助信托基金。[1]（见第三章，1978 年——自愿基金，支持最不发达国家和小岛屿发展中国家参与人权理事会工作的信托基金[2012 年]）

定期会议

人权理事会以三次定期会议为周期组织其届会，从该年的 6 月到下一年的 6 月，也被称为“理事会年”。定期会议一般在 2/3 月（“主要会议”）、6/7 月和 9/10 月举行。在 2/3 月的会议中会举行高级别会议。

特别会议

人权理事会通过了有关举行特别会议的方式。[2] 如果理事会的一个成员提出请求，并得到理事会三分之一成员的支持，则召开特别会议。一旦提出请求，特别会议将在收到正式请求后的 2 至 5 个工作日内召开。“除非理事会另有决定”，会议持续时间不超过 3 天。特别会议的通知应“以最方便和快捷的通讯方式”传达，相关文件应以“公平、及时和透明的方式提供”。[3]

由人权理事会主席“就会议的进行和组织”主持磋商。“对此，还可以请秘书处提供补充资料，包括关于以往特别会议的工作方法”。同样地，“决议或决定草案的提案国应就其决议或决定草案的案文举行不限成员名额的磋商，以便在审议
779 中实现最广泛的参与，并在可能时就此达成共识”。[4]

截至 2020 年 3 月，人权理事会已经召开了 28 届特别会议。

组织会议

除定期和特别会议外，人权理事会还设计了组织会议。理事会主席和主席团是在 6/7 月会议中举行的组织会议上选出的，而 6/7 月会议是该“理事会年”的第一次定期会议。在同一次会议上，理事会还会通过其议程、工作方案和理事会年度的常会日历，“如果可能的话，说明完成工作的目标日期、审议项目的大致日期以及分配给每个项目的会议次数”。其他组织会议在每次定期会议开始前两周召

---

① A/HRC/19/2, resolution 19/26 of 23 March 2012.

② General Assembly sixtieth session, resolution 60/251 of 15 March 2006, para 10.

③ A/HRC/5/21, resolution 5/1 of 18 June 2007 Annex Part VI. D.

④ A/HRC/5/21, resolution 5/1 of 18 June 2007 Annex Part VI. D.

开,“必要时在理事会会议期间召开,讨论与该届会议有关的组织和程序问题”。①

主席办公室(2011 年)

2011 年,人权理事会正式成立了主席办公室,“以协助主席履行任务并加强这方面的效率和机构记忆”②。

秘书处服务(2012 年)

人权理事会成立了一个特别工作组,“研究秘书处服务、残疾人无障碍环境和信息技术的使用问题”,并于 2012 年核可了其报告。③

普遍定期审议

人权理事会通过了其工作组关于进行普遍定期审议的建议。④ 理事会在 2007 年⑤和 2008 年⑥通过了每个阶段的审议程序。2008 年宣布了关于普遍定期审议的报告形式及报告提交的进一步安排。⑦

2007 年,人权理事会设立了一个普遍定期审议自愿执行基金,“以促进发展中国家,特别是最不发达国家,参与普遍定期审议机制”。此外,理事会还要求设立

> 一个名为“财政和技术援助自愿基金”的新的供资机制,与普遍定期审议自愿信托基金共同管理……以便与多边供资机制一起提供财政和技术援助,与相 780
> 关国家协商并在征得它们的同意后,帮助它们执行由普遍定期审议产生的各项建议。⑧ (见第三章,1978 年——自愿基金,普遍定期审议自愿信托基金[2007 年]/财政和技术援助自愿基金[2007 年])。

---

① A/HRC/5/21, resolution 5/1 of 18 June 2007 Annex Part VII, Rule 8.

② A/HRC/17/2, decision 17/118 of 17 June 2011. See also A/HRC/9/18, decision 9/103 of 24 September 2008.

③ A/HRC/19/2 decision 19/119 of 22 March 2012.

④ A/HRC/5/21, resolution 5/1 of 18 June 2007, Annex Part I B1.

⑤ A/HRC/5/21, resolution 5/1 of 18 June 2007, See also A/HRC/6/22, decision 6/102 of 27 September 2007.

⑥ A/HRC/8/52, PRST/8/1 of 9 April 2008 and A/HRC/9/28, PRST/9/2 of 24 September 2008.

⑦ A/HRC/9/28, PRST/9/2 of 24 September 2008.

⑧ A/HRC/6/22, resolution 6/17 of 28 September 2007. See also A/HRC/19/25; A/HRC/19/50.

2009年,联合国大会在讨论“加强联合国在人权领域的行动”这一主题时,请人权理事会“审议关于通过促进国际合作和重视非选择性、公正性和客观性原则来加强联合国在人权领域的行动的进一步建议,包括在普遍定期审议方面”①。

2011年,鉴于联合国大会在设立人权理事会时请其在成立五年后进行一次审查,理事会对普遍定期审议的工作安排做出了小幅修改。② 这些修改涉及为第二个周期准备资料的准则,以及在工作组发言时顺序和时间方面的安排。③ (见下文,审查[2011年])

普遍定期审议的目标是:

> (a)改善实地的人权状况;(b)履行国家的人权义务和承诺,评估该国积极的事态发展以及面临的挑战;(c)与所涉国家协商并征得其同意,增强该国的能力,并加强技术援助;(d)各国及其他利益攸关方交流共享最佳做法;(e)支持在增进和保护人权方面的合作;(f)鼓励与人权理事会、其他人权机构和……联合国人权事务高级专员办事处全面合作和交往。④

人权理事会规定了审议的顺序;第一轮审议周期为期四年,每年审议48个国家(或每年三次定期会议各审议16个国家)。从2012年起第二轮审议周期开始,每次定期会议接受审议的国家数量减少至14个,总审议期延长至四年半。⑤

审议的顺序旨在反映“普遍性和平等待遇的原则”;所有人权理事会成员在其任期内都要接受审议,而理事会的初始成员则首先接受审议。审议顺序“混合了理事会成员国和观察员国”,尊重公平的地域分配。为第一轮审议而建立的国家顺序,在第二轮和第三轮中保持不变。

781 审议是根据三份文件进行的:

---

① General Assembly sixty-fourth session, resolution 64/158 of 18 December 2009.

② General Assembly sixty-fifth session, resolution 65/281 of 17 June 2011.

③ A/HRC/17/2, decision 17/119 of 17 June 2011.

④ A/HRC/5/21, resolution 5/1 of 18 June 2007 Annex Part I. B. 2.

⑤ General Assembly sixty-fifth session, resolution 65/281 of 17 June 2011 Annex, para 3. See also calendars of reviews at: http://www. ohchr: org/en/hRboDies/Upr/PagEs/uprmain. aspx visited on 28 January 2020.

——被审议国家提交的一份20页的报告,“以确保所有国家同等对待,并且不给审议机制造成过大负担。鼓励各国通过在国家一级与所有相关的利益攸关方广泛磋商准备这种资料”。理事会于2007年通过了编写此文件的准则。[①]

——高级专员处汇总各条约机构、特别程序报告中所载资料包括所涉国家的意见和评论及其他相关的联合国正式文件编成的一份汇编,其篇幅不得超过10页;以及

——同样由高级专员编写的10页汇编,关于“理事会在审议工作中还应考虑的其他有关利益攸关方另外为普遍定期审议提供的可信和可靠的资料”。“其他相关的利益攸关方”意指民间社会。

审议分两个阶段进行。第一阶段在一个工作组中进行,第二阶段在人权理事会全体会议上进行。工作组由理事会的所有成员组成,非理事会成员的国家可以参与其中。“其他相关的利益攸关方”(非政府组织及其他)可以旁听,但不能参与。“互动对话”是在工作组阶段进行的。这一程序由三名报告员(“三人小组”)“推动”,他们是“在理事会成员国和不同区域组中抽签选出的”。三名报告员负责编写工作组的报告。

2011年,对人权理事会工作的审查报告建议,“在第二轮及以后的审议周期中,应重点关注已被接受的建议的执行情况与被审议国家的人权状况的发展”[②]。

第一轮审议规定,在工作组内有三个小时的审议时间。从第二轮(2012年)开始,每次定期会议所审议的国家数量减少到14个,审议时间变为三个半小时。其中70分钟供接受审议的国家进行初步介绍、回答问题和发表结论性意见。其余的时间则分配给其他希望发言的国家。[③] 发言时间被严格控制:理事会成员通常有3分钟,观察员国有2分钟。如果发言名单太长,无法在现有时间内容纳,则还可以减少单个发言时间。修订后的模式中还规定了拟定发言者名单的步骤。[④]

工作组审议结束后,在不少于48小时后呈现其报告(“结果”[outcome])。工

① A/HRC/6/22, decision 6/102 of 27 September 2007, Part I.

② General Assembly sixty-fifth session, resolution 65/281 of 17 June 2011, Annex, para 6.

③ A/HRC/8/52, PRST/8/1 of 9 April 2008.

④ A/HRC/17/2, decision 17/119 of 17 June 2011 para 8.

作组阶段的这一成果包括其他国家提出的建议,并根据有关国家的意见进行分组。在成立五年后的人权理事会审查报告中,"鼓励各国在自愿的基础上向理事
782 会提供关于其根据已接受的建议所采取的后续行动的中期更新"①。后续审议的目的是追踪先前所提供建议的后续情况。

在最终结果中,"得到所涉国家支持的建议将予以标明。其他建议,连同所涉国家对这些建议的评论,将予注明"。

结果可能包括:

> (a)对被审议国家的人权状况包括该国的积极事态发展和面临的挑战的客观透明的评估;(b)最佳做法的介绍;(c)对加强合作以增进和保护人权的强调;(d)与所涉国家协商并征得其同意后提供技术援助和能力建设;(e)接受审议的国家自愿做出的承诺和保证。②

人权理事会在几周后的全体会议上将讨论工作组的报告,并为通过每个国家的报告分配一个小时时间。在这一阶段,"在理事会全体会议就审议结果采取行动之前,所涉国家和理事会成员国以及观察员国将得到机会就审议结果发表意见"。民间社会或"其他相关的利益攸关方将有机会作一般性评论"。③

审议结果的执行工作将"主要由所涉国家,并酌情由其他相关的利益攸关方"进行,"国际社会将与所涉国家协商并征得其同意,协助执行有关能力建设和技术援助的建议和结论"。④

如果一个国家在审议中不合作,"在用尽一切努力鼓励一个国家与普遍定期审议机制合作后,理事会将酌情处理持续不与该机制合作的情况"。记录显示,"持续不合作"的问题还没有出现。⑤

2012 年,人权理事会决定"将普遍定期审议工作组关于每个国家的报告的字数限制从 9630 字增加到 10700 字",以使其与政府间机构报告的字数限制保持

---

① General Assembly sixty-fifth session, resolution 65/281 of 17 June 2011 Annex, para 18.

② A/HRC/5/21, resolution 5/1 of 18 June 2007 Annex Part I E.

③ A/HRC/5/21, resolution 5/1 of 18 June 2007 Annex Part I E.

④ A/HRC/5/21, resolution 5/1 of 18 June 2007 Annex Part I F.

⑤ A/HRC/5/21, resolution 5/1 of 18 June 2007 Annex Part I F.

一致。[1]

人权理事会在2013年讨论了"大会对人权理事会工作及其普遍定期审议的贡献",并在第二年商讨了关于该主题的小组讨论报告。[2] 理事会请高级专员"定期更新各国议会联盟在议会能力建设方面的活动情况,包括其与理事会工作及普遍定期审议有关的活动情况"[3]。 783

2015年,人权理事会决定"在人权理事会成立十周年之际,召开一次小组讨论会,评估各国议会对理事会工作及其普遍定期审议的贡献"[4]。

2017年,人权理事会考虑到

> 各国议会联盟为加强议会对人权理事会工作的参与而继续做出的努力,包括与接受普遍定期审议的国家的议会开展的活动,以及2008年以来各国议会联盟与消除对妇女歧视委员会建立的协作,特别是在该委员会关于缔约国的结论性意见中提及议会的作用的做法。

理事会"受审议国越来越多地让议员参加出席普遍定期审议的国家代表团",并请高级专员"处与各国议会联盟密切合作……就如何促进和加强议会与人权理事会工作及普遍定期审议之间的协同作用编写一份研究报告"。[5]

2016年,人权理事会决定在2017年4月或5月开始"第三轮普遍定期审议"。[6]

条约机构

2006年11月,人权理事会继委员会后,[7]讨论了"有效执行国际人权文书"的问题。理事会"赞赏地注意到各成员国、人权条约机构、联合国人权事务高级专员和

---

① PA/HRC/20/2, PRST 20/1 of 6 July 2012.

② General Assembly, A/HRC/22/2, resolution 22/15 of 21 March 2013; A/HRC/26/2, resolution 26/29 of 27 June 2014.

③ A/HRC/26/2, resolution 26/29 of 27 June 2014.

④ A/HRC/30/2, resolution 30/14 of 1 October 2015.

⑤ A/72/53, resolution 35/29 of 23 June 2017.

⑥ A/HRC/31/2, decision 31/116 of 23 March 2016.

⑦ E/CN. 4/2004/127, resolution 2004/78 of 21 April 2004.

秘书长为提高条约机构系统的有效性所做的持续努力”,并请高级专员研究改革条约机构系统的各种选择并向理事会报告。[①] (见第七章C,应对挑战[1984年])

特别程序

特别程序任务负责人之间的协调是在世界人权会议的筹备过程中开始的。(见第六章C,非常规体系[1993年],任务负责人的协调[1992年])

784 人权理事会商定了任务负责人的遴选和任命方式,以及任务的审查、合理化和改进方式。[②] 同时,理事会还商定了特别程序任务负责人的行为守则。[③]

此外,关于行为守则,人权理事会进行了阐释:

> 理事会保证特别程序制度的公正和独立……在此方面,主席将向理事会转达任何提请其注意的信息,包括各国和/或特别程序协调委员会提交的关于某个任务负责人屡次不遵守……规定的案例的信息,尤其在现职任务负责人续任之前。理事会将审议这类信息,并酌情采取行动。如果没有上述信息,理事会将让任务负责人的任期再延长第二个三年。[④]

2008年,人权理事会确认,专题任务负责人在某一特定职位上的任期不得超过六年(即两届,每届三年)。[⑤]

除了“专业知识、经验、独立性、公正性、人品和客观性”的一般标准外,包括性别平衡、公平地域分配和“不同法系的适当代表性”在内的其他标准也会左右对任务负责人的甄选结果。2007年9月27日,理事会阐明了对候选人资格的技能和客观要求。[⑥]

候选人可以由任何人提名,从2012年起,还包括符合《巴黎原则》的国家人权

---

① A/HRC/2/9, resolution 2/5 of 28 November 2006. See also A/HRC/9/28, resolution 9/8 of 24 September 2008.

② A/HRC/5/21, resolution 5/1 of 18 June 2007, Annex Part II.

③ A/HRC/5/21, resolution 5/2 of 18 June 2007.

④ A/HRC/8/52, PRST/8/2 of 18 June 2008. See also A/HRC/11/37, resolution 11/11 of 18 June 2009.

⑤ A/HRC/8/52, PRST/8/2 of 18 June 2008.

⑥ A/HRC/6/22, decision 6/102 of 27 September 2007, Part II.

机构。个人候选人和由“实体”推荐的候选人“为每项具体任务”提交一份申请,“附有个人信息以及不超过 600 字的动机函”。由高级专员办事处保留一份符合条件的候选人的公开名单,并公布即将出现的空缺。以下段落描述了甄选的过程。[①]

任务负责人不得兼任多项人权职务,他们的任期最长为六年。任务负责人以个人身份行事,“个人在政府或任何其他组织或实体担任决策职务并可能会与所涉任务需负的责任发生利益冲突的”,将被剔除任命专家名单。[②]

在甄选的第一阶段,人权理事会将设立一个咨商小组,由各区域集团任命的人员以个人身份任职组成。该小组“在理事会审议任务负责人甄选问题的届会开始前至少提前一个月向主席提出一份名单,列明资历最合适所涉任务并符合一般标准和特定要求的候选人”。在特殊情况下,“如某个职位需要如此,小组可考虑再提名资历相当于或更适合该职位要求的候选人”。咨商小组的推荐名单是公开的,并且依据确凿可靠。[③] 785

根据咨商小组的推荐,主席继而进行“广泛协商,特别是通过区域协调员进行协商”,并“为每个空缺确定适当的候选人”。在人权理事会预计的任命审议会议开始前至少两个星期,主席要“向成员国和观察员”提供一份候选人名单。并由主席“在必要时”进行进一步协商,以确保拟议的候选人得到认可。一旦经理事会批准后,任命程序即告完成。[④]

按照联合国大会的要求,人权理事会制定了特别程序任务的“审查、合理化和改进”程序。这一程序,“以及创建新任务”的基本原则是“坚持普遍性、公正性、客观性、非选择性,坚持建设性的国际对话与合作”。[⑤] 同时,这一程序是在“有关决议的谈判背景下进行的”。它关注任务的相关性、范围和内容,任何关于“精简、合并或可能终止任务的决定总是以改善人权享有和保护的需要为导向的”。[⑥] (见第六章 B,专题任务[1978 年],引言)

专题任务的期限为三年,国别任务的期限为一年,可以延长。人权理事会申

① A/HRC/5/21, resolution 5/1 of 18 June 2007, Annex Part II A.
② A/HRC/5/21, resolution 5/1 of 18 June 2007, Annex Part II A.
③ A/HRC/5/21, resolution 5/1 of 18 June 2007, Annex Part II A.
④ A/HRC/5/21, resolution 5/1 of 18 June 2007, Annex Part II A.
⑤ A/HRC/5/21, resolution 5/1 of 18 June 2007, Annex Part II B.
⑥ A/HRC/5/21, resolution 5/1 of 18 June 2007, Annex Part II B.

明,“最好对任务负责人、任务名称以及甄选和任命程序进行统一命名,以使整个系统更易于理解”[1]。理事会制定了旨在改进特别程序的一般标准。[2]

2006年11月,人权理事会请其政府间工作组审查特别程序手册的修订草案(由特别程序协调委员会于1999年编写),并编写一份“规范特别程序工作”的行为守则。[3] 2007年6月,理事会在通过关于“人权理事会机构建设”的决议的同时,通过了《特别程序任务负责人行为守则》。[4] 协调委员会于2008年通过了《业务手册》和《审查有关做法和工作方法的内部咨询程序》。

2008年,人权理事会任命了特别程序任务负责人,从而完成了委员会任务向理事会任务的过渡。[5] 2008年3月,理事会任命了第一个特别程序,即享有安全饮用水和卫生设施的人权问题独立专家。[6] 2009年3月,理事会设立了第二个特别
786 程序,任命了文化权利领域独立专家,[7]并于2011年任命了促进民主和公平的国际秩序独立专家[8]以及寻求真相、正义、赔偿和保证不再发生问题特别报告员。[9] (见时间表:[专题]特别程序的出现)

关于特别程序合作者的安全问题,人权理事会“强烈反对针对与联合国、联合国代表和人权领域机制合作或不合作的个人和团体的任何恐吓或报复行为,并敦促各国防止这种行为并确保提供充分保护”[10]。

人权理事会要求一份年度报告,“对从所有……人员受到报复的指称的资料进行汇编并做出分析,并就如何解决恐吓和报复问题提出建议”[11]。(见第二章,1986年——见解和表达,对援引人权机制的人进行报复[1990年])

---

① A/HRC/5/21, resolution 5/1 of 18 June 2007, Annex Part II B.

② A/HRC/5/21, resolution 5/1 of 18 June 2007, Annex Part II B para 58.

③ A/HRC/2/9, resolution 2/1 of 27 November 2006.

④ A/HRC/5/21, resolutions 5/1 and 5/2 of 18 June 2007.

⑤ A/HRC/7/78 paras 111-112 and Annex V; A/HRC/8/52 paras 61-62 and Annex V; A/HRC9/28 para 31 and Annex IV.

⑥ A/HRC/7/78, resolution 7/22 of 28 March 2008.

⑦ A/HRC/10/29, resolution 10/23 of 26 March 2009.

⑧ A/HRC/18/2, resolution 18/6 of 29 September 2011.

⑨ A/HRC/18/2, resolution 18/7 of 29 September 2011.

⑩ General Assembly sixty-fifth session, resolution 65/281 of 17 June 2011, Annex, para 30.

⑪ A/HRC/12/50, resolution 12/2 of 1 October 2009.

申诉程序

人权理事会制定的申诉程序基本沿用了委员会和小组委员会制定的程序,理事会“在必要之处作了改进,以确保申诉程序公正、客观、高效、注重受害者且能及时启动”[①]。(见第十章A,来文和申诉[1947年])

理事会的申诉程序旨在“处理世界任何地方在任何情况下发生的一贯严重侵犯人权和基本自由且得到可靠证实的情况”。在建立该程序时,理事会以经2000年6月19日第2000/3号决议修订的经济及社会理事会1970年5月27日第1503(XLVII)号决议为基础,该程序仍然是保密的(“旨在加强与相关国家间的合作”)。[②]

理事会制定了受理申诉的标准,[③]并设立了两个工作组,

> 它们的任务是审议来文,并提请理事会注意一贯严重侵犯人权和基本自由且得到可靠证实的情况……来文工作组由咨询委员会的五名成员组成,每个区域集团指定一名,任期三年[可延长一次]……情况工作组包括五名由各区域集团任命的成员,均来自理事会成员国,任期一年[如果有关国家仍是理事会成员国,可延长一次]。

工作组成员们以个人身份任职。[④]

来文工作组审议所收到的来文清单,然后由来文工作组主席与秘书处一起 787

> 依据受理标准,对来文进行初步筛选。明显缺乏根据的或匿名的来文由主席加以剔除,因而不会转送所涉国家。从负责和透明的角度考虑,来文工作组主席要向全体成员提供初步筛选后驳回的所有来文清单。该清单应说明所有做出驳回来文的决定的理由。所有其他未被剔除的来文将转送所涉国家,

---

① A/HRC/5/21, resolution 5/1 of 18 June 2007 Annex Part IV A.

② A/HRC/5/21, resolution 5/1 of 18 June 2007 Annex Part IV B.

③ A/HRC/5/21, resolution 5/1 of 18 June 2007 Annex Part IV B para 87.

④ A/HRC/5/21, resolution 5/1 of 18 June 2007 Annex Part IV C.

以便获得该国对侵权指控的意见。[1]

工作组就来文的可受理性做出决定,“包括来文本身或与其他来文的结合是否显示出一贯严重侵犯人权并得到可靠证实的情况”;如果工作组认为需要进一步审议或提供进一步的信息,可在下届会议之前继续审议该案件,“并要求有关国家提供这些信息”。工作组还可能会决定驳回案件。[2]

来文工作组向情况工作组提供一份载有所有可受理来文和建议的档案。在这些信息和建议的基础上,情况工作组向理事会呈交“一份关于一贯严重侵犯人权且得到可靠证实的情况的报告……并就应采取的行动方案提出建议,通常采取决议草案或决定的形式”[3]。

“当认为需要进一步审议或提供进一步的信息时”,工作组可能会在下届会议之前继续审议案件。它也可以决定驳回该案件。专家组的决定必须“有充分的理由说明为什么要停止对某一情况的审议或建议对其采取行动”。[4]

申诉程序是“以受害者为导向,以保密和及时的方式进行”。因此,人权理事会确定的两个工作组的会议时间表旨在使它们能够“迅速审查收到的来文,包括各国的答复”。该申诉程序“从向有关国家转递申诉到理事会审议为止”,原则上不应超过24个月。[5]

有关国家必须“对工作组或理事会的任何要求做出实质性答复”,并“在提出要求后的三个月内作出答复。然而如有必要,这一期限可应有关国家的要求予以延长”[6]。

788 这些机密文件应至少提前两周提交给人权理事会成员。理事会审议“情况工作组提请其注意的一贯严重侵犯人权和基本自由且得到可靠证实的情况,往往根据需要进行,但至少每年一次”。审理过程是保密的,“除非理事会另有决定”。[7]

情况工作组可以建议人权理事会在公开会议上审查某一情况,“特别是在明

---

① A/HRC/5/21, resolution 5/1 of 18 June 2007 Annex Part IV C.

② A/HRC/5/21, resolution 5/1 of 18 June 2007 Annex Part IV C.

③ A/HRC/5/21, resolution 5/1 of 18 June 2007 Annex Part IV C.

④ A/HRC/5/21, resolution 5/1 of 18 June 2007 Annex Part IV C.

⑤ A/HRC/5/21, resolution 5/1 of 18 June 2007 Annex Part IV C.

⑥ A/HRC/5/21, resolution 5/1 of 18 June 2007 Annex Part IV C.

⑦ A/HRC/5/21, resolution 5/1 of 18 June 2007 Annex Part IV C.

显和明确缺乏合作的情况下”,理事会将“在下届会议上优先审查该情况”。[①]

在申诉程序行进至下述阶段时,申诉人和有关国家都将被告知:

> 当来文工作组认为来文不可受理……或来文已由情况工作组着手审议……或来文留待工作组之一或理事会审议时……或产生最终结果时。

当申诉程序登记来文时,申诉人将被告知。申诉人可以选择不与有关国家分享其身份。[②]

申诉程序的结果仍与委员会时期相同:

> (a)在没有必要作进一步审议或采取行动时,停止对有关情况的审议;(b)继续保持对该有关情况的审议,并请所涉国家在合理的时间范围内进一步提供资料;(c)继续保持对该有关情况的审议,并任命一位独立的高级专家监测该情况并向理事会提出报告;(d)停止在秘密申诉程序下对该问题进行审查,以便对同一问题进行公开审议;(e)建议人权高专办向所涉国家提供技术合作、能力建设援助或咨询服务。[③]

咨询委员会(2007年)

人权理事会通过的第一批决定包括结束防止歧视和保护少数小组委员会的工作。2006年6月30日,理事会请小组委员会从2006年7月31日开始举行其最后一届会议,“如果小组委员会决定这样做,则会期最长为四周,包括其会前和会期工作组的会议”。理事会请小组委员会

> 适当优先编写:(i)一份关于小组委员会的记录的文件,其中说明小组委员会自己对今后向人权理事会提供专家咨询意见的展望和建议,于2006年提交理事会;(ii)一份详细说明小组委员会正在开展的研究以及对其所有活动的全 789

---

① A/HRC/5/21, resolution 5/1 of 18 June 2007 Annex Part IV C.

② A/HRC/5/21, resolution 5/1 of 18 June 2007 Annex Part IV C, D, E.

③ A/HRC/5/21, resolution 5/1 of 18 June 2007 Annex Part IV F.

面审查的清单,于2006年提交理事会。[①]

人权理事会保留了原小组委员会关于土著人民、当代形式的奴隶制、少数群体及其社会论坛的任务。

关于土著人民,理事会建立了一个专家机制,

> 一个附属专家机制,以理事会要求的方式和形式,向理事会提供土著人民权利方面的专题专家,以此帮助人权理事会执行任务,具体如下:(a)专题专家将主要着重于研究和以研究为基础的咨询意见;(b)这项机制可在理事会规定的工作范围内,向理事会提出建议供其审议和核可。

该机制可自行决定自己的工作方法,但不能通过决议和决定。[②]

人权理事会用自己的特别报告员取代了小组委员会的当代形式奴隶制问题工作组。[③](见第六章B,2007年——奴隶制)。

关于少数群体,人权理事会设立了一个关于少数群体问题的论坛,

> 为增进关于在民族或族裔、宗教和语言上属于少数群体者的问题的对话和合作提供一个平台,这将为少数群体问题独立专家的工作提供专题意见和专业知识。论坛应查明和分析进一步执行联合国《在民族或族裔、宗教和语言上属于少数群体的人的权利宣言》的最佳做法、挑战、机遇和举措。[④]

2007年6月18日,人权理事会成立了咨询委员会。该委员会由18名以个人身份任职的专家组成,"行使理事会智囊团的职能,并在理事会的指导下开展工作"。他们当选后任期三年,有资格连任一次。[⑤] 2008年3月26日,理事会选出了

---

① A/61/53, decision 1/102 of 30 June 2006.

② A/HRC/6/22, resolution 6/36 of 14 December 2007.

③ A/HRC/6/22, resolution 6/14 of 28 September 2007.

④ A/HRC/6/22, resolution 6/15 of 28 September 2007.

⑤ 咨询委员会由来自以下地区的专家组成:非洲国家5名,亚洲国家5名,东欧国家2名,拉丁美洲和加勒比国家3名,西欧和其他国家3名。

咨询委员会的第一批成员。①

候选人由成员国从本地区的人员中提名,在选择提名人的过程中,各国“应征求本国人权机构和民间社会组织的意见,并对此记录包括各候选人的支持者姓名”。2007 年 9 月,理事会阐明了对所提交的候选人的要求,涉及能力、道德地位以及独立性和公正性。②

与特别程序一样,人权理事会排除了兼任多项人权职务者,也排除了“在政府 790
或任何其他组织或实体担任决策职务并可能会与所涉任务需负的职责发生利益冲突的个人”。③

咨询委员会候选人名单在人权理事会确定的选举日期前两个月截止,候选人名单“在选举前至少一个月向成员国和公众提供”④。

人权理事会为该委员会的运作规定了以下模式:它“以理事会要求的方式和形式向理事会提供专家意见,主要侧重于研究报告和根据调研提出的咨询意见……这些专家意见仅能应后者的要求提供,依照其决议且在其指导下进行”⑤。

咨询委员会应“以贯彻执行为导向”,并应将其意见的范围限于“与理事会的任务、即促进和保护所有人权相关的专题问题”。⑥

咨询委员会无权“通过决议或决定”,但它“可以在理事会规定的工作范围内提出进一步提高其程序效率的建议,以及在理事会规定的工作范围内提出进一步的研究建议,供理事会审议和批准”。⑦

最后,“理事会在要求咨询委员会做出实质性贡献时,应向其发布具体准则,并在今后认为必要时审查这些准则的全部或任何部分”⑧。

在方法上,人权理事会可以请咨询委员会承担“某些可以集体、通过小型团队或单独完成的任务”。但咨询委员会“除非理事会授权,不得设立附属机构”。⑨

---

① A/HRC/7/78 Part Two. I para 113-116.

② A/HRC/6/22, decision 6/102 of 27 September 2007 Part III.

③ A/HRC/6/22, decision 6/102 of 27 September 2007 Part III.

④ A/HRC/6/22, decision 6/102 of 27 September 2007 Part III.

⑤ A/HRC/6/22, decision 6/102 of 27 September 2007 Part III.

⑥ A/HRC/6/22, decision 6/102 of 27 September 2007 Part III.

⑦ A/HRC/6/22, decision 6/102 of 27 September 2007 Part III.

⑧ A/HRC/6/22, decision 6/102 of 27 September 2007 Part III.

⑨ A/HRC/6/22, decision 6/102 of 27 September 2007 Part III.

理事会敦促咨询委员会建立与

国家、国家人权机构、非政府组织和其他民间社会实体的互动,依照理事会的方式……国家人权机构以及非政府组织有权参与咨询委员会的工作。[1]

咨询委员会向理事会提出了如下研究建议:

2014 年——“建立一个普遍人权法院的可能性:加强目前的人权保护体系与‘公民’的安全和人权”[2]。

791 2015 年——“定居者殖民主义对人权的影响”;“举报与人权”;“秃鹫基金的活动与人权”;“保护国际水道以保护生命和食物权”;“无人陪伴的移徙儿童与人权”;[3]

2016 年——“区域人权制度”;“青年、人权和社会凝聚力”;[4]“气候导致的流离失所和人权”[5]。

2017 年——“文化遗产的破坏及其对享受经济、社会和文化权利的影响”[6];“数字化转型:新技术对人权的影响”[7]。

2018 年——“通过司法手段促进经济、社会和文化权利”[8]。

关于土著问题的专家机制(2007 年)

(见第二章,1971 年——土著人民,专家机制[2007 年])

---

[1] A/HRC/6/22, decision 6/102 of 27 September 2007 Part III. See also A/HRC/13/56, PRST 13/1 of 26 March 2010 and A/HRC/16/2, PRST/16/1 of 25 March 2011.

[2] A/HRC/AC/12/2 Annex IV.

[3] A/HRC/AC/13/2 Annex IV.

[4] A/HRC/AC/16/2 Annex IV.

[5] A/HRC/AC/17/2 Annex IV.

[6] A/HRC/AC/18/2 Annex III.

[7] A/HRC/AC/20/2 Annex IV.

[8] A/HRC/AC/21/2 Annex III

社会论坛(2007年)

设立社会论坛的建议源于1998年的小组委员会,[1]并在第二年在原则上得到了人权委员会的认可。[2]（见第一章C,小组委员会[1947年]）。

人权理事会保留了社会论坛,

> 将社会论坛作为一个独特的空间保留下来,以供联合国人权机制与各利益攸关方包括基层组织进行互动对话,强调必须在国家、区域和国际各级协调努力,根据社会正义、公平和团结的原则增进社会的凝聚力,并处理正在开展的全球化进程所带来的社会问题和挑战。[3]

社会论坛重点关注以下主题:[4] 792

- 消除贫困和全球化进程的社会层面(2008年)[5]
- 经济和金融危机对扶贫工作的影响(2009年)[6]
- 气候变化对人权的不利影响(2010年)[7]
- 促进发展权(2011年)[8]

---

① E/CN.4/Sub.2/1998/45, resolution 1998/14 of 20 August 1998.

② E/CN.4/1999/167, resolution 1999/53 of 27 April 1999.

③ A/HRC/6/22, resolution 6/13 of 28 September 2007. See A/HRC/Sub.1/58/15 Introduction:

> 1. 社会论坛是由增进和保护人权小组委员会倡导建立的。人权委员会2001年4月25日第2001/103号决定授权小组委员会举办社会论坛。人权委员会2003年4月22日第2003/107号决定建议经济及社会理事会授权小组委员会每年在日内瓦举行一次以经济、社会及文化权利为主题、称作"社会论坛"的届会间论坛。经济及社会理事会2003年7月23日第2003/264号决定批准了这项建议,因此自2004年以来每年均举行论坛。

See also VI 5 paras 90-97.

④ See: <https:/www.ohchr.org/EN/Issues/Poverty/SForum/Pages/SForumIndex.aspx#ftn1> visited on 28 January 2020.

⑤ A/HRC/10/65.

⑥ A/HRC/10/29, resolution 10/29 of 27 March 2009.

⑦ A/HRC/13/56, resolution 13/17 of 25 March 2010.

⑧ A/HRC/16/2, resolution 16/26 of 25 March 2011; A/HRC/19/70.

- 以人为本的发展和全球化(2012 年)①
- 老年人人权(2014 年)②
- 在健康权背景下获得药物的问题(2015 年)③
- 残疾人的人权和基本自由(2016 年)④
- 在人类免疫缺陷病毒(艾滋病毒)疫情及其他传染病和疫情背景下促进和保护人权(2017 年)⑤
- 利用体育和奥林匹克理想促进所有人的人权并加强对人权的普遍尊重的可能性(2018 年)(见第二章,1996 年——体育)
- 通过教育促进和保护儿童和青年的权利(2019 年)⑥

少数群体问题论坛(2007 年)

2007 年,人权理事会

设立少数群体问题论坛,为增进关于在民族或族裔、宗教和语言上属于少数群体者的问题的对话和合作提供一个平台,这将为少数群体问题独立专家的工作提供专题意见和专业知识。论坛应查明和分析进一步执行联合国《在民族或族裔、宗教和语言上属于少数群体的人的权利宣言》的最佳做法、挑战、机遇和举措。⑦

2010 年,人权理事会对"圆满完成论坛的前两届会议"表示祝贺,并要求一份年度报告,"其中记载联合国人权机构的相关发展信息"。⑧ (见第二章,1948

① A/HRC/19/2, resolution 19/24 of 23 March 2012; A/HRC/23/54.

② A/HRC/24/2, resolution 24/25 of 27 September 2013; A/HRC/26/2, resolution 26/28 of 27 June 2014; A/HRC/26/46.

③ A/HRC/29/44, resolution 29/19 of 2 July 2015.

④ A/HRC/34/69, resolution 35/28 of 23 June 2017.

⑤ A/HRC/32/2, resolution 32/27 of 1 July 2016.

⑥ A/HRC/38/2, resolution 38/17 of 6 July 2018.

⑦ A/HRC/6/22, resolution 6/15 of 28 September 2007.

⑧ A/HRC/13/56, resolution 13/12 of 25 March 2010. Se also A/HRC/19/2, resolution 19/23 of 23 March 2012.

年——少数群体)

工商业与人权论坛(2011年) 793

(见第八章E,企业的社会责任[1999年])

人权、民主和法治论坛(2015年)

2015年,人权理事会决定

> 设立一个人权、民主和法治论坛,以便为促进就这些领域之间关系的相关问题开展对话与合作提供平台;该论坛应查明和分析各国在努力确保尊重人权、民主和法治方面的最佳做法、挑战和机遇。①

人权理事会收到了关于2017年举行的论坛第一届会议的报告,并决定第二届会议的主题为“议会作为人权、民主和法治的促进者”②。

B. 审查(2011年)

在人权理事会于2006年成立时附有一个条件,即联合国大会将在五年内对理事会作为大会附属机构的地位进行审查。③ 审查工作于2009年启动,当时理事会成立了一个“不限成员名额的政府间工作组……以审查理事会的工作和运作”。工作组举行了两次为期五天的会议,并请主席“就审查的模式问题举行透明和全面的磋商”。④ 除这两次会议外,理事会主席“于2010年5月26日、8月30日和9月6日……召开了不限成员名额的非正式协商”。

协商的结果是决定维持人权理事会作为大会附属机构的地位,并从2011年起“不早于十年,不晚于十五年”重新讨论这一问题——这意味着基本上维持现状,

---

① A/HRC/28/2, resolution 28/14 of 26 March 2015.

② A/72/53, resolution 34/41 of 24 March 2017. See also A/HRC/34/46.

③ General Assembly sixtieth session, resolution 60/251 of 15 March 2006 operative para 1.

④ A/HRC/12/50, resolution 12/1 of 1 October 2009.

将任何对此的讨论或变革至少推迟十年。[1] 审查报告反映了一些代表团对人权理事会实践的成果存有不同的感受/疑虑。[2]

① General Assembly sixty-fifth session, resolution 65/281 of 17 June 2011. See also A/HRC/15/60, resolution 16/21 of 25 March 2011.

② A/HRC/WG. 8/2/1 II E.

第十章　“全人类”与“伟大事业” 794

引　言

于1945年5月由中国、英国、美国和苏联提出，旨在将人权纳入新生国际组织的历史性的《联合国宪章》草案修正案，如同一颗种子，孕育了后续的发展并造就了本书所阐述的一系列程序。

这些程序经过几十年的演进，旨在将国际人权宪章和其他国际条约中所载的规范付诸实践，所有规范则都围绕着作为国际和平与安全的重要组成部分——个人和社会的福祉。[①]

《世界人权宣言》阐明了“每一个人和社会机构”的核心作用在于，“努力通过教诲和教育促进对权利和自由的尊重，并通过国家的和国际的渐进措施，使这些权利和自由……得到普遍和有效的承认和遵行”。

《世界人权宣言》还强调必须尊重行使其规定的权利的社会界限，《宣言》在第一条中写道：“人人生而自由，在尊严和权利上一律平等。他们赋有理性和良知，并应以兄弟关系的精神相对待。”

同理，第二十九条规定了行使这些权利的界限：

> 1. 人人对社会负有义务，因为只有在社会中他的个性才可能得到自由和充分的发展。
>
> 2. 人人在行使他的权利和自由时，只受法律所确定的限制，**确定此种限制的唯一目的在于保证对旁人的权利和自由给予应有的承认和尊重**，并在一个民主的社会中适应道德、公共秩序和普遍福利的正当需要。（着重号为作

---

① G/29 Doc. 2. 1945年5月5日，联合国国际组织会议上，中国、苏联、英国和美国政府提出的修正案。

者所加)

联合国大会在通过《世界人权宣言》时,讨论了当时作为《世界人权宣言》修正案而提出的请愿权。大会将请愿权定性为

> 乃多数国家宪法中所承认之一种基本人权,经对文件 A/C. 3/306 中所载关于请愿之条文草案及古巴与法国所提之修正案加以审议,决定在本届会议中对于此事不拟采取任何行动。[但请人权委员会]于研究人权公约及其实施办
> 795 法草案时,对请愿问题续行审议,以便大会在下次届会考虑对请愿问题如应采取进一步行动时所应采取之行为为何。①

在组织的基本原则中引入对人权的尊重并制定国际人权宪章,②是《联合国宪章》与《国际联盟盟约》的主要区别。这些规定使个人能够参与先前只有政府才能涉足的国际关系事务。这一国际关系的"第三维度"赋予了人权委员会同其他联合国机构不同的作用与职责,即直接与个人打交道。③

本章讨论人权委员会及后期的人权理事会与个人和民间社会的关系。首先侧重于探讨个人的地位——或是单独,或是作为群体的部分,或是促进者,或是受害者,同时也是委员会成立以来发展演变的催化剂。其次,本章描述了委员会与民间社会之间关系的演变。最后,本章介绍了在常规和非常规系统下向个人开放的程序。

个人和群体的来文可以经由几乎同时产生的两大渠道通达至人权委员会。其一是通过来文处理程序,其实质内容被认为与委员会履行文书起草职责时的工作有关。其二是个人和群体根据国际人权宪章所提出的、作为其实施措施中重要组成部分的请愿权利采取行动,这是基于条约的申诉机制的开端。到 2019 年,有八项人权核心公约建立了申诉机制。第九项公约,即《保护所有移徙工人及其家

---

① General Assembly third session, resolution 217 B (III) of 10 December 1948.

② Charter of the United Nations, Preamble, Articles 1, 13, 55, 62, 68 and 76.

③ 托管理事会也有权根据《联合国宪章》第十三章第八十七条接受请愿。

庭成员权利国际公约》，也已设计有申诉程序，但尚未生效。[1]

联合国及其人权机制的建立使人们看到了新的希望，到 1947 年人权委员会第一次召开会议时，就已经有个人和团体向委员会提交了来文。这些来文经过处理后很快就被认定为申诉，因此需要制定一个委员会能够据以处理这些来文的程序。

在接下来的几十年里，“来文程序”经历了几次修订，并被列入人权委员会和小组委员会的议程，直到 1983 年因过时而被终止，[2]取而代之的是 1967 年引入的另一程序，重点“研究和调查显示一贯侵犯人权的情况”[3]，并最终发展为人权理事会所遵循的程序，即“1503”机密程序。[4]

同时，根据《联合国宪章》第七十一条，非政府组织得通过“会商”（consulta- 796
tion）参与人权委员会的工作，讨论与委员会起草职责有关而这些非政府组织对此具有专业知识和技能的问题。多年来，这一机制又发展成为规范这些组织参与活动的“咨商地位”（consultative status）规则。

从 1967 年起，随着特别程序的出现，个人和非政府部门成为程序下信息收集任务的重要组成部分。“所有特别程序的一个共同核心要素是依赖来自个人和组织的信息”。

2013 年，人权理事会讨论了主题“民间社会空间：在法律和实践中创造和维护一个安全和有利的环境”[5]。（见第二章，1986 年——见解和表达，民间社会空间［2013 年］）在此过程中，理事会援引了《个人、群体和社会机构在促进和保护普遍公认的人权和基本自由方面的权利和义务宣言》。（见第七章 A4，人权维护者［1998 年］）

---

① 八项人权核心公约系指：《公民权利和政治权利国际公约》《经济、社会及文化权利国际公约》《消除对妇女一切形式歧视公约》《禁止酷刑和其他残忍、不人道或有辱人格的待遇或处罚公约》《消除种族歧视公约》《残疾人权利国际公约》《保护所有人免遭强迫失踪国际公约》和《儿童权利公约》。

② E/CN. 4/1983/60, decision 1983/108 of 10 March 1983.

③ E/CN. 4/940, resolution 8 (XXIII) of 16 March 1967.

④ Economic and Social Council, resumed forty-eighth session, 11-28 May 1970, resolution 1503 (XLVIII) of 27 May 1970. See also A/HRC/5/21, resolution 5/1 of 18 June 2007, Annex Part IV.

⑤ A/HRC/24/2, resolution 24/21 of 27 September 2013.

A. 来文和申诉(1947 年)

在 1947 年的第一届会议上,人权委员会请秘书长

> (a)在委员会每届会议之前,将收到的有关人权的来文汇编成一份保密名单……(b)根据要求向委员会成员提供这份保密名单,但不披露这些来文的内容或其作者的身份……(c)使委员会成员能够据其请求查阅这些来文的原件……(d)告知所有有关人权的来文的作者,无论来文获得何种处理,他们的来文都将提请人权委员会注意。[1]

无权行动(1947 年)

在这样做的时候,人权委员会

> 承认它无权对有关人权的任何投申诉采取任何行动……但是,委员会决定,今后主席或副主席应在委员会每届会议前与一或两名增选成员举行会议,以便接收有关人权的来文,并提请委员会注意可能有助于其工作的来文。[2]

797 经济及社会理事会于 1947 年 8 月批准了这一决定,并制定了第一个处理来文的程序。在随后的几十年里,该程序在此基础上得到了进一步的扩充。[3]

在 1947 年 12 月的第二届会议上,人权委员会审议了来文并提出了修改意见[4],1948 年继续了这一工作,同时经济及社会理事会同意修改关于来文作者身份披露的规定,允许在"作者表示已经披露或打算披露其姓名或不反对披露其姓名的情况下"进行披露。[5]

---

① E/259 V para 21.

② E/259 paras 21, 22 and 23.

③ Economic and Social Council sixth session, resolution 75 (VI) of 5 August 1947. 同日第 76(VI)号决议为妇女地位委员会关于妇女地位的来文规定了相同的程序。

④ E/600 VI paras 27-30.

⑤ Economic and Social Council sixth session, resolution 116 A (VI) of 1 and 2 March 1948.

1949 年，经济及社会理事会修改了程序，请各国政府就涉及它们的来文做出回应，该回应可以“以摘要或完整的形式提交给人权委员会”[①]。

1950 年，秘书长谈及了个人在国际法以及《联合国宪章》下的人权发展中的地位：

> 虽然在半个世纪前，只有国家而非个人才是国际法的主体，这几乎是无可置疑的国际法学说，但对目前情况的评估并没有导致同样的无保留意见……以刑事制裁为后盾的国际法中对个人义务的承认推动了国际法对个人权利的承认。此后，联合国的人权方案、专门机构和区域政府间机构的相关活动以及与非政府组织所形成的整个协商安排体系均逐步由联合国和各专门机构发展而来。人权委员会所审议的与请愿权有关的问题是这一发展中的基本要素之一。[②]

这导致在 1950 年对来文程序进行了修正，要求

> 在每届会议之前，汇编并向人权委员会成员分发一份非保密名单，其中简要说明每份有关促进普遍尊重和遵守人权的原则的来文——无论其被如何处理——的实质内容，并披露这些来文作者的身份，除非他们表示希望对其姓名保密……在委员会每届会议之前汇编一份保密名单，简要说明其他有关人权的来文——无论其被如何处理——的实质内容，并在非公开会议上向委员会成员提供这份名单，但不披露来文作者的身份，除非作者当时表示他们已经或打算披露其姓名，或不反对披露其姓名……今后，向每个有关会员国提 798
> 供明确提到该国或其管辖领土的任何有关人权的来文的副本时，除存在上述规定的情况外，不披露作者的身份。[③]

1952 年，经济及社会理事会批准了关于处理具有咨商地位的非政府组织提交

---

① Economic and Social Council eighth session, resolution 192 (VIII) of 9 February 1949.

② E/CN. 4/419 Part IV para 36.

③ Economic and Social Council tenth session, resolution 275 (X) of 17 February 1950.

的、载有对政府的申诉的来文的程序安排，从而对来文程序做了进一步修订。[1]

小组委员会与来文

当小组委员会在1947年举行第一届会议时，它要求“在小组委员会处理有关歧视和少数群体的来文方面提供同样的服务；在关于此种来文的处理方面，给予小组委员会成员与人权委员会成员所享有的同样便利”[2]。

经济及社会理事会同意并于1948年3月给予“小组委员会成员在处理有关歧视和少数群体的来文方面，享有与人权委员会成员根据第75(Ⅴ)号决议享有的同样便利”[3]。

小组委员会建议在程序中增加“秘书长以正式信函敦促相关政府就请愿提供评论或资料”的规定。[4]

在1949年第二届会议讨论来文处理的过程中，

> 小组委员会成员频繁对第75(Ⅴ)号决议的现有条款表示不满……理由是它没有根据《世界人权宣言》充分考虑到会员国的道德义务。许多成员提到了秘书长关于目前来文情况的报告……并表示同意其中的各项建议。[5]

小组委员会要求“有权在审查与人权有关的来文过程中就提请其注意的事项提出报告和建议”，以及设立“在制定国际人权公约的执行措施之前，处理歧视领域紧急问题”的程序。

根据这一程序，

> 799 联合国任何会员国，或任何主要机关、专门机构……具有经济及社会理事会咨商地位的非政府组织，声称在歧视领域存在紧急问题的来文，可提请小组委员会注意。应由小组委员会审查。秘书长也应当审查所收到的关于歧视

[1] Economic and Social Council fourteenth session, resolution 454 (XIV) of 28 July 1952. See also E/2270.
[2] E/CN. 4/52, decision 1 and decision 2 at Section II of the report.
[3] Economic and Social Council sixth session, resolution 116 A (VI) of 1 and 2 March 1948.
[4] E/CN. 4/52, decision 1 and decision 2 at Section II.
[5] E/CN. 4/Sub 2/78 V para 28.

问题的请愿书，并将他认为显示存在紧急问题的请愿书送交小组委员会。秘书长同时应当有权酌情在小组委员会会议召开前将这些请愿书分发给小组委员会成员……

小组委员会应当决定案件是否需要进一步研究。对此，小组委员会应当任命一个由三名成员组成的请愿委员会，并授权它有权请有关个人和国家提供进一步的资料……请愿委员会应与秘书处合作，并应有权将其工作的适当部分委托给秘书处。小组委员会根据本款规定所进行的程序应当不公开，除非另有特别决定……请愿委员会应向小组委员会报告，但只有在认为联合国需要进一步审议该案时，才应报告其活动的细节……如果所控歧视行为涉及的国家告知请愿委员会，它认为该事项基本上属于其国内管辖，则请愿委员会应向小组委员会报告这一事实，并等待小组委员会的进一步指示。①

新的来文程序(1949年)

1949年，秘书长向人权委员会提交了一份关于来文程序的报告，该报告是根据该制度运行两年来所取得的经验以及“公众和专家意见对该制度的接受情况”所编写的。“他还提交了一些关于对现行制度进行修改的初步建议，供委员会审议。”②

报告解释了其背景：

尽管委员会打算在不久的将来完成公约草案及其执行措施的制定，其中可能包括关于处理向联合国所提出的请愿的详细规定，但秘书长还是提交了这份报告……因为在公约及其执行措施[生效]之前，可能会经过相当长的时间，而且似乎应该尽早对程序进行某些改革。……[还因为]……根据规定，新制度将只对公约缔约方具有约束力。③

报告分享了对“有关人权的来文”一词的解释，建议人权委员会思考应属于这

① E/CN. 4/Sub 2/78, resolution G. 小组委员会的两名成员记录了他们对该决议的反对意见，见第30段。

② E/CN. 4/165.

③ E/CN. 4/165.

800 一描述的来文的范围,并提出了关于处理明显是"在个人和家庭事务中请求援助的个人信件"的各种方式。[①]

报告谈到了人权委员会通过的声明,即它无权对任何有关人权的申诉采取任何行动,并指出

> 某些事态发展……[可能使我们]有理由重新考虑这种情况,并讨论人权委员会是否应要求经济及社会理事会修正第75(V)号决议,以便人权委员会有权在某些情况下采取某些适当的行动,这些行动也将被尽可能明确地界定。[②]

其中的"事态发展"指

> 理事会决议中的模糊表述,以及根据理事会决议,秘书长在由其确认的来文信件中的声明,即人权委员会无权对任何有关人权的申诉采取任何行动,势必降低人权委员会以及联合国在公众心目中的威望和权威。这种说法,尽管就人权委员会目前的管辖权而言在技术上是正确的,因为其有别于经济及社会理事会、托管理事会和大会的管辖权,但对于接收到秘书长答复的人而言,这造成了一种印象:联合国这一组织告知他其没有权力采取任何行动。这激怒了公众,并给全世界成千上万的人带来了失望和幻灭,他们曾通过联合国其他机构包括大会本身(关于宣传《世界人权宣言》的第217[III]D号决议)的宣传活动被引导相信联合国的宗旨之一是在促进和鼓励普遍尊重人权和基本自由方面实现合作。[③]

报告提到了联合国大会、经济及社会理事会和托管理事会处理的侵犯人权的指控,并列举了各种案例,如

> 南非印度裔的遭遇;迫害和歧视;保加利亚和匈牙利的人权遵守问题,包括宗教和公民自由问题,特别是对教会要人的审判;经济及社会理事会对有

① E/CN. 4/165 II para 5.

② E/CN. 4/165.

③ E/CN. 4/165.

关侵犯工会权利的指控所采取的行动，涉及对强迫劳动的调查和废除强迫劳动的措施；在巴勒斯坦和其他一些地区基本人权的遵守问题；以及托管理 801
事会关于在卢旺达-乌隆迪和坦噶尼喀等托管领土上的歧视案件的决议；等等。[①]

报告提请注意赫希·劳特派特(Hersch Lauterpacht)教授对联合国经济及社会理事会第75(V)号决议规定的程序提出的各种批评。[②] 它建议修改第75(V)号决议，赋予人权委员会向经济及社会理事会报告的权利，并“在委员会审查有关人权的来文过程中应提请其注意的事项向理事会提出建议”。在其职权范围内，理事会应授权委员会“就有关人权的任何其他事项，包括通过来文提请其注意的事项，向理事会提交提案、建议和报告”。[③]

人权委员会不妨向经济及社会理事会提出建议……通过有关行使这一权利的更详细的规定，特别是在影响到大量人员或具有国际影响的情况下，请委员会审查来文和有关政府根据第75(V)号决议(e)段和第192(VIII)号决议可能做出的答复，并向经济及社会理事会提交一份报告，说明人权委员会认为值得理事会注意的有关指控侵犯人权的来文。[④]

该报告也讨论了处理不同类型来文的程序。它建议建立两份名单，“一份是目前的保密名单，但只包含申诉和行动请求，另一份是非保密名单，包含涉及促进普遍尊重和遵守人权的原则的来文”[⑤]。

次年，人权委员会决定推迟对秘书长报告的进一步研究，表示其意见是“在委员会就国际人权公约的实施措施做出决定之前，除了目前生效的处理与人权有关的来文的程序外……批准任何处理申诉或请愿的程序都是不成熟的”[⑥]。

人权委员会从未讨论过该报告，但这一报告已然启动了一个进程，并将在此

① E/CN. 4/165 II para 10.
② E/CN. 4/165 II paras 11 and 12.
③ E/CN. 4/165.
④ E/CN. 4/165 III para 13.
⑤ E/CN. 4/165 IV para 16. See also Annex B.
⑥ E/CN. 4/507 para 57.

时尚未制定的程序中得以实现。在1951—1954年期间,委员会几乎把所有的时间都用在了关于公约的工作上。在此期间,即1952年,在一份关于处理来文程序的最新进展的说明中,小组委员会通过了一项决议,“它……深为关切地注意到,尽
802 管自联合国成立以来收到了大量的来文,但联合国尚未通过适当的程序来处理关于当前侵犯人权的申诉”①。

与此同时,1955年,秘书长达格·哈马舍尔德为了在联合国面临财政困难时提高效率,重新审视了人权委员会的工作,建议终止处理来文的程序:

> 理事会和大会最好能仔细审查给予秘书处的任务授权。举例来说,我可以提到理事会的两项决议,它们涉及大量的工作,但却没有产生什么实际的结果。我指的是第75(V)和76(V)号决议……其中请秘书处为人权委员会、妇女地位委员会和小组委员会……整理保密名单,载有每年收到的数千份指控侵犯人权的来文。②

这一年,人权委员会引入了咨询服务,开始向民间社会进一步开放。③(见第三章,1955年——咨询服务)

1956年,人权委员会开始了对来文程序的审查:

> 委员会以4票对2票、11票弃权,否决了菲律宾的建议(第544次会议),即在其第十三届会议的议程上增加关于“研究处理来文的程序”的项目……支持该提案的人认为,委员会不妨审查处理来文的程序,该程序已成为不时讨论的主题,但尚未得到认真和充分的审议。有人建议,委员会不妨研究任命一个由其成员组成的特设委员会。该委员会将审查来文,并在不对来文的实质内容及有关政府做出任何判断的情况下,提出某些可能有助于委员会促进人权工作的客观结论。这种程序不会改变委员会所承认的指导原则,即它无权对任何申诉采取行动。④

---

① E/CN. 4/641 para 16, resolution A. See also E/CN. 4/648.

② E/CN. 4/70 Annex-Citing E/2598 para 23.

③ E/CN. 4/719 and Corr. 1 resolution VI.

④ E/CN. 4/731 paras 168 and 169.

这个问题在第二年被再次提出,但

所提出的建议都没有被采纳,因为第十三届会议议程可能无法容纳这些建议所需的更彻底的讨论。但会议同意,在委员会第十四届会议上进一步研究处理来文的程序,并将其作为该届会议的其优先事项。①

根据本届会议的报告, 803

许多成员认为,处理来文的程序不仅不令人满意,而且往往给人一种印象,即委员会有某种权力对来文采取行动,然而事实并非如此……有人建议,今后不应将这类项目列入委员会的议程,即可能引起错误期待而委员会所能做的只有就分发的来文名单提请注意。似乎最好的做法就是取消举行这样的会议,或者设法改进程序。②

1958年,人权委员会任命了一个委员会“研究这个问题并提出建议”,以期建立一个“处理来文的程序,更好地促进对基本人权的尊重和遵守”。③ 根据该委员会的建议,1959年,人权委员会在核可“人权委员会承认它无权对任何有关人权的申诉采取任何行动的声明”的同时,通过了一些旨在简化程序的措施。④

1959年,经济及社会理事会批准了人权委员会的决定,即委员会无权对任何有关人权的申诉采取任何行动,同时采用简化程序处理来文。⑤

这一情形在随后几年内持续。1962年,人权委员会被提请注意

在适用经济及社会理事会第728F(XXVIII)号决议方面出现了某些问题。有人特别指出,许多写信给联合国指控侵犯人权的人在写信时并不知道他们的信件可能被转交给其所申诉的政府当局。因此,秘书长建议秘书处应……写

① E/CN. 4/753/Rev. 1 XI paras 230-233.

② E/CN. 4/753/Rev. 1 XI paras 230-233.

③ E/CN. 4/769, resolution 10 (XIV).

④ E/CN. 4/789, resolutions 13 (XV), 14 (XV) and 15 (XV) of 8 April 1959.

⑤ Economic and Social Council twenty-eighth session, 1959, resolution 728 F (XXVIII) of 30 July 1959.

信给申诉人,解释处理人权来文的程序,不仅要询问申诉人是否反对披露他们的姓名,还要询问他们是否希望适用该程序,并告知申诉人如不答复,他们的来文将仅是由秘书处存档,如此既不会被转交给有关政府,也不会在为委员会所编制的保密来文名单中加以汇总。①

当人权委员会讨论这些建议时,它同意该说明“值得仔细考虑,委员会没有反对意见,同意在以后的日子里审议这个问题”②。次年,即 1963 年,委员会没有采
804 取任何行动,只是同意下一年“将是推迟审议这一问题的最后一届会议,委员会将在当年的第二十届会议上就这一问题做出决定”③。

然而人权委员会在 1964 年没有做出决定。相反,它再次推迟了对这个问题的审议。“一些代表表示关切的是,对这一问题的审议被屡次推迟以及委员会未能实现其在上届会议上申明的计划,即在第二十届会议上处理这一问题。”④

行动权(1966 年)

1966 年,在迅速执行联合国《消除一切形式种族歧视宣言》的措施下,经济及社会理事会请人权委员会“作为一个重要和紧迫的事项,审议侵犯人权和基本自由的问题,包括所有国家的种族歧视和隔离政策……并向理事会提交建议”⑤。

这一决定是缩小国际发展与个人关切间差距进程中的一个里程碑。它赋予人权委员会处理发生在任何国家的侵犯人权行为的权力,并得到经济及社会理事会⑥和联合国大会的认可,后者在当年晚些时候(1966 年)请委员会“紧急考虑如何提高联合国的能力,以制止任一地点所发生的侵犯人权行为”⑦。

人权委员会请经济及社会理事会授权“审查秘书长根据经济及社会理事会第 728F(XXVI)号决议所列的来文中与严重侵犯人权和基本自由有关的信息”⑧。

---

① E/CN. 4/819.

② E/CN. 4/832/Rev. 1 para 291.

③ E/CN. 4/857 para 59.

④ E/CN. 4/874 para 374. See also E/CN. 4/891 para 513; E/CN. 4/916 para 513.

⑤ Economic and Social Council fortieth session 1966, resolution 1102 (XL) of 4 March 1966.

⑥ Economic and Social Council forty-first session, 1966, resolution 1164 (XLI) of 5 August 1966.

⑦ General Assembly twenty-first session, resolution 2144 A (XXI) of 26 October 1966.

⑧ E/CN. 4/940 paras 557 and 558. See also resolution 8 (XXIII) of 16 March 1967.

人权委员会要求获得授权，以“在适当的情况下，在仔细考虑向其提供的信息后……对显示出一贯侵犯人权的情况进行彻底研究和调查，并就此向经济及社会理事会提出报告和建议”[1]。

这些请求在1967年的晚些时候得到了经济及社会理事会的核可，有效地赋予人权委员会对来文采取行动的权力。这样就引入了“行动权”——“伟大事业”进入了一个能够调查具体案件的新时代。[2]

根据这一安排，依据既定程序审查的来文所包含的信息将与其他来源的信息一起构成“彻底研究”的基础。[3] 三年后，人权委员会的职责被进一步扩大，增加了进行调查的权力。[4]

同样相关的是，委员会在1967年决定设立一个特设工作组，调查关于南非的 805
囚犯、被拘留者及被警察拘禁者受到酷刑和虐待的指控，授权其“接受来文，听取证人的证言，并使用其认为适当的程序方式”[5]。（见第六章，引言）

1968年，由于缺乏时间，人权委员会没有处理来文。[6] 然而也是在这一年，根据委员会第8(XXIII)号决议和经济及社会理事会第1235(XLII)号决议规定的“关于显示一贯侵犯人权的情况的研究”，对包括希腊、巴勒斯坦、越南和海地在内的一些国家的情况进行了前所未有的讨论。[7]

1969年，人权委员会请经济及社会理事会批准一项关于建立处理来文的新程序的提案；理事会在成员国中传达了委员会的请求，请它们“审议并发表意见”，并请委员会根据所收到的意见研究该提案。[8]

翌年，人权委员会审议了该提案和所收到的意见，并经过讨论后重新提交了关于处理来文的拟议程序。[9] 理事会于1970年5月27日通过了该程序[10]——这就是第1503号决议，后被人权委员会和理事会保留作为其机密程序的名称。

---

① E/CN.4/940, resolution 8 (XXIII) of 16 March 1967.

② Economic and Social Council forty-second session, 1967, resolution 1235 (XLII) of 6 June 1967.

③ Economic and Social Council forty-second session, 1967, resolution 1235 (XLII) of 6 June 1967.

④ Economic and Social Council forty-eighth session, resolution 1503 (XLVIII) of 27 May 1970.

⑤ E/CN.4/940, resolution 2 (XXIII) of 6 March 1967.

⑥ E/CN.4/972 XIV paras 408 and 409.

⑦ E/CN.4/972 III Paras 140-210.

⑧ Economic and Social Council forty-sixth session, resolution 1422 (XLVI) of 6 June 1969.

⑨ E/CN.4/1039, resolution 7 (XXVI) of 23 March 1970.

⑩ Economic and Social Council forty-eighth session, resolution 1503 (XLVIII) of 27 May 1970.

“1503”程序(1970年)

该程序设计了三个阶段:前两个阶段在小组委员会一级开展,小组委员会首先被授权任命一个工作组,“根据经济及社会理事会1959年7月30日第728F(XXVIII)号决议……审议收到的所有来文,包括各国政府对这些来文的回应”。工作组应提请小组委员会注意那些“似乎揭示了在小组委员会职权范围内的一贯严重侵犯人权和基本自由情势”的来文。[1]

在第二阶段,小组委员会审查工作组提请其注意的来文,“以确定是否将那些似乎揭示了需要人权委员会审议的一贯严重侵犯人权的特定情况提交给委员会”[2]。

在第三阶段,人权委员会将审查提交给它的情况以确定:

> (a) 此项情况是否须由委员会依据经济及社会理事会第1235(XLII)号决议第三段作一通盘研究并向理事会提出报告及建议;
>
> 806 (b) 是否[可能]成为委员会在征得有关国家同意进行调查后任命的特设委员会的调查对象,条件是该情况不涉及在根据由联合国和专门机构通过的组织文书或公约规定的其他程序下正在处理的事项,或者有关国家希望根据其系缔约国的一般或特别国际协定诉诸其他程序。根据这一程序,一个调查委员会被授权接收来文并听取证人的证词。[3]

同时,除了新的程序外,从1971年起,人权委员会持续接收各国政府的来文和答复清单、统计资料以及“非保密的来文名单,无论其被如何处理,其中涉及促进普遍尊重和遵守人权的原则,包括对实质内容的简要说明”[4]。委员会于1983年终止了这种做法。[5]

---

① Economic and Social Council forty-eighth session, resolution 1503 (XLVIII) of 27 May 1970.

② Economic and Social Council forty-eighth session, resolution 1503 (XLVIII) of 27 May 1970.

③ Economic and Social Council forty-eighth session, resolution 1503 (XLVIII) of 27 May 1970.

④ E/CN. 4/1068 XVII para 311.

⑤ E/CN. 4/1983/60, decision 1983/108 of 10 March 1983.

小组委员会起草了“关于来文可否受理问题的临时程序”,[①]包括经济及社会理事会第1503号决议所设想的工作组的组成和运作。[②]

1975年,人权委员会强调了对根据“1503”程序审查的情况应进行保密,更具体地说,“一些非政府组织有时没有遵守第1503(XLVIII)号决议的保密要求……一些非政府组织对影响会员国事项的口头干预往往无视适当审慎的需要”。委员会决定“任何非政府组织如果在口头或书面声明中没有表现出适当的审慎,[可能]被中止其咨商地位”。同时,委员会赞扬小组委员会及其工作组“在审议提请其注意的……来文时的认真态度”。[③]

这个问题在1978年得到了解决,人权委员会通过了由主席在公开会议上宣布其在非公开会议上受到审议的国家的做法。(见第六章A,其中列出了自1978年以来接受审议的国家)这些国家将不会在公开会议上受到讨论。[④]

1979年,人权委员会收到了一份对联合国处理有关侵犯人权的来文的程序的分析报告。[⑤] 委员会请它协助自己“研究措施,以避免在执行这些程序时可能出现的工作重复和重叠”[⑥]。

研究报告分析了根据“1503”程序或由人权事务委员会处理来文的程序,后者 807
是在《公民权利和政治权利国际公约》及其任择议定书于1976年3月23日生效后才开始投入使用的。[⑦]

1980年,人权委员会对“1503”程序进行进一步调整,决定

> 邀请根据经济及社会理事会第1503(XLVIII)号决议[正在]审议有关情况的国家派代表在委员会发言并回答委员会成员提出的任何问题,且决定这些国家应有权出席并参加整个讨论……并在通过就该情况所做出的最后决定时在场。[⑧]

---

① E/CN. 4/Sub 2/323, resolution 1 (XXIV) of 13 August 1971.

② Economic and Social Council 2000, resolution 2000/3 of 16 June 2000.

③ E/CN. 4/1179, resolution 7 (XXXI) of 24 February 1975.

④ E/CN. 4/1292 X para 208.

⑤ E/CN. 4/1317.

⑥ E/CN. 4/1347, resolution 16 (XXXIV) of 7 March 1978.

⑦ E/CN. 4/1347, decision 4 (XXXV) of 7 March 1979.

⑧ E/CN. 4/1408/and Add. 1 decision 9 (XXXVI) of 7 March 1980.

1983年,人权委员会应经社理事会的要求,就有关妇女地位的来文的处理问题发表了看法。它也认为,妇女地位委员会的平行程序将是"对人权委员会既定程序的有益补充……应努力避免重复,委员会应继续接受和处理有关所有侵犯人权行为的所有来文"[1]。

同年,人权委员会从其议程中删除了"关于人权的来文"这一项目,因为它已被"1503"程序取代。[2]

1990年,人权委员会将情况工作组正式化,委员会指出,"自1974年以来经理事会同意实际上每年都临时设立了这种工作组"[3]。

20世纪80年代以来,"1503"程序取得了稳定的发展,与新出现的特别程序(包括几个处理特定国家局势的程序)并行不悖,这些程序的任务授权使其能够在各自的职权范围内处理个人和团体的申诉。(见第六章,引言)

2000年,人权委员会在进行工作合理化的背景下,在其他机制中讨论了"1503"程序,要求"进行重大改革",并任命了一个工作组。[4] 工作组建议将该程序从三个阶段减少到两个阶段,由在小组委员会层面的来文工作组和在委员会层面的情况工作组组成。第一个工作组将"每年……审查收到的来文和一切政府答复,并编写报告,包括关于哪些情况应提交给情况工作组的建议"。第二个工作组则"审查来文工作组的报告,决定是否将其收到的情况提交给委员会,并编写一份报告,明确主要关切问题并通常提交一份关于该情况的决议或决定草案"。[5]

808 在委员会中将举行两届非公开会议。该程序实际上与此前存在的程序完全相同:

> 在第一届会议上,将邀请每个有关国家先做出陈述。人权委员会成员和有关国家接着将以机密档案的内容和情况工作组的报告为根据进行讨论……在第一届至第二届会议之间的闭会期间,人权委员会任何成员对情况工作组提出的任何案文可提出替代案文或修正案文……在第二届会议上,委

---

① E/CN. 4/1983/60, resolution 1983/39 of 9 March 1983.

② E/CN. 4/1983/60, decision 1983/108 of 10 March 1983.

③ E/CN. 4/1990/94, resolution 1990/55 of 7 March 1990.

④ E/CN. 4/1999/167 XX para 552 Chairman's statement.

⑤ E/CN. 4/2000/112 III.

员会成员将讨论和就决议或决定草案采取行动委员会随后将在公开举行的会议上宣布根据“1503”程序审议了哪些国家，以及不再根据此一程序审议的国家名单。“1503”程序的档案将予以保密除非有关国家表明愿意予以公开。①

2000年晚些时候，经济及社会理事会批准了人权委员会对“1503”程序进行修改的建议。新的程序保留了在该程序完成后应采取的行动选项，即

(i)在没有必要进一步审议或采取行动的情况下，停止对该事项的审议……(ii)根据有关国家政府提供的任何进一步资料和委员会根据“1503”程序可能收到的任何进一步资料，继续审议有关情况……(iii)继续审议有关情况，并任命一名独立专家……(iv)停止根据理事会第1503(XLVIII)号决议规定的保密程序审议该事项，以便根据理事会第1235(XLII)号决议规定的公开程序审议同一事项。②

2002年，人权委员会公布了一项决定，指示秘书处“立即停止向提高妇女地位司(Division for the Advancement of Women)转交每月保密名单的做法”③，理由是这种做法没有法律依据。经济及社会理事会注意到“一些成员国对转发名单的做法深表关切”，并请委员会提供“具体建议”。④

人权委员会在2003年重申了这一点，它请高级专员

停止现行依职将每月来文及其内容清单转交联合国系统内其他组织或机构的做法，不论这些来文的性质或特点，除非委员会和经济及社会理事会特别予以授权。⑤

---

① E/CN. 4/2000/112 III.

② Economic and Social Council 2000, resolution 2000/3 of 16 June 2000.

③ A/HRC/5/21, decision 2002/102 of 5 April 2002.

④ Economic and Social Council 2001, decision 2001/304 of 26 July 2001.

⑤ E/CN. 4/2003/135, decision 2003/113 of 25 April 2003.

809 人权委员会发表公开声明，指出“对于小组委员会来文工作组在2001年8月所做出的决定……若干有关政府没有做出答复”。委员会强调了“根据理事会第1503(XIVII)号决议，各国政府在该程序运行的各个阶段，即向来文工作组、情况工作组和人权委员会做出答复的重要性，并认为及时提交答复对该程序的运作和效力至关重要”。[①]

人权理事会按照与人权委员会相同的思路，正式确定了非公开会议的申诉审查程序。[②]

B. 民间社会——非政府组织

本节讨论人权委员会和理事会与民间社会关系的演变。《联合国宪章》第七十一条规定了与非政府组织的协商：“经济及社会理事会得采取适当办法，俾与各种非政府组织会商有关于本理事会职权范围内之事件。此项办法得与国际组织商定之，并于适当情形下，经与关系联合国会员国会商后，得与该国国内组织商定之。”[③]值得记录的是自人权委员会召开第一届会议以来，非政府组织对于委员会工作的参与。多年来，民间社会所参与的问题范围不断扩大。

咨商地位

经济及社会理事会于1946年6月21日成立了一个委员会，负责审查非政府组织的咨商地位申请并向理事会提出建议。随后，该委员会被确定为一个常设委员会，“负责与获得咨商地位的组织进行协商”[④]。

“鉴于收到了大量的申请、存在有更多申请的可能性以及有必要将这些申请作为一个整体来考虑”，该委员会建议仅给予一个组织（国际商会[International Chamber of Commerce]）咨商地位，并推迟对所有其他申请的审议。[⑤]

---

① E/CN. 4/2002/200 IX (b) para 256.

② A/HRC/5/21, resolution 5/1 of IV part A.

③ 经济及社会理事会在1950年(1950年2月27日第288(X)号决议)和1968年(1968年5月28日第1296(XLIV)号决议)制定协商安排时都提到了国际组织和国家组织之间的待遇差异。

④ Economic and Social Council third session, 1946 resolution 16 (III) of 28 September 1946.

⑤ Economic and Social Council third session, 1946 resolution 17 (III) of 1 October 1946 para 2.

“委员会被大量提出申请或可能提出申请的组织所打动”，援引了经济及社会理事会的决定，其鼓励

> 对特定主题有大致相同看法的组织将考虑组建联络委员会的可能性，以使其作为代表它们的一个整体，同时公认的是，当在这一联络委员会内对某一特 810
> 殊问题产生少数人意见时，它将与多数人意见一起被提出。[1]

委员会还“认识到在战后不久，许多战前组织的未来尚不确定，且新的组织正在成立”，因而建议每两年对这些组织的咨商地位进行审查。[2]

委员会报告指出，许多国家组织申请了咨商地位，委员会引用了经济及社会理事会 1946 年 6 月 21 日的决定，该决定规定

> 国家组织通常应通过其各自的政府或通过其所属的国际非政府组织提出它们的意见……然而，如果该国家组织涉及事关理事会起草工作而未由任何国际组织所涉足的领域，则可以在与有关成员国协商后被列入名单。[3]

1949 年，经济及社会理事会要求一份报告，说明非政府组织在执行协商安排方面的活动“以及它们为支持理事会活动所做的工作”，并提出关于“各组织对于非政府组织所提供的设施的利用……以及改进现有协商安排”的建议。[4]

关于协商安排的法规(1950 年)

第二年(1950 年)，委员会[5]提出了《关于与非政府组织协商安排的章程》，规定了建立协商关系的方式，该章程于 1951 年 1 月 1 日生效。[6]

根据这些安排，设立了两个组织类别(“A”和“B”)和一个“登记册”(Register)：

---

① Economic and Social Council third session, 1946 resolution 17 (III) of 1 October 1946 para 3.

② Economic and Social Council third session, 1946 resolution 17 (III) of 1 October 1946.

③ Economic and Social Council third session, 1946 resolution 17 (III) of 1 October 1946, para 5.

④ Economic and Social Council eighth session, resolution 214 E (VIII) of 16 February 1949.

⑤ E/1619 Annex.

⑥ E/1619 para 25.

——A 类组织是那些“对理事会的大部分活动有基本兴趣,并与它们所代表的地区的经济或社会生活有密切联系的组织”。

——B 类组织是那些“在理事会所涵盖的活动领域中只有少数领域具有特殊能力,或只与之具体相关的组织”。

811 ——秘书长可将“对理事会工作有重大贡献的组织列入为此目的设立的登记册”,其中包括:(a)理事会或其非政府组织委员会推荐的组织;(b)具有咨商地位或与专门机构有类似关系但未获得 A 类或 B 类咨商地位的国际组织;(c)向秘书长申请列入的、他认为对理事会或其附属机构的工作有重大贡献的其他国际组织。[①]

提议临时议程项目

具有咨商地位的组织将与成员国同时收到经济及社会理事会的临时议程。根据委员会的建议,撤销了原先系协商安排的一部分的提议临时议程项目的权利。委员会认为

> 对为理事会临时议程提出项目的权利问题的关注已集中到对整个协商安排的工作有害的程度,它不值得某些非政府组织所似乎投射的重视程度。[②]

委员会发现,尽管在某些情况下,该特权得到了适当的利用,但“它经常被滥用”。[③] 在达成建议时,委员会“对赞成保留这一特权的陈述的范围印象深刻”,补充说明,

> 它被视为具有象征性的价值,与它的用途没有直接关系。事实上,委员会对事实情况和有关组织对它们的解释之间的差异感到不安。旨在使整个协商安排更加有效的行动不应受到误解。

---

① E/1619 para 25.

② E/1619 paras 13-16.

③ E/1619 para 14.

委员会一致决定，建议撤销这项权利。[①]

经济及社会理事会修改了这一决定，将其限于A类组织，就理事会临时议程的项目而言，A类组织必须向理事会非政府组织委员会提议，要求将“各组织特别关注的项目列入理事会临时议程”[②]。就理事会各委员会（其中包括人权委员会）的临时议程而言，A类组织可提出临时议程项目，但须在会议开幕前至少63天通知秘书长，并在正式提出之前适当考虑秘书长可能提出的任何意见。正式提交的文件和相关的基本文件应在会议开幕前至少49天提交。该项目被列入议程须经 812 出席并参加表决的会员国的三分之二多数批准。其他规定还包括会议的出席、书面陈述的不同长度的分配（A类组织2000字，B类和登记在册组织500字）以及口头发言。

非政府组织委员会（1950年）

经济及社会理事会批准的安排规定设立一个理事会下属的非政府组织委员会，负责接收、审查以及其他与非政府组织地位有关的程序事项。[③]

非政府组织关于消除偏见和歧视的会议（1954—1961年）

1950年，联合国大会批准了经济及社会理事会召开非政府会议的规则。[④] 四年后，经济及社会理事会授权为对消除偏见和歧视感兴趣的非政府组织召开会议时，援引了这些规定。[⑤] 当年，人权委员会向大会提交了公约草案，并开始转向研究实施国际规范的方法。

该会议于1955年3月及4月举行，其成果——一份最终文件（Final Act），被人权委员会采纳，“委员会表示满意的是……有如此多的非政府组织参加会议并在其结论中达成了如此大的一致”。委员会表示，希望这些组织本身“认真考虑会议的结果，并在它们之间以及它们与委员会、小组委员会和妇女地位委员会之间进行协商……以加速消除偏见和歧视”。[⑥]

小组委员会讨论了会议的结果和由此产生的建议，包括在1958年召开第二次

① E/1619 para 14.

② Economic and Social Council tenth session, resolution 288 (X) of 27 February 1950.

③ Economic and Social Council tenth session, resolution 288 B (X) of 27 February 1950, Part V.

④ General Assembly fifth session, resolution 479 (V) of 12 December 1950.

⑤ Economic and Social Council eighteenth session, resolution 546 (XVIII) of 3 August 1954.

⑥ E/CN. 4/719 and Corr. 1 para 72 resolution IV.

会议的建议,它也对此表示了欢迎。这给各组织留下了起草议程和规划其他方面的工作。第二次会议并没有实现。该提案又来回折腾了5年。①

第一次修订(1968年)

1968年修订了安排章程。② 新的安排增加了涉及财政资源问责制的内容,③将三类组织重新定名为I(取代"A")、II(取代"B")和"名册"(Roster)(取代"登记册")。

813 除了说明每一类组织的特点外,被授予第二类地位的组织

> 应因其对人权领域的兴趣,在国际上普遍关注人权事务,而不仅局限于某一特定群体、某一单一国籍的利益或某一国家或有限国家集团的情况。应特别考虑在这一领域的、具有侧重于打击殖民主义、种族隔离、种族不容忍和其他严重侵犯人权和基本权利的行为的目的的组织。④

关于向人权委员会提交议程项目、书面陈述(第二类组织的字数限制为1500字,而不是之前B类组织的500字)、口头声明的规定得到保留。

此外,引入了一个新的章节,规定了暂停和撤销咨商地位的条款。这包括由非政府组织委员会进行定期审查,以便

> 确定这些组织在多大程度上遵守了关于咨商地位的原则,对理事会的工作做出了何种贡献,并可能建议理事会中止或排除本来不符合本决议所规定的关于咨商地位要求的组织的咨商地位。

---

① E/CN. 4/742 para 8, 137, resolution VIII; E/CN. 4/753/Rev. 1 para 145, resolution V; E/CN. 4/789 resolution 12 (XV) of 8 April 1959; E/CN. 4/Sub. 2/177 para 158 resolution E; E/CN. 4/Sub2/206 para 248, resolution 8 (XII); E/CN. 4/Sub. 2/211 para 221 resolution 6 (XIII) Economic and Social Council twenty-fourth session, 1957 resolution 651 D (XXIV) of 24 July 1957.

② Economic and Social Council forty-fourth session, 1968, resolution 1296 (XLIV) of 23 May 1968.

③ Economic and Social Council forty-fourth session, 1968, resolution 1296 (XLIV) of 23 May 1968, Part I para 8.

④ Economic and Social Council forty-fourth session, 1968, resolution 1296 (XLIV) of 23 May 1968, Part II para 17.

下列组织将被暂停长达三年的资格，或被撤销资格：

(a) 如果有确凿的证据表明，政府在财政上向该组织施加秘密影响，诱使组织采取违反《联合国宪章》宗旨和原则的行动；

(b) 如果该组织明显滥用其咨商地位，有计划地对联合国会员国采取违反和不符合《宪章》原则的无事实根据或有政治动机的行为。

(c) 如果在过去的三年中，组织没有对理事会或其委员会或其他附属机构的工作做出任何积极或有效的贡献。[1]

非政府组织委员会的任务扩大到包括管理财务报告的程序和审查各组织每四年提交的关于其活动的报告。以前直接委托给秘书长的“名册”组织的加入工作，也将与委员会协商进行。[2]

第二次修订(1996年) 814

1993年，经济及社会理事会开始对1968年以来持续存在的协商安排进行审查。该决定是为了“在必要时更新经济及社会理事会第1296(XIIV)号决议”，并“使其与有关非政府组织参与国际会议的规则相一致……特别是考虑到最近的经验，包括在联合国环境与发展会议过程中所获得的经验”。被称为地球首脑会议(The Earth Summit)的会议于1992年6月在里约热内卢举行。世界人权会议将于1993年召开。[3] 在这两次会议中民间社会都进行了实质性的参与。

在讨论“关于协商安排性质的原则”时，经济及社会理事会引用了《联合国宪章》，其对六十九、七十条和第七十一条进行了区分。前两条设想“在非理事会成员的情况下**参与**”而后者则涉及非政府组织的“**协商**安排”(着重号为作者所加)：

这种区别是根本性的……协商安排不应给予非政府组织与非理事会成

① Economic and Social Council forty-fourth session, 1968, resolution 1296 (XLIV) of 23 May 1968 Part VIII para 36.

② Economic and Social Council forty-fourth session, 1968, resolution 1296 (XLIV) of May 1968 Part IX.

③ Economic and Social Council 1993, decision 1993/214 of 12 February 1993; resolution 1993/80 of 30 July 1993.

> 员国相同的参与权……这种安排不应使理事会负担过重或将其从一个协调政策和行动的机构……变成一个一般性的讨论论坛。①

到此时(20世纪90年代末),人权委员会对与民间社会互动的依赖已经达到了关键的程度,这在世界人权会议的筹备及其结果中得到了证明。(见第八章C,世界人权会议[1990—1993年])。

这次审查产生了一些重要的变化。其背景是“国家、区域和国际层面的非政府组织的充分多样性”以及“非政府部门的变化,包括大量国家和区域组织的出现”。对此的考虑是新标准放弃自委员会成立之初就存在的要求的基础,即各组织应具有“公认的国际地位”。相反,现被扩大到包括国家、次区域、区域和国际层面的组织。②

人权组织

新规定保留了三个类别。第一类为“一般咨商地位”。这适用于

> 与理事会及其附属机构的大部分活动有关,并能令理事会满意地表明它们对
> 815 实现联合国的目标有实质性和持续的贡献……并与它们所代表的地区的人
> 民的经济和社会生活密切相关,其成员应当较多且广泛代表世界不同地区许
> 多国家的主要社会阶层。③

具有一般地位的组织保留了在与以前的第一类组织相同的基础上为人权委员会的临时议程提出项目的可能性。这样做的条件是,在会议开始前至少63天通知秘书长,并在正式提出项目之前,考虑秘书长可能提出的任何意见。该提案连同所需文件应在届会开始前49天内正式提交。委员会须经出席并参加表决的三分之二多数批准,才能讨论拟议的项目。④

第二类为“特别咨商地位”。这适用于“在理事会及其附属机构所涵盖的少数

---

① Economic and Social Council 1996, resolution 1996/31 of 25 July 1996 paras 18 and 19.

② Economic and Social Council 1996, resolution 1996/31 of 25 July 1996.

③ Economic and Social Council 1996, resolution 1996/31 of 25 July 1996, para 22.

④ Economic and Social Council 1996, resolution 1996/31 of 25 July 1996, paras 33 and 34.

活动领域中具有专门能力的组织，并在理事会拥有或寻求咨询地位的领域中具有知名度”①。

在册组织(Roster)包括“不具有一般或特别咨商地位，但理事会或秘书长在与理事会或其非政府组织委员会协商后认为可对理事会或其附属机构的工作做出偶尔和有益贡献的组织”②。

关于提交书面陈述和口头发言的规定保持不变：具有一般地位的组织最多为2000字，具有特殊地位的组织和在册组织最多为1500字。如果委员会要求，较长的文本可以全文分发。另外，也可以以官方语言分发较长文本的摘要或整个文本(由该组织承担费用)。

对非政府组织参与国际会议及其筹备会议做出了新的规定。③

鉴于非政府组织委员会每四年收到每个非政府组织关于其活动的报告，理事会可根据委员会的建议暂停或撤销咨商地位。“委员会应确定这些组织将在多大程度上遵守了关于咨商地位的原则，并已对理事会的工作所做出的贡献”。暂停或撤销的书面理由将送达该组织，以便该组织有机会提出答复，“供委员会尽快酌情审议”。④

下列组织可能会被暂停三年或撤销咨商地位：

> (a)如果该组织直接或通过其附属机构或代表其行事的代表机构，明显
> 滥用其地位，从事违反《宪章》宗旨和原则的行为……(b)如果有确凿证据表 816
> 明该组织涉及国际公认的犯罪活动(如非法毒品贸易、洗钱或非法武器贸易)
> 收益；(c)如果在过去三年中，该组织没有对联合国的工作，特别是理事会及
> 其委员会、其他附属机构的工作做出任何积极或有效贡献。

被暂停地位组织可以在三年后重新申请。⑤

修订后的规则阐明了咨商地位的性质和范围：

---

① Economic and Social Council 1996, resolution 1996/31 of 25 July 1996 paras 23 and 25.

② Economic and Social Council 1996, resolution 1996/31 of 25 July 1996, para 24.

③ Economic and Social Council 1996, resolution 1996/31 of 25 July 1996, Part VII.

④ Economic and Social Council 1996, resolution 1996/31 of 25 July 1996, Part VIII.

⑤ Economic and Social Council 1996, resolution 1996/31 of 25 July 1996, paras 57 , 58 and 59.

> 关于磋商安排的决定应遵循以下原则：一方面，磋商安排的目的是使理事会及其机构能够从对磋商安排的主题具有充分能力的组织那里获得专家信息或建议，同时另一方面，使代表公众舆论重要组成部分的国际、区域和次区域及国家组织能够表达其意见。因此，与每个组织所做的协商安排应与该组织有足够能力或有特殊兴趣的主题有关。[①]

非政府组织委员会被赋予两项主要职能和一些相关任务：其一是监测“非政府组织与联合国之间不断发展的关系”，并以“讨论与非政府组织和联合国之间关系……有关的利益问题”为目的进行协商。[②]

另一项职能是接收申请并对其进行审查和跟踪。具有一般和特殊地位的组织每四年提交一份报告，具体说明它们对联合国工作的支持情况，委员会可据此建议“更改地位类别”。[③]

C. 请愿权（1948—1966 年）

在描述了个人和民间社会在人权委员会中地位的演变后，本章要研究的第三个方面是个人和民间社会根据人权公约所规定的程序和援引特别程序来寻求保护的权利。

人权委员会在 1946 年成立时的任务是起草国际人权宪章。该任务包括起草
817 一份宣言、一项公约及其执行手段。如本书其他各处所述，这项任务的最后一部分，即执行手段，势必是一项重大挑战。这是 1952 年联合国大会决定将人权分为两类时的主要考量因素。但是，即使在就两类人权起草公约的过程中，起草有关执行的条款仍然具有重大挑战，特别是在机制方面涉及个人参与渠道时。（见第一章）

如本章前文所述，1948 年，联合国大会虽然没有就将请愿权纳入《世界人权宣言》做出任何决定，[④]但请人权委员会“在研究人权公约草案和执行措施时进一步

① Economic and Social Council 1996, resolution 1996/31 of 25 July 1996, para 20.

② Economic and Social Council 1996, resolution 1996/31 of 25 July 1996, para 61.

③ Economic and Social Council 1996, resolution 1996/31 of 25 July 1996, para 61(c).

④ General Assembly third session, resolution 217 B (III) of 10 December 1948.

审查请愿问题”①。

1949年,人权委员会在处理来文的同时处理了请愿权问题,要求“对这个问题进行研究,包括在请愿的可接受性和初步审查方面”②。

在1950年的第六届会议上,人权委员会审议了请愿权问题,以作为未来公约执行措施的一部分。委员会在此之前收到的研究报告全面介绍了请愿权的各种形式,并追溯了国际会议和组织中请愿权的历史。③

会议最后进行了如下思考:

> 最近的发展,特别是第二次世界大战期间和之后的发展表明,个人和非政府组织在国际社会中的地位正在发生根本变化。虽然在半个世纪前,只有国家而非个人才是国际法的主体,这几乎是无可置疑的国际法学说,但对目前情况的评估并没有导致同样的无保留意见。当代趋势是由诸如通过采用《国际军事法庭宪章》对欧洲主要战犯进行审判和相应采用《远东国际军事法庭宪章》进行审判等事件表明的。这两份文件都适用于国际法中的个人刑事责任原则,并考虑到保护个人(“任何平民”)不受国家当局某些无耻行为的侵害……大会邀请国际法委员会研究建立一个国际司法机构来审判被指控犯有灭绝种族罪或其他罪行的人的可取性和可能性。④
>
> 以刑事制裁为后盾的国际法中对个人义务的承认推动了国际法对个人
> 权利的承认。此后,联合国的人权方案、专门机构和区域政府间机构的相关
> 活动以及与非政府组织所形成的整个协商安排体系均逐步由联合国和各专 818
> 门机构发展而来。委员会所审议的与请愿权有关的问题是这一发展中的基
> 本要素之一。⑤

人权委员会

① General Assembly third session, resolution 217 B (III) of 10 December 1948.

② E/CN. 4/350 para 25.

③ E/CN. 4/419.

④ E/CN. 4/419,着重号为作者所加。

⑤ E/CN. 4/419,着重号为作者所加。

> 一致决定……在公约草案中应包括一些执行机制……公认的是,这一决定绝不妨碍委员会成员提议可能未被列入公约草案第一稿的进一步执行措施,例如个人和非政府组织提出请愿的可能性,以列入公约的单独议定书。①

在接下来的几年里,人权委员会在继续起草国际公约的同时,将请愿权纳入议定书的编写工作。② 个人向委员会和其他人权机构申诉的机会被不断扩大,成为人权系统的一个组成部分。个人和个人团体在国际标准的制定、执行和机构建设方面发挥了直接作用。

关于列入公约(有别于单独的议定书)的问题:

> 委员会还一致批准了一项原则,即列入公约草案第一稿的执行措施应包括国家对国家申诉的审议规定。**就非政府组织以可能决定的任何方式进行申诉的审议,以7票对4票、3票弃权被否决,且就个人请愿的规定也以8票对3票、3票弃权被否决。**③

人权委员会此后继续对请愿权进行讨论。④ 1950年,联合国大会请委员会在公约草案中拟定条款,“或在单独的议定书中拟定条款,以接收和审查个人和组织关于控诉违反公约行为的请愿”⑤。

人权委员会在1954年结束其关于公约草案的工作时讨论了这个问题。在经济及社会权利公约草案下关于请愿的提案被撤回了。而在公民权利和政治权利公约草案中纳入此类条款的讨论则成为若干提案的主题,

> 很快就可以看出,虽然许多成员原则上不反对承认请愿权,但在将其纳入公
> 819 约草案的问题上,委员会的意见与其第九届会议(见E/2447,第三章,第
> 143—156段)和大会第八届会议(见A/2573,第81—84段)一样存在严重分

① E/CN. 4/507 paras 35, 37, 52 and 53.

② See, for example, E/CN. 4/669 Annex III.

③ E/CN. 4/507 paras 35, 37, 52 and 53,着重号为作者所加。

④ E/CN. 4/689 paras 152-154.

⑤ General Assembly fifth session, 1950, resolution 421 F (V) of 4 December 1950.

歧:上诉场合中所提出的许多论据在辩论中被引用。这些提案最终被提案国撤回,没有通过关于请愿权的规定。[1]

秘书长向联合国大会提交了这些文本材料,并附有说明,介绍了人权委员会和经济及社会理事会对此的讨论历史。[2] 这些讨论中的一个关键问题是个人在执行程序中的地位,更具体地说,是个人就国家不遵守在成为公约缔约国时所应承担的义务提出申诉的权利。

核心问题是,国际人权法的出现是否给予个人直接参与其执行的机会,或者说这是否违背了国家主权的原则。草案设想由国家享有启动程序的权利:大会面临的问题是个人是否也能享有这种权利,且如果有,应以何种形式。

有人认为,将人权引入《联合国宪章》使联合国开启了一个前所未有的维度:传统的国家对国家的国际关系维度被重塑。“有人争辩说,国际法只涉及国家的理论并非没有受到挑战。在签署《联合国宪章》时,联合国各会员国本身已经承认了个人的地位。”对于非政府组织的作用也存在类似的考量。[3]

新出现的国际人权法的独特性质则被强调指出:

> 该公约的独特之处在于,缔约国将对其本国国民承担具体义务。违反这些义务的情况与其他类型的公约不同,后者在执行问题上是需要自律的,因为一个缔约国违反任何承诺都会对其他缔约国产生不利影响,并迫使他们采取报复措施。一个缔约国违反人权公约则不会对其他缔约国造成立即和直接的损害。这种损害主要是道德上的,因此,各国不太可能进行干预。[4]

历史证明这一观点是正确的:《公民权利和政治权利国际公约》第四十一条规定的国家对国家的申诉程序,如同任何其他人权公约中的类似规定,从未被援引

① E/CN. 4/705 paras 233-236 and 242.

② A/2929 pages 81-87.

③ A/2929 VII paras 68 and 69.

④ A/2929 VII para 70.

采用。[①]

820 人权委员会就这一点进行了长时间的讨论,“在关于向委员会提起申诉的权利方面,意见分歧很大。一些人认为,只有国家才应被允许向委员会申诉。另一些人则提出了各种方法来扩大提起申讼的权利的范围”[②],这也是联合国大会所多次要求的。[③] 在在委员会运作的这些年里,关于执行这一建议的提案要么被撤回,要么被拒绝,还有一项关于制定单独的请愿议定书和设立人权事务高级专员(总

---

① 来自人权事务高级专员的官方网站(2016年11月29日访问)。

国家间申诉 一些人权条约载有规定,允许缔约国就另一缔约国涉嫌违反该条约的事项向有关条约机构(委员会)提出申诉。

注意:这些程序从未被采用过。

CAT、CMW、CED、ICESCR和CRC:《禁止酷刑和其他残忍、不人道或有辱人格的待遇或处罚公约》第二十一条、《保护所有移徙工人及其家庭成员权利国际公约》第七十四条、《保护所有人免遭强迫失踪国际公约》第三十二条、《经济、社会及文化权利国际公约任择议定书》第十条以及《儿童权利公约关于设定来文程序的任择议定书》第十二条,规定了相关委员会审议一缔约国认为另一缔约国未执行公约规定的投诉的程序。该程序仅适用于已发表声明接受委员会在此方面权限的缔约国。

CERD、CCPR和CRC:《消除一切形式种族歧视国际公约》第十一至十三条,《公民权利和政治权利国际公约》第四十一至四十三条,规定了更为详细的程序。该程序是通过设立一个特设调解委员会来解决缔约国关于一个国家履行相关公约义务的争端。该程序通常适用于《消除一切形式种族歧视国际公约》的所有缔约国,但仅适用于已声明接受相关委员会在此方面权限的《公民权利及政治权利国际公约》和《儿童权利公约》缔约国。

解决有关公约的解释或适用的国家间争端

CERD、CEDAW、CAT和CED:《消除一切形式种族歧视国际公约》第二十二条、《消除对妇女一切形式歧视公约》第二十九条、《禁止酷刑和其他残忍、不人道或有辱人格的待遇或处罚公约》第三十条、《保护所有移徙工人及其家庭成员权利国际公约》第九十二条和《保护所有人免遭强迫失踪国际公约》第三十二条,规定缔约国之间关于《公约》的解释或适用的争端应首先通过谈判解决,如果不能解决,则通过仲裁。如果当事方在六个月内未能就仲裁条款达成一致,其中一个国家可以将争端提交给国际法院。缔约国可以在批准或加入公约时发表声明,将自己排除在这一程序之外,在这种情况下,根据对等原则,它们被禁止对其他缔约国提起申诉。

调查

对于一个缔约国严重、重大或系统地违反其监测的公约的情况,禁止酷刑委员会(《禁止酷刑和其他残忍、不人道或有辱人格的待遇或处罚公约》第二十条),消除对妇女歧视委员会(《消除对妇女一切形式歧视公约任择议定书》第六条),残疾人权利委员会(《残疾人权利国际公约任择议定书》第六条),强迫失踪问题委员会(《保护所有人免遭强迫失踪国际公约》第三十三条),经济、社会及文化权利委员会(《经济、社会及文化权利公约》第十一条)和儿童权利委员会(《儿童权利公约关于设定来文程序的任择议定书》第十三条)如果收到可靠信息,有充分证据加以表明上述情况,可以主动启动调查。

② A/2929 VII.

③ General Assembly fifth session, resolution 421 F (V) of 4 December 1950, and 737 B (VIII) of 28 November 1953.

检察长)的提案也是如此。[1]

讨论的重点在于如何触发人权事务委员会的相关程序,包括通过个人和团体的请愿:

> 一些人认为,只有直接受到侵权行为影响的受害者才应当享有这种权利。另一些人认为,请愿权应当授予非政府组织,或只授予某些选定的非政府组织,特别是那些在经济及社会理事会具有咨商地位的组织。另一种观点则赞成授权人权事务委员会根据自身动议自行采取行动……一种观点认为,应任命一名高级专员(总检察长),其职责是接受来自任何方面的指控,并有权向人权事务委员会提起诉讼。[2]

一份任择议定书?

对于制定一项关于个人申诉的权利的议定书,存在意见分歧。一些人认为这 821
将是一个理想的解决方案,而另一些人则怀疑这是否是一个可行的选项。“如果大多数成员国拒绝承认公约中的请愿权,那么在将该权利插入一个单独的议定书时,这些成员国也几乎不可能改变主意或倾向于成为这一文书的缔约国。”[3]

一名高级专员?

建立一个名为联合国人权事务高级专员(总检察长)办公室常设机构的建议,是“作为执行公约的一个单独手段、作为纳入公约草案的进一步执行措施,并作为对请愿权议定书草案的修正案所提交的”[4]。

该提案将请联合国大会从公约缔约国提名的人选中任命高级专员。高级专员所负有的职责之一是

> 收集和审查与缔约国遵守和执行公约有关的所有事项的资料,并请它们定期

---

① A/2929 VII para 61 et seq; para 73.

② A/2929 VII para 74. See also, paras 84-86 on the proposal for a High Commissioner.

③ A/2929 VII para 82.

④ A/2929 VII para 84.

> 报告公约的执行情况……(c)经有关缔约国同意,他可进行现场研究和调查;(d)……与缔约国进行磋商,并向其提出执行建议;(e)……在一定条件下接受和审查个人、国家和国际非政府组织以及政府间组织提出的关于侵犯人权的指控,并对申诉进行初步调查……(f)……决定根据规定的程序对申诉采取行动,如果他认为谈判不可能产生令人满意的解决办法,或者谈判不会产生对此的解决办法;(g)……适当注意国内补救办法以及外交和联合国程序;(h)……任命自己的工作人员,并在征得有关缔约国的同意后,任命区域专员,这些专员将在他的指导和监督下,协助他履行职责;(i)向人权委员会提交年度报告,并在必要时向大会提交特别报告。[1]

高级专员被认为是代表国际社会而非代表受害人从事活动。[2]

822 对这一提案的反对意见之一是,

> 考虑到现有的政治局势,这个计划既不成熟,也不实际。该建议既含糊不清又过于雄心勃勃……有人认为,总检察长的职能应该只是为人权事务委员会的工作做准备,接受申诉并进行筛选,以防止委员会收到不属于其职权范围的或不符合普遍利益的申诉……另一种意见认为,是否能找到可以充分胜任这一职位的人是值得怀疑的。这个人也可能被赋予过多的权力。最好是依凭一个委员会来代表世界上所有地区和不同的司法与文化制度。[3]

基于条约的申诉程序

人权事务委员会(1976年)

随着《公民权利和政治权利国际公约》及其任择议定书于1976年3月23日生效,个人和组织可以诉诸人权事务委员会处理国家不遵守《公约》的情况。人权事

---

① A/2929 VII para 84.

② A/2929 VII paras 85 and 86.

③ A/2929 VII paras 85 and 86.

务委员会第一届会议于1977年3月开幕，当时已经收到一些来文。[1] 委员会在通过包括关于接收和审查来文的议事规则后，即在1977年和1978年的后续会议上将这些来文(共13份)[2]与其他来文一并处理。[3]

人权事务委员会于1979年首次对申诉做出决定(“意见”[views])。[4] 多年来，鉴于申诉数量的增加和因此所造成的延误，有必要采取措施加快其处理速度。

在为加快处理申诉所采取的其他措施方面，人权事务委员会于1989年指定了一名特别报告员，“负责处理收到的新来文和采取临时措施的请求”[5]，并于2013年任命了一名候补特别报告员，“负责特别报告员不在或……无法行动时处理紧急事务”。特别报告员的任务

> 包括五大职责：(a)就来文登记做出决定；(b)处理提交人关于采取临时及保护措施的请求；(c)答复登记后可能产生的任何程序性问题；(d)提议宣布部分来文不可受理，不予转交缔约国的；(e)选出纳入委员会历届会议日程的来文。

其任务“从收到新来文至来文即将交工作组审议之时”为止。[6]

消除种族歧视委员会(1984年) 823

《消除一切形式种族歧视国际公约》是第一个设想个人申诉程序的国际人权公约。在《公约》于1965年通过时，其第十四条规定了消除种族歧视委员会有权根据《公约》“接受并审查在其管辖下自称为该缔约国侵犯本公约所载任何权利行为受害者的个人或个人联名提出的来文”，前提是该缔约国已声明承认委员会有此权限。随着国家的声明数达到数量要求(10份)，消除种族歧视委员会于1984年就这一程序开始工作。[7] 1987年，委员会通过了第一项受理决定，并于次年通过

---

① A/32/44 V para 146.

② A/34/40 V para 439.

③ A/32/44 IV.

④ CCPR/C/7/D/5/1977, *Valentini de Bazzano et al vs, Uruguay*. Adoption of views on 15 August 1979.

⑤ A/44/40 V. C para 619(a).

⑥ CCPR/C/110/3 II para 3.

⑦ A/39/18 para 573.

了其第一份意见。[1]

1986—1988 年期间，由于一场财政危机，消除种族歧视委员会的会议被迫中断。委员会主席在 1987 年通知秘书长，

> 由于若干缔约国多年来未缴付应分摊的会费，以及联合国面临严重的财政危机，消除种族歧视委员会 1986 年 8 月的会议未能举行，因此，委员会无法向大会第四十一届会议提出报告……
>
> 如您所知，委员会所面临的财务问题仍然很严重，因此，委员会在 1987 年 8 月仅召开了为期一周的缩减会议，以通过其提交大会的报告并处理一些其他紧急事项。

1988 年，消除种族歧视委员会举行了一届会议，会期(缩短)为两个星期。[2]

2015 年，委员会报告称，“自 1984 年以来，[它已登记了]56 项申诉，涉及 12 个缔约国。其中 1 项已停止审议，18 项宣布不可受理。委员会根据 32 项申诉的案情通过了最终决定，裁定其中 14 项存在违反《公约》的情况。尚有 5 项有待审议”。2005 年，委员会设立了一项程序，以跟进其关于来文的意见和建议。[3]

禁止酷刑委员会(1989 年)

《禁止酷刑和其他残忍、不人道或有辱人格的待遇或处罚公约》第二十二条规定，

> 本公约缔约国可在任何时候根据本条，声明承认委员会有权接受和审议在该国管辖下声称因该缔约国违反本公约条款而受害的个人或其代表所送交的来文。如来文涉及未曾做出这种声明的缔约国，则委员会不应予以接受。

---

① A/43/18 para 201, CERD/C/36/D/1/1984 Communication No. 001/1984 (*A. Yilmaz-Dogan v The Netherlands*). See also CERD/C/390 of 5 June 2000.

② A/42/18 General Assembly forty-second session, 1987; page viii.

③ A/70/18 VI para 31; VII.

该程序在五个缔约国做出声明后生效。[①] 禁止酷刑委员会在1989年第二届 824
会议上开始根据第二十二条开展工作。[②] 此后，截至2016年，委员会共登记了涉及36个缔约国的749项申诉，其中216项申诉已停止审议，80项申诉宣布不可受理。“委员会根据294项申诉的案情通过了最终决定，裁定其中119项存在违反《公约》的情况。尚有159项有待审议。”[③]

2002年，禁止酷刑委员会设立了一名报告员，负责跟进委员会关于申诉的决定：

> 除其他外，参与以下活动：监测缔约国遵照执行委员会决定的情况，向缔约国发出普通照会询问按照委员会决定采取了哪些措施；在收到缔约国答复后、在没有收到答复的情况下，以及此后收到申诉人就缔约国不执行委员会决定发出的所有信函时，建议缔约国采取适当行动；与缔约国常驻代表团的代表会晤，鼓励缔约国遵守委员会的决定，并确定由人权高专办提供咨询服务或技术协助是否适宜或可取；经委员会批准对缔约国进行后续访问；编写关于其活动的定期报告，提交委员会。[④]

截至2016年，“在委员会认定违反《公约》不同条款的共计119份来文中，就51份来文的后续跟进以满意或部分满意的方式结束”[⑤]。

除了第二十二条规定的关于决定的后续行动报告员外，禁止酷刑委员会还从其成员中任命了对第二十条和第二十二条规定的报复问题报告员、新申诉和临时措施问题报告员、对第十九条规定的后续行动报告员和对第十九条规定的报复问题报告员。[⑥]

《公约》规定，禁止酷刑委员会可根据第二十条进行调查：

---

① 《禁止酷刑和其他残忍、不人道或有辱人格的待遇或处罚公约》于1987年6月26日生效，见其第二十二条第八款。

② A/44/46 V.

③ A/71/44 para 65.

④ A/71/44 para 77.

⑤ A/71/44 para 80.

⑥ A/71/44, Annex.

> 如果委员会收到可靠的情报,认为其中有确凿迹象显示在某一缔约国境内经常施行酷刑,委员会应请该缔约国合作研究该情报,并为此目的就有关情报提出说明。

本条规定的程序是完全保密的,“在程序的所有阶段,应寻求有关缔约国的合作。但它不适用于在签署或批准《公约》时……声明它不承认委员会的权限的缔约国”。

825 截至2015年,禁止酷刑委员会报告称,

> 根据《公约》第二十条以及委员会议事规则第七十八条和七十九条,与《公约》第二十条所规定的委员会职能有关的所有文件和程序均属机密,与该条所规定程序有关的所有会议均为非公开会议。然而,根据《公约》第二十条第五款,委员会在与有关缔约国协商之后,可决定将议事结果概述列入提交缔约国和大会的年度报告。委员会第五十六届会议通过了“就《公约》第二十条所述调查任务开展后续访问做出决定的可行模式和标准内部指南”。①

《公约》还设想了国家对国家的申诉程序,然与其他人权公约中的类似条款一样,这些程序尚未被援引使用。②

防范酷刑小组委员会(2006年)

《禁止酷刑和其他残忍、不人道或有辱人格的待遇或处罚公约任择议定书》于2006年生效,设立了防范酷刑小组委员会(Sub-Committee on Prevention of Torture)。该议定书设想了“一个由独立国际机构和国家机构对存在被剥夺自由者的地点进行定期查访的制度,以预防酷刑和其他残忍、不人道或有辱人格的待遇或处罚”③。此外,该议定书还设想建立国家预防机制。④

防范酷刑小组委员会的任务是查访拘留场所并提出建议,为国家预防机制提

---

① A/71/44 paras 57 and 58.
② 《禁止酷刑和其他残忍、不人道或有辱人格的待遇或处罚公约》,第二十一条。
③ 《禁止酷刑和其他残忍、不人道或有辱人格的待遇或处罚公约任择议定书》,第一条。
④ 《禁止酷刑和其他残忍、不人道或有辱人格的待遇或处罚公约任择议定书》,第四部分。

供咨询和支持。它还与其他联合国机构和其他非联合国机构合作,“致力于加强保护人民使其免受酷刑的侵害”①。在这一任务范围内,小组委员会自其运作的第一年起,“就与国际的和国家的机构及组织进行了合作”。它会见了“许多非政府组织”,其中一些组织“共同组成了任择议定书联络小组(Optional Protocol Contact Group)”。联络小组持续支持小组委员会,“包括在财政方面,特别是使小组委员会成员能够参加与《任择议定书》有关的重要会议……小组委员会在其每次全体会议期间都会见了联络小组”②。

这些程序是预防性的;它们设想了与个人的沟通,缔约国承诺给予小组委员会:

> (a)不受限制地得到关于第四条所界定的拘留地点内被剥夺自由者人数及拘留地点数目和位置的所有资料;
>
> (b)不受限制地得到关于这些人的待遇和拘留条件的所有资料; 826
>
> (c)在不违反第二款的前提下,不受限制地查看所有拘留地点及其装置和设施;
>
> (d)有机会亲自或认为必要时在译员的协助下,在没有旁人在场时自由会见被剥夺自由者以及小组委员会认为可提供相关资料的任何其他人;
>
> (e)自由选择准备查访的地点和准备会见的人。③

在其第一份报告中,小组委员会分享了其对任务的看法:

> 小组委员会与联合国其他条约机构不同,其核心工作是实地进行的,不仅要查访《任择议定书》的缔约国,还要向这些国家提供咨询意见和援助,以及为国家防范机制提供咨询意见和技术援助,包括培训,以便加强对被剥夺自由者的保护,使他们免受酷刑和其他虐待。在工作的第一年,小组委员会一直努力寻找方法,执行这些内容相异而同等重要的职责。由于在报告期间,联合国提供给小组委员会的现有资源仅能覆盖在日内瓦举行会议和对缔

---

① 《禁止酷刑和其他残忍、不人道或有辱人格的待遇或处罚公约任择议定书》,第三部分。

② CAT/C/42/2 V para 60.

③ 《禁止酷刑和其他残忍、不人道或有辱人格的待遇或处罚公约任择议定书》,第三部分,第十四条。

约国的防范查访,所以小组委员会的成员不得不发挥创造性,到联合国以外寻求资源,以便执行其支持建立国家防范机制的工作。他们的主要办法是参与由学术机构和国际人权组织在区域一级及次区域一级资助举办的活动。但是,从长期来看,如果小组委员会履行其职权的这一关键内容的能力都像目前一样,仅仅依靠外部资源和支持是不适当的。[①]

小组委员会制订了一项定期访问缔约国的计划。通过抽签,前三次访问了马尔代夫、毛里求斯和瑞典。[②] 2015 年,它进行了 8 次正式访问,包括“阿塞拜疆(4月16日至24日)……瑙鲁(5月4日至8日);危地马拉(5月11日至20日);菲律宾(5月25日至6月3日);荷兰(7月28日至31日);意大利(9月16日至22日);土耳其(10月6日至9日);以及巴西(10月19日至30日)”[③]。

1981 年,联合国大会通过重新指定智利信托基金的方式设立了援助酷刑受害者自愿基金,并扩大了该基金的任务范围,“使其能够接受自愿捐款……以发放给因酷刑而人权受到严重侵犯的个人和这些受害者的亲属”。自那时起,该基金继续支持各组织和康复中心,并向因酷刑而人权受到严重侵犯的个人和这些受害者的亲属提供资助。基金的任务是优先考虑“大会、经济及社会理事会及人权委员会所通过的决议或决定中的人权状况主题下遭受国家侵权行为的受害者”。[④]

827 截至 2016 年,基金报告称,它

审查并肯定了 81 个国家实施的 178 个项目,总金额为 7169300 美元。值得注意的是,董事会建议向以下项目授予赠款:旨在直接向受害者提供援助的 150 个正在进行的项目和 24 个新项目,4 个新培训和研讨项目。有了这个重要的财政援助,预计 2016 年世界各地将有 47000 名受害者及其家属获得康复服务。[⑤]

---

① CAT/C/40/2 VIII para 67.

② CAT/C/40/2 VIII V para 31.

③ CAT/OP/C/57/4 Part paras 13 and 14.

④ General Assembly thirty-sixth session, 1981, resolution 36/151 of 16 December 1981.

⑤ A/HRC/31/23 IV paras 11 and 12.

基金在2015年实施了一项紧急程序,其报告称,

> 通过加强紧急程序,基金能在2015年危机展现的情况下快速提供400000美元救助酷刑受害者。紧急赠款在乌克兰为来自该国东部地区流离失所者提供至关重要的康复服务,在伊拉克和约旦北部救济叙利亚和伊拉克受害者,在布隆迪支持政治暴力事件受害人,在难民大量涌入塞尔维亚和匈牙利时提供支助。[①]

基金董事会估计2016年的需求总额为1200万美元,与2015年的900万美元支出形成鲜明对比。

消除对妇女歧视委员会(2000年)

《消除对妇女一切形式歧视公约任择议定书》于2000年12月22日生效;次年,消除对妇女歧视委员会成立了一个任择议定书工作组。委员会还通过了根据任择议定书所接收的来文的审议程序规则。[②]

根据议定书,委员会“根据个人或联名的个人或其代表提供的和有关缔约国提供的一切资料”审议来文,“条件是这些资料须转送有关各方”。[③]

与其他涉及审查申诉的程序一样,该程序是保密的。第一批来文是在2004年受理的。[④] 此外,如果收到“可靠信息表明缔约国严重或系统地侵犯了《公约》规定的权利”,委员会可以进行调查。[⑤] 2003年,委员会指定两名成员(约兰达·费雷尔·戈麦斯[Yolanda Ferrer Gómez]和玛丽亚·里贾纳·塔瓦雷斯·达席尔瓦[Maria Regina Tavares da Silva])审查三个非政府机构(友人之家[Casa Amiga]、即刻平等[Equality Now]和墨西哥捍卫和促进人权委员会[the Mexican Committee for the Defence and Promotion Human Rights])所提交的资料,该资料指控自1993年以

① A/HRC/31/23 para 15.

② A/56/38 Part I para 366 and Annex I; XVI.

③ A/RES/54/4 General Assembly fifty-fourth session, resolution 54/4 Annex article 7.

④ A/59/38 Part One V and Annex III. See also Part Two Chapter V B.

⑤ A/RES/54/4 General Assembly fifty-fourth session, resolution 54/4. Annex Optional Protocol to the Convention on the Elimination of All Forms of Discrimination against Women, article 8. See also A/58/38 Part I V B para 441.

来墨西哥华雷斯城的妇女被绑架、强奸和谋杀。[①] 委员会对此进行了调查,并于2004 年完成调查。[②]

828 委员会在接下来的几年里继续审查来文,并公布了其调查结果。[③] 截至 2016 年 12 月 3 日,任择议定书共有 108 个缔约国。[④] 在其运作的 12 年中,委员会对 51 项申诉做出了决定,其中 27 项被认为不可受理,24 项被认为符合委员会主题。[⑤]

残疾人权利委员会(2008 年)

《残疾人权利国际公约任择议定书》于 2008 年 5 月 3 日与《残疾人权利国际公约》同时生效。[⑥] 根据《任择议定书》,残疾人权利委员会有权"接受和审议受其管辖的、来自或代表个人以及由个人所组成的群体提交的、声称该《公约》的缔约国违反《公约》规定的受害者来文"。

委员会可以进行调查,该程序适用于那些在签署、批准或加入时未就不承认委员会有此权限做出声明的国家。委员会将调查的结果连同其"评论和建议"发送给缔约国。缔约国有六个月的时间来提交其意见。六个月后,委员会可"在必要时"要求缔约国"向其通报为回应此类调查而采取的措施"。

截至 2016 年 12 月,《任择议定书》共有 92 个缔约国。截至 2016 年 8 月,委员会已收到 304 份来文。其中 37 份已经登记。[⑦] 委员会审议了 11 份申诉,其中 8 份

---

① A/59/38 Part One paras 393-395.

② A/59/38 Part One paras 396-408. See also A/60/38 Part One paras 395 and 396 and A/59/38 Part Two Annex VII and VIII.

③ A/60/38 Part One Annex I Communication No 2/2003, *Ms. A. T Hungary* (Views adopted on 26 January 2005. A/61/38 p 354 Annex VIII A. Communication 3/2004, *Ms. Nguyen v The Netherlands* (Views adopted on 14 August 2006); Annex VIII B Communication 4/2004, *Ms. Szijarto v Hungary* (Views adopted on 14 August 2006); A/62/38 page 125 Annex Communication No 11/2006, *Ms. Salgado v United Kingdom* (Decision adopted on 22 January 2007); Communication No 10/2005, *Ms. N. S. F. v United Kingdom* (Decision adopted on 30 May 2007); Annex VII Communication No 5/2005, *Goecke et al v Austria* (Views adopted o 6 August 2007); No 6/2005, *Akbak et al v Austria* (Views adopted on 6 August 2007); No 7/2005 *Munoz-Vargas v Spain* (Views adopted on 9 August 2007).

④ See UNTC website at https://treaties. un. rg/pageS/viewdetails. spxsrc = treaty&mtdsg _ No = lv-8b&chapter=4&clang=en visited on 3 December 2016.

⑤ See jurisprudence database at https://juris. ohchr. org visited on 28 January 2020.

⑥ General Assembly sixty-first session 2006, resolution 61/106 of 13 December 2006.

⑦ CRPD/C/16/2 Report of the Committee on the Rights of Persons with Disabilities on its sixteenth session (15 August-2 September 2016) para 9.

符合委员会的主题,3 份被认为不可受理。截至 2016 年 12 月,有 24 个案件有待处理。①

委员会制定了一个后续制度,通过该程序监测其建议的执行情况。为此,委员会制定了评估标准,将后续措施分为五类:

> A—对行动感到满意—对采取的措施基本满意;
>
> B—对行动部分满意:B1—已采取实质性行动,但须增补资料;B2—已采取初步行动,但须采取更多行动和增补资料;
>
> C—对行动不满意:C1—收到答复,但采取的行动并未落实意见/建议; 829
> C2—收到答复,但与意见/建议不相关;
>
> D—与委员会不配合:D1—未对一项或多项建议或建议的某一部分做出答复;D2—经(多次)提醒仍未作出答复;
>
> E—答复显示,所采取的措施与委员会的意见/建议相悖。②

这些评估以“临时后续报告”的形式公布。③ 除接受申诉外,委员会还定期听取代表残疾人群体的非政府组织的意见。④

强迫失踪问题委员会(2013 年)

《保护所有人免遭强迫失踪国际公约》于 2010 年 12 月 23 日生效。根据《公约》,强迫失踪问题委员会(Committee on Enforced Disappearances, CED)有权“接受和审议来自或代表个人的来文……这些个人声称是缔约国违反本《公约》规定的受害者”。该程序适用于已做出接受委员会权限的声明的缔约国。⑤

该《公约》还规定了委员会应采取的紧急行动:

> 失踪者的亲属、他们的法律代表、律师或任何得到其授权的人,以及任何

---

① See http://wwwohchr.org/en/hrbodies/crpd/pages/tAblepeNdinGcaSes.aspx, visited on 4 December 2016.

② CRPD/C/14/3 para 2.

③ See, for example, CRPD/C/10/3, CRPD/C/14/3.

④ See, for example, CRPD/C/16/2 para 20.

⑤ 《保护所有人免遭强迫失踪国际公约》第二十九条和第三十一条。

拥有合法权益的其他人,均可作为紧急事项,向委员会提出查找失踪者的请求……①

委员会于2012年9月转交了第一份紧急行动。② 它于2013年9月20日登记了第一份来文。③ 从一开始,委员会就与被强迫和非自愿失踪问题工作组保持密切协调。它还与其他人权机构和方案,包括其他条约机构和其他特别程序保持定期联络。

2013年11月,委员会通过了一份关于其与民间社会关系的政策文件。在该文件中,委员会阐述了民间社会在《公约》规定的国家报告程序和个人申诉程序中的作用。委员会审议了

民间社会在协助委员会有效履行职责方面可以发挥关键作用,特别是随时提供与委员会根据《公约》可能开展的各种活动有关的真实、事实和重点信息。非政府组织在协助强迫失踪受害者接触委员会方面尤其发挥了关键作用。④

830 经济、社会及文化权利委员会(2013年)

《经济、社会及文化权利国际公约任择议定书》于2013年5月5日生效。根据该议定书,经济、社会及文化权利委员会有权接受和审议由以下人士或其代表提交的申诉,包括

代表个人或联名个人提交来文,应当征得当事人的同意,除非来文人能说明未经当事人同意而代为提交的正当理由。⑤

委员会可能会拒绝审议没有显示提交人"遭受明显不利"的来文,除非委员会认为它"提出了具有普遍重要性的严重问题"。委员会的程序设想了临时措施、调

① 《保护所有人免遭强迫失踪国际公约》第三十条。
② A/68/56 VI para 44.
③ A/69/VII para 67.
④ CED/C/3.
⑤ General Assembly sixty-third session, resolution 63/117 of 10 December 2008, Annex, article 2.

查措施和调查的后续行动。它还规定通过委员会拓展的斡旋进行“友好解决”。[1]

该议定书规定建立一个信托基金，

> 以期在征得有关缔约国同意后，向缔约国提供专家和技术援助，加强《公约》所载权利的落实，推动根据本议定书在经济、社会和文化权利领域进行国家能力建设。[2]

儿童权利委员会(2014年)

儿童权利委员会负有多重责任。它需要监测《儿童权利公约》《关于儿童卷入武装冲突问题的任择议定书》和《关于贩卖儿童、儿童卖淫和儿童色情制品问题的任择议定书》的执行情况。

2014年4月生效的关于来文程序的第三项《任择议定书》规定，[3]儿童权利委员会有权接受关于侵犯《公约》和两项《任择议定书》规定的任何权利的申诉。[4]

代表个人或群体提交的申诉“应得到他们的同意，除非提交人可以证明在没有得到这种同意的情况下系代表他们行事”。《任择议定书》规定了处理申诉的程序，包括“通过[委员会]对各方的斡旋”达成“友好解决”、审查和跟进后续行动。[5]

《任择议定书》设想了一种调查程序，该程序在“委员会收到可靠资料，表明一缔约国严重或一贯侵犯《公约》，或其《关于贩卖儿童、儿童卖淫和儿童色情制品问题的任择议定书》或《关于儿童卷入武装冲突问题的任择议定书》所规定的权利”的情况下启动。[6]《任择议定书》还设想了一个国家间的申诉机制。[7]

2016年，委员会报告称，它已“[于2015年9月]开始根据《任择议定书》第五

---

① General Assembly sixty-third session, resolution 63/117 of 10 December 2008, Annex, article 4, 7, 11 and 12.

② General Assembly sixty-third session, resolution 63/117 of 10 December 2008, Annex, article 14.3.

③ General Assembly sixty-sixth session, resolution 66/138 of 19 December 2011, Annex.

④ General Assembly sixty-sixth session, resolution 66/138 of 19 December 2011, Annex, article 5.

⑤ General Assembly sixty-sixth session, resolution 66/138 of 19 December 2011, Annex, articles 9-11.

⑥ General Assembly sixty-sixth session, resolution 66/138 of 19 December 2011, Annex Part IIL, articles 13-14.

⑦ General Assembly sixty-sixth session, resolution 66/138 of 19 December 2011, Annex, article 12.

条接收第一批个人来文[①]……和两项调查请求”[②]。

移徙工人委员会

《保护所有移徙工人及其家庭成员权利国际公约》[③]规定了移徙工人委员会(Committee on Migrant Workers, CMW)的权限,即

> 在该缔约国管辖下声称本公约所规定的他们的个人权利受到该缔约国侵犯的个人或其代表送交的来文。委员会不得受理涉及尚未做出这种声明的缔约国的来文。[④]

截至 2019 年 9 月,该程序由于缺乏必要的十个缔约国的声明而尚未生效。[⑤] 此外,《公约》还设想了一个国家间申诉机制。[⑥]

特别程序

20 世纪 60 年代末,特别程序的出现为个人进入国际人权体系打开了一条重要的沟通渠道。国别和专题任务职权范围都要求个人和民间社会加以参与。(见第六章,引言)

D. 人权理事会和民间社会

2006 年,联合国大会在设立人权理事会时,请它“与各国政府、区域组织、国家人权机构和民间社会……密切合作”,非政府组织的参与“应基于人权委员会的安排……和做法,同时确保这些实体做出最有效的贡献”。[⑦]

---

① CRC/C/69/D/1/2014 Communication No. 001/2014 *Abdel-Hamid Aziz v Spain:* Inadmissibility decision.

② A/71/41 III paras 40-42.

③ General Assembly forty-fifth session, resolution 45/158 of 18 December 1990.

④ General Assembly forty-fifth session, resolution 45/158 of 18 December 1990 article 77.

⑤ General Assembly forty-fifth session, resolution 45/158 of 18 December 1990 article 77. 8.

⑥ General Assembly forty-fifth session, resolution 45/158 of 18 December 1990 article 76.

⑦ General Assembly sixtieth session, resolution 60/251 of 15 March 2006.

人权理事会在制定普遍定期审议的原则和目标时，承诺“根据大会 2006 年 3 月 15 日第 60/251 号决议和经济及社会理事会 1996 年 7 月 25 日第 1996/31 号决议……确保所有相关的利益攸关方，包括非政府组织和国家人权机构的参与”①。 832

实际上，非政府组织在人权理事会中的作用受到了一定的限制。在普遍定期审议中，非政府组织——被称为“其他利益攸关方”——提交的书面声明被以 10 页摘要汇编的形式提交给理事会，这是理事会确定的在审议每个国家时应当讨论的三份文件之一。在工作组阶段（第一阶段）不允许非政府组织做口头发言，而在全体会议正式通过审议阶段，非政府组织虽被允许发言，但要视时间而定。② 2007 年，理事会进行了一次有趣的交流，讨论了非政府组织参与定期审查的情况。③（见第九章 A，人权理事会——“一个新时代”[2006 年]，普遍定期审议）

---

① A/HRC/5/21, resolution 5/1 of 18 June 2007.

② A/HRC/5/21, resolution 5/1 of 18 June 2007 Annex I.

③ A/HRC/2/SR. 4 and SR. 5; See also http://wwwohchr. org/en/hrbodies/upr/pages/NgOsnhriSaspX visited on 5 September 2019.

尾声——“伟大事业”的未来

促进人权发展的工作从联合国建立之初就开始了。1946 年 4 月，亨利·劳吉尔发表讲话（本书书名的由来）后，各国政府、民间社会、学术界以及自 20 世纪末以来涌现的各工商业部门都参与到了随后几十年的人权活动之中。由于彼时联合国人权的架构、文书以及程序在一致性和强度上存在差异，人权活动是在冲突、对抗和动荡的背景下开展的。对正义与和平的追寻总是充满挑战。

2006 年 6 月 19 日，科菲·安南在人权理事会首次会议上发言时，使用了与亨利·劳吉尔在 1946 年介绍人权委员会的成立时非常相似的措辞，他也谈到了“一个新时代”。那么，在前后相隔的 60 年间发生了什么变化？正如他所说的，在正式的、制度性的层面上已经取得了很多成就，例如所确立的公约、程序以及机构；各国人民和政府对人权的认识和问责水平也都更进一步——相比“伟大事业”发起之时，民间社会与相关的社会部门对此都表现出了更广泛的关切。

尽管或因为这种范围和内容方面的扩大，在《联合国宪章》所设想的对人权的理解及其对于政府文化和国家政策的适用方面仍待发展。这是一个普遍现象，并不局限于某些社会和文化中，且直到“伟大事业”的发展达到理想的水平之前，过去 60 年的成就仍仅仅是“在进行中”（work in progress）。

在 2006 年人权理事会的成立典礼上，科菲·安南分享了他对于这个新人权机构的看法：

> 目前，它是大会的一个附属机构。但在五年内，大会将审查其地位。我大胆地希望——且我建议这应当成为诸位的雄心壮志——在五年内，诸位的工作将极大地确立人权理事会的权威，从而形成一种修订《联合国宪章》的普遍意愿，将人权理事会提升到联合国主要机关的地位。[1]

---

① A/HRC/1/SR. 1.

将人权理事会提升为联合国主要机关的意愿并没有像秘书长所希望的那样在2011年实现。相反,理事会将此决定又推迟了10—15年(2021—2026年)。这一决定并不符合所有人的意愿(见第九章)。①

民间社会对人权理事会工作的影响随着普遍定期审议的引入以及民间社会投入的优先级的降低而减小(见第九章A,人权理事会——“一个新时代”[2006年],
834 普遍定期审议)。与此同时,在条约机构和特别程序的工作中,民间社会投入则有所增加。2013年,人权理事会通过关注建立“民间社会空间”的必要性谈及了这一问题(见第二章,1986年——见解和表达,民间社会空间[2013年])。

自21世纪初以来,条约体系是若干改革建议的主题。条约体系的丰富案例还未被人权理事会所援引。条约体系改革在2014年被推迟到“不迟于2020年”。②

在本书完成时,“伟大事业”正处于一个关键时刻。自它启动以来的近75年里,对“世界上自由、正义与和平的基础”的探索仍然任重道远。

如前所述,随着2020年(对条约体系)的审查以及在2021—2026年之间审查自身地位的任务的迫近,“伟大事业”正面临着三项挑战。

对人权理事会而言,这些挑战是:

——实现真正的普遍性,这是自1993年世界人权会议以来,在其成员资格和优先事项中被反复确认的;

——民间社会在人权理事会工作中的参与和投入——也是为了体现普遍性原则;

——通过确保条约体系的案例与人权理事会处理其议程上问题的做法具有一致性,强化条约体系;

——加强与安全理事会的互动,特别在处理有关对抗和冲突的原因和影响方面。

应对这些挑战意味着要把人权理事会建成一个联合国主要机关——这是威胁、挑战和改革问题高级别小组在2004年提出的权威建议。③ 作为主要机关的新

---

① A/HRC/WG. 8/2/1 II E.

② General Assembly sixty-eighth session, resolution 68/268 of 9 April 2014.

③ A/59/565 XIII paras 282-291.

人权理事会将受益于两个辅助机构:由人权事务委员会与经济、社会及文化权利委员会组成规范和标准会议(Chamber on Norms and Standards),其任务是确定与标准有关的问题及优先事项。这些问题和优先事项将与一个由所有其他条约机构组成的标准咨询小组(Standards Advisory Group)协商确定。这意味着新的理事会将通过把条约体系的案例精神注入其应对所面临挑战的文化和实践当中而得到强化。

与此同时,新的人权理事会还受益于民间社会会议(Chamber for Civil Society),该会议按照常设论坛的思路,与各地区的分论坛联络,以确保将影响人民的实际问题和民间社会的关切融入人权理事会的审议当中。民间社会在世界人权会议的区域筹备会议和正式会议中均发挥了作用,为1992—1993年的世界人权会议做出了重要贡献,这表明在区域和理事会会议上扩大民间社会参与空间的重要性。这将加强人权理事会工作的普遍性、相关性和及时性。

总之,对于人权理事会的这一安排将使“伟大事业”以及我们的子孙后代更接近于1945年《联合国宪章》中所畅想的愿景。

附件　实现《联合国宪章》目标：完成“伟大事业”的使命

1947—2006 年：作为经济及社会理事会的职能委员会

人权委员会（1947—2006年）

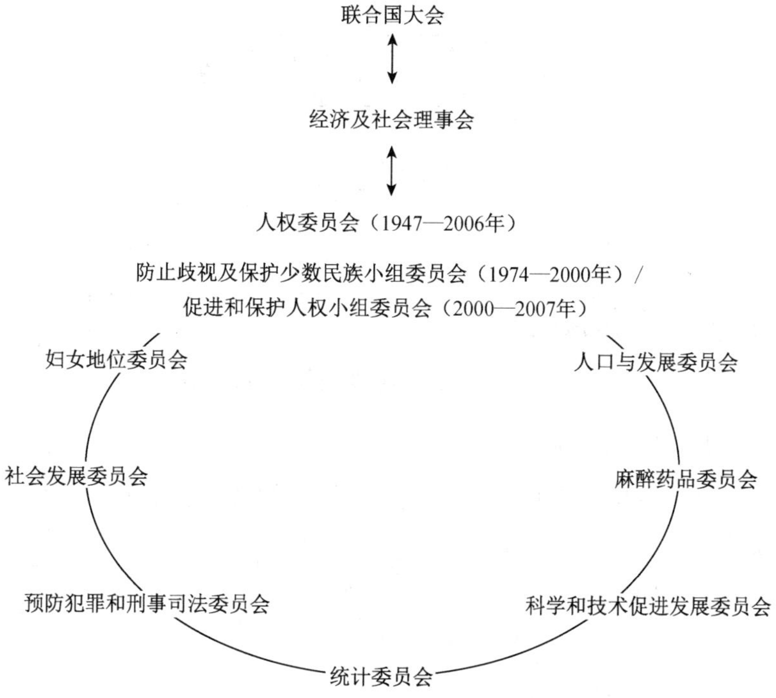

2006—2020 年：作为联合国大会下属机构

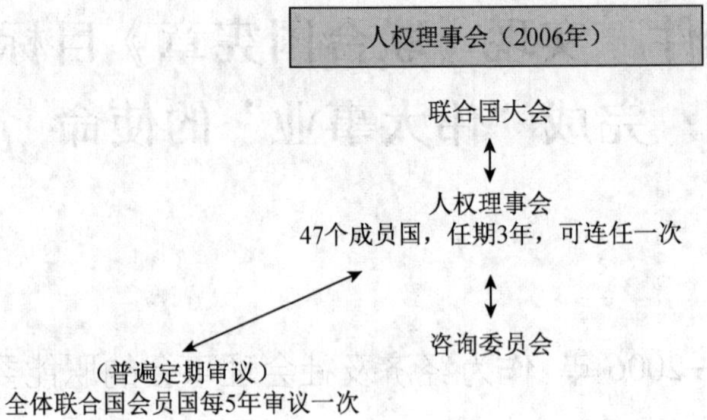

836

2021/2026 年：成为联合国主要机关

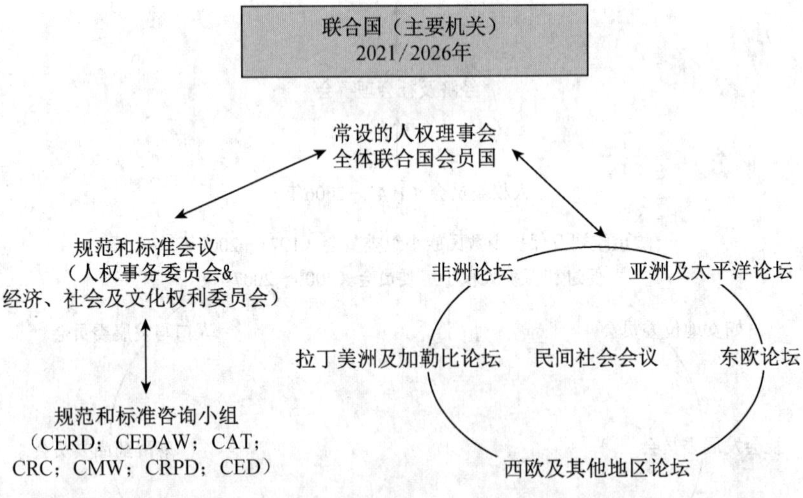

索 引

（索引页码为原书页码，即本书边码，表格和图示由加注在页码后的简写"t"和"f"表示）

译后记

承蒙恩师古孟德(Gudmundur Alfredsson)教授的介绍和推荐,我才有机会着手这本有关联合国人权委员会和人权理事会的巨著的翻译工作。古教授和本书作者约翰·佩斯先生都曾供职于联合国。他们在推动联合国人权事业发展的过程中结下了深厚的友谊。因此,古教授希望我能够承担这项翻译工作,将佩斯先生呕心沥血之作展现给中文世界的读者。

手捧长达上千页的原著,我深感责任重大。如果仅凭一己之力,不知何年何月才能完成恩师的托付。于是,我从中国政法大学人权研究院的人权法学博士和硕士研究生中挑选了几位英语语言能力较强的学生,组建了一支翻译队伍。学生们根据各自的专长,挑选了自己比较感兴趣的部分,制订了翻译计划。在翻译的过程中,我要求各部分翻译者必须核对所有脚注的原文,确保行文出处准确无误。此外,我们还经常召开协调会议,集中分析和解决翻译中遇到的各种问题。经过大家近两年的努力,这项翻译任务得以顺利完成。在此,请允许我向参加此次翻译工作的各位亲爱的同学表达衷心的感谢!这其中包括已经在汕头大学法学院任职的李冰清博士和硕士毕业后在律所工作的郑学易,以及仍然在校学习的郑童心、董一帆、陈上和刘思源。

在学生们翻译文稿的基础上,我逐字逐句地审校了全文,以确保译文的统一、准确和流畅。当然,由于译者精力上的有限、才识上的不足,译文难免有疏漏之处,敬请读者不吝指正。

在本书的出版过程中,各位编辑老师表现出了高度认真、负责的工作态度,令人心生敬意。请允许我代表本书的翻译团队向商务印书馆的阎高阳等各位编辑表达衷心的感谢!参与校对工作的胡启元女士对书稿中的部分翻译提出了相当专业的意见，特此致谢！

最后，我还想对阅读这本书的读者表达深深的谢意。正是因为你们的阅读，才使我们的工作有了意义。

张伟

中国政法大学人权研究院

2024 年 6 月

图书在版编目(CIP)数据

联合国人权委员会:“一项伟大事业”/(澳)约翰·佩斯著;张伟等译.—北京:商务印书馆,2024
ISBN 978-7-100-23577-8

Ⅰ.①联… Ⅱ.①约… ②张… Ⅲ.①联合国—人权—理事会—概况 Ⅳ.①D815.7

中国国家版本馆CIP数据核字(2024)第064245号

权利保留,侵权必究。

联合国人权委员会
“一项伟大事业”
〔澳〕约翰·佩斯 著
张伟 等译

商 务 印 书 馆 出 版
(北京王府井大街36号 邮政编码100710)
商 务 印 书 馆 发 行
南京新洲印刷有限公司印刷
ISBN 978-7-100-23577-8

2024年8月第1版 开本 710×1000 1/16
2024年8月第1次印刷 印张 64¼

定价:298.00元